AF826521

Hexenversammlung und Walpurgisnacht in der deutschen Dichtung

MAß UND WERT

DÜSSELDORFER SCHRIFTEN ZUR DEUTSCHEN LITERATUR

Herausgegeben von Prof. Dr. Dr. h. c. mult. Volkmar Hansen

BAND 8

PETER LANG
EDITION

Alexander Rost

Hexenversammlung und Walpurgisnacht in der deutschen Dichtung

PETER LANG
EDITION

Bibliografische Information der Deutschen Nationalbibliothek
Die Deutsche Nationalbibliothek verzeichnet diese Publikation in der Deutschen Nationalbibliografie; detaillierte bibliografische Daten sind im Internet über http://dnb.d-nb.de abrufbar.

Zugl.: Düsseldorf, Univ., Diss., 2012

D 61
ISSN 1610-062X
ISBN 978-3-631-65905-2 (Print)
E-ISBN 978-3-653-05269-5 (E-Book)
DOI 10.3726/ 978-3-653-05269-5

© Peter Lang GmbH
Internationaler Verlag der Wissenschaften
Frankfurt am Main 2015
Alle Rechte vorbehalten.
Peter Lang Edition ist ein Imprint der Peter Lang GmbH.

Peter Lang – Frankfurt am Main · Bern · Bruxelles · New York · Oxford · Warszawa · Wien

Das Werk einschließlich aller seiner Teile ist urheberrechtlich geschützt. Jede Verwertung außerhalb der engen Grenzen des Urheberrechtsgesetzes ist ohne Zustimmung des Verlages unzulässig und strafbar. Das gilt insbesondere für Vervielfältigungen, Übersetzungen, Mikroverfilmungen und die Einspeicherung und Verarbeitung in elektronischen Systemen.

Diese Publikation wurde begutachtet.

www.peterlang.com

Zu dieser Reihe

Die akademischen Arbeiten aus Düsseldorf, die unter dem historisch legitimierten Titel „Maß und Wert" erscheinen werden, verfolgen das Ziel, die problematische Bindung von Wissenschaft an Ethik mittelbar und unmittelbar anzusprechen. Die intensive aktuelle Debatte geht vor allem von naturwissenschaftlichen Erkenntnissen aus, doch sie ist seit den Jahren der deutschen und jüdischen Katastrophe unabdingbarer Bestandteil der Selbstreflexion der deutschen Literaturwissenschaft. Die Zeitschrift „Maß und Wert" war in den Jahren 1937–1940 eines der Mittel, mit denen Thomas Mann sich der Verkennung der deutschen Entwicklung entgegenstellte.

Inhaltlich sollen die germanistischen Studien ihr Maß aus dem Wert des Menschen gewinnen, sich systematisch im Hinblick auf den Vers „The proper study of mankind is man" aus Alexander Popes Lehrgedicht „Essay on Man" begründen lassen. „Euch ist kein Maß und Ziel gesetzt" – das sind Worte Mephistos, nachdem Faust den Pakt mit ihm geschlossen hat, zugleich aber Ausdruck der objektiven Gefährdung des neuzeitlichen Forschens. Sie wird im Werk Friedrich Nietzsches mit dem Kollektivsingular „im Menschen ist Geschöpf und Schöpfer vereint" vielfach variiert ausgeführt.

Methodisch ist die Reihe für alle Zugänge offen, möchte nicht in den Ton des Baccalaureus im „Faust" II verfallen, der „anmaßlich" findet, was nicht der eigenen Perspektive entspricht.

Volkmar Hansen

Diese [die altheidnischen Götter] sind keine Gespenster, denn, wie ich mehrmals angeführt, sie sind nicht todt; sie sind unerschaffene, unsterbliche Wesen, die nach dem Siege Christi sich zurückziehen mussten in die unterirdische Verborgenheit, wo sie mit den übrigen Elementargeistern zusammenhausend, ihre dämonische Wirthschaft treiben.

Heinrich Heine, Elementargeister

Vorwort

Die vorliegende Untersuchung wurde im Wintersemester 2011/12 von der Philosophischen Fakultät der Heinrich-Heine-Universität Düsseldorf als Dissertation angenommen. Anlässlich ihrer Veröffentlichung möchte ich Herrn Professor Dr. Dr. h. c. mult. Volkmar Hansen für die äußerst fachkundige und hilfreiche Betreuung und Beratung danken, die er mir während der Entstehung der Arbeit ungeachtet vielfältiger anderer Verpflichtungen, insbesondere der Leitung des Goethe-Museums in Düsseldorf, zuteil werden ließ.

Dank schulde ich ebenfalls Herrn Professor Dr. Peter Tepe für die Erstellung des Zweitgutachtens sowie für einige wertvolle Empfehlungen zu Beginn des Dissertationsvorhabens. Darüber hinaus danke ich für die Teilnahme an der mündlichen Prüfung Herrn Professor Dr. Johannes Roskothen, Herrn Professor Dr. Reinhold Görling und Herrn Professor Dr. Hans Theo Siepe.

Schließlich gebührt an dieser Stelle auch meinen Eltern Dank für sämtliche im Zusammenhang mit dem Dissertationsprojekt stehende Unterstützungen.

Das Manuskript wurde im Februar 2011 abgeschlossen, so dass ungefähr bis zu diesem Zeitpunkt wissenschaftliches Schrifttum und weiteres Informationsmaterial berücksichtigt werden konnten. Danach wurden im Bedarfsfall nur noch Lebensdaten von im Text erwähnten Personen aktualisiert sowie ein Personenregister erstellt.

Düsseldorf, im Spätsommer 2014 Alexander Rost

Inhaltsübersicht

Inhaltsverzeichnis

1. Abschnitt: Einleitung

I. Vorüberlegungen

Die Walpurgisnacht vom 30. April zum 1. Mai ist gemeinhin der bekannteste Zeitpunkt, zu dem sich der Volksmythologie nach Hexen, Teufel und andere Unholde an einem eigens dazu ausersehenen Platz versammeln – häufig auf dem ebenfalls allbekannten Blocksberg – um ihre verruchten Kulthandlungen zu begehen. Auf einer idiomatischen Ebene wurde ‚Walpurgisnacht', womit eben streng genommen nur ein Datum gekennzeichnet ist, oftmals sogar zu einem Synonym für die Hexenversammlung an sich.

Die Ursprünge des walpurgisnächtlichen Hexentreibens werden in einer landläufigen, nicht weiter reflektierten Wahrnehmung meistens an einigen, einfach als authentisch hingenommenen Thesen festgemacht. Eine dieser scheinbaren Erklärungen zielt beispielsweise darauf ab, dass es sich um einen ausgefallenen Überrest eines althergebrachten Brauchtums handelt, das unmittelbar aus vorchristlichen, heidnischen Riten hervorgegangen sein soll, ohne dass dafür konkrete Anhaltspunkte beigebracht werden könnten. Andere Annahmen konzentrieren sich dagegen sehr auf die umfassende Wirkung der „Walpurgisnacht" aus dem ersten Teil von Johann Wolfgang von Goethes „Faust" (1808). Eine gewisse Bedeutung wird dabei einer stofflichen Achse zwischen Goethe (1749–1832) und dem Leipziger Magister Johannes Praetorius (1630–1680) beigemessen. Jener Praetorius hatte in einem Teil seines Hauptwerkes zum Hexenwesen – der Kompilation „Blockes-Berges Verrichtung" (1668) – als erster einigermaßen systematisch die Vorstellungen um das vermeintliche dämonische Treiben auf dem Harzer Brocken zusammengestellt; nicht zuletzt so wurde der Brocken zum berühmtesten aller Hexenberge in Deutschland und praktisch zum Inbegriff des Blocksberges[1]. Goethe hat später unter anderem wohl tatsächlich diese stoffliche Aufbereitung Praetorius' zur Ausgestaltung seines „Faust" genutzt. In dieser Konsequenz gilt dann schließlich Goethe als der entscheidende Faktor, der über die Popularität des „Faust" die Walpurgisnacht als mythisches, einmal jährlich wiederkehrenden Ereignis im kollektiven Gedächtnis etabliert hat. In diesem

---

1 Vgl. Teil 1, II. u. Teil 2, II.
Hinweis zur Verwendung der Fußnotenzeichen im gesamten Text:
Fußnotenzeichen, die sich am Ende eines Satzes oder Nebensatzes vor dem schließenden Satzzeichen befinden, betreffen nur diesen Satz oder Nebensatz. Bezieht sich eine Fußnote auf mehrere, zu einem Absatz gestaltete Sätze, befindet sich das Fußnotenzeichen hinter dem letzten Satzzeichen des Absatzes. Fußnotenzeichen, die im fortlaufenden Text unmittelbar hinter einen Begriff oder eine Begriffsfolge gesetzt sind, beziehen sich ausschließlich auf diesen Begriff bzw. diese Begriffsfolge.

Zusammenhang wird außerhalb von engen literaturwissenschaftlichen Erkundungen allenfalls selten berücksichtigt, dass es durchaus auch andere literarische Stimuli gegeben hat, derer sich Goethe gleichermaßen bedient haben mag. Außerdem ist man sich im Allgemeinen wenig darüber bewusst, dass es sich bei dem Buch des Praetorius, das gewiss nicht allein für Goethe poetische Fourage geboten haben dürfte, nur in begrenztem Maße um eine Sammlung von tatsächlich Volkstümlichem handelt. Sicherlich hat der Leipziger Magister in mehreren seiner Werke eine beträchtliche Anzahl von volkstümlich zu nennenden Scheinwahrheiten und Überlieferungen fixiert, wie etwa im Fall der allbekannten Rübezahl-Sage[2]. Soweit die Quellen von Praetorius' Angaben immer nachvollziehbar sind, ist jedoch ausgerechnet „Blockes-Berges Verrichtung" überwiegend an Fachliteratur aus der frühneuzeitlichen Debatte um Hexenlehre und Hexereiverbrechen orientiert.[3]

Für die Literaturwissenschaft sind Hexenversammlungen und Walpurgisnächte vorwiegend als Elemente im unmittelbaren oder zumindest motivgeschichtlichen Umfeld des Faust-Stoffes von gleichwohl sehr unterschiedlich ausfallendem Interesse. Angesichts der Bedeutsamkeit der entsprechenden Szenen in der Faust-Dichtung Goethes erscheint dies auch durchaus plausibel. Dennoch besteht eine gewisse Lücke darin, dass bislang kaum konkretere Überlegungen in die Richtung einer motivischen Eigenständigkeit angestellt wurden, die zudem weitere Erkenntnisse über das vermeintliche Abhängigkeitsverhältnis zum Faust-Stoff hätten erbringen können. Selbstverständlich wurden regelmäßig einzelne literarische Texte, die entweder auf ‚Walpurgisnacht' oder einen ähnlichen Titel lauten oder eine gebührende inhaltliche Szenerie aufweisen, wissenschaftlichen Analysen unterzogen. Diese Untersuchungen fokussieren jedoch eben zumeist werkimmanente, gattungsspezifische oder autorbezogene Belange; somit tragen sie höchstens bedingt und indirekt zu einem Überblick über die motivgeschichtliche Werdung des unerhörten Ereignisses bei.

Die enorme Bedeutung und Einbildungskraft der Vorstellungen von Hexenkonventen und Walpurgisnächten und damit deren Gewichtigkeit als kulturelles abendländisches Phänomen wird hingegen umso deutlicher, wenn einmal deren kreative Umsetzung jenseits der Grenzen der Dichtung beachtet wird. So war die Idee, dass sich des Nachts Hexen und andere Unholde auf diversen

---

2 Praetorius, Johannes: [Ioa. Praetorii] Daemonologia Rubinzalii Silesii. Das ist ein ausführlicher Bericht von den wunderbarlichen, sehr alten und weit-beschrienen Gespenste dem Rübezahl in Schlesien [...]. Gänzlich aus vielen Scribenten zusammen gezogen durch Johannem Praetorium. Leipzig u. Arnstadt 1662.

3 Vgl. Teil 2, II.

Utensilien reitend auf den Blocksberg oder an einen anderen obskuren Ort begeben, um einem mysteriösen, vom Teufel selbst dirigierten Kultus beizuwohnen, seit der Renaissance für die bildenden Künste aller Epochen von bemerkenswerter Inspiration.

Sofern mittelalterliche Abbildungen erhalten sind, die mit dem Hexenthema in einen Zusammenhang gebracht werden können, zeigen sie allenfalls einzelne metaphysische Elemente, die erst in späteren Jahrhunderten mit dem Fluidum der Hexen und des Hexenkonvents irreversibel verquickt wurden. Solche seltenen frühen Bildnisse sind etwa die beiden, ungefähr auf die Mitte des 13. Jahrhunderts zu datierenden, ‚Hexlein' genannten Figuren unter den Wandmalereien im romanisch-gotischen St. Petri-Dom zu Schleswig. Bei diesen Unikaten sind allem Anschein nach die engen Bezüge zu den Eigenarten der durch die Lüfte ziehenden, aber eben längst als heidnisch verfemten germanischen Göttinnen Freyja und Frigg noch gegenwärtig.[4]

Für das ausgehende Mittelalter und die Frühe und Mittlere Neuzeit sind künstlerische Darstellungen von Hexen, die aus offensichtlich ganz unterschiedlichen Beweggründen ihrer jeweiligen Schöpfer angefertigt wurden, nichts Ungewöhnliches. Ein inhaltlicher Zusammenhang zu den Maximen der sogenannten Hexenlehre scheint dabei mitunter allenfalls nur oberflächlich zu bestehen, so dass nicht wenige Bildnisse letztlich als motivisch unabhängige Kunstwerke zu sehen sind. In diesem Sinne zählen die Kupferstiche „Die vier Hexen" (1497) und „Die Hexe" (um 1505) von Albrecht Dürer (1471–1528) mit zu den bekanntesten Hexenbildern der Frühen Neuzeit. Ganz besonders hervorzuheben sind aber vor allem stets die prächtigen Malereien von Dürers Schüler Hans Baldung, genannt Grien (1484 oder 1485–1545). Baldungs Hexenbilder gelten sogar als Zeugnisse eines zumindest in Deutschland so zuvor noch nicht zelebrierten Schönheits- und Körperkults[5]. Von Hexen und im Besonderen von Hexenkonventen ist aus dem besagten Zeitraum allerdings ebenso eine Mannigfaltigkeit von solchen Darstellungen

---

4 Vgl. Stange, Alfred: Der Schleswiger Dom und seine Wandmalereien. Berlin 1940, S. 62 f. u. Tafel 12; Knappe, Hartmut: Brocken, Harz und Hexentanz. Sinn – Unsinn – Übersinn. Wernigerode 1995, S. 67–69.
Vgl. auch den entsprechenden Rückgriff in Teil 1, IV.
Zu den in Frage kommenden Charakteristika der Gottheiten Freyja und Frigg vgl. Teil 1, II.

5 Vgl. Baldung Grien, Hans: Hexenbilder. Einführung von Gustav Friedrich Hartlaub. Stuttgart 1961; dazu auch Becker-Cantarino, Barbara: *Hexenküche* und *Walpurgisnacht*: Imagination der Dämonie in der Frühen Neuzeit und in *Faust I*. In: Euphorion. Bd. 93, Nr. 2, 1999, S. 202–208.

erhalten, die mehr oder weniger exakt mit dem Bild übereinstimmen, das die Hexenlehre seit dem Spätmittelalter von dem vermeintlichen Spektakel entworfen hatte. Zu einem recht prominenten Beispiel ist (auch) wegen seines möglichen Einflusses auf die Grundstruktur der goetheschen „Walpurgisnacht" mit der Zeit ein Kupferstich von Matthäus Merian d. Ä. (1593–1650) geworden, der ursprünglich die Illustration eines Flugblattes von 1626 mit dem Titel „Zauberey" war.[6]

Die weltanschaulichen Umwälzungen des Aufklärungszeitalters wirkten sich dann folglich auch grundlegend auf die Motivik und die Beweggründe künstlerischer Interpretationen des Hexentreibens aus. Ab dem 19. Jahrhundert kam dann ein weiteres inspiratives Moment hinzu: So wirkte die eingebende, supranationale Kraft der Faust-Dichtung Goethes keineswegs nur auf die Literatur, sondern ebenfalls auf die bildenden Künste und die Musik; dazu hält sie noch bis in die Gegenwart an, wie Ausstellungen aus jüngerer Zeit zeigen[7]. Neben Darstellungen, auf die Goethes Poetik offenbar einen eher allgemeineren, inspirierenden Effekt hatte – man denke etwa an die Gouache-Arbeit „Walpurgisnacht" (1935) von Paul Klee (1879–1940) – sind auch ganz unmittelbare Illustrationen der „Walpurgisnacht" aus dem ersten Teil des „Faust" recht zahlreich. Darunter dürften der zwanzigteilige Holzschnitte-Zyklus „Goethe Walpurgisnacht" (1923) von Ernst Barlach (1870–1938)[8], die Stiche- und Vignetten-Serie „Faust – Die Walpurgisnacht" (1968/69) von Salvador Dali (1904–1989) sowie die fünf Großgemälde

---

6 Vgl. dazu beispielsweise Schade, Sigrid: Schadenzauber und die Magie des Körpers. Hexenbilder der frühen Neuzeit. Worms 1983; Schöne, Albrecht: Götterzeichen, Liebeszauber, Satanskult. Neue Einblicke in alte Goethetexte. 3. Aufl. München 1993, S. 124; Becker-Cantarino, S. 212–219; Rueb, Franz: Hexenflug und Teufelsritt. Hexen-Bilder aus vier Jahrhunderten. Zürich 1997; Nix, Dietmar (Red.): Die Hexenprozesse. Malefizjustiz in der Frühen Neuzeit. Online-Portal (http://histor.ws/hexen/gald-magie.htm). Bildarchiv, Rubrik Nr. 5: Zauberei, Stand: Mai 2010; Hansen, Volkmar: Satanisches Gefild. In: Wellnitz, Philippe (Hrsg.): *Goethes* Faust I *zwischen Tradition und Modernität / Le* premier Faust *de Goethe entre tradition et modernité*. Straßburg (Strasbourg) 2010, S. 224.

7 Vgl. z. B. Alfaro, Andreu: Alfaro – Walpurgisnacht. Eisenskulpturen aus dem Goethe-Zyklus. Veröffentlicht anlässlich der Ausstellung im November 1990. Köln 1990; Cremer, Fritz u. Schubert, Sabine: Fritz Cremer – Walpurgisnacht: Ausstellung vom 30. April bis zum 18. Juni 1995. Pulsnitz 1995; außerdem Hansen, Volkmar: Fausts Walpurgisnacht. Frühlingsanfang, Hexerei, Teufelsspuk. Anmerkung zur Ausstellung vom 30. April bis 22. August 2010. Goethe-Museum Düsseldorf, Anmerkung 94. Düsseldorf 2010.

8 Vgl. dazu auch Rudolph, Andrea: Die Hexe als Mythos. Der Zweifel und der Wille zum Selbst. Hexenfiguren im Werk von Ernst Barlach. Mit einem begleitenden Beitrag von Marion Marquardt. Dettelbach 1998; Augat, Susanne: Ernst Barlach und das Hexenwesen. Katalog zur Ausstellung „Die Hexe im Spiegel der Kunst". Dettelbach 1998.

von Hermann Hendrich (1854–1931) in der 1901 eingeweihten Walpurgishalle auf dem Hexentanzplatz bei Thale im Harz am bekanntesten sein.

Nichtsdestoweniger waren Hexenversammlungen in beliebiger Motivik generell ein relativ gängiges Sujet in der europäischen Kunst des 19. und 20. Jahrhunderts. Auch hierfür können einige äußerst prominente Beispiele angeführt werden. Die Ölmalerei „Hexensabbat“ (1821–1823) aus der berühmten Serie der „pinturas negras“ (dt. ‚schwarze Bilder‘) des Spaniers Goya (Francisco José de Goya y Lucientes, 1746–1828) ist eher abbildhaft arrangiert. In Gustave Courbets (1819–1877) Werk „Ein Begräbnis in Ornans“ (Öl auf Leinen, 1849/50) werden dagegen gemeinhin nur assoziative, sinnbildliche Ähnlichkeiten zu Hexenkonventen und Schwarzen Messen gesehen.

Die inspirierende Qualität von Goethes Dichtungen um die Walpurgisnacht wird ebenso an etlichen Kompositionen in der Musik des 19. und auch noch des frühen 20. Jahrhunderts deutlich. Der Bezug zu den Vorgaben Goethes ist dabei jeweils recht unterschiedlich. Neben unmittelbaren Vertonungen von Goethe-Texten, wie im Fall von Felix Mendelssohn-Bartholdys Kantate „Die erste Walpurgisnacht“ (1832)[9] oder Hans Hubers Ballettmusik „Walpurgisnacht“ (1883)[10], haben sich auch Komponisten am Walpurgisnacht-Thema auf der Grundlage von eigenen Dichtungen oder von solchen anderer Poeten versucht. Für die letztere Variante dürfte das entsprechende Musikwerk von Johannes Brahms (1833–1897), dem das Gedicht „Walpurgisnacht“ des Arnstädter Dichters Willibald Alexis (eigtl. Wilhelm Heinrich Häring, 1798–1871) zugrunde liegt, das namhafteste Beispiel sein[11].[12]

Die womöglich berühmteste und aufwendigste musikalische Bearbeitung der Hexenversammlung überhaupt ist jedoch außerhalb des deutschen Sprach- und Kulturraumes anzusiedeln, die somit allerdings die internationale Qualität des Stoffes allemal bestätigt: Das programmatische Orchesterstück „Eine Nacht

9 Vgl. Teil 3, III.

10 Huber, Hans (1852–1921): Walpurgisnacht. Tänze für Klavier mit vier Händen – Ballettmusik zur Walpurgisnacht von Goethe Op. 23. Leipzig 1883.

11 Brahms, Johannes (1833–1897): Walpurgisnacht (Auf der Grundlage des Gedichts von Willibald Alexis alias Wilhelm Heinrich Häring). In: — Vier Balladen und Romanzen. Für zwei Singstimmen mit Pianoforte. Op. 75, Nr. 4. Berlin 1875.

12 Als weitere Beispiele für das Walpurgisnacht-Thema in der Musik vgl. Weingartner, Paul Felix (1863–1942): Musikalische Walpurgisnacht. Ein Scherzspiel. Leipzig 1907; Lange, August Gottfried Heinrich (*1865): Walpurgisnacht. Eine nordische Fantasie. Philadelphia 1913.

auf dem kahlen Berge“ (Erste Fassung um 1868)[13] des russischen Komponisten Modest Petrowitsch Mussorgski (1839–1881) behandelt in lebhafter Weise den Tanz der Hexen auf dem vor allem aus der westslawischen Mythologie bekannten Berg Triglaw in der Johannisnacht – einem ebenfalls einschlägigen Termin für den Hexenkonvent[14].

Bezogen auf die Spanne von der Frühen Neuzeit bis zur Gegenwart ist im Fall der Vorstellung vom geballten Hexentreiben, sei es in der Walpurgisnacht oder zu anderen Zeitpunkten, also immer auch an eine wechselseitige Wirkung zwischen Literatur und Kunst – im 19. Jahrhundert kommt mit gewissen Einschränkungen noch die Musik hinzu – zu denken.

Schließlich ist im öffentlichen Sprachgebrauch der Gegenwart und sogar in mancher spezifischen Diktion eine gelegentliche, nicht immer auf Anhieb vollends zu erschließende, sinnbildliche Verwendung von Ausdrücken aus dem Hexenversammlungs- und Walpurgisnacht-Wortfeld vorzufinden. Allerdings ist dabei die jeweilige Richtigkeit im philologischen oder historiographischen Sinne zumeist in den Hintergrund gerückt.

Das womöglich hervorstechendste Beispiel dafür ist, dass heutzutage, wo das Interesse am Börsenhandel längst einen nicht mehr wegzudenkenden Platz in der medialen Berichterstattung, der Werbung und der öffentlichen Wahrnehmung überhaupt einnimmt, das Schlagwort ‚Hexensabbat‘, alternativ auch ‚Hexentag‘ oder ‚Hexentanz‘, regelmäßig im Zusammenhang mit Wertpapiergeschäften fällt. Dabei handelt es sich um Vorgänge, die als ‚(Triple) Witching Day‘ und ‚Freaky Friday‘ ursprünglich durch die New Yorker Börse geprägt wurden. Mittlerweile sind aber halt auch die genannten deutschen Pendants dazu absolut geläufig. Es werden damit die in Börsianerkreisen berüchtigten Stichtage gegen Ende eines jeden Handelsquartals bezeichnet, zu denen gleichzeitig die noch nicht ausgeübten und nunmehr zu erfüllenden Optionen auf Aktien und Indizes sowie zudem Future-Kontrakte auf Indizes auslaufen. Nur wenn diese drei Fälligkeitstermine miteinander kongruieren, ist es üblich vom ‚Hexensabbat‘ oder einem der Synonyme zu sprechen. Das Ereignis vollzieht sich normalerweise jeweils am dritten Freitag des März, Juni, September und Dezember. Das Börsengeschehen ist dann oftmals von turbulenter Geschäftigkeit, jähen Umsätzen und starken Schwankungen in den zugrunde liegenden Aktien und Aktienindizes bestimmt,

---

13 Als alternative Titel sind gelegentlich auch „Johannisnacht auf dem kahlen Berge“ oder „Die Nacht auf dem Berge Triglaw“ anzutreffen.

14 Zur westslawischen Gottheit Triglaw und der zugehörigen Bedeutung eines Berges vgl. Vána, Zdenek: Mythologie und Götterwelt der slawischen Völker. Die geistigen Impulse Ost-Europas. Aus dem Tschechischen übersetzt. Stuttgart 1992, S. 93.

wobei die Besitzer und Emittenten der Derivate bemüht sind, die Kurse in die gewünschte Richtung zu beeinflussen. Demgemäß gilt die letzte, nicht selten entscheidende Handelsstunde dann auch als ‚Geisterstunde'. Sicherlich sollten sich Erklärungssuche für diese eigenartigen Bezeichnungsprozesse nicht allzu ernsthaft ausnehmen. Doch immerhin kommt der besagte vierteljährliche Turnus dem auf die vier Jahreszeiten abgestimmten Zyklus der kultischen Umtriebe der Hexen nahe, wie es in manche abergläubischen Überlieferungen behauptet wird. Ob sich darüber hinaus in dem Wort ‚Hexensabbat' die Besorgnis der Spekulanten über die schwer vorhersehbaren Kursentwicklungen an den einschlägigen Freitagen ausdrückt oder doch eher die Praxis, die Kurse mit den mitunter wenig transparenten Instrumentarien des Börsenhandels in die gewünschte Richtung ‚zaubern' zu wollen – oder gar beides – ist wohl nicht eindeutig zu klären. Dabei kann bei aller Sorge der Börsianer potentieller Verluste wegen auch nicht ausgeschlossen werden, dass sie andererseits in der Hoffnung auf ebenso mögliche Gewinne dem Ereignis ähnlich erwartungsfroh entgegensehen, wie es die Hexen in Hinblick auf ihren Kultus angeblich zu tun pflegen.[15]

Ein weiteres Beispiel für eine bizarre Inanspruchnahme von Bezeichnung und Datum konnte in den letzten Jahren in einigen Berliner Stadtteilen beobachtet werden. Dort ist es in der Nacht zum 1. Mai unter dem Motto „Walpurgisnacht" immer wieder zu mittleren und größeren Zusammenläufen von sich als unangepasst, zum Teil als autonom verstehenden Personengruppen gekommen, die zuweilen mit nicht unerheblichen Ausschreitungen und Krawallen verbunden waren. Ganz offensichtlich wurde dabei einerseits die Losung „Walpurgisnacht" mit dem Anspruch auf eine Art außergesetzliche Versammlungsfreiheit verknüpft, mit der sich eine Anmeldung als Demonstration oder Großveranstaltung potenziell unterlaufen lässt. Andererseits wurde damit auch ein ‚Event' bezeichnet, dessen Zweck dem Zelebrieren von Unangepasstheit, Unordnung, Chaos und ‚Dampf-Ablassen' dient. Dass dabei ein konkretes mythologisches oder auch kulturhistorisches Wissen, etwa um die exzessiven Streiche wehrfähiger jungen Männer in der Nacht vor dem Einberufungstermin des 1. Mai zur Zeit Pippins des Jüngeren (714–768)[16], mitschwingt, ist kaum anzunehmen. Folglich ist wohl umso mehr

15 Vgl. dazu Büschgen, Hans E.: Das kleine Börsen-Lexikon. 22. Aufl. Düsseldorf 2001, S. 736 („Hexensabbat"); Gerke, Wolfgang: Gerke-Börsen-Lexikon. Wiesbaden 2002, S. 398 („Hexentag"); Battafarano, Italo Michele: [*Epilog*] Frühneuzeit in der Postmoderne. Hexensabbat an der Börse in New York, Teufel im Fußballstadion von Oxford und Klonen im Faust-Labor post 11.11.2001 [?!]. In: Morgen-Glantz. Zeitschrift der Christian Knorr von Rosenroth-Gesellschaft. Bd. 12 (2002), S. 551 f.

16 Vgl. Teil 1, II.

davon auszugehen, dass bei derartigen, völlig außerliterarischen Vorkommnissen immerhin einigen Rudimenten der Behandlung der Walpurgisnacht in der Literatur, die im kollektiven Wissensgefüge haften, eine gewisse Bedeutung zukommt.[17]

Die allgemeine, gleichsam öffentliche Beachtung von vielen Aspekten des Hexen- und Zauberei-Themenkomplexes aus teils recht unterschiedlichen Gründen hat in der Vergangenheit stetig und in den letzten Jahren sogar ausgesprochen rasant zugenommen, so dass eine Sättigung des Interesses noch schwerlich abzusehen ist. Neben der ausgiebigen, internationalen Vermarktung von Hexen- und Zauberei-Stoffen in Spielfilmen, TV-Serien, trivialer Lektüre, Kinder- und Jugendbüchern, Comics, Computerspielen usw. besteht auch eine große, populärwissenschaftlich zu nennende Wissbegierde an der tatsächlichen historischen und mythologischen Entwicklung. Allein der Blick in das Internet – man achte nur einmal auf die zahlreichen, themenbezüglichen Artikel in der beliebten Internet-Enzyklopädie Wikipedia – vergegenwärtigt diese kaum mehr überschaubare Gegebenheit.

Sicher nicht zuletzt hat auch das Interesse der kulturell ausgerichteten Wissenschaften an beinahe allem, das mit der Geschichte des Hexen- und Zauberei-Glaubens zusammenhängt, in den letzten zirka 20 Jahren einen enormen und weiterhin anhaltenden Auftrieb erfahren. So wurde mittlerweile ein beträchtliches Forschungsaufkommen mit verschiedenen Ansätzen und Absichten hervorgebracht. Dieser Fortgang dürfte an eine Wechselwirkung gebunden sein, die einerseits über die wissenschaftlichen Grenzen hinaus den allgemeinen Wissensdrang fördert, aber andererseits durch die zunehmende Beachtung der Materie in der Allgemeinheit wiederum begünstigt wird.

II. Untersuchungsgegenstände, Vorgehensweise, Begriffserläuterungen

Wie in den Vorüberlegungen bereits ausgeführt, soll diese Arbeit die Bedeutung und Entwicklung der Hexenversammlung bzw. der Walpurgisnacht als literarischer

---

17 Knape, Michael u. Wulf, Siegfried Peter: Walpurgisnacht und 1. Mai 2000 in Berlin. Abermals Aha(!)-Erlebnis? In: Die Polizei. Zentralorgan für das Sicherheits- und Ordnungswesen aus der Polizei-Führungsakademie. Jg. 91, Nr. 12, 2000, S. 342–352; Knape, Michael: Die Walpurgisnacht 2002 – Eindrücke von der Nacht zum 1. Mai aus Berlin. Kreuzberg, Friedrichshain und Prenzlauer Berg oder nichts gegen Versammlungsfreiheit und Eventkultur, aber bitte mit Köpfchen! In: Die Polizei. Zentralorgan für das Sicherheits- und Ordnungswesen aus der Polizei-Führungsakademie. Jg. 93, Nr. 7–8, 2002, S. 211–217.

Gegenstand in der neueren deutschsprachigen Dichtung, also etwa vom Beginn der Neuzeit an, vergegenwärtigen. Hierzu wird in den zu diesem Zweck herangezogenen Texten jeweils die spezifische Verwendung des geheimnisvollen Ereignisses bestimmt. Unter anderem werden dazu textkompositorische Eigenschaften, wie die motivische Konstruktion, die sinnbildliche Qualität und intertextuelle Bezüge, berücksichtigt. In Erweiterung dieser eher textanalytischen Vorgänge soll dann optimalerweise eine entsprechende literaturgeschichtliche Gesamtentwicklung aufgezeigt werden. Außerdem soll in diesem Zusammenhang nach Möglichkeit die Verbindung zum bereits intensiv literaturwissenschaftlich untersuchten Faust-Stoff sowie die Bedeutung der ‚Walpurgisnacht-Dichtungen' Johann Wolfgang von Goethes für die weitere motivische oder gar toposhafte Entwicklung von Hexenversammlung und Walpurgisnacht geklärt werden.

Die hauptsächliche, substantielle Grundlage, also gewissermaßen das Textkorpus, bilden Schriften aus den drei grundsätzlichen Gattungen der Dichtung – Dramatik, Lyrik und Epik. Dabei kann es sich jeweils um komplette Werke oder auch nur um Teile oder Passagen eines Werkes handeln, sofern sie eben als Hexenversammlung bzw. Walpurgisnacht arrangiert sind. Sowohl Texte, die in einem plastischen Sinne Hexenversammlungen und Walpurgisnächte schildern, als auch solche, die nur (sinnbildlich) so tituliert sind, aber eigentlich etwas anderes darstellen, können gleichermaßen zum Korpus gehören. Ein Anspruch auf Vollständigkeit, also darauf, dass praktisch sämtliche dichterische Schreibkunst berücksichtigt wird, an der irgendeine Schnittstelle zum Themenbereich Hexenversammlung und Walpurgisnacht ausgemacht werden kann, kann für diese Untersuchung des zu großen quantitativen Aufwands wegen nicht erhoben werden. Der Analysefokus liegt demnach auf solchen Texten, von denen nach Maßgabe der bisherigen literaturgeschichtlichen Forschung anzunehmen ist, dass sie jeweils auf ihre bestimmte Weise für eine entsprechende motivische Entwicklung bedeutsam oder zumindest repräsentativ waren.

Die für diese Untersuchung zugrunde gelegte Vorgehensweise erschließt die Hexenversammlungs- und Walpurgisnacht-Thematik auf eine historisch-chronologische Weise, indem sie grundsätzlich bei der Frühen Neuzeit einsetzt und dann sukzessiv bis schließlich in die Gegenwart fortschreitet.

In einem umfangreichen ersten Teil der Arbeit („Teil 1") werden zunächst verschiedene, oftmals mythologische oder mythologisch beeinflusste Stränge behandelt, die für die Ursprünge der neuzeitlichen Vorstellungen um Hexenversammlungen und um in dieser Hinsicht berüchtigte Walpurgisnächte in Frage kommen. Nach Möglichkeit werden dabei an entsprechender Stelle regionale und überregionale Charakteristika sowie der Einfluss des christlichen Weltbildes und der theokratischen Lehren berücksichtigt. Besonderes Augenmerk wird dann auf die Bedeutung der spätmittelalterlichen bzw. frühneuzeitlichen sogenannten Hexenlehre und der damit einhergehenden Fachdebatte für die Entwicklung und die Qualität der Idee von der Zusammenkunft der Hexen gelegt. Denn nicht zuletzt weil die Ausbildung des Druckereihandwerks und des Buchdrucks ebenfalls in diesen Zeitraum fällt, ist hier von einer Zäsur in der Geschichte des Hexenversammlungsgedankens auszugehen. Außerdem ist für diese Spanne der angebrochenen Neuzeit die Herausbildung einer ‚Nationalliteratur' in dem Sinne zu bedenken, als das Deutsche die bis dahin auch für die Dichtung mehr oder weniger noch obligatorische lateinische Sprache allmählich ablöste. Bei der Überprüfung der für den Untersuchungsgegenstand relevanten mythologischen und historischen Stränge wird einer erörternden Darstellungsweise auf der vornehmlichen Grundlage von bisherigen historiographischen und mythologiegeschichtlichen Forschungen gefolgt. Bei der konkreten Betrachtung von ersten, poetisch zu nennenden Texten, die einen Bezug zur Hexenversammlungsthematik aufweisen, wird jedoch schon eine texthermeneutische Verstehensweise angewendet, sofern solche teils eher vordergründigen oder auch nur bruchstückhaft erhaltenen Schriften das erforderlich und möglich machen. Begleitend wird auch bereits in diesem ersten Teil der Arbeit die Qualität der semantisch-inhaltlichen Beziehung zwischen den Begriffen ‚Hexenversammlung' und ‚Walpurgisnacht' beobachtet, die in der Dichtung späterer Jahrhunderte dann beinahe einen synonymen Status erreicht.

Der darauf folgende, ebenfalls umfangreiche zweite Teil der Arbeit („Teil 2") ist vor dem Hintergrund der einer Vielzahl von grundlegenden Veränderungen unterworfenen historischen und damit auch literaturhistorischen Bedingungen der Zeitspanne vom fortgeschrittenen Barock bis zum Ende der Aufklärung erstellt. Denn zunächst musste die in der zweiten Hälfte des 17. Jahrhunderts stetig abnehmende (strafrechtliche) Bedeutsamkeit der Hexenlehre sowohl für den generellen literarischen als auch für den im engeren Sinne poetischen Umgang mit dem vermeintlichen Treiben der Unholde eine Zäsur darstellen. Dennoch ist das Barockzeitalter in dieser Hinsicht aufgrund des insgesamt noch keineswegs überwundenen Aberglaubens weiterhin auf eine entsprechend gesonderte Weise einzuschätzen. Eine weitere, entscheidende Zäsur für einen jeglichen kulturellen Umgang mit dem Phänomen Hexenversammlung wird dann aber schließlich durch den darauf folgenden Beginn des Aufklärungszeitalters markiert.

Von diesem zweiten Teil an werden dann entsprechend geeignet erscheinende Texte aus den drei grundsätzlichen Gattungen der Dichtung – für das 18. Jahrhundert zusätzlich noch einige stoff- und motivgeschichtlich bedeutsame fachlichen Abhandlungen – in Hinblick auf die darin vorgenommene literarisch-motivische Verwendung der Hexenversammlung und der Walpurgisnacht untersucht. Als

Gliederungsprinzip dient dabei eine Kombination aus allgemeinen Richtwerten der Zeitrechnung, wie den Jahrhunderten oder signifikanten historischen bzw. historiographischen Zäsuren, und literaturgeschichtlichen Klassifikationen.

Schließlich veranschaulicht noch ein großvolumiges, mit besonderer Sorgfalt angefertigtes Literaturverzeichnis als ordnungsgemäßer Teil des Forschungsumfangs die Vielschichtigkeit des Themenkomplexes in der abendländischen Kultur überhaupt; obgleich darin ausschließlich solche Titel aufgeführt sind, die zuvor bereits im Haupttext und in Fußnoten genannt oder angegeben wurden.

Das vorrangige Ziel der Arbeit ist es also nicht, eine exakte, hervorstechende Abschlussthese aufzubringen. Vielmehr sollen zunächst langfristige historische und mythologische Entwicklungen, die für die Ausprägung des neuzeitlichen Hexenversammlungs-Gedankens von Belang waren, skizziert werden. Dabei bleibt eben auch solches, als Fachliteratur zu typologisierendes Schriftgut der Frühen Neuzeit nicht unberücksichtigt, das für die Festigung der Vorstellungen von Hexenzusammenkünften bedeutsam war. Im weiteren Verlauf liegt dann das Augenmerk vornehmlich auf der literaturhistorischen Entwicklung von Hexenversammlungen und Walpurgisnächten als dichterische Motive und Topoi. Zu dem Zweck werden, wie gesagt, in Frage kommende Texte aus den drei konventionellen Dichtungsgattungen Dramatik, Lyrik und Epik in einem jeweils angebracht erscheinenden Ausmaß gesichtet.

Hinsichtlich eines Nutzens, der über den wissenschaftlichen Anspruch hinausgeht, könnte die Untersuchung zudem als Ausgangspunkt für eigene literatur- und kulturgeschichtliche Unternehmungen der Leserschaft dienen, eventuell auch gerade dann, wenn sie nicht den engsten Fachkreisen angehört. Es wird also in einer literaturwissenschaftlich aufbereitenden Weise auf Lektüren aufmerksam gemacht, wodurch es eben prinzipiell ermöglicht werden soll, sich mit dem literarischen Thema ‚Hexenversammlung und Walpurgisnacht' auseinanderzusetzen. Die durch diese Untersuchung vorgezeichneten Wege in der Literatur- und Kulturgeschichte könnten somit ebenfalls und erleichtert beschritten werden, um am Ende vielleicht zu eigenen Eindrücken zu kommen. Insofern soll die Arbeit bei aller Wissenschaftlichkeit und punktuell sehr ausgeprägten Textnähe möglichst auch ein Orientierungsplan, gewissermaßen ein Wegweiser durch jene Dichtung und auch (nichtpoetische) Literatur sein, die für die Thematik insgesamt von Bedeutung ist.

Angebrachterweise folgt nun eine kurze Erläuterung einiger elementarer Begrifflichkeiten des Themenkomplexes, womit auch deren Verwendungsweise in der vorliegenden Arbeit im Wesentlichen geklärt werden soll:

Bekanntlich wird das Wort ‚Hexe' etymologisch üblicherweise mit dem Ausdruck ‚Hagazussa' (auch ‚Hagzissa') in Verbindung gebracht, der gewöhnlich mit ‚Zaunreiter(in)' ins Neuhochdeutsche übertragen wird. Zugrunde gelegt wird dabei eine Verbindung aus dem Stammwort ‚Hag' (vmtl. von Germ. ‚hag', ‚hagaz', ‚hagjô', ‚hagjôn' o. ä. für Zaun, Umzäunung, Gehege usw.) und dem Wort ‚Zussa' bzw. ‚Zissa', das nicht immer einheitlich übersetzt wird – manchmal sogar mit ‚Weib', zumeist aber mit ‚sitzen', auch im Sinne von ‚in Nachteil setzen', oder mit schädigen und verderben. Im Übrigen beschreibt ‚Hagazussa' im keltischen Mythos möglicherweise eine Existenz mit der transzendenten Fähigkeit, sich zwischen der diesseitigen und der jenseitigen Welt hin und her zu bewegen, also gleichsam den Zaun zum Metaphysischen überwinden zu können. Doch dürfte es hinsichtlich des Ursprungs und der Verwendungsgeschichte der Begrifflichkeit ‚Hexe', trotz einer Vielzahl von Arbeiten, die diesen Fragen nachgehen, letztlich ausreichen, auf einige bekannte Beiträge hinzuweisen, deren interdisziplinärer Standard unstrittig ist[18].

Zusätzlich ist anzumerken, dass der Begriff und sein Gebrauch Wandlungen unterworfen war, die sich offenbar vor allem in der Frühen und Mittleren Neuzeit vollzogen haben. Denn das Bild, wonach sich die Hexe auf einem Reitutensil zu einer liederlichen Zusammenkunft von ihresgleichen begibt, wurde erst ab dem 15. Jahrhundert geprägt. Dieses Subjekt war spätestens von da an keine herkömmliche Zauberin mit gewissermaßen naturgegebenen Begabungen mehr. Nach den Lehren der zeitgenössischen Dämonologie war es vielmehr eine menschliche Kreatur, die sich von Gott abgewandt hatte und einen Pakt mit dem Teufel eingegangen war. Durch die gegebenenfalls auch nur imaginäre intime Einwirkung des Teufels erwarb die Hexe überhaupt erst die Fähigkeit zur Magie oder bildete sich zumindest ein, diese Kraft nun zu besitzen. In den zumeist lateinisch abgefassten Schriften der frühneuzeitlichen Debatte um die Hexenexistenz überwiegen demzufolge verschiedene, teils schon aus dem Altertum überlieferte lateinische Wörter für ‚Hexe'. Und auch in deutschsprachigen Kontexten wurden konkurrierende Bezeichnungen – neben mannigfachen regionalen bzw. mundartlichen Prägungen häufig ‚Zauberin' und ‚Zauberer' oder das geschlechtsunspezifische ‚Unhold' – bis in das 17. Jahrhundert hinein verwendet. So ist es selbst in der Dichtung nachzulesen; beispielsweise in Grimmelshausens „Simplicissimus Teutsch" (1668/69), worin mehrere Bezeichnungen nebeneinander

18 Franck, Johannes: Geschichte des Wortes Hexe. In: Hansen, Joseph: Quellen und Untersuchungen zur Geschichte des Hexenwahns und der Hexenverfolgung im Mittelalter. Bonn 1901, S. 614–670; Bächtold-Stäubli, Bd. III, Sp. 1827–1919 (Hexe); Erich u. Beitl, S. 356–358 (Hexe, hexen); Gerlach, Hildegard: Hexe. In: Enzyklopädie des Märchens. Handwörterbuch zur historischen und vergleichenden Erzählforschung. Begr. von Kurt Ranke. Bisher 11 Bände. Berlin u. New York 1977–2003, Bd. VI, S. 960–992.

gebraucht werden[19]. Dennoch ist eine Tendenz zu erkennen, wonach eine qualitative Unterscheidung zwischen ‚Zauberin' und ‚Hexe' mit dem Fortschreiten der Hexenlehre in der zweiten Hälfte des 16. Jahrhunderts anscheinend immer weniger üblich wurde.[20]

In der vorliegenden Arbeit wird bei der Verwendungsweise von ‚Hexe' und von den damit praktisch synonymen Ausdrücken keine nähere Unterscheidung vorgenommen, sofern nicht ausdrücklich darauf aufmerksam gemacht wird.

Soweit es nicht anders angegeben ist, werden in dieser Untersuchung ebenfalls die Ausdrücke ‚Zauberei', ‚(Schwarze) Magie', ‚Schwarzkunst' und ‚Hexerei' kongruent verwendet.

Eine semantische Unterscheidung dieser Begrifflichkeiten wird in der Forschung allerdings gelegentlich dann vorgenommen, wenn es um spezifische Kontexte und Sachverhalte geht. Tatsächlich ist beispielshalber in der Gebrauchsgeschichte der Wörter ‚Zauberei' und ‚Hexerei' eine zeitweilige und offenbar regional unterschiedlich ausgeprägte inhaltliche Ungleichheit zu beobachten. Dabei scheint ‚Zauberei' eher für althergebrachte, allgemeinere Vorstellungen, etwa für die vom sogenannten Schadenzauber, gestanden zu haben; ‚Hexerei' hat dagegen wohl im engeren Sinne auf die antichristliche, teufelsbündnerische Hexenexistenz abgehoben. Auf Dauer festigte sich aber doch die überwiegend gleichbedeutende Verwendungsweise, die eben auch weitere Synonyme, vor allem ‚Schwarzkunst' und stets auch ‚Magie', umfasste.[21]

Für die Begriffe ‚Dämon', ‚dämonisch' und ‚Dämonologie' existiert eine Vielfalt von Definitionen und Auffassungen, die mitunter sogar eine sehr individuelle Qualität erreichen können – man denke dabei etwa an Johann Wolfgang von Goethes Gedanken über das Dämonische im „Vierten Teil" („Zwanzigstes Buch") von „Dichtung und Wahrheit"[22].

In der vorliegenden Arbeit erfolgt die Anwendung des Terminus' ‚Dämonologie' indes nach Möglichkeit in einer Weise, die in der Hexenverfolgungsforschung üblich ist und an den für die Frühe und Mittlere Neuzeit relevanten Verhältnissen orientiert ist. Soweit es nicht explizit unterschieden ist, werden hier außerdem ‚Dämonologie' und ‚Hexenlehre' in analogem Sinn benutzt.

Die Wissenschaft der Dämonologie befasste sich von der Antike bis in die Neuzeit hinein damit, welche Dämonen es einst gab und nach wie vor gibt, mit ihrem Ursprung, wie sie in Erscheinung treten können und über welches Maß an

---

19 Vgl. Teil 2, III.

20 Vgl. Anm. 18.

21 Vgl. dazu z. B. Behringer 1988, S. 57–62; — 1992, S. 20 f.

22 Goethe: MA, Bd. 16 (1985), S. 816–832 (Text) u. 1071 ff. (Kommentar).

Macht sie verfügen. Besonderes Augenmerk wurde dabei stets auf die Ermittlung des Einflusses gelegt, den sie möglicherweise hatten oder weiterhin haben und mit welchen Mitteln und zu welchem Zweck sie Macht über eigentlich unbescholtene Menschen erlangen können. Nach der Deutung des Mittelplatonikers und ‚Urdämonologen' Maximus von Thyrus (ca. 125 – ca. 185 n. Chr.) und auch anderer Gelehrter mussten Dämonen den Menschen nicht unbedingt feindselig gesonnen sein. Der kirchliche Wortgebrauch des Mittelalters und der Frühen Neuzeit – also in dem für die Hexenlehre vor allem maßgeblichen Zeitraum – meint mit ‚Dämonen' allerdings ausschließlich die bösen Geister. Das sind folglich die Teufel und gelegentlich noch die Individuen, die mit ihnen im Bunde sind. Daher ist auch die Bezeichnung Satanologie gebräuchlich, wenn es um Wesen und Wirkung speziell des Teufels geht. Bisweilen hatte die Dämonologie den Charakter einer Parallelwissenschaft zur Theologie und in mancher Hinsicht auch zur Jurisprudenz. Nicht oder allenfalls nur manchmal gleichzusetzen sind die theokratisch ausgewiesenen Dämonen im Übrigen mit den Geistern des (deutschen) Volksglaubens, selbst wenn diese ebenfalls von unbestimmter Gestalt sind.[23]

Schließlich ist in der bestehenden Untersuchung die häufige Verwendung von solchen Begriffen unumgänglich, die nun die Situation der Hexenversammlung bezeichnen. Falls im jeweiligen Kontext nicht eine unmittelbare semantische Spezifikation vorgenommen wird, werden diese Nomen gewöhnlich variierend, aber eben synonym gebraucht. Es handelt sich hauptsächlich um die nachstehenden Begrifflichkeiten oder um sinnentsprechende Abwandlungen – ‚Hexenversammlung', ‚Hexenzusammenkunft', ‚Hexentreffen', ‚Hexenfest' und ‚Hexenkonvent', wobei letztere am ehesten noch einmal näher zu erläutern ist[24]. Die meisten dieser

23 Vgl. dazu Erich u. Beitl, S. 131 f. (Dämon); Behringer 1993, S. 19 f.; Battafarano 2001, S. 361.

24 Bei der Erläuterung des Ausdrucks ‚Konvent' (lat. ‚conventus' – Zusammenkunft o. ä.) ist zunächst an dessen (antike) politische und ebenfalls theokratische Bedeutung zu denken. Beispielsweise wurde in der römischen Rechtssprache die vom Magistrat zur Rechtsprechung ausersehene Phase ebenso bezeichnet, aber auch die Zusammenkunft des Magistrats selbst oder einfach nur der gewohnte Versammlungsort. Darüber hinaus wurde eine korporationsähnliche Vereinigung der in einer römischen Provinz lebenden römischen Bürger ‚Konvent' genannt. Im altehrwürdigen kirchlichen Sprachgebrauch gilt als ‚Konvent' vor allem das Konsilium der (abstimmungsberechtigten) Mitglieder eines Klosters oder auch nur das Kloster an sich.
Des Weiteren ist auf eine gewisse lautliche, insbesondere aber assoziative Ähnlichkeit zu den vor allem im Englischen recht gängigen Begriffen ‚Coventina', ‚Coven' und ‚Covenant' hinzuweisen.

Die nymphenähnliche Gottheit ‚Coventina' wurde in Britannien wohl erst vor Ort von der römischen Besatzungsmacht etabliert. Ihr wurde ungefähr vom zweiten bis zum späten vierten Jahrhundert gehuldigt; entsprechend sind geheimnisvolle Riten zu ihren Ehren durch erhaltene Kultstätten archäologisch nachweisbar (Vgl. dazu Allason-Jones, Linday u. McKay, Bruce: Coventina's Well, a shrine on Hadrians Wall. Trustees of the Clayton Collection. Chesters Museum 1985).
Der Begriff ‚Coven' oder ‚Covan' taucht erstmals wohl als spätmittelalterliches schottisches Wort auf. Damit wurden offenbar Ansammlungen ganz beliebiger Art bezeichnet. Ein vorzugsweise auf das Hexenwesen bezogener Gebrauch ist daher wahrscheinlich erst seit der zweiten Hälfte des 17. Jahrhunderts im Zuge des Aufhebens um die bekennende schottische Hexe Isobel Gowdie (1662 unter Anklage) anzunehmen. Eine Konstellation, nach der es sich bei den Covens um gewissermaßen institutionelle Hexenzirkel handeln soll, denen (optimalerweise) jeweils dreizehn Mitglieder angehören und die das Kernstück einer vermeintlich althergebrachten ‚Hexenreligion' bilden, dürfte dagegen ziemlich sicher erst eine Idee neopaganistischer Strömungen des 20. Jahrhunderts sein. Hierzu wären im Besonderen die Theorien der umstrittenen britischen Anthropologin Margaret A. Murray (1863–1963) zu nennen. Einer Auffassung aus derselben Gesinnungsrichtung nach soll sich ‚Coven' von dem ursprünglich orientalischen Wort ‚Kaftan' herleiten. Bei einem solchen speziellen Kaftan soll es sich um eine Robe gehandelt haben, die bei den besagten zeremoniellen Tänzen von jeweils dreizehn Personen getragen wurde. Eine (Neu-)Belebung der Covens wurde mit dem Aufkommen besagter neopaganistischer Gewogenheiten im 20. Jahrhundert in der Tat verschiedentlich vorgenommen. Ein bekanntes Beispiel hierfür ist die sogenannte Wicca-Bewegung, die sich etwa ab der Jahrhundertmitte formierte und insbesondere im angloamerikanischen Raum mit der Zeit zu einer stabilen Anhängerschaft kam. In den USA hat sie sogar staatliche Anerkennung als Religion erfahren. Von dem ursprünglich angelsächsischen Ausdruck ‚Wicca', der soviel wie Wahr- oder Weissager bedeutet, und von der wohl eigentlich weiblichen Form ‚Wicce' leitet sich im Übrigen das englische Wort ‚Witch' ab. In der Wicca-Religion kommt den Covens, die in Zusammensetzung und Glaubensansicht mitunter sehr variieren können, eine zentrale Bedeutung als grundsätzliche Organisationsform, als Arbeits- und Anbetungszirkel zu. Wohl nicht zuletzt im Zuge dieser Popularisierung der Coven-Vorstellung durch die Wicca-Religion sind mannigfache, nominelle und substantielle Adaptionen davon zu beobachten; beispielsweise in einigen Bereichen der Populärkultur oder auch in der Internet-Kommunikation. Vgl. dazu Pearson, Joanne (Hrsg.): Belief beyond boundaries. Wicca, Celtic spirituality and New Age. Aldershot u. Ashgate 2002; Clifton, Chas S.: Her hidden children. The rise of Wicca and paganism in America. Lanham (Maryland) 2006.
Zusammengefasst gesehen könnte die Begrifflichkeit ‚Coven' also demzufolge eine etymologische Verbindung zu Kulten um die Gottheit ‚Coventina' haben; womöglich auch zu ‚Kaftan'. Der nahe liegendste etymologische Ursprung wäre allerdings wiederum das lateinische Wortfeld um ‚conventus' und ‚convenire'. Jedenfalls wurde ‚Coven' in der Neuzeit letztlich zu einer generellen Bezeichnung für die Hexenversammlung im englischen Sprachraum.

gemeinhin unverfänglichen Ausdrücke sind im Übrigen bereits in neuhochdeutschen Texten des 16. Jahrhunderts recht regelmäßig festzustellen. Dagegen scheint die einstmals genauso gängige Bezeichnung ‚Gasterey' ungefähr ab dem 18. Jahrhundert kaum mehr gebräuchlich gewesen zu sein.

Auch solche Ausdrücke, die unmittelbar an den berühmtesten Ort des Geschehens angelehnt sind, etwa ‚Blocksbergfest' oder ‚Blocksbergorgie', werden in dieser Arbeit normalerweise als generelle Bezeichnungen für Hexenversammlungen verwendet. Sofern es nicht näher spezifiziert ist, gilt das auch für die Begrifflichkeit ‚Walpurgisnacht', obwohl sie streng genommen eigentlich nur einen Zeitpunkt bezeichnet. Doch wurde ‚Walpurgisnacht' mit der Zeit darüber hinaus praktisch zu einem Synonym für die Zusammenkunft der Unholde. Damit einher ging eine gewisse Entwicklung hin zu einer allegorischen Qualität, ähnlich wie auch bei ‚Blocksberg', auf die aber im jeweiligen Fall konkret hingewiesen wird. Das im Allgemeinen ebenfalls häufig synonym benutzte Wort ‚Hexentanz', das im Grunde eine Einzelheit des Versammlungsablaufes beschreibt, wird dagegen hernach ausschließlich in einem solch detaillierten Sinne verwendet.

Die gelegentliche Beifügung ‚esoterisch' ist dabei nicht ihrem heute gängigen, einen weitläufigen übersinnlichen Aspekt meinenden Gebrauch nach zu verstehen, ebenso nicht im hermetistischen Sinn[25], sondern im althergebrachten Sinne einer nur einem bestimmten Personenkreis bekannten Geheimlehre und eines dementsprechend exklusiv begangenen Kultus'.

Erläuterungsbedürftig dürfte sich noch die Verwendung des an und für sich weit verbreiteten Ausdrucks ‚Hexensabbat' gestalten. Im fortgeschrittenen Mittelalter wurde in Anlehnung an die überwiegend nur noch mit dem Judentum assoziierte Sabbatfeier (hebr. ‚sabbat' – dt. ‚Ruhetag', ‚Ruhepause' o. ä.) und an die anlässlich des Sabbats begangenen Gottesdienste, die den zeitgenössischen Kirchendogmen gemäß im Grunde als heidnische Riten angesehen wurde, die Idee von ‚Ketzersabbaten' entwickelt. Auf derartigen Zusammenkünften sollten

---

Als Begriff mit demselben Wortstamm, der bei aller Vielfalt seiner Verwendung im englischen Sprachgebrauch unter anderem ebenfalls in religiösen und mythologischen Zusammenhängen anzutreffen ist, wäre noch ‚Covenant' zu nennen (engl. ‚covenant' – Vereinbarung o. ä.). Gemeint ist damit in der Regel ein verbindliches Übereinkommen. So wird etwa bei der Auslegung des Alten Testaments der Bund zwischen Gott und den Menschen ebenso als ‚Covenant' aufgefasst wie auch ein gelegentlicher Pakt mit dunklen Mächten. Vgl. hierzu z. B. Black's Law Dictionary. Hrsg. von Bryan A. Garner. 8. Auflage St. Paul (Minn.) 2004, S. 391–393 („covenant").

25 Vgl. Wilpert 2001, S. 240 („Esoterisch") u. 336 („Hermetische Literatur", „Hermetismus").

die häretischen Sekten angeblich ihren frevlerischen Götzendienst verrichten. Solche christlichen Splittergruppen, die nach der Art der Judenchristen und des Urchristentums gegebenenfalls noch den Sabbat pflegten, galten zudem im Prinzip auch als Häretiker. Da das vermeintliche Hexen- und Teufelsbündnertum zunächst ebenfalls vorwiegend als eine Variante der Häresie verstanden worden ist, war die Vorstellung vom ‚Hexensabbat' unter anderem auch eine relativ späte Abart von der des ‚Ketzersabbats'. Wegen dieser besonderen historischen Umstände, die auf diese Weise auch zu Bedenken gegeben werden sollen, erfolgt in der vorliegenden Untersuchung die Verwendung des Wortes ‚Hexensabbat' eben stets mit den ersichtlichen einfachen Anführungszeichen (‚…'). Nichtsdestotrotz ist in der Dichtung und in anderer Literatur ein tendenzfreies Verwenden von ‚Hexensabbat' aufgrund der langen Gebrauchstradition des Wortes nach wie vor durchaus üblich. Unter Berufung auf vermeintlich althergebrachte magisch-schamanistische Grundsätze nennt beispielsweise auch die neopaganistische Wicca-Religion ihre acht wichtigsten Feiertage noch eigens ‚Sabbate'[26]. Die im Schrifttum für die Hexenversammlung manchmal zwar auch anzutreffende, insgesamt jedoch erheblich weniger gebräuchliche Bezeichnung ‚Synagoge' lässt auf den ersten Blick ebenfalls auf einen einstmals als Dysphemismus beabsichtigten Rückgriff auf die Glaubenssphäre des Judentums annehmen. Zumindest gleichermaßen wahrscheinlich ist jedoch ebenso eine nicht weiter ideologisch behaftete Ableitung vom altgriechischen Ursprungswort ‚synago', das in etwa mit ‚(sich) versammeln' zu übersetzen ist.[27]

III. Forschungssituation

Die literaturwissenschaftliche Behandlung des Themenbereichs Hexenversammlung und Walpurgisnacht ist fast immer verhältnismäßig isoliert an einzelnen Werken ausgerichtet. Solche Werke beinhalten folglich eine Szenerie in der Art eines ‚Hexensabbats' bzw. einer Walpurgisnacht oder sie sind als Ganzes, zumindest aber einzelne Teile, Kapitel oder Passagen darin, mit einem entsprechend lautenden Titel versehen. Zu einigen solchen Texten ist eine beträchtliche Anzahl von Untersuchungen, teils mit sehr unterschiedlicher Betrachtungsweise durchgeführt worden; am häufigsten und aufwendigsten zu den Walpurgisnacht-Szenen in der Faust-Dichtung des Johann Wolfgang von

26 Vgl. Pearson 2002; Clifton 2006, Kap. 2 u. 3.

27 Vgl. dazu Bächtold-Stäubli, Bd. III, Sp. 1845–1847 u. 1890 („Hexensabbat", „Synagoge"); Behringer 1993, S. 21 u. 64–66; Siefener, S. 89–91; Ginzburg 1990, S. 81–85 u. 93; außerdem Teil 1, IV.

Goethe[28]. In diesen Forschungsarbeiten wurde bisweilen auf den einen oder anderen Vorläufer Goethes bei der Poetisierung des Blocksbergtreibens oder auch auf Nachahmungen oder bewusste Abweichungen von Goethes Vorgaben hingewiesen. Dennoch wurden die Beiträge der Dichtung im Bereich Hexenversammlung und Walpurgisnacht von der Literaturwissenschaft kaum einmal als eigenständiges Motiv in der Literaturhistorie verstanden. Gleichwohl besteht eine lange Tradition bei der Analyse von unmittelbar benachbarten Stoffen und Motiven, als dessen Bestandteil etwaige Hexenzusammenkünfte auch mitunter abgehandelt werden. Zu nennen wären hierzu vor allem die weit gefächerten Forschungen über die Dichtung um Faust- bzw. Teufelsbündner-Gestalten, die stetig um neue Aspekte erweitert werden[29], oder solche zu den ebenso reichhaltigen wie häufig ineinander verzahnten Themenkomplexen innerhalb der phantastischen Literatur, wie Magie, Schwarze Messen, Hexen und Hexenwesen oder Gespenster und Geister[30]. Einer eingeforderten motivgeschichtlichen Darstellung der walpurgisnächtlichen, zauberisch-mystischen Ereignishaftigkeit kommen dabei die Arbeiten des amerikanischen Germanisten Henry Hatfield (Harvard)

---

28 Außer auf die konkreten, text- und textentstehungsnahen Untersuchungen der Walpurgisnacht-Szenen in Goethes Faust-Dichtung wäre hier noch auf eine Mischform aus Goethe-Forschung und Regional- bzw. Lokal-Historiographie zu verweisen. Darin wird sich ex aequo dem biographischen Ereignis der Reisen Goethes in den Harz und einigen Gegebenheiten im Harz-Gebirge ausgangs des 18. Jahrhunderts angenommen. Selbstverständlich wird dabei die „Walpurgisnacht" im „Faust I" als ein gewichtiger Teil der literarischen Schnittmenge von Goethes Begegnung mit dem Mittelgebirge berücksichtigt. Von einer genaueren Textanalyse wird in diesem Schrifttum aber weit gehend abgesehen; gleichermaßen wird die literarisch-motivgeschichtliche Dimension der mit der Walpurgisnacht assoziierten metaphysischen Vorgänge allenfalls kurz angeschnitten.
Hierzu wären u. a. zu zählen: Dennert, Friedrich: Goethe und der Harz. Quedlinburg 1920; — Faust auf dem Brocken. Zur Quellengeschichte der Szene. Goethe-Jahrbuch 1951. Weimar 1952, S. 259–261; Dietert, Friedrich: Goethe im Harz. Wernigerode und Chorin 1920; Denecke, Rolf: Goethes Harzreisen. Hildesheim 1980.

29 Als einen solchen Fall vgl. Doering, Sabine: Die Schwestern des Doktor Faust. Eine Geschichte der weiblichen Faustgestalten. Göttingen 2001.

30 Darunter befinden sich auch manchmal Untersuchungen, die einzelne Details, die – je nach literarischer Umsetzung – in einem habituellen Zusammenhang mit Hexenversammlungs- und Walpurgisnachtvorstellungen stehen können, mit einer speziellen literaturwissenschaftlichen Fragestellung verbinden. Vgl. hierfür z. B. die nachstehende, auf eine internationale Auswahl von sieben Romanen des 19. und 20. Jahrhunderts eingegrenzte kurzgefasste Betrachtung: Rainer, Karin A.: Literatur des Bösen. Satan, Teufelskult und Schwarze Messen in der Literatur. Marburg 2007.

noch relativ nahe. Hatfield nimmt allerdings wiederum Goethes Walpurgisnächte aus „Faust I“ und „Faust II“ sowie die Faust-Motivik im Allgemeinen zum Ausgangspunkt, so dass die aufgezeigten literarischen Beziehungen die Witterung eines supranationalen wirkungsgeschichtlichen Überblicks in Bezug auf Goethes Ausarbeitungen nicht ganz ablegen können. Nichtsdestotrotz erkundet er schon unter dem Gesichtspunkt einer motivischen Variation wie die goetheschen Vorgaben in moderner Epik des 20. Jahrhundert aufgegriffen und modifiziert wurden[31]. Sein Hauptaugenmerk richtet Hatfield auf den Roman „Ulysses“ (1922 erstmals vollständig verlegt) des Iren James Joyce (1882–1941) und auf das erzählerische Hauptwerk des russisch-ukrainischen Schriftsteller Michail Afanasjewitsch Bulgakow (1891–1940) „Der Meister und Margarita“ (1967 postum erschienen). Hatfield kommt zu der durchaus plausiblen Schlussfolgerung einer grundsätzlich zu beobachtenden Entwicklung vom detailliert Plastisch-Abbildhaften in Aufklärung und Romantik zum zunehmend Chiffrenhaften, Allegorischen und Parodistischen in der Moderne, in der auf Details des Hexentums möglicherweise weniger Wert gelegt wird[32]. Seine Schlussfolgerung leidet jedoch unter seiner sehr reduzierenden Einordnung der Walpurgisnächte der Faust-Dichtung Goethes als alles in allem (lediglich) dem ‚Geist der Goethezeit‘ entsprechende, aufwendige Illustration des überwundenen Aberglaubens[33]. Dazu scheint Hatfield offensichtlich zu verkennen, dass bei allem Aufwand und aller Detailfülle die bei der Poetisierung der Walpurgisnacht-Phantasien keineswegs erst seit der Moderne obligatorischen Aspekte des Parodistischen und Allegorischen auch bei Goethe längst eingewurzelt sind.

Ebenfalls als Beiträge zur Wirkungsgeschichte von Goethes Walpurgisnacht-Ausgestaltungen in der Faust-Dichtung sind solche über die Grenzen des Literarischen hinausgehende Untersuchungen einzuordnen, die der rezeptiven und inspirierenden Wirkung der „Walpurgisnacht“, vor allem eben der im „Faust I“, auf die bildende Kunst oder auf die Musik nachgehen[34].

---

31 Hatfield, Henry: The Walpurgis Night: Theme and variations. In: Journal of European Studies. Literature and ideas from the Rennaissance to the Present. Vol. 13, 1983, S. 56–74; — The Walpurgis Nights of Goethe and Bulgakov. In: Ugrinsky, Alexej (Hrsg.): Goethe in the twentieth century. New York, Westport (Conn.), London 1987, S. 51–54.

32 Hatfield 1983, S. 72 f.

33 Ebd., S. 72.

34 Vgl. hierzu etwa Hubert, Renée Riese: Art and Perversity: Barlach's and Dali's Views of *Walpurgisnacht*. In: Journal of European Studies. Literature and ideas from the Renaissance to the Present. Vol. 13, 1983, S. 75–95.

Auch gelegentliche Ausstellungen zum Thema des walpurgisnächtlichen Hexentreibens – soweit sie mit einem mehr literaturgeschichtlichen als historiographischen Hintergrund arrangiert wurden – waren bislang gewöhnlich an den entsprechenden poetischen Leistungen Goethes, ergänzt durch zugehörige biographische Eckdaten, wie den Harzreisen, orientiert[35].

Davon zu unterscheiden sind im Übrigen solche Ausstellungen, die künstlerische Schöpfungen zeigen, deren Schaffung offenkundig von den Walpurgisnächten in Goethes Faust-Dichtung angeregt wurde[36], und natürlich streng geschichtswissenschaftlich gehaltene Schauen zum Hexenthema, die das Detail des Unholdenkonvents zuweilen auch intensiver beleuchten[37].

Immer wieder einmal werden zudem eigens Editionen herausgebracht, in denen mannigfache literarische Errungenschaften zum Themen-Komplex Walpurgisnacht, dämonische Versammlungen und Satansmessen aus verschiedenen Epochen zusammengestellt sind. Doch verbleiben diese, unter erkennbar merkantilen Gesichtspunkten entstandenen Bände üblicherweise auf einem eben kompilativen Niveau. Denn sie werden im Regelfall nur von einem Minimum an Kommentar begleitet und die vergleichsweise willkürliche Auswahl der einzelnen Texte erfolgte halt nicht vorrangig nach literaturhistorisch systematisierenden Maßstäben.[38]

In den für die Thematik relevanten Geschichtswissenschaften, also in der allgemeinen Historiographie und in der Rechtshistoriographie, ist das Phänomen der Hexenverfolgungen und Hexenprozesse insgesamt ausführlich behandelt

---

35 Vgl. hierzu insbesondere Gerlach, Hildegard u. Mahal, Günther: Hexen, Brocken, Walpurgisnacht. Ausstellungskatalog Faust-Museum Knittlingen. Knittlingen 1980.

36 Vgl. z. B. Alfaro, Andreu: Alfaro – Walpurgisnacht. Eisenskulpturen aus dem Goethe-Zyklus. Veröffentlicht anlässlich der Ausstellung im November 1990. Köln 1990; Cremer, Fritz u. Schubert, Sabine: Fritz Cremer – Walpurgisnacht: Ausstellung vom 30. April bis zum 18. Juni 1995. Pulsnitz 1995.

37 Vgl. z. B. Dülmen, Richard van: Imaginationen des Teuflischen. Nächtliche Zusammenkünfte, Hexentänze, Teufelssabbate. In: Dülmen, Richard van (Hrsg.): Hexenwelten. Magie und Imagination vom 16.–20. Jahrhundert. Entstanden anlässlich einer von der Universität des Saarlandes veranstalteten Ausstellung vom 1. Mai bis zum 19. Juli 1987 in der Stadtgalerie Saarbrücken, vom 25. Oktober bis zum 29. November 1987 im Kulturzentrum Gasteig in München, vom 22. Februar bis zum 18. März 1988 im Rathaus Kassel und vom 26. März bis zum 1. Mai 1988 im Frauenmuseum Bonn. Frankfurt/M. 1987, S. 94–130.

38 Vgl. hierzu etwa Schwarze Messen. Dichtungen und Dokumente. Hrsg. von Ulrich K. Dreikandt. München 1970; Hexen, Teufel und Gespenster. Satanische Geschichten von Walpurgisnacht bis Halloween. Hrsg. von Sabine Prilop. Düsseldorf 2001.

worden. Die Vorstellung vom ‚Hexensabbat' konnte dabei jedoch nur als ein Detail der dämonologischen Ideologie – der Hexenlehre – erscheinen, durch die Verfolgungen und Prozesse legitimiert wurden. In diesem Kontext üblicherweise schon nicht allzu intensiv berücksichtigt, wurde auch ein etwaiger Eingang von Hexenversammlungen und walpurgisnächtlichen Umtrieben in die Dichtung allenfalls am Rande angesprochen.

Dennoch ist zum Verständnis einer gleichsam mentalitätsgeschichtlichen Dimension des ‚Hexensabbat'-Gedankens die Zuhilfenahme von historiographischen und rechtsgeschichtlichen Erkenntnissen unerlässlich. Hinzu kommt nicht zuletzt, dass zumindest den Literaten des 18. und frühen 19. Jahrhunderts, die eine juristische Ausbildung erhalten haben, eine Berührung mit dem Hexen- und Zaubereiproblem nicht allein durch den Volksglauben sondern gewiss auch über rechtskundliche Rudimente, etwa in überdauernd verwendeten Institutionenlehrbüchern[39], widerfahren ist.

Erste Ansätze einer unparteiischen Präsentation des Hexenthemas sind bereits der collagenhaften Zusammenstellung von Aussagen aus der ‚Hexenliteratur' – sowohl von Befürwortern als auch von Kritikern der Hexenlehre – des Leipziger Magisters Johannes Praetorius (1630–1680) nicht abzusprechen. Der für die Barockzeit schon bemerkenswerten Kompilation liegt allerdings eine ausgeprägte merkantile Absicht zugrunde, die den Wert des an und für sich innovativen dokumentarischen Stils beeinträchtigt.[40]

Ein sozusagen proto-wissenschaftliches Angehen der Ursprünge des allgemeinen Aberglaubens an das Hexen- und Dämonenwesen und an damit verknüpfte Legenden ist dann in der Hochaufklärung festzustellen[41]. Der Beginn einer geschichtswissenschaftlich zu nennenden Erforschung der Hexenverfolgungen und der Zaubereiprozesse ist dagegen eigentlich erst gegen Ende des 18. Jahrhunderts anzusetzen[42]. Die sich im 19. Jahrhundert daran anschließende verstärkte

39 Vgl. Luig, Klaus: Institutionenlehrbücher des nationalen Rechts im 17. und 18. Jahrhundert. In: Ius Commune. Veröffentlichungen des Max-Planck-Instituts für europäische Rechtsgeschichte. Bd. 3, 1970, S. 65–97.

40 Vgl. Teil 2, II.

41 Vgl. Teil 2, IV.

42 Hierfür wären insbesondere die Beflissenheiten des Quedlinburger Stadtsyndikus Gottfried Christian Voigt (1740–1791) als Beispiel zu nennen, selbst wenn gewichtige Teile von Voigts Konklusionen, etwa die hanebüchen überhöhten Opferzahlen, nach heutiger Forschungslage längst nicht mehr haltbar sind und häufig zu Irrtümern geführt haben: Voigt, Gottfried Christian: Etwas über die Hexenprozesse in Deutschland. In: Berlinische Monatsschrift. Jg. 1784, Bd. 3, S. 297–311 (April 1784); — Auszüge aus einigen

Auseinandersetzung mit jenen historischen Vorgängen brachte schließlich einige Standardwerke hervor, die bis zur Gegenwart eine gewisse Basis für viele Abhandlungen zu diesem Thema bilden. Wilhelm Gottlieb Soldans (1803–1869) „Geschichte der Hexenprocesse" von 1843 – mit das erste wirklich umfangreiche dieser Werke – wurde dazu noch stetig fortgeführt und aktualisiert[43]. In zwei weiteren bedeutenden Werken, die zu Beginn des 20. Jahrhunderts von Joseph Hansen (1862–1943) verfasst bzw. als deutschsprachige Ausgabe herausgegeben wurden, umfasst die berücksichtigte Zeitspanne allerdings vorwiegend nur das 15. Jahrhundert zuzüglich der Reformationszeit bis etwa 1540 oder der gewählte Untersuchungsgegenstand ist mit der Geschichte der Inquisition recht scharf eingegrenzt[44]. So dürften diese wissenschaftsgeschichtlich durchaus bahnbrechenden Arbeiten andererseits dazu beigetragen haben, dass die Forschungen über die Frühe und Mittlere Neuzeit, der eigentlichen Kulmination der dämonologischen Debatte und der Zaubereiverfahren, noch lange vernachlässigt blieben und landläufig die Hexenverfolgungen oftmals lediglich mit dem Mittelalter und den Aktivitäten der römischen Inquisitionsbehörde assoziiert wurden.

Insbesondere seit dem letzten Viertel des 20. Jahrhunderts, vor allem infolge eines stark aufgekommenen nicht mehr nur wissenschaftlichen sondern ebenso gesellschaftlichen Interesses an den historischen Hexenverfolgungen und an metaphysischen Stoffen an sich, ist eine außergewöhnliche Fülle an Publikationen zu verzeichnen. Diese umfassen ein ausgedehntes Spektrum, das von populärwissenschaftlich arrangierten Abhandlungen und eher auf Unterhaltung

---

Hexenakten bei der Königl. Preuß. Erbvoigtei zu Quedlinburg. In: Berlinische Monatsschrift. Jg. 1784, Bd. 3, S. 430–452 (Mai 1784); — Noch einige Bemerkungen über Hexenprocesse und Folter. In: Berlinische Monatsschrift. Jg. 1784, Bd. 3, S. 453–462 (Mai 1784).

43 Soldan, Wilhelm Gottlieb: Geschichte der Hexenprocesse. Aus den Quellen dargestellt. Stuttgart u. Tübingen 1843; vgl. dazu Soldan, Wilhelm Gottlieb (Begr.) / Heppe, Heinrich / Bauer, Max: Geschichte der Hexenprozesse. 2 Bände. Nachdruck der 3. Aufl. in der Neubearbeitung von Max Bauer. Köln 1999.

44 Lea, Henry Charles: Geschichte der Inquisition im Mittelalter. Übersetzung der Ausgabe Philadelphia 1887. 3 Bände. Hrsg. von Joseph Hansen. Nachdruck der Ausgabe Bonn 1905. Nördlingen 1987.
Hansen, Joseph: Zauberwahn, Inquisition und Hexenprozeß im Mittelalter und die Entstehung der großen Hexenverfolgung. Reprint des Titels München 1900. Frankfurt/M. 1998; Hansen, Joseph: Quellen und Untersuchungen zur Geschichte des Hexenwahns und der Hexenverfolgung im Mittelalter. Mit einer Untersuchung der Geschichte des Wortes Hexe von Johannes Franck. Nachdruck der Ausgabe Bonn 1901. Hildesheim 2003.

angelegten, emotional gefärbten sachschriftstellerischen Beiträgen[45] bis hin zu äußerst profunden empirischen Studien und forschungsmäßigen Spitzenleistungen reicht. Der Großteil der einem engen Verständnis nach wissenschaftlichen Untersuchungen nimmt generaliter alle sachdienlichen Quellen und Informationen in Anspruch. Bei einer mitunter etwas variierenden Methodik fußen die meisten der Forschungsbeiträge somit auf einer Kombination aus hermeneutischen Betrachtungen von sogenannter Hexenliteratur und anderen geeigneten Texten sowie aus Beurteilungen von Prozessakten und anderen empirisch oder statistisch auswertbaren Quellen[46]. Dabei ist man in betont rechtsgeschichtlich ausgerichteten Arbeiten tendenziell bestrebt, die materiellrechtlichen Eigentümlichkeiten des Zaubereiverbrechens (lat. ‚Crimen magiae') sowie die beweisrechtliche und die quasi formellrechtliche Disposition der entsprechenden Prozesse etwas genauer beleuchten[47].

45 Vgl. z. B. Döbler, Hannsferdinand: Hexenwahn. Die Geschichte einer Verfolgung. München 1977, insbesondere S. 137 ff.

46 In diesem Sinne können nachstehende Werke als bemerkenswerte Beispiele gelten: Behringer, Wolfgang: Hexenverfolgung in Bayern. Volksmagie, Glaubenseifer und Staatsräson in der Frühen Neuzeit. München 1988; — Hexen und Hexenprozesse in Deutschland. 2. Aufl. München 1993; — Hexenflug. Elektronische Veröffentlichung im PDF-Format. Saarbrücken 2004, S. 162–179 (http://www.uni-saarland.de/fak3/behringer/HP/netz_publi.html); Jerouschek, Günter: Die Hexenverfolgungen als Problem der Rechtsgeschichte. Anmerkungen zu neueren Veröffentlichungen aus dem Bereich der Hexenforschung. In: Zeitschrift für Neuere Rechtsgeschichte (ZNR). 15. Jg., 1993, S. 202–224; Levack, Brian P.: Hexenjagd – die Geschichte der Hexenverfolgungen in Europa. Übersetzung der Originalausgabe „The Witch-Hunt in Early Modern Europe" U.K. 1987. München 1995; Schormann, Gerhard: Hexenprozesse in Deutschland. 3. Aufl. Göttingen 1996; Soldan, Wilhelm Gottlieb (Begr.) / Heppe, Heinrich / Bauer, Max: Geschichte der Hexenprozesse. 2 Bände. Nachdruck der 3. Aufl. in der Neubearbeitung von Max Bauer. Köln 1999.
Zwecks einer weiterführenden Zusammenstellung von einschlägigem, wissenschaftlichem Schrifttum vgl. z. B. Behringer 1988, S. 3; Jerouschek 1993, S. 202–224.

47 Vgl. z. B. Trusen, Winfried: Der Inquisitionsprozeß. Seine historischen Grundlagen und frühen Formen. In: Zeitschrift der Savigny-Stiftung für Rechtsgeschichte (ZRG KA). 105. Bd., Kanonistische Abteilung LXXIV, 1988, S. 168–230; — Vom Inquisitionsverfahren zum Ketzer- und Hexenprozeß. Fragen der Abgrenzung und Beeinflussung. In: Schwab, Dieter / Giesen, Dieter / Listl, Joseph / Strätz, Hans-Wolfgang (Hrsg.): Staat, Kirche, Wissenschaft in einer pluralistischen Gesellschaft. Festschrift zum 65. Geburtstag von Paul Mikat. Berlin 1989, S. 435–450; Fuchs, Ralf-Peter: Der Vorwurf der Zauberei in der Rechtspraxis des Injurienverfahrens. Einige Reichskammergerichtsprozesse westfälischer Herkunft im Vergleich. In: Zeitschrift für Neuere

Einen gehörigen Anteil an der Forschung zu den historischen Hexereiprozessen haben mittlerweile Studien mit beliebig festgelegten regionalen und lokalen Schwerpunkten[48]. Besonders manche der regionalen Betrachtungen haben gleichwohl Erkenntnisse gewonnen, die ohne weiteres auch auf überregionale Zustände erweiterbar sind[49]. Inwiefern letzteres auch für Ergebnisse aus Untersuchungen gelten kann, die für Verfolgungen und Verfahren in europäischen Territorien und Gegenden außerhalb des deutschen Sprachraums vorgenommen wurden, wäre im Detail noch zu überprüfen[50]. Grundsätzlich variieren diese Darstellungen ebenso in ihren Ansätzen und Methoden. Von einer textwissenschaftlichen Warte aus dürften darunter solche Analysen besonders interessant sein, die Pamphlete und andere Flugschriften, die mit einigen konkreten Hexerei-Fällen in unheilbringendem Zusammenhang standen, in Augenschein nehmen[51].

Die anhaltende, sukzessive Erweiterung der methodischen Zugriffe auf die Thematik zeigt sich unter anderem in der Beleuchtung des Zusammenhangs zwischen dem Hexen- und Zaubereiglauben der Bevölkerung und den Hexenverfolgungen unter verstärktem Einbeziehen sozialgeschichtlicher Gesichtspunkte. Dabei ist man meist nicht mehr so intensiv bemüht, die Rolle der geistlichen und weltlichen Eliten oder eben der dämonologischen Lehre zu erläutern. Stattdessen

---

Rechtsgeschichte (ZNR). 17. Jg., 1995, S. 1–29; Oestmann, Peter: Hexenprozesse am Reichskammergericht. Köln, Weimar, Wien 1997; Tschacher, Werner: Der Flug durch die Luft zwischen Illusionstheorie und Realitätsbeweis. Studien zum sog. Kanon Episcopi und zum Hexenflug. In: Zeitschrift der Savigny-Stiftung für Rechtsgeschichte (ZRG KA). 116. Bd., Kanonistische Abteilung LXXXV, 1999, S. 225–276; Michels, Kurt: Der Indizienbeweis im Übergang vom Inquisitionsprozeß zum reformierten Strafverfahren. Tübingen 2000.

48 Als Untersuchungen mit eher lokaler Orientierung vgl. z. B. Kunstmann, Hartmut H.: Zauberwahn und Hexenprozeß in der Reichstadt Nürnberg. Nürnberg 1970; Hoffmann, Hans: Hexen im Harz. Bad Harzburg 1993.

49 Vgl. insbesondere Schormann, Gerhard: Hexenprozesse in Nordwestdeutschland. Hildesheim 1977; Behringer, Wolfgang: Hexenverfolgung in Bayern. Volksmagie, Glaubenseifer und Staatsräson in der Frühen Neuzeit. München 1988.

50 Als Beispiele können hier genannt werden: [Schweiz:] Blauert, Andreas: Hexenwahn und Hexenverfolgung im Gebiet der heutigen Schweiz während des 15. Jahrhunderts. In: Acta Ethnographica Hungaricae. An international journal of ethnography. Vol. 37, H. 1–4, 1991/92, S. 17–26; [Ungarn:] Pócs, Éva: Between the Living and the Dead: A Perspective on Witches and Seers in the Earty Modern Age. Ins Engl. übersetzt von Szilvia Rédey und Michael Webb. Budapest 1999.

51 Vgl. [Großbritannien:] Gibson, Marion: Reading Witchcraft. Stories of early English witches. London u. New York 1999; — Early Modern Witches. Witchcraft Cases in Contemporary Writing. London u. New York 2000.

werden bei der Klärung der Verfolgungsursachen verstärkt die Sozialstrukturen und Siedlungsverhältnisse unter die Lupe genommen. Auf diese Weise kam man teils zu recht unvermuteten Folgerungen. Ausgehend von der Situation der zutiefst abergläubischen, ungebildeten und daher gegenüber menschlichen Schwächen besonders anfälligen Land- und Dorfbevölkerung wurde beispielsweise der Frage nachgegangen, ob nicht die Vernichtung der oftmals verfolgungsförderlichen dörflichen Gemeinschaften durch den Dreißigjährigen Krieg kehrseitig womöglich einen langfristigen Rückgang der Hexenjagden bedingt haben könnte.[52]

In einigen weiteren Untersuchungen wird die Veranschaulichung des ‚Crimen-Magiae'-Gedankens durch eine ganz textnahe hermeneutische Erörterung von Schriften aus der dämonologischen Debatte des Spätmittelalter und der Frühen Neuzeit, betrieben. Dabei wird dann aus dieser theologischen und juristischen Fachliteratur ein einzelner Titel herausgegriffen, beispielsweise der „Hexenhammer" (lat. „Malleus maleficarum"), der häufig als eine Art Prolog der Hexenverfolgungen betrachtet wird[53]. In einer anderen Variante wird aber sogar ein regelrechter Korpus aus dämonologischen – insbesondere wenn sie für die entsprechende Rechtsfindung grundlegend waren – und auch verfolgungskritischen Texten anhand eines roten Fadens aus bestimmten Fragepunkten abgehandelt[54].

52 Vgl. insbesondere Labouvie, Eva: Zauberei und Hexenwerk. Ländlicher Hexenglaube in der frühen Neuzeit. Frankfurt/M. 1991; ferner z. B. Baumann, Anette: Die Gesellschaft der frühen Neuzeit im Spiegel der Reichskammergerichtsprozesse. Eine sozialgeschichtliche Untersuchung zum 17. und 18. Jahrhundert. Köln 2001.

53 Vgl. Segl, Peter (Hrsg.): Der Hexenhammer. Entstehung und Umfeld des Malleus Maleficarum. Köln u. Wien 1988; Neumann, Almut: Verträge und Pakte mit dem Teufel. Antike und mittelalterliche Vorstellungen im „Malleus maleficarum". St. Ingbert 1997; Behringer, Wolfgang: Heinrich Kramers „Hexenhammer": Text und Kontext. Elektronische Veröffentlichung im PDF-Format. Saarbrücken 2001, S. 83–124 (http://www.uni-saarland.de/fak3/behringer/HP/netz_publi.html); Kramer, Heinrich (genannt Henricus Institoris): Der Hexenhammer. Malleus maleficarum. Neu aus dem Lateinischen übersetzt von Wolfgang Behringer, Günter Jerouschek und Werner Tschacher. Hrsg. u. übersetzt von Günter Jerouschek und Wolfgang Behringer. 3. Aufl. München 2003.

54 Vgl. Leutenbauer, Siegfried: Hexerei- und Zaubereidelikt in der Literatur von 1450–1550. Mit Hinweisen auf die Praxis im Herzogtum Bayern. Berlin 1972; Siefener, Michael: Hexerei im Spiegel der Rechtstheorie. Das crimen magiae in der Literatur von 1574 bis 1608. Frankfurt/M. 1992.
In Ergänzung dazu vgl. Lehmann, Hartmut u. Ulbricht, Otto (Hrsg.): Vom Unfug des Hexen-Processes. Gegner der Hexenverfolgung von Johann Weyer bis Friedrich Spee. Vorträge, gehalten anlässlich eines Arbeitsgespräches vom 22. bis 25. September 1987 in der Herzog-August-Bibliothek Wolfenbüttel (Wolfenbütteler Forschungen, 55). Wiesbaden 1992.

Einige Aspekte, die für die Idee von messeartigen Satansverehrungen oder anderen mysteriösen kultischen Zusammenkünften bedeutsam waren, werden zuweilen auch in Forschungen mit einem mehr oder weniger eng gefasste religionsgeschichtlichen Vorsatz angerissen. Hierzu sind vor allem Auseinandersetzungen mit der Geschichte der Teufelsvorstellungen und des Satanismus zu nennen[55]. Hinzu kommen esoterikgeschichtliche Arbeiten, welche die Weltanschauungen und Riten von Geheimgesellschaften fokussieren und dabei auch das Augenmerk auf etwaige satanistisch anmutende Interferenzen richten[56].

Die Menge der methodischen Zugriffsmöglichkeiten auf den vielschichtigen Komplex Hexen- und Zaubereiglaube und Hexenverfolgungen in seiner europaweiten Dimension vergegenwärtigt in (bedingter) exemplarischer Form eine von Bengt Ankarloo (1935–2008) und Gustav Henningsen (*1934) herausgegebene Aufsatzsammlung[57]. Die einzelnen Abhandlungen schneiden aus einer eher mentalitätsgeschichtlichen Grundhaltung heraus verschiedene religionsgeschichtliche[58], rechtsgeschichtliche[59] sowie aberglaubens- und mythologiegeschichtliche[60]

---

55 Vgl. z. B. Frick, Karl R.H.: Satan und die Satanisten. Ideengeschichtliche Untersuchungen zur Herkunft der komplexen Gestalt „Luzifer/Satan/Teufel“, ihrer weiblichen Entsprechungen und ihrer Anhängerschaft. 3 Teile. Graz 1982–1986; Pagels, Elaine: Satans Ursprung. Übersetzung der Ausgabe New York u. Toronto 1995. Berlin 1996.

56 Vgl. z. B. Frick, Teil 3 (1986): Satanismus und Freimaurerei. Eine Dokumentation bis zur Gegenwart.

57 Ankarloo, Bengt u. Henningsen, Gustav (Hrsg.): Early Modern European Witchcraft. *Centres and Peripheries*. Oxford 1990.

58 Baroja, Julio Caro: Witchcraft and Catholic Theology. In: Ankarloo, Bengt u. Henningsen, Gustav (Hrsg.): Early Modern European Witchcraft. Centres and Peripheries. Oxford 1990, S. 19–44; Clark, Stuart: Protestant Demonology: Sin, Superstition, and Society (c. 1520–c. 1630). In: Ankarloo, Bengt u. Henningsen, Gustav (Hrsg.): Early Modern European Witchcraft. *Centres and Peripheries*. Oxford 1990, S. 45–82.

59 Tedeschi, John: Inquisitorial Law and the Witch. In: Ankarloo, Bengt u. Henningsen, Gustav (Hrsg.): Early Modern European Witchcraft. *Centres and Peripheries*. Oxford 1990, S. 83–120.

60 Muchembled, Robert: *Satanic Myths and Cultural Realty*. In: Ankarloo, Bengt u. Henningsen, Gustav (Hrsg.): Early Modern European Witchcraft. *Centres and Peripheries*. Oxford 1990, S. 139–160; Rowland, Robert: *‚Fantastical and Devilishe Persons‘: European Witch-beliefs in Comparative Perspective*. In: Ankarloo, Bengt u. Henningsen, Gustav (Hrsg.): Early Modern European Witchcraft. *Centres and Peripheries*. Oxford 1990, S. 161–190.

Aspekte an, und auch den Ursprüngen der ‚Hexensabbat'-Vorstellung sind Beiträge gewidmet[61].

Tatsächlich wurden auch einzelne Arbeiten konkret zum ‚Hexensabbat' verfasst, in denen ganz bewusst nicht der unmittelbare Zugriff über die Hexenverfolgungen und die Hexenlehre gewählt wurde. So befasst sich der vor allem als Mikrohistoriker bekannt gewordene Carlo Ginzburg (*1939) mit dem Entwicklungsgang der Idee von nächtlichen, mysteriösen Versammlungen von der Spätantike bis zur Frühen Neuzeit auf eine auf ganz Europa ausgedehnte mentalitätsgeschichtlich zu nennende Weise. Dabei kommt er nicht allzu ausgiebig auf die Bedeutung von Hexenzusammenkünften innerhalb der frühneuzeitlichen Dämonologie zu sprechen. Stattdessen veranlassen gewisse Zuflüsse aus Mythologie und Volksglauben Ginzburg dazu, seine Spurensuche mehr darauf zu richten, ob und inwiefern der ‚Hexensabbat'-Gedanke als verballhorntes Überbleibsel eines verdrängten überregionalen Schamanismus in Betracht gezogen werden kann.[62]

Eine Abhandlung des Kulturwissenschaftlers Richard van Dülmen (1937–2004), die ebenfalls einem tendenziell mentalitätsgeschichtlichen Ansatz folgt, ist dagegen im Wesentlichen auf die Ausführungen der Hexenlehre über die Konvente der teuflischen Unholde, der Bedeutung jenes Schemas für das religiös geprägte Denken und deren genereller Wirkung in der Epoche der Hexenverfolgungen vom 15. bis 17. Jahrhundert abgestimmt[63].

---

61 Ginzburg, Carlo: *Deciphering the Sabbath.* In: Ankarloo, Bengt u. Henningsen, Gustav (Hrsg.): Early Modern European Witchcraft. *Centres and Peripheries.* Oxford 1990, S. 121–137; Henningsen, Gustav: *‚The Ladies from Outside': An Archaic Pattern of the Witches' Sabbath.* In: Ankarloo, Bengt u. Henningsen, Gustav (Hrsg.): Early Modern European Witchcraft. *Centres and Peripheries.* Oxford 1990, S. 191–215.

62 Ginzburg, Carlo: Hexensabbat. Entzifferung einer nächtlichen Geschichte. Aus dem Italienischen übersetzt von Martina Kempter. Berlin 1990 (Titel der ital. Originalausgabe: Storia notturna. Una decifrazione del sabba. Turin 1989); — *Deciphering the Sabbath.* In: Ankarloo, Bengt u. Henningsen, Gustav (Hrsg.): Early Modern European Witchcraft. *Centres and Peripheries.* Oxford 1990, S. 121–137.

63 Vgl. Dülmen, Richard van: Imaginationen des Teuflischen. Nächtliche Zusammenkünfte, Hexentänze, Teufelssabbate. In: Dülmen, Richard van (Hrsg.): Hexenwelten. Magie und Imagination vom 16.–20. Jahrhundert. Entstanden anlässlich einer von der Universität des Saarlandes veranstalteten Ausstellung vom 1. Mai bis zum 19. Juli 1987 in der Stadtgalerie Saarbrücken, vom 25. Oktober bis zum 29. November 1987 im Kulturzentrum Gasteig in München, vom 22. Februar bis zum 18. März 1988 im Rathaus Kassel und vom 26. März bis zum 1. Mai 1988 im Frauenmuseum Bonn. Frankfurt/M. 1987, S. 94–130.

Doch bereits lange vor den ausführlichen geschichtswissenschaftlichen Beflissenheiten des fortgeschrittenen 20. Jahrhunderts hatte der polnische Schriftsteller Stanislaw Przybyszewski (1868–1927) im Jahr 1897 mit „Der Gnosis des Bösen" eine ungewöhnliche Betrachtung zur Historie des ‚Hexensabbats' vorgelegt, für die sich eine eingehende Würdigung empfiehlt[64]. Unter dem eigentlichen Titel „Die Synagoge Satans" war die Abhandlung zunächst als Aufsatzfolge in der Zeitschrift „Die Kritik" publiziert worden, und zwar – wie ein großer Teil von Przybyszewskis Gesamtwerk – in deutscher Sprache[65]. Als Monographie kam sie erstmals 1900 heraus, ebenfalls noch als „Die Synagoge Satans"; erst spätere Ausgaben erschienen unter dem gegenwärtigen, determinierten Titel. Przybyszewski, der aus der Region Kujawien stammte und einen Teil seiner Jugend im seinerzeit zum Deutschen Reich gehörenden Westpreußen verlebte, ist als ein führender Vertreter der naturalistisch-symbolistischen Kunst- und Literaturbewegung des ‚Jungen Polen' bekannt. Im deutschsprachigen Raum wird er vor allem durch seine Zugehörigkeit zu dem multinationalen Berliner Dichter-, Intellektuellen- und Künstlerkreis wahrgenommen, zu dem etwa auch Holger Drachmann (1846–1908), August Strindberg (1849–1912), Ola Hansson (1860–1925), Richard Dehmel (1863–1920), Edvard Munch (1863–1944) und Julius Meier-Graefe (1867–1935) zählten. Als besondere Interessen galten diesem Zirkel unter anderem die ‚antichristliche' Philosophie Friedrich Nietzsches (1844–1900), die aufkommende Psychologie und nicht zuletzt der Okkultismus. Darüber hinaus wird Przybyszewski wegen seiner Publikationen in Karl Kraus' Zeitschrift (1874–1936) „Die Fackel" sowie in der naturalistischen Wochenzeitschrift „Freie Bühne"[66] beachtet.

Nichtsdestoweniger zählt „Die Synagoge Satans" bzw. „Die Gnosis des Bösen" aber doch zu seinen bekanntesten Werken. Es handelt sich dabei nicht um eine herkömmliche historiographische Forschungsarbeit. Vielmehr wird darin die Geschichte von als satanistisch geltenden Phänomenen und Bewegungen in einer essayistischen Form skizziert, die durch einen deftigen, bisweilen

---

64 Als Textreferenz dient: Przybyszewski, Stanislaw: Die Gnosis des Bösen. Entstehung und Kult des Hexensabbats, des Satanismus und der Schwarzen Messe. 4. Aufl. Berlin 1995.

65 Przybyszewski, Stanislaw: Die Synagoge Satans. Entstehung und Kult der Satanskirche. In: Die Kritik. Wochenschau des öffentlichen Lebens. Hrsg. von Richard Wrede. Berlin 1897, Bd. 11 u. 12.

66 Freie Bühne für modernes Leben. Berlin 1890–1891; 1892–1893 unter dem Titel „Freie Bühne für den Entwickelungskampf der Zeit", ab 1894 unter „Neue deutsche Rundschau" fortgeführt.

ironischen Stil hervorsticht. Geradezu experimentell, gar provokativ wirkt daran die quasi spiegelverkehrte Darlegungsperspektive. Denn Przybyszewski berichtet meistenteils aus einer Auffassung des Satanismus heraus, die denselben als einen weltanschaulichen und religiösen Gegenentwurf versteht, der in seiner esoterischen Ausprägung überhaupt erst durch ein aggressives institutionelles Christentum hervorgerufenen und notwendig wurde. Die Bezeichnungen ‚Satanismus' und ‚Satanskult' verwendet er meistens in einem eher unspezifischen Sinn, der grundsätzlich solche tatsächlichen und vermeintlichen Anschauungen und Kulte betrifft, die theokratisch nicht gebilligt und eben als satanisch ausgewiesen wurden.

Der Zweck seiner Arbeit ist für Przybyszewski die Vervollständigung der bisherigen satanologischen Forschung, die bei ihrer Behandlung des Satanismus „viel zu wenig Gewicht" auf die jeweiligen historischen Besonderheiten gelegt hätte, ohne die jedoch nicht „zu einer klaren Beurteilung und zum nötigen Verständnis" des Ganzen gelangt werden könne; leider sei stattdessen bislang oftmals „alles für einen puren Blödsinn" erklärt worden (S. 30). Einige Jahre nach der Publikation seiner Abhandlung sah sich Przybyszewski im Übrigen genötigt, sich vor dem Vorwurf selbst „Teilnehmer von Schwarzen Messen" oder „Luciferaner" zu sein scharf zu verwahren (S. 154). In dem deshalb eigens verfassten Schriftstück argwöhnte er eine Kampagne der „Heuchelei, Lüge und Verleumdung", um ihm „den Garaus zu machen" (S. 154). Gleichzeitig erläuterte er erneut seine wissenschaftlichen und philosophischen Vorsätze sowie sein Anliegen, den von Scharlatanen und „mannigfaltigsten Sekten" praktizierten modernen Satanismus des 19. Jahrhunderts als einen „ungeheuerlichen Schwindel, auf den sogar der Vatikan hereinfiel", zu entlarven (S. 155–159).

„Die Gnosis des Bösen" charakterisiert Przybyszewski als eine „Reihe von Essays" (S. 30). Diese bisweilen noch mit jeweiligen immanenten Untergliederungen versehenen „Essays" sind an drei grundsätzlichen inhaltlichen Schwerpunkten ausgerichtet. So geht es ausgangs in „Die Entstehung der Satanskirche" um „die historische Entwicklung des Satanismus bis zu dem ersten Prozeß, in dem der Sabbat erwähnt wird" (S. 30). „Der Kult der Satanskirche" behandelt daraufhin zunächst „die Priester der Satanskirche (die Hexe, den Magier, den Zauberer) sowie ihren Kultus (den Sabbat, die Schwarze Messe)" (S. 30). Schließlich nimmt Przybyszewski „eine wissenschaftliche kritische Würdigung des Satanismus" vor und schickt sich an, dessen „Äußerungen in der modernen Kunst und den neuesten religiösen Sekten" zu verfolgen (S. 30).

Der tatsächliche Inhalt hält nicht immer den Ankündigungen des Autors stand, trotzdem ist er wegen der Außergewöhnlichkeit dieser ersten derartig konzipierten Arbeit zu würdigen:

Przybyszewski beginnt mit Grundsätzlichem zum abendländischen Verständnis von Gut und Böse sowie mit antiken und biblischen Bezügen zum Thema. Er geht dann recht ausführlich auf die christliche Kirchengründung und den alsbald einsetzenden, fortwährenden Kampf der Diener des Christentums gegen das Heidentum ein. Dabei liegt sein Augenmerk sehr auf dem theokratischen Umwerten der in Spätantike und Frühmittelalter noch konkurrierenden althergebrachten Kulte hin zum Satanischen. Es folgt die mittelalterliche kirchliche Attacke gegen als häretisch verstandene Bestrebungen und Juden sowie die Verquickung von Häresie und Magie mit der Sphäre des Teufels. Durchaus ungewöhnlich sind Przybyszewskis Ausführungen über die Skepsis, Enttäuschung und letztendliche Abwendung einiger Gruppierungen von dem in der klerikalen Praxis zunehmend korrupt und in vielerlei Hinsicht inakzeptabel erscheinenden Christentum. Als Beispiele dienen ihm dazu vor allem die Katharer bzw. Albigenser oder auch die Adamiten, deren Bewegung sogar bis ins 19. Jahrhundert hinein überdauerte. Wiederholt fasst er die häretischen Gemeinschaften als Manichäismus zusammen – unter Bezugnahme auf die entsprechende, vom Mittleren Osten bis nach Europa ausstrahlende gnostische dualistische Heilslehre. Dadurch dass die Römische Kirche die Abkehr jener Vereinigungen als Hinwendung zum Satan, also als satanisch oder satanistisch auslegte und rücksichtslos bekämpfte, sei sozusagen dem eigentlichen Satan noch in die Hände gespielt worden. Denn so sei eine Kultur des Misstrauens, des Denunziantentums und der Gewalt geschaffen worden, die das Aufkommen weiterer gnostischer Sekten sogar begünstigt hätte. Als ein weiteres Novum, das den Zustand einer sich in Bedrängnis wähnenden und sich daher radikalisierenden Römischen Kirche zusätzlich unterstützt habe, nennt Przybyszewski das Aufkommen neuartiger merkantiler und monetärer Strukturen im ausgehenden Mittelalter und den damit verbundenen gesellschaftlichen Bedeutungswandel des Geldes, der sich jenseits des unmittelbaren theokratischen Einflusses vollzogen habe.[67]

Sodann kommt Przybyszewski auf die spätmittelalterliche und frühneuzeitliche Hexenlehre zu sprechen[68]. Bei der Erläuterung der Definition der Hexe sind seine Grundlage einschlägige zeitgenössische Schriften, insbesondere der „Hexenhammer" (lat. „Malleus maleficarum")[69]. Und seine Erläuterung des von der

---

67 Przybyszewski, S. 30–77 u. 86 ff.

68 Ebd., S. 92 ff. u. 128–134.

69 Ebd., S. 95 f.; zum „Hexenhammer" vgl. Teil 1, IV.

Hexenlehre entworfenen paradigmatischen ‚Hexensabbat' stützt sich vor allem auf die Illustrationen der frühneuzeitlichen Dämonologen Bodin, Rémy, Delrio und De Lancre[70], obgleich er angibt, „das typische Bild des Sabbat" hauptsächlich „aus zahllosen Prozessen zusammengestellt" zu haben (S. 110). Er formuliert dann ein adäquates Resümee, bei dem die dämonologische Denkfigur des ‚Hexensabbats' nach heutigem Kenntnisstand aber wohl zu sehr pauschalisiert und zu stark mit dem Mittelalter verknüpft wird:

> „Die ganze finstere, verzweifelte Geschichte des Mittelalters spiegelt sich in dem Grauen des Sabbat wider.
>
> Der Sabbat, das ist der Orgiasmus der entfesselten Instinkte, eine allmächtige Revolte des unterjochten Fleisches, ein finsterer Hallelujaschrei des ans Kreuz genagelten Heidentums.
>
> Und in der Tat ist der Sabbat eine fratzenhaft verzerrte Synthese aller orgiastischen Kulte des Altertums. [...] Der mittelalterliche Sabbat hat kaum etwas Eigenes, er ist eine Erscheinung, die sich zu allen Zeiten und bei allen Völkern vorfindet, eine universalhistorische Tatsache.
>
> Aber während die Mysterien des Altertums einen absolut positiven Charakter hatten, während sie darauf hinausgingen, alles in den Bereich des Göttlichen zu ziehen, alle Instinkte zu heiligen, ja durch ihre intensesten Ekstasen das Göttliche zu ehren, hat der Sabbat des Mittelalters eine rein und nur negative Bedeutung." (S. 114)

Bemerkenswert ist zudem, dass Przybyszewski in seinem Abriss über die geschichtswissenschaftliche Behandlung des Problems unter anderem zur reservierten Haltung der Aufklärung Stellung bezieht:

> „Der Sabbat ist zweifellos das größte kulturhistorische Rätsel, das die Weltgeschichte kennt. Die Aufklärungsperiode hat sich die Aufgabe außerordentlich erleichtert. Es wurde alles in Bausch und Bogen als Blödsinn und mittelalterlicher Aberglaube erklärt, man benutzte die Hexenprozesse als einen dummen tendenziösen Vorwand, um die Kirche anzugreifen, der sogenannte Kulturhistoriker überflog hastig die allzugut beglaubigten Tatsachen, weil sie ihm unbequem waren und er nicht wußte, was er damit anzufangen hatte; [...]." (S. 119 f.)

Er versäumt es jedoch nicht, auf den „wirklichen Sabbat" hinzuweisen (S. 120). Dies sind für ihn die realen, oftmals heimlichen Zusammenkünfte und Gottesdienste bestimmter Sekten – zu denen nach den Kirchendogmen meist auch die nichtchristlichen Glaubensgemeinschaften gezählt wurden – wie sie einst der spanische Franziskaner und Bischof Alphonso de Espina (lat. ‚Alfonsus de

---

70 Przybyszewski, S. 106–110 u. 121–125; zu den genannten Dämonologen vgl. Teil 1, IV.

Spina'; † vmtl. 1491) in seinem Hauptwerk „Fortalitium Fidei" zu Bedenken gegeben hatte[71].[72]

Später bespricht Przybyszewski das Phänomen von rätselhaften, Schwarzen Messen nahe kommenden Kulthandlungen, die mit dem allmählichen Nachlassen der Hexenverfolgungen wohl in der zweiten Hälfte des 17. Jahrhunderts aufgekommen sein müssen. Für solche abstrusen Zeremonien, die exzentrische Geistliche mitunter sogar in Gotteshäusern, wie der Abtei von Montmartre, abgehalten haben sollen, dienen ihm als prominente Beispiele die pekuniären, als äußerst abstoßend überlieferten Schwarzen Messen des Abbé Étienne Guibourg (um 1610–1686) während der Regentschaft Ludwig XIV. (1643–1715). Ein weiteres Zeugnis für die zwar nachlassende, aber doch anhaltende Anziehungskraft von Teufelskulten ist für Przybyszewski deren (angebliches) Zelebrieren unter Rosenkreuzern und später in manchen Freimaurerlogen. Er sieht derlei düstere Vorkommnisse in verschiedenen Spielarten letztlich bis in die Gegenwart des späten 19. Jahrhundert fortgesetzt, wenn sich bestimmte Kreise des Bürgertums Schwarze Messen und andere esoterische Sitzungen als bizarren Spleen leisten. Beim Veranschaulichen dieser Geschehnisse greift er unter anderem auch auf Angaben aus dem Roman „Da unten" (frz. „Lá-bas", erstmals Paris 1891) des französischen Satanismus-Eingeweihten Joris-Karl Huysmans (1848–1907) zurück (S. 141 f.).[73]

Zwangsläufig spiegeln sich in Przybyszewskis Darstellung immer auch Irrtümer und Fehler der Häresie- und Hexenforschung seit dem 18. Jahrhunderts wider,

---

71 Spina, Alfonsus de [Espina, Alphonso de]: Fortalitium fidei contra fidei christianae hostes. Alternativer Titel: Fortalitium fidei contra iudeos, saracenos aliosq[ue] christiane fidei inimicos [...]. 5 Bücher. Niedergeschrieben ab 1458. Erste gedruckte Ausgaben zu Nürnberg, Strassburg u. Basel 1464–1476.
Zur gegen die ausersehenen Feinde des Christentums gerichteten Intention von De Espinas einflussreichem, wenngleich zunächst anonym erschienenem Hauptwerk vgl. Meyuhas Ginio, Alisa: The Conversos and the Magic Arts in Alonso de Espina's *Fortalitium Fidei*. In: Mediterranean Historical Review. Vol. 5 (1990), Nr. 2, S. 169 ff.
Vgl. fernerhin McMichael, Steven J.: Was Jesus of Nazareth the Messiah? Alphonso de Espina's argument against the Jews based on his commentary on the Book of Isaiah in the *Fortalitium fidei* (c. 1464). An edition, translation and commentary. Erweiterte Edition der Originalausgabe Rom 1992. Atlanta 1994; Meyuhas Ginio, Alisa: La forteresse de la foi. La vision du monde d'Alonso de Espina, moine espagnol (?–1466). Traduit de l'hébreu par Zvi Rabi. Paris 1998; — u. Carrete Parrondo, Carlos: De bello iudaeorum. Fray Alonso de Espina y su *Fortalitium fidei*. Salamanca 1998.
Vgl. zu dieser Sache auch Teil 1, IV.

72 Przybyszewski, S. 120–125.

73 Przybyszewski, S. 134–148.

die ehedem noch nicht ausgeräumt waren. Hinzu kommt, dass er die mittelalterlichen und frühneuzeitlichen Verhältnisse mitunter allzu sehr aus einem Weltbild heraus beurteilt, das eben eher dem des ausgehenden 19. Jahrhunderts entspricht. Nichtsdestotrotz ist „Die Gnosis des Bösen" – ohne dass es sich dabei um Dichtung im engeren Sinne handelt – der Ausdruck eines intellektuellen, schriftstellerisch-essayistischen Interesses am ‚Hexensabbat'-Gedanken und am gesamten satanologischen Vorstellungsgefüge. Wenn einmal die nicht unerhebliche Bedeutung von Przybyszewskis Schaffen für die naturalistisch-symbolistische Kunstrichtung zugrunde gelegt wird, dürften von seiner Abhandlung schon einige Impulse für Kunst und Wissenschaft, sich mit der Materie der schwarzer Anschauungen und Kulte auseinanderzusetzen, ausgegangen sein[74]. Przybyszewskis grundsätzliches Interesse an esoterischem, gar satanistisch anmutendem antigesellschaftlichem Denken sowie an anarchistischen Existenzformen bestätigt sich mit seinem Roman „Satans Kinder" aus demselben Jahr 1897[75]. Darin hat er gewisse Merkmale des modernen Terrorismus im Sinne einer wahnhaften Auffassung des Terroraktes als negatives kultisches Kunstwerk geradezu visionär vorweggenommen[76].

Zurückgekommen auf die geschichtswissenschaftlichen Forschungen, die schwerpunktmäßig auf die Hexen- und Hexenverfolgungsthematik ausgerichtet sind, ist noch festzuhalten, dass sie durch bestimmtes regional- bzw. lokalhistorisches Schrifttum ergänzt werden. Darin werden unter anderem mit jeweils unterschiedlicher Gewichtung sowohl das Hexenthema und dessen Bedeutung für das angestammte Brauchtum als auch das Interesse von Dichtern, Schriftstellern, Künstlern sowie Naturforschern an der jeweiligen Gegend angesprochen. Wohl nicht zufällig liegt gerade für die Harz-Region eine Vielzahl derartiger Arbeiten vor. Wenn auch bei manchen Publikationen die Grenzen zum Populärwissenschaftlichen mitunter unscharf sind, ist diese Literatur dennoch eine unentbehrliche Fundgrube eben für diverse regional- und lokalspezifische Besonderheiten.[77]

---

74 Zur Wirkung von Przybyszewskis Schaffen vgl. z. B. Klim, George: Stanislaw Przybyszewski. Leben, Werk und Weltanschauung im Rahmen der deutschen Literatur der Jahrhundertwende. Biographie. Paderborn 1992; Matuszek, Gabriela (Hrsg.): Über Stanislaw Przybyszewski. Rezensionen – Erinnerungen – Porträts – Studien (1892–1995). Rezeptionsdokumente aus 100 Jahren. Paderborn 1995.

75 Przybyszewski, Stanislaw: Satans Kinder. Paris, Leipzig, München 1897.

76 Vgl. dazu Hoeps, Thomas: Arbeit am Widerspruch. „Terrorismus" in deutschen Romanen und Erzählungen (1837–1992). Dresden 2001, S. 98–107 („Stanislaw Przybyszewski: *Satans Kinder*").

77 Vgl. hierzu z. B. Dennert, Friedrich: Geschichte des Brockens und der Brockenreisen. Beiheft 1 der Harzzeitschrift. Braunschweig 1954; Knappe, Hartmut: Brocken, Harz

Unabhängig von den historiographischen Unternehmungen zu den Hexenverfolgungen ist schon ungefähr ab der Mitte des 18. Jahrhunderts ein Interesse zu erkennen, das mittlerweile nicht mehr auf die Widerlegung von Hexen- und Hexenversammlungsglauben, sondern auf die Erhellung deren (nicht literaturimmanenten) Ursprünge gerichtet ist[78]. Wenn auch die jeweiligen Verfasser selbst ihre Bemühungen als Geschichtsforschung gesehen haben mögen, kommen sie doch eigentlich eher als Vorläufer einer ausführlichen volkskundlichen Erfassung von nahezu sämtlichen Belangen des Aberglaubens bzw. Volksglaubens daher, die etwa ab der Romantik, das 19. Jahrhundert über und weit bis ins 20. Jahrhundert hinein vollzogen wurde. Diese Feldforschungen der Volkskunde waren schließlich die unabdingbare Basis für groß angelegte enzyklopädische Werke des 20. Jahrhunderts, in denen unter anderem eben so manche Details aus dem Volksglauben zu den Konventen der Hexen und Unholde zusammengefasst und katalogisiert sind[79].

Die spezifischen epischen Formen des Volksmärchens und der Sagen beinhalten ebenfalls durchgängig Stoffe und Motive aus den Bereichen der Magie und des Hexenwesens. Nach gewissen Vorläufern, wie dem Philologen Johann Karl August Musäus (1735–1787)[80], gerieten diese Erzählformen in den Fokus eines wissenschaftlich zu nennenden Interesses etwa auch ab der Romantik bzw. in den Jahrzehnten um die Wende vom 18. zum 19. Jahrhundert. Fraglos wird die Sammlung und Bearbeitung von Volksmärchen und Sagen mit der Tätigkeit der Gebrüder Jacob (1785–1863) und Wilhelm Grimm (1786–1859) am nachhaltigsten verbunden[81]. Innerhalb dieser, im Verlauf des 19. und 20. Jahrhunderts stetig erweiterten Forschungsrichtungen wurden neben überregionalen Studien gleichfalls solche mit regionalen und lokalen Schwerpunkten vorgenommen[82];

---

und Hexentanz. Sinn – Unsinn – Übersinn. Wernigerode 1995; Schwedt, Georg: Literarische Harzreise. Hannover 1998.

78 Vgl. Teil 2, I. u. IV.

79 Bächtold-Stäubli, Hanns (Begr.): Handwörterbuch des deutschen Aberglaubens (Handwörterbücher zur deutschen Volkskunde, Abt. I). 10 Bände. Berlin u. Leipzig 1927–1942; Erich, Oswald A. u. Beitl, Richard (Begr.): Wörterbuch der deutschen Volkskunde. 3. Aufl. Stuttgart 1974.

80 Musäus, Johann Karl August: Volksmärchen der Deutschen. 5 Bände. Erstmals Gotha 1782–86.

81 Grimm, Jacob: Kinder- und Hausmärchen. 2 Teile. Erstmals Berlin 1812–15; — Deutsche Sagen. 2 Teile. Erstmals Berlin 1816–18; — Deutsche Mythologie. 2 Bände. Erstmals Göttingen 1835.

82 Vgl. z. B. Lüthi, Max: Märchen. Bearbeitet von Heinz Rölleke. 10. Aufl. Stuttgart u. Weimar 2004; Rölleke, Heinz (Hrsg.): Das große deutsche Sagenbuch. Düsseldorf 2001.

dabei wurde selbstverständlich auch der Harz als eine bevorzugt mit den Umtrieben von Hexen und Unholden assoziierte Landschaft abgedeckt[83]. Wie im Fall der volkskundlichen Enzyklopädien ist es ebenso ein Anliegen der Märchenforschung ihre Erkenntnisse in umfangreichen systematischen Sammelwerken zusammenzufassen und zu katalogisieren[84]. Nun liegt das Hauptaugenmerk sowohl der Märchen- als auch der Sagenforschung freilich niemals auf einer Hexenzusammenkunft an sich; da sie aber manchmal im Gefüge des einen oder anderen einschlägigen Stoffes enthalten ist, wird sie dann als Teil des Kontextes schon registriert.

Andere Forschungen mit einem ebenfalls aberglaubensgeschichtlichen Vorsatz richten den Blick auf die diesbezügliche intellektuelle Entwicklung, besonders während des (auch) für die Umwälzung des Aberglaubens entscheidenden Aufklärungszeitalters. Auf der Grundlage philosophisch-weltanschaulicher Schriften und unter Anwendung eines texthermeneutischen Verfahrens werden im Gesamtzusammenhang auch solche Denkstrukturen und deren Veränderung berührt, die für die Vorstellung von dämonischen Versammlungen und walpurgisnächtlichen Umtrieben von Belang waren.[85]

---

83 Vgl. z. B. Pröhle, Heinrich: Unterharzische Sagen. Aschersleben 1856; — Harzsagen, gesammelt auf dem Oberharz […]. Hrsg. von Will-Erich Peuckert. Bad Harzburg 1957; Wolff, Bernd: Sagenspiegel des Harzes. Von Geisterspuk und Hexenflug. Wernigerode 1997.

84 Enzyklopädie des Märchens. Handwörterbuch zur historischen und vergleichenden Erzählforschung. Begr. von Kurt Ranke. Bisher 11 Bände. Berlin u. New York 1977–2003.

85 Vgl. vor allem Pott, Martin: Aufklärung und Aberglaube. Die deutsche Frühaufklärung im Spiegel ihrer Aberglaubenskritik. Tübingen 1992.

2. Abschnitt: Chronologie der motivischen Entwicklung und Verwendung von Hexenversammlung und Walpurgisnacht

Teil 1 Von der Oralität zur Literalität: Sagenhafte, mythische und kulturhistorische Ursprünge der Walpurgisnacht

I. Vororientierung

Im mitteleuropäischen Kulturraum und damit zwangsläufig auch in den als deutsch zu bezeichnenden Regionen, waren die Vorstellungen von dämonischen Versammlungen bis zum Ausgang des Mittelalters durch ein über Oralität vermitteltes Merkmalsgefüge geprägt, sofern sie nicht den Vorgaben aus antiken Schriften entsprachen. Trotz gewisser Wurzeln in antiker, keltischer und germanischer Mythologie oder in darauf bezogenen, interpretierenden christlichen Reflexen sind Hexenversammlung und Walpurgisnacht offenbar dennoch verhältnismäßig unabhängige mythische Elemente des Volksglaubens, die mitunter regionale Besonderheiten aufweisen (Kapitel II, III, IV). Weder ist dafür ein genauer historisch-substantieller Ursprung wirklich bestimmbar, noch existiert ein konkreter nachantiker Urtext, der eine hinreichende Orientierung darüber hätte bieten können.

Mit dem ausgehenden Mittelalter und dem Beginn der Frühen Neuzeit wurde die seit der Antike in unterschiedlicher Ausprägung bestehende Dämonologie ganz vorherrschend nurmehr als sogenannte Hexenlehre betrieben. Eine ihrer Kernaussagen zielte auf die Bestimmung und Bekämpfung des vermeintlich vielseitig daherkommenden Zaubereiverbrechens – des ‚Crimen magiae' – ab. Spätestens im Zuge dieses Geschehens wurden orale Überlieferungen von dämonischen Konventen an die Erfordernisse der Hexenlehre hin zur einer antichristlichen Fest- und Verschwörungsorgie angepasst und gelegentlich entsprechend schriftlich fixiert. Begünstigt wurde dieser Vorgang durch den aufgekommenen Buchdruck. Damit dürfte ein möglicherweise dazu zunächst noch konkurrierender, weniger gefährlich angelegter mythisch-sagenhafter Charakter für das homöostatische Gedächtnis, also für das dem Wandel der gesellschaftlichen Verhältnisse unterworfene kollektive Gedächtnis, verdrängt worden sein.

Die Ausführungen der Dämonologie und überhaupt die gesamte Fachdebatte zwischen Befürwortern und Kritikern bzw. Gegnern der Hexenlehre, welche die frühneuzeitlichen Hexenverfolgung bis zur Aufklärung begleitete, hat das Vorstellungsgefüge über dämonische Versammlungen weit über das Ende von Hexenverfolgungen und Dämonopathie hinaus geprägt. Dass sich daraus eine erhebliche

Bedeutung für den literarisch-poetischen Umgang mit dem Hexenkonvent ergeben hat, liegt auf der Hand.

Daher wird neben der erforderlichen gezielten Durchsicht jener akademischen ‚Hexenliteratur' (Kapitel V), die eben über ihre weltanschauliche Aktualität hinaus eine untrügliche Wirkung hatte, auch bereits Dichtung besprochen, in der zumindest gewisse literarisierende Ansätze in Richtung einer Hexenversammlung auszumachen sind (Kapitel V). Denn einerseits weist nahezu das gesamte Spektrum der Literatur des 16. und 17. Jahrhunderts, von volksnah zu nennendem Schrifttum – keineswegs nur die verschiedenen Faust-Bücher oder die populären Teufelbücher[1] – bis hin zu so mancher Poetik gehobenen Anspruchs, ziemlich ausgiebig Motive und Elemente aus den Bereichen der Magie und des Aberglaubens auf. Indessen bleibt jedoch eine irgendwie arrangierte Zusammenkunft der Hexen und Unholde in der Dichtung praktisch eine Ausnahme.

Der Blick in die Dichtung vor allem des 16. und frühen 17. Jahrhunderts ist zunächst noch mehr auf Schriftgut gerichtet, das recht auffällig unter der Einwirkung der besagten Debatte um das ‚Crimen magiae' stand (Kapitel V). Doch wird er sodann durch die Betrachtung solcher Literatur erweitert, die von jener Diskussion ein wenig unabhängiger zu sein scheint und für die folglich eine etwas andere, eigenständigere literarische Qualität angenommen werden kann (Kapitel VI).

II. Geheimnisvolle Versammlungen als mythologisches Stigma seit der Antike, Überregionale Vorstellungen um die Walpurgisnacht, Aspekte des Harzgebirges und des Brockens

Die Nacht vom 30. April zum 1. Mai eines jeden Jahres ist also als Walpurgisnacht bekannt. In Deutschland, aber auch in einigen anderen west- und nordeuropäischen Ländern und Regionen wird dann der ‚Tanz in den Mai' gefeiert, neben Maibaum, Maikönig und -königin das heute sicher bekannteste Merkmal dieses Datums. In manchen, vorwiegend ländlichen Gegenden wird das Ereignis dazu noch mit einem Maifeuer oder auch mit dem Anstellen diversen Schabernacks begangen.

Jenseits des Brauchtums um den alljährlichen Maibeginn ist das Stereotyp vom walpurgisnächtlichen Hexenfest auf dem Blocksberg allbekannt; diese

---

1 Vgl. dazu Stambaugh, Ria (Hrsg.): Teufelbücher in Auswahl. 5 Bände. Berlin u. New York 1970–1980; Grimm, Heinrich: Die deutschen „Teufelbücher" des 16. Jahrhunderts. Ihre Rolle im Buchwesen und ihre Bedeutung. In: Archiv für Geschichte des Buchwesens. Bd. II, 1958–1960, S. 513–570.

Vorstellung – so gilt es gemeinhin – war im alten Volksglauben räumlich ziemlich unbegrenzt verwurzelt. Vergegenwärtigt man sich übrigens das durchaus überregionale Ausmaß der Maifeierlichkeiten und der Vorstellung von walpurgisnächtlichen Umtrieben einerseits und die regionalen Konfessionsstrukturen vom 16. bis zum frühen 20. Jahrhundert andererseits, wird dabei schnell die überkonfessionelle Dimension deutlich.

Bei der Suche nach den Ursprüngen dieser traditionellen Gewohnheiten und Vorstellungen, ist allerdings die Grenze vom historisch oder volkskundlich Belegbaren zum Sagenhaften und Spekulativen sehr bald überschritten.

Für den Fundus der Vorstellungen über ‚Hexensabbate' und das walpurgisnächtliche Treiben von Unholden allein eine spezifische ‚Keimzelle' annehmen zu wollen, stellt sich ausgesprochen problematisch dar. Es sei denn, es wird ein leicht einzugrenzender und zurück zu verfolgender Teilaspekt betrachtet, wie etwa im Fall der Herkunft der fragwürdigen Bezeichnung ‚Hexensabbat'. Grundsätzlich ist vielmehr auf einen Nexus, also auf ein Gefüge von Vorstellungen hinzuweisen, die mitunter jeweils unterschiedliche mythologische, soziokulturelle und historische Ursprünge haben und die innerhalb dieses Nexus' im Laufe der Zeit dazu einen kaum klar zu bestimmenden Einfluss aufeinander gehabt haben dürften. Beim Skizzieren dieses Vorstellungs-Nexus', der also gleichsam als ‚Ausgangs-Biomasse' für den Hexenversammlungs-Gedanken bis weit in die Neuzeit hinein gedient haben muss – obgleich dieser Vorgang bis heute noch gar nicht abgeschlossen zu sein scheint – ist hauptsächlich auf die nachstehend angesprochenen Traditionen und Gesichtspunkte zu achten:

Das Fluidum solcher weiblicher Gottheiten der Antike, die nach neuzeitlichen Maßstäben in der einen oder anderen Hinsicht hexenhaft erscheinen mögen, umfasst häufig auch ein mysteriöses versammlungsartiges Moment.

Eine komplexe Figur der antiken Mythologie ist die hauptsächlich mit Zauberei, Geisterbeschwörungen und -erscheinungen sowie mit der besonderen Magie von Kreuzwegen in Verbindung gebrachte Göttin Hekate. Möglicherweise kleinasiatischen Ursprungs wird Hekate zwar manchmal mit der Unterweltgöttin Persephone (lat. ‚Proserpina') gleichgesetzt oder auch als einzige der Titanen, die letztlich von Zeus geduldet wurden, charakterisiert, meistens verkörpert sie aber ziemlich unabhängig die Meisterin und das Ideal der (antiken) Hexen und des Praktizierens der Zauberkünste. Als einer ihrer zahlreichen Beinamen wird im Übrigen ‚Baubo' gehandelt, worauf ja augenscheinlich auch Goethe einmal mehr in der „Walpurgisnacht" des „Faust I" zurückgekommen ist[2]. Öffentliche rituelle

2 Goethe: MA, Bd. 6.1, S. 653 (V. 3962–3967) u. 1034 (Komm.).

Handlungen zu ihren Ehren waren offenbar nicht allzu verbreitet; das könnte eine Erklärung dafür sein, dass Hekate-Kulten von jeher etwas Nebulöses und Esoterisches anhaftete. Manche Quellen schildern diese Kulte sogar ausdrücklich als beinahe schon schauerlich. Danach soll Hekate des Nachts geheimnisvolle Huldigungen durch eine versammelte Menge von mehrheitlich weiblichen Untergebenen und Dienerinnen entgegennehmen, die ihrerseits Vorteile und glückliche Fügungen von ihr erbitten. Zuweilen ist auch von seltsam arrangierten Gastmahlen bei Vollmond zu Hekates Ehren die Rede; hierbei achte man darauf, dass in den Hexenversammlungs-Vorstellungen der Frühen Neuzeit die Gasterei bzw. das Bankett ein regelmäßiger Bestandteil ist. Besonders ausgeprägt sollen Hekate-Verehrungen übrigens im ostmittelgriechischen Thessalien gewesen sein – letztlich ist dieser Legende durch Goethes Einweben der „Thessalischen Hexen" bzw. „Frauen" und von „Diana, Luna, Hekate" in die „Klassische Walpurgisnacht" des „Faust II" obendrein eine bleibende poetische Würdigung zu Teil geworden[3]. Ein weiterer, offenbar in Wirklichkeit Hekate wegen begangener Mysterienkult fällt allerdings wohl erst in die fortgeschrittene (römische) Antike und die Zeit des dem Metaphysischen aufgeschlossenen Neuplatonismus.[4]

In manchen Quellen wird die Hekate zwar mit der Artemis, der Zwillingsschwester des Apollon, gleichgesetzt, in aller Regel wird die Jagd- und Geburtshilfegöttin des griechischen Kulturkreises aber als eigenständige, zumal olympische Gottheit gesehen. Artemis' Nimbus als jungfräuliche Göttin ist vor allem so zu verstehen, dass sie unvermählt, unabhängig und kinderlos ist. Sie ist also frei und ungezähmt wie ihr Element – die wilde Natur. Besonders in ihrer Wesensart als Jagdgottheit, Herrin der Natur und Gebieterin der wilden Tiere weist Artemis einige Charakteristika auf, die für den Vorstellungs-Nexus von nächtlichen, geheimnisvollen Umtrieben von Bedeutung sind. So ist sie überwiegend bei Dunkelheit in den Wäldern und in der Flur unterwegs, oftmals bei Mondschein – die Sichel des Mondes gilt dabei als Abbild ihres silbernen Bogens. Nicht selten befindet sie sich in Begleitung einer Anzahl von Jungfrauen; manche Auffassungen sehen unter anderem auch

---

3 Ebd., Bd. 18.1, S. 182 (V. 6977–6984), 213 (V. 7900–7929) u. 821 (Komm.), 894 f. (Komm.).

4 Vgl. Sauer, Hertha: Hekate. In: Der kleine Pauly. Lexikon der Antike in fünf Bänden. Hrsg. von Konrat Ziegler u. Walther Sontheimer. München 1979, Bd. 2, S. 309 f.; Gerlach, S. 960 f. u. 963; Rudloff, Robert Ilmo von: Hekate in ancient Greek religion. 2. Aufl. Victoria (Ca.) 1999.
Zu bedrohlichen Seiten in der allgemeinen Magie-Vorstellung des Altertums vgl. außerdem Graf, Fritz: Gottesnähe und Schadenzauber. Die Magie in der griechisch-römischen Antike. München 1996.

darin eine tendenzielle Zuneigung zum eigenen Geschlecht. Andere ihrer Begleiter sind die Hunde. Durch die Hunde, die ja ebenfalls als Wächter der Zugänge zum Hades tätig sind, offenbart sich also schon eine Beziehung der Artemis zur Unterwelt. Denn neben ihrem Fruchtbarkeits-Status hat sie auch den einer Göttin des Übergangs vom Leben zum Tode, worin tatsächlich gewisse Berührungen zu Obliegenheiten der Hekate und der Persephone angelegt sind. Überliefert sind außerdem regional allerdings voneinander abweichende kultische Handlungen zu Artemis Ehren. Bei manchen Varianten jener Riten soll es sich jedenfalls immerhin um orgiastische Zusammenkünfte und Tänze gehandelt haben. Die berühmteste der Artemis geweihte Kultstätte ist freilich das bereits durch die neutestamentarischen Apostelgeschichte des Lukas, die bereits die entsprechende Namensgebung zu römischer Zeit reflektiert, als „Tempel der großen Göttin Diana" bekannt gewordene Heiligtum im kleinasiatischen Ephesos (Apg 19, 23–41).[5]

Der Artemis in praktisch allen Funktionen und Eigenschaften gleichgesetzt wurde eben die römische Diana, die zuvor wohl eine eigenständige italische Gottheit war, deren ursprüngliche Merkmale jedoch allenfalls noch marginal nachzuvollziehen sind. In der römischen Antike erfolgte außerdem tatsächlich eine gewisse Annäherung der Diana an die Unterweltgöttin Hekate, die recht sicher auch an kultischen Handlungen nicht ohne Auswirkungen vorübergegangen sein dürfte. Ohnehin war in der Tradition der Artemis-Kulte die Verehrung der Diana umso mehr mit ausgiebigen rituellen Verrichtungen und Versammlungen verbunden, die in der Anschauung späterer, christlicher Zeit sicherlich gleichermaßen um Phantasievolles wie Verruchtes ergänzt worden sind. In römischer Zeit dürfte überdies ziemlich gewiss das Bild der mit einer vorherrschend femininen, doch weiterhin auch animalischen Gefolgschaft des Nachts rauschend durch Wald und Feld fahrenden Jagdgöttin und Gebieterin der Natur gefestigt und erweitert worden sein. Hierbei ist zudem auf eine, wenngleich bedingte assoziative Ähnlichkeit zu den Strigen (lat. ‚strigas') hinzuweisen; also zu Frauen, denen die Römer zuschrieben, die Gestalt von Nachtgreifvögeln anzunehmen und nächtliche Gelage abzuhalten, wie es ja auch in der römischen Dichtung gelegentlichen Niederschlag gefunden hat[6]. Dianakulte haben offenbar

---

5 Fauth, Wolfgang: Artemis. In: Der kleine Pauly, 1. Bd., S. 618–625; Moorman u. Uitterhoeve, S. 125–130 (Artemis); vgl. dazu auch Goethe: HA, Bd. 1 (1981), S. 285 f. („Gross ist die Diana der Epheser", 1812 entstandene Ballade) u. S. 668 f. (Anm.); Hansen 2010, S. 221.

6 Vgl. dazu Luck, Georg: Hexen und Zauberei in der römischen Dichtung. Zürich 1962; Scobie, Alex: Strigiform Witches in Roman and Other Cultures. In: Fabula. 19. Jg. (1978), H. 1/2, S. 74–101; Siefener, S. 89; Gerlach, S. 961.

noch längere Zeit über das Ende des Römischen Reiches hinaus Bestand gehabt. In Mitteleuropa, wohin der Dianakult von den Römern verbracht wurde, ist im Volksglauben (des deutschsprachigen Raumes) mit großer Wahrscheinlichkeit bei manchen ihrer Züge eine Verschmelzung bzw. Angleichung mit solchen weiblichen Gottheiten erfolgt, die zwar wesensähnlich, eigentlich aber der altnordischen Mythologie-Sphäre zugehörig sind. Die Illusion einer durch die Lüfte fahrenden Diana oder ihr ähnlichen, längst als heidnisch verschrienen Gottheiten samt einem mannigfaltigen Gefolge war noch um das Jahr 900 für die Abfassung der als „Canon Episcopi" bekannten klerikalen Schrift von maßgeblichem Belang[7]. Hierauf wird an gegebener Stelle noch eingegangen.[8]

Auf andere, bisweilen ebenso mit Ausschweifungen assoziierte kultische Ansammlungen zu Ehren antiker Gottheiten, wie etwa die griechischen Dionysien und die römischen Bacchus-Kulte, wird ebenfalls binnen kurzem noch zurückgekommen.

Ethnographische Beschreibungen antiker Autoren vermitteln einen gewissen Eindruck von den Riten und den Gepflogenheiten der ‚barbarischen' Völker. So kommt beispielsweise der römische Geschichtsschreiber und Senator Publius Cornelius Tacitus (um 55 – nach 115) in der berühmten „Germania" auf die kultisch-rituellen Handlungen mancher germanischer Stämme zu sprechen. Dabei kommt der gleichwohl als absonderlich beschriebenen Götterverehrung in den „heiligen Hainen" nicht überraschend auch einer konventartigen Situation gleich (9., 39., 40., 43. Buch). An anderer Stelle wird der „heilige" und „seherische" Status der Frauen sowie die Wertschätzung ihres „Ratschlags" bei den Germanen beschrieben und noch pointiert, indem Tacitus die historisch einigermaßen verbürgte, vermutlich brukterische Seherin „Veleda" († nach 77) erwähnt (8. Buch). Da „Veleda" (auch ‚Weleda', ‚Velleda') womöglich als eine Art Titel oder Tätigkeitsbezeichnung zu verstehen ist (keltisch ‚veleta' – Seherin o. ä.), ist unklar, ob sie mit der gleich darauf genannten „Aurinia" ein und dieselbe Person sein könnte. So oder so stellt Tacitus dann die ungezwungene Achtung und Verehrung, die den germanischen Seherinnen im Allgemeinen entgegen gebracht wurde, heraus (8. Buch). Es ist also daran zu denken, dass eine solche, übersinnlich anmutende feminine Note innerhalb eines Magie fürchtenden, dämonopathischen Weltbildes bereits als hexenhaft aufgefasst werden kann. Bekanntermaßen sieht jedoch die Altertumsforschung die Authentizität des von Tacitus in der „Germania"

7 Vgl. Teil 1, III.

8 Eisenhut, Werner: Diana. In: Der kleine Pauly, 1. Bd., S. 1510–1512; Gerlach, S. 960 f. u. 963; Ginzburg 1990, S. 91–121 („Im Gefolge der Göttin").

Dargelegten als letztlich nicht gesichert an; unter anderem weil höchstwahrscheinlich ein zumindest punktuell idealisiertes Sittenbild der germanischen Stämme implizit den Verhältnissen in der eigenen, als verkommen empfundenen römischen Gesellschaft gegenüber gestellt wird. Obendrein ist nicht bekannt, ob Tacitus Germanien aus eigener Anschauung gekannt hat und seine Angaben nicht überhaupt aus anderen Quellen übernommen hat. Dennoch ist eben nicht auszuschließen, dass von jenen Illustrationen, die von der ab dem Renaissance-Humanismus wieder entdeckten und besonders in deutschen Landen begierig rezipierten „Germania" anbietet, nicht auch ein gewisser Einfluss auf die christlich-theokratische Vorstellung vom heidnischen Götzendienst als einem Quellenstrang der Walpurgisnacht-Idee ausgegangen ist.[9]

Der in etwa für den deutschsprachigen Raum zu berücksichtigende Volksglauben kennt ein reichhaltiges Vorstellungs-Gefüge von den nächtlichen Regsamkeiten überwiegend weiblicher Gottheiten. Außer den bereits erörterten, der ursprünglich antiken Diana zugeschriebenen Umtrieben sind darin vornehmlich die Überdauerungen solcher Phantasien aufgegangen, die mit Göttern und Schemen der altgermanischen bzw. altnordischen Mythologie-Sphäre verbunden sind.

Da wäre zunächst die Wohlstands-, Liebes- und Fruchtbarkeitsgöttin Freyja (auch ‚Freya') zu nennen, die in der neuzeitlichen Auffassung, wahrscheinlich unberechtigt, häufig mit der Frigg (auch ‚Frigga'), der Gemahlin Wodans (Odins), gleichgesetzt wird, obgleich manche Parallelen nicht zu leugnen sind. Zu den Merkmalen Freyjas gehört eine ausgeprägte Affinität zur Magie, einschließlich des Liebeszaubers. Ein wichtiges Hilfsmittel für ihre Zauberkünste ist ihr magischer Halsschmuck, das Brisingamen. Obendrein vermag sie entweder in einem von Katzen gezogenen Wagen oder mit Hilfe eines ihr ebenfalls eigenen magischen Falkengewandes, nicht unähnlich dem Wunschmantel Wodans, durch die Lüfte zu fahren.[10]

Besonders nachhaltig wird die Vorstellung einer unberechenbaren, gottähnlichen femininen Gestalt, die mit einem geisterhaften Gefolge durch nächtliche

---

9 Textreferenz: Tacitus, [Publius] Cornelius: Germania. Hrsg. u. übersetzt von Alfons Städele. 2. Aufl. Düsseldorf u. a. 2001.
Zu Person u. Werk des Tacitus sowie zur entsprechenden Forschung vgl. Fuhrmann, Manfred: Tacitus. In: Der kleine Pauly, Bd. 5, S. 486–493; Lamer u. Kroh, S. 732 f.; Gerlach, S. 961; Simek, Rudolf: Religion und Mythologie der Germanen. Darmstadt 2003, S. 331.

10 Vgl. dazu Bächtold-Stäubli, Bd. III, Sp. 79–82 (Freyja) u. Bd. X, S. 101 f. (Freyja, Frigg); Erich u. Beitl, S. 236 (Freyja) u. 238 (Frija, Frigg); Gerlach, S. 961; Simek, S. 330.

Lüfte zieht, mit der Perchta (auch ‚Pertha', ‚Bercht' o. ä.; ahdt. ‚peraht' – hell, glänzend) assoziiert. Mythologisch gesehen ist die Perchta zumindest eng verwandt – nach nicht wenigen Auffassungen sogar identisch – mit der Holda (auch ‚Hulda', ‚Holle' o. ä.). Eine geographische Zuordnung fällt tendenziell jedenfalls so aus, dass ‚Perchta' o. ä. für das oberdeutsche und alpenländische Gebiet, ‚Holda' o. ä. dagegen für den niederdeutschen und gelegentlich skandinavischen Raum der übliche Name ist. Außerdem finden sich außer in der altgermanischen Mythologie und im späteren Volksglauben auch in der slawischen Mythologie Spuren einer Perchta/Holda-Gestalt. Gleichwohl ist die beachtliche mythologische Ambivalenz der Perchta/Holda ausgesprochen schwierig zu subsumieren. Festzuhalten ist davon aber unbedingt, dass ihr sagenhaftes Dasein oftmals mit der weit verbreiteten Vorstellung von der nächtlichen Wilden Jagd, worauf im Anschluss noch eingegangen wird, auf das engste verbunden ist. Eventuell wurde ursprünglich einmal mit Perchta/Holda eine ganze Anzahl von in der Dunkelheit durch die Lüfte fahrenden, geisterhaften Erscheinungen bezeichnet – eben die Perchten oder Holden. Aus diesem Haufen könnte die Perchta/Holda erst später heraus personifiziert worden sein, wobei der Rest der einstmals paritätischen ‚wilden Percht' als ihr Gefolge erhalten blieb. Andere Zeichen könnten dagegen eher so aufgefasst werden, dass das charakteristische Geleit erst später auf sie zugeschnitten wurde. Eine oder mehrere Katzen, die ebenfalls oft zu ihrer Begleitung gehören, sprechen indes für eine gewisse Entlehnung oder Übertragung von Kennzeichen der Göttin Freyja. Die Vielzahl der ihr zugeschriebenen Eigenschaften umfasst auch eine Verantwortlichkeit für unwirtliche Wetterbedingungen, insbesondere in den sogenannten Rauhnächten um die Jahres- bzw. Wintersonnenwende. Ob dadurch vielleicht eine Verbindung zum Glauben an das Wettermachen gegeben ist, einem wesentlichen Indiz für das frühneuzeitliche Zaubereiverbrechen (‚Crimen magiae'), sei vorerst dahingestellt. Dessen ungeachtet werden der Perchta/Holda unter ihren im engeren Sinne zur Zauberkunst zählenden Merkmalen vor schwarzer Magie schützende Kräfte zugesprochen, die sich über die ihr geweihte Pflanze, dem Holunderstrauch, offenbaren. Manche Darstellungen sehen die Perchta/Holda auch als Schicksalsfäden spinnendes göttliches Wesen und stellen so eine Beziehung zu den Nornen her, den über die individuellen Schicksale gebietenden Gestalten der altnordischen Mythologie. Das historische Praktizieren von Bräuchen und Zeremonien der Perchta/Holda wegen, teils wohl auch im Zusammenhang mit solchen Verrichtungen, in denen die Wilde Jagd im Vordergrund stand, kann als sicher gelten; selbst wenn Einzelheiten davon kaum mehr zuverlässig bestimmbar sind. Am ehesten verbürgt sind derartige Riten für die Zeit des Jahreswechsels, also für die ‚Rauhnächte'. In der Gegenwart werden unter Mottos wie Perchtenlauf, Perchtenlaufen, Perchtenfest oder Berchtelistag (Schweiz) im alpenländischen Raum – mittlerweile schwerpunktmäßig nur noch in Bayern und Österreich – ausgemachte Attraktionen mit Umzügen, Aufführungen, Masken, Kostümen und Figuren organisiert, die auf die nächtlichen Umtriebe der Perchten/Holden Bezug nehmen. Ob darin tatsächlich althergebrachtes, vormals heidnisches Brauchtum unmittelbar fortlebt, lässt sich jedoch nicht überzeugend erweisen, da die Wurzeln dieser Veranstaltungen anscheinend kaum über das 19. Jahrhundert hinaus klar zurückzuverfolgen sind. Für das späte Altertum oder das frühe Mittelalter ist eine Annäherung oder gar eine Verschmelzung von solchen Vorstellungen und damit verknüpften Kulthandlungen durchaus wahrscheinlich, die ursprünglich einerseits die Perchta/Holda, andererseits die ‚eingeschleppte' Diana betroffen haben. Wenn also der „Canon Episcopi" um das Jahr 900 herum den Gedanken von unzähligen Weibern, welche auf Tieren nächtliche Weiten durchfahren und die durch die Christianisierung längst geächtete, heidnische Diana gehorsam begleiten, als Aberglauben und Einbildung anprangert, so schließt das sicher auch Charakteristiken der Perchta/Holda mit ein. Inwiefern Bezüge der lediglich durch Tacitus' „Germania" überlieferten, wohl geschlechtslosen germanischen Gottheit Nerthus sowie den nur fragmentarisch erfassbaren Göttinnen Nehalennia (Bataver-Stämme) und Tanfana (auch ‚Tamfana') zum Perchta/Holda-Komplex bestehen, konnte noch nicht hinlänglich geklärt werden[11]. Züge der Perchta/Holda leben wahrscheinlich in der märchenhaften Gestalt der Frau Holle fort, wie es einst Jacob Grimm angenommen hat; dafür spräche zudem die auffällige Namensähnlichkeit[12]. Andererseits könnte sich ‚Holle', wie übrigens auch das Wort ‚Hölle', genauso gut von der Bezeichnung ‚Hel' ableiten, hinter der sich – je nach Quelle und Leseart – entweder eine den Riesen zugehörige weibliche Totengottheit oder einfach das nicht näher personifizierte Schattenreich der (eines natürlichen Todes) Verstorbenen verbirgt.[13]

Schließlich dürfte der Volksglaube an die sogenannte Wilde Jagd eine wichtige mythische Zehrung für den innigen Gedanken über unerklärliche, konventartige

---

11 Vgl. Erich u. Beitl, S. 592 f. (Nehalennia, Nerthus) u. 793 (Tanfana); Simek, S. 56 f., 64, 87 f., 115–117 (Nerthus, Tamfana, Nehalennia).

12 Vgl. Grimm, Jacob: Deutsche Sagen. Frankfurt/M. 1994, Nr. 4 („Frau Hollen Teich"), Nr. 5 („Frau Holla zieht umher"), Nr. 6 („Frau Hollen Bad"), Nr. 7 („Frau Holla und der treue Eckart"), Nr. 8 („Frau Holla und der Bauer"), Nr. 269 („Die wilde Berta kommt").

13 Vgl. dazu Bächtold-Stäubli, Bd. VI, Sp. 1478–1492 (Perhta) u. Bd. IV, Sp. 184–257 (Hölle); Erich u. Beitl, S. 75 f. (Bercht, Berchtlnächte, Berchtelistag), 350 (Hel), 379 (Holle), 636 (Perchten); Gerlach, S. 964; Grimm, Jacob: Deutsche Mythologie. Nachdruck der von Elard Hugo Meyer bearb. u. hrsg. 4. Aufl. Berlin 1875–78. 2 Bände. Wiesbaden 2003, Bd. I, S. 222–224.

Umtriebe des Nachts gewesen sein. Die Vorstellung von der Wilden Jagd ist auch unter einer Reihe von weiteren, gewöhnlich synonym zu verstehenden Bezeichnungen geläufig; vor allem unter ‚Wildes Heer', ‚Wütendes Heer', ‚Wodans Heer' oder ‚Wodans Jagd'. Darüber, ob die Wilde Jagd als ganzes Gebilde wirklich direkt mit altnordischen bzw. altgermanischen Ursprüngen identifiziert werden kann, konnte offenbar bisher noch keine beschließende Erklärung gefunden werden.

Recht einheitlich ist das grundsätzliche Erscheinungsbild, nach welchem ein eben wildes Heer von geisterhaften Gestalten, das häufig von gleichermaßen gespenstischen Hunden begleitet wird, in der Dunkelheit rastlos durch Wald und Flur, durch die Lüfte und den Himmel entlang jagt. Als ein bevorzugter Termin, zu dem die Wilde Jagd unterwegs ist, gelten die schon im Zusammenhang mit der Perchta/Holda angesprochenen ‚Rauhnächte' (auch ‚Rauchnächte', ‚Zwölften' oder ‚Zwölfnächte' genannt), die um die Wintersonnen- bzw. Jahreswende herum – in der Regel zwischen dem 21. Dezember und dem 6. Januar – datiert sind[14]. Doch gilt ebenso die Phase der Herbststürme als Zeit der Wilden Jagd, insbesondere wenn deren Führung Wodan und dessen Gemahlin Frigg zugeschrieben wird. Letzteres ist etwa für den skandinavischen Raum nicht untypisch, wo zudem die gängigen, an Odin (Wodan) und den Götterwohnsitz Asgard angelehnten Bezeichnungen ‚Odensjakt', ‚Oskorei', ‚Asgardareid' oder ‚Aaskereia' tatsächlich eine ursprünglich enge Bindung des Phänomens an die altnordische Götterwelt zu bestätigen scheinen. Insgesamt gesehen sind die überlieferten und noch rekonstruierbaren Vorstellungen um die Wilde Jagd aber eher durch eine Vielfalt von teilnehmenden oder anführenden metaphysischen Charakteren gekennzeichnet.

Bei allen regionalen Unterschieden gibt es doch Tendenzen, wonach der Volksglauben jene Gestalten als das aus den Seelen Verstorbener bestehende ‚Nachtvolk' oder aber, gewiss schon durch christlich-theokratische Lehren beeinflusst, als überwiegend feminine ‚Nachtfahren' und eben ‚Nachtfrauen' zusammenfasst. Wobei sich diese Bezeichnungen sowohl auf das Gefolge als auch auf die anführenden weiblichen Dämonen beziehen kann. Bereits angesprochen wurde die recht regelmäßige Zugehörigkeit der Perchta/Holda zur Wilden Jagd; meistens fungiert sie dann sogar als deren souveräne Gebieterin[15]. Ob es sich bei

14 Vgl. Erich u. Beitl, S. 665 (Rauchnächte) u. 1004 f. (Zwölften); Grimm 2003, Bd. I, S. 224 (Rauhnächte).

15 Einen (obgleich eher trivialen) literarischen Niederschlag hat diese Konstellation im Übrigen bei Goethes Schwager Christian August Vulpius (1762–1827) gefunden – Vulpius, Christian August: Frau Holda Waldina, die wilde Jägerin. Von dem Verfasser des Romans die Saalnixe. Arnstadt u. Rudolstadt 1805.

der Perchta/Holda anfänglich einmal um eine umher fahrende Seele oder eine Untote gehandelt hat, wie es mitunter den anderen Angehörigen des geisterhaften Heeres nachgesagt wird, ist wiederum letztlich nicht genau zu bestimmen. In manchen, bis ins Mittelalter zurückzuverfolgenden Varianten der Sage von der Wilden Jagd hat der Einfluss des Christentums unverkennbare Spuren hinterlassen. So erscheinen auch die neutestamentarische Übeltäterin Herodias, die wohl aus dem mittelalterlichen romanischen Volksglauben importierte, kirchlich wenig geschätzte ‚Domina nocturna' Abundia und sehr oft die einst ‚eingeschleppte', als heidnisch verfemte Diana als Herrinnen der Wilden Jagd. Eine Seltenheit ist dagegen, dass die Kudrun (auch ‚Gudrun') – die Heldin des gleichnamigen Sagenstoffes, der ja in einer schriftlichen Fassung lediglich als mittelhochdeutsches „Kudrunlied" im „Ambraser Heldenbuch" erhalten ist[16] – nach ihrem Ableben zur Herrin der Wilden Jagd emporsteigt, wie es frühe Fassungen der Nibelungensage vermelden.

Dagegen könnte die virile Anführerschaft Wodans mit der Zeit durchaus auf andere männliche Persönlichkeiten, die für das mittelalterliche Denken von teils ganz unterschiedlichem Belang waren, übertragen worden sein. Mithin erscheint etwa in einigen Sagen der legendäre, mustergültige britische König Artus als Führer der Wilden Jagd, in manchen anderen wiederum der historische, durch das Neue Testament schlecht beleumundete Herodes Antipas (20 v. Chr. – nach 39 n. Chr.), der seiner Gattin Herodias in dieser Sache also nicht nachsteht. So oder so hat sich die Vorstellung vom Wilden Jäger, der das Wilde Heer entweder als Meister anführt oder auch nur dessen Spitze bildet, wohl ungefähr seit dem ausgehenden Mittelalter im Volksglauben sehr und dabei ganz überregional etabliert. Je nach lokaler oder regionaler Prägung ist der Wilde Jäger, der mitunter auch Ewiger Jäger, Helljäger, Nachtjäger, Tolljäger o. ä. genannt wird, sogar mit einer konkreten Identität versehen[17]. In dieser Hinsicht ist besonders der in der niederdeutschen Sagenwelt heimische wilde Jäger Hackelberg (auch ‚Hackelnberg', ‚Hackelbernd/t', ‚Hackelberend' o. ä.) populär. Eventuell ist diese Figur an den authentischen Hans von Hackelberg (1521–1581), den Oberjägermeister des Herzogs Julius von Braunschweig-Wolfenbüttel (1528–1589), angelehnt; andererseits zeigt die dialektale Ausdeutung des Namens ‚Hackelbernd/t' als ‚Der

16 Vgl. Ambraser Heldenbuch. Vollständige Faksimile-Ausgabe im Originalformat des Codex Vindobonensis Series Nova 2663 der österreichischen Nationalbibliothek. Kommentar von Franz Unterkirchner. Graz 1973.

17 Vgl. J. Grimm 1994, Nr. 48 („Der wilde Jäger jagt die Moosleute"), Nr. 173 („Der wilde Jäger und der Schneider"), Nr. 271 („Der Nachtjäger und die Rüttelweiber"), Nr. 309 („Der ewige Jäger"), Nr. 314 („Der getreue Eckhart").

im Mantel Verborgene' oder ,Der Manteltragende' (Jacob Grimm) einmal mehr eine deutliche Verbindung zum Wunschmantel des Wodan auf[18]. Nicht wenige von all diesen volkstümlichen Erzählungen um den Wilden Jäger lassen nun aufgrund ihrer nicht zu übersehenden christlich-moralischen Aussage nachdrücklich annehmen, dass sie zumindest in der überlieferten Fassung überhaupt erst lange nach dem Abschluss der Christianisierung aufgekommen sein können. So ist einigen Versionen aus diesem Sagenblock inhaltlich einigermaßen gemeinsam, dass einzelne maßlose Jagdgesellen wegen ihrer Erbarmungslosigkeit gegen Wild und Mensch und wegen des frevlerischen, gotteslästerlichen Jagens zu verbotenen Zeiten, wie an kirchlich gebotenen Feiertagen und Sonntagen, von einer Art Gottesgericht dazu verurteilt sind, als untote Spukgestalten bis zum jüngsten Tag herumzugeistern. Und so treten sie dann auf die eine oder andere Weise als Teil der Wilden Jagd in Erscheinung; eben als deren Anführer, deren Vorhut, doch manchmal auch in der Rolle des immerfort Flüchtenden und nun selbst Gejagten, dem die Meute des Wilden Heeres nachsetzt.[19]

Die zuverlässige Bestimmung von einstigen kultischen Bedeutsamkeiten der Wilden Jagd jenseits des verbliebenen Sagenhaften, gestaltet sich schwierig. Zumindest scheint die Variante, wonach Wodan und Frigg mit dem Wilden Heer der (ehrenvoll) Verstorbenen unterwegs sind, die Auffassung zu bestätigen, dass

18 Vgl. ebd., Nr. 172 („Der wilde Jäger Hackelberg") u. Nr. 311 („Des Hackelnberg Traum").

19 Vgl. dazu Teil 2, VI. (Weitere Literarisierungen bis zum Ende des 18. Jahrhunderts: G.A. Bürger).
Beispiele für eine ins Sinnbildliche verschobene, inhaltlich nicht mehr originäre Anwendung des Begriffs vom Wilden Jäger in Lyrik und Erzählkunst, wie sie analog zur entsprechenden Sagensammlung ebenfalls für die Romantik festzustellen ist, sind Achim von Arnims Gedicht „Der wilde Jäger" (1805) und die Binnenepisode „Baciochi's Erzählung vom wilden Jäger" in Clemens Brentanos Erzählung „Die mehreren Wehmüller und ungarischen Nationalgesichter" (1817) – Arnim, Achim von: Werke in sechs Bänden. Hrsg. von Roswitha Burwick u. a. Frankfurt/M. 1989–1994, Bd. 5 (1994): Gedichte, S. 173 f. („Der wilde Jäger") u. S. 1137 f. (Komm.); Brentano, Clemens: Sämtliche Werke und Briefe. Historisch-kritische Ausgabe. Veranstaltet vom Freien Deutschen Hochstift. Bisher 39 Bände. Stuttgart 1975–2007, Bd. 19 (1987): Prosa IV, S. 280 ff. („Baciochi's Erzählung vom wilden Jäger") u. S. 687–696 (Erläuterungen).
Als Beispiel einer ironischen, humoristischen lyrischen Verarbeitung vgl. Goethe: MA, Bd. 9 (1987), S. 77–79 („Der getreue Eckart", Erstdruck 1815) u. S. 1103 (Komm.).
Zur volkstümlich-erzählerischen Fortexistenz des Wilden Jägers im 19. Jahrhundert vgl. dagegen Wolff, Julius (1834–1910): Der wilde Jäger. Eine Weidmannsmär. 1. Ausgabe Berlin 1877.

dem Phänomen eine Bedeutung bei der Ahnenverehrung zukam. Zudem fand die Wilde Jagd und die damit bisweilen im Zusammenhang stehende Gestalt der Perchta/Holda wohl eine regelmäßige Berücksichtigung in vorchristlichen Neujahrs- bzw. Wintersonnenwend-Zeremonien. Mit der Christianisierung zu Beginn des Mittelalters wurde dieses Brauchtum dann nach und nach als irriges Heidentum oder als sündige individuelle Verirrung und Einbildung geächtet. Ein gewisses Zeugnis dafür ist wiederum der „Canon Episcopi" aus dem späten 9. oder frühen 10. Jahrhundert, auf den alsbald noch zurückgekommen wird[20]. Namentlich genannt wird in diesem Text zwar vor allem die Diana als Inbegriff eines femininen heidnischen Götzen, der darin beschriebene Unglaube an nächtliche Unternehmungen, Luftreisen und Götzendienereien nimmt jedoch sicherlich auch auf die Wilde Jagd Bezug. Zumindest sollte kein Zweifel darüber bestehen, dass die Ermahnungen des klerikalen Verfassers sämtliche Vorstellungen einschließen, die irgendwie dem Komplex der Wilden Jagd zuzuordnen sind. Eine heute noch mancherorts im Alpenland anlässlich des Perchtenlaufens umzugartig begangene Wilde Jagd ist allerdings nicht verlässlich als langfristig ererbtes, Jahrhunderte altes Brauchtum identifizierbar.[21]

Weiterhin ist in einem volkstümlich zu nennenden Zusammenhang nicht zu leugnen, dass eine gewisse Ähnlichkeit von so mancher Vorstellung des Hexentreibens zur Fastnacht, zum Fasching, kurzum zu karnevalistischen Ereignissen besteht. Wenn man exakt an der Nacht vom 30. April zum 1. Mai festhalten will, trifft dies zwar eigentlich vom Zeitpunkt her nicht zu, doch sicherlich vom entfesselten, exzessiven Charakter der Begebenheit her. Die exemplarischste

---

20 Vollständiger lat. Titel: „Ut episcopi de parochiis suis sortilegos et maleficos expellant" (Dt.: „Dass die Bischöfe Hexer und Zauberer aus ihren Pfarreien vertreiben sollen").
Textreferenz: Regino von Prüm: Das Sendhandbuch des Regino von Prüm. Unter Benutzung der Edition von F.W.H. Waschersleben hrsg. und übersetzt von Wilfried Hartmann. Darmstadt 2004, S. 420–423 (Text des sogenannten „Canon Episcopi"); vgl. Teil 1, IV.

21 Zum Gesamtkomplex der Wilden Jagd vgl. Bächtold-Stäubli, Bd. IV, Sp. 588–592 (Wodan als Führer der wilden Jagd); — Bd. VI, Sp. 793–802 (Nachtfahren, Nachtfrau, Nachtjagd, -jäger) u. 805–809 (Nachtvolk (-schar)); — Bd. IX, Sp. 984–986 (Wildes Weib, wilde Weiber); — Bd. X, S. 400 f. (Wilde Jagd, wilder Jäger, wildes Heer) u. 404 (Wodan); Erich u. Beitl, S. 3 (Abundia), 354 (Herodias), 586 f. (Nachtfahre, Nachtfrauen, Nachtvolk), 970–972 (Wilde Jagd, wilder Jäger), 981 (Wodan); Ginzburg 1990, S. 91–121 („Im Gefolge der Göttin"); Simek, S. 331 (Odin, Wodan); Grimm 2003, Bd. II, Kap. XXIV (Wilde Jagd); Wolff, Bernd: Sagenspiegel des Harzes. Von Geisterspuk und Hexenflug. Wernigerode 1997, S. 44–47 (Hackelberg).

Aufnahme einer solchen Analogie in der Literatur ist fraglos das Kapitel „Walpurgisnacht" in Thomas Manns Roman „Der Zauberberg" (1924)[22]. Aber schon Jahrhunderte früher fiel diese Vergleichbarkeit auf. Als einer der ersten mit einem ansatzweisen Forschungsinteresse kam 1668 der Leipziger Kompilator Johannes Praetorius in „Blockes-Berges Verrichtung" darauf zu sprechen; die „Fasenachte" nennt er als einen der generellen Termine für die „Hexenfahrt" und das „Teuffels-Fest"[23]. Auch Goethe sind die Übereinstimmungen absolut bewusst gewesen. Das ist am plastischsten wohl an der Gestalt der „Baubo" zu erkennen, die in seinem Werk in Anlehnung an die italienischen Traditionen der ‚Dea impudica' und der personifizierten Vulva Bezüge zum Derb-Hexenhaften hat. Denn außer bei der „Baubo" in der „Walpurgisnacht" des „Faust I", verwendete er dieselbe Bezeichnung ebenso in „Das Römische Carneval" im „Zweiten Römischen Aufenthalt" der „Italienischen Reise" in einem halt durch und durch karnevalistischen Kontext[24]. Goethes Resümee des römischen Karnevals fällt im Übrigen in einer Weise aus, die auf ein (poetisch arrangiertes) walpurgisnächtliches Fest ohne weiteres übertragbar wäre:

> „*Aschermittwoch*
> So ist denn ein ausschweifendes Fest, wie ein Traum, wie ein Märchen vorüber, und es bleibt dem Teilnehmer vielleicht weniger davon in der Seele zurück, als unsern Lesern, vor deren Einbildungskraft und Verstand wir das Ganze in seinem Zusammenhange gebracht haben."[25]

Trotz alledem scheinen schematisch anmutende Typisierungen, wie die anspruchslose, ‚traditionelle' Fastnachtshexe, erst Schöpfungen des 19. und 20. Jahrhunderts zu sein[26].

Für den Vorstellungs-Nexus über Hexenversammlungen und Walpurgisnächte ist natürlich nicht zuletzt die Gewichtigkeit des im engeren Sinne religiösen Denkens innerhalb der jüdisch-christlichen Glaubenstradition zu beachten; vor allem natürlich unter Berücksichtigung von unmittelbar biblischen Motiven. Vorauszuschicken ist dazu zunächst, dass die Illusion über feminine Wesen, die durch die Luft zu mysteriösen Zusammenkünften reiten, bereits bei den dem Dämonglauben recht zugeneigten semitisch-aramäischen Chaldäern bestanden

22 Vgl. Teil 5, V.

23 Praetorius, S. 272 f. („Hexen Conv. in Boeotien") u. 515 f. („Hexenfahrt in Fastnachten").

24 Goethe: MA, Bd. 6.1, S. 653 (Text) u. 1034 (Komm.) sowie Bd. 15, S. 606 (Text) u. S. 1184 (Komm.).

25 Ebd., Bd. 15, S. 606 (Text) u. S. 1184 (Komm.).

26 Gerlach, S. 980; Erich u. Beitl, S. 198–205 (Fastnacht u. Fastnachtsspiel).

hat, die ja in gewisser Weise ebenfalls mit der jüdisch-christlichen Glaubenstradition verbunden sind[27].

Spätestens seit der rasch zur Unabdingbarkeit gewordenen spätmittelalterlichen Verquickung der Dämonen- und Hexenexistenz mit dem Furcht einflößenden Fluidum des Teufels sind gewiss allerlei Motive, die unmittelbar mit dem Gegenspieler Gottes zusammenhängen, für den Vorstellungs-Nexus um die dämonischen Versammlungen von nachhaltiger Bedeutung gewesen. Beschränkt man sich nur auf zwingend dafür in Frage kommende Bibelstellen – des „Satans Ursprung" ist ja bekanntlich durchaus nicht allein an den Angaben und Lehrsätzen der christlichen Bibel festzumachen[28] – dann sticht vor allem die recht regelmäßige Verbindung der Umtriebe des Teufels mit einem Berg hervor, die sicher unter anderem für die Ausbildung des Gedankens vom Blocksberg als dem Schauplatz der antichristlichen Versammlung und Huldigung von Belang gewesen ist. Das vergegenwärtigen insbesondere die einschlägigen Passagen aus dem „Triumphlied über den Sturz des Weltherrschers" beim Propheten Jesaja (A Jes 14, 1–23):

> „12 Wie bist du vom Himmel gefallen, du schöner Morgenstern! Wie wurdest du zu Boden geschlagen, der du alle Völker niederschlugst! 13 Du aber gedachtest in deinem Herzen: «Ich will in den Himmel steigen und meinen Thron über die Sterne Gottes erhöhen, ich will mich setzen auf den Berg der Versammlung im fernsten Norden. 14 Ich will auffahren über die hohen Wolken und gleich sein mit dem Allerhöchsten.» 15 Ja, hinunter zu den Toten fuhrest du, zur tiefsten Grube!" (A Jes 14, 12–15)[29]

---

27 Vgl. Habiger-Tuczay, Christa: Magie und Magier im Mittelalter. München. 1992, Kap. 1.4 („Die Chaldäer"); Siefener, S. 89.

28 Vgl. dazu im Besonderen Elaine: Pagels, Elaine: Satans Ursprung. Übersetzung der Ausgabe New York u. Toronto 1995. Berlin 1996; Nola, Alfonso Maria di: Der Teufel. Wesen, Wirkung, Geschichte. 2. Aufl. München 1994; Roskoff, Georg Gustav: Geschichte des Teufels. Eine kulturhistorische Satanologie von den Anfängen bis ins 18. Jahrhundert. Nachdruck der Ausgabe Leipzig 1869. Hrsg. von Abraham Melzer. Köln 2003.

29 Als Textgrundlage dient hierzu: Die Bibel oder die ganze Heilige Schrift des Alten und Neuen Testaments nach der Übersetzung Martin Luthers. Volksbibel. 5. Aufl. Stuttgart 1984.
Anm. des Hrsg. zu A Jes 14, 13: „Der Berg der Versammlung ist der Götterberg im höchsten Norden.".
Jener Idee, wonach die Heimstätte des Teufels im Norden liegt, ist in der abendländischen Dichtung mit einer gewissen Regelmäßigkeit immer wieder einmal und in recht unterschiedlichem Sinn nachgekommen worden. So z. B. auch in einem Gespräch zwischen „Kirchenbüttel" und „Teufel" in den sowohl für die Aufwertung des Mittelenglischen als auch für die überregionale Literaturgeschichte bedeutenden Canterbury-Erzählungen (Engl. ‚Canterbury tales'), die von Geoffrey Chaucer (um 1343–1400) wohl ab 1388 niedergeschriebenen worden sind (Chaucer, Geoffrey:

Seit der Auslegung der Kirchenväter wird der beschriebene frevlerische König von Babel, der in einem übertragenen, höhnischen Sinn als „schöner Morgenstern" tituliert wird, im Regelfall zumindest sinnbildlich, häufig aber ganz unmittelbar mit dem Satan gleichgesetzt. Dazu führte vermutlich die Übersetzung von „Morgenstern" (hebr. ‚Helal') zum griechischen. ‚Phosphoros' oder ‚Eosphoros' und schließlich zum lateinischen ‚Lucifer' (dt. ‚Lichtbringer'), das dann auch Hieronymus (um 347–419) für die „Vulgata" (383 begonnen) wählte. Über die eher poetische Bezeichnung des Morgensterns, also des Planeten Venus, als Luzifer hinaus kennt die römische Literatur und Mythologie Luzifer als eine gottähnliche Gestalt, die in der Hauptsache den neuen Tag herbeizuführen hat. Den christlichen Kirchenvätern bot sich mit dieser Übersetzung demnach wohl die einfache Möglichkeit, die für den suspekten heidnischen Mythos stehende Luzifergestalt mit dem Satan zu identifizieren.

Eine Bestätigung des Bildes vom aus dem Himmel geworfenen Satan wird – ebenfalls seit der Lesart der Kirchenväter – üblicherweise in einer Sentenz des neutestamentarischen „Jesu Jubelruf" gesehen (N Luk 10, 17–24), die obendrein als eine von vielen Bibelstellen in der Frühen Neuzeit von den Befürwortern der Hexenverfolgungen mitunter als theologische Rechtfertigung benutzt wurde[30]:

> „17 Die Siebzig aber kamen wieder mit Freuden und sprachen: Herr, es sind und auch die bösen Geister untertan in deinem Namen. 18 Er sprach aber zu ihnen: Ich sah den Satan vom Himmel fallen wie einen Blitz. 19 Sehet, ich habe euch Vollmacht gegeben, zu treten auf Schlangen und Skorpione, und über alle Gewalt des Feindes; und nichts wird euch schaden. 20 Doch darüber freut euch nicht, dass euch die Geister untertan sind. *Freuet euch aber, dass eure Namen im Himmel geschrieben sind.*" (N Luk 10, 17–20)

Die zeitige literarische oder zumindest narrative Präsenz des Gedankens über den samt dämonischem Gefolge gefallenen Luzifer wird beispielsweise durch die Anekdote „Der treue teuflische Diener" aus der langfristig in mehrerlei Hinsicht bedeutenden Erzählungssammlung „Dialogus miraculorum" des rheinländischen Zisterziensers Caesarius von Heisterbach (um 1180–1240) dokumentiert (Mit den „VIII libri miraculorum" ca. 1219–1223 zusammengestellt)[31].

Canterbury-Erzählungen [Canterbury tales]. Aus dem Englischen übersetzt von Detlef Droese. Zürich 1971, 3. Fragment: „Prolog und Erzählung des Kirchenbüttels" (Engl. „The Summoner's prologue and tale"), V. 1665 ff.).

30 Vgl. Behringer 1993, S. 503.

31 Heisterbacensis, Caesarius [Heisterbach, Caesarius von]: Dialogus miraculorum. Aus dem Lat. übersetzt von Johannes Hartlieb. Hrsg. von Karl Drescher. Berlin 1929, V. 36.

Ein hoher Berg ist auch im Neuen Testament ein Charakteristikum im Verhalten des Teufels. Entsprechend heißt es in „Jesu Versuchung“ (N Matth 4, 1–11; N Luk 4, 1–13):

> „Wiederum führte ihn der Teufel mit sich auf einen sehr hohen Berg und zeigte ihm alle Reiche der Welt und ihre Herrlichkeit“ (N Matth 4, 8) bzw.

> „Und der Teufel führte ihn hinauf <auf einen hohen Berg> und zeigte ihm alle Reiche der ganzen Welt in einem Augenblick“ (N Luk 4, 5)

Im gleichen Kontext ist im Übrigen die geschwinde Beförderung der Person Jesu durch die Lüfte eine Auffälligkeit. Dadurch dürften die Phantasien um den vom Teufel direkt oder indirekt ermöglichten, schnellen Flug durch die Luft bestätigt worden sein, wenn das Phänomen sonst auch den ganz und gar konträr zum Heiland eingestuften Hexen und anderen teuflischen Verbündeten zugeschrieben wurde.

Nach den Maximen der christlichen Bibel, gehört also ein Berg, der dem Himmel dem Anschein nach noch einigermaßen nahe ist, durchaus zum Fluidum des aus himmlischen Höhen verbannten Satans. Dabei ist wohl auch eine gewisse Assoziation zum Gedanken vom heiligen Berg Gottes im „Klagelied über den König von Tyrus“ beim Propheten Hesekiel zu beachten (A Hes 28, 11–19), in dessen Kontext zudem das Bild vom wegen seiner Versündigungen verstoßenen „Cherub“ angesiedelt ist, welches wiederum in die Richtung der Idee vom Satan als gefallenem Engel deutet:

> „14 Du warst ein glänzender, schirmender Cherub, und auf den heiligen Berg hatte ich dich gesetzt, […]. 16 Durch deinen großen Handel wurdest du voll Frevels und hast dich versündigt. Da verstieß ich dich vom Berge Gottes und tilgte dich, du schirmender Cherub, hinweg aus der Mitte der feurigen Steine.“ (A Hes 28, 14–16)

In der theologisch und moralisch durchdrungenen lateinsprachigen Exempelliteratur des Mittelalters wurde dann der Gedanke von einem Berg als Aufenthaltsort böser Geister weiterhin gepflegt. Das ist etwa in der vom Spätmittelalter bis ins Barock hinein europaweit, vor allem in den deutschen Territorien, geschätzten „Gesta Romanorum“ der Fall (vmtl. zu Beginn des 14. Jahrhunderts erstellt, erste Übersetzungen aus dem Lateinischen im späten 14. Jahrhundert). In dieser Exempelsammlung ist „Der Berg der Verwünschten“ zwar „in Catalonien im Bistum Girona“ angesiedelt, aber die Vorstellung an sich hat doch eine ganz universelle Qualität[32]. Dem schwer zugänglichen Dämonenheim wird in

32 Gesta Romanorum. Das älteste Märchen- und Legendenbuch des christlichen Mittelalters […]. 2 Bde. Übersetzt u. hrsg. von Johann Georg Theodor Graesse. Nachdruck

der „Gesta romanorum“ zudem zugeschrieben, unter der Oberfläche eine großzügige palastähnliche Ausdehnung zu haben und obendrein eine Lagerstätte von Gold und Silber zu sein. Diese Art von Berg ist somit bereits lange vor dem Beginn der Neuzeit ebenso eine Projektionsfläche für einfache pekuniäre Assoziationen, worauf ja übrigens Goethe mit dem Mammon-Motiv in der „Walpurgisnacht“ des „Faust I“ durchaus Bezug nimmt[33]. Seltener ist dagegen, dass es sich bei einem solchen auf oder in dem Dämonenberg befindlichen Schatz um in Buchform verdichtetes Wissen handelt, das demjenigen, der es in seinen Besitz bringen kann, zu Allwissenheit verhilft. Diese Variante wäre etwa in der Schwanksammlung „Gartengesellschaft“ des Straßburger Renaissanceliteraten Martin Montanus (um 1537 – nach 1566) nachzulesen[34].

Auch andere der gelegentlichen Motive im Alten und Neuen Testament, die einen Bezug zur (schwarzen) Magie oder auch zu heidnischen Riten und weiteren, als antichristlich interpretierbaren Tätigkeiten vorweisen, hatten weit über das Ende von Zaubereiglauben und Dämonopathie hinaus für viele Generationen von Kultur- und Literaturbeflissenen einen hohen Inspirationswert.

Beispielhalber sei hierzu die alttestamentarische „Totenbeschwörerin in Endor“ genannt (A 1. Sam 28, 7–25), die für Saul, dem ersten König Israels, den Geist des verstorbenen Propheten Samuel aus der Erde herauf beschwört und Saul so den Blick in seine unheilvolle Zukunft eröffnet. Zuweilen wird diese Gestalt auch als ‚Hexe von Endor‘ bezeichnet; das sollte jedoch nicht in zu enger Anlehnung an den frühneuzeitlichen Hexenbegriff erfolgen, der allenfalls eingeschränkt auf diese „Geisterbeschwörer[in] und Zeichendeuter[in]“ anwendbar ist.

Außer dem bereits erwähnten, heidnische Kulte und apostolischen Missionsbedarf symbolisierenden Diana-Tempel im kleinasiatischen Ephesos (N Apg 19, 23–41) wäre im Neuen Testament etwa der Fall des samaritischen Zauberers Simon Magus hervorzuheben (N Apg 8, 9–25). Die Zaubereipraktiken des Simon Magus († vmtl. um 65 n. Chr.) werden in der Apostelgeschichte des Lukas nicht näher ausgeführt, die Andeutungen lassen aber am ehesten das Initiieren von

---

der Originalausgabe von 1842. Leipzig 1905, Bd. 2, „Der Berg der Verwünschten“; vgl. dazu Wawrzyniak, Udo: Gesta Romanorum. In: Enzyklopädie des Märchens. Handwörterbuch zur historischen und vergleichenden Erzählforschung. Begr. von Kurt Ranke. Bd. 5, S. 1201–1212.

33 Vgl. Goethe: HA, Bd. III, S. 123 f. (Text) u. 569 f. (Anm.); — MA, Bd. 6.1, S. 651 f. (Text) u. 1033 f. (Komm.); — FA, Bd. 7/I, S. 169 f. (Text) u. Bd. 7/II, S. 348 (Erläuterungen).

34 Montanus, Martin: Schwankbücher (1557–1566). Hrsg. von Johannes Bolte. Nachdruck der Ausgabe Tübingen 1899. Hildesheim 1972, S. 331–333 (Gartengesellschaft, Cap. 74: „Virgil und der Teufel“).

massenekstatischen Phänomenen annehmen. Da auch Justinus der Märtyrer († um 165), der Kirchenvater Irenäus († um 202), die in der zweiten Hälfte des 2. Jahrhunderts entstandenen apokryphen Petrusakten (‚Petrusevangelium') und der altkirchliche Theologe Hippolyt (um 165 – nach 235) von Simon Magus berichten, gilt die historische Existenz seiner Person immerhin als hinreichend gewährleistet. Die Kirchenväter positionierten Simon Magus als Erzketzer und ersten Häretiker überhaupt, von den Anhängern der ihm gewidmeten gnostischen Bewegung der Simonianer, die im zweiten Jahrhundert zeitweise mit dem frühen Christentum konkurrierte, wurde er dagegen in den Rang eines Messias erhoben. Die Apostelgeschichte bekräftigt jedoch den Ruf eines gauklerähnlichen, unredlichen Scharlatans, der sich wohl um des Vorteils willen taufen lässt und sich mit dem Versuch, die den heiligen Geist spendende spirituelle Gabe der Apostel für sich mit Geld erkaufen zu wollen, sogar blasphemisch verhält.[35]

Fraglos geben Altes und Neues Testament auch für die Idee vom Tanz der Teufel, Hexen oder sonstigen Unholde einiges an Eingebung her. So ist der Tanz der desorientierten Israeliten um das goldene Stierbild, welches der aufgebrachte Gottesdiener Moses dann bezeichnenderweise dem Feuer zuführt bevor er die Reste davon zermalmt und dem Ganzen noch eine schonungslose Bestrafung folgen lässt, das Paradigma des gotteslästerlichen Götzendienstes (A 2. Mose 32, 1–35). Der ‚Tanz um das goldene Kalb' war ja auch in Holzschnittkunst und Malerei zu beinahe allen Zeiten ein gegenwärtiges Motiv, wie es beispielsweise schon ein Holzschnitt in der „Weltchronik" (1493) des Hartmann Schedel (1440–1514) und eine lange Galerie von Gemälden, die von Karel van Mander (1548–1606) über Nicolas Poussin (1593 oder 1594–1665) bis hin zu Emil Nolde (1867–1956) reicht, dokumentiert. Weiterhin denke man etwa an den üblicherweise als lasziv interpretierten Schleiertanz der Salome, der „Tochter der Herodias", vor dem „Vierfürst Herodes" (Herodes Antipas), der den passenden Vorwand zum gewaltsamen Tod Johannes des Täufers liefert (N Matth 14, 6–11 u. N Mark 6, 21–28). Eine Bestätigung des grundsätzlich Suspekten am Tanzen dürften die Sittenwächter erst recht in der sogenannten Tanzwut, auch Tanzkrankheit, Tanzplage oder

---

35 Vgl. dazu Logan, A.H.B.: Simon Magus. In: Theologische Realenzyklopädie. Bd. 31 (1999), S. 272–276; Theißen, Gerd: Simon Magus: Die Entwicklung seines Bildes vom Charismatiker zum gnostischen Erlöser. Ein Beitrag zur Frühgeschichte der Gnosis. In: Dobbeler, Axel von (Hrsg.): Religionsgeschichte des Neuen Testaments. Festschrift für Klaus Berger zum 60. Geburtstag. Tübingen u. a. 2000, S. 407–433; Zangenberg, Jürgen: Dynamis tou theou. Das religionsgeschichtliche Profil des Simon Magus aus Sebaste. In: Dobbeler, Axel von (Hrsg.): Religionsgeschichte des Neuen Testaments. Festschrift für Klaus Berger zum 60. Geburtstag. Tübingen u. a. 2000, S. 519–541.

Veitstanz genannt, gesehen haben, die ab dem Hochmittelalter belegt ist, wohl aber erst im 14. und 15. Jahrhundert zu einer Massenerscheinung wurde; letzte Zeugnisse darüber fallen in das 16. Jahrhundert. Es handelte sich dabei um ein epidemieartig um sich greifendes Phänomen, bei dem Menschengruppen von einem rätselhaften Wahn ergriffen bis zur Besinnungslosigkeit tanzten. Die Hypothese der Volkskunde des 19. und frühen 20. Jahrhunderts, die Tanzwut sei ein krankhaft gesteigertes Ausleben des Volksglaubens gewesen, ist inzwischen mehr und mehr von der Ansicht ergänzt und abgelöst worden, eine Erklärung in der Wirkung halluzinogener pflanzlicher Drogen oder Vergiftungen durch das Sklerotium des Mutterkorn-Pilzes (‚Claviceps purpurea') im Getreide zu suchen. Von den Zeitgenossen wurde die Ursache allerdings hauptsächlich in teuflischen Einflüsterungen bzw. in einer entsprechenden, auf mangelnder Sittenstrenge beruhenden Anfälligkeit dafür gesehen (‚Tanzteufel')[36]. Vor allem von Seiten der Geistlichkeit setzte sich die Skepsis gegenüber dem Tanz an sich bis weit in die Frühe Neuzeit hinein fort, besonders in Bezug auf die häufig als moralisch bedenklich befundenen Modetänze, sofern sie nicht von Angehörigen der Obrigkeit praktiziert wurden, die von dieser Kritik noch am ehesten ausgenommenen gewesen sein dürften[37].

Einen nicht unmaßgeblichen Einfluss auf den Vorstellungs-Nexus um Zusammenkünfte von antichristlichen Unholden hatte ab dem ausgehenden Mittelalter dann sicherlich auch so manche dichterische Schöpfung, die keine geistliche Literatur im engeren Sinne mehr ist. Gleichwohl sind auch für solche Arbeiten die das Weltbild bestimmende christliche Lehre und die biblische Motivik weiterhin absolut gewesen. Als an ein Werk von langfristiger europaweiter Bedeutung ist hierbei vor allem an Dante Alighieris (1265–1321) „Göttliche Komödie" zu denken (ital. „La divina com(m)edia", 1321 vollendet)[38]. Die epochale spätmittelalterliche Verserzählung gründet eben auf der unabänderlichen Grundlage des zeitgenössischen, von der Scholastik beeinflussten christlichen Weltbildes und weist ebenso motivische und technische Anlehnungen an die antike Dichtung – vornehmlich an Vergils Heldenepos „Äneis" (29–19 v. Chr. entstanden) – auf. Gewiss sind die Eindrücke, die von den ausführlichen poetischen Illustrationen in der „Göttlichen Komödie" ausgingen, insbesondere aus den Großabschnitten „Hölle" (ital. „Inferno") und „Läuterungsberg" (Oft

36 Vgl. Erich u. Beitl, S. 793 f.

37 Vgl. Gerlach, S. 972.

38 Textreferenz: Dante Alighieri: La divina commedia. Die göttliche Komödie. Übers. von Walter Naumann. Bearb. von Ferdinand Barth. Sonderausgabe. 2 Bände. Darmstadt 2003.

auch mit „Fegefeuer“ übersetzt; ital. „Purgatorio“), für das literarische Verarbeiten von Sünden-, Höllen- und Teufelsvorstellungen eine wichtige Vorgabe gewesen, selbst wenn ganz unmittelbare, szenische Übereinstimmungen mit einem ausgelassenen Unholdenkonvent auf einem Berg eigentlich nicht bestehen. Doch beachte man beispielhalber nur die Konstellation, bei der ein beredsamer Führer nach der Art der zu diesem Zweck in der „Göttlichen Komödie“ literarisierten Persönlichkeiten des römischen Nationaldichters Vergil (Publius Vergilius Maro, 70–19 v. Chr.), der idealisierten, musenhaften Beatrice[39] sowie des Zisterzienserheiligen und Mystikers Bernhard von Clairvaux (um 1090–1153) den protagonistischen Erzähler durch die abwechslungsreiche Szenerie geleitet; oder auch die Begegnung desselben mit zahlreichen aus Vergangenheit, Gegenwart, Mythologie und Literatur bekannten Charakteren an den verschiedenen Stationen seiner visionären Wanderung. In der Dichtung späterer Jahrhunderte führt tatsächlich zuweilen ebenfalls solch ein Cicerone die Hauptperson durch das Blocksbergfest (Lichtenberg, Goethe)[40]; wobei prompt auch Charaktere und Stereotypen aus Vergangenheit und Gegenwart angetroffen werden, wenn das Ganze dann auch meist mit einer mehr oder weniger ausgeprägten ironisch-satirischen Note versehen ist.

Die herausragende Rolle eines Berges ist unter anderem im Kontext der Heiligen Schrift angelegt, wie ja zuvor bereits ausgeführt wurde. Ganz unverkennbar und plastisch manifestiert sie sich dann im nächstens noch konkreter erläuterten Blocksberg-Gedanken. Zuvor sind jedoch auch noch einige weitere Bezüge, die diese Besonderheit eines Berges ausmachen, zu berücksichtigen:

Abgesehen von der biblischen Darstellung des aus himmlischen Höhen verbannten Satans, der nur mehr auf einem hohen Berg zu residieren vermag, sind Berge als der Sitz von Göttern und Geistern in vielerlei mythologischen Traditionen ein häufiges Denkbild. Das prominenteste Beispiel dafür ist zweifellos der Olymp – die Götterresidenz der griechischen Mythologie[41]. Man denke aber ebenso an die gleichfalls griechischen Erhebungen Helikon, dem Stammsitz der

---

39 Die Person der Beatrice ist bereits die zentrale Gestalt in Dantes früher Erzählung „La vita nuova“ (um 1293 niedergeschrieben). Sofern sie mit der historischen Beatrice Portinari (Auch ‚Bice Portinari‘) identifiziert wird, wie es seit dem Dante-Verehrer Giovanni Boccaccio (1313–1375) nicht unüblich ist, gelten für sie die Lebensdaten von 1266–1290.

40 Vgl. Teil 2, VI. u. Teil 3, IV.

41 Vgl. z. B. Meyer, Ernst: Olympos. In: Der kleine Pauly, 4. Bd., S. 291–293; Lamer, Hans u. Kroh, Paul: Wörterbuch der Antike. Mit Berücksichtigung ihres Fortwirkens. 10. Aufl. Stuttgart 1995, S. 511 (Olymp).

Musen und Quellort der poetisch inspirierenden Hippokrene und Aganippe, sowie an den Parnass. Der Parnass, der später ebenfalls zum Aufenthaltsort der Musen wurde, gilt bekanntlich als die dem Apoll heilige Heimstätte der Künste, spätestens seit römischer Zeit insbesondere der Poetik. Daraus wurde dann die übertragene, sinnbildliche Bedeutung des Parnass' als Inbegriff der Dichtkunst abgeleitet[42]. Außerdem wird der Parnass gelegentlich mit dem Dionysos (auch ‚Bakchos'; lat. ‚Bacchus') und demselben gewidmeten Kulten in Verbindung gebracht. Eine Vergleichbarkeit zwischen den vermeintlichen Umtrieben der Unholde auf europäischen Bergen in der Frühen Neuzeit und den von überwiegend römischen Autoren tradierten Legenden um die Apollon- und um die verrucht skizzierten Dionysos-Kulte vermochte im Jahr 1668 etwa der eifrige Leipziger Kompilator Johannes Praetorius zu erkennen. Wenn seine Bemerkungen auch mythologisch und historisch recht ungenau sind, heißt es in seinen phänomenologischen Beflissenheiten um die „Blockes-Berges Verrichtung":

> „Auff dem Berg Parnasso in Boeotia, welcher dem Apollini concecriret und zugeeignet wird / wird allewege ein Jahr umbs ander das Fest der Bachanalien oder tollen Fastnachten gehalten / und werden auch zum öfftern die Satyri oder Wald-Gespenst in grosser Anzahl daselbst gesehen / und werden gemeiniglich gar vernehmliche Stimmen gehöret / es ist auch offtermahls ein Klang von Cymbeln gehöret worden."[43]

Bei den antiken Bacchanalien handelt es sich bekanntlich um eine möglicherweise aus dem griechischen Unteritalien über Etrurien nach Rom getragene mutmaßliche Abart der Dionysien bzw. des Bacchus-Kultes, die sicher keinen konkreteren, physischen Bezug zum griechischen Parnass gehabt haben dürfte. Im Rom des frühen zweiten Jahrhunderts v. Chr. waren die Bacchanalien (lat. ‚Bacchanalia') phasenweise ein nicht unspektakuläres Politikum, das den Senat im Jahr 186 v. Chr. schließlich zum Verbot dieses der Subversion verdächtigten Kultes und zu harten Strafmaßnahmen veranlasste. So ist es offenkundig im 8. bis 19. Kapitel des 39. Buches von „Ab urbe condita" des Titus Livius (50 v. Chr. – 17 n. Chr.) in einer herausragenden schriftstellerischen, obgleich politisch und moralisch nicht unparteiischen Güte dargestellt[44]. Die später für das Rom der Kaiserzeit charakteristischen orgiastischen Kulte sind mit den früheren Bacchanalien nicht

---

42 Vgl. z. B. Meyer, Ernst: Helikon. In: Der kleine Pauly, 2. Bd., S. 994; — Parnassos. In: Der kleine Pauly, 4. Bd., S. 520 f.; Lamer u. Kroh, S. 285 (Helikon) u. 533 (Parnass); zur Bedeutung für die Dichtkunst im engeren Sinne vgl. Wilpert 2001, S. 336, 536, 591.

43 Praetorius, S. 272 f.

44 Livius, Titus: [Titi Livi] Ab urbe condita. Liber XXXIX; üblicher Titel der ins Deutsche übertragenen Ausgaben: Livius, Titus: Römische Geschichte. 39. Buch.

einfach gleichzusetzen; stand doch dann nicht mehr ein religiös-ritueller Aspekt im Vordergrund, sondern das zunehmend dekadente Ausleben des Wohlstands. Eine Nachwirkung der esoterischen Anhaftungen der Bacchanalien könnte allerdings die frühen Christen im römischen Imperium ereilt haben. Denn sie wurden aus mehrerlei intoleranten Motiven der Abhaltung geheimer, sittenloser Rituale und einer subversiven Gesinnung bezichtigt – nicht unähnlich den Bacchantinnen und Bacchanten des zweiten vorchristlichen Jahrhunderts. Gegebenenfalls wurden sogar die ersten Verfolgungen und Verurteilungen von Christen auf der Grundlage des alten, gegen die Bacchanalien formulierten Senatsbeschlusses vorgenommen.[45]

Hinsichtlich der Entstehungsmythen zum ‚Hexensabbat' und zur Walpurgisnacht sind also die amoralischen, geheimbundhaften Eindrücke, die von den Überlieferungen der römischen Bacchanalien, die im theokratisch geprägten Europa des Spätmittelalters und der Frühen Neuzeit nun wiederum als heidnisch erachtet wurden, ausgingen, durchaus zu berücksichtigen. Für die Möglichkeit einer solchen Tendenz spricht umso mehr, dass in Humanismus und Renaissance der Lektüre von Livius' Büchern wieder beachtlich zugesprochen wurde; beispielhalber denke man nur an den Einfluss von „Ab urbe condita" auf die Arbeiten Niccolò Machiavellis (1469–1527). Was aber Helikon und Parnass anbelangt, so gilt es bei der Betrachtung von dichterischen Bemühungen um das Blocksbergfest ab dem von der Aufklärung geprägten 18. Jahrhundert immer auch eine ironische und satirische Dimension zu beachten, die sich spätestens dann eröffnet, wenn der Parnass als der sinnbildliche Stammort der Dichtkunst mit dem wüsten Treiben auf dem Blocksberg in einen Zusammenhang gebracht wird[46].

Im von antiker Mythologie und säkularem Schriftgut des Altertums nur bedingt berührten Volksaberglauben des deutschsprachigen Raumes haben Berge und Anhöhen ebenfalls eine schier unerschöpfliche Bedeutungsvielfalt. Dabei sehen nicht wenige der überlieferten Vorstellungen Berge als Aufenthaltsort von verschiedensten, häufig allerdings bösen Geistern und Dämonen[47].

---

45 Vgl. dazu Eisenhut, Werner: Bacchanal(ia). In: Der kleine Pauly, 1. Bd., S. 799; Lamer u. Kroh, S. 83 f. (Bacchanal); Cancik-Lindemaier, Hildegard: Der Diskurs Religion im Senatsbeschluss über die Bacchanalia von 186 v. Chr. und Livius (B. XXXIX). In: Griechische und Römische Religion. Festschrift für Martin Hengel zum 70. Geburtstag. Hrsg. von Hubert Cancik. Tübingen 1996, S. 88 ff.

46 Ein solcher Sachverhalt ist beispielsweise durch manche Passagen des komischen Epos' „Die Walpurgis-Nacht" (1756) von Johann Friedrich Löwen gegeben (Vgl. Teil 2, V.).

47 Bächtold-Stäubli, Bd. I, Sp. 1043–1083 (Berg, Bergentrückt, Berggeister).

All diese angeschnittenen Traditionen haben also einen gehörigen, substanziellen Anteil an jenem Nexus, der die Vorstellungen von düsteren, hexenhaften Zusammenkünften, die im Einzelnen aus diesem Gefüge eben eigentlich gar nicht akkurat herausgelöst werden können, über die Jahrhunderte hinweg gespeist hat – ein Vorgang, der allerdings solange nicht als abgeschlossen gelten kann, wie kulturelles und ökonomisches Interesse an derartigen mythologischen und transzendenten Stoffen besteht.

Den vielerorts in der Literatur nachzulesenden, teils mit einer starken regionalen Prägung versehenen Profilen vom mythischen Hexentreiben zum einschlägigen Datum der Nacht auf den 1. Mai oder auch zu anderen Gelegenheiten sind aber nun in der Regel folgende Bestandteile und Abläufe gemeinsam[48]:

Der gängigen Schilderung nach reiten die Hexen zu bestimmten nächtlichen Terminen[49] – die Walpurgisnacht ist davon lediglich der ‚zuverlässigste' und bekannteste – auf Besen[50], Mist- und Ofengabeln, Heuballen, Schweinen, Ziegenböcken, Kälbern oder ähnlichen Utensilien und Kreaturen aus und versammeln sich auf einem Hexentanzplatz[51]. In aller Regel befindet sich dieser an einem landschaftlich markanten Ort; oftmals, wie gesagt, auf einer Erhebung oder

---

48 Im Zusammenhang von 1. Mai und Walpurgisnacht sei unbedingt auf die gehaltvollen volkskundlichen und historischen Informationen in den nachstehenden Werken hingewiesen. Bächtold-Stäubli, Hanns (Begr.): Handwörterbuch des deutschen Aberglaubens (Handwörterbücher zur deutschen Volkskunde, Abt. I). 10 Bände. Berlin u. Leipzig 1927–1942, Bd. I, Sp. 1423–1428 (Blocksberg) u. Sp. 1579–1581 (Brocken), Bd. III, Sp. 1883–1889 (Hexenfahrt, Hexensabbat), Bd. V, Sp. 1542–1550 (Maitag), Bd. IX, Sp. 84–87 (Walpurga); Erich, Oswald A. u. Beitl, Richard (Begr.): Wörterbuch der deutschen Volkskunde. 3. Aufl. Stuttgart 1974, S. 96 (Blocksberg), S. 110 (Brocken), S. 526 (Maitag), S. 933 f. (Walpurgis); Gerlach, Hildegard: Hexe. In: Enzyklopädie des Märchens. Handwörterbuch zur historischen und vergleichenden Erzählforschung. Begr. von Kurt Ranke. Bisher 11 Bände. Berlin u. New York 1977–2003, Bd. VI, S. 968 u. 970–972 (Hexenflug, Hexensabbat); Ginzburg 1990, S. 7 ff.

49 Zu den spezifischen Tagen und Zeiten der Hexenversammlung, die keineswegs auf den Haupttermin Walpurgis beschränkt sind, vgl. Bächtold-Stäubli, Bd. III, Sp. 1879 f.

50 Zum berühmtesten Fortbewegungsmittel der Hexen vgl. Bächtold-Stäubli, Bd. I, Sp. 1130–1147 (Besen) u. Sp. 1147–1150 (Besenritt); Erich u. Beitl, S. 82. Zur zuweilen auch ziemlich andersartigen abergläubischen Besonderheit und Symbolik des Besens, wie im seemännischen Brauchtum, vgl. Erler, Adalbert: Das Hissen eines Besens als Rechtssymbol. In: Zeitschrift der Savigny-Stiftung für Rechtsgeschichte. Germanistische Abteilung. 62. Bd., 1942, S. 371–375; Bächtold-Stäubli, Bd. I, Sp. 1135 u. 1144 f.; — Bd. IX (N), Sp. 158 f.; Erich u. Beitl, S. 82.

51 Vgl. Praetorius, Johannes: Blockes-Berges Verrichtung [...]. Unveränderter Nachdruck der Ausgabe Leipzig 1669. Hanau/M. 1968, S. 295.

einem Berg – eben dem Blocksberg, wie er im deutschen Sprachraum volkstümlich meistens heißt. Grundsätzlich wird eine kaum überschaubare Vielzahl von deutschen Bergen und Höhenzügen, die allesamt als Aufenthaltsorte dämonischer Wesen und Versammlungsplätze von Hexen gelten, als Blocksberge angesehen[52]. Demgemäß handelt es sich bei der Bezeichnung ‚Blocksberg' also eigentlich um gar keinen Eigennamen, sondern um einen im deutschen Sprachraum geographisch ziemlich unabhängigen Gattungsnamen[53]. Überhaupt sind viele derartiger Hexenberge und Versammlungsstätten nahezu in ganz Europa vorzufinden. Unter anderem sind in dieser Hinsicht italienische Erhebungen, wie der Paterno di Bologna, und französische Anhöhen, namentlich etwa der Vulkan Puy de Dôme bei Clermont-Ferrand, recht berühmt[54]. Nicht minder trifft das auf etliche skandinavische Örtlichkeiten zu, denen die Eigenschaft eines solchen einschlägigen Versammlungsplatzes – in Schweden zumeist Blåkulla, in Dänemark und Norwegen häufig Trommenfjeld o. ä. genannt – zugeschrieben wurde[55].

Nichtsdestoweniger ist in Deutschland seit dem 17. Jahrhundert ist der 1142 Meter hohe Brocken im Harz, der offenbar schon seit prähistorischer Zeit in den Gemütern vieler Betrachter als ein für dämonische Belange prädestinierter Ort empfunden wurde, mehr und mehr zum Inbegriff des Blocksberges geworden[56]. Von Bedeutung könnte dabei der etymologisch allerdings nicht ganz

---

52 Vgl. dazu Peuckert, Will-Erich u. Bertau, Karl Heinrich: Der Blocksberg. In: Zeitschrift für deutsche Philologie. 75. Bd., 4. H., 1956, S. 347–356; Bächtold-Stäubli, Bd. III, Sp. 1880–1883 (Hexenberge in Dtl.); Hoffmann, Hans: Hexen im Harz. Bad Harzburg 1993, S. 26 (Beispiele Europäischer Hexenberge); Gerlach, S. 971.

53 Vgl. Peuckert u. Bertau, S. 350; Gerlach, S. 971.

54 Vgl. dazu Peuckert u. Bertau, S. 352–354; Gerlach, S. 971.

55 Beispielshalber sei hier auf den an der Ostküste der nordnorwegischen Varanger-Halbinsel gelegenen Hügel Domen hingewiesen, der auch in einigen norwegischen Hexereiprozessen des 17. Jahrhunderts von Bedeutung war. Der Domen wurde vor allem durch ein Aquarell (um 1698) des norwegischen Chronisten und Staatsdieners Hans H. Lilienskiold (um 1650–1703), das derselbe einem seiner bemerkenswerten illustrierten Werke über die nördlichen Grenzgebiete des dänisch-norwegischen Königreichs beifügte, überregional bekannt.
Vgl. dazu Mitchell, Stephen: *Blåkulla* and its antecedents. In: alvíssmál. Forschungen zur mittelalterlichen Kultur Skandinaviens. Nr. 7 (1997), S. 81–100; Peuckert u. Bertau, S. 347–349; Gerlach, S. 971.

56 Vgl. Bächtold-Stäubli, Bd. III, Sp. 1880–1883 (Hexenberge in Dtl.); z. B. auch Hoffmann, Hans: Hexen im Harz. Bad Harzburg 1993, S. 26 (Beispiele Europäischer Hexenberge); Behringer 1992, S. 510 (Hexenberge). Zu den regionalen und überregionalen

gesicherte Umstand sein, dass ‚Blocksberg' wie ‚Brocken' von den Steinblöcken bzw. Steinbrocken herrühren könnten, die sich in der Gipfelregion des Brockens tatsächlich befinden. Für die Festsetzung dieser verhältnismäßigen Kongruenz von Brocken und Blocksberg in der Volksseele sind die volksnahen Arbeiten des Leipziger Magisters Johannes Praetorius aus dem 17. Jahrhundert als gewichtig zu betrachten. Dieser hatte einiges darauf verwendet, diverses Material zum historischen Verlauf der Brocken-Benennungen anzusammeln, doch ist er dabei eventuell selbst schon implizit von der besagten Übereinstimmung ausgegangen[57]. Aus dem Stigma des Blocksberges bezieht der Brocken als zudem geographisch sehr auffällige Erhebung realiter einen Großteil seiner althergebrachten und heute umso größeren Anziehungskraft[58].

Ein Grund dafür, dass dem Harzgebirge von jeher eine geheimnisvolle Aura anhaftete, dürfe neben der rauen, elementaren Natur auch die über lange Zeit nur geringe Erschließung und die – abgesehen von bergbaulich bedingter, lokal etwas stärkerer Ansiedlung – dünne Besiedlung der Gegend gewesen sein[59]. Vom

---

Besonderheiten in der Etymologie von ‚Blocksberg' vgl. Peuckert u. Bertau, S. 347–356. Bei der örtlichen Orientierung ist zu beachten, dass es im Harz mehrere Stellen mit der Bezeichnung ‚Hexentanzplatz' o. ä. gibt, die oftmals gar nicht in unmittelbarer Nähe des Brockengipfels liegen und genau wie andere markante Punkte mit Bezug zum Teufel- und Hexenhaften teils erst im 19. Jahrhundert so ‚getauft' wurden. Der touristisch bekannteste Hexentanzplatz befindet sich bei der Ortschaft Thale (Sachsen-Anhalt). Vgl. dazu J. Grimm 1994, Nr. 190 („Des Teufels Tanzplatz"); Knappe, Hartmut: Brocken, Harz und Hexentanz. Sinn – Unsinn – Übersinn. Wernigerode 1995, S. 31, 41, 48, 50 f., 83.

57 Praetorius, S. 30–69 („Bennennung" und „Rechtsschreibung" des Brockens); vgl. Teil 2, II.

58 Der Brocken ist der höchste Berg des Harzes und liegt in dem Teil des Gebirges, der heute zum Territorium Sachsen-Anhalts gehört. Er ist die mit Abstand höchste deutsche Erhebung nördlich des 51. Breitengrades, der relativ genau die Mitte des Landes in West-Ost-Richtung durchläuft. Darüber hinaus ist der Brocken die höchste europäische Erhebung zwischen dem 51. und dem 56. Breitengrad (Schottland), kontinental gesehen sogar zwischen dem 51. und dem 59. Breitengrad (Südnorwegen). Immerhin ein Streifen von rund 650 Kilometern bzw. kontinental von rund 800 Kilometern geographischer Länge und einer geographischen Breite vom Atlantik bis zum Ural.
Zur touristischen Anziehungskraft des Brockens nach Wegfall der innerdeutschen Grenze in den Jahren 1989/90 vgl. z. B. Knappe, S. 86.

59 Vgl. Denecke, Rolf: Goethes Harzreisen. Hildesheim 1980, S. 26; Wolff, Bernd: Sagenspiegel des Harzes. Von Hexenflug und Geisterspuk. Wernigerode 1997, S. 58; Knappe, S. 43–54.

einstmals wohl reichhaltigen Schatz an Sagen und abergläubischen Vorstellungen scheint jedoch kein allzu großer Bestand erhalten geblieben zu sein, dessen Ursprung sich unzweifelhaft auf einen Zeitpunkt vor dem 17. Jahrhundert datieren lässt[60]. Nichts desto trotz wimmelt es in der Sagenwelt des Harzes schon noch von Hexen und Teufeln[61]. Zum Teil knüpfen Sagen sogar direkt an dort stattgefundene historische Zaubereiverfahren des 16. und frühen 17. Jahrhundert an[62]. Das ‚Zaubereiverbrechen' wurde in der Harzer Gegend phasenweise intensiv verfolgt[63], dennoch fiel der Hexenwahn dort letztlich keinesfalls größer aus als in anderen Gebieten Mitteleuropas. Die namentliche Identifikation allein des Brockens als ultimativem Versammlungsort von Unholden in der Gegend scheint zwar erst zu Zeiten der dämonologischen Entfaltung im 16. Jahrhunderts belegbar zu sein[64], insgesamt lässt sich aber die charakteristische unheimliche Ausstrahlung des Harzes und seiner Höhen über das Mittelalter hinaus sogar bis ins Altertum zurückverfolgen.

So hat mit als erster antiker Chronist der römische Geschichtsschreiber Plinius der Ältere[65] im ersten nachchristlichen Jahrhundert in den „XX Libri bellorum Germaniae" offensichtlich bereits um das schauerliche Fluidum der außerhalb des römischen Einflussbereiches gelegenen Höhen, zu denen der Harz zählte und worauf sich Furcht erregende Erscheinungen herumtreiben sollen, gewusst[66].

Einen gewissen mittelhochdeutschen Anhaltspunkt gibt ein ungefähr um 1300 zu datierender, Schutz erbittender Nachtsegen, der höchstwahrscheinlich aus dem mitteldeutschen Sprachraum stammt[67]. Dieses auch als „Münchener

---

60 Knappe, S. 47 u. 61–66.

61 Vgl. Wolff, S. 55–100; auch Pröhle, Heinrich: Harzsagen, gesammelt auf dem Oberharz [...]. Hrsg. von Will-Erich Peuckert. Bad Harzburg 1957; — Unterharzische Sagen. Aschersleben 1856.

62 Wolff, S. 59 u. 72–80.

63 Hoffmann, S. 5–7, 27–29, 112 f.

64 Denecke, S. 27; Wolff, S. 58.
Die gelegentlich zu findende, apodiktische Angabe, dass der Brocken allein durch den einen oder anderen Zaubereiprozess in der Mitte des 16. Jahrhunderts zum ‚offiziellen, Blocksberg des Nordens gemacht wurde, wie auch der württembergische Heuberg zum Blocksberg des Südens, ist als leidlich problematisch anzusehen (Vgl. Behringer 1992, S. 187).

65 Gaius Plinius Secundus, 23 oder 24–79 n. Chr.

66 Vgl. Denecke, S. 26.

67 Vgl. Behringer 1992, S. 13.

Nachtsegen“[68] bekannte Dokument spricht sinngemäß von Treffen dämonischer, nachtfahrender Gestalten („böse nahtvarn“[69], Z. 6) und anderer „unholde“ (Z. 16), die zu dieser Zeit offenkundig noch mehr die Identität von Geistern als die der späteren Hexen haben[70], auf einem „Brockelsberge“ (Z. 10)[71]. Ob damit tatsächlich (einzig) auf den Harzer Brocken Bezug genommen wird, kann aber aufgrund der regionalen Vielfältigkeit des Namens ‚Blocksberg‘ und ähnlich klingender Bezeichnungen wohl nicht mehr ermittelt werden[72]. Im „Münchener Nachtsegen“ ist im Übrigen „Wutanes her“ (Z. 19) erwähnt, dem eben auch als Wodans Heer, Wütendem Heer oder als Wilde Jagd häufig eine kausale Bedeutung im Zusammenhang mit den Walpurgisnacht-Vorstellungen beigemessen wird[73].

Etwa um 1460 heißt es an einer Stelle der chronikartigen, für die Geschichte des Brockens überhaupt recht aufschlussreichen sog. Erfurt-Leidener-Handschrift „De origine Saxonum“[74], dass „in montes Brockensberg“ Unholde zusammentreffen würden[75]. In Hinblick auf die Örtlichkeit ist dieses Zeugnis zwar ebenfalls nicht

---

68 Als „Codex latinus monacensis 615“ in der Bayerischen Staatsbibliothek.

69 ‚Nahtvar(e)n‘ oder auch ‚Nachtfahren‘ ist fast durchweg eine alternative Bezeichnung für ‚Nachtfrauen‘ (‚nahtvrouwen‘), denn beiden werden im eher süddeutschen Volksglauben meist dieselben Funktionen zugeschrieben. Gemeint sind eben jene zwar nicht immer, aber vorwiegend bösen nächtlichen Geister, die man sich als nachtfahrende Weiber, als Zauberinnen und Strigen, also als Hexen, vorstellt und die sich im Gefolge der Holda, Diana, Herodias, Abundia oder eines ähnlichen weiblichen Dämons befinden. Sie streifen auf Kälbern, Böcken oder in Tiere verwandelt in bestimmten Nächten durch die Lüfte. Manchmal heißt es, einer Nachtfrau, zuweilen auch synonym mit Herodias verwendet, solle bei den nächtlichen Versammlungen der Hexen eine Art Vorsitz zukommen. Die Lehrsätze der frühmittelalterlichen römisch-katholischen Synodalbeschlüsse und der karolingisch-fränkischen Kapitularien verwarfen den Glauben an die nachtfahrenden Strigen als unchristlich und sündhaft. Vgl. dazu Bächtold-Stäubli, Bd. VI, Sp. 793–795; Erich u. Beitl, S. 586.

70 Grienberger, Theodor von: Der Münchener Nachtsegen. In: Zeitschrift für deutsches Altertum und deutsche Litteratur. 41. Bd., 1897, S. 341; Bächtold-Stäubli, Bd. VIII, Sp. 1587; Denecke, S. 27; Wolff, S. 58.

71 Textgrundlage ist die von Grienberger erstellte Umschrift des Nachtsegens (Grienberger, S. 363; vgl. Anm. 70).

72 Vgl. Grienberger, S. 344 f.; Dennert 1954, S. 9.

73 Vgl. Grienberger, S. 341 u. 351; Ginzburg 1990, S. 143 f.

74 Vollständiger Titel:
De origine Saxonum. Super originem gentis Saxonum varia opinio est [...] populo Francorum adque Saxonum. [...]. Hoc ordine Heinricus rex factus est [...] facundia Homeri vel Maronis, si adesset, deficeret.

75 Vgl. Dennert 1954, S. 11 u. 33.

allzu genau, bemerkenswert ist jedoch, dass darin mit dem augenscheinlich längst verbreiteten Glauben an das walpurgisnächtliche Hexentreiben in ironischer und verhöhnender Weise umgegangen wird[76]. Die Blocksbergorgie wird als Phantasmagorie beeinflussbarer, hysterischer Weiber beurteilt, welche, teils durch Einfalt, teils durch böse Geistererscheinungen verführt, irrigerweise meinen, sich dort zu vergnügen[77]. Eine vergleichbar spöttische Gesinnung scheint in der Umgebung auch Jahrzehnte später, nachdem es in manchen Gebieten Mitteleuropas zwischenzeitlich bereits zu intensiveren Hexenprozesswellen gekommen war, noch nicht weiter ungewöhnlich gewesen zu sein. Das bestätigen jedenfalls die derbhumoristischen Bildschnitzereien eines Brockenhexenzuges von einem unbekannten Künstler an dem bis heute erhaltenen Patrizierhaus ‚Brusttuch' in Goslar, das ab 1521 erbaut wurde[78].

Ab dem letzten Drittel des 16. Jahrhunderts nehmen dann einfache poetische Formen von mehr regionaler Verbreitung und Bedeutung schon einmal Bezug auf den angeblichen Hexenkonvent auf dem Brocken – dem „Proculus" oder „Prockel(s)berg", wie zu dieser Zeit oft genannt wird, ohne dabei allerdings unabdingbar als der (einzige) Blocksberg ausgewiesen zu werden. So verfasste um 1570 der Thüringer Prediger und Poet Wendelin von Helbach († nach 1613)[79] das älteste bekannte Gedicht über den Brocken[80]; eine kurze, lateinisch abgefasste Hymne in Hexametern ohne besonderen Titel. Eine deutsche Übersetzung (in Prosa) legte aber wohl erst der anonyme Übersetzer der Brocken-Monographie des Naturkundlers Albert Ritter im Verbund mit dem lateinischen Original im Jahr 1744 vor[81]. Und zwar als „Wendelini Helbachii lateinische Verse von dem Blocksberg"[82]. Darin werden die „guten Eigenschaften" des Berges hervorgehoben; nur völlig beiläufig heißt es einmal:

---

76 Vgl. ebd., S. 33.

77 Vgl. ebd.

78 Vgl. ebd.

79 Zu Person und Werk Helbachs vgl. Müller, Reinhard: Hel(l)bach(ius), Wendelin(us) von. In: Kosch, 7. Bd. (1979), S. 808.

80 Dennert 1954, S. 39.

81 Vgl. Kaiser, Wolfram u. Völker, Arina: Franz Ernst Brückmann (1697–1753) und Albert Ritter (1682–1759). In: Harz-Zeitschrift (HarzZ). Für den Harz-Verein für Geschichte und Altertumskunde hrsg. von K.-W. Sanders. 33. Jg., 1981, S. 120; Teil 2, IV.

82 Ritter, Albert: Albert Ritters, Des Kœniglichen Collegii des Closters Ilefeld Pro-Rectoris und Senioris, Historische Nachricht von einer doppelten Reise Nach dem auf dem Harze belegenen so berühmten Berge / gemeiniglich Blocksberg genandt; Aus dem Lateinischen ins Teutsche übersetzt. Magdeburg 1744, S. 107 f.

„Numen in est etenim cœlestis & Hexis in ipso
Qui preffit claros imbriferosque dies."

„Dann zu geschweigen, daß sich die Hexen auf denselben versammlen sollen, so ist er denen, die da herum wohnen, gleichsam ein Wetter-Prophete, welche ihnen die hellen und regnigten Tage anzeiget, [...]."

Möglicherweise spricht dieser geringe Stellenwert der Hexenversammlung für eine individuelle Zurückhaltung Helbachs gegenüber zumindest manchen Bestandteilen des Hexenglaubens. Oder sein Gedicht ist (auch) ein poetisches Dokument für den zeitweiligen Rückgang der Allgegenwart von Dämonen- und Magieangst im 16. Jahrhundert sowie des damit verbundenen Sühneverlangens, wie es der ebenso temporäre Rückgang der entsprechenden Strafverfolgungen ja zu vergegenwärtigen scheint[83].

Dass Helbachs lobsingende Verse an den Brocken offenbar dennoch einen inspirierenden Effekt hatten, zeigt die Nachdichtung eines anonymen Poeten, die nicht viel später, aber offenkundig doch nach dem verstärkten Wiederaufkommen des Hexenwahns um 1585 entstanden sein muss. Ähnlich wie Helbachs Vorgabe, war auch diese Dichtung einigermaßen verbreitet[84]. Die in deutschen, paargereimten Knittelversen verfasste Lyrik wurde ebenfalls in die deutschsprachige Ausgabe des Ritterschen Brockenbuches von 1744 unter dem Titel „Eines Unbekannten teutsche Knittel-Verse von dem Blocksberg" aufgenommen[85]. Der Epigone Helbachs wird darin hinsichtlich des Hexentreibens schon weitaus konkreter und verfährt ganz im Sinne der zeitgenössischen dämonologischen Klischees:

„Über das ist er auch beschreit,
Dieweil Nachts zu Walpurges Zeit
In grosser Zahl wie ich bericht,
Die Zauberinn mit ihrem Gezücht
Ingemein einen Reichstag allda halten,
Die Junge sowol als die Alten,
Welche all der Teufel dahin führt
In geschwinder Eil, wie jetzt berührt,
Auf welchem sie Tanzen, Springen,
Mit Sauffen auch die Zeit zubringen,
Mit bösen Geistern Unzucht treiben,
Wie solches oft die Gelehrten schreiben,
Wenn aber kommt der Hahnen-Geschrey,

83 Vgl. Teil 1, V.

84 Ebd., S. 110; Dennert 1954, S. 40.

85 Ritter 1744, S. 108–110.

So fahren sie wieder heim ohne Scheu,
Uber hohe Berg und tiefe Thal,
Bis dass sie kommen allzumal
Ein jeder her an ihren Ort,
Wie man solches wohl hat mehr gehort.
Treiben also ohn allen Scheu
Ihr Hexenwerk und Zauberey
Wider GOtt und sein heilig Wort,
Auch ofter mal anstiften Mord,
Doch können sie, wie ich bericht,
Den frommen Leuten schaden nicht,
Um welche her der Engelschaar
Ein Wagenburg thut schlagen gar.
Ihr rechter Lohn und gewisses Pfand
Ist Feur, Schwerd und ewig Schand,
Ja wenn sie nicht thun Buß auf Erden,
Können sie auch nicht selig werden.
Das sey nun gnug von Zauberinn,
Auf dass wir unsern Sinn
Anwenden an den Prockelsberg,
[...]." (S. 109 f.)

Also etwa zur Zeit der sich anbahnenden Kulmination der Hexenverfolgungen erscheint der auf dem Brocken zu „Walpurges Zeit" stattfindende „Reichstag" der „Zauberinn" und „all der Teufel" in diesem, obschon als regional zu bewertenden Poesiewerk als ein außer Frage stehendes Charakteristikum des Harzer Berges.

Um nun jene einschlägige Luftreise zum Versammlungsplatz vollführen zu können bestreichen die Hexen zuvor ihr Fluggerät und sich selbst mit der ‚Hexensalbe', die auch unter Hexenfett, Hexenschmiere, Flugsalbe, Buhlsalbe, Schlafsalbe oder unter adäquaten lateinischen Bezeichnungen (Unguenti sabbati o. ä.; lat. unguentum – dt. die Salbe) geläufig ist. Für eine solche Substanz sind tatsächlich Rezepturen aus diversen narkotisierenden Pflanzenstoffen und weiteren berauschenden Bestandteilen, unter anderem aus Bilsenkraut, Tollkirsche, Schierling, Stechapfel, Fliegenpilz und Alkohol, überliefert. Heutzutage werden diese Mixturen im Allgemeinen als Alkaloide klassifiziert[86]. Diese Präparate verhelfen einer Auffassung nach zu einem physischen Flug durch die Luft, nach einer anderen sind sie bei der sogenannten Imagination von Hexenflug

86 Vgl. Peuckert, Will-Erich: Hexensalben. In: Medizinischer Monatsspiegel. Jg. 1960, H. 8, S. 169–174; Bächtold-Stäubli, Bd. III, Sp. 1849–1851; Erich u. Beitl, S. 91 (Bilsenkraut); Knappe, S. 82–85; Wolff, S. 70 f.

und -versammlung unentbehrlich. Das heißt, die Salbe ermöglicht dem Teufel, den davon berauschten Zauberinnen und Hexenmeistern die diabolischen Vorgänge auf dem Wege des Traums einzuhauchen[87]. Auch von dieser Dualität der „sonderlichen Salbe" weiß etwa der besagte Magister Praetorius recht eingehend zu erzählen. Gleichwohl hat er diese These – wie das meiste in seinem Hauptwerk zum Hexenwesen – von anderen Autoren übernommen, die ihrerseits wohl schon aus zweiter Hand davon berichteten[88]. Bereits seit dem 17. Jahrhundert, also noch zu Zeiten der Zaubereiprozesse, wurden bis in die Gegenwart immer wieder einmal verschiedene Rekonstruktionen dieser ‚Hexensalben' angefertigt und sogar versuchsweise getestet[89]. Konkrete historische Rezepturen der vermeintlichen Flug- oder Hexensalben, die über ein oberflächliches Nennen der mutmaßlichen Hauptbestandteile hinausgehen, sind jedoch aus Spätmittelalter und Früher Neuzeit nur in geringer Zahl erhalten. Ausführliche und dazu die wohl ältesten bekannten Angaben über solche Zubereitungen macht der süddeutsche Arzt, Diplomat und Literat Johannes Hartlieb (um 1400–1468) im 32. Kapitel seiner eigentlich als Streitschrift gegen jegliche Magie und Wahrsagekunst gedachten Schrift „Buch aller verpoten kunst, unglaubens und der zauberey" (1455/56 niedergeschrieben)[90]. Aufgrund der Prominenz ihres Überlieferers ist die vielleicht berühmteste Rezeptur in dem 1558 erstmals veröffentlichten mehrteiligen Kompendium „Magia Naturalis" des herausragenden neapolitanischen Universalgelehrten Giovan Battista Della Porta (1535–1615) nachzulesen[91]. Diese Vorgabe übernahm beispielsweise auch rund

87 Vgl. z. B. Battafarano, Italo Michele: Die Imagination in Hexenlehre, Medizin und Naturphilosophie. In: Morgen-Glantz. Zeitschrift der Christian Knorr von Rosenroth-Gesellschaft. Bd. 13 (2003), S. 73–96.

88 Praetorius, S. 296 u. 301–312 („Von der Hexen Salbe"); vgl. Teil 2, II.

89 Vgl. Peuckert 1960, S. 169–174 (Selbstversuche mit Hexensalben); Behringer 1993, S. 325 (Untersuchung von angeblichen Hexensalben durch einen mit Zaubereiverfahren befassten spanischen Inquisitor in der ersten Hälfte des 17. Jahrhunderts).

90 Vgl. dazu folgende Ausgaben:
Hartlieb, Johannes: Das Buch der verbotenen Künste. Aberglauben und Zauberei des Mittelalters. Hrsg., übersetzt u. kommentiert von Falk Eisermann und Eckhard Graf. Mit einer Einleitung u. einem Anhang von Christian Rätsch. München 1998; — Das Buch aller verbotenen Künste, des Aberglaubens und der Zauberei. Hrsg., übersetzt u. kommentiert von Falk Eisermann. Ahlerstedt 1989; — Das Buch aller verbotenen Künste. Hrsg. u. ins Nhdt. übertragen von Frank Fürbeth. Frankfurt/M. 1989.

91 Della Porta, Giovan Battista: Magiae naturalis sive de miraculis rerum naturalium. Erstmals Neapel 1558. Erste, an der zweiten, erweiterten Ausgabe von 1589 orientierte Verdeutschung durch Christian Knorr von Rosenroth (1636–1689): „Des Vortrefflichen

100 Jahre später der emsige Kompilator Praetorius[92]. Nähere Quellen zu der Mixtur gibt Della Porta bedauerlicherweise nicht an. Gegen Ende des 17. Jahrhunderts vermeldet dann der slowenische Polyhistor, Forschungsreisende und Offizier Johann Weic(k)hard Freiherr von Valvasor (1641–1693) einiges über die Zusammensetzung des obskuren Gebräus in seinem spätbarocken, kulturgeschichtlich bedeutsamen Quellenwerk „Die Ehre deß Herzogthums Crain“[93]. Das somit konservierte Rezept wird Valvasor einst im Rahmen seiner ausgiebigen landeskundlichen Erkundigungen in den Gebieten Krains und Kärntens in Erfahrung gebracht haben[94].

In der Dichtung dagegen findet sich die ‚Flugsalbe‘ als bereichernde phantastische Finesse schon in der Antike. So könnte man bereits im „XIV. Gesang“ der Homer (Zw. 750 u. 650 v. Chr.?) zugeschriebenen „Ilias“ einen Ansatz ausmachen. Dort verwendet die Göttin und Zeusgattin Hera („Here“) auch das olympische Arkanum „Ambrosia“ bei einem aufwendigen Salbungs- und Vorbereitungsritual[95]. Diese Prozedur geht einem abwechslungsreichen Flug voraus, der die mit dem Zaubergürtel der Aphrodite ausgerüstete Hera von „den Höhn des Olympos“ bis hin zum Fuß des entfernten Berges „Ida“ führt, auf welchem sich Zeus aufhält[96]. Die für eine Hexensalbe obligatorische flug-funktionelle Eigenschaft

---

Herren JOHANN BAPTISTA PORTAE von Neapolis MAGIA NATURALIS, oder Haus= Kunst= und Wunder=Buch. […].“ Nürnberg 1680.

Vgl. dazu Battafarano, Italo Michele: Didaxe in der Übersetzung. Meyfarts, Seiferts und Schmidts Verdeutschungen von Spees *Cautio Criminalis* und Knorrs von Rosenroth Übersetzung von Della Portas *Magia Naturalis*. In: Morgen-Glantz. Zeitschrift der Christian Knorr von Rosenroth-Gesellschaft. Bd. 12 (2002), S. 319–340.

92 Praetorius, S. 303 f.

93 Valvasor, Johann Weic(k)hard von: Die Ehre Deß Hertzogthums Crain. Das ist, Wahre, gründliche, und recht eigendliche Belegen- und Beschaffenheit dieses, in manchen alten und neuen Geschicht-Büchern zwar rühmlich berührten, doch bishero nie annoch recht beschriebenen Römisch-Keyserlichen herrlichen Erblandes. […] von Johann Weichard Valvasor […]. Aber In reines Teutsch gebracht, auch […] erweitert durch Erasmum Francisci. 4 Teile. Laibach (Ljubljana) u. Nürnberg 1689.

94 Vgl. dazu Radics, Peter von: Johann Weikhard Freiherr von Valvasor (geb. 1641, gest. 1693). Laibach (Ljubljana) 1910.

95 Homer: Ilias • Odyssee. Vollständige Ausgabe. In der Übertragung von Johann Heinrich Voß. Hamburg 1788 u. 1793. Mit einem Nachwort von Wolf Hartmut Friedrich u. Literaturhinweisen von Frieder Schönnagel. 2. Aufl. München 1982, S. 242, Z. 170–177.

96 Ebd., S. 243, Z. 225 u. S. 245, Z. 292 f.

lässt sich für die „Ambrosia“ aus dieser Szenerie jedoch letztlich nicht zweifelsfrei ableiten. In der Erzählung „Metamorphosen oder der goldene Esel“ indes, lässt der römische Schriftsteller Apuleius (um 124 n. Chr. – um 175 n. Chr.) seinen Helden Lucius des Nachts beobachten, wie die thessalische Hexe „Pamphile“ ihre Gestalt mittels einer Salbe in einen Uhu verwandelt, sich in die Lüfte erhebt und schließlich ausfliegt[97].

Um aber sodann mit dem weiteren Verlauf eines verhältnismäßig typischen Hexenkonvents fortzufahren, sind noch folgende, weitere Kriterien festzuhalten:

Auf dem Hexentanzplatz begehen die versammelten Hexen bei loderndem Feuer und brausenden Wind den sogenannten Hexensabbat, womit normalerweise zusammenfassend der obskure Hexentanz und der berüchtigte, messeartig ablaufende Satanskult gemeint ist. Der Ablauf dieses Spektakels variiert je nach Derbheit der Erzählvariante etwas, vielen Versionen sind aber die nachstehenden Charakteristika gemeinsam.

Der Tanz beginnt in manchen Darstellungen damit, dass etwaiger, auf dem Hexentanzplatz noch vorhandener Schnee weggetanzt wird[98]. Als Musikinstrumente dienen meist Tierknochen oder sogar lebende Tiere. Zu der damit gemachten Musik tanzen die Hexen in wilden Reigen, oft mit voneinander abgewandten Gesichtern; verschiedene hierarchisch niedrige Teufel mischen sich unter die bisweilen unbekleideten Leiber. Die Szenerie gleicht zeitweilig einem orgiastischen Getümmel. Zu Beginn der Satansmesse begrüßt der Satan – häufig in Gestalt eines Ziegenbocks – als Gastgeber seine Gäste persönlich, die ihm ihrerseits huldigen, indem sie seinen Pferdefuß oder sein Gesäß küssen. Ab und zu werden auch Opfer dargebracht, mitunter sogar die zuletzt auf dem Hexentanzplatz gelandete Hexe. Der Satan erklärt seine Absichten, gibt Parolen und Anordnungen aus. Mit einer bestimmten Hexe oder auch mit diversen

---

97 Apuleius: Metamorphosen oder der goldene Esel. Lateinisch u. Deutsch von Rudolf Helm. Hrsg. von Werner Krenkel. 6. Aufl. Berlin/O. 1970, S. 116 f. (3. Buch, 21. Kap., Z. 3 ff. u. 22. Kap., Z. 1 f.).
Zu dem in der römischen Dichtung, namentlich bei Vergil, Horaz, Properz, Tibull und Ovid, bereits lange vor Apuleius recht gängigen Motiv des Hexentums und der Zauberei vgl. wiederum Luck, Georg: Hexen und Zauberei in der römischen Dichtung. Zürich 1962.

98 Vgl. Hoffmann, S. 24.

Anderen – je nach Erzählvariante – hält der Teufel Hochzeit, wodurch die Hexen besondere magische Fähigkeiten zur besseren Erfüllung ihrer Aufgaben erhalten. Vor Anbruch des Morgengrauens löst sich wüste Gesellschaft auf, die Teilnehmer reiten in alle Richtungen davon. Typisch dabei, dass der Hexenspuk schlagartig verschwindet. Das kann freilich auch schon einmal dann vorkommen, wenn bestimmte abwehrende Worte ausgesprochen werden, etwa von auf dem Hexenfest anwesenden Unbefugten oder zufällig[99].

Derartige Blocksbergversammlungen werden im Volksglauben zwar auch mit anderen Wendepunkten des Jahres assoziiert – in der Dämonologie der Frühen Neuzeit waren sie ohnehin weniger an Daten als an vermeintliche antichristliche Notwendigkeiten gebunden, wie der verschwörerischen Verabredung – aber auf die Nacht zum 1. Mai trifft die Vorstellung von der dämonischen Versammlung mit Abstand am nachhaltigsten zu[100]. Für diese strenge terminliche Fixierung der Hexenversammlung sind bis zu einem gewissen Grad ebenfalls die popularisierenden Niederschriften des Johannes Praetorius von Bedeutung – der Leipziger Magister hatte darin zu der Frage „Warum 1. Mai?" zahlreiche, begründende Erklärungen zusammengetragen[101].

Trotz offenkundiger regionaler Abweichungen sind auch Schutz- und Abwehrmaßnahmen der verängstigten Landbevölkerung vor walpurgisnächtlichem Teufelskult, vor Hexen und bösen Geistern überliefert. Hierbei war oft das Kreuz von Bedeutung. Beispielsweise wurden drei Kreuze auf Haus- und Stalltüren, auf Fensterläden und Straßen gemalt oder auch von Burschen mit weißer Kreide auf den Rücken gezeichnet. Arbeitsgeräte der Bauern wurden kreuzweise aufgestellt, Strümpfe über Kreuz vor den Kinderbetten platziert und Bündel bestimmter abwehrender Kräuter oder grüne Reiser an die Wände gehängt. Mancherorts verbarg man dazu die einschlägigen Fortbewegungsmittel der Hexen, die Besen. Auch durch allerlei abschreckenden Lärm wie Peitschenknallen, Getöse von Drudenpfeifen, Trommeln und Schießen oder Läuten der Kirchenglocken sowie durch diverses Ausräuchern,

---

99 Bächtold-Stäubli, Bd. III, Sp. 1890 (Verschwinden der Hexengesellschaft u. a. bei „Nennung des Namens Gottes allgemein", „wenn der Name Gottes ins Teufelsbuch geschrieben wird", „wenn einer Brot oder Salz aus der Tasche zieht").

100 Ebd., S. 1879 f. (Versammlungstage).

101 Praetorius, S. 523–568; vgl. Teil 2, II.

etwa durch Walpurgisfeuer[102], wurde versucht, den dunklen Mächten beizukommen.[103]

Es gibt die allgemeine Annahme von der Walpurgisnacht als Freinacht für Hexenspuk, Liebeszauber und sonstigen Aberglauben, die bei den an dieses Datum geknüpften Ereignissen von einer christlichen Umdeutung oder Vereinnahmung vormals heidnischer Riten ausgeht. Darnach durften sich in dieser vom Teufel angeführten Hexen- und Drudennacht die bösen Geister und Dunkelmächte in der geschilderten Weise versammeln und sich ihren Exzessen hingeben, also noch einmal aufbegehren. Mit dem Aufgehen der Sonne wurden dann aber diese dämonischen Schemen sämtlich in die Finsternis zurückgetrieben, aus der sie kamen[104]. Ob solch eine ‚Konversion' nach dem Abschluss der Christianisierung oder im weiteren Verlauf des Mittelalters bewusst und formell vorgenommen wurde, ist allerdings fraglich und nicht verbürgt, zumal der römisch-katholischen Liturgie zuweilen heute noch Vorbehalte gegenüber dem ‚Walpurgisunkult' anzumerken sind.

Oft werden die Besonderheiten um die Nacht auf den 1. Mai eben mit einem vorchristlichen, heidnischen Frühjahrskult in Verbindung gebracht. In der germanischen Mythologie fiel der Beginn des Frühlings ziemlich genau mit dem 1. Mai des julianischen Kalenders zusammen. So galt die Nacht zum 1. Mai als letzter Kampf und letztes Aufbegehren der Winterdämonen gegen die Sonnen- und Frühlingsgottheiten. Das Begehen dieses Ereignisses war mit einigen kultischen Handlungen zur Austreibung des Winters verbunden. In dieser Konsequenz werden die in dieser Nacht üblichen Bräuche, die nach der Christianisierung den Zweck der Magieabwehr hatten und zum Teil bis heute in Form

---

102 Eine Variante solcher Walpurgisfeuer ist z. B. das sog. Hexenbrennen, lokal auch als ‚Walpern' geläufig. Dabei wurden Reisigbesen, die ausgewiesenen Fortbewegungsmittel der Hexen, in Brand gesetzt und durch die Luft geworfen oder es wurde damit brennenderweise auf Feldern und in Ortschaften umhergelaufen. Eine besondere Form davon ist das in den neunziger Jahren des letzten Jahrhunderts in der Oberlausitz örtlich wieder aufgekommene Gebaren des sog. Hexenbrennens an einem festen Platz. Dabei ziert eine aus Stroh o. ä. gebastelte Hexenfigur die Krone des scheiterhaufenähnlichen Feuers, Hexenhaufen genannt. Die genauen Ursprünge dieses angeblich uralten und heutzutage verschroben wirkenden Brauchs sind jedoch bisher nicht stichhaltig geklärt. Auch im Harz wird mancherorts eine ganz ähnliche Sitte praktiziert. Vgl. dazu Walde, Martin: Hexenbrennen und Maibaum. Bautzen 1996, S. 29–52 u. 60–72 (Oberlausitz); Knappe, S. 6 f. (Harz); Bächtold-Stäubli, Bd. I, Sp. 1133 f.; — Bd. III, Sp. 1911; auch Anm. 48.

103 Fehrle, Eugen: Feste und Volksbräuche im Jahreslauf europäischer Völker. Kassel 1955, S. 137 f.; Bächtold-Stäubli, Bd. III, Sp. 1908–1911.

104 Vgl. z. B. Fehrle, S. 137.

von Attraktionen erhalten sind, wie etwa die Walpurgisfeuer[105], als rudimentäre Überbleibsel dieser Winteraustreibungsriten für möglich gehalten.[106]

Nicht auf germanische, sondern auf keltische Ursprünge spekuliert eine andere bekannte Ansicht. Darnach fällt der 1. Mai bzw. bereits die Nacht davor mit einem alten keltischen Frühlings- und Fruchtbarkeitsfest zusammen, dem sogenannten Beltane, Beltene oder Beltaine, das beispielsweise auch in der Avalon-Sage erwähnt ist. Dabei geht es darum, dass Sonne und Erde, die in gewisser Weise Männliches und Weibliches symbolisieren, eine schöpferische Verbindung eingehen, die unter anderem ein Wiedererwachen der Vegetation bewirkt. In der keltischen Kultur, lange vor der Christianisierung, wurde zu Ehren der Lichtgottheit Bel ein starkes Feuer entfacht, dazu wurde ausgelassen getanzt und gesungen und wohl auch anderen Freizügigkeiten zugesprochen. Die inselkeltische Mythologie Irlands – sofern sie die aus Sagen, Märchen, römischen Schriften und aus ursprünglich keltischen Bräuchen, die teils länger erhalten blieben als auf dem europäischen Festland, erschlossen werden konnte – liefert einige Hinweise. So soll im alten Irland anlässlich Beltane eine kollektive Ausschweifung stattgefunden haben, bei der sich der König des Landes zum Zweck der Herrschaftslegitimation mit der großen Mutter Natur geschlechtlich zu verbinden hatte. In dieser Muttergottheit und in der auch sonst großen Zahl weiblicher Gottheiten mag sich möglicherweise eine gehobene soziale Stellung der Frau bei den Kelten wieder spiegeln. Nicht erweislich ist jedoch die gelegentlich zum Beltane-Phänomen geäußerte Annahme, dass diese Vorgänge ihrerseits schon quasi pagane Reste eines vorkeltischen, früheisenzeitlichen Matriarchat-Kults sein könnten.[107]

---

105 Als Hintergründe des eher lokal gepflegten Walpurgisfeuers, gelten – außer dem Aspekt des Ausräucherns böser Machte – im Wesentlichen die des heute weitaus bekannteren Osterfeuers, mit dem es gegendweise wohl auch zusammengefallen ist. Während in der germanischen Vorstellung die kultische Ehrerbietung an die Frühlings- und Fruchtbarkeitsgöttin Ostara im Vordergrund gestanden haben dürfte, wurde das Osterfeuer später weiterhin als Symbol der Winteraustreibung oder schlicht als Frühlingsgruß verstanden. Vgl. dazu Paul, Herrmann: Deutsche Mythologie. Hrsg. von Thomas Jung. Berlin 1991, S. 304 f. (Ostara); Fehrle, S. 131 f. (Osterfeuer) u. 137 (Walpurgisfeuer); Bächtold-Stäubli, Bd. VI, Sp. 1341–1352 (Ostern); Erich u. Beitl, S. 622–624 (Osterfeuer); Knappe, S. 78 f. (Osterfeuer).

106 Vgl. z. B. Fehrle, S. 137.

107 Vgl. Maier, Bernhard: Die Religion der Kelten. Götter – Mythen – Weltbild. München 2001, S. 61 (Beltaine); Weitnauer, Alfred: Keltisches Erbe in Schwaben und Baiern. 2. Aufl. Kempten 1965; Vries, Jan de: Keltische Religion. Stuttgart 1961, S. 48, 76, 225–227 (Beltenefeier).

Eine, wenn auch einigermaßen unwillkürlich anmutende Verknüpfung zwischen den Ursprüngen des Walpurgisnacht-Glaubens und aus dem Keltentum überlieferten kultischen Handlungen hatte Johann Peter Christian Decker in seiner „Historischen Muthmassung" von 1752 mit als erster hergestellt, womit er immerhin auch Goethe erreichte, wie dessen Ballade „Die Erste Walpurgisnacht" zeigt[108]. Dennoch ist ein wissenschaftlich haltbarer roter Faden von dem keltischen Fest zu den Ereignissen um Walpurgisnacht und Hexentanz bislang keineswegs nachweisbar.

Eine andersartige, aber mindestens ebenso zweifelhafte keltische Abkunft des Brauchtums um Walpurgisnacht und 1. Mai, die durch die Anwandlungen merowingischer Herrscher unabhängig von deren Annahme des Christentums um 500 n. Chr. konserviert worden sein soll, erwog bereits im Jahr 1720 der Reiseschriftsteller und Polyhistor Johann Georg Keyßler (1693–1743)[109]. Keyßler, immerhin ein Mitglied der ‚Königlichen Großbritannischen Societät der Wissenschaften', hat sich durch ausführliche enzyklopädische Beschreibungen mehrerer zentraleuropäischer Länder Verdient gemacht, die er selbst bereiste. In einer davon, den „Antiquitates Selectae Septentrionales et Celticae"[110], heißt es auf S. 88 f.:

> „Man müsse den Ursprung der Fabeln von der Zusammenkunft der Hexen auf den Blocksberg / von den Merovingischen Königen herholen / als welche / weilen sie niemals öffentlich erschienen / sich alle Jahr den 1. May vor dem Volke sehen liessen / und von demselben mit grossen Freuden / und Glückwünschungen empfangen / dieser ganze Tag aber von ihnen mit tanzen / sauffen und fressen zugebracht worden."[111]

Eine Ableitung, die den Ursprüngen des traditionellen, manchmal beträchtlichen Schabernack-Treibens in der Nacht zum 1. Mai nachgeht, das ja in

---

108 Vgl. Teil 2, IV. u. Teil 3, III.

109 Zu Person und Werk Keyßlers vgl. Bigler, Ingrid: Keyßler, Johann Georg. In: Kosch, 8. Bd. (1981), S. 1128 f.; Ginzburg 1990, S. 143.

110 Vollständiger Titel:
Keyssler, Johann Georg: Antiquitates Selectae Septentrionales et Celticae: Quibus Plurima Loca Conciliorum et Capitularium explanantur, Dogmata Theologiae Ethnicae Celtarum Gentiumque Septentrionalim cum Moribus et Institutis Maiorum Nostrorum circa Idola […]. Una cum Reliquiis Gentilismi in Coetibus Christianorum […] perquiruntur. Cum Figuris Aeri Incisis / Autore Ioh. Georgio Keysler Societatis Regiae Londinensis Socio. Hannoverae [Hannover] 1720.

111 Diese deutsche Übersetzung der Passage findet sich in:
Ritter, Albert: Albert Ritters, Des Kœniglichen Collegii des Closters Ilefeld Pro-Rectoris und Senioris, Historische Nachricht von einer doppelten Reise Nach dem auf dem Harze belegenen so berühmten Berge / gemeiniglich Blocksberg genandt; Aus dem Lateinischen ins Teutsche übersetzt. Magdeburg 1744, S. 82 f.

manchen Gegenden selbst heute noch üblich sein soll[112], setzt im achten Jahrhundert an, hat aber keinen Bezug zum Hexenglauben. Denn auf eine Weisung des ersten karolingischen Alleinherrschers Pippin III., ‚des Jüngeren' (714 oder 715–768), wurde im fränkischen Reich um das Jahr 755 der Tag der Waffenschau der Wehrfähigen – etwas wie Musterung und Einberufung in einem – vom 1. März auf den 1. Mai verlegt. Dieser Termin hatte recht lange Zeit bestand[113]. So könnte mit diesem fränkischen Musterungstermin eine Art Freirecht zusammenhängen, wonach sich die den betroffenen jungen Männern und Burschen in der Nacht vor dem Eintritt in das Kriegerdasein eine letzte Gelegenheit bot, noch einmal ausgelassenen Unfug zu verüben.[114]

Das historiographisch Gesichertste betrifft noch die potenzielle Namenspatronin der Begebenheit, die Heilige Walpurga (um 710–779). Denn seit dem 9. Jahrhundert wird in der römisch-katholischen Liturgie am 1. Mai das Fest ihrer Heiligsprechung und besonders das der Übertragung ihrer sterblichen Überreste von Heidenheim an der Brenz nach Eichstätt im Altmühltal gefeiert. So wurde seit einem nicht mehr zu ermittelnden Zeitpunkt in Anlehnung an den ihr geweihten 1. Mai, den Walpurgistag, die Nacht zuvor vermutlich vom Volksmund ‚Walpurgisnacht' oder ähnlich genannt. Sicher dürfte außerdem sein, dass eine nähere Verbindung zu den Aposteln Philippus und Jakobus dem Jüngeren, deren kirchenjährlicher Festtag üblicherweise um den 1. Mai begangen wird, nicht besteht.[115]

Zwar ist der Zusammenhang zwischen der Heiligen Walpurga und der unheiligen antichristlichen Festorgie nicht restlos geklärt, von Belang dürfte aber

---

112 Fehrle, S. 138 (F. weist u. a. darauf hin, dass vielerorts das Unfug-Treiben auch unter „Wapern" oder „Walpern" geläufig ist); vgl. auch Walde, S. 29–35.

113 Spätere Reflexe auf diese Terminfestlegung mögen auch in behördlichen Sichtungen an diesem Tage zu sehen sein. So erfolgte z. B. nach der ältesten Nürnberger Ordnung im 14. Jahrhundert am Walpurgistag die Revision der zum Betteln zugelassenen Armen, also deren Überprüfung auf Bedürftigkeit durch städtische Autoritäten. Vgl. dazu Battafarano, Italo Michele: Von Andreae zu Vico. Untersuchungen zur Beziehung zwischen deutscher und italienischer Literatur im 17. Jahrhundert. Stuttgart 1979, S. 70 u. 103 f.

114 Vgl. Der karolingische Reichskalender und seine Überlieferung bis ins 12. Jahrhundert. Hrsg. von Arno Borst. 3 Teile. Hannover 2001, Teil 1, S. 629–638 (März allgemein), 639–642 (1. März) u. Teil 2, S. 837–844 (Mai allgemein), 845–849 (1. Mai); Witte, F.-W.: Musterung. In: Handwörterbuch zur deutschen Rechtsgeschichte (HRG). Hrsg. von Adalbert Erler, Ekkehard Kaufmann u. Dieter Werkmüller. 5 Bände. Berlin 1971–1998, III. Bd. (1984), Sp. 800–804.

115 Vgl. Teil 1, IV.

sein, dass eine der vielen Obliegenheiten der Walpurga als Schutzheilige auch die einer Beschützerin vor Zaubereikünsten war. Unheilvollen Umtrieben von satanischen Unholden und Hexen konnte sie Einhalt gebieten. Diese Assoziation erfolgte jedoch nicht durch offizielles, kirchliches Zutun, sondern eher auf volkstümliche Weise, denn gegenüber der Verknotung des Namens der Heiligen mit den ungeweihten Ereignissen dieser Nacht besteht in der römisch-katholischen Kirche weiterhin die schon erwähnte Zurückhaltung. Neben dem Mysterium einer wirklichen Konnexion zwischen den Begebenheiten um den Maibeginn und der Heiligen Walpurga, wird zudem von Zeit zu Zeit der Frage nachgegangen, ob ‚Walpurgis' als Bezeichnung der nächtlichen Geschehnisse eigentlich nicht auch etymologisch auf einen anderen Ursprung zurückgehe als auf den Namen der Heiligen[116]. Aber unabhängig von solchen letztlich wohl doch nicht hinlänglich zu klärenden Bezügen bleibt es eine unverkennbare Tatsache, dass spätestens von der Frühen Neuzeit an im kollektiven Gedächtnis die Nacht auf den 1. Mai mit dem Namen der Heidenheimer Äbtissin nachhaltig assoziiert wird.

III. Die Namenspatronin Heilige Walpurga

Der weibliche Vorname ‚Walpurga', seine Abwandlung ‚Walburga' und die adäquaten Variationen ‚Walpurgis' und ‚Walburgis' sind Latinisierungen von ‚Waldburga' oder ‚Waldburg'; dazu existieren wiederum die Varianten ‚Walburg' und ‚Walborg' (auch schwedisch ‚Valborg'). Es handelt sich dabei um seit dem Althochdeutschen nachweisbare Verbindungen des Verbs ‚waltan' (walten, herrschen) und des Nomens ‚Burg' (Schutz, Zuflucht, Burg).[117]

Im Fall der Heiligen Walpurga bestehen fernerhin verschiedene regional- und nationalsprachliche Varianten des Namens. In Frankreich und Belgien, also im romanischen Sprachraum, sind ‚Vaubourg', ‚Falbourg' und ‚Gauburge' gebräuchlich. Die auch im Englischen vor allem geläufigen Prägungen ‚Walpurgis', ‚Walpurga' und ‚Walburga' werden noch durch Formen wie ‚Waltpurde' oder schlicht ‚Bugga' ergänzt.[118]

Zwischen der historisch belegten Walpurga und den Besonderheiten um den 1. Mai besteht eigentlich kein unmittelbarer (nachweisbarer) Zusammenhang,

116 Vgl. z. B. Hoffmann, S. 23 f.

117 Seibicke, Wilfried: Vornamen. 3. Aufl. Frankfurt/M. 2002, S. 252; Duden. Das große Vornamenlexikon. Bearbeitet von Rosa u. Volker Kohlheim. Mannheim 1998, S. 285.

118 Vgl. Anm. 119.

denn die Verknüpfung ihres Namens mit diesem Datum ergab sich erst längere Zeit nach ihrem Tod. Dennoch haftet bereits der Person dieser sehr beliebten römisch-katholischen Heiligen eine besondere Aura an. Ihre prominente Herkunft, ihre Umgebung und ihr Wirken in der bewegenden und historisch einschneidenden Epoche der Christianisierung der germanischen Völker in Mitteleuropa unterstützen ein Verschwimmen von Geschichtlichem und Sagenhaftem schon von vornherein.

Die historische Walpurga (um 710–779)[119] war eine Tochter des angelsächsischen, königähnlichen Edelmannes Richard von Wessex (Heiliger, † um 720) und eine Schwester der ebenfalls berühmten Heiligen Willibald (um 700–787) und Wunibald (701–761). In der bedeutenden Abtei Wimborne Minster in Südengland nahe dem heutigen Bournemouth (Dorset) erhielt sie ab dem elften Lebensjahr ihre Erziehung. Während der Amtszeit der Äbtissin Tetta (Heilige, † um 772) wurde sie später dort auch Nonne der Benediktinerinnen. Um 750 folgte sie, wie ihre Wimborner Mitschwester Thekla (Heilige, † um 790) und zuvor schon ihre Brüder, dem Ruf des ‚Apostels der Deutschen', dem Heiligen Bonifatius (672 oder 673–754) – vermutlich ein Bruder ihrer Mutter Wunna (Heilige) – in den Osten des karolingischen Herrschaftsbereiches, um ihn bei der Verbreitung des Christentums unter den germanischen Stämmen zu unterstützen. Walpurga trat zunächst in das Kloster Tauberbischofsheim im heutigen Nordbaden ein. Seit 735 war die dortige Äbtissin die Heilige Lioba (um 710 – um 782), auch eine frühere Mitschwester aus der Abtei Wimborne und ebenfalls Verwandte des Bonifatius. Im Jahr 752 wechselte sie dann in das von ihrem Bruder Wunibald gegründete Kloster Heidenheim an der Brenz. Nach seinem Tod im Jahr 761 übernahm Walpurga als Äbtissin die Leitung des Doppelklosters mit Ordensschule, das sich in ihrer Amtszeit zu einem geistigen, religiösen und erzieherischen Zentrum im Gebiet des heutigen Süddeutschland entwickelte. Überaus beachtliche Organisations- und Lehrfähigkeiten werden ihr in diesem Zusammenhang nachgesagt. 779 starb sie in Heidenheim und wurde zunächst auch dort bestattet. Rund neunzig Jahre später soll

---

119 Passende Abrisse zur Heiligen Walpurga mit Hinweisen auf ihre Bedeutung für die Sagenwelt liefern: Bächtold-Stäubli, Bd. IX, Sp. 84–87; Gorys, Erhard: Lexikon der Heiligen. 2. Aufl. München 1998, S. 302 f.; Fichtinger, Christian: Lexikon der Heiligen und Päpste. Gütersloh u. Wien 1980, S. 385 f.; Melchers, Erna u. Melchers, Hans: Das grosse Buch der Heiligen. Geschichte und Legende im Jahreslauf. 4. Aufl. München 1980, S. 127–130; Casanova, Gertrude: St. Walburga. Umgeschrieben von Tim Drake. In: The Catholic Encyclopedia, Vol. XV. Online Edition. Hrsg. von K. Knight. New York 2004 (© 2003).

einer Sage nach Walburgas Geist dem Eichstätter Bischof Otgar erschienen sein und ihn auf die ungünstige Lage ihres Grabes in Heidenheim aufmerksam gemacht haben. Jedenfalls wurden 870 ihre Gebeine in die endgültige Begräbnisstätte, die neu erbaute und nach ihr benannte Klosterkirche St. Walburg in Eichstätt gebracht, wo einst ihr Bruder Willibald erster Bischof gewesen war.

Die Legendenbildung um Walpurga setzte allem Anschein nach rasch ein. Bereits die frühesten Legenden um sie berichten von einem wunderbaren heilkräftigen Öl, das aus ihren Gebeinen getropft sein soll und an den steinernen Wänden ihres Reliquienschreins soll sich stets ein Tau bilden – eben jenes durchsichtige ‚Walpurgisöl', das angeblich besonders bei kranken Kindern Heilung bewirkt.

Im Jahr 893 wurde ihre Reliquien in das Benediktinerinnenkloster Monheim im Rheinland und in die Abtei Furna nahe der Stadt Veurne (Furnes) im heutigen Belgien verbracht. Diese beiden Aufbewahrungsorte hatten ebenfalls einen wesentlichen Anteil an der Verbreitung eines regelrechten Walpurgakultes in Mitteleuropa – das heißt vor allem im süddeutschen Raum, in Teilen Frankreichs und den Niederlanden sowie in Belgien – und ab dem 19. Jahrhundert auch in Nordamerika. Im Laufe der Zeit gelangten Reliquien auch an weitere Orte, wie Walberberg (Walpurgaberg) bei Bonn, Lamberg bei Cham in Bayern oder Walburgisberg im Odenwald, von denen viele zu bedeutenden Wallfahrtsstätten wurden.

Ihr eigentlicher Fest- und Namenstag ist der 25. Februar, in Schaltjahren der 26. Februar. An einem 1. Mai wurde Walpurga hingegen von Papst Adrian II. (Pontifikat 867–872) heilig gesprochen. So wird zudem seit dem 9. Jahrhundert das Fest der Übertragung ihrer Gebeine von Heidenheim nach Eichstätt am 1. Mai gefeiert, der als Walpurgis- oder Walperntag als geheiligter Tag gilt und voller Andacht, Seligkeit und Offenbarung sein sollte.

‚Walpurgisnächte' nannte man ursprünglich sogar die neun Nächte (!) vor dem 1. Mai. Letzten Endes festigte sich eine außergewöhnliche Bedeutsamkeit jedoch ‚nur' für die letzte davon, also für die Nacht zum 1. Mai. Eine von vielen populären Legenden sieht die Walpurga in dieser Nacht in Gestalt einer sog. weißen Frau mit goldener Krone und feurigen Schuhen über Berge, Klippen und durch Täler hetzen, stets verfolgt von bösen, Grauen erregenden Geistern. Den, der ihr Zuflucht und Schutz gewährt, soll sie dafür mit Gold belohnen. Eine weitere, eher klerikal geprägte Legende, ist die, dass die Heilige Walpurga so außerordentlich rechtgläubig war und so sehr um die Gottesfürchtigkeit und den Anstand der Frauen bemüht war, dass sich der Satan veranlasst sah, viele Anstrengungen zu unternehmen, um ihren heiligen Tag zu entweihen.

Eher eine Fixierung ihrer wundernahen und sagenhaften Ausstrahlung als eine an Tatsachen orientierte Chronik, ist die gegen Ende des 9. Jahrhunderts von dem Mönch und Priester Wolfhart von Herrieden († 902) geschriebene idealisierende Vita über sie, die sicher auch eine Inspiration für weitere Legendenbildung darstellte[120].

Bildliche Darstellungen zeigen sie häufig als Äbtissin im schwarzen Ordensgewand der Benediktinerinnen (Habit) mit Stab und Regelbuch, außerdem mit einem Heilkraft symbolisierenden Balsamfläschchen und drei Ähren, die für das Gedeihen der Feldfrüchte und gute Ernten stehen, in den Händen. Doch variieren die Abbildungen etwas, manche stellen sie etwa mit ihren Eltern Wunna und Richard sowie mit ihren Brüdern Willibald und Wunibald dar.[121]

Walpurga ist Patronin der Diözese Eichstätt und unter anderem auch der Städte Weilburg (Lahn), Groningen, Zutphen, Oudenaarde (Audenarde) und Antwerpen, wo sie einstmals auf ihrer Reise nach Germanien Halt gemacht haben soll. In weiterer schutzheiliger Funktion ist sie Patronin der Wöchnerinnen, der Bauern, des Viehs und der Haustiere; weiterhin Helferin bei Husten, Hundebiss, Tollwut und Augenleiden. Auch in Stürmen, etwa von Seeleuten, und bei Wasserscheue wird sie angerufen. Und sie sorgt eben auch für das Wachstum der Feldfrüchte und gesegnete Ernten. Außerdem hatte die römisch-katholische Kirche sie zur Beschützerin vor Zauberei und Heidentum auserkoren. Bei unheilvollen Aktivitäten vermeintlicher Unholde und Hexen sollte sie den davon Bedrängten Beistand leisten und das Übel unterbinden. Somit wurde sie als eine liturgische abwehrende Kraft von heidnischer Magie und ab dem Spätmittelalter dann von teufelsbündnerischen, antichristlichen Schwarzkünsten verstanden.

In Großbritannien bzw. im anglikanischen England, wo ein Priorat der Benediktinerinnen-Abtei St. Walburg (Eichstätt) erst in den 30er Jahren des 20. Jahrhunderts gegründet wurde, ist man sich der angelsächsischen Herkunft der Heiligen Walpurga schon noch bewusst. Das zeigt etwa das Gedicht „For Walpurgisnacht" aus dem Jahr 1950 anlässlich des 1200jährigen Jubiläums ihrer Abreise aus Wessex und des Beginns ihrer Mission in Germanien. Darin beklagt sich sein Verfasser Bertram Alfred Young (1902–2001) darüber, das ihr Name nur noch deshalb bekannt ist, weil er schändlicherweise herhalten muss, wenn von „witches' flight" und „secret sabbat" die Rede ist. Young lobt die Heiligkeit

---

120 Wolffhardus Hasenrietanus: Vita Sanctae Waldburgis; Miraculis S. Waldburgis. Libri quatuor. Auch enthalten in: Stevartius, Petrus (Hrsg.): Commentarius de vita et rebus gestis S. Walpurgae virginis, Abbatissae monasterii in Heidenheim, Ordinis S. Benedicti, Diocesis Eystettensis Patronae. Ex Philippo XXXIX. Episcopo Eystettensi concinnatus. Item De Miraculis Eivsdem S. Virginis libri quatuor. Ingolstadt 1616.

121 Zur Darstellung der Walpurga in der sakralen Kunst vgl. Keller, Hiltgart L.: Reclams Lexikon der Heiligen und der biblischen Gestalten. Legende und Darstellung in der bildenden Kunst. 3. Aufl. Stuttgart 1975, S. 507 f.

und Güte der „Walpurgis“ und ruft sie sogar direkt an, um ihre Schutzheiligkeit und ihren Beistand zu erbitten. Angesichts der Jahreszahl 1950 gewinnt man den Eindruck, dass auf den inzwischen begonnenen Kalten Krieg Bezug genommen wird, wenn es darin abschließend heißt:

„Shield us, Walpurgis,
Healer and friend,
When the world's masters
Contrive its end!“ (S. 453)[122]

IV. Rechtsgeschichtliche Gesichtspunkte in der Frühen Neuzeit – Der Versammlungsaspekt im Gefüge des ‚Crimen-Magiae'-Gedankens

Enthält u. a. folgende dichterische Reflexe: Gundermann, Birck, Opitz, Gryphius, Hexenzeitungen, Teufelbücher, Faust-Volksbuch.

Zwischen den Vorstellungen von dämonischen oder esoterisch zu nennenden Versammlungen, seien sie nun aus der Antike überliefert oder eher von volksnaher Art, besteht ein enger Zusammenhang zu der in der Übergangsphase zwischen Spätmittelalter und Früher Neuzeit verstärkt und systematisiert aufkommenden Strafverfolgung des vermeintlichen Zauberei- und Hexereiverbrechens – des ‚Crimen magiae'[123]. Von der in diesem Zusammenhang vollzogenen Wandlung der Begriffe von Hexen und Zauberei ist unausbleiblich auch die Bedeutung der obligatorischen Zusammenkünfte betroffen. Zum historischen Phänomen der Hexenverfolgungen haben die Geschichtswissenschaft und die Rechtshistoriographie des

---

122 Young, B.A.: For Walpurgisnacht. In: Punch (Punch Almanac). 1. Teilband 1950, S. 453 (26.04.1950).

123 Die rechtsgeschichtliche, inhaltliche Entwicklung des ‚Crimen-Magiae'-Begriffs vom Mittelalter zur Frühen Neuzeit beschreibt vor allem eine Wandlung bzw. Ausdehnung vom einfachen Delikt des Schadenzaubers zu einem Sammelbegriff, der gleichzeitig mehr und mehr das eigentliche detailreiche Hexereiverbrechen – also die durch einen Teufelsbund begründete gemeingefährliche Daseinsform der Hexe – meint. In engerer verfahrensrechtlicher Hinsicht ist zuweilen noch die terminologische und prozessrelevante Umformung vom noch verhältnismäßig profanen ‚Crimen atrocissimum et occultissimum' zum Ausnahmeverbrechen (‚Crimen exceptum') zu beachten (Behringer 1993, S. 268 f.). Vgl. dazu z. B. Leutenbauer, S. 156–166; Siefener, S. 34 f., 154–161, 226–228; Behringer 1993, S. 78; Jerouschek 1993, S. 212 f.; Merzbacher, Friedrich: Hexenprozesse. In: Handwörterbuch zur deutschen Rechtsgeschichte (HRG), II. Bd. (1978), Sp. 146; Kaufmann, Ekkehard: Zauberei (und Vergiftung). In: Handwörterbuch zur deutschen Rechtsgeschichte (HRG), V. Bd. (1998), Sp. 1616–1620.

19. und vor allem des 20. Jahrhunderts die bekanntermaßen ausführlichen Forschungen betrieben, welche in den letzten Jahren intensiv fortgesetzt wurden[124].

IV. 1. Die Entwicklung im Mittelalter

Obgleich Zauberei im Allgemeinen schon für eine wahrhaftige und vielförmige Angelegenheit gehalten wurde, standen im frühen Mittelalter die vom Römischen Recht sowie längst auch von Christianisierung und theokratischen Prinzipien beeinflussten germanischen Stammesrechte dem Glauben an Wesen, die gemeinschädigende Hexerei treiben, und einer entsprechenden Strafnotwendigkeit meist zurückhaltend gegenüber[125]. Das langobardische Recht weist in Bezug auf die Bestrafung von Individuen, die dem späteren Hexentypus bereits einigermaßen nahe kamen (lat. ‚strigas'), mitunter sogar restriktive Tendenzen auf[126]. In diese, zumindest punktuell aberglaubenskritische Tradition fügten sich in der ersten Hälfte des 9. Jahrhunderts beispielsweise auch die Ausführungen des Erzbischofs Agobard von Lyon (Amtsdauer 816–840) ein. In Briefen und in Predigten, die auch schriftlich festgehalten wurden, wendete sich der Kleriker Agobard gegen die Vorstellung vom Wettermachen und gegen daraus resultierende Verfolgungen von Personen, die eben der Verursachung der Witterungsunbilden (lat. ‚tempestarii') und obendrein der Komplizenschaft mit mysteriösen, auf vom Wetter abgeschlagene Feldfrüchte spekulierende Wolkenschiffer beschuldigt wurden[127].

Zu Beginn des 10. Jahrhunderts hatte dann der sogenannte „Canon Episcopi"[128] – ein mutmaßlich auf die karolingischen Kapitularien zurückgehendes

---

124 Vgl. Teil 1, III. (Forschungssituation).

125 Osenbrüggen, Eduard: Das Strafrecht der Langobarden. Neudruck der Ausgabe Schaffhausen 1863. Aalen 1968, S. 160–162; Bächtold-Stäubli, Bd. III, Sp. 1852.

126 Osenbrüggen, S. 160–162; Bächtold-Stäubli, Bd. III, Sp. 1852.

127 Boshof, Egon: Erzbischof Agobard von Lyon. Leben und Werk. Köln u. Wien 1969, S. 170–185.
Übrigens war rund 250 Jahre später (1080) der Unwille über die erbarmungslose Bestrafung von gesellschaftlichen Außenseitern, denen Wettermacherei und die Verursachung von Pestilenzen angelastet wurde, noch einmal der Anlass für einen Vorwurf des ‚Investiturstreit-Papstes' Gregor VII. (Pontifikat 1073–1085) an den dänischen König Harald III. (Regnum 1074–1080); vgl. dazu Behringer, Wolfgang: Hexen. Glaube, Verfolgung, Vermarktung. 3. Aufl. München 2002, S. 33.

128 Vollständiger lat. Titel: „Ut episcopi de parochiis suis sortilegos et maleficos expellant" (Dt.: „Dass die Bischöfe Hexer und Zauberer aus ihren Pfarreien vertreiben sollen"). Textreferenz: Regino von Prüm: Das Sendhandbuch des Regino von Prüm. Unter Benutzung der Edition von F.W.H. Waschersleben hrsg. und übersetzt von Wilfried Hartmann. Darmstadt 2004, S. 420–423 (Text des sogenannten „Canon Episcopi").

Vorschriftenbrevier für die klerikale Praxis – den Glauben an die ‚Nachtfahren' oder ‚Nachtfrauen', also an die nächtlichen ekstatischen Flüge von Frauen im Gefolge weiblicher heidnischer Gottheiten[129], und an sämtliche Varianten der Wilden Jagd als Einbildung und Wahn nachdrücklich verurteilt. Solche abergläubischen Vorstellungen kommen im Prinzip schon dem sehr nahe, was etliche Jahrhunderte später in leicht veränderter Beschaffenheit als die Fahrt durch die Lüfte zum ‚Hexensabbat' zum wichtigen dämonologischen Bestimmungsmerkmal der Hexen werden sollte. Gleichwohl werden im „Canon Episcopi" frevelhafte Frauen erwähnt, die von Gott abgefallen wären und sich dem Satan zugewendet hätten, indem sie sich törichterweise einbildeten oder zumindest behaupteten wieder heidnischen Abgöttern zu dienen. Solche Fälle werden als Blasphemie und Rückfall ins Heidentum verstanden. Dementsprechend wird der Klerus dazu angehalten, energisch gegen solchen Wahn anzupredigen. In ähnlich verurteilender Weise wird in derselben Schrift manch anderem Detail des Magieglaubens im Volk begegnet, allerdings ohne dass die generelle Existenz der (unheilvollen) Zauberei, besonders in Form von Wahrsagekunst oder Schadenzauber, in Frage gestellt würde.[130]

Der über die Jahrhunderte häufig rezipierte Text wurde in der spätmittelalterlichen und frühneuzeitlichen Hexerei- und Zauberei-Debatte ganz unterschiedlich ausgelegt. Gegner der Hexenverfolgung führten den „Canon Episcopi" als Autorität gegen die Glaubwürdigkeit bzw. Prozessrelevanz des Hexenflug-Indizes an, während Dämonologen fast immer auf seine (relative) Ungültigkeit für die aktuelle Hexenlehre abhoben, da in ihm frühere, der neuartigen Hexerei nicht mehr gleichzusetzende Angelegenheiten geschildert worden seien[131].

An und für sich war der mittelalterliche Hexenbegriff leidlich unkonkret. Das spiegelt sich unter anderem darin wieder, dass weit in die Frühe Neuzeit hinein nicht unbedingt ‚Hexe', sondern vielmehr ‚Unholde', ‚Zauberinnen', ‚Truden' oder ähnliches die gebräuchlichen (kolloquialen) Bezeichnungen waren, sofern

---

129 Vgl. Bächtold-Stäubli, Bd. VI., Sp. 793 f. („Nachtfahren") u. 794 f. („Nachtfrau").

130 Zum „Canon Episcopi" insgesamt und zu dessen Beurteilung des Hexenfluges vgl. Tschacher, Werner: Der Flug durch die Luft zwischen Illusionstheorie und Realitätsbeweis. Studien zum sog. Kanon Episcopi und zum Hexenflug. In: Zeitschrift der Savigny-Stiftung für Rechtsgeschichte. 116. Bd., Kanonistische Abteilung LXXXV, 1999, S. 225–276; Ginzburg 1990, S. 91–96, 100, 102, 104; Behringer 1993, S. 18–21 u. 60 f.; — 2004, S. 164; Jerouschek 1993, S. 214 f.

131 Leutenbauer, S. 26–38; Ginzburg 1990, S. 93; Siefener, S. 61–88; Behringer 2001, S. 86 f.; — 2004, S. 170.

nicht den akademischen lateinischen Benennungen ‚Lamia' oder ‚Striga' der Vorzug gegeben wurde[132]. Zaubereiprozesse waren über eine lange Zeitspanne eine punktuelle und mehr lokale Erscheinung, die für die beschuldigten Personen durchaus nicht mit dem Todesurteil enden musste[133]. Anlass für diese Verfahren war gewöhnlich der in der Zuständigkeit weltlicher Gerichte befindliche, auch ohne dämonische Hilfe für möglich gehaltene Schadenzauber (lat. ‚maleficium') und noch nicht das spätere Hexereiverbrechen – also der vermeintliche Umstand Hexe oder Hexenmeister zu sein – mit dem Haupttatbestandsmerkmal des Teufelsbundes oder -paktes, sofern dabei ein qualitativer Unterschied gemacht wurde[134].

Erst gegen Ende des Mittelalters rückten die vermeintlichen Hexen mehr und mehr in den Fokus der im 13. Jahrhundert zur päpstlichen Behörde zentralisierten römischen Inquisition. Deren Hauptaufgabe bestand ursprünglich in der Reinerhaltung des Glaubens, also im Überwachen der Einhaltung der Kirchendogmen, sowie in der Ermittlung und Verfolgung von Dogmenabweichlern – den Häretikern oder Ketzern[135]. Hierzu wird zuweilen angemerkt, dass die Hexen wohl die zum Ende des Mittelalters hin vakanter werdende Stelle der früheren Häretiker zunächst ergänzt sowie nach und nach eingenommen haben

132 Leutenbauer, S. 3–18; Siefener, S. 29–33; Gerlach, S. 962; Behringer 2004, S. 168.

133 Leutenbauer, S. 134–141; Merzbacher, S. 146; Behringer 1993, S. 18, 56 f., 60, 72; Gerlach, S. 962; Kaufmann, S. 1618.

134 z. B. Leutenbauer, S. 39–45.
Zur zeitweiligen Unterscheidung zwischen Teufelsbund und Teufelspakt bis ins späte Mittelalter vgl. Neumann, Almut: Verträge und Pakte mit dem Teufel. Antike und mittelalterliche Vorstellungen im „Malleus Maleficarum". St. Ingbert 1997, S. 53–55.
Zu den (partiell) altertümlichen Ursprüngen des Schadenzauber-Gedankens vgl. Graf, Fritz: Gottesnähe und Schadenzauber. Die Magie in der griechisch-römischen Antike. München 1996.

135 Zur Geschichte der römischen Inquisition und deren Ketzerbegriff bis zur Frühen Neuzeit vgl. Lea, Henry Charles: Geschichte der Inquisition im Mittelalter. Übersetzung der Ausgabe Philadelphia 1887. 3 Bände. Hrsg. von Joseph Hansen. Nachdruck der Ausgabe Bonn 1905. Nördlingen 1987, insbesondere Bd. 3, S. 549–614 („Siebentes Kapitel: Hexenwahn und Hexenverfolgung"); Walther, Helmut G.: Haeretica pravitas und Ekklesiologie. Zum Verhältnis von kirchlichem Ketzerbegriff und päpstlicher Ketzerpolitik von der zweiten Hälfte des XII. bis ins erste Drittel des XIII. Jahrhunderts. In: Miscellanea mediaevalia, Nr. 11 (Die Mächte des Guten und Bösen. Vorstellungen im XII. und XIII. Jahrhundert über ihr Wirken in der Heilsgeschichte), 1977, S. 286–314.

dürften[136]. Zu dieser Entwicklung zählt der Gedanke von einer neuartigen Sekte (‚Secta fascinariorum', ‚Nova secta') – eben in Anlehnung an die üblicherweise als Sekten bezeichneten Gruppierungen der Ketzer – einer Hexensekte, deren Mitglieder ausdrücklich von den im „Canon Episcopi" beschriebenen nachtfahrenden Frauen unterschieden werden[137]. Hinzu kommt außerdem das Verquicken der vermeintlichen Existenz der Unholde mit der Furcht vor der Macht des Teufels[138]. Unter diesem Aspekt ist gewisslich von Interesse, dass die ab dem Hochmittelalter oft nachweisbare Unterstellung eines unheiligen, verschwörerischen ‚Ketzersabbats' etwa zu Beginn des 15. Jahrhunderts um den ‚Hexensabbat' erweitert und schließlich ganz dazu umgewidmet worden sein dürfte[139]. ‚Ketzersabbat' und ‚Hexensabbat' hatten nämlich im römisch-inquisitorischen Denken eine Zeit lang nebeneinander Bestand. In vorreformatorischer Zeit sah man in der Regel die vermeintlichen Hexen eigentlich ohnehin nur als eine besondere Variante der zahlreichen Glaubensfeinde an, wie es etwa auch die Einstellung des „Hexenhammer"-Verfassers Heinrich Institoris offenbart[140]. Eine Vorstellung von einem ‚Ketzersabbat' wurde bereits um 1230 in einer bildlichen Darstellung ausgedrückt[141]. Die auffällige begriffliche Analogie des vermeintlichen ‚Ketzersabbats' zur jüdischen Sabbatfeier ist aus den mittelalterlichen Lehrgrundsätzen der römischen Kirche abzuleiten, wonach Juden praktisch als Heiden galten. In der inquisitorischen Ideologie mussten somit die gottesdienstlichen Handlungen der Sabbatfeier der beispielsweise als angebliche Pestverbreiter arg bedrängten und sogar strafgerichtlich verfolgten Juden in entsprechend verballhornter Form als Schablone für einen fremdartigen, gegen die Gemeinschaft der

---

136 Leutenbauer, S. 47 ff.; Siefener, S. 162–167 u. 172–180; Behringer 1993, S. 21; vgl. dazu auch Trusen, Winfried: Der Inquisitionsprozeß. Seine historischen Grundlagen und frühen Formen. In: Zeitschrift der Savigny-Stiftung für Rechtsgeschichte (ZRG KA). 105. Bd., Kanonistische Abteilung LXXIV, 1988, S. 168–230; — Vom Inquisitionsverfahren zum Ketzer- und Hexenprozeß. Fragen der Abgrenzung und Beeinflussung. In: Schwab, Dieter / Giesen, Dieter / Listl, Joseph / Strätz, Hans-Wolfgang (Hrsg.): Staat, Kirche, Wissenschaft in einer pluralistischen Gesellschaft. Festschrift zum 65. Geburtstag von Paul Mikat. Berlin 1989, S. 435–450.

137 Bächtold-Stäubli, Bd. III, Sp. 1844 f. (Hexensekte); Ginzburg 1990, S. 75–78 u. 83 f.; Siefener, S. 65–69 u. 94–97.

138 Ginzburg 1990, S. 75–78 u. 83 f.

139 Behringer 1993, S. 21 u. 64–66; Siefener, S. 89–91; Ginzburg 1990, S. 81–85 u. 93.

140 Leutenbauer, S. 47–51 u. 142–144; Ginzburg 1990, S. 73 ff.; Behringer 2001, S. 111.

141 Soldan, Wilhelm Gottlieb (Begr.) / Heppe, Heinrich / Bauer, Max: Geschichte der Hexenprozesse. 2 Bände. Nachdruck der 3. Aufl. in der Neubearbeitung von Max Bauer. Köln 1999, Bd. I, S. 137; Siefener, S. 91.

‚Rechtgläubigen' verschworenen Konvent herhalten[142]. Gleichbedeutendes gilt für das insgesamt deutlich weniger gebräuchliche ‚Synagoge' als Bezeichnung für das vermutete Ereignis[143]. In nicht wenigen Gebieten der Westalpen wurden etwa ab der Mitte des 14. Jahrhunderts diverse gerichtliche Verfahren sowohl weltlicher als auch inquisitorischer Art durchgeführt, bei denen die angeblichen verschwörerischen ‚Sabbate' als eine wesentliche, dinghafte Grundlage verwendet wurden[144]. In diesem Zusammenhang sind die Ereignisse um die Waldenser und die Katharer oder Albigenser nicht die einzigen, aber wohl mit die bekanntesten[145]. Offenkundig wurde aus dem Wort ‚Katharer' (griech. ‚katharos' – rein) die stigmatisierende Bezeichnung ‚Ketzer' für alle Abweichler vom ‚rechtgläubigen' Dogma abgeleitet. In einer Variante dazu prägte die römische Kirche in der Agitation gegen die Häresie die volksetymologische Ableitung ‚Kätzer', die auf das lateinische ‚cattari' (von lat. ‚cattus' – die Katze) zurückgeht. Danach hatten die Katharer auf ihren ‚Sabbaten' die Katze als Tier des Satans auf das Hinterteil zu küssen[146]. Es handelt sich also fast schon um dieselbe Illustration, nach welcher später die Hexen auf ihren antichristlichen Konventen unter anderem das Hinterteil des Satans, zumeist in Gestalt eines Ziegenbocks, zu küssen haben. Malereien, die den Hexenflug darstellen, der ja später in engster Beziehung zur Hexenversammlung gesehen werden sollte[147], sind im Übrigen bereits für das 13. Jahrhundert nachweisbar[148].

---

142 Vgl. Ginzburg 1990, S. 41–60 u. 67–77; Einleitung, II. (Begriffserläuterungen).

143 Vgl. Siefener, S. 92–95 u. 98; Bächtold-Stäubli, Bd. III, Sp. 1990.

144 Ginzburg 1990, S. 67–85.

145 Vgl. ebd., S. 81–85.

146 Ebd., S. 82 f.; Behringer 1993, S. 21 u. 64–66; Siefener, S. 92–94.

147 Zum Phänomen der Vorstellung vom Hexenflug vgl. Behringer, Wolfgang: Hexenflug. Elektronische Veröffentlichung im PDF-Format. Saarbrücken 2004, S. 162–179; Siefener, S. 61–88.

148 Die womöglich ältesten erhaltenen Bildnisse dieser Art befinden sich im romanisch-gotischen Dom zu Schleswig. Fresken zeigen zwei Frauengestalten, von denen eine auf einer exotisch anmutenden Katze, die andere auf einem aus belaubten Zweigen bestehenden Utensil, nicht unähnlich der auch unter ‚Donnerbesen' populären Mistel (Viscum album), durch die Lüfte reitet. Da die Katze als Symbol der germanischen Göttin Freyja und gewisse Gehölze als Symbole des Donar (auch ‚Thor') gelten, dürfte wohl mit diesen Darstellungen ursprünglich eine Schmähung des dem Christentum vorangegangen germanischen Götterkultes beabsichtigt worden sein. Ein biblischer Bezug mag darin allerdings genauso angelegt sein. Denn die abgebildete Katze ähnelt der mit negativer Symbolik behafteten mediterranen Ginsterkatze (Genetta genetta), die z. B. durch Wikinger und Kreuzfahrer in Nordeuropa lange

IV. 2. Die Zäsur des späten 15. Jahrhunderts

Als ein Zeugnis der einschneidenden Systematisierung und theoretischen Untermauerung der Hexenverfolgungen muss die von Papst Innozenz VIII. (1432–1492, Pontifikat ab 1484) verfügte „Hexenbulle“ von 1484 (5. Dezember 1484) gewertet werden, die nach ihrem Textanfang auch unter dem Titel „Summis desiderantes affectibus“ bekannt ist. Diese „Hexenbulle“ ist bereits auf die Initiative des Dominikaners und ehrgeizigen Inquisitors Heinrich Institoris (eigtl. Heinrich Kramer o. ä.[149], um 1430–1505) hin erlassen worden, der den Wortlaut des Dekrets höchstwahrscheinlich auch selbst vorgefasst hat[150]. Institoris und ein weiterer Inquisitor, der Dominikaner Jakob Sprenger (um 1436–1495), werden dadurch autorisiert, im Heiligen Römischen Reich in erleichterter Form gerichtlich gegen vermeintliche Hexen vorzugehen. Fernerhin wird der Klerus zur Unterstützung der Inquisitoren und zur Beseitigung etwaiger Hindernisse der Hexenjagd angehalten. Abweichend von der in nicht wenigen Punkten eher restriktiven Lehre des alten „Canon Episcopi“, wird also mit der „Hexenbulle“ für das kanonische Recht eine mannigfaltige Existenz von Hexen und die entsprechende Zuständigkeit der Ketzergerichtsbarkeit festgestellt.

Nach der gängigen historiographischen Auffassung gilt Heinrich Institoris sodann als hauptsächlicher oder gar einziger Verfasser des so berüchtigten „Hexenhammers“ – des „Malleus maleficarum“[151]. Nach neueren Beurteilungen ist

---

bekannt war. Und in der neutestamentarischen Offenbarung des Johannes wird als Sinnbild des unmoralischen, sündhaften Babylon – „einer Behausung der Teufel“ (Offb 18, 2) – ein dekadentes Weib präsentiert, das auf einem „scharlachfarbnen“ höllischen Tier reitet (Offb 17, 3 ff.).

Vgl. dazu Knappe, S. 67–69; Erich u. Beitl, S. 139 f. (Donar, Donnerbesen), 434 f. (Katze), 560 f. (Mistel).

149 Behringer 1993, S. 76; Jerouschek 1993, S. 209.

150 Behringer 1993, S. 76 f. u. 88–92; — 2001, S. 87 u. 94.

151 Als Textreferenzen dienen: Sprenger, Jakob u. Institoris, Heinrich: Der Hexenhammer. Malleus maleficarum. Aus dem Lateinischen übertragen u. eingeleitet von J.W.R. Schmidt. Nachdruck der Ausgabe Berlin 1906. 13. Aufl. München 1997; Kramer (genannt Institoris), Heinrich: Der Hexenhammer. Malleus maleficarum. Neu aus dem Lateinischen übersetzt von Wolfgang Behringer, Günter Jerouschek u. Werner Tschacher. Hrsg. u. eingeleitet von Günter Jerouschek und Wolfgang Behringer. 3. Aufl. München 2003.

Der Titel „Hexenhammer“ (lat. ‚malleus‘ – der Hammer) steht in einer Tradition von inquisitorischer Namensgebung. Zuvor schon üblich war etwa die Bezeichnung ‚Ketzerhammer‘ („Malleus haereticorum“) als Ehrerbietung für in dieser Hinsicht verdiente Inquisitoren; in einem sogenannten Judenhammer („Malleus judaeorum“)

diese in drei Teile gegliederte scholastische Abhandlung 1486 in Speyer abgeschlossen und ziemlich sicher noch im selben Jahr und am selben Ort in einer ersten, provisorischen Fassung gedruckt worden[152]. 1487 folgte dann unter dem endgültigen Titel „Malleus maleficarum" eine durch Beiwerke ergänzte Ausgabe[153]. Seitdem ist in sämtlichen Ausgaben auch die päpstliche „Hexenbulle" mit abgedruckt[154]. Der in jener Kundmachung bereits erwähnte Jakob Sprenger ist stets als Mitautor genannt[155].

Inhaltlich betrachtet systematisiert der „Hexenhammer" zumeist schon bestehende ‚Erkenntnisse' aus verschiedenen Hexen- bzw. Zaubereilehren[156]. Obwohl Institoris gemäß dem traditionellen theologischen Leitbild schon noch von männlichen Schadenzauberern spricht („malefici"), bezieht er sich doch hauptsächlich auf das weibliche Geschlecht („maleficae"), das nach seiner Überzeugung für schwarze Magie empfänglicher ist als das männliche[157]. Die Hauptursache dafür

---

waren dagegen Regelungen zu Ungunsten der in der Diaspora lebenden und von der römischen Kirche praktisch als heidnisch betrachteten Kinder Israels festgelegt (Behringer 2001, S. 88). In diesen Kontext fügt sich gebührlich ein, dass sich Institoris in Oberitalien ebenfalls an Judenverfolgungen beteiligte (Behringer 2001, S. 98 f.).
Zur bisherigen Erforschung des „Hexenhammers" vgl. Segl, Peter (Hrsg.): Der Hexenhammer. Entstehung und Umfeld des Malleus Maleficarum von 1487. Köln 1988; Schnyder, André: Malleus Maleficarum von Heinrich Institoris (alias Kramer) unter Mithilfe von Jakob Sprenger aufgrund der dämonologischen Tradition zusammengestellt. Kommentar zur Wiedergabe des Erstdrucks von 1487. Göppingen 1993; Behringer, Wolfgang: Heinrich Kramers „Hexenhammer": Text und Kontext. Elektronische Veröffentlichung im PDF-Format. Saarbrücken 2001, S. 83–124.
Zum sogenannten „Nürnberger Hexenhammer", eine von Institoris für den Rat der Reichsstadt Nürnberg angefertigte Auftragsarbeit, die aber bei den städtischen Autoritäten auf Ablehnung stieß und unter Verschluss gehalten wurde, vgl. Endres, Rudolf: Heinrich Institoris, sein Hexenhammer und der Nürnberger Rat. In: Segl, Peter (Hrsg.): Der Hexenhammer. Entstehung und Umfeld des Malleus maleficarum von 1487. Köln 1988, S. 195–216; Jerouschek 1993, S. 209 u. 211.

152 Jerouschek 1993, S. 208; Behringer 2001, S. 89–93, 106 f., 117.

153 Ebd., S. 92.

154 Ebd., S. 92 f.

155 Zum Problem der historiographisch als ganz und gar umstritten geltenden Mitautorschaft Sprengers vgl. beispielsweise Behringer 1993, S. 77; — 2001, S. 93 ff.; Müller, Reinhard: Sprenger, Jakob. In: Kosch, 19. Bd. (1999), S. 30 f.

156 Behringer 2001, S. 83 f.; Siefener, S. 158.

157 Vgl. ebd., S. 88 f.
Zu geschlechtsspezifischen Zuschreibungen im theologischen und juridischen Denken der Zeit vgl. Jerouschek, Günter: „Diabolus habitat in eis". Wo der Teufel

sieht er im grundsätzlichen Glaubensmangel der Frauen, den er mit einer eigenwilligen Etymologie des lateinischen Wortes ,femina', das sich aus ,fides' (dt. – der Glaube) und ,minus' (dt. – weniger) zusammensetzen soll, unterstreicht[158]. Hinzu kommt für ihn eine gewisse sexuelle Unersättlichkeit der Frauen, die den Kontakt mit den männlichen Buhlteufeln – den ,Incubi' – begünstigt[159]. Unter göttlicher Zulassung („Permissio Dei") bildet insbesondere der Teufelspakt dann die Grundlage der gemeingefährlichen Hexenexistenz[160]. Anders als in Fragen anderweitiger Häresie wird der theologisch relevante Abfall von Gott – die Apostasie – nicht sehr intensiv besprochen. Stattdessen legt Institoris den Schwerpunkt auf die ,praxisnahe' Auseinandersetzung mit der Vielfältigkeit des von den Hexen betriebenen Schadenzaubers (lat. ,maleficium')[161]. Von inspirierender und unmittelbar inhaltlicher Bedeutung war für Institoris vor allem die Schrift „Formicarius", zu deutsch „Der Ameisenstaat", das Hauptwerk des als theologische Autorität sehr anerkannten Dominikaners Johannes Nider (um 1380–1438). Des Öfteren wird im „Malleus maleficarum" darauf Bezug genommen, etwa auch auf darin geschilderte schwarzkünstlerische Vorkommnisse im schweizerischen Simmental bei Bern, die wohl im Zusammenhang mit der Verfolgung der vom heiligen Stuhl mehrfach als ketzerisch gebrandmarkten Waldenser zu sehen sind[162]. Doch folgt der „Hexenhammer" keinesfalls in allen Belangen den Vorgaben des „Formicarius". So

---

zu Hause ist. Geschlechtlichkeit im rechtstheologischen Diskurs des ausgehenden Mittelalters und der frühen Neuzeit. In: Rechtshistorisches Journal. Bd. 9, 1990, S. 301–329.

158 Vgl. Przybyszewski, S. 95 f.; Behringer 2001, S. 89.

159 Vgl. ebd., S. 110 u. 112.
Das weibliche Gegenstück zu den ,Incubi' sind die ,Succubi'. Diese sind weibliche Buhlteufel, die männliche Personen dazu bewegen, mit ihnen den Geschlechtsakt zu vollziehen, und sie so zu Untertanen Satans machen. Während die Bezeichnungen möglicherweise durch den Kirchenvater Augustinus von Hippo Eingang in die Literatur gefunden haben, wurden die akademischen Lehrgrundsätze über die ,Incubi' und ,Succubi' erst ab dem 11. Jahrhundert festgeschrieben, sehr nachdrücklich übrigens von Thomas von Aquin (Vgl. Siefener, S. 129–131; Battafarano 2001, S. 365).

160 Institoris unterscheidet zwischen einem ausdrücklich („Pactum expressum") und einem stillschweigend geschlossenen Teufelspakt („Pactum tacitum"); vgl. Behringer 2001, S. 109.

161 Vgl. ebd., S. 108.

162 Vgl. Ginzburg 1990, S. 74 f., 81 f., 85; Behringer 1988, S. 83; — 1993, S. 75 f.; — 2001, S. 83 u. 108–110; auch Blauert, Andreas: Hexenwahn und Hexenverfolgung im Gebiet der heutigen Schweiz während des 15. Jahrhunderts. In: Acta Ethnographica Hungaricae. An international journal of ethnography. Vol. 37, H. 1–4, 1991/92, S. 17–26.

hatte Nider etwa den Hexenflug nach dem Lehrsatz des „Canon Episcopi" allein als Einbildung eingestuft[163], während Institoris alle erdenklichen Möglichkeiten eines Hexenfluges, seien sie nun eingebildet oder wahrhaftig, in Betracht zieht; obendrein weist er auf eine amoralische Rezeptur für die zum Ausfahren zuweilen erforderliche Hexensalbe hin[164]. Das nachdrückliche Bemühen um die Beglaubigung des vermeintlichen Hexereideliktes, wie es zuvor schon in der „Hexenbulle" festzustellen ist, dürfte ein Reaktion auf die Zweifel so mancher Zeitgenossen sein; darauf wird auch mehrmals direkt Bezug genommen[165]. Allerdings belässt es Institoris nicht bei einförmigen Überzeugungsversuchen; er schickt sich stattdessen an, eine neuartige Auffassung zu etablieren, die in der Dämonologie von da an bis ins 17. Jahrhundert hinein zu beobachten ist. So sollen allein schon Zweifel an der Wirklichkeit der Hexen und deren Frevel gleichsam als Ketzerei verstanden werden[166].

Sowohl die Umstände der Entstehung des „Hexenhammers" als auch dessen tatsächliche Auswirkungen auf die Praxis der Hexenprozesse mögen nicht auf Anhieb zu eruieren und geschichtswissenschaftlich noch nicht zur Gänze geklärt sein[167]. Unstrittig dürfte jedoch sein, dass er in seiner Disposition aus einer Art Nachweis- und Bestimmungskatalog für Hexen nebst deren Untaten („1. Teil") und gebührenden, allein zulässigen kirchlichen Schutz- oder Heilungsmaßnahmen („2. Teil") einerseits sowie Verhör- und Prozessordnung andererseits („3. Teil") graduell auf ein Vakuum abzielte, das in einem Mangel an zweckentsprechenden Verfahrensordnungen bestand[168]. Somit nahm er zumindest für einige Zeit quasi die Funktion eines allgemeinen (kirchlichen und weltlichen) Handbuches für geradezu alle Aspekte der Hexenverfolgung ein[169]. Dennoch blieb Institoris mit seiner fanatischen, radikal dämonologischen Haltung selbst innerhalb des Dominikanerordens eine allzeit umstrittene Persönlichkeit[170].

---

163 Vgl. Siefener, S. 64.

164 Vgl. ebd., S. 67 f.

165 Vgl. Behringer 2001, S. 108.

166 Vgl. ebd.

167 Vgl. R. Müller 1999, S. 30 f.; Behringer 1993, S. 76–78; — 2001, S. 114–116.

168 Vgl. Jerouschek 1993, S. 204–208; Behringer 2001, S. 110 f.; dazu auch Maes, Louis Théo: Die drei großen europäischen Strafgesetzbücher des 16. Jahrhunderts. Eine vergleichende Studie. In: Zeitschrift der Savigny-Stiftung für Rechtsgeschichte. Germanistische Abteilung (ZRG GA). 94. Bd., 1977, S. 207–217.

169 Leutenbauer, S. 69–71; Behringer 1993, S. 76–78; — 2001, S. 83–88; Jerouschek 1993, S. 207–211.

170 Behringer 1993, S. 76–78; — 2001, S. 93 ff., 104–106, 114–116.

Bei der speziellen Frage nach der Hexenversammlung muss indes von folgendem ausgegangen werden: Trotz der lediglich verhaltenen, bruchstückhaften Aufnahme in den Buchinhalt hat die einseitige Programmatik des „Malleus maleficarum“ sicher dazu beigetragen, dass die antichristlich dämonisierende Stigmatisierung des Hexenkonvents zunächst im Sog und schließlich in der Nachfolge der Idee von den ‚Ketzersabbaten‘ endgültig besiegelt wurde. Dabei ist als ein langfristig wirksamer Faktor die durch den Buchdruck begünstigte Schriftlichkeit des „Hexenhammers“ zu beachten[171]; denn zumindest die volksnahen, untheokratischen Vorstellungen von derartigen Zusammenkünften waren meist eine eben nur oral überlieferte, mittelbare Angelegenheit. Beinhaltete die „Hexenbulle“ noch keine fassbaren Aussagen über eine Festorgie der Unholde, qualifiziert also nun der „Hexenhammer“ den Flug dorthin und die Teilnahme daran eindeutig als wesentliche Indizien für das ‚Crimen magiae‘. Dessen Haupttatbestandsmerkmal ist, wie gesagt, der vorwiegend noch durch die Teufelsbuhlschaft bekräftigte Teufelspakt. Auf diesem Wege werden die Hexen aber nur insofern mit übernatürlichen Fähigkeiten bedacht, als sie nun dem Teufel durch ihre Handlungen anzeigen, wo er hernach tätig werden kann; dass sie über eine eigene, unabhängige Magie verfügen, bilden sie sich dabei bloß ein[172]. Obwohl der Hexenkonvent im „Malleus maleficarum“ also schon als unzweifelhaftes Faktum gilt, wird darin jedoch paradoxerweise keineswegs eine konkrete, veranschaulichende Beschreibung davon vorgelegt. Überhaupt bleibt der „Hexenhammer“ in der Hervorhebung des verschwörerischen ‚Sabbats‘ hinter manchen älteren dämonologischen bzw. anti-häretischen Traktaten zurück[173]. Über die Gründe dafür kann letztlich nur spekuliert werden[174]; unbedingt zu

---

171 Später bedienten sich zwar zweifellos auch die Gegner der Hexenverfolgungen der Vorzüge des Buchdrucks, doch betraf diese Tatsache dann nur noch die Zauberei-Debatte während der Kulmination des Hexenwahns.

172 Vgl. Behringer 2001, S. 109.

173 Vgl. ebd., S. 83 u. 108–110; Siefener, S. 92–95.

174 Beschreibungen von Unholdenkonventen, die als mögliche Vorlage hätten herangezogen werden können, gab es bereits. Etwa die Schilderung eines aus den ‚Ketzersabbat‘-Vorstellungen abgeleiteten ‚Hexensabbat‘ des französischen Inquisitors und Dominikaners Nicolas Jacquier (um 1400–1472; auch Nicolaus Jaquierius genannt). Dessen Abhandlung „Flagellum haereticorum fascinariorum“ wurde um 1458 niedergeschriebenen, jedoch erst 1481 in einem Konvolut aus mehreren dämonologischen Beiträgen in Frankfurt am Main gedruckt (Vgl. dazu Siefener, S. 94).
Gewisse plastische Vorgaben hätte zudem das zu jener Zeit einflussreiche, wenngleich zunächst anonym erschienene geistliche Lehrwerk „Fortalitium fidei“ des spanischen Franziskaners und Bischofs Alphonso de Espina († vmtl. 1491) leisten

bedenken ist hierbei aber vorab, dass das Elaborat anscheinend unter enormem Zeitdruck abgefasst wurde[175]. So gesehen hätte eine eigene plastische Schilderung des Unholdentreffens, sowohl einen zeitlichen Aufwand als auch ein gewisses schriftstellerisches Geschick erfordert, was dem Urheber möglicherweise beides nicht zur Verfügung stand. Des Weiteren mag er sich damit an den von ihm viel zitierten „Formicarius" des Johannes Nider angepasst haben, in welchem noch von keinem spezifischen ‚Hexensabbat' die Rede ist[176]. Da Institoris das Hexereiverbrechen im Grunde ‚nur' als eine besondere Variante der Ketzerei betrachtete[177], überzeugt die Hypothese, dass er „wegen dessen Nähe zur Ketzerei" im Punkt des ‚Hexensabbat' eher zurückhaltend gewesen sein könnte[178], eigentlich nicht. Eher in Betracht kommen könnte dagegen ein Gespür Institoris' für die Schwierigkeiten, die der ‚Sabbat' selbst noch in der von ihm entgegen den Gepflogenheiten der gemeinen Beweistheorie eingeforderten quasi freien

---

können. Im letzten Teil des fünfteiligen Buches, der ausführlich dem Kampf gegen den Satan und dessen Dämonen gewidmet ist, wird durchaus auf die verborgenen Zusammentreffen der antichristlichen Unholde eingegangen (Vgl. Einleitung, III. (Forschungssituation)). Die partielle gedankliche Herleitung dieser Konvente aus den Vorstellungen, die über die Riten und Gottesdienste anderer Antagonisten des Christentums aufgebracht worden waren - Heiden (1. Teil), Häretiker (2. Teil), Juden (3. Teil) und Muselmanen (4. Teil) - ist anhand der jeweiligen Schilderungen noch gut nachvollziehbar.

Vgl. Spina, Alfonsus de [Espina, Alphonso de]: Fortalitium fidei contra fidei christianae hostes. Alternativer Titel: Fortalitium fidei contra iudeos, saracenos aliosq[ue] christiane fidei inimicos [...]. 5 Bücher. Niedergeschrieben ab 1458. Erste gedruckte Ausgaben zu Nürnberg, Strassburg u. Basel 1464–1476.

Zur gegen die ausersehenen Feinde des Christentums gerichteten Intention von De Espinas Hauptwerk vgl. insbesondere Meyuhas Ginio, Alisa: The Conversos and the Magic Arts in Alonso de Espina's *Fortalitium Fidei*. In: Mediterranean Historical Review. Vol. 5 (1990), Nr. 2, S. 169 ff.

Vgl. fernerhin McMichael, Steven J.: Was Jesus of Nazareth the Messiah? Alphonso de Espina's argument against the Jews based on his commentary on the Book of Isaiah in the *Fortalitium fidei* (c. 1464). An edition, translation and commentary. Erweiterte Edition der Originalausgabe Rom 1992. Atlanta 1994; Meyuhas Ginio, Alisa: La forteresse de la foi. La vision du monde d'Alonso de Espina, moine espagnol (?-1466). Traduit de l'hébreu par Zvi Rabi. Paris 1998; — u. Carrete Parrondo, Carlos: De bello iudaeorum. Fray Alonso de Espina y su *Fortalitium fidei*. Salamanca 1998.

175 Behringer 2001, S. 93 u. 107 f.

176 Vgl. Siefener, S. 92.

177 Behringer 2001, S. 111.

178 Siefener, S. 158.

Beweiswürdigung aufwerfen konnte und somit für die Belange der Verfolgungspraxis vielleicht (vorerst) nur eine sekundäre Qualität hatte[179]. Es sollte jedenfalls beileibe nicht angenommen werden, dass Institoris dem ‚Hexensabbat' im Ganzen nur eine untergeordnete Bedeutung beigemessen hätte. So oder so wurde im Unterschied zu mancher anderen Empfehlung des „Hexenhammers" sein zurückhaltend wirkender Umgang mit dem Hexenkonvent im Verlauf des nachfolgenden 16. Jahrhunderts sowohl in der theoretisch-dämonologischen als auch in der verfahrenspraktischen Beweisführung durchaus nicht übernommen[180].

Der Beginn der intensiveren Hexenverfolgungen stellt also für sämtliche Perspektiven der Unholdenversammlung insofern eine Zäsur dar, als damit kein simpler, relativ unverbindlicher Schauereffekt mehr bedient wird, sondern es sich nun um ein unmittelbares juristisches Belastungsmoment für das gefürchtete Hexereiverbrechen handelt. Des weiteren gab der „Hexenhammer" für das weitere Kultivieren und das strafrechtliche Durchsetzen der dämonologischen Ideologie zweifellos weiteren Anstoß, auch wenn das mitunter schwer verständliche Gelehrtenlatein, in dem er verfasst war, für die Praxis bisweilen Nachteile mit sich brachte[181].

Während die Dämonologie mit ihrer Forderung nach der Bekämpfung des ‚Crimen magiae' in vorreformatorischer Zeit auf das engste mit den Aufgaben und Absichten der römischen Inquisition verknüpft war, wurde sie nach den Veränderungen der Reformation – die päpstliche Behörde hatte infolgedessen ihre Tätigkeit in weiten Teilen Zentraleuropas um 1520 im Grunde aufgeben müssen – mehr und mehr zu einer überkonfessionellen weltanschaulichen bzw. moralischen Angelegenheit[182]. Dass in diesem Zuge die Hexenverfolgung sukzessiv von einem

179 Ebd., S. 181–183; Jerouschek 1993, S. 210 f.; Behringer 1993, S. 184.
Zur rechtstheoretischen Entwicklung und Bedeutung des Indizienbeweises im Strafverfahren des gemeinen deutschen Rechts und der Partikulargesetzgebung vom Spätmittelalter bis zur Aufklärung bzw. bis zur Beseitigung der Tortur vgl. Michels, Kurt: Der Indizienbeweis im Übergang vom Inquisitionsprozeß zum reformierten Strafverfahren. Tübingen 2000, S. 11–43.

180 Siefener 184 ff.; Jerouschek 1993, S. 209–211.

181 Behringer 1993, S. 181.

182 Ebd., S. 130 f., 134, 182 f.; Jerouschek 1993, S. 220 f.
Vgl. dazu auch Baroja, Julio Caro: Witchcraft and Catholic Theology. In: Ankarloo, Bengt u. Henningsen, Gustav (Hrsg.): Early Modern European Witchcraft. Centres and Peripheries. Oxford 1990, S. 19–44; Clark, Stuart: Protestant Demonology: Sin, Superstition, and Society (c. 1520–c. 1630). In: Ankarloo u. Henningsen, S. 45–82; Tedeschi, John: Inquisitorial Law and the Witch. In: Ankarloo u. Henningsen, S. 83–120.

einstmals vor allem kirchenpolitischen zu einem eher allgemeinen, gewissermaßen gesellschaftlichen Vorgang wurde, ist unter anderem daran abzusehen, dass zunehmend weltliche Gerichtsbarkeiten mit Hexereiverfahren befasst waren; auf dem Höhepunkt des Prozesswellen war dies sogar fast reinweg der Fall[183]. Es kam also auf Umwegen letzten Endes tatsächlich so, wie es einst schon im „Hexenhammer" eingefordert worden war[184].

IV. 3. Die Entwicklung im 16. und 17. Jahrhundert

Nach einem immerhin mehrere Jahrzehnte andauernden Zustand des Rückgangs in der ersten Hälfte des 16. Jahrhunderts, erreichten die Strafprozesse um das ‚Crimen magiae' während der zweiten Hälfte des Zeitabschnitts in Mitteleuropa eine neue Größenordnung. Dieser Zustand kulminierte ungefähr in der Zeitspanne von 1560 bis 1630. Das gelegentlich, vor allem von der sogenannten älteren Hexenforschung bemühte etwas diffuse Schlagwort ‚Hexenwahn' dürfte also besonders im Zusammenhang mit dieser Phase angebracht sein[185]. Eines der Hauptmerkmale jenes Zenits der Hexenverfolgung sind Prozesswellen unterschiedlichen Ausmaßes, doch gab es daneben durchaus auch verstreute, einzelne Verfahren. Zu den möglichen Ursachen dieses Wiederaufkommens sind in den Geschichtswissenschaften ebenfalls seit längerem Forschungen betrieben worden.[186]

Die Rechtsgrundlagen dieser wieder aufkommenden Verfahren wurden wie vor den Tribunalen des Mittelalters und des späten 15. Jahrhunderts zunächst weiterhin vorwiegend aus dem kanonischen Recht abgeleitet[187]. Die seit den

183 Leutenbauer, S. 73 ff.; Siefener, S. 168–171; Behringer 1993, S. 134 f. u. 179–194; — 2001, S. 110 f.
Vgl. dazu fernerhin z. B. Fuchs, Ralf-Peter: Der Vorwurf der Zauberei in der Rechtspraxis des Injurienverfahrens. Einige Reichskammergerichtsprozesse westfälischer Herkunft im Vergleich. In: Zeitschrift für Neuere Rechtsgeschichte (ZNR). 17. Jg., 1995, S. 1–29; Oestmann, Peter: Hexenprozesse am Reichskammergericht. Köln, Weimar, Wien 1997; Baumann, Anette: Die Gesellschaft der frühen Neuzeit im Spiegel der Reichskammergerichtsprozesse. Eine sozialgeschichtliche Untersuchung zum 17. und 18. Jahrhundert. Köln 2001.

184 Vgl. Behringer 2001, S. 108 u. 110 f.

185 Vgl. Godet, Alain: Hexenglaube, Rationalität und Aufklärung: Joseph Glanvill und Johann Moritz Schwager. In: Deutsche Vierteljahrsschrift für Literaturwissenschaft und Geistesgeschichte. 52. Jg., 1978, II. Bd., S. 581 f.; Behringer 1993, S. 184; Jerouschek 1993, S. 215; Einleitung, III. (Forschungssituation).

186 Behringer 1993, S. 129–135 u. 179–194; — 2004, S. 173–175.

187 Leutenbauer, S. 106–109; Siefener, S. 26–28.

Ketzereiverfahren weiter ausgeschmückten Regularien des Inquisitionsprozesses (Betreibung und Nachforschung von Amts wegen) blieben dabei praktisch bis zum endgültigen Ende der Hexenverfolgungen gegenüber dem alternativen Akkusationsprozess (Anklageprinzip, Verletzter gegen Verletzenden) die übliche Prozessform[188]. Übrigens ergab sich zumindest im Heiligen Römischen Reich deutscher Nation daraus kein Widerspruch zur überterritorialen „Constitutio Criminalis Carolina" – der von Kaiser Karl V. (1500–1558) 1532 zum Reichsgesetz erhobenen Verknüpfung von Strafgesetzbuch und Strafprozessordnung[189] – die alles in allem beide Einrichtungen zuließ[190].

Die Bestimmungen des kanonischen Rechts über Zauberer und Zauberei verloren im 16. Jahrhundert jedoch nach und nach an Bedeutung[191]. Und auch die erhabene, reichseinheitliche „Carolina" war in Hexenprozessen im Regelfall nur von untergeordnetem Belang; mit einer sogenannten ‚salvatorischen Klausel' in ihrer Vorrede hielt sie sich gegenüber der territorialen Gesetzgebung eigentlich ohnehin zurück, selbst wenn im Laufe der Zeit ihr positivrechtlicher, partikulargesetzlich unabhängiger Status effektiv doch zu beachtlicher Wirksamkeit kam[192]. So wurde neben den verhältnismäßig uneinheitlichen partikularen Rechtssatzungen zum ‚Crimen magiae' nicht zuletzt den ‚Erkenntnissen' und Auslegungen der zeitgenössischen Dämonologie eine gravierende Wirksamkeit

---

188 Ebd., S. 26 f., 166 f., 175–180; Jerouschek 1993, S. 204–206; vgl. dazu auch Trusen 1988, S. 168–230; — 1989, S. 435–450; Behringer 1993, S. 268 f.

189 Als Textgrundlagen bieten sich die folgenden historisch-kritischen Ausgaben an: Die Carolina und ihre Vorgängerinnen. Text, Erläuterung, Geschichte. Hrsg. von Josef Kohler u. Willy Scheel. 4 Bände. Neudruck der Ausgabe Halle/S. 1900. Aalen 1968, I. Bd. (Die peinliche Gerichtsordnung Kaiser Karls V. Constitutio Criminalis Carolina); Die Peinliche Gerichtsordnung Kaiser Karls V. von 1532. Carolina. Hrsg. u. erläutert. von Gustav Radbruch. 6. Aufl. (Hrsg. von Arthur Kaufmann) Stuttgart 1996; Die Peinliche Gerichtsordnung Kaiser Karls V. und des Heiligen Römischen Reichs von 1532. Carolina. Hrsg. u. erläutert von Friedrich-Christian Schroeder. Stuttgart 2000.
Zur allgemeinen Orientierung vgl. z. B. Weber, Hellmuth von: Die peinliche Halsgerichtsordnung Kaiser Karls V. In: Zeitschrift der Savigny-Stiftung für Rechtsgeschichte. Germanistische Abteilung (ZRG GA). 77. Bd., 1960, S. 288–310.

190 Vgl. Siefener, S. 177; Jerouschek 1993, S. 205–207; auch Maes, S. 207–217.

191 Siefener, S. 28.

192 Leutenbauer, S. 129–131; Siefener, S. 27 f. u. 228; Jerouschek, S. 205–207; zur Ergänzung vgl. Köbler 1997, S. 83 f.; Oestmann, Peter: Rechtsvielfalt vor Gericht. Rechtsanwendung und Partikularrecht im Alten Reich. Frankfurt/M. 2002.

zuteil[193]. Das Wiederaufkommen und Intensivieren der Verfolgungen wurde nämlich von einer neuen Dimension der dämonologischen Hexenlehre begleitet, die nun erweiterter und akademisch profunder daherkam als es bis zum „Hexenhammer" – und auch noch einschließlich desselben – der Fall war. Nach dieser Lehre erfuhr die Hexenversammlung innerhalb des anhaltend spezifizierten Indiziensystems zum Hexereidelikt, zu welchem übrigens auch die berüchtigten Hexenproben gehörten, allmählich die quasi beweisrechtliche Aufwertung, die im „Malleus maleficarum" trotz einer apodiktisch bejahenden Auffassung über ihre Tatsächlichkeit eben noch nicht genau vorgenommen worden war[194]. In materiellrechtlicher Hinsicht musste der ‚Hexensabbat' zwischen den Gegenpolen Realität und Imagination zwar eigentlich weiterhin Probleme bereiten, doch wurden diese durch das Bekräftigen einer bestimmten dämonologisch entwickelten Anschauung nun oftmals umgangen. Danach fuhr nicht unbedingt der Körper, aber durchaus die Seele als wichtigster Teil des Menschen aus und wohnte dem ‚Sabbat' bei, auf dem dann neben anderen amoralischen Dingen, wie dem orgiastischen Hexentanz, vor allem der Apostasie gefrönt wurden[195]. An und für sich war die Seelenausfahrt in der theologischen Überlieferung ebenso wenig ein neuer Aspekt wie die Imagination von Hexenflug und Hexenkonvent in der dämonologischen Debatte. Nichtsdestotrotz verstärkte das Hervorheben dieser psychisch-mentalen Dimension zum einen weiter die allgemeine metaphysische Note der Hexenversammlung, insbesondere erhielt aber auf diese Weise ein plastisch kaum greifbares Gebilde eine wirkungsvolle materiellrechtliche Aufwertung[196]. Eine wie auch immer geartete Imagination des ‚Hexensabbats' bzw. eine nicht körperliche Teilnahme daran bedeutete nun also keineswegs eine geringere indizienrechtliche Belastung in der Nachweisprozedur des Hexereiverbrechens.

---

193 Leutenbauer, S. 94 f. u. 109; Merzbacher, S. 147; Siefener, S. 181–196 u. 227 f.; Jerouschek 1993, S. 204 f. u. 207 ff.

194 Leutenbauer, S. 120–128; Siefener; S. 95 u. 181–207; Jerouschek 1993, S. 209 u. 211 f.; vgl. auch Behringer 1988, S. 230 f.
Diese Entwicklung im indizienrechtlichen Umgang mit dem ‚Hexensabbat' ist nicht unbedingt eine Ausnahme. Die aus den Ketzereiverfahren übernommene und in den deutschen Landen offenbar häufiger als anderswo praktizierte Indizienfindung über die Wasserprobe erwähnt der „Malleus maleficarum" merkwürdigerweise sogar überhaupt nicht. Auch wenn die Mehrheit der Hexentheoretiker des 16. Jahrhunderts wenig von der Wasserprobe hielt, wurde sie in deren Traktaten doch normalerweise immerhin angesprochen (Vgl. Siefener, S. 198–202).

195 Jerouschek 1993, S. 211 f.

196 Ebd., S. 212; Leutenbauer, S. 112 ff.

Zweifellos ist außerdem sehr zu bedenken, dass zur Indizien- und Beweisfindung das Instrument der Folter (oder Tortur), mit dem ja eben unter anderem die Teilnahme am ‚Hexensabbat' ermittelt werden sollte, in allen Phasen der Verfolgung eine ganz erhebliche Bedeutung für die Hexenprozesse (und daneben auch für andere Strafverfahren) hatte. Dennoch wäre es zu ungenau, die aus dem römischen Recht übernommene Tortur als gleichsam einziges grundlegendes Beweismittel in den Hexereiverfahren anzusehen. Denn in der Dämonologie wurde üblicherweise kein geringer Wert darauf gelegt, das Hexereiverbrechen in anderer beweistheoretischer Hinsicht zu beglaubigen. So sind selbst schon im „Hexenhammer" Vorbehalte gegenüber der Tortur zu finden, die auf die Möglichkeit von trotz Folter ungeständigen und somit straffrei bleibenden Hexen abzielen – nicht etwa auf Barmherzigkeit[197]. Und wenn die Tortur im 15. Jahrhundert durchaus noch ohne besondere Verdachtsgründe angewendet werden konnte, schränkte die suprapartikulare „Constitutio Criminalis Carolina" die Gebrauchsmöglichkeiten zumindest insofern ein, als sie dafür besondere Indizien postulierte. Gleichwohl plädierten manche radikalen Dämonologen immer wieder für eine Aufweichung der überterritorialen und territorialen Bestimmungen über die Folteranwendung wenn es um den Hexenprozess ging[198].[199]

Um nun auf die Bedeutung der Dämonologie zurückzukommen, sei festgehalten, dass diese spezielle Erkenntnislehre bis in die Antike zurückgeht, aber vor allem wieder seit den Kirchenvätern vornehmlich als Satanologie in der Art einer Parallelwissenschaft zur Theologie und in der Frühen Neuzeit in Fragen des ‚Crimen magiae' auch zur Juristerei betrieben wurde[200]. Ausgangs des Mittelalters

---

197 Vgl. Jerouschek 1993, S. 210.

198 Behringer 1993, S. 181.

199 Vgl. dazu Soldan / Heppe / Bauer, Bd. I, S. 341 ff.; Leutenbauer, S. 128 u. 131; Siefener, S. 208–211; Jerouschek 1993, S. 205 u. 210 f.; Behringer 1988, S. 529; — 1993, S. 268–271 u. 507.
Zwecks allgemeinem Überblick vgl. Lieberwirth, Rolf: Folter. In: Handwörterbuch zur deutschen Rechtsgeschichte (HRG), I. Bd. (1971), Sp. 1149–1152; Dülmen, Richard van: Theater des Schreckens. Gerichtspraxis und Strafrituale in der frühen Neuzeit. 4. Aufl. München 1995; Kiesow, Rainer Maria: Das Experiment mit der Wahrheit. Folter im Vorzimmer des Rechts. In: Rechtsgeschichte (RG). Zeitschrift des Max-Planck-Instituts für europäische Rechtsgeschichte. RG 3 (2003), S. 99–106; Baldauf, Dieter: Die Folter. Eine deutsche Rechtsgeschichte. Köln, Weimar, Wien 2004; Köbler 1997, S. 154.

200 Die von der Antike bis in die Frühe Neuzeit reichende Dämonologie – nicht eine solche, wie sie mitunter heutzutage betrieben wird – lässt sich definitorisch folgendermaßen zusammenfassen:

und zu Beginn der Neuzeit verengten sie einige Theoretiker zu einer spezifischen Hexenlehre. Das Ziel dieser Lehre war es, die wahrhafte Existenz von Hexen überzeugender zu beweisen und deren Bekämpfung und Ausrottung erfolgreicher zu betreiben; folglich nahmen Bedeutung und Auswirkung der juridischen Ableitungen aus dieser Hexenlehre enorm zu. Die Vorgaben der Kirchenväter und anderer mehr oder weniger zentral in der dämonologischen Tradition stehender Persönlichkeiten blieben dabei allzeit eine gern angeführte Referenz. Beispielsweise hatte sich ja auch Heinrich Institoris als einer der ersten überregional erfolgreichen ‚Verkünder' dieser Hexenlehre unter anderem auf den Theologen Johannes Nider[201], die gravierende Superstitionentheorie des Scholastikers und Dominikaners Thomas von Aquin (um 1225–1274)[202], den Kirchenvater

---

Es ist eine Wissenschaft darüber, welche Dämonen es einst gab und noch gibt, ihren Ursprung, wie sie in Erscheinung treten können und über welches Maß an Macht sie verfügen; insbesondere aber darüber, welchen Einfluss sie möglicherweise hatten oder haben und mit welchen Mitteln und zu welchem Zweck sie Einfluss über eigentlich unbescholtene Menschen erlangen können. Mussten beispielsweise nach Meinung des Mittelplatonikers und ‚Urdämonologen' Maximus von Thyrus (ca. 125–ca. 185 n. Chr.) Dämonen den Menschen nicht unbedingt feindselig gesonnen sein, meint der kirchliche Wortgebrauch des Mittelalters und der Frühen Neuzeit mit Dämonen ausschließlich die bösen Geister – also die Teufel und gelegentlich noch die Individuen, die mit ihnen im Bunde sind. Daher ist auch die Bezeichnung Satanologie gebräuchlich, wenn sich mit Wesen und Wirkung speziell des Teufels beschäftigt wird. Nicht oder allenfalls nur manchmal gleichzusetzen sind die kirchlich ausgewiesenen Dämonen mit den Geistern des (deutschen) Volksglaubens, selbst wenn diese ebenfalls von unbestimmter Gestalt sind.
Vgl. dazu Erich u. Beitl, S. 131 f. (Dämon); Behringer 1993, S. 19 f.; Battafarano 2001, S. 361; Einleitung, II. (Begriffserläuterungen).

201 Vgl. Anm. 30 u. 35.

202 Vgl. Behringer 1993, S. 20; — 2001, S. 83 u. 108–110; — 2004, S. 163 f.
Nebenbei bemerkt wird in der Zeit der Hoch-Scholastik (12./13. Jahrhundert) die von da an in der geistlich-erbauungsliterarischen Tradition nicht ungewöhnliche Fiktion geformt, wonach der Teufel schon einmal die Gestalt eines Scholaren annimmt. So kommt es etwa in der kurzen Erzählung „Die heilige Jungfrau vertreibt den Teufel" aus den hagiographischen Schriften des französischen Kardinals Jakob von Vitry (Frz. ‚Jacques de Vitry', um 1180–1240) vor (Vitriaco, Jacobus de [Vitry, Jakob von]: Die heilige Jungfrau vertreibt den Teufel. Nr. 263 des Gesamtverzeichnisses, S. 110. In: Mönchslatein. Erzählungen aus den geistlichen Schriften des XIII. Jahrhunderts. Hrsg. von Albert Wesselski. Leipzig 1909, Nr. LXVIII, S. 78 f.). Wie man weiß, blieb dieses Bild in der Literaturgeschichte durch Goethes Ausgestaltung des Mephistophelesschen Auftritts im „Studierzimmer" des „Faust I" (V. 1322–1324) bis in die Gegenwart geläufig.

Augustinus von Hippo (354–430), der gewichtige Aussagen zum Dämonenpakt vornahm, und natürlich auf Bibelstellen berufen[203].

Bei der Frage danach, wie sich die aufkommende Hexenlehre auf die Dichtung bzw. auf die dichtungsimmanente Berücksichtigung von Hexenkonventen, Walpurgisnächten oder ähnlichem ausnimmt, ist zunächst auf die geringe Poetisierung derartiger Kuriosa an sich hinzuweisen. Im Zeitalter einer gerade erst in der Entstehung befindlichen ausgiebigeren nationalsprachlichen Dichtung, sind es fast immer noch in lateinischer Sprache verfasste, kleinere poetische Formen von geringem Anspruch und begrenztem Niveau, die in dieser Hinsicht überhaupt etwas anbieten. In solchen Machwerken werden gelegentlich dämonische Zusammenkünfte als ein mythisches, theologisch oder rechtlich aber völlig unverbindliches Merkmal einer Gegend oder eines Berges angeführt. Recht deutlich wird dies etwa an der regionalen Lyrik über den Harz und den Brocken, wie sie jedoch erst seit dem 16. Jahrhundert belegbar ist[204].

Ein weiteres, womöglich dichterisch anspruchsvolleres Aufgreifen von Elementen des Hexenglaubens, das dabei auch noch von den dämonologischen Grundgedanken unabhängig wäre, ist eigentlich nicht zu beobachten. Von großer Bedeutung sind diesbezüglich allerdings Dichtungen der beiden Nürnberger Humanisten Willibald Pirckheimer (1470–1530) und Hans Sachs (1494–1576). Beide Literaten bringen in ihren poetischen Beiträgen in voneinander ziemlich unterschiedlicher Weise ihre Ablehnung gegenüber einem unkritischen Hexenglauben zum Ausdruck[205]. Dennoch drückt sich in diesen Literarisierungen gleichsam ein kritischer Reflex auf die dämonologische Diskussion der Zeit aus, weshalb sie letztlich noch nicht die Qualität eines unabhängigen Motivs aufweisen[206].

Anders hat es sich in diesem Zeitraum dagegen bereits in der Kunst verhalten. So sind etwa die berühmten bildlichen Ausgestaltungen Albrecht Dürers (1471–1528) und insbesondere die phantasiereichen Hexenbilder seines Gesellen Hans Baldung, genannt Grien (1484 oder 1485–1545), von der Hexen- und Magiedebatte – die ihre Schaffung sicher ursprünglich mit inspiriert hat – relativ losgelöste Bearbeitungen des Hexenthemas von hohem eigenständigen allegorischen und mythologischen Gehalt.[207]

---

203 Vgl. Behringer 2001, S. 83 u. 108–110.

204 Vgl. Dennert 1954, S. 39–41; Teil 1, III.

205 Vgl. Teil 1, V.

206 Vgl. ebd.

207 Eine treffende Zusammenfassung zu diesem Aspekt formuliert Behringer: „Albrecht Dürer […] begann spätestens 1497 mit der Produktion von Hexenbildern, gefolgt von anderen berühmten Künstlern seiner Zeit wie Hans Baldung Grien […],

Neben den überdauernden Überlieferungen des Volksglaubens und gewissen Einflüssen antiker Schriften hat also besonders die theologische und juristische Hexenlehre im Verlauf des 16. Jahrhunderts das frühneuzeitliche Bild der Hexenversammlung geprägt und vereinheitlicht, auch wenn der Einfluss der besagten Stränge aufeinander stets beachtet werden sollte. Die intellektuellen Grundlagen der signifikantesten Phase in der Geschichte der Hexenverfolgung vergegenwärtigt die Historiographie angebrachterweise meist an den Werken bestimmter dämonologisch gesonnener Autoren und an denen ihrer Kritiker und Gegner[208].

Unter diesem Aspekt ist zunächst festzuhalten, dass die in der zweiten Hälfte des 16. Jahrhunderts parallel zu den Hexenjagden wieder aufkommende dämonologische Diskussion ihre Ausgangspunkte zwar im romanischen Raum zu haben scheint – vor allem in Frankreich – sie aber trotzdem als eine überregionale mitteleuropäische Erscheinung anzusehen ist[209]. Für die deutschen Territorien ist allerdings darauf hinzuweisen, dass etwa ab 1590 mehr oder weniger zwei voneinander getrennte dämonologische Debatten, eine protestantische und ein katholische, geführt wurden[210]. Nicht näher eingegangen wird hier im Übrigen auf das Theoriegefüge um solche Hexereiprozesse, wie sie in Spanisch-Amerika und in Neu-England stattgefunden haben[211]. Für die letztgenannte Region sind

---

Niklaus Manuel Deutsch (ca. 1483–1530), Urs Graf (ca. 1485–1525) oder Albrecht Altdorfer (1480–1538). Wie Jane P. Davidson herausgearbeitet hat, gehörten die Hexen zu den verbreitetsten Bildthemen dieser Zeit. Da die frühe Druckgraphik bereits für den Markt produziert wurde, kann man auf eine erhebliche Nachfrage nach diesen Bildern schließen. Entgegen der Ansicht von Charles Zika deuten solche Produktionen, bei denen etwa die weibliche Sexualität thematisiert wurde, nicht unbedingt auf einen ausgeprägten Hexenglauben der Künstler oder Käufer. Die pornographischen Bilder Baldungs oder die ästhetischen Darstellungen weiblicher Nacktheit bei Dürer belegen keine *Fear of Flying*, sondern demonstrieren nur, dass die Hexe zu einem beliebten Sujet der Frauendarstellung geworden war.“ (Behringer 2002, S. 43).

208 Dazu, dass – ausgehend vom durchschnittlichen frühneuzeitlichen Erkenntnisvermögen – das Vorgehen der Hexentheoretiker in vielen Punkten durchaus als deduktiv und schlüssig anzusehen ist, und zu den sich daraus ergebenden Schwierigkeiten für die Verfolgungsgegner vgl. Godet, S. 581–603.

209 Behringer 1993, S. 180 f.; vgl. dazu auch Scholz Williams, Gerhild: Hexen und Herrschaft. Die Diskurse der Magie und Hexerei im frühneuzeitlichen Frankreich und Deutschland. Aus dem Engl. übersetzt. München 1998.

210 Behringer, 1993, S. 182.

211 Vgl. z. B. Friedman, Lawrence M.: A history of American law. New York. 1985 (© 1973), S. 71 (Hinrichtungen in Massachussets aufgrund von Hexerei); Chapin, Bradley: Criminal Justice in Colonial America, 1606–1660. Athens (Georgia) 1983, S. 58 (Hinrichtungen in Massachusetts aufgrund von Hexerei).

besonders die Vorfälle des Jahres 1692 aus dem Küstenort Salem in Massachusetts bekannt geworden, da sie Arthur Miller (1915–2005) als historische Schablone für seinen Vierakter „The crucible" (1953) benutzte[212].

Jedenfalls wurde eine Handvoll der mehrheitlich im romanischen Raum abgefassten Hexentraktate schnell zu unheilbringenden ‚Klassikern' der Hexenverfolgung. Fast immer folgen sie einer literarisch-diskursiven Konzeption und sind überwiegend noch einer spätscholastischen Geistesrichtung zuzuordnen, mitunter lassen sie aber durchaus auch neuplatonische und humanistische Spuren erkennen. Einige dieser ursprünglich absolut fachspezifischen Schriften, die teils wichtige, komprimierte ‚Feststellungen' zur Beschaffenheit der Unholdenkonvente beinhalten, wurden vom Abklingen der Hexenverfolgungen an bis in die Gegenwart zu einer viel genutzten Fundgrube für Dichter und Schriftsteller – für Geschichtsforschungen ohnehin. In einem erstaunlich frühen Fall lässt sich dies sogar schon für Grimmelshausens „Simplicissimus Teutsch" wörtlich nachweisen, in welchem den Hexenrichtern und -theoretikern Paolo Grillando und Nicolas Rémy samt ihren ‚Hexensabbat'-Paradigmen ein dichterisches, aber nicht unbedingt ehrerbietendes Denkmal gesetzt wurde[213]. Fraglos haben sich die Verfechter der Hexenlehre in ihren Darlegungen oftmals auf die gleichen Quellen gestützt, und auch in dieser Gilde war es üblich, sich an den Schriften der Fachgenossen zu orientieren. So oder so sind in einen Überblick über die Hauptwerke der Dämonologie des 16. und 17. Jahrhunderts vor allem die folgenden, ausgewählten Autoren und Werke einzubeziehen, zumal sie für die unbedingte Realität des ‚Hexensabbats' konsequent eintreten[214]:

---

212 Miller, Arthur: The crucible: a play in four acts. Erstausgabe New York 1953 (Titel der dt. Übersetzung: „Hexenjagd")
Darin arbeitete Miller gewisse Ähnlichkeiten zwischen jenen Vorkommnissen im kolonialen Amerika und den USA der frühen 50er Jahre des 20. Jahrhunderts heraus, nachdem in der sogenannten McCarthy-Ära die Ermittlungen gegen angeblich subversive, vorzugsweise kommunistische Umtriebe in Regierungsbehörden und unter Intellektuellen kulminierten.
McCarthy, Joseph Raymond (1908–1957); Senator des U.S.-Bundesstaates Wisconsin ab 1946 (Republikanische Partei); ab 1950 Aktivitäten gegen angebliche kommunistische Infiltrationen von US-amerikanischen Regierungsbehörden; ab 1952–1954 Vorsitz des „Government committee on Operations of the Senate" und von 1953 an auch von dessen „Permanent subcommitte on investigations"; von 1954 an politisch weitgehend ausgegrenzt und entmachtet.

213 Vgl. Battafarano 1977, S. 302–306 u. 336–343; — 1996, S. 139–149; — 1998, S. 15–19; Teil 2, III.

214 Vgl. Siefener, S. 101 f.

IV. 4. Darstellungen und Positionen in der Dämonologie

Der italienische Richter Paolo Grillando (lat. Paulus Grillandus, um 1490 – um 1550, 1511 in Perugia immatrikuliert) verfasste einen Hexentraktat, der auf seinen Erfahrungen aus der Hexenprozesspraxis beruhte und demzufolge teilweise episodenhaft aufgebaut ist[215]. Zeugenaussagen und Geständnisse sind das Fundament von Grillandos Ausführungen[216]. Infolge der Rückläufigkeit der Hexenverfolgungen in der ersten Hälfte des 16. Jahrhunderts war diese Abhandlung zunächst möglicherweise von nicht allzu erheblicher und nur räumlich begrenzter Wirkung. Aber einige Jahrzehnte nach dem Erscheinen seiner ersten drei Ausgaben in den Jahren 1527 bis 1545 arrivierte er in der europaweiten dämonologischen Literatur dann doch zu einer überaus bedeutenden und geachteten Referenz und Zitatenquelle, die sogar häufiger herangezogen wurde als der ältere, textrhetorisch ziemlich unvorteilhafte „Hexenhammer", von dem Grillando in nicht wenigen Punkten ausgegangen war[217].

Bei Grillando ist besonders darauf aufmerksam zu machen, dass er in seine Schrift eine spätestens seit dem frühen 15. Jahrhundert bekannte Legende über eine Hexenzusammenkunft mit Hexenbankett unter einem Nussbaum nahe der Stadt Benevento im süditalienischen Kampanien aufnahm, die er im Text allerdings als Aussage von unter der Folter geständigen Hexen ausgibt[218]. Neben anderen ‚empirischen' Details zu den verschiedenen Merkmalen des ‚Crimen magiae', etwa auch zur Realität des für die Versammlungsteilnahme notwendigen Hexenfluges, lieferte er damit der dämonologischen Diskussion eine zusammenhängende und plastische Vorgabe eines ‚Hexensabbats'[219]. Wenngleich sie einige lokale Eigenheiten aufweist und in nicht wenigen Punkten von den nördlich der Alpen

---

215 Grillando, Paolo (lat. Grillandus, Paulus): Tractatus de hereticis et sortilegijs omnifariam coitu eorumque penis. De questionibus et tortura ac de relaxatione carceratorum domini Pauli Grillandi Castilionei. Erstmals Lyon (?) 1527, zweite u. dritte Ausgabe jeweils Lyon 1536 u. 1545; vgl. auch Grillando, Paolo: Repertorium Domini Pauli Grillandi Castilionei super tractatu de hereticis et sortilegijs omnifaria[m] coitu eorumque penis. Et de questionibus et tortura ac de relaxatione carceratorum. Ordine alphabeti summa diligentia compilatum. Lyon (?) 1527.
Vgl. dazu Battafarano 1977, S. 307.

216 Vgl. Siefener, S. 95 f.

217 Siefener, S. 158; Battafarano 1977, S. 306 ff.; — 1998, S. 15 f.

218 Grillando, Paolo: Tractatus de hereticis et sortilegijs omnifariam coitu eorumque penis. [...]. Venedig 1566, S. 98 f.; vgl. Battafarano 1977, S. 308 u. 326 f.

219 Ebd., S. 302–304 u. 313 ff.; — 1998, S. 15 f. u. 23; Siefener, S. 40 f., 68–70, 95 f., 112, 135, 214 f.

verbreiteten volksabergläubischen Vorstellungen von Unholdenversammlungen abweicht, wurde sie innerhalb der Hexenlehre offenbar dennoch bis weit in das 17. Jahrhundert hinein als grundsätzlich ausreichendes Leitbild betrachtet[220].

Von dem bedeutenden französischen Staatstheoretiker und Philosophen Jean Bodin (1529 oder 1530–1596) stammt ein bis in die Gegenwart häufig und aus ganz unterschiedlichen Motiven zur Hand genommene ‚Klassiker' der Dämonologie. „De la démonomanie des sorciers" erschien im Jahr 1580 ungewöhnlicherweise zuerst in französischer Sprache[221]. 1581 folgte dann eine erste wissenschaftlich verbindlichere, da ins Lateinische übertragene Ausgabe unter dem Titel „De magorum daemonomania libri IV"[222]. Bodin legt es darin in nicht wenigen Passagen ausdrücklich auf eine Widerlegung des Verfolgungsgegners Johann Weyer (1515 oder 1516–1588) an, dessen Schriften mit die gewichtigsten Gegenentwürfe zur unnachgiebigen Hexenlehre ausmachten[223]. Bodins Hexenbuch, das die Realität von Zauberei und Unholden beweisen sowie entsprechende Skepsis daran zerstreuen soll, ist aber keine simple hetzerische Mahnung. Ebenso ist es kein Ermittlungs- oder Prozess-Manual in der Nachfolge des zusammen mit Grillando wiederkehrend zitierten „Malleus maleficarum"; obgleich es schon eine Hilfe für Autoritäten sein sollte, die mit Zaubereiverbrechen befasst waren, wie Richter, Advokaten und Geistliche. Einerseits muss das Werk wohl als Ausdruck von Bodins neostoizistischem Weltbild, worin die bösen Geister ein allgegenwärtiger, die Tugendhaftigkeit des Menschen stetig versuchender Teil der göttlichen Ordnung sind, verstanden werden[224]. Andererseits spiegelt es wohl ein sehr persönliches Interesse Bodins an Dämonologie und Magie wieder. Dadurch erklärt sich vielleicht, dass er – nicht unähnlich dem ebenfalls in Sachen Magie-Schriftstellerei umtriebigen süddeutschen Abt Johannes Trithemius[225] – den Zeitgenossen mitunter selbst als schwarzkunstverdächtig galt[226]. 1590 musste sich Bodin, der Jahre

---

220 Battafarano 1977, S. 309.

221 Bodin, Jean: De la démonomanie des sorciers. Erstmals Paris 1580.

222 Bodin, Jean (lat. Bodinus): De magorum daemonomania libri IV. [...]. Erste lateinische Übersetzung durch François DuJon. Basel 1581; erste deutsche Übersetzung durch Johann Baptist Friedrich Fischart (um 1546–1590): Bodin, Jean: Vom aussgelasnen wütigen Teuffelsheer, allerhand Zauberern, Hexen unnd Hexenmeistern. [...]. Straßburg 1591; vgl. auch Bodin, Jean: Vom aussgelasnen wütigen Teuffelsheer. Neudruck der Ausgabe Straßburg 1591. Mit einem Vorwort von Hans Biedermann. Graz 1973.

223 Vgl. Battafarano 2003, S. 74–80.

224 Vgl. ebd.

225 Vgl. Teil 1, VI.

226 Bächtold-Stäubli, Bd. I, Sp. 1464 f. (Bodin, Jean); Siefener, S. 10.

zuvor selbst an Zaubereiprozessen beteiligt war, sogar in einem solchen Verfahren in Laon (Picardie) verantworten, das für ihn jedoch ohne ernstere Folgen blieb[227]. Üblicherweise wird das Hexenbuch des ebenso theaterfeindlich wie konfessionell tolerant gesonnenen Katholiken Bodin zusammen mit einer Schrift des Calvinisten Lambert Daneau (1530–1595)[228] als einflussreichste Lektüre in der Phase des Neubeginns der Hexenverfolgungen angesehen[229].

Der ‚Hexensabbat' hat für Bodin erst einmal eine physische Dimension, so gibt er beispielsweise die von Grillando in Umlauf gebrachte Episode vom Unholdenkonvent bei Benevento wieder, die er im Sinne seiner eigenen Auslegung aber etwas anders akzentuiert[230]. Der substantiellen Zusammenkunft an Realitätsgehalt absolut gleichwertig ist für ihn allerdings auch eine sich (nur) in der Einbildung vollziehende Teilnahme am ‚Sabbat' einschließlich des obligatorischen Fluges dorthin. Denn die dafür erforderliche extatische Imagination ist laut Bodin allein durch die Macht Satans, sprich durch ein adäquates Bündnis, zu bewerkstelligen und ist keineswegs mit den normalen Traumphänomenen zu verwechseln.[231]

Territoriale Grenzen waren aufgrund der überregionalen Relevanz der Wissenschaften auch in den Angelegenheiten der Dämonologie eigentlich von untergeordneter Bedeutung. Nichtsdestotrotz ist für die Kernlanden des Heiligen Römischen Reiches unbedingt der Trierer Weihbischof Peter Binsfeld (lat. Petrus Binsfeldius, um 1540–1598) als besonders unduldsamer Praktiker und Theoretiker bei der Verfolgung des ‚Crimen magiae' zu nennen. Die von Binsfeld verfasste Abhandlung „Tractatus de confessionibus maleficorum et sagarum, & auctior redditus. An, & quanta fides ijs abhibenda sit?" (1589)[232] erlangte anscheinend aufgrund eines ähnlichen Legitimationsbedarfs wie 100 Jahre zuvor der

---

227 Ebd.

228 Daneau, Lambert (lat. Danaeus, Lambertus): Les sorciers, dialogue très-utile et nécessaire pour ce temps. Erstmals Genf 1574.

229 Siefener, S. 8 f. u. 42; Behringer 1993, S. 181; Battafarano 1977, S. 316–318; — 2001, S. 361 f.; — 2003, S. 76–78.

230 Bodin 1580, S. 62 f.; vgl. Battafarano 1977, S. 316–318.

231 Bodin 1591 (1973), S. 112–116 u. 272–282; vgl. Battafarano 2003, S. 77 f. u. 80.

232 Binsfeldius, Petrus: Tractatus de confessionibus maleficorum et sagarum, & auctior redditus; an, & quanta fides iis adhibenda sit? Erstmals Trier 1589; vgl. auch Binsfeld, Peter: Tractat von Bekanntnuß der Zauberer vnnd Hexen, ob vnd wie viel denselben zu glauben. [...]. Nachdruck der dt. Erstauflage Trier 1590. Hrsg. u. eingeleitet von Hiram Kümper. Wien 2004.

„Hexenhammer“ rasch einen Manual-Charakter[233]. Der Traktat ist offenkundig zum Teil aus der Anklageschrift gegen einen politischen Kontrahenten des Titularbischofs, den hochgestellten Trierer Juristen, Lokalpolitiker und eventuellen Hexenprozessskeptiker D. Dietrich Flade (1534–89), hervorgegangen[234]. In dem sich über zwei Jahre hinziehenden Verfahren war Flade unter anderem durch Zeugenaussagen, wonach er sich mehrfach auf entsprechenden Zusammenkünften als Anführer hervorgetan haben soll, schwer belastet worden[235]. Der Delinquent hatte sich daraufhin vergeblich mit der Begründung zu verteidigen versucht, dort nicht bewusst und leibhaftig zugegen gewesen zu sein, und dass ein Teufel seine Gestalt angenommen haben müsse[236].

In diesem Sinne spricht sich Binsfeld in Bezug auf den Hexenkonvent nachdrücklich für die von Bodin präzisierten Möglichkeiten von Hypostase und Imagination aus. Doch verschärft er deren indizienrechtliche Qualität insofern, als der Tatbestand der Hexerei nicht erst durch ein auf dem ‚Sabbat‘ bereits abgeschlossenes physisches Teufelsbündnis gegeben sei, sondern allein schon durch einen mittels der Imagination geträumten oder eingebildeten und somit herbei gewünschten Pakt, da auch in einem solchen Fall von einer Beteiligung Satans auszugehen sei. Der Pakt ist für Binsfeld die alleinige Quelle für die magischen Kräfte von Personen und Dingen. Nicht allzu verwunderlich nimmt es sich dabei aus, dass Binsfeld in einer an Institoris erinnernden Denkart Frauen gegenüber der „Anstifftung unnd Einbildung von Geistern“ als besonders anfällig ausgemacht haben will.[237]

Womöglich noch treffender als auf den Italiener Grillando passt die Bezeichnung Hexenrichter auf den lothringischen Geheimrat und Oberrichter Nicolas Rémy (lat. Nicolaus Remigius, um 1530–1612). Rémy vermittelt in seinen mit einer ausgeprägten autobiographischen Note versehenen „Daemonolatreiae libri tres“ (1595) die Erfahrungen aus vielen, von ihm persönlich verhandelten

---

233 Behringer 1993, S. 180–182.

234 Franz, Gunther: Prominente Gegner der Hexenprozesse in Luxemburg und Kurtrier. In: Hexenwahn. Ängste der Neuzeit. Katalog zur Ausstellung des Deutschen Historischen Museums vom 3. Mai bis 6. August 2002 in Berlin. Berlin 2002, o. Seitenangaben; vgl. Teil 2, I.

235 Franz 2002, o. Seitenangaben.

236 Ebd.

237 Binsfeld, Peter: Tractat von Bekanntnuß der Zauberer vnnd Hexen, ob vnd wie viel denselben zu glauben. […]. Erste verdeutschte Ausgabe Trier 1590, S. 8 u. 30 f. Vgl. Battafarano, Italo Michele: Die Imagination in Hexenlehre, Medizin und Naturphilosophie. In: Morgen-Glantz. Zeitschrift der Christian Knorr von Rosenroth-Gesellschaft. Bd. 13 (2003), S. 79 f.

Zaubereiprozessen[238]. Das Werk erlangte als Bezugsquelle für gleichsam ‚empirische' Anhaltspunkte große, lang anhaltende Bedeutung für die Verfahrenspraxis[239]. Außer nachweislichen Übertreibungen bei der Anzahl der von ihm ohnehin schon zahlreichen verurteilten Zauberer und Hexen, befleißigt sich Rémy – obgleich er betont, nicht bevormunden und allein die Fakten für sich sprechen lassen zu wollen – eines hin und wieder doch selbstgefällig, fast großsprecherisch anmutenden Tones. Diesen Umstand dürfte in späteren Jahren ein textrhetorisch und satirisch versierter Rezipient wie Grimmelshausen für seine eigenen Zwecke zu verwerten gewusst haben[240]. Eine Überlegung in diese Richtung lohnt sich auch deshalb, weil Rémy im hohen Alter eine Selbstanzeige und -anklage wegen Teufelsbündnerei gegen sich selbst vornahm; das damit angestrengte Strafverfahren führte dann tatsächlich zur Hinrichtung des vormals unerbittlichen Oberrichters. Für diesen bizarren Vorgang wird in der Regel eine geistige Verwirrung Rémys als wahrscheinlichste Ursache angenommen[241].

Wie zuvor Bodin und Binsfeld verzichtet auch Rémy auf eine zusammenhänge Darstellung eines ‚Sabbats' oder auf konkretere Theoretisierungen darüber. Das Phänomen wird stattdessen gelegentlich in manchen der Berichte über bestimmte Hexereifälle quasi begleitend angesprochen. Der in dieser Hinsicht noch am meisten hergebende Fall ist der um die angebliche Zauberin Catharina Praevotia und einen Johannes von Hembach, den seine hexerische Mutter mit auf eine Versammlung genommen und veranlasst haben soll, dort zum Unholdentanz aufzuspielen. Dieses Exempel erlangte innerhalb des einschlägigen Schrifttums eine gewisse Berühmtheit, sogar der vehemente Hexenprozessgegner Friedrich Spee geht in der „Cautio Criminalis" (1631) darauf ein. Den Rahmen der Fachliteratur sprengte dann schließlich Grimmelshausens eigenwilliger erzählerischer Nießbrauch im „Simplicissimus Teutsch"[242], der zu Beginn des 19. Jahrhunderts, eventuell zusammen

---

238 Rémy, Nicolas (lat. Remigius, Nicolaus): Nicolai Remigii daemonolatreiae libri tres. Ex iudicijs capitalibus nongentorum plus minus hominum, qui sortilegij crimen intra annos quindecim in Lotharingia capite luerunt. [...]. Erstmals Lyon 1595; erste deutschsprachige Ausgabe: Rémy, Nicolas: Daemonolatria. Daß ist von Unholden und Zauber-Geistern, dess Edlenn, Ehrnvesten und Hochgelarten Herrn Nicolai Remigii, des durchl. Hertzogen in Lothringen Geheimen Raths und Peinlicher Sachen Cognitoris publici. [...]. Frankfurt/M. 1596.

239 Behringer 1988, S. 273; Siefener, S. 18 f.; Battafarano 1996, S. 141 f. u. 160.

240 Vgl. Behringer 1988, S. 273; Battafarano 1996, S. 141–149 u. 159; Teil 2, III.

241 Vgl. Battafarano 1996, S. 142 u. 145.

242 Vgl. Teil 2, III.

mit anderen Quellen, bei der Sagen-Sammeltätigkeit des Jacob Grimm von Belang gewesen sein dürfte[243].[244]

Als eine gewisse Klimax der dämonologischen Fachliteratur kann schließlich das von dem spanisch-brabantinischen, multilingualen Denker Martin Anton Delrio (auch Martinus Delrio o. ä., 1551–1608) erstellte Werk „Disquisitionum magicarum libri sex" von 1599 angesehen werden[245]. Die politischen und polyhistorischen Leistungen des ab seinem neunundzwanzigsten Lebensjahr auch dem Jesuitenorden zugehörigen Delrio sind, ähnlich denen Bodins, an und für sich bemerkenswert[246]. Dessen ungeachtet gilt sein sechsteiliger Traktat als der bis dahin ausführlichste, systematischste und nicht zuletzt radikalste Beitrag zur Hexenlehre[247]. Der Detailreichtum betrifft unter anderem das einbezogene Magie- und Hexenschrifttum, das bei Delrio über Fachliteratur im engeren Sinne hinausgeht, wie es etwa an der punktuellen Bezugnahme auf die Faust-Legende und das Faust-Volksbuch ersichtlich ist, auch wenn in dieser Sache bereits Weyer und Bodin einige Überlegungen angestellt hatten[248]. Eine deutsche Übersetzung erschien zwar nie, dennoch handelt es sich um die am häufigsten plagiierte und am meisten aufgelegte dämonologische Schrift überhaupt[249]. In dieser Hinsicht wurde sogar der „Hexenhammer" (letzte Originalausgabe Lyon 1669) übertroffen; wenn auch die letzten, bis in das Jahr 1755 unverdrossen herausgebrachten Ausgaben mehr im Zusammenhang einer Ehrenerweisung an das Gesamtwerk Delrios oder schlicht vor einem merkantilen Hintergrund zu begreifen sind[250].

243 Grimm, Jacob (Hrsg.): Deutsche Sagen. Frankfurt/M. 1994, Nr. 252 („Der Hexentanz").

244 Rémy, Nicolas: Nicolai Remigii Daemonolatria, Oder: Beschreibung von Zauberern und Zauberinnen […]. Ausgabe Hamburg 1693, Vorrede, S. 86 f., 100; vgl. Battafarano 1996, S. 140–149 u. 151.

245 Delrio, Martin Anton: Disquisitionum magicarum libri sex; quibus continetur accurata curiosarum artium et vanarum superstitionum confutatio; utilis theologis, iuris-consultis, medicis, philologis. Prodit opus ultimis curis longe accuratius ac castigatius / Auctore Martino Delrio […]. Erstmals Leuven (Löwen) 1599.

246 Vgl. Behringer 1993, S. 184; Battafarano 2001, S. 362; — 2003, S. 74 u. 80 f.

247 Battafarano 1977, S. 318–320; Siefener, S. 228 f.; Behringer 1993, S. 184.

248 Del-Rio, Martinus: Disquisitionum magicarum libri sex; quibus continetur accurata curiosarum artium et vanarum superstitionum confutatio; […]. Editio, in Germania, sexta, prioribus auctior. Coloniæ Agrippinæ (Köln) 1755, S. 85, 133, 141
Vgl. dazu auch Baron, Frank: Provozierende Elemente im Faustbuch des Johann Spies und ihre Folgen. In: Iwasaki, Eijiro (Hrsg.): Begegnung mit dem Fremden. Grenzen-Traditionen-Vergleiche. Bd. 11. München 1991, S. 24–30.

249 Siefener, S. 228 f.; Behringer 1993, S. 184.

250 Vgl. Battafarano 1977, S. 318 f.; Behringer 2001, S. 116 u. 124; — 2004, S. 176.

Ob Delrio durch das akribische Aufnehmen auch von Kritikern und Gegnern der Hexenlehre in seinen Buch – trotz seiner ausnehmend diskreditierenden Absichten – langfristig ebenfalls zu einer ungewollten, kontraproduktiven Verbreitung von antidämonologischen Induktionen beigetragen haben könnte, bedarf hingegen weiterer Forschungen.

Die Detailfülle des Traktats macht jedenfalls auch vor der Hexenzusammenkunft nicht halt. Delrio hat die nicht allzu üppig ausfallenden Darlegungen seiner Vorgänger zu einem für die Dämonologie seiner Zeit als typisch geltenden Bild des ‚Hexensabbat' vereinheitlicht und erweitert, das kaum mehr nach Ergänzungen verlangte[251]. Lediglich der französische Oberrichter Henri Boguet (um 1550–1619) entwirft eine vergleichbar ausführliche, angegebenermaßen auf Zeugenaussagen und Geständnissen beruhende Versammlungsskizze in seinem „Discours des sorciers" (1602)[252], der zum großen Teil als Erfahrungsbericht seiner Hexenrichter-Tätigkeit in der Gegend der heutigen Region Franche-Comté zu verstehen ist[253]. Boguet bedient sich in der Sache des Hexenfluges bei Bodin und somit zweiter Hand auch bei Grillando[254]; ob er in der ‚Sabbat'-Darstellung eventuell schon als Epigone Delrios anzusehen ist, kann anhand der Texte letztlich nicht bestimmt werden. Weiterhin ist nennenswert, dass sowohl Delrio als auch Boguet Vertreter einer Auffassung sind, wonach die Feier einer Satansmesse nicht unter allen Umständen zum Ablauf des antichristlichen Versammlungsspektakels gehören muss. Außer Frage steht jedenfalls, dass Boguets Abhandlung nicht annähernd die Verbreitung gefunden hat wie die Delrios.

Außer der kohärenten Schilderung eines paradigmatischen ‚Hexensabbats', die er anhand von ‚authentischen' Fällen aus mehreren Quellen, darunter Binsfeld und Rémy, zusammengesetzt hat, bemüht auch Delrio wieder die auf Grillando zurückgehende Episode von der Hexenzusammenkunft bei Benevento. Ihrem exemplarischen Charakter angemessen, hat er sie dazu noch stilistisch aufbereitet. Und neben dem Fall des als wichtigen Versammlungsteilnehmer gebrandmarkten

---

251 Vgl. Behringer 1993, S. 184.
Wegen dt. Übersetzungen von Delrios ‚typischem' Hexensabbat vgl. z. B. Behringer 1993, S. 230–232.

252 Boguet, Henri: Discours des sorciers. Tiré de quelques procez, faicts dez deux ans en ça à plusieurs de la mesme secte, en la terre de S. Oyan de Joux, dicte de S. Claude au Comté de Bourgogne. […]. Par Henry Boguet, gran Juge en la susdicte terre. […]. Vmtl. erstmals Lyon 1602.

253 Boguet, Neudruck Paris 1980, S. 62 ff.; vgl. Siefener, S. 22 f. u. 98–100 (Boguets Darstellung in dt. Übersetzung).

254 Boguet 1980, S. 44 ff.; vgl. Battafarano 1977, S. 318.

Dietrich Flade, wobei die Angaben Binsfelds wohl noch um weitere Fiktionen ergänzt worden sind[255], findet ebenfalls Rémys Bericht über die unglückselige, angebliche ‚Sabbat'-Reisende Catharina Praevotia bei Delrio Berücksichtigung. Außerdem nimmt er eine ausgeklügelte Klassifikation der Möglichkeiten vor, die die Anwesenheit der Hexe auf dem ‚Sabbat' gewährleisten; zugleich hat diese Ordnung ebenfalls Gültigkeit für die Wege, das Teufelsbündnis zu vollziehen und letztlich auch für das Vorgehen bei der Ausführung des gefürchteten Schadenzaubers. Da wäre zunächst das ‚gewöhnliche' physisch-substantielle Zugegensein; dann eine durch Imagination erfolgende körperlose, gegebenenfalls auch seelisch zu nennende Präsenz; und schließlich noch die Anwesenheit in einem eigentlich unbewussten Sinneszustand, der die Hexen darüber im Unklaren lässt, ob ihre Teilnahme wirklich leiblich oder nur in ihrer Einbildung erfolgt ist. Über die in allen drei Fällen gleichermaßen gegebene Schuld und Strafbarkeit lässt Delrio allerdings keine Zweifel aufkommen, denn für ihn ist nicht eine etwaige Ungleichheit von Hypostase und Imagination entscheidend, sondern allein die dazu notwendige Voraussetzung – die sündhafte, verbrecherische Gesinnung der Verdächtigten.[256]

Im Übrigen war trotz der Lehrmeinung über eine eingebildete Hexenversammlung bei den besprochenen Hexentheoretikern und in der Dämonologie überhaupt der Grundsatz vorherrschend, dass der physisch-substantielle ‚Sabbat' die weitaus häufigere Variante sei[257].

Ein schon relativ später Theoretiker der Hexenlehre, der sich dafür speziell der Hexenversammlung umso ausführlicher annahm, war der französische Jurist Pierre de Rostegny (1553–1631), gewöhnlich als Pierre de Lancre bekannt. Seit 1582 war De Lancre Rechtswahrer und Ratsmitglied in Bordeaux gewesen als er 1606 vom französischen König Heinrich IV., dem Großen (1553–1610), angewiesen wurde, dem Hexenwesen und sonstigen schwarzkünstlerischen Umtrieben im dafür berüchtigten Landstrich Labourd, der etwa dem französischen Baskenland (Béard) entspricht, ein Ende zu bereiten. Daraufhin ließ De Lancre dort in wenigen Jahren nachweislich achtzig, vielleicht aber sogar mehrere hundert Personen hinrichten, vorwiegend auf dem Scheiterhaufen[258].

255 Franz 2002, o. Seitenangabe.

256 Delrio 1599, S. 11 ff. u. 154; Boguet 1980, S. 62 ff.; vgl. Battafarano 1977, S. 318–320; — 2003, S. 80–82.

257 Vgl. Siefener, S. 101.

258 Vgl. Whitney, Elspeth: Sex, Lies, and Depositions: Pierre de Lancre's Vision of the Witches' Sabbath. In: McKee, Sally (Hrsg.): Crossing Boundaries. Issues of Cultural and Individual Identity in the Middle Ages and the Renaissance. Turnhout (Belgien) 1999, S. 239; Ginzburg 1990, S. 142; Behringer 1993, S. 190 u. 325.

Er verfasste zwischen 1612 und 1622 mehrere einschlägige Schriften, worin er die Eigenschaften böser Geister und Dämonen, die Lykanthropie (Verwandlung in ein Tier oder in einen Werwolf)[259], insbesondere aber den ‚Hexensabbat' und die sexuellen Verhältnisse während diesem analysierte[260]. Diesbezüglich laufen De Lancres Darlegungen darauf hinaus, dass der Satan den sexuellen Verkehr mit verheirateten Frauen favorisiert, weil so zusätzlich der sündhafte Ehebruch gegeben ist. Wenn für De Lancre inzestuöse Handlungen am Ende des ‚Sabbats' wesentlich für das Entstehen von dämonischen Kindern sind, weicht er zwar von mancher früheren Lehrmeinung ab, formuliert damit aber auch keinesfalls eine neue Kunde[261]. Dazu ist auch für ihn der sexuelle Akt zwischen einer oder mehreren Hexen und dem Satan in Gestalt eines Ziegenbocks obligatorisch. De Lancre war einer der unbeirrtesten Verfechter dieser verbreiteten Idee, wonach der Satan für den ‚Sabbat' bevorzugt die Gestalt der männlichen Ziege annahm, und dass auf diesem Wege dort der Zoophilie (Unzucht mit Tieren) nachgegangen wurde. Er geht ferner davon aus, dass dem Satan mit einem gereinigten Leib – natürlich nicht mit einer reinen Seele – gefallen wird und sich seine Anhänger deshalb die Leiber säubern und gelegentlich noch mit antichristlichen Ornamenten versehen.[262]

Das theoretische Wirken des Praktikers De Lancres hatte zwar keinen (akademischen) Einfluss mehr, der mit dem eines Grillando, Bodin oder Delrio vergleichbar gewesen wäre[263], zumal es ohnehin nur in Nuancen neuartig ist[264], jedoch sind seine Ausführungen in ihrer Ausführlichkeit und plastischen

---

259 Größte Bedenken an der Lykanthropie-Idee hatten übrigens nicht nur Gegner der Hexenlehre, wie Weyer, A. Praetorius und Goedelmann, sondern auch führende Dämonologen, z. B. Bodin, Binsfeld, Rémy und Delrio (Vgl. Siefener, S. 149 f.).

260 In dieser Hinsicht sind als Hauptwerke anzusehen:
Lancre, Pierre de: Tableau de l'inconstance des mauvais anges et démons, où il est amplement traité des sorciers et de la sorcellerie. Paris 1612 (Historisch-kritische Neuausgabe: — Tableau de l'inconstance des mauvais anges et démons, où il est amplement traité des sorciers et de la sorcellerie. Introduction critique et notes de Nicole Jacques-Chaquin. Paris 1982); — L'incrédulité et mescréance du sortilège plainement convaincue. Paris 1622.
Vgl. auch Whitney, S. 239 f.

261 Vgl. Siefener, S. 98 u. 161 (Die Blutschande in einer ‚Hexensabbat'-Illustration des französischen Hexenrichters Henri Boguet (um 1550–1619) und in der Definition des Hexereiverbrechens bei Jean Bodin).

262 Vgl. Ginzburg 1990, S. 142, 144, 151 f.; Behringer 1993, S. 259 f.; Whitney, S. 240–248 u. 253–259.

263 Vgl. Ginzburg 1990, S. 142.

264 Vgl. Whitney, S. 249–253.

Veranschaulichung schon ungewöhnlich. Es wird ein ziemlich abgerundetes Bild der dämonologischen Vorstellung vom ‚Hexensabbat' kredenzt, das deshalb von literaturhistorischem Belang ist, weil es später wissbegierigen, antiquarisch interessierten Schriftstellern nicht entgangen ist[265]. Daran wird wiederum erkennbar, dass es sich bei der Vorstellung vom ‚Hexensabbat' nach der Art De Lancres längst um ein nahezu europaweites und verhältnismäßig einheitliches Phänomen handelt[266]. Im Übrigen rückten besonders De Lancres ‚Visionen' in jüngerer Zeit in den Blickpunkt von Forschungen, die es darauf anlegen, Parallelen in derartigen Entwürfen vom ‚Hexensabbat' und in moderner Pornographie zu beleuchten und überhaupt zu prüfen, inwieweit eine als pornographisch zu charakterisierende Komponente Bestandteil des dämonologischen Hexenversammlungs-Gedankens war[267].

Im Sog dieser von der Geschichtsforschung als am einflussreichsten erachteten Hexentraktate entstand fast noch bis zum Ende des 17. Jahrhunderts eine durchaus beträchtliche Anzahl von Abhandlungen, die ein Spektrum von einfachen niedergeschriebenen Stellungnahmen über juristische und theologische Dissertationen bis hin zu relativ aufwendig gestalteten Folianten umfasst. Dieses Schrifttum blieb aber im Grunde von den Ausführungen der genannten ‚Propheten' der Hexenlehre, insbesondere von denen Bodins und Delrios, inhaltlich abhängig[268].

Bekanntermaßen waren Hexenverfolgungen zu praktisch allen Zeiten, zu denen sie durchgeführt wurden, niemals völlig unumstritten. Allerdings war die Argumentation der Verfolgungsgegner und -skeptiker ähnlich uneinheitlich wie mitunter ja auch die der Dämonologen.

Aus literaturhistorischer Perspektive ist hierzu anzumerken, dass für das Ideenbild der Hexenversammlung, wie es später als dichterisches Motiv Verwendung finden sollte, die enthemmten und phantasievollen plastischen Darlegungen der Dämonologie, trotz aller moralischer Bedenklichkeit, zwangsläufig die weitaus fruchtbareren gewesen sein müssen.

Allein bei den Theoretikern der Hexenlehre die Initiative für das Wiedereinsetzen der Verfolgungen zu sehen, wäre zweifelsohne zu einfach. Bei der Vielzahl von den dafür verantwortlichen Faktoren – man denke dabei nur an die Bedeutung des

265 Praetorius 1968, S. 145; vgl. dazu auch Ginzburg 1990, S. 142–144.

266 Vgl. Ginzburg 1990, S. 142–144.

267 Whitney, S. 259–261.

268 Vgl. z. B. Battafarano 2001, S. 362; Juristische Dissertationen deutscher Universitäten. 17.–18. Jahrhundert. Dokumentation zusammengestellt von einer Arbeitsgruppe unter der Leitung von Filippo Ranieri. 2 Halbbände. Frankfurt/M. 1986, erster Halbbd., S. 95 ff. u. zweiter Halbbd., S. 741 ff.

Zusammenspiels von Klima und Ökonomie – ist etwa zu beachten, dass Gesuche nach Bekämpfung von Schwarzkunst und Unholden nicht selten von der Bevölkerung an die Obrigkeit ergingen[269]. Womöglich mag auch das dazu beigetragen haben, dass sich die Kritiker und Gegner der Verfolgungen fortwährend in der Defensive befanden. Aus verschiedenen Gründen vermochte deren Phalanx lange Zeit offenbar nicht so wirksam zu sein, wie die von Dämonologen und Verfolgungsbefürwortern[270], obgleich sich das bei der unmittelbaren Betrachtung einer Auswahl namhafter Gegner für den deutschen und den angrenzenden Kulturraum verblüffenderweise allenfalls andeutet[271]. In ihren Einwendungen hoben die Gegner nur wenig auf die Hexenversammlung als einem doch recht speziellen Detail der Hexenlehre ab. Eher wurde der Schwerpunkt darauf gesetzt, wie tatsächlich und glaubwürdig die Gefahren seien, die von Schwarzkunst und Hexen für die Allgemeinheit angeblich ausgingen.

IV. 5. Ablehnende oder skeptische Positionen

Kritiker einer grundsätzlichen strafrechtlichen Sühne des ‚Crimen magiae' und Gegner der Vorstellung von Hexenkonventen und des damit eng zusammenhängenden Hexenfluges sind zumindest in der ersten Phase der großen Hexenverfolgungen um 1500 nicht einfach gleichzusetzen. So widersprach der allenthalben anerkannte Kirchenjurist und Prozessbeobachter Ulrich Molitor (lat. Ulricus Molitoris, um 1442–1507 oder 1508) in nicht wenigen Punkten der neuen, von Institoris im „Malleus maleficarum" zusammengefassten

---

269 Behringer 1993, S. 129, 132–135, 179 f., 267.

270 Dazu, dass – ausgehend vom durchschnittlichen frühneuzeitlichen Erkenntnisvermögen – das Vorgehen der Hexentheoretiker in vielen Punkten durchaus als deduktiv und schlüssig anzusehen ist, und zu den sich daraus ergebenden Schwierigkeiten für die Verfolgungsgegner vgl. Godet, S. 581–603.

271 In Bezug auf die Zeitspanne von 1563–1631 vgl. auch Lehmann, Hartmut u. Ulbricht, Otto (Hrsg.): Vom Unfug des Hexen-Processes. Gegner der Hexenverfolgung von Johann Weyer bis Friedrich Spee. Vorträge, gehalten anlässlich eines Arbeitsgespräches vom 22. bis 25. September 1987 in der Herzog-August-Bibliothek Wolfenbüttel (Wolfenbütteler Forschungen, 55). Wiesbaden 1992.
Außerhalb des deutschen Kulturraums wurde die Hexenverfolgung mitunter früher in Frage gestellt. Etwa in Italien, wo die Ablehnung vorwiegend, wenn auch nicht durchgängig, dem geistigen Umfeld des Niccolò Machiavelli (1469–1527) zuzuordnen ist. Für die späteren Verfolgungsgegner nördlich der Alpen waren vor allem der Jesuit Samuel de Cassini („De lamiis, quas strigas vocant", 1505) sowie die Juristen Andrea Alciati (1492–1550) und Francesco Ponzinibio wichtige Ideengeber. Vgl. dazu Behringer 1993, S. 180 f., 316, 320; — 2004, S. 173–175.

Hexenlehre[272]. So spricht er sich in seinem „Tractatus de laniis et phitonicis mulieribus" (1489)[273] gegen die Realität von Luftfahrt und ‚Sabbat' aus, die er als Illusionen abtut[274]. In gewisser Weise wahrt er damit die althergebrachte Lehrmeinung des „Canon episcopi"[275]. Außerdem missbilligt er die Beweiskraft von durch die Tortur zustande gekommenen Geständnissen. Aussagen, wonach Geständige und Zeugen, auf einem angeblichen Konvent andere, ihnen bekannte Leute identifiziert haben wollen, erklärt Molitor mit der Fähigkeit des Teufels, die äußere Erscheinung von lebenden Personen vorspiegeln zu können[276]. Ähnlich verhält es sich für ihn mit den einschlägigen Schäden, die den Hexen angelastet werden. Hierbei dann doch ein wenig an die Vorgaben des „Hexenhammers" erinnernd, bedeutet er, dass die Hexen lediglich annähmen, die Schädigungen zu verursachen, tatsächlich würden diese aber durch den Teufel selbst bewirkt[277]. Dennoch stellen auch für Molitor Teufelsbündnerei und ketzerisches Hexendasein aufgrund ihrer apostatischen Dimension mit dem Tode zu bestrafende Delikte dar[278].

Wenn es um frühen Widerstand gegen die inquisitorische Hexenpolitik geht, ist der Neuplatoniker, Arzt und Jurist Heinrich Cornelius Agrippa von Nettesheim (1486–1535) eine gern hervorgehobene Persönlichkeit. Wohlbekannt ist seine erfolgreiche Verteidigung einer als Hexe angeklagten Frau im lothringischen Metz im Jahr 1519 – den Resultaten der üblichen Folterpraktiken, dem untersuchenden Inquisitor und den Lehrsätzen des „Malleus maleficarum" zum Trotz[279]. Ein Einfluss von Agrippas Wirken auf das zeitweilige Aussetzen des

---

272 Vgl. Siefener, S. 111, 135, 147; Behringer 2004, S. 172.

273 Molitoris, Ulricus [Molitor, Ulrich]: Tractatus de laniis et phitonicis mulieribus [...]. 1489 vollendet, Erstdruck Reutlingen, Heidelberg u. Straßburg (?) 1489 oder 1490; erste Verdeutschung vmtl. Straßburg 1490; gesicherte deutschsprachige Fassung („Von den unholden oder hexen") Augsburg 1508; auch unter dem restriktiven Titel „Hexenbüchlein" geläufig.
Vgl. zum „Tractatus de laniis et phitonicis mulieribus" auch Ziegeler, Wolfgang: Möglichkeiten der Kritik am Hexen- und Zauberwesen im ausgehenden Mittelalter. Zeitgenössische Stimmen und ihre soziale Zugehörigkeit. Köln u. Wien 1973, S. 111–136 („Gegenstände der Kritik und Argumentation" etc. bei Molitor).

274 Vgl. Siefener, S. 68, 95, 147.

275 Behringer 1988, S. 230; — 1993, S. 77 u. 112 f.; — 2004, S. 172.

276 Vgl. Siefener, S. 147.

277 Vgl. Siefener, S. 214.

278 Ebd.

279 Ziegeler, S. 137–199 („Agrippa von Nettesheim und der Metzer Hexenprozess des Jahres 1519"); Behringer 1988, S. 49 f.; — 1993, S 77 f. u. 116 f.

„Hexenhammer"-Drucks ist indessen nicht vollends geklärt. In der satirischen wissenschafts- und kulturkritischen Schrift „De incertitudine et vanitate scientiarum" (Köln 1527) attackiert er zusammen mit vielen anderen zeitgenössischen Lastern auch die Verfahrenspraxis der Inquisition. Dennoch ist sein Hauptwerk in Bezug auf Magie das Buch „De occulta philosophia libri tres sive de magia" (um 1510 verfasst, erste gedruckte Fassung Lyon 1531). Es ist jedoch nicht als Beitrag zur Debatte über die Frage nach der Existenz von Unholden, deren Schandtaten und den Strafbarkeitsbedingungen für das ‚Crimen magiae' zu bewerten; zumal Agrippa die Existenz von Hexen gar nicht generell ausschließt. Dieses Zeugnis okkulter Philosophie mag zwar peripher manchen Reflex auf die neu aufgekommene dämonologische Weltanschauung beinhalten, vor allem ist es aber der spirituellen und wissenschaftlichen Dimension der Magie gewidmet, die für Agrippa eine natürliche Errungenschaft und durchaus nicht gleichbedeutend mit Schwarzkunst ist. Folglich ist eine Zusammenkunft der Unholden darin auch kein Thema[280]. Die Hexentheoretiker des späten 16. Jahrhunderts setzten einiges daran, Agrippa – ähnlich wie seinen Lehrmeister Johannes Trithemius – als Teufelsbündner oder schlicht als Scharlatan zu diskreditieren (Bodin, Delrio)[281]. Dass er dabei auch in die Nähe des verruchten Johann Georg Faust gerückt wurde (Delrio), dem er 1532 begegnet sein soll, kam langfristig wiederum der Dichtung zugute, wenn man sich die mutmaßlichen Agrippa-Anstriche von Goethes Faust-Figur vergegenwärtigt (z. B. Scholastikkritik, schwarzer Pudelhund, „Heinrich Faust"?)[282].[283]

In einem Lehrer-Schüler-Verhältnis zu Agrippa von Nettesheim stand in den Jahren 1532/33 der im Zusammenhang mit Jean Bodins „De la démonomanie des sorciers" bereits angesprochene Arzt Johann Weyer (lat. Johannes Wier(us), 1515 oder 1516–1588). Eine wirklich zuverlässige konfessionelle Zuordnung Weyers konnte bisher noch nicht vorgenommen werden. Jedenfalls war der gebürtige Brabantiner über lange Zeit als Leibarzt am konfessionell und geistig verhältnismäßig toleranten Hof des Herzogs Friedrich Wilhelms III. von Jülich-Cleve-Berg in Kleve tätig. In diese Spanne fällt auch die Veröffentlichung sämtlicher zu seinen Lebzeiten besorgten Auflagen der Abhandlung „De praestigiis daemonum" (Erstmals 1563)[284]. Auch wenn Weyer darin zum Teil schon

280 Vgl. Teil 1, VI.

281 Behringer 1988, S. 426; vgl. Teil 1, VI.

282 z. B. Erich u. Beitl, S. 9 f.

283 Vgl. Teil 1, VI.

284 Wier, Johannes: De praestigiis daemonum, et incantationibus ac veneficijs, libri V [...]. Authore Ioanne Wiero medico. Erstmals Basileae (Basel) 1563; erste verdeutschte

bestehende antidämonologische Argumente systematisierte, wird dieses Werk mit als der bedeutendste Gegenentwurf zur Hexenlehre angesehen, zumal es wichtige Anstöße für nachkommende Gegner der Hexenverfolgungen geliefert hat. Gleichwohl mag seine Wirkung auf die Intensität der Verfolgungen geringer ausgefallen sein, als es Weyer selbst in seiner späteren Schrift zum Hexenthema „De lamiis" (1577) für sich in Anspruch nimmt[285]. In „De praestigiis daemonum" wendet er sich auch gegen die unbarmherzige Ideologie des zeitweilig erneut als Referenz hervorgeholten „Hexenhammers". In der Hauptsache vertritt Weyer darin den Standpunkt, dass der Hexerei verdächtigte Frauen eigentlich leicht beeinflussbare, zu Melancholie und Hysterie neigende Gemüter seien. Der Teufel würde diese natürlichen Schwächen allenfalls ausnutzen, indem er solche Personen mit Trugbildern in die Irre leite, um letztlich Macht über sie erlangen zu können. Somit könne auch das viel zitierte, die Verfolgungen oftmals legitimierende alttestamentarische Wort „Die Zauberinnen sollst du nicht am Leben lassen" (II. Mose 22, 17) auf die besagten Frauen gar nicht angewendet werden. Die mutmaßlichen Hexen seien also nicht einer unbarmherzigen Strafjustiz auszusetzen, sie bedürften vielmehr der Behandlung und des Beistands von Ärzten und Seelsorgern. In Anbetracht seiner auf versehrte Geisteszustände abhebenden, mitunter naturwissenschaftlich zu nennenden Dialektik nimmt es sich nicht verwunderlich aus, dass Weyers Gesamtwerk, also vor allem auch seine medizinischen Abhandlungen, im 20. Jahrhundert verstärkt unter psychologie- und psychiatriegeschichtlichen Gesichtspunkten erforscht wurde[286]. Entsprechend seiner auf das kränkelnde Gemüt und die Hilfebedürftigkeit der vermeintlichen Zauberinnen zielenden Aussagen thematisiert Weyer ein solch spezifisches und weiterhin dämonisierendes Detail wie die Hexenversammlung nicht eingehender, zumal er sie ohnehin als Selbsttäuschung oder als bloßen Traum erachtet. Ebenso verhält es sich für ihn mit der Teufelsbuhlschaft, zu deren Erklärung er in

---

Ausgabe unter dem Titel „Von Verzauberungen, Verblendungen [...] des Teuffels [...]. Durch Johann Füglin in teutsche Sprach gebracht" (Basel 1565).

285 Wier, Johannes: Ioannis Wieri de lamiis liber. Item de commentitiis ieiuniis. Cum rerum ac verborum copioso indice [...]. Basileae (Basel) 1577; deutschsprachige Ausgabe: Weyer, Johann(es): Von Teuffelsgespenst, Zauberern und Gifftbereytern, Schwarzkünstlern, Hexen und Unholden [...]. Von Johanne Fueglino verteutscht; sampt zu endt angehencktem newem Register / erstlich durch Johannem Weier in Latein beschrieben, nochmals von Johannes Fueglino verteutscht. Frankfurt/M. 1586.

286 Hierzu und zur Weyer-Forschung überhaupt vgl. das unter dem Arbeitstitel ‚Weyerbibliographie' eingerichtete Online-Projekt (http://www.sfn.uni-muenchen.de/hexenverfolgung/startbibliographien.htm#Weyer).

bestimmten Fällen zusätzlich sogar noch medizinische Begründungen anbringt. Die Möglichkeit einer Luftfahrt scheint er dagegen nicht grundsätzlich zu negieren; dennoch schließt er eine dafür erforderliche göttliche Duldung, die den Teufel dazu ermächtigen würde, Hexen und Unholden durch die Lüfte fliegen zu lassen, aus. Ob Weyer gewissen Zugeständnissen an die Dämonologie eine taktische Funktion zugedacht hat oder ob sie seine tatsächliche Überzeugung widerspiegeln, wofür manches spricht, bleibt vorerst wohl ein noch endgültig zu klärender Umstand. So verurteilt er etwa das Teufelsbündner- und Schwarzkünstlertum, das er unter anderem an der Gestalt des Magiers Faust erläutert, mit großem Nachdruck[287]. Andererseits brachte dies mit sich, dass Weyer auf diese Weise zum Gewährsmann für bestimmte Versionen von manchen Anekdoten des Faust-Stoffes wurde[288]. Außerdem ergab es sich so, dass das Faust-Thema auch im überaus einflussreichen Hexenbuch Bodins, der es ja eben unter anderem auf die Widerlegung des brabantinischen Arztes angelegt hatte, eine kurze Berücksichtigung gefunden hat[289].

Zwar wurde „De praestigiis daemonum" auf mehrere Indizes über unerlaubte Bücher gesetzt, etwa auch auf den „Index librorum prohibitorum" der römischen Inquisitionsbehörde, dennoch erreichte Weyers Publikation nicht nur kurzzeitig ein beachtenswertes Publikum. Aus literaturwissenschaftlicher Perspektive wäre beispielsweise auf Grimmelshausen hinzuweisen, der die Schrift gekannt haben muss, da er sie in das „VIII. Capitel" des „Zweyte[n] Buch[es]" des „Simplicissimus Teutsch" (1668) dem Titel nach und punktuell auch inhaltlich eingeflochten hat[290].[291]

Der Melanchthon-Schüler und Heidelberger Professor für Griechisch und Mathematik Hermann Witekind (eigtl. Hermann Wil(c)ken oder Wilchen, 1522–1603) bediente sich für die Abhandlung „Christlich bedencken und erjnnerung von Zauberey" (1585) des Pseudonyms Augustin(us) Lerchheimer von

287 Vgl. Mahal 1998, S. 222 u. 279.

288 Vgl. ebd., S. 164, 281, 467.

289 Vgl. ebd., S. 222 f.

290 Grimmelshausen, Hans Jacob Christoffel von: Der abentheuerliche Simplicissimus teutsch und Continuatio des abentheuerlichen Simplicissimi. Grimmelshausen / Gesammelte Werke in Einzelausgaben. Hrsg. von Rolf Tarot. 2. Aufl. Tübingen 1984, S. 116, Z. 28 f. („[...] Jo. Wierus de præstigiis dæmon. lib. 3. cap. 18, schreibet [...]"). Vgl. Battafarano 1996, S. 150 u. 162.

291 Zu Person und Werk Johann Weyers vgl. fernerhin Behringer 1988, S. 527; — 1993, S. 523; Siefener, S. 7, 43–45, 53, 59, 72 f., 112, 117 f., 137, 159, 203, 222 f.; Battafarano 1977, S. 318 u. 327 f.; — 1996, S. 150 u. 162; — 2003, S. 76 f.

Steinfelden[292]. Literaturgeschichtlich gesehen gilt Lerchheimers bzw. Witekinds Buch als eine ernst zu nehmende Quelle für den literarischen Faust-Stoff, nicht unbedingt zum historischen Johann Georg Faust[293]. In der dritten, noch zu seinen Lebzeiten veröffentlichten Ausgabe (1597) hat er seine Haltung zur Entwicklung des Faust-Themas – man denke an das 1587 zwischenzeitlich erschienene Spiessche Faust-Volksbuch – sogar noch einmal aktualisiert[294]. Unter anderem weil er darin sozusagen jugendgefährdendes Potential angelegt sieht, bezieht Witekind nun Position gegen eine unbedachte Legendenbildung um die Gestalt des mutmaßlichen Erzschwarzkünstlers, wozu er in den ersten beiden Ausgaben seines Buches (1585 u. 1586) ja im Grunde selbst beigetragen hatte[295]. Außergewöhnlich ist fernerhin, dass „Christlich bedencken und erjnnerung von Zauberey" von vorneherein im unakademischen Deutsch abgefasst ist und auch nachträglich nicht zum Zweck einer Verwissenschaftlichung ins Lateinische übersetzt wurde. Damit hat sich Witekind wohl ganz bewusst nicht in die exklusive Fachdebatte um Zauberei und ‚Crimen magiae' einreihen wollen, sondern hat stattdessen wohl auf eine offene, volksnahe Klärung des Problems gesetzt. Da er also offenbar mit seinen Überlegungen ein möglichst breites Publikum zu erreichen suchte, dürfte er dabei nicht nur Amtspersonen der niederen Verwaltung und Gerichtsbarkeit oder vielleicht auch Landesherren im Auge gehabt haben, sondern die wegen des erheblichen Analphabetentums ausgesprochen wichtige Vorlesekultur.

Seine Argumentation und seine Folgerungen legitimiert Witekind meistenteils mit dem Neuen Testament. Von früheren Kritikern der Hexenverfolgungen ist Weyer derjenige, dem er in nicht wenigen Passagen seines Werkes am offenkundigsten folgt. Ähnlich nachdrücklich wie Weyer plädiert Witekind für eine humane, milde und möglichst auf Seelenheilung denn auf härtesten Strafvollzug bedachte Behandlung der mutmaßlichen Hexen. An anderer Stelle schließt er

---

292 Lercheimer von Steinfelden, Augustinus alias Witekind, Hermann: Christlich bedencken und erjnnerung von Zauberey / woher / was und wie vielfältig sie sey / wem sie schaden könne oder nicht: wie diesem laster zu wehren / und die / so damit behafft / zu bekehren / oder auch zu straffen seyn. […]. Erstmals Heidelberg 1585. Vgl. auch Augustin Lercheimer (Professor Hermann Witekind in Heidelberg) und seine Schrift wider den Hexenwahn. Lebensgeschichtliches u. Abdruck der letzten vom Verfasser besorgten Ausgabe von 1597 (Christlich bedencken und erinnerung von Zauberey). Hrsg. von Carl Binz. Sprachlich bearbeitet durch Anton Birlinger. Straßburg 1888.

293 Mahal 1998, S. 98, 112, 163, 271, 468.

294 Vgl. ebd., S. 129 u. 271.

295 Vgl. Baron 1991, S. 24–30.

dagegen nicht vollkommen aus, dass es Zauberer und Zauberinnen geben könne, die sich dem Teufel versprochen hätten und dann auch von der Obrigkeit hart zu bestrafen wären. Daran scheint sichtbar zu werden, dass Witekinds Ausführungen, wie bei fast allen Verfolgungsgegnern, nicht ganz frei von Zugeständnissen an die übermächtige Dämonologie sind, worin man jedoch die Umsicht sehen mag, nicht selbst in den Verdacht der Gottlosigkeit zu geraten. Bemerkenswerterweise macht er außerdem bereits auf einen ganz bestimmten (weiblichen) Opfertypus aufmerksam, der aufgrund seiner marginalen gesellschaftlichen Situation, schnell in die Gefahr gerate, zum Ziel einer bequemen Sündenbockidee zu werden, welche die Mensch und Vieh widerfahrenen Schäden und Krankheiten erklären soll, obgleich diese eigentlich natürliche Ursachen hätten. Zu den angeblichen Zusammenkünften des Zaubervolks äußert sich Witekind zwar so gut wie nicht. Dennoch dürfte seine Abneigung gegenüber dem naiven Magieglauben und dem üblichen Umgang mit den vermeintlichen Hexen schlechterdings auch die ungesagte Missbilligung des verbreiteten Stigmas vom verschwörerischen, unheiligen Treffen enthalten.[296]

Der Hochschuldozent der Jurisprudenz und spätere kursächsische Hofrat Johann Georg Goedelmann (1559–1611) unterzog zusammen mit dem Respondenten Marcus Burmeister eine Anzahl von Hexenprozessen einer quasi formellrechtlichen Untersuchung mit einer überkonfessionellen Absicht[297].

---

296 Vgl. Siefener, S. 118 u. 218 f.; Behringer 1993, S. 14, 35–37, 317, 326, 338–344.

297 Goedelmann, Johann Georg u. Burmeister, Marcus: Disputatio de magis, veneficis, maleficis et lamiis / praeside Ioanne Georgio Godelmanno [...] respondente Marco Burmeistero [...] habita Rostochii XXVI. Febr. anni LXXXIIII. in collegio fratrum [...]. Francofurtum ad Moenum (Frankfurt/M.) 1584.
Titel ab der zweiten Ausgabe:
Goedelmann, Johann Georg: Tractatus de magis, veneficis et lamiis, deque his recte cognoscendis et puniendis; propter varias et controversas de hac quaestione hominum sententias, utilissimus et cunctis ad rerumpublicarum gubernacula sedentibus maxime necessarius [...] in tres libros distributus / a Ioanne Georgio Godelmanno [...]. Frankfurt/M. 1591.
Verdeutschung:
Von Zauberern Hexen und Unholden; warhafftiger und wolgegründter Bericht Herrn Georgii Gödelmanni [...] wie dieselbigen zuerkennen und zu straffen; allen Beampten zu unsern Zeitten von wegen vieler ungleicher und streittigen Meynung sehr nützlich unnd nothwendig zuwissen / Jetzund aber allen Liebhabern mit Vorwissen deß Authoris ohn Abbruch deß rechten Verstandts lateinischer und anderer etwas frembder Worten auch eingeführter Gebräuch auffs fleissigste verteutschet mit einem sonderlichen Rathschlag und Bedencken gemehret alles durch M. Georgium Nigrinum Hessischen Superintendenten zu Echzell in der Wetteraw. Frankfurt/M. 1592.

Hinsichtlich der Methodik konnte er teilweise auf die ebenfalls schon prozesskritische Schrift „Consilia" (1564) des versierten Juristen und Frankfurter Stadtsyndikus Johann von Fichard (1511 oder 1512–1581) zurückblicken[298]. Als eine Quintessenz überzieht Goedelmann die formelle Berechtigung vieler Verfahren, vor allem aufgrund der völlig uneinheitlichen partikulargesetzlichen Situation, mit erheblichen Zweifeln. Darüber hinaus werden auch die substantielle, materiellrechtliche Dimension des Hexereidelikts und das gängige, pauschale Strafmaß in Frage gestellt. Zwar bezieht Goedelmann gelegentlich andere theologisch, weltanschaulich oder proto-naturwissenschaftlich argumentierende Verfolgungsgegner – meistens Weyer, ab der zweiten Ausgabe auch Witekind – in seine Überlegungen ein, er setzt aber eben schwerpunktmäßig bei der Berechtigung und den verfahrenspraktischen Abläufen an. Damit haben sich sicherlich Anknüpfungspunkte für den späteren erfolgreichen Prozesskritiker Friedrich Spee ergeben, den seine Studie ebenso erreichte wie zuvor schon den visionären Staats- und Gesellschaftstheoretiker Johannes Althusius (1557–1638).[299]

Goedelmann bestätigt die generelle Existenz von Schwarzkünstlern und Hexen, die er dazu noch definitorisch genau voneinander abzugrenzen weiß. Manches aus dem Magie-Vorstellungsgefüge, etwa die Fähigkeit zum Schadenzauber (lat. maleficium), sofern sie durch einen Teufelspakt erworben wurde, bestreitet er nicht unbedingt; anderes, wie etwa die Tierverwandlung, verwirft er allerdings. Anders als sein Vorläufer Fichard, der Luftfahrten für unmöglich gehalten hatte, schließt Goedelmann einen Flug von Schwarzkünstlern, die zu diesem Zweck einen Dämon beschworen haben, aber gar nicht aus; die Möglichkeit des Hexenfluges verneint er dagegen grundsätzlich! Demzufolge lehnt er auch den ‚Hexensabbat' als geträumt oder eingebildet ab, wenn er auch ein Verlangen Satans, sich auf einer Schwarzen Messe in gottähnlicher Manier huldigen zu lassen, gleichwohl für gegeben hält.[300]

Der aus den Niederlanden stammende und zeitweise in Mainz und Trier tätige Theologe Cornelius Loos (zw. 1540 u. 1546–1595) verfasste die Niederschrift „De vera et falsa magia" (vmtl. 1592)[301]. Widersprüchlich mag erscheinen, dass Loos wohl der radikalste Gegner der Hexenlehre im römisch-katholischen Lager

298 Fichard, Johann von: Consilia. 2 Bände. Ausgefertigt 1564, erstmals gedruckt zu Frankfurt/M. 1590.

299 Vgl. Behringer 1993, S. 317, 319, 334, 344–347, 351 f.

300 Goedelmann 1591, S. 7, 14 ff., 18, 32 ff., 43–45, 52 ff., 63, 72, 99 f., 138–142; vgl. Siefener, S. 33, 73, 117, 122, 137, 101 f., 140, 152, 220.

301 Ebenfalls überlieferter, wohl ursprünglich vorgesehener Titel: „De vera et ficta magia".

war – seine Abhandlung ist zum Teil als Gegenschrift zu Binsfelds Hexentraktat konzipiert – er aber andererseits auch für eine scharfe Bekämpfung von Häresie und Protestantismus eintrat. Die zeitgenössischen Auswirkungen seiner antidämonologischen Arbeit, sind als geringfügig einzustufen, da die klerikalen Autoritäten deren Veröffentlichung vereitelten sowie die Manuskripte und die wenigen Druckfahnen konfiszierten und unter Verschluss hielten. Dazu wurde Loos zu einem entsprechenden Widerruf gezwungen. Erst durch Delrio, der Loos' Abbitte zum exemplarischen Zweck des Irrtums aller ‚Hexen-Patrone' (Verfolgungsgegner) und ‚Politici' (Atheisten) in seine „Disquisitionum magicarum libri sex" aufnahm, erlangten seine Ansichten auf sozusagen spiegelbildliche Weise eine gewisse Bekanntheit. Delrio berichtet des Weiteren, dass der später in Brüssel beschäftigte Loos, es nicht unterlassen habe, anhaltend gegen Magieglauben und Hexenprozesse zu polemisieren; so soll er dann auch im Zuge erneuter Ermittlungs- und Beugemaßnahmen gegen seine Person umgekommen sein.[302]

Loos lehnt die Idee vom Hexenflug ganz entschieden ab. Ob er dabei an die Aussagen des alten „Canon episcopi" anknüpft, ist aufgrund des fragmentarischen Zustands seines Beitrags nicht festzustellen. Die Vorstellung von der Hexenzusammenkunft betrachtet er folglich ebenfalls als Aberglaube und unsinniges Phantasiegebilde. Für denkbar hält er einen solchen Konvent lediglich in Form eines Traumbildes oder als simple Einbildung; eine suggestive Einwirkung Satans schließt er dabei jedoch aus, ohne deshalb dessen generelles Vorhandensein zu leugnen. Die Möglichkeit eines körperlichen Einflusses von Teufeln und Dämonen auf Menschen, Tiere und Gegenstände verwirft Loos weitgehend. Mit der Begründung, dass die Dämonen keine festen Körper annehmen und somit gar keine physische Verbindung vollziehen könnten, verneint und verspottet er auch die ja durchaus mit dem ‚Sabbat' assoziierte Idee von der Teufelsbuhlschaft. Loos geht also mitunter über die Positionen anderer, zum Teil anderskonfessioneller Kritiker hinaus, etwa über die Johann Weyers oder die des Prozessgutachters Goedelmann, von deren Erläuterungen er sonst gelegentlich nicht weit entfernt ist.[303]

Ein ebenfalls nicht zu übergehender Gegner der Hexenverfolgungen ist der aus Westfalen stammende calvinistische Theologe Anton Praetorius (vmtl. 1560–1613), der nicht etwa mit dem Leipziger Magister und Kompilator Johannes Praetorius zu verwechseln ist[304]. Anton Praetorius ließ die erste Auflage

302 Vgl. Siefener, S. 15 f. u. 228 f.; Behringer 1988, S. 224 f. u. 258; — 1993, S. 182, 318, 320, 360–363 (Loos' Widerruf in dt. Übersetzung); Franz 2002, o. Seitenangabe.

303 Vgl. Siefener, S. 75 f., 102, 138 f.; Franz 2002, o. Seitenangabe.

304 Vgl. Teil 2, II.

seiner auffälligerweise deutschsprachig abgefassten Abhandlung „Von Zauberey und Zauberern Gründlicher Bericht" (1598) sicher aus Vorsicht noch unter dem Namen seines Sohnes Johannes Scultetus veröffentlichen. Ab der zweiten Auflage (1602) erschien das Werk dann aber doch unter seinem eigenen Namen. In die dritte noch zu Praetorius' Lebzeiten erschienene Auflage (1613) sind sogar Ergänzungen eingeflossen, die zum Teil als Reaktion auf die recht beachtliche Verbreitung der Schrift, wofür etwa auch eine anscheinend unautorisierte Ausgabe aus dem Jahr 1629 spricht, zu werten sind.[305]

In seinem Buch bezieht Praetorius, der selbst Hexenprozesse unmittelbar beobachtet hat, Stellung zum Hexerei- und Zaubereiwesen allgemein und zur Praxis der Hexereiverfahren. Gewisse Akzente setzt er dabei auf die Anwendung der Folter, zu deren Verzicht er auffordert, sowie auf die Rolle von Obrigkeit und Gerichtsbarkeit bei den Prozessen. Ähnlichkeiten und bewusste Anlehnungen an frühere Verfolgungsgegner, vor allem an Weyer, Goedelmann und Lercheimer alias Witekind, sind bei Praetorius zweifellos gegeben; beispielsweise in der für den Theologen womöglich weniger prädestinierten Angelegenheit der Prozesskritik und -gerechtigkeit. Doch ist Praetorius' Haltung insgesamt stärker theologisch und biblisch bestimmt als bei den meisten seiner Vorgänger. In diesem Sinne versteht er auch sein Eintreten gegen die Hexenprozesse als christlich-überkonfessionelle Obliegenheit, die einer Neubelebung des christlichen Glaubens und eines dem gerechten werdenden Verhaltens bei den Autoritäten und vor allem im Volk dienlich sein soll, woraus sich zum Teil die Deutschsprachigkeit seines Buches erklärt. Die Heilige Schrift ist für ihn die absolute moralische Direktive und bildet die wesentliche Grundlage seiner Argumentation. Wie schon praktisch alle vorherigen Verfolgungsgegner verneint ebenfalls Praetorius die Möglichkeit eines apostatischen Teufelspaktes nicht ausdrücklich. In diesem Zusammenhang unterscheidet er auch, ähnlich wie z. B. Weyer, zwischen Teufelsbündnern und Hexen; wobei bemerkenswert ist, dass er seine Darlegungen

---

305 [Praetorius, Anton(ius)]: Gründlicher Bericht von Zauberey und Zauberern / darinn dieser grausamen Menschen feindtseliges und schändliches Vornemen / und wie Christlicher Obrigkeit ihnen Zubegegnen / ihr Werck zuhindern / auffzuheben und zu Straffen / gebüre und wol möglich sey [...] kurtz und ordentlich erkläret. Durch Joannem Scultetum Westphalo-camensem. Gedruckt zu Lich / in der Graffschaft Solms bey Nicolao Erbenio. Lich (bei Giessen) 1598; Praetorius, Anton(ius): Gründlicher Bericht von Zauberey und Zauberern [...] kurtz und ordentlich erkläret durch Antonium Praetorium [...]. Lich (bei Giessen) 1602; — Von Zauberey und Zauberern / Gründlicher Bericht [...]. Heidelberg 1613; — Von Zauberey und Zauberern Gründlicher Bericht [...]. Franckfurt/M. 1629 (vmtl. unautorisiert).

über das Zaubereiwesen in weit geringerem Maße als üblich am weiblichen Geschlecht ausrichtet. Eine Berechtigung für die von weltlichen Gerichten verhängte Todesstrafe sieht Praetorius im Fall der Zauberei jedoch nicht, da die Bestrafung einer etwaigen, gegen die göttliche Ordnung verstoßenden Magie allein von Gott selbst vorgenommen werden dürfe. Das unterstreicht er mit den Aussagen über die Geltung des Gesetzes im neutestamentarischen Brief des Paulus an die Römer (Röm. 6 u. 7). Der Glaubhaftigkeit von nahezu sämtlichen den Hexen zugeschriebenen kriminellen und typisierenden Merkmalen steht Praetorius ohnehin überaus skeptisch gegenüber. Das schließt die Vorstellung vom ‚Hexensabbat' mit ein, denn er stellt die Ausführbarkeit des Hexenfluges – der wesentlichen Voraussetzung für die Teilnahme am ‚Sabbat' – erheblich in Frage. Zwar hält er einen Flug durch die Luft, wie ihn der Teufel gelegentlich zu vollführen vermöge, nicht für unmöglich. Doch schließt er aus, dass Hexen über diese Fähigkeit verfügen könnten, nicht einmal mit Hilfe einer Flugsalbe. Dabei hebt er auf ganz säkulare, physische Hemmnisse ab, die gegen den Hexenflug sprechen; beispielsweise auf nicht vorhandene Flügel, die Schwere und Größe der Leiber, die nicht durch Schornsteine passen würden, auf den Umstand, dass die Flugsalbe selbst nicht flöge, oder auf die Unmöglichkeit mit demselben Leib zur gleichen Zeit an unterschiedlichen Orten sein zu können.[306]

Eine weitere Generation von gegen die Hexenverfolgungen – oder zumindest gegen deren praktischen Ablauf – gerichteten Publikationen kam ab den 20er Jahren des 17. Jahrhunderts auf, also zu einem Zeitpunkt als das dämonologische Schrifttum sein inhaltlich-innovatives Zenit bereits überschritten hatte. In dieser neuen Reihe von Literatur werden die spezifischen Punkte Hexenflug und -versammlung eher noch peripherer thematisiert als es in den antidämonologischen Schriften vor 1600 mitunter ohnehin schon der Fall war.

Nichtsdestotrotz sind zunächst Teile der Schrift „Universa theologia scholastica, speculativa, practica" (1626/27) des Jesuiten und Ingolstädter sowie späteren Wiener Professors für Theologie, Mathematik und Philosophie Adam Tanner (1572–1632) hervorzuheben, von der ein überkonfessioneller Einfluss

---

306 A. Praetorius 1613, S. 56–59 u. 190.
Zu Person und Werk des Anton Praetorius vgl. z. B. Behringer 1993, S. 269, 277 f., 318 f.; Siefener, S. 20, 28, 30 f., 53 f., 80 f., 102, 121–123, 140, 151 f., 178 f., 199 f., 210 f., 220 f., 236; Vogel, Klaus A.: Wo Sprache endet. Der Bericht des Anton Prätorius über die Folter und das Problem der ‚selektiven Empathie'. In: Markus Meumann und Dirk Niefanger (Hrsg.): Ein Schauplatz herber Gewalt. Wahrnehmung und Darstellung von Gewalt im 17. Jahrhundert. Göttingen 1997, S. 188–204; Hegeler, Hartmut: Anton Praetorius, Kämpfer gegen Hexenprozesse und Folter. Unna 2002.

ausging[307]. Seine Bedenken gegenüber der Hexenprozesspraxis hatte Tanner erstmalig schon im Jahr 1603 in einem Gutachten für Herzog Maximilian I. von Bayern (1573–1651) artikuliert. Der Jesuit Friedrich Spee, der Lutheraner Johann Matthäus Meyfart und mancher reformierte Verfolgungsgegner orientierte sich an Tanner, obgleich sie ihn an Radikalität meistenteils noch übertrafen bzw. übertreffen mussten. Denn Tanners Bemühungen fielen noch gemäßigter aus. So verneint er weder grundsätzlich die Existenz der verschiedenen Varianten des Hexereiverbrechens noch deren Unrechtmäßigkeit. Stattdessen drängt er umso nachdrücklicher auf verfahrensimmanente Verbesserungen zugunsten der Angeklagten. Freilich dürfte dieser Vorgehensweise auch die Einsicht zu Grunde gelegen haben, dass gegenüber der üblichen dämonologisch beeinflussten Überzeugung der klerikalen und rechtskundlichen Autoritäten sowie des Volkes auf anderem Wege kaum eine zufrieden stellende Wirkung zu erwarten war. Demnach hält er zu einer sorgfältigen, gewissenhaften Prüfung jedes einzelnen Falls und der jeweiligen Indizien an. Denunziation und Folter als Mittel der Indizienfindung problematisiert Tanner eindringlich und befindet sie letztlich als eher ungeeignet, denn dadurch würden oftmals Unschuldige belastet und verurteilt. Und überhaupt dürften Verdächtigte nicht von vorneherein wie bereits Überführte behandelt werden. Nahezu parallel zu Tanner hat dessen Ordensbruder Paul Laymann (1575–1635) in seinem Hauptwerk „Theologia moralis" (1626) Aussagen formuliert[308], die ganz ähnliche Einsichten und Absichten offenbaren. Laymann hatte im Übrigen zur gleichen Zeit wie Tanner am Ingolstädter Jesuitenkolleg, das bis dahin eigentlich zu einer die Zaubereiprozesse befürwortenden Auffassung tendierte, Philosophie gelehrt.[309]

---

307 Tanner, Adam: Universa theologia scholastica, speculativa, practica, ad methodum S. Thomae. 4 Bände. Ingolstadt 1626/27, insbesondere Bd. 1, Spalte 1496–1505 u. Bd. 3, Spalte 981–1022.

308 Laymann, Paul: Theologia moralis [...]. Ingolstadt 1626.

309 Zu Person, Werk, Wirken und Wirkung Tanners bzw. Laymanns vgl. Hofmann, Siegfried: Ingolstädter Jesuiten und Hexenprozesse. Ein Beitrag zur Ausstellung „Die Jesuiten in Ingolstadt". In: Ausstellungs-Katalog „Die Jesuiten in Ingolstadt" (1991). Ingolstadt 1991, ohne Seitenangaben; Dillinger, Johannes: Kritik üben, ohne zuständig zu sein. Zwei Jesuiten und die Hexenprozesse. In: Imprimatur. Nachrichten und kritische Meinungen aus der katholischen Kirche. Jg. 2000, H. 4, ohne Seitenangaben; Sieveke, Franz Günter: Laymann, Paul. In: Killy, Bd. 7 (1990), S. 183 f.; — Tanner, Adam. In: Killy, Bd. 11 (1991), S. 303 f.; Hees, Anke: Laymann (auch Laimann), Paul. In: Kosch, Erg. bd. V (1998), S. 615; Knedlik, Manfred: Tanner (Thanner), Adam. In: Kosch, 21. Bd. (2001), S. 566–569; Behringer 1988, S. 280, 334, 366, 408, 523, 526; — 1993, S. 514 u. 520.

Der Moraltheologe und Jesuitenpater Friedrich Spee von Langenfeld (1591–1635), der gebürtig aus dem heute zu Düsseldorf gehörenden Kaiserswerth stammte, hat schließlich den bis dahin höchstwahrscheinlich ausdrucksvollsten und mit den berühmtesten Markstein gegen die Hexenprozesse und die dabei angewendete Folter gesetzt. Im 20. Jahrhundert konnte eine ausgiebige Spee-Forschung etabliert werden, wozu zweifellos das Faktum beigetragen hat, dass Spee gleichermaßen als Erbauungsdichter des Barock als ungemein bedeutend anzusehen ist. Letzteres stellt vor allem sein bekanntestes poetisches Werk, die Lyriksammlung „Trutznachtigall oder geistlich-poetisch Lustwäldlein" (1649 postum erstmals gedruckt), unter Beweis.

Seine in den ersten Editionen von 1631 und 1632 zunächst noch anonym veröffentlichte Schrift „Cautio criminalis, seu de processibus contra sagas liber"[310]

---

310 Cautio CRIMINALIS, Seu DE PROCESSIBUS CONTRA SAGAS Liber. AD MAGISTRATUS Germaniae hoc tempore necessarius, Tum autem Consiliariis, & Confessariis Principum, Inquisitoribus, Judicibus, Advocatis, Confessariis Reorum, Concionatoribus, caeterisq; lectu utilissimus. AVCTORE INCERTO THEOLOGO ROMANO. RINTHELII [Rinteln/Weser], [...] M D [C] XXXI [1631]; — [...] EDITIO SECVNDA. FRANCOFVRTI, [...]. ANNO MDCXXXII [1632].
Erste, jedoch unvollständige deutschsprachige Ausgabe:
Gewissens-Buch: Von PROCESSEN Gegen die Hexen An Alle Hohe Obrigkeiten in Teudtschlandt auß nothringenden motiven geschrieben. Insonderheit Den Räthen vnd Beicht-Väteren der Fursten / den Inquisitoren, Brandt-Meisteren Richteren / Advocaten: Beicht-Väteren der Armen Beklagten vnd Gefangenen: Predigeren auch anderen Leuten sehr nützlich vnd nothwendig zu lesen. Anfangs Ohne Nahmen in Lateinischer Spraach Außgangen / Ietzo In die Teudtsche Vbergesetzet / Durch IOHANN SEIFERTEN von Vlm / der zeit Schwedischen Feld-Prediger. Bremen / In verlegung Iost Köhlers / Buchhändlers. Gedruckt bey Iacob Köhler. 1647.
Erste komplette deutschsprachige Ausgabe:
CAUTIO CRIMINALIS. SEU DE PROCESSIBUS CONTRA SAGAS LIBER. Das ist / Peinliche Warschawung von Anstell: vnd Führung deß Processes gegen die angegebene Zauberer / Hexen und Vnholden: An die Obrigkeit Teutscher Nation / So wohl auch Deroselben Rhäten / Beichtvättern / Commissarien / Inquisitoren, Richteren / Advocaten, Priestern vnd Predigern / vnd andern sehr nützlich vnd nötig. Durch einen uvnbenahmpten Römisch: Catholischen an Tag gegeben / Nunmehr Dem Gemeinen Vatterland / vnd männiglich zum besten ins Teutsch trewlich vbersetzt / sampt einem ordentlichen Register Durch H.S.S. [Hermannus Schmidt Siegensis] Franckfurt am Mayn / Bey Anthoni Hummen Anno M DC XLIX [1649].
Als Textreferenzen dienen:
Spee (von Langenfeld), Friedrich: Sämtliche Schriften. Historisch-kritische Ausgabe. Hrsg. von Theo G.M. van Oorschot. 4 Bände. Tübingen u. Basel 1985–2005,

weist zu früheren dämonologie- und prozesskritischen Abhandlungen, die Spee meistenteils ebenso bekannt waren wie die ‚Klassiker' der Dämonologie, manche verdienstvolle Innovation auf[311].

Spee ist unbedingt als versierter Kenner der zeitüblichen Zaubereiverfahren einzustufen. Es hatte sich nämlich ergeben, dass Spee durch verschiedene Tätigkeiten in den von intensiven Verfolgungen gekennzeichneten Kurfürstentümern Köln, Mainz und dem Hochstift Paderborn zahlreiche, quasi empirische Eindrücke gewinnen konnte; etwa auch als Beichtvater von als Hexen angeklagten Personen[312]. So beruhte Spees Ablehnung der Hexenprozesspraxis zum einen schon sehr stark auf Folgerungen aus eigenen Erfahrungen und Beobachtungen. Andererseits waren ihm ebenfalls die Aussagen seiner verfolgungskritischen Vorgänger, beispielsweise die Weyers, Goedelmanns oder die seines Ordensbruders Tanner, so vertraut, dass er sie für bestimmte Punkte seiner Darlegungen ohne weiteres aufzugreifen und zu radikalisieren vermochte[313]. Diese Radikalisierung besteht unter anderem bereits darin, dass Spee in seiner Darlegung solche Konstellationen zu vermeiden weiß, die ihm Zugeständnisse an die Dämonologie abnötigen könnten. Denn abgesehen von der unter Verschluss gehaltenen Schrift des Cornelius Loos waren die Verfasser früherer kritischer Schriften zumeist doch zu derartigen, mehr oder weniger auffälligen Zugeständnissen bereit gewesen. Die Einwendungen der „Cautio Criminalis" setzen vorderhand schon vorwiegend bei dem in der Hexenprozesspraxis üblichen Verfahrensablauf an. Als Folgerung daraus formuliert Spee zwar keine explizite Leugnung von Teufelsbündner-, Hexen- und Magieexistenz, aber er spricht den Hexereiverfahren jede Nachweismöglichkeit dafür ab; stattdessen sieht er durch sie lediglich einen blinden, gewohnheitsmäßigen Magieglauben und moralisch fragwürdige Auswüchse, wie ein nicht kontrollierbares Denunziantentum, gefördert[314]. Dennoch

---

2. Aufl. (2005) des 3. Bandes („Cautio Criminalis"); Spee, Friedrich von: Cautio Criminalis oder rechtliches Bedenken wegen der Hexenprozesse. Deutsche Ausgabe von Joachim-Friedrich Ritter. 5. Aufl. München 1987.

311 Vgl. dazu z. B. Battafarano, Italo Michele: Hexen, Richter und Dämonologen im Urteil des Jesuiten Friedrich von Spee. In: Kontroversen, alte und neue. Akten des VII. Internationalen Germanisten-Kongresses, Göttingen 1985. Hrsg. von Albrecht Schöne. Tübingen 1986, Bd. 7 (Bildungsexklusivität und volkssprachliche Literatur. Literatur vor Lessing – nur für Experten? Hrsg. von Klaus Grubmüller u. Günter Hess), S. 178 ff.

312 Vgl. Behringer 1993, S. 8.

313 Vgl. ebd., S. 321; Battafarano 1996, S. 155; Dillinger 2000, ohne Seitenangaben.

314 Vgl. Battafarano, S. 1977, S. 330; — 1996, S. 151.

verbleiben Spees Darlegungen keineswegs nur auf einer quasi formellrechtlichen Ebene. Denn die „Cautio Criminalis“ stellt gerade auch insofern ein Novum dar, als sie zusätzlich sozialkritische und ideologiekritische Belange umfasst[315]. Die Prozesskritik ist für Spee im Grunde ein Schritt zur Korrektur einer von irdischen Unzulänglichkeiten und Übereifer bestimmten Mentalität, die dem Gemeinnutz letztlich zuwider laufen muss:

> „Heißt das etwa den Staat säubern, wenn man auf so gefährlichen Wegen an die Vertilgung der Schuldigen herangeht, daß selbst der Unschuldigste kaum mehr sicher ist?“ (S. 277)

So erklärt er das Unglück der als Hexen verdächtigten Personen recht unverhohlen mit einer Art Sündenbocktheorie. Beispielsweise illustriert er auch einen ihm paradigmatisch erscheinenden weiblichen Opfertypus, den er als Zielscheibe von sozialem Neid und von Missgunst wähnt. Weiterhin greift er das aus seiner Sicht oftmals verwerfliche Gebaren vieler Hexenrichter in dem Sinne scharf an, als er es häufig durch niedere, korrupte Beweggründe, wie profane Bereicherung an der konfiszierten Habe der Verurteilten, gelenkt sieht. Und ebenfalls der Dämonologie weist Spee unmittelbare Schuld an der zur Willkür ausgeuferten Hexenverfolgung zu. Dabei trifft seine Methodenkritik gar nicht einmal so nachhaltig den frühen, noch verhältnismäßig dilettantischen „Hexenhammer“, aber angebrachterweise umso mehr die akademische Hexenlehre der zweiten Hälfte des 16. Jahrhunderts; wobei er die Auseinandersetzung mit der eigenen jesuitischen Ordenstradition nicht ausspart (Delrio!). Darüber verleugnet er jedoch nicht den Umstand, dass nicht unbedingt die ihm fragwürdig erscheinende dämonologische Ideologie, sondern letztlich erst das folgsame Urteil der Hexentribunale die Beschuldigten als Hexen brandmarken.[316]

Der phantasievolle, kriminalisierende Detailreichtum von angeblichen, mit der Hexenexistenz verbundenen Vorgängen in der Art der Luftfahrten und einschlägigen Zusammenkünfte ist für Spee eigentlich von untergeordnetem Interesse; so führt er dazu auch nur eine kurze Skizze an[317]:

---

315 Vgl. Battafarano 1996, S. 155; ggf. auch Battafarano, Italo Michele: Satanisierung des Alltags als verfehlte Sozialdisziplinierung in Spees Cautio Criminalis (1631). In: Morgen-Glantz. Zeitschrift der Christian-Knorr-von-Rosenroth-Gesellschaft. Bd. 8 (1998), S. 363–383.

316 Vgl. Behringer 1993, S. 276 f. u. 377–386; Battafarano 1986, S. 178–182; — 1996, S. 155.

317 Wegen der stilistischen Anpassung an das moderne Neuhochdeutsche dient, soweit nicht anders angegeben, für das Folgende als Textreferenz: Spee, Friedrich von: Cautio Criminalis oder rechtliches Bedenken wegen der Hexenprozesse. Deutsche Ausgabe von Joachim-Friedrich Ritter. 5. Aufl. München 1987.

„Die Gegner [die Dämonologen] versichern ja seit längst, der Teufel habe bestimmte Orte und Zeiten, an denen er seine Feste, Sabbate und Tänze mit den Hexen begehe. Sie versichern auch, er täusche dort in mancherlei Erscheinungen und Gestalten [...] die Augen seiner Anhängerschar, [...]. Sind welche von ihnen nicht beim Tanze, so tritt er – wie die Gegner zugeben – selbst an ihrer Stelle auf. Vieles wird dort wirklich, noch mehr aber nur scheinbar getan. Die Hexen vermeinen, vorzüglich zu essen und zu trinken, in elfenbeinernen Betten zu schlafen, während sie doch nur Aas verzehren, Kammerlauge trinken und unter dem Galgen rasten. Dabei lasse ich alles übrige Blendwerk unerwähnt, das bei derartigen Festen so gebräuchlich ist, daß es den Anschein hat, als ob der höllische Gaukler dort nichts so sehr treibe wie sich dem Ersinnen wesenloser Larven, Schemen und Trugbilder hinzugeben." (S. 250)

An anderer Stelle zitiert Spee noch wenige weitere Details, die von der Hexenlehre ebenfalls als zum vermeintlichen Ablauf solcher Konvente gehörig festgelegt wurden:

„Er [der Dämonologe Peter Binsfeld] behauptet nämlich, man begehe auf dem Hexensabbat Majestätsbeleidigungen Gottes und dergleichen Verbrechen, die sämtlich viel schlimmer seien als jede Tötung und Schädigung von Menschen oder Tieren." (S. 260)

Gleichwohl bekundet er dabei seine Geringschätzung derartiger Vorstellungen recht ausdrücklich:

„[...] denn was ich selbst von derartigen Hexensabbaten halte, werde ich ein andermal kundtun [...]." (S. 250)

Allemal bemerkenswert ist in diesem Zusammenhang auch Spees Anregung zu gewissermaßen ‚empirischen' Untersuchungen, die der Frage nach der (physischen) Realität von Hexenversammlungen nachgehen sollen:

„Hinsichtlich der Hexensabbate oder Hexentänze jedenfalls kann man sehr zweifeln, ob sie jemals leiblich begangen werden. Ich wünschte, es würde das jemand einmal genau untersuchen." (S. 255)

Obgleich sich Spee selbst also im Grunde gegen eine Tatsächlichkeit von Hexenkonventen ausspricht, hebt er diese persönliche Anschauung in seiner Dialektik gegen die beweisrechtliche Relevanz von angeblich auf ‚Sabbaten' gemachten Beobachtungen nicht besonders hervor. Stattdessen erfolgt seine Argumentation in Form einer sehr punktuell auf die Verfahrenspraxis bzw. auf die diesbezüglichen Verfahrensanleitungen abgestimmten Kritik. Nachhaltig und sichtlich ausführlicher als andere Verfolgungsgegner geht er auf die beweisrechtliche Qualität des vermeintlichen Tatmerkmals ‚Hexensabbat' ein, wie es eben durch die Aussagen von Denunzianten oder von der Tortur unterzogenen Verdächtigten bezeugt wird. Dabei pocht Spee von vorneherein darauf, dass selbst manche Verfolgungsbefürworter „zugeben, dass die Hexen nicht immer wirklich zu ihren Sabbaten und Tänzen fahren sondern sich das häufig nur einbilden“ (S. 238). Vielmehr – so Spee weiter – „[.] geht [es] ihnen so wie jemandem, den nicht wirkliche Dinge sondern deren Trugbilder im Schlafe narren“ (S. 238). In diesem Sinne lehre auch Adam Tanner, nach welchem „es [.] sehr wahrscheinlich [sei], daß die Hexen weit häufiger an derart eingebildeten Fahrten und Hexensabbaten teilnähmen als an wirklichen“ (S. 238). Außerdem gibt er zu bedenken, dass aufgrund ihrer durch unterschiedliche teuflische Einflüsse verworrenen Sinneswahrnehmung, „sie [die vermeintlichen Hexen] [.] jedenfalls selbst nicht genügend zwischen Trugbildern und wirklichen Dingen unterscheiden [können]“, zumal es sich manchmal ohnehin um „schon vorher wahnsinnige Weiber“ handle (S. 238 f.).

Im weiteren Verlauf – insbesondere in der „47. Frage“[318], der umfangreichen „48. Frage“[319] sowie der „49. Frage“[320] (S. 240 ff.) – schickt sich Spee hauptsächlich an, der gängigen Gepflogenheit, nach der Personen bestimmte andere auf einem ‚Sabbat‘ identifiziert haben wollen und sie so als Hexen denunzieren, die gerichtliche Beweiskraft zu nehmen. Denn solche Geständnisse und Aussagen über die Teilnehmer an Hexenversammlungen sind für Spee auf eine in vielerlei Hinsicht fragwürdige Weise zustande gekommen; nämlich entweder durch die Folter, die Spee für die Belange der Zaubereiprozesse und auch zur Indizienfindung überhaupt als ungeeignet und verwerflich beurteilt oder eben durch nicht weniger zweifelhafte Denunziationen. In der Hauptsache und in der Form von Gegenthesen richtet sich Spees Argumentation, wie auch schon zu manchem anderen Aspekt, gegen die unerbittliche Programmatik von Peter Binsfelds Verfolgungs- und Prozessmanual („Tractatus de confessionibus maleficorum et sagarum“) von 1589; vor allem in der „48. Frage“ (S. 243 ff.). Spee ist dabei sehr daran gelegen, die dämonologische Behauptung zu widerlegen, dass der Teufel das Zugegensein von solchen Personen auf dem ‚Hexensabbat‘, die des Hexereiverbrechens eigentlich unschuldig sind, nicht vortäuschen könne, weil Gott eine derartige Eventualität gar nicht zulassen würde – folglich also Anwesende in jedem Falle schuldig sein müssten (S. 243 ff.). Diese Anschauung lehnt Spee rundweg ab:

---

318 „47. Frage. Ob der Teufel die Anwesenheit Unschuldiger auf den Hexensabbaten vorspiegeln kann?“.

319 „48. Frage. Welches die Argumente derer sind, die zu beweisen suchen, daß der Teufel auf dem Hexensabbat keine Unschuldigen erscheinen lassen könne noch wolle“.

320 „49. Frage. Welches die Argumente derer sind, die meinen, man müsse den Denunziationen der Hexen Glauben schenken, und behaupten, sie seien ausreichend, die Denunzierten daraufhin zu foltern?“.

„[…] [er] kann [.] sie [die Unschuldigen] nicht bloß – was von vielen Seiten bereitwilliger zugegeben wird – als untätige Gestalten sondern sogar mit den übrigen tanzend erscheinen lassen." (S. 240)

[…]

„Der Teufel kann sich in einen Engel des Lichts verwandeln, wie sogar die heilige Schrift bezeugt und allenthalben Beispiele in den Lebensgeschichten der Heiligen vorkommen. Folglich kann er auch Unschuldige als gegenwärtig erscheinen lassen, zumal es durchaus glaubhaft ist, daß Gott ihm viel gestattet." (S. 241)

Zur weiteren Begründung schildert er gleichnishafte „Beispiele" aus dem Fundus seiner eigenen Nachforschungen, durch die angeblich auf „Hexentänzen" beobachtete Individuen entlastet werden (S. 240 f., 251, 253 f.). Außerdem zeigt er in der „Beweisführung" seiner „Gegner" immer wieder argumentative Schwachpunkte auf (S. 241 f. u. 243 ff.). Da Spee in diesem Zusammenhang eben vor allem bestrebt ist, zu klären, was von konkreten Denunziationen, die bestimmte Personen der Anwesenheit auf dem ‚Hexensabbat' bezichtigen, zu halten sei, weist er wiederkehrend auf Möglichkeiten hin, welche die Verdächtigungen ihrerseits suspekt und zur Beweisfindung unbrauchbar erscheinen lassen. Da seien zunächst bewusste Falschaussagen, die nicht selten aus blanker Angst vor der Tortur oder bereits „infolge der übermächtigen Folterqualen" gemacht würden (S. 237, 241, 247 f., 255). Die Denunziationen könnten aber durchaus auch aus allerlei niedrigen Beweggründen, wie aus schlichter „Bosheit", erfolgen (S. 241 u. 263 ff.). Außerdem weist Spee beharrlich auf die Möglichkeit von Sinnestäuschungen durch „Einbildung" und „Trugbilder" hin, welche von Denunzianten und Verhörten „für Wirklichkeit angesehen" würden (S. 238 f., 241, 259). Wenn nun aber die denunzierenden Subjekte wirklich Hexen sein sollten, besäßen deren Aussagen ohnehin keinerlei Glaubwürdigkeit. Dann sei nämlich die grundsätzliche Lügenhaftigkeit der Hexen zu bedenken, zumal es ja obendrein ein Anliegen derselben sei, vorzugsweise Unbescholtenen Schaden zu zufügen (S. 262 f. u. 266 ff.).

Die nach seiner Überzeugung gar nicht gegebene Beweiskraft von Aussagen und Annahmen, die Unholdenkonvente betreffen, dient Spee also als ein Musterbeispiel, um die Glaubhaftigkeit und Nützlichkeit der Hexenlehre, vorwiegend natürlich der von ihr ausgehenden Verfolgungsempfehlungen, zu erschüttern. In diesem Sinne fällt dann auch seine Empfehlung an den „Richter" aus:

„Aussagen über den Hexensabbat jedoch, daß jemand dort gesehen worden sei usw., soll er aus den oben erwähnten Gründen keinen Glauben schenken." (S. 257)

Die „Cautio Criminalis" wurde ähnlich wie Jahrzehnte zuvor schon die Schriften des Johann Weyer bald auf die berüchtigten Indizes über verbotene Bücher gesetzt – um nur eine aus der Vielzahl der Schwierigkeiten herauszugreifen, die Spee innerhalb des Jesuitenordens und des katholischen Klerus überhaupt bereitet wurden. Doch war seine vornehmlich angesprochene Zielgruppe ohnehin nicht die Geistlichkeit oder die niedere Jurisdiktion, sondern die weltlichen Obrigkeiten, von denen sich Spee am ehesten ein restriktives ‚Machtwort' erhoffte[321]. Und tatsächlich konnte Spee unmittelbare Erfolge erzielen, die zur Zeit der noch ziemlich ungebrochenen ‚Konvention' der Hexenverfolgung ungewöhnlich waren. Die „Cautio Criminalis" wurde allmählich zur vielleicht wichtigsten und dabei ganz überkonfessionellen Handhabe zur Entlastung und Verteidigung von der Hexerei verdächtigten und angeklagten Personen. In einigen Gegenden wurde durch ihre Anstöße sogar eine nachweisliche Eingrenzung der Zaubereiverfahren bewirkt.[322]

Nicht zuletzt dürfte Spee sein literarisches Talent zugute gekommen sein. Denn der Erfolg der „Cautio Criminalis" erklärt sich in gewisslich nicht geringem Maße durch ihre textrhetorischen und didaktischen Vorzüge[323], die auch in den zeitgenössischen Übersetzungen erhalten blieben oder manchmal sogar gerade herausgearbeitet wurden[324]. Wohl wegen dieser besonderen Qualität eines herausragenden Bestandteils des barocken Schrifttums erreichte Spee mittelfristig auch mit der „Cautio Criminalis" – also nicht allein mit seinem poetischen Werk – ein literarisches Publikum, das nicht im engeren Sinne an der Fachdebatte um Hexenexistenz und Zaubereiverbrechen teilgenommen hat. Das vergegenwärtigt die nachgewiesene ungewöhnliche intertextuelle Gegenwart von bestimmten Passagen aus Spees Schrift oder aus einer ihrer Übersetzungen in der Epik von Grimmelshausens „Simplicissimus Teutsch" (1668/69)[325].

---

321 Vgl. Battafarano 1986, S. 180.

322 Behringer 1988, S. 366–369; — 1993, S. 324–328, 386 ff., 405, 440 f.

323 Vgl. dazu z. B. Battafarano, Italo Michele: Die rhetorisch-literarische Konstruktion von Spees ‚Cautio criminalis'. In: Friedrich Spee zum 400. Geburtstag. Hrsg. von Gunther Franz. 1995, S. 137–148; — Absentia Dei in Spees *Cautio Criminalis*? Wesen und Wirkung einer epochemachenden Schrift. In: Morgen-Glantz. Zeitschrift der Christian Knorr von Rosenroth-Gesellschaft. Bd. 8 (1998), S. 385–400; — Contra auctoritates et loci communes. Das Ich und die Literarizität von Spees ‚Cautio Criminalis'. In: Iris. Forschungen zur europäischen Kultur. Bd. 8: Glanz des Barock. Bern u. a. 1994, S. 213–237; — 1986, S. 177; Behringer 1993, S. 325.

324 Vgl. Battafarano, Italo Michele: Didaxe in der Übersetzung. Meyfarts, Seiferts und Schmidts Verdeutschungen von Spees *Cautio Criminalis* und Knorrs von Rosenroth Übersetzung von Della Portas *Magia Naturalis*. In: Morgen-Glantz. Zeitschrift der Christian Knorr von Rosenroth-Gesellschaft. Bd. 12 (2002), S. 289–318.

325 Battafarano 1996, S. 154 ff.

Es scheint, dass die Wirkung der „Cautio Criminalis" auf die protestantischen Gebiete alles in allem größer gewesen ist als auf die katholischen[326]. Diese überkonfessionelle Speesche Ausstrahlung, die noch weitaus stärker einzuschätzen ist als die seiner Vorläufer im Jesuitenorden Tanner und Laymann, wird etwa am Wirken des lutherischen Theologen und späteren Erfurter Universitätsrektors Johann Matthäus Meyfart (1590–1642) deutlich[327]. Mit Meyfarts in deutscher Sprache abgefasster Schrift „Christliche Erinnerung an gewaltige Regenten und gewissenhaffte Praedicanten" (1631/32 niedergeschrieben)[328] bestätigt sich der Trend zu einer nachdrücklichen Kritik an der Verfahrenspraxis. Die rudimentäre ideologiekritische Erörterung von dämonologischen Details ist auch bei Meyfart hinter das Veranschaulichen und Verurteilen des Grauens der Hexenprozesse zurückgetreten. Dennoch ist das Fundament seiner Überlegungen weniger ein juridisches als eines, das von christlich-barmherziger Überzeugung geprägt ist[329]. Ähnlich wie Spee hat Meyfart nicht als reiner Theoretiker sondern wenigstens als Kenner der Zaubereiverfahren zu gelten, da er eine gewisse Anzahl davon während seiner Zeit als Gymnasialprofessor und -rektor von 1617–1624 in Coburg nachweislich beobachtet hat[330]. In der „Christliche[n] Erinnerung" hat Meyfart obendrein erstmals Teile von Spees „Cautio Criminalis" in einer übersetzten Form vorgelegt. Diese Passagen können jedoch nicht als schlichte Verdeutschungen gelten. Denn Meyfart hat die Vorgaben Spees regelrecht bearbeitet, indem er sie partiell frei, partiell genau übersetzt hat, sie zusammengefasst, ergänzt oder erläutert hat[331]. Unverkennbar ist dabei der Vorsatz einer bewussten Didaktisierung, die auf eine Meinungsbildung und Läuterung im dämonologie- und prozesskritischen Sinne abzielt[332]. Dieser prinzipiell jedem Christenmenschen zugedachte Erkenntnisvorgang sollte sich außerdem wohl nicht mehr nur bei den im erweiterten Titel angesprochenen

326 Behringer 1988, S. 366 f.

327 Zu Person und Werk Meyfarts vgl. Müller, Reinhard: Meyfart, Johann Matthäus. In: Kosch, 10. Bd. (1986), S. 1014–1016; Kühlmann, Wilhelm: Meyfart, Johann Mattäus. In: Killy, Bd. 8 (1990), S. 146–148; Trunz, Erich: Johann Matthäus Meyfart. Theologe und Schriftsteller in der Zeit des Dreißigjährigen Krieges. München 1987.

328 Meyfart, Johann Matthäus: Christliche Erinnerung, An Gewaltige Regenten, vnd Gewissenhaffte Prædicanten, wie das abschewliche Laster der Hexerey mit Ernst außzurotten, aber in Verfolgung desselbigen auff Cantzeln vnd in Gerichtsheusern sehr bescheidentlich zu handeln sey. [...]. Erstdruck Schleusingen bei Erfurt 1635.

329 Vgl. Kühlmann 1990, S. 148.

330 Trunz 1987, S. 235 ff.; vgl. Kühlmann 1990, S. 148.

331 Vgl. Battafarano 2002, S. 289–296.

332 Ebd.

„Regenten“ und „Prædicanten“ vollziehen, die ja Spees vornehmliche ‚Zielgruppe‘ gewesen waren[333].

Schließlich haben die Ausführungen Spees die am Ende des Jahrhunderts anbrechende Aufklärung erreicht. So hat der nachstehend noch besprochene Balthasar Bekker (1634–1698) Teile der niederländischen Übersetzung der „Cautio Criminalis“ in sein eigenes antidämonologisches Hauptwerk aufgenommenen[334]. Rund 70 Jahre nach dem ersten Erscheinen von Spees Schrift hat dann Christian Thomasius (1655–1728), auf dessen Wirken ebenfalls noch eingegangen wird, angegeben, unter anderem durch die Lektüre der „Cautio Criminalis“ erhellende Erkenntnisse für sein Eintreten gegen den überdauernden ‚Crimen-Magiae‘-Gedanken gewonnen zu haben[335]. Und auch Gottfried Wilhelm Leibniz (1646–1716) hat die „Cautio Criminalis“ und deren Wirkung 1710 interessiert und beipflichtend zur Kenntnis genommen[336]. Bei den katholischen Verfolgungsgegnern schien dagegen zunächst eher der weniger radikale und in Bezug auf die Prozesspraxis unkonkretere Adam Tanner die bevorzugte Referenz gewesen zu sein[337]. Längerfristig mag das zudem daran gelegen gaben, dass die Kritik Spees, die ja die Hexereiverfahren in den Jahren vor 1631 zur Grundlage hatte, auf spätere, qualitativ etwas andersartige Prozesse nicht immer kongruent anwendbar war. Das dürfte zwar auch für die in einigen katholisch dominierten, südostdeutschen Gegenden noch bis weit ins 18. Jahrhundert hinein verhandelten Fälle gelten; andererseits zeigt sich für diese Zeit, dass Spee Tanner, wohl wegen der nicht ausreichenden Effektivität von weniger radikalem Protest, dort als Hauptwaffe der Verfolgungsgegner letztlich doch ablöste[338]. Wie weit die Überlegungen Spees noch in das Aufklärungszeitalter hinein ausgestrahlt haben, ist etwa auch an der Argumentationskunst des bayrischen Antidämonologen Ferdinand Sterzinger während der letzten größeren Magiedebatte in den Jahren 1766/67 zu ersehen[339].

Hexenverfolgungen und -prozesse gingen also zu keiner Zeit kritiklos vonstatten und deren historisches Ende wich regional mitunter erheblich voneinander ab. Außerdem war manchen geistigen Strömungen, meist solchen mit erkenntnisskeptizistisch zu nennenden Gedanken, beinahe eine obligatorische

333 Ebd., S. 295.

334 Spee: Sämtliche Schriften, 3. Bd. („Cautio Criminalis“), S. 535–538.

335 Vgl. Behringer 1988, S. 366 f.; — 1993, S. 445 f.

336 Vgl. Behringer 1993, S. 328 u. 440 f.

337 Ebd., S. 366–368.

338 Ebd., S. 367 f.

339 Vgl. Behringer 1993, S. 328 u. 453.

Distanz zur Dämonologie und zu einem vorbehaltlosen Hexenglauben eigen. Auch das Maß der unmittelbaren Auswirkung aufklärerischen Schriftgutes, etwa des Balthasar Bekker oder des Christian Thomasius, auf den Rückgang der Hexereiverfahren mag mitunter diskutierbar sein[340]. Letztlich gilt aber faktisch doch der Anbruch des Aufklärungszeitalters als Besiegelung der endgültigen weltanschaulichen und strafrechtstheoretischen Lösung von Dämonologie und von einem nach Sühne verlangenden Hexenglauben.

Zumindest für die protestantisch dominierten Gebiete Deutschlands gilt in dieser Angelegenheit der mitteldeutsche Jurist und Philosoph Christian Thomasius (1655–1728) als bedeutendste Autorität[341]. Obwohl Thomasius im Jahr 1694 im Bedarfsfall wohl selbst noch ein Hexereiverfahren befürwortet hätte[342], vollzog sich mit seiner bald darauf folgenden, grundsätzlichen Einsicht eine Zäsur in der Geschichte der Verfolgungen und Prozesse, die sich vor allem in der innovativen Schrift „Theses inaugurales de crimine magiae“ (Erstmals Halle 1701) manifestiert[343]. Dabei handelt es sich um eine unter Thomasius' Leitung erstellte und von dem Respondenten Johann Reiche vor der Juristischen Fakultät der Universität Halle verteidigte Dissertation[344]. Frühere Verfolgungsgegner

---

340 Zu dieser Problemstellung vgl. Behringer 1988, S. 341.

341 Zum Überblick über Person, Werk und Wirken sei z. B. hingewiesen auf: Gose, Walther: Thomasius, Christian. In: Killy, Bd. 11 (1991), S. 346–348; Müller, Reinhard: Thomasius, Christian. In: Kosch, 22. Bd. (2002), S. 484–496.
Vgl. ferner Schröder, Jan: Entwicklungstendenzen der juristischen Interpretationstheorie von 1500 bis 1850. In: Zeitschrift für Neuere Rechtsgeschichte (ZNR). 24. Jg., H. 1, 2002, S. 52–64.

342 Vgl. Behringer 1993, S. 405 u. 443.
Dazu, dass bei der Bewertung der Hexenprozesse die Entwicklung von Thomasius' zunächst selbstkritischen, bald darauf aber zu einer weiter gehenden Methodenkritik erweiterten Ansatzes keineswegs selbstverständlich von der Hand ging, stellt er selbst fest: „Ich hatte es so gehöret und gelesen, und der Sache nicht ferner nachgedacht; auch keine Gelegenheit gehabt der Sache weiter nachzudenken.“ (Thomasius, Christian: Kurtze Lehrsätze von dem Laster der Zauberey [...] übersetzt von einem Liebhaber Seiner Muttersprache [Anonymus]. Nachdruck der Ausgabe Halle 1702. München 1986, S. 14).

343 Vgl. Schwerhoff, Gerd: Aufgeklärter Traditionalismus – Christian Thomasius zu Hexenprozeß und Folter. In: Zeitschrift der Savigny-Stiftung für Rechtsgeschichte. Germanistische Abteilung (ZRG GA). 104. Bd., 1987, S. 247–260; Lieberwirth, Rolf: Christian Thomasius. Theses inaugurales de crimine magiae. In: Kindlers neues Literaturlexikon. Hrsg. von Walter Jens. 22 Bände. München 1988–1998, Bd. 11 (1991), S. 527 f.

344 Vgl. ebd., S. 527.

hatten mitunter noch Zugeständnisse gemacht, indem sie etwa den Glauben an die Existenz von Hexen oder sogar lediglich an den Hexenflug und die Tierverwandlung ablehnten, die Eventualität eines Teufelsbundes aber noch nicht prinzipiell ausschlossen[345]. Zwar leugnen auch Thomasius und Reiche ein generelles Vorhandensein des Teufels nicht, allerdings verwerfen sie nachdrücklich nicht nur die Beweisbarkeit, sondern darüber hinaus die Möglichkeit eines Teufelsbündnisses, wie es das dämonologische Dogma einst in verschiedenen Spielarten entworfen hatte. In einer Synthese aus juridischer, theologischer und teils auch naturwissenschaftlich zu nennender Beweisführung wird in dieser Schrift zunächst harte Kritik an der Hexenprozesspraxis und der allgemeinen juristischen Handhabung des Hexereiverbrechens in der Vergangenheit vorgenommen, die besonders auf verfahrensinterne Betrügereien und Ungerechtigkeiten abhebt[346]. Über diese verfahrenskritischen Belange hinaus erschüttern Thomasius und Reiche dann von einer eher theologischen Warte aus nachhaltig die eigentliche Grundlage des ‚Crimen magiae', nämlich den unkritischen Glauben an das Haupttatbestandsmerkmal des Teufelsbundes[347]. Diese Attacke auf die Glaubwürdigkeit des zentralen Belastungsmomentes schließt zwangsläufig alle weiteren damit verknüpften verdächtigen Umstände mit ein. Das bedeutet, dass in der Argumentation Thomasius' und Reiches das vormals so überaus belastende Indiz der vermeintlichen Fahrt „durch die Lufft auf den Blockersberg"[348] nunmehr als peripheres Beiwerk erscheint und daher auch nicht mehr näher erörtert wird. Als hauptsächliche Konsequenz wird letzten Endes dann die Abschaffung aller Hexen- und Zaubereiprozesse eingefordert.

345 Behringer 1988, S. 368.

346 Vgl. Lieberwirth 1991, S. 527.

347 Vgl. ebd.

348 Thomasius, Christian: Kurtze Lehrsätze von dem Laster der Zauberey [...] übersetzt von einem Liebhaber Seiner Muttersprache [Anonymus]. Nachdruck der Ausgabe Halle 1702. München 1986, S. 14.
Waren dämonologischen Büchern zuvor häufig bildliche Darstellungen zur weiteren Veranschaulichung des gefährlichen Hexentreibens beigegeben worden, ist für ein bisschen später übersetzte und illustrierte Ausgaben von Reiches und Thomasius' Schrift nunmehr bemerkenswert, dass darin der Hexenflug zum Blocksberg auf Kupferstichen in einer unverhohlen satirische Weise karikiert wird (Vgl. Behringer 2004, S. 177 f.). Sogar auf die Zugehörigkeit mancher Versammlungsreisenden zu bestimmten sozialen Gruppen kann dabei geschlossen werden. Diese Art der lächerlich machenden Abbildung blieb im Aufklärungszeitalter noch länger üblich, wie es beispielsweise das Titelkupfer der „Walpurgis Nacht" (1756) von Johann Friedrich Löwen zeigt (Vgl. Teil 2, V.).

In der gesamten Angelegenheit bricht Thomasius also sowohl mit den theoretischen Grundlagen und der Praxis der strafrechtlichen Vergangenheit als auch mit einem Weltbild, das für ihn durch einen Mangel an Urteilsfähigkeit gekennzeichnet ist und welchem mit dem Aberglauben ein schwerwiegendes moralisches Problem anhaftet[349].

Wichtige argumentative Vorgaben für Thomasius leistete neben anderen, in der Abhandlung ausdrücklich genannten Denkern, wie Johann Weyer oder Friedrich von Spee, insbesondere der reformierte niederländische Theologe und Cartesianer Balthasar Bekker (1634–1698)[350]. Der veröffentlichte bis zum Jahr 1693 das gegen Gespenster-, Teufel- und Hexenglauben gerichtete, Aufsehen erregende Werk „De beto(o)verde wereld" (Vier Bücher 1691–93), das unter dem Titel „Die bezauberte Welt" sodann auch in deutscher Übersetzung erschien[351]. Ein Schwerpunkt der Lehre Bekkers lag darauf, dass die Teufel und Dämonen der christlichen Vorstellung gar keine (physische) Macht über die Belange der Körperwelt erlangen könnten, womit er zugleich die Möglichkeit jeglicher Teufelsbünde nach dämonologischer Behauptung negierte, ohne dabei eine grundsätzliche Existenz des Teufels in Abrede zu stellen[352]. Obendrein sah er in der Unterstellung einer polymorphen Geisterwelt den Monotheismus in Frage gestellt[353]. Obgleich Bekker auf diese Verkündigungen hin sogar noch in diesem letzten Jahrzehnt des 17. Jahrhunderts wegen Atheismus, Adämonismus und Ketzerei von seinem Amsterdamer Predigeramt suspendiert wurde und eventuellen weiteren Strafmaßnahmen nur durch einen Ortswechsel nach Friesland

---

349 Zu Thomasius' Lehre bezüglich des Aberglaubens vgl. auch Pott, S. S. 78–126 u. 225–246.

350 Zur Konkordanz in der Beweisführung Bekkers und Thomasius' vgl. z. B. Lieberwirth 1991, S. 527; Behringer 1988, S. 376.

351 Bekker, Balthasar: Die bezauberte Welt; oder eine gründliche Untersuchung des Allgemeinen Aberglaubens betreffend die Arth und das Vermögen, Gewalt und Wirckung des Satans und der bösen Geister über den Menschen; und was diese durch derselben Krafft und Gemeinschaft thun; so aus natürlicher Vernunft und [...]; Schrift in 4 Büchern zu bewehren sich unternommen hat / Balthasar Bekker. Aus dem Holländischen nach der letzten vom Authore vermehrten Edition [...] von Johann Lange [Übersetzer]. Amsterdam 1693.

352 Vgl. Schäfer, Wilfried: Balthasar Bekker. De betoverde wereld. In: Kindlers Neues Literaturlexikon. Hrsg. von Walter Jens. 22 Bände. München 1988–1998, Bd. 2 (1989), S. 424; Pott, S. 213–224 („cartesianische Teufelskritik"); Siefener, S. 51; Behringer 1993, S. 405.

353 Vgl. Schäfer, S. 424; Pott, S. 213–224 („cartesianische Teufelskritik").

ausweichen konnte (1692), war die zunehmende Akzeptanz seiner und ähnlicher Überzeugungen nicht mehr aufzuhalten.[354]

Bekkers Betrachtungen sind eben unter anderem deshalb von weit reichender Bedeutung, weil Christian Thomasius das Werk Bekkers zu einem Ausgangspunkt seiner Forschungen und Argumentation in den „Theses inaugurales de crimine magiae" nahm[355]. Als eine greifbare rechtliche Auswirkung von Thomasius' Bestrebungen gilt in dieser Hinsicht das „Edikt zur Einschränkung der Hexenprozesse im Königreich Preußen" von 1714[356]. Auch für den Verzicht auf die für die Hexen- und Zaubereiprozesse als Beweismittel praktisch unerlässliche Folter hat Thomasius wichtige Anstöße gegeben[357], wenngleich deren annähernd endgültige Abschaffung erst ab 1740 (zuerst in Preußen) festgeschrieben wurde[358]. Im selben Jahr begann übrigens die österreichische ‚Kaiserin' Erzherzogin Maria Theresia (1717–1780) damit, Hexereiverfahren im habsburgischen Machtbereich zu unterbinden[359].

Die Akzeptanz der Erkenntnisse und Einforderungen des Christian Thomasius und der durch ihn aufgekommenen Bewegung von ähnlich gesonnenen Theoretikern erfolgte dennoch keineswegs anstandslos. Zwar wurden in protestantischen Gebieten nach 1700 sehr bald keine Hexenhinrichtungen mehr ausgeführt[360], doch blieben heftige polemische Anfeindungen und Atheismus-Verdächtigungen seitens mancher Verfechter des Hexereiglaubens über die Wende zum 18. Jahrhundert hinaus eine gängige Reaktion auf die Reformtätigkeit

---

354 Zur Person Balthasar Bekkers und zur Bedeutung seines Werkes, etwa auch für das Wirken des Christian Thomasius, vgl. z. B. Pott, Martin: Aufklärung und Aberglaube. Die deutsche Frühaufklärung im Spiegel ihrer Aberglaubenskritik. Tübingen 1992, S. 213–225; Lieberwirth, Rolf: Rechtshistorische Schriften. Hrsg. von Heiner Lück. Weimar, Köln, Wien 1997, Teil I („Christian Thomasius und die Aufklärung"), S. 27–30 („Christian Thomasius, ein Kämpfer gegen das Hexenunwesen seiner Zeit"); Battafarano 1977, S. 329 f.; Behringer 1988, S. 2, 341, 376; — 1993, S. 405 u. 441–443; Schäfer, S. 423 f.

355 Vgl. Anm. 354.

356 Behringer 1993, S. 405 u. 448 f.

357 Thomasius, Christian: De tortura ex foris Christianorum proscribenda. Halle 1705; vgl. dazu z. B. Schwerhoff, S. 247–260.

358 z. B. Lieberwirth, Rolf: Folter. In: Handwörterbuch zur deutschen Rechtsgeschichte (HRG). Hrsg. von Adalbert Erler, Ekkehard Kaufmann u. Dieter Werkmüller. 5 Bände. Berlin 1971–1998, I. Bd. (1971), Sp. 1151 f. (Folter); Köbler 1997, S. 153 f. (Folter).

359 Behringer 1988, S. 356 u. 385; — 1993, S. 406 u. 450 f.

360 Ebd., S. 404.

des Thomasius[361]. Außer mit solchen, simpleren Schmähungen hatte es Thomasius bei der Äußerung und Durchsetzung seiner Erkenntnisse vornehmlich mit erheblichen, teils recht prominenten akademischen Hürden zu tun; durchaus auch in den lutherischen frühaufklärerischen Zentren[362]. Auf juristisch-praktischer Ebene wäre da namentlich die Autorität des lutherischen sächsischen Rechtsgelehrten Benedikt Carpzov (1595–1666) zu nennen[363]. Carpzov war zwar kein Theoretiker innerhalb der dämonologischen Diskussion, in seiner über seinen Tod und den west- und ostmitteldeutschen Raum hinaus überkonfessionell gewichtigen Rechtslehre war er aber in wesentlichen Punkten den Vorgaben der Verfolgungspropheten, besonders denen Antonio Martino Delrios, gefolgt[364]. Somit muss dieser sonst sehr verdiente Jurist und Kriminalist in dieser Angelegenheit sozusagen als ‚Mitläufer' angesehen werden, auch wenn er persönlich anscheinend nur ganz mittelbar an (ohnehin sehr wenigen) Hexereiverfahren beteiligt war[365]. In theologischer Hinsicht, war der lutherisch-orthodoxe Leipziger Professor und Theologe Valentin Alberti (1635–1697) ein prominenter Kontrahent Thomasius' und der Frühaufklärung überhaupt; außerdem verstand Alberti sich als Gegner des aufkommenden, von Philipp Jacob Spener (1635–1705) repräsentierten Pietismus[366]. Spener selbst rückte übrigens vom Standpunkt der

361 Lieberwirth 1991, S. 527; Behringer 1993, S. 401, 405, 438; Pott, S. 226–230.

362 Lieberwirth 1991, S. 527.

363 Carpzov, Benedikt: Practica Nova Imperialis Saxonica Rerum Criminalium. Erstmals Wittenberg (Wittenbergae) 1635; erste deutschsprachige Ausgabe („Peinlicher sächsischer Inquisitions- und Achtsprozess") Frankfurt/M. u. Leipzig 1638.
Zwecks Überblick über Person und autorisches Wirken Carpzovs vgl. z. B. Bepler, Jochen: Carpzov, Benedikt, auch Ludovicus de Montesperato. In: Killy, Bd. 2 (1989), S. 374 f.; Müller, Reinhard: Carpzov, Benedikt (Ps. Ludovicus de Montesperato). In: Kosch, 3. Aufl., Erg. bd. II (1995), S. 577 f.; Köbler 1997, S. 73; Schild, Wolfgang (Hrsg.): Benedikt Carpzov (1595–1666). Werk & Wirken. Gesammelte Aufsätze, Vorträge und Dissertationen zu Carpzov aus drei Jahrhunderten. Bd. I: 1667–1927. Goldbach 1997; Jerouschek, Günter / Schild, Wolfgang / Gropp, Walter (Hrsg.): Benedict Carpzov. Neue Perspektiven zu einem umstrittenen sächsischen Juristen. Tübingen 2000.

364 Siefener, S. 143 f.; Behringer 1993, S. 184 u. 403; Jerouschek 1993, S. 205.
Zu beweisrechtlichen Belangen um das Hexereiverbrechen in der Strafrechtslehre Carpzovs vgl. z. B. Michels, S. 24 u. 27.

365 Vgl. Trusen, Winfried: Benedict Carpzov und die Hexenverfolgungen. In: Schlüchter, Ellen u. Laubenthal, Klaus (Hrsg.): Recht und Kriminalität. Festschrift für Friedrich-Wilhelm Krause zum 70. Geburtstag. Köln, Berlin, Bonn, München 1990, S. 19–35.

366 Vgl. Metzger, Erika A.: Alberti, Valentin. In: Killy, Bd. 1 (1988), S. 88; Müller, Reinhard: Alberti, Valentin. In: Kosch, Erg. bd. I (1994), S. 104 f.

Notwendigkeit von Hexenverfolgungen etwa um 1700 praktisch ab[367]. Noch 1690 erschien unter Albertis Obhut eine Magisterdissertation über das darin weiter für wahrhaftig erklärte Bündnis zwischen Teufel und Hexen[368]. Jahre später wurde diese Abhandlung sogar mehrmals ins Deutsche übertragen[369], dann allerdings wohl mehr mit einem verlagsmerkantilen Hintergedanken. Das in dieser akademischen Diskussion um die Glaubhaftigkeit des ‚Crimen magiae' die gegenseitige Wertschätzung der Kontrahenten sich nicht ausschließen musste, wird am Beispiel von Thomasius und Seckendorff sichtbar. Wie schon einhundert Jahre zuvor die Dämonologen Bodin und Delrio abseits der Zauberei- und Hexentheorie sicher manche bemerkenswerte humanistische Leistung erbracht haben[370], war es während der Frühaufklärung der achtbare Staatsdenker und Sprachpfleger Veit Ludwig von Seckendorff (1626–1692), der 1685 in einer seiner staatstheoretischen Schriften die Existenz des Hexereiverbrechens noch einmal nachdrücklich glaubhaft zu machen versuchte[371]. Nichtsdestoweniger hielt Thomasius bei Seckendorffs Bestattung eine Trauerrede auf jenen Mitbegründer und vormaligen Kanzler der Universität Halle und lobte darin vor allem dessen Hauptwerk „Teutscher Fuersten-Stat" (Erstmals Hanau 1656) als vorbildhafte Errungenschaft[372]. Der Sinneswandel zum endgültigen Verurteilen der Institution Hexenprozess vollzog sich bei Thomasius zwar erst ein gutes Jahr später[373], eine Einschränkung der Verdienste Seckendorffs ist bei ihm auch danach dennoch an keiner Stelle erkennbar.

Im weiteren Verlauf der Aufklärung hatte die Thomasius nachfolgende antidämonologische Schriftlichkeit mit immer geringerem Widerstand zu kämpfen

367 Behringer 1993, S. 405 u. 437.

368 Alberti, Valentin u. Stridtbeckh, Christian(us): Dissertatio academica, de sagis, sive foeminis, commercium cum malo spiritu habentibus e Christiana pneumatologia desumpta. Leipzig 1690.

369 Alberti, Valentin u. Stridtbeckh, Christian(us): De sagis, sive foeminis, commercium cum malo spiritu habentibus, Das ist: Von denen Zauberinnen und Hexen und dem Bündniß so sie mit dem Teuffel haben. Leipzig 1716; — Des […] Herrn Valentini Alberti Akademische Abhandlung von den Hexen und dem Bündniß so sie mit dem Teuffel haben. Frankfurt u. Leipzig 1723.

370 Vgl. Battafarano 2001, S. 362.

371 Behringer 1993, S. 401.

372 Seckendorff, Veit Ludwig von: Teutscher Fuersten-Stat / Oder: Gruendliche vnd kurtze Beschreibung / welcher gestalt Fuerstenthuemer / Graff- vnd Herrschafften im H. Rœmischen Teutscher Nation, welche Landes-Fuerstliche vnnd Hohe Obrigkeitliche Regalia haben / […]. In: Staatslehre der Frühen Neuzeit. Hrsg. von Notker Hammerstein. Frankfurt/M. 1995, S. 1164 f. (Anm.).

373 Vgl. Behringer 1993, S. 443–447.

und ist womöglich auch deshalb in der Forschung wenig beachtet worden[374]. Teils ist sie noch als Bestätigung von Thomasius konzipiert[375], teils wartet sie mit einem verhältnismäßig eigenständigen Charakter auf und nimmt dabei sogar erste Historisierungsversuche vor[376].

Trotz eines jahrzehntelangen, stetigen Rückgangs ging die endgültige Ächtung von Hexereiprozessen und unkritischer Magiegläubigkeit im südostdeutschen, überwiegend katholisch bestimmten Raum sehr viel langsamer vonstatten als andernorts. Aus der schließlich auch dort ausgefochtenen, wenn auch schon noch ungefähr zwei Jahrzehnte andauernden weltanschaulichen Abschlussdebatte sind die Rührigkeiten des Theatinerpaters Ferdinand Sterzinger (1721–1786) hervorzuheben. Sterzinger, der außerdem der Bayrischen Akademie der Wissenschaften seit deren Gründung (1759) angehörte, entfesselte in den Jahren vor 1770 den sogenannten Bayrischen Hexenkrieg. So wird eine besonders hitzige Phase jenes letzten Diskurses über die Realität von Hexenwesen, Zaubereiverbrechen und die Notwendigkeit bzw. Berechtigung der entsprechenden Strafverfolgung bezeichnet. Dieser ‚Hexenkrieg' blieb nicht nur auf Fachkreise beschränkt, sondern fand auch einen recht ausgiebigen öffentlichen Widerhall. Entscheidende Impulse gingen hierzu von Sterzingers „Akademische[r] Rede von dem gemeinen Vorurtheile der wirkenden und thaetigen Hexerey" (1766) aus, der im darauf folgenden Jahr zwei ergänzte Auflagen folgten[377].[378]

Sterzingers Ausführungen sind insofern denkwürdig, als für ihn verfahrensspezifische Einzelheiten von potenziell immer noch möglichen Zaubereiprozessen längst nicht mehr von Belang sind. Vielmehr greift er mit spöttisch-ironischer

---

374 Behringer 1988, S. 2.

375 z. B. Franck, Johannes Christophorus: Gottfried Wahrliebs deutliche Vorstellung der Nichtigkeit derer vermeynten Heyereien und des ungegründeten Hexen-Processes [...]. Amsterdam 1720.

376 z. B. Hauber, Eberhard David: Bibliotheca, acta et scripta magica. Gründliche Nachrichten, Auszüge und Urtheile von solchen Büchern und Handlungen, welche die Macht des Teufels in leiblichen Dingen betreffen; zur Ehre Gottes, und dem Dienst des Menschen heraus gegeben [...]. 3 Bände. Lemgo 1738–1745.

377 Sterzinger, Ferdinand: Akademische Rede von dem gemeinen Vorurtheile der wirkenden und thaetigen Hexerey. München 1766; — Betrügerische Zauberkunst und träumende Hexerey oder Verteidigung der akademischen Rede von dem gemeinen Vorurtheile der wirkenden und thaetigen Hexerey. München 1767.

378 Vgl. Behringer 1988, S. 369 ff. u. 526; — 1993, S. 406, 452–457, 520; zu Person und Werk Sterzingers fernerhin Bigler, Ingrid: Sterzinger, Ferdinand. In: Kosch, 20. Bd. (2000), S. 40 f.

Diktion die immer noch verhältnismäßig etablierten Vorstellungen vom Hexen- und Zaubereiwesen und vom „geheime[n] Bündniß mit dem Satan" ganz offen als „Vorurtheil schlechtdenkender Seelen" und „abgeschmackte *Chimaera*, oder erdichtete Sache" an[379]. Dabei schreckt er nicht davor zurück, sich über immer noch leidlich anerkannte dämonologische Fachgrößen wie Martin Anton Delrio lustig zu machen. Der Geist der Aufklärung ist bei Sterzinger unverkennbar, wenn er sich in lächerlich bis verächtlich machender Manier über die Vorstellungen von Hexenflug und Hexentanz nach der Prägung Delrios auslässt:

> „Ich habe mich des Lachens nicht enthalten können, als ich in dem berühmten Vertheidiger der Hexerey, in dem Del Rio, oder in einem alten Hexenprocesse, die lustige Spazierfahrt der Unholden gelesen habe [...]."[380]

Ähnlich wie es gelegentlich schon in der frühaufklärerischen protestantischen Debatte der Fall gewesen war, ist bei Sterzinger also ganz augenfällig, dass das einstmals strafrechtlich so bedeutsame Indiz des Hexenkonvents nun also zusammen mit anderen Merkmalen des angeblichen Hexereidelikts in exemplarisch-induktiver Weise zur Verhöhnung und moralischen Verurteilung des ‚Crimen-Magiae-Denkens' herhalten muss.

IV. 6. Für die Dichtung relevante Nachwirkungen

Wie ausgangs gesagt, nahm sich der ‚Hexensabbat' innerhalb des Gefüges Hexereiverbrechen (nur) als eins von mehreren Charakteristika aus. Freilich war der Teufelsbund oder -pakt sicher das gewichtigste davon, wie auch der Umstand zeigt, dass er als einziges dieser Merkmale in einzelnen territorialen Gesetzgebungen parallel zum Schadenzauber zum eigenen Straftatbestand erhoben wurde[381]. Nichtsdestoweniger legitimiert die rechtsgeschichtliche Konstellation für eine auf Dichtung bezogene motivgeschichtliche Analyse ein Verständnis der Hexenversammlung, wonach sie vom Motiv des Teufelsbundes und des Teufelsbündners zu unterscheiden ist, selbst wenn zwangsläufig eine enge Verbindung besteht.

Über die Aufklärung hinaus blieben die Vorstellungen um die Hexenversammlung in der Walpurgisnacht oder zu anderen Zeitpunkten im Volksglauben bestehen. Dass dies jedoch nicht allein für die Belange von Dichtung und Schriftstellerei entscheidend gewesen sein kann, wird angesichts des intellektuellen und sozialen Aufwands im 16. und 17. Jahrhundert um das transzendente System ‚Crimen magiae' offenbar. Das Wissen um das dämonologische und juridische

---

379 Sterzinger 1766, S. 11.

380 Ebd.

381 Behringer 1993, S. 135 u. 157.

Gefüge, das die Hexenverfolgungen bestimmte, ist neben den harmloseren volksnahen Überlieferungen als gleichwertige Einbildungskraft und Informationshort für die Dichtung bis ins 19. Jahrhundert hinein zu beachten; auch wenn mitunter eine exakte Differenzierung beider Stränge schwierig ausfallen mag.

Dass die strafrechtsgeschichtliche Qualität so mancher Aspekte des „Crimen magiae" vielen Dichtern und Schriftstellern im 18. Jahrhundert trotz der weltanschaulichen Unumkehrbarkeiten der Aufklärung schon noch bewusst gewesen sein muss, spricht, dass sich diese Zunft zu einem großen Teil aus Juristen oder zumindest aus Personen mit juristischen Kenntnissen, die im Rahmen anderer Studien zu erwerben waren, zusammensetzte (‚Dichterjuristen'[382]). Goethe wäre dafür lediglich das prominenteste Beispiel. Bereits während der Hexenverfolgungen gewichtige juridische Traditionslinien – etwa das gelehrte Recht, welches römisches und kanonisches Recht wissenschaftlich behandelte – blieben für die juristische Ausbildung und die Jurisprudenz überhaupt (nicht nur im deutschsprachigen Raum) weiterhin bedeutsam[383]. Ebenso verhält es sich mit

---

382 Vgl. Wilpert 2001, S. 171 („Dichterjuristen"); Schmidt-Wiegand, Ruth: Dichtung und Recht. In: Handwörterbuch zur deutschen Rechtsgeschichte (HRG). Hrsg. von Albrecht Cordes, Heiner Lück, Dieter Werkmüller u. Ruth Schmidt-Wiegand. 2. Aufl. Berlin ab 2008, Bd. I (2008), Sp. 1034–1043; außerdem Hansen, Volkmar: Goethe als Jurist. Anmerkung zur Ausstellung vom 2. März bis 4. Mai 2008. Goethe-Museum Düsseldorf, Anmerkung 90. Düsseldorf 2008, S. 1 ff.; Raabe, Paul: Goethe, Johann Wolfgang von (1749–1832). In: Handwörterbuch zur deutschen Rechtsgeschichte (HRG). Hrsg. von Albrecht Cordes, Heiner Lück, Dieter Werkmüller u. Christa Bertelsmeier-Kierst. 2. Aufl. Berlin ab 2008, 10. Lfrg. (2009), Sp. 441–445.

383 Vgl. hierzu Luig, Klaus: Institutionenlehrbücher des nationalen Rechts im 17. und 18. Jahrhundert. In: Ius Commune. Veröffentlichungen des Max-Planck-Instituts für europäische Rechtsgeschichte. Bd. 3, 1970, S. 65–97; ebenfalls enth. in: — Römisches Recht, Naturrecht, nationales Recht. Goldbach 1998, S. 361–394; Köbler, Gerhard: Juristenausbildung. In: Handwörterbuch zur deutschen Rechtsgeschichte (HRG). Hrsg. von Adalbert Erler, Ekkehard Kaufmann u. Dieter Werkmüller. 5 Bände. Berlin 1971–1998, II. Bd. (1978), Sp. 484–488; Schott, Clausdieter: Juristenfakultäten. In: Handwörterbuch zur deutschen Rechtsgeschichte (HRG). Hrsg. von Adalbert Erler, Ekkehard Kaufmann u. Dieter Werkmüller. 5 Bände. Berlin 1971–1998, II. Bd. (1978), Sp. 488–490; Ranieri, Filippo: Juristenausbildung und Richterbild in der europäischen Union. In: Deutsche Richterzeitung. Organ des Deutschen Richterbundes, Bund der Richterinnen und Richter, Staatsanwältinnen und Staatsanwälte. 76. Jg. 1998, S. 293; ebenfalls enth. unter „Juristenausbildung und Richterbild in der europäischen Tradition" in: — Das europäische Privatrecht des 19. und 20. Jahrhunderts. Studien zur Rechtsgeschichte und Rechtsvergleichung. Berlin 2007, S. 279–294.

rechtskundlichem Schrifttum vornehmlich aus dem 17. Jahrhundert[384], das nicht selten, obgleich auf ganz unterschiedliche Art, mit den Überlegungen um die Zauberei- und Hexereidelikte verquickt war; hier wären beispielsweise die angesprochenen Schriften Carpzovs, Seckendorffs oder Thomasius' zu nennen. Wenn auch strafrechtlich und weltanschaulich mittlerweile irrelevant, blieb das ‚Crimen magiae' im kollektiven juristischen Wissen des 18. Jahrhunderts also schon noch als ein (unwirksamer) strafrechtstheoretischer Begriff präsent. Nicht zuletzt dürften durch diesen Umstand dann auch die ersten ansatzhaft historiographischen Denkschriften über die Hexenverfolgung, die gegen Ende des 18. Jahrhunderts verfasst wurden, mit angeregt worden sein[385]. Außerdem dürfte es wohl angemessen sein, die infolge ihrer Entstehungssituation etwas lakonisch wirkenden, nichtsdestotrotz aber viel zitierten Goethe-Worte aus dem Jahr 1787 über das historische Phänomen des Hexen- und Magieglaubens unter anderem auch vor diesem rechtskundlichen Hintergrund zu verstehen[386]. Durch diese Belegstelle soll ja im Übrigen das allgemeine Forschungsinteresse in Richtung der Hexenverfolgungen überhaupt einigen Auftrieb erhalten haben[387]. Der späte Goethe sieht dagegen das „Teufels- und Hexenwesen" zweifelsohne überwiegend unter dem Aspekt des „Recht[s]" des Dichters auf „freysinnige[.]" Schöpfung und deren unabdingbare Vorzüge[388].

Zur in diesem Zusammenhang markant wirkenden didaktischen Bedeutung von bildlichen Darstellungen in der juristischen Ausbildungsliteratur vom 16. bis zum 18. Jahrhundert vgl. Langer, Thomas: Die Verbildlichung der juristischen Ausbildungsliteratur. Berlin 2004, S. 159–162.

384 Vgl. ebd.

385 z. B. Schwager, Johann Moriz: Versuch einer Geschichte der Hexenprocesse. Erster Band. Berlin 1784; Voigt, Gottfried Christian: Etwas über die Hexenprozesse in Deutschland. In: Berlinische Monatsschrift. Jg. 1784, Bd. 3, S. 297–311 (April 1784); — Auszüge aus einigen Hexenakten bei der Königl. Preuß. Erbvoigtei zu Quedlinburg. In: Berlinische Monatsschrift. Jg. 1784, Bd. 3, S. 430–452 (Mai 1784); — Noch einige Bemerkungen über Hexenprocesse und Folter. In: Berlinische Monatsschrift. Jg. 1784, Bd. 3, S. 453–462 (Mai 1784).

386 Goethe, FA, II. Abt., Bd. 3 (1991), S. 306 f. (107. Goethe an Charlotte von Stein Sa. 30.6.1787: „Wir haben die famose HexenEpoche in der Geschichte, die *mir* psychologisch noch lange nicht erklärt ist, diese hat mich aufmercksam und mir alles wunderbare verdächtig gemacht.") u. 873 (Komm.); Goethe, HA (Goethes Briefe), Bd. II, S. 61 (448. An Charlotte v. Stein [vielleicht auch an Herder] Rom, 4. August? 1787) u. 496 (Anm.); vgl. Teil 3, I. (Vororientierung).

387 Behringer 1993, S. 407 u. 457.

388 Goethe, FA, I. Abt., Bd. 22 (1999), S. 326 f. („Über Kunst und Altertum", Band VI, Heft 1 (1827)); vgl. Teil 3, I. (Vororientierung).

IV. 7. Zeitgenössische dichterische Reflexe

Rückblickend auf die Kulmination von Dämonopathie, Dämonologie und Hexenverfolgung in den Dekaden vor und nach 1600 bleibt noch die Frage nach deren Auswirkungen auf die unmittelbar parallel entstandene Dichtung oder zumindest auf solches Schrifttum, das nicht dem Spektrum der entsprechenden Fachliteratur zuzuordnen ist.

In einer um das Jahr 1615 gedruckten theologischen Denkschrift beklagt sich der in Leipzig zeitweilig als Superintendent und Thomas-Pfarrherr tätige D. Christoph Gundermann (auch Christoffel Gundermann, um 1560 – nach 1615) über die enorme Fülle und Verbreitung von sogenannter Hexenliteratur[389], die in der letzten Zeit veröffentlicht worden sei: „Teufelsbüchlein und Gemäl und Reime von verborgenen zauberischen und teuflischen Künsten, [...] unzählig viel Zeitungen, Tractätlein und dergleichen [...] über Hexen und Zauberer und allerlei Teufelsgeschwürm, auch über Wunder und Apparitionen [Dienstbarkeiten], so sich ereignet haben sollen, dergleichen Aberwitzigkeiten ehedem kein vernünftiger Mensch gegläubt haben würde [...]“[390]. Gunderman, der im Übrigen in allerhand konfessionelle Querelen verwickelt war[391], wertet die seinen

---

389 Zur nachhaltigen Unschärfe des Begriffs ‚Hexenliteratur' vgl. Scholz Williams, Gerhild: Hexenliteratur. In: Reallexikon der deutschen Literaturwissenschaft. Bd. II (2000), S. 44–46.

390 Gundermann, Christoph: Von den Wercken christenlicher Barmherzigkeit. [...]. Leipzig(?) 1615.
Auszugsweise ebenfalls enthalten in: Janssen, Johannes: Culturzustände des deutschen Volkes seit dem Ausgang des Mittelalters bis zum Beginn des Dreißigjährigen Krieges (Fortgeführt durch Ludwig von Pastor als „Geschichte des deutschen Volkes“). Freiburg/Brsg. 1885–1894, Bd. 8, S. 530 (Dient hier als Textreferenz).

391 Im Zuge theologischer Streitigkeiten hatten Gundermann und weitere kursächsische Persönlichkeiten das calvinistische Bekenntnis angenommen, worauf sie im lutherisch geprägten Sachsen offenbar konfessionellen Anfeindungen ausgesetzt waren. Das führte anscheinend sogar zu einer kurzfristigen Festsetzung Gundermanns und schließlich zu dessen Widerruf. Dabei ist Gundermann womöglich auch die zweifelhafte Ehre einer Spottfigur in Pamphleten zuteil geworden. Vgl. dazu:
- Newe Zeitung, Von Doctor Gunderman; Welcher nahm Caluinische Lere an [...]. Leipzig? 1590
- Ein schön new Gesprech von der Calvinischen Schar unnd von ihrem Anhang, gehalten zwischen zweyen Bawern, sehr lustig und kurtzweilig zu lesen; darnach auch das Urtheil, so die Studenten zu Leipzig uber Doctor Christoffel Gunderman gehalten und gefellet haben, lustig und kurtzweilig zu lesen. Leipzig? 1612

Eindrücken nach anschwellende Magiegläubigkeit und Sensationslust, als moralische und kulturelle Schwäche. Ein Anzeichen der „wankelmüthig" gewordenen christlichen Frömmigkeit sieht er darin, dass der Besitz solcher „Teufels- und Schandmären" mitunter sogar als „ehrbar und christlich" betrachtet würde. Angesichts der Zuwendung zu der von der verwirrenden Lektüre begünstigten törichten Magiegläubigkeit und der gleichzeitigen Abwendung von der „Liebe und Barmherzigkeit Gottes und von den Werken christenlicher Barmherzigkeit" befürchtet er einen ernst zu nehmenden Verfall der wahren christlichen Moral und eine Gefährdung des Glaubens an sich. Bei der von Gundermann beanstandeten Literatur handelt es sich allerdings zum ganz überwiegenden Teil um einschlägige Fachbeiträge und um Schriftgut, das in deren Sog entstanden ist, weniger um Dichtung.[392]

In der Tat kam jedoch parallel zum Höhepunkt von Dämonopathie und Hexenverfolgung in den jeweils drei Dekaden vor und nach 1600 eine gewisse Menge von Schriftgut unbekannter oder letztlich unbedeutender Autoren der ‚pro-dämonologischen' Richtung zustande. Damit sind nicht die zahlreichen wissenschaftlichen Traktate zum Hexerei- und Teufelsbund-Thema gemeint, sondern wiederum sehr einfache und kurze, meist lyrische Formen. Darin werden ebenso dämonopathische Empfindungen wie Vorsätze der Hexenlehre widergespiegelt, die mit dem eindringlichen Bittgesuch um göttliche Protektion vor den schädigenden Umtrieben der Unholde verknüpft sind. Hierfür kann als ein Beispielgeber etwa der heute vor allem als Psalmenübersetzer noch ein wenig bekannte Paul(us) Schede Melissus (1539–1602) angeführt werden, der im

- Widerruff zweyer Caluinischer Sächsischer Prediger, Nemlich D. Christophori Gundermans gewesener Superintendentis, vnd Professoris zu Leipzig, vnd Dauid Steinbachs Hoffpredigers zu Dresen [...], Darbey auch gemeldet wirdt, wie D. Gunderman seiner Gefängniß entlediget vnd [...] ausgebrochen [...]. ‚Cristlingen' 1592
- Ein Gesprech, D. Hellriegelns, gehalten mit D. Christophori Gunderman, Weiland Professor vnnd Prediger inn S. Thomas Kirchen zu Leipzig, welcher den 15. Nouembris dieses 91. Jahrs, daselbst zu Leipzig in das Schloß Pleissenburg gefenglich eingezogen. [In Versform]. Leipzig od. Dresden 1592
- Eigentliche Beschreibung, Welcher Gestalt D. Nicolaus Krell, Churfürstlicher Cantzler zu Dresen, vnd D. Christophorus Gunderman, Prediger zu Leiptzig, vnd D. Vrbanus Pierius Prediger vnd Superintendens zu Wittenberg, nach Hertzog Christiani [...] absterben gefänglich eingezogen worden. Alles in einem künstlichen Kupfferstück für Augen gebildet, vnd mit Ziffern erklärt. Leipzig 1592.

392 Vgl. Behringer 1993, S. 399 u. 407 f.

späten 16. Jahrhundert die Ode „An Gott, daß er gnädig die Zauberei und die magischen Formeln der Hexen abwehren wolle“ dichtete[393].

In diesem Sinne sind manche solcher Kurzformen der ebenfalls oft schon zum Schutz gedachten mittelalterlichen Spruchdichtung in der Art des „Münchener Nachtsegens“[394] nicht ganz unähnlich, ohne dass ein unmittelbarer Vergleich angebracht wäre.[395]

Äußerst seltene Kuriositäten sind schriftlich fixierte Bühnenstücke, die ganz unmittelbar an das Hexenthema angepasst sind. So folgt der als Tragödie vorgestellte „Hexenspiegel“ (1600)[396] des württembergischen Geistlichen und Stückeschreibers Thomas Birck (Um 1550–1629) recht genau den üblichen, abergläubischen Phantasien über das Hexendasein[397], einschließlich der Vorstellungen über die schon im erweiterten Titel genannten „Nächtliche Zusammenkunfft, Gastungen vnd Täntz“. Der Bühnenspiel-Charakter tritt allerdings in nicht wenigen Passagen hinter eine

393 Schede Melissus, Paul(us): Ausgewählte Gedichte des Paulus Melissus. In deutscher Übertragung von Ernst Ranke. Zürich 1875, Ode XV; Taubert, Otto: Paul Schede (Melissus). Leben und Schriften. Torgau 1864; Ode XV.
Vgl. dazu Kühlmann, Wilhelm: Poetische Hexenangst – Zu zwei Gedichten des pfälzischen Humanisten Paul Schede Melissus (1539–1602) und ihrem literarischen Kontext. In: Wiegand, Hermann (Hrsg.): Palatinatus Semper Illustrandus. Beiträge zur Geschichte, Literatur, Volkskunde und Geographie der Kurpfalz. Festschrift zum 65. Geburtstag von Hansjörg Probst am 10.5.1997. Sigmaringen 1997, S. 131–148; ebenfalls enth. in: Caemmerer, Christiane / Delabar, Walter / Jungmayr, Jörg / Kiesant, Knut (Hrsg.): Das Berliner Modell der Mittleren Deutschen Literatur. Beiträge zur Tagung Kloster Zinna 29.09.–01.10.1997. Amsterdam 2000, S. 153–174.

394 Vgl. Teil 1, III.

395 Vgl. Behringer 1993, S. 25–30, 37 f., 50–52, 69–71, 259, 309.

396 Birck, Thomas: Hexenspiegel. Ein vberaus schöne vnd wolgegründte Tragedi, darinnen augenscheinlich zusehen, was von Vnholden und Zauberern zuhalten seie. Ob sie können wittern: Im Lufft fahren: Nächtliche Zusammenkunfft, Gastungen vnd Täntz halten: Mit dem Teuffel der Bulschafft pflegen, Vnd Kinder zeugen: Ihren Leib groß vnd klein machen. […]. Tübingen 1600 (Vermutlich einziges, nur fragmentarisch erhaltenes Exemplar in der Württembergischen Landesbibliothek in Stuttgart).
Auszugweise ebenfalls enthalten in: Janssen, Johannes: Culturzustände des deutschen Volkes seit dem Ausgang des Mittelalters bis zum Beginn des Dreißigjährigen Krieges (Fortgeführt durch Ludwig von Pastor als „Geschichte des deutschen Volkes“). Freiburg/Brsg. 1885–1894, Bd. 6, S. 361 ff.

397 Vgl. Goedeke-Grundriss. 2. Bd. (1886): Das Reformationszeitalter, S. 387; Behringer 1993, S. 399 f. u. 408.

eher ins Dialogische und Narrative gehende Darstellungsweise zurück[398]. Doch scheint Birck sein Bühnenwerk nicht mit einem scharfen Verfolgungsaufruf verbunden zu haben, wie es einige Jahre zuvor der vielseitige Herzog Heinrich Julius von Braunschweig-Wolfenbüttel (1564–1613), der in seiner Herrschaft (ab 1589) nachweislich Hexenhinrichtungen mitgetragen hat[399], in der von ihm selbst gedichteten „Tragica comoedia […] von der Susanna" (1592/93)[400] recht unmissverständlich getan hatte[401]. Bei Birck spricht eher einiges dafür, dass er den Hexen und Zauberern ein moralisierendes, Bedauern auslösendes Pathos zuteil werden lassen wollte; und zwar in dem Sinne, dass die Unholde zwar zu Recht bestraft würden, aber nicht zwangsläufig hätten so enden müssen, wenn sie nicht von Gott abgefallen wären. Leider kann anhand des wahrscheinlich einzigen, lediglich in Fragmenten erhaltenen Exemplars nicht geklärt werden, ob für den „Hexenspiegel" vielleicht sogar eine, für die Zeit geradezu einmalige polemische oder satirische Note in Erwägung gezogen werden könnte. Eine in diese Richtung gehende Mutmaßung wird durch den Umstand angeregt, dass Birck innerhalb der evangelisch-lutherischen Kirche offenbar als Provokateur verschrien war[402]. Trotz einiger Gebrauchsspuren an besagtem einzigem Exemplar ist letztlich wohl außerdem nicht feststellbar, ob der „Hexenspiegel" jemals aufgeführt wurde und damit ein breiteres Publikum erreicht hat. Dass auf den Wanderbühnen der Zeit aber überhaupt Stücke zum Hexenthema gespielt wurden, ist schon stark anzunehmen, wenngleich gedruckte oder andere schriftliche Zeugnisse dafür nicht vorliegen.

In der Dichtung ‚gehobenen' Anspruchs – für das Barock bedeutet das insbesondere bei den herausragenden Dichtern Martin Opitz (1597–1639) und Andreas Gryphius (1616–1664) – sind Hexenfiguren als Utensil der Poesie gelegentlich schon präsent, doch eigentlich nur in einer verfremdet zu nennenden Form. So ist in Opitz' novellistischem Schäferpoem „Schäfferey von der Nimfen

---

398 Vgl. Goedeke-Grundriss. 2. Bd. (1886): Das Reformationszeitalter, S. 387.

399 Schormann 1977, S. 48 f.

400 Braunschweig, Heinrich Julius Herzog von: Tragica comoedia […] von der Susanna, wie dieselbe […] vom Daniele errettet […] worden. Auffs new kürtzer verfasset. Wolfenbüttel 1593 (Wahrscheinlich einziges einsehbares Exemplar in der Württembergischen Landesbibliothek in Stuttgart); auszugsweise ebenfalls enthalten in: Janssen, Johannes: Culturzustände des deutschen Volkes seit dem Ausgang des Mittelalters bis zum Beginn des Dreißigjährigen Krieges (Fortgeführt durch Ludwig von Pastor als „Geschichte des deutschen Volkes"). Freiburg/Brsg. 1885–1894, Bd. 8, S. 676.

401 Vgl. Behringer 1993, S. 399 u. 408.

402 Kosch, 1. Bd. (1968), S. 523.

Hercinie" (1630)[403] eine recht ausführliche Hexenszenerie angesiedelt, aber eben in einem einigermaßen exotischen und idealisierenden Milieu der Hirtendichtung (S. 560–564)[404]. Dennoch sind darin immerhin auch konkrete Elemente der frühneuzeitlichen Magie-Debatte aufgegriffen. So lässt Opitz zunächst seine Protagonisten darüber nachsinnen, wie es um die Glaubhaftigkeit der Möglichkeit steht, einen „berggott" von der Art eines „Rübezal" mit „zauberey" anzurufen, die ja einer Geisterbeschwörung gleichkommen würde (S. 556–558). Die besagte Glaubhaftigkeit wird dann nicht allein durch den ironisierend wirkenden Ton des Dialoges zwischen den Hauptpersonen stark relativiert (S. 556 f.)[405]. Obendrein werden direkt anschließend als Erklärung für so manche scheinbar überirdische Erscheinung „mehrentheils natürliche[n] vrsachen" angegeben, unter anderem sogar Hypochondrie und ‚Verzauberung' durch Alkohol (S. 558 f.). In der sich daran nun anschließenden Hexenszene lässt Opitz auf „eine[r] grüne[n] wiese" die Hexe, welche sowohl einem gängigen Klischee als auch einem der vielen Opfertypen der Verfolgungen entspricht[406], zunächst allerlei zauberkultische Handlungen vornehmen, stets begleitet von den dazugehörigen Zaubersprüchen (S. 560–562). Darin ist immerhin das gleichwohl unkonkret bleibende Charakteristikum des Liebeszaubers eingewoben. Hierfür wie für die gesamte „Hercinie" ist von topischen und unmittelbar textuellen Anlehnungen an die vorbildhafte antike Bukolik des Theokrit (Um 300 – um 260 v. Chr.) und des Vergil (70–19 v. Chr.) auszugehen[407]; für diese bestimmte Szenerie aber insbesondere auch von solchen an Philip Sidneys (1554–1586) allegorischen Schäferroman „The Countess of Pembroke's Arcadia" (1590 erstmals gedruckt)[408], den Opitz ja später selbst ins Deutsche übersetzt hat. Gegen Ende der Szene wird schließlich noch eine Prozedur der Hexe präsentiert, die das sogenannte Wettermachen zur Bewandtnis hat (S. 563); eine in der agrikulturellen Gesellschaft der Frühen Neuzeit besonders gefürchtete Variante des Schadenzaubers. Für dieses Motiv

403 Textreferenz: Opitz, Martin: Gesammelte Werke. Kritische Ausgabe. Hrsg. von George Schulz-Behrend. Bd. IV: Die Werke von Ende 1626 bis 1630. 2. Teil. Stuttgart 1990, S. 516–578 („Martin Opitzens Schäfferey von der Nimfen Hercinie.") u. 508–516 (Editorische Erläuterungen u. Zugaben).

404 Vgl. Behringer 1993, S. 400 u. 413–416.
Zum näheren Verständnis des Namens „Hercinie" vgl. Teil 2, IV. (Anm. 267).

405 Vgl. Opitz, S. 557 (Anm. 119).

406 Opitz, S. 560 („[…] ein altes weib/ mitt grawem haupte/ zitterndem gange/ krummen rücken undt einem korbe darauff/ fast gekrochen kam.").

407 Opitz, S. 560 (Anm. 125).

408 Ebd., S. 561 (Anm. 126) u. S. 562 (Anm. 128).

dürfte ebenfalls Sidneys „Arcadia" in gewisser Weise Pate gestanden haben[409]. Bei Opitz offenbaren sich Zauberei und Hexenexistenz also in dieser von der Realität des frühen 17. Jahrhunderts separierten Form als nicht allzu problematische Gegenstände für die Verwendung in der Poetik[410]. Dabei scheint jedoch die entsprechende, von der Antike über Sidney verlaufende Traditionslinie der Hirtendichtung auf den ersten Blick ungleich schwerer zu wiegen als die frühbarocke Situation von Hexenlehre und -verfolgung. Nichtsdestotrotz sollte bei einer näheren Analyse des Verhältnisses von diesen Passagen aus Opitz' Poem zur zeitgenössischen dämonologischen Diskussion immer die besondere Funktion des Anlehnens an althergebrachte Formen bedacht werden, das textuelle und didaktische Innovation zum Ziel hat[411].

In Gryphius' Trauerspiel „Cardenio und Celinde" (1657 erstmals veröffentlicht)[412] ist die in der „zweiten" und „vierten Abhandlung" auftretende Zauberin „*Tyche*" vor allem durch ihren Namen, durch ihre auf das Schicksal Einfluss nehmende, eher negative Rolle sowie durch den Gesamtkontext überhaupt mit unverkennbaren antiken Anflügen versehen (S. 260–265 u. 285 f.)[413]. Dadurch werden solche, ebenfalls vorhandenen Züge, die zeitgenössischen Vorstellungen von Hexentypen eher entsprechen, allem Anschein nach kaschiert. Aber auch Gryphius bleibt den plastischen Bezug zum zeitgenössischen Schwarzkunst-Gedanken nicht schuldig. Denn er hat in sein „Trau(e)r-Spill" einen von „*Tyche*"

---

409 Ebd., S. 563 (Anm. 129).

410 Vgl. Behringer 1993, S. 400.

411 Vgl. zu diesem Aspekt Newman, Jane O.: Et in Arcadia Ego: Pastoral Poetics, or Imitation as Survival in Theocritus, Virgil and Opitz. In: Deutsche Vierteljahrsschrift für Literaturwissenschaft und Geistesgeschichte. 59. Jg., LIX. Bd., 1985, S. 525–550 („*Abstract* […] die Reproduktion traditioneller Formen [führt] zu textueller Innovation. Synekdochische Imitationsgesten in Texten von Theokrit, Vergil und Opitz gewährleisten hierarchische Selbständigkeit und buchstäbliches Überleben. Indem pastorale Konventionen die Vergangenheit vergegenwärtigen, garantieren sie der literarischen Tradition eine Zukunft.").

412 Textreferenz: Gryphius, Andreas: Dramen. Hrsg. von Eberhard Mannack. Frankfurt/M. 1991, S. 227–306 („Andreæ Gryphii Cardenio und Celinde, Oder unglücklich Verlibete. Trauer-Spiel.") u. 963–998 (Erläuterungen u. Stellenkommentar).

413 Zu Charakteristika und Entwicklung der oftmals mit unbeständig günstiger oder ungünstiger Schicksalsfügung assoziierten Gestalt der Göttin Tyche in antiker Mythologie und Literatur vgl. Drögemüller, Hans-Peter: Tyche. In: Der kleine Pauly. Lexikon der Antike in fünf Bänden. Hrsg. von Konrat Ziegler u. Walther Sontheimer. München 1979, Bd. 5, S. 1016 f.

praktizierten Liebeszauber eingeflochten, der auf Wunsch der weiblichen Hauptperson „*Celinde*" auf deren männliches Pendant „*Cardenio*" gerichtet ist (S. 260–265 u. 285 f.)[414]. Und das „zauberische Mittel" (S. 236) des Liebeszaubers wurde eben üblicherweise als eine Form des Schadenzaubers eingestuft.

Dieses doch recht achtsame Vorgehen beider Barockliteraten ist sicher nicht allein mit Furcht vor etwaigen Verdächtigungen oder Bedenken gegenüber unverhohlenen Tabubrüchen zu erklären. Vielmehr ist zu berücksichtigen, dass mit der Methode des Entrückens von Hexenhaftem aus dem Kontext der unmittelbaren barocken Gegenwart, ein ausgeklügelter Vorsatz verbunden zu sein scheint. Danach soll auf diese Weise eine quasi unbehelligte, experimentelle Auseinandersetzung mit dem Hexen- und Magiethema, in Gryphius' Fall gegebenenfalls auch speziell mit den Dimensionen von Schwarzer und Weißer Magie, möglich werden.[415]

Bei den sogenannten Hexenzeitungen sind zwei Kategorien vorherrschend. Bei der einen handelt es sich um eher nüchterne, faktenorientierte Bekanntmachungen über Vorgeschichte, Ablauf und Ausgang von zumeist mehreren Hexenprozessen. Die andere Kategorie ist im Grunde eine Variante des frühneuzeitlichen Zeitungsliedes[416]. Letztere besteht aus etwas aufwendigeren Sensationsberichten über angebliche und tatsächliche Begebenheiten, die im Zusammenhang mit einzelnen oder mehreren, vorzugsweise Aufsehen erregenden Hexereiverfahren standen. Sie sind in einem einfachen erzählerischen, gelegentlich auch lyrischen Stil gehalten. Bisweilen kündigen schon die Titel, wie z. B. „Druten-Zeitung"[417], die Inhalte unmissverständlich an. Ein besonders beliebter Anlass für das Verbreiten dieser Machwerke waren die erschreckenden, lokal und regional in Gang gebrachten Prozesswellen, bei denen gleich gegen eine erhebliche Anzahl von Personen verhandelt wurde, die dann zwangsläufig der zuweilen spektakulär nachgezeichneten Hinrichtung anheim fielen. Die den Hexenzeitungen zugrunde

---

414 Vgl. Gryphius, S. 986 f. (Stellenkommentar zu S. 260–267) u. 992 f. (Stellenkommentar zu S. 285–287).

415 Vgl. Kemper, Hans-Georg: Beglaubigung und Bekämpfung der schwarzen Magie. „Welt als Schlüssel zu den Strukturen" von Gryphius' „Cardenio und Celinde". In: Janota, Johannes u. a. (Hrsg.): Festschrift Walter Haug und Burghart Wachinger. 2 Bände. Tübingen 1992, Bd. II, S. 897–899 u. 908; außerdem Gaede, Friedrich: Gryphius und Grimmelshausen als Kritiker des endlichen Verstandes. In: Simpliciana. Schriften der Grimmelshausen-Gesellschaft. Bd. II (1980), S. 43–52; Teil 2, III.

416 Vgl. Wilpert 2001, S. 65 f. (Bänkelsang) u. 919 f. (Zeitungslied).

417 ‚Trud' o. ä. ist eine vor allem in Oberdtl. verbreitete Hexenbezeichnung (Erich u. Beitl, S. 837); vgl. auch Behringer 1993, 249 f.

liegende Mentalität und ihre inhaltlichen Eckpunkte entsprechen den üblichen Vorgaben der Hexenlehre, für die auf diese Weise ja letztendlich agitiert wurde. Die Kunde über die angeblichen Untaten der Unholde wurde nicht immer, aber doch nicht selten phantasievoll ausgestaltet und dann oftmals mit weiteren erfundenen, aber die Attraktion steigernden Details angereichert[418]. Manchmal scheint sogar ein Anflug von Bedauern für die vom rechten Weg abgekommenen, letztlich aber der verdienten Strafe zugeführten Zaubereiverbrecher mitzuschwingen, der allerdings mit der obligatorischen moralisierenden und warnenden Aussage zu erklären sein dürfte; denn die Notwendigkeit der Hexenverfolgung wird selbstverständlich nicht in Frage gestellt. Wenn es der Belebung der mitgeteilten Vorkommnisse zuträglich ist, werden manchmal auch die einschlägigen antichristlichen Versammlungen der Unholde angesprochen; freilich sind solche Erwähnungen eng an die dämonologischen Vorgaben angelehnt und fallen stets detailarm und quantitativ mager aus[419]. Der vornehmliche Zweck des Gros' der Hexenzeitungen war – wie grundsätzlich bei Zeitungsliedern – die kurzweilige, gruselige Unterhaltung vor allem der einfachen, vom Analphabetismus geprägten Bevölkerung, deren argloser Hexen- und Zaubereiglaube kurzerhand bedient wurde. In gedruckter Form wurden die Sensationsblätter als einzelne Flugschrift oder in Kompilationen aus verschiedenen Zeitungsliedern herausgebracht. Einige der Hexenzeitungen erfuhren, begünstigt durch den im Laufe des 16. Jahrhunderts immer leistungsfähiger gewordenen Druckbetriebes, eine recht weite Verbreitung. Manche inhaltlich besonders spektakulären Ausführungen wurden sogar binnen kurzer Zeit in die Buchform erhoben und verlegt. Auf dem Höhepunkt des ‚Hexenwahns', in den drei Jahrzehnten vor und nach 1600, erlebten entsprechend auch die Hexenzeitungen ihre größte Konjunktur.[420]

Von dem die Hexenlehre verkündenden, akademischen Schrifttum ist eine bestimmte Gattung von Büchern abzugrenzen, die in der Frühen Neuzeit den als teuflisch betrachteten gesellschaftlichen und individuellen Untugenden gewidmet war. Diese volkstümlichen sogenannten Teufelbücher verfolgten einen disziplinierenden, moralisch bessernden Zweck. Sie zielten auf eine charakterliche Festigung des Einzelnen und der Gemeinschaft. Jedes Laster, zumindest wenn ihm im Übermaß gefrönt wird, wird darin mit einem speziellen Teufel

418 Vgl. Teil 2, I. (Vororientierung), Zeitungslied „Von vilen Hexen vnd Vnholden" (Köln 1594) von Niclaus Schreiber (Pseudonym?).

419 Vgl. ebd.

420 Zur Bedeutung der sogenannten Hexenzeitungen in der frühneuzeitlichen Öffentlichkeit vgl. Behringer 1988, S. 233; — 1993, S. 134, 136–139, 188 f., 249 f., 260–263, 399; — 2004, S. 175.

in Verbindung gebracht; beispielsweise mit einem Spielteufel, Tanzteufel oder einem Trinkteufel. Das mochte zum einen auch damals schon sinnbildlich zu verstehen sein, andererseits ist davon auszugehen, dass im Weltbild einfacher Gemüter solche, für die Laster zuständigen Teufel etwas tatsächlich Existierendes waren. In den Teufelbüchern findet sich infolge ihres zwar volkstümlichen, aber eingegrenzten inhaltlichen Spektrums und ihrer erzieherisch-moralischen Intention nichts Näheres zu einem doch so speziellen Bestandteil des Magiefluidums, wie der Hexenversammlung.[421]

Fernerhin sind gewisse wechselseitige Beziehungen zwischen Dämonologie und erzählender Dichtung zu beachten. Einige Elemente des Magie- und Hexenglaubens, die auch für die Dämonologie von Belang waren, fanden Eingang in Bücher, die eigentlich nicht in einer direkten befürwortenden Beziehung zur Hexenlehre standen. Diese unideologische literarische Verwendung von Motiven aus dem Zaubereikomplex konnte dann ihrerseits wiederum die Aufmerksamkeit von Institutionen erregen, die mit der Bekämpfung des ‚Crimen magiae' befasst waren. Dafür dass dies etwa im Fall der 1587 erschienenen „Historia von D. Johann Fausten"[422] gewesen sein könnte, gibt es durchaus Hinweise. Solche quasi kriminalistischen Reaktionen sind nicht etwa mit anderweitigen, moralischen Vorbehalten gegen dieses Volksbuch zu verwechseln.[423]

Obwohl das extreme Ausmaß der strafgerichtliche Verfolgung des ‚Crimen magiae' etwa ab der Mitte des 17. Jahrhunderts stetig zurückging, muss für die Publikation von jeglichem Schrifttum – also auch für die Dichtung – im Grunde noch zum Ende des Jahrhunderts hinein bedacht werden, dass ein freizügiger Umgang mit Elementen des Hexen- und Magieglaubens für Autoren und Verleger weiterhin schwer realisierbar war. Zunehmend bestand jedoch offenbar weniger die Gefahr darin, dadurch unter irgendeinen Schwarzkunstverdacht

---

421 Vgl. Stambaugh, Ria (Hrsg.): Teufelbücher in Auswahl. 5 Bände. Berlin u. New York 1970–1980.
Zur Forschungssituation über die Teufelbücher vgl. Grimm, Heinrich: Die deutschen „Teufelbücher" des 16. Jahrhunderts. Ihre Rolle im Buchwesen und ihre Bedeutung. In: Archiv für Geschichte des Buchwesens. Bd. II, 1958–1960, S. 513–570.

422 Historia von D. Johann Fausten [...]. Gedruckt zu Franckfurt am Mayn / Durch Johann Spies M. D. LXXXVII. (1587); vgl. Teil 2, I. (Vororientierung).

423 Vgl. Baron 1991, S. 24–30 (Baron weist auch darauf hin, dass mit dem Heidelberger Intellektuellen und Professor Augustin Lerchheimer von Steinfelden (Pseud.) alias Hermann Wil(c)ken, genannt Witekind (1522–1603), sogar ein prominenter Gegner der Hexenverfolgungen ‚jugendgefährdende' Vorbehalte gegenüber der Legendenbildung um den Faust-Charakter geäußert hat, S. 28 f.).

zu geraten als sich vielmehr ‚nur noch' dem Vorwurf der Blasphemie und des In-Frage-Stellens der bestehenden, vermeintlich gottgefälligen Ordnung auszusetzen. Und ein offensives, unverhohlenes Geißeln der Hexenlehre und seiner Folgen sowie des Aberglaubens überhaupt als unchristliche Ärgernisse konnte demnach erst einer Generation von Schreibern möglich sein, die auf der Basis der Errungenschaften der Aufklärung wirken konnten. Dass die Umbrüche der Aufklärung mittelfristig ebenso die Möglichkeit zu einer qualitativ neuartigen literarischen Verwendung der Hexenversammlung mit sich brachten, liegt dabei auf der Hand.

V. Erste literarisch zu nennende Fixierungen

Enthält u. a. Trithemius, Agrippa von Nettesheim, Pauli, Eulenspiegel-Volksbuch, Erasmus von Rotterdam, Pirckheimer, Sachs, Aventinus, „Gunpowder Plays".

Nach Institoris' „Malleus maleficarum" von 1486/87 bleiben eingehende theologische und juristische Theoretisierungen über das Magie- und Hexenwesen, also Fachliteratur, bis weit in die zweite Hälfte des 16. Jahrhunderts hinein in Deutschland praktisch aus; lediglich abgesehen von der in Dialogform abgefassten, in vielen Punkten zurückweisenden Schrift des „Malleus"-Kontrahenten Ulrich Molitor (1442–1507)[424]. Gleichwohl geht von dem für das durchschnittliche Weltbild zuweilen realitätsstiftende Fiktionsgefüge der Magie und von der dämonologischen Programmatik des „Hexenhammers" ein untrüglicher anstoßender Einfluss auf verschiedene andere Textsorten meist philosophischer Prägung aus[425].

In der Dichtung des Renaissance-Humanismus bleibt das Aufgreifen des Einzelteils der Hexenversammlung trotzdem eine Randerscheinung. Dafür könnte zunächst die Berührungsangst, sich nicht etwaigen Verdächtigungen aussetzen zu wollen, eine Erklärung sein. Eine weitere Ursache dürfte sicher der dämonologische Vorsatz sein, das ‚Hexenwerk' nicht noch durch poetisches

---

424 Behringer, Wolfgang: Hexen und Hexenprozesse in Deutschland. 2. Aufl. München 1993, S. 112 f. u. 180; vgl. auch — Hexenverfolgung in Bayern. Volksmagie, Glaubenseifer und Staatsräson in der Frühen Neuzeit. München 1988, S. 230.
Molitor („Tractatus de laniis et phitonicis mulieribus", 1489/90) war zwar kein unbedingter Gegner der harten Bestrafung von teufelsbündnerischen Individuen, nach der Lesart des „Canon Episcopi" lehnte er jedoch andere transzendente Elemente aus der neuen Hexenlehre, etwa den Hexenflug, als Aberglaube ab; vgl. Siefener, S. 68, 95, 111, 135, 147, 217; Teil 1, IV. 5. (Ablehnende oder skeptische Positionen).

425 Behringer 1993, S. 9 u. 77 f.

Aufblähen indirekt fördern zu wollen. Aus anti-dämonologischer Sicht dagegen mochte man möglicherweise der Verbreitung des Hexenaberglaubens nicht noch eine zusätzliche Plattform zubilligen. Oder aber der ‚Hexensabbat' wurde einfach ohne näher bestimmbaren Grund noch nicht als ein für die Dichtung zwingender Gegenstand erachtet.

Nichtsdestotrotz gestatteten die allgemeine Rückläufigkeit der gegen Ende des 15. Jahrhunderts forcierten Zaubereiprozesse (Päpstliche „Hexenbulle", 1484; „Hexenhammer", 1487) um 1520 und die durch die Reformation bedingte Verringerung des römisch-inquisitorischen Einflusses das öffentliche Missbilligen des Aberglaubens und damit die Berechtigung der Verfolgungen. Ein Zustand, der in vielen Fällen auch durch die eher liberale Atmosphäre humanistischer Zentren, wie etwa in der Reichsstadt Nürnberg, begünstigt wurde[426]. Diese Umstände wirkten sich auch auf die, wenn auch quantitativ bescheidene Literarisierung von Aspekten des Hexenthemas immerhin so förderlich aus, dass dabei sogar ein kleiner Entwicklungsprozess zu erkennen ist.

Für die Anhängerschaft der Magie- und Hexenglauben propagierenden Richtung stand die Richtigkeit der inquisitorisch geprägten Vorstellungen vom ‚Hexensabbat', wie sie der „Hexenhammer" aufgegriffen und sonderbarerweise ohne nähere Präzisierungen als ideologisches (nicht als beweisrechtliches) Paradigma bestätigt hatte, nicht zur Disposition[427]. So ist das in dichterischem Sinne literarische Aufgreifen der Hexenversammlung oder von mit ihr zusammenhängenden Trugvorstellungen ziemlich einseitig die Angelegenheit von Skeptikern des blinden Dämonenglaubens und dessen ideologischer Funktionalisierung; ansatzweise auch noch von solchen Schreibern, deren Haltung durchaus indifferent wirkt, die aber ebenso nicht in jeder Beziehung als dem dämonologischen Dogma anhängig zu betrachten sind[428].

Genau diese Schriftlichkeitssituation während des Renaissance-Humanismus, an der sogar die durch Martin Luthers (1483–1546) Bibelübersetzungen (1522–1534) angereizte Veränderung vom Lateinischen zum Frühneuhochdeutschen als Grundlage literarisch-dichterischen Ausdrucks abzulesen ist, wird durch die folgenden ausgewählten Fälle recht anschaulich.

Ein signifikantes Beispiel für den literarischen Widerhall von Magie und Hexen und zugleich ein Ausnahmefall, was die spärliche Theoretisierung des

---

426 Kunstmann, Hartmut H.: Zauberwahn und Hexenprozeß in der Reichsstadt Nürnberg. Nürnberg 1970, S. 191.

427 Behringer 1993, S. 77.

428 Ebd., S. 77 f.

Hexenhaften anbelangt[429], ist der als Faust-Gewährsmann, Krypthograph und Bibliograph berühmte frühhumanistische Benediktiner Johannes Trithemius (eigtl. Johannes Heidenberg oder Zeller, 1462–1516), Abt von Sponheim und danach Schottenabt von Würzburg. Das relativ umfangreiche, durchgehend in der Gelehrtensprache Latein geschriebene Gesamtwerk des Trithemius ist in gewissem Sinne schon als schriftstellerisch zu bezeichnen, auch wenn es abseits einer im engeren Sinne poetischen Absicht steht. Sicherlich sind auch seine Werke in Teilen keineswegs ein von der zeitgenössischen dämonologischen Debatte unabhängiges Schriftgut, doch präsentieren sie sich insgesamt als eine sozusagen fachschriftstellerische Arbeit, in der sich eine eigene, recht besondere Auffassung von Magie und deren ‚Anwendung' ausdrückt. Seine glaubenstheoretisch fußende, jedoch nicht immer streng kirchen- oder ordensdogmatisch bestimmte Literatur erscheint als ein Allerlei aus eher unpathetischer religiöser Erbauung, diversen Welterklärungen und Weisheiten sowie einer eigenwilligen Historiographie. Dabei versteht sich Trithemius stets als römisch-christlicher Gelehrter[430]. In mindestens drei eigens zum Gesamtkomplex der Dämonologie und Magie abgefassten Schriften thematisiert er als deren Teilaspekt auch die Schwarze Kunst recht eingehend[431]. Selbst distanziert er sich jedoch ausdrücklich von schwarzkünstlerischen Praktiken und warnt sogar mit Nachdruck vor diesen bestimmten Formen der Zauberei und anderen verwerflichen Künsten[432] – bekanntlich ja in scharfer Abgrenzung zum Magister Faust[433]. Dazu gibt er moralisierende Erklärungen für die vermeintliche Ausbreitung sämtlicher Arten der Zauberei an und liefert

429 Ebd., S. 180.

430 Arnold, Klaus: Humanismus und Hexenglaube bei Johannes Trithemius (1462–1516). In: Segl, Peter (Hrsg.): Der Hexenhammer. Entstehung und Umfeld des Malleus Maleficarum. Köln u. Wien 1988, S. 227; Romberg, Winfried: Johannes Trithemius (1462–1516). Humanist und Magier, Schottenabt zu Würzburg. In: Frankenland. Zeitschrift für fränkische Landeskunde und Kulturpflege. 52. Jg., H. 3, 2000, S. 188; vgl. auch Baron, Frank u. Auernheimer, Richard: Johannes Trithemius: Humanismus und Magie im vorreformatorischen Deutschland. München 1992.

431 Dabei handelt es sich um die Schriften „Liber octo quaestitionem" (1508–1515) – ein von Kaiser Maximilian I. (1459–1519) in Auftrag gegebener Fragen- und Antworten-Katalog – „Antipalus maleficiorum" (1508) und den Entwurf zu dem enzyklopädieartig konzipierten „De demonibus" (1507–1514); vgl. dazu Arnold, S. 218, 223–228, 232–235, 235–239; außerdem Anm. 436 f.

432 Nordmann, Karl-Ulrich: Des Johannes Trithemius Lebenskrise von 1504–1508 und sein „Faust-Brief" vom 20.8.1507. In: Landeskundliche Vierteljahrsblätter. 47. Jg., H. 4, 2001, S. 179 u. 181 f.; Arnold, S. 218.

433 Nordmann, S. 181–185.

unter anderem eine Übersicht von kirchlichen Mitteln, um sich vor Hexenwerk zu schützen[434]. So erwecken die betreffenden Schriften scheinbar durchaus den Eindruck eines üblichen, gelegentlich sogar recht radikalen dämonologischen Beitrags[435]. Sowohl in den „Octo quaestiones" (1508–1515)[436] als auch in dem Manuskript „Antipalus maleficiorum" (1508)[437] erteilt Trithemius die unerbittliche Empfehlung, vom christlichen Glauben abgefallene, Schadenzauber treibende Teufelsbündner nicht zu dulden und auszurotten[438]. Man kann sich jedoch nicht ganz des Eindrucks erwehren, dass es sich dabei auch um ein taktisches Manöver handelt, mit dem Zweck, den Unterschied zu einer ‚natürlichen', weißen Magie umso deutlicher machen zu wollen, um dann so dem eigenen Hang in diese Richtung die Anrüchigkeit zu nehmen. Denn gleichzeitig ist Trithemius bemüht, Formen dieser Magie, die seit dem „Hexenhammer" ebenfalls nach und nach mit der Patina der Sittenlosigkeit belegt wurde, zu distinguieren, etwa in der Niederschrift „De septem secundeis id est intelligentiis sive spiritibus orbes post deum moventibus" (um 1508, dt. erstmals 1529)[439]. Auch an anderer Stelle spricht er sich sehr wohl für jene kirchlich (noch) tolerierte, bisweilen der Alchimie nahe stehende, ‚natürliche' Variante von Magie aus, deren Pflege er eben nicht nur befürwortet, sondern selbst betreibt[440]. Dass es sich bei dieser sehr

---

434 Arnold, S. 233 f. u. 236 f.

435 Zambelli, Paola: Scholastiker und Humanisten. Agrippa und Trithemius zur Hexerei. Die natürliche Magie und die Entstehung kritischen Denkens. In: Archiv für Kulturgeschichte. Bd. 67, H. 1, 1985, S. 71 f.; Behringer 1988, S. 80 u. 85.

436 Vgl. Trithemius, Johannes: Curiositas regia. Octo quaestiones iucundissimae simul et vtilissimae, a Maximiliano 1. caesare Ioanni Trithemio abbati ordinis S. Benedicti propositae, & ab eodem pie & solide solutae. Quaestionum catalogum versa exhibet pagella […]. Duacum [Douai] 1621.

437 Vgl. Trithemius, Johannes: Antipalus maleficiorum. In: Paralipomena opusculorum Petri Blesensis et Joannis Trithemii / aliorumque in typographeo Moguntino editorum a Joanne Busaeo. Moguntia [Mainz] 1605, S. 273–861.

438 Vgl. Behringer 1988, S. 80 u. 85; — 1993, S. 101 u. 180.

439 Trithemius, Johannes: Das wunder Büchlein. Wie die weldt von anfang geregiert vnd erhalten ist, auch wie vnd zu welcher zeyt alle ding auff erdtreich erfunden vnd auffkom[m]en sindt, mit vil wund[er]lichen geschichten […] Durch den hochgelaerten Johan von Trittenheym beschrieben Welchs hie auffs kürtzst angezeygt […]. Speyer 1529.
Vgl. außerdem Trithemius, Johannes: Ioannis Tritemij abbatis Spanheymen[sis] de septem secundeis, id est, intelligentijs, sive spiritibus orbes post Deum moventibus, reconditissimae scientiae & eruditionis libellus […]. Francoforti [Frankfurt/M.] 1545.

440 Arnold, S. 228; Nordmann, S. 179 u. 185; Romberg, S. 189.

ausführlichen, wohl nicht koketteriefreien und uneitlen Beschäftigung mit magischen Künsten um mehr als nur um eine einfache Gelehrtenreaktion auf die Zaubereidebatte und auf die Programmatik des „Malleus maleficarum" handelt, hat Trithemius bereits zu Lebzeiten den aus heutiger Sicht wahrscheinlich doch unbegründeten Ruf eines verworfenen Magiers und Finsterlings eingebracht[441]. War der ihm inhaltlich erwiesenermaßen vertraute „Hexenhammer", an dessen Vorgaben er sich zuweilen orientiert[442], mit dem ‚Hexensabbat' zwar quantitativ und beweisrechtlich eher zurückhaltend[443], in punkto Wirklichkeit aber doch völlig apodiktisch umgegangen, scheint Trithemius in seinen Schriften eine jegliche Besprechung ausgerechnet dieses Konstrukts gänzlich vermeiden zu wollen[444]. Und auch Anleitungen zur praktischen, strafgerichtlichen Ausführung der Hexenverfolgung spart er bis auf vage Andeutungen, aus[445].

Eine weitere, erwähnenswerte Ausnahme in der theoretischen (und praktischen) Auseinandersetzung mit Magie und Hexerei während der Zeit des Humanismus ist der unter anderem als ‚Hexenanwalt'[446] bekannte Polyhistor Heinrich Cornelius Agrippa von Nettesheim (1486–1535), eine Art Schüler des Trithemius[447]. Und ähnlich wie schon bei Trithemius ist ebenso bei Agrippa das Bestreben nach einer ganz eigenen, wiederum schriftstellerisch zu nennenden Auseinandersetzung mit dem Feld der Magie augenfällig. Zwar steht auch Agrippas Literarizität außerhalb einer poetischen Dimension, doch ist beispielsweise seine Erklärung für einige Bestandteile der Hexentheorie, etwa für seinen Schüler Johann Weyer (1515–1588)[448], einen der namhaftesten späthumanistischen Gegner der Hexenverfolgungen, und über den Humanismus hinaus von Belang. Denn bestimmte anklagerelevante Elemente wie der Glaube an sexuelle Beziehungen zwischen Hexen und Dämonen verspottet Agrippa und erklärt sie als geträumte oder hysterische

441 Arnold, S. 220; Nordmann, S. 178–180; Romberg, S. 189 f.; vgl. auch Behringer 1988, S. 256 (Zeitige Verteidigung des Trithemius durch den Antidämonologen Adam Tanner, 1572–1632); vgl. aber auch Zambelli, S. 65–67 u. 75 (Abweichend von der Standardauffassung in der Forschung, erachtet Zambelli Trithemius weiterhin als nicht frei des Verdachts, sich auch mit Schwarzer Magie beschäftigt zu haben, und sieht bei ihm in Bezug auf Magie ein „doppeltes Spiel".).

442 Arnold, S. 235 u. 239 f.; Behringer 2001, S. 84 f. u. 95 f.

443 Vgl. Jerouschek 1993, S. 209 u. 211; Teil 1, V.

444 Arnold, S. 225; Zambelli, S. 74.

445 Arnold, S. 227; Behringer 1988, S. 5.

446 Vgl. Behringer 1988, S. 49; — 1993, S. 77 f. u. 116 f.; — 2001, S. 115; Zambelli, S. 76; Teil 1, V.

447 Vgl. Zambelli, S. 57 u. 75.

448 Vgl. ebd., S. 63 f.; Behringer 2001, S. 115.

Illusionen[449]. Auch den leibhaftigen Flug der Hexen zum ‚Sabbat' betrachtet er unter Berufung auf die patristische Tradition als Imagination und lässt dabei die vom Volksaberglauben und von der Inquisition in solchen Fällen angeführte Begründung einer Magie der Einbildung ebenfalls nicht gelten[450]. Diese kritische Argumentation gegen manche inquisitorische Auffassung und sein Auftreten als ‚Hexenadvokat', der sich angeblich auch noch stets von einem schwarzen Hund begleiten ließ, hatte zur Folge, dass Agrippa – ähnlich Trithemius – im weiteren Verlauf des 16. Jahrhunderts zuweilen als Teufelsbündner verunglimpft wurde[451]. Solchen Stigmatisierungen dürfte zudem nicht abträglich gewesen sein, dass Agrippa, teils in Anlehnung an florentinische Vorbilder oder auch an den Engländer Roger Bacon (1214–1292)[452], eine Art Akademisierung von ‚natürlicher' Magie und Hermetismus betrieb, wonach die ‚magia' als ‚scientia naturalis' zu verstehen ist[453]. Dabei ging er sogar über die ursprünglich mit Trithemius gemeinsame Linie hinaus[454]. In dieser Konsequenz gilt er heute als ein erster Systematiker einer okkulten Philosophie und Vorläufer des Parapsychologie-Gedankens[455]. Womöglich gerade weil die orthodoxe dämonologische Vorstellung von verschwörerischen Hexenversammlungen für die von Agrippa theoretisch ausgeformte ‚natürliche' oder ‚spirituelle' Magie ohne Bedeutung ist, ist in seinem Gesamtwerk der ‚Hexensabbat' über den besagten inquisitionskritischen Aspekt hinaus kein Gegenstand.

Hinsichtlich des ‚Hexensabbat' verhält sich Trithemius' und Agrippas unmittelbarer Zeitgenosse, der dichtende Franziskaner Johannes Pauli (wahrscheinlich 1455–1530), der als einer der Begründer der humanistischen Schwankliteratur gilt, ganz ähnlich wie Trithemius. Gemäß des allgemeinen Weltbildes der Zeit ist wie Trithemius auch Pauli als an Zauberei und Hexen glaubend anzusehen.

---

449 Vgl. Zambelli, S. 77.

450 Vgl. Zambelli, S. 77.

451 Müller-Jahnke, Wolf-Dieter: Magie als Wissenschaft im frühen 16. Jahrhundert. Die Beziehungen zwischen Magie, Medizin und Pharmazie im Werk des Agrippa von Nettesheim (1486–1536). Marburg 1973, S. 1 f.; Zambelli, S. 76; Behringer 1988, S. 426. Zur dämonologischen Chimäre vom Teufel als Advokat vgl. Praetorius, S. 311.

452 Zambelli, S. 54 f., 57, 64.

453 Müller-Jahnke, S. 112–119 u. 316.

454 Zambelli, S. 54 u. 64 f.

455 In dieser Hinsicht ist Agrippas dreiteiliges Werk „De occulta philosophia libri tres sive de magia" (1531 erstmals in Lyon gedruckt) am bedeutendsten.
Vgl. Agrippa von Nettesheim, Heinrich Cornelius: De occulta philosophia libri tres. Hrsg. von Vittoria Perrone Compagni. Leiden, New York, Kopenhagen, Köln 1992; — De occulta philosophia. Auswahl, Einführung u. Kommentar von Willy Schrödter. 2. Aufl. St. Goar 2003.

Paulis Schwankdichtung und Predigtliteratur zeigt eine offen erläuternde, obschon affirmative Auseinandersetzung mit dem Hexenglauben und lässt dabei auch Konstituenten des Hexenbildes wie die der Magierin oder der Häretikerin unterschwellig erkennbar werden[456]. Dem programmatischen dämonologischen Aktionismus, etwa eines „Malleus Maleficarum", wird damit allerdings auch nicht zugespielt[457], zumal bei Pauli bisweilen eine Ironisierung inquisitorischer Attitüden erfolgt[458]. Sein Hauptwerk, die Schwanksammlung „Schimpf und Ernst" (erstmals 1522 in Straßburg gedruckt), lässt demzufolge eine Rezeption unter dem Aspekt der Hexenthematik zu, zumal der Titelholzschnitt einer Ausgabe dieses Schwankbuches von 1534 Hexen darstellt. Ein solches Verfahren offenbart jedoch eine durchaus differenzierte Haltung zum Zusammenhang von Hexenbild und Frauenbild[459]. Eine literarische Konkretisierung von bestimmten elementaren Details des Hexenhaften, wie es eben der ‚Hexensabbat' oder ähnliche Konvente wären, vermeidet aber auch der Schwankdichter Pauli.

Das eine zwar noch nicht konträre, aber eben auch nicht affirmative Haltung wie bei Pauli kein Einzelfall war, sondern eine unzweifelhafte Kontur in der Volksliteratur des Humanismus darstellt, ist etwa auch an Passagen des Eulenspiegel-Volksbuches (Erstdruck 1515) zu ersehen. Darin gibt das Verspotten einer leichtfertigen Wundergläubigkeit der Leute eine Haltung wieder, die zumindest an solchen Teilen des Aberglaubens Kritik übt, an die manche inquisitorische Praxis anknüpft[460]; das ist in diesem Fall das leibhaftige Fliegen einer Person[461]. Doch bleibt auch hier ein der Hexenversammlung nahe kommendes Element unberücksichtigt.

Letzteres gilt auch für den Humanisten Erasmus von Rotterdam (1465–1536). Sonst nimmt auch Erasmus keine verwegene direkte Kritik an der dämonologischen Ideologie oder an Methoden der Inquisition vor, prangert aber dafür in gewisser Weise stellvertretend die lasterhafte populäre Begierde nach angeblichen Wundern und scheinbar metaphysischen Sensationen sowie deren Förderung durch unseriöse Kirchenmänner immer wieder an.[462]

---

456 Schmitz, Silvia: Weltentwurf als Realitätsbewältigung in Johannes Paulis ‚Schimpf und Ernst'. Vorgeführt am Beispiel der lasterhaften Frau. Göppingen 1982, S. 111 f.

457 Schmitz, S. 111 f.

458 Behringer 1993, S. 77 u. 119 f.

459 Schmitz, S. 111.

460 Behringer 1993, S. 77 u. 116.

461 Ein kurtzweilig Lesen von Dil Ulenspiegel. Nach dem Druck von 1515. Hrsg. von Wolfgang Lindow. 10. Aufl. Stuttgart 2003, S. 42 f.; Behringer 1993, S. 116.

462 Behringer 1993, S. 77 u. 114 f.

Aus einer ähnlichen Position heraus, dabei jedoch mehr Details aufgreifend und tatsächlich in einer poetisch zu nennenden Form, erfolgt eine verhöhnende Kritik an einigen Grundlagen der inquisitorischen Anschauung beim Nürnberger Humanisten Willibald Pirckheimer (1470–1530), der übrigens den vermeintlichen ‚Magierabt' Trithemius gekannt und immerhin als „alten Freund" geschätzt hat[463]. Die aller Wahrscheinlichkeit nach von Pirckheimer stammende satirische Komödie „Eccius dedolatus" von 1520[464] – eine Schmähung des katholischen Theologen und Luthergegners Johannes Eck (1486–1543) – ist, trotz einer gewissen Freizügigkeit beim formellen Aufbau, nach antiken Maßgaben als eine Art Fünfakter mit Vorspiel angelegt[465]. Neben der im Humanismus beliebten Form des Dialogs ist das Stück in Konstruktion und Handlung von mannigfachen Anlehnungen an antike Autoritäten, vor allem an das attische Komödienkonzept des Aristophanes (um 445 – um 385 v. Chr.), bestimmt; gleichermaßen ist aber unbedingt auch die Tradition des altdeutschen Fastnachtsspiels von Belang[466]. Entsprechend ist auch das verwendete Sprachgut eine Fügung aus antikem und zeitgenössischem Latein[467]. Das starke zeitgenössische Interesse an diesem Werk ist schon daran zu ersehen, dass das lateinische Original kurz hintereinander drei weitere Auflagen erfuhr; eine ebenfalls rasch folgende deutsche Fassung ist jedoch nicht mehr erhalten[468].

Im zweiten Akt haben im Dialog einer Konstellation von komischen Personen auch bestimmte Dinge, die Bestandteil der inquisitorischen Beweiserhebung sind, einen satirisch und ironisch kennzeichnenden Anschlag[469]. So hat die

---

463 Pirckheimer, Willibald: Brief an [Schwester] Caritas Pirckheimer, 1519. In: Glock, Karl Borromäus u. Meidinger-Geise, Inge (Hrsg.): Willibald Pirckheimer 1470/1970. Dokumente, Studien, Perspektiven. Anläßlich des 500. Geburtsjahres hrsg. vom Willibald-Pirckheimer-Kuratorium. Nürnberg 1970, S. 129.

464 Pirckheimer, Willibald: Eckius dedolatus (‚Der gehobelte bzw. enteckte Eck'). Nach dem Erstdruck vmtl. Erfurt und Basel 1520. Übers. u. hrsg. von Niklas Holzberg. Stuttgart 1983. Zur Verfasser-Frage vgl. Holzberg, Niklas: Zum Problem der Verfasseridentifizierung: Der ‚Eckius dedolatus' – ein Werk Willibald Pirckheimers? In: Peschel, Dietmar (Hrsg.): Germanistik in Erlangen. 100 Jahre nach Gründung des Deutschen Seminars in Erlangen. Erlangen 1983, S. 127–141.

465 Vgl. Johne, Renate: Aristophanes-Studien im deutschen Renaissance-Humanismus. Zum *Eccius dedolatus* Willibald Pirckheimers. In: Zimmermann, Bernhard (Hrsg.): Antike Dramentheorien und ihre Rezeption. Stuttgart 1992, S. 162 f.

466 Vgl. Balzer, Christa: Eccius dedolatus. In: Kindlers neues Literaturlexikon. Hrsg. von Walter Jens. Bd. 13. München 1991, S. 336; Johne, S. 162 u. 165 f.

467 Vgl. Balzer, S. 336.

468 Johne, S. 162.

469 Behringer 1993, S. 77 u. 117–119.

Hexe Canidia[470], die für die Hauptperson Eckius, also Johannes Eck, bereits verschiedentlich tätig war, die weite Reise von Ingolstadt nach Leipzig schnellstens zurückzulegen, um von dort einen Arzt für den überaus unpässlichen Eckius herbeizuholen. Zu diesem Zweck soll sie sich dort zunächst mit einem sachgemäßen Brief an Eckius' etwas dümmlichen Kontaktmann Rubeus wenden, der das schriftliche Ersuchen dann den Mitgliedern der Leipziger Theologischen Fakultät, die in der Nachfolge der berühmten Leipziger Disputation von 1519 gerade erneute Boshaftigkeiten gegen den Reformator Martin Luther vereinbaren, vorlegen soll. Also beratschlagen Eckius und Canidia, welches Gefährt für die notwendige Luftreise am zweckmäßigsten sei, eine Mistgabel, ein Bündel Heu oder ein alter Ziegenbock, auf den schließlich die Wahl fällt. Vor dem Antritt der Luftpassage ermahnt sich Canidia selbst noch zu der stichelnden Umsicht, sich dabei nicht von den Ketzereiverfolgern sehen zu lassen. Tatsächlich gelingt es ihr dann mit Hilfe des Rubeus ihre Mission auszuführen. Neben dem Hexenflug-Gedanken dürfte für diese Luftreise die parodistische Mistkäfer-Passage des Trygaios in der aristophanischen Komödie „Der Frieden" (421 v. Chr.) eine literarische Inspiration gewesen sein[471]. Denn auch einige Zutaten, die die rasante Rückreise der nun drei Personen – Canidia, Rubeus und der Arzt – auf dem fliegenden Ziegenbock von Leipzig über Thüringen und Nürnberg nach Ingolstadt ausschmücken, bezeugen Reminiszenzen an Aristophanes.[472]

Eine zumindest allenthalben zwanglose, bisweilen aber spöttische, lächerlich machende und somit missbilligende Haltung gegenüber festen Bestandteilen des Hexenaberglaubens und darauf aufbauenden Attitüden der Inquisition und anderer Strafverfolger erscheint also bei Pirckheimer nahezu obligatorisch[473].

Obgleich der durchaus dichterisch zu bezeichnenden Konzeption des Lesestücks, nahm sich Pirckheimer dieser Sache allerdings wohl nicht mit einer allzu hochwertigen poetischen Absicht an, denn für die Aufführung dürfte der „Eccius dedolatus" von vornherein nicht gedacht gewesen sein[474]. Bemerkenswert ist dabei jedoch, dass Grundlegendes aus dem Gefüge des Hexenglaubens ganz

---

470 Wen Pirckheimer hierfür als Namenspatin auserkoren hatte, ist recht eindeutig; Horaz (Quintus Horatius Flaccus, 65–8 v. Chr.) verfasste drei Epoden (Hor.epod. 3, 5 u. 7) „gegen die Giftmischerin und Hexe Canidia". Nach dem Neuplatoniker Porphyrios (233–304) handelt es sich bei Canidia um ein Pseudonym für die Giftmischerin Gratidia.

471 Johne, S. 163.

472 Pirckheimer 1983, S. 4–45. Vgl. Behringer 1993, S. 117–119; Johne, S. 163, 165 f.

473 Behringer 1993, S. 77.

474 Johne, S. 162.

unmittelbar als ein Instrument verwendet wird, um einen keineswegs anonymisierten ideologischen Gegner zu verhöhnen. Dazu schreibt Pirckheimer bereits aus einer ähnlichen weltanschaulichen Sichtweise und in Bezug auf den Dämonenglauben mit einer ähnlichen Intention wie einige Jahre später sein humanistischer Mitstreiter Hans Sachs[475].

Denn der bedeutende Nürnberger Volksdichter und Humanist Hans Sachs (1494–1576) liefert schließlich eine poetische Zusammenfassung dieser humanistischen aberglaubenskritischen Haltung. Und war zudem das Aufnehmen einer Hexenversammlung an sich in der Dichtung praktisch ausgeblieben, tritt Sachs aus diesem ungesagten, fast tabuisierend wirkenden Konsens heraus.

Sachs' „Ein wunderlich gesprech von fünff unhulden" aus dem Jahr 1531 ist in der Tat eine Hexenversammlung. Jedoch beschreibt diese nicht etwa das Geschehen eines vorstellungstypischen ‚Hexensabbat', sondern ein gegenseitiges Sich-Erklären von eben „fünff unhulden", die jeweils zeitgemäßen Vorstellungen von Hexentypen entsprechen.[476]

Bei der lyrischen Form bedient sich Sachs des in der satirischen Tradition der Epoche oft verwendeten – man denke etwa an Ulrich von Hutten (1488–1523) – und für ihn selbst charakteristischen strengen, acht- und neunsilbigen Knittelverses. Demgemäß sind sämtliche Verse alle sieben Strophen hindurch paarweise gereimt. Die insgesamt zwölfzeilige Einleitungsstrophe beschreibt, wie der Ich-Erzähler, der sich als eine Art einsamer Wanderer einführt, während einer Rast einnickt und sich ihm im Traum folgendes Geschehnis darbietet:

> „[...]
> Sichtlich sach ich in qualmes traum
> Fünff weibs-bild undter einem baum,
> Alt, geruntzelt unnd ungehewer.
> Redten gar seltzam abenthewer." (S. 285)

Die Bezeichnung dieser Dichtung als „gesprech" zeigt bereits, dass sich Sachs damit der im Humanismus populären poetischen Darstellungsform des Dialogs bedient. Zudem hat ab der zweiten Strophe das Werk von der Konstruktion her etwas den Charakter der bei ihm häufigen Variante des „kampff-Gesprech[s]". Denn es findet eine Art verbaler Wettstreit statt, bei dem jede der „gspiln" (‚Gespielinnen')

---

475 Zur geistigen und weltanschaulichen Nähe zwischen Pirckheimer und Sachs vgl. z. B. Holzberg, Niklas: Grobe und gelehrte Leute. Hans Sachs und Willibald Pirckheimer. In: Literatur in Bayern. 35. Jg., 1994, S. 16–23.

476 Sachs, Hans: Werke. Hrsg. von Adelbert v. Keller. 26 Bände. Nachdruck der Ausgabe Stuttgart 1870–1908. Hildesheim 1964, Bd. V, S. 285–288.

ihre eigenen Geschicke und Vorzüge präsentiert und dabei von deren vorteilhafter Wirkkraft überzeugt ist. Zu diesem Zweck ist jeder der fünf „unhuld“ ihre eigene zehnzeilige Strophe gewidmet.

So eröffnet „die erst zawberin“ mit dem Vorschlag, dass die „eine von der andern lernen“ solle. Selbst versteht sie sich auf den sogenannten Liebeszauber und auf einen die Manneskraft nehmenden Schadenzauber. „Die ander hex“ preist daraufhin ihre eigenen Fähigkeiten – etliche unchristliche, heidnisch-kultische Praktiken wie das „milch melcken aus der thor-sewlen“ und obskure Heilkünste. Das hervorstechende Talent der „dritt teuffels-bannerin“, die obendrein „den teuffel beschwern [kan]“, ist das „christall sehen“ und „warsagen“, während „die vierdt wettermacherin“ sich als „fraw“ des „teuffel[s]“ sieht und mit dessen Hilfe eben das „wetter machen“ praktiziert. Das bedeutet in ihrem Fall, das Herbeiführen von „hagel, schawer, donner“ und „plitz“. „Die fünfft unhuld“ schließlich, die sich auch in „ein katzen verstelln“ kann, gibt das allbekannte „faren auff dem bock“ als Fertigkeit an. Dass ermöglicht ihr die Fahrt „über stauden, stein und stock, […], durch berg und thäler“ und leistet ihr gute Dienste beim Diebstahl von „wein, würst, hüner, gense“, mit denen sie dann ihre „gest erfrew[n]“ kann. (S. 285–287)

Die darauf folgende 38-zeilige Schlussstrophe, hat als „Der Beschluß“ die Funktion eines bewertenden Kommentars der im „gesprech“ beschriebenen vermeintlich schwarzkünstlerischen Fähigkeiten und damit des Glaubens an Hexenphänomene an sich.

Als nun der Ich-Erzähler „[.] in dieser Sag [erwacht]“ und „[.] es heller, liechter tag [war]“, erkennt er:

> „[…]
> Es war ein traum und fantasey,
> Geleich als wol als mit den weyben,
> Die solche schwartze kunst sind treyben.
> Ist doch lauter betrug unnd Lügen.“ (S. 287)

Deutlich ist, dass Sachs für vermeintliches Hexenwerk typische Kriterien, wie sie die dämonologische Lehre aufgreift und predigt sowie als prozessrelevante Indizien wertet, für nicht glaubwürdig hält und verwirft. Expressis verbis gilt das also für den Liebes- und Schadenzauber, die Teufelsbeschwörung, das Wahrsagen und Kristallsehen, die Teufelsbuhlschaft, das Wettermachen, die Tierverwandlung und den Hexenflug. Eine grundsätzliche Existenz des im Gesamtwerk Sachs’ ja ohnehin allenthalben und mannigfaltig präsenten Teufels wird damit übrigens nicht geleugnet. Teuflischer Einfluss wird sogar als eine Erklärung der bestenfalls geträumten Hirngespinste Bockfahrerei und Tierverwandlung angegeben;

wenngleich dabei auch die Möglichkeit eines übertragenen, bildlichen Sinnes von „teuffel“ zu bedenken ist, der für ein unzureichendes und durch törichte Einbildung getrübtes Erkenntnisvermögen steht:

„[…]
Das bockfaren kumpt aus mißglauben.
Der teuffel thuts mit gspenst betauben,
Das sie ligt schlaffen in eym qualm.
Maint doch, sie far umb allenthalbm
Und treyb diesen und jhenen handel.
Und in ein katzen sich verwandel.“ (S. 287 f.)

Jedenfalls betrachtet Sachs die von ihm aufgegriffenen vermeintlichen Hexenmerkmale zweifellos als Resultat abergläubischer und unwahrhaftiger Umtriebe, dessen gefährlicher Auswirkungen er sich immerhin so bewusst gewesen sein muss, dass er sich veranlasst sah, dagegen auf poetische und zugleich volkstümlich verständliche Weise eine ironisch-kritische, fast aufgebracht anmutende Position zu beziehen[477].

Da Sachs’ dichterischer Auseinandersetzung mit dem Zauberei- und Hexen-Thema zu Beginn und am Schluss unmissverständlich als Traum ausgewiesen ist, sind die erzählten Dinge schon von vorneherein ein Mangel am Realismus und Glaubwürdigkeit behaftet. Und es heißt ganz wörtlich, dass Hexen und in mancherlei Hinsicht auch das angebliche Agieren des Teufels („Des teuffels eh und reutterey ist nur gespenst und fantasey“, S. 287) ein Produkt entrückter Phantasie und die Folge eines nur unzulänglich beherzigten christlichen Glaubens seien. Entsprechend unterweist Sachs den Leser, indem er ihn zu festem Glauben ermahnt:

„[…]
Diß als ist haidnisch und ein spot
Bey den, die nicht glauben in Got.
So du im Glauben Gott erkenst,
So kan Dir schaden kein gespenst.“ (S. 288)[478]

Über seine Ansicht, die den Hexenglauben als Phantasie und Mangel an Rechtgläubigkeit versteht, hinaus, deutet er ihn auch als Folge unzureichender Selbstkontrolle und Charakterfestigkeit. Am Beispiel des Behexens mit sogenanntem

477 Vgl. Kunstmann, S. 171; Behringer 1988, S. 89; — 1993, S. 78.

478 Vgl. Brauner, Sigrid: The demonization of the shrew: witchcraft and gender relations in shrovetide plays by Hans Sachs. In: Daphnis. Zeitschrift für Mittlere Deutsche Literatur. Bd. 20, H. 1, 1991, S. 135; Behringer 1988, S. 89; — 1993, S. 78.

Liebeszauber erläutert er, dass etwaige Hexen auf diese Weise keine Macht ausüben können, und dass von solchem Zauber vermeintlich betroffene Erdensöhne, die Ursachen dafür bei sich selbst zu suchen haben:

> „[...]
> Zu lieb sie nyemand zwingen mügen.
> Wer sich die lieb lest ubergan,
> Der selb hat es im selb geth an,
> Das es laufft wie ain halber narr." (S. 287)[479]

An Bekundungen dieser Art ist also recht deutlich die Einwirkung rationaler humanistischer Direktiven wie Willensfreiheit und individueller Affektkontrolle zu ersehen[480].

Sachs' „gesprech" dokumentiert eine unabhängige, skeptische Ansicht zum Zaubereiglauben und eine liberale Haltung zur Frage der kriminellen Schädlichkeit vermeintlicher Hexen, die der dämonologischen Theorie des „Malleus Maleficarum" und deren radikaler Forderung nach strafgerichtlicher Verfolgung nicht nachkommt[481]. Somit ist Sachs' Werk auch ein Zeugnis der diesbezüglich liberalen Situation im humanistischen Zentrum Nürnberg, die sich ja bereits bei Pirckheimer offenbart, vor allem aber in der vergleichsweise geringen Anzahl von Zaubereiverfahren und -verurteilungen zu dieser Zeit[482].

Darüber allerdings, dass Sachs auch selbst das Hexenproblem ausschließlich mit dem weiblichen Geschlecht assoziiert, wie gelegentlich vorhaltend eingewendet wird[483], kann wohl deshalb keine präzise Einschätzung vorgenommen werden, weil er mit seinem „Gesprech" einen bereits vorhandenen Sachverhalt aufgreift und demzufolge nur an die entsprechenden Vorgaben von Volksaberglaube und Dämonologie anknüpft.

Bevor in der zweiten Hälfte des 16. Jahrhunderts die Verfolgungen mit einer ausgiebigen theoretischen Untermauerung wieder verstärkt einsetzen, kann ein vorläufiger Endpunkt der humanistischen Überzeugung, wonach der Hexenaberglauben (lediglich) auf einen Mangel an Glaubens- und Charakterfestigkeit sowie an allgemeinem Wissen weist, bei dem Geschichtsschreiber Johann(es) Turmair (1477–1534), genannt Johannes Aventinus, gesehen werden.

---

479 Vgl. Brauner, S. 138.

480 Vgl. ebd.

481 Vgl. ebd., S. 143 f.; Behringer 1988, S. 89; — 1993, S. 78.

482 Vgl. Brauner, S. 144; Kunstmann, S. 54–65 u. 191.

483 Brauner, S. 144 f.

Aventinus, von dem aus zweifellos eine geistige Nähe zu Pirckheimer besteht[484], nimmt geradezu eine Historisierung des Hexenbildes vor. In seinem Hauptwerk, der 1533 abgeschlossenen „Baierischen Chronik" (1566 erstmals im Druck erschienen), ordnet er in dem Kapitel „Von den Kriegsweibern" eine „frau Häcs", eines „künings Theuers gemachel" und ihre amazonenhaften Mitstreiterinnen, deren „hauptmannin" sie gewesen sein soll, als quasi mythische Gestalten der Vorzeit ein. Weiter berichtet Aventinus, dass diese „frau häcs (*Varr.* häts, hätz) [...] ein grosse ärztin gewesen sein [sol], darvon man noch die alten zaubererin heesen (*Varr.* Hetzen, hezen, hexen) nennt".[485]

Aventinus war sich der Besonderheiten um die konkurrierenden, letztlich aber synonymen Bezeichnungen ‚Hexe' und ‚Zauberin' also schon bewusst, wenn auch seine etymologische Erklärung von heutigem Kenntnisstand aus problematisch ist. Demnach muss er wohl ganz willentlich die Begrifflichkeit Hexe und das skizzierte Hexenbild, das von dem der Gegenwart des frühen 16. Jahrhunderts doch sehr abweicht, vergangenen Zeiten zugeschrieben haben. Die inquisitorisch geprägte Vorstellung von Hexen oder Zauberinnen erhält von ihm so einen Anflug von historischer Ungenauigkeit und Fragwürdigkeit.

Bei der Lektüre dieser repräsentativ ausgewählten Literatur vergegenwärtigt sich also die ausgangs schon formulierte Gewissheit:

Das poetisch zu nennende Aufnehmen der Hexenversammlung oder von mit ihr verketteten Trugvorstellungen (Luftfahrt, andere Merkmale des üblichen Hexenbildes), obliegt mehrheitlich solchen Verfassern, die blinder Dämonopathie und deren ideologischer und strafgerichtlicher Ausformung gegenüber skeptisch bis offen kritisch gesinnt sind (Agrippa, Pirckheimer, Sachs, Aventinus). Bei dieser Denkart ist eine gewisse überkonfessionelle Verbreitung ein außerdem anzuführendes Merkmal. Ergänzt wird diese Kategorie durch Schreiber, deren Haltung zwar durchaus indifferent ist, die aber durch einen unkonventionellen, mystizistischen Umgang mit Aspekten der Magie (Trithemius) oder durch eine eher undämonopathische Haltung auffallen (Pauli), so dass sie

---

484 Vgl. z. B. Dünninger, Eberhard: Johannes Aventinus. Leben und Werk des bayerischen Geschichtsschreibers. Rosenheim 1977, S. 95 f. (Briefwechsel zwischen Aventinus und Pirckheimer).

485 Aventinus, Johannes: Johannes Turmair's genannt Aventinus, sämmtliche Werke. Auf Veranlassung Seiner Majestät des Königs von Bayern hrsg. von Karl Halm, Georg Leidinger, Matthias Lexer, Sigmund Riezler. 6 Bde. München 1881–1908, Bd. IV, S. 148. Vgl. Franck, Johannes: Geschichte des Wortes Hexe. In: Hansen, Joseph: Quellen und Untersuchungen zur Geschichte des Hexenwahns und der Hexenverfolgung im Mittelalter. Bonn 1901, S. 644 f.; Behringer 1988, S. 89.

ebenso nicht pauschal der Anhängerschaft der üblichen dämonologischen Anschauung zugeordnet werden können.

Bei diesen ersten Fixierungen von Elementen, die mit dem ‚Hexensabbat' verbunden sind, handelt es sich also um der Wissenschaft oder der Philosophie nahe stehende Schriftstellerei, um Satire, die im Zeichen reformatorischer Kontroverse steht, und um Volksdichtung, also insgesamt um Schriftgut, das mit keinem allzu hohen künstlerischen Anspruch verbunden ist.

Dennoch sind darin bestimmte motivische Ansätze unbedingt beachtenswert. Eben beispielsweise das teils aus der Auseinandersetzung mit antiken Vorgaben resultierende Erkennen der satirischen und ironischen Möglichkeiten (Pirckheimer, Sachs). Die Anwendung dieser Erkenntnis erfolgt zwar wohl kaum mit der Absicht literarischer Bereicherung und dient vorrangig dem unmittelbaren Verhöhnen des ideologischen Gegners (Pirckheimer), doch es wird zugleich ein nicht unerheblicher Abstand gegenüber der Glaubwürdigkeit von Dingen wie Hexenflug und anderen angeblich magischen Erscheinungen offenbart.

So ist im Ganzen für die Spanne des Renaissance-Humanismus noch keine literarische Verwendung festzustellen, die Hexen, Hexenversammlung und die damit zusammenhängenden Elemente bereits eindeutig als motivisch bereichernde Verzier- und Ausdrucksmittel begreift. Ihr Einbeziehen in die Schriftlichkeit oder auch ihre direkte schablonenhafte Verwendung (Sachs) bleibt im Grunde ein Bedenken und Missbilligung ausdrückender Reflex auf den naiven Volksaberglauben und dessen dämonologisch-aktionistische Instrumentalisierung durch entsprechende Autoritäten.

Eine solche Situation ist in der europäischen Dichtung allerdings so nicht unbedingt durchgängig zu beobachten. Im Besonderen denke man etwa an jene englischen Bühnenspiele des Frühbarock, die unter Bezugnahme auf die Begebenheiten um den berühmten ‚Gunpowder Plot' (dt.: Schießpulververschwörung) von 1605, aber wohl auch gemäß ihrer effektvollen Komposition und Aufsehen erregenden Wirkung in der Forschung gelegentlich als „Gunpowder Plays" charakterisiert werden[486]. Es sind dies vornehmlich Stücke von Christopher Marlowe (1564–1593), Barnabe Barnes (1568 oder 1569–1609), Thomas Dekker (1572–1632), Ben Jonson (1572–1637), John Marston (1576–1634) und natürlich nicht zuletzt von William Shakespeare (1564–1616)[487]. Darin sind verschiedenartige Magie- und Hexenszenen – mitunter sogar in

486 Wills, Garry: Witches and Jesuits: Shakespeare's ‚Macbeth'. New York u. Oxford 1995, S. 35.

487 Vgl. ebd.

einer versammlungsartigen Konstellation – keine Seltenheit und immerhin manchmal eine handlungstragende Komponente bzw. mancher Forschungsansicht nach eben bereits eine Projektionsfläche für durchaus politisch zu nennende Aussagen[488]. Nichtsdestoweniger ist jedoch von einem nachhaltigen Einfluss dieser englischen Errungenschaften, gerade auch von Shakespeare, auf die deutsche Literatur- und Bühnenspieltheorie bekanntermaßen erst ab dem Aufklärungszeitalter auszugehen.

488 Vgl. ebd.; und dazu auch Magister, Karl-Heinz [Rez.]: Von Exorzisten, Hexen, Bastarden und Monstren. In: Shakespeare-Jahrbuch (Deutsche Shakespeare-Gesellschaft), Bd. 133 (1997), S. 277–281.

Teil 2 Literarisierungen der Barockzeit, der Aufklärung und weiterer literarischer Strömungen bis zum Ende des 18. Jahrhunderts

I. Vororientierung

Enthält u. a. Faust-Volksbuch, Versepos „Der Hörseelbergk", Wagner-Buch, Zeitungslied „Von vilen Hexen vnd Vnholden", Aegidius Albertinus, Kompilation „Hundstägige Erquickstund", Shakespeare, Ayrer, Milton, Gottsched.

Der nun beginnende Teil 2 umfasst schwerpunktmäßig das 17. und 18. Jahrhundert. Angesichts dieser langen, viele literarische Epochen einschließenden Zeitspanne soll nicht jede in der Dichtung vorkommende Hexe behandelt werden. Denn das Hauptaugenmerk muss auf typischen, möglicherweise poetisch einschneidenden Verwendungen von Hexenversammlungen und konkret darauf hindeutenden Elementen liegen, seien sie nun ausdrücklich als ‚Walpurgisnacht' oder anders bezeichnet.

Unter dem historiographischen Aspekt der Hexenverfolgungen gesehen, fällt in diesen beträchtlichen Intervall zunächst noch das auch unter ‚Hexenwahn' geläufig gewordene, verstärkte Wiederaufkommen der Zaubereiverfahren in der mitteleuropäischen Spätrenaissance. Daran schließt sich die ungefähre Kulminationszeit der Verfolgungen während des Frühbarocks an. Es folgt das relativ plötzliche Nachlassen der intensiven und umfassenden Verfolgungen in der zweiten Hälfte des 17. Jahrhunderts und später – an der Schwelle zur Aufklärung – gebietsweise bereits deren endgültiges Abklingen. Überregional ist in diesem Zeitraum zumindest das Abflauen einer größer angelegten Verfolgungspraxis festzustellen. Letzte Hexenprozesse, bei denen der regionale Charakter augenfällig ist und die auch qualitativ etwas anders zu bewerten sind als die Verfahren in den beiden Jahrhunderten zuvor, finden erst im Verlauf des vom Mentalitätsumschwung der Aufklärung geprägten 18. Jahrhunderts ihr Ende.

Während in der berühmten „Historia von D. Johann Fausten" (1587) eine entsprechende Szenerie fehlt, sind im literarischen Dunstkreis dieses Faust-Volksbuches schon gewisse Ansätze in Richtung einer dämonischen, hexenhaften Versammlung auszumachen, freilich ohne dass dabei von einem unabhängigen motivischen Gebrauch gesprochen werden könnte.

Eine Berührung zwischen der Faust-Gestalt und einem in gewissem Sinne dämonisch anmutenden Treffen auf bzw. in einem Berg gibt es bereits in einem kaum bekannten, nur als Handschrift erhaltenen satirischen Versepos aus dem Jahr 1592. „Der Hörseelbergk" ist mit dem ebenfalls sonst nicht weiter bekannten Verfassernamen Victor Perillus garniert; zweifellos ein Pseudonym, das zum Akzentuieren der satirischen Machart des Gedichts gewählt wurde. Denn einer antiken Legende nach, soll der Künstler Perillus (grch. Perillos oder Perilaos) im 6. Jahrhundert v. Chr. für den Herrscher des griechisch-sizilianischen Stadtstaates Akragas (Agrigento) Phalaris einen ehernen, innen hohlen Stier angefertigt haben, unter dem der Potentat Feuer entfachen und Verurteilte darin zu Tode martern ließ. Aufgrund der Formung des metallenen Ungetüms sollen deren Schreie wie das Mitleid verbietende Gebrüll eines Stieres geklungen haben. Als ersten soll Phalaris den Erfinder Perillus selbst auf diese Weise gerichtet haben. Gängig ist das Bild des Phalaris als ein Tyrannentypus; doch gibt es auch positivere Darstellungen des Machthabers, die das Ende des Perillus als Vollzug einer gerechten Strafe für die in diesen Interpretationen eigenmächtige, unmoralische Herstellung des grausamen Folterwerkzeugs verstehen.[1] Auf dieses eher mythologische als historische Geschehnis wird in der Literatur des Altertums in Form von Redefiguren wiederkehrend, aber eben mit zuweilen unterschiedlicher Auffassung Bezug genommen[2]. Zwei bekannte Beispiele dafür finden sich im „Vierten" und „Fünften Buch" von Ciceros (106–43 v. Chr.) „Zweiter Rede gegen Verres"[3] sowie im „Ersten Buch" der „Ars Amatoria" des Ovid (43 v. Chr. – 17 oder 18 n. Chr.)[4]. Der Schöpfer des „Hörseelbergk[s]" dürfte allerdings die Berücksichtigung der Perillus-Phalaris-Geschichte in Dante Alighieris (1265–1321) „Divina Commedia" (1321) vor dem geistigen Auge gehabt haben, an die er sich mit seinem Versepos obendrein motivisch einigermaßen eng anlehnt[5]. Später wird die antike Episode auch in der deutschen Dichtung aufgegriffen, etwa in Friedrich Schillers „Die Räuber" (1781) als bildhafter Vergleich („Warum

---

1 Groß, Walter Hatto: Perilaos. In: Der kleine Pauly, 4. Bd. S. 637 f.; Volkmann, Hans: Phalaris. In: Der kleine Pauly, 4. Bd., S. 698 f.; Moorman, Eric M. u. Uitterhoeve, Wilfried: Lexikon der antiken Gestalten. Mit ihrem Fortleben in Kunst, Dichtung und Musik. Stuttgart 1995, S. 542 f. (Perillos oder Perilaos).

2 Moorman u. Uitterhoeve, S. 542 f.

3 Cicero (Marcus Tullius Cicero): Sämtliche Reden. 7 Bände. Eingeleitet, übersetzt u. erläutert von Manfred Fuhrmann. 3. Aufl. Düsseldorf u. Zürich 2000, Bd. IV, S. 188, 310 u. 350 (Anm.).

4 Ovid (Publius Ovidius Naso): Ars Amatoria – Liebeskunst. Lateinisch-deutsch. Hrsg. u. übersetzt von Niklas Holzberg. Düsseldorf u. Zürich 2000, S. 53 u. 182 (Erläuterungen).

5 Vgl. Bolte, Johannes: Zeugnisse zur Faustsage. In: Euphorion. Zeitschrift für Literaturgeschichte. 6. Bd., Jg. 1899, S. 681; Moorman u. Uitterhoeve, S. 543.

hat mein Perillus einen Ochsen aus mir gemacht, daß die Menschheit in meinem glühenden Bauche bratet?")[6]; in Friedrich Maximilian Klingers „Faust's Leben, Thaten und Höllenfahrt" (1791) erörtert sogar „Faust" selbst den Fall um „Phalaris" und „Perillus" haarklein dem „Bischof von Verdun"[7].

Jedenfalls umfasst „Der Hörseelbergk" 3893 Verse, die in uneinheitlichen Strophen nach dem Prinzip von verteilten Rollen angeordnet sind[8]. Der Inhalt handelt von einem Besuch des Götterboten „Mercurius" in der (römischen) antiken Unterwelt. Dieses Reich des „Pluto" (röm. auch ‚Orcus', griech. ‚Hades' genannt) befindet sich im hohlen Hörselberg mitten in Thüringen in der Nähe des heutigen Eisenach[9]. Darin lässt sich „Mercurius" vom zuständigen Fährmann „Charon" umherführen und befragt diverse, dort befindliche Seelen und Geister. Doch auch andere römisch-antike Gottheiten, die eigentlich gar nicht in die Unterwelt gehören, erscheinen plötzlich dort. Es wird demnach das in der Antike beliebte Motiv der Götterversammlung im Hades aufgegriffen. Gegen Ende des Gedichts erblicken die göttlichen Besucher einige der berühmtesten antiken Philosophen und andere Persönlichkeiten, z. B. den ‚Hexenadvokat' Agrippa von Nettesheim[10]. Ebenfalls sichten sie ein paar berüchtigte Schwarzkünstler, unter denen selbstredend auch der „Doctor Faust" ist (V. 3349 f.)[11]. In einem auf denselben „man" bezogenen, sehr knappen Dialog zwischen „Vulcanus" und „Mercurius" geht es dann um die gleichwohl nicht näher beschriebene allgemeine Gefährlichkeit Faustens (V. 3349–3350).

6 Schiller, Friedrich (1759–1805): Werke und Briefe in zwölf Bänden. Hrsg. von Otto Dann, Klaus Harro Hilzinger, Rolf-Peter Janz, Gerhard Kluge, Herbert Kraft, Georg Kurscheidt, Norbert Oellers u. a. Frankfurt/M. 1988–2004, Bd. 2 (Dramen I): Die Räuber, S. 131, Z. 7 f. (Text) u. S. 1098 (Stellenkommentar).

7 Klinger, Friedrich Maximilian (1752–1831): Werke. Historisch-kritische Gesamtausgabe. Hrsg. von Sander L. Gilman, Georg Bangen, Edward P. Harris, Ulrich Profitlich. Bisher 18 Bände. Tübingen 1978–2004, Bd. XI (1978): Faust's Leben, Thaten und Höllenfahrt, S. 157 f. (Viertes Buch, 6. Kapitel).

8 Textgrundlage sind die bei Johannes Bolte (Anm. 5) abgedruckten Passagen der Handschrift „Der Hörseelbergk" (1592) von Victor Perillus (Grannus).

9 Zum sagenumwobenen, seit dem frühen 16. Jh. schriftlich fixierten Fluidum des Hörselberges, u. a. als Hexen- und Geisterberg, Heimstatt von Holda (‚Holle') und wilder Jagd sowie als Schauplatz der Sage vom treuen Eckart und später auch der vom Tannhäuser, vgl. Grimm 1994, Nr. 171 („Der Tannhäuser"), Nr. 174 („Der Hörselberg"), Nr. 314 („Der getreue Eckhart"); Erich u. Beitl, S. 379, 388, 793, 835 f., 970–972.

10 Vgl. Bolte, S. 681; Teil 1, VI.

11 Vgl. ebd.

Wenn auch in ziemlich unscheinbarer Weise, fungiert die Faust-Gestalt in dieser insgesamt mäßig anspruchsvollen Dichtung also immerhin schon als Mitglied einer Ansammlung von metaphysischen Schemen. Darüber allerdings, inwiefern und ob überhaupt von diesem Gedicht eine zeitgenössische oder weiter reichende Wirkung ausging, ist bisher keine literaturwissenschaftliche Einschätzung vorgenommen worden, die sich ohnehin äußerst schwierig gestalten würde.

Im sog. Wagner-Buch von 1593[12], das in adaptiver Anlehnung an die „Historia" die Geschichte des „Christoff Wagner" – des „famul[us] oder diener[s]" und „Erben" Faustens nach dessen „abgang" (S. 8 f.) – erzählt, schildern zwei Stellen, wie „Wagner" mittels Nigromantie (Schwarzkunst) Ansammlungen von höllischen Kreaturen herbei zitiert.

Im „Capitel 3" („Wie Christoff Wagner seinen Geist Auerhan zum ersten mahl fordert und wie es ihme ergienge.") geht dies zunächst in einer alten Scheune („Schewren")[13], „einem œden und wuesten orth", vonstatten (S. 10). Im Zuge von „Wagners" Geisterbeschwörung flammt ein großes Feuer auf, in welchem er „vil unzehlige Teuffel" in vielerlei bedrohlichen Ausführungen „herumb springen" sieht (S. 11), beispielsweise als „Trachen und Lindwuermer". Derweil kreisen über der Scheune „etliche tausent" Raben (S. 13), deren Gestalt Teufel und Hexen ja oftmals annehmen sollen[14].

Zur weiteren Erprobung seiner schwarzkünstlerischen Fähigkeiten wiederholt „Wagner" in Begleitung seines Helfers „Claus Mueller", einem „Balbiers gsell", die Prozedur im „Capitel 7" („Wie Christoff Wagener seinen Geist Auerhan nach seines Herren D. Fausti tod zum ersten mal citiret / unnd wie es im damit ergienge."). Diesmal jedoch bemerkenswerterweise im „land zu Sachsen" auf einem „grossen Berg nicht fern von Halberstatt gelegen / da man sagt das die Zauberinnen zusammen kommen" (S. 21), womit so gut wie sicher der Brocken gemeint ist[15]. Nebenbei handelt es sich hierbei um eine in der Dichtung ausgesprochen frühe

---

12 Ander theil D. Johan Fausti Historien / darin beschriben ist. Christophori Wageners / Fausti gewesenen Discipels auffgerichter Pact mit dem Teuffel / so sich genandt Auerhan / unnd ihm in eines Affen gestalt erschienen / auch seine Abenthewrlichen Zoten unnd possen / so er durch befœrderung des Teuffels geuebt / unnd was es mit ihm zu letzt fuer ein schrecklich ende genommen. […] Durch Fridericum Schotum Tolet [Pseud.]: Jetzt zu P: 1593. Hrsg. u. eingeleitet von Josef Fritz. Halle/S. 1910.

13 Dazu dass Scheunen im Volksglauben zu den Orten gehören, die metaphysische Wesen, auch Hexen, zu Treffen und anderen Anlässen bevorzugt aufzusuchen, vgl. Bächtold-Stäubli, Bd. III, Sp. 1881; Gerlach, S. 971.

14 Bächtold-Stäubli, Bd. III, Sp. 1869; Erich u. Beitl, S. 658 f.; Gerlach, S. 968.

15 Vgl. Dennert 1954, S. 37.

Gelegenheit, bei der der Brocken als Hexenberg ausgewiesen wird[16]. Kurz nachdem „Wagner" damit beginnt, „sein vermaledeite Coniuration" auszusprechen, kommt „erstlich ein groß Windbrausen mit solcher uberauß starcker macht / dz man meinet der gantze Bergk wurde sich umbsturtzen" auf, dazu erfüllen „Rauch" und „Fewer" den Ort (S. 22). Dann zeigen sich erste im Teufel- und Dämonenglauben verankerte Untiere, nämlich „viel schwartze Raben unnd andere seltzame grosse Vœgel / wie Greiffen" und „ein sehr grosser Drach" (S. 22 f.). Nach weiterer „beschwerung" tut sich bald darauf sogar „die Erde auff", aus der zuerst ein „grosses Fewer" austritt (S. 23). Anschließend fahren aus der Erde reichlich „bœse" Scheusale in die „hohe der lufft" empor, die teils einer allgemeinen teuflischen Symbolik, teils dem Verwandlungsrepertoire der Hexen entsprechen[17]: „scheueliche Schlangen", „fliegende Fewrtrachen", „vil hundert seltzame wundebarliche Kugeln", „fewrige Schwerter und Vœgel auch allerley seltzame gifftige gewuerm" (S. 23). Später ertönt „allerley [...] lieblich[es]" Instrumentenspiel und „susser gesangk" bis dem „Teuffelsbanner" schließlich der erbetene teuflische Geist in „gestalt eines affen" gegenübertritt (S. 23 f.).

Auf das Jahr 1594 datiert ein mit dem Autorennamen Niclaus Schreiber versehenes Zeitungslied mit dem Titel „Von vilen Hexen vnd Vnholden", dessen Text durch einen Abdruck in der in Köln erschienenen „Drey Warhafftigen Newen Zeitung" jenes Jahres überliefert ist[18]. Wie in dieser Art von in Versform und Strophen abgefassten, stets recht einfältigen Neuigkeitsberichten üblich, wird mit einem religiös-moralischen Deckmantel eine schaurige Sensation präsentiert[19]. Das ist in diesem Zeitungslied unter anderem der gleichwohl stark verballhornte, aber historiographisch tatsächlich recht genau rekonstruierbare Fall des als Hexenmeister angeklagten und schließlich gerichteten Doktors der Rechtsgelehrsamkeit, Trierer Bürgermeisters und kurfürstlichen Rates Dietrich Flade (1534–1589)[20]. Dass Flade dazu ein Opponent des berüchtigten Kurtrierischen Verfolgungsinitiators

16 Vgl. ebd., S. 39–41.

17 Bächtold-Stäubli, Bd. III, Sp. 1869 f.; Gerlach, S. 968 f.

18 Schreiber, Niclaus [Pseud.?]: Von vilen Hexen vnd Vnholden, die man newlicher zeit in diesem 94. Jar, im Trierischen Land, vnd anderen Orten verbrandt hat, auch was sie für wunderliche schröckliche Sachen begangen, vnd bekennet han. In: Drey Warhafftige Newe Zeitung. Köln 1594, S. Aij–Aiij.

19 Zu den Charakteristika der Textform des Zeitungsliedes vgl. Wilpert 2001, S. 919 f.

20 Baron, Frank: From Witchcraft to Doctor Faustus. In: Selig, Karl Ludwig u. Sears, Elizabeth (Hrsg.): The verbal and the visual. Essays in honor of William Sebastian Heckscher. New York 1990, S. 3–10; Behringer 1988, S. 131, 133, 258, 263, 271; Franz 2002, o. Seitenangabe; vgl. Teil 1, V.

Peter Binsfeld war, lässt den Vorgang umso suspekter erscheinen[21]. Laut der Prozessunterlagen wurde jenem unglücklichen Flade belastend nachgesagt, mehrfach in nicht unbedeutender Funktion auf Hexenzusammenkünften zugegen gewesen zu sein[22]. Dieses Bild der Hexenversammlung greift das Machwerk auf und fügt noch den spektakulären Vergleich des vermeintlichen Hexenmeisters mit „dem doctor Fausto" hinzu[23], wobei dem „Hauptman" der Hexen das faustische Kolorit des Astronomen und Alchemisten gleich mit übergestülpt wird[24]:

„Auff einer Heiden bey einem grünen Wald,
waren die Hexen jung vnd alt;
Dißmal zusammen kommen,
Von vilen Landen weit vnd breit,
kommen zusammen zu der zeit,
Neun Tausent in der Summen.
Ein Raht sie da beschlossen han,
Wie sie in Teutschen Landen,
alles wöllen verderben thun,
vnd gar machen zu schanden,
[…].

Nun muß ich jetzund zeigen an,
Sie hetten vnder jn einen Hauptman,
derselb jhr König ware,
Ein fürtrefflicher gelehrter Mann,
Doctor in der Astronomy schon,
vnnd aller Kunst erfahren,
der hat mit seiner Zauberey,
groß hertzen Leid gestifftet,
vil Menschen vnnd Vieh mancherley,
gestorben vnd vergiftet,
dem doctor Fausto vergleichet er,
von seiner Zaubereye,
ein grosses Buch zu schreiben wer." (S. Aij)

Der bereits erstaunlich deutlich ausgeführte dämonische Auflauf im Wagner-Buch sowie die Verknüpfung eines als ausdrücklich ‚faustisch' präsentierten

---

21 Behringer 1988, S. 131, 133, 258, 263, 271.

22 Vgl. Baron 1990, S. 5; Franz 2002, o. Seitenangabe.

23 Zur These eines möglicherweise Strafverfolgung herausfordernden, provokanten Effekts des Faust-Buches in diesem Zusammenhang vgl. Baron, Frank: Provozierende Elemente im Faustbuch des Johann Spies und ihre Folgen. In: Iwasaki, Eijiro (Hrsg.): Begegnung mit dem Fremden. Grenzen-Traditionen-Vergleiche. Bd. 11. München 1991, S. 24–30.

24 Vgl. Baron 1990, S. 9 f.

Charakters mit einem exorbitant großen, verschwörerischen Hexenkonvent in dem Zeitungslied, das ungeachtet seiner Banalität eine durchschnittliche, volksnahe Mentalität reflektiert, lassen folgenden Schluss zu:

Zumindest für das nicht allzu gehobene literarische Denken ist die Assoziation zwischen Faust-Stoff und dämonischer Zusammenkunft also schon bald nach dem Erscheinen des Faust-Volksbuches nachweisbar. Bereits früheste Epigonen der „Historia“ greifen auf den zu dieser Zeit weltanschaulich hochaktuellen Gedanken der Hexenversammlung zurück und ergänzen sowohl ihre Schöpfungen als in gewisser Weise auch das Gesamtvolumen der Faust-Thematik damit, wenn auch danach weitere Verbindungen dieser Art noch lange auf sich warten lassen.

Für die Variante eines der Dämonologie nahe stehenden Gebildeten-Weltbildes in den Belangen des Teufelglaubens und des Glaubens an die konkreten Strategien und Praktiken der diabolischen Tätigkeit sind für die Zeit um 1600 die Werke des Aegidius Albertinus (1560–1620) als verhältnismäßig exemplarisch anzusehen. Besonders hervorzuheben ist in dieser Hinsicht die prosaische Mahn- und Erbauungsschrift „Lucifers Königreich und Seelenjaidt“ (1616). Für Albertinus ist zudem der Vorsatz einer Anpassung an die Programmatik der Hexenverfolgung durchaus verbürgt[25]. Sonst wird dieser bedeutende deutschsprachige Schriftsteller des frühen 17. Jahrhunderts vor allem noch wegen der Verdeutschung eines der berühmtesten spanischen Picaro-Romane - des „Guzmán de Alfarache“ (2 Teile 1599–1604) des Mateo Alemán (um 1547 - nach 1614) - gekannt[26].

Nicht weiter kommentierte Hexen- und Zaubereigeschichten ganz unterschiedlicher Herkunft sind auch nicht selten in zu Erbauungs- und Unterhaltungszwecken angelegten Sammlungen enthalten. Eine solche Kompilation, worin diverses Schriftgut eher niederer Gattung, also nach dem poetischen Hierarchieverständnis des Barock meist Erzählprosa, zusammengestellt ist, wäre z. B. das seinerzeit verbreitete Werk „Hundstägige Erquickstund“ (1651–1653)[27].

---

25 Behringer 1988, S. 233 f., 249, 251, 309, 408, 429; — 1992, S. 400.

26 Albertinus, Aegidius: Der Landtstörtzer: Gusman von Alfarche oder Picaro genannt [...] theils auß dem Spanischen verteutscht / theils gemehrt und gebessert. Erstmals München 1615. Zum Gesamtwerk Albertinus' vgl. Gemert, Guillaume van: Die Werke des Ægidius Albertinus (1560–1620). Ein Beitrag zur Erforschung des deutschsprachigen Schrifttums der katholischen Reformbewegung in Bayern um 1600 und seiner Quellen. Amsterdam 1979. Vgl. auch Teil 2, III.

27 Hundstägige Erquickstund. Das ist: Schöne, lustige, moralische und historische Discurß und Abbildungen, von wunderbarlichen geheimen und offnen Sachen der Natur, und Verlauff der jetzigen Welt und Zustand deß römischen Reichs [...]. Darinnen [...] auch [...] die grosse Verenderung [...] deß teutschen und anderer Königreichen [...] vor Augen gestellet wird. 3 Teile. Frankfurt/M. 1651–1653.

Wenn auch die Zaubereiverfahren ab der Jahrhundertmitte zurückgingen, konnte es in der Dichtung einen wirklich freimütigen Umgang mit Elementen des Magieglaubens, wie eben der Hexenversammlung, aufgrund der noch weit in die zweite Hälfte des 17. Jahrhunderts anhaltenden dämonopathischen weltanschaulichen Rahmenbedingungen kaum geben. Denn trotz einer in mancher Hinsicht vielleicht geringeren Angreifbarkeit der Poetik war – neben den geringeren Risiken der Zensur oder auf den „Index librorum prohibitorum" gesetzt zu werden[28] – die Gefahr weiterhin ziemlich ungebrochen, sich dem Atheismus-Vorwurf und damit der gesellschaftlichen Ächtung auszusetzen[29].

Einzelne Hexenfiguren gibt es in der Poetik gehobenen Anspruchs gelegentlich dennoch, wie etwa in Werken Martin Opitz' (1597–1639) und Andreas Gryphius' (1616–1664). Allerdings bleiben sie dann entweder eher undifferenziert und unscheinbar oder sind mit einer den Gegenwartsbezug aufhebenden, häufig antikisiert wirkenden Bemäntelung versehen. Wobei im letzteren Fall sicher die Möglichkeit einer ausgeklügelten Formung mit dem Ansinnen, sich dem Hexenproblem sozusagen unbehelligt zu widmen, nicht von der Hand zu weisen ist.[30]

Die unmittelbaren Zeitgenossen Johannes Praetorius (Kapitel II) und Hans Jacob Christoffel von Grimmelshausen (Kapitel III) befinden sich an der Schnittstelle von einem dämonopathischen Weltbild einerseits und andererseits einem Denken, dass ganz offenbar an einer unabhängigen Auseinandersetzung mit dem Magieglauben und den daraus erwachsenen rechtlichen Konsequenzen interessiert ist. Dabei ist bei Grimmelshausen dessen satirisch-erzählerische

---

28 Zur Zensurgesetzgebung in den Territorien des Heiligen Römischen Reiches deutscher Nation vgl. Werkmüller, Dieter: Zensur. In: Handwörterbuch zur deutschen Rechtsgeschichte (HRG). Hrsg. von Adalbert Erler, Ekkehard Kaufmann u. Dieter Werkmüller. 5 Bände. Berlin 1971–1998, V. Bd., Sp. 1655–1658.
Der „Index librorum prohibitorum" ist der von der vatikanischen Inquisitionsbehörde in den Jahren 1559–1564 in Kraft gesetzte Anzeiger über (für Christen) verbotene Bücher, der erst 1966/67 abgeschafft wurde. Vgl. dazu z. B. Reusch, Franz Heinrich: Der Index der verbotenen Bücher. Ein Beitrag zur Kirchen- und Literaturgeschichte. Neudruck der Ausgabe Bonn 1883–1885. 2 in 3 Bänden. Aalen 1967; — Die Indices librorum prohibitorum des sechzehnten Jahrhunderts. Reprint der Ausgabe Tübingen 1886. Niewkoop 1970.

29 Vgl. Behringer 1992, S. 401.

30 Vgl. Kemper, Hans-Georg: Beglaubigung und Bekämpfung der schwarzen Magie. „Welt als Schlüssel zu den Strukturen" von Gryphius' „Cardenio und Celinde". In: Janota, Johannes u. a. (Hrsg.): Festschrift Walter Haug und Burghart Wachinger. 2 Bände. Tübingen 1992, Bd. II, S. 898 u. 908; Behringer 1992, S. 400; auch Teil 2, III.

Eigenart zu beachten, die Teufel und Hexen faktisch als unabdingbares, bereicherndes Zubehör innerhalb der epischen Darstellung begreift.

Ohne selbst bereits aufklärerisch zu sein, stehen sowohl Praetorius wie Grimmelshausen auf ihre, wegen der Verschiedenartigkeit der Textsorten obgleich voneinander abzugrenzenden Weise für eine Art des Umgangs mit der Geißel des Hexenglaubens, deren Wirkung auf die eine oder andere Weise der späteren Aufklärung zugute gekommen sein dürfte. Denn auch die Aufklärung konnte bekanntlich nicht aus dem Nichts kommen, sondern baute auf mancher bereits bestehenden Tradition des analytischen und skeptischen Denkens auf.

Nach Anbruch des Aufklärungszeitalters wurde es, wie in vielerlei Hinsicht, auch üblich, mit der Motivation der Naturerforschung dem Phänomen des Glaubens an das walpurgisnächtliche Hexentreiben auf dem Blocksberg systematisch und teils unter unbedingter Zuhilfenahme neuer naturwissenschaftlicher Erkenntnismöglichkeiten auf den Grund zu gehen. Dies erfolgte einesteils durch das Aufsuchen von in Frage kommenden Orten, vor allem also des Brockens. Eine quasi wissenschaftliche Auswertung fanden diese Brockenreisen anschließend in entsprechenden naturkundlichen Berichten (Kapitel IV). Zum anderen wurde in einer stärker theoretischen, historisch-vergleichend zu nennenden Manier versucht, das Mysterium um Blocksberg und Hexenversammlung zu erhellen (Kapitel IV). Hierbei zog man von einer theologischen oder – wenn die Bezeichnung auch erst im späten 18. Jahrhunderts belegbar ist[31] – volkskundlichen Warte aus gerne die Weisheiten des Altertums zu Rate[32]. Bei der Anerkennung von Schriften aus der unmittelbar vorangegangenen Epoche hielt man sich dagegen infolge des Wunsches nach Abgrenzung gegenüber dieser inzwischen als abergläubisch betrachteten Zeit eher zurück[33].

Mit dem Schwinden von Dämonenängsten, dem Ende der akademischen Dämonologie und der drohenden Strafverfolgung geben die reichhaltigen Bestände des nun entlarvten Aberglaubens auch zu neuen poetischen Verwendungsmöglichkeiten Gelegenheit. Im Volksglauben, das heißt hier im Weltbild der überwiegend einfachen, wenig gebildeten Bevölkerung, bleiben allerdings die meisten abergläubischen Vorstellungen weiterhin präsent; ein Umstand, dem im späteren 18. Jahrhundert in den Überlegungen um die Empfänglichkeit von ‚Volkspoesie' wieder eine überraschende Bedeutung zukommen wird (Kapitel VI).

---

31 Erich u. Beitl, S. 877.

32 Vgl. Pott, Martin: Aufklärung und Aberglaube. Die deutsche Frühaufklärung im Spiegel ihrer Aberglaubenskritik. Tübingen 1992, S. 9–38 u. 41–66.

33 Vgl. ebd. S. 78–182 u. 267–332.

Im von der Aufklärung bestimmten 18. Jahrhundert erfolgt die Zunahme von Hexenfiguren oder gar der Hexenversammlung in den Gattungen höheren Anspruchs insgesamt zwar nur sehr zögerlich, doch werden sie nun stets als gestaltendes Instrument einer wie auch immer ausfallenden Intention verstanden. Auf der Ebene des trivialen, rein unterhaltenden Schriftgutes erfüllen sie dagegen den Zweck eines marktorientierten Gruseleffekts (Kapitel VI).

Die häufig jedoch ins Ablehnende und Verhöhnende gehende aufklärerische Eingenommenheit gegenüber überlieferten mystizistischen Kuriosa veranschaulicht Johann Christoph Gottscheds Ode „An Herrn D. Carl Friedrich Lau […]“ aus dem Jahr 1723[34]. In zehn sechszeiligen, eben nach den Gottschedschen poetischen Lehrsätzen klar formalisierten Strophen wird das Ende jeglichen Aberglaubens durchaus triumphierend festgestellt. In zwei aufeinander folgenden Strophen wird auch auf „Faust“, den „Blocksberg“ und die „Zauberey“ nicht verzichtet, weil nun ebenfalls diese besonderen Blüten des Aberglaubens in jeder Hinsicht der Vergangenheit angehören (sollten); so prophezeit zumindest Gottsched (1700–1766). Außerdem gelten dem führenden Leipziger Aufklärer die Gestalt des Erzschwarzkünstlers und das Hexentreffen offenbar schon noch als zwei mehr oder weniger eigenständige, nicht unbedingt aufs engste miteinander verbundene Angelegenheiten:

„Des Aberglaubens Anker bricht,
Sein tiefbeschämtes Angesicht
Muß sich je mehr und mehr mit blöder Röthe färben.
Der aufgeklärte Geist der Welt,
Dem keine Thorheit mehr gefällt,
Wird nun nicht, wie vorhin, vor eitler Angst verderben.

Wie bebte vormals Stadt und Land,
Wenn eine freche Zauberhand
Sich murmelnd in den Kreis beschworner Zeichen zirkte?
Wenn Faust auf seinem Mantel fuhr,
Und zur Beschimpfung der Natur
Mehr Wunder in der Welt, als Mosis Stecken wirkte.

Nun steht der kahle Blocksberg leer,
Der Hexen Körper ist zu schwer,
Kein Geist kan solche Last durch leichte Lüfte führen:

34 Gottsched, Johann Christoph: Ausgewählte Werke. Hrsg. von Joachim Birke u. P.M. Mitchell. 12 Bände. Berlin u. New York 1968–1987, 1. Bd. (1968), S. 3–5 („An Herrn D. Carl Friedrich Lau, in Königsberg, nach Zurücklegung des großen Stuffenjahres 1723 den 15ten October. I.f.N.“); vgl. dazu auch Hansen 2010, S. 218.

Kein heißer Scheiterhaufen schmaucht,
Kein angeflammter Holzstoß raucht,
Es ist itzt keine Spur der Zauberey zu spüren." (S. 3 f., V. 1–18)

Um die Jahrhundertmitte nutzte die satirischen und grotesk-komischen Möglichkeiten des nächtlichen Blocksbergkonvents dann der aufklärerisch gesonnene Literat Johann Friedrich Löwen zu einer bis dahin ungewöhnlich aufwendigen Literarisierung. Darin werden zugleich Walpurgisnacht und Faust-Stoff noch nachdrücklicher miteinander verbunden als das rund 150 Jahre zuvor in Resonanzen auf das Faust-Volksbuch oder später auch in Gottscheds Abgesang auf den Aberglauben festzustellen ist (Kapitel V).

Im weiteren Verlauf des 18. Jahrhunderts zeigt sich, dass etwa auch im poetischen Denken der Empfindsamkeit und bei bedeutenden Lyrikern des Sturm und Drang der Blocksbergkonvent oder wenigstens damit eng verbundene Vorstellungen allgegenwärtige Begriffe waren (Kapitel VI). Dass fernerhin der walpurgisnächtlichen Versammlung, die im Laufe des Jahrhunderts allmählich zum konkreten Motiv kultiviert wurde, beständig eine satirische und humoristische Seite abgewonnen wurde, stellt ein in diesem Sinne abgefasster Beitrag des Aufklärers Georg Christoph Lichtenberg am Ende des Zeitabschnitts unter Beweis (Kapitel VI).

Bedingt durch die Auseinandersetzung mit den als vorbildhaft wahrgenommenen englischen aufklärerischen und literarischen Errungenschaften ist ab dem 18. Jahrhundert fernerhin der Inspirationseffekt von englischer Poetik zu bedenken, auch wenn die dafür in Frage kommenden Werke selbst durchaus nicht immer dem Aufklärungszeitalter zuzuordnen sind.

Selbstverständlich ist hierbei die nachhaltige Einwirkung von William Shakespeares (1564–1616) Werk auf die deutsche Literatur- und Bühnenspieltheorie sehr zu beachten, wie sie ja beispielsweise durch Gotthold Ephraim Lessings (1729–1781) sorgfältige Beschäftigung damit dokumentiert wird. Motive aus den Bereichen der Magie, des Sagen- und Märchenhaften, schlicht des Metaphysischen überhaupt sind in den Werken Shakespeares durchaus regelmäßig verarbeitete Gegenstände[35] – sowohl als unabdingbare Grundlagen der Handlung, etwa in „Der Sturm; oder: Die bezauberte Insel" (1623 gedruckt)[36] oder in „Ein

35 Vgl. z. B. Döbler, Hannsferdinand: Hexenwahn. Die Geschichte einer Verfolgung. München 1977, S. 198 f.

36 Zu „Der Sturm" (Engl.: „The Tempest", 1611 uraufgeführt) ist anzumerken, dass Shakespeare unter anderem nachweislich eine Novelle als Vorlage diente, die gleichermaßen für weitere, tendenziell humoristische Schöpfungen Pate gestanden hat. Es sind dies die „Comedia von der Schönen Sidea, wie es ihr biss zu jhrer Verheüratung

Sommernachtstraum" („Ein St. Johannis Nachts-Traum", 1600 gedruckt), als auch in eher beiläufig daherkommender Weise, wie beispielsweise in den ersten beiden Szenen des dritten Aufzugs im „Ersten Theil" des Historiendramas „König Heinrich der vierte" (1598/1600 gedruckt)[37]. Mitunter sind dabei Bestandteile verschiedener mythologischer Traditionen und gelegentlich wohl zudem historische Begebenheiten miteinander verknüpft[38]. So ist dann auch das auffälligste und berühmteste ‚Hexenelement' bei Shakespeare – die „drei Hexen" und deren Meisterin „Hecate" in „Das Trauerspiel, vom Macbeth" (1623 gedruckt) – als eine solche Verquickung zu sehen. Die Person der „Hecate" ist allein schon durch ihren Namen mit der durch die antike Mythologie überlieferte Göttin

---

ergangen" (Nürnberg 1605) des Nürnberger Bühnen- und Fastnachtsspieldichters Jakob Ayrer (Um 1544–1605), der trotz seiner Affinität zu Shakespeares Arbeiten dessen „Sturm" nicht mehr gekannt hat, sowie eine Prosadichtung in dem Novellenzyklus „Noches de Invierno" (Erstmals Pamplona 1609; dt.: Winternächte) des spanischen Erzählers Antonio de Eslava (1570–?). Der Urtext jenes Novellenstoffes ist nicht mehr erhalten und eben nur noch anhand der drei Anlehnungen zu erschließen, die mit Magie-Elementen – unter anderem mit Teufels- und Geisterbeschwörungen – nicht zurückhalten, wenn auch ein Hexenkonvent fehlt. An diesen europaweiten, voneinander unabhängigen Entlehnungsvorgängen verdeutlicht sich jedoch allemal die universelle Einbildungskraft, die – eine entsprechende Nachfrage natürlich vorausgesetzt – von einem solchen mit Magie und Märchenhaftem findig ausstaffierten Stoff ausging; im vorliegenden Fall eben für vorwiegend komisch konzipierte Dichtungsformen.

Vgl. dazu Ayrer, Jakob: Dramen. Hrsg. von Adelbert von Keller. 5 Bde. Nachdruck der Ausgabe Stuttgart 1865. Hildesheim u. New York 1973, IV. Bd., S. 2177–2224 („Comedia von der Schönen Sidea, wie es ihr biss zu jhrer Verheüratung ergangen"); Fouquet, Karl: Jakob Ayrers „Sidea", Shakespeares „Tempest" und das Märchen. Marburg 1929; auch Hansen 2010, S. 222 f.

37 Wegen der Bedeutung der Wielandschen Übersetzungen für sämtliche deutsche Literaturbewegungen bis ins 19. Jahrhundert hinein wurden die Werktitel aus folgender Shakespeare-Ausgabe zu Grunde gelegt: Shakespeare, William: Theatralische Werke. In 21 Einzelbänden. Übersetzt von Christoph Martin Wieland. Zweite Zürcher Ausgabe nach der ersten Zürcher Ausgabe von 1762 bis 1766. Neu hrsg. von Hans und Johanna Radspieler. Zürich 1992–95.

38 Zu spektakulären Hexereifällen im England des Zeitraums von 1566 bis 1621, deren Niederschlag in Pamphleten, die zum Teil mit den Hexenzeitungen in Deutschland vergleichbar sind, sowie zu den entsprechenden soziopsychologischen und politischen Zusammenhängen vgl. Gibson, Marion: Reading Witchcraft. Stories of early English witches. London u. New York 1999; — Early modern witches. Witchcraft cases in contemporary writing. London u. New York 2000.

Hekate praktisch gleichgesetzt[39], während die gemeinschaftliche Dreiheit der anderen Hexen – den undurchsichtigen ‚weird sisters' oder „Schicksalsschwestern" (1. Aufzug / 3. Szene) und „Zauberschwestern" (4. Aufzug / 1. Szene), wie sie in der Wielandschen Übersetzung heißen – offensichtlich auch eine Analogie zu der aus mehrerlei Mythologiesträngen bekannten Trinität von Schicksal bestimmenden Gestalten herstellt. Außer eben an die ‚weird sisters' des angelsächsischen Volksglaubens denke man dabei z. B. an die drei Nornen Urd, Verdandi und Skuld der altnordischen Mythologie[40]. Inhalte der frühneuzeitlichen Hexenlehre sind dagegen sicherlich durch das Praktizieren verruchter Hexenkünste, vor allem in der hexenküchenähnlichen, „Ersten Szene" des „Vierten Aufzuges", und durch die unheilvolle Bande zwischen den misanthropischen Hexen und der Person des „Macbeth" gegeben. In der Forschung zählt „Macbeth" aus diesen Gründen zu den bevorzugten Ausgangspunkten in gerade in jüngerer Zeit vermehrt vorgenommenen Analysen, die eben das Übernatürliche und Dämonische im Werk Shakespeares fokussieren[41]. Nicht weiter besprochen sei an dieser

---

39 Zur Eigenart der Hekate in der antiken Mythologie vgl. Sauer, Hertha: Hekate. In: Der kleine Pauly. Lexikon der Antike in fünf Bänden. Hrsg. von Konrat Ziegler u. Walther Sontheimer. München 1979, Bd. 2, S. 309 f.; Moorman, Eric M. u. Uitterhoeve, Wilfried: Lexikon der antiken Gestalten. Mit ihrem Fortleben in Kunst, Dichtung und Musik. Stuttgart 1995, S. 982 f. („Hekate").

40 Zu Wesensart und Bedeutung der Nornen in der altnordischen Mythologie vgl. Vries, Jan de: Altgermanische Religionsgeschichte. 2 Bände. 2. Aufl. Berlin 1956–1957, Bd. I, S. 270–273 u. Bd. II, S. 297–302 u. 383 f.; Bächtold-Stäubli, Bd. V, Sp. 1121–1124 (Nornen); Simek, S. 125 f., 171 f., 182 f.
In der Dreiheit auftretende, Schicksal bestimmende feminine Mächte sind mit den griechischen Moiren (die Zeustöchter Klotho, Lachesis, Atropos) sowie den römischen Parzen (Nona, Decuma, Morta) ebenfalls in der antiken Mythologie allgegenwärtig (Vgl. dazu Moorman u. Uitterhoeve, S. 457 f.). Eine weitere Ähnlichkeit ist für die slawische Mythologie überliefert. Dabei handelt sich um die Zorya, die drei Himmels- und Lichtgöttinnen Utrennyaya (Morgenstern), Vechernyaya (Abendstern), Polunochnaya (Mitternachtsstern), die je nach Region auch unter Swetice, Rucka und Keltna bekannt sind. Auch die keltischen Tria Fata und selbst die drei chinesischen Jungfrauen unter dem Apfelbaum erfüllen das Schema der mit dem Fatum befassten femininen Trinität. Vgl. dazu Vána, Zdenek: Mythologie und Götterwelt der slawischen Völker. Die geistigen Impulse Ost-Europas. Aus dem Tschechischen übersetzt. Stuttgart 1992; Bächtold-Stäubli, Bd. V, Sp. 1121–1124.

41 Vgl. vor allem Wills, Garry: Witches and Jesuits: Shakespeare's ‚Macbeth'. New York u. Oxford 1995; und dazu auch Magister, Karl-Heinz [Rez.]: Von Exorzisten, Hexen, Bastarden und Monstren. In: Shakespeare-Jahrbuch (Deutsche Shakespeare-Gesellschaft), Bd. 133 (1997), S. 277–281.

Stelle dagegen, inwiefern es sich bei den Hexenszenen in „Macbeth" um einen Reflex auf die dämonologische Einstellung des schottischen, englischen und irischen Königs Jakob I. Stuart (engl. James the First, 1566–1625) handelt, wie es in der Forschung verschiedentlich aufgebracht wird[42]. Denn Jakob I. stand der frühneuzeitlichen Hexenlehre nicht nur vorbehaltlos gegenüber, sondern hatte sogar selbst einen nicht unbedeutenden dämonologischen Traktat verfasst, wenn dieser auch gegenüber manchem kontinentalen Gegenstück etwas weniger radikal ausgefallen ist[43].

Weiterhin ist (auch) in Bezug auf die Sphäre des Metaphysischen und Diabolischen unbedingt noch auf John Miltons (1608–1674) epochales dramatisches Epos „Paradise Lost" (Erste Ausgabe 1667, endgültige Ausgabe 1674) hinzuweisen. Das aufwendige Hauptwerk Miltons, an dem sich schon kurz nach dem Erscheinen der englischen Ausgabe erste deutsche Übersetzer versuchten und für das sich erst allmählich der geläufige Titel „Das verlorene Paradies" einwurzelte[44], wartet mit einer detaillierten Hierarchie der Teufel und Höllengeister auf, die schließlich auch für Goethe und Schiller von Interesse gewesen ist[45].

II. Barockzeit, 1: M. Johannes Praetorius – Blockes-Berges Verrichtung (1668)

Der hier behandelte Leipziger Magister und Polyhistor Johannes Praetorius (1630–1680) – ein Schüler des nicht allein seines Sohnes Christian wegen berühmten Jacob Thomasius (1622–1684) und ein Mitglied des Kreises um

42 Vgl. Becker, Gabriele / Brackert, Helmut u. a.: Aus der Zeit der Verzweiflung. Zur Genese und Aktualität des Hexenbildes. Frankfurt/M. 1977, S. 394.

43 [King] James the First: Daemonologia, hoc est, adversus incantationem sive magiam, institutio, forma dialogi concepta, & in libros III distincta / authore Iacobo Angliae [...] Rege [...]. Erstmals London 1597; vgl. auch King James the First: Daemonologie [...] (1597). Nachdruck der Ausgabe London 1922–26. New York 1966.

44 Zur Übersetzungshistorie von „Paradise Lost" im deutschsprachigen Raum vgl. Nachwort. In: Milton, John: Das verlorene Paradies. Stuttgart 1968, S. 399–402.

45 Vgl. Goethe: MA, Bd. 8.1 („Briefwechsel zwischen Schiller und Goethe in den Jahren 1794–1805, Text"), S. 729 f. („*637. Goethe* Weimar, 31. Juli 1799"), 731 f. („*638. Schiller* Jena 2 Aug. 99."), 733 („*639. Goethe* Weimar, 3. August 1799") u. Bd. 8.2 („Briefwechsel zwischen Schiller und Goethe in den Jahren 1794–1805, Kommentar"), S. 523–525; — MA, Bd. 16 („Aus meinem Leben, Dichtung und Wahrheit"), S. 682 („Dritter Teil", „Fünfzehntes Buch") u. 1045 (Komm.).

den Literaten und Sprachpfleger Johann von Rist (1607–1667)[46] – hieß eigentlich Hans Schultze. Die in früher und mittlerer Neuzeit gängige Latinisierung von ‚Schultze' und ähnlicher Namen zu ‚Praetorius' hat in der Vergangenheit zuweilen zu Verwechslungen geführt. Nicht immer wurden Werke ihrem tatsächlichen Verfasser zugeschrieben, sondern einem ähnlich prominenten Namensvetter[47]. Praetorius ist beispielsweise nicht mit dem namengleichen und dabei auch bedeutenden Mathematiker und Astronomen (1537–1616) zu verwechseln[48], obschon sich ersterer ebenfalls mit Astronomie befasste[49]. Ebenso nicht mit dem calvinistischen Theologen Anton Praetorius (um 1560–1613), der als ein Gegner der Hexenverfolgungen bekannt ist[50]. Eine literaturwissenschaftlich relevante Urheberschaftsfrage hängt auch mit dem erfolgreichen Werk „Lustige Gesellschaft" (Erstdruck 1656) zusammen, das viele Auflagen hintereinander erlebte. Diese umfangreiche Sammlung von kurzen Schwänken und anderen kleineren Formen von scherzhaftem Genre erschien unter dem Verfassernamen ‚Johann Peter de Memel'. Bisher konnte nicht endgültig geklärt werden, ob sich dahinter womöglich auch Johannes Praetorius verbirgt, der sich wirklich mancher Pseudonyme und Kryptonyme bediente[51]. Wäre das so, müsste vielleicht bei der Erforschung seines Gesamtwerks Praetorius' poetische Affinität stärker beachtet werden, als es sein ansonsten geringfügiges dichterisches Wirken notwendig macht[52]. Wegen der darüber bestehenden Unklarheit sollte man jedoch seine Tätigkeit vornehmlich (noch) unter den Bedingungen

46 Henning, Hans: Johannes Praetorius und sein Hexenbuch von 1668 (Nachwort). In: Praetorius, Johannes: Blockes-Berges Verrichtung. Unveränderter Nachdruck der Ausgabe Leipzig 1669. Hanau/M. 1968, S. IV u. V.

47 Vgl. Waibler, Helmut: M. Johannes Praetorius, P.L.C. Bio-bibliographische Studien zu einem Kompilateur curieuser Materien im 17. Jahrhundert. Frankfurt/M., Bern, Las Vegas 1979, S. 39–51.

48 Vgl. z. B. Folkerts, Menso: Johannes Praetorius (1537–1616) – ein bedeutender Mathematiker und Astronom des 16. Jahrhunderts. In: Dauben, Joseph W. / Folkerts, Menso / Knobloch, Eberhard / Wussing Hans (Hrsg.): History of Mathematics: States of the art. Flores quadrivii – Studies in honor of Christoph J. Scriba. San Diego u. London 1996, S. 149–169.

49 Henning 1968, S. V u. IX; Waibler, S. 28 u. 34 f.

50 Vgl. Behringer 1988, S. 322; — 1993, S. 317 f.; Teil 1, V.

51 Dünnhaupt, Gerhard: Chronogramme und Kryptonyme. Geheime Schlüssel zu Datierung und Autorschaft des Polyhistors Johannes Praetorius. In: Philobiblon. 21. Jg., 1977, S. 130–135; Moser-Rath, Elfriede: Kleine Schriften zur populären Literatur des Barock. Göttingen 1994, S. 410 u. 422; Waibler, S. 51 f.

52 Vgl. Henning 1968, S. VI.

seiner unzweifelhaften Professionen des Kompilators, Kuriositäten-Sammlers und Wissenvermittlers analysieren.

Dass akademische Schriftstellerei und die Zusammenstellung diversester Kuriosa seinerzeit dennoch als eine Tätigkeit von literarischem Rang betrachtet werden konnte, dürfte dadurch bestätigt sein, dass Praetorius im Jahr 1659 offenbar die Verleihung des wenn auch bereits heruntergekommenen Titels eines kaiserlich gekrönten Poeten (‚Poeta laureatus Caesarius', P.L.C.) widerfahren ist[53].

Neben der ausgangs schon einmal erwähnten Arbeit, die erstmals die berühmten Rübezahl-Sagen erfasst, sind aus dem umfangreichen Fundus des Johannes Praetorius vor allem drei Kompilationen von vielfältigstem Sagen-, Legenden-, Mythen- und Anekdotenmaterial weit über seine Lebzeiten hinaus als Fundgrube und literarische Inspiration von großer Bedeutung. Das ist das auch als „Neue Weltbeschreibung" bekannte, zweibändige Werk „Anthropodemus Plutonicus"[54], die ebenfalls reichhaltige Sammlung von abergläubischen und kulturgeschichtlichem Allerlei „Der Abentheuerliche Glücks-Topf"[55] und eben „Blockes-Berges Verrichtung"[56].

---

53 Henning 1968, S. V; Waibler, S. 23.
Zu den Besonderheiten des nichtpoetischen Werks des Praetorius vgl. fernerhin Scholz Williams, Gerhild: Ways of knowing in early modern Germany. Johannes Praetorius as a witness to his time. Burlington (VT), Aldershot (GB), Hants (GB) 2006.

54 Praetorius, Johannes: Anthropodemus Plutonicus. Das ist / | Eine Neue / Weltbeschreibung | Von Allerley | Wunderbahren Menschen; […]. Band I. Erstdruck Magdeburg 1666, Zweitdruck Magdeburg 1668; M. JOHANNES PRAETORII | P.L.C. | Ander Theil | Der | Newen | Weltbeschreibung. […]. Band II. Erstdruck Magdeburg 1667, Zweitdruck Magdeburg 1677. Vgl. Dünnhaupt, Gerhard: Personalbibliographien zu den Drucken des Barock. 6 Teile. 2. Aufl. Stuttgart 1990–1993, Fünfter Teil, (1991), S. 3171 f.

55 Praetorius, Johannes: Der Abentheuerliche | Glücks-|Topf | Welcher in Hundert und acht-|zehen beschriebenen Abergläubischen | Zetteln bestehet / womit die wahnwitzige Welt | sich bereichern / und ihre Wolfart erkündigen | oder bevestigen wil. Aber / wie falsch und be-|triegerisch / solche Plutonische Karte sey / lehret allhier in der Widerlegung / außführlich / | nützlich und ergetzlich / | M. JOHANNES PRAETORIUS, | Zetlingâ-Palaeo-Marchita, P.L.C. | […] | Gedruckt im Jahr / 1669. Vgl. Dünnhaupt, Fünfter Teil (1991), S. 3175.

56 Praetorius, Johannes: Blockes-Berges Verrichtung. / | Oder | Ausführlicher Geographischer Bericht / von den [!] hohen trefflich alt- und berühmten | Blockes-Berge: | ingleichen von der Hexenfahrt / und Zauber-Sabbathe / | so auff solchem Berge die Unholden aus ganz Teutschland / Jährlich den 1. Maij in Sanct-Walpurgis Nachte anstellen sollen. | Aus vielen Autoribus abgefasset / und mit schö-|nen Raritäten angeschmücket sampt zugehö-|rigen Figuren / | Von M. JOHANNE PRÆTORIO, | Poetä Laureatô Casareô [!]. Nebenst einen Appendice vom Blockes-| Berge wie auch

Bei „Blockes-Berges Verrichtung" (Sigel: BBV) handelt es sich weder um Dichtung noch um Fachliteratur, die womöglich darauf angelegt wäre, an der theologischen und juristischen Debatte um die Existenz und den kriminellen Status von Hexen und Zauberei teilzuhaben. Damit ist das Werk von letzten, auflagenschwachen, bereits aus der Perspektive einer in die Defensive geratenen Dämonologie argumentierenden und ebenfalls nicht mehr lateinisch abgefassten Schriften unbedingt abzugrenzen[57]. Entsprechend handelt es sich auch nicht um eine irgendwie geartete Adaption deutscher Übersetzungen von einflussreichen, in Struktur und Intention aber ganz unähnlichen Hexentraktaten des 16. Jahrhunderts[58].

---

des Alten Reinsteins / | und der Baumans Höhle am | Hartz. Erstdruck Leipzig u. Frankfurt/M. 1668.
Als Besprechungsgrundlage dient der unveränderte Nachdruck der 2. Ausgabe von 1669 (Hanau/M. 1968): Blockes-Berges Verrichtung / Oder Ausführlicher Geographischer Bericht / von den hohen trefflich alt- und berühmten Blockes-Berge | ingleichen von der Hexenfahrt / und Zauber-Sabbathe / so auff solchen Berge die Unholden aus gantz Teutschland / Jährlich den 1. Maij in Sanct-Walpurgis Nachte anstellen sollen. Aus vielen Autoribus abgefasset / und mit schönen Raritäten angeschmücket sampt zugehörigen Figuren / von M. JOHANNE PRÆTORIO, Poetâ Laureatô Casareô. Nebenst einen Appendice vom Blocksberge / wie auch des Alten Reinsteins / und der Baumanns Höle am Harz. Zu Leipzig / Bey Johann Scheiben / und Franckfurth am Maeyn / bey Friedrich Arnsten zufinden. Gedruckt Anno 1669.
Vgl. Dünnhaupt, Fünfter Teil (1991), S. 3174 f.

57 Der in dieser Hinsicht wahrscheinlich einschlägigste Beitrag stammt vom dem reformierten schweizerischen Geistlichen Bartholomäus Anhorn dem Jüngeren (1616–1700) – Anhorn, Bartholomäus: Magiologia. Christliche Warnung fuer dem Aberglauben un[d] Zauberey: Darinnen gehandelt wird von dem Weissagen / Tagwellen und Zeichendeuten / von dem Bund der Zauberer mit dem Teufel: von den geheimen Geisteren / Waarsagen / Loosen und Spielen: von den Duellen / [...] Von dem Grewel [...] der Zauberer Straff / und mügligheit der Bekehrung zu Gott Der fuerwizigen Welt zum Ekel / Schewsal und Underweisung fuergestelt Durch Bartholomaeum Anhorn / [...] Basel 1674; vgl. dazu Battafarano 1977, S. 302–304 u. 334–336.
Traktate dieser Art werden gelegentlich in dem Sinne als Popularisierungen bezeichnet, als damit versucht wurde, durch die Zuhilfenahme der Volkssprache der erschütterten Hexenlehre weiterhin Halt zu verschaffen (Vgl. Battafarano, Italo Michele: Samenraub in der Hexenlehre der frühen Neuzeit. Von der Nicht-Rezeption des Johannes Praetorius zu Beginn des 21. Jahrhunderts. In: Morgen-Glantz. Zeitschrift der Christian Knorr von Rosenroth-Gesellschaft. Bd. 11 (2001), S. 362 f.). Es handelt sich in solchen Fällen allerdings um sichtbar manipulativ konzipierte, eben lediglich sprachlich popularisierte Fachliteratur, die den Absichten der dämonologischen Ideologie immer noch ganz und gar verpflichtet ist und keineswegs Unterhaltungszwecken dienen sollte.

58 Vgl. Teil 1, V. (Bodin, Binsfeld, Rémy).

Zwar bezeichnet Praetorius seine Niederschrift als „Ausführliche[n] Geographische[n] Bericht", deshalb ist BBV jedoch nicht als Vorläufer der naturwissenschaftlichen Berichte über Harzreisen im Aufklärungszeitalter zu sehen[59]. Denn Praetorius ‚berichtet' nicht aus erster Hand. Und ob er die von ihm behandelten Örtlichkeiten, z. B. Brocken und Baumannshöhle, zu deren Berühmtheit er allerdings erheblich beigetragen hat, selbst aufgesucht und somit aus eigener Anschauung gekannt hat, ist nicht bekannt und wohl nicht mehr zu ermitteln. Auch sind seine Darstellungsmethoden nicht im engeren Sinne aufklärerisch, wie sie es später – eben in der Aufklärung – und Zuhilfenahme von Ortsbesichtigungen und naturwissenschaftlicher Errungenschaften sein werden. So ist das Prädikat des „Volksaufklärers"[60] in erster Linie dann gerechtfertigt, wenn es um das Einbeziehen einer Leser- und vor allem Zuhörerschaft in ein Thema geht, das bis dahin exklusiven, lateinisch disputierenden Fachkreisen vorbehalten war. So kann Praetorius desgleichen nicht einen strengen wissenschaftlichen Anspruch erhoben haben, denn im Gegensatz zu seinen tatsächlich wissenschaftlichen Schriften ist BBV nicht in der Wissenschaftssprache Latein abgefasst, bis auf einige kurze Abschnitte und Exkurse. Das trifft schlechterdings zwar auch auf seine anderen Kuriositäten-Sammlungen zu, doch berührt er mit BBV eine 1668/69 immer noch einigermaßen heikle und juristisch relevante Angelegenheit ungleich stärker als etwa mit „Anthropodemus Plutonicus" oder mit dem „Abentheuerliche[n] Glücks-Topf".

Wie die anderen Kompilationen ist auch BBV überwiegend narrativ konzipiert, woraus bereits ersichtlich ist, dass das Buch den vorrangigen Zweck der Unterhaltung und einer Erstaunen hervorrufenden Attraktion hat. Eine emphatische moralische Unterweisung, wie ganz energisch etwa im auf das Entlarven von Betrügereien angelegten und nachdrücklich vor irrationalen Verdienstmöglichkeiten warnenden „Abentheuerlichen Glücks-Topf", geschieht darin nur peripher. Gemäß des noch nicht dämonopathiefreien Weltbildes erfolgt manchmal schon eine obligatorische Warnung und Mahnung, sich von jeglichem teuflischen Treiben fern zu halten[61]; allerdings nicht wörtlich, sondern in Form der Schilderung von angeblichen Schicksalen, wonach z. B. eigentlich rechtschaffene Leute als Folge ihrer Unvorsichtigkeit „ins Elend verstossen worden sind" (S. 573–582).

„Blockes-Berges Verrichtung" ist in zwei quantitativ ungleiche Hälften gegliedert. Außerdem ist zunächst ein „Appendix Summaria" vorangestellt, worin die lustwandlerische Harzreise einer Gesellschaft aus dem Sommer des Jahres 1653

59 Vgl. Teil 2, IV.

60 z. B. Kemp, Friedhelm: Johannes Praetorius. In: Kindlers neues Literaturlexikon. Hrsg. von Walter Jens. Bd. 13. München 1991, S. 608.

61 Vgl. Henning 1968, S. XIX.

geschildert wird. Das erste Ziel dieser Lustfahrt ist der „Reinstein [...], ein gar uhralt und verwuestetes Hauß oder Schloß“ (S. Xiii–Xiiii). Die nächste Etappe ist schon die „Reise auf den hohen Blockes-Berges“, wobei es sich um den Brocken handelt, wie aus der Aufstiegsroute vorbei am berühmten Ilsenstein und der Beschreibung der Gipfelregion unzweifelhaft hervorgeht (S. XV–XX). Den Abschluss der Reise bildet die Besichtigung der „Baumans Hœle“ (S. XX–XXiiii). Ob womöglich auch Praetorius Mitglied dieser Reisegesellschaft gewesen sein könnte, ist weder aus der Schilderung selbst noch aus der darunter befindlichen Signatur „T.S.V.K.“ zu ersehen. Denn die weist auf den anhaltinischen Geheimen Rat und Kammermeister Tobias Steffeck von Kolodey hin, der im Jahr 1653 mit den ihm anvertrauten Prinzen Viktor Friedrich und Ursinus von Anhalt samt Gefolge in der Tat eine solche Harz- und Brockenpartie unternommen hat[62]. Das geht auch aus einer anderen Quelle hervor, nach der ebenfalls Kolodey für den Verfasser des Reiseberichts gehalten werden muss[63]. Wie nun Praetorius dazu kam, den Bericht in sein Buch aufzunehmen, lässt sich wohl nicht mehr klären. Zu einer vom Werk des Leipziger Magisters unabhängigen Veröffentlichung einer Fassung dieser Reisebeschreibung kam es übrigens erst im 19. Jahrhundert[64].

Aus zwei Kapiteln besteht der nun folgende erste, geographisch geordnete Teil: „Des Blocks-Berges Erster Theil. Die Vorbereitung Oder Bahnung zum Blocks-Berge“.

Das „I. Capittel“ handelt „von denen Orten, an welchen es viel Gespenster giebet“ (S. 1). Berichtet wird darin, stets unter Angabe einer Herkunftsquelle, von „wunderbarlichen Historien von Gespensten“ (S. 2) aus den folgenden Ländern und Gegenden: „Griechen-Land“, „Schweizer-Land“, „Schlesien“, „Provinz Gassuben“, „OberPfalz“, „Nursiner Gegend in Italien“ (Umbrien), „Sicilien“, „Thueringen“ – übrigens einschließlich der eigentlich nicht recht in den übrigen Kontext passenden Tannhäuser-Sage und des Tannhäuser-Lieds – und „Harz“. Wohl zum Zweck der Überleitung zum „II. Capittel“ ist zuletzt bereits von den verschiedenen Benennungen des Blocksberg bzw. „Brocks-Berg“, „Brockels-Berg“ und „Blockes-Barch“ die Rede (S. 30–32). Damit ist immer „schlecht der Brocken“ gemeint,

> „auff solchem aber [.] ebenmæssig der gemeinen Sage nach / sich TeuffelsGespenster und Hexen jæhrlich einmahl in Sanct Walpurgis Nacht in grosser Menge antreffen lassen [sollen]“

und der

62 Dennert 1954, S. 24 f.

63 Ebd., S. 25.

64 Ebd., S. 25 f.

„sehr ist berühmet worden / dass die Hexen daselbsten hin / von allen Orten und Enden / sich verfuegen und sammeln sollen / ihr Teuffelsfest und Hœllischen Sabbaht zubegehen".

Sodann sind im folgenden „II. Capittel. Von des Blockes-Berges Beschreibung" zehn Punkte nach Paragraphen „abgefasset", welche die Natur und die quasi soziokulturellen Belange des Brocken beschreiben: „Benennung", „Rechtschreibung", „Ort", „Konterfait" (Kupferstich des Blocksbergs „auß der Ferne"), „Kræuter und Bæume", „Silber und ander Bergwerck", „Bæche", „Eigene Thiere", „Regen Deutung", „Gasterey der Hexen" (S. 31 f.).

Diese „zehen Stueck" fallen unterschiedlich ausführlich aus, doch geschieht das Abhandeln gleichermaßen unter Ausschöpfung von bekannten Tatsachen wie von Sagenmaterial und unbedingt auch von schriftlichen Quellen, die bei römischen Autoren, wie Julius Caesar, Vergil, Plinius dem Älteren, Tacitus und Claudianus, einsetzen und bis zu beinahe noch zeitgenössischen Chroniken, vor allem der von Heinrich Kornmann[65], reichen.

Nach diesen ersten Mitteilungen zu Brocken und Hexenversammlung gegen Ende des ersten Teils folgt nun der zweite, weitaus umfangreichere Teil – der „Ander Theil des Blockes-Berges" (S. 86). Dieser bietet eine nahezu vollständige Übersicht über das Hexen-, Teufel- und Zaubereiwesen und folgt dazu verschiedensten literarischen Konservatismen, die Schriften der frühneuzeitlichen Zaubereidebatte, diverse antike Schriften[66], die Volksbuchkultur[67], regionale Chroniken, die teils

65 Kornmannus, Henricus: Mons Veneris, Fraw Veneris Berg. Das ist: Wunderbare und eigentliche Beschreibung der alten Haydnischen und Newen Scribenten Meynung von der Göttin Venere, ihrem Ursprung, Verehrung, und Königlicher Wohnung, und deren Gesellschaft, wie auch von den Wasser-, Erd-, Lufft- und Fewer-Menschen, sampt vielen anderen wunderbaren Geschichten; In und auff den Bergen und Hölen hin und wider in der Welt, so am folgenden Blat zu ersehen, ganz lustig und mit Verwunderung zu lesen, newlich zusammen getragen und allen der Natur Heymligkeiten Erforschern und Liebhabern zu Gutem an Tag geben durch Heinrich Kornmann. Frankfurt/M. 1614; vgl. Henning 1968, S. XVIII.

66 Zu den im „II. Capittel" des ersten Teils von BBV schon zu Rate gezogenen antiken Autoren kommen im zweiten Teil u. a. noch hinzu: Aristoteles, Horaz, Ovid, Plutarch, Theokrit, Livius („Baccanalien").

67 Ein von Praetorius häufig verwendetes Werk ist die der Volksbuchkultur nahe stehende Geschichten- und Kuriositätensammlung „Hundstägige Erquickstund" (Hundstägige Erquickstund. Das ist: Schöne, lustige, moralische und historische Discurß und Abbildungen, von wunderbarlichen geheimen und offnen Sachen der Natur, und Verlauff der jetzigen Welt und Zustand deß römischen Reichs [...]. Darinnen [...] auch [...] die grosse Verenderung [...] deß teutschen und anderer Königreichen [...] vor Augen gestellet wird. 3 Teile. Frankfurt/M. 1651–1653).

älter, teils erst wenige Jahre zuvor erschienen sind[68], und selbstredend stets auch biblische Überlieferungen umfassen. In welchem Umfang auch rein orales Sagen- und Mythenmaterial eingeflossen ist, dürfte dabei jedoch kaum bestimmbar sein. Entsprechend stimmt Praetorius sein Leser- und Zuhörerschaft ein:

> „Damit wir aber etwas weitlæufftiger und in specie davon schwatzen / so wird vonnœthen seyn; daß wir in ungebundener Rede alle mit wenigem beruehrte Sachen / auß unterschiedlichen Autoribus, in einer besondern und nachdencklichen disposition oder Einordnung nacheinander vorziehen / und das gantze Werck also deutlicher gemacht werde. Ich vermeyne aber / wenn alle circumstantien oder Umbstænde sollen erœrtert werden, daß es ausfuehrlich und vollstændig geschehen kœnne." (S. 86)

Einschließlich gelegentlich eingeschobener lateinischer Exkurse, die sowohl übernommene als auch offenbar eigene sind, werden dann folgende acht, quantitativ wiederum unterschiedlich ausfallende „Capit(t)el" präsentiert:

- „Das I. Capit. Von denen Personen / welche bey der HexenGasterey sich befinden lassen" (S. 87 ff.)
- „Das II. Capittel. „Von der Hexen Reisefahrt: Ob sie nemlich in der That und Warheit leiblicher weise / oder nur in Gedancken / ihrer Phantasey und Einbildung nach / zu ihren Gastereyen und Conventen kommen?" (S. 201 ff.)
- „Das III. Capittel. Von dem Orte / da die Hexen hien fahren sollen." (S. 248 ff.)
- „Das IV. Von denen Stuecken und Mitteln / vermöge welcher die Hexen zu ihren Versamlungen fahren" (S. 294 ff.)
- „Das V. Capittel. Von denen Ursachen / warumb die Hexen zu ihren Versamlungen fahren muessen" (S. 313 ff.)[69]
- „Das VI. Capittel. Von der Art und Weiß / wie es mit der Hexenfahrt zugehe?" (S. 410 ff.)

---

68 Vgl. Henning 1968, S. XVII.

69 Darin wird in neuen Abschnitten auf Abläufe und Handlungen während der Versammlung eingegangen, nämlich auf das „Bancketieren" bzw. „Panquetiren" (Hexenbankett), „Relationes erwarten" (Neuigkeiten – „Zeitungen" – austauschen), „Offeriret neu Pulver bekommen" (Neues „Gifft-Pulver" erhalten), das „Kuessen" („Die Kuessung deß Bocks"), das „Tantzen" oder „Springen" („Hexen-Tantz"), das für die Hexentheoretiker wegen der dadurch erst erworbenen Zauberei-Fähigkeit besonders wichtige „Buhlen" (Mit dem Teufel „Unzucht treiben"), das „Erzehlen ihre[r] Thaten" („Zauberer und Hexen muessen ihre Ubelthaten erzehlen"), „Repetiren das Homagium" („Ihrer Pflicht sich erinnern", „Eyd" jährlich erneuern) und das „GottesLästern" („Explicitè und außtruecklich Gott læstern oder schmæhen"). Außerdem werden unter dem 6. Punkt der Teufelsbuhlschaft auch die Phänomene „Incubi" (männliche Buhlteufel) und „Succubi" (weibliche Buhlteufel) besprochen.

- „Das VII. Capitel. Von der Zeit / wann die Hexen ihre Blocksberges-Fahrt vor zunehmen pflegen“ (S. 497 ff.)
- „Das VIII. und letzte Capitel. Wie lange der Hexen-Convent wæhre / ehe sie wieder von einander reisen?“ (S. 569 ff.)

Abgesehen davon, dass der Autor in zeitüblicher Manier die Vortrefflichkeit und Interessantheit seines Werkes aufgrund der beschriebenen Phänomene und Ereignisse anpreist, ist ein wertender Kommentar oder gar ein dogmatisches Belehren, das in eine bestimmte Richtung des Umgangs mit dem Hexen- und Blocksbergphänomen zielt, auf ohne weiteres greifbare Art ebenso wenig festzustellen wie „ein enger und aufdringlicher kirchlich-religiöser Geist“[70]. Allerdings sind, dadurch dass sie Praetorius scheinbar vorbehalt- und kritiklos stehen ließ, Tendenzen und Wertungen über die eingewobenen oder sinngemäß wiedergegebenen Quellen in durchaus nicht unerheblichem Maße in BBV hineintransportiert worden[71]. Dabei ist jedoch zu bedenken, dass ein öffentliches Verurteilen von Zauberei- und Hexenglauben auch nach dem Abebben der großen Verfolgungswellen weiterhin waghalsig und nicht ratsam war; obendrein dürfte es Praetorius' marktorientiertem Interesse abträglich gewesen sein.

Nichtsdestotrotz entsteht bei der Lektüre seiner Ausführungen tatsächlich zuweilen der Eindruck, als wolle Praetorius bestimmte abergläubische Vorstellungen nicht nur gelten lassen, sondern als hafte er diesen mitunter sogar selbst an[72]; ganz so wie ihm auch neue Erkenntnisse und Theorien in der Astronomie bekannt waren, er selbst aber noch eindeutig zum geozentrischen Weltbild tendierte[73]. Wie nun Praetorius selbst zum Glauben an Zauberei- und Hexenwesen stand, ist jedenfalls in letzter Konsequenz nicht zu bestimmen. Augenfällig ist bei ihm lediglich eine gewisse Widersprüchlichkeit.

In der enormen Fülle und relativen Wahllosigkeit der Quellen ist keine spezifische Auswahl nach Kriterien zu erkennen, die bei Praetorius selbst auf Affirmation oder Skepsis gegenüber der Tatsächlichkeit des Hexentreibens schließen lassen. Neben ‚Nestoren‘ der Dämonologie, wie Sprenger und Institoris, Paolo Grillando, Jean Bodin (sehr häufig), Petrus Binsfeld oder Pierre de Lancre, und ‚Mitläufern‘ (Benedikt Carpzov[74], Johannes Geiler von

70 Henning 1968, S. XVII.
71 Vgl. Henning 1968, S. XVII.
72 Vgl. ebd., S. XIX; Kemp, S. 609.
73 Waibler, S. 28.
74 Behringer 1993, S. 184 u. 403.

Keisersberg[75]), zieht er zur inhaltlichen Ausgestaltung ebenso ausgewiesene Gegner der Verfolgungen bzw. der Hexenprozesspraxis heran, beispielsweise Ulrich Molitor, Anton Praetorius und ausgesprochen oft Johannes Weyer („Wierus")[76]. Dabei führt Praetorius Bodins und Weyers Auffassungen wiederholt auf eine Weise an, die ihre unmittelbar gegnerische Charakteristik herausstellt[77]. Von Weyers Lehrer Agrippa von Nettesheim ist ihm allerdings offenbar nur die einseitige Chimäre des Dunkelmannes mit Hundebegleitung bekannt (S. 300)[78].

Darin und in dem sehr weiten, die Klassiker der griechischen und römischen Antike mit erfassenden Ausholen mag bereits eine Distanz zum orthodoxen dämonologischen Dogma gesehen werden, das sich gegen Mitte des 17. Jahrhunderts an einem eher kleinen Kanon von Theoretikern der Spätrenaissance orientierte. Auffälliger ist jedoch, dass anders als in der dämonologischen und auch dämonologiekritischen Argumentation üblich, nicht in begründender Weise auf ganz konkrete Autoritäten verwiesen wird. Zwar werden solche bei Praetorius durchaus berücksichtigt und bilden mitunter sogar die anschauliche, stoffliche Grundlage seiner Ausführungen – das gilt besonders für Bodin – dennoch werden sie nicht in einer als nachhaltig persuasiv zu erkennender Weise angeführt, die für eine bestimmte ideologische Richtung sprechen würde.

In seinen historischen Rückgriffen thematisiert Praetorius die spätmittelalterlichen und frühneuzeitlichen Verfolgungspraktiken der Inquisition ebenso wenig wie – von wenigen Andeutungen abgesehen – die sich im nachreformatorischen Mitteleuropa der Hexenverfolgung überwiegend annehmenden weltliche Hexengerichtsbarkeit, die Prozessabläufe oder gar die noch nicht allzu lange

75 Der Volksprediger Johann Geiler von Kaysersberg (1445–1510) war zwar kein Dämonologe, doch obschon er sich in der Frage des Hexenfluges dem Urteil des „Canon Episcopi" anschloss, akzeptierte er das von Sprenger und Institoris entwickelte neue Hexenbild schon in modifizierter, abgeschwächter Form; Behringer 1988, S. 80; — 1993, S. 77 u. 113 f.

76 Die „Cautio Criminalis" Friedrich v. Spees kommt bei Praetorius nicht vor, obwohl es bis 1650 sogar bereits drei Verdeutschungen davon gab (Vgl. Battafarano, Italo Michele: Didaxe in der Übersetzung. Meyfarts, Seiferts und Schmidts Verdeutschungen von Spees *Cautio Criminalis* und Knorrs von Rosenroth Übersetzung von Della Portas *Magia Naturalis*. In: Morgen-Glantz. Zeitschrift der Christian Knorr von Rosenroth-Gesellschaft. Bd. 12 (2002), S. 289–318). Ein bemerkenswerter Zufall ist zudem, dass Praetorius wie der prominente barocke Gegner der Hexenprozesspraxis letztlich durch die Pest starb, einer weiteren Heimsuchung ihrer Zeit.

77 Vgl. Teil 1, V.

78 Vgl. Teil 1, VI.

zurückliegenden massiven Verfolgungswellen. Obgleich er sich, wie gesagt, bei bedeutenden ‚Crimen Magiae'-Theoretikern und deren Kritikern, wie bei Jean Bodin und dessen Opponent Johannes Weyer, inhaltlich ausgiebig bedient, verbleibt er doch bei der diskursiven Beschreibung des Hexenwesens an sich.

Eine unterschwellige Tendenz, die auf die etwaige Notwendigkeit der Hexenjagd hindeuten würde oder gar eine offene Forderung danach, wie sie für einen Verfolgungsbefürworter sicher typisch gewesen wäre, ist allerdings auch nirgendwo zu erkennen[79]. Gleichermaßen wird zwar auch keine wirklich erkennbare Kritik im Stile der Verfolgungsgegner erkennbar geäußert; doch scheint sich Prateorius immerhin von bestimmten Methoden der Beweisfindung zu distanzieren. So stellt er bei der Frage darnach „Was von der Wasserprobe zu halten sei", die er sehr ausführlich bespricht, die Argumentation der Gegner der Anwendung dieses vermeintlichen Beweismittels weitaus deutlicher und eindringlicher heraus als die der Befürworter (S. 100–111) und bezeichnet die Wasserprobe selbst als „ungerecht" (S. 110)[80]. Ebenfalls manche eigenmächtige „andere Manier, Hexen zu erkundigen" greift er wegen ihrer Banalität und Verantwortungslosigkeit an:

> „Etliche bœse leichtfertige Schælcke und Buben [...] lernen ausser der thœrichten Wasserprobe auch andere Wege die Leute zu erkundige / ob sie Hexen seyn oder nicht. [...] Das ist eine grosse Bosheit / so freventlich arme Leute angreiffen / und umb ihre Ehre bringe. Viel Unruhe wird damit angerichtet / und erhebet sich offt daher bœse Geschrey / und offetliche Verleumbdung: Und auch also der Obrigkeit ihr Ampt gegriffen / denn ihr gehœret das Erforschen zu / und kann besser geschehen / wo es nœtig ist. Daruemb fromme Obrigkeit / die ihr Ampt / Gewalt und Ansehen verthætige und Friede / Ehre und Einigkeit in ihrem Volcke erhalten wil / auch diesem Muthwillen / wo sie ihn erfæhret / mit ernstlicher Straffe begegnen / und steuern sol." (S. 110 f.)

Letzten Endes ist es wohl auch nicht gänzlich abwegig bereits aus dem Titelwort, wonach „die Unholden aus ganz Teutschland / Jährlich den 1. Maij in Sanct-Walpurgis Nachte" den „Zauber-Sabbath" lediglich „anstellen sollen" nur einen eingeschränkten apodiktischen Anspruch abzuleiten. Der wäre auch im Text mehrmals so zu lesen; beispielsweise in der bereits zitierten Passage des „Erste[n] Theil[s]" zu den Besonderheiten des „Blocks-Berges", wo es ebenfalls heißt, dass „sich [...] Hexen" dort „sammeln" und „[antreffen lassen] sollen" (S. 30 f.). In einer solchen Bekundung würde sich dann ebenfalls eine größere Distanz des Verfassers zum Geschilderten ausdrücken, als es bei der Lektüre womöglich zunächst den Eindruck macht.

---

79 Vgl. Henning 1968, S. XIX; auch Hansen 2010, S. 224.
80 Vgl. Kemp, S. 609.

Henning, der einerseits Praetorius' Kritik am Aberglauben – allerdings in anderen Schriften und nicht konkret am Hexenglauben – hervorhebt und den „Volkspädagogen" in der intellektuellen Nähe des Augustiner-Volkspredigers und Satirikers Abraham a Sancta Clara (eigtl. Johann Ulrich Megerle, 1644–1709) sieht, schränkt ein, dass er schon dazu beigetragen hätte, den Hexenglauben wachzuhalten[81]. Der Vorwurf, abergläubische Materie arglos und fahrlässig zu präsentieren, soll auch schon von Zeitgenossen gegen Praetorius erhoben worden sein[82]. Ein solches etwaig unkritisches Gebaren dürfte allerdings mit Praetorius' marktorientierten, merkantilen Antrieben plausibel zu erklären sein. Außerdem spricht seine Art des Umgangs mit den wunderlichen und seltsamen Dingen auch nicht weniger dafür, dass er sie – zumindest mit entsprechenden Mahnungen versehen – nicht mehr als übermäßig gemeinschädlich eingestuft hat.

Unbedingt zu ergänzen ist dazu jedoch, dass Praetorius wegen der besagten transportierten Meinungen zwar keinen wirklich wertfreien, aber doch einen von der Zauberei-Debatte ideologisch weitgehend unabhängigen Abriss über alles, was das Hexenwesen in der fachlichen Debatte und zum Teil im Volksaberglauben ausmachte, geliefert hat. Durch seine Popularisierung und Trivialisierung dürfte er erheblich zu einer Entprivilegierung des Ganzen aus seiner begrenzt zugänglichen Wissenschaftlichkeit beigetragen haben und mit den Brückenschlag zum schriftlichen (!) Gut der Volkskultur vollzogen haben.

81 Henning 1968, S. XI u. XIX (H.'s Vergleich mit Santa Clara betrifft erwägbare pädagogisch zu nennende Ähnlichkeiten; nicht solche von denen aus womöglich ein inhaltlicher Zusammenhang dazu besteht, dass Santa Clara für das Ende des 17. Jahrhunderts noch als ein Befestiger von Hexen- und Zaubereiglauben angesehen wird; vgl. Behringer 1993, S. 403 u. 423).

82 Einen solchen Gedanken zu manchen Ausführungen Praetorius' hält Breuer bei Grimmelshausen für gegeben (Grimmelshausen: Werke, Bd. II, S. 1123: „Galgen-Maennlin", Entstehung und Quellen; Breuer 1999, S. 162 f.). Andererseits hat Grimmelshausen Praetorius' Texte durchaus als Motivlieferanten für seine Epik genutzt (Dünnhaupt, Fünfter Teil, 1991, S. 3171 u. 3175; Waibler, S. 55; Weydt 1968, S. 95 f., 407, 417, 435, 443). So ist in der Schrift „Verkehrte Welt", anders als in früheren literarischen Höllenwanderungen, etwa bei Moscherosch, der Schauplatz in die „Baumans Hœle" im Harz verlegt; wohl im Rückgriff auf Praetorius' „Appendice" darüber in BBV (Grimmelshausen: Werke, Bd. II, S. 990: „Des Abentheuerlichen *Simplicii* VERKEHRTE WELT", Entstehung und Quellen). Und nach Ansicht mancher Forscher hat Grimmelshausen bestimmte Hexentanzszenerien aus BBV noch umgehend für seinen im selben Jahr 1668 erstmals erschienenen „Simplicissimus Teutsch" verwendet (Dünnhaupt, Fünfter Teil, 1991, S. 3175; Waibler, S. 55; Weydt 1968, S. 407).

Das dies irgendwie ein Anliegen Praetorius' gewesen sein muss, hinter dem sich mehr als ein rein sprachpflegerisches Ansinnen verborgen haben dürfte, geht aus einer umfangreichen, wenn auch ungeordneten Liste von Schriftgut hervor (S. 142–146). Diesen Index kann er nicht nur bloß von einem anderen Autor übernommen haben; dafür sprechen schon die teils weit auseinander liegenden Erscheinungsdaten der aufgeführten Werke. Demnach hat er ihn wenigstens zum Teil wahrscheinlich selber zusammengestellt. Auffälligerweise stellt er der Liste die „5 Bücher" des Verfolgungsgegners Johannes Weyer („D. Iohannes Wier") voran, die offensichtlich Praetorius selbst mit der Forderung verknüpft, dass diese „[.] besser und artiger verdolmetschet werden [sollen]" als bisher (S. 142). Es handelt es sich um fast alle Schriften, die für den frühneuzeitlichen Zaubereidiskurs von Bedeutung waren, sowohl solche von Hexentheoretikern (z. B. Sprenger u. Institoris, Grillando, Rémy, Delrio, Binsfeld, De Lancre) wie auch solche von Kritikern und Gegnern der Verfolgungen (z. B. Molitor, Jodocus Hocker[83], Augustin Lerchheimer alias Hermann Witekind[84], A. Praetorius), was einem bedingungslosen Anhänger der Dämonologie wohl kaum als ein opportunes Unterfangen erschienen wäre.

Nun war Praetorius' Schreibsituation mit ziemlicher Sicherheit davon beeinflusst, dass er mit der Veröffentlichung seiner nichtwissenschaftlichen Schriften zumindest einen Teil seines Lebensunterhaltes bestreiten musste[85]. Da nach bisheriger Kenntnis auch noch sein poetisches Talent eher bescheiden ausfiel, musste er wohl darauf bedacht gewesen sein, seine Kompilationen so anzulegen, dass davon ein möglichst breites Publikum angesprochen wurde. So wurde auch mit BBV sowohl ein magiegläubiges Publikum bedient wie auch eines, dass bereits ein distanzierteres Verhältnis zur Hexenlehre hatte und für das bereits mehr ein kurzweilig-unterhaltender oder gar ironischer Aspekt im Vordergrund stand. Dieser merkantile Gesichtspunkt mag zwar Praetorius' ‚volksaufklärerische' Note relativieren, zumindest im Fall von BBV, doch hat er so mit seinem quasi hexereigeschichtlichen Kompendium das Hexenwesen zu einem Gegenstand der Volkslektüre gemacht. Dabei ist Lektüre wegen der letztlich doch geringen Zahl an Alphabeten stets auch als vorgelesene Lektüre zu verstehen, denn wie ein Poet oder Volksschriftsteller hat er gewiss sehr auf die Vorlesekultur gesetzt.

83 Jodocus Hocker († 1566), eigentlich Jobst Hœcker, lutherischer Theologe; vgl. Behringer 1993, S. 78 u. 128.

84 Hermann Witekind (eigtl. Hermann Wil(c)ken, 1522–1603), Pseudonym Augustin Lerchheimer von Steinfelden, Professor für Griechisch und Mathematik in Heidelberg; vgl. Behringer 1993, S. 14, 35–37, 317, 326, 338–344.

85 Waibler, S. 23–25.

Praetorius dürfte also ziemlich sicher – ob nun beabsichtigt oder nicht – zu einem breiteren und progressiveren, nicht mehr nur auf theologische und juristische Fachkreise beschränkten Reflektieren über den noch immer bestehenden Glauben an gemeingefährliche Hexerei sowie über die entsprechende Strafnotwendigkeit beigetragen haben.

Die auf Kurzweile und Staunen bedachte, mitunter fast humoristisch zu nennende Konzeption des Werkes ist an vielen Einzelheiten zu erkennen. Auch wenn aus heutiger Sicht die Barocksprache nicht mehr so wirkt, hat sich Praetorius eines nicht allzu anspruchsvollen, burlesken Stils bedient[86]. Auch der detailausschöpfende Titelholzschnitt, der eine bildliche Zusammenfassung des im Buch ausgebreiteten Hexentreibens ist, mutet im Vergleich zu zeitgenössischen Darstellungen, die einseitig die dämonologische Anschauung widerspiegeln, eher belustigend und drollig an[87].

Die aus der Fachliteratur entweder direkt übernommenen oder sinngemäß wiedergegebenen Passagen, ergänzt Praetorius manchmal durch vermeintlich eigene ‚Theorien', jedenfalls gibt er sonst keine Quellen dazu an. Diese Zusätze scheinen bisweilen auch den Zweck zu haben, das zuvor Dargelegte durch einen burlesken, humoristischen Einschlag interessanter oder spektakulärer erscheinen zu lassen. So weiß er im „VI. Capittel" des „2. Theil[s]", das der Frage nachgeht, „ob die Teuffel moegen Incubi oder Succubi werden", unter dem ausdrücklichen Vorbehalt, dass „so es also seyn koente", einen Gedanken anzubringen wonach sich die Teufel „gestohlenen Saamen[s]" bedienen könnten, um auf dem ‚Hexensabbat' den Geschlechtsakt mit den Hexen zu vollziehen (S. 384). Denn als metaphysische Kreaturen können „die teuffel selbst [...] sich nicht [...] generiren oder Sperma geben" (S. 384). Verblüffend ist die Erklärung, die Praetorius für die Herkunft solch „gestohlenen Saamen[s]" parat hat; danach „[sind] im Papstthum [...] viel tausent Pfaffen und Muenche Onanitische Schelmen [.]

86 Vgl. Battafarano 2001, S. 363.

87 Vgl. Henning 1968, S. XVI f. Bildliche Darstellungen, die eher die dämonologische Anschauung widerspiegeln, wären z. B. „Hexenconvent". Eine Buchillustration der Züricher Chronik (1574); „Der Teufelsconvent" (2 Blätter) von Thomas Sigfridus. Erfurt 1594; „Tableau de l'inconstance des mauvais angles et démons" von Pierre de Lancre. Paris 1612; „Tanz auf dem Blocksberg". Illustriertes Flugblatt von Matthäus Merian d. Ä. (1593–1650). Frankfurt/M. 1626; „Hexensabbat". Illustration von Michael Herr. Um 1650; „Hexenconvent". Illustriertes Flugblatt eines Anonymus des 17. Jahrhunderts (Deutsche Illustrierte Flugblätter 1, Nr. 1, 154); „Die dem Bock ehrende Hexe". Buchillustration einer späten Ausgabe der „Daemonolatria" von Nicolas Rémy. Hamburg 1693.

gewesen / der noch viel in Italia gefunden werden." (S. 384 f.)[88]. Nach einigen weiteren Überlegungen darüber, ob „vom Teuffel [.] Actus generans geschehen [kan]" bricht er seine Ausführungen jedoch ab, da er eigentlich „davon nichts gruendliches handeln" wolle (S. 385).

Des Unterhaltungswertes solch eingewobener, derb-humoristischer Einstreuungen dürfte sich der Leipziger Magister bewusst gewesen sein[89]; und dass er auf diese Weise auch einen polemischen Seitenhieb auf die Sündhaftigkeit des katholischen Klosterlebens anbringen konnte, mag dem Lutheraner Praetorius zudem noch recht gewesen sein[90]. Doch bei der Frage nach dem Verhältnis des Autors zur überkonfessionellen dämonologischen Denkart drängt sich hierbei der Eindruck auf, dass die Ernsthaftigkeit der Angelegenheit durch derartige Heiterkeiten aufgeweicht wird, was ebenfalls auf eine gewisse Distanz zwischen Praetorius und der unduldsamen Dämonologie schließen lässt.

Auch einen gewissen Schauereffekt, der durch das Lavieren mit den übernommenen, vermeintlichen Realitäten bei manchem zeitgenössischen Leser und Zuhörer eingestellt haben mag, dürfte Praetorius einkalkuliert haben, ohne dass BBV selbst ein Stück Schauerliteratur wäre, etwa in der Art der zwanzig Jahre später erstmals erscheinenden, äußerst erfolgreichen Erzählung „Asiatische Banise"[91].

Obwohl es eigentlich keine unzweifelhaften Anzeichen dafür gibt, dass der Leipziger Magister in BBV auch eine satirisch geformte Dimension eröffnen wollte, könnte trotzdem bei einzelnen Textpassagen der Eindruck eines derartigen Hintergedankens entstehen. Im „2. Theil" gibt das „I. Capitel" Aufschluss darüber, „was die Personen anbelanget / so auff dem Blocksberge zu Gaste fahren" (S. 87). Darin heißt es zu Beginn des „§ 4":

> „Hierauff folget weiter solcher Personen
> Geschlechte / nach welchem befunden wird /
> daß unter oder in solcher Blocksbergischen
> Gasterey mannigmahl sind begriffen worden" (S. 129)

Zunächst sind auch einige „Personen Geschlechte" aufgezählt, deren Anwesenheit auf dem Blocksberg nicht weiter verwundert. Dann aber werden auch Gruppen solcher Individuen benannt, von denen man durchaus nicht erwarten

88 Vgl. Battafarano 2001, S. 362–363.
89 Vgl. Henning 1968, S. XI.
90 Vgl. Ginzburg 1990, S. 143; Battafarano 2001, S. 363 f.
91 Zigler und Kliphausen, Heinrich Anselm von: Asiatische Banise, Oder blutiges doch muthiges Pegu. Leipzig 1688; vgl. auch Teil 2, V.

würde, dass sie sich auf der antichristlichen Festorgie ein gelegentliches Stelldichein geben, nämlich

> „[...] nicht nur geringes
> „sondern auch hohen Standes Personen / Kæy-
> „ser / Fuersten / Freyherrn / Edelleute und der-
> „gleichen; nicht nur weltliche / sondern auch
> „Geistliche / Pæbste / Bischoffe und Priester;
> „nicht nur ungelehrte / sondern auch gelehrte
> „und beruehmte Doctores auß allen Facul-
> „tæten. (S. 129)

Durch die hervorhebenden Anführungszeichen am Zeilenanfang weicht diese insgesamt erstaunliche Darlegung auch im Druckbild vom Übrigen auffallend ab. Inhaltlich sind die Ausführungen nicht nur ausgesprochen unverblümt, sondern sogar gewagt; denn die andeutungsweise aristokratie- bzw. obrigkeitsskeptischen Feststellungen werden keineswegs auf vergangene Zeiten festgelegt. Und Praetorius' antiklerikalen, provokativen Behauptungen würden noch umso blasphemischer wirken, wenn er als Lutheraner nicht mehrheitlich Würdenträger der römisch-katholischen Kirche mit der „Gasterey" auf dem Blocksberg in Verbindung bringen würde. Entgegen seines sonst ziemlich einheitlichen Vorgehens verweist Praetorius bei dem gesamten Abschnitt auf keine Quelle. Da also nicht vollends zu klären ist, ob der Kompilator für diese Kunde eine bestimmte Vorlage herangezogen hat oder ob sie tatsächlich von ihm selbst stammt, darf die Möglichkeit eines satirischen Doppelsinns nicht grundsätzlich ausgeschlossen werden. Bedauerlich ist aber, dass offen bleiben muss, ob die „beruehmte[n] Doctores" auch den für die dämonische Feier prädestinierten Doktor Faust einschließen, denn Namen von in Frage kommenden ‚Kapazitäten' oder Angaben, die ihre Identitäten bestimmbar machen könnten, werden vorenthalten.

Bei ansehnlicher zeitgenössischer Wirkung[92] und nach einer Phase der Vorbehalte gegenüber abergläubisch gefärbten Stoffen im Aufklärungszeitalter werden die Arbeiten Praetorius' gegen Ende des 18. Jahrhunderts wieder entdeckt.

---

92 Vgl. Anm. 82; auch für einige Jahrzehnte später erschienene Nachschlagewerke hat man sich bei der Ausfüllung von Lemmata, wie Blocksberg, Brocken und Hexentanzplatz, offensichtlich bei Praetorius bedient; etwa für die „Kurtze[n] Fragen aus der alten und neuen Geographie" (1. Aufl. Leipzig 1692) und die dreibändige „Vollständige Geographie" (1. Aufl. Hamburg 1730), die jeweils von Johann Hübner (1668–1731) stammen, oder für die von Johann Heinrich Zedler (1706–1763) begründete, vielbändige Mammut-Enzyklopädie „Grosses vollständiges Universal-Lexicon Aller Wissenschafften und Künste" (1732–1754).

Dadurch manifestiert sich erst ihr langfristiger kulturgeschichtlicher Wert als allgemeine Fundgrube und Hort literarischer Einbildungskraft. Ihre Bedeutung, beispielsweise für manches Werk Goethes, besonders auch für das Wirken von Brentano und v. Arnim, ist hinlänglich bekannt; die Brüder Grimm nennen im Vorwort zu „Deutsche Sagen“ (1816–18) Praetorius sogar als die für sie bedeutendste Quelle.[93]

Das zur Würdigung Praetorius' meistens herangezogene Fazit aus Heinrich Heines Buch über die „Elementargeister“ erscheint in der Tat recht treffend. Darin resümiert Heine hauptsächlich zu „Anthropodemus Plutonicus“, dass jene Schrift, trotz der unzureichenden Systematik und allen „Unsinn[s]“ und „Aberglauben[s]“, unterhaltend und lehrreich sei. Darin und in allen anderen Werken Praetorius' hätten „sich Traditionen erhalten, die teils sehr wichtig für das Studium der germanischen Religionsaltertümer, teils auch als bloße Kuriositäten interessant“ seien.[94]

Darüber hinaus ist aus motivgeschichtlicher Sicht ist noch einiges mehr festzuhalten. Denn mit seiner von den Vorgaben der Dämonologie inhaltlich partiell zwar abhängigen, ideologisch davon aber praktisch unabhängigen nationalsprachlichen Popularisierung von nahezu allem, was die Vorstellung des Hexenwesens ausmachte, und seinem Fixieren einer enormen, zuvor zum Teil sogar nur oral vorhandenen Detailfülle bricht Praetorius sozusagen ein Tabu. Zum vorher dafür nicht üblichen Zweck der Unterhaltung etabliert er das Hexenwesen – und damit insbesondere die Elemente der Hexenversammlung und der Walpurgisnacht – als ein schriftliches Allgemeingut. Natürlich war vorher schon, etwa in der Volksbuchtradition, Zauberei in Fülle vorgekommen. Dabei handelte es sich aber um mit einer schlichten Moral verknüpfte Dichtung, die stets einen als verdorben oder leichtfertig zu entlarvenden Charakter vorweisen konnte. Außerdem sind z. B. die Faust- und Wagnerbücher von den Auswirkungen der ungefähr zeitgleich zur vollen Entfaltung gekommenen Dämonologie der Spätrenaissance noch wenig berührt; obendrein ist eine Haltung der Hexentheoretiker bekannt, die dieses Schriftgut mitunter schon als verdächtig einstuft[95].

93 Vgl. Henning1968, S. I f. u. XXIII f.; Kemp, S. 608; Waibler, S. 53, 59–64, 70–74; Teil 2, I. (Vororientierung).

94 Henning 1968, S. XXIV f.; Kemp, S. 608; vgl. Teil 4, III. 2.

95 Vgl. Baron, Frank: Provozierende Elemente im Faustbuch des Johann Spies und ihre Folgen. In: Iwasaki, Eijiro (Hrsg.): Begegnung mit dem Fremden. Grenzen-Traditionen-Vergleiche. Bd. 11. München 1991, S. 24–30 (Baron (*1936) weist auch darauf hin, dass mit Lerchheimer alias Witekind selbst ein Gegner des Hexenwahns ‚jugendgefährdende' Vorbehalte gegenüber der Legendenbildung um den Faust-Charakter erkennen ließ, S. 28 f.); Teil 1, V.; Teil 2, Vororientierung.

Unter diesem Aspekt profitierte Praetorius mit seiner von Berührungsängsten freien Kompilation wohl auch von der etwa ab Mitte des 17. Jahrhunderts allmählich abnehmenden Dämonopathie und der entsprechend zurückgehenden Phobie, in irgendeiner Weise als hexereiverdächtig angesehen zu werden[96].

In weiterer Konsequenz macht er die titelgebende „Blockes-Berges Verrichtung", die ja nur einen Teil seiner Schrift ausmacht, auch als einen literarisch geeigneten Stoff urbar. Seine ausführliche Aufbereitung ermöglichte ein vielseitigeres literarisches Nutzen als es zuvor denkbar gewesen wäre. Zudem hat er durch seine schriftliche Fixierung des Sagenmaterials und seine parallele Verwendung ‚Brocken' und ‚Blocksberg' sozusagen endgültig synonymisiert. Das gilt auch für die Assoziation des Brockens als quasi einzige Bühne der Walpurgisnacht. Etwas geringer fällt Praetorius' Einwirkung auf das Etablieren der Bezeichnung ‚Walpurgisnacht' aus. Er benutzt die Zeitpunkt-Bezeichnung „Sanct Walpurgis Nacht" noch nicht synonym zu den im Haupttext konkurrierend verwendeten Zustandsbezeichnungen „Versamlung", „Convent", „Gasterey" sowie zum von der Dämonologie geprägten Begriff des „Sabbath". Im erweiterten Titel erhielt gleichwohl „Sanct Walpurgis Nacht" den Vorzug.

Dessen ungeachtet, dass nicht zu klären ist, ob es einer seiner effektiven Vorsätze war, beeinflussten Johannes Praetorius' detaillierte Vorgaben die Literalität von Hexenversammlung und Walpurgisnacht also nachhaltig.

III. Barockzeit, 2: Hans Jacob Christoffel von Grimmelshausen – Der abentheuerliche Simplicissimus Teutsch (1668/69)

Nahezu gleichzeitig mit der Kompilation des Johannes Praetorius und auch der letzten Originalausgabe des „Malleus Maleficarum" erschien erstmals die Erzählung „Der abentheuerliche Simplicissimus Teutsch" von Hans Jacob Christoffel von Grimmelshausen (1621 oder 1622–1676) – das Kernstück der von Grimmelshausen selbst so bezeichneten „Simplicianischen Schriften" und mit der bedeutendste literarische Ertrag des Barock[97]. Die Angaben zum Erscheinungsdatum des „Simplicissimus" schwanken gleichwohl, etwa infolge von ebenfalls sogleich erschienenen nicht autorisierten Drucken, doch gilt 1668 mittlerweile

96 Vgl. Behringer 1993, S. 327 f.; Battafarano 1977, S. 327.

97 Als Textgrundlage dient: Grimmelshausen, Hans Jacob Christoffel von: Werke. 2 in 3 Bänden. Hrsg. von Dieter Breuer. Frankfurt/M. 1989–1997, Bd. I/1 (1989): Der abentheuerliche Simplicissimus Teutsch.

als gesichertes Ersterscheinungsjahr, zumindest der ersten fünf „Bücher“[98]. Die Stelle eines sechsten „Buches“ nimmt die „Continuatio des abentheuerlichen Simplicissimi oder der Schluss desselben“ ein, deren erstes Erscheinen anno 1669 datiert ist.

Als noch relativ fester Bestandteil des durchschnittlichen Weltbildes der Zeit des anbrechenden Spätbarock gehören Teufels- und Hexenglaube zum allgegenwärtigen erzählerischen Rüstzeug in den „Simplicianischen Schriften“. Entsprechend haben innerhalb der Grimmelshausen-Forschung bereits in der Vergangenheit zuweilen die Kapitel des „Simplicissimus“ eine gewisse Beachtung erfahren, in denen zunächst eine Hexenversammlung mit der zuvor dorthin führenden „Lufftfahrt“ (S. 182) beschrieben ist und anschließend aus einer als kontemplativ anzusehenden Perspektive darüber und darüber, ob allgemein „Hexen oder Unholden seyen“ und „in der Lufft hin und wieder fahren“ (S. 179), reflektiert wird[99]. Dabei handelt es sich um das „XVII.“ und das „XVIII. Capitel“ des „Zweyten Buches“.

Abzugrenzen sind diese Passagen indes von einer weiteren Szenerie ab dem „II. Capitel“ der „Continuatio des abentheuerlichen Simplicissimi“, die die Versammlungs-Thematik ebenfalls berührt. Beginnend mit dem Kapitel „Wie sich *Lucifer* verhielte / als er frische Zeitung vom geschloßnen Teutschen Frieden kriegte“ sind „viele der hoellischen Geister“ um „den hoellischen Groß-Fuersten *Lucifer[...]*“ (S. 567 f.) in einem Traum des „neuen Einsidlers“ Simplicius

98 Ebd., S. 725–732 (Textgrundlage und Textgeschichte, Entstehung und Quellen); zur Editionsgeschichte des „Simplicissimus Teutsch“ vgl. weiterhin: Grimmelshausen, Hans Jakob Christoffel von: Der abentheuerliche Simplicissimus teutsch und Continuatio des abentheuerlichen Simplicissimi. Grimmelshausen / Gesammelte Werke in Einzelausgaben. Hrsg. von Rolf Tarot. 2. Aufl. Tübingen 1984, S. IX–XXXVII; Dünnhaupt, Gerhart: Personalbibliographien zu den Drucken des Barock. 6 Teile. 2. Aufl. Stuttgart 1990–1993, Dritter Teil (1991), S. 1836–1838.

99 Als ausführlichste Auseinandersetzungen sind hier zu nennen: Battafarano, Italo Michele: Hexenwahn und Teufelsglaube im *Simplicissimus*. In: Argenis. Internationale Zeitschrift für mittlere deutsche Literatur. Jg. 1, H. 1, 1977, S. 301–372; — Mit Spee gegen Remigius: Grimmelshausens antidämonopathische Simpliciana im Strom nieder-ober-rheinischer Vernunft. In: Simpliciana. Schriften der Grimmelshausen-Gesellschaft. Bd. XVIII (1996), S. 139–164; — Paolo Grillando, François de Rosset, Martin Zeiller, Grimmelshausen: Die Literarisierung von Hexenprozeßakten in der frühen Neuzeit. In: Simpliciana. Schriften der Grimmelshausen-Gesellschaft, Bd. XX (1998), S. 13–24; Kemper, Tobias A.: *Lufftfahrt* und *Hexentantz* – Zauberei und Hexenprozeß in Grimmelshausens *Simplicissimus*. In: Simpliciana. Schriften der Grimmelshausen-Gesellschaft. Bd. XIX (1997), S. 107–123.

versammelt[100]. In Anbetracht des geschlossenen Westfälischen Friedens hat Luzifer zu bemessen, „was vor Nachtheil und Schaden sein hoellisches Reich am bißhero gewohnten interesse leyden mueste“ (S. 568). Der weitere Verlauf „diese[r] Reichs Versamblung […] alle[r] hoellischen Staende“ (S. 572) dient dem Finden von neuen Ideen, um weiterhin dem „Wunsch und Will“ Luzifers, „dass die Menschen sowohl in ihrem zeitlichen Leben in lauter Unglueck: Als nach ihrem Hinsterben in ewiger Qual seyn“ (S. 569 f.), nachkommen zu können. Zu dem Zweck liefern sich vor dem Luzifer verschiedene personifizierte Untugenden – ein Teil des „hoellischen Hoffgesinds“ (S. 570) – eine Art argumentativen „Wettstreit“, der sich bis in das „V. Capitel“ der „Continuatio“ fortsetzt. Jedoch ist der nicht authentisch und nicht in einer abbildhaft gemeinten, physischen Hinsicht zu verstehende Sinnbild-Charakter sehr klar[101], der in der Grimmelshausen-Forschung gemeinhin mit der Gestalt absolutistischer Höfe des 17. Jahrhunderts assoziiert wird[102]. Das Allegorische dieser Versammlung wird umso augenfälliger, wenn die gewisse Ähnlichkeit zu dem ‚ordentlichen‘ Götterkonvent im „Zweiten Teil“ (1675) des „Wunderbarlichen Vogel-Nests“ (1672–75) berücksichtigt wird, wozu sie in mancher Hinsicht eine Art Gegenversammlung bildet[103]. Dass im daran anschließenden „XXII. Capitel“ des „Wunderbarlichen Vogel-Nests“ ebenfalls von „Zauberer[n] und Hexen“, die „auff die Berg und [an] einsame[n] Oerter[n] […] / Taentz und allerhand Spaß / und herrliche Pancket anstellten“ im Zusammenhang mit der Weltsicht der „*Compagnonen*“ die Rede ist[104], sollte unbedingt als ein weiterer Beleg der differenzierten Auseinandersetzung Grimmelshausens mit dem Zustand des Zauberei- und Hexenglaubens seiner Zeit angesehen werden. Die Versammlung der dienstbaren Geister um Luzifer in der „Continuatio“ dürfte jedenfalls in einer gewissen toposähnlichen

100 Vgl. auch Grimmelshausen: Werke, I/1: Der abentheuerliche Simplicissimus Teutsch, Abb. 34: Ill. zu Cont. 2 (Illustrationen der Ausgabe C1 v. 1683/84).

101 Vgl. Müller-Seidel, Walter: Die Allegorie des Paradieses in Grimmelshausens „Simplicissimus“. In: Jauss, Hans Robert und Schaller, Dieter (Hrsg.): Medium Aevum Vivum. Festschrift für Walther Bulst. Heidelberg 1960, S. 263 f.

102 z. B. Battafarano 1977, S. 358–363.

103 Grimmelshausen: Werke, Bd. I/2 (1992): Das Wunderbarliche Vogel-Nest, Zweiter Teil, S. 603–611 („Cap. XXI. Was der Verzweifelte ferners begonnen“) u. S. 1002–1006 (Stellenkommentar). Zur allegoriehaften Funktion in diesem Zusammenhang vgl. auch Haberkamm, Klaus: „Sensus Astrologicus“. Zum Verhältnis von Literatur und Astrologie in Renaissance und Barock. Bonn 1972, S. 62–84; Battafarano 1977, S. 357–363.

104 Grimmelshausen: Werke, I/2: Das Wunderbarliche Vogel-Nest, Zweiter Teil, S. 612 („Cap. XXII. Wie es weiter gieng / und was auß diesem Gesichte zu lernen.“).

Tradition zu solchen Teufelsversammlungen stehen, wie sie ja aus früherer Literatur oder bereits aus religiösen Spielen seit dem Spätmittelalter bekannt sind[105].

Die eigentliche Hexenversammlung findet sich aber, wie vorgenannt, schon früher im Roman – im „XVII. Capitel" des „Zweyten Buches" (S. 175–179): „Wie Simplicius zu den Hexen auff den Tantz gefahren"[106]. Doch sind in den Verlauf dieses „Zweyten Buches" bereits zuvor zwei ‚teuflische' Momente eingewoben, ohne dass auf den ersten Blick ein unmittelbarer Zusammenhang zu der Szenerie des „XVII. Capitels" zu bestehen scheint; dennoch sind sie für die Bedeutsamkeit der Versammlung und somit für Grimmelshausens Haltung gegenüber dem allgemeinen Glauben an Teufel- und Hexenhaftes von Belang. Zu dieser „Phänomenologie des Teufels"[107] zählt auch das sich im „XXVI." und „XXVII. Capitel" vollziehende ‚Nachspiel' zu Simplicius' vermeintlicher Anwesenheit auf der „General-Zusammenkunft" der „Unholde" (S. 211 f.), das ebenfalls unbedingt in den Verstehenskomplex einbezogen werden sollte.

Chronologisch betrachtet hat dabei zunächst „Das V. Capitel. *Simplicius* wird von 4. Teuffeln in die Hoell gefuehrt / und mit Spanischem Wein tractirt" den Kern[108], dass den jugendlichen Simplicius eines Nachts „vier Kerl in schroecklichen Teuffels-Larven vermummt" mit der Absicht heimsuchen, ihn „zum Narren [zu] machen"; das heißt hier, ihn um den Verstand zu bringen (S. 133 f.)[109]. Das

---

105 Vgl. Teil 1, II. u. VII.; als eine Anregung für den Teufelskonvent gilt gemeinhin auch Aegidius Albertinus' (1560–1620) Eigendichtung „Lucifers Königreich und Seelengejaidt" von 1616 (Vgl. Weydt, Günther: Nachahmung und Schöpfung im Barock. Studien um Grimmelshausen. Bern u. München 1968, S. 393; Gemert, Guillaume van: Die Werke des Aegidius Albertinus (1560–1620). Ein Beitrag zur Erforschung des deutschsprachigen Schrifttums der katholischen Reformbewegung in Bayern um 1600 und seiner Quellen. Amsterdam 1979, S. 15 f.).

106 Die Kapitelüberschrift ist, wie auch bei den anderen einbezogenen Kapiteln, je nach Ausgabe bisweilen anderslautend; vgl. Grimmelshausen: Werke, I/1: Der abentheuerliche Simplicissimus Teutsch, S. 749 (*Kapitelüberschriften der Ausgabe E5 v. 1671*: „Simplex sieht Hexen zum Tantz hinweg fahren / Kommt auch zu ihren verteuffelten Schaaren.").

107 Battafarano 1977, S. 343.

108 Anderslautende *Kapitelüberschrift der Ausgabe E5 v. 1671*: „Simplicem fuehren viel Teuffel zur Hoell / Spanischen Wein trinckt Er in selbiger Stell."; vgl. Anm. 106.

109 Die Forschung weist auf die Durchgängigkeit des Motivs der vier Teufelslarven in dreien der vorbildhaftesten spanischen Picaro-Romane und auf die äußerliche, intentional aber veränderte Entlehnung durch Grimmelshausen hin; so Payer, Rudolf v.: Eine Quelle des Simplicissimus (1890). In: Weydt, Günther (Hrsg.): Der Simplicissimusdichter und sein Werk. Darmstadt 1969, S. 288: Mateo Alemán (um 1547 – nach 1614): „Guzmán de Alfarache" (2 Teile 1599–1604) bzw. Albertinus,

Auftreten der „Kerl“ ist gängigen Bildern von Teufel- und Hexenversammlungen nicht unähnlich, denn „die sprangen herumb wie Gauckler und Faßnachts-Narren“ und mit „eine[m] glühenden Hacken“ und „eine[r] Fackel“ haben sie auch entsprechend symbolträchtige Utensilien dabei. Sie führen den unglücklichen Simplicius in einen „Keller“, „darinn ein grosses Feuer brannte“ (S. 133). Dort im „Abgrund der Hoellen“, wie „[seine] Teuffel“ ihm einzureden versuchen, macht der ihm verabreichte „Spanische Wein und Malvasier“ zwar zu schaffen, doch erkennt er die „arme[n] Teuffel“ bald als „[seines] Herrn Fourierschützen“. Er verhält sich aber so, „als wenn [er] sie vor rechte natuerliche Teuffel gehalten haette“ und „stellete“ sich „mit Fleiß also [.] / als wenn [er] alles glaubte / was sie [ihm] vor logen“. Wohl mehr in dem Bemühen aus der Not eine Tugend zu machen, „lacht[...]“ er sich sogar „in die Faust / daß diese / so mich zum Narren machen solten / meine Narren seyn musten.“ (S. 133 f.). Die ganze Derbheit in dem „raucherichten Keller / welcher kein ander Liecht hatte / als was das Feur von sich gab“ setzt sich über „drey Taeg und zwo Naecht“ fort, bis es Simplicius erst durch eine gleichsam derbe List gelingt, sich „seiner Qual sampt den Peinigern“ zu entledigen“ (S. 134 f.).

Als weitere Etappe des Umgangs mit ‚Teuflischem‘ gliedert sich „Das XVI. Capitel. *Simplicius* erschnappet ein gute Beut / und wird darauff ein diebischer Waldbruder“ an[110]. Als der herumvagabundierende Simplicius im Wald auf „etliche Schnapphanen“ trifft, gelingt es ihm die Situation zu meistern, indem er mithilfe seines absonderlichen Narrengewandes aus Kalbfell in die Rolle des Teufels bzw. in eine Rolle, die dem entspricht, was gemeinhin für den Teufel gehalten werden kann, schlüpft[111]: „Der Teuffel bin ich“; worauf die zwei „Schnapphahnen“ erst einmal die Flucht ergreifen und er deren „Feuer-Rohr“ und „Ducaten“ erbeuten kann (S. 172–174). Den landläufigen Teufelsglauben der Menschen und ein gewisses Überraschungsmoment nutzt Simplicius zu seinem Vorteil, wenn auch noch spontan, unterbewusst und aus der Not heraus. Doch aus dieser

---

Aegidius’ freie deutsche Übersetzung „Der Landstörtzer Gusmann von Alfarche oder Picaro genannt [...]“ (1615); Miguel de Cervantes Saavedra (um 1547–1616): El ingenioso hidalgo Don Quijote de la Mancha (1605–1615); Vicente Martínez de Espinel (1550–1614): „Relaciones de la vida del Escudero Marcos de Obregón“ (1618); vgl. auch van Gemert, S. 15–18.

110 Anderslautende *Kapitelüberschrift der Ausgabe E5 v. 1671*: „Simplex ein treffliche Beute erschnappet / Als ein Waldbruder viel Speisen erdappet.“; vgl. Anm. 106.

111 Vgl. Krauss, Friedrich S.: Slavische Volksforschungen. Leipzig 1908, S. 46 (Das Erscheinungsbild des Teufels als Kalb ist anscheinend für kroatische Hexensagen am typischsten.).

Erfahrung heraus wird er später mit mehr Kalkül im „XXXI. Capitel. Wie der Teuffel dem Pfaffen seinen Speck gestolen / und sich der Jaeger selbst faengt" sich „vor den Teuffel" ausgeben. Mit prompt denselben Worten bzw. „Luegen" („Jch bin der Teuffel") und einem, was die allgemeine Vorstellung vom Teufel anbelangt, perfektionierten mimetischen Auftreten ist er beim Speckdiebstahl erfolgreich (S. 235 f.)[112].

Im „Dritten Buch" wird Simplicius noch eine ähnliche Situation aus umgekehrter Perspektive erleben, wenn er den „Mohren", der sich aus einem „Trog" aufrichtet, einen Moment lang „vor den *Lucifer* selbst" ansieht (S. 272 f.). Nichtsdestoweniger bringen die ängstliche Naivität und Unterwürfigkeit des „Mohren" dem im Vergleich zu „Schnapphanen" und „Pfaffen" beherzteren und schlaueren „Jaeger von Soest" hinterher immerhin noch „zwey Dutzet Thaler" ein (S. 274)[113].

Im „XVII. Capitel"[114] schließlich, lebt der in den Wäldern bei „Hirschfeld oder Fulda herumb schwaiffen[de]" Simplicius davon, „durch [sein] gewoehnlich / ob zwar verbottenes Mittel / [seine] Nahrung [zu] holen" (S. 175 f. u. 181). Daher kommt er „Einsmals zu End deß May", also zu einem anderen Zeitpunkt als dem, der gewöhnlich mit der Walpurgisnacht in Verbindung gebracht wird, gegen Abend zu einem „Baurn-Hof". Dort beobachtet er, wie „die Leutt" im Licht einer „schweflichte[n] blaue[n] Flamm [...] Stecken / Besem / Gabeln / Stuel und Baenck schmierten / und nacheinander damit zum Fenster hinauß flogen". Seine Bemerkung, „von den Unholden weder gelesen noch gehoert" zu haben, wirkt dabei allerdings weitaus verwunderlicher als die, wonach er (durch den Krieg) „groesserer Erschroecklichkeiten gewohnt war" (S. 176 f.). Als sich dann der nicht übermäßig verdutzte Simplicius unbewusst auf eine mit „kuenstlicher Salbe" bestrichene Bank setzt, fliegt er unter Verlust seines Gepäcks ebenfalls scheinbar „augenblicklich" zu einer „grossen Schaar Volcks". Es ist jedoch nicht

---

112 Vgl. Battafarano 1977, S. 351 f.

113 Grimmelshausen: Werke, I/1: Der abentheuerliche Simplicissimus Teutsch, S. 271–274 („Das VIII. Capitel. Wie er den Teuffel im Trog gefunden / Spring-ins-feld aber schoene Pferd erwischt.").

114 Vgl. auch Grimmelshausen: Werke, I/1: Der abentheuerliche Simplicissimus Teutsch, Abb. 30: Ill. zu ST II 17 (Illustrationen der Ausgabe C1 v. 1683/84); diese Illustrationen nimmt die Grimmelshausen-Forschung gelegentlich zum Anlass, um auf die Dimension des emblematischen Erzählens und Verstehens hinzuweisen (z. B. Heckman, John: Emblematische Strukturen im „Simplicissimus Teutsch". In: Peuckert, Sibylle (Hrsg.): Emblem und Emblematikrezeption. Vergleichende Studien zur Wirkungsgeschichte vom 16. bis 20. Jahrhundert. Darmstadt 1978, S. 242).

sicher, ob „das Auffsitzen davon fahren und absteigen [.] gleichsam in einem Nu [geschah]“ oder ob er „auß Schrecken nicht geacht [hat] / wie lang [er] auff dieser weiten Raeis zugebracht“ (S. 177).

Nach dieser „Lufftfahrt“ erfolgt die Schilderung der nun folgenden „Versamlung“ anhand einiger weniger episodenhafter Ereignisse. Sie ist als „wunderliche[r] Tantz“ geschildert. Dabei „hatten sich“ die Teilnehmer „bey den Händen gefast / und viel Ring ineinander gemacht / mit zusamm gekehrten Rücken / [...] / also dass sie die Angesichter heraußwärts kehrten“. Weiter heißt es, dass „der inner Ring [...] etwan in 7. oder 8. Personen [bestund] / der ander hatte wol noch so viel / der dritte mehr als diese beyde / [...] / also daß sich in dem aeussern Ring ueber 200. Personen befanden; und weil ein Ring oder Craiß umb den andern lincks / und die andere rechts herumb tantze / konnte ich nicht sehen / wie viel sie solcher Ring gemacht / noch was sie in der Mitten / darumb sie tantzten / stehen hatten“ (S. 177).

Das nächste Kuriosum, ist die „seltzam[e] [...] *Music*“ und die dafür verantwortlichen „Spielleute[...] / die ausserhalb der Ringe umb den Tantz herum stunden“. Denn als Tonwerkzeuge verwenden „deren etliche“ verschiedene ‚niedere‘ Tiere, Hunde, Katzen, Roßkoepfe und Gerippe, ganz so, als wären es richtige Musikinstrumente. Dazu „trompeteten die Teuffel durch die Nase / dass es im gantzen Wald erschallete“ (S. 178).

Nachdem „dieser Tantz bald auß war“, so fährt die Beschreibung fort, „fieng die gantze hoellische Gesellschaft an zu rasen / zu ruffen / zu rauschen / zu brausen / zu heulen / zu wueten und zu toben / als ob sie alle toll und thoericht gewest waeren“ (S. 178). Bemerkenswerterweise besteht eine gewisse Ähnlichkeit zwischen dieser Schilderung und der vom „Tantz“ im Haus des „*Gubernators*“ gegen Ende des „Ersten Buchs“[115].

Während des „Lermen[s]“ tritt nun als nächstes Ereignis „ein Kerl“ an den „in Schrecken und Furcht [steckenden]“ Simplicius heran. Dieser „Kerl“ trägt – zum Lauteninstrument umfunktioniert – „ein ungeheure Krott unterm Arm / gern so groß als eine Heerpaucke / deren waren die Daerm auß dem Hindern gezogen / und wieder zum Maul hinein geschoppt / welches so garstig außsahe / dass mich darob kotzerte“. Der „Kerl“ scheint den Simplicius nicht nur zu kennen, er weiß offenbar auch über dessen Talente Bescheid: „Sehin *Simplici*, [...] ich weiß / dass Du ein guter Lautenist bist / laß uns doch ein fein Stueckgen hören“. Als der darüber, dass „der Kerl“ ihn „mit Namen nennete“ sehr erschrockene Simplicius dieser

115 Grimmelshausen: Werke, I/1: Der abentheuerliche Simplicissimus Teutsch, S. 113 f. („Das XXXIV. Capitel. Wie Simplicius den Tantz verderbt.“).

Aufforderung nicht sogleich nachkommt, steigert sich das Furcht erregende Auftreten des „Kerls“, der ungeduldig beginnt, handgreiflich zu werden (S. 178 f.). Daraufhin fängt der bedrängte Simplicius an, „ueberlaut zu Gott zu ruffen“, worauf „[.] das gantze Heer [verschwand]“ und „[es] in einem Huy […] stockfinster [wurde]“ (S. 179)[116]. Der ziemlich verängstigte Simplicius bleibt „auff dem Bauch ligen“ und vermag sich erst wieder bei Tag aufzurichten (S. 179 u. 181 f.).

Nach dem eingeschobenen reflektierenden „XVIII. Capitel“ wird die Schilderung zu Beginn des „XIX. Capitel[s]. *Simplicius* wird wieder ein Narr / wie er zuvor einer gewesen“ abschließend ergänzt. Der bis zum „helle[n] Tag“ liegen gebliebene Simplicius „zweiffelt […] noch / ob mir die erzehlte Sachen getraeumt haetten / oder nicht?“ [117]. Nachdem er irgendwann zwischenzeitlich auch „entschlaffen“ war, befindet er sich, als er wieder erwacht ist, obendrein nicht, wie er bislang meinte, „in einem wilden Wald“, sondern auf „einem freyen Feld“ (S. 182).

Das folgende „XVIII. Capitel. Warumb man Simplicio nicht zutrauen sollte / dass er sich deß grossen Messers bediene“ ist ein für die romanimmanente Handlung unerheblicher Exkurs. Er ist als Reflexion und Erörterung der Glaubhaftigkeit der im vorherigen Kapitel erzählten Phänomene des „Hexen Außfahrens[s]“ und der „Versamlung“ angelegt. Dabei besteht der Erzähler ausdrücklich darauf, nicht mit solchen Zweiflern „fechten“ zu wollen, „die sagen werden / Simplicius schneide hier mit dem grossen Messer auff“; es geht ihm vorrangig darum, selbst über den Verdacht der Aufschneiderei erhaben zu sein, „dann weil auffschneiden keine Kunst / sondern jetziger Zeit fast das gemeineste Handwerck ist“ (S. 179). Davon ausgehend, dass „[…] etliche / und zwar auch vornehme gelehrte Leut […] / […] nicht glauben / dass Hexen oder Unholden seyen / geschweige daß sie in der Lufft hin und wieder fahren solten“ (S. 179), nennt der Erzähler eine Reihe von in diverser Literatur überlieferten Fällen, die beschriebenen Erscheinungen ebenfalls beinhalten.

Angeführt ist zuerst die Geschichte des ‚archetypischen‘ Zauberers Simon Magus, der erstmalig in der neutestamentarischen Apostelgeschichte des Lukas erwähnt ist (N Apg 8, 9–24). Das angedeutete Geschehnis um den

---

116 Zum typischen, urplötzlichen Verschwinden von Hexengesellschaften beim Aussprechen des Namens Gottes oder anderer geeigneter Worte vgl. Bächtold-Stäubli, Bd. III, Sp. 1899.

117 Vgl. Teil 1, VI. (Grimmelshausens Wortwahl stimmt in diesem motivisch ohnehin ähnlichen Punkt mir der in Hans Sachs' Unholden-Gespräch fast überein. Darin erwacht der Ich-Erzähler ebenfalls bei „helle[m], liechte[m] Tag“ aus seinem Traum. Daraus eine Kenntnis Grimmelshausens dieser Arbeit des von ihm bekanntermaßen geachteten Poeten abzuleiten, wäre also legitim.).

blasphemischen Magier, der sich zum Beweis seiner angeblichen Göttlichkeit beim Forum Romanum in die Lüfte erhebt und den der Apostel Petrus durch ein Gebet zu Gott zum entlarvenden Absturz bringt, befindet sich allerdings in den apokryphen Petrusakten (‚Petrusevangelium') aus dem 2. Jahrhundert und wurde von der Kunst des Mittelalters recht oft verbildlicht (S. 179)[118]. Es folgen eine Erzählung aus dem Fundus des lothringischen Hexenrichters Nicolaus Remigius und „zwey Exempel" aus dem erzählerischen Werk des Bischofs Simon Majolus (S. 179 f.)[119]. Fortgefahren wird mit einer Anekdote aus der „Historia de gentibus septentrionalibus" des schwedischen Gelehrten Olaus Magnus über eine Luftreise mithilfe des „Geist[es]" Odins[120]; weiterhin wird auf eine „mehr als genugsam bekant[e]" Weisheit aus Böhmen hingezeigt (S. 180)[121]. Dazu wird das Werk „Hexamereon oder Sechs Tage-Zeiten", eine 1652 erschienene Übersetzung des „Jardín de flores curiosas" (1570) von Antonio de Torquemada (um 1507–1569), genannt und es wird auf die Beschreibung einer schwarzkünstlerischen Zusammenkunft aus dem Werk des italienischen Hexenrichters Paulus Grillandus verwiesen (S. 180 f.)[122]. Und auch die „genugsam bekant[en]" Luftfahrten aus der „Histori" des „*Doctor* Faust" fehlen nicht (S. 181)[123]. Den Abschluss dieser ungeordnet wirkenden Aufzählung bildet – anstatt einer vielleicht zu erwartenden Klimax – eine lächerlich wirkende, eben simplicianische „Geschicht" eines

---

118 Vgl. Praetorius, S. 309 (Der zeitgleich mit Grimmelshausen veröffentlichende Kompilator Praetorius bespricht auch die Fama, „daß Simon der Zauberer in die Lufft sey geflogen", und gibt dazu verschiedene theologische Verweise an.).

119 Vgl. Grimmelshausen: Werke, I/1: Der abentheuerliche Simplicissimus Teutsch, S. 855 (Stellenkommentar).

120 Olaus Magnus (1490–1557): Historia de gentibus septentrionalibus […]. Erstmals Rom 1555.
Diese Geschichte über die nordischen, ‚septentrionalen' Völker, also über die unter dem Sternbild des Großen Wagens, war die erste, in der Gelehrtensprache Latein verfasste Arbeit, die der Gesellschaft der Renaissance eine ausführliche Beschreibung des in Mittel- und Südeuropa bis dahin wenig bekannten Nordens anbot.
Auch Grimmelshausens unmittelbarer Zeitgenosse Johannes Praetorius zitiert Olaus Magnus' Kompendium aus erster und zweiter Hand, wenn er auf „[.] Hexen-Versamlungen und unholdische Zusammenkunffte und Tänze [bei den Nordischen Völkern]" eingeht (Praetorius, S. 273 f.).

121 Vgl. Grimmelshausen: Werke, I/1: Der abentheuerliche Simplicissimus Teutsch, S. 856 (Stellenkommentar).

122 Vgl. Grimmelshausen: Werke, I/1: Der abentheuerliche Simplicissimus Teutsch, S. 856 (Stellenkommentar).

123 Vgl. ebd., S. 856 f. (Stellenkommentar).

unbeabsichtigt mit Flugsalbe behandelten und daraufhin zum Kamin hinaus gefahrenen Schuhs, die der Erzähler „selbst“ zu „melde[n]“ weiß (S. 181)[124].

Die angeführten Musterbeispiele dürften von Grimmelshausen wohl eher nicht aus den jeweiligen Originalausgaben entlehnt worden sein, sondern stammen wahrscheinlich aus Ausgaben in deutscher Übersetzung[125]. Das Neue Testament und das Faustbuch ausgenommen, handelt es sich um in Deutschland wenig verbreitete Literatur, trotz entsprechender Übersetzungen. Überwiegend ist sie von narrativer, volkstümlicher Qualität – zum Teil sogar mit humoristisch zu nennenden Anflügen – und wirkt ideologisch relativ unverbindlich (Olaus Magnus, Volksweisheiten über böhmische Frauen, Torquemada, Faustbuch). Den Status von Fachliteratur haben lediglich die Texte der Juristen Grillandus und Remigius; in nur eingeschränktem Maße auch der des italienischen Bischofs Simon Majolus (um 1520 – nach 1590), der zwar schon in einer Grillandus nachfolgenden dämonologischen Linie steht[126], doch sind die bei Grimmelshausen ausgewiesenen „Exempel“ wohl einer Sammlung von Erbauungsgeschichten entnommen[127]. Der Italiener Paulus Grillandus (eigtl. Paolo Grillando, 1511 in Perugia immatrikuliert) war in der Gilde der Dämonologen ein stark rezipierter Hexentheoretiker, der mit der „Zauberer Zusammenkunfft [...] nahend der Statt *Benevento*“ (S. 180 f.) eine der bekanntesten Hexenlegenden überhaupt verschriftlichte[128]. Diese Schilderung fand Eingang in zahlreiche juristische und theologische Werke. Dennoch dürfte Grillandus nördlich der Alpen über Fachkreise hinaus namentlich wenig bekannt gewesen sein, genau wie der Spätscholastiker Majolus. Lediglich mit Nicolaus Remigius (eigtl. Nicolas Rémy, 1530–1612) ist ein im Heiligen Römischen Reich bekannter Hexentheoretiker und -richter genannt[129]. Jedoch erfährt die

124 Vgl. Konopatzki, Ilse-Lore: Grimmelshausens Legendenvorlagen. Berlin 1965, S. 14 (K. kommt zu einer ähnlichen Konklusion.).
Diese Episode erinnert auch ein wenig an das Motiv des behexten Schuhs, das im Gesamtvolumen der Hexenliteratur enthalten ist; etwa auf einem entsprechenden Holzschnitt und im Text einer illustrierten Ausgaben von Ulrich Molitors „Tractatus de laniis [lamiis] et phitonicis mulieribus“ (Köln 1498); vgl. Teil 1, V.

125 Grimmelshausen: Werke, I/1: Der abentheuerliche Simplicissimus Teutsch, S. 855 f. (Stellenkommentar); vgl. Battafarano 1998, S. 16 f.

126 Battafarano 1977, S. 323–325.

127 Grimmelshausen: Werke, I/1: Der abentheuerliche Simplicissimus Teutsch, S. 855 (Stellenkommentar).

128 Vgl. Battafarano 1977, S. 306–327.

129 Vgl. Battafarano 1996, S. 141 u. 159; Grimmelshausen: Werke, I/1: Der abentheuerliche Simplicissimus Teutsch, S. 855 (Der Stellenkommentar weist den Lothringer Remigius fälschlich als Venezianer aus); Teil 1, V.

Autorität dieses „dapferre[n] / gelehrte[n] und verstaendige[n] Mann[es]" (S. 179) eine Verzerrung ins Groteske, wenn man sich den im Kapitel nicht wiedergegebenen Antagonismus vergegenwärtigt, dass der letzten Endes wohl geistig verwirrte Remigius, aufgrund einer Selbstanzeige, ebenfalls den Feuertod erlitt[130]. Andere in Deutschland bekannte Hexentheoretiker oder Aussagen aus einschlägigen juristischen oder theologische Schriften, beispielsweise aus dem „Hexenhammer", bleiben dagegen außen vor, obwohl sie zur Unterstreichung der Wahrhaftigkeit von Luftfahrten und dämonischen Zusammenkünften allemal geeignet gewesen wären.

Zum Zweck all der angeführten Geschichten heißt es zwar, dass sie „darvor halten" sollen, „dass die Zauberinnen und Hexenmeister zu Zeiten leibhafftig auff ihre Versamlungen fahren", aber paradoxerweise durchaus „nicht deßwegen / dass man mir eben glauben muesse / ich sey [...] auch so dahin gefahren". War zuvor schon die Eventualität, alles geträumt zu haben, in Betracht gezogen worden, zieht sich der Erzähler jetzt auch noch auf die ziemlich pflichtfreie Begründung zurück, (lediglich) keinen anderen „Weg" zu wissen, wie er „[in so kurtzer Zeit] auß dem Stifft Hirschfeld oder Fulda [.] ins Ertz-Stifft Magdeburg *marchi*rt seye"[131]. Wobei die Ortsangabe „Hirschfeld oder Fulda" noch ins Bedingte und Vage relativiert wird: „[...] dann ich weiß selbst nicht / wo ich in den Wäldern herumb geschwaifft hatte" (S. 181).

Im Heerlager vor Magdeburg wird zunächst das, was Simplicius von „[seiner] Lufftfahrt und dem Hexen-Tantz erzehlete / [...] vor Einfaell und Narrentheidungen" gehalten, doch einige Zeit später ereilen den inzwischen des Verrats und der Spionage verdächtigten Simplicius doch noch gewisse rechtliche Folgen seines Aufenthalts auf der Hexenversammlung[132]: „Das XXVI. Capitel. Wie

---

Notabene ist das Exempel von unseriösen und korrupten Hexenrichtern, die letztlich selbst auf dem Scheiterhaufen enden, durch die Abhandlungen Adam Tanners (1626/27) und Friedrich Spees (1631) eine Art gleichnishafte Konstante in den Darlegungen der gegen die Hexereiverfahren eingestellten Gelehrsamkeit (Vgl. Behringer 1993, S. 324 u. 380 f.; Teil 1, V.).

130 Vgl. Battafarano 1996, S. 142 u. 145.

131 Im Zusammenhang mit dieser Äusserung zum ungewöhnlich schnellen Ortswechsel weist die Forschung oft auf die (zusätzlich) gegebene erzählökonomische Funktion bzw. einen Deus-Ex-Machina-Effekt der Luftreise hin; vgl. Grimmelshausen: Werke, I/1: Der abentheuerliche Simplicissimus Teutsch, S. 857 (Stellenkommentar) oder bereits Bechtold, Arthur: Zur Quellengeschichte des Simplicissimus. In: Euphorion. Zeitschrift für Literaturgeschichte. 19. Bd., Jg. 1912, S. 498.

132 Vgl. Battafarano 1977, S. 343–348.

er vor einen Verräther und Zauberer gefangen gehalten wird“[133]. Dort legt man Simplicius „in Ketten und Banden“, weil man ihn „nicht allein vor einen Kundschaffter und Spionen / sondern auch gar vor einen der hexen koente“ hält. Weiter heißt es, dass „einige Zauberinnen“, die unlängst „verbrennt“ worden waren, „[...] bekant hatten / und darauff gestorben waeren / daß sie mich auch bey ihrer General-Zusammenkunfft gesehen hätten / da sie beyeinander gewesen / die Elb außzutruecknen / damit Magdeburg desto eher eingenommen werden koente.“ (S. 211). In einem ersten Verhör betrifft dennoch nur einer von sieben „*Puncten*“, auf die er „Antwort geben“ soll, den „Hexentantz“ (S. 211 f.). Darauf gibt Simplicius wahrheitsgemäß an, dass er dort „wider [seinen] Willen hin gefahren“ sei und „gleichwol nicht zaubern“ könne. Das nächste „XXVII. Capitel. Wie es dem Profosen in der Schlacht bey Wittstock ergangen“ beschreibt das „*Examen*“, also das Verhör, des Simplicius durch den „*General Auditor*“. Doch bleibt ihm der für den nächsten Tag angesetzte Gang „auff die Folter“ und die mögliche Folge „dem Feuer zu[zu]eyle[n]“ erspart, weil zwischenzeitlich die Kampfhandlungen zur „Schlacht bey Wittstock“ aufs heftigste beginnen und sich im allgemeinen Chaos das ganze Verfahren verliert (S. 213–215). Nach dem schwedischen Sieg ist es schließlich der junge „Hertzbruder“, der Simplicius behilflich ist, sich endgültig seiner „Ketten und Band“ zu „entledigen“ (S. 217).

Die Untersuchungen der Grimmelshausen-Forschung zu der Versammlungsszenerie zeigen langfristig gesehen durchaus Differenzen. Neben schlichten erzählfunktionalen Gesichtspunkten (Erzählökonomie, Deus ex machina zwecks schneller Veränderung des Schauplatzes)[134] war man vor allem daran interessiert, Grimmelshausens Haltung zum Hexen- und Zaubereiglauben zu ergründen. Wenn Deutungen des frühen 20. Jahrhunderts mitunter davon ausgingen, dass Grimmelshausen „eine Lanze für den damals doch schon recht erschütterten und bedrohten Hexenglauben“ gebrochen hat[135], wurde später die Hexenversammlung immer durchgängiger als eine der „offenkundig nicht realen oder imaginären Episoden“ gesehen und damit als Teil einer Erzählkonstruktion, dem eine „Kombination realistischer und nichtrealistischer Elemente“ zugrunde liegt[136].

---

133 Anderslautende *Kapitelüberschrift der Ausgabe E5 v. 1671*: „Simplex wird als ein Verräther gefangen / Muß als ein Zauberer in Fesseln prangen.“; vgl. Anm. 106.

134 Vgl. Anm. 131.

135 Bechtold, S. 498; zur Zusammenfassung von Deutungen in diesem Sinne vgl. Battafarano 1977, S. 305.

136 Heckman, S. 242; vgl. auch Konopatzki, S. 14 („Keinerlei Anspruch auf Glaubwürdigkeit“); Alt, Johannes: Grimmelshausen und der Simplicissimus. München 1936, S. 97 f. („Das Überrealistische im Hexenkapitel“).

Auf der Grundlage des gesamten simplicianischen Zyklus' hat Battafarano mit die ausführlichsten Analysen zum Teufels- und Hexenglauben im „Simplicissimus Teutsch" vorgenommen[137]. Dabei betrachtet er Grimmelshausen als der in der Neuzeit im Wesentlichen vom französischen Späthumanisten Michel Eyquem de Montaigne (1533–1592) etablierten skeptizistischen und moralistischen Weltanschauung nahestehend[138]. Gleichzeitig reiht er ihn in eine Phalanx von Kritikern und Gegnern der Hexenverfolgungen ein, die von Agrippa von Nettesheim und Johann Weyer über Friedrich von Spee[139] bis hin zum „Ausgangspunkt der Aufklärung" Christian Thomasius reicht[140]. Luftreise und Hexenversammlung insbesondere aber deren literaturbegründete Fundierung (18. Kapitel) sind laut Battafarano innerhalb des simplicianischen Gefüges Illustrationen der ‚verkehrten Welt', dem satirischen Gegenstück zum „pervertierten ordo eines christlichen Europa im dreißigjährigen Kriege"[141].Grimmelshausen bediene sich dazu auch einer seit Hans Sachs und Johann Michael Moscherosch (1601–1669) bestehenden „literarische[n] Volkstradition" der ‚verkehrten Welt'[142]. Dabei bringe die Art der Darstellung des Dämonischen mit sich, dass „das scheinbar Ungewöhnliche im menschlichen Alltag zwar morphologisiert wird, nicht aber als Teuflisches, sondern als Literarisches"[143]. Durch ihre Kontextualisierung in die fiktive, offenkundig lügenhafte Autobiographie des Fabulanten Simplicius gehe den vordergründig als Beweise dienenden althergebrachten Hexereigeschichten der „magisch-dämonische Gehalt" ab, was an bestimmten

---

137 Anm. 99.

138 Battafarano 1977, S. 328 f., 343, 353 f.
Als repräsentativ für Montaignes skeptische Einstellung zu Hexenglauben und Hexenverfolgung gilt eine Passage aus dem dritten Buch („Von den Hinkenden", 1588) seines Hauptwerkes „Les essais" (1580–1588). Eine deutsche Übersetzung des Textstücks liegt vor in: Brackert, Helmut; Brauner, Sigrid u. a. (Hrsg.): Aus der Zeit der Verzweiflung. Zur Genese und Aktualität des Hexenbildes. Frankfurt/M. 1977, S. 385–389.
Dazu und zur Reise Montaignes durch Oberdeutschland während einer größeren Verfolgungswelle im Jahr 1580 vgl. Behringer 1988, S. 98.

139 Battafarano 1996, S. 156 (B. weist die Nähe Grimmelshausens zu Spee u. a. mit den nahezu gleichlautenden Einleitungen im 18. Kapitel des „Simplicissimus Teutsch" und im ersten Kapitel einer in Frage kommenden deutschen Übersetzung aus dem Jahr 1649 von Spees „Cautio Criminalis" nach.).

140 Vgl. Teil I, V.; Battafarano 1977, S. 327–330 u. 354.

141 Battafarano 1977, S. 337.

142 Ebd.

143 Ebd.

Stellen auch durch einen bewussten, quasi verballhornenden Mangel an deskriptiver Präzision unterstützt würde[144]. Als exemplarisch für das besondere Konstruktionsprinzip gilt Battafarano unter anderem auch der paradoxe Fall des Dämonologen Remigius, auf den der Erzähler im 18. Kapitel ja referiert, der sich am Ende aber, in den Wahn getrieben, selbst den Zaubereiprozess machte[145]. Auch der temporäre Wechsel der Erzählperspektive vom erzählten Ich (17. Kapitel) zum erzählenden Ich (18. Kapitel) stelle eine objektivierende Distanz zum Beschriebenen her[146]. Ebenfalls würden solche vermeintlichen Begegnungen mit dem Teufel, die denselben ganz offen „als Produkt kurzschlusshafter Denkprozesse", als Versuch „die Verkehrtheiten dieser Welt auf den Begriff zu bringen" oder als Entschuldigung für „eigenes Versagen" erkennen lassen[147], zur nachhaltigen Skepsis an einem naiven Teufelsglaubens zwingen.

Battafarano formuliert schließlich ein in der Forschung bis dahin vielleicht ungewohntes, aber zweifellos plausibles und anerkanntes Ergebnis[148]: Er spricht Grimmelshausen eine „kritisch-ironische" und „skeptische" Haltung gegenüber dem „Problem Hexenwahn und Teufelsglaube" zu[149]. Durch die satirische simplicianische Erzählweise diskreditiere Grimmelshausen die dämonologische Ideologie und zerstöre so „als einer der wenigen Dichter des 17. Jahrhunderts [...] die ‚Idola' seiner Zeit"[150]. Den Leser bewege er dazu, „über die zentralen Probleme der Epoche [...] nachzudenken" und „mache es ihm unmöglich, weiterhin leichtfertig an Hexen und Teufel zu glauben, sie stets zur Erklärung des Ungewöhnlichen [...] herbei zu zitieren"[151]. Grimmelshausen sei zwar noch kein Aufklärer, habe aber zur allmählichen Befreiung von magischem Denken beigetragen und damit eine Voraussetzung für „die rationalistische Ideologiekritik der Aufklärung" geschaffen[152].

Eine Neubewertung des 17. und 18. Kapitels sowie des folgenden Strafprozesses versucht Tobias A. Kemper[153]. Und zwar zwischen den wegen der großen

---

144 Battafarano 1977, S. 338 u. 340; — 1998, S. 22.
145 Battafarano 1996, S. 142 u. 145.
146 Battafarano 1977, S. 340.
147 Battafarano 1977, S. 350 u. 352; — 1998, S. 20.
148 Vgl. Grimmelshausen: Werke, I/1: Der abentheuerliche Simplicissimus Teutsch, S. 1070 (Sekundärliteratur).
149 Battafarano 1977, S. 352 u. 354.
150 Ebd., S. 355.
151 Ebd., S. 348 u. 355.
152 Battafarano 1977, S. 354 f.
153 Anm. 99.

wissenschaftsgeschichtlichen Distanz recht heikel wirkenden Gegenpolen „Affirmation“ des Hexenglaubens (Bechtold, 1912) und „Kritik“ an demselben (Battafarano, ab 1977)[154]. Bei einem Vorgehen, das einem rein positivistischen Textverstehen folgt und es auf ein Beleuchten der historischen Genauigkeit anlegt, stützt er sich dazu vor allem auf historiographische Forschungen zu Hexenprozessen und zum frühneuzeitlichen Diskurs über Existenz und Wesen von Hexen. Einen neuen, interessanten Aspekt der Versammlungs- und Prozess-Szenerie vermag Kemper aufzuzeigen, indem er sie als einen „Reflex“ auf die juristische Diskussion über die Qualität von freiwilligen Selbstbezichtigungen von Kindern und Jugendlichen und auf die damit einhergehende Zunahme sog. Kinder-Hexenprozesse in der zweiten Hälfte des 17. Jahrhunderts deutet[155].

Insgesamt kommt Kemper – anders als Battafarano – zu dem Ergebnis, dass bei Grimmelshausen zwar nicht von einer „expliziten Affirmation“ des Hexenglaubens zu sprechen, aber ebenfalls keine „Kritik“ daran festzustellen sei[156]. Werkimmanent versteht er die „Hexentanzszene“ als „Scharnierfunktion“ hin zum „totalen moralischen Niedergang“ und zur „Gottlosigkeit“ des Protagonisten[157]. Als methodisch bedenklich erweist sich bei Kemper allerdings, dass die gleichen Verstehenskriterien auf ganz unterschiedliche Textsorten angewendet werden. Die „ueberauß lustig[e]“ Prosaepik des „Simplicissimus Teutsch“ wird mit streng sachlich intendierter, im Original stets in der Gelehrtensprache Latein abgefasster Fachliteratur praktisch gleichgesetzt. Somit wird das simplicianische Erzählprinzip mit den für sein Erfassen unerlässlichen Mitteln der Ironie, der Satire und der Komik ausgeblendet. Das dürfte auch die Ursache dafür sein, dass Kemper den Autor Grimmelshausen und den Ich-Erzähler kaum voneinander abgrenzt. Wie für den Verfasser einer Kausalschrift konstatiert er z. B., „daß man bei Grimmelshausen für das 17. Jahrhundert typische Vorstellungen findet und Hexen und Zauberei ganz selbstverständlich für ihn Teil der Welt sind, ohne daß er dies in besonderer Weise problematisiert, weder affirmiert noch kritisiert“[158]. Das mag auf den Simplicius und Ich-Erzähler sowie für die vom selbigen erzählte Welt in mancherlei Hinsicht zutreffen, doch noch längst nicht auf den dem poetischen Ingenium verpflichteten Dichter Grimmelshausen, der ja kein Chronist ist. Und einer etwaigen stoizistischen Normpoetik, die unter den Grundsätzen des Iudicium und des Aptum um die

154 T. A. Kemper, S. 108.
155 Ebd., S. 111 f.
156 T. A. Kemper, S. 118.
157 Ebd., S. 119.
158 Ebd., S. 118.

Entsprechung von Gegenstand und Aussage bemüht ist, steht er (als Romancier und Satiriker) fern[159].

Jede Einschätzung darüber, welche spezifischen Aussagen an der Versammlungsszenerie und an der gesamten Teufel- und Hexen-Thematik festgemacht sind, sollte immer auch vor dem Hintergrund des noch ziemlich starren, dämonopathisch beeinflussten Weltbildes der Barockzeit vorgenommen werden; denn ein unverhohlenes In-Frage-Stellen der Existenz von Hexen und Zauberei konnte zu jener Zeit weiterhin sehr verfänglich sein. Dabei sind etwa die publikationsrechtlichen Bedingungen, unter denen Grimmelshausen geschrieben hat, zu beachten. Diese Bedingungen sind denen, die für den Kompilator Johannes Praetorius gegolten haben, grundsätzlich ähnlich[160]; trotz der unterschiedlichen Textsorten und eventuellen, allerdings höchstens unerheblichen Abweichungen in den jeweiligen publikationspolizeilichen Verhältnissen der deutschen Territorien[161]. Wenn auch in der zweiten Hälfte des 17. Jahrhunderts eine Tendenz erkennbar ist, die Kritik am Hexereiglauben bereits mehr als Schmähung der Obrigkeit in Bezug auf die Institutionen Justiz und Kirche(n) auffasst, denn als ein dem Teufel Vorschub leistendes, gemeingefährliches Leugnen des ‚Crimen Magiae', war offene Initiative anhaltend riskant. Ein anschaulicher Fall dafür wäre etwa der des reformierten niederländischen Predigers Balthasar Bekker, der noch rund 15 Jahre nach dem ersten Erscheinen des „Simplicissimus Teutsch" über seinen gegen Gespenster-, Teufels- und Hexenglauben gerichteten Traktat in die Klemme geriet[162]. Grimmelshausen konnte also die Möglichkeit von Konsequenzen nicht generell ausschließen[163]. Begünstigend dürfte für ihn allerdings sicher gewesen sein, dass das satirische pikareske Genus, zumal es noch nicht vollwertig dem seinerseits als ‚niedere' Dichtungsgattung geltenden Roman zugeordnet wurde, vom Bücherpoliceywesen weitaus weniger in argwöhnischen Augenschein genommen werden konnte, als die Regelpoetik oder

---

159 Gaede, Friedrich: Grimmelshausen und die Tradition des Skeptizismus. In: Daphnis, 52 (1976), S. 469 f. u. 479 f.

160 Vgl. Teil 2, II.

161 Vgl. Berns, Jörg Jochen: Policey und Satire im 16. und 17. Jahrhundert. In: Simpliciana. Schriften der Grimmelshausen-Gesellschaft. Bd. XIII (1991), S. 424 f.

162 Vgl. Teil 1, V.; Teil 2, I. (Vororientierung); insbesondere auch Pott, Martin: Aufklärung und Aberglaube. Die deutsche Frühaufklärung im Spiegel ihrer Aberglaubenskritik. Tübingen 1992, S. 213–225 (Balthasar Bekkers cartesianische Teufelskritik).

163 Berns 1991, S. 424 f.

gar in der Gelehrtensprache Latein abgefasste Kausaltexte[164]. Immerhin hatte unter diesem Gesichtspunkt Grimmelshausens mannigfache Verwendung hintergründiger Autoren-Anagramme auch den praktischen Zweck der Identitätsverschleierung[165].

Wie ja schon der Termin des Hexenkonvents von den Vorgaben etwa des Kompilators Praetorius abweicht, ist bei Grimmelshausen auch die im 17. Jahrhundert gleichwohl noch nicht so gängige Benennung „Walpurgisnacht" nicht zu finden. Darüber jedoch, ob darauf der Umstand einen Einfluss hatte, dass in seiner persönlichen Umgebung der Name „Walpurgis" für mindestens zwei Frauen erwiesen ist, sogar für eine seiner Töchter[166], kann allenfalls nur spekuliert werden. Auch ideologisierte Bezeichnungen wie ‚Hexensabbat' oder ‚Zaubersabbat' werden nicht verwendet. Sonst ist zu den Merkmalen des Hexenkonvents und zur Art wie der Simplicius dorthin gelangte in der Forschung schon verschiedentlich festgestellt worden, dass sie grundsätzlich mit den in der ersten Hälfte des 17. Jahrhunderts üblichen Beschreibungen übereinstimmen; sowohl mit solchen der volkstümlichen Überlieferung[167] als auch mit solchen aus der Fachliteratur[168] – wie eben bei Grillandus und Remigius – und auch mit Aufzeichnungen in Prozessakten[169].

Von den Teilnehmern der Versammlung ist stets nur im Plural die Rede, entweder als „die Leutt", als „Schaar Volcks" oder als „Personen" (S. 176 f.); näher

164 Berns 1991, S. 423, 426, 437. Exemplarisch sei hier ergänzt, dass ein knappes Jahrhundert zuvor die römische Inquisition wenig wohlwollende Gutachten über Montaignes „Les essais" (1580–88) erstellt hatte, der von der Bildungskraft antiker Schriften ausgehenden Grundlage des neuzeitlichen Skeptizismus, der ja in Grimmelshausens Fall unbedingt zu beachten ist (Godman, Peter: Weltliteratur auf dem Index. Die geheimen Gutachten des Vatikans. Berlin u. München 2001, S. 154–158).

165 Berns 1991, S. 425 f.

166 Könnecke, Gustav: Quellen und Forschungen zur Lebensgeschichte Grimmelshausens. Zwei Bände in einem Band. Nachdruck der Ausgaben Weimar 1926–28. Hildesheim u. New York 1977, 1. Bd., S. 391; vgl. auch Hesselmann, Peter: Grimmelshausen – „gesellschaftlich alleingelassen"? Auf den Spuren seiner Gönner und Leser im 17. Jahrhundert. In: Simpliciana. Schriften der Grimmelshausen-Gesellschaft. Bd. VIII (1986), S. 51 f.

167 Zu Vorlagen und Anregungen der volkstümlichen Art vgl. Konopatzki, S. 12–14 (Thomas Garzonus (1549–1589): Piazza vniversale, dt. Übersetzung 1619); Weydt 1968, S. 407 (Johannes Praetorius: Blockes-Berges Verrichtung, 1668).

168 Vgl. Siefener, Michael: Hexerei im Spiegel der Rechtstheorie. Das crimen magiae in der Literatur von 1574 bis 1608. Frankfurt/M. 1992, S. 98–101.

169 T. A. Kemper, S. 109 f.

beschrieben werden sie nicht. Im Vordergrund stehen mehr ihre Tätigkeiten, wie der „[seltzam] Tantz [.]" und das Musizieren der „Spielleute" auf den eigentümlichen Instrumenten. Doch geht auch bei dieser Darstellung nichts über das hinaus, welches nicht aus den nachweislich von Grimmelshausen genutzten Quellen bekannt wäre. Daher vermittelt das Spektakel insgesamt eher einen beliebigen und oberflächlichen Eindruck.

Doch es gibt eine Ausnahme. Denn der einzige, dem ansatzhaft etwas Individuelles, beinahe eine Identität gegeben ist – außer natürlich dem Simplicius selbst – ist der „Kerl", der im Vergleich zur restlichen „hoellische[n] Gesellschafft" geradezu herausgestellt wird. Dieser „Kerl" nennt Simplicius verblüffenderweise beim Namen und gibt vor, (mindestens) zu wissen, „daß [Simplicius] ein guter Lautenist" ist; und sogleich fordert der „Kerl" Simplicius auf, sie (die „hoellische Gesellschaft") „[.] ein fein Stueckgen hoeren [zu] lass[en]", also für ihn (den „Kerl") und die „hoellische Gesellschaft" ein Stück auf der Krötenlaute zu spielen (S. 178).

In der Forschung wird dieser „Kerl" wenig beachtet, meist nur allgemein zu den „Teuffel[n]" gezählt, die eben dort versammelt sind (T. A. Kemper) oder gleichsam als personifizierte Angst vor Denunziation gesehen (Battafarano)[170]. Battafarano meint, Grimmelshausen hätte hier „darauf verzichtet, den Teufel auftreten zu lassen", um „dem Hexenglauben auch sein metaphysisches Grauen" zu nehmen[171]. Und tatsächlich heißt es zunächst ja auch, dass Simplicius den Mittelpunkt, um den herum getanzt wurde – also üblicherweise die Position des Satan – nicht sehen konnte. Der „Kerl" aber nähert sich dem Simplicius erst nachdem der „Tantz [...] auß war", während des extatischen „Lermen[s]". Schon wegen der gegenüber den anderen Versammelten exponierten Darstellung dürfte es sich bei diesem um einen besonderen „Teuffel" handeln, wenn nicht gar um den Teufel selbst?

Die Bezeichnung „Kerl" hat bis in den Barock gegenüber ihrer ursprünglichen, vornehmlich höherwertigen mittelhochdeutschen Verwendung eine beträchtliche, meistens ins Abwertende gehende Bedeutungserweiterung erfahren[172]. Und entsprechend sind die extrem häufigen Verwendungen der Bezeichnung „Kerl" im „Simplicissimus Teutsch" wie im gesamten simplicianischen Zyklus völlig

---

170 Ebd., S. 111; Battafarano 1998, S. 18.

171 Battafarano 1996, S. 149.

172 Zur Bedeutungs- und Gebrauchsvielfalt von ‚Kerl' seit der Herausbildung des Frühneuhochdeutschen vgl. Anderson, Robert R. / Goebel, Ulrich / Reichmann, Oskar (Begr.): Frühneuhochdeutsches Wörterbuch. 13 Bände in 4 Lieferungen. Berlin ab 1989, Bd. 8 (2003), Lfrg. 2, S. 815.

uneinheitlich, wie es etwa auch das Grimmsche Wörterbuch veranschaulicht[173]. Grundsätzlich jedoch wird Grimmelshausen „Kerl“ auch als eine von vielen für den Teufel übliche Benennung geläufig gewesen sein. Dementsprechend wird sie auch von seinem Zeitgenossen Christian Weise (1642–1708), den er erwiesenermaßen geschätzt hat[174], verwendet[175]. Hinzu mag noch kommen, dass die sich für Teufel ausgebenden maskierten „Fourierschuetzen“, die den Simplicius im „V. Capitel“ des zweiten Buches in einem Keller, der „Hoell“, übel mitspielten, ja ebenfalls als „vier Kerl“ präsentiert wurden (S. 133). Im Verlauf des folgenden 18. Jahrhunderts ist eine solche Metonymie ohnehin immer selbstverständlicher anzutreffen, beispielsweise auch in Werken Lessings und Goethes[176]. Einer zufälligen Anwendung dieser Bezeichnung auf diesen immerhin punktuell recht wichtigen „Kerl“ dürften auch die bei Grimmelshausen sonst bekanntlich äußerst bedeutsamen Namensgebungen und Personenbezeichnungen entgegenstehen[177].

Für die teuflisch-preziöse Aura des „Kerls“ könnte zudem die imperative Anrede „Sehin“, derer er sich bedient, sprechen; sie erinnert wohl gleichfalls nicht nur zufällig an das biblisch-erläuternde „Siehe“. Die besondere teuflische Ausstrahlung des „Kerls“ vergegenwärtigt dazu der Vergleich des Simplicius, dass „der mit der Krott aber / […] / [.] seine Nasen auß und ein [zog] / wie ein Calecutscher Han / und [.] mich endlich auff die Brust [stieß] / dass ich bald darvon erstickte“ (S. 179). Der „Calecutsche Han“, also der Truthahn, erscheint als Hexentier zwar nur bei den Slawen[178], doch wenn hierbei Grimmelshausens unbestreitbar vorhandenes Wissen von slawischen Legendenvorstellungen berücksichtigt wird erscheint ein solcher Zusammenhang gar nicht abwegig; man denke nur an die Kenntnisse über die „Croaten“ oder an die Bedeutung der böhmischen Libuschka-Legenden für die „Courasche“[179]. Nach dem emblematischen

---

173 Grimm, Jacob u. Grimm, Wilhelm (Begr.): Deutsches Wörterbuch. Fünfter Bd., 1. Teil (V/1). Leipzig 1873, S. 572, 574, 580, 582, 584, 589, 591.

174 Breuer, Dieter: Grimmelshausen-Handbuch. München 1999, S. 20.

175 Grimm, V/1, S. 578 (Weise).

176 Grimm, V/1, S. 583 u. 586 (Goethe); ebd., S. 586 u. 590 (In vergleichbarem Zusammenhang bei Lessing: „[…] ein Zauberer, ein Kerl […]“ u. „Hexenmeister! Teufelsbanner! Kerl!“).

177 Vgl. Eichinger, Ludwig M.: Die Personennamen in Hans Jacob von Grimmelshausens Simplicius Simplicissimus. Zu einem komplexen Fall literarischer Onomastik. In: Neophilologus, Vol. 72, 1988, S. 66–81.

178 Bächtold-Stäubli; Bd. VIII, Sp. 1178; Krauss 1908, S. 57.

179 Grimmelshausen: Werke, Bd. I/2 (1992): Courasche (1670), S. 13 u. 23 („Das II. Capitel. Jungfrau Lebuschka […] kommt in den Krieg […]“), S. 775 (Stellenkommentar: „*Lebuschka* – Anspielung auf die amazonenhafte Fürstin Libuschka (Libussa) der

Verständnis des 16. und 17. Jahrhunderts und seitdem als Vergleich und Bild steht der Truthahn, aufgrund seiner roten Gesichts- und Halsfärbung, obendrein für Erregbarkeit, Zorn und Aggressivität[180]. So gesehen wird das furchterregende wie nachdrückliche Auftreten des „Kerls" noch unterstrichen. Nun kommt hinzu, dass im Volksglauben das Assoziieren der Kröte („Krott"), wovon ja der „Kerl" ein „ungeheure[s]", auf abstruse Weise zur Laute umfunktioniertes Exemplar „unterm Arm" hat, als Teufels- und Hexentier weit verbreitet war. So wird etwa das Hexenfett, mit dem ja ganz offenbar die Bank bestrichen war, mittels der Simplicius auf die Versammlung gelangte, unter anderem aus Kröten oder Krötenöl hergestellt[181]. Und beim Teufelspakt werden die Teufelsbündner vom Teufel schon einmal mit einer ‚Krottenhand' gekennzeichnet[182].

Es wäre also durchaus schlüssig, diese Situation, in der der „Kerl" den Simplicius auffordert „ein fein Stueckgen" für ihn auf der Krötenlaute zu spielen, als eine Versuchung des Simplicius zu verstehen ist oder – noch konkreter – als den Versuch, Simplicius zu einer Art Teufelsbündnis zu gewinnen. Zumal die Laute in abergläubischen Vorstellungen von jeher als ein Instrument gilt, das der Teufel gerne mit sich führt; und auch mit dem Teufel ein Lied zu singen oder ein Lied für den Teufel zu spielen, ist als Bestandteil von Teufelsbünden bekannt[183]. Ganz ähnlich verwendet ja ebenfalls Goethe in der sog. Valentinsszene des „Faust I" ein solches Laute-Gesang-Motiv. Der ganz enormen Bedeutungsvielfalt, die für die Musik und für das häufig sinnbildlich für Musik stehende Lauteninstrument

---

böhmischen Sage."); vgl. Berns, Jörg Jochen: Libuschka und Courasche. Studien zu Grimmelshauens Frauenbild. Teil II: Darlegungen. In: Simpliciana, Schriften der Grimmelshausen-Gesellschaft. Bd. XII (1990), S. 428–431.

180 Henkel, Arthur u. Schöne, Albrecht (Hrsg.): Emblemata. Handbuch zur Sinnbildkunst des XVI. und XVII. Jahrhunderts. Sonderausgabe Stuttgart 1978, S. 846; Grimm: Elfter Bd., I. Abt., II. Teil (XI/I/2), S. 1433; zur evidenten emblematischen Tradition bei den Kroaten vgl. Tschizewskij, Dimitrij: Emblematische Literatur bei den Slaven. In: Penkert, Sibylle (Hrsg.): Emblem und Emblematikrezeption. Vergleichende Studien zur Wirkungsgeschichte von 16. bis 20. Jahrhundert. Darmstadt 1978, S. 153.

181 Bächtold-Stäubli, Bd. V, Sp. 625; vgl. auch Hirschberg, Walter: Frosch und Kröte in Mythos und Brauch. Köln, Wien, Graz 1988, S. 108–123.

182 Ebd.

183 Bächtold-Stäubli, Bd. III, Sp. 1887 u. Bd. V, Sp. 671–673; Pócs, Éva: The popular foundations of the witches' sabbath and the devil's pact in Central and Southeastern Europe. In: Acta Ethnographica Hungarica. An international journal of ethnography. Vol. 37, Nr. 1–4, 1991/92, S. 344.

im „Simplicissimus Teutsch" nachgewiesen ist[184], ist also bei der Konfrontation des Simplicius mit dem teuflischen „Kerl" unbedingt Beachtung zu schenken. Im übrigen sind Aussprüche, die mit Arten der Teufelsbündnerei zu tun haben, auf redensartlicher Ebene andernorts im „Simplicissimus Teutsch" ohne weiteres zu finden, etwa im „II. Buch" das Festmachen (Unverwundbarmachen): „[...] so vest als Stahl" (S. 196)[185]; oder „der Teuffel mit unter der Decken" (S. 163)[186]. So verhält es sich auch mit Anspielungen auf bekannte Versuchungen von Einsiedlern und Heiligen durch den Satan, beispielsweise im „Baldanders"-Kapitel der „Continuatio": „[...] villeicht ist dieser Baldanders der *Sathan* gewest / der dich hierdurch verfuehren will; weistu nit wie es den alten Einsidlern ergangen?" (S. 606)[187].

Simplicius' spontanes Anrufen Gottes bewahrt ihn also vor einem womöglichen Zugriff des Teufels, gleichzeitig endet damit auch das Zwischenspiel als „diebischer Waldbruder". Der hier noch jugendliche Simplicius, der in kritischen Situationen, denen er im Verlauf der Erzählung bis dahin ausgesetzt war, eher zum unreflektierten, unterordnenden Arrangement neigte, verweigert den Dialog mit einem Teufel ganz selbstverständlich, aber unterbewusst – gewissermaßen ‚instinktiv'. Daraus ergibt sich eine zweigliedrige Folgerung:

Das „ueberlaut[e] zu Gott [R]uffen", auf das „[.] das gantze Heer [verschwand]" (S. 179) hat trotz gleicher Wirkung eine andere Qualität als die ähnliche Exklamation in der Wiedergabe von Grillandus' Schilderung des Hexenkonvents bei Benevento. Darin waren auf ein zufälliges „GOtt sey gelobt", „[...] die Liechter erloschen / und alles verschwunden" (S. 181). Simplicius' Ausruf ist zum einen nicht nur ein Bekenntnis und eine Bekräftigung des christlichen Glaubens, sondern auch eine Besinnung darauf. Im Umkehrschluss drückt das Nahelegen eines solchen Besinnens auf den Glauben aus, dass der Aberglaube an die Wirksamkeit von Teufelsverträgen und an derartige Versammlungen

---

184 Vgl. Niemöller, Klaus Wolfgang: Die Bedeutung der Musik für Grimmelshausens *Simplicissimus*. In: Daphnis. Bd. 5, H. 2–4, 1976; S. 567–594.

185 Grimmelshausen: Werke, I/1: Der abentheuerliche Simplicissimus Teutsch, S. 862 (Stellenkommentar – „Das XXII. Capitel. Ein Schelmische Diebs-Kunst / einander die Schuh außzutretten.").

186 Ebd., S. 850 (Stellenkommentar – „Das XIII. Capitel. Haelt allerley Sachen in sich / wer sie wissen will / muß es nur selbst lesen / oder ihm lesen lassen").

187 Grimmelshausen: Werke, I/1: Der abentheuerliche Simplicissimus Teutsch, S. 1018 (Stellenkommentar – „Das IX. Capitel. Baldanders kommt zu *Simplicissimo*, und lernet ihn mit *mobilien* und *immobilien* reden und selbige verstehen.").

die Folge eines unzureichenden, verfälschten christlichen Glaubens und eines Mangels an Gottvertrauen ist, also ein moralischer Makel[188].

Zum anderen ist entsprechend seinem unterbewussten Glaubenbekenntnis sein weiteres, auf seine Art erfolgreiches Fortkommen ebenfalls stets von einem gewissen Instinkt, kaum von einer reflektierenden Ratio, bestimmt. Das unstetige und willkürliche, phasenweise wenig moralische bis lasterhafte Lebensweise des Simplicius, die ja in gewisser Weise als stellvertretend für einen bestimmten Typus des entwurzelten Menschen jener Zeit gesehen werden muss, ist also ganz ohne wahrhaftigen, physischen Einfluss des ‚Teufels' im Sinne eines Vertrages möglich. Die Ursachen eines derartigen menschlichen Gebarens sind demnach also nicht in einem Teufelsbund oder -pakt zu suchen[189], sondern sie sind Konsequenzen der rohen sozialen Bedingungen und des ‚Sich-Irgendwie-Durchschlagen-Müssens', kurzum der wirren historischen Situation. Es mutet an, als eigneten sich Teufelsverträge und Hexerei nicht mehr als hinreichende Erklärungen für unmoralisches und unchristliches Verhalten oder für solches, das scheinbar unerklärlich ist oder sonst vom Durchschnitt abweicht.

Wenn nun bei der Konfrontation des Simplicius mit dem „Kerl" von einer Versuchung durch den Teufel ausgegangen wird, bekommt die Szenerie zusätzlich eine gewisse intertextuelle Note; denn dann handelt es sich nicht mehr bloß um ein Detail einer erzählungsimmanenten Episode. Das Motiv des Teufelsbundes ist ein seit dem Mittelalter zu beobachtendes, sitten- und geisteskulturell zu nennendes Allgemeingut, zu dessen literarischer Popularisierung in der Frühen Neuzeit vor allem die Faust- und Wagner-Büchern beitrugen. Durch die Aufnahme von Anflügen eines solchen Motivs in den „Simplicissimus Teutsch" wäre ein unmittelbarer intertextueller Zusammenhang zu der Serie dieser populären Bücher hergestellt. Dafür sprechen freilich auch solche Stellen der „simplicianischen Schriften", an denen der Teufelsbündner-Aspekt von der Art des „Ertzzauberer[s] Doctore Faustio" direkt zur Sprache kommt, wie etwa in der Schrift „*Simplicissimi* Galgen-Maennlin" (S. 761)[190]. Im 18. Capitel des „Simplicissimus Teutsch"

188 Vgl. Pott, S. 78–123 (Aberglaube als moralisches Problem).

189 Vgl. Neumann, Almut: Verträge und Pakte mit dem Teufel. Antike und mittelalterliche Vorstellungen im „Malleurs Maleficarum". St. Ingbert 1997, S. 53–55 (Die mittelalterliche Unterscheidung von Teufelsbund und Teufelspakt, die ohnehin nicht immer klar ausfiel, verliert ab dem 15. Jahrhundert an Bedeutsamkeit, so dass in der Neuzeit beide Begriffe offenbar als weitgehend synoym gelten.).

190 Grimmelshausen: Werke, Bd. II (1997): *Simplicissimi* Galgen-Maennlin (1673), S. 733–776 u. 1121–1138 (Anm. u. Stellenkommentar); vgl. Weydt, Günther: Vom wahren Ursprung des Bärenhäuters. Zum Märchen-, Sagen- und Aberglaubenproblem

führt der Erzähler ja ohnehin ganz offen die „Histori" des „*Doctor* Faust" an[191]; und in der „Continuatio" ist vom kaum weniger bizarren Faust-Gewährsmann Johannes Trithemius (1462–1516) die Rede (S. 606)[192].

Bei der Suche nach möglichen Gründen dafür, dass Grimmelshausen eine derartige intertextuelle Annäherung vorgenommen hat, gilt es gewiss auch zu beachten, dass der Schimmer des populären und Interesse weckenden Faust-Stoffes letztlich auch dem Ankommen, der Verbreitung und damit vielleicht sogar der merkantilen Seite seiner eigenen Schriften möglicherweise zugute kommen konnte. Augenscheinlich wird gleichsam das im Heiligen Römischen Reich eben sehr durch die Faust- und Wagner-Bücher geprägte literarische Klischee des Teufelsvertrages bedient[193]; der barocken Leser- und Zuhörerschaft wird also etwas aus Lektüre und Weltbild Vertrautes angeboten. Ganz ähnlich wird auch mit der Hexenversammlung ein in der konventionellen Denkart – nicht in der Dichtung – der zweiten Hälfte des 17. Jahrhunderts noch ganz und gar gegenwärtiges Stereotyp verwendet. Indem Grimmelshausen solche Stücke des allgemeinen, ‚öffentlichen' Weltbildes berücksichtigt hat, leistet er immer auch einer vollständigen und authentisch wirkenden Erzählkultur Genüge, die geradezu nichts auslässt.

Wie aber wäre nun eine solche ‚tatsächliche' satanische Erfahrung mit den anderen Merkmalen und Funktionen, die das ‚Teuflische' in der Entwicklung des Simplicius hat, zu vereinbaren? Etwa mit der früheren Erkenntnis des Simplicius, anstatt „rechte[r] natuerliche[r] Teuffel", Teufel als Masken tragende und

---

bei Grimmelshausen. In: Schützeichel, Rudolf (Hrsg.): Studien zur deutschen Literatur des Mittelalters. Bonn 1979, S. 757; Koschlig, Manfred: Faust und *Das wunderbarliche Vogelnest.* Zur „Abbildung des Zauberers" bei Grimmelshausen. In: Jahrbuch der Deutschen Schillergesellschaft, 23 (1979), S. 154–187; Breuer 1999, S. 163.

191 Historia von D. Johann Fausten [...]. Gedruckt zu Franckfurt am Mayn / Durch Johann Spies M. D. LXXXVII. Grimmelshausen beruft sich vermutlich jedoch zumeist auf die Bearbeitung des Faust-Buches von Georg Rudolf Widmann († 1600) aus dem Jahr 1599, die gegenüber der Ausgabe von 1587 (Johann Spies (um 1540–1623)) beträchtliche Ergänzungen bietet; vgl. dazu Grimmelshausen: Werke, I/1: Der abentheuerliche Simplicissimus Teutsch, S. 856 f. (Stellenkommentar).

192 Grimmelshausen: Werke, I/1: Der abentheuerliche Simplicissimus Teutsch, S. 1018 (Stellenkommentar „Das IX. Capitel. Baldanders kommt zu *Simplicissimo*, und lernet ihn mit *mobilien* und *immobilien* reden und selbige verstehen.").

193 Vgl. Haug, Walter: Der Teufelspakt vor Goethe oder Wie der Umgang mit dem Bösen als *felix culpa* zu Beginn der Neuzeit in die Krise gerät. In: Deutsche Vierteljahrsschrift für Literaturwissenschaft. 75. Bd., H. 2, 2001, S. 185–215 (Literarischer Zustand des Teufelspaktes).

ihm Unwahrheiten suggerieren wollende „Kerl[e]" kennen gelernt zu haben. ‚Teuflische' Begegnungen und Handlungen hat er sonst als etwas von Menschen Organisiertes, Künstliches – nicht als etwas Metaphysisches – erlebt; selbst die „Hoell" mit ihren Qualen für die Verdammten erscheint in diesem Zusammenhang nicht als jenseitig, sondern als etwas Irdisches (S. 133 f.)[194]. Nicht weniger von Bedeutung ist auch die Konsequenz dieser Erkenntnis, dass er Elemente des landläufigen Teufel- und Zaubereiglaubens zuweilen als Blendwerk einsetzt, wenn es seinem Fortkommen zuträglich ist.

Folgt man hierzu Battafaranos Erklärung, die von der Konzeption der Hexenversammlung – auch in Anlehnung an Hans Sachsens Vorgabe – als Traum ausgeht[195], kommt man bald zu dem Schluss, dass wirkliche Hexen und Pferdefüße eben nur in der Traumsphäre existieren, einmal beiseite gelassen, dass darin aus Sicht vieler Dämonologen noch kein verteidigender Wert lag[196]. Doch noch unter einem anderen Aspekt sollte es nicht allzu sehr verwundern, dass aus einem ‚vernünftigen' Verständnis heraus auf den ersten Blick hier eine gewisse Antinomie vorliegen mag. So ist zunächst ja die Persönlichkeit des Simplicius, sein Denken und Handeln von Widersprüchlichem sowie fehlender Geradlinigkeit und Unverbindlichkeit geprägt; wie es ja auch auf den gesamten Roman zutrifft und vor allem auf die chaotische Zeit von der er erzählt – den Dreißigjährigen Krieg. Das bedeutet jedoch keineswegs, dass bei Grimmelshausen grundsätzlich nicht doch ein abstrakter und damit reflektierbarer, also kein ausschließlich abbildhafter Wirklichkeitsbegriff zugrunde gelegt werden muss[197]. Infolge der skeptischen Lehre, die darin besteht, den Widerspruch aller Satzungen aufzuzeigen, erscheinen Unvereinbares und Widersprüchliches im Werk Grimmelshausens als Prinzip und Zusammenhang[198]. Und überhaupt – „der kritische Betrachter wird" stets „gut tun, [...] zu differenzieren. Selbst bei größter Vorliebe für Realismus und

---

194 Vgl. Gaede, Friedrich: Substanzverlust. Grimmelshausens Kritik der Moderne. Tübingen 1989, S. 53 u. 71; Stadler, Ulrich: Das Diesseits als Hölle: Sünde und Strafe in Grimmelshausens „Simplicianischen Schriften". In: Hoffmeister, Gerhart (Hrsg.): Europäische Tradition und deutscher Literaturbarock. Internationale Beiträge zum Problem von Überlieferung und Umgestaltung. Bern u. München. 1973, S. 354, 358, 359 f.; Breuer 1999, S. 37; Battafarano 1977, S. 352 f.

195 Battafarano 1977, S. 343; vgl. Teil 1, VI.

196 Battafarano 1998, S. 14.

197 Geulen, Hans: Wirklichkeitsbegriff und Realismus in Grimmelshausens *Simplicissimus Teutsch*. In: Argenis. Internationale Zeitschrift für Mittlere Deutsche Literatur. Jg. 1, H. 1, 1977, S. 32 u. 38 f.

198 Gaede 1976, S. 481 f.

Rationalität muss [...] klar werden, dass spielerische Phantasie, Allegorie, Verdeutlichung durch Bilder und Gleichnisse hier wie sonst eine Funktion haben, die nicht mit der Elle Gottschedscher Vernunft- und Nachahmungstheorie gemessen werden darf“[199].

Wenn nun angebrachterweise die Gesamtheit der auf vielerlei Art miteinander verknüpften und in nur kurzem zeitlichen Abstand erschienenen „simplicianischen Schriften“ zugrunde gelegt wird, wie es Grimmelshausen selbst einfordert und die Grimmelshausen-Forschung in der Regel empfiehlt[200], gilt weiter folgendes zu berücksichtigen:

Im weiteren Verlauf des Zyklus der „simplicianischen Schriften“ lässt Grimmelshausen den Simplicius sich trotz allem mit einer Art der „Zauberey“ befassen. Jedoch ohne metaphysischen Bezug, eben als ‚Gaukelwerk‘[201] in einem handwerklichen, materiellen Sinn, der darauf ausgerichtet ist, durch verschiedenste Trickbetrügereien an Geld zu kommen. Offiziell stand Magisches im Sinne der Gaukelei nahe am Aberglauben und an Zauberei und damit durchaus in ‚verdächtiger‘ Umgebung des ‚Teuflischen‘, doch inoffiziell wollte auch nicht unbedingt auf den Kitzel verzichtet werden[202]. Entsprechend stellte beispielsweise das reichseinheitliche Strafgesetzbuch „Constitutio Criminalis Carolina“ das Wahrsagen „auss zauberey oder anndern kunsten“ auch nur als Mittel der gerichtlichen Beweisfindung unter Strafe[203].

---

199 Weydt 1979, S. 753; vgl. auch Tarot, Rolf: Grimmelshausens Realismus. In: Rasch, Wolfdietrich / Geulen, Hans / Haberkamm, Klaus (Hrsg.): Rezeption und Produktion zwischen 1570 und 1730. Festschrift für Günther Weydt zum 65. Geburtstag. Bern u. München 1972, S. 236; Müller-Seidel, S. 278; Gaede 1976, S. 479 f.

200 Battafarano 1977, S. 305.

201 ‚Gaukelwerk‘ war übrigens in der Diskussion um die mögliche Imagination von Hexenflug und -versammlung auch eine Bezeichnung für das ‚Vorgaukeln‘ dieser Ereignisse durch den Teufel; vgl. dazu Behringer, Wolfgang: Hexenverfolgung in Bayern. Volksmagie, Glaubenseifer und Staatsräson in der Frühen Neuzeit. München 1988, S. 227 f.

202 Vgl. Wiethölter, Waltraud: „Schwartz und Weiß auß einer Feder“ oder Allegorische Lektüren im 17. Jahrhundert: Gryphius, Grimmelshausen, Greiffenberg. Teil I. In: Vierteljahrsschrift für Literaturwissenschaft und Geistesgeschichte. Bd. 72/2, 1998, S. 572; Behringer 1988, S. 181 u. 184–188; Leutenbauer, S. 157 f.

203 Die Carolina und ihre Vorgängerinnen. Text, Erläuterung, Geschichte. Hrsg. von Josef Kohler u. Willy Scheel. 4 Bände. Neudruck der Ausgabe Halle/S. 1900. Aalen 1968, I. Bd. (Die peinliche Gerichtsordnung Kaiser Karls V. Constitutio Criminalis Carolina), S. 19 (Art. 21: „Von anzeigung der, die mit zauberey warzusagen vndersteen.“) u. S. 166 (Anm.).

So präsentiert sich in „Der Seltzame Springinsfeld“ im Zusammenhang mit der „*Simplicia*nische[n] Gauckeltasch“ (S. 205) denn auch folgende Situation: Als Simplicius finanziellen Erfolg durch sein trickreiches Büchlein, der „Gauckel-Tasche“[204], hat – ihm „das Gelt gleichsam zuschneyet“ (S. 201) – erwägt Springinsfeld, der Titelheld dieser Erzählung, Simplicius sei eine Art Teufelsbündner und „halber Hexenmaister“ (S. 200). Doch daraufhin klärt Simplicius den Springinsfeld darüber auf, dass „seine *Profession*“[205], die Springinsfeld zunächst für „Zauberey“, „Verblendungen“ und „Hexenwerck“ hält, auf „natürliche Kunststueck und Wissenschafften“ beruht, dass hinter den erfolgreichen Tricks – der „materiam“ – viel Arbeit und „laboriren“ steckt (S. 200 f.)[206]. Eine Bestätigung zu diesen Aussagen findet sich auch in der bereits angesprochenen gegen den Alraunen-Aberglauben gerichteten satirischen Schrift „*Simplicissimi* Galgen-Maennlin“[207], in der ebenfalls natürliche Ursachen für das „Handwerck“ Zauberei angeführt werden (S. 750 u. 1131). Jedenfalls kommt hier eine ausgesprochen differenzierte Haltung Grimmelshausens beim Umgang mit vermeintlicher Hexerei und Teufelsbündnerei sehr

---

204 Zur allegorisch bzw. emblematisch organisierten „Gauckel-Tasche“, dem „wunderbarliche[n] Gauckelbuch“ des „*Simplicissimi*“ (S. 337), vgl. Grimmelshausen: Werke, Bd. II (1997): Simplicissimi wunderliche Gauckel-Tasche (1670), S. 333–354 u. 945–951 (Anm.); Kühlmann, Wilhelm: „D. Johann Fausten GauckelTasche“. Eine mögliche Anregung für Grimmelshausen. In: Wolfenbütteler Barock-Nachrichten, 7 (1980), S. 41 f. Zum spezifischen allegorischen Gehalt der „Gauckel-Tasche“ bei Grimmelshausen vgl. Wiethölter 1998, S. 565–572 u. 583–591; – „Schwartz und Weiß auß einer Feder“ oder Allegorische Lektüren im 17. Jahrhundert: Gryphius, Grimmelshausen, Greiffenberg. Teil II. In: Vierteljahrsschrift für Literaturwissenschaft und Geistesgeschichte. Bd. 73/1, 1999, S. 145 u. 147.

205 Grimmelshausen: Werke, II: Simplicissimi wunderliche Gauckel-Tasche, S. 337.

206 Grimmelshausen: Werke, Bd. I/2: Der Seltzame Springinsfeld (1670), S. 193–205 („Das VII. Capitel. *Simplicissimi* Gauckeltasche und erhaltene treffliche Losung“ und insbes. „Das VIII. Capitel. Mit was vor einem Beding *Simplicissimus* den Springinsfeld die Kunst lernete“), 804–808 (Anm.), 838–841 (Stellenkommentar); vgl. Gaede 1989, S. 92–95; Breuer 1999, S. 94 f.
Eine solche Erkenntnis formulierte in der Fachliteratur erst rund 25 Jahre später der deutsch-niederländische Theologe und Antidämonologe Balthasar Bekker im vierten Buch seines Hauptwerks „Die bezauberte Welt“ (1691–1693). In ganz ähnlicher Diktion und Prägnanz heißt es bei der Erläuterung von ausgewählten ‚Zaubereien‘ mittelalterlicher und frühneuzeitlicher Gaukler sinngemäß, dass jene Tricks durch eigene Kräfte und eigenen Verstand und eben nicht durch die Hilfe eines Höllengeistes entstünden. Vgl. dazu Schäfer, S. 424; Teil 1, V.

207 Grimmelshausen: Werke, II: *Simplicissimi* Galgen-Maennlin, S. 733–776 u. 1121–1138 (Anm. u. Stellenkommentar).

deutlich zum Ausdruck, die offenbar auch in anderen Schriften des simplicianischen Zyklus Geltung hat[208]. Durch diese gewissermaßen auf ‚Empirie' beruhenden Erkenntnisse und adäquaten gauklerischen Handlungen des Simplicius, die an dem falschen Subjektivismus der Öffentlichkeit orientiert sind[209], stellt Grimmelshausen zumindest die Berechtigung eines vordergründigen Aberglaubens, der scheinbare Hexerei mit einem Teufelsvertrag erklärt, erheblich in Frage.

Indem es auf der Hexenversammlung also offenbar nicht zu irgendeiner Form von Teufelsbund kommt und im „Springinsfeld" die absolut physischen Fundamente des Zauberns erklärt und veranschaulicht werden, wird in weitergehender Konsequenz das gesamte Vorstellungsgefüge des Teufel- und Hexenhaften einer grundsätzlichen Skepsis unterzogen. Der Teufelsbund und die dadurch erworbene Fähigkeit zur Magie erscheinen als sehr mittelbar und als etwas Unverlässliches und Überflüssiges; somit wirken sie letzten Endes unglaubwürdig und ungefährlich. Im Alltag des Menschen ist ihnen kein stofflicher Nutzen nachzuweisen, der nicht auch anders verschafft werden kann. Um schnelle lebenspraktische Vorteile zu erreichen, bedarf der Mensch ihrer also nicht (mehr), der dem Skeptizismus zusprechende schon überhaupt nicht.[210]

Das bedeutet aber nicht, dass das, was gemeinhin unter teuflischen Kräften verstanden wird, für die Einbildungskraft des Dichters und für die narrativen Fähigkeiten des Erzählers nicht von großem Belang ist. So heißt es zu dem Vorwurf „*Simplicius* schneide hier mit dem grossen Messer auf", dass er nicht leugnet, es zu können, denn wenn er das nicht könnte, „dann ich mueste ja sonst wol ein schlechter Tropf seyn" (S. 179). Der Kontakt mit diesen teuflischen Kräften eröffnet dem Ich-Erzähler demzufolge die Option seine Fähigkeiten in alle erzählerische Richtungen zu entfalten und eine nicht durch (moralische) Normen begrenzte, sondern mehrdimensionale und vollständige Geschichte zu erschaffen.[211]

---

208 Vgl. Jung, Frank: Magisch-moralische Deutungsmuster und empirische Naturanalyse? Der „Hexenglaube" in Grimmelshausens *Courasche*. In: Simpliciana. Schriften der Grimmelshausen-Gesellschaft. Bd. XVI (1994), S. 296 u. 302 (Bestätigung der von Battafarano ermittelten kritisch-ironischen und skeptischen Haltung für die „Courasche"); Berns 1990, S. 428–431 (Doppelmoral des paradoxen Verhältnisses von Vergewaltigung und Hexenprozess in der „Courasche").

209 Gaede 1989, S. 92–94.

210 Mit einer solchen Intention vereinbar ist auch der reflektierte, entdämonologisierte Umgang mit Elementen der Teufelsinitiation in der Schrift „Beernhæuter" (Erstdruck 1681), wodurch offenbar die künstlerisch-rezeptive Mündigkeit des Lesers herausgefordert werden soll (Grimmelshausen: Werke, II: Beernhæuter, S. 939 f. (Deutungshinweise)).

211 Heckman, S. 249 f.

Auf der sprachlichen Ebene, meist in Form von bildhafter Ausdrucksweise sind neben Teufels- und Hexenglaube auch Merkmalssplitter der Zaubereiprozesse als zeittypische Charakteristika schon von einer gewissen Selbstverständlichkeit („Hexen brennen", S. 29; „Scheiterhauffen", S. 548). Real wirkende, mustergültige Fälle des Zaubereiverbrechens, wie sie nach kanonisch-inquisitorischem Recht, verschiedener partikularer Gesetzgebung oder nach der „Carolina" verhandelt wurden, werden als unmittelbarer Bestandteil der Handlung im „Simplicissimus Teutsch" allerdings nirgendwo konkretisiert. Dagegen ist etwa in der von Satire und Ironie bestimmten experimentellen Schrift „*Simplicissimi* Galgen-Maennlin" der anhand von Gerichtsakten nachweisbare Fall eines Conrad Wisel[212], der „unter andern auch bekannt / daß er unter den Hexen ein Corporal gewesen", recht ausführlich beschrieben; wobei auch und der zugehörige „[.] Sammelplatz [der Unholden] / unter der [Gelnhauser] Dannen" nicht ohne Erwähnung bleibt (S. 749 f. u. 1131).[213]

Bleibt also noch die prozessähnliche Situation im Heerlager von Wittstock, in der Simplicius als vermeintlicher Spion festgesetzt wird und aufgrund der diffus wirkenden Aussage der inzwischen verbrannten „Zauberinnen" zusätzlich dem Verdacht ausgesetzt ist, der Hexerei schuldig zu sein. Doch vermittelt dieses Verfahren mehr den Eindruck eines spontanen Willküraktes als den einer eigentlichen Prozesssituation im Stile der durchschnittlichen historischen Zaubereiverfahren. Das Ganze hat schon deshalb den Hauch einer Farce, weil formell

---

212 Grimmelshausen: Werke, II: *Simplicissimi* Galgen-Maennlin, S. 1125 f. (Deutungshinweise); Könnencke, 1. Bd., S. 136 f.

213 Eine präzise Deutung, weshalb Grimmelshausen eine solche Begebenheit in das sonderbare Gefüge dieser experimentellen Schrift aufgenommen hat, gestaltet sich schwierig. Jedoch ist es wenig wahrscheinlich, dass der angeführte Vorgang in einer gegen die abergläubische Annahme von der magischen Kraft der Alraune gewandten Schrift dem Hexereiglauben förderlich sein soll; vgl. T. A. Kemper, S. 118 f. (Gemäß seiner rein positivistischen Lesart werter K. dagegen die Schrift als Ausdruck einer „dogmatischen Überzeugung" Grimmelshausens „in Bezug auf Zauberei".). Es ergibt sich eher der Eindruck, dass ein solches Beispiel diesen von Grimmelshausen als blasphemisches Ärgernis betrachteten Aberglauben plastisch vergegenwärtigen und dessen scharfe Ironisierung unterfüttern soll. So werden auch weitere Alraunensünder nicht allzu sehr als gemeingefährliche Teufelsbündner und Zauberer, sondern mehr als Opfer eigener Charakterschwächen, wie Habgier, präsentiert. Dabei nimmt sich der ständig ins Spiel gebrachte Teufel auch nicht unbedingt als umherwandelnder Antichrist aus, denn als zusammenfassendes Sinnbild eines Mangels an Moral und christlichem Glauben; vgl. Grimmelshausen: Werke, II: *Simplicissimi* Galgen-Maennlin, S. 1125 (Deutungshinweise); Breuer 1999, S. 161–163 u. 165 f.

unterschiedliche Vergehen miteinander in Zusammenhang gebracht werden, sozusagen eine Tatmehrheit verhandelt wird. Das war nach der das weltliche Straf- und Strafverfahrensrecht der Zeit – auch in Belangen der hier relevanten Militärgerichtsbarkeit – beherrschenden „Constitutio Criminalis Carolina" schon grundsätzlich möglich, aber wohl infolge des besonderen Status des Zaubereiverbrechens etwas für die historischen Zaubereiprozesse nicht unbedingt Typisches und eher Seltenes[214]. Die putative Zauberei soll hier nicht primär der Sache des Teufels dienen, sondern dem Interesse des schwedischen Kriegsgegners „die Elb außzutruecknen / damit Magdeburg desto eher eingenommen werden koente" (S. 211). Damit wird zwar das von der „Carolina" geforderte Tatmerkmal des Schadenzaubers angerissen[215], doch bleibt der Zaubereiverdacht sozusagen nur ein unterstützendes Indiz, um den Hauptvorwurf des Verrats zu stärken[216]. Beim ersten „*Examini*ren" durch den „Regiments-Schultheiß", das mehr einer Identitätsfeststellung gleichkommt, behandelt dann auch bloß die vierte von sieben Fragen die Hexenversammlung[217]: „Viertens / ob ich mich nicht auch neben andern Unholden auff dem Hexentantz befunden?" (S. 212). Das „*Examen*" setzt sich ins nunmehr „XXVII. Capitel. Wie es dem Profosen in der Schlacht bey Wittstock ergangen" fort. Auffällig ist, dass Simplicius letztlich die für die „Zauberey" einschlägige Bestrafung durch das „Feur" droht (S. 215), also nicht etwa eine der von der „Carolina" für das eigentlich verhandelte Hauptverbrechen der „Verraetherey" vorgesehenen Hinrichtungsarten[218]. Wenn das

---

214 Vgl. Teil 1, V.

215 Die Carolina und ihre Vorgängerinnen. I. Bd. (Die peinliche Gerichtsordnung Kaiser Karls V. Constitutio Criminalis Carolina), S. 30 f. (Art. 44: „Vonn Zauberey genugsam anzeigung") u. S. 166 (Anm.).

216 Ebd., S. 29 f. (Art. 42: „Vonn Verrätherey genugsam anzeigung") u. S. 166 (Anm.); vgl. auch T. A. Kemper, S. 112.

217 Zu Vieldeutigkeit der Zahlen ‚Vier' und ‚Sieben' in der Rechtsgeschichte vgl. Großfeld, Bernhard: Zeichen und Zahlen im Recht. 2. Aufl. Tübingen 1995, S. 107 f. u. 128 (‚Vier' und ‚Sieben' als Ordnungszahlen im Zusammenhang von Fassbarkeit und Begreifbarkeit von Rechtsangelegenheiten), 112 u. 142 f. (‚Vier' und ‚Sieben' im Corpus Juris), 111 (‚Vier' als Gerechtigkeitszahl bei Pythagoreern, im Islam und im Mittelalter), 130 u. 138–140 (Alt- und neutestamentarische Belange der ‚Sieben'), 141 (‚Sieben' in der richterlichen Befragung nach dem Talmud), 143 f. (‚Sieben' im mittelalterlichen Verständnis, sieben Todsünden), 145–150 (‚Sieben' in u. a. in der Geschichte des bürgerlichen Rechts und im römischen Recht als Alterstufen- und Lebensstufengrenze), 153 f. (Symbolik der ‚Sieben' bei der Gruppenbildung, u. a. als Weisheitszahl).

218 Die Carolina und ihre Vorgängerinnen. I. Bd. (Die peinliche Gerichtsordnung Kaiser Karls V. Constitutio Criminalis Carolina), S. 59 (Art. 109: „Straff der Zauberey"),

als Andeutung einer stillschweigenden Verschiebung der Anklage, wofür sich in der „Carolina“ keine formellen Vorgaben finden, aufgefasst wird, oder auch nur als schlichter Mangel an Rechtskenntnis beim „*General Auditor*“ – der Prozess dürfte dann einen weiteren Anflug von Willkür und Beliebigkeit erhalten[219]. Bezeichnend für das eher possenhafte, unredliche Wesen des Verfahrens ist neben seinem Verlauf vor allem auch sein Ende. Nach dem „besser[en] *Examini*ren“ durch den „*General Auditor*“ (S. 214 f.), der nebenbei „die schoenen Ducaten“ des Simplicius „zu sich steckte“ (S. 215), doch bevor „man mit ihm auff die Folter“ geht, beginnt das Gefechtsgetümmel der Wittstocker Schlacht. Im allseitigen Chaos wird die Anklage belanglos und der „strenge[…] *Process*“ erledigt sich augenblicklich. Es entsteht beinahe der Eindruck, dass ähnlich dem stoizistischen weltanschaulichen Gefüge im Barock, das durch die Gedankengänge des Skeptizismus bisweilen löchrig wird[220], plötzlich „die Lufft haeuffig voller singenden Kugeln“ ist (S. 215).

Ob nun das Vorgehen des „*General Auditor[s]*“ vor dem Hintergrund der juristischen Praxis der Zeit zunächst nicht allzu ungewöhnlich wirken mag oder nicht[221] – außergewöhnlich und neuartig ist sicherlich die plakativ-realistische und dadurch funktionalisierte Darstellung eines solchen Prozesses in einer Dichtung

---

S. 64 (Art. 124: „Straff der Verretherey“), S. 166 (Anm.). Der korrekte Hinrichtungskatalog der „Carolina“ ist übrigens am Ende des „Fuenften Buch[es]“ zu finden, wenn Antonio de Guevara (um 1480–1545) nach der Übersetzung von Aegidius Albertinus zitiert wird (Grimmelshausen: Werke, I/1: Der abentheuerliche Simplicissimus Teutsch, S. 547 – Das XXIV. Capitel. Jst das allerletzte / und zeiget an / warumb und welcher gestalt *Simplicius* die Welt wieder verlassen – u. S. 544 – Stellenkommentar).

219 Vgl. Behringer 1993, S. 269 (Trotz des Sonderstatus des Zaubereiverbrechens als ‚crimen exceptum‘ hatte der Hexenprozeß wie andere Strafverfahren auch im Großen und Ganzen den Regeln des ‚processus ordinarius‘, des ordentlichen Prozesses, zu folgen, die wohl auch mehrheitlich eingehalten wurden.).

220 Vgl. Gaede 1976, S. 479 (Der Skeptizismus in der Tradition Michel de Montaignes wendet sich als Urteilskritik gegen feste Bestimmtheiten und Abstraktionen, gegen normhaftes Denken.); dagegen zur Entwicklung des weltanschaulichen Neostoizismus, speziell in Hinblick auf servile Aspekte im gemäßen Staats- und Gesellschaftsbild, vgl. Siedschlag, Carl: Die neustoische Lebenskunst und ihre Aufnahme bei Althusius. Kritische Anmerkungen zur neueren Lipsius-Literatur. In: Der Staat. Zeitschrift für Staatslehre und Verfassungsgeschichte, deutsches und europäisches öffentliches Recht. 45. Band (2006), S. 97–115.

221 Vgl. T. A. Kemper, S. 112 u. 117 f. (K. kommt zu dem anderen Ergebnis, dass bei Grimmelshausen „keine grundsätzliche Kritik […] an den Hexenprozessen seiner Zeit“ zu erkennen sei.).

der Barockzeit, auch in der als ‚niedere' Gattung betrachteten Prosaerzählung[222]. Denn in der Dichtung des 17. Jahrhunderts erweisen sich Hexenversammlung und Zaubereiprozess, übrigens auch Strafverfahren und Rechtsverhältnisse an sich, ja als weitgehend tabuisiert[223]. Außerdem ist dabei bemerkenswert, dass aus der Perspektive des unschuldigen und äußerst beunruhigten Opfers erzählt wird: „Wie mir damals zu Muth gewesen / kan sicher jeder leicht einbilden / ich wuste mich zwar unschuldig / und hatte ein starckes Vertrauen zu Gott; Aber dennoch sahe ich meine Gefahr [...]" (S. 215). Ein solcher seinerzeit durchaus ungewöhnlicher Blickwinkel abstrahiert in gewisser Weise den Charakter des Verfahrens, somit auch den Teil, der den Zaubereivorwurf betrifft. Die Schlüssigkeit des Verfahrens und damit sein uneingeschränkter Berechtigungsanspruch werden so in gewisser Weise untergraben – etwas für einen Befürworter der Hexenverfolgungen kaum Annehmbares. Dieser gewagte erzählperspektivische Faktor spricht also nicht unbedingt dafür, dass Grimmelshausen von derartigen Prozessen viel gehalten hat. Neben den inhaltlichen Anhaltspunkten, die offenbar auf eine formelle Beliebigkeit des Verfahrens abzielen, lässt also die ungewöhnliche, direkte Form der erzählerischen Darstellung schon auf eine Skepsis Grimmelshausens gegenüber der zeitgenössischen Praxis der Strafgerichtsbarkeit schließen, die nicht allein auf die Verhandlung von Zaubereiverbrechen beschränkt ist[224].

---

222 Zu den hierzu in Frage kommenden Realismus-Begriffen der Grimmelshausen-Forschung vgl. Tarot 1972, S. 234–237: Böckmann (1899–1987) erklärt etwa, dass es diesem Realismus Grimmelshausens – unter der Bedingung der Abwendung vom bis dahin verbindlichen Elegantiaideal – „[.] nicht mehr auf die erlebten Begebenheiten, sondern nur noch auf die sinnbildliche Bedeutung [ankommt]: die [...] Zusammenhänge, in denen das Leben des Simplex verläuft, sollen anschaubar werden". Dabei werde in Episoden dieser Art die Dichtung zur „bedeutungstiefe[n] Allegorie, so daß mit ihrer Hilfe das Leben des Simplex sich selbst in einen allegorischen Rahmen gestellt sieht". Deswegen „dürfte man" jedoch nicht unbedingt „den ganzen Roman allegorisch verstehen und auslegen" (Böckmann, Paul: Formgeschichte der deutschen Dichtung. 1. Bd.: Von der Sinnbildsprache zur Ausdruckssprache. Der Wandel der literarischen Formensprache vom Mittelalter zur Neuzeit. 4. Aufl. Hamburg 1973, S. 448–453 u. 457 f.).

223 Wiedemann 1973, S. 26.

224 Eine weitere Thematisierung eines nicht ganz regulär wirkenden Strafverfahrens aus Angeklagtenperspektive liefert Grimmelshausen in der „Courasche". Dort wird die von Stadtbewohnern wegen Ehebruchs angeschwärzte Courasche vom „*Magistrat*" festgesetzt und ebenfalls mit „Tortur" und „Hencker" bedroht. In der Verhandlung kann die Courasche mit ihrer Eloquenz zwar das Ärgste vermeiden, verliert aber, entsprechend der eigentlichen Absicht der „Ratsherrn", ihr gesamtes Vermögen und muss unter Ablegen der Urfehde die Stadt verlassen (Grimmelshausen:

Gelegenheit zur Anschauung von Zaubereiverfahren hatte Grimmelshausen mit ziemlicher Sicherheit des Öfteren, auch in seiner unmittelbaren Umgebung – wie es entsprechende Recherchen annehmen lassen[225]. Tatsächlich ist sogar ein Prozess nachweisbar, der zum dem im „Simplicissimus Teutsch" verblüffende Ähnlichkeiten aufweist und den Grimmelshausen durchaus gekannt und als Anregung benutzt haben könnte[226]. Übrigens ist keine persönliche Verwicklung Grimmelshausens in irgendein Zaubereiverfahren während seiner Tätigkeit als Schultheiß in Renchen bekannt[227].

Wenn nun obendrein bei dieser Abfolge von unbeabsichtigter Versammlungsteilnahme und letztlich hinfälligem Prozess von einem Konstruktionsprinzip ausgegangen wird, nach welchem „Sünde und Strafe" als diesseitige Dinge verstanden werden und entsprechend im Diesseits gegeneinander abgegolten werden[228], wird zunächst die Schuldlosigkeit des Simplicius bestätigt. Den Freispruch erfährt er jedoch nicht durch ein fragwürdiges, labiles Gericht, sondern durch den Lauf der Dinge, also durch eine höhere, göttliche Kraft; nicht von ungefähr bekräftigt er ja auch, dass er in dieser Situation „[.] ein starckes Vertrauen zu Gott [hatte]" (S. 215)[229]. Infolge dieses quasi göttlichen Freispruchs entsteht weiterhin der Eindruck, dass dadurch die Sündhaftigkeit der (vermeintlichen)

Werke, I/2: Courasche, S. 136 f. – „Das XXV. Capitel. *Courage* wird ueber ihren Ubelthaten erwischt / und der Stadt verwiesen."; vgl. auch Jung, S. 296).

225 Bechtold, S. 497–499.

226 Bechtold, S. 497.

227 Ebd., S. 499.

228 Stadler, S. 351–369.

229 Vgl. T. A. Kemper, S. 113: Gegen einen kritischen Anflug in Grimmelshausens Prozessdarstellung interveniert K. mit dem Hinweis auf das auf dem Höhepunkt des Hexenwahns zwischen 1590 und 1630 bedeutsame theologische und juristische Dafürhalten, dass Gott die Hinrichtung eines Unschuldigen nicht zulasse. Diese Idee war durch einen ab 1590 auch mehrfach ins Deutsche übertragenen Traktat des Trierer Weihbischof Peter Binsfeld (um 1540–1598) geprägt worden: „Tractatus de confessionibus Maleficorum et Sagarum. An [et] quanta fides ijs adhibenta sit". Erstmals Trier 1589, letztmals Köln 1623. Doch negiert die darin vertretene Lehrmeinung nicht, dass eine etwaige Unschuld auch erst durch verfahrensinterne Vorgänge ersichtlich werden kann. Und durch den Umstand, dass der für den Leser offenkundig unschuldige, aussagewillige und alles in allem fromme Simplicius verklagt wird, wird die zentrale Maxime Binsfelds zudem eher herausgefordert. Denn diese unterstellt den Zauberern, Hexen und Unholden strenge Heimlichkeit und schließt aus, dass Fromme bei der antichristlichen Festorgie überhaupt zugegen sein können. (Vgl. Siefener, S. 45; Behringer 1988, S. 149; — 1993, S. 181 f. u. S. 208 f.).

Teilnahme an einer Hexenversammlung – ob geträumt oder nicht – relativiert wird, und somit letztlich auch der gefährliche und ernsthafte Status eines solchen Konvents.

Unabhängig all ihrer denkbaren erzählungsimmanenten Funktionen ergibt sich für die Szenerie der Hexenversammlung und für die mit ihr zusammenhängenden Erzählmomente im „Simplicissimus Teutsch" nun folgendes Fazit:

Davon ausgehend, dass mit der Hexenverfolgung zusammenhängende Elemente des Teufels- und Hexenglaubens in der Barockdichtung ein nahezu gemiedenes Thema sind, nimmt es sich regelrecht wie ein Tabubruch aus, dass eine solche Hexenversammlung Teil einer epischen Handlung ist. Mussten in den Werken Opitz' und Gryphius' Hexenfiguren noch mit antikem Mimus versehen sein, der höchstens einen verfremdeten zeitgenössischen Bezug aufkommen ließ[230], nutzt Grimmelshausen die von der barocken Normpoetik relativ unabhängigen Möglichkeiten der Prosaerzählung und der Satire[231].

Außergewöhnlich ist auch die direkte, authentisch anmutende Schilderung der Zusammenkunft, die letztlich jedoch eine Konfrontation mit dem bedeutet, was konventionell für eine Hexenversammlung gehalten wird, also mit einer Abstraktion, ganz wie in den im „XVIII. Capitel" angeführten Schriften. Durch diese signifikante Art der Darstellung, die dem skeptizistischen Grundsatz des ‚Betrachtens' und des ‚Sich-Umsehens' entspricht, erscheint die Hexenversammlung als Exempel im Gefüge der Erkenntnis, dass man die Dinge nicht so sieht, wie sie sind, sondern nur so, wie sie erscheinen. Zumal die Menschen dazu neigen, im Urteil über ihre Umwelt zu irren; eine Erfahrung die ja viele Figuren bei Grimmelshausen machen. Gewiss ist nur eine universelle Widersprüchlichkeit. Darauf fußt eine skeptizistische Verstandes- und Weltkritik. Danach täuscht der normale, den Konventionen entsprechende Verstandesgebrauch nur vor, dass die abstrakten und endlichen, also begrenzten Verstandesbedingungen, feste Bestimmtheiten sind; doch tatsächlich sind sie aufhebbar und beliebig ersetzbar.[232]

Durch die Schilderung des Hexenkonvents und auch durch den Prozess und seine Grundlagen zieht sich, wie ein roter Faden, eine gewisse Unkonkretheit und

---

230 Vgl. Teil 1, V.; Teil 2, I. (Vororientierung); Kemper, Hans-Georg: Beglaubigung und Bekämpfung der schwarzen Magie. „Welt als Schlüssel zu den Strukturen" von Gryphius' „Cardenio und Celinde". In: Janota, Johannes u. a. (Hrsg.): Festschrift Walter Haug und Burghart Wachinger. 2 Bände. Tübingen 1992, Bd. II, S. 898 u. 908.

231 Gaede 1976, S. 479.

232 Gaede, Friedrich: Gryphius und Grimmelshausen als Kritiker des endlichen Verstandes. In: Simpliciana. Schriften der Grimmelshausen-Gesellschaft. Bd. II (1980), S. 48 f.

Unverbindlichkeit. Bis auf den eigenartigen „Kerl“ kommen Hexen und Zauberer nicht als Charaktere, sondern nur als identitätslose Schemen vor. Nichts macht die Versammlung wirklich leibhaftig, alles entspricht den üblichen, allgemein bekannten, gleichwohl vagen Überlieferungen. Diese unterschwellige Unverlässlichkeit wird durch das Relativieren der eigenen (des Erzählers) Glaubwürdigkeit – „Solches alles melde ich nur darumb / [...] / und nicht deßwegen / dass man mir eben glauben muesse“ (S. 181) – akzentuiert, und auch durch das selbstreflexive Anzweifeln des Erlebten, der Erwägung, alles geträumt zu haben[233]. Nach Ansicht der Dämonologen galten zwar die Imagination und das mutmaßliche Träumen von Hexenflug und -versammlung keineswegs als Entlastung, sondern eher noch als Beweis der metaphysischen Macht Satans[234], doch weder der Ich-Erzähler noch der simplicianische Autor sind Theoretiker einer pro- oder anti-dämonologischen Debatte. Für den Erzähler steht ausdrücklich seine „Histori“ und sein „*Discurs*“ im Vordergrund (S. 181 f.). Der skeptizistische Maßstab lehnt Tradiertes meist ab, also auch die scheinbar objektiven Theorien der Dämonologen, und setzt auf das eigene, ‚empirische‘ Urteil[235]. So gesehen ist die Erwägung des Traums schon ein Ausdruck skeptizistischer Haltung, doch gleichzeitig spricht sich der Autor Grimmelshausen unbedingt auch für Traum und Imagination als ordnungsgemäße und unentbehrliche Größen in der Poetik aus[236].

Als ein gängiger Inhalt des durchschnittlichen Denkens im 17. Jahrhundert steht die Hexenversammlung bei Grimmelshausen sozusagen gegen sich selbst bzw. gegen Vorstellungen von ihr mit den einhergehenden Konsequenzen für Personen, die der Teilnahme an ihr potentiell verdächtig sind. Das vermeintliche Wissen um ihre gemeingefährliche Existenz und der Vorsatz und die Ermächtigung, dieses vermeintliche Wissen zur notwendigen ‚strafpoliceylichen‘ Handlungsgrundlage zu nehmen, wird erschüttert. Die gefährliche Prägung wird durch eine klischeegemäße, plakativ-direkte Darstellung in einem Gefüge aus weiteren, was den Hexereiaberglauben anbelangt, skeptischen Momenten relativiert. Das sind die angeführten Momente, die den öffentlichen Umgang mit Zauberei satirisch-ironisch schildern und die, die auf ihr natürliches Wesen hindeuten. So gesehen ist die literarische Verwendung der Hexenversammlung in gewisser Weise schon gegen bestimmte im Aberglauben begründete Eigentümlichkeiten des im Barock gültigen Weltbildes funktionalisiert. Doch sollte noch nicht in dem Sinne von einem vollwertigen, selbständigen Motiv gesprochen

233 Vgl. Battafarano 1977, S. 341 u. 343.

234 Vgl. z. B. Battafarano 1998, S. 14 u. 22 f.; Siefener, S. 101.

235 Vgl. Gaede 1976, S. 469 f. u. 480; Battafarano 1977, S. 329.

236 Vgl. Battafarano 1977, S. 343; — 1998, S. 14.

werden, wonach die Hexenversammlung allein eigentlich für etwas inhaltlich völlig anderes steht. Denn Grimmelshausen lässt sie eben noch als einen nicht allzu herausgestellten Teil eines Systems von zahlreichen zaubereimotivischen und -skeptischen Formen daherkommen.

Die Verflechtung in dieses System, steht auch vor einer eigenen und unzweifelhaften allegorischen Qualität, die ihr ebenfalls nicht ohne weiteres nachzuweisen ist. Andererseits zeigen andere im „Simplicissimus Teutsch" und an anderer Stelle bei Grimmelshausen nachgewiesene Allegorien, dass die für die Barockallegorie allgemein zugrunde gelegten Bedingungen[237], bei ihm und in der ‚niederen' Gattung des Romans überhaupt nicht immer gelten müssen[238]. Heckman bezieht seine Allegorese jedenfalls auf die Gesamtheit der „teuflischen Kräfte". Deren Bedeutsamkeit werde durch den „Ausflug auf einer fliegenden Bank zum Hexensabbat" unterstrichen und sie würden „als eine Allegorie für die menschliche Neigung, sich mit Tricks und Betrug abzugeben" erscheinen; wodurch sich letztlich das „Mündigwerden" des Simplicius' im handlungsimmanenten und erzählerischen(!) „Betrügen" ausdrücke[239]. Damit wird auch auf den Widerspruch zu einer „ausschließlich religiösen Interpretation des Romans" hingewiesen[240], die von einer allegorischen Ästhetik ausgeht, die „ihre Kategorien der christlichen Heilslehre entnimmt"[241]. Darüber bleibt allerdings noch zu klären, ob dem Teufel-, Hexen- und Zaubereikomplex in seiner Gesamtheit im „Simplicissimus

237 Zum Allegoriebegriff in Früher Neuzeit und Barock vgl. Wiedemann, Conrad: Bestrittene Individualität. Beobachtungen zur Funktion der Barockallegorie. In: Haug, Walter (Hrsg.): Formen und Funktionen der Allegorie. Symposium Wolfenbüttel 1978. Stuttgart 1979, S. S. 574–591; Bormann, Alexander v.: Emblem und Allegorie. Vorschlag zu ihrer historisch-sematischen Differenzierung. In: Haug, Walter (Hrsg.): Formen und Funktionen der Allegorie. Symposium Wolfenbüttel 1978. Stuttgart 1979, S. 536–550.

238 Müller-Seidel, S. 277 f.; Kleinschmidt, Erich: Denkform im geschichtlichen Prozeß. Zum Funktionswandel der Allegorie in der frühen Neuzeit. In: Haug, Walter (Hrsg.): Formen und Funktionen der Allegorie. Symposium Wolfenbüttel 1978. Stuttgart 1979, S. 395 f.

239 Heckman, S. 248 f.

240 Ebd., S. 249; ähnlich auch Wiethölter, Waltraud: „Baltanderst Lehr und Kunst". Zur Allegorie des Allegorischen in Grimmelshausens *Simplicissimus Teutsch*. In: Deutsche Vierteljahrsschrift für Literaturwissenschaft und Geistesgeschichte. 68. Bd., 1994, S. 45 f.

241 Hillen, Gerd: Allegorie im Kontext. Zur Bestimmung von Form und Funktion der Allegorie in literarischen Texten des 17. Jahrhunderts. In: Haug, Walter (Hrsg.): Formen und Funktionen der Allegorie. Symposium Wolfenbüttel 1978. Stuttgart 1979, S. 599 f.

Teutsch“ wie im ganzen „Simplicianischen Zyklus“ eine einheitliche allegorische Dimension zugesprochen werden kann[242].

In Anbetracht all dieser Zusammenhänge ist es in der Tat kaum wahrscheinlich, dass Grimmelshausen selbst von einer wahrhaften, physischen Existenz von Teufeln und Hexen der von ihm ab- bzw. nachgebildeten Art sowie von übermenschlicher Zauberei überzeugt gewesen sein könnte; zumindest sicher nicht in dem Sinne, dass davon ein gefährlicher Einfluss auf das Denken und Handeln des skeptischen, obschon aufrichtigen, eben ‚simplicianischen' Christenmenschen ausgehen könnte[243].

Sicher war ein offensives Geißeln des Aberglaubens und seiner Folgen als unchristliches Ärgernis erst vollends der nachfolgenden Generation – namentlich vor allem Christian Thomasius – mit den Errungenschaften der Aufklärung möglich; doch gilt es zu bedenken, dass diese moralische und weltanschauliche Komponente für den Literaten Grimmelshausen nicht unbedingt vorrangig gewesen sein muss.

Die durch die Form ihrer Darstellung problematisierende Betrachtung der Hexenzusammenkunft und anderer Teile des Hexen- und Zaubereiglaubens lässt erkennen, dass sie Grimmelshausen als ein weltanschauliches und moralisches Problem der früh- und mittelneuzeitlichen Gesellschaft und damit als ein Problem des christlichen Glaubens begriffen hat. Als Literat relativiert und überwindet er diesen Glauben an die wahrhafte Existenz von Hexen und deren Gemeingefährlichkeit in der vom Hexenwahn etablierten Weise mit den simplicianischen Mitteln. Das ist die Voraussetzung dafür, dass er Hexen und Zauberei gleichzeitig neu erschafft – als Einbildungskraft und variierbare Instrumente literarischer Darstellung. So ist auch eine ambivalente Figur wie die der „Courasche“ denkbar[244], der, einerlei ihrer sonstigen potenziell hexenhaften Züge, die

---

242 Zur Problematik einer exakten, nicht mehrdeutigen Allegorese bei Grimmelshausen vgl. Hillen Gerd: Allegorie und Satire. Anmerkungen zu Grimmelshausens *Simplicissimus*. In: Bircher, Martin / Fechner, Jörg-Ulrich / Hillen, Gerd (Hrsg.): Barocker Lust-Spiegel. Studien zur Literatur des Barock. Festschrift für Blake Lee Spahr. Amsterdam 1984, S. 265–277.

243 Zum komplexen, aber durchweg positiven ‚Simplicitas'-Begriff seit dem Humanismus als Ideal, ethische Grundform und Prinzip der Urteilsbildung – besonders auch bei Michel de Montaigne – vgl. z. B. Schott, Claudieter: Einfachheit als Leitbild des Rechts und der Gesetzgebung. In: Zeitschrift für Neuere Rechtsgeschichte (ZNR). 5. Jg., 1983, S. 123–129.

244 Zur bisweilen konträren Diskussion über das Hexenhafte in der „Courasche“ vgl. Jung, Frank: Magisch-moralische Deutungsmuster und empirische Naturanalyse? Der „Hexenglaube“ in Grimmelshausens *Courasche*. In: Simpliciana. Schriften der Grimmelshausen-Gesellschaft. Bd. XVI (1994), S. 287–309; Solbach, Andreas:

juristischen Merkmale des Teufelsvertrages und der Teilnahme am ‚Hexensabbat' fehlen[245].

Grimmelshausen dürfte also in gewisser Weise tatsächlich eine Lanze gebrochen haben[246], jedoch nicht für die Dämonologie, sondern für Teuflisches, Hexenhaftes und Zauberei als unentbehrliche literarische Konstanten.

IV. Aufklärung, 1: Historische und naturwissenschaftliche Abhandlungen bis zur Mitte des 18. Jahrhunderts

Der seit der Frühaufklärung in einem grundsätzlichen Wandlungsprozess befindliche Wissenschaftsbegriff – in der Frühen Neuzeit war zunächst der des Spätmittelalters im Kern weiter gültig geblieben – bewirkte folglich auch eine veränderte Haltung zum vermeintlich Metaphysischen[247].

So erschienen in der ersten Hälfte des 18. Jahrhunderts verschiedene, nach dem Wissenschaftsbegriff des Zeitalters forschungsmäßige Abhandlungen – nicht selten auch in baldiger Übersetzung aus dem Lateinischen, teils sogar gleich in deutscher Sprache – worin sich solcher Vorstellungen angenommen wird, die seit der Frühaufklärung dem Verdacht des Aberglaubens ausgesetzt waren. In einigen dieser Schriften wird mehr oder weniger umfangreich der Frage nach der Tatsächlichkeit oder nach dem Ursprung des Glaubens an Hexenzusammenkünfte und ähnliche dämonische Phänomene nachgegangen. Dieses Schriftgut dokumentiert einen veränderten Umgang mit Vorstellungen, die nun als abergläubisch identifiziert sind[248]; außerdem dürften sie gewisslich selbst zum weiteren Abbau des Aberglaubens beigetragen haben. Sie eröffnen zudem einen theologisch oder juristisch unambitionierten, intellektuellen Diskurs darüber, der eben auch Hexenversammlung und Walpurgisnacht mit einschließt.

Macht und Sexualität der Hexenfigur in Grimmelshausens *Courasche*. In: Simpliciana. Schriften der Grimmelshausen-Gesellschaft. Bd. VIII (1986), S. 71–87; zur grundsätzlichen Deutung vgl. Breuer 1999, S. 84–88.

245 Vgl. Berns 1990, S. 428 u. 430 f.

246 Vgl. Bechtold, S. 498.

247 Zur Gesamtentwicklung des Wissenschaftsbegriffs in der Frühen Neuzeit vgl. Hammerstein, Notker: Res publica litteraria. Ausgewählte Aufsätze zur frühneuzeitlichen Bildungs-, Wissenschafts- und Universitätsgeschichte. Hrsg. von Ulrich Muhlack und Gerrit Walther. Berlin 2000; — Bildung und Wissenschaft vom 15. bis zum 17. Jahrhundert. München 2003.

248 Vgl. z. B. Pott, Martin: Aufklärung und Aberglaube. Die deutsche Frühaufklärung im Spiegel ihrer Aberglaubenkritik. Tübingen 1992, S. 193–265 u. 337 ff.

Im Zuge dieses Mentalitätswandels entstehen Werke, die auch dem Glauben an die Hexengeselligkeit mit einer Kombination von neuen naturwissenschaftlichen Erkenntnissen und historisch-erläuternden Methoden beikommen wollen. Der Anspruch des Aufklärens und Erziehens ist dabei mit dem Ansinnen, zugleich unterhalten zu wollen, verknüpft; somit wird in solchen Schriften nicht die Wissenschaftssprache Latein verwendet. Stellvertretend für diese Haltung der Aufklärung zum Aberglauben steht etwa „D. Johann Jacob Bräuners Physicalisch- und historisch-erörterte Curiositæten“ von 1737[249]. Wie in einigen ähnlichen Büchern dieser Art, erklärt der Verfasser Johann Jacob Bräuner, der auch als Arzt praktizierte, etliche Phänomene, die mit der Hexenversammlung in Verbindung stehen (u. a. den „Hexen-Tantz“) zum „entlarvte[n] teufflische[n] Aberglaube[n]“.

Eine in Machart und Bestreben zum Teil bereits vergleichbare Schrift, sind die einige Jahre zuvor von Paul Christian Hilscher (1666–1731), einem lutherischen Theologen und ebenfalls Arzt, niedergeschriebenen „Curiösen Gedancken von wütenden Heere“ (1703)[250]. Zunächst noch in lateinischer Sprache abgefasst (vmtl. 1702), bald darauf aber in deutscher Übersetzung erschienen, nehmen sie sich der Vorstellungen um das wütende oder wilde Heer an, die bekanntlich denen um die wilde Jagd entsprechen und mit dem Glauben an die walpurgisnächtlichen Umtriebe in Verbindung stehen[251].

Harzreisen mit Brockenwanderungen von Personen, die in der einen oder anderen Weise an der Gegend interessiert waren, sind spätestens ab dem frühen 16. Jahrhundert nachweisbar[252]. Sofern es sich im 16. und 17. Jahrhundert bei solchen Unternehmungen nicht um reine Abenteuer- oder Lustfahrten handelte, worüber ja auch bei Praetorius eine Schilderung zu finden ist[253], hatten sie zumeist

249 Bräuner, Johann Jacob (1647 – nach 1736): D. Johann Jacob Bräuners Physicalisch- und historisch-erörterte Curiositæten, oder, Entlarvter teufflischer Aberglaube von Wechselbälgen, Wehr-Wölffen, fliegenden Drachen, Galgen-Männlein, Diebs-Daumen, Hexen-Tantz, Holung auf dem Bock, Irrwischen, Spiritu familiari, [...] also fürgestellet und erläutert: was von solchen Sachen zu halten und zu glauben ist: auch bey jedem Capitel einige rare und recht wunderwürdige Historien [...] zu nützlicher Erbauung und Zeitkürtzung in 50. curiosen Materien fürgestellet. Frankfurt/M. 1737.

250 Hilscher, Paul Christian: M. Paul Christian Hilschers curiöse Gedancken von wütenden Heere / Aus dem Lateinischen ins Teutsche übersetzet / von M.M. Dresden u. Leipzig 1703 (Lat. Original Dresden 1702 (?)).

251 Vgl. Ginzburg 1990, S. 143.

252 Dennert 1954, S. 17–27 f.

253 Vgl. Teil 2, II.

einen noch recht unsystematisch wirkenden landschaftsdeskriptiven oder topographischen, zuweilen auch botanischen Hintergrund; oder sie waren unternommen worden, um die Möglichkeit natürliche Ressourcen auszuschöpfen, etwa Erze und Hölzer, auszukundschaften[254]. Entsprechend wurden in Dingen der noch wenig entwickelten Naturwissenschaften mehr hypothetische Erwägungen als exakte Bestimmungen vorgenommen. In den in diesem Zusammenhang gemachten Aufzeichnungen und auch in allgemeinen Enzyklopädien fand die Aufsehen erregende Erscheinung des Brockens allerdings meistenteils ihre Berücksichtigung[255]. Und bis zum Ende des 17. Jahrhunderts blieb die Brockenwanderung für einen, wenn auch zahlenmäßig begrenzten Personenkreis eine unvermindert populäre Attraktion. Der prominenteste Brockenbesucher dieses Zeitraumes dürfte im Jahr 1697 der russische Zar Peter I. der Große (1672–1725) gewesen sein, der auf seiner Reise in die Niederlanden nachweislich einen Abstecher dorthin gemacht hat[256].

In der ersten Hälfte des 18. Jahrhunderts nahm die Zahl der Harz- und Brockenreisen insgesamt deutlich zu[257]. Mit dem verstärkten Aufkommen von naturwissenschaftlichen und naturkundlichen Interessen seit dem Beginn der Aufklärung, mussten dann auch akademisch motivierte Harzreisen eine neue Qualität bekommen. Solche nunmehr von aufklärerischem Erkenntnisdrang angetriebene Unternehmungen sind für die Harzgegend mit den Namen der Forschungspioniere Albert Ritter (1682–1759) und Franz Ernst Brückmann (1697–1753) nachhaltig und in vielerlei Hinsicht ausgesprochen exemplarisch verbunden[258].

Ab etwa 1720 erstellten Albert Ritter, seines Zeichens Konrektor der Klosterschule Ilfeld, und dessen Schüler und Vertrauter, der Wolfenbütteler und Braunschweiger Arzt, Naturforscher und Erfinder Franz Ernst Brückmann[259], wichtige Arbeiten zu Landschaftsmerkmalen und anderen Charakteristika der Natur im Harz. Besonders ihre für die Harzgegend erstmaligen exakten Beobachtungen und Messungen von karsthydrographischen Zusammenhängen sind eine bis heute beachtete Leistung[260]. Über die Reisen und Exkursionen dieser beiden Naturforscher

---

254 Dennert 1954, S. 17–30.

255 Ebd., S. 27–30.

256 Ebd., S. 27.

257 Dennert 1954, S. 42–45.

258 Ebd., S. 45–47.

259 Zu Person und Werk Brückmanns vgl. auch Müller, Reinhard: Brückmann, Franz Ernst. In: Kosch, Erg. bd. II (1995), S. 440.

260 Kaiser, Wolfram u. Völker, Arina: Franz Ernst Brückmann (1697–1753) und Albert Ritter (1682–1759). In: Harz-Zeitschrift (HarzZ). Für den Harz-Verein für

in der Region kam ein beachtenswerter schriftlicher Ertrag zustande, der vor allem in Brückmanns Fall aus sog. Reisebriefen („Epistolae itinerariae") besteht – wobei es sich um katalogisierte, naturwissenschaftlichen Reiseberichte handelt – oder eben gleich monographisch organisierten Schilderungen[261]. So manches aus diesem Fundus fand zudem eine beachtenswerte überregionale Verbreitung[262]. Diese ersten ausführlichen wissenschaftlichen Beschreibungen Ritters, Brückmanns und anderer Fachgenossen hatten wohl auch einen gewissen Einfluss darauf, dass (lokale) Poeten auf manche Landschaftsmerkmale erst aufmerksam wurden und sie daraufhin besungen oder zumindest motivisch in ihre Dichtung aufgenommen haben; unmittelbar nachweisen lässt sich das beispielsweise für die Gipshöhle Kelle bei Ellrich im Südharz[263].

Wenn auch bei diesen Forschungsanliegen eindeutig naturwissenschaftliche und naturkundliche Belange des Harzes und des Brockens im Vordergrund standen, formulierten Ritter und Brückmann schon auch einige nennenswerte Bemerkungen, die das im Volksglauben verwurzelte Hexenfest auf dem Brocken betreffen. Damit haben sie zweifellos zu dessen endgültiger Entmystifizierung beigetragen[264], doch gleichzeitig haben sie damit sicherlich weiteres Interesse an einer historiographischen Erhellung der Ursprünge der Vorstellungen vom blocksbergischen Hexentreiben geweckt[265]. Und letztlich dürften Ritters und Brückmanns überregional verhältnismäßig bekannt gewordenen Darstellungen insofern auch für die Dichtung eine Relevanz gehabt haben, als dadurch so mancher Literat zu einer Beschäftigung mit der Attraktion ‚Blocksberg' bzw. Brocken und zur Reise dorthin mit bewegt worden sein dürfte[266].

Geschichte und Altertumskunde hrsg. von K.-W. Sanders. 33. Jg., 1981, S. 101–103 u. 125; Reinboth, Fritz: Forschungen in der Gipskarstlandschaft Südharz von den Anfängen bis zur Gegenwart. In: NNA-Berichte (Alfred Toepfer Akademie für Naturschutz Schneverdingen). 11. Jg., H. 2, 1998, S. 18 f.

261 Vgl. Kaiser u. Völker, S. 112–123.

262 Ebd., S. 101–103.

263 Reinboth, Fritz: Die Kelle bei Ellrich im Südharz – die Geschichte eines vergessenen Naturdenkmals. In: Mitteilungen des Verbandes der deutschen Höhlen- und Karstforscher e.V. Jg. 35, Nr. 1/2, 1989, S. 71–74; — 1998, S. 18 f.

264 Vgl. Dennert 1954, S. 36.

265 In diesem Zusammenhang sei insbesondere auf Brückmanns vielzählige und weitreichende akademische Kontakte und nochmals auf die recht große Resonanz seiner Schriften hingewiesen (Kaiser u. Völker, S. 101, 110–112, 121–123).

266 Darauf, dass Ritters und Brückmanns Beschreibungen wohl manchen (lokalen) Poeten zum Besingen von Landschaftsmerkmalen veranlassten, wurde zuvor schon hingewiesen (Anm. 263). Fernerhin ist zu bemerken, dass Brückmann Kontakte

Der streng wissenschaftliche Anspruch der beiden Naturforscher äußert sich bereits in der Verwendung der lateinischen Wissenschaftssprache. Von Albert Ritters Monographie über den Brocken „Relatio historico-curiosa de iterato itinere in Hercyniae Montem famosissimum Bructerum"[267] aus dem Jahr 1740 erschien schon 1744 eine von einem Anonymus bewerkstelligte (von Ritter nicht autorisierte) deutsche Übersetzung, die dem lateinischen Original an Bedeutsamkeit in nichts nachstand[268], als „Albert Ritters [...] Historische Nachricht von einer doppelten Reise nach dem auf dem Harze belegenen so berühmten Berge / gemeiniglich Blocksberg genandt"[269]. Gegenüber dem lateinischen Original, das bereits als erste moderne Monographie über den Brocken gilt[270], beinhaltet die deutsche Übertragung einen bereichernden Bericht über eine Brockenreise, die der anonyme Übersetzer offensichtlich selbst unternommen hat[271], und eine

zu dem Dichterkreis um Johann Wilhelm Ludwig Gleim (1719–1803) unterhielt (Kaiser u. Völker, S. 122).

267 Vollständiger Titel:
Ritter, Albert: Alberti Ritter Collegii Monastico-Ilfeldensis Regii Pro-Rectoris et Senioris Relatio historico-curiosa de iterato itinere in Hercyniae Montem famosissimum Bructerum. Ad Excellentissimum Doctissimumque Virum Franciscum Ernestum Bruckmann Philosophiae et Medicinae Curiosorum ut et Societatis Regio Prussicae Scientiarum Membrum dignissimum nec non poliatrum Wolffenbuttelensem celebebrimum Fautorem et Amicum nostrum colendissimum svavissimum Typis expressa. Cum Figuris Aeneis. Helmstadii [Helmstedt] MDCCNNNN.
Übrigens bezeichnet ‚Hercynia' seit der Antike, etwa bei Caesar und Tacitus, die Mittelgebirge Germaniens bzw. die Gesamtheit der germanischen Gebirge und Höhen nördlich der Alpen (Vgl. z. B. Brückmann, Franz Ernst [Doktor (der Medizin und Philosophie)]: Sechsundachtzigster Reisebrief an Herrn Albert Ritter, Prorektor und Senior des Königlichen Stiftskollegs zu Ilfeld, als Zugabe zu seinem historisch-naturkundlichen Bericht über seine zweite Reise auf den Brocken den legendären Berg im Harz. Übersetzung der Ausgabe Wolfenbüttel 1740. Übersetzt, kommentiert und mit einem Nachwort versehen von Fidel Rädle. Wolfenbüttel 1996, S. 6 (Anm. 1)).

268 Dennert 1954, S. 45.

269 Vollständiger Titel:
Albert Ritters, Des Kœniglichen Collegii des Closters Ilefeld Pro-Rectoris und Senioris, Historische Nachricht von einer doppelten Reise Nach dem auf dem Harze belegenen so berühmten Berge / gemeiniglich Blocksberg genandt; Aus dem Lateinischen ins Teutsche übersetzt. Magdeburg, gedruckt und zufinden bey Gottfried Vettern, 1744 (Diese deutschsprachige Ausgabe dient wegen ihres gegenüber dem lateinischsprachigen Original populäreren Charakters als Textgrundlage.).

270 Dennert 1954, S. 45.

271 Vgl. ebd., S. 45–47.

„Vorrede des Ubersetzers" (S. 3–11). In dieser „Vorrede" erklärt der Übersetzer unter anderem seine Motivation, die teils daraus erwachsen sei, dass es vor Ritter keine ihm zusagenden geographischen, historischen und naturkundlichen Auskünfte über den Brocken gegeben habe. Zu Johannes Praetorius' 76 Jahre alten Niederschriften, die den analytischen Ansprüchen des Aufklärungszeitalters natürlich nicht mehr genügen konnten, stellt er etwa enttäuscht fest:

> „Nun bekame ich zwar Joh. Prætorii Blocksberges Verrichtung, oder ausführlichen Geographischen Bericht vom Blocksberge, und versprache mir dem Titel nach, auch was ausführliches von diesem Berge darinnen zu finden; allein, in dem ganzen über anderthalb Alphabet starken Tractat, traff ich ausser sehr wenigen, hier und da zerstreueten Absätzen, welche eigentlich von diesem Berge handeln, und fünf Blättern im Appendice, darinnen eine im Julio 1653. gethane Reise nach denselben beschrieben ist, nichts als Alt Vettelische Fabeln von Gespenstern, Hexen und Unholden, fast aus aller Welt Theilen an, wie dann gleich in dem ersten Capitul als in einer Vorbereitung auf das ganze Werk, alle Länder, wo es viel Gespenster geben soll, unter dem Anfangs-Buchstaben, des Barbarischen Wortes Gespönsth abgehandelt sind." (S. 9 f.)

Anders als der „Übersetzer" enthält sich Ritter selbst eines Kommentars und nennt Praetorius' „Blockes-Berges Verrichtung" lediglich als erstes in einer Auflistung von Werken, die sich zwischen 1668 und 1726 des Brockens als Thema angenommen hatten (S. 19 f.).

Gleichwohl greift Ritter wohl auf die von Praetorius' schriftlich fixierten Vorgaben zurück, wenn sich in seinen Erläuterungen der vielen Brocken-Namen zum ersten Mal etwas zur Sache findet. Dennoch zählt er die folgenden Benennungen schlechterdings zu den „abgeschmackte[n]" und „weit hergeholte[n]" (S. 21):

> „Zu der ersten Art bringen wir mit gutem Grunde den Nahmen der Bocksberg daher also benannt, weilen in der Walpurgis-Nacht, oder den I. May, die Hexen auf Ofen-Gabeln, Stöckern, Bunden Stroh, sonderlich auf Böcken nach dem Berg fahren, sich darauf versammlen, schlemmen und prassen, und nach der Mahlzeit nach einer Music springen und tanzen sollen; oder der Blocksberg, das ist Hackeblocksberg, indem der Teufel diejenigen Hexen, welche zu späth kommen, statt eines Hackeblocks gebrauchte, [...]." (S. 21 f.)

In diesem Sinne ergänzt er wenig später noch:

> „Diesem wollen wir beyfügen, diejenigen, welche durch Brock, das Schlesische Wort Brecke, welches auch den Nieder-Sachsen gemein ist, und eine Hexe heisset, verstehen, daher soll der Brocksberg soviel als Hexenberg seyn; [...]." (S. 24)

Nach diesen Ausführungen zum möglichen Zusammenhang zwischen Hexenglauben und Brocken-Namen kommt Ritter zwischenzeitlich bei der Erläuterung von markanten Örtlichkeiten und Landschaftsmerkmalen – den „vornehmsten Merkwürdigkeiten des Blocksberges“ (S. 39) – natürlich auch auf solche zu sprechen, die ihre Benennungen den diversen Vorstellungen vom Hexentreiben verdanken: „Der Zauberbrunn, der Hexenbrunn, auf dem Gipfel des Berges“ (S. 39 f.); „Der Zauberteich, der Hexenteich, nicht weit von dem Zauberbrunnen“ (S. 44); „Der Hexen Tanz-Platz bey dem Zauberbrunnen, aus welchem sich die Hexen, wann sie sich müde getanzet haben, mit einem frischen Trunck wieder laben und erquicken“ (S. 44); „Der Hexen-Altar ist ein grosser liegender Stein-Felsen, auf dem kleinen Blocksberg [...]; leicht- und abergläubige geben vor, daß auf diesem Altar dem Teufel von dem Hexen Rauchwerk und Opfer gebracht, ja wol gar neugebohrne Kinder geopfert würden“ (S. 46 f.).

Ebenfalls als eine „Merkwürdigkeit“, nämlich unter der Rubrik „Luft- und Feuerzeichen“, erwähnt Ritter dann noch „den wilden und ewigen Jäger, gemeiniglich Hackelberg genannt“ (S. 79), bei dem es sich um die recht bekannte Harzer Version der von den Walpurgisnacht-Vorstellungen gar nicht weit entfernten Sage vom wilden Jäger handelt[272].

Erst gegen Ende seines Brockenberichts widmet Ritter in den nicht klar von einander getrennten „§ 9.“ und „§ 10.“ einen Teil den „Fabeln“ um den Hexen- und Walpurgisnachtglauben. Ein gewisses Dilemma besteht für Ritter offensichtlich darin, dass er diese alten „Fabeln“ als aufgeklärter Forscher zwar nachdrücklich ablehnt, aber auch seinem akademischen Anspruch der „Sorgfalt“ gerecht werden will (S. 20). Daher muss er „viel falsches, Fabelhaftes, abgeschmacktes und unflätiges“ ebenso notgedrungen als Teil der Historie des Brockens akzeptieren wie „Aberglauben und Einfalt“ (S. 20). Folglich fällt seine stringente Darstellung in der Art einer Unterweisung gegen den Aberglauben aus:

> „Man trägt sich auch mit unzähligen sowol abgeschmackten, als thörichten, theils unflätigen Fabeln von dem Blocksberg, welche man sogar in öffentlichen Schriften lieset, daß, wann wir sie alle wollten mitnehmen, ein grosses Buch nicht einmal hinlänglich seyn würde, sie alle zu fassen, zugeschweigen, dass sie in diesen Blättern Raum finden solten; damit wir aber dem geneigten Leser keinen Eckel, mit Erzehlung ihrer vielen erwecken, so wollen wir hier nur die vornehmsten berühren.“ (S. 80)

Dem lässt Ritter eine kurze Wiedergabe einer gängigen dämonologischen Vorstellung von der antichristlichen Festorgie folgen, wobei er sich an beliebigem älterem Schriftgut orientieren konnte:

272 Erich u. Beitl, S. 970–972. Hackelberg oder Hackelbernt ist übrigens als ‚der Manteltråger‘ zu verstehen, da es sich bei Hackel oder Häckel um eine solche Bekleidung handelt (Ebd., S. 971).

> „Die erste und gemeinste Fabel pflegt wohl zu seyn: daß die Hexen in der Walpurgis-Nacht auf diesem Berge zusammen kommen, daselbst Schwelgerische Gastmahle halten, tanzen, und mit den bösen Geistern ihre Lust büssen, wovon die untergeschobenen Kinder oder Wechselbälge ihren Ursprung haben sollen; den Teufel als ihren Gott anbeten und dienen, ihm einen neuen Eyd der treue schwören, Räuchwerk und andere Opfer bringen, neugebohrne Kinder schlachten, oder sie in seinem Namen tauffen, und dasjenige, was sie gethan und ausgerichtet, erzehlen sollen, welche aber nichts ausgerichtet hätten, würden mit Stöcken praf abgeprügelt, und was des ungereimtem Zeuges mehr ist." (S. 81)

Er versäumt nicht in einer ausführlichen Fußnote dazu mehrere Werke zu zitieren, die es entweder noch auf das Widerlegen der Wahrhaftigkeit der Versammlung der „Hexen / Unholden und Zauberinnen" sowie des „Bocksreitens" angelegt hatten oder bereits „den Ursprung der Fabel von der Zusammenkunft der Hexen auf dem Blocksberg" zu ergründen suchten (S. 81–83). An dieser Stelle führt er etwa auch die gewichtige Autorität des Thomasius an:

> „Mit uns halten es unter andern D. Thomasius in Dissert. vom Laster der Zauberey/ p. 22 wo er sagt: Niemals hat der Teuffel die Hexen oder Zauberer unter einer Bocksgestalt auf den bekannten Blocksberg geführet." (S. 81)

Aus seiner antiabergläubischen Erkenntnis heraus erlaubt es sich Ritter sogar, sich über das ihm fehl platziert vorkommende, frömmelnde Gebaren mancher Zeitgenossen lustig zu machen:

> „Dahingegen dieser Berg zu unsern Zeiten einigen darzu dienet, daß sie auf demselben Erbauungs-Stunden anstellen, predigen, singen und beten, wie dann im Jahr 1737. sieben theils einheimische, theils fremde Prediger, eben so viel Berg-Predigten in einem Tage, in Gegenwart des Wernigerodischen Hofes, auf den Blocksberge, unter freyen Himmel gehalten haben, daher das alte teutsche Spüchlein: Wo Gott einen Tempel hat, da baut der Teufel seine Capelle darneben, nun umkehret, und gesaget werden muß: Wo vormals der Teufel soll seine Capelle gehabt haben, da baut nun GOtt seinen Tempel." (S. 82 f.)

Im Anschluss daran verurteilt Ritter die von seiner Warte aus unverantwortliche Unsitte, Hörensagen zu verbreiten. Seiner Überzeugung nach wird dadurch der Fortgang des Aberglaubens maßgeblich begünstigt:

> „Die andere Fabel bestehet darinn: wenn die meisten, welche vom Blocksberge etwas geschrieben, mehrentheils viel schreckhaftes und fürchterliches von Gespenstern, welche sie darauf entweder selbst wollen gesehen, oder von andern gehöret haben, erzehlen." (S. 83)

Als veranschaulichendes „Exempel", das dazu einen methodenkritischen Zweck erfüllt, führt Ritter eine phantastische Episode aus einer Brocken-Chronik von 1726 an, die dem Verfasser „ein wahrhafter Mann" erzählt haben soll. Es handelt sich dabei um ein eigentlich unbeabsichtigtes Herbeirufen „ungeheure[r] Thiere" – damit sind böser Geister und Dämonen gemeint – auf dem Brocken zur Nachtzeit durch „Feuer" und „ein Pfeifgen Toback" (S. 84). Ebenso wenig hält Ritter von der alteingesessenen Gewohnheit, ‚ererbte' abergläubische Inhalte bedenkenlos weiterzugeben:

> „Narraverre patres, bine & narrivimus omnes. das ist: Es ist uns von unsern Vorfahren so erzehlet worden, darum erzehlen wir es andern wieder." (S. 85)

Diese Unzustände geben aus Sicht des Ilfelder Forschers außerdem noch die Gelegenheit zu einer unerfreulichen Konjunktur von Ritualen, „die Teufel zu vertreiben", und von „böse-Geister-Beschwerungen" (S. 84 f.), deren Anwendung der Protestant Ritter namentlich auch dem römisch-katholischen Klerus vorhält (S. 84 f.).

Seine Beschreibung der Geographie, Natur und Geschichte des Brockens beschließt Ritter mit dem um 1570 lateinisch verfassten hymnischen Hexametergedicht des Wendelin von Helbach über den Brocken, das in der anonym übersetzten Ausgabe (1744) gleich noch durch eine Verdeutschung ergänzt ist („Wendelini Helbachii lateinische Verse von dem Blocksberg", S. 107 f.)[273]. Und auch das deutschsprachige Gedicht eines Helbach-Epigonen ist an dieser Stelle eingearbeitet („Eines Unbekannten teutsche Knittel-Verse von dem Blocksberg", S. 108–110)[274]. Sicher haben diese Verse zunächst die Funktion eines gefälligen poetischen Ausklangs der Brockenschilderung. Und in der Hauptsache wird damit die lange Zeit überdauernde Bedeutung des Brockens im Denken der Menschen und als Identitätsquantum der Bewohner von Harz und Umland abermals hervorgehoben. Außerdem dürfte das Einbeziehen der über 150 Jahre alten lyrischen Texte in die Wissenschaftlichkeit der Brocken-Abhandlung wiederum den aufklärerischen Abstand zum Aberglauben herausstellen. Denn über die nicht geringe rückwärtige Distanz zur Entstehungszeit der beiden Gedichte kommt auch eine implizite intellektuelle Ferne mit zum Ausdruck. Zwar sind Qualität und Intensität der Berücksichtigung des Hexenwesens in beiden Lyriken ziemlich unterschiedlich[275], letztlich vergegenwärtigen sie aber noch einmal die (vergangene) Zeit des Aberglaubens und damit zugleich die aufklärerische Errungenschaft, diesen Aberglauben überwunden zu haben[276].

---

273 Vgl. Teil 1, III.; Dennert 1954, S. 39 f.; Kaiser u. Völker, S. 120.

274 Vgl. Teil 1, III.; Dennert 1954, S. 39 f.

275 Vgl. Teil 1, III.

276 Dass allerdings die Aufklärer Ritter und Brückmann ihrerseits vom abergläubischen Erbe vorangegangener Jahrhunderte mitunter noch zwangsläufig beeinflusst

Hatte bereits Albert Ritter die „Relatio historico-curiosa de iterato itinere in Hercyniae Montem famosissimum Bructerum" seinem Forscherkollegen und Freund Franz Ernst Brückmann gewidmet, wie es ja das Titelblatt unmissverständlich ausweist[277], so ist auch Brückmann in seiner „Epistola itineraria LXXXVI."[278] voll des Lobes für die Leistungen seines „Gönner[s] und Freund[es]" Ritter, den er im einleitenden Abschnitt direkt anspricht (S. 8). Die Schrift Brückmanns ist, übersetzt gesprochen, als „Sechsundachtzigster Reisebrief" tituliert[279]; gleichwohl entspricht sie damit einem zeitüblichen und von Brückmann favorisierten Verfahren der (wissenschaftlichen) Veröffentlichung[280]. Der Gesamttitel kündigt schon vorab an, dass es sich um eine „Zugabe" zu Ritters „historisch-naturkundliche[m] Bericht über seine zweite Reise auf den Brocken, den legendären Berg im Harz", handelt[281]. Demgemäß ist dieser ganze „Sechsundachtzigste Reisebrief" ein ganz auf die Gliederung und die inhaltlichen Vorgaben von Ritters Werk abgestimmter, erweiternder Kommentar. Diese „bescheidene Ergänzung", die „teils aus [seinen] Bücherschränken, teils aus persönlicher Beobachtung" entsprungen sei, will Brückmann unter dem Vorsatz einer reziprok ermutigenden Forschungstätigkeit nichtsdestotrotz als Würdigung von Ritters „höchst ausgefeilte[r] Geschichte des Brocken[s]" verstanden wissen (S. 8)[282].

---

waren, veranschaulicht etwa, dass Brückmann in Zuge seiner nicht auf den Harz beschränkten Höhlenforschungen in der Hohen Tatra einmal auf die Skelettreste von Höhlenbären stieß, diese aber skurrilerweise für Drachenknochen hielt (Kaiser u. Völker, S. 115 u. 117).

277 Vgl. Anm. 267.

278 F.E. Bruckmanni, D. Epistola itineraria LXXXVI. Sistens Corollarium ad Relationem historico-Curiosam de iterato itinere in Hercyniae Montem famosissimum Bructerum ad Dominum, Dominum Albertum Ritter, Collegii Monastico-Ilfeldensis Regii Prorectorem et Seniorem. Bructerus Hercyniae Montes supereminet omnes. Cum Fig. Æneis. Wolffenb. MDCCXL [1740].

279 Als Textreferenz dient die folgende, zweisprachige Ausgabe:
Brückmann, Franz Ernst [Doktor (der Medizin und Philosophie)]: Sechsundachtzigster Reisebrief an Herrn Albert Ritter, Prorektor und Senior des Königlichen Stiftskollegs zu Ilfeld, als Zugabe zu seinem historisch-naturkundlichen Bericht über seine zweite Reise auf den Brocken den legendären Berg im Harz. Übersetzung der Ausgabe Wolfenbüttel 1740. Übersetzt, kommentiert und mit einem Nachwort versehen von Fidel Rädle. Wolfenbüttel 1996.

280 Vgl. Kaiser u. Völker, S. 112–117 u. 121–123.

281 Vgl. Anm. 279.

282 Vgl. auch Kaiser u. Völker, S. 101.

Dass sich Brückmann in der Sache des Volksglaubens an die Blocksbergversammlung in der Walpurgisnacht dem ablehnenden Standpunkt Ritters anschließt verwundert nicht weiter; doch schickt er sich darüber hinaus an, das Thema mit den Ergebnissen eigener Recherchen zu vervollständigen.

Zunächst nennt Brückmann in einer Ritters Angaben ergänzenden Auflistung von allgemeinen Werken zur Geschichte des Brockens eine weitere Schrift des Johannes Praetorius mit Bezug zu Hexentreiben und Blocksberg[283] (S. 10). Diese in lateinischer Sprache abgefasste Niederschrift war allerdings von erheblich geringerer Bedeutung als „Blockes-Berges Verrichtung", das ja schon in der Ritterschen Liste enthalten ist. Bemerkenswert ist zudem, dass sich in dieser Auflistung Brückmanns eine der ersten poetisch-unterhaltenden Vertonungen der Blocksberg- und Walpurgisnacht-Thematik befindet (S. 10)[284].

Dass im Anschluss daran, Brückmann einige Details genauer bespricht und eigens dafür ein Quantum von Fachliteratur benennt, aus dem er zum Teil wörtlich zitiert, lässt eine recht nachhaltige Auseinandersetzung mit der Materie erkennen. Das besagte Schriftgut ist zum überwiegenden Teil noch als zeitgenössisch zu betrachten, zumindest stammt es nicht aus der Hochzeit der Hexenverfolgung vor 1650, obschon einzelne, noch verhältnismäßig stark im Aberglauben verhaftete Texte darunter sind (S. 10 u. 12)[285].

Selbst fasst er zur Ergänzung der von Ritter erläuterten Ortsbezeichnungen ‚Blocksberg' und ‚Hexentanzplatz' jedenfalls folgendermaßen zusammen:

> „'Der Blocksberg' wird von manchen auf recht törichte Weise Bocksberg (*Hircorum mons*) genannt, weil man einstmals im Volke glaubte (was freilich abwegig und ein Märchen ist), daß Hexen und Zauberinnen, die der Teufel in seinen Diensten hält, um Mitternacht zwischen dem letzten Tag des April und dem ersten des Mai auf stinkenden Böcken, springenden Ziegenböcken, auf Besen, zweizinkigen Gabeln, Schürhaken und noch anderen Geräten zum Satansgelage aufbrechen, Allerdings haben sie sich in unserer Zeit beruhigt, ja sogar ihr Treiben völlig eingestellt. Eine andere Erklärung für den Namen 'Bocksberg' ist, dass die Hexen gehalten waren, dem Teufel in Gestalt eines Bocks in diesen Gebirgszügen zu huldigen. [...].

---

283 Praetorius, Johannes: Alectryomantia, seu Divinatio magica cum Gallis Gallinaceis peracta, [...] (cui obiter insperguntur multiplices motus, praestigiarum praetextus, cucuritio Pullorum [...], Blocksberga, Sagaeportium, Pallio-vectura, etc.). Frankfurt/M. u. Leipzig 1680.

284 Berlindo (Pseudonym): Die Reise der Hexen nach dem Blocks-Berge, und die dadurch berufene Walpurgis-Nacht, zum vergnügten Zeit-Vertreib mit poetischer Feder beschrieben. In Oktav. Gedruckt auf dem Hartz (Braunschweig?) 1739.

285 z. B. Vagedes, Henrici [Heinrich]: Opera Academica. Frankfurt u. Leipzig 1703.

'Der Hexen=Tantz=Platz'. Es gibt auf dem Berg einen flachen, eingeebneten und quadratischen Platz, auf dem das verruchte Volk der Hexen, die sich in der Walpurgisnacht von überall her eingefunden haben, mit seinem Tanzmeister seine ausgelassenen Tänze aufführt und vor Freude im takt herumhüpft. Auch auf dem Pilatusberg findet man eine so ausgesparte Stelle, auf der niemals Gras wächst, auch wenn der ganze Landstrich und die Gegend ringsum von prächtig grünenden Kräutern und Pflanzen wunderschön geschmückt ist. Derartige grasfreie Plätze gelten als 'Hexen=Tantz=Plätze' (*sagarum ludi saltatorii*) usw. [...]." (S. 10–12)

Schließlich geht Brückmann auf die Überregionalität derartiger und ganz ähnlicher abergläubischer Vorstellungen ein, indem er eine passende Passage aus der Abhandlung eines dänischen Zeitgenossen anbringt. Der berichtet über ...

... „[...] eine Stelle auf der Insel Fünen, auf der niemals Gras sprießt; die Einwohner sagen, dieser Platz sei einstmals von einem Drachen mit Gift besudelt worden. Nach der törichten Einbildung der Leute führen die Gespenster hier bisweilen ihren Tanz auf und hinterlassen dabei in der Erde tiefe Fußabdrücke, so daß an eben den Stellen, auf denen sie ihre Späße ziemlich oft treiben, niemals mehr Gras wächst. Derartige Tänze und Schabernack der Gespenster nennen die Leute den 'Elven=Tantz' (*sagarum saltum*), und sie bilden sich ein, solche Gespenster seien Seelen von Verstorbenen, [...]." (S. 12)

Im weiteren Verlauf seines „Sechsundachtzigsten Reisebriefs" weiß Brückmann dann noch für den auch bereits von Ritter angedeuteten Aberglauben über angeblich vom Teufel untergeschobene, missratene Kinder („*infantes suppositii*") mit entstellenden Erkrankungen, etwa Rachitis, und anatomischen Missbildungen medizinische Erklärungen anzubringen (S. 22).

Ein beschließendes Indiz für Brückmanns ausgeprägtes Läuterungs- und Aufklärungsbedürfnis sind die im Anhang beigegebenen plastischen Vergegenwärtigungen der „törichten Einbildung" (S. 12). Es handelt sich um Abbildungen jener „ausgedachte[r] Phantasiebilder von dieser Reise der Hexen zu ihren Fressgelagen, Zusammenkünften und Sabbatriten" (S. 12), auf denen eben ‚Hexensabbat' und Hexenflug dargestellt werden (S. 33, 34, 35, 37). Meist sind dies Kupferstiche und Holzschnitte, die aus einschlägigen, teils recht verbreiteten Konvoluten übernommen wurden. Das wäre z. B. der Titelholzschnitt aus Praetorius' „Blockes-Berges Verrichtung" (S. 35)[286] oder ein motivisch sehr ähnlicher Kupferstich aus der Beschreibung des alten Sachsenlandes „Saxonia vetus et magna in parvo" (Erstmals Dresden 1727) des Caspar Schneider (S. 34), die ihrerseits schon gänzlich frei vom Hexenaberglauben ist[287]. Die Methode, bildliche Darstellungen beizugeben, wendet Brückmann übrigens für viele Aspekte der Brockennatur und -geschichte an.

---

286 Vgl. Teil 2, II.

287 Vgl. Dennert 1954, S. 8 f. (3. Abb.) u. 35 f.

Interessant, dass in einem von ihm an die „Epistola itineraria LXXXVI." angehängten Reisebericht eines namentlich nicht genannten Franzosen über einen Brockengang („Le Brocken", S. 40–49) überhaupt nicht die Rede von Hexen oder dämonischen Versammlungen ist. Diese Bereisung der Brockengegend kann gegenüber Brückmanns und Ritters eigenen Erkundungen nicht allzu lange zurückgelegen haben[288]; und in den Aufzeichnungen stehen ebenfalls schon geographische und naturkundliche Merkmale oder auch die Unbequemlichkeit der Übernachtung in einem damals bereits existierenden Refugium in der Gipfelregion im Vordergrund.

Im Punkt des Blocksbergkonvents geht es Brückmann in seiner „Zugabe" letztlich nicht darum, die Ablehnung des Aberglaubens durch eine gegenüber Ritter womöglich noch gesteigerte Radikalität zu übertreffen. Er ist eher bemüht, abergläubische Annahmen durch verschiedene wissenschaftliche Erkenntnisse, unter anderem durch medizinische, ‚aufzuklären'. Und der eindeutig geringere Widerwille Brückmanns, den obsoleten Hexenglauben in einer Universaldarstellung des Brockens nicht nur gerade eben zuzulassen, sondern ihn als unleugbaren Teil der Geschichte und Eigentümlichkeit (zumindest) des Berges und seiner Umgebung aufzufassen, spricht für das bei ihm etwas stärker als bei Ritter ausgeprägte Anliegen einer polyhistorischen Vollständigkeit[289].

Eine nicht naturwissenschaftlich orientierte Richtung der aufklärerischen Auseinandersetzung mit stofflich schwer greifbaren Phänomenen in der Historie des christlichen Gefüges, mit Geheimlehren, Gnostiken und Mystiken, wird recht beispielhaft durch das Schrifttum des Johann Lorenz von Mosheim (1693–1755) veranschaulicht. Der produktive Philologe, Religionshistoriker und lutherische Theologieprofessor ist heute vornehmlich noch als Mitbegründer der Göttinger Universität bekannt[290]. Innerhalb der Aufklärung nimmt die apologetische Lehre Mosheims einen gemäßigten Platz ein[291]. Sie hält weiterhin Stücke auf die Kenntnis der alten Philosophie und lässt deutliche Vorbehalte gegen

---

288 Vgl. ebd., S. 45.

289 Vgl. Kaiser u. Völker, S. 101–106.

290 Zu Person und Gesamtwerk Johann Lorenz Mosheims vgl. Bigler, Ingrid: Mosheim, Johann Lorenz. In: Kosch, 10. Bd. (1986), S. 1372 f.; Müller, Wolfgang Erich: Mosheim, Johann Lorenz von. In: Killy, Bd. 8 (1990), S. 241 f.; Fleischer, Dirk: Einleitung. In: Mosheim, Johann Lorenz von: Versuch einer unpartheiischen und gründlichen Ketzergeschichte. Reprint der Ausgabe Helmstedt 1746. Waltrop 1995, S. XXXII–XXXVII.

291 Vgl. W.E. Müller, S 241.

die radikal-aufklärerische Vorherrschaft der Vernunft und einen kategorischen Deismus erkennen[292]. Eine unbedingte Maxime Mosheims ist dazu das stetige Zusammenwirken von Theologie und Wissenschaft, auch zum Zweck einer frühen Art von wissenschaftlicher Öffentlichkeit, an der auch gebildete Nichtfachleute zumindest passiv partizipieren können[293].

Vorsatz und Ideal seines kirchengeschichtlich bedeutenden Werks „Versuch einer unpartheiischen und gründlichen Ketzergeschichte“ von 1746 ist eine Geschichtskunst, die ebenso durch Unparteilichkeit wie durch Gründlichkeit und Vollständigkeit zu erhellen vermag[294], und dabei eigenen Gesetzmäßigkeiten folgt – also nicht mehr denen der Rhetorik, wie vormals üblich[295]. Entsprechend ist der von Mosheim verwendete Ketzerbegriff von dem seit dem Hochmittelalter gebräuchlichen ideologischen Kampfbegriff der Inquisition zu unterscheiden[296]. Er nutzt ihn zur verhältnismäßig neutralen, halt unparteiischen, Beschreibung des religionsgeschichtlichen Aspekts der vom Kirchendogma abgewichenen Gruppierungen. Denn die ‚Ketzergeschichte‘ stellt für ihn einen legitimen und wissenswerten Teil der Geschichte des Christentums dar. Diese Auffassung bekräftigt Mosheim bereits in den einleitenden Worten:

> „Die Geschichte der Ketzer, das heisset, dererjenigen, die sich durch ihre besondern Lehren und Meinungen von dem grœssesten Haufen der Christen getrennet und dadurch Verfolgung und Widerstand auf sich gezogen haben, ist eines der vornehmsten und ansehnlichsten Stuekke der Geschichte des Christentums. Kein Reich dieser Welt zæhlet so viele und so mannigfaltige Empœerungen, Spaltungen, und innerliche Kriege, als die Kirche oder das Reich JEsu Christi. Und keiner unter diesen Kriegen

292 Vgl. ebd., S. 241 f.; Fleischer, S. XXXVI f.

293 Vgl. W.E. Müller, S. 242; Fleischer, S. XXVII–XXXII.

294 Vgl. Fleischer, S. XVI–XXXII.

295 Vgl. ebd., S. XIV f.

296 Zur Entstehung und Ausfüllung des kirchlichen bzw. inquisitorischen Ketzerbegriffs, vgl. z. B. Lea, Henry Charles: Geschichte der Inquisition im Mittelalter. 3 Bände. Übersetzt u. bearbeitet von Heinz Wieck. Hrsg. von Joseph Hansen. Nachdruck der Ausgabe Bonn 1905. Nördlingen 1987, Bd. 1 (Ursprung und Organisation der Inquisition); Walther, Helmut G.: Haeretica pravitas und Ekklesiologie. Zum Verhältnis von kirchlichem Ketzerbegriff und päpstlicher Ketzerpolitik von der zweiten Hälfte des XII. bis ins erste Drittel des XIII. Jahrhunderts. In: Miscellanea mediaevalia, Nr. 11 (Die Mächte des Guten und Bösen. Vorstellungen im XII. und XIII. Jahrhundert über ihr Wirken in der Heilsgeschichte), 1977, S. 286–314; Segl, Peter (Hrsg.): Die Anfänge der Inquisition im Mittelalter. Mit einem Ausblick auf das 20. Jahrhundert und einem Beitrag über religiöse Intoleranz im nichtchristlichen Bereich. Köln 1993.

ist so klein, der nicht verdienete, aufrichtig beleuchtet und gruendlich untersuchet zu werden."[297]

Vereinfacht ausgedrückt bewegt sich Mosheims historiographisches Anliegen um die Idee des Etablierens der Kirchengeschichte als wissenschaftliche Disziplin überhaupt und ihre Weiterentwicklung zu einer Fachwissenschaft[298]. Daneben ist eine gewichtige theologische Absicht zweifellos schon die Legitimation des institutionellen Christentum als die wahre Religion und die Bestätigung der göttlichen Weltlenkung, womit Mosheim im Gegensatz zum freidenkerischen Deismus steht[299], der in deutschen Landen allerdings auch nie so ausgeprägt war wie etwa in England[300]. Doch soll diese Art der ‚Aufklärung' eben nicht autoritär und dogmatisch geschehen, sondern durch (nicht im deistischen Sinne) vernunftgemäße, gründliche historisch erhellende Erörterung[301]. Bei dieser Prozedur werden antike, frühchristliche und kirchenväterliche Schriften nicht einfach als unumstößliche Autoritäten hingenommen – neueres und zeitgenössisches Gedankengut ohnehin nicht – aber auch nicht in der Manier des historischen Pyrrhonismus prinzipiell angezweifelt[302]. Das meiste wird immer wieder einer unvoreingenommenen und sorgfältigen Überprüfung und Beglaubigung unterzogen[303]. Das Anwenden der pragmatischen Forschungsmethode auf kirchen- und religionshistorische Gegenstände, mehr aber noch seine fast schon empirisch zu nennende Arbeitsweise dabei gelten mit als die achtbarsten Leistungen Mosheims[304]. Der Lutheraner Mosheim ist im Allgemeinen bemüht, eine konfessionelle Konfrontation zu vermeiden. Gleichwohl scheint er gegenüber manchen Geistesrichtungen des Katholizismus, gerade wenn sie wie die Scholastik an die Reformation heranreichen, auf einigen Abstand zu gehen und in diesem Punkt offenbar die Nähe zu Jakob Thomasius (1622–1684),

297 Mosheim, Johann Lorenz von: Versuch einer unpartheiischen und gründlichen Ketzergeschichte. Reprint der Ausgabe Helmstedt 1746. Hrsg. u. eingeleitet von Dirk Fleischer. Waltrop 1995, S. 3.

298 Fleischer, S. III–VI u. X f.

299 Vgl. W.E. Müller, S. 242; Fleischer, S. XXXVI f.

300 Zur Rezeption des Deismus im deutschsprachigen Raum vgl. z. B. Voigt, Christopher: Der englische Deismus in Deutschland. Eine Studie zur englisch-deistischen Literatur in deutschen Zeitschriften und Kompendien des 18. Jahrhunderts. Göttingen 2001.

301 Vgl. W.E. Müller, S. 242; Fleischer, S. XXII–XXXII.

302 Fleischer, S. III f.

303 Vgl. W.E. Müller, S. 242; Fleischer, S. XXII–XXXII.

304 Vgl. W.E. Müller, S. 242; Fleischer, S. XIX u. XXV.

Gottfried Wilhelm Leibniz (1646–1716) und Christian Thomasius (1655–1728) zu suchen[305].

Die „Ketzergeschichte", der 1748 noch eine Ergänzung folgte[306], legt den religionsgeschichtlichen Schwerpunkt auf das frühe Christentum und kirchliche Altertum, vor allem aber auf das Mittelalter. Der bevorzugte Gegenstand sind die ab einem gewissen Zeitpunkt von der römischen Kirche für häretisch erklärten christlichen Splittergruppen der Ophiten, auch Schlangenbrüder genannt, sowie des Apostelorden, auch als Apostelbrüder bekannt. In diesem Kontext kommt er nebenbei u. a. auch auf Arianer, Katharer, Waldenser und, außer den Ophiten, auch auf andere Varianten des Gnostizismus zu sprechen. Demzufolge ist das Werk nicht mit dem späteren Zaubereiverbrechen oder mit Hexen befasst, die ja mancher (späteren) Forschungsmeinung nach in den inquisitorischen Leitsätzen die vakant gewordene Stelle der Häretiker einnahmen[307]. Dennoch hatte Mosheims Bestreben des unparteilichen, streng historiographischen Umgangs mit Vorstellungen und Vorgängen, die sich außerhalb des von den Kirchen vermittelten Christentums befinden, maßgeblichen Einfluss auch auf die Verwissenschaftlichung und weitere Erforschung des Aberglaubens und scheinbar heidnischer Relikte. Das gilt im Punkt der vermeintlichen Geschichtlichkeit der Walpurgisnacht nicht so sehr für einen der Schüler Mosheims, den Literaten Johann Friedrich Löwen, von dem das komische Heldengedicht „Die Walpurgis Nacht" stammt[308], als vielmehr für den lutherischen Theologen, Braunschweiger Bibliothekar und Geschichtsforscher Johann Peter Christian Decker[309].

Der nachweislich mit der Lehre und Autorität Mosheims eng verbundene Johann Peter Christian Decker (1724–1786)[310] verfasste einen recht beachteten

---

305 Mosheim 1746 (1995), S. 427 (Anm. zu S. 118).

306 Mosheim, Johann Lorenz von: Anderweitiger Versuch einer vollständigen und unpartheyischen Ketzergeschichte. Helmstedt 1748.

307 Vgl. Teil 1, V.

308 Vgl. Teil 2, V.

309 Zur Person Deckers vgl. Kosch, 3. Bd. (1971), S. 12 f.
Zur persönlichen und weltanschaulichen Konstellation zwischen Mosheim, Decker und Löwen vgl. Teil 2, V. (Anm. 433).

310 Persönliche Begegnungen zwischen Mosheim und Decker sind gewiss. Unter anderem deshalb, weil während der Amtszeit Mosheims als Generalschulinspektor des Fürstentums Braunschweig-Wolfenbüttel dieser auch erster Kurator des Aufsichtsgremiums des Collegium Carolinum in Braunschweig war. Diese studienvorbereitende Bildungseinrichtung befand sich in unmittelbarer Nachbarschaft der Klosteranlage Riddagshausen, in der Decker als Bibliothekar und Subsenior tätig war (Kosch, 3. Bd. (1971), S. 12 f.; Fleischer, S. XXXIII f.; Biegel, Gerd: Collegium Carolinum und

und für den wissenschaftlichen Umgang mit dem Glauben an das walpurgisnächtliche Hexentreiben exemplarischen Traktat, dessen Nachwirkung sogar bis zu Goethe reichen sollte[311]. Die „Historische Muthmassung, wie alt die Fabel von der jährlichen Zusammenkunft der Hexen auf dem Blocksberge sey“ erschien 1753 als eine „Zugabe zu den Hannoverschen Gelehrten Anzeigen vom Jahre 1752“[312].

Diese quantitativ nicht allzu umfangreiche Abhandlung umfasst insgesamt zehn Spalten auf fünf Zeitschriftenseiten und ist nach 14 Paragraphen gegliedert, die unterschiedlich ausführlich ausfallen. Der Zugriff Deckers erfolgt nach dem Vorbild Mosheims aus einer historiographisch interessierten Perspektive, bei der allerdings die Überzeugung der Richtigkeit und Vernunftmäßigkeit der christlichen Religion stets hindurchschimmert. Diese Methodik vereinbart er durchaus mit dem aufklärerischen Vernunftgedanken, ohne sich dabei womöglich dem radikal-rationalistischen Deismus anzunähern[313]. Dass Decker, anders als die Naturwissenschaftler Ritter und Brückmann, nach der Vorgabe Mosheims von vorneherein auf Deutsch publizierte, dokumentiert sein Anliegen der Allgemeinverständlichkeit. Als Argumentationshilfe dient ihm sowohl Literatur antiker Größen, wie Plato, Vergil, Plinius d. Ä., Lukian und Origenes, als auch die von zeitgenössischen deutschen und französischen Geschichtsforschern. Eine weitere wichtige Quelle ist für ihn die „Historia Bonifacii“ (1602/03)[314]. Ohne

---

Technische Universität Braunschweig. 250 Jahre braunschweigische Universitätsgeschichte. Braunschweig 1995, S. 29 f.; vgl. auch Teil 2, V. (Anm. 433)). Ohnehin kommt hinzu, dass Mosheim für Deckers verhältnismäßig bekanntestes Sachbuch eine Vorrede verfasste (Vgl. Kosch, 3. Bd. (1971), S. 13): Decker, Johann Peter Christian: Historische und moralische Abhandlung von dem gelehrten Bücherfluche; wie auch von einigen andern juristischen, politischen [...] Flüchen der Heiden und Christen. Mit einer Vorrede [...] des Hn. Canzlers von Mosheim. Halle 1751.

311 Vgl. Teil 3, III.

312 Vollständiger Titel des entsprechenden Bandes der „Zugaben“: Sammlung kleiner Ausführungen aus verschiedenen Wissenschaften, welche theils in dem hiezu gewidmeten Theile der im Jahre 1752 wöchentlich ausgegebenen Hannoverschen Anzeigen stückweise bekannt gemacht, theils am Ende des Jahrs als eine Zugabe zu diesen Anzeigen abgedruckt sind. Mit nöthigen Registern versehen. Zweyter Band. Hannover 1753.

313 Für diese Attitüde ist eine andere, theologische Schrift Deckers sehr exemplarisch: Decker, Johann Peter Christian: Das Bild Gottes in dem Menschen, wie solches aus der Vernunft und Schrift erkant wird. Halle 1756.

314 Letzner, Johannes: Historia S. Bonifacii. Der Teutschen Apostel genandt: Welcher in Düringen, Hessen, vnd andern derselben benachbarten Landen, Die Teufflischen

Erwähnung und Belang bleibt dagegen solches Schriftgut, das im Umfeld der dämonologischen Diskussion der beiden vorangegangenen Jahrhunderte zu sehen ist.

Der Ausgangspunkt von Deckers Überlegungen sind „fabelhafte und altvettelische Erzehlungen", die sich um den „auf dem Harze belegene[n] Brocksberg, welcher nach der gemeinen Mundart Blocksberg [...] genant wird", ranken (S. 267). Im Besonderen hebt er dabei auf „die Zusammenkunft der Hexen oder Unholden, die alle Jahr in der Walpurgisnacht oder am ersten Tage des Maymonats auf diesem Gebürge geschehen soll" ab (S. 267). Deckers Absicht ist es zunächst, die allgemeine „Neugierde" über den Ursprung dieser Fama „zu befriedigen und zu stillen" (S. 267). Denn wenn er feststellt, dass „kein vernünftiger und nachdenkender Mensch [.] diese Fabel jemals für eine wahre Begebenheit gehalten [hat]" (S. 267 f.), zeigt sich, dass für ihn der aufklärerische Vorgang des Widerlegens eines von Aberglauben durchsetzten Weltbildes eigentlich längst vollzogen ist. Beinahe entschuldigt sich Decker für seine Forschungsvorhaben, indem er Verständnis dafür erkennen lässt, wenn es jemand für „verwerflich" halten sollte, „das Alter dieser Fabel einer Untersuchung würdig [zu] schätzen" (S. 267). Seine Anliegen ist es also längst nicht mehr, nach einer etwaigen Tatsächlichkeit des Blocksbergtreibens zu fragen, sondern eben forschungsmäßig und nüchtern Herkunft und „Alter" dieser „Fabel" von der „[.] berufenen Hexenfahrt nach dem Blocksberge", „derer sich alljährlich „[die Deutschen] erinnern", zu ermitteln (S. 267). Demzufolge ist der weitere allgemein-erzieherische Zweck seiner Untersuchung insofern ein typisch aufklärerischer, als der in der einfachen Bevölkerung noch verbreiteten Unsitte, den tradierten Aberglauben weiterzugeben, durch Erhellung der geschichtlichen Fakten abgeholfen werden soll. Das ist für Decker sogar eine „patriotische" Angelegenheit (S. 268):

> „Vielleicht verlieret sie [„diese Fabel"] durch diese und dergleichen Vorstellung ihr vormaliges Ansehen und ihre hœchst ungegründete Glaubwürdigkeit auch bey denen,

---

vnd heidnische Götzen vmbgeworffen, zerbrochen vnd abgeschaffet, vnd an deren stadt, den Christlichen Glauben erstlich angericht / Aus aller handt Alten vnd Newen, Geschriebenen vnd Gedruckten Chronicken, Beschrieben, vnd in Ordentliche vnd vnterscheidtliche Capitel bracht. Durch Iohannem Letznerum Hardessianum. Erstmals Hildesheim 1602.

Vgl. auch Spangenbergk, Cyriacus: Bonifacius, Oder: Kirchen Historia: Warhafftiger, ordentlicher Bericht, wie es umb die Religion in Thüringen, Hessen, Francken und Beiern, vom 714. Jhar, biß auffs 755. gestanden; Darinnen das Leben und gantze Historia S. Bonifacii mit eingeführet und begrieffen wird / Durch M. Cyriacum Spangenbergk. Schmalkalden 1603.

die eine jede abentheuerliche und wunderbare Begebenheit ohne hinlængliche Prüfung glauben, und dasjenige ohne Bedenken für gewiß halten, was ihnen von Vater und Grosvater erzehlet ist. Und wer wird eine Mühe für tadelhaft und unnütze halten, dadurch eine sehr schædliche Quelle des Aberglaubens, die den Pœbel bis auf unsere gegenwærtige Zeiten eingenommen hat, verstopfet wird?" (S. 267 f.)

Decker geht zunächst davon aus, dass „der falsche Wahn derer, die von den wunderbaren Reisen der Hexen und Zauberer so viele thœrichte Dinge in unsern Lændern erzehlen, […], [.] seinen Ursprung in den grauen Zeiten des vormaligen Heidenthums genommen [hat]" (S. 268). Dabei stützt er sich vor allem auf die von Johann Lorenz von Mosheim übersetzten und kommentierten Schriften des griechischen Theologen Origenes (um 185–253 od. 254 n. Chr.)[315], die zum Teil als Widerpart zu einer (nur in Rekonstruktion erhaltenen) um 178 n. Chr. geschriebenen Schrift des Nichtchristen Celsus konzipiert sind[316]. Die Erzählungen über Tierverwandlungen, expressis verbis die in „Wehrwœlfe", und über die „wunderbaren Reisen der Hexen und Zauberer" verurteilt er in Anlehnung an Mosheims Origenes-Kommentar als „Wahn" (S. 268 f.). Weiterhin ist sich Decker sicher, „daß die Erzehlungen von den læcherlichen Aufzügen und Gestalten der Hexen noch vor den Zeiten Celsus ihren Anfang genommen und sich bis auf de heutigen Tage fortgepflanzt haben"; „[doch]" – so Decker weiter – „kan man [.] daraus insonderheit das Alter der Fabel von den næchtlichen Zusammenkünften der Hexen auf dem Blocksberge noch mit keinem wahrscheinlichen und zuverlæssigen Grunde bestimmen" (S. 269 f.). Daher müsse man „vielmehr auf einige næhere und jüngere Begebenheiten denken, die den Stof zu dieser Fabel insonderheit gegeben haben" (S. 270). Entsprechend formuliert Decker seine These:

„Ich behaupte also, daß das Alter dieser Fabel in dem achten und neunten Jahrhunderte nach Christi Geburt zu suchen sey, da Carl der Grosse die Deutschen auf eine gewaltsame Art zum christlichen Glauben zwang und bekehrete." (S. 270)

Aus dem Umstand, dass allgemein „die Heiden [.] ihre Gœtzen in den Gehœlzen und Wældern zu verehren und anzubeten [pflegten]" (S. 270), leitet er weitere ‚Erkenntnisse' ab. So fährt er fort, dass „die Heiden" und unter diesen beispielsweise auch „die bekannten Druiden unter den Galliern […]", „diejenigen Wälder zu ihrem Götzendienste erwähleten und auslasen, die viele Harzgebende Bæume

315 Mosheim, Johann Lorenz von: Origenes […] acht Bücher von der Wahrheit der christlichen Religion wider den Weltweisen Celsus. Hamburg 1745 (Deutsche Übersetzung der Schrift „Contra Celsum" des Origenes). Vgl. dazu Mosheim 1746 (1995), S. 411 (Anm. zu S. 40); W.E. Müller, S. 241.

316 Vgl. Fleischer S. 415 f. u. 419 (Anm. zu S. 18 u. 24).

hatten“ (Decker, S. 270 f.). Weil das gewonnene Baumharz als Opfergabe diente und sich „die Druiden“ auch sonst auf dessen Wirkung einiges „einbildeten“, meint nun Decker, den eigentlichen Faktor für den Zusammenhang zwischen Brocken und heidnischen Kulten herausgefunden zu haben:

> „Da nun der Brocksberg, auf welchem die Hexen in der Walpurgisnacht zusammen kommen sollen, mit lauter Harzgebenden Tannen umgeben ist, und die Heiden dergleichen Oerter am liebsten besuchten, wenn sie ihren Götzen dienen wollten, [...]; so ist höchstwahrscheinlich, ja fast unzweifelhaft, daß sie den Harz sehr häufig und lieber besuchet haben, als alle andere Gegenden.“ (S. 272)[317]

Eigenarten der keltisch-gallischen Druiden, über die römische Quellen ausführlicher und häufiger berichten als über die der Germanen, werden also ohne weiteres auf das (mutmaßliche) kultische Verhalten der Volksstämme der Harzgegend übertragen. Daraus wird zum einen ersichtlich, dass Deckers Informationen zu den germanischen Brauchtumsträgern und deren Kulten noch recht dürftig gewesen sein müssen, während er sich zeitgenössischen französischen Forschungsmaterials über „les ancien Druides“ schon bedienen konnte (S. 271 f.). Andererseits scheint bei einer theologisch beeinflussten Betrachtungsweise, wie sie ja beim Theologen Decker zwangsläufig vorherrscht, eine detaillierte, ethnische Differenzierung der nichtchristlichen „Heiden“ einfach noch nicht in besonderem Maße üblich gewesen zu sein.

Ausgehend davon, dass die Christianisierung Karls des Großen „nirgends mehr Widerstand und Hindernisse antraf, als bey den Harzsachsen und bey den Vœlkern, die nahe am Harze lagen“, womit er unter anderem „die Thüringer“

---

317 In Zeiten einer erst beginnenden wissenschaftlichen Botanik und Dendrologie nimmt der Theologe Decker den Unterschied zwischen Tannen und Fichten, die er mit Sicherheit eigentlich meint, nicht so genau. Denn die Nordgrenze des natürlichen Areals der Weiß- oder Edeltanne (Abies alba) verläuft im Thüringer Wald. Im Harz kommt die Tanne natürlich also gar nicht vor, die gemeine Fichte (Picea abies) dagegen durchaus. Etliche Jahre vor Decker hatte im Übrigen auch schon der naturkundlich beschlagenere Forscher Albert Ritter keine genaue Differenzierung in dieser Sache vorgenommen; außer von „Fichten“ spricht Ritter ebenfalls von „Tannen [...] auf dem kleinen Blocksberg“ (Ritter, S. 78). Einige Jahrzehnte später lässt Goethe indessen „Faust“ in der „Walpurgisnacht“ dendrologisch genau von der „Fichte“ sprechen (Goethe: HA, Bd. III, S. 122, V. 3846).
Vgl. dazu z. B. Schütt, Peter; Schuck, Hans Joachim; Stimm, Bernd (Hrsg.): Lexikon der Baum- und Straucharten. Das Standardwerk der Forstbotanik. Morphologie, Pathologie, Ökologie und Systematik wichtiger Baum- und Straucharten. Sonderausgabe der Ausgabe Landsberg/Lech 1992. Hamburg 2002, S. 9 u. 11 (Abies alba), 341 u. 344 (Picea abies).

meint, „die Nachbaren des Harzes und des Blocksberges, [die] sich dem christlichen Glauben lange und heftig widersetzet" (S. 273), kommt Decker dann auf einige Aspekte des Konflikts zwischen dem christlichen Karolingerfürsten Karl und den Sachsen zu sprechen. Er weist etwa darauf hin, „wie viele gefährliche Meutereyen und verwegene Empœrungen die Sachsen gegen die christliche Religion sowol, als auch verschiedene bürgerliche Verordnungen Karls des Grossen gemacht haben" (S. 273). Deshalb soll Karl zur Überwachung dieser der „wahren Religion" zugeführten „neuen Christen", derer Seelen sich „der unvernünftige Aberglaube der Heyden [...] so bemächtigt hatte, daß sie davon nicht ablassen konten noch wolten" (S. 273 f.), folgende Maßnahmen ergriffen haben:

> „Karl der Grosse ward also genœthigt, Kundschafter und Amtleute zu bestellen, die besonders in seiner Abwesenheit auf alle Verbrecher und Gœtzendiener ein wachsames Auge haben musten. Wenn nun diese Kundschafter oder Amtleute, die sonst auch Scheffen oder Fehmrichter genant werden, merkten, daß die Leute wieder zum heidnischen Aberglauben übergingen; so berichteten sie es dem Kayser, welcher oft diesem Uebel mit Gewalt und gewafneter Hand steuren muste, wie man aus der Geschichte der damaligen Zeiten erkennen kan." (S. 274)

Den Sachsen aber soll „nichts mehr wehe" getan haben, „als daß sie ihrer sogenannten Götter solten beraubt werden" (S. 274) und sie „[wurden] sehr ungehalten darüber [.], daß sie der christlichen Religion wider ihren Willen beypflichten solten" (S. 276). In diesem Zusammenhang heißt es weiter:

> „Sie wurden darüber sehr verdrießlich, daß der christliche Glaube sie unter einer so strengen Aufsicht hielt. Sie suchten daher heimlich und in der Nacht nach dem Brocksberg zu reisen, und ihren alten Gœtzen zu dienen, sonderlich aber um die Frühlingszeit bey den grünenden und harzgebenden Bæumen die Gœttin Hertha mit Freudentænzen zu verehren." (S. 274 f.)[318]

Zusammengefasst besagt die Quintessenz von Deckers Überlegungen also letztlich, dass manche der von Karl dem Großen (747–814) im späten achten und frühen neunten Jahrhundert unterworfenen und unter Zwang christianisierten

---

318 „Hertha" steht für die von P. Cornelius Tacitus (um 55–120 n. Chr.) in der „Germania" (98 n. Chr.) überlieferte und später irrtümlich als Hertha gelesene germanische Göttergestalt Nerthus. Wahrscheinlich wurde sie als eine Gottheit der Erde und der Fruchtbarkeit verehrt und stand somit vielleicht auch in der Nähe der Göttinnen Frija und Ostara. Ihr soll in jedem Frühjahr in einem heiligen Hain auf einer Meeresinsel von mindestens sieben germanischen Stämmen, gelegentlich auch als Nerthus-Bund bezeichnet, gehuldigt worden sein. Unmittelbare Anhaltspunkte für das Begehen von kultischen Handlungen zu Ehren Nerthus' auf dem Brocken gibt es jedoch nicht. Vgl. dazu Erich u. Beitl, S. 238 f., 593, 619, 791.

Stämme der Sachsen im unerschlossenen Harzgebiet des Nachts und zu ganz bestimmten Zeiten weiterhin ihren ererbten kultischen Handlungen nachgingen. Dabei waren sie sich der unnachgiebigen Überwachung durch christliche Beobachter im karolingischen Auftrag bewusst und trafen entsprechend Vorkehrungen und Abwehrmaßnahmen. In diesem Sinne fährt Decker jedenfalls fort:

> „Die Nacht war ihnen noch nicht vortheilhaft und sicher genug, denn das Auge der Kundschafter pflegte auch in der Nacht zu wachen. Daher verkleideten und vermummten sich die Harzsachsen auf allerhand Art und Weise, zogen in verschiedenen Gestalten nach dem Harze, und sonderlich nach dem Brocksberge, und suchten durch diesen ungewöhnlichen Aufzug sich in den Augen der Kundschafter fürchterlich zu machen. Sonderlich sind von diesen poßierlichen Verkleidungen und wunderlichen Aufzügen die fabelhaften Erzählungen entstanden, daß die Hexen auff gewissen Thieren [...] nach dem Brocksberge reisen sollen. Denn ihre Beugungen und Stellungen waren mit Fleiß so verstellet und eingerichtet, daß man sie eher für Gestalten der Thiere, als der Menschen, halten konte." (S. 274 f.)

Diese Darstellung Deckers impliziert natürlich des weiteren, dass die von der Charade der „Harzsachsen" erschrockenen „Kundschafter" der christlich-karolingischen Obrigkeit alsdann von „Unholden oder Hexen", die an bestimmten Örtlichkeiten und zu bestimmten Zeiten einem schaurigem Treiben nachgehen, berichtet haben. „Dies" – so Decker – „soll schon zu Wittekinds Zeiten geschehen seyn" (S. 276)[319].

Der historische Ursprung der walpurgisnächtlichen Umtriebe wird also mit einem von der karolingischen Obrigkeit geächteten Kult zu Ehren der alten germanischen Gottheiten erklärt, der aus der Bedrängnis heraus nur mit abschreckender Tarnung weiter begangen werden konnte. Decker macht zwar keine Angaben darüber, wie lange diese angeblichen Verrichtungen noch praktiziert worden sein sollen, doch ist nach seiner Auffassung aus diesem eigentümlichen

319 „Wittekind" (um 730–792), heute meist unter dem alternativen Namen Widukind bekannt, war jener Herzog der Sachsen der vermutlich seit 772, sicher aber seit 777/78 mehrere Erhebungen sächsischer Stämme gegen die christliche fränkisch-karolingische Herrschaft organisierte und als Hauptwidersacher Karls des Großen gilt. Der zumeist als aufreibender Kleinkrieg und mit äußerster Härte geführte Konflikt wurde 785 durch Verhandlungen beigelegt. Dass Widukind sich im Zuge dieser Einigung in Attigny auch taufen ließ, ist allerdings historiographisch umstritten. Er fungierte gleichwohl als Garant für die Waffenruhe zwischen Franken und Sachsen, bis nach seiner Ermordung im Jahre 792 der Sachsenkrieg erneut begann und erst 804 mit der endgültigen Unterwerfung und Christianisierung der Sachsen durch Karl endete. Nicht zu verwechseln ist Widukind mit dem sächsischen Mönch und Geschichtsschreiber Widukind von Corvey (um 925 – nach 973), der eine bedeutende lateinischsprachige Sachsengeschichte in drei Büchern verfasste.

Gebaren der „Harzsachsen“ und anderer sich dort zum verbotenen Kult einfindender „heidnischer“ Volksgruppen bzw. durch die aus christlicher, antagonistischer Perspektive darüber aufgekommenen Erzählungen mit der Zeit die weitläufige „Fabel“ über die dämonenreichen Walpurgisnacht hervorgegangen.

Allgemeine Chroniken der Harzgegend, die frei von einem ernst gemeinten Fabulieren über Hexen und dämonischen Zusammenkünften auf den dortigen Gipfeln sind, sind schon vor Decker zu registrieren[320]. Und auch Annahmen zur möglichen vorchristlichen, kultischen Nutzung von markanten Merkmalen der Landschaft, etwa der mächtigen Felsblöcke ‚Teufelskanzel‘ und ‚Hexenaltar‘ auf dem Brocken, wurden zuvor schon schriftlich fixiert – meist im Kontext von Reise- und Landschaftsbeschreibungen[321]. Die Besonderheit von Deckers Aufsatz, besteht folglich darin, dass er mit eine der ersten Untersuchungen ist, die mit einem von (verhältnismäßiger) Unvoreingenommenheit, Unparteilichkeit und Allgemeinverständlichkeit gekennzeichneten Vorsatz eine „pflichtmäßige“ Klärung der Vorstellung von der alljährlichen Walpurgisnacht versucht[322]. Auf diese Weise hat Decker sicherlich eine weitere Auseinandersetzung damit mit angeregt[323]. In folgenden Jahrzehnten wurden immer wieder einmal Abhandlungen veröffentlicht, die ebenfalls die Ursprünge des Walpurgisnachtglaubens (für das Harzgebiet) berühren[324]. Für so manche davon dürften Deckers Überlegungen Ermunterung und Fundgrube gewesen sein, denn gegenüber den Erkenntnissen Deckers bieten sie keinen faktischen Forschungsfortschritt, zumal die meisten dieser Beiträge in Bezug auf die herangezogen Quellen keineswegs fundierter sind[325]. Wie schon Decker bewegen sich auch diese Untersuchungen weiterhin auf der Ebene der Muthmaßung[326]. Ein auffälliger Makel der Deckerschen Ausdeutung wäre etwa auch, dass nicht weiter bedacht wird, dass die Vorstellung

---

320 Dennert 1954, S. 35 f.

321 Ebd., S. 36.

322 Der Begriff der ‚Pflichtmäßigkeit‘ ist ein Grundsatz des wissenschaftlichen und theologischen Wirkens Deckers; vgl. dazu Decker, Johann Peter Christian: Vernünftige und schriftmäßige Gedanken von der Ewigkeit der zukünftigen Welt, und der pflichtmäßigen Betrachtung derselben / zu einer weiteren Ausführung kürzlich entworfen und dem verdienten Andenken des in seinem Heilande entschlafenen weiland Wolgebornen und Hochgelæhrten Herrn Oberamtmanns Johann Samuel Lambrechts, aus schuldigster Hochachtung gewidmet von Johann Peter Christian Decker Collegiaten des Klosters Riddagshausen. Helmstedt 1750.

323 Dennert 1954, S. 36.

324 Dennert 1954, S. 36 u. 42; vgl. Teil 3, III. (Anm. 86).

325 Vgl. ebd.

326 Dennert 1954, S. 36 u. 42.

vom Hexentreiben auf einem Berg ein überregionales Phänomen ist, dass seine Entsprechungen vielerorts in Europa hat; und somit sicher nicht in jeder Gegend mit einem derartigen historischen Umstand erklärbar ist, wie ihn der Braunschweiger Geschichtsforscher für den Harz anzubieten weiß.

Letztlich nimmt es sich jedoch nebensächlich aus, dass aus heutiger, volkskundlicher oder geschichtswissenschaftlicher Sicht kaum ein Ergebnis all dieser Forscher als wirklich haltbar erscheint[327]. Denn vor allem dokumentieren solche Beiträge eben eine unbefangene, quasi wissenschaftliche Beschäftigung mit der Hexenversammlungs-Materie, wozu Decker mit seiner Untersuchung mit am nachhaltigsten ermutigt haben dürfte[328]. Außerdem ist ein weiterer Vorzug darin zu sehen, dass davon sowohl für das verstärkte Aufkommen von Brockenreisen als auch für die allgemeine dichterische Einbildungskraft eine Wirkung ausgegangen ist[329].

Ob nun die „Historische Muthmassung" auch in irgendeiner Weise als Inspiration für den Dichter des Versepos' „Die Walpurgis Nacht" Johann Friedrich Löwen in Frage kommen könnte, ist nicht beweisbar; wenn auch eine gewisse Wahrscheinlichkeit darüber besteht, nicht zuletzt weil sich Decker und Löwen in den Jahren vor dem Erscheinen der Abhandlung (1746/47) in Braunschweig begegnet sein müssen[330].

V. Aufklärung, 2: Johann Friedrich Löwen – Die Walpurgis Nacht (1756)

Im zweiten Teil von Johann Wolfgang von Goethes „Dichtung und Wahrheit" (1812) findet sich im sechsten Buch im Zusammenhang mit den dichterischen Versuchen von Goethes Jugendfreund Johann Adam Horn (1749–1806) folgende kurze, aber interessante Bemerkung:

> „Das Gedicht in Alexandrinern geschrieben, auf eine wahre Geschichte gegründet, ergetzte unser kleines Publikum gar sehr, und man wahr überzeugt, daß es sich mit der *Walpurgisnacht* von *Löven*, oder dem *Renommisten* von *Zachariä* gar wohl messen könne."[331]

---

327 Dennert 1954, S. 36 u. 42.

328 Ebd., S. 36.

329 Ebd., S. 36 u. 42 f.; vgl. Teil 3, III.

330 Vgl. Teil 2, V. (Anm. 433).

331 Goethe, Johann Wolfgang: Sämtliche Werke nach Epochen seines Schaffens. Münchner Ausgabe. 21 in 26 Bänden. Hrsg. von Karl Richter in Zusammenarbeit mit Herbert G. Göpfert, Norbert Miller und Gerhard Sauder. München u. Wien 1985–2000, Bd. 16, S. 262, Z. 5–10.

Wenn also Goethe die „Walpurgis Nacht“ mit „Der Renommist“[332], einem der wohl bekanntesten und verhältnismäßig exemplarischsten komischen Epen[333], gleichsetzt, liegt die Folgerung nahe, dass er beide(!) zu den bemerkenswerteren oder repräsentativeren, vielleicht auch bedeutenderen ihrer Gattung gezählt haben dürfte[334]. Welche Bedeutung dieses potentiell wohlwollende Urteil zulässt und in welcher Beziehung Johann Friedrich Löwens „Die Walpurgis Nacht“ zu Goethes ‚Walpurgisnacht-Dichtung‘ zu sehen ist, wird noch in Teil 3 besprochen werden. Zunächst sei aber festgehalten, dass Löwens Versepos bisher vor allem wegen dieser Bemerkung Goethes im Bewusstsein der Literaturwissenschaft enthalten ist.

Der Dichter, Schriftsteller, Zeitschriften-Herausgeber sowie Theatertheoretiker und -praktiker Johann Friedrich Löwen[335] wurde am 13. September 1727[336] in Clausthal im Harz, also sozusagen in Sichtweite des Brocken, geboren[337]. Dort verbrachte er die ersten 18 Jahre seines Lebens (bis 1746) und noch eine weitere, allerdings recht kurze Zeit um 1750[338].

---

332 Zachariä, Justus Friedrich Wilhelm (1726–1777): Der Renommist (1744). Komisches Epos, abgefasst in Alexandrinern.

333 Zur Gattung des im deutschen Rokoko beliebten komischen oder scherzhaften Versepos, das formal an die Tradition des (antiken) heroisch-komischen Epos angeschlossen ist, vgl. Anger, Alfred: Deutsche Rokoko-Dichtung. Ein Forschungsbericht. Stuttgart 1963, S. 76–82; — Literarisches Rokoko. 2. Aufl. Stuttgart 1968, S. 88–96.

334 Vgl. Potkoff, Ossip D.: Johann Friedrich Löwen (1727–1771) mit näherer Berücksichtigung seiner dramaturgischen Tätigkeit. Heidelberg 1904, S. 58.

335 Gelegentlich auch „Löwe“ genannt. So bei: Lessing, Gotthold Ephraim: Werke und Briefe in 12 Bänden. Hrsg. von Wilfried Barner u. a. Frankfurt/M. ab 1985, Bd. 11/1, S. 495 (Brief Nr. 401 vom 22.01.1768 an Johann Wilhelm Meil); ebd., Bd. 8, S. 676 („Nachspiele mit Hannswurst“. Entwurf um 1777).

336 Das Geburtsjahr Löwens wird mitunter fälschlich mit 1726 oder 1729 angegeben. Etwa in: Goethes Werke. Hamburger Ausgabe in 14. Bänden. Hrsg. von Erich Trunz. 10. Aufl. München 1982, Bd. „Autobiographische Schriften, 1“ (Unter Verantwortlichkeit von Liselotte Blumenthal), S. 706 (‚1726‘); Goethe: Sämtliche Werke. Münchner Ausgabe, Bd. 16 (Hrsg. von Peter Sprengel), S. 960 (‚1729‘); Lessing: Werke und Briefe, Bd. 6 (Hrsg. von Klaus Bohnen), S. 946 (‚1729‘); Gellert, Christian Fürchtegott: C.F. Gellerts Briefwechsel. Hrsg. von John F. Reynolds. 4 Bände. Berlin u. New York 1983–1996, Bd. 1, S. 305 (‚1729‘).

337 Biographische Angaben, soweit nicht anders angegeben, nach Potkoff (Anm. 334).

338 Potkoff, S. 11–13 u. 30.

Dass Löwens Leistungen seinerzeit durchaus bedeutsam waren[339], vergegenwärtigt etwa die Reaktion der zentralen Größe des Göttinger Hains Ludwig Christoph Heinrich Hölty (1748–1776) auf sein Ableben, die gleichermaßen sentimental wie würdigend ausfällt:

> „Das Reich der schönen Wißenschaften und Dichtkunst hat in diesen Tagen zwey empfindliche Verluste erlitten, Klotz und Löwen sind gestorben. Weinen Sie mit mir eine wehmüthige Thräne auf ihre Asche! Gott! wie viele Männer, die Deutschland Ehre machen, sind in diesen beiden Jahren verstorben, ein Gellert, ein Kreuz, ein Rabner, ein Schiebler, ein Löwen, ein Klotz! Beten Sie mit mir in jedem Morgen- und Abendseegen, daß diesem Unfug des Knochenmanns mit der Sense Einhalt gethan werden möge. Reiche Praßer und Wucherer sollte er niedermähen, die wären doch, dächt' ich, ein fetterer Bißen, als die Söhne des Apoll, die in der Musen Lorbeerhain oft leider durstig und mit leeren Magen treten."[340]

An Johann Friedrich Löwens Wirken werden charakteristische Bestrebungen des deutschen Aufklärungszeitalters auf recht signifikante und exemplarische Weise deutlich; dennoch nimmt sich die Forschungslage zu seinem Gesamtwerk ziemlich unvollständig aus. Das betrifft demnach auch „Die Walpurgis Nacht". Die Berücksichtigungen dieses „Gedichts in drei Gesängen" in Untersuchungen zum komischen bzw. scherzhaften Versepos des 18. Jahrhunderts fallen wenig ausführlich aus[341]. In zwei knapp gehaltenen, heimatkundlich zu nennenden Artikeln jeweils zur Person Löwens und zur „Walpurgis Nacht" sowie in einem eigentlich recht informativen bibliophilen Aufsatz über Leben und Werk wurde,

339 Die gegebene zeitgenössische Wirkung von Löwens poetischem Werk zeigt sich etwa in der Berücksichtigung für einige bedeutende Anthologien dieser Zeit, z. B.: Almanach der deutschen Musen. Auf das Jahr 1772. 3. Jg. Leipzig 1772; Heinse, Wilhelm: Erzählungen für junge Damen und Dichter gesammelt und mit Anmerkungen begleitet. Komische Erzählungen. 2 Bände. Lemgo 1775. Und selbst 25 Jahre nach Löwens Tod wurde noch sein humoristisches Spruchgedicht „Unterschied der Ärzte" im exquisiten „Berlinischen Archiv der Zeit und ihres Geschmacks" abgedruckt (Löwen, Johann Friedrich: Unterschied der Ärzte. In: Berlinisches Archiv der Zeit und ihres Geschmacks. Hrsg. von Friedrich Ludwig Wilhelm Meyer, Friedrich Eberhard Rambach und Ignaz Aurelius Fessler. Jg. 2, Bd. 2, 1796 (Oktober), S. 399).

340 Hölty, Ludwig Christoph Heinrich: Gesammelte Werke und Briefe. *Kritische Studienausgabe*. Hrsg. von Walter Hettche. Göttingen 1998, S. 326 (*„Hölty an [Michael Denis] (11. Januar 1772)"*).
Christian Adolph Klotz (1738–1771), Professor für Philosophie und Beredsamkeit in Göttingen und Halle.

341 So bei: Anger 1963, S. 77; dems. 1968, S. 89 u. 91; Moennighoff, Burkhard: Intertextualität im scherzhaften Epos des 18. Jahrhunderts. Göttingen 1991, S. 57 f. u. 61.

abgesehen von den darin angesprochenen Werken Löwens, auf das Angeben von Belegen verzichtet[342]. Sonst ist Löwens Versepos eben vor allem wegen der besagten Bemerkung Goethes für die Literaturwissenschaft, genauer betrachtet sogar nur für die Forschung zu Goethes „Faust I“, von Interesse gewesen; obgleich auch dort eingehendere Auseinandersetzungen die Ausnahme sind[343]. Dabei wurde Löwen stets aus der ‚rückwärtsgerichteten‘ Perspektive gesehen, ob und inwiefern er als Inspiration und Quelle für die „Walpurgisnacht“ im ersten Teil des „Faust“ in Frage kommt. Solch eine Perspektive erscheint aber zur Bestimmung der Bedeutung von Löwens Poem innerhalb der Motivgeschichte der Hexenversammlung kaum geeignet.

„Die Walpurgis Nacht. Ein Gedicht in drei Gesängen“ ist eines von mehreren scherzhaften Epen, die Löwen zwischen 1748 und 1758 verfasste. Es erschien erstmals 1756 bei den Verlegern Georg Christian Grund und Adam Heinrich Holle zugleich in Hamburg und Leipzig. Diese erste Fassung dient auch dieser Untersuchung als Grundlage! Eine unveränderte Fassung floss 1760 in eine erste Sammlung dichterischer Arbeiten Löwens mit dem Titel „Johann Friedrich Löwens poetische Werke“ ein, die ebenfalls in Hamburg und Leipzig nun bei Grunds Witwe und Holle erschien. In den Jahren 1765 und 1766 hat Löwen dann den größten Teil seines Gesamtwerkes als „Johann Friedrich Löwens Schriften“ bei Michael Christian Bock in Hamburg herausbringen lassen. In den „Zweiten Theil“ dieser „Schriften“ hat Löwen eine etwas gekürzte und geringfügig umgearbeitete Fassung der „Walpurgis Nacht“ aufgenommen. Für die Aufnahme des Versepos in seine „Schriften“ scheint er sich beinahe zu entschuldigen[344]. Entweder hat es Löwen selbst als poetisch nicht allzu hochwertig empfunden[345]

342 Lommatzsch; Herbert: Johann Friedrich Löwen und der Aberglaube. Ein Beitrag zur Walpurgisnachtsdichtung des 18. Jahrhunderts. In: Unser Harz. Zeitschrift des Harzklubs e.V. Bad Harzburg. 12. Jg., H. 4, 1964, S. 4–6; — Johann Friedrich Löwen. In: Unser Harz. 19. Jg., 1971, S. 229–230; Muschwitz, Gerhard: Literarische Schatzgräberei im Harz. München 1993 (Gesellschaft der Bibliophilen e.V.), S. 6–15 u. 32.

343 Etwas eingehendere Untersuchungen bei: Krogmann, Willy: Die Walpurgisnacht im Plane des Urfaust. In: Neophilologus. 17. Jg., 1932, Frankfurt/M. 1965 (Reprint), S. 217–228; Finze, Hansjoachim: Johann Friedrich Löwen /1727–1771/ Journalist und Mitstreiter Lessings. In: Arbeiten zur deutschen Philologie, XIII. Debrecen (Ungarn) 1979, S. 341–347 (Finzes Beitrag ist sorgfältig recherchiert und treffend abgefasst, aber stellenweise mit einer in der damaligen DDR üblichen ideologischen Tendenz versehen).

344 Löwen, Johann Friedrich: Johann Friedrich Löwens Schriften. Hamburg 1765/66, Zweiter Theil, S. 22.

345 Vgl. Lommatzsch 1964, S. 6.

oder er hatte mittlerweile Bedenken wegen der darin enthaltenen recht derben gesellschafts- und obrigkeitssatirischen Polemik[346]; zumal er wohl 1765 noch der früher schon begonnenen, aber ab 1757 regelmäßigen Tätigkeit bei dem Erbprinzen Ludwig von Mecklenburg-Schwerin (1725–1778) nachgehen musste[347]. Und tatsächlich können die besagten Kürzungen und Änderungen zum Teil auch als Milderungen verstanden werden[348]. Sonst ist zur direkten Entstehung des „Gedichts in drei Gesängen" nichts Näheres bekannt.

Strukturell betrachtet ist „Die Walpurgis Nacht" eben in drei „Gesänge", also in drei Teile, gegliedert, die zusammen auf 1200 Verse kommen. Die Verse sind durchgängig zwölf- oder dreizehnfüßig abgefasste jambische Alexandriner, die stets paarweise gereimt sind. In der sonstigen formalen Komposition folgt Löwen gängigen, für das komische bzw. scherzhafte Epos typischen Mustern; zumindest, soweit sich das für diese eher uneinheitliche und schwer zu bestimmende, doch im deutschen Rokoko halt außerordentlich beliebte Gattung sagen lässt[349]. Als seine unmittelbarsten Orientierungen sind dabei der Engländer Pope – dessen „Der Lockenraub"[350] als wichtigstes Muster für das deutsche komische Epos in dieser Zeit gilt[351] – und eben Zachariä („Der Renommist"), der sich seinerseits schon Pope zum Vorbild genommen hatte, zu sehen[352]. Löwen nennt

346 Vgl. Finze, S. 343 u. 346; Anger 1963, S. 91.

347 Potkoff; S. 31, 45, 60.

348 Vgl. Finze, S. 346.

349 Vgl. Anm. 333: Löwens „Gedicht" ist einer häufigen Variante des komischen Epos zuzuordnen, die als Personen-, Stände-, Berufs- oder politische Satire auf gewisse Erscheinungen der Welt zielt. Indem Sprache, Stil und Form des hohen Epos auf unwichtige und unwürdige Gegenstände, Personen und Handlungen übertragen werden und ihnen dadurch der Anschein von Wichtigkeit verliehen wird, werden in satirischer Absicht durch die offensichtliche Diskrepanz zwischen erhabener Form und winzigem Inhalt gerade die bloße Scheinhaftigkeit und Lächerlichkeit des Geschilderten entlarvt. Die Welt des Unwürdigen und Unbedeutenden wird am Ideal wahrhafter Größe gemessen und verworfen. Die Zerstörung der Illusion des Heroischen und Erhabenen richtet sich gegen den falschen Schein und die lächerliche Anmaßung. Dennoch enthält diese beliebte Form des komischen Heldengedichts keine eigentlichen antiheroischen Tendenzen; das Ethos der heroischen Gattung wird nicht angezweifelt, es wird gerade vom Ideal des Erhabenen aus argumentiert und gegen das (vermeintlich) Nicht-Erhabene, Niedrige, Kleine polemisiert (Anger 1968, S. 90 f.).

350 Pope, Alexander (1688–1744): Der Lockenraub. Orig.: „The rape of the lock. Heroicomical poem" (1712).

351 Vgl. Anger 1963, S. 76 u. 78; – 1968, S. 92.

352 Vgl. Moennighoff, S. 57; Potkoff, S. 55 f.

auch sowohl Pope (S. 15 u. 67) und dessen Epos (S. 54) als auch Zachariä (S. 67) im Text selbst oder in Fußnoten dazu.

Der komisch-satirische und wertekritische Charakter der Dichtung wird schon in den allerersten Versen deutlich:

> „Mein Lied besingt das Fest, wo die Walpurgis Nacht
> Den Belzebub berühmt, den Blocksberg ewig macht,
> Wohin, um ihr Glück durch Wunder zu bereiten,
> Die auf dem Besenstiel, und die auf Böcken reiten.
> Die Hexenreiche Nacht, die man sonst Märchen nennt,
> Von der ein jeder spricht, und die doch keiner kennt,
> Die Nacht, wo Belzebub Mäcenen ähnlich denket,
> Und die, die gut getanzt, bewundert und beschenket." (S. 1)

Wie es innerhalb der Gattung des komischen Epos recht verbreitet ist[353], ruft Löwen in den einleitenden Versen des „Ersten Gesanges" auch feierlich eine Muse an, mit deren „Kraft" ihm „ein Zauberlied" gelingen soll; seine „Muse" ist der „Doctor Faust" (S. 2). Doch fungiert dieser nicht nur als Muse, im späteren Verlauf ist er dazu noch ein Mitglied der versammelten Blocksberg-Gesellschaft.

Aber zunächst beschreibt Löwen einige naturkundliche und historische Merkmale des Brocken im Harz – der für ihn fraglos und selbstverständlich der „Blocksberg" der Sagen ist – und seiner Umgebung (S. 2–4). Mit etwas Ironie kommt er auch kurz auf wirkliche Brockenwanderungen zu sprechen, die seinen Versen zufolge offenbar bereits eine Art Trend gewesen sein müssen; und dass bemerkenswerterweise über zwanzig Jahre vor Goethes erster Brockenwanderung im Jahr 1777.

Löwen geht dann rasch dazu über „das Fest" auf dem Brocken bzw. „Blocksberg" zu schildern, das der „Belzebub"[354], so heißt bei ihm der oberste Teufel, „stolz als ein Monarch" abhält (S. 4). An diesem ironisch auch als „Parnaß" (S. 3 f.), also als Sitz des Apoll und der Musen, bezeichneten Ort versammeln sich neben dem „Belzebub" noch „ein ganzer Schwarm gemeiner Teufel" (S. 4) und auch andere Personen wie „Stutzer, Buhlerinn und mancher junge Mann" (S. 2). Dann „beruft Belzebub jeden Geist" und „hält geheimen Rath" (S. 5). Unter den

353 Vgl. Anger 1968, S. 89.

354 Be(e)lzebub ist an und für sich eine neutestamentarische Satansbezeichnung. In „Markus 3, 22" ist so der oberste der bösen Geister bezeichnet; der Zusammenhang zum alttestamentarischen Baal-Sebub, dem Gott von Ekron (2. Kön 1), ist uneindeutig. Vgl. Tantsch, Werner: Beelzebock. In: Zeitschrift für Deutsche Philologie. 75. Bd., 4. H., 1956, S. 337–347; Bächtold-Stäubli, Bd. I, Sp. 1029–1031; Erich u. Beitl, S. 74.

„Geistern“ sind vor allem auch die „Genii, durch die man zaubern kann“, die Löwen von seiner Muse „Doctor Faust“ beim Namen nennen lässt: „Lilith[355], Cascaph, Pantil[356], Babuc[357] und Lumidan“ (S. 5). Diese „Geister“ teilt dann der „Belzebub“ in jeweiligen „Audienzen“ (S. 9) bestimmten stereotypen Persönlichkeiten, die allerdings (noch) nicht auf dem Blocksberg sind, für bestimmte dienstbare Zwecke als „Schutzgeister“ zu; und sogleich lässt er sie sich aufmachen – „an ihren Ort reiten“ (S. 8) – um ihre „Clienten“ zu bewerben. Es ist also nicht etwa der Faust, dem hier ‚teuflische Dienste‘ offeriert werden. Anschließend wird ‚besungen‘, wie es den genannten „Geistern“ beim Ausführen ihrer Aufträge ergangen ist.

Die stereotyp gezeichneten ‚Schutzbefohlenen‘ sind insofern stets allegorisch konzipiert, als sie für negative gesellschaftliche Erscheinungen (im Rokoko), aber auch für allgemein menschliche Merkmale, Verhaltensweisen und Schwächen stehen, die Löwen durch eine gezielte Namensgebung noch unterstreicht. So ist die „Clientin“ des „Lilith“ beispielsweise als „Climene“ bezeichnet (S. 6 ff.)[358].

---

355 Zur Gestalt des weiblichen Dämons Lilith vgl. Bächtold-Stäubli, Bd. V, Sp. 1302–1304. Nach Bächtold-Stäubli (Ebd., Sp. 1302) scheinen weibliche Teufel, auch wenn sie nicht namentlich benannt sind, gelegentlich als Lilith assoziiert zu werden; so etwa im Fall des „divell drest like a woman“ in Christopher Marlowes 1604 veröffentlichtem „The tragicall Historie of Doctor Faustus“ (The complete works of Christopher Marlowe. Hrsg. von Richard Rowland, Roma Gill, David Fuller, Edward J. Esche. 5 Bände. Oxford 1987–1998, Vol. II, hrsg. von Roma Gill, S. 20). Schöne merkt an, dass von Löwens „Lilith“ eine Inspiration für „die Lilith“ in Goethes „Walpurgisnacht“ ausgegangen sein könnte (Schöne, S. 146); obgleich bei Löwen „der Lilith“ eine maskuline Identität im Sinne von „dem Teufel Lilith“ hat (z. B. S. 20 od. 25). Der barocke Kompilator Praetorius hatte bereits 88 Jahre zuvor darüber reflektiert, ob „Lilith“ der „hebreische Name“ für Hexe sei (Praetorius, S. 87). Außerdem ist schon im sogenannten Juttaspiel von 1480, das der Tradition der spätmittelalterlichen Oster- und Passionsspiele nahe steht, eine Lilith-Gestalt vorzufinden („Lillis“). Mit dem skurrilen Zug der ‚Großmutter des Teufels‘ versehen, eröffnet sie darin unter anderem den Tanz der Teufel (Schernberg, Dietrich: Ein schœn Spil von Frau Jutten. Nach dem Eislebener Druck von 1565. Hrsg. von Manfred Lemmer. Berlin/W. 1971, V. 41–62; vgl. dazu auch A. Neumann, S. 234–236).

356 Die Namensgebung ist wahrscheinlich eine Anlehnung an „Mens moveat cimex Pantilius“ („Der Verstand vertreibt die Wanze Pantilius“ o. ä.) des Horaz (Quintus Horatius Flaccus, 65–8 v. Chr.).

357 „Babuc“ dürfte von „Belzebuc“ abgeleitet sein, einer Namensvariante von „Belzebub“ (Bächtold-Stäubli, Bd. I, Sp. 1030; Erich u. Beitl, S. 74).

358 Abgesehen von der mythologischen Herkunft als Name einer der Titanengestalten ist „Climene“ wohl von „Celimene“ abgeleitet: In der Komödie „Le misanthrope“

Das Prinzip solcher charakterisierender, intertextuell zu nennender Namensgebung gilt das ganze Epos hindurch, ebenfalls für Gestalten, „die zur Walpurgis Nacht auch ohne Schutzgeist kamen" (S. 34), und für solche in eingewobenen Anekdoten[359]. Wenn Anspielungen und Vergleiche vorgenommen werden, hat die besagte intertextuelle Verwendung von Namen zuweilen auch eine mittelbare Dimension, so im Fall der später übrigens auch von Goethe bemühten „Chaumigrem"-Gestalt[360]:

> „Als man den Belzebub die Rede schließen sah,
> So stand der Genius auch schon als Stutzer da.
> [...]
> So wie im Trauerspiel der selge Reibehand
> Stets Rath zum Chaumigrem und seiner Kleidung fand,
> In goldpapierner Tracht, mit Schminke auf den Wangen
> So sprach, wie Chaumigrem, so gieng, wie er gegangen." (S. 7 f.)

Im „Zweiten Gesang" führen dann einige der „Schutzgeister" ihre jeweiligen ‚Schutzbefohlenen', die sie inzwischen auf den Blocksberg mitgebracht haben, dem „Belzebub" vor. Die eigentliche Versammlung auf dem Blocksberg

---

(1666) von Molière (1622–1673) ist „Celimene" eine zwar geistreiche und schlagfertige, aber auch intrigante und spöttelnde Kokette des Pariser Salon. Vgl. auch Rinsum, Annemarie van u. Rinsum, Wolfgang van: Lexikon literarischer Gestalten. Fremdsprachige Literatur. Stuttgart 1990, S. 110.

359 Etwa in der eingearbeiteten Anekdote über das Ehepaar „Geront" und „Silvia" (S. 36 f. u. 50–55) nimmt Löwen inhaltliche Züge der Komödie „Le jeu de l'amour et du hazard" (1730) von Pierre Carlet de Chamblain de Marivaux (1688–1730) auf, indem er sie weiterspinnt und verkehrt.

360 In der Erzählung „Asiatische Banise, Oder blutiges doch muthiges Pegu" (Erstmals Leipzig 1688, letztmals 1766) von Heinrich Anselm von Zigler und Kliphausen (1653–1697) ist „Chaumigrem" der tyrannische und grausame Bösewicht. Dieser Roman ist stoffliche Grundlage für das Trauerspiel „Banise" (1748) des späteren Kritik-Pioniers Friedrich Melchior Grimm (1723–1807), das Löwen hier sicher meinen dürfte. Das Motiv der Lektüre des Romans unter Hervorhebung der Chaumigrem-Gestalt verarbeitete später auch Johann Heinrich Jung, gen. Jung-Stilling (1740–1817) im Kapitel „Heinrich Stillings Jünglings-Jahre" seiner „Lebensgeschichte" von 1778 (Jung-Stilling, Johann Heinrich: Lebensgeschichte. Hrsg. von Gustav Adolf Benrath. 3. Aufl. Darmstadt 1992, S. 123–125); im 1. Buch (6. Kapitel) von Goethes „Wilhelm Meisters Lehrjahren" ist sie Teil des Puppentheaters. Vgl. auch Rinsum, Annemarie van u. Rinsum, Wolfgang van: Lexikon literarischer Gestalten. Deutschsprachige Literatur. Stuttgart 1988, S. 37, 39, 77 f.

tritt dabei insofern in den Hintergrund, als Löwen sehr ausschweifend und verschachtelt die Typenhaftigkeit einiger ‚Schutzbefohlener' ausmalt; am ausführlichsten widmet er sich dabei „Climenen", der schon angesprochenen „Clientin" des „Lilith". Löwen setzt die Typenhaftigkeit der ‚Schutzbefohlenen' zur sinnbildlichen Darstellung verschiedener verwerflicher Zustände und Eigenarten der Rokoko-Gesellschaft ein; zur Verstärkung seiner Intention gegen die Missstände und Unarten knüpft er weitere, teils recht weitläufige Anekdoten an. Auch andere Personen der Blocksberg-Gesellschaft – eben die, „die ohne Schutzgeist kamen" – treten als Bittsteller vor den „Belzebub". Mitunter handelt es sich dabei um allegorisierte und personifizierte Eigenschaften, wie der „Weichlichkeit":

> „Die Weichlichkeit, die sonst an Toilletten wohnt,
> In allen Klöstern herrscht, an vielen Höfen thront,
> Kommt, dass sie ihren Fall dem Belzebub erzähle." (S. 37)

Als Hauptübel hat Löwen vor allem auch das übertriebene, alamodische Nachahmen von französischer Kleidungsart und Lebensweise sowie das damit einhergehende Stutzerwesen ausgemacht. Jedoch beschränkt er sich dabei auf die lächerliche Darstellung des derartig gesonnenen Bürgertums; Attacken gegen die Aristokratie, die dem Alamode ja zuerst und noch ausgiebiger zugesprochen hatte, riskiert er nicht. Er beklagt auch das geringe Ansehen und die damit verbundene schlechte ökonomische Situation der „Dichtkunst" in Deutschland, wozu nach seiner Meinung unter anderem ebenfalls die zu starke Orientierung an ‚lasterhaften' französischen Vorbildern beiträgt; die ‚geistreichen' Briten erachtet er dafür als geeigneter:

> „Erscheint der Dichtkunst denn ihr Glück in Deutschland nie?
> Wo sind die Zeiten hin, da Dichter fürstlich aßen,
> Und mit den Königen an einer Tafel saßen!
> Wer reicht hier ihnen Brodt? […]
> […]
> Wir merken noch zu stark die Macht der Barbaren,
> Zwar sind wir meistentheils von Gothschen Sitten frei,
> Wir heißen freilich itzt nicht mehr die rohen Wenden,
> Da London und Paris uns Witz und Moden senden;
> Doch Schade, daß noch itzt der Deutsche, wenn er reist,
> Nur Frankreichs Laster lernt, und nicht der Britten Geist.
> Er übt sich in der Kunst, wie sie nur zu verprassen,
> O möchte er auch wie sie nicht Künste darben lassen!
> Noch bettelt das Verdienst in Deutschland bloß um Brodt,
> Noch hilft der Reichen Herz nicht Künsten aus der Noth.

> Ihr Großen, seid gerecht, schätzt und belohnt das Schöne.
> Seht, eure Dichter sind in Deutschland selbst Mäcene!“ (S. 40 f.)[361]

Im „Dritten Gesang“ geht es Löwen darum, „die Wirkungen der Wunder nun [zu] erzählen, die vielen erst gefehlt, doch künftig nicht mehr fehlen“ (S. 47). Wieder sehr anekdotenhaft und verschachtelt werden dazu die Ergebnisse des Wirkens einiger der „Schutzgeister“ vorgetragen, wobei der Rahmen der erzählten Zeit von Dauer und Ort des Blocksberg-Festes unabhängig ist. Gegen Ende tritt das Treiben auf dem Blocksberg wieder in den Vordergrund. Hatte Löwen seine Muse „Doctor Faust“ bereits anfangs des „Zweiten Gesanges“ schon einmal auf recht ‚unfaustische‘ Art in das Versammlungs-Geschehen eingreifen lassen –

> „Es saß dem Belzebub der Doctor Faust zur Linken,
> Er schenkte fleißig ein, und half ihm tapfer trinken;
> Bis daß des Nectars Kraft in jede Seele drang,
> Die Geister Vivat schrien, und Faust ein Trinklied sang.
> Drauf brüllen Genii, die vom Trunke glühen.
> In Dissonanzen zwar, jedoch in Harmonien.
> So dissonanzisch schön als Herteln es gelung,[362]
> Durch den die Zwietracht raast, als sie die Fackel schwung.“ (S. 20)

– so lässt er ihn am Ende des Epos im „Rath der Hexerei“ eine Schelte gegen den gesellschaftlich durchgängig verbreiteten Aberglauben halten; sogar der „Belzebub“ selbst wird aufgefordert, dagegen vorzugehen (S. 68). Die heiter entlarvende, aufklärende „Comödie“ ist für Löwen ein poetisches Mittel zur

---

361 In einer Fußnote führt Löwen das Beispiel des Friedrich von Hagedorn (1708–1754) an, der „ohngeachtet seiner eigenen sehr eingeschränkten Güter […], theils durch Vorsprache und Vermittlung anderer, daß Glück mancher Genies befördert hat, die vielleicht ohne ihn, ihre schönen Talente nicht hätten nützen können“ (S. 41). Möglicherweise schließt Löwen dabei auch seine Person mit ein, denn er hatte zu Beginn seiner Hamburger Zeit tatsächlich von Hagedorns Bekanntschaft profitiert (Potkoff, S. 31–33).

362 Angespielt wird auf die Kantate „Chor der Zwietracht“ von Johann Wilhelm Hertel (1727–1789), „Hof- und Capell-Componist“ in Mecklenburg-Schwerin. Ein Gemeinschaftswerk von Hertel (Musik) und Löwen (Text) ist übrigens die 1763/64 vollendete Passionskantate „Der sterbende Heiland“, die seit dem Jahr 2001 wieder beachtet und aufgeführt wird. Vgl. Hertel, Johann Wilhelm: Autobiographie. Hrsg. u. kommentiert von Erich Schenk. Graz u. Köln 1957, S. 52 u. 103; Seils, Franziska (Hrsg.): Johann Wilhelm Hertel. Passionskantate „Der sterbende Heiland“. Beeskow 2001.

Überwindung des Aberglaubens, entsprechend hat er für ihre nicht selten klerikalen Gegner wenig übrig[363]:

„[…] Doch es giebt unter Christen,
Gnug abergläubische und finstre Moralisten.
Der höhnt die Sitten aus, die längst die kluge Welt,
Nur nicht sein blöder Wahn, für Zierde hält.
Der poltert voller Gift so gar von heilger Stelle,
Und nennt Comödien den Schlüssel zu der Hölle." (S. 69)

Sonst hat es Löwen in diesem „Dritten Gesang" wieder sehr auf die ihm zu zahlreichen „unheilgen" Dichter abgesehen (S. 66), die nicht auf künstlerische Vollendung, sondern auf schnellen Profit bedacht sind:

„Doch Muse, welches Glück erhielt die Autorschaar,
Von welcher Belzebub Mäcen geworden war.
Ein mäßiges Verdienst verhieß er Bavens Erben,[364]
Um nicht den Dichtertod, vor Hunger nicht zu sterben.
Die Schüler welche Bav zu seiner Schande zieht,
In deren Brust die Sucht nach Reim und Schimpfen glüht,
Die theilen nun mit ihm Verdienst, und Spott und Schulden,
Und schmieren Tag für Tag drei Bogen für zwei Gulden.

Seitdem die Autorzunft den Blocksberg erst entdeckt,
Hat Bav und sein Complot viel Schriften ausgeheckt,
Romaine, Memoirs, Journals und Wochenblätter.
Hier quälen Reimer sich, dort sprudeln matte Spötter.
Es werden, Fluthen gleich, nie durch Critik gehemmt,
Die Messen und die Welt mit Schriften überschwemmt,
So wie der Ocean, wenn Aeol in ihm wühlet,
Den Trübsand und den Schlamm an seine Ufer spület." (S. 64 f.)

---

363 Im 18. Jahrhundert ist zwar ‚Comödie' auch noch ein Ausdruck für die Schaubühne an sich, doch muss beim Theaterfachmann Löwen davon ausgegangen werden, dass der Begriff hier im spezifischen Sinn zu verstehen ist.

364 Gemeint ist der römische Dichter und Kritiker Marcus Bavius (gest. 35 v. Chr.). Der geriet zusammen mit seinem Bruder, dem Dichter Mevius, in eine literarisch-rhetorische Fehde mit dem vorbildhaften römischen Nationaldichter Vergil (Publius Vergilius Maro, 70–19 v. Chr.). Auch Horaz verfasste eine Epode „gegen den Dichterling Mevius" (Hor.epod.10). In den Satiren „Baviad" (1794) und „Maeviad" (1795) thematisierte später der Engländer William Gifford (1756–1826) dieses Beziehungsgefüge (Kroh, Paul: Lexikon der antiken Autoren. Stuttgart 1972, S. 107 u. 415; Fuhrmann, Manfred: M. Bavius. In: Der kleine Pauly. Lexikon der Antike in fünf Bänden. Hrsg. von Konrad Ziegler u. Walther Sontheimer. München 1979, Bd. 1, S. 850; Schmidt, Peter L.: M(a)evius. 2. In: Der kleine Pauly, Bd. 3, S. 1285).

Wie gelegentlich schon zuvor, werden dieser Art der literarischen Produktion Hagedorn (S. 9, 33, 41, 66), Gellert (S. 40), Gleim (S. 48), Klopstock (S. 66) und Zachariä (S. 67) entgegengehalten, die Löwen als Idealtypen und Maßstab der deutschen Dichtung gelten.

Eine eigentliche Hexenversammlung beschreibt „Die Walpurgis Nacht" also insofern nicht, als ja Hexen als Personen gar nicht weiter erwähnt werden. Versammelt sind hauptsächlich eben „gemeine Teufel", also dem „Belzebub" hierarchisch nachstehende Teufel, die wie die meisten anderen Teilnehmer auch als „Geister" bezeichnet sind. Dem Wortsinn nach wäre es also zutreffender von einer Teufels- oder Geisterversammlung zu sprechen.

Details der Hexen- und Schwarzkunstvorstellungen und die entsprechenden Verfolgungen vom Mittelalter bis zur Barockzeit gehören für Löwen einer vergangenen, als historisch zu betrachtenden Zeit an; sie haben für seine Darstellung lediglich beiläufige, ausschmückende Bedeutung: Typische, für Teufel- und Hexenhaftes stehende Symbolik verwendet er zwar völlig selbstverständlich, aber in geringer Abwechslung und nicht allzu oft. Als eindeutig sind hierzu das „Reiten auf Besenstielen" (S. 1, 13, 14), „Ziegenböcken" (S. 1, 7, 11, 20, 30) und „Ofengabeln" (S. 5) zu nennen; weiterhin noch die „Ofengabel" als Insignien des „Belzebub" (S. 6 u. 31) und als allgemein teuflisches ‚Rüstzeug' (S. 21). Außerdem ist der von Löwen – wie ja später auch von Goethe[365] – eingebaute „Uhu" (S. 40) von vielfältigem symbolischen Gehalt, etwa als unheilbringendes dämonisches Wesen in Tiergestalt oder sogar als Erscheinungsform des Teufels[366]. Zur (historischen) Verfolgung der ‚Zaubereidelikte' heißt es allein zu Beginn seiner Beschreibung des Blocksberg-Festes ebenso beiläufig wie ironisch:

> „Wo Stutzer, Buhlerinn, und mancher junge Mann
> Die Kunst erlernt, daß er mit Anstand hexen kann,
> Die Kunst, die Deutschland sonst als einen Abscheu kannte,
> Und die, die sie geübt, als Zauberer verbrannte, […]." (S. 2)

Durch den womöglich etwas übertrieben gefassten zeitlichen Abstand zu den Zauberei-Prozessen will Löwen zum einen wohl die geistige Distanz zur Vergangenheit, vor allem wohl zur Barockzeit, betonen; zum anderen deutet er damit aber auch die ihm bedenklich erscheinende Schnelllebigkeit von Moden und Werten in ‚seiner' Rokoko-Zeit an – eines der Hauptanliegen seiner Dichtung.

---

365 Vgl. Teil 3, IV.

366 Bächtold-Stäubli, Bd. 8, Sp. 1287–1293; Bächtold-Stäubli gibt zudem an, dass schon in der antiken Mythologie der Uhu als Vogel der Unterwelt gilt und zum Verwandlungsrepertoire der thessalischen Hexen gehört (Sp. 1288).

Denn von den rechtlichen Formalien her gesehen, lagen ja die von Löwen angedeuteten Verfolgungen keinesfalls so weit zurück, wie es seine Verse suggerieren könnten[367].

Zur unmittelbaren zeitgenössischen Wirkung dieses Versepos sind leider nur einige vage Einschätzungen möglich: Löwens Biograph Potkoff spricht zwar davon, dass „die Dichtung [.] keinen geringen Beifall [fand]“, nennt dann ausdrücklich allerdings nur eine „satirisch zurückweisende Kritik“ des Universalgelehrten und Epigrammatikers Abraham Gotthelf Kästner (1719–1800)[368]; dabei bleibt Potkoff jedoch den letzten Nachweis schuldig, dass diese Kritik überhaupt auf Löwens „Gedicht“ bezogen ist, zumal sie dann aus dem Zusammenhang der sonst eher milden Rezension Kästners der „Schriften“ Löwens[369], die auch in Kästners Bibliothek enthalten waren[370], herausfallen würde. John F. Reynolds gibt an, dass Gellert „Die Walpurgis Nacht“ meine, wenn es in einem Brief an Löwen heißt, er (Gellert) habe seine (Löwens) Gedichte gelesen und danke ihm (Löwen) mit dem größten Vergnügen für die „Mittheilung“ derselben[371]. Der Brief ist aus dem Jahr 1755; nun brachte Löwen sein Epos aber erst 1756 heraus, und ob er vor der Drucklegung einen Entwurf an Gellert geschickt hat – wie im Fall seiner früheren Gedichtsammlung „Zärtliche Lieder und anakreontische Scherze“ (1751)[372] – ist nicht mehr zu ermitteln. Für eine gewisse Wirkung innerhalb der Gattung des komischen Epos’ spricht allemal, dass sich mit Löwen eine Variante herausgebildet zu haben scheint, die als „satirisches Kampfmittel des Bürgers gegen das Rokoko“ verstanden werden kann; denn „Die Walpurgis Nacht“ ist mit einigem Abstand die erste eine Reihe von solchen „derben Satiren bürgerlicher Aufklärung“[373].

Dass Faust-Figur und Walpurgisnacht im gleichen Zusammenhang vorkommen, gilt zwar gemeinhin als Löwens literarhistorischer Verdienst[374]; in Anbetracht

---

367 Vgl. Teil 1, V.

368 Potkoff, S. 58 f. (fälschlich als Abraham Adolf Kästner bezeichnet).

369 Göttingische Anzeigen von Gelehrten Sachen. Jg. 1765, II. Band, S. 1061 u. 1063; ebd. Jg. 1766, II. Band, S. 881; vgl. auch Schimpf, Wolfgang: Die Rezensenten der Göttingischen Gelehrten Anzeigen 1760–1768. Göttingen 1982, S. 46, 52, u. 88; — Kästners Literaturkritik. Göttingen 1990, S. 84 f.

370 Schimpf 1990, S. 84.

371 C.F. Gellerts Briefwechsel, Bd. 1, S. 250 u. 403 (Brief Nr. 222 vom 19.09.1755 an Johann Friedrich Löwen).

372 Ebd., S. 45 f. u. 305 f. (Brief Nr. 43 aus dem Frühling 1750 an Johann Friedrich Löwen).

373 Anger 1963, S. 77; — 1968, S. 91.

374 Vgl. z. B. Mahal, Günther: Faust. Untersuchungen zu einem zeitlosen Thema. Neuried 1998, S. 310; Schöne, S. 145 f.; Potkoff, S. 56; Dennert 1954, S. 37.

der früheren Berührungen beider Stoffe (Niclaus Schreiber, ‚Fridericus Schotus Tolet')[375], hat er aber nicht erstmals Faust-Stoff und Walpurgisnacht miteinander verknüpft. Zutreffender formuliert ist, dass er als Erster genau den Faust in einer Versammlung untergebracht hat, die explizit auf dem Brocken (als Blocksberg) und nicht an einem anonymen Ort platziert ist. Durchaus neuartig ist aber auch seine Faust-Konzeption. Waren Faust-Literarisierungen bzw. Konzeptionen des Faust-Charakters sonst zumeist eher eng an den Vorgaben des Faust-Volksbuches ausgerichtet, stellt Löwen seinen Faust in den Dienst einer satirischen, mitunter ins Lächerliche gehenden Darstellung (Faustens „Trinklied", S. 20), der aber letztlich eine aufklärerisch zu nennende Denkart zugrunde liegt. Als Löwen zu Beginn des „Ersten Gesanges" den Faust als seine Muse einführt, beschreibt er ihn zum einen gewissermaßen als unsterblich, einflussreich und so begeisternd, so dass er (Faust) die richtige inspirierende Kraft für sein (Löwens) „Zauberlied" sei[376]:

> „[...] Und du ehrwürdger Geist,
> Der Du bei den Teufeln auch noch immer Doctor heißt,
> Ehrwürdger Doctor Faust, du sollst, mir Stof zu geben,
> Itzt meine Muse sein, und meinen Vers beleben.
> Durch manche Zauberei verewigtest Du dich;
> Wer Zaubereien singt, wünscht deinen Einfluß sich.
> Begeistre meine Brust, trotz denen, die dir fluchen,
> Und dich beim Lucifer und den Verdammten suchen.
> Vergebens fabelt man, dass einst der Teufel kam,
> Für deine Zauberei dich bei dem Mantel nahm,
> Die Lüfte durchgeschleppt, in Stücken dich zertheilet,
> Und mit dir in den Pfuhl der ewgen Nacht geeilet.
> Du, welchen Belzebub dem Blocksberg zugeführt,
> Wo deine Kunst durch ihn gefällt und präsidiert,
> Laß mich durch deine Kraft ein Zauberlied gelingen,
> Und mich von jener Nacht und ihren Wundern singen." (S. 2)

Weiterhin will Löwen ganz offensichtlich die Faust-Figur von althergebrachten abergläubischen Zutaten und einer apodiktisch belehrenden Zeigefingermoral befreit wissen; so weist er ja auch die Vorstellung, Faust sei vom Teufel geholt worden, sozusagen als antipoetisch zurück[377]. Wie schon angesprochen, lässt er am Ende des „Dritten Gesanges" sogar den Faust selbst „Belzebub" auffordern,

375 Vgl. Teil 1, VI.
376 Vgl. auch Lommatzsch 1964, S. 4 f.; Finze, S. 343.
377 Vgl. auch Finze, S. 343.

gegen den Aberglauben im allgemeinen, aber eben auch gegen den, der seine eigene (Faustens) Person betrifft, vorzugehen[378]:

„Im Rath der Hexerei schalt mit Beredtsamkeit
Der große Doctor Faust das Vorurtheil der Zeit,
Und bath den Belzebub den ärgsten Schimpf zu rächen,
Mit dem Gelehrte selbst von seinem Zaubern sprechen.
Vor allen mußte dies der Würde nahe gehen,
Daß man von Teufelchens ihn hat zerreißen sehn.
Dies, sprach er, muß mit Recht mir Ehr und Ansehn rauben.
Wohlan denn, züchtige den blöden Aberglauben." (S. 68)

Nachdem Löwen damit wohl noch einmal auf das veranschaulichende, aufklärerische Potential der Faust-Figur angespielt hat, steht am Ende allerdings doch eine ebenso zynische wie resignative Erkenntnis:

„O Muse, die du frei vom Aberglauben schriebst,
Und der Moral zum Heil oft Ausschweifungen liebst,
Sprich: Konnte Belzebub den Doctor wol erhören?
O nein! Er müßte sonst die halbe Welt verheeren.
Selbst Stutzer, die sein Wink klug und beliebt gemacht,
Die Witz und Zärtlichkeit vom Blocksberg mitgebracht,
Die alle würden dann nicht mehr geliebet werden,
Wär Wahn und Vorurteil erst nicht mehr auf Erden." (S. 69)

Wie gesagt, geht es Löwen offenbar um die stoffliefernden und zu Veranschaulichungen geeigneten, aufklärerischen Qualitäten der Faust-Figur. Dieses Erscheinen Faustens auf dem Blocksberg ist also eine Konsequenz der Auseinandersetzung Löwens mit den poetischen Möglichkeiten der Faust-Figur; es ist durchaus keine so „willkürliche Erfindung des Dichters", die „[.] ohne jede Begründung [erfolgt] und [.] ohne besondere Bedeutung für den Gang der Handlung [ist]", wie Friedrich Dennert meint[379]. Eine Handlung in engerem, erzählperspektivischem Sinne ist (zumindest) in diesem scherzhaften Epos ohnehin eher nebensächlich, da sich die dahinter stehende Intention eben in der verwendeten Allegorik und Typenhaftigkeit ausdrückt.

Es ist davon auszugehen, dass Löwen bereits 1756, also zur Zeit der ersten Veröffentlichung des Versepos, mit den Varianten des Faust-Themas gut vertraut

378 Vgl. auch Lommatzsch 1964, S. 6.

379 Dennert, Friedrich: Faust auf dem Brocken. Zur Quellengeschichte der Szene. In: Goethe-Jahrbuch 1951. Weimar 1952, S. 261.

war. Neben den Faust[380]- und Wagner-Büchern dürfte das auch sehr für die Faust-Bühnenspiele gelten; vielleicht auch für die wenigen Wagner-Bühnenspiele, die immerhin exakt für die Zeit um 1750 nachzuweisen sind[381]. Faust-Spiele waren ein selbstverständlicher, fester Bestandteil des Programms der Wanderbühnen der Zeit; und Löwen hatte 1749 in Göttingen erstmals die Schauspieltruppe des Theaterprinzipals Johann Friedrich Schönemann (1704–1782) – seines späteren Schwiegervaters – kennengelernt, der er 1752 in Hamburg wieder begegnete und etwa ab 1757 zeitweise selbst in organisatorischer und leitender Funktion angehörte[382]. Leider geben die bis heute erhaltenen Theaterzettel der Zeit vor 1756 keine Auskunft darüber, ob es in einem dieser Faust-Spiele eine walpurgisnachtähnliche Szene gegeben hat[383]; es sei denn, man will in den gelegentlichen, beiläufigen Furien-Auftritten und -Balletten eine entfernte Verwandtschaft zu Hexentanz-Motiven sehen[384].

Weiterhin ist Löwens Wissen um die Vielfalt der Teufelsbündner-Thematik an der Figur des „Petermännchens" zu erkennen, die er in den Versen der „Walpurgis Nacht" unter anderem als Exempel nennt, in denen er seinen Unwillen über den in fast allen gesellschaftlichen Schichten noch verbreiteten Aberglauben zum Ausdruck bringt:

> „Der Aberglaube hat ein ungeheures Reich.
> […]
> Es dienen ihm nicht nur Spinn- und Visitestuben,
> Wo man vom Alp erzählt, vom Petermännchen spricht,
> […]
> Nicht nur vom Pöbel wird der Aberglaub erhöht,
> Nein, von Gelehrten selbst, von jeder Facultät." (S. 68 f.)

Beim „Petermännchen" handelt es sich um ein an den Faust-Stoff erinnerndes Teufelsbündner-Motiv, das wohl bis ins Mittelalter zurückreicht; aber erst 1791 sollte es auch Gegenstand eines Geisterromans von Christian Heinrich Spiess

380 Aufgrund Löwens Auseinandersetzung mit der englischen Schaubühne (Potkoff, S. 49), weniger wegen der Lilith-Gestalt, ist es außerdem wahrscheinlich, dass er Christopher Marlowes „The tragicall Historie of Doctor Faustus" gekannt hat; vgl. Anm. 355.

381 Eversberg, Gerd: Doctor Johann Faust. Die dramatische Gestaltung der Faustsage von Marlowes Doctor Faustus bis zum Puppenspiel. Köln 1988, S. 88 ff.

382 Potkoff, S. 23 u. 33 ff.

383 Eversberg, S. 323 ff.

384 Vgl. ebd., S. 107, 110, 332 f., 339, 352 f., 349.

(1755–1799) sein[385], dem 1794 ein angelehntes Bühnenstück von Karl Friedrich Hensler (1759–1825) folgte[386]. Dazu ist das „Petermännchen" als Schlossgeist des Schweriner Schlosses überliefert[387], der zeitweisen Wirkungsstätte Löwens als Privatsekretär des Erbprinzen Ludwig von Mecklenburg-Schwerin[388].

Ob er Gottscheds Ode „An Herrn D. Carl Friedrich Lau [...]" (1723) kannte – immerhin werden ja darin „Faust" und „Blocksberg" im selben Zusammenhang erwähnt[389] – ist wohl nicht mehr feststellbar, doch kann es zweifellos als wahrscheinlich gelten; gerade wenn man die Autorität Gottscheds für die kulturelle Bewegung der Deutschen Gesellschaften bedenkt, der sich auch Löwen angeschlossen hatte.

Auch in späteren Werken Löwens finden sich immer wieder Bemerkungen zur Faust-Thematik, die zeigen, dass sein Interesse daran von Dauer war; etwa in der Romanze „Glaubwürdige Nachricht von dem Leben [...] eines berühmten Marionetten-Spielers"[390], wobei es sich zudem um einen der ersten Hinweise auf das Faust-Puppenspiel handelt[391]. Offenbar hat Löwen sogar um den Faust-Plan seines Hamburger Mitstreiters Lessing gut bescheid gewusst, denn 1769 weist er befürwortend darauf hin[392].

Löwens späterer Weggefährte Gotthold Ephraim Lessing (1729–1781) publizierte in seinem berühmten „17. Literaturbrief" den Entwurf „D. Faust", bestehend aus einem Vorspiel und wenigen Szenen. Ein direkter Nachweis, dass sich Lessing mit Löwens Versepos befasst hat, liegt nicht vor; dass ihm „Die Walpurgis Nacht" bekannt war, ist aber durchaus nicht auszuschließen. Denn schon lange vor der gemeinsamen Zeit anlässlich der ‚Hamburgischen

385 Spiess, Christian Heinrich: Das Petermännchen. Geistergeschichte aus dem 13. Jahrhundert. 2 Bde. Erstmals Prag 1791/92; vgl. Wilpert, Gero v.: Die deutsche Gespenstergeschichte. Motiv-Form-Entwicklung. Stuttgart 1994, S. 125.

386 Hensler, Karl Friedrich: Das Petermännchen. Ein Schauspiel mit Gesang in vier Aufzügen (nach Christian Heinrich Spiess). Wien 1794.

387 Vgl. Borchardt, Erika u. Jürgen: Petermännchen. Der Schweriner Schlossgeist. 1. u. 2. Aufl. Schwerin 1994; Borchardt, Jürgen: Ist das Petermännchen ein König gewesen? Johann Friedrich Löwen sprach als erster von dem geheimnisvollen Zwerg. In: Schweriner Express. Wochenblatt für jung und alt. Vol. 5, Nr. 16, 1995, S. 15.

388 Potkoff, S. 31, 45, 60; vgl. Anm. 347.

389 Vgl. Teil 2, I. (Vororientierung).

390 Löwen: Schriften. Dritter Theil, S. 145.

391 Mahal 1998, S. 310.

392 Löwen, Johann Friedrich: Romanzen nebst einigen anderen Poesien. Hamburg u. Bremen 1769, S. 96.

Entreprise'[393], die unter der Bezeichnung „Hamburger Nationaltheater" theatergeschichtlich bekannt wurde und in deren literarischem Ertrag Lessing (höchstwahrscheinlich) Löwen immerhin das Potential eines „deutschen Dryden" zuspricht[394], muss Lessing über Löwens poetische Bemühungen einigermaßen im Bilde gewesen sein. 1797, also ein Jahr nach dem ersten Erscheinen von Löwens Versepos und ein Jahr vor dem 17. Literaturbrief mit dem Faust-Entwurf, erwähnt Lessing Löwen in einem Brief an Johann Wilhelm Ludwig Gleim (1719–1803)[395]. Zwar wendet Potkoff dazu ein, diese Erwähnung sei (noch) wenig schmeichelhaft, da Löwen im gleichen ironischen Zusammenhang wie der bei Lessing wenig beliebte Gottschedianer Christoph Otto von Schönaich (1725–1809) genannt wird[396]; an gleicher Stelle nennt Lessing jedoch auch andere Literaten, denen gegenüber er keine im weiteren nachweislich ablehnende Haltung hatte; darunter übrigens die Dichterin Johanne Charlotte Unzer-Ziegler (1725–1782), die ebenfalls mit Löwen zeitweise zusammenarbeitete[397]. Und sollte Lessing zu diesem Zeitpunkt nicht gewusst haben, dass sich Gleim und Löwen durch ihre Mitgliedschaften in der Göttinger Deutschen Gesellschaft ja persönlich kannten[398], wäre er hier ohnehin davon ausgegangen, dass Gleim – wie eben wohl auch er selbst – Löwen durch dessen literarische Arbeiten kannte. Daher kann also angenommen werden, dass Löwens Wirken schon dieser Zeit weitreichendere, überregionale Kreise

393 Zu der gleichzeitigen Tätigkeit Löwens und Lessings am Hamburger Nationaltheater von 1767 bis 1768 (‚Hamburgische Entreprise') vgl. z. B. Lessing: Werke u. Briefe, Bd. 6, S. 877 ff. u. 946; Potkoff, S. 107 ff.; Kindermann, Heinz: Theatergeschichte Europas. 10 Bde. 2. Aufl. Salzburg 1966–74, IV. Bd. (1961), S. 478 f. u. 523–534; Steinmetz, Horst: Literaturgeschichte und Sozialgeschichte in widersprüchlicher Verschränkung: Das Hamburger Nationaltheater. In: Internationales Archiv für Sozialgeschichte der deutschen Literatur. 4. Bd. Tübingen 1979, S. 24–36; Dörfert, Petra: Das Hamburgische Nationaltheater (1767–1769). Ein Beitrag zur Theaterwirklichkeit des 18. Jahrhunderts. 54 Seiten auf 1 Mikrofiche. Marburg 1997; Alt, Peter-André: Aufklärung. 2. Aufl. Stuttgart 2001, S. 190–193.

394 Lessing: Werke und Briefe, Bd. 6, S. 221 u. 960 f. (Hamburgische Dramaturgie, Siebendes Stück: Dichten von Prologen und Epilogen zu Theaterstücken); John Dryden (1631–1700): Englischer Dichter (u. a. politische Satiren und Lehrgedichte), gilt als Begründer der Sittenkomödie (‚Comedy of Manners').

395 Lessing: Werke und Briefe, Bd. 4, S. 253 u. 799 (Brief Nr. 159 vom 21.10.1757 an Johann Ludwig Wilhelm Gleim).

396 Potkoff, S. 115.

397 Vgl. Anm. 416.

398 Potkoff, S. 23 f.

gezogen haben muss. Ein solcher Schluss wird auch mittelbar durch den bereits herangezogenen Briefwechsel zwischen Löwen und Gellert nahegelegt, worin Gellert Löwen „zu dem Beyfalle Glück wünscht", den dessen „Arbeiten" am Fürstenhof zu Mecklenburg-Schwerin gefunden haben[399].

Wenn aber nun tatsächlich gewisse Ähnlichkeiten zwischen dem Faust-Entwurf Lessings und Löwens Versen festzustellen sind, ist trotzdem die wahrscheinlichste Erklärung dafür, dass beide wohl dieselben Quellen und Umsetzungen der Faust-Tradition – einschliesslich der Faust-Spiele – gekannt und damit gearbeitet haben[400], und entsprechend zu ähnlichen Auffassungen gekommen sein müssen.

Im Vergleich zu Lessing dürfte es in Löwens Fall allerdings wahrscheinlicher sein, dass er das komische Heldengedicht „Das Palladion" von Friedrich II., dem Großen, gekannt hat[401], worin andeutungshaft und ironisch mit Elementen des Motivs einer konspirativen Ratsversammlung von Höllengeistern unter Luzifers Vorsitz gespielt wird[402]. Denn nicht zuletzt, ist Friedrich II. als „König, Philosoph, und Staatsmann und Soldat" im „Zweiten Gesang" der „Walpurgis Nacht" persönlich genannt (S. 38).

Konzeptorisch bemerkenswert ist allemal, dass der oberste Teufel auch bei Lessing „Belzebub" heißt, nicht etwa Luzifer oder Satan. Und ähnlich wie Löwen bedient sich auch Lessing der Prinzipien der Versammlung, wenn auch in einem Dom und nicht auf dem Blocksberg, und des Aussendens von hierarchisch niedrigeren Teufeln zum Erfüllen bestimmter Aufgaben. Im weiteren Verlauf der Szenerie sind diese Teufel, wie bei Löwen, als „Geister" bezeichnet; alsbald suchen sie den Faust auf und bieten sich ihm als Erfüllungsgehilfen an, indem sie ihre jeweiligen ‚Vorzüge', also ihre Eigenschaften, vortragen. Allerdings stehen den fünf „Geistern" bei Löwen sieben bei Lessing gegenüber.

---

399 Gellert: Briefwechsel, Bd. 1, S. 250 u. 403 (Brief Nr. 222 vom 19. September 1755 an Johann Friedrich Löwen).

400 Vgl. Lessing: Werke und Briefe, Bd. 4, S. 823–827 (Entstehung und Quellen von Lessings „D. Faust"); Henning, Hans: Lessings Faust-Pläne und -Fragmente. In: Boerner, Peter u. Johnson, Sidney (Hrsg.): Faust through Four Centuries. Retrospect and Analysis (Vierhundert Jahre Faust. Rückblick und Analyse). Tübingen 1989, S. 84–86 u. 88 f.

401 Vgl. Lessing: Werke und Briefe, Bd. 4, S. 826.

402 Friedrich II., der Große: Das Palladion. Ein tiefgründiges Gedicht. Sechs Gesänge (1749). In: Die Werke Friedrichs des Großen. In deutscher Übersetzung. Hrsg. von Gustav Berthold Volz. 10 Bände. Berlin 1913–1914, 9. Bd. (Dichtungen. Erster Teil), S. 177–278 (Deutsch von Eberhard König).

Ob sie aber aufgrund ihrer Anzahl von sieben desgleichen als die Todsünden repräsentierend zu betrachten sind, ist aus Lessings Fragmenten nicht klar zu ersehen und dürfte wohl auch wenig erheblich sein. In der Konzeption der Faust-Figur sind ebenfalls gewisse Parallelen zwischen Löwen und Lessing festzustellen. Lessings Entwurf unterscheidet sich von den älteren Literarisierungen des Stoffes recht deutlich; so setzt er seinen Faust ebenfalls von den überlieferten Faust-Gestalten der Volksbücher und Bühnenspiele ab[403], wenn auch nicht auf Löwens betont überzeichnete satirische Weise. Die althergebrachte Auffassung, Faust sei dem Teufel anheimgefallen bzw. die dadurch ausgedrückte, inquisitorischem Denken genügende Aburteilung des Erkenntnisstrebens lehnt auch Lessing strikt ab[404]. Vielmehr spiegelt sich in seinem Entwurf die aufklärerische Aufwertung von Erkenntnisstreben und Wahrheitsdrang[405]; darin inbegriffen ist ja z. B. auch die „Züchtigung des Aberglaubens", eines der Hauptanliegen Löwens (S. 68). In letzter Konsequenz äußert sich bei beiden in dem – formal freilich sehr unterschiedlichen – Umgang mit der Faust-Figur der Wandel zu einem Wissenschaftsparadigma, für das selbständiger Erkenntnistrieb und vernunftgemäßer Wissens- und Wahrheitsdrang positive Bedingungen sind[406].

Insgesamt hat Löwen in der „Walpurgis Nacht" ein breites intertextuelles Spektrum verarbeitet. Wie setzt sich also nun die weitere Entstehungs- und Quellensituation, was das Teufel- und Hexenhafte anbelangt, noch zusammen?

Die biblischen, oft alttestamentarischen Elemente, die für die Blocksberg- bzw. Teuflische-Versammlungs-Thematik von Belang sind (Berg als Sitz des Teufels, Lilith, Belzebub), dürften Löwen sicher vertraut gewesen sein; schließlich hatte er ja u.a. auch Theologie in Helmstedt und Göttingen studiert[407]. Ob die versepische Bearbeitung des alttestamentarischen Stoffs der Totenbeschwörerin von Endor (A 1. Sam 28, 7–25) durch Johann Friedrich Cam(m)erer (1720–1792)[408],

---

403 Vgl. Lessing: Werke und Briefe, Bd. 4, S. 830; Henning 1989, S. 84–86; Vinzent, Markus: Zum objektiv Freien bei Lessing und Luther. Bemerkungen zu G.E. Lessings Faust. In: Das Altertum, Vol. 42, H. 4 (S. 331–348), 1997, S. 332 u. 337.

404 Lessing: Werke und Briefe, Bd. 4, S. 830.

405 Ebd., S. 829 f.

406 Vgl. Lessing: Werke und Briefe, Bd. 4, S. 827 f.; Henning 1989, S. 86–88.

407 Potkoff, S. 17 u. 19 ff.

408 Cam(m)erer, Johann Friedrich: Das allerneueste Heldengedicht bena(h)mst „Die Hexe zu Endor". In 100 Büchern. Göttingen 1753.

den Löwen persönlich kannte[409], auch eine Anregung war, ist durchaus denkbar bis wahrscheinlich, jedoch nicht zu belegen.

Löwens philologische Studien dürften sicher auch ein Ursprung für seine auffallend breit gefächerten Kenntnisse der antiken Literatur – natürlich einschließlich der relevanten, meist homerischen epischen Techniken – und der antiken Mythologie sein. Außer in manchen Figuren- und Ortsnamen kommen mythologische Elemente in gelegentlich eingewobenen bildhaften Passagen zur Geltung; etwa wenn anfangs der Brocken als ein Ort dichterischer Einbildungskraft metaphorisch beschrieben wird:

„So quillt auf dem Parnaß vom Huf des Pegasus
Die Hypocrene auch, die Dichter tränken muß." (S. 4)

Auch das Motiv der Jagd Dianas ist darunter, das ja bekanntlich zuweilen mit der Entstehung des Glaubens an Hexenversammlungen in Verbindung gebracht wird[410]:

„Wie, wenn Dianens Jagd ein heitrer Glücksstern krönet,
Die Göttin sich voll Stolz auf ihren Jagdspieß lehnet,
Und ganze Rüdel itzt zu ihren Füßen sieht,
Und schon voll wilder Lust zum neuen Siege glüht;
[…]". (S. 11)

Abgesehen von Homer (zw. 750 u. 650 v. Chr.), den Löwen zweimal erwähnt („Odysee", S. 19; Naturdarstellung, S. 67), überwiegen, überwiegen Autoren und Werke aus römischer Zeit, die teils im Text erwähnt werden (Claudian, S. 3) oder auf die angespielt wird (z. B. Horaz: „Pantil", S. 5 ff.[411]; Pankrates, S. 32 f.). Schwer abzuschätzen ist jedoch, ob und inwiefern stofflich nahe stehende Autoren und Werke, die nicht genannt sind, wie Apuleius („Metamorphoses" / „Der goldene Esel") oder Livius („Bacchanalien"), eine Anregung waren.

Von Löwens Wissen über englische Werke, welche die „Walpurgis Nacht" weniger gattungsstrukturell (Alexander Popes „Lockenraub"[412]) als eher stofflich

---

409 In der Zeit als Löwen das Collegium Carolinum in Braunschweig besuchte (Vgl. Anm. 433), war Cam(m)erer dort als Öffentlicher Hofmeister (Internatsleiter) tätig (Albrecht, Helmuth: Lehrkräfte am Collegium Carolinum 1745–1877. Beiträge zur Geschichte der Carolo-Wilhelmina. Bd. 8. Braunschweig 1986, S. 11 u. 112). Außerdem waren Löwen und Cam(m)erer 1747 und 1748 in Helmstedt gleichzeitig immatrikuliert und Mitglieder der dortigen Deutschen Gesellschaft (Potkoff, S. 17–19; Kosch, Bd. 2, S. 454; Albrecht 1986, S. 11).

410 Vgl. Teil 1, II.

411 Vgl. Anm. 356.

412 Vgl. Anm. 350.

berühren, ergibt sich folgendes Bild: Marlowes „Doctor Faustus" wurde ja bereits im Zusammenhang mit dem weiblichen Dämon „Lilith" angesprochen. Dass Löwens im Jahr 1756 auch John Miltons „Paradise Lost" (1667/74) selbstverständlich geläufig war, geht überhaupt schon aus der großen Bedeutung von Miltons dramatischem Epos für die Aufklärung in Deutschland hervor. Dazu sein nur auf die Übersetzung Zachariäs, den Löwen durch die Göttinger Deutsche Gesellschaft kannte[413], oder auf die kurz vor der „Walpurgis Nacht" erschienene Reflexion Christoph Friedrich Nicolais (1733–1811) hingewiesen[414], einerlei, dass ein Briefwechsel zwischen beiden erst für eine spätere Zeit nachweisbar ist[415]. Zudem dürfte Löwens Kenntnis von „Paradise Lost" auch aus einer Zusammenarbeit mit der Dichterin Johanne Charlotte Unzer-Ziegler mittelbar zu ersehen sein[416]. Löwens erstaunlich zeitige Auseinandersetzung mit William Shakespeare ist erstmals in den von ihm herausgegebenen „Hamburgischen Beyträgen des Witzes und der Sittenlehre" (1753–1755) dokumentiert, obgleich darin vor allem dessen Bedeutung „auf dem Theater" besprochen wird[417]. Ein etwaiger Quellencharakter von shakespeareschen Stücken, die motivische Ähnlichkeiten zur Walpurgisnacht-Thematik aufweisen („Macbeth"), ist aber am Text der „Walpurgis Nacht" nicht zu belegen. Und daran, dass der Erzähler Henry Fielding (1707–1754) sowie der Künstler und Kunsttheoretiker William Hogarth (1697–1764) im Text erwähnt sind, ist zweifellos deren Belang für die deutsche Aufklärung zu erkennen, doch gibt es wohl jeweils keine Intertextualität, die konkret das Motiv der Hexenversammlung berührt (S. 51). Nicht zu Stoff oder Motiv, aber zur Darstellungstechnik ist hier noch zu ergänzen, dass Löwen mit seinem Prinzip des Verbindens von Allegorie und Satire in einer aufklärerischen Tradition

---

413 Potkoff, S. 23 f.; vgl. auch Anm. 332.
Nach eigenen Angaben hat sich auch der Milton-Übersetzer Zachariä von „Paradise Lost", wohl nicht von Löwens „Gedicht", zu zwei Hexameter-Epen anregen lassen, die aber nicht von komischer oder satirischer Art sind, sondern ‚gehobenen Anspruchs': „Die Schöpfung der Hölle" und „Die Unterwerfung gefallner Engel" (beide 1760), vgl. Martin, Dieter: Das deutsche Versepos im 18. Jahrhundert. Berlin / New York 1993, S. 3 f. u. 384 f.

414 Nicolai, Christoph Friedrich: Untersuchung ob Milton sein Verlohrnes Paradies aus neuern lateinischen Schriftstellern abgeschrieben habe. Frankfurt 1753 u. Berlin 1755.

415 Potkoff, S. 90 f.

416 Gehring, Thomas: Johanne Charlotte Unzer-Ziegler 1725–1782. Ein Ausschnitt aus dem literarischen Leben in Halle, Göttingen und Altona. Bern u. Frankfurt/M. 1973, S. 107 f.

417 Potkoff, S. 49.

steht, die in England (und Irland) die auffälligsten Ausprägungen hatte. Zu nennen wäre hier insbesondere der mit dem „Lockenraub"-Dichter Pope bekannte Ire Jonathan Swift (1667–1745). Durch eine Mischung von Allegorie und Satire und durch eine gegen Aberglauben und metaphysische Verblendung gerichtete Intention wirken in den Jahren 1784 bis 1791 drei Teufelssatiren des jungen Jean Paul (1763–1825) beinahe wie geistige Nachfolger der „Walpurgis Nacht"[418]. Eine direkte Linie von Löwen zu Jean Paul hat es wohl nicht gegeben, offensichtlich hat aber die Auseinandersetzung mit der satirischen Allegorik des Jonathan Swift bei beiden zu verblüffend ähnlichen Ergebnissen geführt.

Eine gute Kenntnis der französischen Klassik und der Literatur der französischen Aufklärung ist Löwen grundsätzlich zuzusprechen. Auch bereits in den Jahren bis 1756 hat er sich zumeist unter theatertheoretischen und -praktischen Aspekten mit den französischen Klassikern, mindestens genauso eingehend aber auch mit den zeitgenössischen ‚Franzosen' befasst[419]. Von den letzteren werden manche, etwa Destouches („Detouchen", S. 23) und La Chaussée (S. 23)[420], sogar namentlich im „Gesang" bzw. in Fußnoten angeführt; Voltaire (1694–1778), mit dem er sich besonders beschäftigt hat, jedoch nicht. Die Motive, die Löwen aus derartiger französischer Literatur, also zumeist aus Lustspieldichtung, in seinem Versepos verarbeitet hat, haben aber mit der Teufels- und Hexenversammlungs-Thematik nichts zu tun. Ob darüber hinaus auch andere, der Thematik näher stehende französische Vorgaben als unmittelbare Inspiration für „Die Walpurgis Nacht" gedient haben, ist anhand des Textes allerdings nicht zu klären. Die dafür in Frage kommenden Werke Voltaires („Le blanc et le noir", „Dictionnaire philosophique portatif") sind ohnehin erst 1764 erschienen.

Natürlich hatte auch Löwens persönliche Vertrautheit mit der lokalen Sagenwelt des Harzes – seiner Herkunftsgegend – punktuelle Einflüsse auf „Die

---

418 Alt, Peter-André: Begriffsbilder. Studien zur literarischen Allegorie zwischen Opitz und Schiller. Tübingen 1995, S. 545 f. Das in Deutschland etwas später als in Britannien und Irland praktizierte ‚Zweckbündnis' von Allegorie und Satire ist vor allem bei Christoph Martin Wieland (1733–1813) signifikant; obwohl es nicht durch und durch als Errungenschaft der Aufklärung gelten kann; eine derartige Verbindung ist ja in gewissem Sinne schon bei Grimmelshausen gängig, freilich unter der Voraussetzung voraufklärerischer Begriffe von Allegorie und Satire (Vgl. auch Teil 2, III.).

419 Potkoff, S. 33 f. u. 36 f.

420 Philippe Nericault Destouches (1680–1754), französischer Dramatiker; einer der Begründer des ‚ernsten' Lustspiels (‚comedie morale'). Pierre-Claude Nivelle de La Chaussée (1692–1754), französischer Dramatiker und Dramaturg; Begründer sowie mit Destouches und Marivaux (Vgl. Anm. 359) Vertreter des ‚rührenden' oder ‚weinerlichen' Lustspiels (‚comedie larmoyante').

Walpurgis Nacht". Zu erkennen sind solche individuellen Kenntnisse Löwens jedoch nur noch an Elementen aus anderen lokalen Sagen als denen um die Walpurgisnacht, da die Details des Blocksberg-Geschehens zu Löwens Zeit längst zu einem weit verbreiteten, allgemeinen ‚Wissen' zählten. Löwen hat den Harz und Clausthal als arme, vom Bergbau geprägte Region erlebt; so hat er in exemplarischer Manier neben einigen anderen gespenstischen Erscheinungen auch solche des dortigen bergmännischen Aberglaubens in die zuvor bereits angesprochenen Passagen gegen die weite gesellschaftliche Verbreitung des Aberglaubens und ihre Ursachen einbezogen:

> „So wie ein Bergmann staunt, wenn er den Bergmönch siehet.
> Um dessen Grubenlicht die stärkste Flamme glühet,
> Der als ein Steiger geht, das Häckel in der Hand,
> Und bald sich näherte, dann wiederum verschwand." (S. 66)[421]
> „[…]
> Der Aberglaube hat ein ungeheures Reich.
> Ist schon nicht seine Macht, an jedem Orte gleich;
> Die Völker dienen ihm, selbst wenn sie vor ihm beben,
> Die bei dem Gottesdienst, die im gemeinen Leben,
> Ein jedes Alter schickt sich gut zu seinem Dienst,
> Aus Einfalt dient ihm dies, und jenes aus Gewinnst.
> Ihm opfert nicht allein der Bergmann in den Gruben,
> Es dienen ihm nicht nur Spinn- und Visitestuben,
> Wo man vom Alp erzählt, vom Petermännchen spricht,
> Die Klagemutter kennt, und für den Kobold ficht,
> Vom wilden Jäger schwatzt, der ohne Kopf es waget,
> Und nächtlich durch den Wald mit feurgen Hunden jaget.
> Nicht nur vom Pöbel wird der Aberglaub erhöht,
> Nein, von Gelehrten selbst, von jeder Facultät.
> Und sänge nur itzund die scheue Muse kühner,
> Wie sehr beschämte sie nicht manchen Mediciner." (S. 68 f.)

Übrigens sind die Gestalten der „Klagemutter" – auch ‚Haulemutter' genannt – und des „Kobold" einem Sagenkreis zuzuordnen, der erst ein Jahrhundert später, um 1850, in der Gegend um Clausthal und Lerbach (bei Osterode) volkskundlich festgestellt und erfaßt wurde[422]. Im Gesamtwerk Löwens bleibt

---

421 Der ‚Bergmönch' ist eine sinntragende, rübezahlähnliche Gestalt in solchen Harzer Sagen, die das Leben der dortigen Bergleute betreffen; vgl. dazu Wolff, Bernd: Sagenspiegel des Harzes. Von Geisterspuk und Hexenflug. Wernigerode 1997, S. 105 ff. („Der Bergmönch im Harz" u. a.).

422 Lommatzsch 1964, S. 6.

der Aberglaube überhaupt ein recht durchgängiges Thema; zwar in unterschiedlichen Kontexten, aber eben meistens als ironisiertes anti-aufklärerisches Ärgernis[423].

Welche Bedeutung die seit dem 16. Jahrhundert in Deutschland erschienenen akademischen, meistens juristischen, und – nach 1700 – naturkundlichen Abhandlungen, die das Teufel- und Hexenhafte thematisieren[424], für die Entstehung von Löwens Epos hatten, ist nicht weiter bestimmbar. So verhält es sich auch mit den im gleichen Zeitraum entstandenen deutschsprachigen poetischen Aufbereitungen von solchen Stoffen, die wegen einer thematischen Nähe zur Walpurgisnacht als Anregungen in Frage kommen könnten[425]. Am ehesten kann noch eine Kenntnis Löwens für die allegorische und auch schon satirisch zu nennende Poetisierung der Hörselberg-Sage „Der Hörselbergk" (1592) von Victor Perillus angenommen werden. Darin ist das Innere dieses Berges (bei Eisenach) das Reich Plutos; auch die Faust-Gestalt wird dort angespochen, jedoch keine Hexenversammlung[426]. Zwar besteht zwischen den Sagen um Brocken und Hörselberg eine grundsätzliche Ähnlichkeit, doch dafür, dass Löwen entweder Perillus' Gedicht oder zumindest Teile der Hörselberg-Sage, die allerdings auch zu Löwens Zeiten überregional nicht unbekannt war, kannte, könnten manche von ihm verwendeten Elemente sprechen, die eigentlich mehr für den Hörselberg typisch sind[427]: „Wilde Jagd" (S. 11); „Wilder Jäger" (S. 68). Verbindungen zu diesen beiden Vorstellungen gibt es auch in der vielfältigen Symbolik des „Uhu" (S. 40)[428].

Zu Hans Hennings Äußerung, dass Löwen „ohne Blockes-Berges Verrichtung [.] die geeignete Quelle gefehlt [hätte]"[429], ist anzumerken, dass, aufgrund Bekanntheit und Verbreitung von Praetorius' Werk, Löwens Kenntnis darum zwar naheliegend ist; als unzweifelhafte Quelle Löwens kann „Blockes-Berges Verrichtung" jedoch nicht gelten, denn ein eindeutiger, intertextuell zu bewertender Hinweis darauf ist bei Löwen nicht zu finden. Zuweilen widersprechen sich beide sogar. Etwa im Zusammenhang mit der Etymologie der Bezeichnung ‚Blocksberg', „den" – so Löwen – „Claudian schon kannte, den ein barbarisch Volk nach seinem Namen nannte" (S. 3); gemeint ist der germanische Volksstamm der Bructerer

---

423 Vgl. Wilpert 1994, S. 129.

424 Vgl. Teil 1, IV. u. V.; Teil 2, IV.

425 Vgl. Teil 1, VI.; Teil 2, I.

426 Vgl. Teil 1, VI.

427 Bächtold-Stäubli, Bd. 4, Sp. 400 f.; Erich u. Beitl, S. 388.

428 Bächtold-Stäubli, Bd. 8, Sp. 1290.

429 Henning 1968, S. XXIII.

(lat. Bructeri). Er beruft sich hier also auf Angaben des Römers Claudian[430], die 1740 auch schon der Naturkundler Albert Ritter in seiner Brocken-Monographie zitiert hatte[431]. In Praetorius' umfangreicher Erläuterung der Blocksberg-Namen heißt es dagegen, dass der frühbarocke Gelehrte Philippus Cluverius (1580–1622) diese Aussage Claudians „verworfen hat"[432]. Auch das Aufnehmen von Motiven einer Brockenwanderung in den „Ersten Gesang", brauch durchaus keine Konsequenz der aufwendigen Beschreibung einer Blocksberg-Fahrt bei Praetorius sein. Genauso gut hätte sich Löwen nach den dafür prädestinierteren zeitgenössischen historisch-naturkundlichen Reisebeschreibungen richten können, vor allem nach denen von Ritter und Brückmann, oder auch nach dem Traktat des Johann Peter Christian Decker[433]. Da nun aber Löwen bis 1746 und noch eine kurze Zeit

430 Claudius Claudianus (etwa 375–404), letzter bedeutender Dichter des heidnischen Rom. Das zwischen 396 und 404 entstandene Gesamtwerk ist in z.T. umfangreiche zeitgeschichtliche Epen, mythologische Dichtungen sowie kleinere Werke, wie Epigramme, Episteln und Idyllen, gegliedert (Fuhrmann, Manfred: Cl. Claudianus. In: Der kleine Pauly. Bd. 1, S. 1202 f.; Kroh, S. 140–142).

431 Ritter, S. 13 f.; vgl. dazu auch Brückmann 1995, S. 6 (Anm. 1).

432 Praetorius, S. 36; vgl. auch Dennert 1954, S. 28; Brückmann 1995, S. 6 (Anm. 1).

433 Vgl. Teil 2, IV. Übrigens kann die persönliche Begegnung zwischen Löwen und Decker, wenn auch vor dessen Blocksberg-Abhandlung von 1752, als sicher gelten. Denn zur selben Zeit als Löwen von 1746 bis 1747 die studienvorbereitende Bildungsanstalt Collegium Carolinum in Braunschweig besuchte (Düsterdieck, Peter: Die Matrikel des Collegium Carolinum und der technischen Hochschule Carolo-Wilhelmina zu Braunschweig 1745–1900. Hildesheim 1983, Jahr 1746, Matrikel 54; Potkoff, S. 13–15), war der nur wenig ältere Decker in der unmittelbar benachbarten Klosteranlage Riddagshausen als Bibliothekar tätig (Kosch, 3. Bd. (1971), S. 12 f.). Außerdem argumentiert Decker ja u. a. auf der Grundlage von Johann Lorenz Mosheims kritisch erläuternder Übersetzung der Schriften des frühchristlichen Theologen Origenes (Mosheim 1746 (1995), S. 411 (Anm. zu S. 40); W.E. Müller, S. 241). Mosheims war ein wichtiger Mentor Löwens. Eben während Löwens Zeit am Collegium Carolinum war er – seines Zeichens zudem Generalschulinspektor des Fürstentums Braunschweig-Wolfenbüttel – erster Kurator des Aufsichtsgremiums dieser Bildungseinrichtung (Potkoff, S. 14; Fleischer, S. XXXIII f.; Biegel, Gerd: Collegium Carolinum und Technische Universität Braunschweig. 250 Jahre braunschweigische Universitätsgeschichte. Braunschweig 1995, S. 29 f.). Diese Mentor-Rolle hatte auch während der Studienaufenthalte Löwens in Helmstedt und Göttingen (1747–49) bestand, als Mosheim dort ordentlicher Professor (Helmstedt) sowie Kanzler und Honorarprofessor (Göttingen) war (Potkoff, S. 19, 27 f., 142), und hatte sicherlich auch innerhalb der Helmstedter und Göttinger Ableger der Deutschen Gesellschaft zu Leipzig Geltung; Mosheim war bereits 1832 zum Präsidenten des Helmstedter Ablegers ernannt worden (Fleischer 1995, S. XXXIII). Eine

um 1750 in Clausthal gelebt hat, ist es natürlich am wahrscheinlichsten, dass er eigene Eindrücke einer (oder mehrerer) Brockenwanderung(en) hatte[434]. Und tatsächlich lassen einige Verse auch auf eine gewisse Ortskundigkeit schließen, besonders die, welche das Gebaren mancher Brockenwanderer beschreiben, sich auf den Felsen des Brockengipfels zu verewigen:

„Hier hat, wer nur gereist, den Namen eingeätzt,
Und sich mit eigner Hand ein steinern Maal gesetzt.
Von vielen, die hieher aus Nord und Westen kamen,
Kennt man, wenn man sie liest, nichts weiter als die Namen,
Die, sind sie tief gehaut, trotz Regen, Schnee und Wind,
Beinahe funfzig Jahr im Stein unsterblich sind." (S. 4)[435]

Wie ausgangs bereits erwähnt, hat die Literaturwissenschaft „Die Walpurgis Nacht" bisher überwiegend unter dem Aspekt der Quellensituation zu Goethe betrachtet; dabei wird unterschiedlich kommentiert:

Freilich ohne eine konkretere Auseinandersetzung, wird besonders in Untersuchungen des 19. und frühen 20. Jahrhundert oft das Argument einer nur begrenzten poetischen Qualität von Löwens Gedicht angeführt, wobei vor allem schon die Gattung des scherzhaften Epos an sich für eher geringwertig befunden wird[436]. Das dürfte mit einer in der Philosophie des 19. Jahrhunderts verbreiteten, eher abwertenden Haltung gegenüber der Rokoko-Dichtung im Allgemeinen zu erklären sein[437]. So spricht etwa selbst Löwens Biograph Potkoff, bei dem überhaupt (heute) völlig inakzeptable, pauschal diskreditierende Wertungen über die Dichtung dieser Zeit auffallen[438], von „der wenig sympathischen Kunstform des

---

weltanschauliche Nähe, welche die Haltung gegenüber abergläubischen und fabulösen Vorstellungen selbstverständlich mit einschließt, ist zwischen Mosheim, Decker und Löwen also unbedingt gegeben.

434 Vgl. Dennert 1954, S. 61.

435 Über die Marotte mancher Brockengänger, sich in der Gipfelregion zu verewigen, berichtet auch schon Albert Ritter in seiner erfolgreichen Brocken-Monographie aus dem Jahr 1740: „Um den Zauberbrunnen" – eine Wasserstelle in der Gipfelregion – „liegen viele grosse Stein-Felsen, in welchen die Namen dererjenigen, welche den Berg besuchet haben, eingegraben, oder darauf geschrieben stehen, welche aber entweder von einer unnützen Hand ausgekratzet, oder vom Moos überzogen sind." (Ritter, S. 45 f.).

436 z. B. Witkowski, Georg: Die Walpurgisnacht im ersten Teile von Goethes Faust. Leipzig 1894, S. 7.

437 Vgl. Anger 1963, S. 10.

438 Potkoff, u. a. S. 18.

komischen Heldengedichts"[439] und meint dementsprechend, dass „die Dichtung des längeren zu analysieren, [.] der Mühe nicht [verlohnt]"[440].

Unter den Vorzeichen eines im Laufe des 20. Jahrhunderts gewandelten Wissenschaftsverständnisses kommt Hansjoachim Finze (1926–1987) zu ganz anderen Ergebnissen; er sieht in Löwens Bemerkungen zum schweren Leben der Harzer Bergleute „eine Art Vorstufe" sowohl „der späteren Erfahrungen des Ministers Goethe in den Ilmenauer Bergwerken" als auch der „sozialkritischen Sentenzen", die Goethe den „Imsen und Daktylen in der klassischen Walpurgisnacht in den Munde gelegt hat"[441]. Und Willy Krogmann (1905–1967) ist der Auffassung, dass Löwens Gedicht „den Schlüssel" zum Verstehen des satirischen Gehalts von Goethes Walpurgisnacht im „Faust I" darstellt[442]. So sieht er auch in der folgenden satirischen Passage des „Zweiten Gesanges", mit der Löwen einmal mehr die „unheilgen Dichter" verhöhnt, eine unmittelbare „Anregung" für Goethes Nicolai-Satire in der Walpurgisnacht des „Faust I"[443]. Darin tritt ein unterwürfiger „Autor" als Bittsteller vor den „Belzebub" und bittet ironischerweise denselben um neue Ideen, wie er das „abergläubisch Volk" vom Glauben an den Teufel abbringen kann:

„Pancrat, der seine Zeit als Autot sich vertrieb,
Satyren ohne Witz und ohne Tugend schrieb,
An Spöttereien reich, es bloß erzwingen wollte,
Daß jeder auf ihn sehn und mit ihm lachen sollte,
Bath itzt den Belzebub und sprach: Erhabner Fürst,
Der du von mir geliebt und oft vertheidigt wirst,
Ein abergläubisch Volk hält es für ein Vergnügen,
Dir einen Pferdefuß und Krallen anzulügen.
[...]
Drei Jahre sind es nun, dass ich es kühn gewagt,
So oft die Welt mir fromm vom Teufel vorgesagt,
Ich höhnte sonder Scheu der Christen ihren Teufel,
Den einen macht ich toll, bei dem erregt ich Zweifel,
Und itzt ersuch ich dich um eine neue List,
Um witzig darzuthun, daß du kein Teufel bist." (S. 32)

Und sogleich haucht der „Belzebub" dem „Pancrat" auch buchstäblich neuen „Witz" für dessen weiteres Wirken ein:

439 Ebd., S. 24.
440 Ebd., S. 56.
441 Finze, S. 343.
442 Krogmann, S. 223.
443 Ebd., S. 224 f.

„Mein Sohn, sprach Belzebub, nur durch ein spöttisch lachen,
Durch Gründe nicht, durch Witz kannst du dich schätzbar machen.
Der Spott hat immer mehr als ein Beweis gethan.
Hier hast du Witz genug! Er haucht ihn dreimal an.
[…]" (S. 32 f.)

Die Relevanz dieser Passage für Goethes Nicolai-Satire sei vorerst noch dahingestellt. Unbestritten zeigt sich aber wiederum Löwens gute Kenntnis der antiken Literatur. Sein für einen bestimmten Autoren-Typus sinnbildlich zu verstehender „Pancrat" dürfte an den historischen Pankrates angelehnt sein; der als Verfasser eines dem römischen Kaiser Hadrian (*76, Regnum 117–138) gewidmeten homerischen Hexameter-Epos' dem Kreis der persönlichen Poeten des Kaisers angehörte[444].

Auch in neueren Untersuchungen mit der Perspektive, inwiefern Löwens Versepos für Goethe Quellencharakter gehabt hat, ist zuweilen noch unterschwellig der Einwand zu finden, dass es sich um keine qualitativ vollendete Dichtung handle, die womöglich mit Goethe vergleichbar wäre[445]. Doch aus motivgeschichtlicher Perspektive ist die Frage nach vollendeter poetischer Komposition ohnehin von nicht übermäßigem Belang; so gesehen ergibt sich auch ein anderes motivgeschichtliches Fazit:

Ungeachtet dessen, welche Bedeutung Löwens „Die Walpurgis Nacht" für Goethes ‚Walpurgisnacht-Dichtung' nun im Detail gehabt haben mag, die Qualität von Löwens Versepos ist im markanten neuartigen Umgang mit den literarischen Stoffen der Faust-Tradition und der Teufels- bzw. Hexenversammlung zu sehen. Ein in Bezug auf die Blocksberg-Versammlung neues dichterisches Verständnis wird offenbar, bei dem die Darstellungsmöglichkeiten, die das Motiv bietet, im Vordergrund stehen. Das ist in diesem Fall die Artikulation gesellschaftskritischer, aufklärerischer Anliegen mit den Mitteln von Ironie und Satire. Zudem hat Löwen sein „Gedicht" durchweg allegorisch konzipiert. Blocksberg, Walpurgisnacht und ‚teuflische Versammlung' sind von vorneherein unzweifelhaft als allegorische Orte und Begebenheiten zu verstehen und zu erkennen; und

---

444 Kroh, S. 448; Stoessl, Franz: Pankrates. 2. In: Der kleine Pauly, Bd. 4, S. 460.

445 Vgl. Schöne, S. 146. Selbst Schöne, der sogar die ablehnende Haltung Witkowskis zu Löwens Versepos nachdrücklich problematisiert (Vgl. Anm. 436), charakterisiert es auch eher pejorativ als „einigermaßen dürftiges Machwerk". Obgleich sich eine Bewertung von Umfang und poetischer Form immer problematisch gestaltet, da es eben innerhalb dieser Gattung an erkennbarer Regelhaftigkeit, Einheitlichkeit und Eindeutigkeit fehlt; so gesehen entspricht „Die Walpurgis Nacht" also durchaus dem Gattungsdurchschnitt (Vgl. Anger 1968, S. 88 f.).

auch ein Grossteil der verwendeten Figuren hat eine allegorische oder zumindest eine Stereotypen vermittelnde, chiffrenhafte Funktion. Wenn die Walpurgisnacht oberflächlich betrachtet auch ‚nur' den eben allegorischen motivischen Rahmen für das unmittelbare Objekt der Dichtung, also die satirische Gesellschaftskritik, bildet, ist sie doch als eigenständiger poetischer Topos dargebracht. Sie ist nicht mehr ein motivisches Detail ohne besonderes eigenes Gewicht in der Literarisierung anderer Stoffe. So ist Löwens „Die Walpurgis Nacht" als erste ‚eigentliche', das heißt von anderen Stoffen relativ unabhängige Poetisierung einer Versammlung, die dazu auch erstmals konkret als Walpurgisnacht bezeichnet ist (!), zu sehen. Dabei ist noch auffällig, dass Löwen die konkurrierende Bezeichnung ‚Hexensabbat', wie sie auch der genannte Abraham Gotthelf Kästner in seiner Kritik verwendet, ganz vermeidet; ob dies womöglich aus Rücksichtnahme gegenüber seinem jüdischen Bekannten Moses Wessely (1737–1792) erfolgte[446], ist jedoch nicht mehr zu klären. Wie gesagt, besteht die literaturhistorische Innovation Löwens nicht unbedingt darin, die Verbindung von Faust-Stoff und Walpurgisnacht erstmals hergestellt zu haben[447], weil es dafür eben schon frühere Ansätze gibt; Johann Friedrich Löwen hat aber als Erster Faust-Figur und Walpurgisnacht auf einem poetischen Niveau miteinander verwoben, das über die Beiläufigkeit und Uneindeutigkeit bei den Vorläufern (Wagner-Buch, Niclaus Schreiber)[448] erheblich hinausgeht.

Seit Löwens Beitrag zur Motivik der Walpurgisnacht sind Allegoriehaftigkeit und satirische Note recht signifikante Merkmale vieler literarischer Verwendungen der Hexenversammlung. Allerdings sind zwischen Löwens Versepos und den ersten poetischen Ergebnissen von Goethes Auseinandersetzung mit der Walpurgisnacht noch mehrere Faust-Dichtungen erschienen, die durchaus ohne eine derartige Versammlung ausgekommen sind[449]; am ehesten noch abgesehen

---

446 Potkoff, S. 59 u. 90.

447 Vgl. Anm. 374.

448 Vgl. Teil 2, I. (Vororientierung).

449 z. B. Weidmann, Paul (1748–1801): Johann Faust. Bühnenstück (1775); Klinger, Friedrich Maximilian (1752–1831): Faust's Leben, Taten und Höllenfahrt. Roman (1791); Müller, Friedrich, gen. Maler Müller (1749–1825): Fausts Leben. Dramatisches Fragment (Erstmals 1778). Darin entfaltet Müller – evtl. nach dem Vorbild Lessings – einmal einige spezifische Charaktere so, dass sich der Eindruck einer ‚teuflischen' Versammlung ergibt, womit gleichzeitig das satirische Panoptikum eines zeitgenössischen Hofstaates dargeboten wird. Als Walpurgisnacht ist diese Szenerie jedoch eindeutig nicht ausgewiesen (Vgl. Leuschner, Ulrike: „Eine Witterung, freylich immer nur schwach von fern" – Müllers und Klingers Faustdichtungen. In: Mahal, Günther (Hrsg.): „.... aus allen Zipfeln ...". Faust um 1775. Referate und

von der prosaisch-lyrischen Mischerzählung „Kakerlak oder Geschichte eines Rosenkreuzers aus dem vorigen Jahrhunderte“ (1784) von Johann Karl Wezel (1747–1819)[450], worin Brocken und Hexenversammlung immerhin als feststehende Begrifflichkeiten erwähnt sind. Also dürfte die unmittelbarste Ursache dafür, dass in literarhistorischem Zusammenhang die Walpurgisnacht oft sehr direkt mit dem Faust-Stoff oder sogar als ein Teil desselben assoziiert wird, doch erst bei den Faust-Arbeiten Goethes bzw. in deren Wirkung liegen.

VI. Weitere Literarisierungen bis zum Ende des 18. Jahrhunderts

Enthält u. a. Wanderbühne, Gespensterbücher, Hafner, J. G. Jacobi, Claudius, Bürger, Hölty, Lichtenberg, Vulpius.

Literarisierungen von jedweden Hexenversammlungen oder Walpurgisnächten sind in der Dichtung des 18. Jahrhunderts keineswegs häufig; auch die Zunahme von Hexenfiguren erfolgt nur allmählich. Eine Ursache dafür ist sicherlich, dass das Interesse daran im Zeitalter der Aufklärung eher gering sein musste, wurde doch eben damit ein überkommener Aberglaube assoziiert. Außerdem könnte dabei eine Tendenz von Bedeutung sein, wonach in der Aufklärung ein Unbehagen oder sogar eine Verdrängung bei Belangen des vermeintlichen Hexenwesens und der Hexereiverfahren festzustellen ist. Ein Grund dafür wird gemeinhin in dem Zwiespalt gesehen, dass einerseits ein ohnehin längst entlarvter Aberglaube abgelehnt wurde, der andererseits besonders in der einfachen Bevölkerung durchaus weiterhin verbreitet war. Obendrein fanden mit dem Schwerpunkt in den katholischen südostdeutschen Territorien noch recht weit bis ins 18. Jahrhundert hinein sowohl vereinzelte Hexenprozesse als auch

Zusammenfassungen der Diskussionen des wissenschaftlichen Symposiums am 25./26. September 1999 in Knittlingen. Knittlingen 1999, S. 75).

450 Die Hauptfigur dieser Erzählung heißt zwar nicht ‚Faust‘, sondern eben „Kakerlak“, aufgrund motivischer Aspekte wird davon aber generell schon als Faust-Dichtung gesprochen; etwa bei: Adel, Kurt: Johann Karl Wezel. Ein Beitrag zur Geistesgeschichte der Goethezeit. Wien 1968, S. 114–137 („Kakerlak“ – „Faust“ als Feenmärchen); Henning, Hans: Ein märchenhafter Roman vom Menschen, von Feen und Hexen, oder: Kakerlak, Tausendschön und Schabernack – Poetisches und Philosophisches, Aufklärung und Satire, Natur und Kunst in einer Faust-Dichtung Johann Karl Wezel. In: In: Mahal, Günther (Hrsg.): „.... aus allen Zipfeln ...“. Faust um 1775. Referate und Zusammenfassungen der Diskussionen des wissenschaftlichen Symposiums am 25./26. September 1999 in Knittlingen. Knittlingen 1999, S. 121–147; vgl. auch Teil 2, VI.

im ersten Viertel des Jahrhunderts selbst noch kleinere Prozesswellen statt. Ein Zustand mit dem die aufklärerische, intellektuelle Denkart offenbar zunächst nicht recht umzugehen wusste.[451]

Auf den Wanderbühnen gehören allerdings Magie- und vor allem Faust-Motive zum Standardrepertoire, ohne dass dabei konkrete Hexenversammlungsmotive, die über Furientänze oder Teufelsansammlungen nach der Art der religiösen Bühnenspiele hinausgingen, festzustellen wären[452]. Ungewöhnlicherweise ist sogar ein Wanderbühnen-Spieltext nachweisbar, bei dem es um einen „Hexen-Proceß" geht[453]. In der Tragödie und Komödie höheren oder gar aufklärerischen Anspruchs fehlt die explizite motivische Umsetzung eines solchen dämonischen Konvents gleichermaßen, wiederum abgesehen von daran erinnernden Ansätzen[454].

Etwa ab der Jahrhundertmitte werden sog. Gespensterbücher populär. Dabei handelt es sich um triviale Zusammenstellungen von meistens sagenähnlichen, volkstümlich überlieferten Gespenstergeschichten der vielfältigsten Art und aus verschiedensten Quellen[455]. So manche dieser Geschichten dürfte jedoch vom jeweiligen Verfasser schlicht erfunden worden sein; und auch die Möglichkeit, dass man einiges Material geringfügig abgewandelt voneinander übernommen hat, ist sehr wahrscheinlich[456]. Natürlich befinden sich auch zahlreiche Hexengeschichten in diesen Sammlungen[457], in deren Kontext auch schon einmal andeutungsweise von Hexenversammlungen die Rede ist, ohne dass dabei von einer eigenständigen, motivischen Verwendung gesprochen werden könnte. Das Hexenbild, das sich in diesen Machwerken ausdrückt, sieht Hexen eben als einen

---

451 Behringer 1988, S. 355–365; — 1992, S. 403–407; vgl. Teil 1, IV.

452 Vgl. Asper, Helmut G.: Spieltexte der Wanderbühne. Ein Verzeichnis der Dramentexte des 17. und 18. Jahrhunderts in Wiener Bibliotheken. Wien 1975; Eversberg, Gerd: Wandlungen des Faust-Stoffes von der Wanderbühne zum Marionettentheater. In: Mahal, Günther (Hrsg.): „… aus allen Zipfeln …". Faust um 1775, Referate und Zusammenfassungen der Diskussionen des wissenschaftlichen Symposiums am 25./26. September 1999 in Knittlingen. Knittlingen 1999, S. 9 (Nur eins von vielen Beispiel ist ein Faust-Bühnenspiel, dem ein Prolog aus einem Drama von Thomas Dekker vorangestellt wurde; darin erscheinen die höllischen Furien vor Pluto und erhalten von ihm die Erlaubnis, Faust zu versuchen).

453 Asper, S. 101.

454 Vgl. Teil 2, V. (Lessings Szenenentwurf zu einem Faust-Bühnenstück).

455 Wilpert 1994, S. 119.

456 Wilpert 1994, S. 119.

457 Vgl. ebd., S. 119–121.

Gespenster-Typus; es weicht von der dämonologischen Prägung der beiden vorangegangen Jahrhunderte mittlerweile deutlich ab[458].

Ist um die Jahrhundertmitte manchen dieser Gespensterbücher noch eine gewisse, eventuell auch vorgegebene naive Gespenstergläubigkeit anzumerken oder wird darin zumindest die Authentizität der geschilderten Erscheinungen betont, werden solche Geschichten später doch mit zunehmender Skepsis präsentiert. Dennoch stabilisiert sich für längere Zeit eine Variante des Umgangs mit Gespenstergeschichten, die weiterhin in samt und sonders marktorientierter Manier ganz beabsichtigt auf den Grusel- und Schauereffekt setzt. Auf Seiten der dagegen opponierenden, aufklärerisch gesonnenen Aberglaubensgegner mündet spätestens im letzten Viertel des Jahrhunderts der Argwohn über diese Geschichten in Ironie und offenes Lächerlichmachen des Gespensterglaubens[459].

Auch gibt es eine dazu parallele Serie von Veröffentlichungen, die den Anspruch erheben, um eine quasi wissenschaftliche Klärung von vermeintlichen Gespenstererscheinungen bemüht zu sein. Letztlich dürfte aber auch bei diesen Autoren der merkantile Aspekt nicht völlig nebensächlich gewesen sein. Dafür spricht, dass der Aberglaube insgesamt zwar abgelehnt wird, man einzelne abergläubische Annahmen aber bewusst gelten lässt oder in christlichem Sinne uminterpretiert, um das Interesse einer unverbesserlich gespenstergläubigen Leserschaft zu wahren.[460]

---

458 Zu welchen Kuriosa es in diesem Genre mitunter kam, zeigt sich an der ebenfalls mit Gespenstergeschichten reichhaltig ausgeschmückten Abhandlung „Die Verbindung des Teufels mit Gespenstern nebst Anecdoten von Erscheinungen derselben" (Gießen 1777, urspr. anonym) des Heinrich Martin Gottfried Köster. Darin wird Überlegungen nachgegangen, die selbst in der dämonologischen Debatte vergangener Jahrhunderte eher unüblich waren.

459 Wilpert 1994, S. 119–121.

460 Vgl. dazu Jung-Stilling, Johann Heinrich: Theorie der Geisterkunde oder was von Ahnungen, Gesichten und Geistererscheinungen geglaubt und nicht geglaubt werden müsste. Erstmals Nürnberg 1808. Neben Erklärungsversuchen von Geistererscheinungen ist vor allem Jung-Stillings historische Perspektive bei der Beurteilung des Zaubereiglaubens und des „schreckliche[n] Verbrechen[s]" der Hexereiverfolgung, interessant (§§ 165–168). Als seine wichtigste Quelle gibt er die 1785 in Erfurt von dem Verleger Georg Adam Kayser (auch ‚Keyser') herausgebrachte anonyme Schrift „Uhuhu, oder Hexen-, Gespenster-, Schatzgräber- und Erscheinungs-Geschichten" an, außerdem Karl von Eckartshausens „Sammlung der merkwürdigsten Visionen, Erscheinungen, Geister- und Gespenstergeschichten. Nebst einer Anweisung dergleichen Vorfälle vernünftig zu untersuchen, und zu beurtheilen. München 1792. Vgl. auch Wilpert 1994, S. 119 f.

Außerhalb solcher trivialer Unterhaltung bleiben Hexenfiguren in der Dichtung, zumal in der höheren Anspruchs, die besagte relativ seltene Erscheinung. Sofern sie in Gespenster-, Geister- oder Teufelsbündnerromanen vorkommen, habe sie zumeist einen verzierenden Zweck[461]. Allerdings können in anderen Gattungen Hexen gelegentlich doch eine nahezu protagonistische Funktion einnehmen; dann werden sie zumeist als Instrument originellen, fast immer ironischen oder heiteren Ausdrucks verstanden. Dafür exemplarisch steht etwa das zweiteilige Lustspiel des Wieners Phillip Hafner (1735–1764) „Mägera, die förchterliche Hexe" von 1764/65.[462]

Die allegorische Dimension der Hexenversammlung auf dem Blocksberg, wie sie Löwen ja in lyrischer Form umgesetzt hatte, findet in der zweiten Hälfte des 18. Jahrhunderts einen gewissen, wenn auch quantitativ spärlichen Niederschlag in Essays und kurzer aphoristischer Prosa.

So steht für den empfindsamen Dichter und Professor Johann Georg Jacobi (1740–1814) der Blocksberg sinnbildlich für die im Vergleich zur griechischen („Theokrit") und römischen („Virgil") Antike beklagenswerte Situation der Dichtung und der Kultur überhaupt in Deutschland. In seinem kurzen Essay „Der Blocksberg" (um 1770 vollendet) beklagt er den Mangel an dichterischer Inspiration, aber auch das Unvermögen der deutschsprachigen Literaten bisher nicht mehr aus den hiesigen *„Local Schönheiten"* machen zu können[463]. Missmutig heißt es:

> „Ja leider! – indem ich ihn von ferne sah – bist du deswegen unter uns berühmt, weil Hexen auf Dir tanzen. Kämen sie nur wenigstens nicht auf Ofengabeln herbeygeritten! Der Besuch von artigen Zauberinnen, gleich der Zauberinn des Theokrit und Virgil, könnte dich immer veredlen. Ich selbst möchte solch ein Mädchen bey dem von ihm angezündeten nächtlichen Feuer sehen." (S. 128)

Zur weiteren Vergegenwärtigung des Makels führt der Anakreontiker Jacobi eine sinngemäße, in Paarreimen abgefasste Übersetzung einer Lyrik aus den

---

461 z. B. Wezel, Johann Karl: Kakerlak oder Geschichte eines Rosenkreuzers aus dem vorigen Jahrhunderte. Leipzig 1784; Spiess, Christian Heinrich: Hans Heiling, vierter und letzter Regent der Erde-, Luft-, Feuer- und Wassergeister. Leipzig 1798/99.

462 Vollständiger Titel: Ein neues Zauberlustspiel, betitelt: Mägera, die förchterliche Hexe oder Das bezauberte Schloß des Herrn von Einhorn. 2 Teile (1764/65). Zweiter Teil (1765) auch unter dem Titel „Die in eine dauerhafte Freundschaft sich verwandelnde Rache" bekannt.

463 Jacobi, Johann Georg: Sämtliche Werke. 3 Teile. Halberstadt (1. u. 2. Teil) u. Karlsruhe (3. Teil) 1770–1777, 2. Teil, S. 148 f. Auch enthalten in Killy, Walther (Hrsg.): Die Deutsche Literatur. Texte und Zeugnisse. 7 in 13 Bänden. München 1963–1983, Bd. IV/1: 18. Jh. (1983), S. 128 f.

„Bucolica“ des Vergil an. Der Unterschied zwischen der Übersetzung und dem vorbildhaften antiken Original kommt für ihn dem zwischen dem grobschlächtigen Blocksberg und den ehrwürdigen mythologischen Höhen des antiken Griechenland gleich:

> „Schämen müssen wir uns, wenn wird solche Fabeln mit den Fabeln der Alten vergleichen; unsern Blocksberg mit dem Berge, von welchem Herkules als Gott zum Olympe stieg; unsren Mäusethurm mit dem Thurme der Danae; unsre Teufelsmauer mit Ossa und Pelion, die von Riesen aufeinandergethürmt, den Göttern einen Sturm drohten [...].“ (S. 129)[464]

Trotzdem hat Jacobi Hoffnung; er appelliert an die dichterische Lernfähigkeit und Empfindsamkeit:

> „Wir haben viele zur Erdichtung geschickte Gegenden: Wollten unsre Schriftsteller sich dieselben nur zu Nutze machen! Welche eine Menge *Local Schönheiten* treffen wir nicht in den Alten an! Ihren Zeitgenossen gereichten diese zum Vergnügen, und wir machen uns gern mit alle dem bekannt, was dazu gehört, sie völlig zu empfinden.“ (S. 129)

Der Blocksberg als Sinnbild eines kulturellen Dilemmas findet sich in gewisser Weise auch beim Lyriker Matthias Claudius (1740–1815). Doch anders als in Jacobis von Ernüchterung und Bedauernis angestoßener intellektuellen Klage, heißt es in der siebten Strophe des „Rheinweinliedes“ von 1776 in der für Claudius charakteristischen beschwingten und frohgemuten Form:

> „Der Blocksberg ist der lange Herr Philister,
> Er macht nur Wind wie der;
> Drum tanzen auch der Kuckuck und sein Küster
> Auf ihm die Kreuz und Quer.“[465]

---

464 Der mythologischen Überlieferung nach bereitete sich Herakles (röm. Herkules) auf dem Berg Oeta einen Scheiterhaufen und schwang sich in den Flammen zu Zeus auf den Olymp empor.
Bei der Teufelsmauer handelt es sich um eine Formation von Sandsteinklippen im Harz, deren kultische Vergangenheit bis in die Jungsteinzeit zurückverfolgt werden kann. Erhalten ist nur noch ein Rest bei dem Ort Blankenburg; vgl. Knappe, S. 31.

465 Claudius, Matthias: Sämtliche Werke. Textredaktion: Jost Perfahl. Mit Nachwort und Bibliographie von Rolf Siebke, Anmerkungen von Hansjörg Platschek. 7. Aufl. München 1991, S. 172 f. (Text) u. S. 1019 f. (Anm.).
Zum näheren volkstümlichen bzw. volksmythologischen Gehalt vgl. Duden, Bd. 7 (1999), S. 2918 (Philister); Grimm: Deutsches Wörterbuch, Bd. VII/2, Sp. 1826–1828 (Philister); Bächtold-Stäubli, Bd. V, Sp. 737 u. 747 (Zusammenhang von Teufel und Kuckuck im Volksaberglauben).

Der volkstümliche, üblicherweise im Sturm und Drang eingeordnete Dichter Gottfried August Bürger (1747–1794) verfasste die balladesken, episch-lyrischen Gedichte „Der Raubgraf" und „Der wilde Jäger", die beide einen kleinen Beitrag zur Walpurgisnacht- und Hexenversammlungs-Thematik ausmachen[466]. Wenn auch nicht von einer eigentlichen Literarisierung gesprochen werden kann, hat Bürger darin doch einige signifikante Elemente verarbeitet, die zeigen, dass die Blocksbergversammlung im weiteren Verlauf des Jahrhunderts ein zwar unterschwelliges, aber dennoch durchgängiges Motiv innerhalb des poetischen Denkens blieb.

Bürger nahm die Herdersche Anregung zur Volkstümlichkeit der Poesie begeistert als Ideal an[467]; in seinem Fall ist dazu der Aspekt einer durchaus politisch gesonnenen Volkspoesie zu beachten. Dabei werden der Volksseele vertraute Sagenmotive auch zur Artikulation von aktuellen politischen und sozialen Fragen eingesetzt. Das wäre etwa das reformerische Hinterfragen des Ungemachs einseitiger Machtverhältnisse in der Ständegesellschaft und die Kritik an tyrannischen oder zumindest den Nöten der Bevölkerung zuwiderlaufenden Verfehlungen des Adels („Der wilde Jäger"), unbedingt aber auch eine Besinnung auf christliche Werte und Lebensart („Der Raubgraf", „Der wilde Jäger).[468] Doch auch unabhängig von solchen spezifischen weltanschaulichen Erwägungen, ist am Aufgreifen solcher volkstümlich verwurzelter Stoffe einfach das in der zweiten Hälfte des 18. Jahrhunderts aufkommende literarische und intellektuelle Interesse daran ersichtlich.

Die 1776 veröffentlichte Ballade „Der Raubgraf" wird gattungsspezifisch im Allgemeinen als ein Übergangsglied zwischen ironischer oder komischer Romanze und volkstümlich-humoristischer Ballade eingestuft[469]. Formal gesehen

---

466 Als Untersuchungsgrundlage dient: Bürger, Gottried August: Gedichte. Hrsg. von August Sauer (Deutsche National-Litteratur. Historisch kritische Ausgabe, 78. Band). Nachdruck der Ausgabe Berlin u. Stuttgart 1883. Tokyo u. Tübingen 1974, S. 179–184 („Der Raubgraf") u. 231–237 („Der wilde Jäger").

467 Vgl. z. B. Kemper, Hans-Georg: Deutsche Lyrik der frühen Neuzeit. Band 6/II (Sturm und Drang: Genie-Religion). Tübingen 2002, S. 23, 232, 242; — Bd. 6/III (Sturm und Drang: Göttinger Hain und Grenzgänger). Tübingen 2002, S. IX u. 233 ff.

468 Vgl. Kemper 2002, Bd. 6/II, S. 63; — Bd. 6/III, S. 248 f. (Tyrannenkritik bei Bürger); Häntzschel, Günter: Gottfried August Bürger. München 1988, S. 59–62; Kaim-Kloock, Lore: Gottfried August Bürger. Zum Problem der Volkstümlichkeit in der Lyrik. Berlin/O. 1963, S. 206 f. u. 211 f.; Fitzell, John: The hermit in German literature. From Lessing to Eichendorff. Chapel Hill (North Carolina) 1961, S. 31 f. u. 36.

469 Erläuterungen zur deutschen Literatur: Sturm und Drang. Hrsg. vom Kollektiv für Literaturgeschichte im volkseigenen Verlag Volk und Wissen. 6. Aufl. Berlin/O. 1983, S. 294; Häntzschel, S. 63.

handelt es sich dabei um 24 sechszeilige Strophen, bei denen fast durchgängig die ersten vier Zeilen mit dem Kreuzreim, die letzten beiden mit dem Paarreim abschließen.

Bürger, ein gebürtiger Unterharzer und Kenner der dortigen Sagenwelt, hat für „Der Raubgraf" prompt eine Harzsage mit historischen Anleihen verwertet, so dass dabei auch noch Ansätze zur historischen Ballade gegeben sind[470]. Der geschichtliche Hintergrund ist wohl in Streitigkeiten des Grafen Albrecht II. von Regenstein bzw. Reinstein[471] (um 1290–1349) mit der Stadt Quedlinburg im frühen 14. Jahrhundert zu suchen, in deren Verlauf der Graf gefangen und für über ein Jahr in ein primitives hölzernes Verließ gesteckt worden sein soll. Anders als in Bürgers Dichtung, in der sich der böse Raubgraf schließlich komplett selbst verspeist, konnte der historische Graf, der auf kaiserliche Anordnung hin eigentlich enthauptet werden sollte, sein Leben durch Zugeständnisse an die Bürgerschaft retten[472].

In der Ballade trägt der Ich-Erzähler einige moralisierende Weisheiten und Erzählungen vor, die ihm „einst" als Reisender der „Schwager Postillion" (S. 179), also der Kutscher, mitgeteilt hat:

Der „Schwager Matz", der stets in wörtlicher Rede wiedergegeben wird, beginnt „mit heimlichem Gesicht" über Reichtum zu sprechen, der als Folge eines Bundes mit dem „Meister Urian", zustande kommt (S. 180). Bei einem solchen Ansinnen würde es auf folgendes ankommen:

> „Nur immer alle sieben Jahr
> Läßt sich ein Flämmchen sehen.
> Dann mag ein Bock, kohlschwarz von Haar,
> Die Hebung wohl bestehen.
> Um zwölf Uhr in Walpurgis Nacht,
> Wird der dem Unhold dargebracht." (S. 180)

Doch empfiehlt er nachdrücklich, den Weg der Rechtschaffenheit nicht des schnellen teuflischen Reichtums wegen zu verlassen:

> „Drum rat ich immer: Lieber Christ,
> Laß dich mit keinem ein!
> Wann der Kontrakt geschlossen ist,
> Bricht man dir als Hals und Bein.

470 Ebd.

471 Von der Burgruine „Alter Reinstein" als Attraktion bei Lustfahrten berichtet ja auch schon Praetorius; vgl. Teil 2, II.

472 Bürger: Gedichte, S. 180 (Anm.); Wolff, S. 137–139 („Der Raubgraf vom Regenstein", „Der Quedlinburger Raubgrafenkasten").

Trotz allen Klauseln, glaube du,
Macht jeder dir ein X für U.

[...]
Mein Sprüchlein heißt: Auf Gott vertrau,
Arbeite brav und leb genau!“ (S. 181)

Der „Schwager“ fährt dann mit der Geschichte vom möglicherweise teufelsbündnerischen „alte[n] Graf von Rips“ fort, der zum Leidwesen der Städter einem Raubritterdasein nachging – „[.] gar lang und oft viel Bubenstückchen aus [übt']“ (S. 181). Dem „Magistrat im nächsten Städtchen“, der dem Graf auf seiner „Burg“, einem „allverfluchte[n] Felsennest“, wo „[.] ihm kein Teufel was [tat]“, nicht beikommen konnte, bot ausgerechnet ein „in Kett' und Banden“ sitzendes „Lumpenhexchen“ seine Hilfe an – zu der Bedingung, freigelassen zu werden, wenn sie den Übeltäter „[.] herein [schafft]“ (S. 181 f.). Durch das Hexenmittel der Tierverwandlung gelang es dem „Hexlein“ auch den „Rips [...] gerades Wegs zur Stadt“ zu befördern, wo dem „Schnapphahn“ der Prozess gemacht und er in „ein Käficht [.] hineingesperrt“ wurde (S. 183). Der „Käficht“, in welchem der „Lebenslauf“ des Bösewichts endete – so lässt Bürger den „Schwager Postillion“ scherzhaft und nicht ganz zeituntypisch frankophob fortfahren[473] – „dürfte noch zu brauchen sein“, nämlich „für die französchen Raubmarquis, die man zur Ferme kommen ließ“; also zu Pachtzwecken und anderen Vorhaben im Land befindliche französische Adelige (S. 183 f.). Und tatsächlich:

„Als Matz kaum ausgeperoriert,
Sieh da! kam querfeldan
Ein Sansfaçon daher trottiert,
Und hielt den Wagen an,
Und visitierte, Pack für Pack,
Nach ungestempeltem Tabak.“ (S. 184)

Die Arbeit an „Der wilde Jäger“ hatte Bürger bereits im Jahr 1773 begonnen und 1778 abgeschlossen, äußerer Gründe wegen konnte das episch-lyrische Gedicht aber erst 1786 in Druck gehen. Bürger selbst hat diese ernste Ballade unter der Prämisse einer höchstmöglich lebendigen künstlerischen Darstellung, die sich nach dem Vorbild der Natur richtet, als eines seiner wichtigsten Werke angesehen[474]. Abgesehen von der mit 36 höheren Strophenanzahl ist die schnörkellose formale Konzeption mit der von „Der Raubgraf“ identisch; das bedeutet

473 Vgl. auch Kemper 2002, Bd. 6/III, S. 148 (Frankophobe Inhalte in den Produktionen des Göttinger Hainbundes und bei demselben nahe stehenden Dichtern).
474 Bürger: Gedichte, S. 231 (Anm.); Häntzschel, S. 53; vgl. auch Kaim-Kloock, S. 205.

wiederum durchgängig sechszeilige Strophen mit dem Kreuzreim in den ersten vier bzw. dem Paarreim in den beschließenden zwei Versen.

Mit „Der wilde Jäger" hat Bürger einen ebenso bekannten wie überregionalen Sagenstoff literarisiert. Es sind dies die volkstümlichen Erzählungen um jene Spukgestalten, die wegen Grausamkeit gegen Mensch und Wild, außerdem der Entweihung des Sonntags oder des Jagens zu anderen verbotenen Zeiten, wie an kirchlich gebotenen Feiertagen, wegen zum Herumgeistern bis zum jüngsten Tag verurteilt sind[475]. Bürger dürfte dabei frei nach seinen Vorlieben vorgegangen sein, ohne dabei nachweisbar eine bestimmte der vielen lokalen Varianten der Sage im Sinn gehabt zu haben; so ist seine Wahl, den wilden Jäger als „Wild- und Rheingraf[en]" einzuführen (S. 231), recht sicher nach lautlichen Kriterien erfolgt[476]. Wie schon in der Ballade vom Raubgrafen hat Bürger die Handlung in ein mittelalterlich-ritterliches Milieu gelegt. Auch gibt es wieder einen anonymen Ich-Erzähler; dessen Vortrag dazu nach und nach mit der wörtlichen Rede handelnder Personen angereichert wird[477].

Geschildert wird die schändliche sonntägliche Jagd eben eines „Wild- und Rheingraf[en]" zu Pferde (S. 231), der sich eines ganzen Kataloges von Untaten schuldig macht, die neben unweidmännischem Verhalten und grundsätzlicher Rücksichtslosigkeit vor allem Gotteslästerungen umfassen.

Außer dem „Troß", der ihm „laut rasselnd" nachstürzt (S. 231), begleiten den Grafen zwei Ritter – der „böse" und der „gute Engel" (S. 232) – die nach der Art der zwei Seelenhälften jeweils das Schlechte und das Gute symbolisieren[478]:

„[...]
Sieh da! Sieh da, kam rechts und links
Ein Reiter hier, ein Reiter da!
Des Rechten Roß war Silbersblinken,
Ein Feuerfarbner trug den Linken.

Wer waren Reiter links und rechts?
Ich ahnd' es wohl, doch weiß ich's nicht.
Lichther erschien der Reiter rechts,
Mit mildem Frühlingsangesicht.

475 Bächtold-Stäubli, Bd. IV, Sp. 588–590.

476 Bürger: Gedichte, S. 231 (Anm., u. a.: „Wild- und Rheingrafen hießen die Grafen des wilden Hunsrück. Bürger wird den Namen nur des Wohlklangs wegen gewählt haben."); Häntzschel, S. 59.

477 Vgl. Häntzschel, S. 60.

478 Vgl. ebd., S. 60 f. (H. spricht allerdings von einer „allegorischen Bedeutung" der beiden Reiterfiguren.).

Graß, dunkelgelb der linke Ritter
Schoß Blitz vom Aug, wie Ungewitter." (S. 231 f.)

Gegenüber dem stets warnenden Rat des guten rechten Reiters favorisiert der Graf unablässig die Einflüsterungen des schlechten linken, der des Grafen Neigung zu Missetaten unterstützt; beinahe refrainartig heißt es vor jedem Begehen eines Frevels immer:

„Der rechte Ritter sprengt heran,
Und warnt den Grafen sanft und gut.
Doch baß hetzt ihn der linke Mann
Zu schadenfrohem Frevelmut.
Der Graf verschmäht des Rechten Warnen
Und läßt vom Linken sich umgarnen" (S. 233, 234, 235)

Das Sündenregister des „Wild- und Rheingraf[en]" beginnt mit der Entweihung des Sonntag, der für die Jagd tabu ist, sowie der Missachtung und Störung der christlichen Andacht:

„Vom Strahl der Sonntagsfrühe war
Des hohen Domes Kuppel blank.
Zum Hochamt rufte dumpf und klar
Der Glocken ernster Feierklang.
Fern tönten lieblich die Gesänge
Der andachtsvollen Christenmenge." (S. 231)

Es folgt die als Unheil nach sich ziehend berüchtigte Jagd auf einen „weiße[n] Hirsch [...] mit sechzehnzackigem Gehörne" (S. 233)[479]. Ein um „Erbarmen" bittender „armer Landmann", in dessen „Ährenfeld" sich das „Wild" vorübergehend verbirgt, wird übergangen und die Feldfrüchte fallen der Vernichtung durch den „Troß mit Hund und Roß und Mann" anheim (S. 233). Als sich dann das flüchtende Wild unter eine Viehherde mischt, wird der untertänig um Schonung des „arme[n] stille[n] Vieh[s]" bittende Hirte samt der Herde, die dazu noch aus „mancher armen Witwe Kuh" besteht, niedergemacht (S. 234 f.)[480].

479 Bächtold-Stäubli, Bd. IV, Sp. 90–92 (Schon den Germanen und in der antiken Mythologie galt der Hirsch als göttliches Tier), Sp. 96 f. (In der Liturgie des frühen Christentums erscheinen Maria oder Christus als weißer Hirsch), Sp. 93 f. (Der Hirsch kann auch Unterwelttier sein, ein Dämon, der den wilden Jäger verlockt), Sp. 97 (Die Heiligkeit gar des Kreuz tragenden Hirsches ist in der Hubertus- und Eustachius-Legende überliefert) u. Bd. VIII, Sp. 800 (Die Jagd auf den weißen Hirsch zieht stets Unheil nach sich).

480 Zur Symbolträchtigkeit gerade der Hirtenfigur vgl. Bächtold-Stäubli, Bd. IV, Sp. 124–131. Zur Vernichtung des gemeinschaftlichen, dörflichen Besitzes kommt

Zuletzt sucht das Wild Zuflucht „in des Waldes Mitte, in eines Kläusners Gotteshütte“ (S. 235). Dafür, dass der fromme Klausner als ein direkter Sprecher Gottes fungiert, spricht, dass er über das bisher Geschehene bescheid weiß[481]. Als nun der abgeschieden, Gott zugewandt lebende Einsiedler dem Frevler entgegentritt, um ihn „mit sanfter Bitte“ zum Einhalt zu bewegen, und ihn davor warnt, das „[.] Strafgericht Gott[es]“ heraufzubeschwören, wird auch dieser vom Grafen blasphemisch verspottet (S. 235).

Doch bevor der Graf den Vandalismus fortsetzt, findet er sich im „Hui“ ganz allein vor und es kommt ein Gottesgericht über ihn, das für seine Verdammung zur metaphysischen Sagengestalt des Wilden Jägers sorgt:

„Du Wütrich, teuflischer Natur,
Frech gegen Gott und Mensch und Tier!
Das Ach und Weh der Kreatur,
Und deine Missetat an ihr
Hat laut dich vor Gericht gefordert,
Wo hoch der Rache Fackel lodert.

Fleuch, Unhold, fleuch, und werde jetzt,
Von nun an bis in Ewigkeit,
Von Höll' und Teufel selbst gehetzt!
Zum Schreck der Fürsten jeder Zeit,
Die um verruchter Lust zu fronen,
Nicht Schöpfer noch Geschöpf verschonen!“ (S. 236)

Er hat zum Zweck der allgemeinen Warnung das Dasein eines rastlosen Untoten zu fristen, der nun seinerseits von grauenvollen, höllischen Kreaturen – dem Wilden Heer – bis zum jüngsten Tag immer und überall gejagt wird:

„Das ist des wilden Heeres Jagd,
Die bis zum Jüngsten Tage währt,
Und oft dem Wüstling noch bei Nacht
Zu Schreck und Graus vorüberfährt.
Das könnte, müsst er sonst nicht schweigen,
Wohl manches Jägers Mund bezeugen.“ (S. 237)

---

noch die rohe Missachtung des idyllischen Ideals, das gerade in der sog. bukolischen oder arkadischen Dichtung seit Theokrit (Um 300 v. Chr. – um 260 v. Chr.) mit dem Hirtendasein assoziiert wird, hinzu. Diese Hirten- oder Schäferdichtung erlebte zu Bürgers Zeit eine Renaissance; so in der Poetik des Rokoko und in der Anakreontik der zweiten Hälfte des 18. Jahrhunderts, zu der auch der mit Bürger korrespondierende Johann Wilhelm Ludwig Gleim beitrug (Vgl. Kertscher, Hans-Joachim (Hrsg.): G.A. Bürger und J.W.L. Gleim. Tübingen 1996).

481 Zum symbolischen Gehalt dieser Klausner-Szenerie vgl. Fitzell, S. 32–35.

Die Vorstellung vom Wilden Heer, das auch unter Wütendem Heer, Wodans Jagd oder einfach nur unter Wilde Jagd geläufig ist, wird ebenso üblicher- wie umstrittenerweise mit heidnischen, germanischen Ursprüngen erklärt[482]; in einem christianisierten Gewand sorgt das Wilde Heer hier für den vom christlichen Gottesgericht auferlegten Strafvollzug.

Die Sagen vom Wilden Jäger sind mit denen vom Wilden Heer meistens eng verknüpft; da nun gelegentlich eine Verbindung zwischen den Vorstellungen vom Wilden Heer und der Entstehung des Glaubens an unerklärliche unchristliche Umtriebe des Nachts, an Hexen und deren Konvente[483], vermutet wird, berührt diese Literarisierung Bürgers also auch die Hexenversammlungs-Thematik.

Heißt es von Bürger in aller Regel, dass er immerhin dem Zirkel des Göttinger Hain nahe stand oder zur erweiterten Gemeinde dieses Dichterkreises zählte, so gilt der mit Bürger befreundete Ludwig Christoph Heinrich Hölty (1748–1776) als Mitbegründer und bedeutendster Lyriker des Hainbundes, dem trotz der zweifellos gegebenen Verbindung zum Sturm und Drang ein eigenes poetisches Profil zugestanden wird[484]. Gemeinsam mit Bürger war Hölty selbstredend die Vorliebe für die Balladendichtung und die lyrische Dichtung überhaupt. Dabei wird Hölty eine eher noch deutlichere Tendenz als Bürger zum Verarbeiten von Motiven aus den Bereichen der schwarzen Magie und des Metaphysik-Glaubens attestiert, dessen Antrieb mitunter in einer wahrscheinlich ungleich stärkeren

---

482 Bächtold-Stäubli, Bd. IV, Sp. 592 (Wodan als Führer der wilden Jagd); Erich u. Beitl, S. 970–972 (Wilde Jagd, wilder Jäger) u. 981 (Wodan); vgl. Teil 1, II.

483 Erich u. Beitl, S. 970–972 (Wilde Jagd, wilder Jäger) u. 981 (Wodan). Zur Ähnlichkeit und Kongruenz mit vermeintlichen Elementen des sog. Dianakults, dokumentiert z. B. im „Canon episcopi" aus dem späten 9. Jahrhundert, vgl. Ginzburg 1990, S. 91–121; Gerlach, S. 960 f.; Teil 1, II.

484 Zu Bürgers Verbindung zum Hainbund und zu Hölty vgl. Kemper 2002, Bd. 6/II, S. 23; — Bd. 6/III, S. 139 f. u. S. 217–252; Wilpert, Gero v.: Lexikon der Weltliteratur – Deutsche Autoren. Biographisch-bibliographisches Handwörterbuch nach Autoren und Werken. 4 Bde. Lizenzausgabe der 3. Aufl. Stuttgart 1988–1993. München 1997, Bd. 1, S. 233 f. u. 673; — 2001, S. 316; Häntzschel, Günter: Bürger, Gottfried August. In: Killy, Bd. 2 (1989), S. 297; Kosch, 2. Bd. (1969), S. 296; Kelletat, Alfred (Hrsg.): Der Göttinger Hain. Stuttgart 1979 (© 1967), S. 402.
Zur Bedeutung Höltys für den Göttinger Hain vgl. Kemper 2002, Bd. 6/III, S. 139–148 u. S. 167–194; Wilpert 1997, Bd. 1, S. 673; Kranefuss, Annelen: Hölty, Ludwig Christoph Heinrich. In: Killy, Bd. 5 (1990), S. 391 f.; Dewitz, Hans-Georg: Hölty, Lud(e)wig Christoph Heinrich. In: Kosch, 7. Bd. (1979), S. 1333.
Zum eigenen, teilweise vom Sturm und Drang unabhängigen Profil des Göttinger Hain vgl. z. B. Kemper 2002, Bd. 6/II, S. 23.

persönlichen Neigung Höltys zu Freimaurerei, zur hermetischen Tradition, zu Phantastischem und Okkultem vermutet wird[485].

Vor einem solchen Hintergrund, zweifellos aber genauso vor dem einer freisinnigen, gelegentlich lebhaft-musischen und humoristisch-unterhaltenden Auffassung von Lyrik ist Höltys „Hexenlied" zu sehen[486]. Höltys Arbeit an diesem Gedicht, die sich ab 1774 nachweisen lässt, musste in seinem Todesjahr 1776 zwangsläufig enden. So erklärt sich wohl auch die Existenz von mehreren, voneinander abweichenden Fassungen[487]. 1777 erschien erstmals eine davon post mortem, also kurioserweise in dem Jahr, in welchem Goethe seine erste Wanderung auf den Brocken unternahm. Obwohl Hölty die Balladenform um 1773 eigentlich aufgegeben haben soll[488], hat das „Hexenlied" in formeller Hinsicht durchaus noch balladeske Züge[489]. Die fünf oder, je nach Fassung, auch sechs sechszeiligen Strophen werden stets von zwei paargereimten Versen im schnellen jambischen Metrum eröffnet, in den nachfolgenden vier jambischen Verse ist dann durchgängig der umschließende Reim gesetzt. Dazu bildet die letzte Strophe zur ersten einen nur im letzten Vers im Wortlaut abweichenden Kehrreim.

Wie viele Gedichte Höltys ist auch das „Hexenlied" ein Frühlings- oder Mailied, in dem das Frühlingshafte die Basis der ausgedrückten Stimmung und des Inhalts ist[490]. Denn es wird eben ein typisches Ereignis des Frühlings geschildert, wenn es in diesem Fall auch eines ist, das seinen Ursprung nicht unmittelbar in der Natur sondern nach Höltys Überzeugung im alten Volksglauben hat. Denn der später erst historiographisch beleuchtete prägende Einfluss der Dämonologie auf bestimmte Details des Hexenglaubens, wie auf die Satansmesse, dürfte Hölty nicht weiter bewusst gewesen sein:

„Die Schwalbe fliegt,
Der Frühling siegt,
Und spendet und Blumen zum Kranze!
Bald huschen wir

485 Vgl. Kemper 2002, Bd. 6/III, S. 23, 143, 175; Wilpert 1997, Bd. 1, S. 233 f. u. 673.

486 Als Textgrundlage zu jeglichen Dichtungen Höltys dient: Hölty, Ludwig Christoph Heinrich: *Gesammelte Werke und Briefe. Kritische Studienausgabe*. Hrsg. von Walter Hettche. Göttingen 1998.

487 Hölty: *Gesammelte Werke und Briefe*, S. 532.

488 Vgl. Kranefuss, S. 392.

489 Vgl. Kemper 2002, Bd. 6/III, S. 175. Zur in diesem Zusammenhang schwierigen Abgrenzung von ‚Lied' und ‚Ballade' vgl. Wilpert 2001, S. 66–68 u. 466 f.

490 Vgl. Kranefuss, S. 392.

Leis' aus der Thür,
Und fliegen zum prächtigen Tanze!" (S. 234, V. 1–6)[491]

Hölty hat in diesem Gedicht einige der vertrautesten Klischees des vormaligen, obzwar bei einfachen Gemütern weiterhin bestehenden Hexenglaubens verarbeitet. So sollte bei seiner Betrachtung sicher von einem mythisch interessierten, dabei aber doch (im unideologischen Sinne) gänzlich aufgeklärten Zugriff des Dichters auf diesen Stoff ausgegangen werden. So glaubte Hölty gewiss nicht mehr an die Existenz solcher Hexen, aus deren Perspektive ja sein „Hexenlied" referiert wird. Gleichwohl begreift er die Vorstellungen und Sagen über das Hexenhafte als einen feststehenden Bestandteil der Volksseele, der recht selbstverständlich auch Gegenstand einer gemeinsinnigen Dichtung sein kann. Darin äußert sich eine, für den Hainbund in mehrfacher Hinsicht charakteristische bewusste Opposition zum rationalistisch-aufklärerischen Anliegen der Verbannung metaphysischer Dinge und solcher, die ihren Ursprung im Aberglauben haben, aus Dichtung und allgemeinem Bewusstsein.

Berücksichtigt ist zunächst die Luftreise „zum prächtigen Tanze", den Hölty ganz selbstverständlich auf dem Brocken platziert:

„Ein schwarzer Bock,
Ein Besenstock,
Die Ofengabel, der Wocken,[492]
Reißt uns geschwind,
Wie Blitz und Wind,
Durch sausende Lüfte zum Brocken!" (S. 234, V. 7–12)

In einer handschriftlichen Fassung des Gedichtes wird in dieser zweiten Strophe dagegen mehr die Frivolität des frühlingshaften Ereignisses herausgestellt:

„Ein Besenstock
Kriecht untern Rock,
Und trägt uns zum taumelnden Brocken!
Der Himmel lacht,
Die Mayennacht
Träuft Perlen in unsere Locken!" (S. 532)

Als nächstes widmet sich die Ballade der eigentlichen Versammlung mit dem obligaten Hexentanz und auch mit einer Satansmesse, bei welcher der „Belzebub" die üblichen verheißenden Parolen zum Besten gibt:

---

491 Hölty: *Gesammelte Werke und Briefe*, S. 234 (Text „Hexenlied") u. 532 f. (Komm.).

492 Auch der Spinnrocken („Wocken") gilt zuweilen als Untersatz für den Hexenritt (Bächtold-Stäubli, Bd. I, Sp. 1149 f.).

„Um Belzebub
Tanzt unser Trupp,
Und küßt ihm die dampfenden Hände;
Ein Geisterschwarm
Faßt uns beym Arm,
Und schwinget im Tanze die Brände!

Und Belzebub
Verheißt dem Trupp
Der Tanzenden Gaben und Gaben;
Sie sollen schön
In Seide gehen,
Und Töpfe voll Goldes sich graben." (S. 234, V. 13–24)

Andere Fassungen des Liedes haben an dieser Stelle eine zusätzliche Strophe vorzuweisen, die zum einen den hexentypischen Diebstahls von Nahrungsmitteln andeutet, vor allem aber in einem freisinnigen, übermütigen Ton und gegenüber den beunruhigten rechtgläubigen „Nachbarn" beinahe höhnisch illustriert:

„Ein Feuerdrach'
Umfliegt das Dach,
Und bringet uns Butter und Eier!
Die Nachbarn sehn
Die Funken wehn,
Und schlagen ein Kreuz vor dem Feuer!" (S. 532)

Die sich zur ersten Strophe kehrreimartig verhaltende letzten Strophe vermittelt wieder einen humoristisch-frivolen Eindruck:

„Der Schwalbe fliegt,
Der Frühling siegt,
Und Blumen entblühn um die Wette!
Bald huschen wir
Leis' aus der Thür,
Und laßen die Männer im Bette!" (V. 25–30)

Bereits beim ersten Erscheinen im Jahr 1777 ist das „Hexenlied" durch eine Notenbeilage mit einer Vertonung des Komponisten Friedrich Gottlob Fleischer (1722–1806) ergänzt worden. Die bedeutendste musikalische Umsetzung der Ballade nahm jedoch erst Felix Mendelssohn Bartholdy (1809–1847) vor. Innerhalb des zwischen 1824 und 1828 komponierten Liederheftes „12 Gesänge" (Op. 8) ist das „Hexenlied" (Nr. 8) als „Lied für eine Stimme mit Klavierbegleitung" im 6/8-Takt zu finden, versehen mit dem zusätzlichen Titel „And'res Maienlied". Mendelssohn nutzte dazu entweder die Fassung des Drucks von 1783 oder des von 1804[493]. Die ursprünglichen Textvorgaben des Höltyschen Gedichts hat Mendelssohn allerdings an wenigen Stellen nach seinen eigenen kompositorischen Vorstellungen im Wortlaut leicht abgewandelt. Die heutige Musikwissenschaft ehrt Mendelssohns Vertonung als das ehrgeizigste Arrangement jenes Zwölfer-Zyklus[494], wertschätzt dabei seine Affinität für metaphysische Inhalte und seinen „dämonischen Humor"[495], und bewertet das „Hexenlied" bisweilen als eine Form von „Vorstudie" zur tonsetzerischen Beschäftigung mit Goethes Ballade „Die erste Walpurgisnacht"[496].

Das „Hexenlied" ist Höltys ausführlichstes Elaborat zum Motiv der Hexenversammlung, jedoch nicht sein einziges. So ist z. B. in Höltys berühmtester Dichtung, der Ballade „Der alte Landmann an seinen Sohn" („Üb' immer Treu und Redlichkeit, [...]"), je nach Fassung, einmal mehr, einmal weniger deutlich das Motiv des verwünschten wilden Jägers berücksichtigt:

> „Der Amtmann, der im Weine floß,
> Die Bauren schlug halbkrum,
> Trabt nun, auf einem glühnden Roß,
> In jenem Wald herum." (S. 227, V. 49–52)

Diese Stelle lautet in zwei anderen Druckfassungen:

> „Der Amtmann, der die Bauern schund,
> Und hurt' und Hirsche schoß,
> Trabt Nachts mit einem schwarzen Hund
> Im Wald' auf glühnden Roß.
> Oft geht er auch am Knotenstock
> Als rauer Brummbär um,
> Und meckert oft als Ziegenbock
> Im ganzen Dorf herum." (S. 530)

In einer früheren handschriftlichen Fassung heißt es dagegen deutlich aristokratiekritischer:

> „Der Fürst, der sonst nach Hirschen schoß,
> Von Wein und Weibern dumm,
> Trabt nun, auf einem glühnden Roß,
> Im wilden Wald herum
> Kutschiert im glühnden Fürstenrock,
> Die Straßen ab und auf,

493 Vgl. Hölty: *Gesammelte Werke und Briefe*, S. 532.
494 Todd, R. Larry: Mendelssohn. A Life in Music. Oxford u. New York 2003, S. 174.
495 Ebd.; Werner, Eric: Mendelssohn. Leben und Werk in neuer Sicht. Zürich 1980, S. 149.
496 Werner, S. 149; vgl. Teil 3, III.

Ein Teufel auf dem Kutschenbock,
Zween Teufel hintenauf." (S. 529)

Auch von einem teuflischen Fest ist zumindest in zwei in Druckfassungen des Gedichts die Rede:

„Der Junker, der beim Spiel und Ball
Der Wittwen Habe fraß,
Kutschiert, umbraust von Seufzerhall,
Zum Fest des Satanas;
Im blauen Schwefelflammenrock
Fährt er zur Burg hinauf,
Ein Teufel auf dem Kutschenbock,
Zween Teufel hintenauf." (S. 530)

Der nur in einer handschriftlichen Fassung in dieser Strophe als Ort der Verdammnis ausdrücklich erwähnte „Blocksberg" wurde allerdings nachträglich eingefügt[497]; und zwar von dem mit Hölty befreundeten und ebenfalls dem Hainbund angehörenden Johann Heinrich Voß (1751–1826), der die Werke Höltys, teils schon zu dessen Lebzeiten, nach dessen Tod aber in Hinblick auf zwei Editionen bearbeitet hat und 1783 sowie 1804 herausgab[498]:

„Der Junker, der beim Spiel und Ball
Der Wittwen Habe fraß,
Kutschiert, umbraust von Seufzerhall,
Zum Fest des Satanas;
Im blauen Schwefelflammenrock
Fährt er zum Blocksberg auf,
[...]" (S. 529)

Weitere Gegenstände aus dem Vorstellungsgefüge Hexenversammlung und Blocksberg hat Hölty auch in seinen Dichtungen über „Leander und Ismene" poetisch verarbeitet. In einem ersten nur als Handschrift erhaltenen Bruchstück zu diesem Stoff mit dem Titel „Armide, eine Folge von Romanzen" heißt es in der einzig vorhandenen „ersten Romanze" über die „holde Schöne" Armide[499], die „[.] aber arge Thaten [that]":

497 Hölty: *Gesammelte Werke und Schriften*, S. 529.

498 Vgl. ebd., S. 470–472 (Nachwort); Kemper 2001, Bd. 6/III, S. 167 f.

499 Namenspatin dürfte die Armida aus dem Epos „Das befreite Jerusalem" („[La] Gerusalemme liberata", 1580) des Torquato Tasso (1544–1595) gewesen sein, das auch sonst durchaus zu Höltys Inspiration beigetragen haben könnte. Darin richtet die unübertroffen schöne und aufreizende heidnische Armida quasi als diabolisches Verhängnis Unheil im Lager der im Heiligen Land befindlichen Kreuzfahrer an. Sie

„Sie ritt trotz einem Postcourier
Auf ihrem Besenstiele,
Und überließ den Winden ihr
Geringelt Haar zum Spiele

Sie tanzte stets am ersten May,
Mit Blumen in den Locken,
Den weißen Busen schleyerfrey,
Im Reigen, auf dem Brocken.

Dann pflegte König Satanas
Das Stutzerchen zu spielen,
Und wenn sie stand, und wenn sie saß,
Nach ihrer Brust zu schielen." (S. 85, V. 17–28)

In der dann 1774 unter „Leander und Ismene, oder die schöne Zauberin und der entführte Schäfer" erschienenen, aufwendigen Folge von „drey Balladen" ist die schwarzhaarige „Armide" mittlerweile in eine blonde „Ismene" unbenannt[500],

---

entführt sie den wackeren Ritter Rinaldo auf eine einsame Insel, wo er ihr aufgrund ihrer Verführungskünste vorübergehend hörig ist. Doch ihr Einfluss währt nicht allzu lange und später stehen sich Armida und Rinaldo sogar im Kampf gegenüber. Am Ende fügt sich Armida, indem sie sich von Rinaldo zum Christentum bekehren lässt und seine Frau wird. Vgl. dazu Rinsum 1990, S. 44.

500 Ob Hölty bei dieser Umbenennung ein bestimmtes literarisches Vorbild im Sinn hatte, ist nicht klar zu bestimmen. Jedenfalls wird in der Tragödie „Antigone" (ca. 442 v. Chr.) des Sophokles (um 496 – um 406 v. Chr.) das in der thebanischen Mythologie heimische Beziehungsgeflecht, zu dem die Gestalt der Heroine Ismene gehört, veranschaulicht. Darin ist Ismene eine Tochter des Ödipus und der Iokaste, demzufolge eine Schwester von Polyneikes, Eteokles und eben der Antigone. Im Vergleich zu Antigone ist die noch eher kindhafte Ismene die Zurückhaltendere und weniger Temperamentvolle, die nicht idealistisch sondern mehr gesellschaftspraktisch denkt. Zu den Wesensunterschieden kommen noch Meinungsverschiedenheiten mit Antigone über die verbotene symbolische Bestattung der Überreste ihres als Verräter gerichteten Bruders Polyneikes. Ismene hat Bedenken, versucht zu beschwichtigen und ist bemüht die Schwester von der Tat abzubringen, wohl wissend, dass ihr Protest umsonst sein wird. Trotz allem erklärt sie sich vor dem anschließenden Strafgericht des unbarmherzigen Königs Kreon von Theben – ihrem Ziehvater – als loyale Mittäterin Antigones und bietet an, dass sie das Schicksal der Schwester teilen möge. Die daraus folgende Hinrichtung der Ismene durch den gefürchteten Kraftmeier Tydeus war auch ein beliebtes Motiv der attischen Vasenmalerei, das sich bis ins sechste Jahrhundert v. Chr. zurückverfolgen lässt. Darüber hinaus wurde ihr Name gelegentlich im Zusammenhang mit dem apollinischen Orakel genannt (‚Apollon Ismenios'). Vgl. dazu Rinsum 1990, S. 285.

worin auch eine qualitative Änderung des Konzepts dieser Hexenfigur vermutet werden kann. Neben einigem charakteristischen Hexenwerk, wie Schadenzauber und Geisterbeschwörung (S. 86, V. 21–26), lauten die die Blocksbergversammlung betreffenden Zeilen zunächst wieder ganz ähnlich:

„[…]
Ritt, trotz dem besten Postkurier,
Auf ihrem Besenstiele,
Und übergab den Winden ihr
Geringelt Haar zum Spiele.

Sie tanzte stets, am ersten May,
Mit Blumen in den Locken.
Den weißen Busen schleyerfrey,
Im Reigen, auf dem Brocken.
Dann pflag der alte Satanas
Den süßen Herrn zu spielen,
Und wenn sie stand, und wenn sie saß,
Nach ihrer Brust zu schielen.

Begierig küßt' er ihre Hand,
Als wollt' ers Händgen eßen,
Und konnt', an des Kocytus Strand,
Die Schöne nicht vergeßen.
Sandt' ihr so manches *billet doux*
Durch seine Hoflakeien,
Schloß kaum die Augenwimpern zu,
Und träumte schon vom Freyen." (S. 86 f., V. 29–48)

Im weiteren Verlauf verführt die schöne Zauberin „Ismene", die die Avancen des „alte[n] Satanas" ausgeschlagen hat und sich in klimatisch milderen Gefilde als dem Brocken „suchte" (S. 87, V. 49–52), dann den unmittelbar vor der Eheschließung stehenden Schäfer „Leander" und verleitet ihn zu einem liederlichen Lebenswandel in Ausschweifung und Verschwendung mit einem „prächtige[n] Palast" als Residenz (S. 90). Als bei „Leander" aber „endlich [.] die Trunkenheit, worinn er sich verloren [floh]", entsagt er fluchtartig dem Luxus und „Ismenen" und schickt sich reumütig an, zu seinem „Liebchen" zurückzukehren (S. 93). Die nun selbst verlassene und unglückliche „Ismene" verliert sich von nun an in nicht endender Trauer und rastloser Suche, bis es am bitteren Ende heißt:

„Sie ritt mit thränendem Gesicht,
Auf ihrem Besenstiele,
Viel Länder durch, und fand ihn nicht,
Und ritt sich manche Schwiele:

Und ward, wie männiglich bekannt,
Nach vielen Abendtheuern,
Zuletzt elendiglich verbrannt,
In Würzburg oder Bayern." (S. 95, V. 73–80)

Die unglückselige Hexe „Ismene" endet also prompt dort, wo tatsächlich während der Verfolgungswellen des 16. und 17. Jahrhunderts eine Vielzahl von Hexenprozessen stattfand und wo deren endgültige Beendigung bzw. die Befreiung von der Überzeugung an deren Berechtigung gegendweise bis weit ins 18. Jahrhundert hinein auf sich warten ließ[501]. Man mag darin vielleicht sogar einen kritischen Seitenhieb des gebürtigen norddeutschen Lutheraners Hölty auf die Rückständigkeit der vornehmlich katholischen südostdeutschen Regionen in dieser Hinsicht sehen, hatte es doch in protestantischen Gebieten nach 1700 kaum mehr Zaubereiverfahren gegeben[502]. Allemal auffällig ist aber die offenbar passable Kenntnis Höltys über manche regionale Konzentration von Hexenprozessen, die zu seiner Zeit noch lange nicht in einer historiographisch zu nennenden Weise erfasst war.

Weiterhin ungewöhnlich erscheint, dass in „Leander und Ismene" ein – zumindest durch die Namensgebung – wie aus der antiken Mythologie entlehnt wirkender Stoff mit dem Milieu des ‚Blocksbergs' verknüpft wird. „Leander und Ismene" ist außerdem nicht mit dem aus dem griechischen Mythos bestens bekannten und seit einem Epyllion des griechischen Dichters Musaios (um 500 n. Chr.) immer wieder literarisierten Geschehen um das tragische Liebespaar Leander und Hero zu verwechseln[503], dessen sich Hölty übrigens in einer anderen Romanze angenommen hat[504].

Zur Charakteristik des Teufel- und Hexenwesens in Höltys Gedichten ist noch festzuhalten, dass es manchmal – beispielsweise bei der Zeichnung des wenig übernatürlich oder mächtig, dafür aber in unsatanischer Weise umso triebgelenkter und abhängig wirkenden „alte[n] Satanas" – in der Tat etwas Belustigendes, lächerlich Machendes und somit Verharmlosendes hat[505]. Dennoch handelt es sich hier wie auch bei Höltys anderen Beiträgen nicht um Satire im engeren Sinne, wie sie im Verbund mit der Ironie typischerweise ein Kampfmittel der

501 Behringer 1988, S. 355–366, 369–399, 512, 518, 534–537; — 1992, S. 403 f., 406, 502, 524.

502 Behringer 1992, S. 404 f.

503 Vgl. Rinsum 1988, S. 200 u. 276; — 1990, S. 262 f.

504 Hölty: *Gesammelte Werke und Schriften*, S. 12–15 („Leander und Hero, eine Romanze") u. S. 479 f. (Komm.).

505 Vgl. Kemper 2002, Bd. 6/III, S. 175.

Aufklärung gegen den Aberglauben war[506]. Und die Befürchtung, dass womöglich „gewichtige Annahmen des Hexenwahns“ bestätigt würden, in diesem Fall „die sexuelle Unersättlichkeit der Frauen, die sich deshalb mit dem Teufel verbünden“, oder die Fähigkeit der Hexen zu Schadenzauber und Geisterbeschwörung[507], dürfte völlig unbegründet sein. Denn abgesehen davon, dass zumindest in den norddeutschen Regionen, in denen Hölty sich bewegte, eben seit Jahrzehnten keine Zaubereiverfahren mehr üblich waren, gab es dort so etwas wie eine von der allgemeinen, weltanschaulichen Diskussion über jeglichen Aberglauben separate dämonologische Debatte ebenfalls längst nicht mehr[508]. Wenn auch in der Balladenfolge kein ganz offenes Verdammen der Hexenverbrennung geschieht, ist kaum anzunehmen, dass der freimaurerisch und metaphysisch interessierte Hölty ausgerechnet für einen Aberglauben im Sinne des überkommenen dämonologischen Paradigmas eingetreten sein könnte. Zumal fraglich ist, ob ein solches gegen Ende der Aufklärung in den protestantisch dominierten Regionen nach Thomasius überhaupt noch ernsthaft möglich gewesen wäre, wo man vereinzelt sogar wieder dazu überging, sich einen gewissen Aberglauben in der Art eines Spleens zu leisten[509]. So gesehen dürfte sich die Frage erübrigen, ob es zu Bedenken geben könnte, dass bei Hölty Stereotypen poetisch verarbeitet werden, die einst bei den voraufklärerischen Hexenverfolgungen von rechtlicher Tragweite waren.

Da nun die Produktion des Göttinger Hain nicht in erster Linie merkantilen Vorsätzen nachkam, wie es etwa für die trivialen Gespensterbücher dieser Zeit gilt und in deren Gesellschaft sich Hölty mit der lyrischen Verwendung von Teufeln, Hexen, Schauereffekten und einfachen Gut-Böse-Konstellationen ja vordergründig zu befinden scheint, muss Höltys Motivation dazu in der Mischung von Darlegung und Aussage begründet sein. Hölty dürfte das Hexenhafte also auch deshalb als Mittel der dichterischen Veranschaulichung begreifen, als dadurch eigentlich thematisch ganz andere Botschaften und Orientierungen in gleichermaßen vertrauter (Volksglaube) wie spektakulärer, effektvoller Weise (Zauberei- und Hexenwesen) transportiert werden. Im Fall von „Leander und Ismene“ wäre das einfach die Geschichte der verirrten Seele „Ismene“, die letztlich nur auf der rastlosen Suche nach persönlichem Glück ist, aber durch Leichtfertigkeit, Übermut und die Wahl der falschen Mittel fast Mitleid erregend scheitert.

506 Vgl. Behringer 1992, S. 406; Pott, S. 247–262.

507 Kemper 2002, Bd. 6/III, S. 175.

508 Behringer 1992, S. 404–406. Zur deutlich späteren Schlussdiskussion in den überwiegend katholischen südostdeutschen Gebieten vgl. Behringer 1988, S. 366–399.

509 Vgl. Pott, S. 247–265.

Eine solche Kernaussage bestätigt auch die ins Menschliche gehende Aufweichung des konservativen Hexenbildes bei der Figurenzeichnung, etwa wenn sie „mit thränendem Gesicht" daherfliegt. Denn ‚richtige' Hexen können eigentlich gar nicht weinen[510]. Obendrein wurde zuvor schon eine göttliche Bestrafung der Seele „Ismenes" ihrer „arge[n] Thaten" wegen nicht als etwas Zwangsläufiges ausgewiesen, da sie nur „[.] vielleicht im Pfuhl der Quaal, jetzt kochen oder braten [muß]" (S. 86, V. 17–20). Die moralische Entscheidung darüber ist also praktisch der Mündigkeit des Lesers überlassen.

Sowohl bei Gottfried August Bürger wie bei Ludwig Christoph Heinrich Hölty gehört die Hexenversammlung zum Fundus des Volksglaubens und ist damit auch ein Gut des Volksgeistes, der idealerweise von der Dichtkunst angesprochen werden soll; demzufolge ist sie eine poetisch geeignete Folie für den Ausdruck von Empfindungen und Werten.

Anders als die des Idealisten Johann Georg Jacobi oder die der um Umsetzung poetischen Genius' bemühten Bürger und Hölty, fällt ein Gebrauch des Schriftstellers und Physikers Georg Christoph Lichtenberg (1742–1799) aus; das lässt sich schon von vorneherein aufgrund seiner Vorbehalte gegenüber Bestrebungen der Empfindsamkeit und des Sturm und Drang vermuten. Die auf humorige Unterhaltung angelegte satirisch-groteske Prosaerzählung „Dass Du auf dem Blocksberg wärst. Ein Traum wie viele Träume" entstand im Jahr 1798[511]. Im darauf folgenden Jahr 1799 erschien sie im von Lichtenberg selbst herausgegebenen „Göttinger Taschen-Calender" für 1799 (S. 150–180)[512]. Es handelt sich also um eine seiner letzten Arbeiten. Eine Idee Lichtenbergs für diese Erzählung lässt sich bereits 1797 nachweisen. Demnach war der Ausgangspunkt dafür, eine Redensart, wonach man in manchen Gegenden Deutschlands, Dinge, derer man überdrüssig ist, auf den Blocksberg wünscht; dies soll etwa in Westfalen der Fall sein. Lichtenberg ist darauf nachweislich in den „Neuesten Staats-Anzeigen" (IV. Bd., 2. Heft, S. 142) gestoßen, worin der Franziskanerpater Guido Schultz,

---

510 Bächtold-Stäubli, Bd. III, Sp. 1897.

511 Als Zitaten-Grundlage dient: Lichtenberg, Georg Christoph: Schriften und Briefe. Hrsg. von Wolfgang Promies. 4 in 6 Bänden. 6. Aufl. München 1998, 3. Bd.: Aufsätze, Entwürfe, Gedichte, Erklärung der Hogarthischen Kupferstiche, S. 470–482 (Text) u. S. 220–224 (Kommentar u. Anm.); zur gelegentliche Ergänzung dient: Lichtenberg, Georg Christoph: Schriften und Briefe. Hrsg. von Franz H. Mautner 4 in 6 Bänden. Frankfurt/M. 1983, 2. Bd.: Aufsätze, Satirische Schriften, S. 325–337 (Text) u. 510–512 (Anm.).

512 Lichtenberg: Schriften und Briefe (Promies), 3. Bd., S. 220 (Anm.); — Schriften und Briefe (Mautner), 2. Bd., S. 510 f. (Anm.).

dessen Lebensgeschichte dort beschrieben wird, seine Franziskanerkutte sprichwörtlich auf den Blocksberg wünscht.[513] Daraus und aus der Beschäftigung mit derben Flüchen aller Art erwuchs bei Lichtenberg offenbar der Vorsatz, eine „nützliche Dichtung" darüber zu entwerfen, die wie folgt gestaltet sein sollte:

> „Man müsste annehmen, dass an einem gewissen Tage, zum Exempel in der Nacht vom 31. Dezember auf dem I*ten* Jänner, alle die Sachen vorgezeigt würden, die im verlaufnen Jahre auf den Blocksberg wären verwünscht worden"[514]

Und in diesem Sinne lässt Lichtenberg dann auch einen Ich-Erzähler in „Dass Du auf dem Blocksberg wärst. Ein Traum wie viele Träume" verfahren. Beinahe alles spricht dafür, dass Lichtenberg und der Ich-Erzähler identisch sind, wovon in der Lichtenberg-Forschung auch gemeinhin ausgegangen wird[515], doch bei den einleitenden Gedanken über ein Buchmanuskript eines verstorbenen Freundes handelt es sich nach Forschungsmeinung um einen fiktiven Inhalt[516].

So beginnt die Erzählung mit der Schilderung der Umstände um das besagte, von einem verstorbenen Freund hinterlassene Manuskript eines angeblich geplanten Buches über „echte deutsche Flüche und Verwünschungen", das obendrein als Beitrag zur „Bestimmung des National-Charakters" gedacht war (S. 470 u. 473). Wenn sich Lichtenberg auch über lange Zeit wirklich mit Flüchen befasst hat[517], kann darin doch eine satirische Anspielung auf die aufgekommene romantische Bewegung, Volkstümliches aller Art zusammen zu tragen, gesehen werden. In diesem Manuskript stößt nun der Ich-Erzähler auf – wie er versichert – „die in manchen Gegenden Deutschlands sehr bekannte Verwünschung: *Daß Du auf dem Blocksberg wärst*". Über das Lesen dieser Zeile schläft der Erzähler überraschend plötzlich ein, wobei sich wohl „etwas von Walpurgis Nacht auf [seinen] Traumapparat niedergeschlagen" hat (S. 473).

Der nun folgende Traum beginnt mit einer Kutschfahrt „in einem leichten Wagen" (S. 473), die zunächst den Anschein einer normalen, gleichwohl etwas unbequemen Reise hat[518]. Dass Lichtenberg dabei beiläufig einen Vergleich mit

513 Lichtenberg: Schriften und Briefe (Promies), 3. Bd., S. 474 u. 220 (Anm.); — Schriften und Briefe (Mautner), 2. Bd., S. 328.

514 Lichtenberg: Schriften und Briefe (Promies), 3. Bd., S. 220 (Anm.).

515 Lichtenberg: Schriften und Briefe (Promies), 3. Bd., S. 223 (Anm. zu S. 479) u. 224 (Anm. zu S. 480 f.).

516 Lichtenberg: Schriften und Briefe (Mautner), 2. Bd., S. 511 (Anm. zu S. 325).

517 Lichtenberg: Schriften und Briefe (Promies), 3. Bd., S. 220 f. (Anm.); — Schriften und Briefe (Mautner), 2. Bd., S. 511 (Anm.).

518 Zum Gedanken der aufklärerisch motivierten Reise bei Lichtenberg und anderen vgl. Kleinknecht, Thomas: Reise der Aufklärung. Selbstverortung, Empirie und

einem Szenario aus der allseits bekannten Ballade „Lenore“ (1774) von Bürger vornimmt (S. 473), lässt annehmen, dass er mit anderer Lyrik Bürgers ebenso vertraut war. Dürfte sie wegen der für Sturm und Drang typischen Anhaftungen ihm sonst vielleicht eher Suspekt gewesen sein, unter satirischen Gesichtspunkten könnte er sich durchaus bei Bürger motivisch angelehnt haben. Obgleich ein Dialog zwischen Kutscher und Reisendem kein wirklich ausgefallenes literarisches Moment ist, besteht doch eine erstaunliche Ähnlichkeit zu Bürgers Ballade „Der Raubgraf“. Denn auch bei Lichtenberg sind die einzigen aktiven Teilnehmer dieser Ausfahrt der Erzähler als Passagier und ein kutschierender „Postillion“, der zeitüblich meistens „Schwager“ genannt wird[519]. Die Traumerzählung besteht abwechselnd aus Prosaerzählung, die überwiegt, und aus darin eingebetteten Dialogen in wörtlicher Rede zwischen Erzähler („*Ich*“) und „Postillion“ (zunächst „Schwager“, dann einfach „*Er*“). An zwei Stellen ist jeweils ein Dialog aus dem fortlaufenden Text sogar herausgelöst und nach der Art eines Bühnenskriptes angeordnet (S. 473–476 u. 481), woran auch rein formal der experimentelle Charakter der Schrift abzusehen ist.

Die Fahrt führt in der Silvesternacht („Morgen ist Neujahrs-Tag“, S. 474) auf den hell erleuchteten „*Blocksberge*“ zu, der ausdrücklich dem Harzer Brocken entspricht (S. 474 u. 477)[520]. Darauf findet eine „große *Ausstellung*“ statt. Das bedeutet, dass in dieser Nacht dort „alles öffentlich aussteht, was im vergangen

---

epistemischer Diskurs bei Herder, Lessing, Lichtenberg und anderen. In: Berichte zur Wissenschaftsgeschichte. Bd. 22, Nr. 2–3, 1999, S. 95–113.

519 Für den umgekehrten Fall wäre immerhin nachweisbar, dass Bürger wenigstens einmal das schriftstellerische Werk Lichtenbergs als Anstoß genutzt hat. Zu dem erstmals 1779 im „Göttinger Musen-Almanach“ erschienenen parodistischen Gedicht „Die Hexe, die ich meine“, das keinen konkreten Bezug zur Walpurgisnacht-Thematik hat, gibt Bürger an: „Zu der Parodie: *Die Hexe, die ich meine* hat Lichtenberg bloß die Idee und Grundlage hergegeben. Die ganze Ausführung bis auf ohngefähr zwei Strophen gehört mir“ (Bürger: Gedichte, S. 471 (Anm.)). Zum persönlichem Verhältnis zwischen Lichtenberg und Bürger vgl. auch Kemper 2002, Bd. 6/III, S. 223.

520 Tatsächlich gab es bereits im 18. Jahrhundert sog. Brockenwagen – den unwegsamen Anforderungen angepasste Fuhrwerke – die Reisende in die Nähe des Brockengipfels beförderten, nachdem dort der Graf Christian Ernst zu Stolberg-Wernigerode (1691–1771) eigens zwei Fahrwege hatte anlegen lassen. Lichtenberg könnte über diesen Umstand durchaus Bescheid gewusst haben, zumal naturwissenschaftliche Harz-Exkursionen in der Nachfolge Albrecht von Hallers (1708–1777), der von 1736–1753 (auch) Professor in Göttingen war, nicht unüblich waren. Ob Lichtenberg selbst womöglich auch eine derartige Brockenreise unternommen hat, bedarf jedoch noch weiterer Nachforschungen. Vgl. dazu Dennert 1954, S. 44 f.

Jahre hinauf ist gewünscht worden“ (S. 474). Der Erzähler und der „Schwager“ debattieren darüber, ob er (der Erzähler) sich selbst bzw. sein Ebenbild dort antreffen könnte, wenn seine Frau oder einige andere Leute ihn dorthin gewünscht hätten. Der über die Vorgänge gut Bescheid wissende „ehrliche Teufel“ und „guter Kerl“ von „Schwager“ bejaht diese Möglichkeit grundsätzlich (S. 475 f.). Allerdings wäre dann sein Pendant nicht in der Lage ihn wahrzunehmen, denn die „Passagiere“, also die Besucher, „sehen alles ohne gesehen zu werden“ (S. 475 f.). Die ausgestellten „Verwünschten“ würden sich nur untereinander sehen (S. 476). Zudem weist der „Schwager“ darauf hin, dass die Verwünschten mit einem beliebigen, lächerlich machenden „Kopfputz“ versehen sein können, beispielsweise mit den „*Hörner[n]*“ des Hahnrei (S. 476)[521].

Der Reisende ist begierig diese groteske Ausstellung in Augenschein zu nehmen und günstigerweise zieht sich die Fahrt auf den Brocken auch gar nicht lange hin. Das liegt daran, dass der sich geheimnisvoll gebende „Schwager“, der schon „Hunderte hinauf [.]“ und „wieder herunter [gefahren]“ hat, dort „*geheime Verbindungen*“ unterhält, wie er betont. Doch beruhigt er seinen Fahrgast: „Ich [...] bin aber Ihr guter Engel, fürchten Sie nichts“ (S. 476). Beinahe vermittelt der reisende Erzähler den Eindruck, dass der Wagen abhebt, wenn er sagt, dass er sich zeitweilig „[.] weit über alles erhoben [fühlte], was die Welt Chausseen nennt“ und „wie an einem Luftballon hängend“, dem einem „Nordlicht“ gleichenden Brocken „[.] sanft [...] entgegen [schwamm]“ (S. 476 f.)[522].

---

521 Lichtenberg: Schriften und Briefe (Promies), 3. Bd., S. 224 (Anm. zu S. 481); — Schriften und Briefe (Mautner), 2. Bd., S. 512 (Anm. zu S. 335); vgl. dazu auch Wunderlich, Werner: Hahnrei, Hahnreiter. In: Enzyklopädie des Märchens. Handwörterbuch zur historischen und vergleichenden Erzählforschung. Begr. von Kurt Ranke. Bisher 11 Bände. Berlin u. New York 1977–2003, Bd. 6 (1990), S. 379.

522 Vgl. Bächtold-Stäubli, Bd. III, Sp. 203 f. (Der Volksaberglauben kennt weniger den Postillion als den ähnlichen, obschon rustikaleren Fuhrmann als eine Erscheinungsform des Teufels. Auch ein Kuriosum, wonach ein Wagen, auf dem der teuflische Fuhrmann einen müden Wanderer hatte aufsitzen lassen, sich plötzlich in die Lüfte erhebt und nur unter Anrufen heiligen Beistandes wieder zur Erde muss, ist überliefert.); Erich u. Beitl, S. 928 (Ein Wagen, der durch die Lüfte fährt, ist auch im Sagengefüge um die ‚wilde Jagd‘ enthalten und hat somit einen Verbindungsstrang zur Entstehung der Vorstellungen um die Walpurgisnacht); Bächtold-Stäubli, Bd. IX, Sp. 65 und Erich u. Beitl, S. 930 f. (Eine Ähnlichkeit zu dieser Situation ist auch in den u. a. im Harz und in Thüringen verbreiteten Sagen über die geheimnisvollen, erzsuchenden Walen zu beobachten. Stellen sich die Walen auf ihren Mantel, fliegen sie so oder auf einem Golddrachen in rascher Luftfahrt hinweg; gebietsweise, etwa in Nordböhmen, heißt es denkwürdigerweise, dass sie in einem Luftballon reisen.);

Jedenfalls sinkt der Wagen recht bald „mechanisch sanft" auf dem benachbarten Berg, dem „Kleinen Brocken", nieder (S. 477).[523]

In der Manier eines Fremden- und Ausstellungsführers geleitet nun der „Postillion", der sich seiner „Montur" nach nicht zuordnen lässt (S. 477), den traumreisenden Erzähler weiter auf den eigentlichen Brockengipfel und dann durch die dortige Ausstellung (S. 477 ff.). Dem erstaunten Besucher erscheint der Blocksberg als Schauplatz einer Art satirischen Panoptikums von diversen verwünschten Dingen und Personen, die alle einen „Zettel" mit der Anzahl und dem jeweiligen Absender der Verwünschung „auf dem Rücken tragen" (S. 475).

So stehen dort die rot, blau und weiß gestreiften „Freiheitsbäume", die den Triumph der Französischen Revolution symbolisieren und „die Deutschland hieher gewünscht hat" (S. 477)[524]. In der Blocksberg-Ausstellung wandeln uniformierte und nicht uniformierte Personen umher. Es wird dort „viel Französisch" gesprochen. Nicht wenige von den Umherwandelnden sprechen allerdings nur schlecht Französisch. Es sind also keine vor der Revolution geflüchteten „Emigranten" (S. 474), sondern „*Deutsche*", die entweder in der Tradition des Alamode der vorrevolutionären französischen Wesens- und Lebensart weiter zusprechen oder aber Französisch aus „ökonomischer Desperation" erlernt haben (S. 477). Mit den ebenfalls anwesenden „*Lieferanten*", die „bloß an sich selbst liefern", dürften unseriöse, korrupte Staatsdiener und Militärangehörige gemeint sein (S. 478). Der Erzähler und sein Führer finden auch ganze „Buden" mit „Berufskleidung", die bei näherem Hinsehen aus „lauter Ordenshabiten" und aus einigen

---

Lichtenberg: Schriften und Briefe (Promies), 3. Bd., S. 476 (Der Stellenkommentar vermutet diese Situation als Leseerinnerung Lichtenbergs an eine Stelle aus Jean Pauls „Das Kampaner Thal oder über die Unsterblichkeit der Seele. Nebst einer Erklärung der Holzschnitte unter den 10 Geboten des Katechismus. Erfurt 1797").

523 Nicht zuletzt aufgrund der rätselhaften Erscheinung des Schwagers sind in der Lichtenberg-Forschung gelegentlich Überlegungen aufgekommen, die seinen ‚unterhaltsamen Aufsatz' in der Nähe des Faust-Stoffes sehen oder sogar für möglich halten, dass es sich dabei um einen Beitrag dazu handeln könnte. Eine dahingehende Annahme dürfte allerdings zu Bedenken geben, dass wesentliche, für einen solchen Stoff kennzeichnende Merkmale, wie der Teufelspakt, offenbar fehlen oder allenfalls nur sehr uneindeutig sind. Vgl. dazu Craig, Charlotte M.: Ein Lichtenberg-Faust? Betrachtung über die Erzählung „Daß du auf dem Blocksberge wärst – Ein Traum wie viele Träume". In: Lichtenberg-Jahrbuch 1989, S. 115–121; Joost, Ulrich: Lichtenbergs Faust. Ein paar Splitter aus der Wirkungsgeschichte des Magiers. In: Lichtenberg-Jahrbuch 1989, S. 122–127.

524 Lichtenberg: Schriften und Briefe (Promies), 3. Bd., S. 223 (Anm.); Lichtenberg: Schriften und Briefe (Mautner), 2. Bd., S. 511 (Anm.).

„protestantischen Krägelchen“ besteht; auch ein paar „schwarz gebundene Bücher mit vergoldetem Schnitt“ sind darin deponiert (S. 478). In einem Gehege sind viele Exemplare verschiedener Wildarten zusammengepfercht; diese wurden „*von sämtlichen Untertanen*“, hauptsächlich aber wohl von den durch die Fraßschäden des Wildes geschädigten bäuerlichen Untertanen, denen die Jagd nicht erlaubt ist, dorthin gewünscht (S. 479)[525]. Einige dem Erzähler nicht bekannte erlauchte, aristokratische Persönlichkeiten die in vornehmen sechsspännigen Wagen und mit Gefolge pompös umher fahren, wurden wie das Wild „*von sämtlichen Untertanen*“ dorthin gewünscht (S. 479). Des weiteren befinden sich auf dieser eigenartigen Blockbergversammlung nicht wenige „*alte Tanten*“, „*Ehemänner*“ und „*Hofmeister*“; der Traumreisende erkennt sogar „zwei oder drei“ davon (S. 479). Das gilt ebenso für zwei männliche Personen, die Lichtenbergs Bekanntenkreis zuzuordnen sind (S. 479 f.)[526]. Und nachdem ihn sein Führer darauf aufmerksam gemacht hat, entdeckt der Blockbergbesucher auch tatsächlich sein eigenes Pendant in der Ausstellung. Dadurch wird die ohnehin groteske Note der Erzählung noch verstärkt. Der „unbeschreibliche Anblick“ seines „*Ich nicht Ich*“ gefällt dem Erzähler ganz und gar nicht, wird ihm dadurch doch eigener Makel in Verhalten und Erscheinung schonungslos vor Augen geführt (S. 480 f.). Selbst die bizarre Begegnung seines „Repräsentanten“ mit dem ebenfalls auf den Blocksberg befindlichen Gegenstück „ein[es] gute[n] alte[n] Kollegen“ kann er beobachten – damit dürfte einigermaßen sicher der Göttinger Professor Abraham Gotthelf Kästner gemeint sein (S. 480 f.)[527]. Immerhin ist der Brockenreisende darüber erleichtert, dass sein „Echo-Wesen“ nicht mit einer zusätzlich unmöglich machenden „Kopfzierde“ ausstaffiert ist (S. 481). Sodann liest er die „Inskription“, mit dem sein „*Ich nicht Ich*“ etikettiert ist und die Auskunft über die Personen erteilt, die seine Verwünschung auf den Blocksberg ausgesprochen haben. Fast erfreut stellt er fest, dass es sich dabei nur um „einen sonst scheinbar guten Schlucker, der eine entfernte Anwartschaft auf [sein] Amt hat[528], sowie um einen subalternen „Bedienten“, handelt (S. 480 f.), wofür er prompt die Gratulation seines Reise- und Ausstellungsführers erhält. Als nun ganz unerwartet auch das Ebenbild des „treuen Führers […] einher schreite[t]“,

525 Vgl. Lichtenberg: Schriften und Briefe (Mautner), 2. Bd., S. 512 (Anm.).

526 Lichtenberg: Schriften und Briefe (Promies), 3. Bd., S. 223 (Anm. zu S. 479).

527 Ebd., S. 224 (Anm. zu S. 480).

528 Vgl. ebd., S. 224 (Anm. zu S. 481). Wer damit gemeint sein könnte, konnte bisher nicht genau erschlossen werden. Geht man aber davon aus, dass Reisender und Lichtenberg identisch sind, sollte es sich um jemanden handeln, der an dem Ordinariat interessiert war, das Lichtenberg in Göttingen inne hatte.

das dazu noch mit einem überdimensionalen Gehörn als Kopfputz versehen ist – er wurde *„von seiner lieben Ehefrau"* dorthin gewünscht – läuft dieser sichtlich verwirrt davon (S. 480 f.). Durch die „immer heftiger" werdende heitere Erregung über diesen „sonderbaren Vorfall" erwacht der Erzähler schließlich aus seinem Traum (S. 482).

Etwas verdrießlich analysiert er dann in einem gedachten Gespräch mit seinem verstorbenen Freund seine Traumerfahrung als Anhäufung „alles längst bekannte[r] Sachen", die „längst *„gedacht* und *gesagt"* seien, die aber wenigstens „zum ersten Mal lebhaft *empfunden"* wurden (S. 482). Als Schlussfolgerung wird formuliert, dass es sinnvoll wäre, das Sprichwort *„hierüber muß ich mich beschlafen"*, welches bei der Erledigung von „Angelegenheiten des Lebens" gebräuchlich sei, immer dann im Sinne von „hierüber muß ich mich *beträumen"* zu beherzigen, wenn es um das Verwirklichen von „Gegenständen der *schönen Künste"* ginge (S. 482). Es wird hinzugefügt, dass beides, insbesondere aber letzteres, schlechterdings in wachem Zustand zu erfolgen hätte, ganz nach dem Vorbild der „größesten Dichter und Künstler" (S. 482). Etwas mürrisch wird zu dieser Regel noch festgestellt, dass leider „der, der sie versteht und fühlt, [sie] nicht nötig hat, und der, der sie nötig hätte, vice versa usw." (S. 482).

Eine Allegorese, die den Traum in der Erzählung als negative Traumallegorie deutet, das heißt nicht mit einer idealisierenden, sondern mit einer ernüchternden, aufklärerisch zu verstehenden Absicht verbunden, hat eine gewisse Berechtigung. Denn Lichtenberg veranschaulicht mit dem relativ großen Format der Ansammlung auf dem Blocksberg recht plastisch und satirisch direkt einige politisch und gesellschaftlich relevante Probleme der Zeit um 1800 und fügt sogar noch ein paar allgemein menschliche Belange hinzu. Dabei scheint die Eigenschaft der Blocksbergversammlung als eine Art von vereinfachtem gesellschaftlichem Spiegelbild durchaus auch gegeben zu sein.

Wesentlich dürfte für Lichtenberg dabei jedoch die abstrahierende, dadurch aber orientierende Qualität des Traumes sein, die dem frei denkenden Individuum bei der Bildung eines unabhängigen Werturteils behilflich sein kann[529]. Darin drückt sich die für das gesamte Werk Lichtenbergs kennzeichnende, dem Aphorismus verpflichtete Machart aus.

529 Zur Bedeutsamkeit des Traumphänomens im Werk Lichtenbergs vgl. Mauser, Wolfram: „... jene Brüche des Gehirns ...". Lichtenberg und die Irritation des Träumens. In: Lichtenberg-Jahrbuch 1988, S. 73–85; Heißenbüttel, Helmut: „Die verlorene und wiedergefundene Mutter". Georg Christoph Lichtenberg als Träumer. In: Zimmermann, Jörg (Hrsg.): Lichtenberg. Streifzüge der Phantasie. Hamburg 1988, S. 11–18.

Der unterhaltsame Aufsatz Lichtenbergs ist übrigens nicht mit der Erzählung „Die Brockenfahrt" zu verwechseln, die für dasselbe Jahr 1799 in den „Phantasiestücken in Prose und Versen" zu finden ist, einem in Osnabrück erschienenen „Taschenbuch für das Jahr 1799". Diese vorgeblich wahre, doch tatsächlich auf anspruchslose, kurzweilige Unterhaltung angelegte Geschichte über einen zum Brocken fahrenden Hexenmeister, ist qualitativ ähnlich einzustufen wie die in den sog. Gespensterbüchern gesammelten trivialen Geschichten.[530]

Es zeigt sich also insgesamt, dass Blocksbergversammlung und Walpurgisnacht trotz ihrer eher spärlichen Ausgestaltung vertraute, feststehende Begriffe im Gefüge sowohl des literarisch anspruchslosen, merkantilen Interesses als auch in dem literarisch-intellektuellen Denkens sind.

Geradezu exemplarisch für eine noch im 18. Jahrhundert einsetzende Entwicklung, die einerseits Phantastisches und Gruseliges verstärkt als Objekt der Dichtung kultiviert, andererseits aber auch am volkskundlichen Erfassen von Sagen und Legenden interessiert ist, steht Goethes Schwager Christian August Vulpius (1762–1827).

Den Geschmack der Zeit bedienend hat Vulpius Schauer- und Zaubereimotive sehr oft in seinem erzählerischen Spektrum verwendet. Zwar fällt sein romantisch beeinflusstes, beim Publikum erfolgreiches Werk zum Teil schon in das frühe 19. Jahrhundert, doch ändert sich die Machart seiner Dichtung zwischen 1790 und 1827 praktisch nicht. Und sein Beitrag zur Walpurgisnacht erfolgt noch im 18. Jahrhundert. Allerdings handelt es sich bei „Hexenfahrten und Teufelskünste. Aus dem geheimen Archiv der Walpurgisnächte auf dem Blocksberg" um ziemlich gewöhnliche Schauer- und Grusselliteratur[531], die zusätzlich mit grotesken und komischen Elementen angereichert ist. Walpurgisnacht und Blocksberg sind darin inhaltlich indes nur von völlig untergeordneter Bedeutung; beide dienen als Neugier weckende Magneten, sozusagen als synonyme Schlagwörter für Schauriges. Schon die Benennungen der einzelnen Kapitel („Fahrten") geben hinreichend Auskunft über die inhaltlichen Merkmale dieses Buches, das nach einem „Vorbericht" folgendermaßen gegliedert ist:

- „Erste Fahrt: Emilie von der Felden und Veit von der Tonne. Die Verlobung auf dem Bloksberge" – Zwei Abschnitte

530 Phantasiestücke in Prose und Versen. Ein Taschenbuch für das Jahr 1799. Osnabrück 1798; vgl. Lichtenberg: Schriften und Briefe (Promies), 3. Bd., S. 220.

531 Vulpius, Christian August: Hexenfahrten und Teufelskünste. Aus dem geheimen Archiv der Walpurgisnächte auf dem Blocksberg. ‚Bagdad bei Beelzebub' (eigtl. Leipzig) 1797.

- „Zweite Fahrt: Der unglückliche schoene Peter und Frau Gertraud" – Ein Abschnitt
- „Dritte Fahrt: Erste Teufelskunst. Der goldne Kegel. Ein Mähre aus Boeheim" – Drei Abschnitte

Zu dieser Art der Volksliteratur, die hauptsächlich unterhalten, aber bis zu einem gewissen Grad auch zu moralischer Orientierung, weg von Willkür und Boshaftigkeit und hin zu Tugend- und Gewissenhaftigkeit, verhelfen soll[532], sind auch andere, motivisch einander sehr nahe stehende Werke Vulpius' zu zählen: „Zauberromane" (2 Bände 1790/91); „Glorioso, der große Teufel" (3 Bände 1800); „Frau Holda Waldina, die wilde Jägerin" (1805); „Lucindora, die Zauberin. Erzählung aus den Zeiten der Mediceer" (1810) und „Galerie der unterhaltendsten Geister- und Zaubergeschichten vom Verfasser des *Rinaldo Rinaldini*" (3 Bände 1826)[533].

In der Aufklärung ist ein Bestreben anzusetzen, mythologisches und phantastisches Material zunächst noch aus mehr historiographisch zu nennenden (Benjamin Hederich, 1675–1748) oder aus Vernunftgedanken geleiteten (Johann Christoph Adelung, 1732–1806) Beweggründen zusammenzustellen. Gegen Ende des Zeitalters fächern sich dann die Interessen, solche Dinge enzyklopädisch zu sammeln, immer mehr (Leonhard Wächter, 1762–1837).[534] Dieses Vorgehen wird in Romantik und Biedermeier – anfänglich angeregt durch Herders Aufforderung zur Beschäftigung mit der Volksdichtung[535] – etwa von Brentano und Arnim, Görres, schließlich dann von den Grimms systematisiert und kultiviert[536]. In diesem Zusammenhang muss zu Vulpius ergänzt werden, dass er diese Entwicklung fürwahr nicht nur als erzählerischen Born für

---

532 Vgl. Larkin, E.: Christian August Vulpius: Popular Literature as Moral Orientation. In: Carleton Germanic Papers. Vol. 24, 1996, S. 73 ff.

533 Der an historischen Vorgaben orientierte Räuberroman „Rinaldo Rinaldini" (3 Teile 1799) gilt damals wie heute als erfolgreichstes und bekanntestes Werk Vulpius'.

534 Hederich, Benjamin: Diverse Arbeiten ab 1724, z. B. Gründliches Lexicon mythologicum. Leipzig 1741, — Gründliches Antiquitäten-Lexicon. Leipzig 1743, — Gründliches mythologisches Lexikon. Leipzig 1770; Adelung, Johann Christoph: Geschichte der menschlichen Narrheit; oder, Lebensbeschreibungen berühmter Schwarzkünstler, Goldmacher, Teufelsbanner, Zeichen- und Liniendeuter, Schwärmer, Wahrsager, und anderer philosophischer Unholden. Leipzig, 1785–89; Wächter, Leonhard: Sagen der Vorzeit. 1. Aufl. (3 Bde.) Berlin 1787, 2. Aufl. (7 Bde.) Berlin 1790–98.

535 Vgl. z. B. Henning 1968, S. I.

536 Vgl. Teil 2, I. u. Teil 4, I.

seine leidlich triviale Romanliteratur nutzte. Mit den Werken „Thüringische Sagen und Volksmährchen" (2 Bände 1822) und dem „Handwörterbuch der Mythologie der deutschen, verwandten, benachbarten und nordischen Völker" (1827) schloss er sich diesem Wirken selbst an.

VII. Fazit zur Motivik der Walpurgisnacht vor Johann Wolfgang von Goethe

Zu Beginn der Frühen Neuzeit stehen erste Ansätze und auch tatsächliche Verarbeitungen (Hans Sachs) des Hexenkonvents praktisch ganz im Zeichen von Überlegungen oder Stellungnahmen zur Magie und der gerade expandierenden Dämonologie-Debatte. Der Höhepunkt von Teufels- und Dämonenangst, Magieverdacht und der Hexenverfolgungen in Spätrenaissance und Frühbarock lässt folglich auch freimütige Literarisierungen von Hexenversammlungen nicht zu. Wenn sie nicht gleich an der dämonologischen Anschauung orientiert sind, wie die arg trivialen Hexenzeitungen und -lieder, sind sie doch wenigstens in eindeutiger moralisierender Weise mit der Beschreibung eines verwerflichen Charakters verbunden (Wagner-Buch).

Erst in der zweiten Hälfte des 17. Jahrhunderts ist in dieser Hinsicht eine augenfällige Änderung festzustellen.

Johannes Praetorius' umfassende, überwiegend deutschsprachige Behandlung des beinahe gesamten in der Fachliteratur erfassten Hexenwesens als gleichsam ‚populärwissenschaftlichen' Unterhaltung ohne Verfolgungsappell bereitet den Blocksberg-Stoff für eine langfristige Verwendung in der Dichtung auf; was der Leipziger Kompilator selbst wohl nicht voraussehen konnte. Wegen der Fülle an einbezogenen Texten und des immerhin handbuchähnlichen Gliederungssystems hat sein Werk in den folgenden rund 150 Jahren beim Nachschlagen offensichtlich mehr Vorteile geboten als andere, ordnungslosere Sammlungen von Zauberei- und Hexenabenteuern. Auch wenn es sich nicht um Dichtung handelt, besteht die Besonderheit von „Blockes-Berges Verrichtung" eben darin, dass mit schriftstellerischem Gespür ein zuvor exklusiver, wissenschaftlicher Gegenstand als Objekt der Unterhaltung dargebracht wird. In diesem Punkt eines faktischen Tabubruchs beim Umgang mit dem Hexenwesen, der als Vorsatz gleichwohl nicht determiniert nachweisbar ist, steht Praetorius in der Nähe des zeitgleich, gattungs- bzw. textsortenspezifisch allerdings ganz anders agierenden Erzählers Grimmelshausen. Zum einen bedient sich Grimmelshausen ausführlich der wesentlichen Bestandteile des Teufel- und Hexenglaubens in einer Weise, die sie für seine Dichtung als prädestinierte, bereichernde und damit unentbehrliche Elemente versteht; zum anderen ist dabei deren (außerliterarische)

Wahrhaftigkeit häufig mit einer skeptizistischen Patina versehen. Für Grimmelshausens Umsetzung der Hexenversammlungs-Idee im „Simplicissimus Teutsch", ist deren poetisch gestaltender Wert maßgeblich. Ihr haftet keine moralisierende Unterweisung an, wie sie etwa beim Faust-Stoff noch Bedingung und wohl auch Anliegen war (Wagner-Buch).

Die von Berührungsängsten freien Beiträge Praetorius' und Grimmelshausens sind gewiss auch vor dem Hintergrund zu sehen, wonach ab ungefähr der Mitte des 17. Jahrhunderts die Dämonopathie allmählich abnahm und entsprechend die Phobie, atheismus- oder gar hexereiverdächtig zu werden, zurückzugehen begann[537].

War im Barock der Hexenkonvent noch klar ein unselbständiger Teil des teuflischen und magischen Gesamtgefüges, wird im aufklärerischen 18. Jahrhundert seine motivische Eigenständigkeit entwickelt. Dabei kommt ihm nun eine allegorische Dimension zu, in der Angelegenheiten ausgedrückt werden, die eigentlich gar keinen konkreten Bezug zum Hexenhaften haben. Außerdem widerfährt der schon von Grimmelshausen eingelösten satirischen Anwendbarkeit auf der allegorischen Ebene eine Erweiterung (Löwen, Lichtenberg). Mit dem Aufkommen des vor allem von Johann Gottfried Herder (1744–1803) angeregten Volkspoesie-Gedankens, erlangt das im Volksglauben anhaltend existente Hexenfest ein weiteres Maß der Berücksichtigung. Denn weil es nun gewissermaßen als zum Volksbewusstsein gehörig identifiziert wird, wird es auch als poetisch relevant betrachtet (Bürger, Hölty).

Für das 18. Jahrhundert ist weiterhin auffällig, dass die Verwendung von Hexenversammlung und Walpurgisnacht vornehmlich eine Obliegenheit von Schreibern ist, die in einer Beziehung zum Harzgebirge stehen[538]. Sei es, dass sie aus der Gegend stammen (Löwen, Bürger), oder dass sie in der weiteren Umgebung längere Zeit gelebt haben (J. G. Jacobi, Hölty, Lichtenberg). Oberflächlich betrachtet, könnte so der Eindruck entstehen, dass die Materie nur von einem regionalen, provinziellen Belang ist. Tatsächlich wurde das Schriftgut dieser Autoren aber überregional gelesen und verstanden, zumal die Vorstellung vom Hexentreiben auf einem Berg ja ohnehin nicht räumlich begrenzt verwurzelt ist; ähnlich wie die nahe stehenden Sagenmotive der wilden Jagd und des wilden Jägers, derer sich ja mancher der Literaten ebenfalls bedient (Bürger, Hölty).

Dass im 18. Jahrhundert die Bezeichnung ‚Walpurgisnacht', die das antichristliche Blocksbergtreiben an einen konkreten Zeitpunkt bindet, gegenüber

537 Vgl. Behringer 1992, S. 327 f.; Battafarano 1977, S. 327; Teil 2, I. (Vororientierung).
538 Vgl. dazu auch Dennert 1954, S. 61 f.

anderen, eben exakt auf den Versammlungsvorgang der Hexen gemünzten Ausdrücken etabliert wird (vor allem Löwen u. Lichtenberg), mag vielleicht auch als Indiz für den Wunsch nach einer überregional verständlichen Benennung, bei der nicht unbedingt die abergläubischen Zutaten im Vordergrund stehen, gewertet werden. Mit Sicherheit ist daran aber ein Poetisierungsvorgang, also die Begründung dieser dämonischen Zusammenkunft als Motiv und Ausdrucksmittel in der Dichtung, zu erkennen. Mit diesem abstrahierenden Ablauf geht zwangsläufig einher, dass der eigentliche abergläubische Ursprung und die Frage nach dessen Glaubwürdigkeit immer mehr an Bedeutsamkeit verliert. Im 17. Jahrhundert hatte es für einen solchen Bezeichnungsprozess noch kein wirkliches Interesse gegeben, denn dort wurden die einschlägigen Bezeichnungen parallel und aufs Geratewohl verwendet, wie es ja auch beim ‚Fachmann' Praetorius festzustellen ist.

Der Gedanke an den praktikablen Kontakt zum Faust-Stoff, der mit Goethes Arbeiten geradezu zur Selbstverständlichkeit werden wird, dürfte im kollektiven dichterischen Gedächtnis latent schon vorhanden gewesen sein; so lassen es vereinzelte Ansätze von der Spätrenaissance bis zum Ende des 18. Jahrhunderts zumindest annehmen. Eine ausdrückliche und halbwegs aufwendige Verbindung in diesem Sinne konstruiert jedoch allein Löwen in seinem satirischen, komischen Versepos.

Teil 3 Die ‚Walpurgisnacht-Dichtung' des Johann Wolfgang von Goethe als ‚Sattelpunkt' in der Verwendungsgeschichte der Motivik

I. Vororientierung

Den Faust-Stoff charakterisierte Johann Wolfgang von Goethe (1749–1832) im Gespräch mit Johann Peter Eckermann (1792–1854) als „ganz etwas Inkommensurables"[1]. Allerdings zeigt Goethes ausschöpfender dichterischer Umgang mit den Möglichkeiten, die die Vorstellungen vom Hexentreiben auf dem Blocksberg für ihn augenscheinlich geboten haben, dass auch im Fall der Walpurgisnacht von einer gewissen Inkommensurabilität ausgegangen werden kann. Dass Goethe die Walpurgisnacht nicht bloß als ein dem Faust-Stoff irgendwie anhängendes, verzierendes Beiwerk betrachtet haben kann, sondern dass auch darüber bei ihm ein eingehender Auseinandersetzungsprozess erfolgt sein muss, ist nicht zuletzt an der Ballade „Die erste Walpurgisnacht" (1799) ersichtlich, die keine direkten, intertextuellen Bezüge zur Faust-Dichtung hat[2]. Der nichtsdestotrotz überwiegend in den Kontext der Faust-Tragödie eingewobene, im Vergleich zu den Poetisierungen früherer Autoren beträchtliche Ertrag dieser Auseinandersetzung lässt es von Umfang und Form her durchaus angemessen erscheinen, von einer ‚Walpurgisnacht-Dichtung' Goethes zu sprechen; zumal spätestens seit der entsprechenden poetischen Umsetzung im „Faust I" die Walpurgisnacht im Werk Goethes eine untrügliche und ausdrucksvolle toposhafte Qualität aufweist. Zum auslaufenden Aufklärungszeitalter vermochte Goethe deutlicher als es für seine Vorgänger möglich sein konnte, die vielfältigen Qualitäten der „Traum- und Zaubersphäre" (Faust I, V. 3871) zu erkennen und poetisch aufwendiger umzusetzen. Das betrifft unter anderem deren Eignung als Projektionsfläche für gewisse metaphysische Sehnsüchte, die eben auch als eine Gegenreaktion auf eine radikal entmythisierende Aufklärung zu erklären sind[3]; insbesondere aber die Verwendbarkeit der Vorstellung vom walpurgisnächtlichen Hexentreiben als einen schaubildhaften Mikrokosmos mit vor allem allgemein menschlichen, gesellschaftlichen, politischen, historischen und naturwissenschaftlichen Aspekten.

1 Goethe: MA, Bd. 19 (1986), S. 347 („Sonntag, den 3. Januar 1830") u. S. 787 (Komm.).
2 Vgl. Teil 3, III.
3 Vgl. Teil 2, VI.

So ist bei der Einstufung der relevanten Arbeiten Goethes in den Entwicklungsgang der hexenumtriebigen Walpurgisnacht als dichterischem, aber auch als allgemein kulturellem Gegenstand von einem ‚Sattelpunkt' zu sprechen – um eine geeignete terminologische Entlehnung bei der Mathematik vorzunehmen[4]. In Anbetracht der nachweislich über Jahrzehnte anhaltenden Auseinandersetzung Goethes mit dem Faust-Stoff, die in begleitender Form eben oftmals auch die Walpurgisnacht mit einschließt, lässt sich hier sogar – freilich mit einer etwas modifizierten inhaltlichen Ausdehnung – der von Reinhart Koselleck (1923–2006) geprägte Begriff der ‚Sattelzeit' anwenden[5]. Denn einerseits erreichte die Literarisierung des Blocksbergtreibens mit Goethe in mehrerlei Hinsicht zweifelsohne eine poetische Klimax; andererseits stellte diese goethesche Dichtung für das Gros der nachfolgenden Literatur, die die Hexenversammlungs- und Walpurgisnacht-Thematik aufnahm, schon allein deshalb eine Art Maßstab dar, als Assoziationen zu den Vorgaben Goethes praktisch unvermeidlich waren. Somit konnte eine gewissermaßen davon unabhängige Dichtung nicht ohne weiteres möglich sein – ein Umstand, der sicherlich nach wie vor eine gewisse Gültigkeit hat.

Die Quellen- und Entstehungssituation zu Goethes ‚Walpurgisnächten', insbesondere zu denen innerhalb der Faust-Dichtung, ist von der Literaturwissenschaft ziemlich ausführlich erforscht worden. Dennoch werden sie nur selten über ihre szenische Funktion innerhalb der Faust-Tragödie hinaus als Bestandteile einer separaten literarischen oder gar motivischen Entwicklungsgeschichte gesehen. Die weitergehende Bedeutsamkeit der ‚Walpurgisnächte', steht jedoch keineswegs im Gegensatz zu deren jeweiligem werkimmanentem Gewicht und ist schon allein an den von ihnen ausgehenden inspirativen Kräften für die Kultur im Allgemeinen zu ersehen, worauf ja ausgangs hingewiesen wurde[6].

Der verbreitete, doch unter bestimmten Umständen zwiespältig aufnehmbare Ausdruck ‚Hexensabbat' ist bei Goethe offenbar grundsätzlich nicht zu finden[7]. Eine Erklärung dafür muss wohl letztlich spekulativ bleiben. Sicher kann man schon meinen, dass sich Goethe an der etymologischen Ableitung oder an der

---

4 Vgl. z.B. Walz, Guido (Red.): Lexikon der Mathematik. In sechs Bänden. Heidelberg 2001–2003, Bd. 4 (2002), „Sattelpunkt".

5 Vgl. Geschichtliche Grundbegriffe. Historisches Lexikon zur politisch-sozialen Sprache in Deutschland. Hrsg. von Otto Brunner, Werner Conze, Reinhart Koselleck u. Rudolf Walther. 8. Bände. Studienausgabe. 1. Aufl. Stuttgart 2004, Bd. 1, S. XIII–XXVII (Einleitung).

6 Vgl. Einleitung, I. (Vorüberlegungen).

7 Vgl. Einleitung, II. (Begriffsbestimmungen).

engen Bindung des Ausdrucks an das überlieferte dämonologische Stigma gestoßen haben könnte. Doch kann man genauso gut annehmen, dass sich darin eine Abwendung Goethes von der eher begrenzten inhaltlichen Ausdehnung, die mit der Bezeichnung ‚Hexensabbat' einhergeht, hin zu einer weiter gefassten und somit die entsprechenden dichterischen Entfaltungsmöglichkeiten besser unterstreichenden Begrifflichkeit äußert.

Unmittelbare Aussagen Goethes zum historischen Komplex Hexenaberglaube, Hexenlehre und Hexenverfolgung sowie zum dichterischen Umgang damit sind bekanntlich auf nicht allzu viele Äußerungen beschränkt. Aus diesen Dikta sticht eine, aufgrund ihrer Entstehungssituation knapp gehaltene Bemerkung des Italienreisenden von 1787 etwas heraus[8]. Vor allem ist jedoch eine Erläuterung des späten Goethe gut bekannt, bei der es um die Motivation des Dichters geht, derartige Stoffe für sein Schaffen zu verwenden: Im „ersten Heft" (1827) des „sechsten Bandes" von „Über Kunst und Altertum" findet sich anlässlich einer von Goethe selbst vorgenommenen Übersetzung aus dem französischen „Globe", in der es um gewisse Eigenheiten der europäischen Völker bei der Verwendung von Mythologie in der Literatur geht, in der „Bemerkung des Uebersetzers" eine Stellungnahme. Darin problematisiert Goethe eine ästhetisch einseitige Wertung zu Gunsten der (gleichwohl) „[.] höchst gestaltet[en] [.] griechischen Mythologie". Zum „hässliche[n] Teufels- und Hexenwesen, das nur in düstern ängstlichen Zeitläufen aus verworrener Einbildungskraft sich entwickeln und in der Hefe menschlicher Natur seine Nahrung finden konnte" heißt es in diesem Zusammenhang zweifelsohne absolut bekräftigend:

> „Freylich muß es dem Dichter erlaubt seyn, auch aus einem solchen Element Stoff zu seinen Schöpfungen zu nehmen, welches Recht er sich auf keine Weise wird verkümmern lassen."[9]

Diese Einstellung ist in etwa auch schon aus den zuvor bereits erwähnten Ausführungen über das Dämonische an sich und dessen Bedeutung für die Poetik in „Dichtung und Wahrheit" herauszulesen, selbst wenn dort der Zusammenhang

---

8 Goethe, FA, II. Abt., Bd. 3 (1991), S. 306 f. (107. Goethe an Charlotte von Stein Sa. 30.6.1787: „Wir haben die famose HexenEpoche in der Geschichte, die *mir* psychologisch noch lange nicht erklärt ist, diese hat mich aufmercksam und mir alles wunderbare verdächtig gemacht.") u. 873 (Komm.); Goethe, HA (Goethes Briefe), Bd. II, S. 61 (448. An Charlotte v. Stein [vielleicht auch an Herder] Rom, 4. August? 1787) u. 496 (Anm.); vgl. dazu auch Hansen 2010, S. 223.

9 Goethe: FA, I. Abt., Bd. 22 (1999), S. 326 f. („Über Kunst und Altertum", Band VI, Heft 1 (1827)); vgl. dazu auch Hansen 2010, S. 229.

ein etwas anderer ist[10]. Zu anderen Gelegenheiten beurteilt Goethe zwar nicht speziell das „Teufels- und Hexenwesen“ doch den „Aberglauben“ generell als ein ererbtes, „zum Wesen des Menschen“ gehörendes Phänomen, dem nicht mit Verdrängung sondern mit unaffektiertem Ingenium zu begegnen sei[11]. Bei einem angemessenen Umgang sei der Aberglaube der Kunst, zumal der Dichtung, sogar durchaus förderlich[12]. Auf die Walpurgisnacht-Szenen der Faust-Dichtung – einschließlich der eliminierten Passagen (Paralipomena) – bezogene moralische und qualitative Einwände oder Bewertungen, wie sie gelegentlich in der Forschung anzutreffen sind[13], erscheinen also schon allein in Anbetracht dieser einzelnen Aussagen unangemessen.

Zum Spektrum der Walpurgisnacht-Dichtung sind jedoch nicht allein die entsprechend benannten Szenen aus „Faust I“ (Kapitel IV) und „Faust II“ (Kapitel V) sowie die chorische Ballade „Die erste Walpurgisnacht“ (Kapitel III) zu zählen. Als Zeugnisse des besagten, längeren Auseinandersetzungsprozesses mit der Materie sind unbedingt noch weitere Elemente aus der Dichtung Goethes zu berücksichtigen. Das sind vor allem bestimmte Passagen aus „Auerbachs Keller“ im sogenannten Urfaust (Kapitel II). Darin eröffnet sich aus einigen chiffrenhaften Ausdrücken bei näherem Hinsehen ein recht konkreter Bezug zum Blocksbergtreiben und zu anderen Bestandteilen des Hexereiglaubens.

Ob außerdem in manchen Nuancen des in der Literaturwissenschaft kontrovers gedeuteten Gedichts „Harzreise im Winter“ – ein poetischer Ertrag von Goethes erster Reise in den Harz im Dezember 1777 – ebenfalls schon Anzeichen einer später in der „Walpurgisnacht“ enthaltenen Motivik vermutet werden

---

10 Vgl. Einleitung, II.; außerdem Siegel, Ralf: Goethes Begriff des Dämonischen. In: Remmel, Andreas u. Remmel, Paul (Hrsg.): Goethe-Blätter. Schriftenreihe der Goethe-Gesellschaft Siegburg e.V. Bd. II (2002). Bonn 2003, S. 51–76.

11 Goethe: MA, Bd. 17 (1991), S. 745 u. 812 („Maximen und Reflexionen“, „Zu Lebzeiten gedruckte“); — MA, Bd. 10 (1989), S. 587 f. („Zur Farbenlehre“, „Historischer Teil“, „Roger Bacon“).

12 Goethe: MA, Bd. 17 (1991), S. 745 („Maximen und Reflexionen“, „Zu Lebzeiten gedruckte“).

13 Vgl. z. B. Staiger, Emil: Goethe. Bd. 2: 1786–1814. 4. Aufl. Zürich 1970, S. 362; Keller, Werner: Faust. Eine Tragödie. In: Hinderer, Walter (Hrsg.): Goethes Dramen. Stuttgart 1992, S. 316; zusammenfassend zu diesem Sachverhalt außerdem Borchmeyer, Dieter: Die geheimgehaltenen Dichtungen des Geheimrats Goethe. *Kritische Anmerkungen zu ihrer Wiederentdeckung*. Der „Walpurgissack“ und „Das Tagebuch“. In: Wittkowski, Wolfgang (Hrsg.): Verlorene Klassik? Ein Symposium. Tübingen 1986, S. 100–102; Schöne, Albrecht: Götterzeichen, Liebeszauber, Satanskult. Neue Einblicke in alte Goethetexte. 2. unveränderte Aufl. München 1982, S. 113 ff.

können, wird dagegen an gegebener Stelle im Zusammenhang mit dem „Faust I" angesprochen (Kapitel IV). Hierbei wäre etwa an die darin möglicherweise bereits angelegte mythisierende Sicht des Brockens und die Andeutung seiner Sagenumwobenheit, an den Brocken bzw. Blocksberg als Ort von Erkenntnisfindung und -darstellung, an mögliche Ansätze eines Mammon-Motivs und an die ansatzhafte Verwendung von elementarsymbolischen Mitteln zu denken.

II. Faust: Frühe Fassung, Fragment und Walpurgisnacht?

In sämtlichen bekannten Fassungen von Goethes Arbeiten zum „Faust", die vor dem endgültigen, 1808 erschienenen „Ersten Teil" anzusetzen sind, gibt es noch keine Walpurgisnacht-Szene. Gewisse chiffrenhaft und redensartig wirkende Bemerkungen, die – wenn auch sehr allgemein – auf das Hexenfest auf dem Blocksberg Bezug nehmen, sind gleichwohl bereits vorhanden.

Daraus mag zwar nicht abzuleiten sein, dass Goethe bereits vor 1798 an die Konstruktion einer Walpurgisnacht im „Faust" gezielt gedacht hat[14], es spricht aber dafür, dass der bedeutungs- und inspirationsreiche Blocksberg, der letztlich ja nur synonym für die darauf begangenen walpurgisnächtlichen Ereignisse steht, in Goethes dichterischen Überlegungen rund um den Faust-Stoff schon früh enthalten war.

Der sog. Urfaust ist bekanntlich jene frühe Fassung des „Faust" die nur in einer Abschrift der Luise von Göchhausen (1752–1807) erhalten ist[15]. Dieses Göchhausensche Manuskript ist das mit Abstand bedeutendste Dokument der nach der in der Forschung dominierenden Meinung zwischen 1773 und 1776 planmäßig begonnenen Niederschriften Goethes, aus denen er zudem mehrmals in Weimar vorlas. Die zeitliche Einordnung der Göchhausenschen Aufzeichnung konnte allerdings auch nur ungefähr vorgenommen werden; sie kann durchaus erst 1776 oder 1777 zustande gekommen sein, vielleicht ist sie sogar erst an einer Lesung Goethes vom 16. Juli 1780 orientiert.[16]

---

14 Zu einer solchen Auffassung vgl. etwa Krogmann, Willy: Die Walpurgisnacht im Plane des Urfaust. In: Neophilologus. 17. Jg., 1932, Frankfurt/M. 1965 (Reprint), S. 218–223.

15 Zur Diskussion um die auf den Forscher Erich Schmidt (1853–1913) zurückgehende Bezeichnung „Urfaust" und dazu alternativen Ausdrücken, wie halt ‚frühe Fassung', vgl. Goethe: FA, I. Abt., Bd. 7/2, S. 81–83 (Angaben zum Text); — MA, Bd. 1.2, S. 747 f. (Komm.); — HA, Bd. III, S. 747–749 (Anm.).

16 Vgl. Goethe: FA, I. Abt., Bd. 7/2, S. 81–83 (Angaben zum Text) u. 827–830 (Erläuterungen); — MA, Bd. 1.2, S. 747 f. (Komm.); — HA, Bd. III, S. 747–749 (Anm.).

In dieser frühen Fassung, dem ‚Urfaust', eröffnet sich nun in „Auerbachs Keller in Leipzig" während des Trinkgelages der Studenten – der „Zeche lustiger Gesellen" – folgende Situation:

> Frosch
> Schwing dich auf Frau Nachtigall
> Grüs mein Liebgen zehntausendmal.
>
> Siebel.
> Wetter und Todt. Grüs mein Liebgen! – Eine Hammelmauspastete mit gestopften dürren Eichenblättern vom Blocksberg, durch einen geschundnen Hasen mit dem Hahnenkopf überschickt, und keinen Grus von der Nachtigall. Hatt sie mich nicht – Meinen Stutz bart und alle Appartinenzien hinter die Thüre geworfen wie einen stumpfen Besen, und das um – drey Teufel! Keinen Grus sag ich dir als die Fenster eingeschmissen. (S. 485, Z. 12–21)[17]

Unspezifisch gesehen handelt es hierbei sicher um Wortspiele (‚Quibbles') nach der Art Shakespeares[18], dass man aber andererseits an eine reine Zufälligkeit bei der Zusammenstellung dieser Wortspiele nicht recht glauben sollte, ergibt sich aus deren bildhaftem Gehalt, der aus motivgeschichtlicher Perspektive von einigem Belang ist.

Seine übelgesinnten Ungereimtheiten beginnt „Siebel" mit der „Hammelmauspastete" (S. 485, Z. 14 f.), die er seiner vormaligen Poussage „überschickt" sehen will. ‚Hammelmaus' ist eine für Gegenden an Mittelrhein und Main nachweisbare Bezeichnung für die Hausgrille, die zumeist Heimchen genannt wird[19]. Streng entomologisch gesehen dürfte es in dieser Hinsicht jedoch oft zu Verwechslungen mit der Feldgrille (Gryllus campestris) gekommen sein[20], da die eigentliche Hausgrille (Acheta domestica) ursprünglich nicht in Mitteleuropa beheimatet ist und dort erst im Laufe der Zeit einwanderte[21]. Demnach hat man sich unter einer „Hammelmauspastete" eine aus Grillen bereitete Pastete vorzustellen, nicht eine Pastete für Hammelmäuse, wie ein anderweitiger Gebrauch

---

17 Die Textreferenz ist hier: Goethe: FA, I. Abt., Bd. 7/1, S. 485, V. 12–21.

18 Goethe: HA, Bd. III, S. 752 (Anm.); — MA, Bd. 1.2, S. 756 (Komm.).

19 Grimm: Deutsches Wörterbuch. 4. Bd. 2. Abt. (IV/II, 1), S. 312; Bächtold-Stäubli, Bd. III, Sp. 1161 f.; Goethe: FA, I. Abt., Bd. 7/1, S. 855 (Stellenkommentar).

20 Bächtold-Stäubli, Bd. III, Sp. 1160.

21 Chinery, Michael: Insekten Mitteleuropas. Ein Taschenbuch für Zoologen und Naturfreunde. Übers. und bearb. von Irmgard Jung u. Dieter Jung. Hamburg u. Berlin 1976, S. 95 u. 98; Brohmer, Paul (Begr.): Fauna von Deutschland. Ein Bestimmungsbuch unserer heimischen Tierwelt. 17. Aufl. Heidelberg u. Wiesbaden 1988, S. 200.

von ‚Hammelmaus' als Schmeichelwort für Kinder vermuten lassen könnte[22]. Das weite Bedeutungsspektrum der Grille bzw. des Heimchens im Volksglauben reicht vom Glücksbringer und Arzneilieferanten bis hin zum Dämonischen und unmittelbar Hexenhaften[23]. Im Zusammenhang mit der Schmährede „Siebels" ist neben der Assoziation des Heimchens als ungünstiges Omen die Annahme, wonach das Verspeisen von Grillen zu Krankheit führt[24], besonders interessant. Obendrein sollen Hexen auf ihren Versammlungen aus gedörrten Grillen ein Hexenpulver gewinnen; so ist es sogar in Hexenprozessprotokollen fixiert[25].

Hinsichtlich des Hexenzaubers verhält es sich mit den „Eichenblättern" (S. 485, Z. 15) noch eindeutiger. Die volkskundliche und mythologische Bedeutung der Eiche ist äußerst vielfältig und in manchen Punkten zudem von der Sitte des Umdeutens von heidnischen zu christlichen Vorstellungen betroffen[26]. Neben überwiegend positiven, teils sogar hexen- und zaubereiabwehrenden Anhaftungen kann der Eichbaum auch solche eines bösen, teuflischen oder wenigstens unheimlichen Baumes haben[27]. Die „Eichenblätter" im Wortschwall des Trinkers „Siebel" sind natürlich dieser Überlieferung der verwünschten Eiche zuzuordnen. Verwünscht ist etwa die Eiche, mit deren Laub die Hexen das Wetter beeinflussen oder anderen Zauber vollführen[28]. Auf eine solche Annahme spielt die Aussage des „Siebel" an. Einerlei wie sehr sich die „dürren Eichenblätter" nun zum Stopfen eignen mögen, an Vitalität und Gefälligkeit haben sie bereits eingebüßt, wodurch ihre ästhetische Güte sehr eingeschränkt

22 Grimm: Deutsches Wörterbuch. 4. Bd. 2. Abt. (IV/II,1), S. 312. Ein Beleg für diese Weise des Gebrauchs von ‚Hammelmaus' wäre etwa in einer Korrespondenz Georg Büchners mit seinem zur betreffenden Zeit elfjährigen Bruder Ludwig zu finden: Büchner, Georg: Schriften, Briefe, Dokumente in zwei Bänden. Hrsg. von Henri Poschmann unter Mitarbeit von Rosemarie Poschmann. Frankfurt/M. 1992–1999, Bd. 2, S. 421 f. („An Ludwig Büchner Aus Straßburg nach Darmstadt 1. Januar 1836") u. S. 1181 f. (Stellenkommentar).

23 Bächtold-Stäubli, Bd. III; Sp. 1160–1169; Erich u. Beitl, S. 305.

24 Bächtold-Stäubli, Bd. III, Sp. 1165 f.

25 Ebd., Sp. 1168.

26 Bächtold-Stäubli, Bd. II, Sp. 646–655 (Eiche). Zur zaubereiabwehrenden Wirkung der Eichenblätter vgl. Bächtold-Stäubli, Bd. VII, Sp. 868; — Bd. IX, Sp. 6. Zur Weihung von „Zweigen vom Eichbaum mit dürrem Laub" zum ebenfalls vor Dämonen schützenden Palmbaum am Palmsonntag in der römisch-katholischen Liturgie und zum Festhalten an diesem Brauch auch in protestantischen Gegenden vgl. Bächtold-Stäubli, Bd. VI, Sp. 1367; Erich u. Beitl, S. 629.

27 Bächtold-Stäubli, Bd. II, Sp. 649.

28 Erich u. Beitl, S. 160.

wird. „Siebel“ gönnt seinem vormaligen „Liebgen“ hierbei also nicht die beste Qualität. Auch für die Hexenversammlung selbst können die Eiche und das Eichenlaub von Bedeutung sein. So markiert nicht selten eine Eiche den Versammlungsort der Hexen[29]. Aus ihren Früchten, den Eicheln, und ihren Blättern wird von den Hexen diverses Gebräu angefertigt[30]. Die Eiche kann dazu Aufenthaltsort und Heimstätte manch anderer Dämonen sein[31].

Ob mit dem ausdrücklich genannten „Blocksberg“ (S. 485, Z. 16), von dem zumindest die „Eichenblätter“ stammen, auf welchem höchstwahrscheinlich aber doch die ganze Pastete angefertigt werden soll, nun der Harzer Brocken gemeint ist, ist zwar nicht ersichtlich. Doch in den ‚Quibbles‘ des „Siebel“ nimmt er als Herkunftsort des seltsamen Erzeugnisses die höchste Ordnungsstufe innerhalb der Fingerzeige auf das Hexenhafte ein.

Als Überbringer der obskuren Gabe hält der verdrießliche Zechbruder „einen geschundnen Haasen mit dem Hahnenkopf“ (S. 485, Z. 16 f.) für angemessen. Dieses bildhafte Konstrukt enthält gleich eine ganze Reihe von Bezügen zum Teufel- und Hexenglauben. Dazu zählt noch nicht, dass der Hase auch allgemein als Überbringer von Neuigkeiten gehandelt wird[32]. Ein „geschundner“ Hase, also einer der bereits abgebalgt wurde[33], würde dabei sicher einen erbärmlichen, wenig ästhetischen Eindruck hinterlassen, was dem „Siebel“ – ähnlich wie bei den „dürren Eichenblättern“ – für sein ehemaliges „Liebgen“ offenbar gerade gut genug wäre. Das Bedeutungsspektrum des Hasen in Mythologie und Volksglauben seit dem Altertum ist enorm[34]. Hier sind freilich nicht seine ebenfalls vorhandenen positiven Zuschreibungen von Belang, sondern seine Eigenschaft als Hexentier. So ist der Hase bereits ein Attribut der ‚Urhexe‘ Diana; später taucht er im Gefolge der Holda (‚Holle‘) bzw. in verschiedenartiger Funktion im Zusammenhang mit der wilden Jagd auf[35]. Weit verbreitet und bis ins frühe Mittelalter zurückreichend ist der Glaube an die mit Hexen synonymen Hasenfrauen, gelegentlich unter ‚Hasenfrauenmythos‘ zusammengefasst[36]. Denn die Hexen sollen bevorzugt die Gestalt des Hasen als eines ihrer Lieblingstiere annehmen; diese Verwandlung zum Hasen soll durch die Salbung mit einem Hasenfett

29 Bächtold-Stäubli, Bd. II, Sp. 649 f.
30 Ebd.
31 Ebd.
32 Bächtold-Stäubli, Bd. III, Sp. 1516.
33 Goethe: FA, I. Abt., Bd. 7/1, S. 855 (Stellenkommentar).
34 Bächtold-Stäubli, Bd. III, Sp. 1504–1526 (Hase); Erich u. Beitl, S. 331 (Hase).
35 Bächtold-Stäubli, Bd. III, Sp. 1508 f. u. 1518 f.; Erich u. Beitl, S. 331.
36 Bächtold-Stäubli, Bd. III, Sp. 1508–1519 u. 1524; Erich u. Beitl, S. 331.

geschehen[37]. Hasenpfoten werden mitunter die vom Teufel in die Haut eingedrückten Malzeichen (Hexenzeichen) genannt[38]. Zu den verwünschenden Aussprüchen des „Siebel" würde noch passen, dass manchmal die Hasengestalt auch die Folge einer Verhexung sein kann[39]. Als eine unmittelbare Erscheinungsform des Teufels wird der Hase dagegen vielleicht seltener, aber ebenso überregional verwurzelt gehandelt[40]. Dass solche sog. Teufelshasen als Zeichen ihrer Eigenart anstatt Ohren oder Kopf ein eigentlich artfremdes Körperteil aufweisen, ist nicht ungewöhnlich[41]. So nimmt sich dann auch der „Hahnenkopf" nicht mehr allzu wundersam aus[42]. Ist der Hahn zwar zumeist ein Unheil und Zauber abwehrender Heilsbringer[43] – beispielsweise fliehen ja die Unholde der Nacht, die Teufel, Hexen und sämtlicher anderer Spuk vor dem morgendlichen ersten Hahnenkrähen[44] – sehen manche Sagen in ihm doch ein gespenstisches Tier. Der Teufel erscheint selbst als vorzugsweise schwarzer oder roter Hahn[45]. Ein symbolisches Überbleibsel davon ist die Hahnenfeder am Hut des Teufels[46], mit welcher der Pakt unterzeichnet wird und wie sie ja bekanntermaßen auch „Mephistopheles"

---

37 Bächtold-Stäubli, Bd. III, Sp. 1509.

38 Ebd.

39 Ebd., Sp. 1518.

40 Bächtold-Stäubli, Bd. III, Sp. 1519 f.

41 Ebd.

42 Vgl. Goethe: HA, Bd. III, S. 752 (Anmerkungen): Der Stellenkommentar wertet den „*Hahnenkopf*" als „Andeutung des eigenen Hahnreitums", wie es auf den ersten Blick vielleicht auch nicht unbedingt abwegig erscheint. Doch sind der Spottname Hahnrei und die damit verbundenen Assoziationen – zumal in der Literatur des 18. Jahrhunderts – üblicherweise dem betrogenen, gehörnten Ehemann vorbehalten. Dass „Siebel" aber wohl kaum der Ehegatte der betreffenden Person sein soll, geht vor allem eben aus der eher geringschätzigen und nicht allzeit schmeichelhaften Bezeichnung „Liebgen" (‚Liebchen') hervor, die für eine Ehefrau zumindest sehr ungewöhnlich, eigentlich sogar ziemlich ausgeschlossen ist.
Vgl. dazu Grimm: Deutsches Wörterbuch, 4. Bd., 2. Abt. (IV/II,1), S. 170 f. (Hahnrei); Wunderlich, Werner: Hahnrei, Hahnreiter. In: Enzyklopädie des Märchens. Handwörterbuch zur historischen und vergleichenden Erzählforschung. Begr. von Kurt Ranke. Bisher 11 Bände. Berlin u. New York 1977–2003, Bd. 6 (1990), S. 378–383; Duden. Das große Wörterbuch der deutschen Sprache in zehn Bänden. 3. Aufl. Mannheim, Leipzig, Wien, Zürich 1999, Bd. 4, S. 1639 (Hahnrei).

43 Bächtold-Stäubli, Bd. III, Sp. 1325–1336 (Hahn); Erich u. Beitl, S. 317 f. (Hahn).

44 Bächtold-Stäubli, Bd. III, Sp. 1340.

45 Ebd., Sp. 1333.

46 Ebd.; — Bd. IV, S. 588; Erich u. Beitl, S. 318.

ab dem „Fragment“ in der „Hexenküche“ vorweisen kann[47]. Und dass der Teufel in Gestalt eines Hahns grobschlächtigen Zechkumpanen zusieht, ist im Übrigen ein Motiv, das etwa schon in den volkstümlichen Schwänken des Straßburger Renaissanceliteraten Martin Montanus (Um 1537 – nach 1566) anzutreffen ist, ähnlich wie z.B. auch der (oftmals) schwarze Hund als eine gängige Erscheinungsform des Urians[48]. Der „Haase mit dem Hahnenkopf“ kann also mit einiger Berechtigung als Teufelssymbol aufgefasst werden.

Auch der Vergleich mit dem „stumpfen Besen“ (S. 458, Z. 20) gehört selbstverständlich zu diesem Sammelsurium von Hinweisen auf Hexenwerk und Blocksberg. Der Reisigbesen – ein Gegenstand von reichlichster abergläubischer Projektion[49] – ist bekanntlich eines der populärsten Markenzeichen der Hexen, insofern sie auf ihm eben den Besenritt insbesondere zu ihren Versammlungen auf dem Blocksberg vollführen. Allerdings fungiert der Besen sonst im Volksglauben zum eher überwiegenden Teil als Schutzmittel gegen Hexen[50], was für das Verständnis der Äußerungen „Siebels“ jedoch unerheblich sein dürfte. Eher von Belang könnte sein, dass nach mancher lokalen Annahme gerade der stumpfe Besen ein Utensil des wilden Heeres ist[51]. Und aus der Sicht des „Liebgen[s]“, das den ausgedienten Hausfreund einem „stumpfen Besen“ gleich hinauswarf, könnte ein ‚heilkundiger‘ Ratschlag interessant erscheinen, wonach Frauen bei Schrecken und Brennen in der Vagina empfohlen wird, auf einen Besen zu urinieren und diesen wegzuwerfen[52]. Haben sich jedenfalls wegen starker Inanspruchnahme im Laufe der Zeit die Reiser des Besens abgenutzt, ist er zum ordentlichen Fegen nicht mehr recht zu gebrauchen und somit stumpf geworden. Dass ein solch stumpfer Besen auch in seiner Tauglichkeit als Arbeitsgerät der Hexen geschmälert ist, wäre daher nur von einer gewissen Folgerichtigkeit. Dann wäre er zur Fortbewegung durch die Lüfte ebenfalls nicht mehr so gut geeignet und somit entbehrlich geworden.

Wenn der missvergnügte „Siebel“ seiner früheren Geliebten also nachdrücklich wünscht, dass ihr durch den Teufel selbst oder wenigstens mit einem teuflischem Gruß verziert ein Hexenfraß zukommen möge, also dass, was ihr seiner Meinung

---

47 Goethe: MA, Bd. 3.1, S. 550, V. 949 („Kannst Du die Hahnenfeder nicht erkennen?“).

48 Montanus, Martin: Schwankbücher (1557–1566). Hrsg. von Johannes Bolte. Nachdruck der Ausgabe Tübingen 1899. Hildesheim 1972, ohne Seitenangabe („Teufel und Landsknecht“ u. „Gold vom Teufel“).

49 Bächtold-Stäubli, Bd. I, Sp. 1129–1147 (Besen) u. 1147–1150 (Besenritt); Erich u. Beitl, S. 82 (Besen).

50 Bächtold-Stäubli, Bd. I, Sp. 1131, 1133, 1135 f., 1138 f.; Erich u. Beitl, S. 82.

51 Bächtold-Stäubli, Bd. VII, Sp. 1304.

52 Ebd., Bd. I, Sp. 1143.

nach zusteht, drückt das letztlich aus, dass er ihr hexenhaftes Verhalten vorhält, sie also kurzum als Hexe tituliert. Der Wust von auf den ersten Blick verworrenen Beleidigungen, den der Angetrunkene über sein vormaliges „Liebgen" ausschüttet, entpuppt sich nach genauerem Hinsehen nunmehr als das zwar umständlich ausgeführte, jedoch eigentlich völlig simple Unterfangen, dieselbe möglichst anschaulich als Hexe zu beschimpfen[53].

Bei näherer Betrachtung kommen also in den scheinbar willkürlichen Wortspielen des studentischen Bürstenbinders „Siebel" nicht gerade wenige Formungen des Magieglaubens zum Vorschein, die auf das engste mit der Hexenversammlungs- und Walpurgisnacht-Vorstellungen verbunden sind. Es deutet also durchaus nicht auf eine vorsatzlose Konstruktion, dass an einem von vornherein schon einigermaßen sagenhaft berührten Ort wie dem Auerbachs Keller[54] ausgerechnet in einer Versammlung von derben Bacchanten unverhohlen auf gleichsam walpurgisnächtliche Dinge angespielt wird. Szenenimmanent ist das gewiss auch eine Einstimmung darauf, dass alsbald „Faust" in mephistophelischer Begleitung dort einkehren und nach dem bekannten Krawall ganz nach der seit etwa 1625 gängigen Überlieferung und der Darstellung auf den Bretschneider-Wandgemälden auf einem Fass reitend die Stätte wieder verlassen wird[55]. Eine latente metaphysisch-dämonische Atmosphäre ist in „Auerbachs Keller" aber eben bereits vor dem Eintreffen des schwarzkünstlerischen Duos angelegt, selbst wenn sie bis dahin noch hinter dem banalen Frohsinn der studentischen Zecher etwas zurücksteht.

Obzwar keine unmittelbare szenische Konzeption für die spätere „Walpurgisnacht" des „Faust I" aus alldem abgeleitet werden kann, zeigt sich, dass der zum volkstümlichen Vorstellungsgefüge gehörende Blocksberg-Gedanke – man denke etwa auch an kolloquiale, auf den Blocksberg gemünzte Redensarten in der Art wie sie am Ende des Jahrhunderts Lichtenberg zu seiner Prosaerzählung

---

53 Vgl. Goethe: HA, Bd. III, S. 752 (In den Anm. ist das bildhafte Verfluchen der Person als Hexe auf die „Eichenblätter vom Blocksberg" beschränkt.).

54 Bächtold-Stäubli, Bd. V, Sp. 43; Sillig, P.H.: Faust in Leipzig. Kleine Chronik von Auerbachs Keller zu Leipzig, nebst historischen Notizen über Auerbachs Hof. Nach alten Chroniken und Urkunden zusammengestellt von P.H. Sillig. Reprint der Ausgabe Leipzig 1863. Mit einem Nachwort von Bernd Weinkauf. Hrsg. von August Haupt. 3. Aufl. Leipzig 1998.

55 Vgl. z. B. Goethe: MA, Bd. 1.2, S. 755 (Komm.); — FA, I. Abt., Bd. 7/2, S. 854 (Erläuterungen) u. 1068<>1069 (Abb. I); — HA, Bd. III, S. 547; Kroker, Ernst: Doktor Faust und Auerbachs Keller. Die Sage von dem Fassritt, die Entstehungszeit der beiden alten Bilder in Auerbachs Keller. Mit einem Anhang: Doktor Faust und Luther. Leipzig 1903.

veranlassten[56] – geringstenfalls unterschwellig ein andauerndes Kontinuum in Goethes Arbeiten am „Faust“ war. Denn von dieser Szenerie im sog. Urfaust geht allemal ein sehr konkreter Sinnzusammenhang zum populären Gebilde ‚Walpurgisnacht‘ aus. Und dafür dass es sich bei der ausdrücklichen Nennung des Hexenberges in „Auerbachs Keller“ nicht um einen Zufall oder den beliebigen Einbau irgendeiner Zutat gehandelt haben dürfte, spricht dazu die ganz uninflationäre Verwendung des Terminus' Blocksberg im Gesamtwerk Goethes.

In der 1790 von Goethe veröffentlichten, ungeachtet ihrer Vorläufigkeit bereits erfolgreichen Fassung „Faust. *Ein Fragment*“ haben die Worte aus dem ‚Urfaust‘ so keinen Bestand mehr[57]. In der nun poetisch geglätteten und allgemein verständlicher gemachten Passage der „*Zeche lustiger Gesellen*“ in „Auerbachs Keller in Leipzig“ – wenngleich sie so auch um manche mundartlich-frankfurterische Eigenart erleichtert wurde („Hammelmaus“) – sind Begriffe aus dem Fiktionsgefüge der Walpurgisnacht nichtsdestotrotz wiederum verankert. Auch eine Bemerkung, in die der Blocksberg eingewoben ist, gibt es erneut. Goethe hat in dieser Fassung weniger von diesen abergläubischen Denkfiguren verarbeitet als zuvor und sie wirken gegenüber denen in den prosaischen Wortspielen des ‚Urfaust‘ nicht ganz so deftig. Ihre mythische Eigenart ist jedoch schneller zu erfassen. Und auch in dieser poetisch-vershaften Veredelung erfüllen sie weiterhin – sogar eher mehr als vorher – einen schauspielimmanenten, anreizenden Zweck, indem sie der Erwartung von mehr Schwarzkunst und Hexentum fördern[58]. Die unmittelbare Ansage der szenischen „Walpurgisnacht“, die im „*Fragment*“ ja selbst noch nicht ausgeführt ist, erfolgt erst in der „Hexenküche“, wenn sich „Mephistopheles“ und „Die Hexe“ entsprechend verabreden[59]:

> „MEPHISTOPHELES *zur Hexe*
> Und kann ich dir was zu Gefallen tun,
> So darfst du mir's nur auf Walpurgis sagen.“ (V. 1052 f.)

Dennoch sollte in den verwünschenden, ruppigen Aussprüchen des berauschten Trunkenboldes „Siebel“ in „Auerbachs Keller“ motivspezifisch wenigstens eine Vorstufe der direkten Ankündigung in der „Hexenküche“ gesehen werden[60].

---

56 Vgl. Teil 2, VI.

57 Die Textreferenz für „Faust. *Ein Fragment*“ ist: Goethe: MA, Bd. 3.1, S. 521–587 (Text) u. 987–1015 (Komm.).

58 Vgl. Goethe: MA, Bd. 6.1, S. 1011 (Stellenkommentar zur selben Szene in „Faust I“).

59 Vgl. ebd., Bd. 3.1, S. 991 (Einleitung zu „Faust. *Ein Fragment*“).

60 Vgl. ebd., Bd. 6.1, S. 1011 (Stellenkommentar zur selben Szene in „Faust I“); auch Hansen 2010, S. 218–220.

Dass Goethe dazu noch diese erste gedankliche Verbindung zu den Blocksbergereignissen ausgerechnet von einem Berauschten herstellen lässt – man beachte nur die Bedeutung des Rausches im Zusammenhang mit der Imagination des Hexenfluges und der Hexenversammlung – lässt umso weniger einen Zufall vermuten.

In „Faust. *Ein Fragment*" stimmen die einschlägigen Verse jedenfalls schon fast genau mit denen überein, die später im ersten Teil des „Faust" endgültig vorliegen werden:

FROSCH *singt*
Schwing' dich auf Frau Nachtigall,
Grüß' mir mein Liebchen zehentausendmal.

SIEBEL
Dem Liebchen keinen Gruß! ich will davon nichts hören!

FROSCH
Dem Liebchen Gruß und Kuß! du wirst mir's nicht verwehren!

Singt.
Riegel auf! in stiller Nacht.
Riegel auf! der Liebste wacht.
Riegel zu! des Morgens früh.

SIEBEL Ja singe, singe nur, und lob' und rühme sie;
Ich will zu meiner Zeit schon lachen.
Sie hat mich angeführt, dir wird sie's auch so machen.
Zum Liebsten sei ein Kobold ihr beschert,
Der mag mit ihr auf einem Kreuzweg schäkern;
Ein alter Bock, wenn er vom Blocksberg kehrt,
Mag im Galopp noch gute Nacht ihr meckern!
Ein braver Kerl von echtem Fleisch und Blut,
Ist für die Dirne viel zu gut.
Ich will von keinem Gruße wissen,
Als ihr die Fenster eingeschmissen! (V. 583–597)

Wenn es auch im Volksmund heißt, man könne im Auerbachs Keller einen Kobold kaufen[61], kann der „Kobold", den „Siebel" seiner ehemaligen Geliebten „zum Liebsten" wünscht, von Goethe eigentlich nicht in einem allzu spezifischen Sinn eingebaut worden sein[62], dazu gibt der Kontext einfach zu wenig her.

---

61 Bächtold-Stäubli, Bd. V, Sp. 43.

62 Zur enormen Bedeutungsvielfalt des Kobolds im Volksglauben vgl. Bächtold-Stäubli, Bd. V. Sp. 29–47; Erich u. Beitl, S. 334 f. u. 461.

Hier wird damit schlicht ein beliebiger abstoßender Geist gemeint sein, für den der Kobold als Namensgeber herhalten muss, denn die physische Ungestalt ist den meisten Vorstellungen von Kobolden gemeinsam[63]. Immerhin ist auch in manchen Fällen ein Zusammenhang zwischen Kobolden und dem Teufel volkskundlich nachgewiesen, manchmal gelten sie sogar als gefallene Engel im Gefolge Luzifers oder man meint gebietsweise, einen Kobold zu haben, käme fast einem Pakt mit dem Teufel gleich[64].

Der „Kreuzweg" ist im Volksglauben freilich von herausragender Bedeutsamkeit[65]. So sind Kreuzwege für Beschwörungen und Weissagungen bestens geeignet[66]. Überhaupt gelten sie als Aufenthaltsort von Seelen, Geistern und diverser anderer Spukgestalten[67]. Auch der Teufel pflegt an Kreuzwegen zu erscheinen[68]. Die Verbindung zum Hexenkonvent besteht erstens darin, dass der Kreuzweg durchaus selbst Versammlungsort der Hexen sein kann[69]; zum zweiten zieht auch die wilde Jagd bzw. das wilde Heer, das für den Ursprung der Walpurgisnacht-Mythen von Belang ist, an Kreuzwegen vorüber[70]. Die Wichtigkeit der Kreuzwege wurde zum Teil zwar vom Christentum vereinnahmt, dass sich andererseits aber ihre Bedeutung nicht vom christlichen Kreuz her erklärt, zeigt u. a. die weit zurückzuverfolgende Gegnerschaft der römischen Kirche gegen diese Annahme[71]. Wenn einmal genau genommen wird, dass es dem verdrossenen „Siebel" auch nach einer Bestrafung seines ehemaliges „Liebchen[s]" durch eine höhere Macht dürsten könnte, sollten noch die Funktionen des Kreuzweges als Ort von Rechtshandlungen[72], also als Flecken der Gerechtigkeit, und als Begräbnisstätte genannt werden[73].

Der „Bock" schließlich, nämlich der Ziegen- oder Geißbock, ist eine allseits bekannte Requisite des Teuflischen[74], etwa als Beförderungsmittel für die Luftfahrt zur Versammlung auf dem im „*Fragment*" wieder ausdrücklich

---

63 Bächtold-Stäubli, Bd. V, Sp. 37.

64 Ebd., Sp. 35 u. 46.

65 Ebd., Sp. 516–529; Erich u. Beitl, S. 476.

66 Bächtold-Stäubli, Bd. V, Sp. 521 f.; Erich u. Beitl, S. 476.

67 Bächtold-Stäubli, Bd. V., Sp. 519 f.

68 Ebd., Sp. 520 f.

69 Ebd., Sp. 520–522 u. 529; ebd., Bd. III, Sp. 1880 f. u. 1900; Gerlach, S. 971.

70 Bächtold-Stäubli, Bd. V, Sp. 519 f.; Erich u. Beitl, S. 476.

71 Bächtold-Stäubli, Bd. V, Sp. 516–519; Erich u. Beitl, S. 476.

72 Bächtold-Stäubli, Bd. V, Sp. 529; Erich u. Beitl, S. 476.

73 Bächtold-Stäubli, Bd. V, Sp. 518 f.; Erich u. Beitl, S. 476.

74 Zur mannigfaltigen Bedeutung des Bocks im Volksglauben vgl. Bächtold-Stäubli, Bd. X, S. 42.

erwähnten „Blocksberg“[75]. Der Teufel selbst kommt gern als Bock daher und nimmt ja mitunter auch in exakt dieser Gestalt die Huldigungen auf dem antichristlichen Fest entgegen[76]. Dass dem „Liebchen“ und dem „Kobold“, die selber dem eingeschnappten „Siebel“ offenbar für den „Blocksberg“ nicht gut sind, ausgerechnet ein von dort zurückkehrender herabgekommener „alter Bock“, eine „gute Nacht meckern“ soll, dürfte wohl den Zweck einer zusätzliche Abwertung haben.

Kurzum verunglimpft der frustrierte Zechstudent „Siebel“[77] also auch im „*Fragment*“ sein früheres „Liebchen“, das ihn genarrt („angeführt“) hat – anders als noch im ‚Urfaust‘ verzichtet Goethe auf weitere Details – als Hexe.

III. Die erste Walpurgisnacht

Das aggressive, unduldsame Verdrängen der heidnischen Kulte durch die Christianisierung ist das Thema von Goethes Lyrik „Die erste Walpurgisnacht“, die erstmals im VII. Band (1800) der „Neuen Schriften“ (1782–1800) unter den Balladen eingeordnet zu finden ist[78]. Als Tag der Entstehung oder Fertigstellung der „dramatischen Ballade“ – so bezeichnete Goethe sie selbst in einem Begleitschreiben als er sie Carl Friedrich Zelter (1758–1832) zusandte[79] – gilt einem Tagebucheintrag nach der 30. Juli 1799[80]. Auch wenn sie sozusagen als Nebenprodukt im Zusammenhang mit den Arbeiten zum „Faust“ entstand, handelt es sich doch um eine vom Faust-Stoff unabhängige Dichtung.

„Durch den Gedanken entstanden: ob man nicht die dramatischen Balladen so ausbilden könnte daß sie zu einem größern Singstück dem Komponisten Stoff gäben“[81], ist „Die erste Walpurgisnacht“ chorisch aufgebaut. In zwölf voneinander abweichend aufgebauten Strophen, tragen jeweils einzelne Sänger oder Chöre ihren Part vor. Dabei sticht ein sich wiederholendes Stilmerkmal deutlich hervor,

---

75 Vgl. Teil 1, III.

76 Bächtold-Stäubli, Bd. III, Sp. 1846. Vgl. Teil 1, III.

77 Der Charakter „Siebel“ ist ab dem „*Fragment*“ womöglich individuell schärfer gezeichnet, insofern er betonter als noch im ‚Urfaust‘ nicht mehr im eigentlichen Studentenalter zu sein scheint („Der Schmerbauch mit der kahlen Platte!“, V. 633); vgl. dazu Goethe: HA, Bd. III, S. 548 (Anmerkungen zur selben Szene in „Faust I“).

78 Goethe: MA, Bd. 6.1, S. 891 (Komm. zu „Die erste Walpurgisnacht“); vgl. dazu auch Hansen 2010, S. 220 f.

79 Goethe: FA, II. Abt., Bd. 4, S. 717 („Goethe an Zelter Mo. 26.8.1799“) u. 1146 (Komm.).

80 Ebd., S. 702 u. 1137 (Komm. Tagebucheintrag); vgl. ebd., I. Abt., Bd. 1, S. 1230 (Komm. zu „Die erste Walpurgisnacht).

81 Goethe: FA, II. Abt., Bd. 4, S. 717 („Goethe an Zelter Mo 26.8.1799“).

wonach die Kernphrasen aus dem Vortrag des einzelnen Vorsängers durch ein nachfolgendes Ensemble – dem jeweiligen Chor – aufgegriffen werden[82].

Einander gegenübergestellt sind in der Ballade „*Christliche Wächter*“ und eigentlich gar nicht in den Harz passende „*Druiden*“, denn die in der Umgebung des Harzes siedelnden germanischen Stämme kannten die für die keltische Kultur charakteristische Priesterkaste der Druiden nicht; ein Umstand über den bereits Zelter etwas verwundert war[83]. Die Goethe-Forschung sieht darin in der Regel eine Übernahme der fälschlichen Eindeutschung der Bezeichnung ‚Druide‘ für einen altdeutschen Priester nach Friedrich Gottlieb Klopstocks (1724–1803) dichterischer Formel[84]. Unwahrscheinlich dürfte dagegen sein, dass Goethe bei den Druiden eine Verwechslung mit den aus der volksabergläubischen Überlieferung bekannten Druden oder Truden unterlaufen ist, womit besonders im oberdeutschen Sprachraum üblicherweise Hexen oder hexenähnliche Gestalten gemeint sind[85]. Aber bei dieser Frage ist unbedingt zu beachten, dass zu Goethes Inspiration nachweislich Johann Peter Christian Deckers „Historische Muthmassung“ von 1752 hergehalten hat[86]. Über Goethes 13 Jahre später gemachten Angaben zu

---

82 Vgl. Richter, Arnd: Felix Mendelssohn Bartholdy, „Die erste Walpurgisnacht“ op. 60. In: Neue Zeitschrift für Musik (NZ). 147. Jg., H. 11, 1986, S. 34.

83 Goethe: MA, Bd. 20.1, S. 293 („Zelter Berlin 18. bis 21. November 1812“) u. Bd. 20.3, S. 299 (Komm.).

84 Ebd., Bd. 6.1, S. 891 (Komm.); Goethe: FA, I. Abt., Bd. 1, S. 1230 (Komm.).

85 Vgl. Erich u. Beitl, S. 837 („Trud“).

86 Goethe: FA, I. Abt., Bd. 1, S. 1230 (Komm. zu „Die erste Walpurgisnacht“); ebd., II. Abt., Bd. 7, S. 667 (Komm. zu „Goethe an Zelter Do. 3.12.1812“); vgl. Teil 2, IV. Vgl. auch Dennert 1954, S. 36; Werner, Eric: Mendelssohn. Leben und Werk in neuer Sicht. Zürich 1980, S. 229 u. 563; Seaton, Douglass: The Romantic Mendelssohn: The Composition of *Die erste Walpurgisnacht*. In: Musical Quarterly. Vol. LXVIII (68), 1982, S. 398. Die, wie in den drei vorgenannten Beiträgen, manchmal als Bezugsorte Goethes angegebenen, punktuell weitaus weniger ausführlichen Schriften –

- Honemann, Rudolph Leopold: Die Alterthümer des Harzes aus Zeugnissen bewährter Schriftsteller, grösstentheils aber aus ungedruckten Urkunden. Clausthal 1754/55
- Voigt, Gottfried Christian: Etwas über die Hexenprozesse in Deutschland. In: Berlinische Monatsschrift. Jg. 1784, Bd. 3, S. 297–311 (April 1784)
- — Auszüge aus einigen Hexenakten bei der Königl. Preuß. Erbvoigtei zu Quedlinburg. In: Berlinische Monatsschrift. Jg. 1784, Bd. 3, S. 430–452 (Mai 1784)
- — Noch einige Bemerkungen über Hexenprocesse und Folter. In: Berlinische Monatsschrift. Jg. 1784, Bd. 3, S. 453–462 (Mai 1784)
- Wr. (Nicht aufgelöstes Zeichen oder Pseudonym): Der Brocken. Aus einer Sammlung ungedruckter Briefe, über den Harz und die Hessischen Lande. In: Berlinisches Archiv der Zeit und ihres Geschmacks. Hrsg. von Friedrich Ludwig Wilhelm

bei „einem der deutschen Altertumsforscher“ Gelesenem über „die Hexen- und Teufelsfahrt des Brockengebirgs, mit der man sich in Deutschland seit undenklichen Zeiten trägt,“ entsteht sogar der Eindruck, dass „Die erste Walpurgisnacht“ überhaupt nur ein poetischer Reflex auf die Lektüre von Deckers Abhandlung ist[87]:

> „[…]
> Der Einfall gefiel mir, und ich habe diese fabelhafte Geschichte wieder zur poetischen Fabel gemacht.“[88]

Jedenfalls hatte Decker die Ansicht vertreten, dass „die Heiden“ und unter diesen beispielsweise auch „die bekannten Druiden unter den Galliern […] diejenigen Wälder zu ihrem Götzendienste erwähleten und auslasen, die viele Harzgebende Bäume hatten“[89]. Weil das gewonnene Baumharz als Opfergabe diente und sich „die Druiden“ auch sonst über dessen Wirkung mancherlei „einbildeten“, mutmaßte Decker weiter:

> „Da nun der Brocksberg, auf welchem die Hexen in der Walpurgisnacht zusammen kommen sollen, mit lauter Harzgebenden Tannen umgeben ist, und die Heiden dergleichen Oerter am liebsten besuchten, wenn sie ihren Götzen dienen wollten, […]; so ist höchstwahrscheinlich, ja fast unzweifelhaft, daß sie den Harz sehr häufig und lieber besuchet haben, als alle andere Gegenden.“[90]

In Anbetracht der vermutlich recht kurzen Entstehungszeit der Ballade ist daher anzunehmen, dass Goethe für die Bezeichnung der Träger und Bewahrer des heidnischen Glaubens gerade keine andere Bezeichnung zur Hand hatte als die der „Druiden“, die er bei Decker soeben vorgefunden hatte. Dieser demnach wohl improvisierten Benennung sollte also, obschon des „im eigentlichen Sinne hoch symbolisch intentioniert[en]“ Gehalts der Ballade[91], kein allzu großes Gewicht beigemessen werden[92].

Meyer, Friedrich Eberhard Rambach und Ignaz Aurelius Fessler. Jg. 2, Bd. 2, 1796 (Dezember), S. 519–544 – haben sich ihrerseits offenbar schon der Vorgaben Deckers befleißigt bzw. der von demselben zuvor bereits genutzten Quellen. Hinzu kommt, dass beispielsweise die auffälligen „Druiden“ explizit nur bei Decker zu finden sind.

87 Goethe: FA, II. Abt., Bd. 7, S. 136 f. („Goethe an Zelter 3.12.1812“); ebd., I. Abt., Bd. 1, S. 1230 (Komm. zu „Die erste Walpurgisnacht“).

88 Ebd.

89 Decker, S. 270 f.

90 Ebd., S. 272.

91 Goethe: FA, II. Abt., Bd. 11, S. 462 („Goethe an F. Mendelssohn-Bartholdy (Konzept) Fr. 9.9.1831“).

92 Ebd., I. Abt, Bd. 1, S. 1231 f. (Komm. zu „Die erste Walpurgisnacht“).

Die nun von Goethe als „*Druiden*" etikettierten Hüter des Wissens um den althergebrachten Frühlings- und Lichtkult zum Maibeginn wollen ihren Brauch begehen, indem sie zu Ehren ihrer obersten Gottheit, dem „Allvater" Wodan[93], auf den Höhen ein Feuer entfachen:

„*Ein Druide*
Es lacht der Mai!
Der Wald ist frei
Von Eis und Reifgehänge.
Der Schnee ist fort;
Am grünen Ort
Erschallen Lustgesänge.
Ein reiner Schnee
Liegt auf der Höh;
Doch eilen wir nach oben,
Begehn den alten heil'gen Brauch,
Allvater dort zu loben.
Die Flamme lodre durch den Rauch!
So wird das Herz erhoben.

Die Druiden
Die Flamme lodre durch den Rauch!
Begeht den alten heilgen Brauch,
Allvater dort zu loben!
Hinauf! hinauf nach oben!" (V. 1–17)[94]

Von ihrem Erbauungsdienst wollen sie sich auch nicht durch die Warnung vor dem christlich-kanonischen Verbot und der Erinnerung an die von der karolingischen Obrigkeit vollzogenen unbarmherzigen Strafen abbringen lassen; doch treffen sie deshalb auch Vorkehrungen:

„*Einer aus dem Volke*
Könnt ihr so verwegen handeln?
Wollt ihr denn zum Tode wandeln?
Kennet ihr nicht die Gesetze
Unsrer harten Überwinder?
Rings gestellt sind ihre Netze

---

93 Goethe: MA, Bd. 6.1, S. 891 (Komm.: „Allvater" Synonym für Wodan. Ableitung von altisländisch ‚Alfötr' oder ‚Aldafatir', zweien der diversen Namen Wodans (Odins) in den Sagen der „Edda").

94 Zu unmittelbaren Textwiedergaben dient: Goethe: MA, Bd. 6.1, S. 40–43 („Die erste Walpurgisnacht"); wegen vereinzelter morphologischer und orthographischer Ungleichheiten vgl. auch — FA, I. Abt., Bd. 1, S. 680–683 („Die erste Walpurgisnacht").

Auf die Heiden, auf die Sünder.
Ach sie schlachten auf dem Walle
Unsre Weiber, unsre Kinder.
Und wir alle
Nahen uns gewissem Falle.

Chor der Weiber
Auf des Lagers hohem Walle
Schlachten sie schon unsre Kinder.
Ach die strengen Überwinder!
Und wir alle
Nahen uns gewissem Falle

Ein Druide
Wer Opfer heut
Zu bringen scheut,
Verdient erst seine Bande.
Der Wald ist frei!
Das Holz herbei,
Und schichtet es zum Brande!
Doch bleiben wir
Im Buschrevier
Am Tage noch im Stillen,
Und Männer stellen wir zur Hut,
Um eurer Sorge willen.
Dann aber laßt mit frischem Mut
Uns unsre Pflicht erfüllen." (V. 18–49)

Die sinnbildliche Funktion der „*Druiden*" ist dabei recht klar. Sie stehen als Träger und Bewahrer einer heidnischen Geheimlehre für ein Selbstwertgefühl außerhalb der personalen christlichen Lehren und Institutionen. Dazu passend werden im ohnehin recht antikanonisch wirkenden Kontext der Ballade auch die negativen Umdeutungen des heidnischen Frühlings- und Lichtkultes zu antichristlichen, verschwörerischen Verabredungen angesprochen. Wenn sich die von den „*Druiden*" vorsichtshalber aufgestellten „*Wächter*" auf die Konfrontation mit ihren christlichen Widersachern einstellen, um sie von ihrer Kultstätte fern zu halten, heißt es:

„*Ein Wächter*
Diese dumpfen Pfaffenchristen,
Laßt uns keck sie überlisten!
Mit dem Teufel, den sie fabeln,
Wollen wir sie selbst erschrecken.
Kommt! Mit Zacken und mit Gabeln
Und mit Glut und Klapperstöcken
Lärmen wir bei nächt'ger Weile

Durch die engen Felsenstrecken.
Kauz und Eule,
Heul' in unser Rundgeheule!" (V. 50–59)

Tatsächlich werden die „*christlichen Wächter*" teils mit denselben lärmenden Methoden, die in der volkstümlichen Überlieferung aus christlicher Sicht den walpurgisnächtlichen Teufelskult unterbinden sollen[95], in die Flucht geschlagen. Entlarvenderweise sitzen sie dabei ihrem eigenen, törichten Dämonenaberglauben auf:

„*Ein christlicher Wächter*
Hilf, ach hilf mir, Kriegsgeselle!
Ach, es kommt die ganze Hölle!
Sieh, wie die verhexten Leiber
Durch und durch von Flamme glühen!
Menschen-Wölf' und Drachen-Weiber,
Die im Flug vorüberziehen!
Welch entsetzliches Getöse!
Laßt uns laßt uns alle fliehen!
Oben flammt und saust der Böse;
Aus dem Boden
Dampfet rings ein Höllen-Broden." (V. 79–89)

Wird einmal von der Betitelung als „Walpurgisnacht" abgesehen, müsste die Ballade über den Text allein nicht mit dem Harzgebirge als Schauplatz in Verbindung gebracht werden. Denn die geschilderte Konfrontation zwischen christlichen Wächtern und Druiden erfordert zunächst nicht unbedingt den Harz als Walstatt. Doch wenn Goethes eigener Kommentar dazu bedacht wird und der Umstand, dass er sich inhaltlich sehr eng an Deckers Abhandlung angelehnt hat, ist die Ballade umso deutlicher als Teil des literarischen Ertrags seiner Auseinandersetzung mit dem Harzgebirge und den Vorstellungen um die Walpurgisnacht zu erkennen.

Insgesamt folgt Goethe ziemlich genau den Vorgaben Deckers, nahezu sämtliche Details, etwa auch das vermeintliche Phänomen der Wehrwölfe, die Goethe eigentümlich als „Menschen Wölf'" einwebt (Z. 83 u. 91), werden bei Decker bereits besprochen[96]. In der Hauptsache hatte Decker die Ansicht vertreten, dass die von Karl dem Großen (747–814) im späten achten Jahrhundert unterworfenen und zwangsweise christianisierten Sachsen im Harzgebiet des Nachts weiterhin ihren ererbten kultischen Handlungen nachgingen. Und weil „die Nacht [.] ihnen noch nicht vortheilhaft und sicher genug [war], denn das Auge der Kundschafter pflegte auch in der Nacht zu wachen" – so Decker weiter –

95 Vgl. Teil 1, III.
96 Decker, S. 268 f. („Wehrwölfe").

„[…] verkleideten und vermummten sich die Harzsachsen auf allerhand Art und Weise, zogen in verschiedenen Gestalten nach dem Harze, und sonderlich nach dem Brocksberge, und suchten durch diesen ungewöhnlichen Aufzug sich in den Augen der Kundschafter fürchterlich zu machen. Sonderlich sind von diesen poßierlichen Verkleidungen und wunderlichen Aufzügen die fabelhaften Erzählungen entstanden, daß die Hexen auff gewissen Thieren […] nach dem Brocksberge reisen sollen. Denn ihre Beugungen und Stellungen waren mit Fleiß so verstellet und eingerichtet, daß man sie eher für Gestalten der Thiere, als der Menschen, halten konte."[97]

Aus diesen Absonderlichkeiten soll nach der Deckerschen Lesart der Glaube an die dämonischen walpurgisnächtlichen Umtriebe hervorgegangen sein[98]. Goethes Titel „Die erste Walpurgisnacht" erläutert also den angeblichen historischen Ursprung der Walpurgisnacht als geächteter, aus Bedrängnis mit Abschreckung getarnter Kult zu Ehren Wodans.

Dennoch war Goethe trotz seiner Poetisierung von Deckers ‚Erklärung' – deren Bedeutung für die Schöpfungskraft der Dichtung er sehr wohl zu schätzen wusste – keinesfalls frei von Zweifeln an deren historischer Richtigkeit, wie einer späteren Erläuterung des Gedichtinhalts zu entnehmen ist:

„Unter den Geschichtsforschern gibt es welche, und es sind Männer, denen man seine Achtung nicht versagen kann, die zu jeder Fabel, jeder Tradition, sie sei so phantastisch, so absurd als sie wolle, einen realen Grund suchen, und unter der Märchenhülle jederzeit einen faktischen Kern zu finden glauben.

Wir sind dieser Behandlungsart sehr viel Gutes schuldig: denn um darauf einzugehen gehört große Kenntnis, ja Geist, Witz, Einbildungskraft ist nötig, um auf diese Art die Poesie zur Prosa zu machen. So hat nun auch einer der deutschen Altertumsforscher die Hexen- und Teufelsfahrt des Brockengebirges, mit der man sich in Deutschland seit undenklichen Zeiten trägt, durch einen historischen Ursprung retten und begründen wollen. Daß nämlich die deutschen Heiden Priester und Altväter, nachdem man sie aus ihren heiligen Hainen vertrieben und das Christentum dem Volke aufgedrungen, sich mit treuen Anhängern auf die wüsten unzugänglichen Gebirge des Harzes, im Frühlings Anfang begeben, um dort, nach alter Weise, Gebet und Flamme zu dem gestaltlosen Gott des Himmels und der Erde zu richten. Um nun gegen die ausspürenden bewaffneten Bekehrer sicher zu sein, hätten sie für gut befunden, eine Anzahl der Ihrigen zu vermummen, und hiedurch ihre abergläubischen Widersacher entfernt zu halten, und, beschützt von Teufelsfratzen, den reinsten Gottesdienst zu vollenden."[99]

---

97 Decker, S. 274 f.

98 Vgl. Teil 2, IV.

99 Goethe: FA, II. Abt., Bd. 7, S. 136 f. („Goethe an Zelter Do. 3.12.1812"); ebd., I. Abt., Bd. 1, S. 1230 (Komm. zu „Die erste Walpurgisnacht").

Auf der bei Goethe immer latent zu beachtenden Ebene des Symbolverstehens scheint die Harzgegend als Rückzugsgebiet eines heidnischen, die Natur verehrenden Kultes zudem eine spezifische Bedeutung zu erhalten. Nämlich die eines Reservats für das Ursprüngliche und Elementare oder – wenn man so will – für das ‚Naturalistische'[100]. Um einen solchen irdisch-elementaren ‚Naturalismus' zu manifestieren kann sich Goethe nach Belieben der ‚alten' vierheitlichen Elementarsymbolik bedienen, bestehend aus den ohnehin dort präsenten Urstoffen Wasser, Erde, Luft und Feuer[101]:

- Wasser („Eis", V. 3 f.; „Reifgehänge", V. 3 f.; „Schnee", V. 4)
- Erde („Aus dem Boden dampfet rings ein Höllen-Broden", V. 88 f. u. 94 f.)
- Luft („Menschen-Wölf' und Drachen-Weiber, die im Flug vorüber ziehen!", V. 83 f.; „Oben flammt und saust der Böse [...]", V. 87)
- Feuer (z. B. „Die Flamme lodre durch den Rauch!", V. 12 u. 14)

Bei dem geschilderten Licht- und Frühlingskult muss das Feuer notwendigerweise das augenfälligste und bedeutungsvollste Element sein.

Den über die irdisch-elementare Vierheit definierten ‚Naturalismus' identifiziert Goethe also mit den kulturell und religiös kujonierten Heiden und setzt sie damit in eine günstigere moralische Position zumindest zu Ungunsten eines solchen Christentums, das dem Ursprünglichen mit Verständnislosigkeit und Zwang begegnet[102]. Dafür spricht auch die Perspektive aus der die Ballade vorgetragen wird; sie entspricht überwiegend, gerade auch in Belangen von Leid und kulturellem Bedrängnis dem Blickwinkel der „Druiden", Volksleute, „Weiber" und „Wächter"[103].

---

100 ‚Naturalismus' ist hier nicht im Sinne der Literaturbewegung des späten 19. Jahrhunderts gemeint, wobei Naturalismus auf einen Kunststil des naturgetreuen Abbildes der Wirklichkeit unter Vermeidung von Stilisierung, geistigen Faktoren, moralischen Bedenken und Vorurteilen abhebt (Vgl. dazu Wilpert 2001, S. 551). Einen Naturalismus-Begriff, der ein Weltverständnis beschreibt, das unter starker symbolischer Prägung auf die Antike zurückgehende Vorstellungen von irdisch-elementaren Kräfte kultiviert, verwendet im Fall von Goethes Faust-Dichtung beispielsweise Resenhöfft (Resenhöfft, Wilhelm: Goethes Rätseldichtungen im „Faust". Mit Hexenküche und Hexen-Einmal-Eins in soziologischer Deutung. Bern u. Frankfurt/M. 1972, S. 62 u. 72–75).

101 Zur Geschichte der elementaren Vierheit vgl. Böhme, Gernot u. Böhme, Hartmut: Feuer, Wasser, Erde, Luft. Eine Kulturgeschichte der Elemente. München 1996.

102 Vgl. auch Werner S. 230 f. u. 487.

103 Vgl. auch Fichte, Tobias: "...don't you think this could become a new kind of cantata?" Rituality, Authenticity and Staging in Mendelssohn's *Walpurgisnacht*. In: The world of music. Bd. 40, Nr. 1, 1998, S. 129.

So hat dann der „*Chor der Druiden*“ auch das letzte, resümierende Wort, wenn er mit einem kehrreimähnlichen Bekenntnis feierlich und trotzig auf die Beständigkeit und Unsterblichkeit der von ihnen verehrten altväterlichen Gottheit hinweist:

> „*Chor der Druiden*
> Die Flamme reinigt sich vom Rauch:
> So reinig' unsern Glauben!
> Und raubt man uns den alten Brauch;
> Dein Licht, wer kann es rauben!“ (V. 96–99)

Den Vorgang als solchen sieht Goethe, jedenfalls rund 32 Jahre später, als Beispiel für eine immer währende historische Regelhaftigkeit, die er folgendermaßen definiert:

> „Denn es muß sich in der Weltgeschichte immerfort wiederholen, daß ein Altes, Gegründetes, Geprüftes, Beruhigendes [Beruhigtes?] durch auftauchende Neuerungen gedrängt, geschoben, verrückt und, wo nicht vertilgt, so doch in den engsten Raum eingepfercht werde. Die Mittelzeit, wo der Haß noch gegenwirken kann und mag, ist hier prägnant genug dargestellt, und ein freudiger unzerstörbarer Enthusiasmus lodert noch einmal in Glanz und Klarheit hinauf.“[104]

Die zeitgenössische Resonanz auf „Die Erste Walpurgisnacht“ war zunächst nicht allzu groß, weil die Ballade im Schatten anderer lyrisch anspruchsvollerer Balladen und ab 1808 der „Walpurgisnacht“ aus „Faust I“ stehen musste. Einen wirkungsgeschichtlichen Markstein bedeute erst ihre ebenfalls musikgeschichtlich innovative Vertonung zu einer Kantate durch Felix Mendelssohn Bartholdy (1809–1847) im Jahr 1831 (Op. 60)[105]. Mendelssohn hat wohl anlässlich eines Aufenthaltes in Goethes Weimarer Haus im Mai 1830 und einer ästhetischen Diskussion über die Vertonbarkeit von lyrischen Texten „Die erste Walpurgisnacht“ kennen gelernt[106]. Ob Mendelssohn bereits zuvor von seinem Lehrer, dem Musikorganisator und Komponisten Zelter, den Goethe ja bald nach ihrer Fertigstellung mit der Ballade konfrontiert hatte und dem selbst keine musikalische Umsetzung geglückt war, darauf aufmerksam gemacht wurde, ist nicht auszuschließen, jedoch nicht zu klären[107]. Mendelssohn, der sich ja wenige Jahre

---

104 Goethe: FA, II. Abt., Bd. 11, S. 460 („Goethe an F. Mendelssohn-Bartholdy (Konzept) Fr. 9.9.1831“) u. S. 864 (Komm.); ebd., I. Abt., Bd. 1, S. 1230 f. (Komm. zu „Die erste Walpurgisnacht“).

105 Mendelssohn-Bartholdy, Felix: Die erste Walpurgisnacht. Kantate für Soli, Chor und Orchester. Op. 60. Erste editierte Fassung Leipzig 1831.

106 Vgl. Werner, S. 206 u. 230; Richter 1986, S. 34 f.

107 Goethe: FA, II. Abt., Bd. 4, S. 717 („Goethe an Zelter Mo. 26.8.1799“) u. 1146 (Komm.). Vgl. Werner, S. 229 f.; Richter 1986, S. 34–36; Anm. 79.

zuvor bereits des thematisch nicht unähnlichen „Hexenliedes“ von Hölty angenommen hatte[108], berichtet über seine Arbeit bei der Vertonung jedenfalls ausgesprochen begeistert:

> „[…] was mich seit einigen Wochen fast ausschliesslich beschäftigt, ist die Musik zu dem Gedicht von Ew. Exzellenz, welches die erste Walpurgisnacht heißt; ich will es mit Orchesterbegleitung als eine Art großer Kantate komponieren, und der heitere Frühlingsanfang, dann die Hexerei und der Teufelsspuk, und die feierlichen Opferchöre mitten durch könnten zur schönsten Musik Gelegenheit geben. Ich weiß nicht, ob mirs gelingen wird, aber ich fühle, wie groß die Aufgabe ist, und mit welcher Sammlung und Ehrfurcht ich sie angreifen muß.“[109]

So wurde die Kantate im Laufe des 19. Jahrhunderts zu einem recht populären Werk des Komponisten[110], während andere Vertonungen, wie die von Peter Grønland (1761–1825) oder Johann Carl Gottfried Loewe (1796–1869)[111], eindeutig weniger bekannt blieben. Unterbrochen von einer Phase der Diffamierung Mendelssohns im ‚Dritten Reich‘ ist dann in der zweiten Hälfte des 20. Jahrhunderts ein verstärktes eher musikwissenschaftliches Interesse an Mendelssohns Vertonung der „ersten Walpurgisnacht“ aufgekommen, das die „zirkuläre“ und „bildhafte“ musikalische Umsetzung der goetheschen „Konzeption“ würdigt.[112]

Ein nicht unähnliches Wohlwollen hatte allerdings bereits Goethe selbst Mendelssohns Bemühungen zuteil werden lassen; unter Bezug auf den besagten schicksalhaft dramatischen, aber nun einmal einer historischen Regelhaftigkeit folgenden Inhalt der Ballade belobigt er:

---

108 Vgl. Werner, S. 149 (W. sieht das „Hexenlied“ bei Mendelssohn sogar in der Funktion einer Vorstudie zur „ersten Walpurgisnacht“); Richter 1986, S. 35 f.; Teil 2, VI.

109 Mendelssohn Bartholdy, Felix: Glückliche Jugend. Briefe des jungen Komponisten. Hrsg. von Günter Schulz. Bremen 1971, S. 179 (Mendelssohn aus Rom an Goethe, 5.3.1831); vgl. Werner, S. 230 f.

110 Vgl. ebd., S. 206, 232, 540.

111 Grønland, Peter: Die erste Walpurgisnacht. Chor mit Soli und Klavierbegleitung. © 1818; Loewe, Johann Carl Gottfried: Die Walpurgisnacht. Ballade von Göthe für Solo und Chorgesang mit Begleitung des Orchesters / des Pianoforte. Op. 25. Berlin 1830 / 1832.

112 Dahlhaus, Carl: „Hoch symbolisch intentioniert“. Zu Mendelssohns „Erster Walpurgisnacht“. In: Österreichische Musikzeitschrift. Jg. 36, H. 5–6, 1981, S. 297. Zur musikwissenschaftlichen Beachtung vgl. ebd., S. 290–297; Richter, Arnd: Mendelssohn. Leben, Werke, Dokumente. Zürich u. Mainz 2000, S. 433; — 1986, S. 33–40; Todd, R. Larry: Mendelssohn. A Life in Music. Oxford u. New York 2003, S. 646 u. 662; Fichte, S. 119–135; Seaton, S. 398–410.

„Daß du die erste Walpurgisnacht dir so ernstlich zugeeignet hast, freut mich sehr; da niemand, selbst unser trefflicher Zelter, diesem Gedichte nichts abgewinnen können. Es ist im eigentlichen Sinne hoch symbolisch intentioniert. [...] Diesem allen hast du gewiß Leben und Bedeutung verliehen und so möge es denn auch mir zu freudigem Genuß gedeihen."[113]

Einen ungewöhnlichen, gewissermaßen auto-wirkungsgeschichtlichen Aspekt der „Ersten Walpurgisnacht" zeigte im Übrigen der Verleger und Goethe-Sammler Anton Kippenberg (1874–1950) auf. Ein wesentlicher Ausgangspunkt war dabei eine Handschrift Goethes aus dem Jahr 1831. Dabei handelt es sich um eine erneute Niederschrift der ersten Strophe der Ballade[114], die am plausibelsten wohl mit dem von Mendelssohn-Bartholdy angekündigten Vertonungsvorhaben zu erklären ist[115]. Nach Kippenberg ist jedoch ebenfalls nicht auszuschließen, dass ein Zusammenhang zwischen dieser neuerlichen Niederschrift bzw. seiner Ermunterung des enthusiastischen, jungen Komponisten und einer im Laufe des Jahres 1831 erfolgten Korrespondenz mit dem befreundeten Kunstliebhaber Sulpiz Boisserée (1783–1854) besteht[116]. So hat Goethe seine Ballade im Nachhinein möglicherweise mit der Religionskultur der im dritten und vierten Jahrhundert im kleinasiatischen Kappadokien ansässigen synkretistischen Gruppe der Hypsistarier in Verbindung gebracht[117]. In jenem Schriftverkehr identifiziert sich Goethe recht auffällig mit der „Sekte der Hypsistarier"[118]. Auf die religiöse Gruppierung aufmerksam geworden ist

113 Goethe: FA, II. Abt., Bd. 11, S. 462 („Goethe an F. Mendelssohn-Bartholdy (Konzept) Fr. 9.9.1831") u. S. 864 (Komm.); ebd., I. Abt., Bd. 1, S. 1230 f. (Komm. zu „Die erste Walpurgisnacht").

114 Vgl. dazu Kippenberg, Anton: Die Hypsistarier. Sonderdruck aus der Zeitschrift „Goethe", Jahrgang 1943. Weimar 1943, vor S. 9.

115 Vgl. ebd., S. 5 f.

116 Goethe: FA, II. Abt., Bd. 11 (1993), S. 378–380 (798. Goethe an S. Boisserée So. 20.3.1831) u. S. 817 f. (Komm.)), S. 380–382 (799. Goethe an S. Boisserée Di. 22.3.1831) u. S. 818–820 (Komm.)); — WA, IV. Abt. (Goethes Briefe), Bd. 48 (1909), S. 188–191 (176. An Sulpiz Boisserée Weimar den 24. April 1831); — FA, II. Abt., Bd. 11, S. 428–431 (835. Goethe an S. Boisserée Fr. 22./Mo. 25.7.1831) u. S. 847 f. (Komm.)); vgl. außerdem — FA, II. Abt., Bd. 7 (1994), S. 487–496 (898. Boisserée (Tagebuch) Fr. 4. - Di. 8.8.1815, Gespräch mit Goethe im August 1815) u. S. 810–812 (Komm.).
Vgl. dazu insgesamt Kippenberg, S. 6 f. u. 15–17.

117 Zur Geschichte der Hypsistarier vgl. Kippenberg, S. 8–14.

118 Goethe: FA, II. Abt., Bd. 11, S. 378–380 (798. Goethe an S. Boisserée So. 20.3.1831) u. S. 817 f. (Komm.)); vgl. Kippenberg, S. 6 f.

er – so Kippenberg – vielleicht weniger durch einige, in den Jahren 1823 bis 1826 erschienene Bücher und Zeitungsbeiträge als eventuell durch ein Gespräch mit Friedrich Wilhelm Riemer (1774–1845) im Oktober 1826[119]. Im Zuge des Briefwechsels mit Boisserée mag er dann womöglich noch einmal dazu bewogen worden sein, sich mit der Disposition und dem Schicksal alternativer und synkretistischer Religionen auseinanderzusetzen, um letztlich wohl Ähnlichkeiten zu dem zu erkennen, was er einstmals schon in der „Ersten Walpurgisnacht" balladesk behandelt hatte[120]. Zu einem eigens dem Hypsistariertum gewidmeten Text Goethes ist es gleichwohl nicht mehr gekommen[121].

In der Motivgeschichte der Hexenversammlung und im Werk Goethes steht „Die erste Walpurgisnacht" zum einen für Goethes lang anhaltende Beschäftigung mit dem Phänomen Walpurgisnacht und damit zusammenhängenden Momenten des Volksglaubens, aber auch mit der Forschung darüber. Zum anderen wird durch die Ballade ein Bemühen deutlich, Vorstellungen und vermeintliche Begebenheiten um die Walpurgisnacht in Dichtung fassen zu wollen, das keineswegs nur von dem Gedanken an eine mögliche Nutzbarkeit für die Faust-Dichtung bestimmt ist.

IV. Walpurgisnacht – Faust I

Trotz ihres zwischenspielartigen Charakters und ihrer nicht allzu großen Bedeutung für die primäre Handlung der „Tragödie" stellt die „Walpurgisnacht" keine isolierte Einheit in der Konstruktion des „Faust I" dar[122]. Die noch mehr chiffrenhaften Hinweise in den derben Äußerungen des studentischen Bacchusbruders „Siebel" in „Auerbachs Keller"[123] werden durch Mephistopheles' Aufruf an die „Hexe" in der „Hexenküche" im Grunde aufgefrischt und konkretisiert:

---

119 Ebd., S. 7 f. u. 14.

120 Ebd., S. 14 ff.

121 Vgl. ebd. S. 18.

122 Als vorrangige Textreferenzen dienen:
Goethe: FA, I. Abt., Bd. 7/I (1994), S. 167–180 (Faust I: Walpurgisnacht) u. I. Abt., Bd. 7/2 (1994), S. 342–361 (Erläuterungen), im Bedarfsfall I. Abt., Bd. 7/I, S. 181–187 (Walpurgisnachtstraum) u. I. Abt., Bd. 7/2, S. 362–368 (Erläuterungen); — MA, Bd. 6.1 (1986), S. 647–660 (Faust I: Walpurgisnacht) u. S. 1030–1040 (Kommentar), S. 660–665 (Faust I: Walpurgisnachtstraum) u. 1040–1045 (Kommentar), im Bedarfsfall S. 600–608 (Faust I: Hexenküche) u. S. 1013–1016 (Kommentar); — HA (16. Aufl.), Bd. III (1996), S. 121–132 (Walpurgisnacht) u. S. 569–572 (Anmerkungen), im Bedarfsfall S. 132–137 (Walpurgisnachtstraum) u. S. 576 (Anmerkungen).

123 Vgl. Teil 3, III.

„MEPH. zur Hexe. Und kann ich dir was zu Gefallen tun,
So darfst du mir's nur auf Walpurgis sagen." (HA, V. 2589 f.)

Das Ereignis der „herrliche[n] Walpurgisnacht" (V. 3661) ist also auf einer übergeordneten Ebene bereits seit der vierten und fünften Szene im Drama verankert[124].

Wie ausgangs bereits angesprochen[125], hat die „Walpurgisnacht" (Sigel: W I) wohl mehr als alle anderen Szenen des „Faust I" eine inspirierende Wirkung auf das nahezu gesamte kulturelle Spektrum von Literatur, Schauspiel, Kunst und Musik ausgeübt, die schon zu Lebzeiten Goethes einsetzte[126]. Die Detailfülle und die Vieldeutigkeit der Szenerie machen eine literaturwissenschaftliche Auseinandersetzung mit der W I grundsätzlich zu einem schwierigen Unterfangen. Doch sollte bei jedem Deutungsansatz die Maxime beachtet werden, dass in der Natur der „Traum- und Zaubersphäre" (V. 3871) – Goethe lässt „Faust" die Ereignisse der Walpurgisnacht ja ganz wörtlich so identifizieren – letzten Endes immer eine gewisse Unbestimmtheit und Uneindeutigkeit liegt[127]. Ihre nebulöse Eigenart und Scheinbarkeit wird in einer spezifischen funktionalen Weise eingesetzt. Denn die sich auf dem Blocksberg temporär ausbreitende „Traum- und Zaubersphäre" lässt auf den Betrachter eine Fülle von Eindrücken zu, die aber niemals bis ins Allerletzte klar, eindeutig und zusammenhängend erscheinen können. Das kommt einerseits der von der primären Dramenhandlung relativ unabhängigen Zwischenspielartigkeit der W I zu Gute, andererseits kann dadurch ihre Qualität als Plattform zur Darstellung beliebiger Erkenntnisse und

---

124 Vgl. auch Krogmann, Willy: Die Walpurgisnacht im Plane des Urfaust. In: Neophilologus. 17. Jg., 1932, Frankfurt/M. 1965 (Reprint), S. 218; außerdem Hansen 2010, S. 218–220; zu Zweifeln an der Beziehung dieser Verse zur Planung und Niederschrift der „Walpurgisnacht" bei einem recht streng am Entstehungsablauf orientierten Verständnis und mit der Begründung eines mehrjährigen Schaffensintervalls vgl. dagegen Goethe: MA, Bd. 6.1 (1986), S. 1015 f.

125 Vgl. Einleitung, I. (Vorüberlegungen).

126 Als einen Fall hierfür vgl. Mendelssohn-Bartholdy, Felix: Scherzo aus dem Oktett op. 20 (1825–1829). In: Mendelssohn Bartholdy, Felix / Wehner, Ralf / Schuhmacher, Gerhard: Oktett für vier Violinen, zwei Violen und zwei Violoncelli. Leipziger Ausgabe der Werke Felix Mendelssohn Bartholdys. Op. 20. Hrsg. von der Internationalen Felix-Mendelssohn-Gesellschaft. Leipzig 2003; vgl. dazu auch Richter 2000, S. 393 f.; zum Phänomen an sich vgl. Hansen, Volkmar: Fausts Walpurgisnacht. Frühlingsanfang, Hexerei, Teufelsspuk. Anmerkung zur Ausstellung vom 30. April bis 22. August 2010. Goethe-Museum Düsseldorf, Anmerkung 94. Düsseldorf 2010.

127 Vgl. auch Becker-Cantarino, S. 224 f.

Auffassungen des Dichters in fast schon experimentell zu nennender Weise genutzt werden. Letzteren Aspekt vergegenwärtigt in einer vereinfachten, poetisch weitaus weniger aufwendigen Form auch der ganz explizit als „Intermezzo" ausgewiesene „Walpurgisnachtstraum" (V. 4223–4398). So gesehen erscheint Goethes Einpassung dieser „[.] Goldne[n] Hochzeit [Oberon[s] und Titania[s]]", die nach gültigem Forschungsstand von der Faust-Dichtung ziemlich unabhängig entstand, nicht unbedingt so willkürlich, unverbindlich oder gar fehlplatziert[128].

Eine absolute, vollends abgerundete Deutung der W I, womöglich noch mit einem problematischen Anspruch auf ‚Richtigkeit', sollte vor diesem Hintergrund also gar nicht unbedingt von vorneherein angesteuert werden.

Die meisten textinterpretatorisch konzipierten Forschungsbeiträge zur W I waren für lange Zeit effektiv Analysen zum gesamten ersten Teil von Goethes Faust-Tragödie[129]. In diesen, mehrheitlich bis etwa in die achtziger Jahre des

---

128 Goethe: HA, Bd. III, S. 573 (Anmerkungen zum Walpurgisnachtstraum); — FA, I. Abt., Bd. 7/2, S. 362–364 (Erläuterungen zum Walpurgisnachtstraum); vgl. auch Hansen, Volkmar: Johann Wolfgang von Goethes Tragödie *Faust* als Epochensignatur. In: Rupp, Gerhard (Hrsg.): Klassiker der deutschen Literatur. Epochen-Signaturen von der Aufklärung bis zur Gegenwart. Würzburg 1999, S. 41; — 2010, S. 224 (Möglicher Einfluss eines, den ‚Hexensabbat' darstellenden Kupferstichs von Matthäus Merian d. Ä. (1593–1650) aus dem Jahr 1626 auf die Grundstruktur der „Walpurgisnacht" samt „Walpurgisnachtstraum").

129 Hiervon sind jedoch auch Forschungsbeiträge auszunehmen; etwa die wenigen, tatsächlich in eine motivgeschichtliche Richtung weisenden Ansätze Henry Hatfields (Vgl. Einleitung, III.) oder entstehungsdokumentarische Beiträge, wie insbesondere Siegfried Scheibes Arbeiten (u.a. Scheibe, Siegfried: Zur Entstehungsgeschichte der Walpurgisnacht im Faust I. In: Goethe-Studien. Sitzungsberichte der deutschen Akademie der Wissenschaften zu Berlin. Klasse für Sprachen, Literatur und Kunst. Jg. 1965, Nr. 4, Berlin/O. 1965, S. 7–61).
Ebenfalls auf eine eigene Weise einzuschätzen sind Beiträge, die nicht im engeren Sinne einem literaturwissenschaftlichen oder philologischen Ansatz nachgehen, sondern die W I, ggf. auch die W II, vor dem Hintergrund eines spezifischen philosophischen Konzepts betrachten, wie im Fall des Anthroposophen Rudolf Steiner (Steiner, Rudolf: Geisteswissenschaftliche Erläuterungen zu Goethes Faust. Band II: Das Faust-Problem. Die Romantische und die klassische Walpurgisnacht. Zwölf Vorträge und eine Ansprache am Goetheanum in Dornach 1916–1919. 2. buchförmige Ausgabe Freiburg/Brsg. 1956).
Für Beiträge des späten 19. und frühen 20. Jahrhunderts, die eben auf einer literaturwissenschaftlichen Prägung und einem Goethe-Verständnis' des 19. Jahrhunderts aufbauen, dürfte dagegen vor allem nur mehr ein wissenschaftsgeschichtlicher Maßstab anzulegen sein, z. B. Hermann, Ernst: Die Walpurgisnacht in Sage und

20. Jahrhunderts typischen Untersuchungen wird dann auch die W I überwiegend auf ihre werkimmanente, handlungsfunktionale und szenische Bedeutung hin betrachtet. Die jeweilige Ausführlichkeit fällt dabei zuweilen ganz unterschiedlich aus[130]. Eine derartige, in gewisser Weise einseitige und vereinfachende Sichtungsweise führt aber selten zu einem wirklich aufschlussreichen Ergebnis und verbleibt meistens bei formelhaften Bestimmungen, wie der W I als „Revue-Szene“[131] oder ihrem der Verwirrung[132] und der am Vers 3371 festgemachten „Einteufelung“[133] „Faustens“ dienenden Zweck. Nur eine Ursache dafür dürfte an Vorbehalten gegenüber den moralisch-sittlichen Randbereichen liegen, die ja auf eine selbst nach heutigen Maßstäben noch ungewöhnliche Art erreicht werden. In besonderem Maße trifft das auf den sogenannten Walpurgissack zu – ein Teil jener (als Handschriften erhaltenen) Paralipomena, die der berühmten Selbstzensur Goethes für die zur Drucklegung bestimmten Fassung zum Opfer fielen und dennoch für die Philologie in mehrerlei Hinsicht ein bedeutendes Forschungsobjekt bleiben[134]. Jedenfalls wird von einer einebnenden Warte aus

---

Dichtung. Vortrag, gehalten im Mannheimer Altertumsverein. In: Sammlung von Vorträgen gehalten im Mannheimer Altertumsverein. 2. von 4 Serien. Mannheim 1888, S. 95–121; Harnack, Otto: Beiträge zur Chronologie der Faust-Paralipomena. In: Vierteljahrschrift für Litteraturgeschichte. Bd. 4 (1891), Reprint 1974, S. 169–173; Witkowski, Georg: Die Walpurgisnacht im ersten Teile von Goethes Faust. Leipzig 1894; Morris, Max: Die Walpurgisnacht. In: — Goethe-Studien. Bd. 1. 2. Aufl. Berlin 1902, S. 54–96; Petsch, Robert: Die Walpurgisnacht in Goethes ‚Faust‘. In: Neue Jahrbücher. Bd. 19 (1907), S. 143–159; ebenfalls enth. in: — Gehalt und Form. Gesammelte Abhandlungen zur Literaturwissenschaft und zur allgemeinen Geistesgeschichte. Dortmund 1925, 366–387; Frankenberger, Julius: Walpurgis. Zur Kunstgestalt von Goethes Faust. Leipzig 1926; Daur, Albert: Faust und der Teufel. Eine Darstellung nach Goethes dichterischem Werk. Heidelberg 1950, S. 111–120 u. 414–416.

130 Mit das quantitativ umfangreichste Beispiel hierfür ist Requadt, Paul: Goethes „Faust I“. Leitmotivik und Architektur. München 1972, S. 279–306 („*Walpurgisnacht*“).

131 Hamm, Heinz: Goethes „Faust“. Werkgeschichte und Textanalyse. Berlin/O. 1978, S. 108; zur Problematik, den eigentlich erst für leichte Darbietungen des fortgeschrittenen 19. Jahrhunderts aufgekommenen Begriff der Revue auf die W I anzuwenden, vgl. Wilpert 2001, S. 683 f. (Revue, 2.).

132 Friedrich, Theodor u. Scheithauer, Lothar Johannes: Kommentar zu Goethes Faust. Mit einem Faust-Wörterbuch und einer Faust-Bibliographie. Nachdruck der Ausgabe Stuttgart 1959. Stuttgart 1999, S. 39 f.

133 Requadt, S. 279.

134 Goethe: FA, I. Abt., Bd. 7/1, insbesondere S. 552–559 (Paralipomenon 50 (P 50): ‚Walpurgissack‘) u. Bd. 7/2, S. 936–940 (Erläuterungen).

die W I beispielsweise als „verkehrte Welt“ und „mundus perversus“[135], schlicht als negative, „vom Mammon und Sexus beherrschte Triebregion“[136] abgehandelt, worin „Faust“ mit „den Mächten, die auf die Vernichtung des Menschen ausgehen“[137] konfrontiert wird. Das Verständnis der W I orientiert sich dabei an der Voraussetzung des allerdings meist nicht weiter definierten ‚Bösen'. Andererseits heißt es auch schon einmal, dass „alle diese Motive [.] nur aus einer riesigen Vorratskammer nach Belieben aufgerafft [sind], damit das Ganze möglichst toll sei“, und dazu gewarnt wird, dass „sobald man es mit Tiefsinn auslege, [.] eine quälende Disharmonie [entsteht]“[138]. In einem solchen Fall dürften wohl eher Berührungsängste vor der enormen Vielfalt an motivischen und symbolischen Details bestehen, die scheinbar nur unter größtem Aufwand erschlossen werden können und demzufolge genügsamerweise hinten anzustellen sind. Derartige Prinzipien führen jedoch eben stets zu einer restriktiven, wenig erkenntnisförderlichen Form des Nacherzählens, die allenfalls einem vordergründigen Textverstehen dienlich sein kann.

Das Ereignis der walpurgisnächtlichen Hexenversammlung also nur textfunktional erschließen zu wollen, weil es eben, oberflächlich gesehen, schlicht zur Sphäre des Mephistopheles gehört – zumal Kapitalien und Geschlechtlichkeit ja ohnehin bevorzugte Betätigungsfelder des Teufels sind[139] – und es sich somit eigentlich bloß um eine nahe liegende, aber nicht weiter verbindliche poetische Ausgestaltung handelt, wird einigen belangreichen Gesichtspunkten nicht gerecht.

Manche Verstehens- und Interpretationsansätze dürften sicher von vorneherein ungenutzt bleiben, wenn der Schauplatz der W I praktisch nicht in die Analyse einbezogen wird. So werden der Harz und der Brocken in vielen Forschungsbeiträgen nur als einfache, nicht weiter reflektierbare Kulisse zur Kenntnis genommen[140]. Dass der Brocken bzw. Blocksberg bereits im 18. Jahrhundert längst zu einem ein Gegenstand, wenn auch nicht immer seelenfroher kultureller

---

Zum literaturwissenschaftlichen Umgang mit den Paralipomena insgesamt vgl. Bohnenkamp, Anne: „...das Hauptgeschäft nicht außer Augen lassend“. Die Paralipomena zu Goethes „Faust“. Frankfurt/M. 1994.

135 Keller, Werner: Faust. Eine Tragödie. In: Hinderer, Walter (Hrsg.): Goethes Dramen. Stuttgart 1992, S. 316.

136 Ebd.

137 Hamm 1978, S. 108.

138 Staiger, Emil: Goethe. Bd. 2: 1786–1814. 4. Aufl. Zürich 1970, S. 49.

139 Vgl. Goethe: HA, Bd. III, S. 569.

140 Requadt, S. 291.

Identifikation geworden war (J. G. Jacobi)[141], scheint häufig gar nicht bekannt zu sein. Kaum einmal hinterfragt wird außerdem, dass der Naturforscher Goethe zwar nicht allzu viele landschaftliche Elemente, diese dafür aber in einer gewissermaßen geomorphologisch genauen Manier in die Darstellung aufgenommen hat[142]. Die meisten Deutungen stellen also somit keinen näheren Zusammenhang zu Goethes Harzreisen und seiner unmittelbaren Begegnung mit der dortigen Natur her und lassen damit den Eindruck entstehen, dass er das Harzgebirge und den Brocken nur beiläufig als Ort des Geschehens gewählt hat. Zwar ist der literarische Ertrag von Goethes Konfrontation mit dem Harzgebirge quantitativ überschaubar geblieben. Dennoch zeigt dessen thematischer Abwechslungsreichtum, dass die Harzlandschaft in vielerlei Hinsicht eine große Einbildungskraft für den Dichter und den Naturwissenschaftler, sofern man dies streng voneinander trennen will, ausgemacht hat[143]. Man sollte hierbei auch nicht eine eventuelle Kenntnis Goethes des einschlägigen naturkundlichen Schrifttums ausschließen, die bisher jedoch noch nicht nachgewiesen wurde[144].

Letztlich kann also nicht von der Hand gewiesen werden, dass Goethe diese Mixtur aus den Gegebenheiten der lokalen Natur einerseits und die metaphysischen Aspekte um Brocken, Hexen- und Geisterhaftigkeit andererseits – einschließlich entsprechender Gesichtspunkte aus dem schon länger dazu bestehenden literarischen Fundus – für eine entsprechend unikale poetologische Note genutzt haben muss.

---

141 Vgl. Teil 2, VI.

142 Vgl. Denecke, Rolf: Goethes Harzreisen. Hildesheim 1980, S. 86 u. 139; zwar befinden sich die Arbeiten Deneckes nicht in allen Punkten innerhalb wissenschaftlich exakt festgelegter Parameter, doch sind sie mit die einzigen Untersuchungen, die ausdrücklich Goethes Aufenthalte im Harz und sein möglichen Verhältnis zu dem Mittelgebirge genauer in Augenschein nehmen. Vgl. daher auch — Malte Caspar David Friedrich Goethe auf der Teufelskanzel, einem Felsen auf dem Brocken im Harz? In: Goethe-Jahrbuch. Bd. 106. Weimar 1989, S. 337–347.

143 Vgl. Denecke 1980, u. a. S. 139, auch D. weist auf die teils ganz plastische Inspirationskraft der von Goethe im Harzgebirge gewonnenen Eindrücke hin, etwa auch bei Entstehung von manchen naturwissenschaftlichen Schriften, wie dem „Geognostische[n] Tagebuch der dritten Harzreise" (Goethe: MA, Bd. 2.2 (1987), S. 490–512 u. S. 886–894 (Kommentar)), dem „Versuch einer Witterungslehre" (Goethe: MA, Bd. 13.2 (1993), S. 275–303 u. S. 811–815 (Kommentar)) und „Zur Farbenlehre" (Goethe: MA, Bd. 10 (1989), S. 49 („75. Auf einer Harzreise im Winter stieg ich gegen Abend vom Brocken herunter, [...]") u. S. 1085 (Kommentar)); vgl. auch Hansen 2010, S. 224.

144 Vgl. Teil 2, IV.

Im Übrigen sollten bei Betrachtungen der W I in Frage kommende, im Sagen- und Volksglauben präsente Vorstellungen sowie auch etwaige in noch nicht aussortierten juridischen Schriften, Institutionenlehrbüchern und anderer Ausbildungsliteratur konservierte Morpheme aus der Epoche des ‚Crimen Magiae' grundsätzlich nicht außer Acht gelassen werden[145]. Wie gesagt ist zudem stets zu beachten, dass eine bereits bestehende Tradition in der Dichtung aufgegriffen wurde. Schließlich hatten die Walpurgisnacht und ihr nahe stehende Vorstellungen bis zum Ende des Aufklärungszeitalters eine wenn auch nicht kolossale, aber dennoch abwechslungsreiche motivische Entwicklung erfahren; dabei denke man etwa an die schon länger zu beobachtenden parodistischen, kulturkritischen Aspekte[146]. Der zwar gängige, jedoch häufig isolierte Hinweis auf die ‚Fundgrube' „Blockes-Berges Verrichtung" des Johannes Praetorius[147], die Goethe aller Wahrscheinlichkeit nach auch benutzt hat, veranschaulicht all das noch keineswegs.

Eine lang anhaltende, teils heftige Debatte innerhalb der Forschung zum „Faust I" entfachte der umfangreiche, detaillierte Aufsatz „Satanskult: Walpurgisnacht" von Albrecht Schöne (*1925), der erstmals 1982 erschien[148]. Darin geht es Schöne um eine grundsätzliche Neubewertung der W I. Mit im Vordergrund von Schönes Untersuchung stehen der ‚Walpurgissack' aus den Paralipomena und die möglichen Gründe, die zu dessen Ausschluss aus der schließlich für den Druck bestimmten Fassung des „Faust I" geführt haben. Schöne vertritt darin eine Auffassung, nach der es sich bei der Satansmesse in den Paralipomena (P 50, V. 9 ff.) um den eigentlichen, ursprünglich vorgesehenen Höhepunkt und das „Kernstück" der „Walpurgisnacht" handelt[149]. Grob zusammengefasst kommt er letzten Endes zu dem Ergebnis, dass Goethe wegen eigener Bedenken darüber, mit der ungewöhnlichen Grobschlächtigkeit der Passagen das Moralempfinden der Leserschaft seiner Zeit ziemlich sicher zu verletzen, von der Verwendung des ‚Walpurgissacks' absah; möglicherweise unter Anraten von Friedrich Wilhelm Riemer (1774–1845)[150]. Diese Rücksichtnahme untermauert er vor allem mit Bemerkungen Goethes aus einem Gespräch mit Johannes

---

145 Vgl. Teil 1, II. u. IV.; Schöne, Albrecht: Götterzeichen, Liebeszauber, Satanskult. Neue Einblicke in alte Goethetexte. 3. Aufl. München 1993, u.a. S. 122 ff.

146 z. B. Staiger, S. 359; vgl. Teil 2, VII. (J. Praetorius).

147 Vgl. Teil 2, II.

148 Schöne, Albrecht: Götterzeichen, Liebeszauber, Satanskult. Neue Einblicke in alte Goethetexte. 1. u. 2. (unveränderte) Aufl. München 1982, 3. Aufl. München 1993.

149 Schöne 1993, u.a. S. 163.

150 Schöne 1993, S. 109 f., 200–204, 210–214.

Daniel Falk (1768–1826)[151]. Dass die Paralipomena dennoch nicht vernichtet wurden, stattdessen in den Nachlass eingingen und Goethe somit deren Veröffentlichung nach seinem Tod immerhin in Kauf genommen hat, wertet er als Indiz für die gleichwohl große Bedeutung, die die Inhalte des ‚Walpurgissacks' in der Vorstellung des Dichters von der Szenerie und auch von anderen satanskultischen Belangen gehabt haben müssen[152]. Nach Schönes Auffassung ist somit die Fassung der W I, die 1808 in den Druck gegangen ist, eine quasi uneigentliche. Eine in diesem Sinne von Schöne rekonstruktionsartig erstellte Fassung der W I – einschließlich der ebenfalls anhand der Paralipomena zur „Hochgerichtserscheinung" (P 50, V. 164 ff.) umgearbeiteten und sogleich angeknüpften Szene „*Nacht. Offen Feld*" (HA, V. 4399 ff.) – die er als Empfehlung für Bühnenaufführungen des „Faust I" verstanden wissen will, wurde in die Frankfurter Goethe-Ausgabe (FA) aufgenommen[153].

Bis in die jüngste Vergangenheit nahmen immer wieder Veröffentlichungen unterschiedlich engen Bezug auf Schöne. Nicht wenige davon bemühen sich um eine Relativierung oder gar Widerlegung von Schönes Darstellung und nehmen ihrerseits Deutungen der W I von unterschiedlichen Ausgangspunkten aus vor; insbesondere bei der Erörterung des anhängigen Kernproblems, eben wie Goethes Nichtverwenden der betreffenden Paralipomena für die Druckfassung zu erklären ist, werden häufig andere Ergebnisse vorgelegt.[154]

Doch hatte die Lesart der Satansmesse als dem eigentlichen Kernelement der „Walpurgisnacht" mit der Zeit offensichtlich auch affirmative Auswirkungen, die

---

151 Ebd., S. 109 f. u. 214.

152 Ebd., S. 204 ff.

153 Goethe: FA, I. Abt., Bd. 7/1, S. 737–753 („Vorschlag des Herausgebers für eine Bühnenfassung") u. Bd. 7/2, S. 344–346 (Erläuterungen); vgl. Schöne 1993, S. 215 ff.

154 Vgl. hierzu vor allem Borchmeyer, Dieter: Die geheimgehaltenen Dichtungen des Geheimrats Goethe. *Kritische Anmerkungen zu ihrer Wiederentdeckung.* Der „Walpurgissack" und „Das Tagebuch". In: Wittkowski, Wolfgang (Hrsg.): Verlorene Klassik? Ein Symposium. Tübingen 1986, S. 99–111; Müller, Christoph: „Gretchen als Hexe?". Eine Anmerkung zu Albrecht Schönes Rekonstruktion der *Walpurgisnacht.* In: Euphorion. Bd. 87, Nr. 4, 1993, S. 347–364; Zabka, Thomas: Dialektik des Bösen. Warum es in Goethes ‚Walpurgisnacht' keinen Satan gibt. In: Deutsche Vierteljahrsschrift für Literaturwissenschaft. 72. Bd., Nr. 2, 1998, S. 201–227; Becker-Cantarino, Barbara: *Hexenküche* und *Walpurgisnacht*: Imagination der Dämonie in der Frühen Neuzeit und in *Faust I.* In: Euphorion. Bd. 93, Nr. 2, 1999, S. 193–227; Delvaux, Peter: Hexenglaube und Verantwortung. Zur Walpurgisnacht in Goethes *Faust I.* In: Neophilologus. Bd. 83, Nr. 4, 1999, S. 601–616; Schmidt, Jochen: Goethes Faust. Erster und Zweiter Teil. Grundlagen, Werk, Wirkung. München 1999; S. 186–203.

über die wissenschaftliche Diskussion hinausgingen, wie es beispielhalber manche „Faust"-Ballett-Inszenierungen unter Beweis stellen[155].

Für das rezeptive Verständnis der W I markiert die Debatte um Schönes „Satanskult" zweifellos eine Zäsur. Das rezeptions- und forschungsgeschichtlich Zwingende liegt dabei zu einem guten Teil in dem darüber aufgekommenen, intensiven literaturwissenschaftlichen Ertrag, der insgesamt tatsächlich gewisse Neuerungen in der Haltung gegenüber der Bedeutsamkeit der W I bewirkt hat. So sind etwa die zuvor skizzierten, zumeist älteren, vereinfachenden Einschätzungen seitdem nur mehr schwerlich aufrecht zu erhalten.

Schöne selbst weicht auch insofern von früheren Analysen der W I ab, als er stärker literarische Vorläufer unter dem Gesichtspunkt von Inspirationen und Quellen in seine Darstellung einbezieht[156], sogar Merkmale und Schrifttum aus der Historie des ‚Crimen Magiae' führt er regelmäßig und in interdisziplinärer Manier an[157]. Allerdings erfolgt all dies eigentlich nicht unter der Erwägung eines in der Dichtung des 18. Jahrhunderts womöglich schon zu beobachtenden Motivs. Zwar lehnt Schöne ein Verstehen der „Walpurgisnacht", zumal der unterdrückten Passagen, aus Aufbau und Handlung der „Faust"-Tragödie heraus eher ab[158], dennoch geht er – wie auch sämtliche, auf seine Darstellung hin agil gewordenen Autoren – letztlich nur wenig über einen auf den „Faust I" fixierten Fokus hinaus. Allerdings hat dies auch von vorneherein nicht ausdrücklich Schönes Themenstellung und noch weniger der seiner Antipoden entsprochen. Verlässt also die Diskussion insgesamt werkimmanente Belange sonst nicht weiter, hatte Schöne doch manchmal punktuell und mit hypothetischen Folgerungen externe Gesichtspunkte gestreift, etwa bei der Frage nach der potenziellen Haltung Goethes zur Rolle Luzifers bzw. Satans in der Kosmogonie oder zur Häresie [159].

Fraglos lässt die W I eine ganze Vielfalt von Deutungen zu, die sicher oftmals auch völlig zulässig und unter ihrer jeweiligen Prämisse angemessen sein mögen. Doch dürfte der angesprochene, von nicht wenigen Forschungsbeiträgen vermittelte Eindruck des zufälligen, unkoordinierten Chaos' oder schlicht des ‚Bösen' am wenigsten einem akzeptablen Einblick förderlich sein; insbesondere auch dann, wenn eine motivgeschichtliche Einordnung der W I vorgenommen wird.

---

155 Hobl-Friedrich, Mechthild: Walpurgisnacht als Schwarze Messe. Neues „Faust"-Ballett von Tarek Assam in Halberstadt. In: Ballett-Journal. Das Tanzarchiv. Zeitung für Tanzpädagogik und Ballett-Theater. Jg. 44, Nr. 3, 1996, S. 36.

156 Schöne 1993, insbesondere S. 145 ff.

157 Ebd., insbesondere S. 122 ff.

158 Ebd., S. 201.

159 Ebd., S. 204 ff.

So hat ein Erschließen der W I vom stereotypen ‚Bösen' her bereits Wilhelm Resenhöfft in einer eher selten beachteten Untersuchung als wenig aufschlussreich abgelehnt[160]. Stattdessen verweist er auf ein spezifisches Fundament, das er als ‚naturalistisch' bezeichnet[161]. Zwar blieb sicherlich trotz des intellektuellen Umgangs der Aufklärung mit den Vorstellungen vom Hexen- und Hexereiwesen viel davon mit entsprechenden, Furcht einflössenden Anhaftungen im einfachen Volksglauben erhalten. Doch ist stets zu beachten, dass viele Merkmale des Hexentums ihren Ursprung in der Dämonologie haben, also in einer alles in allem christlichen Wissenschaft[162]. Ein Sachverhalt, der Goethe schon allein durch seinen Einblick in Praetorius' Schriften und wohl auch in einschlägigere ‚Hexenliteratur' (Nicolaus Remigius[163]) sowie durch seine grundsätzlichen Kenntnisse des rechtskundlichen Schrifttums bewusst gewesen sein muss[164]. So versteht es sich, dass in der W I schon deshalb nicht ‚das Böse' an sich dargestellt wird, sondern allenfalls ein einstmals von Gelehrteninstitutionen definiertes Bild dieses vermeintlich Bösen. Dazu beachte man außerdem „Mephistopheles'" ernüchternd anmutende Begründung für sein Ablehnen des Namens „Satan":

> „MEPH. Er ist schon lang' ins Fabelbuch geschrieben;
> Allein die Menschen sind nichts besser dran,
> Den Bösen sind sie los, die Bösen sind geblieben." (HA, V. 2507–2509)

Die von Resenhöfft angeregte ‚naturalistische' Lesart beruht nun auf der relativ systematischen Verwendung einer Symbolik, die das Irdisch-Elementare als

---

160 Resenhöfft, Wilhelm: Goethes Rätseldichtungen im „Faust". Mit Hexenküche und Hexen-Einmal-Eins in soziologischer Deutung. Bern u. Frankfurt/M. 1972; inhaltlich und methodisch abzugrenzen ist diese Untersuchung von der früheren Arbeit Resenhöffts „Existenzerhellung des Hexentums in Goethes „Faust". Mephistos Masken, Walpurgis. Grundlinien axiomatisch-psychologischer Deutung. Bern 1970"; zur geringen Akzeptanz des letzteren Beitrags vgl. Schöne 1993, S. 178 f.

161 Resenhöfft 1972, S. 62 u. 72–75.
Wie bereits in Teil 3, III. erklärt, ist ‚Naturalismus' hier nicht im Sinne der epochalen Literaturbewegung des späten 19. Jahrhunderts zu verstehen, wobei die Bezeichnung auf einen Kunststil des naturgetreuen Abbildes der Wirklichkeit unter Vermeidung von Stilisierung, geistigen Faktoren, moralischen Bedenken und Vorurteilen abhebt (Vgl. dazu Wilpert 2001, S. 551). Hier beschreibt der Naturalismus-Begriff vielmehr ein Weltverständnis, in welchem unter starker symbolischer Prägung von auf die Antike zurückgehenden Vorstellungen natürliche, irdisch-elementare Kräfte im Vordergrund stehen.

162 Vgl. Teil 1, IV.

163 Vgl. ebd.

164 Vgl. Goethe: HA, Bd. III, S. 567.

weltanschauliches Format ausdrückt. Diesen ‚naturalistischen' weltanschaulichen Rahmen kennzeichnen die vier aus der Philosophie des Altertums bekannten – man denke an Empedokles (um 490 – nach 435 v. Chr.) und Platon (427–347 v. Chr.)[165] – und für die spätmittelalterliche und frühneuzeitliche Alchemie ebenso essentiellen Grundelemente Wasser, Erde, Luft und Feuer. In der Vier-Elemente-Lehre steht ‚Erde' für den festen Zustand der Materie, also auch für Fels und Stein, ‚Wasser' für den flüssigen, ‚Luft' für den gasförmigen und ‚Feuer' für den lichtförmigen (Formel bzw. Sigel: W-E-L-F)[166]. Die in der Vierheit manifestierten Elemente werden mit der Entstehung der Welt und der Erschaffung des Menschen in Verbindung gebracht und fassen somit die klassischen Optionen zur Deutung des Daseins jeweils zusammen[167]. Darauf dass die irdisch-elementare Vierheit üblicherweise durch die Urstoffe jeweils repräsentierende Elementargeister ergänzt wird (Undinen, Gnomen, Sylphen, Salamander), hatte möglicherweise erst die entsprechende schriftliche Fixierung des Paracelsus (1493–1541) maßgeblichen Einfluss. Jedenfalls sind für die Atmosphäre der gesamten Szene tatsächlich Naturerscheinungen prägend, die sich in ein solches elementarsymbolisches Schema einordnen lassen. In dieser Hinsicht wirkt allein schon der „Wechselgesang" von „Faust", „Mephistopheles" und dem „Irrlicht" wie eine Zusammenfassung (V. 3871–3911).[168]

Diese weltanschaulich-‚naturalistische' Komponente des walpurgisnächtlichen Treibens auf dem Blocksberg sieht Resenhöfft bereits durch die Analyse des „Hexen-Einmaleins" (V. 2540–2552) aus der „Hexenküche" angekündigt[169]. Letzten Endes soll es sich um die Vergegenwärtigung des Organischen an sich handeln, also des triebhaften Urverhaltens, das unabstrakt, unvergeistigt und ebenso unpersönlich und unsentimental daher kommt – also buchstäblich als die „tiefste Natur" (P 50, V. 43 u. 67). Dies fasst er unter der Losung der naturgemäßen

165 Zum Überblick vgl. ggf. Dörrie, Heinrich: Empedokles. In: Der kleine Pauly; 2. Bd., S. 258–260; Kraus, Walther: Platon. In: Der kleine Pauly, 4. Bd., S. 894–905.

166 Bei der Nennung der vier Elemente variiert mitunter deren Reihenfolge, hier wird unverbindlich der Vorgabe Resenhöffts gefolgt; vgl. Resenhöfft 1972, S. 72.

167 Zur Bedeutung der Vier-Elemente-Lehre in Goethes Dramen vgl. Anton, Herbert: Heilungskraft. Motiv und Struktur der Dichtungen Goethes. München 1987, zum angesprochenen Aspekt S. 42 (Wasser und Stein. Elementarsymbolik in Goethes Dramen).

168 Zur Vier-Elemente-Lehre überhaupt vgl. Böhme, Gernot u. Böhme, Hartmut: Feuer, Wasser, Erde, Luft. Eine Kulturgeschichte der Elemente. München 1996.

169 Resenhöfft 1972, S. 64.

„Zeugungskraft“ zusammen[170]. Darin sei keineswegs eine Provokation des Intellektuellen zu vermuten, vielmehr würde auf diese Weise „der Fortpflanzung ihr Recht als Lebenszweck [zugestanden]“[171]. Eine solche Auffassung erscheint schon angebracht, etwa angesichts einer späteren aphoristischen Bemerkung Goethes, dass nicht die „edle [antike] Natur“, aber die „gemeine [Natur]“ studiert werden solle[172].

Wenn nun von der Elementarsymbolik als dem Standardmerkmal eines spezifischen weltanschaulichen ‚Naturalismus‘ ausgegangen wird, dann ist daran zu erinnern, dass solche ‚naturalistischen‘ Ansätze bereits für die Ballade „Die erste Walpurgisnacht“ angenommen werden können[173]. Zwar sollte die chorische Ballade, die ja mehr oder weniger ein Nebenprodukt von Goethes Auseinandersetzung mit dem Phänomen Walpurgisnacht ist[174], nicht in einem allzu konkreten Sinne als Vorläufertext gesehen werden, doch ergibt sich daraus doch ein gewisser Hinweis auf die Verquickung von Irdisch-Elementarem und Walpurgisnacht-Thematik bei Goethe.

Der Brocken ist dazu für Goethe weit mehr als lediglich der allgemein bekannteste Blocksberges gewesen. Den Harz und den Brocken muss er folglich als Orte identifiziert haben, an denen das durch die Vierheit symbolisierte Irdisch-Elementare eben noch verhältnismäßig ursprünglich, unkontrolliert und plastisch zu Tage tritt, zumindest abseits der Bergbaustätten. Hierfür würde auch sprechen, dass man sogar bereits in dem hymnischen Gedicht „Harzreise im Winter“, dessen erste Fassung während Goethes erster Harzreise im Jahr 1777 entstand[175], gewisse Ansätze einer symbolischen Einfassung „der Willkür selbst“[176], also des Ursprünglichen und Grundsätzlichen in der örtlichen Natur, sehen mag[177]. Solche etwaigen marginalen elementarsymbolischen Ansätze in

170 Ebd., S. 62.

171 Ebd., S. 63.

172 Goethe: MA, Bd. 17 (1991), S. 903, V. 1104–1106 („Maximen und Reflexionen“, „Aus dem Nachlass“).

173 Vgl. Teil 3, III.

174 Vgl. ebd.

175 Goethe: MA, Bd. 2.1 (1987), S. 37–41 („Harzreise im Winter“) u. S. 563–568 (Kommentar).

176 — MA, Bd. 13.2 (1993), S. 297, V. 36 („Versuch einer Witterungslehre“); vgl. Anton, S. 42.

177 Als mit die ersten und ausführlichsten Beiträge der weiter fortdauernden Kontroverse über die Deutung von „Harzreise im Winter“ vgl. Schöne, Albrecht: Auguralsymbolik. Goethe – Auf dem Harz im Dezember 1777. In: Goethe-Jahrbuch. Bd. 96 (1979), S. 22–53, ebenfalls enth. in — Götterzeichen, Liebeszauber, Satanskult.

„Harzreise im Winter“ dürften aber ebenso wie andere antike Entlehnungen darin noch mehr als poetologische Mittel bei der unmittelbaren Thematisierung einer besonderen und temporären persönlichen Eindrucks- und Gefühlskultur zu sehen sein. Gleichwohl ist dort zu erkennen, dass die Brocken-Umgebung als relativ unverfälscht und zivilisatorisch wenig berührt wahrgenommen wird. Systematischer und grundlegender arrangiert ist die Typologie des Irdisch-Elementaren jedoch tatsächlich erst in der W I. Darin ist sie insofern Teil der allegorischen Gesamteinfassung der Szenerie, als ursprüngliches und grundsätzliches menschliches Verhalten, das in seiner Derbheit mitunter absonderlich oder eben dämonisch anmuten mag, in einer gebührenden irdisch-elementaren Umgebung inszeniert wird.[178]

Goethe konnte für seine Dichtung also erst einmal ganz unfiktional auf die während seiner Harzreisen und Brockenbegehungen selbst beobachteten und erlebten vier Elemente oder auf deren dort allgegenwärtige Stellvertreter zurückgreifen. Dass zudem im deskriptiven, mit der Region befassten Schrifttum spätestens seit dem 17. Jahrhundert mythische Verknüpfungen mit der Vier-Elemente-Lehre festzustellen sind, zeigt beispielsweise die kurzweilige, chronikähnliche Beschreibung Heinrich Kornmanns „Mons Veneris, Fraw Veneris Berg“ (1614); dort tauchen „Wasser-, Erd-, Lufft- und Fewer-Menschen“ bereits

---

Neue Einblicke in alte Goethetexte. 1–3. Aufl. München 1982–1993, S. 15–52; Wellbery, David E. u. Weimar, Klaus: J.W. Goethe – „Harzreise im Winter“. Eine Deutungskontroverse. Paderborn, München, Wien, Zürich 1984.

178 Sicherlich ist der quantitative und qualitative Horizont des Ertrages von Goethes Konfrontation mit dem Harz nicht ohne weiteres zu ermessen. Doch bei dem Experiment die W I und das Gedicht „Harzreise im Winter“ als Bestandteile einer solchen ‚Harz-Dichtung‘ zu sehen, kann im Umgang mit antiken Anlehnungen immerhin eine gewisse Entwicklung angenommen werden, die letztlich Goethes progressive poetologische Auseinandersetzung mit dem Altertum widerspiegeln dürften. Denn es hat doch sehr den Anschein, dass die wenigen dem antiken Spektrum zuzuordnenden Mosaiksteine in „Harzreise im Winter“ noch adhoc verwendete Gestaltungskomponenten sind. Das dürfte wohl auch dann noch der Fall sein, wenn die von Albrecht Schöne postulierte „Auguralsymbolik“ als Verstehensprinzip für das noch mit Sturm- und Drang-Merkmalen behaftete Gedicht zugrunde gelegt wird. In der ‚nachitalienischen‘ W I sind die Bausteine mit einem antiken Bezug dann aber konkretisiert, indem sie neben der selbstverständlich weiterhin gegebenen illustrativen Funktion halt ein typologisch gefestigtes weltanschauliches Gerüst bilden.
Vgl. dazu Denecke 1980, S 139.

im erweiterten Titel auf[179]. Und Kornmann war ein ‚Steinbruch' für Johannes Praetorius' „Blockes-Berges Verrichtung"[180], von welcher es eben gemeinhin gilt, dass Goethe sie verwendet hat[181].

Bei der Vergegenständlichung der vier Elemente hat sich Goethe gelegentlich gleich des Originals bedient, wie bei den charakteristischen „Felsennasen" der Schnarcherklippen (V. 3879 f.) oder dem berühmten „Ilsenstein" (V. 3969) als Veranschaulichungen des Steins und damit der Erde[182]. Zuweilen erfolgt auch ein Rückgriff auf allgemein verbreitete volksmythologische Formungen, etwa im Fall der „Windsbraut" (V. 3936)[183], die der Elementarsphäre der Luft angehören dürfte. Vor allem wird die Irdisch-Elementare Stimmung aber durch mannigfache

179 Kornmannus, Henricus: Mons Veneris, Fraw Veneris Berg. Das ist: Wunderbare und eigentliche Beschreibung der alten Haydnischen und Newen Scribenten Meynung von der Göttin Venere, ihrem Ursprung, Verehrung, und Königlicher Wohnung, und deren Gesellschaft, wie auch von den Wasser-, Erd-, Lufft- und Fewer-Menschen, sampt vielen anderen wunderbaren Geschichten; In und auff den Bergen und Hölen hin und wider in der Welt, so am folgenden Blat zu ersehen, ganz lustig und mit Verwunderung zu lesen, newlich zusammen getragen und allen der Natur Heymligkeiten Erforschern und Liebhabern zu Gutem an Tag geben durch Heinrich Kornmann. Frankfurt/M. 1614.

180 Vgl. Teil 2, II.

181 Vgl. Goethe: HA, Bd. III, S. 567; Hansen 2010, S. 223 f.
Wenn von Praetorius' als einer einbildungs- und detailgebenden Vorlage für die W I ausgegangen wird, ist immer auch an den in „Blockes-Berges Verrichtung" enthaltenden Holzschnitt zu denken (Praetorius 1968, vorab eingebundener Holzschnitt), insbesondere wenn man sich die Satansmesse im Paralipomenon 50 vergegenwärtigt (Goethe: FA, I. Abt., Bd. 7/1, S. 552–556). Manche Forschungsbeiträge lassen gegenüber dem Holzschnitt als mögliche Inspiration wegen seiner relativen Einfachheit jedoch eine gewisse Skepsis erkennen; vgl. Schöne 1993, S. 124 f.; Becker-Cantarino, S. 219.
Zur Möglichkeit von unmittelbaren textuellen Bezügen zwischen Goethe und Praetorius, beispielsweise im Falle der philisterhaften Viererrunde (V. 4076 ff.), vgl. Goethe: HA, Bd. III, S. 571; Praetorius 1968, S. 129; auch Hansen 2010, S. 225.

182 Zu gewissen Besonderheiten des Steins in der Elementarsymbolik von Goethes Dramen vgl. Anton, S. 42 f.

183 Die Vorstellung von der Windsbraut ist in etwas verschiedenen Varianten recht weit verbreitet und hängt ursprünglich wohl mit dem Gedanken vom Wilden Heer zusammen (Vgl. Teil 1, II.); mitunter wird sie mit der Frau Holle gleichgesetzt. Es handelt sich dabei in der Regel um eine Hexe, die in einem starken Wirbelwind oder Sturm, regional auch Drudenwind oder Schradlwind genannt, umher fährt (Bächtold-Stäubli, Bd. IX, Sp. 636–640 (Windsbraut); Erich u. Beitl, S. 716 (Schratt) u. 974 f. (Wind, Windsbraut)).

Erscheinungen aufgebaut, die in der geomorphologischen Umgebung wirklich anzutreffen sind und nun als Verkörperungen eines jeweiligen Grundelements den analogen Symbolgehalt aufbringen. So ist beispielsweise das Wasser durch die amphibischen „Molche“ (V. 3893) präsent, die Erde durch „Wurzeln“ (V. 3894) und in und auf ihr lebenden „Mäuse“ (V. 3900), die Luft durch die sie durchfliegenden „Uhu, Kiebitz, Häher“ (V. 3890)[184]. Der feuer- bzw. lichtförmige Zustand der Materie wird derweil etwa durch Leuchtkäfer („Funkenwürmer“, V. 3903) und Irrlichter („irre Lichter“, V. 3910) verkörpert. Augenfällig ist bei dieser Zuordnung eine Ähnlichkeit mit den zuvor angesprochenen Elementargeistern, wie sie seit der spätmittelalterlichen und frühneuzeitlichen Modifikation der Vier-Elemente-Lehre feststehen – die Undinen, Gnomen, Sylphen und Salamander. Diese Konstellation scheint also auf die Verhältnisse der Harzer Umgebung quasi übertragen worden zu sein. Zu beachten ist allerdings, dass die verarbeiteten lokalen Naturerscheinungen durchaus nicht ihren vom Volksglauben zugewiesenen ‚traditionellen‘ volksmythologischen Gehalt verlieren, der mitunter nahtlos in das walpurgisnächtliche Fluidum hineinpasst. Man denke beispielhalber an das Assoziieren der unheimlichen, regional auch schon einmal als ‚Feuermänner‘ geläufigen Irrlichter (V. 3855 ff.) mit ‚brennenden‘, verhängnisvoll belasteten Seelen[185]

---

184 Diese grundsätzlichen elementaren Zugehörigkeiten konkurrieren nicht unbedingt mit weitergehenden, letztlich aber nicht leicht zu klärenden Deutungen, wie beispielsweise der Identifizierung der tierischen Aufzählungen als „Ikonographie des Obszönen“ und „sexuell besetzt[en] […] Evokationen“ (J. Schmidt 1999, S. 189). Fast nie werden allerdings volksmythologische Zuschreibungen zu Rate gezogen, die durchaus einen gewissen Aufschluss darüber geben, weshalb z. B. gerade die genannten Vertreter der Avifauna in der W I vorstellig werden. Auf den Uhu (Bubo bubo) als eine Erscheinungsform des Teufels und seinen sonstigen, bis in die Antike reichenden Bezug zum Dämonischen wurde in Teil II, V. (Löwen) bereits hingewiesen (Bächtold-Stäubli, Bd. VIII, Sp. 1287–1293). Ähnlich wie dem Uhu und anderen Eulenvögeln, wird ebenfalls dem regenpfeiferartigen Kiebitz (Vanellus vanellus) allerlei Unheimliches nachgesagt, etwa das Irreführen von Wanderern. Außerdem soll er ebenso eine Erscheinungsform des Teufels und ein Totenvogel sein; prompt gelten der Kiebitzbach und das Kiebitzbruch im Harz als Sitz unseliger Geister (Bächtold-Stäubli, Bd. IV, Sp. 1303 f.). Auch die Begegnung mit dem Häher, gemeint ist der Eichelhäher (Garrulus glandarius), kann gegebenenfalls Verhängnisvolles ankündigen. In manchen Gegenden Europas heißt es zudem, dass Hexen in der Gestalt des Hähers auftreten. Vor allem ist der Häher jedoch ein Spottvogel, der sich auf Späße, Schmähungen und satirisch Anmutendes versteht (Bächtold-Stäubli, Bd. III, Sp. 1322–1325; Erich u. Beitl, S. 317).

185 Bächtold-Stäubli, Bd. IV, Sp. 779–785 (Irrlicht); Erich u. Beitl, S. 400 (Irrlicht); Goethe: HA, Bd. III, S. 569 (*„Irrlicht“*); — FA, I. Abt., Bd. 7/2, S. 546 (*„Irrlicht“*).

oder an den dämonischen Zuschreibungen der gleich zweimal auftauchenden Mäuse[186].

Auf der irdisch-elementaren oder eben ‚naturalistischen' Basis hat Goethe demnach Bestandteile unterschiedliche Mythologien relativ unmerklich miteinander verbunden. Das sind zum einen Bestandteile eines überregionalen Volksglaubens, die durch solche des ohnehin zur Harzgegend gehörende lokalen Sagenschatzes ergänzt sind; also Volksmythologisches, denn die nordisch-germanische Mythenwelt wäre darin allenfalls noch in wenigen Rudimenten wieder zu finden. Zum anderen ist es natürlich Material aus der antiken Mythologie.

Nun ist das selbstverständliche Verarbeiten von Bezügen zur Antike und zur antiken Dichtung im Zusammenhang mit der Walpurgisnacht längst üblich gewesen, wie etwa an Löwens Komischem Epos ersichtlich ist[187], doch haben diese früheren Verwendungen allein die Qualität von konventionellen poetischen-intellektuellen Anreicherungen, nicht die von Bausteinen einer spezifischen weltanschaulichen Struktur in der goetheschen Manier.

Indem also Goethe die antiken Motive und Bezüge in einem vorderhand vielleicht nicht passend erscheinenden geographischen und mythologischen Umfeld verwendet, spricht er ihnen neben ihrer Zeitlosigkeit durchaus auch eine klare übersphärisch zu nennende Wertigkeit und Aussagekraft zu. Doch, wie gesagt, sind die Aspekte des beheimateten Sagen- und Volksaberglaubens zwar als kompositorische, situationsabhängige Gestaltungsmittel auf die ursprünglich altertümlich begründete irdisch-elementaren Atmosphäre abgestimmt, sie behalten dabei aber ihre Eigenheiten und ihren volksmythologischen Symbol- und Aussagegehalt. Die Verwendung von Bruchstücken aus beiden Mythologiebeständen erfolgt im Kontext der W I demnach keineswegs als eine konkurrierende oder wertende Gegenüberstellung zu Gunsten einer bestimmten Variante. Ihre

---

186 Der dämonische Gesamtcharakter der Maus zeigt sich unter anderem insofern, als sich Hexen in Mäuse verwandeln oder auch Mäuse machen können. Auffällig ist außerdem die Seelenepiphanie, wonach die Seele den Körper als Maus verlässt und Mäuse überhaupt der Seelensitz von Toten sind. Dabei kennzeichnen rote Mäuse die Seelen der Gottlosen. Demnach dürfte die „junge" Hexe, der „[.] ein rotes Mäuschen [...] aus dem Munde [sprang]" (V. 4178 f.) in der Wahrnehmung „Faustens" gott- und seelenlos erscheinen. Andererseits stellt das neben seinen apotropäischen Merkmalen ebenso von Teufeln und Hexen bevorzugte feurige Rot auch wieder einen Bezug zur Elementarsymbolik her.
Vgl. dazu Bächtold-Stäubli, Bd. I, Sp. 31–60 (Maus); Erich u. Beitl, S. 550 f. (Maus) u. S. 682 (Rot).

187 Vgl. Teil 2, V.

poetologische Aussagekraft hat dadurch eine paritätische Gültigkeit. Somit ist hier kein nachweisbarer Gegensatz angelegt, der auf eine mögliche Subjektivität Goethes in dieser Hinsicht schließen ließe. Selbst wenn manche Auslegungen zu einer Qualifizierung verleiten mögen, wenn sie die Nacht zum 1. Mai als vermeintlich schicksalhaften Augenblick in der ‚nordischen' Sphäre sehen (V. 4002 f.), den unverbindlicheren antiken Kairos in der klassischen Sphäre aber als das vermeintlich angenehmere Gegenstück[188].

Weiterhin ist festzuhalten, dass über die direkte stoffliche Präsenz der elementaren Viererformel hinaus, eine Vierheit zuweilen auch bei der Darstellung anderer, nicht der (landschaftlichen) Umgebung zugehörigen Strukturen bestehen bleibt[189]. Das gilt etwa für die Vierergruppe der unzulänglichen Blocksbergpilger – die beiden Unschuldigen vom Felsensee, die Person aus der Felsenspalte und die Halbhexe (V. 3886–4007). Deren elementares Rundherum ist offensichtlich unvollständig, so dass sie halt einige Schwierigkeiten haben, am ersehnten Pilgerzug oder gar am möglichen ‚Hexensabbat' teilzunehmen[190]. Ebenfalls als Vierheit ist die von den revolutionären Umbrüchen nach 1789 gezeichnete, philiströse und missmutige Runde von „General", „Minister", „Parvenü" und „Autor" arrangiert (V. 4076 ff.), obwohl sie dem Naturhaften, Spontanen und Unverbrämten pessimistisch gegenübersteht[191].

Die Anlehnungen an antike Motive gehen jedoch über die Irdisch-Elementare Vierheit im engeren Sinne hinaus. Größen aus antiker Mythologie und aus antikem Denken werden in einer bisweilen analytischen und veranschaulichenden Weise eingesetzt. So werden etwa Urgewalten in Szene gesetzt, um menschliche Begierden- und Triebhaftigkeiten unverhohlen vor Augen zu führen; doch wird dabei das offenkundige menschliche Urverhalten keineswegs in auffälliger Weise als verwerflich verurteilt. Das trifft auf die Druckfassung und die Paralipomena gleichermaßen zu. Diese Urgewalten sind vor allem die klassischen Telos des Begehrens. Da wären Plutos (grch.), der Inbegriff und die Personifizierung des ausgiebigen Reichtums, oder eben der biblische „Herr Mammon" (V. 3915–3934)[192] – sofern

188 Vgl. Requadt, S. 293.

189 Zur meistens eben mit einer ‚natürlichen' Anschauung verknüpften, reichhaltigen Symbol- und Gebrauchsgeschichte der Vier seit der Antike vgl. Großfeld, Bernhard: Zeichen und Zahlen im Recht. Zahlen in Rechtsgeschichte und Rechtsvergleichung. 2. Aufl. Tübingen 1995, S. 101–114.

190 Vgl. Resenhöfft 1972, S. 73.

191 Vgl. ebd.

192 Der Ansatz einer Mammon-Überlegung in Verbindung mit der Brockenansicht ist mancher Auffassung nach bereits in „Harzreise im Winter" gegeben, auch wenn

eine ganz textnahe Sicht auf die Vorgänge bevorzugt wird (N Matth 6, 24; Luk 16,9 u. 16,11) – und schließlich Sexus (lat.), die unmittelbare, unverklärte Geschlechtlichkeit[193]. Somit wird scheinbar unterschwellig die zivilisationskritische, schon seit der Antike bestehende Kontroverse über den Zusammenhang von menschlichen Begierden und die oftmals als verderblich empfundene Macht des Pekuniären aufgegriffen[194].

Unmittelbare Personen der antiken Mythologie, wie die zotige „Baubo" (V. 3962) oder die „Meduse" (V. 4195 u. 4207 f.) und „Perseus" (V. 4208), werden allerdings nur vereinzelt genannt; sie dürften neben dem Zweck der grundsätzlichen poetisch-bildhaften Anreicherung und ihrer etwaigen, unmittelbar text- und tragödienimmanenten Bedeutung sicher auch als Ausdruck der generellen Zulässigkeit von gedanklichen Bezugnahmen auf das Altertum zu sehen sein.

Die Deutung Resenhöffts, die eben nachhaltig den als solchen definierten ‚Naturalismus' der W I fokussiert, berücksichtigt in Ansätzen ebenfalls die Möglichkeit einer allegorischen Präsentation der menschlichen Gesellschaft schlechthin anhand des walpurgisnächtlichen Hexentreibens auf dem Blocksberg. Demgemäß erscheint die allegorisch abstrahierte Walpurgisnacht als ein gesellschaftlicher Mikrokosmos[195]. Doch führt Resenhöfft seine Überlegungen nicht

---

die dort dahinter stehende, auf Bodenschätze abhebende Sinnbildlichkeit wohl nicht einfach mit der in der W I gleichzusetzen ist: „Du stehst mit unerforschtem Busen | Geheimnisvoll offenbar | Über der erstaunten Welt, | Und schaust aus Wolken | Auf ihre Reiche und Herrlichkeit, | Die du aus den Adern deiner Brüder | Neben dir wässerst." (Goethe: MA, Bd. 2.1 (1987), S. 41, V. 82–88 u. S. 567 f. (Kommentar)); vgl. Goethe: HA, Bd. III, S. 570; Schöne 1979, S. 39 f. u. 49 ff.; J. Schmidt 1999, S. 151 u. 190.

Wenigstens gleichermaßen zu beachten sind dazu die ebenfalls vorhandenen Andeutungen der volksmythologischen Zuschreibungen des Brockengipfels, die Goethes lang anhaltende Auseinandersetzung mit gerade diesem Blocksberg bestätigen dürften: „[…] des gefürchteten Gipfels | Schneebehangener Scheitel, | Den mit Geisterreihen | Kränzten ahnende Völker." (Goethe: MA, Bd. 2.1 (1987), S. 41, V. 78–81 u. S. 567 (Kommentar)); vgl. Schöne 1979, S. 46 f.; J. Schmidt 1999, S. 151 u. 190.

193 Hierzu und zu einer dabei vielleicht auch gegebenen Anregung durch John Miltons „Paradise Lost" vgl. Engelhardt, Michael v.: Der plutonische Faust. Eine motivgeschichtliche Studie zur Arbeit am Mythos in der Faust-Tradition. Basel u. Frankfurt/M. 1992, S. 357–359, 360 f., 364–366, 370–372; zu Plutos in der antiken Mythologie vgl. Geisau, Hans v.: Plutos. In: Der kleine Pauly, 4. Bd., S. 957 f.

194 Hierbei wäre beispielsweise an diesbezügliche Gedanken bei Ovid (43 v. Chr. – 17/18 n. Chr.) und Plinius d.Ä. (um 23–79) zu denken, mit denen sich Goethe zudem näher auseinandersetzte; vgl. dazu Engelhardt, S 366.

195 Vgl. Resenhöfft 1972, S. 150; Schöne 1993, S. 167.

mehr in die Richtung einer ironischen, satirischen und parodistischen Qualität aus, die eine augenscheinliche Bedingung für das feinsinnige Unterbreiten von gesellschafts- und kulturkritischen Aspekten im Zusammenhang mit dem Blocksbergtreiben ist. Denn innerhalb des weltanschaulichen ‚naturalistischen' Rahmens bestimmen wahrlich Ironisches, Sarkastisches und punktuell auch Satirisches und Parodistisches die Szene. Es sind die wesentlichen Ausdrucksmittel, die meist moralische Schwächen des menschlichen Geschlechts an sich, doch auch der Gesellschaft des ausgehenden 18. und beginnenden 19. Jahrhunderts aufzeigen[196], wenngleich die vordergründige Handlung des „Faust" bekanntlich in einem anderen Jahrhundert platziert ist. Goethe befindet sich hierbei in einer gewissen motivischen Tradition des 18. Jahrhunderts und der Aufklärung[197], die ihm – je nach seiner Kenntnis der in Frage kommenden Texte – teils bewusst (Löwen)[198], teils aber vielleicht auch nicht bewusst (Lichtenberg)[199] gewesen sein dürfte.

In der Abstraktion der „Traum- und Zaubersphäre" (V. 3871) erscheint die Menschenwelt – die Bezeichnung ‚Gesellschaft' dürfte hierbei zu sehr spezifizieren – von Konventionen und (immateriellen) zivilisatorischen Errungenschaften befreit. Es wird dabei eine unvergeistigte Sinnlichkeit vor Augen geführt, also die gewissermaßen ursprünglichste Natur des Menschen. In dieser Einfachheit und Ursprünglichkeit ist die Menschenwelt auf ihre hauptsächlichen Antriebsmerkmale reduziert. Das sind hier nun einmal die genannten ‚Sexus', der Urtrieb und das Mittel der physischen Reproduktion, sowie Plutos (grch.) bzw. ‚Mammon'

Zum sonstigen Gebrauch des Mikrokosmos-Begriffs innerhalb des „Faust I" vgl. z. B. Goethe: HA, Bd. III, S. 534, 543 u. 546 (Anmerkungen zu V. 1347, 1802 u. 2012). Im Übrigen kann ein Zusammenhang zwischen dem Brocken und der (durch mephistophelische Kunst ermöglichten) überblicksartigen allegorischen Veranschaulichung menschlicher Zivilisation wiederum bereits für „Harzreise im Winter" angenommen werden. Denn in die beschließende Brocken-Anrede ist ja ein wörtliches Zitat aus „Jesu Versuchung" durch den Teufel (N Matth 4, 8 u. Luk 4, 5) eingewoben: „Du stehst [...] | Über der erstaunten Welt, | Und schaust aus Wolken | Auf ihre Reiche und Herrlichkeit, [...]." (Goethe: MA, Bd. 2.1 (1987), S. 41, V. 82–86 u. S. 567 f. (Kommentar)); vgl. Teil 1, III.

196 Vgl. etwa Hansen 1999, S. 41; Hohoff, Curt: Johann Wolfgang von Goethe. Dichtung und Leben. München 1989, S. 512.

197 Vgl. Teil 2, VII.

198 Vgl. Teil 2, V.

199 Vgl. Teil 2, VI.; vgl. dazu Schöne 1993, S. 145 (S. befindet die wenigen, uneindeutigen Hinweise darauf als zu unzureichend, um von einer tatsächlichen Kenntnis Goethes der Lichtenbergschen Erzählung auszugehen.).

(bibl.), der Inbegriff des Pekuniären und damit in gewisser Weise auch der Garant wirtschaftlichen Fortbestehens; einerlei, ob es im christlichen, frühneuzeitlichen Weltbild auch bevorzugte Fakultäten des Teufels sind. Besonders plastisch und direkt wird das an den Passagen der Satansmesse in den Paralipomena deutlich, die durch Goethes Selbstzensur aus der Druckfassung verbannt wurden. In der ‚Predigt' Satans wird ja ganz wörtlich die Güte der beiden Telos' ausgesprochen, die wechselweise „verschaffet" und „verschlingt" werden sollen (P 50, V. 31 f.) bzw. an denen sich zum einen „ergötz[t]" werden soll und sie zum anderen unbedingt „zu schätzen" sind (P 50, V. 52 f.).[200]

Indem Goethe eine solche ‚Erkenntnis' von einem Dämon explizit äußern lässt (Paralipomena) oder sie auch durch andere Vorgänge während des walpurgisnächtlichen Hexentreibens ausdrückt (Druckfassung), greift er in gewisser Weise das während der Aufklärung aufgekommene Verfahren auf, bei dem der Dichter Teufel und Dämonen gleichsam als poetisches Medium gesellschaftlich Unerhörtes und Unbequemes aussprechen lässt[201]. Einer solchen mit Ironie und Satire und Sarkasmus behafteten und hinsichtlich mancher poetischer und gesellschaftlicher Kodizes freidenkerisch anmutenden Darstellung, wird es wohl nicht gerecht, sie allein „mit einer für roheste Wunder empfänglichen Neugier" erklären zu wollen[202].

Eher ist der Aussage Willy Krogmanns beizupflichten. Krogmann konstatierte einst, dass der Schlüssel zum Verständnis der W I in der Lektüre von Löwens „Die Walpurgis Nacht" zu suchen sei[203]. Nun zeigt die nähere Analyse von Löwens Komischem Epos, dass Krogmanns Aussage schon allein wegen der nur marginalen inhaltlichen Parallelen nicht durchweg bestätigt werden kann[204]. Doch neben seinem Hinweis auf die gesellschaftskritische, sinnbildliche Qualität der Dichtung und des darin angelegten Ironischen, Sarkastischen und Satirischen, ist Krogmanns Diagnose noch in manch anderem Punkt nachvollziehbar. Weniger vielleicht bei der Verwendung des Teufels „Lilith", die bei Löwen und Goethe doch sehr unterschiedlich ist, zumal in beiden Fällen schon Praetorius' Kompilation eine Vorgabe gewesen sein könnte[205]. Eher mag die Verspottung eines speziellen Dichtertypus', die bei Löwen vorzufinden ist, eine Inspiration für die satirische Episode gewesen sein, in der Christoph

200 Vgl. auch Engelhardt, S. 357–359 u. 368–372.

201 Vgl. Teil 2, VII.

202 Staiger, S. 359.

203 Krogmann, S. 223–225.

204 Vgl. Teil 2, V.

205 Praetorius 1968, S. 87; vgl. Goethe: HA, Bd. III, S. 571.

Friedrich Nicolai (1733–1811) als schrulliger „Proktophantasmist" in der W I daherkommt (V. 4144 ff.)[206]. Gleichermaßen könnte das auf den durch und durch opportunistischen, sich poetisch gebenden Satansjünger in der Satansmesse zutreffen (P 50, V. 96 ff.). Und auch gewisse prinzipielle Ähnlichkeiten zwischen Löwens Attacken auf bestimmte privilegierte Personengruppen der Rokoko-Gesellschaft und der skurrilen, schwarzseherischen Viererrunde in der W I (V. 4076 ff.) wirken nicht unverhältnismäßig weit hergeholt; freilich lässt Goethe die Griesgrame aus ihrer nun nachrevolutionären Situation heraus sprechen[207]. Ebenfalls könnte man womöglich den Löwenschen Gedanken vom Blocksberg als Sammelplatz künstlerischer Stümper in Mephistopheles' spöttischem Kommentar zum beginnenden Dilettantentheater wieder erkennen (V. 4221 f.) – ‚Dilettant' ist hier bekanntermaßen in seiner abwertenden Bedeutung zu verstehen[208]. Bei dem Konstrukt der Messe unter Satans Vorsitz (Paralipomena) dürfte es sich allerdings um ein zu geläufiges Bild handeln[209], um allein Löwens Versepos als Imaginationshilfe in Erwägung zu ziehen. Im Übrigen muss wohl auch die satirisch konzipierte Sitzung des satanischen Reichstags aus der „Continuatio" von Grimmelshausens „Simplicissimus Teutsch" als Inspiration ausgeschlossen werden, da Goethe dem gültigen Forschungsstand nach dieser Lektüre erst lange nach Abschluss der Arbeiten zum „Faust I" zugesprochen hat[210].

Dass der Blocksberg und das walpurgisnächtliche Fest darauf Motive sind – nicht allein im engeren Sinne poetische, wie beispielsweise an Johann Georg Jacobis Beitrag ersichtlich[211] – mit denen gewisse Weltsichten sinnbildlich dargestellt werden, ist also schon vor Goethes Walpurgisnacht-Dichtung in quantitativ begrenztem Ausmaß üblich gewesen[212]. Und von den Errungenschaften seiner Vorgänger hat Goethe sicherlich auch in Maßen profitieren können.

So ist letztlich zu konstatieren, dass Goethe die poetisch-motivische Konstruktion der Walpurgisnacht zwar keineswegs ‚erfunden' hat, doch hat er sie sublimiert oder, wenn man so will, ‚veredelt'. Dass heißt nicht allein, dass er sie

---

206 Vgl. auch Krogmann, S. 225.

207 Vgl. Goethe: FA, I. Abt., Bd. 7/2, S. 352 f. (Erläuterungen); Hansen 1999, S. 41; — 2010, S. 225.

208 Goethe: FA, I. Abt., Bd. 7/2, S. 361 (Erläuterungen).

209 Goethe: FA, I. Abt., Bd. 7/1, S. 552–556 (P 50: Satansmesse).

210 Goethe: FA, II. Abt., Bd. 6 (1993), S. 517 („429. Riemer […] Di. 12.12.1809") u. S. 1060 (Kommentar); vgl. Teil 2, III.

211 Vgl. Teil 2, VI.

212 Vgl. Teil 2, VII.

gegenüber seinen zumeist weniger namhaften Vorgängern durch die Autorität seiner Person und durch das literaturgeschichtliche Gewicht des „Faust" als herausragende „Epochensignatur"[213] für die Nachwelt aufgewertet hat. Goethe hat mehr Aspekte und Details des Hexenglaubens in seine dichterische Darstellung hineingelegt als es seine Vorgänger vermochten, als ihnen daran gelegen war oder als es ihnen aus ihrer jeweiligen literatur- und kulturhistorischen Situation heraus überhaupt möglich sein konnte. Hinzu kommt die bis dahin in der Dichtungsgeschichte der Walpurgisnacht nicht zu beobachtende Genauigkeit bei der Verarbeitung mythologisch und symbolisch relevanter Einzelheiten sowie auch in der Darstellung des einschlägigsten Schauplatzes – der Harzer Umgebung.

Ebenfalls haben schon bei früheren Autoren Walpurgisnacht und Blocksberg im Ganzen eine allegorisch anmutende Dimension[214]. Goethes W I weist aber ein ungleich verfeinertes sinnbildliches Gefüge auf, das im Ansatz sogar schon ein wenig an die Symbolik und Allegorik der „Klassischen Walpurgisnacht" des „Faust II" erinnert[215]. So wird durch das Ereignis der Walpurgisnacht an sich ein umspannender allegorischer Zusammenhang hergestellt, doch sind darin außerdem kleinere sinnbildliche Einheiten angelegt. Dass manche davon auf einer solchen eingebetteten Ebene wiederum allegorisch gedeutet werden können, ist sicherlich nicht ausgeschlossen; häufiger und augenfälliger offenbart sich dann jedoch eine bisweilen tiefgründige Symbolik, wie die die Atmosphäre prägende Elementarsymbolik oder die volksmythologisch gespeisten Symbolgehalte. Hinzu kommt bei Goethe noch eine Erweiterung des Spektrums dessen, das sinnbildlich dargestellt wird. Die etwa bei Löwen und Lichtenberg dominante gesellschafts- und kulturkritische Komponente ist zwar auch bei Goethe weiterhin gegeben, wenn auch mittelbarer, vor allem dehnt er aber die sinnbildliche Darstellung auf grundsätzlich menschliche Eigenheiten aus. Auch dadurch erhält seine Darstellung der Walpurgisnacht als der besagte Mikrokosmos ein ungleich höheres Maß an Objektivität als die seiner Vorgänger.[216]

---

213 Vgl. Hansen 1999, S. 41 u. 55.

214 Vgl. Teil 2, VII.

215 Vgl. Teil 3, V.

216 Zur Definition und zum bisweilen wechselhaften Verhältnis von Allegorie und Symbol bei Goethe vgl. z. B. Goethe: MA, Bd. 17 (1991), S. 904 („Maximen und Reflexionen". „Aus dem Nachlass": „(Über Kunst und Kunstgeschichte)") u. S. 1308 (Kommentar).
Zur Verwendungs- und Rezeptionsgeschichte von Allegorie und Symbol im Allgemeinen vgl. Curtius, Ernst Robert: Europäische Literatur und lateinisches Mittelalter. 10. Aufl. Bern 1948.

Weiterhin hat Goethe die poetischen Möglichkeiten, die in einer Verquickung von Walpurgisnacht und Faust-Stoff liegen klarer erkannt und herausgearbeitet als andere Dichter zuvor, wenn diese Verquickung auch ebenfalls nicht seine ‚Erfindung' ist[217]. Hinzu kommt noch der vergleichsweise vortreffliche poetisch-formelle Aufbau der W I und ihre effektvolle Platzierung im Dramenaufbau des „Faust I". Im Kalendarium des „Mephistopheles" ist die „herrliche Walpurgisnacht" ein festlicher Höhepunkt, um dessen Kairoshaftigkeit „[.] man [weiß]" (V. 3660–3663) und auf den er bereits „die Hexe" in der „Hexenküche" einschwört (V. 2598 f.). Auch die Bemühungen und Äußerungen einiger Teilnehmer geben zu erkennen, dass das Blocksbergfest eine fundamentale Bedeutung für ihr Selbstverständnis, ihr Wertedenken und ihr Wohlbefinden hat:

> „BEIDE CHÖRE. […]
> Wer heute sich nicht heben kann,
> Ist ewig ein verlorner Mann." (HA, V. 4003)

> „CHOR DER HEXEN. […]
> Der flieget nie, der heut nicht flog." (HA, V. 4011)

Abgesehen vielleicht vom Anlass für die Begegnung mit „dem Herrn" im „Prolog im Himmel" (V. 243 ff.), ist es obendrein die praktisch einzige Begebenheit im Rollendasein des „Mephistopheles" in „Faust I", die nur in einem mittelbaren Zusammenhang mit seinen Einflussnahmen auf die Person „Faustens" steht, die etwas lockere, funktionale Weltfahrt-Erklärung einmal außer Acht gelassen[218]. Denn ohne Zweifel ist hier das Hexenfest eine in vielerlei Hinsicht unabhängige Konstante, die durch eine Art von gemeinschaftlichem

---

217 Vgl. Teil 2, VII.
In diesem Punkt dürfte es zum Verständnis der „Walpurgisnacht" nicht allzu hilfreich sein, sie unter dem Hinweise auf den Vers 2052 einzig und unreflektiert aus der aus den Faust-Volksbüchern bekannten und dort eher anspruchslos umgesetzten Motivik der Weltfahrten abzuleiten und damit ohne weiteres gleichzusetzen (Goethe: HA, Bd. III, S. 566). „Auerbachs Keller" mag sich auf diese Weise noch herleiten lassen, doch bereits für die „Hexenküche" kommen zusätzliche Vorgaben und Inspirationen in Betracht; man denke etwa an die kochenden Hexen in Shakespeares „Macbeth", mit denen man spätestens seit Christoph Martin Wielands (1733–1813) Shakespeare-Übersetzungen (1762–66) auch auf dem Kontinent vertraut war (Vgl. auch J. Schmidt 1999, S. 144 ff.). Schließlich ist aber insbesondere zu bedenken, dass eine Walpurgisnacht im eigentlichen Sinne in den Volksbüchern nicht vorkommt und sie zudem eben zu einem schwergewichtigen Teil aus einer anderen literarischen Tradition heraus zu erklären ist.

218 Vgl. vorherige Anm.

konkludentem Verhalten ihrer Besucher ansteigt und die letzten Endes mit oder ohne „Faust" – und es hat beinahe den Anschein auch mit oder ohne „Mephistopheles", den (vermeintlichen) „Herr[n] vom Haus" (V. 3866)[219] – stattfindet. Auch hierin mag man einen Hinweis für Goethes Verständnis von der Walpurgisnacht als einem ursprünglich nicht zum überdauerten Faust-Stoff gehörenden Gegenstand sehen.

Mit alledem hat Goethe die Vielfalt der dichterischen Möglichkeiten der Walpurgisnacht erheblich erweitert. Erst dadurch konnte sie zu einem vollwertigen Topos in der Literatur überhaupt werden – einem einigermaßen fest umrissenen Ort, der dennoch reiche Gelegenheiten zur motivischen Darstellung und Aussage bietet[220]. So bildet Goethes W I den vorläufigen Abschluss einer wenngleich lückenhaften Entwicklung, für die erste (deutschsprachige) poetische Ansätze in der Zeit von Hans Sachs zu beobachten sind[221]. Doch muss der Walpurgisnacht das Prädikat eines Topos vor allem bereits innerhalb Goethes eigener Faust-Dichtung zugesprochen werden, da dabei selbstredend immer auch an die „Klassische Walpurgisnacht" des „Faust II" zu denken ist.

V. Klassische Walpurgisnacht – Faust II

Die „Klassische Walpurgisnacht" (Sigel: KW) – also die Szenerie, die sich aus den letzten vier Szenen des „Zweiten Aktes" im „Faust II" zusammensetzt (V. 7005–8487)[222] – mutet schon allein ihres signifikanten, unverwechselbaren Titels wegen auf den ersten Blick ganz als eine Erfindung Goethes an[223]. Wenn demnach „Mephistopheles" bedeutet, „Dergleichen hab' ich nie vernommen" (V. 6944), klingt das vorderhand wie eine Bestätigung. Und wie bereits für die „Walpurgisnacht" im „Faust I" (Sigel: W I) gibt es für die KW erst recht keine

---

219 Zur Begrenztheit und zu einem gewissen Dominanzverlust des „Mephistopheles", welche mit Fortdauer der (gesamten) „Tragödie" offenbar zu werden scheinen vgl. Hansen 1999, S. 49.

220 Zur Unterscheidung und jeweiligen Spezifikation von Topos und Motiv vgl. Wilpert 2001, S. 533 f. (Motiv, 3.) u. S. 837 (Topos, 3.); ggf. auch Curtius 1948.

221 Vgl. Teil 1, VI.

222 Als vorrangige Textreferenzen dienen:
Goethe: FA, I. Abt., Bd. 7/1 (1994), S. 285–334 (Faust II: Klassische Walpurgisnacht) u. I. Abt., Bd. 7/2 (1994), S. 519–576 (Erläuterungen); — MA, Bd. 18.1 (1997), S. 184–232 (Faust II: „*Classische Walpurgisnacht*") u. S. 830–921 (Kommentar); — HA, 16. Aufl., Bd. III (1996), S. 215–256 (Faust II: Klassische Walpurgisnacht) u. S. 627–659 (Anmerkungen).

223 Vgl. Goethe: MA, Bd. 18.1, S. 824; — HA, Bd. III, S. 624 (Anm. zu V. 6941) u. 628.

Vorlage in der „Historia D. Johann Fausten", dem ‚Hypotext' zu wohl fast jeglicher Faust-Dichtung[224].

Dennoch ist unbedingt zu beachten, dass nächtliche übernatürlich-phantastische Kulte und Zusammenkünfte ein fester Bestandteil antiker Mythologie und Glaubenswelt sind. Im Fall von metaphysischen, hexenhaften Wesen und deren Versammlungen kommen dabei die Hekate-Kulte und die damit verknüpften Vorstellungen über die thessalischen Hexen – deren Heimstätte eben Thessalien und die dort befindliche Gegend um „Pharsalus" (Farsala) ist – vielleicht zuerst in den Sinn[225]. Hinzu kommen vor allem die einander sehr ähnlichen Artemis- und Diana-Kulte oder die Gedanken über die nächtlichen Umtriebe der Strigen und Lamien[226]. Die Namentrias „Diana, Luna, Hekate" legte Goethe „Anaxagoras" für dessen feierliche göttlich-kosmische Anrufung also sicher nicht zufällig in den Mund (V. 7905)[227]. Da nun solche Versammlungen wesentliche Bestandteile des Entstehungs-Nexus um die späteren Vorstellungen über Hexenkonvente und die Walpurgisnacht sind, handelt es sich bei der „Klassischen Walpurgisnacht" im Grunde also partiell doch um das Aufgreifen eines überlieferten, ‚ursprünglichen' mythologischen Konzepts. Und das auf den einschlägigen Zusammenkünften kurioserweise gleichermaßen mythische wie historische Personen auftauchen – dazu nicht selten auch noch aus verschiedenen Zeiten – ist spätestens seit Johannes Praetorius ein bekanntes Merkmal beim literarischen Umgang mit der Walpurgisnacht[228]. Allerdings hat Goethe all diese Vorgaben poetisch ganz außerordentlich erweitert und fortentwickelt.

Die walpurgisnächtliche Gesetzmäßigkeit einer alljährlich einmalig wiederkehrenden, bestimmte Geister freisetzenden Begebenheit ist im Sinne eines sich entsprechend turnusmäßig öffnenden Hades bereits in Entwürfen erkennbar[229].

---

224 Vgl. Japp, Uwe: Über Interpretation und Intertextualität. Mit Rücksicht auf *Faust II*, 2 („Klassische Walpurgisnacht"). In: Deutsche Vierteljahrsschrift für Literaturwissenschaft und Geistesgeschichte. 74. Jg., 73. Bd., H. 3, 2000, S. 407.

225 Vgl. Teil 1, II.

226 Vgl. ebd.

227 Vgl. auch Goethe: MA, Bd. 18.1, S. 894 (Komm. zu V. 7905); — HA, Bd. III, S. 647 (Anm. zu V. 7905).

228 Vgl. Teil 2, II.

229 Vgl. Goethe: FA, I. Abt., Bd. 7/2, S. 527 f.; — MA, Bd. 18.1, S. 856–865; — HA, Bd. III, S. 628; Hölscher-Lohmeyer, Dorothea: Natur und Gedächtnis. Reflexionen über die Klassische Walpurgisnacht. In: Jahrbuch des freien deutschen Hochstiftes. 1987, S. 90 f.

Gemeinhin wird die unter dem altägyptischen „Sternbild der Sphinx" (V. 7125–7131)[230] und damit „im Zeichen des Mythos"[231] stehende Nacht vom 8. auf den 9. August als Termin der KW angesehen, zumal sich am 9. August auch die antike Schlacht bei Pharsalos jährt[232], auf welche noch eingegangen wird. Anders als das in Volksmythologie und -kultur nachhaltig verankerte Datum, auf das die Walpurgisnacht fällt – die Nacht auf den 1. Mai – ist der mythologisch weitaus unbestimmtere Zeitpunkt der KW wohl in der Tat allein ein Arrangement Goethes. In der endgültigen Fassung der KW manifestiert sich jedenfalls unbedingt der Charakter einer besonderen, seltenen Begebenheit – buchstäblich eines „seltne[n] Abenteur[s]" (V. 8483), das zumindest punktuell die Qualität eines günstigen, kairoshaften Augenblicks aufweist. Hierbei wäre nicht zuletzt an die Vorgänge um die ersehnte Wandlung des „Homunculus" zu denken[233].

Wenn nun „dergleichen [...] nie vernommen" (V. 6944) wurde[234], so weist das wohl letztlich auch auf das Dilemma hin, dass in der Neuzeit eine angemessene Kenntnis der aszendenten Zusammenhänge und damit der (antiken) Klassik an sich so gut wie verloren gegangen ist. In diese Richtung deutet auch ungefähr der prompte Vorwurf des tendenziell „biologisch-animalisch"[235] durchwirkten „Homunculus", der an den ‚unwissenden', lediglich mit „dem eingeschränkten geschichtlichen Bewusstsein der christlich-nördlichen Epoche"[236] ausgestatteten „Mephistopheles" gerichtet ist:

> „HOMUNCULUS. Das glaub' ich. Du aus Norden,
> Im Nebelalter jung geworden,
> Im Wust von Rittertum und Pfäfferei,
> Wo wäre da dein Auge frei!
> Im Düstern bist du nur zu Hause. (HA, V. 6923–6927)
>
> [...]
>
> Jetzt eben, wie ich schnell bedacht,
> Ist klassische Walpurgisnacht;
> Das Beste, was begegnen könnte.
> Bringt ihn zu seinem Elemente!

---

230 Goethe: MA, Bd. 18.1, S. 850 (Komm. zu V. 7125–7131).

231 Ebd.

232 Ebd., S. 824, 843 (Komm. zu [vor] V. 7005), 850 (Komm. zu V. 7125–7131); Goethe: HA, Bd. III, S. 628, 633, 635 (Anm. zu V. 7127).

233 Vgl. Hölscher-Lohmeyer, S. 99 u. 102.

234 Vgl. auch Goethe: MA, Bd. 18.1, S. 820 (Komm. zu V. 6944 ff.).

235 Hölscher-Lohmeyer, S. 99 u. 102.

236 Ebd., S. 105.

MEPHISTOPHELES. Dergleichen hab' ich nie vernommen.

HOMUNCULUS.
Wie wollt' es auch zu euren Ohren kommen?
Romantische Gespenster kennt ihr nur allein;
Ein echt Gespenst, auch klassisch hat's zu sein." (HA, V. 6940–6947)

Manche Auffassung mag die KW im Zusammenhang mit den für die Faust-Literatur eigentlich sogar charakteristischen Weltfahrten sehen. Doch besteht dabei stets das Risiko, ihre literarische Perspektive zu restringieren. Denn zum einen sind die Motive der Reise zur KW in ihrer Subtilität kaum mit denen für die Weltfahrten in früheren Faust-Büchern und -Spielen zu vergleichen[237]. Und wie schon bei der W I im „Faust I" ist daran zu denken, dass die Walpurgisnacht sowohl als (volks-)mythologisches als auch als literarisches Phänomen ihren Ursprung nicht im Faust-Stoff hat[238]. So weisen Hexenversammlung und Walpurgisnacht zu Zeiten von Goethes Arbeiten an seinem „Faust" längst eine eigene, wenn auch (noch) überschaubare Literaturgeschichte auf[239].

Die eigentlich sachfremd anmutende Verwendung des Titels „[Klassische] Walpurgisnacht" in einer antiken, mediterranen Umgebung dürfte indessen einmal mehr zeigen, dass die Begrifflichkeit bei Goethe längst einen unabhängigen poetischen Topos bezeichnet. Dieser ist insofern unabhängig geworden, als er – gelöst von seinen neuzeitlichen volksmythologischen Eingrenzungen, die gleichwohl nicht verleugnet werden – poetisch vielfach einsetzbar ist.

Im Schrifttum findet sich zuweilen eine Tendenz, wonach die (im „Faust II" ausgeführte) KW als unmittelbar antithetisches, weltanschaulich und poetisch möglicherweise höherwertiges Gegenstück zur grobschlächtigen W I zu verstehen sei[240]. Ein wesentlicher Anstoß für eine solche Lesart ist unter anderem wohl in einer vermeintlich parteilichen Unterscheidung Goethes zwischen den „Blocksberg Genossen" und „einer höhern und edlern Stufe"[241] zu sehen. Zu bedenken ist jedoch, dass sich diese Aussage unmittelbar auf den Entwurf der

237 Zu Motiv und Zweck der Reise zur mediterranen KW vgl. Hölscher-Lohmeyer, S. 88–90.

238 Vgl. Teil 3, IV.

239 Vgl. Teil 2, VI.

240 Vgl. z. B. Goethe: MA, Bd. 18.1, S. 824 f.; J. Schmidt 1999, S. 226 f.

241 Goethe: FA, I. Abt., Bd. 7/1, S. 627 f. („Paralipomena zu Faust II – Zweiter Akt", Bemerkung vom 10. Juni 1826); vgl. auch Harzer, Friedmann: „Hinweg zu Proteus!". Goethes „Poetische Metamorphosen" in der *Klassischen Walpurgisnacht*. In: Luserke, Matthias (Hrsg.): Goethe nach 1999. Positionen und Perspektiven. Göttingen 2001, S. 32.

Handlung und der Figuren – der „Helena" im Besonderen – bezieht. Die mythologische, poetische und kulturelle Bedeutung des Objekts ‚Walpurgisnacht' sowie die Gültigkeit und Gewichtigkeit des in der W I sinnbildlich, chiffriert oder geradewegs Dargestellten werden dadurch nicht relativiert; schon deshalb nicht, weil es ohne eine literarische Walpurgisnacht-Tradition auch keine „Klassische Walpurgisnacht" hätte geben können. Als weitere Anregungen für eine zwischen W I und KW qualifizierende Auffassung dürfte auch die nicht seltene Systematisierung der W I als (unvollkommene) ‚Romantische Walpurgisnacht'[242] hinzukommen. Eine solche Disposition kann sich rasch ergeben; etwa vor dem Hintergrund einiger bekannter Goethe-Worte, wie „Classisch ist das Gesunde, Romantisch das Kranke"[243] oder seiner Bemerkung zu „monarchischem" Brockentreiben und „republikanischer" (Klassischer) Walpurgisnacht[244], sowie auch in Anbetracht der zuvor bereits zitierten Vorhaltung des „Homunculus" gegenüber „Mephistopheles" (V. 6923 ff.). Doch abgesehen davon, dass die Ansicht des synthetischen „Homunculus" keinesfalls ohne weiteres mit der Goethes gleichgesetzt werden darf, wurde der konkrete Begriff der „Romantischen Walpurgisnacht" – als Gegenstück zur „Klassischen Walpurgisnacht" – genau genommen nicht von Goethe selbst geprägt[245]. Zudem begegnen einzelne Gestalten und weltanschauliche Konstellationen der antiken Sphäre bereits in der W I[246], wodurch die eine strikte Trennung von ‚romantischer' und ‚klassischer' Ordnung schon von vorneherein erschwert wird – über „Baubo" (V. 3962 u. 3965) und „Persephoneien" (V. 7491) besteht sogar eine zwar unscheinbare, aber unmittelbare mythologische Verknüpfung[247]. Ein latentes Gewicht mag in diesem Zusammenhang außerdem vielleicht der Anspruch der deutschen Klassik haben, eine höhere, eben ‚klassischere' Dichtung einzufordern und solche

---

242 Vgl. z. B. Steiner, Rudolf: Geisteswissenschaftliche Erläuterungen zu Goethes Faust. Band II: Das Faust-Problem. Die Romantische und die klassische Walpurgisnacht. Zwölf Vorträge und eine Ansprache am Goetheanum in Dornach 1916–1919. 2. buchförmige Ausgabe Freiburg/Brsg. 1956.

243 Goethe: MA, Bd. 17 (1991), S. 893 („Maximen und Reflexionen") u. S. 1306 (Komm.).

244 Ebd., Bd. 19 (1986), S. 416–418 („Johann Peter Eckermann, Gespräche mit Goethe in den letzten Jahren seines Lebens", „Montag, den 21. Februar 1831"); vgl. Goethe: FA, I. Abt., Bd. 7/2, S. 519; Anglet, S. 154.

245 Vgl. Teil 3, V.

246 Vgl. ebd.

247 Vgl. dazu Goethe: FA, I. Abt., Bd. 7/2, S. 349 (Erl. zu V. 3962), 527 f., 547 (Erl. zu V. 7490–7492); — MA, Bd. 6.1, S. 1034 (Komm. zu V. 3965) u. Bd. 18.1, S. 873 f. (Komm. zu V. 7491 f.); — HA, Bd. III, S. 570 (Anm. zu V. 3962) u. S. 640 (Anm. zu V. 7491).

mit volkstümlichem und volksmythologienahem Charakter oft nurmehr als eine Entwicklungsstufe zu erachten. Als exemplarisch hierfür mag vielleicht Schillers geringschätzige Rezension „Über Bürgers Gedichte“ (1791) und die hiermit zusammenhängende Kontroverse gelten[248]. Aber zu dieser Zeit ist die Walpurgisnacht bereits als literarisches, oftmals sinnbildlich und gewissermaßen heuristisch genutztes Instrumentum etabliert und somit trotz ihrer volksmythologischen Ursprünge und Bestandteile im Grunde gar kein volkstümliches Sujet mehr[249]. Insgesamt bleibt es zumindest diskussionswürdig, ob die genannten, oft momenthaften Goethe-Bemerkungen und -Aphorismen ohne weiteres schablonenhaft auf die komplexe, in verschiedene Schaffensphasen des Meisters fallende ‚Walpurgisnacht-Dichtung‘ angewendet werden sollten. Die umgekehrte, in die Antike führende chronologische Richtung erklärt sich vorderhand schnell und gewiss mit Berechtigung als ein Indiz für die Hinwendung zu antiken Idealen[250]. Doch ist alleweil zu bedenken, dass in der KW keineswegs nur idealisierte, vorbildhafte Figuren auftreten, sondern ebenso eine Vielzahl an „Ungeheuer[n]“ (V. 7194)[251]. Man denke etwa an die schauerlichen, bedrohlichen Eigenschaften der mythologischen Paten der „thessalischen Hexen“, „Lamien“, „Sirenen“ oder der „Sphinxe“[252], selbst wenn diese Merkmale in der KW weitgehend hinter jene zurückgetreten sein mögen, die sich dort durch Poetisierung und Versinnbildlichung ergeben haben. So erscheint eine sich aus einem säuberlichen, moralisch-qualitativen Vergleich unvermeidlich ergebende, einförmige Bewertung der KW

---

248 Eine Zusammenstellung von damit befassten wissenschaftlichen Beiträgen bietet: Grimm, Gunter E.: Vom *poeta doctus* zum Volksdichter? Bemerkungen zum Selbstverständnis deutscher Schriftsteller im 18. Jahrhundert. In: Jüttner, Siegfried u. Schlobach, Jochen (Hrsg.): Europäische Aufklärung(en). Einheit und nationale Vielfalt. Hamburg 1992, S. 215 f.; vgl. außerdem Hinderer, Walter: Schiller und Bürger: Die ästhetische Kontroverse als Paradigma. In: Jahrbuch des Freien Deutschen Hochstifts. 1986, S. 130–154; zur Lyrik Bürgers vgl. auch Teil 2, IV.

249 Vgl. Teil 2, VI. u. VII.

250 Vgl. dazu z. B. Hölscher-Lohmeyer, S. 89 f.; Anglet, S. 154.

251 Vgl. auch Emrich, Wilhelm: Die Symbolik von Faust II. Sinn und Vorformen. 4. Aufl. Wiesbaden 1978, S. 260 ff.

252 Vgl. dazu Geisau, Hans von: Lamia. 1. In: Der kleine Pauly. Lexikon der Antike in fünf Bänden Hrsg. von Konrat Ziegler u. Walther Sontheimer. München 1979, 3. Bd., Sp. 464–465; — Seirenes. In: Der kleine Pauly, 5. Bd., Sp. 79 f.; — u. Helck, Hans Wolfgang: Sphinx. In: Der kleine Pauly, 5. Bd., Sp. 307–309; Lamer u. Kroh, S. 406 („Lamia“), 673 („Seirenen, Sirenen“), 705 („Sphinx“); Moormann u. Uitterhoeve, S. 640 („Sirenen“); außerdem Schlaffer, Heinz: Faust, Zweiter Teil. Die Allegorie des 19. Jahrhunderts. Stuttgart 1981, S. 160.

als die gegenüber der W I quasi bessere, die womöglich mit einer entsprechend schlussgefolgerten höheren Existenzberechtigung versehen ist, poetologisch nicht unbedingt angemessen[253]. Sachgerechter und wissenschaftlich ergiebiger sollte es in jedem Falle sein, beide als paritätische Szenarien der „Faust"-Dichtung zu betrachten, in denen jeweils ein qualitativ eigenwertiges Spektrum an ausdrucksvollen, darlegenden Formen und Momenten entfaltet ist. Nichtsdestotrotz sind sie durch den poetischen Rahmen des „Faust" sowie durch den mythologischen, mentalitätshistorischen Vorstellungs-Nexus um die Walpurgisnacht unwiderruflich miteinander verbunden.

Da sich die Goethe- und „Faust"-Forschung eingehend dem Entstehungsprozess des gesamten „Zweiten Teils" gewidmet hat, dürften an dieser Stelle einige grundsätzliche Angaben zur Schöpfung und Veröffentlichung der KW genügen. Mit Blick auf ihre Erdichtung ist sicherlich die im Vergleich zu anderen Szenen relativ späte Niederschrift und Einpassung in den „Zweiten Akt" des „Faust II" zu vermerken, was sich in Anbetracht der ohnehin recht wechselhaften Werdung des „Weltgedichts"[254] wiederum nicht übermäßig verwunderlich ausnimmt[255]. Die Abfassung und Platzierung der KW am Ende des „Zweiten Aktes" hat Goethe dem gültigen Kenntnisstand nach von Januar bis Juli 1830 vorgenommen, womit sie mit zum letzten gehört, was er für den „Faust II" fertig stellte[256]. Die erstmalige Veröffentlichung der KW entspricht gleichwohl der der ersten vollständigen Ausgabe des „Faust II" und erfolgte noch im Jahr 1832 in Form des ersten Bandes der von Johann Peter Eckermann (1792–1854) und Friedrich Wilhelm Riemer (1774–1845) besorgten Nachlasspublikationen[257].

Ähnlich wie zu „Faust I" und W I existiert auch zum „Faust II" und zur KW eine Anzahl von erhaltenen Paralipomena[258], die als zusätzlicher

---

253 Vgl. J. Schmidt 1999, S. 227.

254 Hölscher-Lohmeyer, S. 85.

255 Vgl. Hansen 1999, S. 54; — 2007, S. 115 f.; Harzer, S. 31.

256 Vgl. nächste Anm.; außerdem Hölscher-Lohmeyer, S. 86; Hansen 1999, S. 45; — 2007, S. 115 f.

257 Zur Entstehung der KW und betreffend editorischer Gesichtspunkte vgl. als Auswahl: Goethe: FA, I. Abt., Bd. 7/2, S. 531; — MA, Bd. 18.1, S. 830–842 („*Pharsalische Felder*"), 853–865 („*Peneius*"), 874–882 („*Am oberen Peneios wie zuvor*"), 900–904 („*Felsbuchten des Aegäischen Meers*"); — HA, Bd. III, S. 627 („*Klassische Walpurgisnacht*"), 633 (Anm. zu V. 7005 ff.), 634 („*Am oberen Peneios*"); Düntzer, Heinrich: Die Entstehung des zweiten Teiles von Goethes „Faust", insbesondere der Klassischen Walpurgisnacht, nach den neuesten Mitteilungen. In: Zeitschrift für deutsche Philologie. 23. Bd., 1891, S. 67–104; Hansen 1999, S. 45; — 2007, S. 115 f.

258 z. B. Goethe: FA, I. Abt., Bd. 7/1, S. 624–665 („Paralipomena zu Faust II - Zweiter Akt").

Forschungsgegenstandes für die Wissenschaft hinsichtlich des wechselhaften Entstehungs- und Entwicklungsprozesses von Figuren, Szenen und gesamtem Dramentext einigen Aufschluss geben[259]. Die vielleicht bemerkenswerteste Ähnlichkeit zu den „Faust I"-Paralipomena besteht wohl in dem verworfenen Plan einer ausgiebigen Darstellung des Descensus' „Fausts" in den Hades zu „Persephoneien", der in die endgültige KW lediglich ansatzweise eingegangen ist (V. 7489–7494)[260]. Damit besteht eine Parallele zum Verzicht auf die spektakuläre, lediglich im ‚Walpurgissack' verstaute Satansmesse[261]. Der Antagonismus in der jeweiligen Lage der Örtlichkeiten und in der zu ihrem Erreichen notwendigen Bewegung – nach oben (Satansmesse) und nach unten (Hades) – dürfte der Vergleichbarkeit sicher keinen Abbruch tun.

Die Vielzahl an Werken, die Goethe wahrscheinlich oder gar nachweislich als Inspiration und Quelle für die Ausgestaltung der KW verwendete, ist in der Forschung ebenfalls recht ausführlich eingegrenzt und untersucht worden[262]. Daher soll hier nur noch einmal festgehalten werden, dass „Benjamin Hederichs gründliches mythologisches Lexicon"[263] in der Ausgabe von 1770 nach wie vor wohl am regelmäßigsten genannt wird[264], ohne dass dadurch dessen Bedeutung überbewertet und die anderer Werke geschmälert würde. Angesichts der „grenzenlos erschein[enden] […] überbordende[n] Figuren- und Geschehnisfülle"[265] und der Vielzahl der von den Charakteren der KW berührten Themen ist es

259 Vgl. dazu Anglet, Andreas: Der reflektierte Mythos in Goethes „Klassischer Walpurgisnacht". In: Jahrbuch des freien deutschen Hochstifts. 1992, S. 131; Japp, S. 410; Harzer, S. 32 ff.

260 Vgl. dazu Goethe: FA, I. Abt., Bd. 7/2, S. 527 f. u. 547 (Erl. zu V. 7490–7492); — MA, Bd. 18.1, S. 873 f. (Komm. zu V. 7491); — HA, Bd. III, S. 640 (Anm. zu V. 7471); außerdem Japp, S. 410.

261 Vgl. Teil 3, IV.

262 Vgl. dazu z. B. Goethe: HA, Bd. III, S. 631–633; Anglet, S. 136, 140–142, 146 f.; J. Schmidt 1999, S. 226; Japp, S. 408 f.; Harzer, S. 39; Schneider, Steffen: Mnemonische Imaginationen in Goethes „Faust II". Eine Lektüre der Klassischen Walpurgisnacht. In: Goethe-Jahrbuch. 119. Band der Gesamtfolge, 2002, S. 69.

263 Hederich, Benjamin u. Schwabe, Johann Joachim (Bearb. u. Hrsg.): Gründliches mythologisches Lexicon; worinnen so wohl die fabelhafte, als wahrscheinliche und eigentliche Geschichte der alten römischen, griechischen und ägyptischen Götter und Göttinnen […]. Nachdruck der Ausgabe Leipzig 1770. Darmstadt 1967; vgl. auch Teil 2, VI.

264 Vgl. z. B. Goethe: HA, Bd. III, S. 632; Anglet, S. 136; J. Schmidt 1999, S. 226; Schneider, S. 69.

265 Goethe: FA, I. Abt., Bd. 7/2, S. 519.

freilich kaum möglich den Reichtum an Mosaiksteinen aus Philosophie, Literatur und Dichtkunst, bildender Kunst und nicht zuletzt auch aus Wissenschaft und Geschichtsschreibung erschöpfend zu berücksichtigen. Jedenfalls ist über die physische, figurative Gestaltung der Szenerie hinaus ein komplexes Netz aus intertextuell, deiktisch und – im Sinne einer Synthese aus Bewahrung der Erinnerung an zurückliegende Literalität einerseits und seiner imaginativen poetischen Erneuerung andererseits[266] – zuweilen auch mnemonisch zu nennenden Bezügen, Verweisen und Anspielungen gewirkt. Dabei scheint sich ein gänzlich „freies Fabulieren"[267] beinahe schon ungewöhnlich auszunehmen. Notabene ist bemerkenswert, dass unter den intertextuellen Bezügen offenbar auch bewusst unrichtige Referenzen zu finden sind. So hat zum Beispiel „Herkules" eigentlich nicht „die letztesten [Sphinxe] erschlagen", wie diese es aber selbst angeben (V. 7198)[268]; und die Erklärung einer „Übertragung von den anderen, durch Herakles überwundenen Ungeheuern der Vorwelt"[269] wirkt hierfür ein wenig herbeigeholt. Ein auf solch (vermeintlich) unrichtige Referenzen gerichteter interpretatorischer Verdacht wird sich folglich zuerst gegen sich dergleichen zweifelhaft äußernde Figuren und die von ihnen bemühten Werke bzw. den entsprechenden Umgang der Nachwelt damit richten[270]. Insgesamt sind das skizzierte assoziative Gefüge als Ganzes und ebenso seine einzelnen Bestandteile als eigene Bedeutungsträger zu verstehen[271]. Bei diesem Konstruktionsprinzip, das im Übrigen mit dem von Goethe (wahrscheinlich) formulierten dichtungstheoretischen Gedanken des „être collectif" vollauf vereinbar ist[272], erweist sich die KW in der Art eines ‚pars pro toto' geradewegs als musterhaft für den gesamten „Faust II"[273].

Nicht ganz vergessen werden sollte zudem so mancher Text, der wohl bereits bei der Entstehung der W I von Bedeutung war. Insbesondere ist hierbei an

---

266 Vgl. in diesem Sinne Schneider, S. 66, 70, 77; außerdem Schlaffer, S. 141 f.

267 Goethe: FA, I. Abt., Bd. 7/2, S. 544 (Erläuterung zu V. 7405).

268 Japp, S. 409 f.; Goethe: FA, I. Abt., Bd. 7/2, S. 540 (Erl. zu V. 7197 f.); vgl. fernerhin — MA, Bd. 18.1, S. 851 f. (Komm. zu V. 7195–7213); — HA, Bd. III, S. 636 (Anm. zu V. 7197 ff.).

269 Goethe: MA, Bd. 18.1, S. 851 f. (Komm. zu V. 7198); vgl. auch — FA, I. Abt., Bd. 7/2, S. 540 (Erl. zu V. 7197 f.); — HA, Bd. III, S. 636 (Anm. zu V. 7197 ff.).

270 Vgl. Japp, S. 409 f.

271 Vgl. Anglet, S. 140–142; Japp, S. 407–410; Harzer, S. 39–41; Schneider, S. 66, 70, 77.

272 Goethe: FA, II. Abt., Bd. 11 (1993), S. 522 („892. Soret - FR. 17.2.1832": „[…] mein Lebenswerk ist das eines Kollektivwesens [„être collectif"], und dies Werk trägt den Namen Goethe.") u. S. 903 f. (Komm. zu S. 522, Z. 5 f.); vgl. auch Schneider, S. 66.

273 Vgl. Japp, S. 405; Schneider, S. 66 f.

Praetorius' „Blockes-Berges Verrichtung" zu denken – schon wegen des darin enthaltenen, nicht unbeträchtlichen Anteils an mediterranen, auch griechischen Phänomenen aus dem Vorstellungskomplex um das Geister-, Dämonen- und Hexentreiben sowie der darin vorgenommenen Verknüpfung desselben mit der Homunkulus-Idee[274].

Mit der wissenschaftlichen Aufarbeitung der KW verhält es sich im Ganzen anders als mit der der W I. So wurde die W I überwiegend im Kontext des „Faust I" behandelt, oft in Hinblick auf ihre werkimmanente Bedeutung und eher selten als eigene poetische Einheit[275]. Zur KW ist dagegen im Laufe der Zeit ein beträchtliches Aufkommen an Untersuchungen zustande gekommen, so dass praktisch von einer eigenen Forschung zu sprechen ist. Diese distinguierte Forschung setzte bereits im zeitigen 19. Jahrhundert ein[276] und wurde die erste Hälfte des 20. Jahrhunderts über fortgeführt[277]. Von der zweiten Hälfte des 20. Jahrhunderts an ist dann bis zur Gegenwart schließlich die größte Anzahl

---

274 Praetorius 1968, vor S. 1 (Titelholzschnitt, unten links) u. S. 2, 8, 272 f., 274–281, 291 f.; vgl. Teil 2, II.

275 Vgl. Teil 3, IV.

276 Vgl. dazu beispielhalber Cramer, Salomo: Zur klassischen Walpurgisnacht im zweiten Theile des Goethe'schen Faust. Zürich 1843; Düntzer, Heinrich: Die Entstehung des zweiten Teiles von Goethes „Faust", insbesondere der Klassischen Walpurgisnacht, nach den neuesten Mitteilungen. In: Zeitschrift für deutsche Philologie. 23. Bd., 1891, S. 67–104; Gerber, Adolf: The evolution of the Classical Walpurgis-Night and the Scene in Hades. In: Americana germanica. Vol. III, 1899, S. 1–26.

277 Vgl. dazu exemplarisch Valentin, Veit: Die klassische Walpurgisnacht. Eine litterarhistorisch-ästhetische Untersuchung. Leipzig 1901; Hertz, Wilhelm: Der Schluß der „Klassischen Walpurgisnacht". In: Germanisch-Romanische Monatsschrift. VII. Jg., H. 6, 1915, S. 281–300; Kerényi, Karl: Das Ägäische Fest. Die Meergötterszene in „Goethes Faust II" [Erläuterungen zur Szene „Felsbuchten des Ägäischen Meers" in Goethes Faust II]. 1. Aufl. Leipzig u. Amsterdam 1941, ebenfalls enth. in: Keller, Werner (Hrsg.): Aufsätze zu Goethes „Faust II". Darmstadt 1991, S. 160–189; Busch, Ernst: Die Klassische Walpurgisnacht. In: Germanisch-Romanische Monatsschrift. 31. Jg., H. 4/6, 1943, S. 77–89; Reinhardt, Karl: Die klassische Walpurgisnacht. Entstehung und Bedeutung. In: Antike und Abendland. Bd. 1, 1945, S. 133–162, ebenfalls enth. in: — u. Becker, Carl (Hrsg.): Tradition und Geist. Gesammelte Essays zur Dichtung. Göttingen 1960, S. 309–356; Selinger, Maria: The Homunculus *Motif* and the End of the ‚Classical Walpurgis Night'. A contribution to the study of the Unity of *Faust II*. In: Modern Language Review. Vol. XLI (41), 1946, S. 177–185.

entsprechender Beiträge publiziert worden[278]; für die letzten rund zweieinhalb Jahrzehnte kann sogar von einer gewissen Kulmination gesprochen werden[279]. Selbstverständlich sind keineswegs solche monographischen, teils mehrbändigen Forschungsarbeiten zu vergessen, die als Gesamtanalysen des „Faust II" oder gar der gesamten „Faust"-Dichtung Goethes konzipiert sind und in denen ebenso Reflexionen der KW enthalten sind[280]. Mitunter fallen auch solche Beiträge recht eingehend aus. Hierzu ist insbesondere auf die jeweils maßgeblichen, aber üblicherweise als miteinander konkurrierend betrachteten Deutungen Wilhelm

---

278 Als exemplarische Auswahl vgl. Rehder, Helmut: The Classical Walpurgis Night in Goethe's *Faust*. In: Journal of English and Germanic Philology. Vol. LIV (54), 1955, S. 591–611; Schüpbach, Werner: Die Menschwerdung als zentrales Phänomen der Evolution in Goethes Darstellung der Klassischen Walpurgisnacht. Freiburg/Brsg. 1967; Mommsen, Katharina: Homunculus und Helena (1968). In: Keller, Werner (Hrsg.): Aufsätze zu Goethes "Faust II". Darmstadt 1991, S. 138–159; Seidler, Herbert: Die Klassische Walpurgisnacht. In: Jahrbuch des Wiener Goethe-Vereins. 73. Bd., 1969, S. 18–38; Weyl, Shalom: Accent and descent. Some paralells between Faust's salvation and the *Walpurgisnacht*. In: Publications of the English Goethe Society. New series, Vol. XLI (41), 1971, S. 91–102; Höfler, Otto: Homunculus – eine Satire auf A.W. Schlegel. Goethe und die Romantik. Wien 1972; Williams, John R.: The Festival of Luna: A Study of the Lunar Symbolism in Goethe's *Klassische Walpurgisnacht*. In: Deutsche Vierteljahrsschrift für Literaturwissenschaft und Geistesgeschichte. 50. Jg., L. Bd., 1976, S. 640–663; Finger, Ellis: Indirect narration and characterization in Goethe's *Novelle* and *Klassische Walpurgisnacht*. In: Colloquia Germanica. Internationale Zeitschrift für germanische Sprach- und Literaturwissenschaft. Bd. 10, 1976/77, S. 15–24.

279 Vgl. dazu insbesondere Hölscher-Lohmeyer, S. 85–113; Zagari, Luciano: Natur und Geschichte. Metamorphisches und Archetypisches in der *Klassischen Walpurgisnacht*. In: Chiarini, Paolo (Hrsg.): Bausteine zu einem neuen Goethe. Frankfurt/M. 1987, S. 148–185; Gelzer, Thomas: Das Fest der „Klassischen Walpurgisnacht". In Keller, Werner (Hrsg.): Aufsätze zu Goethes „Faust II". Darmstadt 1991, S. 123–137; Anglet, S. 129–160; Japp, S. 395–412; Harzer, S. 31–43; Lipinski, Krzystof: Die natürliche Genesis der „Klassischen Walpurgisnacht". In: Studia niemcoznawcze. Studien zur Deutschkunde. Teil 22, 2001, S. 409–429; Schneider, S. 66–77; Herwig, Malte: Intertextuelle Irrlichter: Das Meeresleuchten in der Klassischen Walpurgisnacht. In: Oxford German Studies (OGS). Vol. 33, 2004, S. 71–93.

280 Vgl. beispielhalber Raphael, Alice: Goethe und der Stein der Weisen. Über die Symbolmuster in *Das Märchen* und in *Faust. Der Tragödie zweiter Teil*. Übersetzung der Ausgabe London 1965. Amsterdam 1990, S. 196–221 („*Faust. Der Tragödie zweiter Teil*, Zweiter Akt"); Hesse-Belasi, Gabriele: Signifikationsprozesse in Goethes „Faust", Zweiter Teil. Mythologische Figur und poetisches Verfahren. Frankfurt/M., Berlin, Wien, Bern, New York, Paris 1992.

Emrichs (1909–1998)[281] und Heinz Schlaffers (*1939)[282] aufmerksam zu machen[283]. Grob zusammengefasst, hatte Emrich, dem Symbolbegriff folgend, das werkimmanente Beziehungsgeflecht im Blick, während Schlaffer den „Faust II" als allegorisches Gefüge bestimmt hat, aus dem sich letztlich „die Allegorie zu Großform entwickel[t]"[284] habe und sich so eine geradezu prophetische „allegorische Gesamtdeutung der Moderne"[285] darbiete[286].

In Anbetracht der szenenimmanenten Besonderheiten und des weiten „Horizont[s] der symbolischen und allegorischen Formen", vor dem „[.] sich [...] eine Fülle von Einzelthemen [entfaltet]"[287], wurde folglich in all den Darstellungen mit teils recht unterschiedlichen Erschließungskonzepten eine Vielzahl von in der KW angelegten Gesichtspunkten aufgezeigt. Die sich so darbietende, verhältnismäßig divergente bis kontroverse Forschungssituation fügt sich grundsätzlich in die wissenschaftliche Disharmonie beim Umgang mit dem gesamten „Faust II" ein[288]. Darüber hinaus stellt sich immer auch die Frage nach der Möglichkeit einer konsistenten Interpretation der KW bzw. ob eine solche überhaupt als wünschenswert anzusehen wäre, was freilich genauso auf die nicht selten miteinander unverträglich konkurrierenden Interpretationsmethodiken übertragbar ist[289]. Ohnehin ist mit der Zeit eine Tendenz aufgekommen, bei der zwischen der Werkeinheit des „Faust" einerseits und der darin angelegten „Heteronomie" aus Diversem andererseits durchaus kein Widerspruch mehr gesehen wird; vielmehr werden „Integration und Heterogenität" als unabdingbare Konstruktionsprinzipien des Werks affirmiert[290].

Die in vielen konstruktionellen Belangen forschungsmäßig nachgewiesene Nähe und „innere Einheit der Faust-Tragödie"[291] bzw. der „vor allem pragmatische

281 Emrich, Wilhelm: Die Symbolik von Faust II. Sinn und Vorformen. 4. Aufl. Wiesbaden 1978.

282 Schlaffer, Heinz: Faust, Zweiter Teil. Die Allegorie des 19. Jahrhunderts. Stuttgart 1981.

283 Vgl. dazu Hansen 1999, S. 46; — 2007, S. 116.

284 Schlaffer, S. 147.

285 Ebd.

286 Vgl. auch Hansen 1999, S. 46; — 2007, S. 116 f.; außerdem Hölscher-Lohmeyer, S. 103; Anglet, S. 158; Schneider, S. 74 u. 77.

287 Hansen 1999, S. 46; — 2007, S. 117.

288 Vgl. ebd.; Anglet, S. 132 f. u. 154; Schneider, S. 66.

289 Vgl. Japp, S. 411 f.

290 Schneider, S. 67.

291 Hansen 1999, S. 44.

Akt“ der „Trennung der Tragödie in zwei Teile“[292] ist auch in Hinblick auf die Anlage der KW zu beachten. So ist die in der Forschung häufig favorisierte, sich vielleicht nicht unbedingt immer originell ausnehmende Methode des Vergleichs beider Szenarien grundsätzlich schon folgerichtig[293]. Wie gesagt, erscheint es allerdings poetologisch wenig ratsam aus den Entsprechungen und „intratextuellen Beziehungen“[294] zwischen erstem und zweitem Teil reinweg abzuleiten, die KW wäre schlicht ein wertendes Idealbild, um die vermeintliche Unzulänglichkeit des in der W I Dargestellten nachträglich noch einmal vor Augen zu führen.

Falls man beim „Faust II“ das wesentliche Augenmerk noch auf die ‚äußere‘ Handlung legen will, sind die Szenen der KW – ähnlich wie die W I im „Faust I“ – für die Dramenhandlung, vor allem wenn diese eben vorwiegend über den „Faust“-Charakter definiert wird, nur bedingt voranbringend. Trotzdem ist das „Stück im Stück“[295] von anderen Szenen und Akten nicht als gänzlich gelöst anzusehen. So ist es etwa angebracht – auch in Anbetracht des Gegensatzes zwischen Gotik und Klassik innerhalb des „Zweiten Aktes“[296] – die KW gemäß einer eigenen Aussage Goethes den „Antecedenzien der Helena“ zuzurechnen[297] und somit insbesondere mit dem „Dritten Akt“, dem sogenannten Helena-Akt, zu assoziieren. Ein wesentlicher Verbindungsstrang besteht hierbei dadurch, dass „Helena [.] das Suchziel Fausts in der [Klassischen] Walpurgisnacht [ist] (V. 7070 ff.), sie wird ihm geschenkt im dritten Akt als Inkarnation menschlicher Schöngestalt, die Mittelalter und Antike, Süden und Norden [...] versöhnen kann“[298]. Es ist also auch „Faust“ – nicht allein das Quodlibet der antiken, mediterranen Geistergestalten – der durch die KW sozusagen auflebt; „Helena“ wird dann im „dritten Akt“ leibhaftig werden[299].

Zu den Fingerzeigen und Bemerkungen, die im „Faust I“ in „Auerbachs Keller“ (V. 2113), der „Hexenküche“ (V. 2590) und in „Nacht“ (V. 3631) auf die W I hindeuten oder sie sogar ankündigen, gibt es im „Faust II“ tatsächlich gewisse Analogien. Zweifelsohne sind die besagten Erläuterungen des „Homunculus“

---

292 Ebd.; — 2007, S. 115.

293 Vgl. dazu Anglet, S. 154.

294 Japp, S. 408.

295 Harzer, S. 31.

296 Vgl. Hölscher-Lohmeyer, S. 88.

297 Goethe: FA, I. Abt., Bd. 7/1, S. 635 („Paralipomena zu Faust II – Zweiter Akt“, Bemerkung vom 15. Dezember 1826); vgl. Bohnenkamp, S. 391 f. u. 454; Japp, S. 406.

298 Hansen 1999, S. 54.

299 Vgl. Hölscher-Lohmeyer, S. 99.

gegenüber „Mephistopheles" die unmittelbare Hinführung zur eigentlichen KW (V. 6937 ff.):

„HOMUNCULUS.
[…]
Jetzt eben, wie ich schnell bedacht,
Ist klassische Walpurgisnacht;
Das Beste, was begegnen könnte." (HA, V. 6940–6942)

Doch auch in vorangegangen Szenen lassen einige Einzelheiten bereits in Maßen annehmen, dass ein zentrales, metaphysisches Ereignis, das sich mit dem Zauberei- und Hexenhaften in irgendeinem Zusammenhang befindet, noch bevorstehen könnte. Ein wenig trifft dies vielleicht schon auf die Versatzstücke des zauberei- und hexenängstlichen, dämonologischen Weltbildes zu, die aus den mahnenden, skeptischen Reden des „Kanzlers" herausklingen (V. 4897 ff.)[300]. Etwas mehr ist aber wohl an „das wilde Carneval" (V. 5060), also an das grelle Treiben der „Mummenschanz" (V. 5065–5986) samt dem spektakulären, beschwörerischen „Flammengaukelspiel" (V. 5987) bzw. dem „Fratzengeisterspiel" (V. 6546) zu denken; oder – genauer gesagt – an ein deswegen im weiteren Verlauf der „Tragödie" noch zu erwartendes Gegenstück dazu und zu jenen „Teufels-, Narren- und Todtentänzen", die der „Herold" mit Geringschätzung als typische, „in deutschen Gränzen" vorzufindende Kulturelemente betrachtet (V. 5065 f.)[301]. Ebenfalls in der „Mummenschanz" vorzufinden sind die drei „Furien" „Alekto", „Megära" und „Tisiphone" (V. 5345–5392), die per se eine gewisse weitläufige Ähnlichkeit zu Hexenfiguren aufweisen[302] In einem solchen Sinne hatte sich zum Beispiel einst Phillip Hafner der „Mägera" bedient[303]. Darüber hinaus sind Furien und deren Tänze aus älteren Faust-Umsetzungen, besonders aus den Bühnenspielen, bekannt[304]. Eine sogar ziemlich unmittelbare Assoziation in Sachen Walpurgisnacht wird durch den Auftritt des Wilden Heeres hergestellt (V. 5801 f.)[305], da diese sagenhafte Vorstellung Teil des

300 Vgl. auch Goethe: MA, Bd. 18.1, S. 685 f. (Komm. zu V. 4897–4922); — HA, Bd. III, S. 589 (Anm. zu [vor] V. 4897).

301 Vgl. auch Goethe: MA, Bd. 18.1, S. 707 (Komm. zu V. 5065–5067); Hölscher-Lohmeyer, S. 91 f.

302 Vgl. auch Goethe: MA, Bd. 18.1, S. 713 f. (Komm. zu V. 5345–5392); — HA, Bd. III, S. 598 (Anm. zu V. 5349).

303 Vgl. Teil 2, VI.

304 Vgl. ebd., V. u. VI.

305 Vgl. Goethe: MA, Bd. 18.1, S. 724–726 (Komm. zu V. 5801); — HA, Bd. III, S. 603 (Anm. zu V. 5801).

Entstehungs-Nexus' um die Walpurgisnacht ist; daran schmiegt sich in gewisser Weise auch die Aufbietung des dem Tanz und der Musik zugetanen Natur- und Waldgottes Pan an[306]:

„GETÜMMEL UND GESANG.
Das wilde Heer, es kommt zumal
Von Bergeshöh' und Waldestal,
Unwiderstehlich schreitet's an:
Sie feiern ihren großen Pan.
Sie wissen doch, was keiner weiß,
Und drängen in den leeren Kreis." (HA, V. 5801–5806)

Als letztes Szenarium des „Ersten Aktes" liefert dann die „Geisterszene" (V. 6306) im „Rittersaal" (V. 6377–6565) mit allerlei übernatürlichem und magischem Stückwerk, wie vornehmlich den von „Mephistopheles" und „Faust" bewirkten Gaukeleien und Magien[307], schließlich weitere Fingerzeige in Richtung einer später noch zu erwartenden Szenerie, die sich dann vollends in einer metaphysischen Sphäre präsentieren wird. Nicht zu vergessen sind parallel dazu gewisse sprachlich-bildhafte Eindrücke, die eine noch anstehende plastische Vergegenwärtigung des Antiken, Mediterranen und Orientalischen vermuten lassen. Solche sind paradoxerweise ausgerechnet in der langen, ebenso aufmuntern wie ironischen Vorsprache des zu diesem Zeitpunkt von einer KW und einem Meeresfest noch nicht viel wissenden „Mephistopheles'" vor dem „Kaiser" im „Lustgarten" enthalten (V. 6003–6027)[308].

Zumindest in gleichem Maße wie die W I ist die KW vor allem der Ort grundsätzlicher weltanschaulicher Reflexion und Erkenntnisgewinnung, die gegenüber der in den anderen Akten des „Zweiten Teils" womöglich noch detailreicher und weiter gefächert ausfällt. Dementsprechend bietet die Forschung eine Vielzahl von Deutungen an. Darin gilt etwa „das Entstehen" als „Generalthema der [Klassischen] Walpurgisnacht"[309]; in diesem Sinne formuliert der „Homunculus" sein eigenes Anliegen sogar ganz explizit („Mir selbst gelüstet's zu entstehen", V. 7858). Etwas variiert und in Anlehnung an Goethes nachgelassene Handschrift „Poetische Metamorphosen" von 1828[310] wird die KW auch als „Metamorphosen-Spiel"

---

306 Vgl. ebd.; Goethe: MA, Bd. 18.1, S. 724–726 (Komm. zu V. 5801–5818); außerdem Teil 1, II.

307 Vgl. dazu auch Goethe: FA, I. Abt., Bd. 7/2, S. 526.

308 Vgl. Goethe: MA, Bd. 18.1, S. 736 f. (Komm. zu V. 6003–6036); — HA, Bd. III, S. 606 (Anm. zu V. 6015, 6025, 6033); außerdem Schlaffer, S. 160.

309 Hölscher-Lohmeyer, S. 106–109.

310 Goethe: FA, I. Abt., Bd. 24 (1987), S. 690 f. („Studien zur Morphologie seit 1828").

bzw. „Poetik der Metamorphose“ bestimmt[311]. Dazu wird gelegentlich ergänzt, dass Goethe in der KW bisweilen von bereits bestehenden Traditionen poetischer Metamorphosen abgewichen sei; er habe insofern eine spezifische Note entwickelt, als er von einer Kreation durchweg fiktiver, phantastischer Metamorphosen abgesehen und die Gesetzmäßigkeiten von natürlichen Phänomenen punktuell durchaus berücksichtigt habe[312].

In allen Akten ist außerdem eine Präsenz der weltanschaulichen, das Irdisch-Elementare symbolisierenden Vierheit aus den überlieferten Grundstofflichkeiten Wasser, Erde, Luft und Feuer gegeben[313]. Wie bereits in der W I[314] – der Unterschiede in Natur und Mythenwelt wegen natürlich ein wenig anders ausgestaltet – ist die irdisch-elementare Atmosphäre in der KW sogar besonders ausgeklügelt. Entsprechend der geographischen Verhältnisse präsentiert sich dieses Fluidum aus „Elementarnatur“[315] und „Elementargeistern“[316] zuweilen jedoch milder, eben mediterraner, als das eher raue Gegenstück beim und auf dem Blocksberg[317]. Vordergründig augenfällig ist zunächst sicher die Einteilung in genau vier Schauplätze mit größtenteils parallelem zeitlichem Ablauf: „Pharsalische Felder“ (V. 7005 ff.), „Peneios“ (V. 7249 ff.), „Am obern Peneios wie zuvor“ (V. 7495 ff.) bzw. „Erdbeben“ (V. 7503 ff.) und abschließend „Felsbuchten des Ägäischen Meeres“ (V. 8034 ff.)[318]. Darüber hinaus können viele Charakteren und Erscheinungen auf dieser „Versammlung der griechischen Naturgeister“[319], sofern sie möglichst mit „der Genese der Natur“ und eventuell weniger mir „der Genese des Mythos“ assoziierbar sind[320], bereits für sich genommen einem der vier Urelemente ohne weiteres zugeordnet werden. Daneben bestehen jedoch ebenso ganze Konstellationen, die das Prinzip der elementarsymbolischen Vierheit sehr unmittelbar und personifiziert vergegenwärtigen. So verhält es sich etwa mit der Tetrade aus „Peneios“ (Wasser; V. 7249 ff.), „Oreas“ (Erde [Fels];

---

311 Ebd., Bd. 7/2, S. 52, 509 f. (Erl. zu V. 6840–6842), 529–532; Harzer, S. 31 u. 43.

312 Harzer, S. 42; vgl. dazu auch Herwig, S. 79 f.

313 Vgl. Resenhöfft 1972, S. 73 f.; Hölscher-Lohmeyer, S. 97 f., 101, 103 f.; Anton, S. 42 ff.; zur Vier-Elemente-Lehre überhaupt erneut Böhme u. Böhme 1996.

314 Vgl. Teil 3, IV.

315 Hölscher-Lohmeyer, S. 109.

316 Ebd., S. 103.

317 Vgl. Teil 3, IV.

318 Zu Besonderheiten des parallelen zeitlichen Ablaufs vgl. Hölscher-Lohmeyer, S. 104.

319 Ebd., S. 99.

320 Ebd., S. 104; vgl. auch Harzer, S. 41.

V. 7811 ff.), „Dryas" (Luft [Baum]; V. 7959 ff.) und „Seismos" (Feuer [Erdinneres]; V. 7519 ff.)[321]. Und auch der „Homunculus" wird von einer Viererkonstellation weltanschaulich unterwiesen. Dabei muss wohl der ‚Neptunist' „Thales" dem Element des Wassers zugeordnet werden – selbst wenn zu ihm als dem Philosophie-Begründer und Gedanken-Befestiger schlechthin auch die Erde passen würde – sein ‚vulkanistischer' Kontrahent „Anaxagoras" dagegen dem des Feuers (V. 7849 ff.)[322]. Ungewöhnlicherweise stehen die beteiligten Meeresgötter „Nereus" (V. 8094 ff.) und „Proteus" (V. 8225 ff.) somit wohl nicht für ihr angestammtes Element, das Wasser. Aufgrund ihrer jeweils behäbigen bzw. flüchtigen individuellen Wesenart und in entsprechendem Sinne zu verstehenden Aussprüchen sind sie stattdessen der Erde („Nereus") und der Luft („Proteus") zuzuordnen[323]. Ob es darüber hinaus wegen ihrer Anwesenheit und ihres eigentlich aquatischen Wesens sachgerecht sein kann, eine eventuelle Gewichtung zu Gunsten des ‚Neptunismus' zu vermuten, muss wohl dahingestellt bleiben[324]. Allerdings bilden sie zusammen mit „Galatee" die Konstellation einer Dreiheit (V. 8424 ff.)[325], auf welche noch eingegangen wird. Letztendlich wird dann das „Meeresfest" (V. 7949) anlässlich des Eingehens des „Homunculus" in das feuchte Element mit der unverhohlenen Preisung vier Urelemente durch die „Sirenen" und dann auch durch „All Alle" beschlossen; zudem wird „Eros" – gewissermaßen als Quintessenz – als „alles zusammenführende und verbindende elementare Macht"[326] feierlich besungen[327]:

„SIRENEN. Welch feuriges Wunder verklärt uns die Wellen,
Die gegeneinander sich funkelnd zerschellen?
So leuchtet's und schwanket und hellet hinan:
Die Körper, sie glühen auf nächtlicher Bahn,
Und ringsum ist alles vom Feuer umronnen;
So herrsche denn Eros, der alles begonnen!
Heil dem Meere! Heil den Wogen,
Von dem heiligen Feuer umzogen!
Heil dem Wasser! Heil dem Feuer!

321 Vgl. Resenhöfft 1972, S. 73.
322 Vgl. Resenhöfft 1972, S. 73; Anton, S. 42 f.; Harzer, S. 38.
323 Vgl. Resenhöfft 1972, S. 73.
324 Vgl. z. B. Goethe: MA, Bd. 18.1, S. 884 f.; — HA, Bd. III, S. 641–643; Anglet, S. 148; Harzer, S. 38.
325 Vgl. Goethe: MA, Bd. 18.1, S. 830.
326 Resenhöfft 1972, S. 73.
327 Vgl. Goethe: MA, Bd. 18.1, S. 921 (Komm. zu V. 8474–8487); — HA, Bd. III, S. 659 (Anm. zu V. 8458).

Heil dem seltnen Abenteuer!
ALL-ALLE! Heil den mildgewogenen Lüften!
Heil geheimnisreichen Grüften!
Hochgefeiert seid allhier,
Element' ihr alle vier!" (HA, V. 8474–8487)

Neben der elementaren Vierheit ist auch auf die bisweilen ebenfalls recht präsente Dreiheit aufmerksam zu machen. In der KW wird diese wohl am auffälligsten durch die eigenartige, per Luftfahrt herbeireisende Trias aus „Faust", „Mephistopheles" und „Homunculus" vergegenwärtigt (V. 6983–7055)[328]. Das kulturgeschichtliche und weltanschauliche Spektrum der Dreiheit ist vielfältig[329]. So ist etwa die dreibögige Triskele ein in Europa verbreitetes, von der Jungsteinzeit über die keltische und nordgermanische Kultur bis hin zur mittelalterlichen Gotik anzutreffendes Symbol[330]. In der abendländischen Mythologie treten viele göttliche und mythische Gestalten als Dreiheit in Erscheinung, unter anderem die Schicksalsgöttinnen – die griechischen Moiren und die römischen Parzen, die im Allerlei der „Mummenschanz" ohnehin enthalten sind (V. 5299–5344), sowie die germanischen Nornen und die slawischen Zorya. Man denke dabei auch an die Dreierkonstellationen der „Grazien" (V. 5299–5304), „Furien" (V. 5357–5393) und der Personifikationen „Furcht", „Hoffnung" und „Klugheit" (V. 5407–5456)[331]. Im griechischen Mythos bilden natürlich Zeus, Poseidon und Hades eine fundamentale göttliche Triade, ebenso wie Jovis, Mars und Ianus im altrömischen sowie Jupiter, Juno und Minerva im späteren römischen Mythos. Auch der ägyptische Mythos kennt mit den Gottheiten Isis, Osiris und Horus eine grundlegende Triade. Nicht zuletzt ist ebenfalls an die christliche Trinität zu denken, obgleich die Dreifaltigkeit als göttliche Wesenseinheit selbstverständlich keine Triade im Sinne einer Götterdreiheit darstellt. Und in der Philosophie ist die Triade spätestens seit den Theorien des Neuplatonikers Proklos (411–485)

---

328 Vgl. Goethe: MA, Bd. 18.1, S. 827–830 („Die Abenteuer der Dreiheit").

329 Zur Typologie der weltanschaulichen Dreiheit vgl. z. B. Resenhöfft 1972, S. 68 f. („Die Kabiren als Symbol der frühchristlichen Trinität"), S. 71 f. u. 74 („Die Dreiheit als Symbol des Irdisch-Geistigen"), S. 74–76 („Goethe als Begründer des Systems der Weltanschauungs-Typen"); Hölscher-Lohmeyer, S. 99, 105 f., 108.
Vgl. dazu außerdem Bächtold-Stäubli, Bd. II, Sp. 430–436 („Dreieinigkeit") u. Bd. X, S. 64–67 („drei"); Erich u. Beitl, S. 988 f. („Zahl", „Dreizahl").

330 Vgl. Erich u. Beitl, S. 837 („Triskele").

331 Vgl. auch Goethe: MA, Bd. 18.1, S. 712–715 (Komm. zu V. 5299–5449); — HA, Bd. III, S. 598 f. (Anm. zu [vor] V. 5299 ff.)

ein recht regelmäßiges Konzept[332]; in diesem Zusammenhang sind schließlich auch die Lehren der goetheschen Zeitgenossen Immanuel Kant (1724–1804), Georg Wilhelm Friedrich Hegel (1770–1831) und Friedrich Wilhelm Joseph von Schelling (1775–1854) zu nennen. Es sind also hinlänglich Anregungen zu mannigfachen Deutungen der zum klassischen Fest herbeifliegenden Trias gegeben – und sicher gleichermaßen zu ihrer baldigen Aufspaltung in die einzelnen Stränge, nach denen sich die drei Reisegefährten dann jeweils als Suchende in der KW bewegen (V. 7070 ff. u. 7850 ff.)[333]. In Anbetracht einer ihr wohl kaum abzusprechenden Skurrilität sollte allerdings auch niemals das grundsätzlich Humoristische, Ironische und Satirische dieser Dreierkonstellation außer Acht gelassen werden.

Die Ereignisse und Äußerungen in der KW wirken insgesamt weniger derb und direkt, sondern oft geistiger und abstrakter als die in der W I. Doch nichtsdestotrotz ist in der KW, wie auch in anderen Stellen des „Faust II", ebenso eine Tendenz zum Ironischen, Sarkastischen und Satirischen angelegt. Alles in allem scheint diese jedoch unterschwelliger und weniger deftig auszufallen als in der W I. Ein Beispiel hierfür wäre eine den „Homunculus" umspielende Ironie, die zweifellos auch einen deutlich parodistischen Zug in Richtung der die Würde der Natur oftmals wenig achtende analytische Naturwissenschaft der Neuzeit aufweist[334]. Mit einer ironischen Note versehen sind gleichfalls Passagen, in welchen offenbar Anspielungen auf gewisse Verfahrensweisen in der zeitgenössischen Philologie angelegt sind[335]. Außerdem wurde etwa der prologartigen Erklärung „Erichthos" und ebenso den Äußerungen „Chirons" in der Forschung gelegentlich eine spezielle ironische Qualität zugesprochen, die bei der Entfaltung einiger intertextueller, mnemonischer Beziehungen von Bedeutung ist[336]. Mit am auffälligsten, wenn auch vielleicht nicht ganz so hintergründig, sind aber wohl „Mephistopheles'" oft missvergnügte, ironische und sarkastische Kommentare. Darunter fällt sicherlich auch seine Selbsterklärung als „old iniquity" (V. 7123)[337], die schon deshalb

332 Vgl. dazu Kroh 1972, S. 522 f. („Proklos"); Dörrie, Heinrich: Proklos. 1. In: Der kleine Pauly. Lexikon der Antike in fünf Bänden. Hrsg. von Konrat Ziegler u. Walther Sontheimer. München 1979, 4. Bd., Sp. 1160–1162.

333 Vgl. dazu Japp, S. 406.

334 Anglet, S. 146 f.; zur Bedeutung der zeitgenössischen Naturwissenschaft für die Kreation des „Homunculus" vgl. auch Japp, S. 408; Harzer, S. 39–41.

335 Anglet, S. 148–150; Schneider, S. 70.

336 Schneider, S. 75 f.

337 Vgl. dazu Goethe: MA, Bd. 18.1, S. 849 f. (Komm. zu V. 7116–7124); — HA, Bd. III, S. 635 (Anm. zu V. 7123).

ein (konstruktionelles) Kuriosum darstellt, als sich die „Mephistopheles"-Rolle selbst über eine andere Bühnenrolle definiert; obwohl es um einiges zu weit gehen dürfte, in „old iniquity" gleich „den Schlüssel zu Goethes Faust" sehen zu wollen[338]. Hinzuzuzählen sind fernerhin weitere, komödiantisch zu nennende Momente, wie etwa seine maskeradenhafte Szene als „Phorkyas" (V. 8027 f.)[339]. Im Übrigen hat die Figur des „Mephistopheles" mit dem „Zweiten Teil" eine signifikante, Macht einbüßende Wandlung erfahren, die in der KW überaus fassbar wird. So agiert zum Beispiel bereits der entelechische „Homunculus" als Initiator und ‚Wegweiser' der Reise nach Thessalien (V. 6984 ff.). Und in der KW kommt „Mephistopheles" im Grunde nurmehr als wenig machtvoller Walpurgisnacht-Tourist daher[340]. Beinahe schon reduziert auf den redensartlichen, servilen Pudel, als der er einst „Faust" erschien (V. 1147 ff.)[341], agiert „Mephistopheles" inzwischen tatsächlich ähnlich einem „Faust" lediglich „[zugegebenen] Gesellen" (V. 342). Die von ihm begehrten „thessalischen Hexen" vermag er nicht anzutreffen – deren Vertreterin „Erichtho" entfernte sich „weiten Schrittes" als sich die seltsame Dreiheit der „Luftfahrer" näherte (V. 7034 ff.)[342] – stattdessen muss er sich zuweilen sogar die Abneigung und den Spott anderer Fest-Anwesender bieten lassen (V. 7080 ff.)[343]. „Hier wie dort zu Haus" (V. 7046) ist er also offensichtlich nicht. Darin dürfte sich unter anderem eine Lösung des Ereignisses ‚Walpurgisnacht' von dem dafür einst so prägenden Dogma der frühneuzeitlichen Dämonologie ausdrücken, worin Hexenfest und Teufelshuldigung unabdingbar miteinander verquickt waren. Damit erfolgt auf dichterisch-praktischem Wege einmal mehr eine Deklaration der Walpurgisnacht zu einem sehr universellen, zuweilen heuristisch zu nennenden Instrument poetischer und kultureller Äußerung.

Die KW präsentiert sich in Bezug auf ihren Schauplatz nicht als durchgängige, homogene Szenerie. Sie ist sozusagen episodenartig in die besagten vier unterschiedlichen, jedoch zumeist zeitgleich ablaufenden Szenen und dabei in die

---

338 Beta, Ottomar: „Old-Iniquity" – Der Schlüssel zu Goethe's „Faust". Eine Zurückweisung verflachender Ausleger. Hrsg. von Willibald Schulze. 3. Aufl. Leipzig 1924, erstmals publiziert in: Bayreuther Blätter. Jg. 31, Nr. 7–9, 1908, S. 213–228.

339 Vgl. Harzer, S. 36.

340 Zur werkimmanenten, partiell auch allegorisch oder metamorphosisch interpretierbaren Wandlung des „Mephistopheles" vgl. Goethe: FA, I. Abt., Bd. 7/2, S. 528; Hölscher-Lohmeyer, S. 87, 94, 107 f.; Harzer, S. 35 u. 37; Hansen 2007, S. 120.

341 Vgl. Harzer, S. 35; Grimm: Deutsches Wörterbuch. Bd. 13, Sp. 2202 ff. („Pudel").

342 Zur besonderen mnemonischen Qualität dieses Vorgangs vgl. Schneider, S. 75.

343 Vgl. dazu Hölscher-Lohmeyer, S. 108; Hansen 1999, S. 49; — 2007, S. 120; Japp, S. 409; Harzer, S. 35.

jeweiligen Erfahrungsstränge der drei Herbeigeflogenen untergliedert. Also ist kein dem Blocksberg bzw. Brocken ähnelnder Berggipfel der Ort der Begebenheiten. Doch breitet sich die Ebene am Oberlauf des „Peneios" (Heute: Piniós) in Thessalien, die einen der Schauplätze bietet, gleichwohl am Fuße von „Pindus letztgedehnte[n] Zweige[n]" (V. 7814), also einiger östlicher Ausläufer des Pindosgebirges, aus – ganz ähnlich wie es der „Homunculus" vorab schildert:

> „HOMUNCULUS. Nordwestlich, Satan, ist dein Lustrevier,
> Südöstlich diesmal aber segeln wir –
> An großer Fläche fließt Peneios frei,
> Umbuscht, umbaumt, in still- und feuchten Buchten;
> Die Ebne dehnt sich zu der Berge Schluchten,
> Und oben liegt Pharsalus, alt und neu." (HA, V. 6950–6955)

Somit ist eine räumliche Nähe zu mythisch behafteten Bergen schon noch gegeben[344]. Wie beim „Harz" (V. 7743, 7953) in der W I handelt es sich bei den näher bestimmbaren Schauplätzen der KW, ungeachtet des phantastischen Geschehens, also durchaus um reale Örtlichkeiten, denen nichtsdestoweniger ein ausgiebiger antiker Mythenschatz anhaftet. Aus eigener Anschauung kannte Goethe die griechischen Schauplätze zwar nicht, doch seine Kenntnis von nicht unähnlichen klimatischen und geographischen Milieus in Italien und Sizilien dürfte seiner Einbildungskraft sicher fruchtbar entgegengekommen sein.

Als Heimstatt vieler Gestalten des antiken Mythos[345], wie halt auch der entsprechend benannten Hexen, ist Thessalien nicht allein ein mythologischer Ort. Denn die Gegend um die weiter südlich als der „Peneios" gelegene Stadt „Pharsalus" (V. 6955), dem heutigen Farsala, ist zudem die Stätte der Entscheidungsschlacht des römischen Bürgerkrieges (49–45 v. Chr.) zwischen Gaius Iulius Caesar (100–44 v. Chr.) und Gnaeus Pompeius Magnus (106–48 v. Chr.) am 9. August des Jahres 48 v. Chr[346]. Unmittelbar angedeutet ist dies bekanntlich in „Erichthos" einleitendem Monolog sowie in „Oreas" ‚felsiger' Selbsterklärung:

---

344 Vgl. dazu Meyer, Ernst: Pindos. In: Der kleine Pauly. Lexikon der Antike in fünf Bänden Hrsg. von Konrat Ziegler u. Walther Sontheimer. München 1979, 4. Bd., Sp. 863 f.

345 Vgl. dazu Goethe: MA, Bd. 18.1, S. 821 (Komm. zu V. 6979), 824 f., 843 (Komm. zu [vor] V. 7005); — HA, Bd. III, S. 624 (Anm. zu V. 6955 u. 6977) u. 628; Meyer, Ernst: Thessalien. In: Der kleine Pauly. Lexikon der Antike in fünf Bänden Hrsg. von Konrat Ziegler u. Walther Sontheimer. München 1979, 5. Bd., Sp. 756–761; Lamer u. Kroh, S. 753 („Thessalien").

346 Vgl. dazu z. B. Goethe: FA, I. Abt., Bd. 7/2, S. 533 (Erl. zu [vor] V. 7005); — MA, Bd. 18.1, S. 824, 843 f. (Komm. zu [vor] V. 7005), 891 (Komm. zu V. 7816); — HA, Bd. III, S. 624 (Anm. zu V. 6956) u. 628.

„ERICHTHO.
[…]
Hier träumte Magnus früher Größe Blütentag,
Dem schwanken Zünglein lauschend wachte Cäsar dort!
Das wird sich messen. Weiß die Welt doch, wem's gelang.“ (HA, V. 7022–7024)

[…]

„OREAS vom Naturfels.
[…]
Schon stand ich unerschüttert so,
Als über mich Pompejus floh.“ (HA, V. 7815 f.)

Poetischen Niederschlag fanden Krieg und Schlacht in dem unvollendet gebliebenen Epos „Bellum civile“ des römischen Dichters Lucan (Marcus Annaeus Lucanus, 39–65 n. Chr.), das sogar unter dem koexistenten Titel „Pharsalia“ ebenso geläufig ist[347]. In dieser an Paradoxem und Sarkastischem nicht armen Dichtung wird neben der Nennung von mythologischen Besonderheiten Thessaliens auch die thessalische Hexe „Eric[h]tho“ ins poetische Leben gerufen[348]. Goethe entlehnte sie bekanntlich von dort und machte sie, wie manch andere Figur der KW, offensichtlich zur Trägerin eines spezifischen, intertextuellen bzw. mnemonischen Verfahrens[349]. Es handelt sich bei den „Pharsalischen Feldern“ also gleichermaßen um einen mythologischen, historischen wie auch bereits literarischen Grund.

Da die Schlacht von Pharsalos einen Wendepunkt in der Geschichte des römischen Imperiums und des Altertums überhaupt bedeutete, ist obendrein der Gesichtspunkt des Zeitenwandels gegeben[350]. Dadurch ergibt sich wiederum

---

347 Wick, Claudia: M. Annaeus Lucanus. *Bellum civile*. Liber IX. 2 Bände. München u. Leipzig 2004; M. Annaeus Lucanus: De bello civili. Der Bürgerkrieg. Lateinisch/Deutsch. Übers. u. hrsg. von Georg Luck. Stuttgart 2009, S. 478 ff. („Liber nonus – Neuntes Buch“).
Vgl. dazu auch Kroh 1972, S. 372–374 („Lucanus, Marcus Annaeus“); Fuhrmann, Manfred: Lucanus, M. Annaeus. In: Der kleine Pauly. Lexikon der Antike in fünf Bänden. Hrsg. von Konrat Ziegler u. Walther Sontheimer. München 1979, 3. Bd., Sp. 745–748.

348 Vgl. Korenjak, Martin: Die Ericthoszene in Lukans Pharsalia. Einleitung, Text, Übersetzung, Kommentar. Frankfurt/M. 1996; außerdem Goethe: FA, I. Abt., Bd. 7/2, S. 533 (Erl. zu [vor] V. 7005); — MA, Bd. 18.1, S. 843 (Komm. zu [vor] V. 7005 u. V. 7005–7024); — HA, Bd. III, S. 633 (Anm. zu V. 7005 ff.).

349 Vgl. insbesondere Schneider, S. 69 u. 75–77; außerdem Goethe: HA, Bd. III, S. 633 (Anm. zu V. 7005 ff.); Hölscher-Lohmeyer, S. 99 f.; Japp, S. 409.

350 Vgl. auch Goethe: MA, Bd. 18.1, S. 843 (Komm. zu [vor] V. 7005); Hölscher-Lohmeyer, S. 100.

eine assoziative Verbindung zur Verwendung der Walpurgisnacht in der Poetik, bei der zuweilen ebenfalls der Aspekt des Zeitenwandels von Belang ist – man denke nicht zuletzt an Goethes Ballade „Die erste Walpurgisnacht“[351]. Wenn also beispielsweise die Deutung Schlaffers zugrunde gelegt wird, wäre der im „Faust II“ und in der KW allegorisch ausgedrückte Zeitenwandel jener, der sich von der „schwindende[n] Natur“ und der endenden „Macht der Geschichte“ zu einer angebrochenen abstrakten, entmythisierten Moderne hin vollzieht[352]. Nicht so recht vermeiden lässt sich darüber der Eindruck einer komplexen kulturellen Skepsis in Hinblick auf Gegenwart und Zukunft, die in der KW wie im gesamten „Faust II“ angelegt und in einer nicht hinreichend beherzigten (klassischen) Kultur und zurückgedrängten Natur sinnbildlich ausdrückt ist[353]. Ob Werk und Szenerie deshalb wirkungsgeschichtlich als poetische Ausgangspunkte einer ab Mitte des 19. Jahrhunderts zunehmend empfundenen Kulturkrise und einer entsprechend aufkommenden kulturpessimistischen Tradition gewertet werden können[354], bedarf jedoch zumindest einer sorgfältigen, stets wieder aufnehmbaren Prüfung. Denn auch wenn „Faust II“ und KW von mancher Seite in besagtem Sinne aufgenommen worden sind, würde so doch die objektiv-analytische Qualität des Werks vernachlässigt. Außerdem dürfen die darin wohl ebenso angelegten Aspekte, die eine alternative Perspektive zu einem etwaigen Kulturpessimismus aufzeigt, nicht außer Acht gelassen werden[355].

In Bezug auf ein authentisches Kolorit des Schauplatzes bestehen noch weitere konzeptionelle Übereinstimmungen zur W I. Hatte Goethe eine Anzahl von tatsächlichen, charakteristischen Erscheinungen der regionalen Natur in die W I aufgenommen und symbolisch verwertet, so ist er in der KW punktuell offenbar ganz ähnlich verfahren[356]. Ein schon öfter untersuchtes und mit der Zeit recht berühmt gewordenes Beispiel dafür wäre das sich zu vielfältiger sinnbildlicher Deutung anbietende Meeresleuchten, welches der enthusiastische Formwandel des „Homunculus“ mit sich bringt und dem wahrscheinlich sogar eine eigene,

351 Vgl. Teil 3, III.

352 Schlaffer, S. 157–162.

353 Vgl. ebd.

354 Vgl. dazu Bevilacqua, Giuseppe: Schopenhauer lettore del Faust. In: — Introduzione al Secondo Faust e altri interventi Goethiani. Bari 2003, S. 97–110; Wittkowski, Wolfgang: Schopenhauer und Fausts Ende. In: — Über deutsche Dichtungen. 4 Bände. Frankfurt/M. 2002–2009, Bd. 2 (2004), S. 457–529; Hölscher-Lohmeyer, S. 112.

355 Vgl. Hölscher-Lohmeyer, S. 113.

356 Vgl. z. B. Harzer, S. 42; ebd., S. 72–80.

bis zu Romanen Thomas Manns reichende literarische Wirkungsgeschichte zu bescheinigen ist[357]:

„NEREUS. Welch neues Geheimnis in Mitte der Scharen
Will unseren Augen sich offengebaren?
Was flammt um die Muschel, um Galatees Füße?
Bald lodert es mächtig, bald lieblich, bald süße,
Als wär' es von Pulsen der Liebe gerührt.

[…]

SIRENEN. Welch feuriges Wunder verklärt uns die Wellen,
Die gegeneinander sich funkelnd zerschellen?
So leuchtet's und schwanket und hellet hinan:
Die Körper, sie glühen auf nächtlicher Bahn,
Und ringsum ist alles vom Feuer umronnen;
[…].“ (HA, V. 8464–8478)

Sein ‚gemeines' natürliches Vorbild dürfte dieses Phänomen in der licht- und farbenfrohen Biolumineszenz des Kleinstlebewesens „Peridinium Michaelis [Ehrenberg]“, auch Michaelis-Kranztierchen oder Infusionstierchen genannt, gehabt haben[358]. Das Leuchten dieser Mikroorganismen hatte erstmals der Arzt Gustav Adolf Michaelis (1798–1848) im Jahr 1830 beschrieben[359]; der mit Goethe sogar in Korrespondenz stehende Naturforscher Christian Gottfried Ehrenberg (1795–1876) hatte die Spezies bald darauf wissenschaftlich systematisiert[360]. Diese kombinierte Gestaltung aus poetischem Effektbewusstsein und naturwissenschaftlicher Authentizität mag man im Übrigen auch durch einige Aphorismen aus „Maximen und Reflexionen“ bestätigt sehen, und sogar wohl deutlicher als im unbestimmteren Fall des „Classischen“ und „Romantischen“. So besteht kein Gegensatz zwischen der über jeden Zweifel erhabenen „natürlichsten“ und „edle[n] Natur“, zu der „die Antike gehört“, und der allenthalben

357 Vgl. Herwig, S. 72–74 u. 80–88.

358 Vgl. dazu Goethe: FA, I. Abt., Bd. 7/2, S. 531 f.; Herwig, S. 72–80; als erstem Beitrag dieser Deutungsart außerdem Hertz, Wilhelm: Goethes Naturphilosophie im Faust. Ein Beitrag zur Erklärung der Dichtung. Berlin 1913.

359 Michaelis, Gustav Adolf: Über das Leuchten der Ostsee. Hamburg 1830.

360 Ehrenberg, Christian Gottfried: Organisation, Systematik und geographisches Verhältnis der Infusionstierchen. Berlin 1830; — Das Leuchten des Meeres. Neue Beobachtungen nebst Übersicht der Hauptmomente der geschichtlichen Entwicklung dieses merkwürdigen Phänomens. Berlin 1835.
Vgl. dazu Harzer, S. 40; insbesondere jedoch Herwig, S. 72–80.

zu „studieren[den] […] gemeine[n]" Natur[361]; denn „aus der Natur, nach welcher Seite hin man schaue, entspringt Unendliches"[362].

Bereits im Blocksbergtreiben der W I sind aus einer antiken, mythologischen Umgebung entlehnte Figuren und Elemente anzutreffen[363]. Gewissermaßen spiegelbildlich sind Rudimente aus der Sphäre des spätmittelalterlichen und frühneuzeitlichen Zauberei- und Hexenwesens, wie sie zuvor in „Faust I" und W I gegenwärtig war, auch im „Faust II" und in der KW noch recht regelmäßig vorzufinden. Abgesehen von der Tatsächlichkeit der Präsenz von Aberglaube und Dämonologie im Denken der (vordergründig) gespielten Zeit des 16. Jahrhunderts, kann man also schon von einem werkimmanenten Nachklingen und bisweilen sogar szenisch-rückbezüglichen Verweisen sprechen.

Teils handelt es sich um dieselben Passagen und Nuancen, die, wie zuvor beschrieben, besonders in Szenen des „Ersten Aktes" ein noch anstehendes, zentrales metaphysisches Ereignis latent ankündigen oder zumindest vermuten lassen. So klingt in den Äußerungen des „Kanzlers" die allbekannte, von Ketzer-, Hexen- und Satanangst bestimmte dämonologische und dämonopathische Weltsicht an (V. 4897–4916 u. 4941 f.)[364]. Nicht allzu weit davon entfernt ist erneut die argwöhnische Bemerkung des „Herold[s]" zu den „Teufels-, Narren- und Todtentänzen" (V. 5065)[365]. Sicherlich ist wiederum auf die Präsenz der Menge an magischen, schwarzkünstlerischen Schemen und Tricks oder gar an „Geister-Meisterstück[en]" (V. 6443) im „Ersten Akt" hinzuweisen, wie eben in der „Mummenschanz" (V. 5065–5986) und in der „Geisterszene" (V. 6306 u. 6377–6565)[366]. Hierzu gehören freilich „Mephistopheles'" Auftritte in seinem angestammten, gauklerischen Element (V. 6306–6565) mitsamt seinen gelegentlichen Selbsterklärungen (V. 6199 f.) und dem quasi intertextuellen Kommentar, mit dem „Faust" abschätzig auf die „längst vergangne Zeit" der „Hexenküche" im „Ersten Teil" anspielt (V. 2337 ff. u. 6228 f.)[367]. Auf die mitunter hexenähnlichen Züge der „Furien" (V. 5345–5392) wurde bereits hingewiesen. Und mit dem

---

361 Goethe: MA, Bd. 17 (1991), S. 903, V. 1104–1106 („Maximen und Reflexionen"); vgl. auch J. Schmidt 1999, S. 227.

362 Goethe: MA, Bd. 17, S. 953, V. 1409 f. („Maximen und Reflexionen"); vgl. auch Hölscher-Lohmeyer, S. 97 f.

363 Vgl. Teil 3, IV.

364 Vgl. auch Goethe: MA, Bd. 18.1, S. 685 f. (Komm. zu V. 4897–4946); — HA, Bd. III, S. 589 (Anm. zu [vor] V. 4897).

365 Vgl. auch Goethe: MA, Bd. 18.1, S. 707 (Komm. zu V. 5065–5067).

366 Vgl. auch Hölscher-Lohmeyer, S. 91 f.

367 Vgl. Goethe: MA; Bd. 18.1, S. 753 (Komm. zu V. 6228–6230).

„Scheiterhaufen“ begegnet sogar ein Begriff unmittelbar aus der historischen Hexenverfolgung[368], wenn auch in einem ironischen, sarkastischen Kontext:

> „MEPHISTOPHELES entrüstet. Respekt, wo sich's gebührt!
> Weit müßtet Ihr nach solcher Kohle laufen;
> Sie kommt von einem Scheiterhaufen,
> Den wir sonst emsiger angeschürt.“ (HA, V. 6355–6358)

Ein wenig näher an der überregionalen Sagenwelt als an der Hexenlehre befindet sich dagegen die besagte Erwähnung des „wilde[n] Heer[es]“ (V. 5801). Und das Auftreten der „Riesen“ als kaum weniger sagenumwobene „wilde Männer“, die vorgeblich „am Harzgebirge wohlbekannt“ sind (V. 5864 f.)[369], ist bei einiger Mehrdeutigkeit auch ein recht unmittelbarer örtlicher Hinweis auf den Schauplatz der W I im „Ersten Teil“.

Mit der zum mephistophelischen Repertoire zählenden, in der Faust-Dichtung praktisch obligatorischen Fahrt durch die Lüfte erfolgt die Reise zum Schauplatz der KW. Diese besondere ‚Aviatik‘ ist folglich ebenfalls ein Rudiment aus dem Teufel-, Hexen- und Zauberei-Komplex' des „Ersten Teils“. Doch anders als im „Faust I“ ist die Luftfahrt durch die zu ihrem Beginn (6984 ff.) und zu ihrem Ende (V. 7040 ff.) stattfindenden Dialoge unter den drei „Luftfahrer[n]“ (vor V. 7040) und die entsprechende, widerstrebende Reaktion „Erichthos“ auf deren Ankunft sogar sichtlich mehr in die Handlung eingebettet (V. 7034–7039)[370]. Die weiteren Fragmente des Walpurgisnächtlichen und des Hexenwesens frühneuzeitlicher, zentraleuropäischer Eigenart sind unmittelbar an „Mephistopheles'“ Person geknüpft. So sind der ihm vertraute „Blocksberg“ (V. 7810) und der „Harz“ mit seinem „harzige[n] Dunst“ (V. 7953) die Maßstäbe, nach denen „Mephistopheles“ auch die neue ‚heimatfremde‘ Situation unverdrossen zu beurteilen versucht[371]. Dies hält ihm die ‚dendritische‘ Nymphe „Dryas“ prompt vor, wobei ‚dryas‘ kurioserweise überdies noch ein altgriechischer Name der Eiche ist[372]:

---

368 Vgl. ebd., S. 767 (Komm. zu V. 6357); — HA, Bd. III, S. 611 (Anm. zu V. 6357).

369 Vgl. dazu Bächtold-Stäubli, Bd. IX, Sp. 968–980 („Wilde, […], wilde Männer“); Erich u. Beitl, S. 972 f. („Wilde Leute, w. Mann, w. Frau“); Goethe: MA, Bd. 18.1, S. 726 f. (Komm. zu V. 5864–5871); — HA, Bd. III, S. 604 (Anm. zu V. 5864).

370 Vgl. auch Goethe: MA, Bd. 18.1, S. 845 (Komm. zu V. 7034–7061); Hölscher-Lohmeyer, S. 100.

371 Vgl. auch Goethe: MA, Bd. 18.1, S. 896 (Komm. zu V. 7951–7968).

372 Genaust, Helmut: Etymologisches Wörterbuch der botanischen Pflanzennamen. 3. Aufl. Basel, Boston, Berlin 1996, S. 217 f.; vgl. auch Goethe: MA, Bd. 18.1, S. 896 (Komm. zu V. 7951–7968).

„DRYAS. In deinem Lande sei einheimisch klug,
Im fremden bist du nicht gewandt genug.
Du solltest nicht den Sinn zur Heimat kehren,
Der heiligen Eichen Würde hier verehren." (HA, V. 7959–7962)

Zudem scheint ihn „Dryas" auch wohl weniger als dämonisches Subjekt eines post-christianisierten Zeitalters wahrzunehmen, denn als antikes Individuum eines nördlichen Milieus, wofür die Assoziation mit der Verehrung heiliger Eichen spricht (V. 7959–7962)[373]. Die Sphäre des Zauberei- und Hexenwesens aus dem „Faust I" klingt in den Bemühungen „Mephistopheles'", Parallelen zwischen den Vorgängen und Gestalten der KW und dem Harzer Blocksbergtreiben herstellen zu wollen, tatsächlich noch am ausdrücklichsten durch; beispielsweise bei seiner Suche nach „Nahverwandte[n]" und „Vettern", die er „vom Harz bis Hellas" vermutet (V. 7740–7743)[374]. Sein persönliches Dilemma artikuliert er dabei höchstselbst, wobei die erläuternden, semi-intertextuellen Rückverweise auf den Harzer Schauplatz der W I zusätzlich einmal mehr die „innere Einheit der Faust-Tragödie"[375] bezeugen dürften:

„MEPHISTOPHELES, in der Ebne.
Die nordischen Hexen wußt' ich wohl zu meistern,
Mir wird's nicht just mit diesen fremden Geistern.
Der Blocksberg bleibt ein gar bequem Lokal,
Wo man auch sei, man findet sich zumal.
Frau Ilse wacht für uns auf ihrem Stein,
Auf seiner Höh' wird Heinrich munter sein,
Die Schnarcher schnauzen zwar das Elend an,
Doch alles ist für tausend Jahr getan.
Wer weiß denn hier nur, wo er geht und steht,
Ob unter ihm sich nicht der Boden bläht? …
Ich wandle lustig durch ein glattes Tal,
Und hinter mir erhebt sich auf einmal
Ein Berg, zwar kaum ein Berg zu nennen,
Von meinen Sphinxen mich jedoch zu trennen
Schon hoch genug – hier zuckt noch manches Feuer
Das Tal hinab und flammt ums Abenteuer …
Noch tanzt und schwebt mir lockend, weichend vor,
Spitzbübisch gaukelnd, der galante Chor.

373 Vgl. dazu Bächtold-Stäubli, Bd. II, Sp. 646–655 („Eiche (Quercus robur)"); Erich u. Beitl, S. 160 („Eiche (Quercus robur)").

374 Vgl. auch Anglet, S. 139.

375 Hansen 1999, S. 44.

Nur sachte drauf! Allzugewohnt ans Naschen,
Wo es auch sei, man sucht was zu erhaschen." (HA, V. 7676–7695)

Nach dem „Zweiten Akt" kommt dann kaum mehr etwas vor, aus dem sich ein fundierter Bezug zum kulturellen Phänomen Walpurgisnacht herstellen ließe. Dennoch sollte ein ebenso resümierender wie missvergnügter Ausspruch im „Fünften Akt" zu „Mitternacht" beachtet sein. Dieser betrifft zwar hauptsächlich „Fausts" belastende Beziehung zur Magie[376], unterstreicht aber ebenfalls noch einmal die generelle Allgegenwart und Bedeutung des Zaubereiwesens, das hier möglicherweise sinnbildlich für sämtliche als kryptisch zu charakterisierenden Hilfsmittel stehen kann, die das neuzeitliche Individuum zur Durchsetzung seiner nicht immer lauteren Interessen einsetzt:

„FAUST im Palast.
[...]
Könnt' ich Magie von meinem Pfad entfernen,
Die Zaubersprüche ganz und gar verlernen,
Stünd' ich, Natur, vor dir ein Mann allein,
Da wär's der Mühe wert, ein Mensch zu sein.
[...]" (HA, V. 11404–11407)

Zurück in der KW nimmt sich der „Homunculus", der durch undurchsichtige alchemistische Künste, denen in Mittelalter und Früher Neuzeit gelegentlich der Hauch des Frevlerischen oder gar der Schwarzen Magie anhaftete, erschaffen wurde, im Teilnehmerkreis einer walpurgisnächtlichen Zusammenkunft keineswegs wie ein Fremdkörper aus[377]. Beispielsweise zeigt der in Praetorius' „Blockes-Berges Verrichtung" eingebundene Holzschnitt, der eine Hexenversammlung samt der Verehrung des satanischen Bocks abbildet, genau eine solche auf das Leben in einer gläsernen Phiole angewiesene künstliche Existenz[378]. Anders als sein entelechisch schwebender ‚Verwandter' im „Faust II" ist der Homunkulus dort allerdings allem Anschein nach auf die Hilfe eines ihn schwenkenden, auf einer Ofengabel reitenden Individuums angewiesen[379]. Die Erneuerung des

376 Vgl. Goethe: MA, Bd. 18.1, S. 1119 f. (Komm. zu V. 11404–11407); — HA, Bd. III, S. 719 (Anm. zu V. 11403 ff. u. 11408).

377 Zur Historie der Homunkulus-Theorien und zum „Homunculus" im „Faust II" vgl. fernerhin Goethe: HA, Bd. III, S. 621 f. (Anm. zu V. 6835); Müller, Joachim: Die Figur des Homunculus in Goethes „Faust". Berlin 1963; Mommsen, S. 138–159; Anglet, S. 145–148.

378 Praetorius 1968, vor S. 1 (Titelholzschnitt, unten links) u. S. 129; vgl. Goethe: HA, Bd. III, S. 571 (Anm. zu V. 4037); Hoffmann, S. 32 f.; Teil 2, II.

379 Praetorius 1968, vor S. 1 (Titelholzschnitt, unten links).

„Homunculus", der „gar wundersam nur halb zur Welt gekommen" war (V. 8248), vollzieht sich während des Meerfestes gegen Ende der KW durch „den Zusammenstoß mit dem Muschelthron der schönen Galatee"[380] und der anschließenden „Vermählung mit dem Ozean"[381]. Unterstrichen durch die entsprechenden Äußerungen von „Proteus" (V. 8260) und „Thales" (V. 8324–8326) hat dieser Vorgang gewiss eine evolutionäre Dimension[382]. In keinem Gegensatz dazu dürfte Schlaffers Lesart stehen, die zugleich vom Zustand einer vergangenen Natur, eines „planctus naturae", und der Hoffnung auf eine Wiederkehr der Natur ausgeht[383]. Schlaffer sieht hier den Versuch eines „Übertritt[s] von der Bindung an die [vergangene] Natur zur Liebe zur Frau"; denn „die Frau scheint zu versprechen, Natur auch außerhalb der Natur am Leben zu erhalten" sowie „in der Liebe zur Frau auf Natur zu verzichten und sie zugleich wiederzugewinnen"[384]. Den synthetischen „Homunculus", der sozusagen lieblos entstanden war, „soll die Liebe zu Galatee [...] zur Natur zurück und zum Menschlichen vorwärts bringen"[385], worin sich eben ein evolutionärer Aspekt ausdrückt.

Oberflächlich betrachtet wirkt die Erneuerung bzw. beginnende Metamorphose des „Homunculus" ähnlich einem Formwandel, also etwas im Bereich des Magie- und Aberglaubens grundsätzlich Üblichem. Man denke etwa an die diversen Erscheinungsformen des Teufels in Dämonologie, Aberglaube und Sagenwelt oder, unmittelbar textimmanent, an die von „Mephistopheles" praktizierten schwarzkünstlerischen „Gestaltung[en]" und „Umgestaltung[en]" (V. 6286) während seiner und „Faustens" Zeit in der „Kaiserliche[n] Pfalz" (V. 6173 ff.). Die Wandlung des „Homunculus" erfolgt jedoch nicht mittels eines Hexenwerks, das auf einen kurzfristigen Zweck ausgerichtet ist; sie ist das Resultat einer durch philosophische Unterweisung und Anschauung erlangten Erkenntnis und vollzieht sich auf eine natürliche, physikalische Weise in dem Ansinnen, eine nachhaltige evolutionäre Entwicklung durchleben zu wollen. Der oftmals mit Schwarzkünstlerischem behaftete Formwandel erfährt also in gewisser Weise eine entdämonisierende funktionale und weltanschauliche Erweiterung, indem er nun auch ein hinlängliches, von der unfertigen Künstlichkeit zur Natürlichkeit führendes Mittel ist[386]. Dem im „Laboratorium" unter suspekten, eine „qualitative Transmutation"

380 Hansen 1999, S. 53.
381 Ebd.
382 Vgl. ebd.; Hölscher-Lohmeyer, S. 106 f. u. 112.
383 Schlaffer, S. 157 u. 160–162.
384 Ebd., S. 160–162.
385 Ebd.
386 Vgl. auch Harzer, S. 36.

von „Unvollkommenen zu Vollkommenen“[387] nicht leistenden Bedingungen entstandenen „Homunculus“ wird dadurch letztlich zu individueller, moralischer Unbescholtenheit verholfen.

Es mag ein wenig paradox anmuten, dass die für die KW poetisch aufgegriffene Mythologie das viel ältere, chronologisch weiter zurückliegende Kulturgut ist als die dämonologischen und abergläubischen Hexen-Vorstellungen der Frühen Neuzeit. Dadurch wird zum ersten sicherlich die generelle metaphysische und phantastische Note der kuriosen Begebenheit verstärkt. Zum zweiten wird so aber unbedingt der zeitalterübergreifende Brückenschlag zur Antike und zu ihrer zeitlosen kulturellen Substanz problemloser und anschaulicher bewerkstelligt[388]. Im Übrigen würde über den geographischen Ortswechsel hinaus die Situation ohne Übertreibung die phantastischen Züge einer Zeitreise tragen, wenn die (literarische) Walpurgisnacht nicht ohnehin ein Ereignis wäre, für das die üblichen Parameter von Zeit und Raum nicht bindend sind, so dass Vergangenheit und Gegenwart leicht eins sein können[389]. Das ‚Klassische‘ kann so jedenfalls ganz unmittelbar zum Leben erweckt und plastisch in Szene gesetzt werden, und es wird möglich, eben jenen Zustand anzubahnen, der „Mittelalter und Antike, Süden und Norden […] versöhnen kann“[390]. Somit ist also eine gewisse Übereinstimmung zu dem zuvor schon von Ludwig Tieck (1773–1853) in knappe poetische Worte gefassten, besonders aber später von Heinrich Heine (1797–1856) recht minuziös und musterhaft ausgeführten poetisch-spirituellen und -schöpferischen Gedanken zu konstatieren, wonach die antiken Götter und deren Geist nicht vergangen sind, sondern eigentlich, in einer Art von Exil die Zeiten überdauert haben[391].

Eine Konstellation, bei welcher die nächtliche Geisterversammlung als eine Art repräsentativer Mikrokosmos der Menschenwelt oder sogar einer konkreten (politischen) Gesellschaft angelegt ist – vergleichbar also mit vorherigen Literarisierungen, einschließlich Goethes eigener W I[392] – lässt sich in der KW nicht so recht erkennen. Selbstverständlich ist sie gleichwohl und umso mehr eine Plattform für die poetische Erörterung von allerlei Grundsätzlichem und Existenziellem; dies wird etwa an den Vorgängen mit evolutionärem Bezug, wie

387 Goethe: FA, I. Abt., Bd. 7/2, S. 52.

388 Vgl. auch Hölscher-Lohmeyer, S. 90 u. 99 („Hiat der Zeiten“).

389 Vgl. auch ebd., S. 90, 99, 109 f.

390 Hansen 1999, S. 54; vgl. auch Anglet, S. 155.

391 Vgl. Hölscher-Lohmeyer, S. 90; Hansen 1999, S. 54 f.; Teil 4, V.

392 Vgl. Teil 2, VII; Teil 3, IV.

dem Streit zwischen den ‚Vulkanisten' und den ‚Neptunisten' (V. 7851 ff.)[393], wohl besonders anschaulich.

Dass allerdings der KW eine regelrecht kosmisch zu nennende Dimension beigegeben ist, stellt doch ein gewisses Novum in der Motivgeschichte der Hexenversammlung und der Walpurgisnacht dar. Schon rein astronomisch gesehen, heißt es in der W I noch, dass „[.] der Stern [flieht]" und „der trübe Mond [.] sich gern [verbirgt]" (V. 3990 f.). Dagegen begegnen Gestirne und Mond in der KW in einem weitaus prächtigeren Licht. Denn „Stern schießt nach Stern" (V. 7127) und laut „Erichtho" ist „der Mond zwar unvollkommen, aber leuchtend hell" und „erhebt sich, milden Glanz verbreitend, überall" (V. 7031 f.); das bestätigen auch „Mephistopheles" mit seiner Schilderung des augenblicklichen, wenngleich ihm nicht vertrauten Sternenbildes („beschnittener Mond scheint helle", V. 7127) und die Regieanweisungen („Mond in Zenith verharrend", vor V. 8034)[394]. Die kosmische Dimension äußert sich insgesamt aber weniger in solch unmittelbar astronomischen Details. Vielmehr ist das Agieren „Fausts" als „kosmisches Subjekt", als „neuzeitliche[s], sich selbst gestaltende[s], mündig gewordene[n] Individuum" in einem „durch Naturgesetze geordnete[n] Kosmos" zu beachten[395]. Dies ist im „Zweiten Teil" zunehmend an die Stelle der im „Ersten Teil" noch sehr präsenten spätmittelalterlichen, theokratisch-monotheistischen Einfassung gerückt[396]. In der KW fügt sich in diesen veränderten Rahmen unter anderem der angestrebte Wandel des unkörperlichen, allein geistig bestehenden „Homunculus" zu einem „animalische[n] Subjekt des Kosmos"[397] samt der damit zusammenhängenden kosmogonischen Veranschaulichungen und Debatten (V. 7830 ff.)[398]. Ebenso und insbesondere ist aber an die Vergegenwärtigung des „kosmogonischen Mythos" während „Fausts" Suche nach „Helena" zu denken (V. 7056–7494)[399]. Auch diese kosmische bzw. kosmogonische Dimension veranschaulicht, dass Goethe mit der KW das Spektrum an thematischen Möglichkeiten des literarischen und kulturellen Instruments ‚Walpurgisnacht' nicht nur gründlich genutzt, sondern um einiges ergänzt hat.

---

393 Vgl. dazu Goethe: MA, Bd. 18.1, S. 884 f.; — HA, Bd. III, S. 641–643; Anton, S. 42 f.; Harzer, S. 38.

394 Vgl. Goethe: MA, Bd. 18.1, S. 850 (Komm. zu V. 7125–7127) u. 905 (Komm. zu [vor] V. 8034); — HA, Bd. III, S. 635 (Anm. zu V. 7127).

395 Hölscher-Lohmeyer, S. 86 f.

396 Ebd.

397 Hölscher-Lohmeyer, S. 94 u. 105.

398 Vgl. Goethe: MA, Bd. 18.1, S. 827 f. u. 829 f.

399 Vgl. ebd., S. 829 f.; Hölscher-Lohmeyer, S. 109.

Der Horizont an literarischer Darstellung und Vergegenwärtigung, der für die Walpurgisnacht bis dahin üblich war, hat mit der KW also neben der vers- und formalpoetischen vor allem auch eine thematische und gebrauchsdimensionale Ausdehnung erfahren. Damit handelt es sich nun um das letzte Quantum der besagten motiv- und gebrauchsgeschichtlichen Sattelung[400]. So schließt die KW zum einen Goethes ‚Walpurgisnacht-Dichtung' als Teilertrag seiner lang anhaltenden Beflissenheiten um den „Faust" ab, zum anderen wird in der literarischen Historie der Walpurgisnacht bereits Vorhandenes um neue Nuancen erweitert und mit neuen Themen und Motiven verknüpft. Hierzu fügt sich – unter dem Grundsatz, dass es dem Dichter erlaubt ist, Mythisches und Mythologisches umzubilden – dass Goethe den überlieferten, vorhandenen antiken Mythos nicht nur aufgegriffen, sondern vor allem auch umgebildet hat, um eben eine eigene werkspezifische Mythologie poetisch ausbreiten zu können[401]. Vor diesem Hintergrund dürfte jedoch die Auffassung „einer parodistisch behandelten Mythologie" bzw. eines ironisch abgeänderten Mythos', womit vorrangig eine gegen zeitgenössisches „historisch strenge[s] Philologentum" und „mythologischen Universalismus" gerichtete Intention verfolgt würde[402], mittlerweile zu eingeebnet und anspruchslos erscheinen.

Für den antiken Mythos gilt aber in jedem Fall das gleiche wie für die frühneuzeitliche Hexenlehre und die Volksmythologie. Ihre neuzeitliche, nachaufklärerische Wahrhaftigkeit besteht natürlich längst nicht mehr darin, dass sie womöglich ‚geglaubt' würden, sondern darin, unabdingbare Darstellungs- und Mitteilungsreservoirs der Dichtung und der Kultur überhaupt zu sein[403].

VI. Offenkundige Goethe-Imitationen, -Adaptionen und -Parodien im Verlauf des 19. Jahrhunderts

Wie in den Vorüberlegungen angedeutet[404], soll nun ein ungefährer Eindruck von einer unmittelbar nachahmenden Dichtung im Verlauf des 19. Jahrhunderts

---

400 Vgl. Teil 3, I. (Vorüberlegungen).

401 Vgl. Goethe: FA, II. Abt., Bd. 2 (1997), S. 85, Z. 22–25 („90. Goethes Tagebuch Di. 1.4. - Mi. 30.4.1777") u. S. 782 f. (Kommentar); — FA, I. Abt., Bd. 14 (1986), S. 697, Z. 3–6 („Aus meinem Leben. Dichtung und Wahrheit", 3. Teil, 15. Buch); — Goethes Gespräche. Hrsg. von Wolfgang Herwig. 4 in 6 Bänden. Zürich u. Stuttgart 1965–1987, 2. Bd. (1969), S. 708 („*3575 Riemer (Ende 1811)*").
Vgl. dazu Anglet, S. 142 f.; Schneider, S. 70 f.

402 Emrich, S. 262.

403 Vgl. auch Anglet, S. 155; Schneider, S. 70.

404 Vgl. Einleitung, I. (Vorüberlegungen).

vermittelt werden, die zwar häufig nicht als Literatur ‚gehobenen Anspruchs' gelten kann, aber dennoch einen Teil der Wirkungsgeschichte von Goethes ‚Walpurgisnacht-Dichtung' darstellt.

Zunächst ist festzuhalten, dass besonders in der ersten Hälfte des 19. Jahrhunderts eine Vielzahl von Schriften erschienen ist, in denen lediglich Ausdruckskraft und Wirkung der Faust-Dichtung wie auch speziell der Walpurgisnacht nach Goethes Prägung ohne engere inhaltliche Anlehnung genutzt wurden – sicherlich nicht zuletzt mit einem merkantilen Ansinnen. Nur ein Beispiel dafür ist ein von dem Schriftsteller Carl Herloßsohn (1802–1849) herausgegebenes und wohl auch verfasstes „politisch-satyrisches Taschenbuch" mit dem vor allem eben auf Goethes „Faust" verweisenden Titel „Mephistopheles"[405]. Darin dient allein die Gedankenverbindung zum satirisch-läuternden Potential der Faust-Dichtung Goethes, das in der „Walpurgisnacht" eben besonders gegenwärtig wird, als Motto für eine kosmosophische, schönwissenschaftliche Erbauungsprosa.

Angesichts der enormen und langfristigen Einbildungskraft, die von Goethes Arbeiten ausgegangen ist, ist es in vielen Fällen schwierig, zwischen solchen Dichtungen, die lediglich von Goethes Vorgaben inspiriert wurden und solchen, die eher als Adaptionen oder gar Imitationen zu qualifizieren sind, klar zu trennen. Von Adaptionen ist zumindest eindeutig bei den musikalischen und bildendkünstlerischen Umsetzungen zu sprechen, auf die ausgangs hingewiesen wurde[406]. Und die Verfasser von Literatur ‚gehobenen Anspruchs' sind offensichtlich schon darauf bedacht gewesen, ihren Versionen der Walpurgisnacht auch ein eigenes Profil zu geben und sie möglichst mit einer anspruchsvolleren, intellektuellen Aussage zu verbinden.

Daher ist das Schriftgut, das offen als Imitation und Adaption zu identifizieren ist – wobei sich hier wiederum eine exakte Zuordnung als schwierig erweist – in der Regel von eher begrenzter Kunstfertigkeit und Aussagekraft. Das ist unter anderem daran zu ersehen ist, das wenig davon bekannt geblieben ist und auch nur geringe wissenschaftliches Aufmerksamkeit dadurch erregt wurde. Gleichwohl ist das Spektrum der Gattungen, denen diese Schriften jeweils zuzuordnen sind, relativ breit. Ob man sie nun eher als Imitation oder Adaption ansehen will – gemeinsam ist ihnen häufig eine Mischung aus Goethe-Verehrung und bequemer, schablonenartiger Inanspruchnahme von dem Lesepublikum

405 Herloßsohn, Carl [Borromäus Sebastian]; eigtl. Herloß, Georg Karl Reginald (Hrsg.): Mephistopheles. Ein politisch-satyrisches Taschenbuch auf das Jahr 1833. Mit Kupfern von J.P. Lyfer. Leipzig 1833.

406 Vgl. Einleitung, I. (Vorüberlegungen).

bekannten goetheschen Prägungen; meistens erfolgt zudem eine explizite, ehrerbietige Bezugnahme auf Goethe.

Ein Beispiel hierfür ist die als „Dramatisches Charivari" untertitelte, kurze szenische Dichtung „Moderne Walpurgisnacht" (1856), die zwar anonym erschien, aber Julius Rodenberg (1831–1914) zuzuschreiben ist, der vorwiegend als Journalist, Anreger eines Goethe-Nationalmuseums sowie als Mitbegründer der Goethe-Gesellschaft in Weimar bekannt wurde[407]. Wahrscheinlich verfasste er das kleine Stück noch unmittelbar vor seiner Namensänderung im selben Jahr 1856, so dass es bibliographisch meist unter Rodenbergs jüdischem Geburtsnamen Julius Levy geführt wird[408]. Dass es immerhin zwei sogleich aufeinander folgende Auflagen erlebte, lässt auf einen gewissen temporären Erfolg schließen. Neben „Faust's Laboratorium" (S. 5–13) ist darin die „Walpurgisnacht" auf dem „Brocken" (S. 14 ff.) der hauptsächliche und einzige Schauplatz des vielmehr humoristischen als dramatischen „Charivaris", das inhaltlich im Grunde aus allerlei zeitgenössischen und dabei milden zeitsatirischen Bezügen besteht.[409]

Ein von der Autorenpersönlichkeit und dem dichterischem Anliegen her zwar völlig divergentes, die zuvor beschriebenen Kriterien einer nachahmenden, adaptiven Dichtung jedoch ebenfalls erfüllendes Beispiel stammt von Adolf Bartels (1862–1945), einem der maßgeblichen Vertreter der tendenziell chauvinistisch gesonnenen Heimatkunst-Bewegung, der in betagterem Alter gar noch in die NSDAP eingetreten ist[410]. Bartels' „satirisch-komisches Epos" mit dem redensartlichen Titel „Der dumme Teufel" (1. Aufl. 1896)[411] ist zudem eines der letzten Exemplare der Dichtungsform des komischen Versepos' gegen Ende des 19. Jahrhunderts[412]. Im „Sechsten Gesang" der Lyrik (S. 86–97), dem die zeitlich

---

407 Zu Leben und Wirken Levys alias Rodenbergs vgl. Goff, Penrith: Rodenberg, Julius (eig. Levy). In: Kosch, 13. Bd. (1991), S. 128–130.

408 Levy, Julius: Moderne Walpurgisnacht. Dramatisches Charivari. 2. Aufl. Berlin 1856.

409 Weitere Beispiele für diese Machart einer imitierenden, mit einem tendenziell milden satirischen Tenor versehenden Poetik, die zudem den gleichem Titel tragen, aber wegen ihrer unbeträchtlichen Auflage nur eine geringe Verbreitung erreicht haben, sind: Jeitteles, Alois (eigtl. Aloys Isidor Jeitteles, 1794–1858): Moderne Walpurgisnacht. Brünn 1848; Knoche, [Franz Seraphim] Richard (als ‚Franz Seraphim', 1822–1892): Moderne Walpurgisnacht. Didactisches Gedicht. Hannover 1882.

410 Zu Leben und Werk Bartels' vgl. Kosch, 1. Bd. (1968), S. 269–271; Schlatter Binswanger, Georg H.: Bartels, Adolf. In: Kosch, 20. Jh., 1. Bd. (2000), S. 606–609.

411 Bartels, Adolf: Der dumme Teufel oder Die Geniesuche. Komisches Epos in 12 Gesängen. Dresden 1896.

412 Zur poetologischen Situation des komischen Epos gegen Ende des 19. Jahrhunderts vgl. Wilpert 2001, S. 423.

einordnende Jahreszahl „1887“ beigegeben ist, wird „Goethe“ gewissermaßen als Muse angerufen (S. 86)[413]. Sonst bedient sich Bartels einiger einschlägiger Merkmale aus dem poetischen Komplex um Walpurgisnacht und Brocken nach der Prägung Goethes, die diesen „Gesang“ eben als eine Art von Walpurgisnacht kenntlich machen. Neben der Handlung der auf humoristische Unterhaltung angelegten Dichtung, ist der letztlich wenig anspruchsvolle, gelegentlich mit kulturpessimistischen Anflügen versetzte satirische Tenor auch bei Bartels auf die gesellschaftliche Gegenwart des späten 19. Jahrhunderts bezogen. In Anbetracht zweier, geringfügig voneinander abweichender Auflagen hat das Machwerk seinerzeit anscheinend gleichwohl ein Lesepublikum gefunden.

Zur Wirkung der Walpurgisnacht-Poetik Goethes zählen außerdem parodistisch oder wenigstens parodiehaft zu nennende dichterische Reaktionen, bei denen sich in bestimmtem Sinne ebenfalls einer nachahmenden oder adaptiven Methode bedient wurde. Bei solchen Elaboraten wäre allerdings im Einzelfall zu klären, inwieweit die parodistische Intention tatsächlich auf das jeweils betreffende Goethe-Werk selbst zielt oder ob sie eigentlich auf eine Dimension jenseits des Textuellen abhebt. Als solche übertextuellen Zielobjekte würden insbesondere ein im 19. Jahrhundert allmählich institutionell gewordener, nahezu sakraler Umgang mit Goethes Person und Werk sowie ein dementsprechend einförmiges philologisches Goethe-Verständnis in Frage kommen. Die parodistische Absicht wäre dann also im Grunde gegen das zeitgenössische Goethe-Bild und die Goethe-Rezeption gerichtet.

Die wahrscheinlich berühmteste und erfolgreichste Dichtung dieser Art dürfte „Faust. Der Tragödie Dritter Theil“ (Erstmals Tübingen 1862) von Friedrich Theodor [von] Vischer (1807–1887) sein[414]. Darin verzichtet Vischer zwar auf eine Walpurgisnacht nach dem Vorbild Goethes, doch lässt er immerhin vereinzelt Gestalten auftreten, die aus den entsprechenden goetheschen Szenen bekannt sind, wie etwa den aus der „Klassischen Walpurgisnacht“ geläufigen „Thales“ (S. 125).[415]

413 Textreferenz: Bartels, Adolf: Der dumme Teufel. Ein satirisch-komisches Epos. 2. Aufl. Leipzig 1899, S. 86–97 („ Sechster Gesang (1887)“).

414 Vischer, Friedrich Theodor: Faust. Der Tragödie Dritter Theil. Treu im Geiste des zweiten Theils des Götheschen Faust gedichtet von Deutobold Symbolizetti Allegoriowitsch Mystifizinsky. 2. Aufl. Tübingen 1886 (Letzte zu Lebzeiten Vischers erschienene Auflage).

415 Vgl. dazu Reck, Alexander: Friedrich Theodor Vischer – Parodien auf Goethes „Faust“. Heidelberg 2007; Kauffmann, Kai: Literarische Manieren der Übergangszeit. Parodie bei Heine, Keller und Friedrich Theodor Vischer (mit Seitenblicken auf „Faust II“). In: Euphorion. Zeitschrift für Literaturgeschichte. 100. Bd., 2006,

Weiterhin wäre geradezu unweigerlich noch „Die Blechschmiede“ von Arno Holz (1863–1929) am Ausklang der Strömung des Naturalismus zu erwähnen, auch wenn dieser „Wunderpapierkorb“ im Jahr 1902, also bereits knapp im 20. Jahrhundert, erschienen ist[416]. Die für seine Erdichtung grundlegenden Eindrücke dürften ohnehin vornehmlich in literarischen Entwicklungen und Rezeptionen des 19. Jahrhunderts zu sehen sein. In diesem „Ton-, Bild- und Wortmysterium“ finden sich zahlreiche, quantitativ ganz unterschiedlich ausfallende Adaptionen vieler kultureller Phänomene und insbesondere literarischer Texte, häufig von solchen der deutschen Klassik. Darunter befinden sich nicht zuletzt Passagen der „Faust“-Dichtung und dabei ausgeprägt auch der ‚Walpurgisnacht-Dichtung‘ Goethes. Für den letzteren Fall ist wohl die „Klassische Walpurgisnacht“ das auffälligste Beispiel, denn vor allem an sie knüpft Holz im „II. Akt“ der „Blechschmiede“ an, dessen größtes Quantum als „Moderne Walpurgisnacht“ überschrieben ist (Bd. VI, S. 145–348). Für Holz’ Adaption der Passagen aus Goethes ‚Walpurgisnacht-Dichtung‘ und wohl auch für die aus den meisten anderen in Anspruch genommenen Texte sind allerdings in Bezug auf die parodistische Absicht grundsätzlich ebenfalls die zuvor genannten Kriterien zu beachten. In Teilen der „Blechschmiede“ nutzt Holz vordergründig in der Tat recht unverhohlen die poetische Struktur der besagten goetheschen Dichtungen als eine Art formale Schablone für seine experimentelle, ironisch-satirische Versdichtung. Jedoch sind die Verse, ähnlich wie in seinem Hauptwerk „Phantasus“ (1929 beendet), partiell an einer zentralen, vertikalen Achse ausgerichtet und lassen weitere poetische Tendenzen erkennen, die von Goethes Vorgabe schon erheblich abweichen; beispielsweise Anklänge an den im „Phantasus“ nach und nach perfektionierten Sekundenstil oder gelegentliche, den zeittypischen, humorigen Klapphornversen nahe kommende Formungen[417]. So könnte zunächst der Eindruck entstehen, dass vor allem der formale, handwerkliche Vorgang des Dichtens im Vordergrund

---

S. 191–223; Postma, Heiko: Gute Nacht, Goethe! Friedrich Theodor Vischer und sein „Faust III“. Hannover 2001; Mahal 1998, S. 508–526.

416 Holz, Arno: Die Blechschmiede oder Der umgestürzte Papierkorb. Mysterium. Leipzig 1902.
Als Textreferenz dient: Holz, Arno: Werke. Hrsg. von Wilhelm Emrich u. Anita Holz. 7 Bände. Neuwied am Rhein u. Berlin-Spandau 1961–64, Bd. VI (1963) u. Bd. VII (1964): Die Blechschmiede.

417 Vgl. dazu Sprengel, Peter: Auf dem Weg zur „Blechschmiede“. Holz und Schlaf als „Klapphornisten“; mit neunzehn Klapphorn-Gedichten auf Postkarten an Emil Richter (1890/91). In: Hofmannsthal-Jahrbuch – Jahrbuch zur europäischen Moderne. 2. Jg., 1994, S. 79–110.

stünde, das Walpurgisnächtliche also gewissermaßen lediglich die Maxime für ein ebenso ungezwungenes wie phantastisches versdichterisches Experimentieren sei, wobei gewissermaßen nur poetisches ‚Blech geschmiedet' würde. Doch beachte man dazu unmittelbar in der „Modernen Walpurgisnacht" selbst:

„KRITIKER:
Johannis- und Walpurgisnacht,
wie kann man die verwechseln?
Ich habe wirklich den Verdacht,
und finde das höchst ungeschlacht,
das alles wird hier bloß gemacht
und sozusagen vorgebracht
aus ganz gemeiner Niedertracht,
um Verse draus zu drechseln!" (Bd. VI, S. 152 f.)

Und natürlich wurden über das Formal-Poetische hinaus von der Literaturwissenschaft längst auch die inhaltlichen, intentionalen Komponenten des „satirischen Monstre-Dramas"[418] genauer aufgezeigt[419]. Dabei wurde zum einen die satirische und sarkastische Ausrichtung des Oeuvres betont, mit der zahlreiche Strömungen in der zeitgenössischen Literatur anvisiert werden. Hierfür sind die Regungen der jeweils als Epigonentum verstandenen Neuromantik und Neuklassik nur zwei von vielen Beispielen, denn insgesamt legt sich Holz bei seinem Spott nicht unbedingt auf eine bestimmte Tendenz fest[420]. So gesehen, ging es also auch Holz unter anderem um das Dilemma von einseitigen, ideologisch vereinnahmenden oder schlicht banal unterhaltenen Umgangsweisen mit der deutschen Klassik, vor allem mit dem Werk Goethes und dabei eben auch konkret mit dem Ereignis ‚Walpurgisnacht', wie es einige Verse andeuten:

„PUBLIKUM, mit gerissnem Geduldsfaden:
Walpurgisnacht! Walpurgisnacht!
Zum Teufel das Retardieren!

---

418 Riha, Karl: Blechschmied Arno Holz. Zur Struktur des satirischen Monstredramas *Die Blechschmiede.* In: Text und Kritik. Zeitschrift für Literatur (TuK). Nr. 121, 1994, S. 76.

419 Vgl. hierzu Seubert, Burkhard: „Die Blechschmiede" von Arno Holz. Ein Beitrag zur Geschichte der satirischen Dichtung. Dissertationsschrift. München 1955; Riha, Karl: Veränderungen des Dramas in der Satire. Arno Holz, *Die Blechschmiede*, Karl Kraus, *Die letzten Tage der Menschheit*: Ein Vergleich. In: Bayerdorfer, Hans-Peter / Conrady, Karl Otto / Schanze, Helmut (Hrsg.): Literatur und Theater im Wilhelminischen Zeitalter. Tübingen 1978, S. 107–120; — 1994, S. 76–83.

420 Vgl. vorherige Anm.

Walpurgisnacht! Walpurgisnacht!
Wir wünschen, daß sie bald donnert und kracht!
Walpurgisnacht! Walpurgisnacht!
Wir wollen uns amüsieren!“ (Bd. VI, S. 159)
[…]
„DER MANN IM SCHLAFROCK, Maske »Kunstgreis«:
Heimlich steh ich auf der Wacht
und mache meine Glossen;
wieder hat Walpurgisnacht
die Geisterwelt erschlossen!

„DER HERR MITTE DREISSIG:
Modern, daß Alles nur so kracht,
modern sei die Parole,
modern sei die Walpurgisnacht
vom Scheitel bis zur Sohle!“ (Bd. VI, S. 162 f.)

Gleichermaßen wurde aber von der Forschung auf die aspektreiche ‚außerliterarische', gesellschafts- und politkritische Komponente von Holz' Text aufmerksam gemacht[421], die ausgefallenerweise zum Beispiel auch Seitenhiebe auf als Betulichkeiten aufgefasste Eigenarten der Wissenschaft enthält, zumal der Naturwissenschaft (Bd. VI, S. 233–292, insbesondere S. 233 f. u. 262)[422]. Einerlei ob „Die Blechschmiede“ nun als Lesedrama betrachtet oder doch für aufführbar gehalten wird – eine Wirkung muss wohl zumindest soweit davon ausgegangen sein, dass selbst für Thomas Manns „Die Bekenntnisse des Hochstaplers Felix Krull“ (Erster Teildruck 1922) eine bewusst hergestellte, punktuelle Kongruenz dazu nachweisbar ist[423]. Wie gesagt, erfolgt letztlich Holz' Adaption der „Klassischen Walpurgisnacht“ und der anderen Elemente der ‚Walpurgisnacht-Dichtung' also augenscheinlich weniger in einem die Goethe-Texte an sich parodierenden Sinne. Vielmehr ist sie eine weiteres Beispiel für den charakteristischen literarischen Gebrauch des Abstraktums ‚Walpurgisnacht' als poetologisches Medium für eine satirische Zeit- und Kulturkritik.

421 Vgl. vorherige Anm.

422 Vgl. Herwig, Malte: „Nur in der Jugend gestielt“. Die langen Wurzeln des *Felix Krull*. In: Thomas-Mann-Jahrbuch. Hrsg. in Verbindung mit der Deutschen Thomas-Mann-Gesellschaft, Sitz Lübeck e.V. Bd. 18, 2005, S. 153 f.

423 Vgl. ebd., S. 152–155.

Teil 4 Die Walpurgisnacht in Romantik und Biedermeierzeit

I. Vororientierung

Enthält u. a. Hebel, Arnim, Gutzkow, Brentano, Keller, Alexis, Meinhold, Fontane, Immermann, Simrock.

Der Begriff der ‚Sattelzeit' in Bezug auf Goethes Walpurgisnacht-Dichtung beschreibt neben den offenkundigen Anlehnungen oder Ablehnungen vor allem ein vielfaches Aufkommen von teils sehr unterschiedlich ausfallenden Verarbeitungen von Walpurgisnächten oder Hexenversammlungen in nahezu allen Literaturepochen des 19. Jahrhunderts. Für diese Entwicklung waren die entsprechenden Werke Goethes ohne Zweifel, sicher nicht allein, aber doch in erheblichem Maße Anstoß und Inspiration.

Ob dies bereits für die der Romantik zuzuordnenden Erzählung „Die Walpurgisnacht" von Heinrich Zschokke (1771–1848) gelten kann oder ob es sich dabei noch um einen von Goethes ‚Walpurgisnächten' nicht (erkennbar) beeinflussten Text handeln könnte, wird in Kapitel II. besprochen.

Für das 19. Jahrhundert ist weiterhin zu beachten, dass die im letzten Viertel des 18. Jahrhundert begonnenen Bestrebungen, mythologische und diverse als volkstümlich und ererbt aufgefasste Belange, die eben vielerlei metaphysische Vorstellungen mit beinhalten, aus geschichtswissenschaftlichem und kulturfinderischem Interesse zu erfassen, die Romantik über verdichtet wurden und praktisch das ganze Jahrhundert über fortgesetzt wurden. Auf diese Entwicklung, für die bei oberflächlichem Hinsehen vor allem Jacob und Wilhelm Grimm synonym stehen, wurde bereits hingewiesen[1]; gleichwohl lassen sich weitere Beispiele anführen, wie etwa das Kompendium „Die christliche Mystik" des Pädagogen Joseph Görres (1776–1848), worin im letzten Teilband (1842) nicht unbeträchtlich auch von den „Hexensabbaten" die Rede ist[2]. Es ergaben sich jedenfalls daraus grundsätzliche Auswirkungen auf die Literatur; und nicht nur auf solche, die in der Literaturwissenschaft oftmals unter dem thematisch-materiellen, nicht weiter epochenbezogenen Begriff der Phantastik zusammengefasst wird[3]. So taucht dann auch eine Vielzahl von Hexen-, Magie- und Teufelsthematiken in sämtlichen Gattungen in inhaltlich oft sehr

---

1 Vgl. Teil 2, VI. u. VII.

2 Görres, Joseph: Die christliche Mystik. 5 in 4 Bänden. Regensburg 1836–1842.

3 Zum Begriff der Phantastik vgl. Wilpert 2001, S. 607 f. (Phantastische Literatur).

unterschiedlich umgesetzter Form auf; übrigens mitunter in einem offenkundig positiven, übertragenen Sinne, wie beispielsweise in der Mundart-Lyrik des Dichters Johann Peter Hebel (1760–1826)[4] oder bei Achim von Arnim (1781–1831)[5].

Aufgrund dieser weiten Streuung kann es also im nun anliegenden Teil 4 ebenfalls nicht um jede Hexe oder beliebig Hexenhaftes in der Literatur gehen, sondern lediglich um den generellen dichterischen oder schriftstellerischen Umgang mit der Hexenversammlungs- und Walpurgisnacht-Thematik.

Dass die (dichterische) Walpurgisnacht-Idee das ganze 19. Jahrhundert über im literarischen Denken verankert gewesen ist, zeigt sich dazu an gelegentlichen, nur anspielenden und chiffrenhaften Verwendungen, ohne dass dabei von einer tatsächlichen Thematisierung zu sprechen ist.

Als ein Beispiel, das in dieser Hinsicht ungewöhnlich viel hergibt, wäre hier Karl Gutzkows (1811–1878) Roman der Biedermeierzeit „Wally die Zweiflerin" (1835) anzuführen. Darin trägt die Protagonistin halt den Namen „Wally" – eine beschwingte Kurzform von ‚Walpurga' und ‚Walpurgis'. Ob damit auf die als couragiert, wenngleich sittenstreng überlieferte Heidenheimer Äbtissin hingewiesen wird[6] oder nur allgemein auf den oberflächlich häufig mit Antiordnung und Opposition assoziierten Walpurgisnacht-Gedanken, dürfte einerlei sein. Denn von motivgeschichtlichem Belang ist, dass „Wally" und genauso der im Zusammenhang mit der Eigenart der Heldin zitierte „Ideen-Blocksberg" ein unangepasstes, wenn auch nicht vollends programmatisches Denken veranschaulichen, das dazu nicht der üblichen, zeitgenössischen Frauenrolle entspricht. „Wally" und „Ideen-Blocksberg" sind demnach chiffrenhafte Ausdrücke für eine durchaus intellektuell zu nennende Haltung, die zumindest partiell gegenläufig zu den Konventionen des üblichen gesellschaftlichen Denkens und Verhaltens ist. In einem solchen Sinne, zumal vor dem Hintergrund eines Vergleichs der europäischen Kulturen, heißt es in der erläuternden „*Vorrede*" zur Ausgabe von 1852 dann auch ein wenig nüchtern, aber dennoch anerkennend:

> „[.] diese Wally oder Walpurgis, wie der nicht abgekürzte Name heißen würde, [ist] ein Schemen, der sich immerhin auf dem tollen Sabbath des damaligen Ideen-Blocksberges sehen lassen konnte. Es ist diese Walpurgis die französische Hexe Lelia in deutschem Gewande. Lelia hat freilich den Voltaire und Boccaz, unsre Walpurgis nur Tiecksche

---

4 Hebel, Johann Peter: Werke. Hrsg. von Eberhard Meckel, eingeleitet von Robert Minder. 2 Bände. Frankfurt/M. 1968, 2. Bd., S. 47 f. (Alemannische Gedichte (1803): Das Hexlein).

5 Arnim: Werke, Bd. 5 (Gedichte), S. 723–727 („Die Hexe Luft und die beiden Jäger" (1810)) u. S. 1452 f. (Komm.)

6 Vgl. Teil 1, III.

Novellen und die Leipziger Moderzeitung gelesen, aber ich glaube, Walpurgis [...] hat besseren Schulunterricht genossen und ist überhaupt pedantischer, weil sie eine Deutsche und ihr Vater keine Frau wie George Sand ist. Lelia ist ein schönes Ideal, das sich, von Tizian gemalt, prächtig an der Wand ausnehmen würde. Die arme Walpurgis ist nur so ein Aschenbrödel der Realität. [...] Man lese die Unarten unsrer Walpurgis! Sie ist ganz so kapriziös, wie ihr alle waret, als ihr das Unglück hattet, glücklicherweise schon 1835 zu leben und menschlich [...] zu empfinden."[7]

Gleichermaßen nicht einer ganzen Walpurgisnacht, aber eines bildhaften Vergleichs mit einer Hexenversammlung hatte sich zuvor schon Clemens Brentano (1778–1842) in seiner Erzählung „Die mehreren Wehmüller und ungarischen Nationalgesichter" (1817) bedient. So kommt dem Erzähler in der Binnengeschichte „Devilliers Erzählung von den Hexen auf dem Austerfelsen" die sich „eigenthümlich-schauerlich" gebärdende Ansammlung einer „Unzahl von Katzen" auf einem „Austerfelsen" zunächst wie eine „Gesellschaft von Zauberern und Hexen" vor. Doch wird im weiteren Verlauf keineswegs auf eine metaphysische Dimension abgehoben. Vielmehr zeigt sich, dass es die Katzen, genau wie der Erzähler und sein Begleiter, auf die von der Ebbe freigelegten Austern abgesehen hatten. Dabei war den Tieren das Missgeschick unterlaufen, in die sich bei Ebbe schließenden Austern eingeklemmt worden zu sein, weshalb es zu „einer wunderbaren Erscheinung von Unbeweglichkeit" gekommen war.[8]

Weiterhin sind auch kleinere und einfache, nicht selten lyrische Formen zu beobachten, worin die Motivik um Hexenkonvent, Walpurgisnacht und Blocksberg, oft auch nur Elemente daraus, aufgegriffen wird.

Hier wäre etwa das 1854 erstmals gedruckte, aber wohl schon früher verfasste Poem „Walpurgis" des Schweizers Gottfried Keller (1819–1890) zu nennen, das später dann gemäß des Wortlautes seiner ersten Zeile unter dem Titel „Ich fürcht' nit Gespenster" herausgegeben wurde (V. 1)[9]. In dem aus sieben,

---

7 Gutzkow, Karl: Wally die Zweiflerin. Roman. Nachdruck der Ausgabe Mannheim 1835. Studienausgabe mit Dokumenten zum zeitgenössischen Literaturstreit. Hrsg. von Günter Heintz. Durchgesehene u. ergänzte Ausg. Stuttgart 1983, S. 144 („Die Beigaben der Ausgabe von 1852").

8 Brentano: Sämtliche Werke und Briefe, Bd. 19 (Prosa IV), S. 277–280 (Text) u. S. 687–696 (Erläuterungen).
Zu themenrelevanten Besonderheiten der sich daran anschließenden, weiteren Binnenerzählung „Baciochi's Erzählung vom wilden Jäger" vgl. Teil 1, II., Anm. 19.

9 Keller, Gottfried: Sämtliche Werke in sieben Bänden. Hrsg. von Thomas Böning, Gerhard Kaiser, Kai Kauffmann, Dominik Müller u. Peter Villwock. Frankfurt/M. 1985–1996, Bd. 1 (1985), S. 194 („Walpurgis") u. S. 1003 (Komm.), S. 664 („Ich fürcht' nit Gespenster") u. S. 1132 (Komm.).

mit jeweils einem Kreuzreim versehenen Vierzeilern bestehenden Gedicht steht „Walpurgis“ für die wiederkehrende nächtliche Begegnung des furchtlosen Ich-Erzählers mit einem aus einem „grünen unheimlichen See“ emporsteigenden „Nachtweib“ (V. 5–8). Doch verläuft die eigentlich Schauer hervorrufende Begebenheit stets zu Ungunsten des gespenstischen Wesens. Denn die beinahe chauvinistisch anmutende Entschlossenheit des Erzählers, der „höllischen Pracht“ mit dem „Schein [seiner] Augen“, dem „Rot von [seinem] Mund“ und seiner „lebendige[n] Brust“ entgegenzutreten, beschämen und „verscheuchen das Spukweib“ (V. 13–16 u. V. 25–28). Die phantastische, mit romantischen Merkmalen versehene Lyrik weist – abgesehen von der Vergleichbarkeit mit einer Szenerie in der Erstfassung von Kellers Roman „Der grüne Heinrich“ (1853–1855)[10] – obendrein eine gewisse motivische Ähnlichkeit zu Goethes Ballade „Der Fischer“ (1779) auf[11]; nur dass in Kellers Gedicht letztlich über das verunsichernde metaphysische, dämonische Element triumphiert wird[12].

Ein weiteres Beispiel ist das ausgangs bereits erwähnte, in zwanzig paargereimten Zeilen abgefasste Gedicht „Walpurgisnacht“ (1824) des ‚Dichterjuristen‘ und Publizisten Willibald Alexis (eigtl. Wilhelm Heinrich Häring, 1798–1871)[13]. Das als leicht dramatischer Mutter-Kind-Dialog arrangierte Poem, das wohl weniger durch Johann Carl Gottfried Loewes (1796–1869) als hauptsächlich durch Johannes Brahms’ (1833–1897) Vertonung von 1875 in Erinnerung blieb[14], weist noch erkennbare romantische Spuren auf. Die Masse von Alexis’ Schaffen wird sonst bereits dem (historischen) Realismus zugerechnet, vor allem seiner historischen, meist vaterländischen Romane wegen; darin und in anderen seiner Schriften kann man zuweilen in ganz unterschiedlichem Zusammenhang wiederum auf die Walpurgisnacht als einem redensartig eingewobenen Gemeinplatz stoßen[15]. Zudem hat Alexis mit dem Roman „Urban Grandier oder Die Besessenen

10 Vgl. Keller: Sämtliche Werke, Bd. 1, S. 1003.

11 Vgl. Goethe: MA, Bd. 2.1 (1987), S. 42 („Der Fischer“) u. S. 568 (Komm.).

12 Ebenfalls schlecht ergeht es übrigens „vier Hexen“ und ihrem Meister „Satanas“ in dem Manuskript für eine kleine „Teufels- und Höllenkomödie“, das der fast noch kindliche Keller um 1832 geschrieben hatte (Keller: Sämtliche Werke, Bd. 7 (1996), S. 395–400 („Kleine Drama. I Der Hexenbund. Nebenspiel für kleine Theater.“) u. S. 1012 f. (Stellenkommentar)).

13 Vgl. Einleitung, I. (Vorüberlegungen).

14 Loewe, Johann Carl Gottfried: Walpurgisnacht. Ballade für eine Singstimme. Op. 2, Nr. 3. Berlin 1824; zu Brahms’ Vertonung vgl. Einleitung, I. (Vorüberlegungen).

15 Alexis, Willibald: Der falsche Woldemar. [Roman]. 3 Bände. Berlin 1842, Bd. 1, 7. Kap. („Die grüne Waldlust“), S. 5 („Wenn die Bauern mit bunten Bändern und Schellen durch die Büsche trieben; unter dem Wilde war Walpurgisnacht, die Hirsche

von Loudun" (1843) sogar einen authentischen Zaubereiprozess episiert, der sich in Frankreich während der ersten Hälfte des 17. Jahrhunderts zugetragen hat, wenn darin auch kein eigentlicher Hexenkonvent enthalten ist[16]. Eine Berührung zwischen Romantik und Realismus findet eine gewisse kuriose Entsprechung in den Personen Ludwig Tiecks und Theodor Fontanes, die beide einem Kreis von Literaten angehörten, dessen Treffen in Alexis' Berliner Haus bis zu seiner Übersiedlung nach Arnstadt im Jahr 1851 stattfanden.[17]

So wird zunächst auch Ludwig Tiecks (1773–1853) Erzählung „Der Hexensabbat" genauer betrachtet (Kapitel III.); daraufhin wird frühe, mit der Walpurgisnacht-Motivik versetzte phantastische Lyrik von Theodor Storm besprochen (Kapitel IV.), die durchaus noch romantische Züge trägt, selbst wenn Storms Gesamtwerk üblicherweise dem Realismus zugerechnet wird.

Einen unmittelbaren Beitrag Theodor Fontanes (1819–1898) zum Blocksberggeschehen gibt es zwar nicht, dennoch ist an dieser Stelle sein zwischen 1879 und 1782 entworfenes Romanfragment „Sidonie von Borke" zu erwähnen[18]. Dem liegt die Überlegung zugrunde, den historisch verbürgten Fall einer im frühen 17. Jahrhundert als Hexe verfolgten Frau schriftstellerisch umzusetzen[19],

---

wußten nicht wohin, und die Rehe liefen den Jägern in die Hände."); — Eine Walpurgisnacht in Finnland. In: Der neue Pitaval. Eine Sammlung der interessantesten Criminalgeschichten aller Länder aus älterer und neuerer Zeit. 3. Bd. (Leipzig 1842), 6. Kapitel.

16 Alexis, Willibald: Urban Grandier oder Die Besessenen von Loudun. 2 Bände. Berlin 1843.

17 Zu Person und Werk Alexis' bzw. Härings vgl. Kosch, 1. Bd. (1968), S. 66–68 (Alexis, Willibald); Haberland, Detlef: Alexis, Willibald. In: Killy, Bd. 1 (1988), S. 105 f.

18 Fontane, Theodor: Werke, Schriften und Briefe. Hrsg. von Walter Keitel u. Helmuth Nürnberger. 4 Abteilungen in 3 Auflagen bzw. 3 Bände mit div. Teilbänden. München, Wien u. Darmstadt 1970–1997, Abt. I, Bd. VII (2. Aufl. 1984), S. 349–373 (Text) u. S. 705–713 (Anm.).
Vgl. dazu Hummel, Adrian: „De Düwel ook nich!" Oder: Die Gesetze des literarischen Realismus. Der Sidonien-Stoff in Theodor Fontanes Werkstatt. In: George, Marion / Rudolph, Andrea / Daran, Valérie de (Hrsg.): Hexen. Historische Faktizität und fiktive Bildlichkeit. Internationales Symposion „Die Hexe. Historische Realität, Ideologie, Fiktion", das vom 31. Oktober bis zum 2. November 2002 in Penzlin stattfand und vom Museum Alte Burg in Verbindung mit dem Institut für Germanistik der Universität Poitiers organisiert und durchgeführt wurde. Dettelbach 2004, S. 185–222.

19 Vgl. dazu Wehrmann, Martin: Geschichte der Stadt Stettin. Stettin 1911, S. 264; Borcke, Wulf-Dietrich von: Sidonie von Borke. Die Hexe aus dem Kloster Marienfließ, 1548–1620. Beiträge zur pommerschen Landes-, Kirchen- und Kunstgeschichte, Bd. 3. Schwerin 2002; Riedl, Gerda: „Alles von rechts wegen!". Frühneuzeitliches

wobei Fontane eine beinahe dokumentarisch anmutende Disposition an den Tag legt. Diesem Fall der 1620 in Stettin des Hexereiverbrechens angeklagten und schließlich hingerichteten Klosterfrau Sidonie von Borke sowie der darüber aufgekommenen phantasievollen Legendenbildung hatte sich rund drei Jahrzehnte zuvor bereits der pommersche Autor und Theologe Wilhelm Meinhold (1797–1851) angenommen. Seinen dreibändigen Roman „Sidonia von Bork, die Klosterhexe", der neben den für ihn typischen Archaismen Merkmale der phantastischen Literatur erkennen lässt, ließ Meinhold in den Jahren Jahr 1847 und 1848 veröffentlichen[20]. Bereits 1843 war außerdem die thematisch ähnliche, aber fiktive Erzählung Meinholds „Maria Schweidler, die Bernsteinhexe" ohne sein Wissen und wohl auf Geheiß König Friedrich Wilhelms IV. von Preußen (1795–1861) anonym erschienen. Dadurch und vor allem durch den authentisch wirkenden, archaischen Stil ergab sich zunächst der Eindruck eines tatsächlich erhaltenen zeitgenössischen Berichts, bis sich Meinhold später zur Urheberschaft bekannte[21]. Die eigentliche Hexenversammlung ist bei Meinhold und Fontane nur ein Detail von allenfalls beiläufigem, kontextuellem Belang.

Hexenprozeß-(Un-)Wesen am Beispiel des Falles Sidonia von Borcke. In: George, Marion / Rudolph, Andrea / Daran, Valérie de (Hrsg.): Hexen. Historische Faktizität und fiktive Bildlichkeit. Internationales Symposion „Die Hexe. Historische Realität, Ideologie, Fiktion", das vom 31. Oktober bis zum 2. November 2002 in Penzlin stattfand und vom Museum Alte Burg in Verbindung mit dem Institut für Germanistik der Universität Poitiers organisiert und durchgeführt wurde. Dettelbach 2004, S. 133–154.

20 Meinhold, Wilhelm: Sidonia von Bork, die Klosterhexe, angebliche Vertilgerin des gesammten herzoglich-pommerschen Regentenhauses. Bd. 1 bis 3. Leipzig 1847–48.

21 Zur Person und den o. a. Werken Meinholds vgl. Freund, Winfried: Deutsche Phantastik. Die phantastische deutschsprachige Literatur von Goethe bis zur Gegenwart. München 1999, S. 198–201; Kuhk, Diana: Der pommersche Autor Wilhelm Meinhold. Studie zu seinem Gesamtwerk. Greifswald 1999; Rudolph, Andrea: Wilhelm Meinholds Hexenroman *Sidonia von Bork* (1847/48) - eine Abrechnung mit der libertinen Frauenemanzipation als ein „Leiden unserer Zeit". In: George, Marion / Rudolph, Andrea / Daran, Valérie de (Hrsg.): Hexen. Historische Faktizität und fiktive Bildlichkeit. Internationales Symposion „Die Hexe. Historische Realität, Ideologie, Fiktion", das vom 31. Oktober bis zum 2. November 2002 in Penzlin stattfand und vom Museum Alte Burg in Verbindung mit dem Institut für Germanistik der Universität Poitiers organisiert und durchgeführt wurde. Dettelbach 2004, S. 155–184; — Provinzen als Sinnräume einer ethischen Moderne. Wilhelm Meinholds chronikalische Novelle „Die Bernsteinhexe". In: Lasatowicz, Maria Katarzyna (Hrsg.): Kulturraumformung. Sprachpolitische, kulturpolitische, ästhetische Dimensionen. Berlin 2004, S. 149–178.

Nichtsdestotrotz offenbart sich bei ihnen die Absicht eines direkten, in gewisser Weise eben realistischen schriftstellerischen Umgangs mit dem historischen Problem der Hexenlehre und ihrer verheerenden Konsequenzen unter einer regionalen Perspektive. Sie dürften sich damit in der Trift eines zwischenzeitlich aufgekommen, gegenüber den Ansätzen des späten 17. Jahrhunderts weitaus systematischer angelegten wissenschaftlichen Interesses an der Hexenverfolgung befinden[22]. Hierfür ist besonders die historiographische Arbeit Wilhelm Gottlieb Soldans (1803–1869) paradigmatisch, die eine wesentliche Orientierung für spätere Forschungen ausmachte[23].

Im weiteren Verlauf des Teils 4 wird für den Zeitabschnitt des Biedermeier, der eben üblicherweise als literaturgeschichtlicher Übergang zwischen Romantik und Realismus gesehen wird[24], auf Heinrich Heines (1797–1856) auffälligste Ausarbeitung einer Hexenversammlung in seinem als „Tanzpoem" ausgewiesenen Stück „Der Doktor Faust" eingegangen. Ergänzend ist es zudem angebracht, Aspekte in anderen, teils nichtpoetischen Schriften Heines aufzuzeigen, die für Heines individuelle, aber auch für die zeitgenössische kulturelle Wahrnehmung der überlieferten Vorstellungen von Blocksbergkonventen und Walpurgisnächten von Belang sind (Kapitel V.).

In die Biedermeierzeit fällt ebenfalls das Aufgreifen des Walpurgisnacht-Gedankens durch den preußischen Landgerichtsrat, Schriftsteller und Theaterfachmann Karl [Leberecht] Immermann (1796–1840), der dazu mit den zuvor genannten ‚Blocksberg- und Walpurgisnacht-Autoren' Gutzkow, Tieck, Heine sowie auch mit Goethe bekannt war[25]. So ist an dieser Stelle auf Immermanns humoristischen und satirischen Roman „Münchhausen" von 1838/39 hinzuweisen, der als „Eine Geschichte in Arabesken" untertitelt ist[26]. Immermann

22 Vgl. Teil 1, IV. 6.

23 Soldan, Wilhelm Gottlieb: Geschichte der Hexenprocesse. Aus den Quellen dargestellt. 1. Ausgabe Stuttgart u. Tübingen 1843.

24 Zum Begriff des literarischen Biedermeier vgl. Wilpert 2001, S. 88 f.

25 Vgl. hierzu z. B. Immermann, Karl Leberecht: Briefe. Textkritische und kommentierte Ausgabe in drei Bänden. Hrsg. von Peter Hasubek. München u. Wien 1979, Bd. II, S. 868 f. („*970. An Karl Gutzkow*"), Bd. I, S. 502–504, 593, 810–812, 878–880, 930–932, Bd. II, S. 111 f., 250–252, 938 (jeweils „*An Heinrich Heine*"), Bd. I, S. 262 f., 325 f., 334 f., 721 f. (jeweils „*An Johann Wolfgang von Goethe*").

26 Immermann, Karl Leberecht: Münchhausen. Eine Geschichte in Arabesken. 4 Bände. Düsseldorf 1838/39.
Als Textgrundlage dient folgende Werkausgabe: Immermann, Karl Leberecht: Werke in fünf Bänden. Hrsg. von Benno v. Wiese. Frankfurt/M. 1972, 3. Bd. („Münchhausen. Eine Geschichte in Arabesken").

knüpft darin zwar an den von Rudolf Erich Raspe (1736–1794) und Gottfried August Bürger (1747–1794) etablierten Romanstoff an, doch stellt das Werk sonst schon eine eigenständige Münchhausen-Literarisierung dar. Die noch erkennbar mit Merkmalen der Romantik behaftete Erzählung kam zu einer beachtlichen Popularität und verkaufte und sich bis in das 20. Jahrhundert hinein recht erfolgreich[27].

Das „Sechste Buch" im „Dritten Teil" des „Münchhausen" ist mit der Überschrift „Walpurgisnacht bei Tage" versehen (S. 523). Dabei wurde allerdings im Grunde nur der Titel des darin enthaltenen „Sechzehnten Kapitels", das eigentlich mit „Walpurgisnacht bei Tage" benannt ist (S. 619–626), für das übergeordnete Romanglied übernommen. Immermanns Auffassung von der literarischen Verwendbarkeit der Walpurgisnacht hängt unverkennbar mit dem Begriff der Arabeske in der Denkart Friedrich Schlegels (1772–1829) zusammen[28]; also als einem märchenhaften, phantastischen Gegenstand mit reichhaltigen Illustrationsmöglichkeiten, zu denen eben unbedingt auch Humoristisches, Satire, Ironie und darstellerische Unbeschwertheit zählen[29]. Somit dürfte die Walpurgisnacht bei Immermann als Gestaltungsmittel, aber auch in Immermanns genereller kultureller Auffassung fraglos eine willkommene, bereichernde Qualität gehabt haben.

Einen Hexenkonvent oder eine vergleichbare dämonische Versammlung im eigentlichen Sinne beschreibt die Immermannsche „Walpurgisnacht bei

27 Vgl. dazu Immermann, Karl Leb[e]recht: Münchhausen. Eine Geschichte in Arabesken. Hrsg. von Gustav Konrad. Frechen 1968, S. 630 („Ausgewählte Zeugnisse zur Entstehungsgeschichte von Immermanns *Münchhausen*, 31 u. 32); Hasubek, Peter: Immermanns Bestseller. Zur Rezeption des „Münchhausen" im 19. und 20. Jahrhundert. In: — (Hrsg.): Epigonentum und Originalität. Immermann und seine Zeit – Immermann und die Folgen. Frankfurt/M. 1997, S. 267–295; — Ein Lieblingsbuch des deutschen Volkes. Immermanns „Münchhausen" und der „Oberhof". 150 Jahre Editions- und Rezeptionsgeschichte. Bielefeld 2004.

28 Zum Begriff der literarischen Arabeske vgl. Oesterle, Günter: Arabeske und Zeitgeist. Karl Immermanns Roman *Münchhausen*. In: Spies, Bernhard (Hrsg.): Ideologie und Utopie in der deutschen Literatur der Neuzeit. Würzburg 1995, S. 43–57; außerdem Wilpert 2001, S. 42 (Arabeske).

29 Zur teils indifferenten Charakterisierung des Romans durch Immermann selbst vgl. Immermann: Briefe, Bd. II, S. 777 („höchst abentheuerliche Composition"), 790 („komische[r] Roman"), 840 („die Composition ist die seltsamste von der Welt"), 868 („Der Inhalt […] ist zum Theil satirisch-humoristischer Art"), 938 („ich glaube, daß es Sie [H. Heine] amüsiren wird"), 1117 / 1141 („Münchhausen ist […] eine sonderbare Composition geworden, er sollte erst nur reiner Spaßmacher werden u. kommt jetzt gegen das Ende ganz tragisch zu stehen.").

Tage“ durchaus nicht. Denn innerhalb des stark satirischen „Dritten Teils“ des „Münchhausen“ erfolgt der Wortgebrauch von „Walpurgisnacht“ in einer bildhaften, vergleichenden Weise. Es ist somit ein begriffliches Ausdrucksmittel für die unverlässliche, vernunftlose und irreale Welt der satirischen Teile des Romans, die Immermann selbst als eine Art „Nihilismus“ bezeichnet[30].

In der Umgebung der verschroben wirkenden Gesellschaft aus niederem Adel auf dem blocksberghaft erhöht gelegenen Schloss wird jedenfalls als „Walpurgisnacht bei Tage“ eine Situation charakterisiert, die chaotisch, lächerlich und geradezu irreal anmutet und etwas Selbstzerstörerisches hat. Der dort unversehens und mehr als Beobachter hinein geratene „Jäger Oswald“, eine der Hauptpersonen, quittiert das bizarre Szenario allein für sich und eher amüsiert zweimal folgendermaßen:

> „»Walpurgisnacht bei Tage!« setzte er, sich dennoch schüttelnd vor Grauen, seinen Worten hinzu.“ (S. 621)
>
> […]
>
> „»Walpurgisnacht bei Tage!« murmelte der Jäger abermals. – Als er den Talgrund erreicht hatte, hörte er hinter sich oben ein Krachen und dann ein donnerartiges Getöse, wie wenn ein Gebäude zusammenstürzt.“ (S. 626)

Dadurch dass Immermann diese „Walpurgisnacht“ auch noch „bei Tage“ stattfinden lässt, wird das Groteske und Skurrile der Situation noch unterstrichen. Doch wird so zudem die Anwendungsfähigkeit des Begriffs ‚Walpurgisnacht‘ auf jedwede absonderliche Ansammlung und das wunderliche Gebaren der Beteiligten, unabhängig zu welcher Tages- und Jahreszeit, ausgedehnt.

Bezüge zur ‚Walpurgisnacht-Dichtung‘ Goethes werden außer über den Titel noch dadurch hergestellt, dass Immermann die in der „Klassischen Walpurgisnacht“ und an anderer Stelle des „Faust II“ auftretenden „Lamien, Empusen und Lemuren“ (V. 7696 ff., 7732 ff., 11512 ff.) im Erzählfluss vorkommen lässt (S. 625)[31]; die „Parzen“ (V. 7990) sind als Teil einer Flucherei dem Titelhelden „Münchhausen“ sogar direkt in den Mund gelegt (S. 625). Und ein „Homunculus“ (V. 6879 ff.) hatte bereits im unmittelbar vorangegangenen „Fünfzehnten Kapitel“ für einen bildlichen Vergleich hergehalten („Bin ich ein zusammengeronnener Homunkulus, wie der Spitzbube Karl mir nachplauderte, […]?“, S. 618). Auch lassen manche

---

30 Zur recht speziellen Verwendungsweise von „Nihilismus“ bei Immermann vgl. Immermann: Briefe, Bd. II, S. 836 („*951. An Amalie von Sybel*“) u. Bd. III/2, S. 1236 f. (Erläuterungen).

31 Vgl. Immermann: Werke, 3. Bd., S. 933 (Anm. zu S. 625); — Münchhausen (1968), S. 466 (Anm. 3).

der zeitsatirischen Aspekte eine Anregung durch Goethes Vorgaben annehmen. Das wären etwa die politischen Bezüge zum Heiligen Römischen Reich, das in „Auerbachs Keller“ schon Gegenstand von Spöttereien war (V. 2090–2096) und dessen Ende nun manch einer der Schloss-Gesellschaft im „Münchhausen“ nicht wahr haben will (S. 621). An den Defätismus der komischen Viererrunde in der goetheschen „Walpurgisnacht“ (V. 4076–4091) erinnern die Anspielungen auf die Auswirkungen von Französischer Revolution, Bonapartismus und Parlamentarismus (S. 621 u. 624) und das Beharren auf einem überkommenen absolutistischen Herrschaftsanspruch, der sich nur noch auf die Vergangenheit und auf Metaphysisches („Ja, der Adel ist Magie, Bourgeoisie und Philosophie mögen sagen, was sie wollen“, S. 624) berufen kann.

Letztlich geht dieser bildhafte Gebrauch von „Walpurgisnacht“ bei Immermann mit einer Auffassung einher, die jegliche intellektuelle Unterhaltung als etwas möglichst Unbeschwertes versteht, das aber dennoch geistreich zu sein hat; und zu deren Formung „höherer Unsinn, Parodie, Groteske und Satire“ und ebenso „Ironie, […] Anspielungen und Sprachspiele“ unverzichtbar sind[32].

Zum Abschluss dieses Überschlags für das 19. Jahrhundert sollten auch die entsprechenden Rührigkeiten des Bonner Juristen und Germanisten Karl [Joseph] Simrock (1802–1876) nicht unerwähnt bleiben, dessen literarische Disposition gleichfalls noch als spätromantisch und biedermeierlich einzustufen ist[33]. Am Rande sei außerdem erwähnt, dass im Zuge der Entwicklung, wonach der Brocken im 19. Jahrhundert zu einem beliebten Reise- und Wanderziel wurde, auch Simrock im Jahr 1826 diesen Inbegriff des Blocksberges erwandert hat[34].

1846 hatte Simrock dann zunächst die „Historia von D. Johann Fausten“ und im selben Jahr ebenso eine literarisierte Fassung der tradierten Faust-Puppenspiele herausbringen lassen, wie sie von Johann Georg Geißelbrecht (1762–1826) und anderen Puppentheatern bis in die 1820er Jahre geprägt worden waren[35]. Beide Texte wurden 1847 auch in den „4. Band“ seines Zyklus’

32 Immermann: Briefe, Bd. II, S. 744 („*908. An Heinrich Phillip Ferdinand von Sybel und andere Freunde*“) u. Bd. III/2, S. 1181 f. (Erläuterungen).

33 Zu Person, Werk und Wirken Simrocks vgl. Moser, Hugo: Karl Simrock. Universitätslehrer und Poet. Germanist und Erneuerer von „Volkspoesie“ und älterer „Nationalliteratur“. Ein Stück Literatur-, Bildungs- und Wissenschaftsgeschichte des 19. Jahrhunderts. Bonn 1976; zum o. a. Aspekt vgl. ebd., S. 46 ff.

34 Vgl. Dennert 1954, S. 87.

35 Simrock, Karl: Doctor Johannes Faust. Puppenspiel in 4 Aufzügen. Hergestellt von Karl Simrock. Frankfurt/M. 1846; vgl. dazu Simrock, Karl: Dichtungen. Eigenes und Angeeignetes. Berlin. 1872, S. 405 f. (Berufen auf Geißelbrecht u. a.); Moser, S. 158 f.

der „Deutschen Volksbücher" aufgenommen[36]. Diese erste Fassung des Faust-Puppenspiels trägt noch dem Umstand Rechnung, dass eine walpurgisnächtliche Blocksbergversammlung für die Puppenspiele vor Goethes „Faust I" nicht bestätigt überliefert ist[37]. In die 1872 nach den Vorgaben des Puppenspiels erschienene erweiterte Fassung des nun zum „Trauerspiel" aufgewerteten Stücks hat Simrock als „Vierten Aufzug" dann aber doch einen „Hexensabbat auf dem Blocksberg in der Walpurgisnacht" eingearbeitet[38]. Diese „Zuthat" gibt Simrock in der „Vorerinnerung" als sein „Eigenthum" aus, das „hier zuerst veröffentlicht" wurde (S. 406). Allerdings ist dabei die unmittelbare Anlehnung an Goethe ganz offensichtlich[39]. Im Grunde handelt es sich um ein auf die Anforderungen eines volkstümlichen Bühnenspiels merklich vereinfachtes Abbild der „Walpurgisnacht" aus dem „Faust I"; selbst wenn auch Personen auftreten, die bei Goethe so nicht vorkommen, wie etwa „Lucifer als großer Bock auf dem Altar" (S. 466). Die von Goethes Vorgabe her nicht bekannte Betitelung „Hexensabbat" lässt jedoch wiederum vermuten, dass Simrock zumindest bei manchem Detail auch andere dichterische Vorgaben zu Rate gezogen haben könnte; hierbei wäre etwa an Heinrich Heines „Hexensabbat" in dessen „Der Doktor Faust" zu denken[40].

Ungeachtet des vorrangig sammelnden und dokumentarischen Interesses Simrocks ist der „Hexensabbat auf dem Blocksberg in der Walpurgisnacht" in Ansätzen doch auch mit einer satirischen, zeitkritischen Tendenz versehen, die vor allem auf Geistlichkeit und Papsttum abzielt. Ein Beweggrund dafür mag durchaus die „dem Altkatholizismus zuneigende Gesinnung Simrocks" gewesen sein[41], doch gilt es darüber hinaus zu beachten, dass ironische Attacken auf Klerus

---

36 Simrock, Karl: Die deutschen Volksbücher. Gesammelt und in ihrer ursprünglichen Echtheit wiederhergestellt. 13 Bände. Frankfurt/M. 1845–1867.

37 Vgl. dazu Eversberg, Gerd: „Faust" für Holzköpfe. Wandlungen des Faust-Stoffes von der Wanderbühne zum Marionettentheater. In: Mahal, Günther (Hrsg.): „... aus allen Zipfeln ...". Faust um 1775, Referate und Zusammenfassungen der Diskussionen des wissenschaftlichen Symposiums am 25./26. September 1999 in Knittlingen. Knittlingen 1999, S. 7–27; — Geißelbrechts „Faust". Nach der Handschrift von Georg Geisselbrecht. In: Mahal, Günther (Hrsg.): „... aus allen Zipfeln ...". Faust um 1775, Referate und Zusammenfassungen der Diskussionen des wissenschaftlichen Symposiums am 25./26. September 1999 in Knittlingen. Knittlingen 1999, S. 161–206.

38 Simrock, Karl: Doctor Johannes Faust. Trauerspiel in fünf Aufzügen. Nach dem Puppenspiel. In: — Dichtungen. Eigenes und Angeeignetes. Berlin. 1872, S. 403–492, insbesondere S. 403–409 („Vorerinnerung") u. S 466–472 („Vierter Aufzug").

39 Vgl. auch Moser, S. 160.

40 Vgl. Teil 4, III. 1.

41 Moser, S. 160.

und ‚Papismus' in Verbindung mit dem Blocksberg schon in der Kompilation des Johannes Praetorius vorzufinden sind, die dem Sagen- und Mythologie Forscher Simrock sicher bekannt gewesen ist[42]. Etwas ungewöhnlich ist vielleicht noch die intertextuelle Nennung des „Hexenhammer[s]", den der am Fest teilnehmende „Pabst" andeutungsweise als Mahnobjekt in Bezug auf die Bestrafungswürdigkeit der weiblichen Buhlteufel (‚Succubi') und ihrer Opfer benutzt (S. 468). Gleichwohl wird für die satirischen Anhaftungen in ihrer Gesamtheit ebenfalls Goethes „Walpurgisnacht" Pate gestanden haben[43]. Eine auffallende Nähe zu Goethe ist im Übrigen bereits einige Zeit zuvor in Simrocks Beitrag für eine von Ludwig Seeger (1810–1864) herausgegebene Shakespeare-Ausgabe zu beobachten, als er den Titel des inzwischen als „Sommernachtstraum" geläufigen „Midsummer-Night's Dream" – philologisch unpassend, aber möglicherweise merkantilen Erfolg verheißend – mit „Walpurgisnachtstraum" übersetzte[44].

Trotz der augenfälligen Anleihen sollte Simrocks „Hexensabbat auf dem Blocksberg in der Walpurgisnacht" dennoch nicht grundsätzlich als bloßes, eher „peinlich" wirkendes Plagiat der goetheschen „Walpurgisnacht" abgetan werden[45], auch wenn die von ihm selbst so bezeichneten „eigenen Erfindungen" in diesem Fall nicht als wahrhaftig eigene Dichtung gelten können[46]. So sollte Simrock schon zugestanden werden, dass ihn in der Hauptsache seine ausgiebige Beschäftigung mit der Sagen- und Märchenkultur, der ‚Volkspoesie' und weiteren volksmythologisch beeinflussten Stoffen zu eben dieser Dokumentation des Faust-Puppenspiels bewogen hat; und weniger die Absicht an Goethes Leistungen epigonenhaft zu partizipieren. Eher dürfte Simrock die Faust-Dichtung Goethes und die damit einhergehende (endgültige) Verquickung von Faust-Stoff und Walpurgisnacht als eine inzwischen reguläre, Werkstoff stiftende Größe bei der Niederschrift von volkstümlichen Themen und Gegenständen verstanden haben. Das relativiert zwar in gewisser Weise den von Simrock oftmals hochgehaltenen Anspruch „ursprünglicher Echtheit"[47], es wird dadurch aber eben die Wirkung von Goethes Faust- und Walpurgisnacht-Dichtung bis hinein in die als

42 Vgl. Teil 2, II.

43 Vgl. Moser, S. 160.

44 Shakespeare, William: Shakespeare. In deutscher Übersetzung. Hrsg. von Ludwig Seeger. 10 Bde. Hildburghausen 1865–1870, Bd. 5 (1868): Romeo und Julie; Kaufmann von Venedig; Ende gut, alles gut; Walpurgisnachtstraum (Übertragen von Karl Simrock).

45 Moser, S. 160.

46 Vgl. ebd.

47 Vgl. Anm. 36.

literaturhistoriographisch genau empfundenen Unternehmungen um die sogenannte volkstümliche Dichtung recht anschaulich.

II. Heinrich Zschokke – Die Walpurgisnacht (1812)

Allein schon an den zahlreichen Auflagen seiner erzählenden Prosa wird deutlich, dass der gebürtige Magdeburger und 1796 in der Schweiz eingebürgerte (Johann) Heinrich (Daniel) Zschokke (1771–1848) im deutschsprachigen Raum des 19. Jahrhunderts ein viel gelesener Autor war. Selbst in den USA wurden verschiedentlich ins Englische übersetzte Fassungen seiner Geschichten in literarischen Zeitschriften abgedruckt, so auch „Die Walpurgisnacht“[48]. Im 20. Jahrhundert interessierte man sich allerdings weit mehr für seine Tätigkeiten als politischer Journalist und Publizist in der Schweiz sowie vor allem für sein innovatives Wirken als helvetischer Staats- und Verwaltungsfachmann. Sein ‚unpolitisches‘ schriftstellerisches Werk blieb dagegen relativ wenig untersucht.[49]

Heinrich Zschokkes kurze Prosaerzählung „Die Walpurgisnacht“ erschien erstmals im Jahr 1812[50]; also bereits lange nach seiner schweizerischen Einbürgerung und letztendlichen Übersiedlung in den 1803 neu geschaffenen Kanton Aargau, dessen Volksvertretung (‚Grosser Rat‘) er von 1815 bis 1843 angehörte. Die Entstehung des Textes ist für die Zeit unmittelbar davor anzusetzen. Das lässt sich hauptsächlich aus dem mehrmals beiläufig genannten „Spanischen Krieg“

---

48 Vgl. Phantasies of Walpurgis Night. From the German of Zschokke. In: Littell’s Living Age. Vol. 26, Nr. 325, 1850, S. 270–275.

49 Zu Person und Werk Zschokkes vgl. Böning, Holger: Zschokke, (Johann) Heinrich (Daniel). In: Killy, Bd. 12 (1992), S. 523 f.; Albrecht, Günter u. Albrecht, Barbara: Einleitung. In: Zschokke, Heinrich: Die Walpurgisnacht und andere Erzählungen. Hrsg. u. eingeleitet von Günter Albrecht unter Mitwirkung von Barbara Albrecht. Berlin/O. 1975, S. 6–49.

50 Zschokke, Heinrich: Die Walpurgisnacht. In: Erheiterungen. Eine Monatsschrift für gebildete Leser. 2. Jg. (1812); 2. Ausgabe in: — Heinrich Zschokke’s ausgewählte Schriften. Theil 21: Ein Narr des neunzehnten Jahrhunderts. Die Herrnhuterfamilie. Die Walpurgisnacht. Der Fürstenblick. Der Abend vor der Hochzeit. Aarau (Kt. Aargau) 1825.
Als allgemeine Textreferenz dient: Zschokke, Heinrich: Die Walpurgisnacht und andere Erzählungen. Hrsg. u. eingeleitet von Günter Albrecht unter Mitwirkung von Barbara Albrecht. Berlin/O. 1975, S. 51–96 u. S. 463–465 (Anm.); vgl. jedoch auch Zschokke, Heinrich: Weiß wie der Teufel: Der König von Akim, Die Walpurgisnacht, Der zerbrochene Krug und andere Erzählungen von Heinrich Zschokke. Hrsg. u. mit einem Nachwort versehen von Holger Böning. Illustriert von Michael Binder. Bremen 2007.

(S. 54) erschließen; also dem ab 1808 in Spanien geführten Krieg Napoléon Bonapartes, dessen Führung der Kaiser von 1809 bis zum misslichen Abzug der Franzosen Ende 1813 seinem Bruder Joseph Bonaparte (1768–1844) überließ. Ein weiterer Hinweis auf den Entstehungszeitraum stellt bereits einen Zusammenhang zur Kenntnis von Goethes gesamtem „Faust I" her – und wohl nicht nur des „Fragments" von 1790 – worauf nachher noch eingegangen wird.

Die Kategorie von Zschokkes Erzählungen, denen auch „Die Walpurgisnacht" angehört, sind dem nicht selten ins Triviale gehenden Genre der romantischen Gespenstergeschichten und der sogenannten Schauerromantik zuzuordnen[51]. Dabei fehlt es bei Zschokke auch nicht an einem mitunter zwar nur latenten, aber recht durchgängigen humoristischen Unterton. Die Prosa des Wahl-Schweizers wirkt in Stilistik und Ausdruck ausgesprochen modern, so dass „Die Walpurgisnacht" durchaus auch etliche Jahrzehnte später hätte geschrieben worden sein können. Die insgesamt nicht allzu lange Erzählung ist noch einmal in 14 Kapitel gegliedert, die jeweils mit einem charakterisierenden, auf anstehende Handlungselemente Bezug nehmenden Titel versehen sind.

Der Schauplatz der Geschichte ist zu Beginn das böhmisch-österreichische Prag zur Zeit des besagten „Spanischen Krieges" Napoléon Bonapartes. Der Ich-Erzähler mit dem Namen „Robert", der sich dort befindet, um seinem in geschäftliche Schwierigkeiten geratenen Bruder beizustehen, gerät am Morgen seiner geplanten Abreise in die Situation, seine Wirtshaus-Rechnung nicht begleichen zu können, da ihm seine Brieftasche mit mehr als „vierzehnhundert Taler[n]" Papiergeld abhanden gekommen ist (S. 52). Zu seinem Glück wird er alsbald von einem ihm aufdringlich und höchst seltsam vorkommenden Mann aufgesucht, der immerhin angibt, die Brieftasche gefunden zu haben; und tatsächlich händigt er sie ihm samt Inhalt aus (S. 57–61). Trotz seiner Freude über die wieder erhaltene Brieftasche stellt der Ich-Erzähler von da an über diesen sonderbaren Herrn namens „Mannteuffel" (S. 59) allerlei Gedankenspiele an, die den „Rotrock", wie er ihn wegen seiner auffälligen Überbekleidung häufig nennt, unter anderem als klumpfüßigen, teuflischen „Versucher" (S. 58), „Mephistopheles" (S. 62) und „Beelzebub" (S. 66) dastehen lassen. Nachdem sich dann auch noch die wirtschaftlichen Schwierigkeiten seines Bruders plötzlich verflüchtigt haben, tritt der Ich-Erzähler „Robert" voller Vorfreude auf das Wiedersehen mit seiner jungen Ehefrau „Fanny" und seinen beiden Söhne endlich die Heimreise in sein „zwei Tage und eine Nacht" entferntes „Städtchen" an (S. 63 f.).

51 Vgl. Wilpert 1994, S. 170 ff.

Als er nun des Nachts – es ist die berüchtigte Nacht vom 30. April auf den 1. Mai – an seinem Wohnsitz ankommt, zieht er es vor, im Gartenhaus zu nächtigen, um niemanden zu wecken (S. 65). Nach einer Weile findet sich dort ganz unverhofft auch der seltsame „Rotrock" aus Prag ein, der allerdings zuvor angekündigt hatte, der Familie des Erzählers seine Aufwartung machen zu wollen (S. 65). Aufgrund seines unerhörten Äußeren nicht ganz überraschend gibt sich dieser „Mannteuffel" nun, wenn auch mehr scherzhaft und auf das etwas respektlose Drängen „Roberts" hin, in der Tat als „Teufel" aus (S. 66). Darüber entsteht ein freimütiges Zwiegespräch über die Überflüssigkeit und Beschäftigungslosigkeit des Teufels angesichts der ganz selbständig fortschreitenden Unmoral der Menschen (S. 66 f.), das sie dann mit einem „Punsch" im örtlichen Gasthaus ausklingen lassen (S. 68).

Nachdem der „Rotrock" dann schließlich mit seinem Kutschwagen weitergereist ist, trifft der noch unter dem Einfluss des „Punsch" stehende Erzähler „Robert" im Gasthaus völlig überraschend seine voreheliche Liebschaft „Julie" vor, die mittlerweile mit einem polnischen Adeligen namens „Starostin" unglücklich verheiratet ist (S. 64 u. 68 f.). Unmittelbar nachdem die beiden ihr Wiedersehen auf das Zimmer „Julies" verlegt haben, tritt ihr grobschlächtiger, vor Eifersucht rasender Ehemann ein. Es kommt zum Handgemenge, in dessen Verlauf der arg in Bedrängnis geratene „Robert" den blindwütigen polnischen Edelmann mehr zufällig mit einem herumliegenden Messer ersticht (S. 70 f.).

Auf der nun einsetzenden kopflosen Flucht kann „Robert" einige Verfolger, die inzwischen von dem Lärmen auf den Plan gerufen wurden, nur noch abschütteln, indem er mit einer aus dem Zimmer mitgenommenen Kerze einen Scheunenbrand legt (S. 71 f.). Außerhalb des Ortes wird der einsame Gehetzte durch das Geläut von Sturmglocken und einen gewaltigen Feuerschein dann nach einer Weile gewahr, dass sich das von ihm verursachte Feuer wohl zu einem Großbrand ausgedehnt hat (S. 73–75). Der zutiefst entsetzte und verunsicherte „Robert" entledigt sich auf seiner panischen Flucht durch Wald und Flur, die ein wenig an die Sage vom Wilden Jäger erinnert[52], schließlich noch seines vom Blut des „Starostin" befleckten Gehrocks und anderer Kleidungsstücke (S. 75). Zu spät bemerkt er, dass sich darin auch seine Brieftasche mit dem Geld befunden hatte, das eine weitere Flucht hätte ermöglichen können (S. 75 f.).

Als sich auf einer etwas abgelegenen Straße ein Reisewagen nähert, fasst der verwirrte Erzähler den spontanen Beschluss, das Vehikel zu überfallen und an sich zu bringen, um so an neue Kleidung und ein Fortbewegungsmittel zu

52 Vgl. Teil 1, II.

kommen (S. 76). Nachdem dessen Fahrer kurz abgestiegen ist, springt „Robert“ auf und treibt die Pferde an, um davon zu fahren. Doch dann gerät der herbeieilende „Eigentümer“ unter die Räder und trägt tödliche Verletzungen davon (S. 76 f.). Erst da erkennt er, dass es sich bei seinem Opfer um seinen eigenen Bruder handelt, der sich aus Prag ganz unvermittelt auf den Weg zu ihm gemacht hatte (S. 77 f.). Zwar verharrt der verzweifelte Erzähler eine Zeit lang beim Leichnam seines Bruders, als er aber „Stimmen im Walde“ hört, setzt er seine Flucht weiter zu Fuß fort (S. 78–80).

Auf einem einsamen Waldweg trifft er schließlich auf einen Kutschwagen, der wegen eines defekten Rades Halt machen musste (S. 80 f.). Der einzige Fahrgast entpuppt sich als der ihm zuvor so diabolisch anmutende „wohlbekannte Rotrock“, der ihn zuletzt vor dem Gasthaus seines Städtchens unter dem Hinweis, dass sie sich noch einmal sehen würden, verlassen hatte (S. 68 u. 81). Der verzagte Erzähler unterstellt seinem Gegenüber jetzt ganz offen und ernsthaft, dass er ihn für den „Satan“ und damit für den Verursacher all der ihm unlängst unterlaufenen Miseren hält (S. 81 f.). Ganz devot schlägt er sogar von sich aus eine Art Teufelsbund vor, wobei der „Rotrock“ seine Seele annehmen möge, um den moralischen und gefühlsmäßigen Druck von ihm zu nehmen und ihn vor allem samt seines Weibes und seiner Kinder „vor dem Verderben“ zu „rette[n]“ (S. 82). Jedoch gibt sich der angeflehte „Rotrock“ mit Namen „Mannteuffel“ stattdessen erzürnt als „Mensch wie Sie [Robert]“ zu erkennen (S. 82 f.). Darüber wird „Robert“ zwar recht verlegen, dennoch hält er dem sich als menschlich offenbarten „Mannteuffel“ trotzdem zunächst weiter vor, allein durch seine Präsenz die letztendliche Ursache seines Unheils gewesen zu sein; und demzufolge sei er ihm jetzt zu Hilfe verpflichtet (S. 83 f.). In der spätestens da endgültig über „Robert“ hereinbrechenden Standpauke, die eine Aufforderung zur Selbstläuterung mit einschließt, macht „Mannteuffel“ ihn allerdings unverblümt auf seine Verwerflichkeiten und Schwächen, seine unmoralischen und untugendhaften Handlungen aufmerksam, die darin gipfelten, den vermeintlichen Satan anbeten zu wollen (S. 82–87). Daraufhin fühlt sich „Robert“ noch verschämter als ohnehin schon (S. 87–88). Doch fällt er plötzlich in einen rätselhaften Zustand, der einer Ohnmacht oder Trance ähnelt. In dieser, einem „Feenmärchen“ gleichen Entrücktheit, gewinnt er endlich an aufrichtiger Einsicht über seine Verfehlungen und seine gesamte Existenz, die über seine bisherige Haltung, die mehr einer schlichten, unreflektierten Schockiertheit entsprach, hinausgeht. „Mannteufel“, den er hier lediglich als den „Alten“ bezeichnet, erscheint in dieser Situation nun doch in der Rolle eines transzendenten, über ihm schwebenden, wohlwollenden Erlösers, der „Robert“ erklärt, dass er ihn jetzt „gerettet“ und seine „Wünsche erfüllt“ habe (S. 87–89).

Und dann erfährt die Erzählung eine jähe Wendung. Denn die verhängnisvollen Ereignisse, die sich vollzogen, seitdem sich „Robert“ in seinem Gartenhaus zur Nachtruhe niederließ, stellen sich als Traum heraus (S. 89 f.), aus dem er nun sanft erwacht. Der erleichterte, aber noch weiter unter dem Eindruck des Geträumten stehende Erzähler findet sich nun wirklich im Kreis seiner ersehnten Familie wieder (S. 91). Im Verlauf des Tages, also dem 1. Mai, der im Übrigen noch der Geburtstag von seiner Ehefrau „Fanny“ ist, weshalb ein kleines „Familienfest“ begangen wird (S. 91 f.), bekommt die Familie dann noch unerwarteten Besuch. Das bringt unter anderem mit sich, dass einige ‚personelle‘ Gesichtspunkte des „Walpurgistraums“ aufgeklärt werden. Denn die Besucher setzten sich wahrhaftig aus dem „Baron *Mannteuffel von Dostow*“, dem „Rotrock“, sowie dessen „Bruder und seine[r] Frau“ (S. 93) zusammen. Bei letzteren handelt es tatsächlich sich um die Eheleute „Julie“ – „Roberts“ vorehelicher Liebschaft – und „Starostin“, den ihr angetrauten polnischen Edelmann. Doch anders als in „Roberts“ walpurgisnächtlichem Traum verläuft der Umgang mit den Besuchern ausgesprochen einträchtig. Nicht nur, dass sich „Fanny“ und „Julie“ geradezu schwesterlich verstehen (S. 94); während des harmonisch verlaufenden Tages lernt „Robert“ den ihm anfänglich in Prag so suspekt erscheinenden „Versucher Mannteuffel“ als weisen und humorvollen Gesprächspartner sehr zu schätzen (S. 94 f.).

Im Text heißt es zur Erklärung der Unheimlichkeit und Verworrenheit der zu diesem Zeitpunkt noch nicht als geträumt identifizierten Ereignisse an einer Stelle:

> „Welch ein Tag! Welch eine Nacht! – Da durchfuhr mich der Gedanke: es ist *Walpurgisnacht!* – Sonderbar! Der alte Aberglaube machte diese Nacht von jeher zur Nacht des Schreckens, in der böse Geister ihr Fest begangen haben sollten und der Teufel seine Hexen auf dem Gipfel des Blocksberges versammelte. Fast hätte ich an die Wahrheit der albernsten Abscheulichkeit glauben mögen.“ (S. 74)

Bei der Frage nach einer von Goethes „Faust I“ unabhängigen Prosadichtung ist nun einzugestehen, dass auch schon Zschokke in dieser Hinsicht nicht mehr unbeeinflusst agiert hat. Dafür spricht nicht allein der unverhohlene Umgang mit Bezeichnungen wie „Mephistopheles“ (S. 62) „Rabenstein“ (S. 79) und „Walpurgistraum“ (S. 90, 92, 96) oder die selbstverständliche Verbindung von Teufelsbündnerschaft und Walpurgisnacht, die in so ausdrücklicher Form im Grunde ja erst durch Goethes Wirken einer breiten Leserschaft gegenüber dichterisch verbrieft worden ist. Insbesondere ist in Anbetracht von Zschokkes nachweislich ausgiebiger Auseinandersetzung mit den Protagonisten der Weimarer Klassik seine Kenntnis des (gesamten) „Faust I“ vorauszusetzen[53]. Nichtsdestotrotz sind über die

53 Vgl. Albrecht 1975, S. 5–9.

Wort-Entlehungen hinaus nur wenige inhaltliche Ähnlichkeiten zur goetheschen „Walpurgisnacht“ wirklich augenfällig. Am ehesten bietet sich in dieser Hinsicht noch die Anspielung der „Trödelhexe“ auf die Tötung Valentins in der „Walpurgisnacht“ (V. 4104) und das ebenfalls bei Zschokke gegebene Motiv des Erstechens an (S. 71); hinzu kommt vielleicht auch die Parallele zwischen dem Mammon als einer urtriebhaften Kraft bei Goethe und dem abhanden gekommenen Geld als ein wiederholter Handlungsauslöser in Zschokkes Erzählung (S. 52 ff. u. 75 f.).

‚Walpurgisnacht‘ bezeichnet bei Zschokkes also keine Hexenversammlung, sondern beschreibt eine geträumte, an allerlei unheimlichen und schicksalhaften Ereignissen reiche Nacht, die eben nicht zufällig auf den einschlägigen Datumswechsel vom 30. April zum 1. Mai fällt. Gleichwohl sind die in der dichterischen Entwicklung der Walpurgisnacht wiederkehrenden Aspekte der Erkenntnisgewinnung und Läuterung gegeben, wenn sie hier auch hauptsächlich nur einen individuellen Bezug haben. Das unbefangene, losungsartige Verwenden der althergebrachten volksmythologischen Vorstellung ist jedenfalls ein gutes Beispiel für eine Romantik, die – anders als zuvor die von Zschokke gleichwohl geschätzte Aufklärung[54] – den Aberglauben nicht unbedingt als reines Blendwerk pädagogisch ablehnt, sondern mittlerweile als quasi historisches, zur Volksseele gehöriges und erzählerisch bereicherndes Moment annimmt[55]. Das unterstreichen auch positive Kommentare, die eine gewisse Beschwingtheit und vor allem den läuternden Charakter des Walpurgisnacht-Gedankens betonen, freilich aber erst nach der Auflösung des „Walpurgistraums“. So ist die Reaktion von „Roberts“ Ehefrau „Fanny“ eher schelmisch als zurechtweisend, nachdem er ihr das Geträumte erzählt hat:

> „Wahrhaftig [...] man sollte an Hexerei der Walpurgisnacht glauben. Du hast eine ganz Predigt geträumt. Werde frommer, du Frommer, denn gewiß hat dein guter Engel mit dir gesprochen. Schreibe deinen Traum auf. Solch ein Traum ist merkwürdiger als mancher Lebenslauf. Ich halte, du weißt es, viel auf Träume. Sie bedeuten wohl nichts voraus, aber sie bedeuten doch manchmal *uns selbst*. Es sind zuweilen die klarsten Seelenspiegelungen!“ (S. 92)

Und das Fazit von „Mannteuffel“, dem „Rotrock“, fällt ähnlich aus; ebenfalls humoristisch, doch weniger andächtig, dafür aber geistesgeschichtlich wertschätzender:

> „Herr [...] die Walpurgisgeister sollen leben! Der Traum verdient ein Kapitel in der Moralphilosophie und Psychologie zu sein. Wenn Sie ihn nicht haarklein aufzeichnen, so schreibe ich ihn selbst nieder und schicke Ihnen das Ding gedruckt zu. Es sind da

54 Vgl. Albrecht 1975, S. 7 u. 12 f.

55 Vgl. Teil 2, VI.

wunderbar goldene Lehren. Nur ist mir's doch lieb, dass ich am Ende die Ehre habe, als Engel des Lichts zu glänzen, sonst möchte ich das Abenteuer Ihrer Walpurgisnacht nicht weitererzählen hören." (S. 96)

Letztlich hat Zschokkes Geschichte vor allem den Zweck einer schauerlichen und spannenden, jedoch dabei schon auch humoristischen sowie, in Anbetracht einiger intertextueller Verweise, wie z. B. auf Voltaire (S. 54) und Schelling (S. 56), ebenso partiell intellektuellen Unterhaltung. Anders als bei früheren motivischen Verwendungen der Walpurgisnacht wird damit, außer der impliziten, aber ganz generell gehaltenen Ermahnung zu Moral und Tugend, keine besondere Gesellschaftskritik verfolgt. Mit der lockeren, durch Anspielungen ausgedrückten Verbindung zu Goethes „Faust I" werden hingegen nicht nur die Errungenschaften der Weimarer Klassik gewürdigt; darüber hinaus dürfte sich so auch eine gewisse qualitative Abgrenzung von anderen, noch trivialer ausfallenden Beiträgen des schauerromantischen Genres ausdrücken. Zu letzteren wäre beispielsweise, ungeachtet seines merkantilen Erfolgs, auch das entsprechende Erzählwerk von Goethes Schwager Christian August Vulpius zu zählen[56].

III. Ludwig Tieck – Der Hexensabbat (1832)

Ludwig Tiecks historische Novelle erschien erstmalig 1832 als „Der Hexen-Sabbath" in dem Almanach „Novellen-Kranz [...] auf das Jahr 1832"[57]. Zwar ist offenbar nicht genau zu ermitteln, wie lange Tieck (1773–1853) daran gearbeitet hat, der wahrscheinlichste Entstehungszeitraum dürfte aber vornehmlich der unmittelbar vor der Publikation liegende sein. Die Novelle fällt damit in eine Schaffensphase, für welche die Forschung Hinweise einer „Abkehr von der Romantik" bei Tieck ausgemacht hat[58]. Trotz einer zeitigen französischen

56 Vgl. Albrecht 1975, S. 7–9; Teil 2, VI.

57 Tieck, Ludwig: Der Hexen-Sabbath. In: — Novellen-Kranz [...] auf das Jahr 1832. Berlin 1832, S. 211–512.
Als Textreferenz dient: Tieck, Ludwig: Der Hexensabbat. Novelle. Mit einem Anhang: Aus den Memoiren des Jacques du Clercq. Hrsg. von Walter Münz. Stuttgart 1988.
Zum Editorischen vgl. auch Münz, Walter: Nachwort. In: Tieck, Ludwig: Der Hexensabbat. Novelle. Mit einem Anhang: Aus den Memoiren des Jacques du Clercq. Stuttgart 1988, S. 300; Hölter, Achim: Ludwig Tiecks *Hexen-Sabbat*. (© 1988). In: — (Hrsg.): Frühe Romantik – frühe Komparatistik. Gesammelte Aufsätze zu Ludwig Tieck. Frankfurt/M. 2001, S. 143.

58 Bitter-Postelt, Maria-Beate: Zur Auseinandersetzung mit der Imagination des Außenseiters. Philosophische Erörterung und exemplarische Analyse von Ludwig Tiecks Novelle „Der Hexen-Sabbath". Berlin 1985, S. 16.

Übersetzung sowie einer gewissen prompten Wirkung in Frankreich und Deutschland wurde die in zwölf Abschnitte unterteilte, relativ umfangreiche Erzählung später allerdings kaum einmal in eine größere Tieck-Ausgabe aufgenommen[59]. Über die Gründe dafür lässt sich freilich wohl nurmehr spekulieren[60]. Ebenso wurde die Novelle, die Züge Schwarzer Romantik trägt[61], ohne jedoch im engeren Sinne schauerromantisch zu sein[62], literaturwissenschaftlich lange Zeit allenfalls untergeordnet behandelt. Seit dem verstärkt aufgekommenen Interesse an Hexenthemen und -figuren in den letzten Jahrzehnten, auch unter literaturgeschichtlichen Gesichtspunkten, ist mittlerweile jedoch schon ein erklecklicher wissenschaftlicher Ertrag dazu entstanden[63].

Die Handlung der Novelle ist im Jahr 1459 in der nordfranzösischen Handelsstadt Arras in der Provinz Artois platziert, die sich zu dieser Zeit unter der Partikularherrschaft burgundischer Herzöge befand (S. 5 f.). Beschrieben werden die Geschehnisse um das Zustandekommen und der Ablauf eines nach dem obligatorischen Inquisitionsprinzip durchgeführten Zaubereiprozesses in einem Zeitraum von wenigen Tagen. Die Handlung ist dabei überwiegend an einer Reihe von bestimmten Stadtbewohnern ausgerichtet.

Der engere Kreis der Hauptpersonen wird von einigen prototypisch konstruierten Charakteren gebildet. Die auffälligste und wichtigste dieser Hauptpersonen ist „eine reiche schöne Witwe, die sich am liebsten […] Frau Catharina nennen

59 Vgl. auch Münz, S. 300; Hölter, S. 146 u. 153.

60 Vgl. ebd., S. 146.

61 Vgl. ebd., S. 154.

62 Vgl. dazu auch Trainer, James: The Incest-Theme in the Works of Tieck. In: Modern Language Notes (MLN). Vol. LXXVI, Nr. 8, 1961, S. 822 f. (T. weist indes auf motivische Ähnlichkeiten zu dem Schauerroman „The Monk" des englischen Schriftstellers Matthew Gregory Lewis (1775–1818) hin, der 1796 anonym erschien und den Tieck wohl gekannt hat.).

63 Zu nennen wäre dazu vor allem: Bitter-Postelt; Münz, S. 301–335; Hölter, S. 143–158; Kramer, Sven: Darstellung und Funktion der Folter in Tiecks *Hexensabbat* und in Alexis' *Urban Grandier*. In: Beutin, Wolfgang u. Stein, Peter (Hrsg.): Willibald Alexis (1798–1871). Ein Autor des Vor- und Nachmärz. Bielefeld 2000, S. 99–118; George, Marion: Vom historischen Fakt zur Sinnfigur der Moderne. Zur Gestalt der Hexe in Tiecks Novelle „Hexensabbat" (1832). In: George, Marion / Rudolph, Andrea / Daran, Valérie de (Hrsg.): Hexen. Historische Faktizität und fiktive Bildlichkeit. Internationales Symposion „Die Hexe. Historische Realität, Ideologie, Fiktion", das vom 31. Oktober bis zum 2. November 2002 in Penzlin stattfand und vom Museum Alte Burg in Verbindung mit dem Institut für Germanistik der Universität Poitiers organisiert und durchgeführt wurde. Dettelbach 2004, S. 253–270.

hörte"; deren Name sonst aber „Catharina" bzw. „Catherine Denisel" lautet (S. 5 ff.)[64]. Diese „kluge Frau" (S. 6) ist vor allem durch ihre Eigenlebigkeit recht augenscheinlich als eine von der üblichen gesellschaftlichen Norm abweichende Persönlichkeit gezeichnet. So nutzt sie etwa ihr Haus und ihren „anmutigen Garten" um durchaus Aufsehen erregende „Gesellschaften" zu geben, bei denen ungezwungen über kulturelle Dinge gesprochen wird (S. 6 ff.).

Die nichtsdestoweniger eher beschauliche Lebensart der Städter endet, als eine ziemlich unvermittelt im Norden Frankreichs um sich greifende Welle von Häresie- und Hexenprozessen auch Arras erreicht. Rasch kommt dort eine Atmosphäre der Verunsicherung, Anspannung und des Verfolgungswahns auf (S. 117 ff.). Es begibt sich, dass „Catharina" gemeinsam mit einer Anzahl anderer Bewohner von Arras satanischer „Ketzereien" und des Hexentums, namentlich dem „Besuchen des Teufelssabbats", verdächtigt und bald darauf festgesetzt werden (S. 159 ff. u. 199 f.). Nur die greise, verwirrte „Gertrud" bekennt sich aus freien Stücken dazu, eine Hexe zu sein (S. 134). „Catharina" wird vor allem von fragwürdigen Aussagen und Suggestionen belastet, wonach sie nicht nur bei „Hexensabbaten" zugegen gewesen sein soll, sondern bei solchen, die in ihrem Domizil vollzogen wurden, „[.] als Venus Göttin [figuriert habe]" (S. 193). Unter Duldung der zu diesem Zeitpunkt gerade autorisierten, unzuverlässigen Obrigkeit in Person des „Grafen Etampes" und unter dem Vorsitz eines eifrigen, inquisitionsbeflissenen „Prälaten", der das bischöfliche Amt nur ‚ad interim' ausübt, nimmt im „Haus des Bischofs" der „Prozeß" gegen die Hexereiverdächtigen seinen Verlauf (S. 181 ff.). Parallel ereignen sich einige chaotische Vorfälle in der Stadt, wie etwa „die Schadenfreude des Pöbels" (S. 160 u. 184), aber auch ein von dem couragierten „Guntram" angeführter, jedoch erfolgloser Arbeiteraufruhr gegen Gericht und Obrigkeit (S. 187 f.). Am Ende werden „Catharina" und mehrere Mitangeklagte, die bis auf den Fabrikanten „Peter Carrieux" durch Verhöre und teils auch durch Folter gebrochen wurden, für schuldig befunden und verurteilt (S. 193 ff.). Die „Vernünftigeren unter den Richtern" hatten sich zunächst für eine milde Bestrafung ausgesprochen, doch auf Drängen des „Bischofs" und der ihm zustimmenden „Abergläubigen" wird eine „furchtbare Strafe" verhängt (S. 194 f.). Unter den Angeklagten befindet sich auch der betagte Maler

64 Dass Tieck mit einer Lektüre in Berührung gekommen ist, in der die beispielsweise aus Spees „Cautio Criminalis" oder aus Grimmelshausens „Simplicissimus Teutsch" bekannte Hexengeschichte um eine gewisse „Catherina Praevotia" enthalten ist (Vgl. Teil 1, IV. 4; Teil 2, III.) und demzufolge eine Namen gebende Inspiration aus einer dieser Richtungen vermutet werden könnte, sollte nicht ausgeschlossen werden, wäre aber noch zu ermitteln.

„Peter Labitte", der durch ein phantasievolles „Gemälde vom Hexensabbat", das er einstmals angefertigt hatte (S. 28–30), den Häschern ungewollt in die Hände spielte (S. 137). Schließlich hatte er „in seinem Gefängnisse, in trostloser Verzweiflung und alles Rates entblößt" ein „Bekenntnis aufgeschrieben", worin er sich als „Hexenmeister" bezichtigte und wodurch auch „Catharina" noch einmal belastet wurde (S. 169–174). So enden „Catharine Denisel", „Labitte" und sechs Mitangeklagte grauenvoll auf dem „Scheiterhaufen" (S. 199 ff.).

Die Entwirrung der politischen Verhältnisse in Burgund, die Rückkehr des „eigentlichen Bischofs" und der Freispruch für die übrigen eingekerkerten Angeklagten, der allerdings noch „zwei Jahre" auf sich warten lässt, kommen somit zu spät für die acht Opfer „dieses fratzenhafte[n] Possenspiel[s] der unmenschlichsten Tragödie, die Unvernunft gedichtet und blödsinnige Grausamkeit hatte aufführen lassen" (S. 216 ff.). Doch gibt es schon eine gewisse moralische Vergeltung. Der Arbeiter „Guntram", dessen Herr „Carrieux" ebenfalls den Feuertod hatte sterben müssen, hält gleich einer „Posse" dem „Prälaten" in einer Maskierung als „Teufel" seine Schandtat vor (S. 214 ff.). Dieser wird daraufhin erst „ohnmächtig", später „still und gemütskrank" und zieht sich letztendlich „von allen Geschäften zurück" (S. 216). Abschließend heißt es dann noch, dass Jahre danach Prozess und Urteil annulliert sowie Ehre und Namen aller Beschuldigten „wieder […] hergestellt" wurde (S. 218).

Als Inspiration und wohl bedeutendste historische Quelle Tiecks gelten nach gültigem Forschungsstand die zwischen 1440 und 1467 niedergeschriebenen Memoiren des Edelmannes Jacques du Clercq (1420–1501) aus dem Artois[65]. Diese Überlieferung bestätigt unter anderem die historische Authentizität des von Tieck wohl zur Vorlage genommenen Zaubereiprozesses in Arras wie auch den makrohistorischen, politischen und jurisdiktionellen Rahmen, obgleich die meisten der in der Novelle agierenden Figuren fiktiv sind.[66]

In den Forschungsbeiträgen zu dieser Novelle besteht eine weitgehende Übereinstimmung darüber, dass ein wesentliches Anliegen Tiecks bei der Formung der Handlung die verhängnisvollen psychologischen Situationen und Entwicklungen waren. Dabei wird das Augenmerk auf die besondere Konstellation der Figuren und die dargestellte Gesellschaftsstruktur gelegt; gleichermaßen aber auf die spezielle politische Situation sowie nicht zuletzt auf kollektive Stimmungen und psychologische Phänomene, wie Verfolgungswahn, Massenhysterie,

---

65 Textreferenz: Memoiren des Jacques du Clercq. In: Tieck 1988, S. 241–296.

66 Vgl. ebd., S. 241 („Vorbemerkung zur Übersetzung"); Hölter, S. 146–148; Kramer, S. 101.

Demagogie und deren Wechselwirkung mit dem Verlauf der Verfolgung und des Prozesses.[67]

Im Text des Jacques du Clercq findet sich im „Kapitel IV“ die von einem „Inquisitor“ vorgenomme Beschreibung einer ‚indizienhaften‘ Hexenversammlung, die nach der früheren Vorstellung von den ‚Ketzersabbaten‘ allerdings noch als „Waldenserzusammenkunft“ bezeichnet wird (S. 249–253)[68].

In Tiecks Novelle ist der „Hexensabbat“ ein zwar häufig zur Sprache kommendes, aber letztlich unbestimmtes, schemenhaftes Abstraktum. Abgesehen von den vagen Schilderungen, die den resignierten ‚Delinquenten‘ in den Mund gelegt wurden (S. 199 f.), wird ein Exemplum eines solchen Unholdenkonventes lediglich von dem alten, exzentrischen Maler „Peter Labitte“ näher beschrieben. Wie gesagt, hatte er davon einstmals ein Aufsehen erregendes Gemälde angefertigt, das seinem späteren, in trostloser Haft abgelegten „seltsamen Bekenntnis“ in gewisser Weise vorgreift. Dieses Gemälde, mit dem er „dem dummen Teufel, oder dem Teufel der Dummheit […] auch einmal eins versetzen“ wollte, gibt eben einige der grundsätzlichen, für die Vorstellung von einer Hexenversammlung charakteristischen Eindrücke wieder (S. 28–30). Gleich einem bösen Omen ist das darauf Dargestellte Gegenstand von Gesprächen unter den von der Hexenverfolgung vorläufig noch nicht betroffenen Kulturinteressierten im Garten der „Catharina“ (S. 28–30). Die Glaubhaftigkeit eines solchen Spektakels wird von ihnen jedoch negiert und später abermals als „abgeschmackter Unsinn“ sowie „wilder Scherz“ abgelehnt (S. 108 f.). Tieck offenbart dabei mit der Äußerung „Labittes“ –

> „Wahrlich, ich sage euch, es werden nicht viele Tage ins Land gehen, so werden wir einen Überfluß von diesen Bildern, von Hexen, Teufeln, Beschwörung und dergleichen haben, und meine Sache ist nur anstößig gewesen, weil sie die erste in dieser Art war. – Jeder Erfinder ist der Märtyrer seiner Originalität. Viel schlechtere Sachen werden nach meinem Tode Aufsehen und Verwunderung erregen, und, wenn es geschieht, so wird kein Mensch dann mehr von dem armen Peter Labitte nur reden.“ (S. 30)

– eine bemerkenswerte malereigeschichtliche Kenntnis von Hexenversammlungs-Motiven[69]. Ausgerechnet die wiederkehrenden freigeistigen Zusammenkünfte im Hause der „Catharina Denisel“ haben am ehesten eine ausschließende, abgesonderte und daher letztlich in dem Sinne suspekte Qualität, als sie mit einiger Arglist

---

67 Vgl. Münz, S. 304–310; Bitter-Postelt, S. 61–76; Hölter, S. 146–151 u. 154–157; Kramer, S. 102 f. u. 104–106; George, S 254 f.

68 Vgl. auch Münz, S. 303.

69 Vgl. Einleitung, I. (Vorüberlegungen).

als „schändliches Gewerbe" hinstellbar sind (S. 159). Denn jenen Gesellschaften, bei denen von „Dichtkunst, Malerei, Festen, Putz oder lustigen Geschichten die Rede" ist, bleiben „die finstern Gemüter, oder diejenigen, die nur dem Gewinne oder ihren Tagesgeschäften lebten" fern (S. 6)[70]. Im weiteren Handlungsfortgang wird eine konkrete, glaubwürdige Schilderung des ‚Hexensabbats' – für den Bezeugenden gleichwohl stets mit der Gefahr verbunden, sich selbst verdächtig zu machen – von niemandem vorgenommen, selbst die denunzierenden Aussagen bleiben vage[71]. In Dämonologie und Zaubereiprozesspraxis war es ohnehin nicht ungewöhnlich, dass der ‚Hexensabbat' lediglich in einer eher unbestimmten Weise zur Sprache kam[72]. Außerdem findet sich ebenso keine Darstellung von magischen Handlungen oder von (im Text) wahrhaft gemeinten metaphysischen Erscheinungen[73].

In der Handlung erfährt der „Hexensabbat" dennoch eine grundsätzliche Wandlung vom Abstrakten und (von den Hauptpersonen eher wenig geachteten) Imaginären zum ganz und gar Realen, die seiner augenfälligsten Rolle in den historischen Hexenprozessen entsprechen dürfte. Tieck ist hierbei also einmal mehr den historischen Überlieferungen und Forschungen über die Hexenprozesse gefolgt[74]. Denn die unnachgiebige inquisitorische Gerichtsbarkeit setzt die Wesenhaftigkeit der dämonischen Zusammenkunft per se als gewiss voraus; zumal daran eine etwaige ketzerische Blasphemie am plastischsten verdeutlicht werden kann. Und mit den denunzierenden, wenngleich fragwürdigen und teils durch die Tortur zustande gekommenen Aussagen von bereits geständigen ‚Teilnehmern' erhält die angebliche Anwesenheit auf dem suggestiven „Hexensabbat" eine vorzügliche Beweiskraft[75]. Eine eigentlich imaginäre, körperlose Konstruktion hat für die Opfer der beschriebenen Vorfälle also ganz leibhaftige, reale Folgen.

Der Titel „Hexen-Sabbath" ist also bei Tieck offenkundig eine sinnbildlich zu verstehende Benennung[76]. In der Handlung ist die als real akzeptierte Vorstellung vom „Hexensabbat" und die daran geknüpften Denunziationsmöglichkeiten die wichtigste ‚dinghafte' Grundlage für die von Aberglauben, Irrationalem sowie auch von theokratisch-ideologischen Interessen bestimmten Vorgänge und für

70 Vgl. auch Kramer, S. 104 f.
71 Vgl. auch Hölter, S. 152.
72 Vgl. Teil 1, IV. 4.
73 Vgl. auch Trainer, S. 823; Hölter, S. 152 u. 155.
74 Vgl. Teil 1, IV. 2. – IV. 4.
75 Vgl. auch Kramer, S. 101 ff.
76 Vgl. auch Hölter, S. 152 u. 155.

den Ablauf des Zaubereiverfahrens selbst. Zur abstrakten Deutung bietet sich zunächst eine eher generell gehaltene Fassung des Begriffs an, womit schlicht ein unheilvoller Zustand bezeichnet wird. Eingehender betrachtet, offeriert sich „Hexen-Sabbath" jedoch als ein synonymer, chiffrenartiger Ausdruck für den verhandelten „Prozeß"[77], vor allem aber für die Gesamtheit der geschilderten verhängnisvollen, von Abstrusitäten, Aberglauben und diversen menschlichen Abgründen bestimmten Begebenheiten. Die Geschehnisse sind letztlich von einer ähnlich grausigen Qualität wie sie die Dämonologie einst den vermeintlich stattfindenden ‚Hexensabbaten' zugeschrieben hatte; mit dem wesentlichen Unterschied, dass es sich bei diesem „Hexen-Sabbath" um einen tatsächlichen Vorfall handelt.

Dass Tieck den Titel „Hexen-Sabbath" gewählt hat, dürfte ebenfalls für historische Authentizität als eine seiner Absichten sprechen. Denn damit bemüht er eine der in der Dämonologie des Spätmittelalters und der Frühen Neuzeit gebräuchlichsten Benennungen, die eben von der Vorstellung und der Bezeichnung der ‚Ketzersabbate' abgeleitet worden war[78]. In einem dazu analogen, prophetischen Sinne sind die in der Handlung erwähnten Ketzerverbrennungen ja auch Teil der (räumlich) heranrückenden Prozesswelle[79].

Tieck hat also nicht etwa ‚Walpurgisnacht' als Titel für seine Novelle gewählt. Dieser Titel wäre in Anbetracht der recht kurz gefassten erzählten Zeit nicht unbedingt verfehlt gewesen. Andererseits hat es fast den Anschein, dass er auf eingehende Illustrationen von spezifisch Nächtlichem bewusst verzichtet hat, um den Vorgängen vielleicht keine unangebrachte phantastische Note verleihen zu wollen. Insbesondere dürfte Tieck aber wohl beabsichtigt haben, somit einen konkreten Bezug zu der zumeist deutlich ins Satirische und Humoristische gehenden Poetik zu vermeiden, die im 18. und frühen 19. Jahrhundert entweder gleich unter dem Titel „Walpurgisnacht" oder zumindest als dementsprechendes szenisches Arrangement angefertigt worden war[80]. Ein solcher auf Satire und Humorismus abhebender Einwand würde zum Teil sicher auch die ‚Walpurgisnacht-Dichtung' Goethes betreffen; eine Novelle mit dem Titel „Walpurgisnacht" hätte das zeitgenössische Publikum aber vor allem wohl unweigerlich eben mit Goethes Ausarbeitungen – ihrer prägenden, signaturgemäßen Wirkung wegen[81] – und der Faust-Dichtung überhaupt in Verbindung gebracht. Tieck legt es mit

77 Vgl. Hölter, S. 152.

78 Vgl. Teil 1, IV. 1.

79 Vgl. auch Münz, S. 303; Hölter, S. 156.

80 Zur nicht weiter feststellbaren satirischen Absicht vgl. auch Hölter, S. 144.

81 Vgl. Hansen 1999, S. 41 u. 55.

seiner Erzählung jedoch sichtlich nicht weiter auf einen stofflichen oder gar intertextuellen Brückenschlag zur Faust-Materie an. Von der goetheschen Bedeutsamkeit und Wirkungsmacht distanziert er sich gleichwohl nicht. Etwa mit der peripheren, dennoch botmäßigen Verwendung des Wortes von der „Sabbatstille" aus der „Nacht" im „Faust I" (V. 772), das dem Maler „Labitte" in den Mund gelegt ist (S. 25)[82], und das hier wie dort nicht einmal auf einen ‚Hexensabbat' bezogen ist, erkennt Tieck die nahezu universelle inhaltliche Übertragbarkeit der Worte aus Goethes Faust-Dichtung an. Obendrein bestätigt er damit deren allgemeine zeitgenössische Kenntnis und Zitiergebräuchlichkeit:

> „Wenn ich so recht mit meinem Geiste einverstanden bin und ihm zuhöre, in der Sabbatstille meines ausgeklärten Gemütes immer schönere und feinere Gedanken und Bilder aufsteigen, wenn ich dann mein Sein und Fühlen ausstrecke, [...], und ich schaue und weiß, jetzt ist das Rechte und Beste unterwegs, und wird gleich in die aufgeräumte Putzstube meiner Seele anlangen [...]!" (S. 25)

Dass mit der Hauptperson der „Catharina" die Figur einer der Hexerei bezichtigten Frau ausgestaltetet wurde, die mit gewissen Einschränkungen als historisches Muster gelten kann und somit nicht einem phantastischem Hexen-Typus entspricht, ist für das Gesamtwerk Tiecks und für die Dichtung überhaupt bis dahin zumindest ungewöhnlich[83]. Nicht unbedingt in ihrer gleichwohl literaturgeschichtlich auffälligen weiblichen ‚Emanzipiertheit' und Intellektualität, doch in ihrer gesellschaftlichen Marginalität und Angreifbarkeit als Witwe entspricht sie tatsächlich einem Opfertypus der Hexenverfolgungen[84].

In einer oberflächlicheren und meist noch fiktiveren Qualität sind hexenhafte Figuren bei Tieck nichtsdestotrotz schon vor dem „Hexen-Sabbath" vorzufinden[85], wobei besonders die Hexe in der Erzählung „Pietro von Abano" (1825) zu nennen wäre[86]. Denn in dieser „Zaubergeschichte" wird der Zusammenhang von Zauberei, Hexentum und Häresieverdacht, mit dem die historische Titelperson (um 1250–1316) behaftet worden war, angeschnitten.

Ein Interesse an der Bearbeitung der Häresie-Thematik, die historisch gesehen, eben mit den Hexenverfolgungen in engem Zusammenhang steht[87], zeigt sich bei Tieck außerdem in der unvollendeten Novelle „Der Aufruhr in den Cevennen"

82 Vgl. auch Hölter, S. 155.
83 Vgl. George, S. 253–255.
84 Vgl. Bitter-Postelt, S. 106–131; Hölter, S. 151; George, S. 253–255.
85 Vgl. ebd., S. 253 f.
86 Vgl. Hölter, S 155.
87 Vgl. Teil 1, IV. 1. u. IV. 2.

(1826)[88]. Diese stützt sich ebenfalls auf eine französische Vorlage; nämlich auf die umfangreiche Abhandlung „L'histoire des troubles des Cévennes", die 1760 im noch vorrevolutionären 18. Jahrhundert anonym veröffentlicht wurde und in der der reformierte Theologe Antoine Court (1695–1760) die Berichte von Zeitzeugen, vor allem die eines Abbé Valette aus Bernis (Languedoc), aufgearbeitet hatte[89]. In den einzig erschienenen ersten beiden Abschnitten von Tiecks Novelle – vier waren eigentlich vorgesehen – erinnert er an die Verfolgung der als Häretiker verschrienen Hugenotten, deren Aufbegehren gegen das Edikt von Nantes (1685) im Jahre 1702 zum Cevennenkrieg führte, in welchem die meist bäuerlichen calvinistischen Kamisarden 1710 schließlich der Obrigkeit unterlagen. In einer ein wenig an den Erzählgestus eines Walter Sott (1771–1832) erinnernden Darstellung thematisiert Tieck darin zum einen religiösen Fanatismus. Darüber hinaus deutet er aber ebenso auf Parallelen zwischen dem Bruch der religiösen Toleranzzusicherung durch den französischen König im 18. und der Unaufrichtigkeit der Verfassungsversprechen der deutschen Fürsten im frühen 19. Jahrhundert; man denke dabei etwa an die entsprechende, im preußischen Finanzedikt von 1810 gegebene, 1815 erneuerte, aber 1821 von König Friedrich Wilhelm III. (1770–1840) per Kabinettsordre doch zurückgenommene Zusage[90]. Außerdem dürfte Tieck sein Werk auch als einen Kommentar zu den zeitgenössischen, mit großer Heftigkeit verfochtenen ideologischen Kontroversen zwischen dem ultramontanen Katholizismus und der protestantischen Orthodoxie verstanden haben.[91]

Wie im „Aufruhr in den Cevennen" gibt es ebenso im „Hexen-Sabbath" einige zeitgenössische Bezüge, ohne dass Tieck dabei jedoch allzu deutlich würde. Nachgewiesenermaßen weist die Novelle Züge einer Aufklärungskritik auf, die sich mit der Gestalt des „Dechanten" zuweilen auch einer figurativen Komponente bemächtigt[92]. Wenn man dazu auf ein bestimmtes, auffälliges Ereignis abheben

---

88 Vgl. auch Bitter-Postelt, S. 22; Münz, S. 301 ff.; Hölter, S. 144; Kramer, S. 100.

89 Court, Antoine: Histoire des troubles des Cévennes ou de la guerre des camisards sous le règne de Louis le Grand. Kritischer Nachdruck der Ausgabe Villefranche 1760. Mit einem Vorwort von Philippe Joutard. Hrsg. von Patrick Cabanel, Pauline Duley-Haour, Pierre Rolland, Otto Selles. Montpellier 2002.

90 Vgl. dazu z. B. Schwarz, Kyrill-Alexander: „Wir hatten eine Verfassung ...". Der Konflikt um das preußische Finanzedikt zwischen *Karl August von Hardenberg* und *Friedrich August Ludwig von der Marwitz*. In: Archiv des öffentlichen Rechts. 128. Bd., 2003, S. 134–152.

91 Zu „Der Aufruhr in den Cevennen" vgl. z. B. Porterfield, Allan W.: Tieck's Aufruhr in den Cevennen. In: German Quarterly. Vol. 2, 1934, S. 58; Goedecke Grundriss. VI, 41, 89.

92 Bitter-Postelt, S. 77–79 u. 84 ff.

will, kämen dafür vor allem gewisse Begleiterscheinungen der Französischen Revolution in Betracht, wie die ins Unerbittliche pervertierte jakobinische Terrorherrschaft[93]. Nicht auszuschließen sind sicher auch mögliche Eingebungen durch die Ereignisse der Julirevolution des Jahres 1830 in Frankreich, die sich mit der Entstehungsphase der Novelle wahrscheinlich überschnitten hat. Doch stehen solche politischen, noch als zeitgenössisch anzusehenden Bezüge eigentlich nicht im Vordergrund von Tiecks Darstellung; somit wird auch kaum eine etwaige, daran geknüpfte Ideologie oder Programmatik aufgebracht. Abgesehen von dem schriftstellerischen Vorsatz der Literarisierung historisch authentischen Materials ist daher die Darstellung der verhängnisvollen kollektiven und individuellen seelenkundlichen Dilemmas – der Ausdruck Psychologie war zu dieser Zeit noch wenig gebräuchlich – das wesentliche poetische Anliegen Tiecks.

Tiecks unbedingt ernsthafte, subtile Darstellung des Prozesses und der Vorgänge darum herum, wobei die eigentlich auktoriale Erzählsicht eher der Perspektive der Opfer angenähert ist, ist für das frühe 19. Jahrhundert immer noch ungewöhnlich. Zwar sei hierbei unbedingt an Grimmelshausens einstige ‚simplicianische' Darstellung eines Zaubereiverfahrens erinnert[94], danach hat aber wohl erst die einsetzende historiographische Erforschung der Hexenprozesse entsprechende beachtenswerte dichterische Reflexe hervorgerufen, die nicht mehr einer anspruchslosen Schauerliteratur zuzuordnen sind. Dazu muss der eine oder andere Beitrag der nicht allzu lange vorher erst begonnenen Forschung Tieck bekannt gewesen sein[95]. Daraus dürfte – neben seiner Kenntnis der Schriften Spees und Thomasius' (S. 218) und wohl auch von Delrios dämonologischem Traktat[96] – sein Wissen um Details der Hexenverfolgungen größtenteils zu erklären sein, das den damaligen Forschungsstand sogar unvermutet erschöpfend ausnutzt. Beispiele hierfür sind das für die Begünstigung der Verfolgungen repräsentative Gesellschaftsbild, die Motivation der verfolgenden, tendenziell theokratischen Autoritäten oder das Zustandekommen und inquisitorische Bewerten belastender Indizien[97]; nicht zuletzt aber auch die Beurteilung des „Bischofs", dass die ‚festgestellte' Auflehnung „gegen Gott und Christus" und „diese Sabbatfeier etwas Neues und Unerhörtes" sei (S. 195), die zur Position der Hexenlehre gegen Mitte des 15. Jahrhunderts passt[98]. Ob darüber hinaus das zweihundertjährige ‚Jubiläum' der Publikation von Spees

93 Vgl. Kramer, S. 107.

94 Vgl. Teil 2, III.

95 Hölter, S. 158; vgl. auch Teil 1, IV. 6.

96 Münz, S. 317 f.; vgl. Teil 1, IV. 4.

97 Vgl. Münz, S. 304 ff.; Hölter, S. 150 f. u. 157; George, S. 254 f.

98 Vgl. Teil 1, IV. 1.

„Cautio Criminalis“ (1631) ein entscheidender Impuls für den „Hexen-Sabbath“ gewesen sein kann – immerhin wird Spee explizit gewürdigt (S. 218) – ist jedoch wohl nur zu vermuten[99]. Im Übrigen hat sich Tieck einen Prozess vorgenommen, der vor der radikalen, hexentheoretischen Positionierung der Dämonologie und den Höhepunkten der Hexenverfolgung stattgefunden hat; also bevor die Zaubereiverfahren zu einer quasi regelmäßigen, finsteren Institution wurden. Diese Entwicklung lässt sich bereits anhand der frühen historischen Forschungen nachvollziehen, wie es sich aus Tiecks resümierendem Schlussabsatz auch entsprechend herauslesen lässt[100]:

> „Endlich [...] ward jener Hexenprozeß von 1459 noch einmal durchgesehn, und völlig kassiert und für null und nichtig erklärt. [...] Und doch war dieser unsinnige Hexenprozeß nur der erste große in Europa, nach dessen Form bis 1700, bis auf Thomasius' und Spees Einrede, so viele Unschuldige und Wahnsinnige dem Feuer geopfert wurden.“ (S. 218)

Das für Tieck poetisch Günstige bei diesem frühen, aber langfristig gesehen gleichwohl exemplarischen Einzelfall dürfte also auch darin bestanden haben, daran die individuellen und kollektiven psychologischen Konstellationen klarer herausarbeiten zu können.

Die historischen Zaubereiprozesse und Hexenverfolgungen begreift Tieck jedenfalls offensichtlich nicht allein als eine Angelegenheit der Geschichtsforschung, sondern gleichermaßen als eine der Dichtung[101]. An dem erzählerischen Zugang zeigt sich sicherlich schon auch noch das romantische Anliegen, Geschichtliches zu literarisieren[102]; einerlei dass sich die vorliegende Historie nicht in deutschen Landen zugetragen hat. Denn dem Autor ist sie, durchaus nicht unbegründet, offensichtlich auf deutsche und andere europäische Verhältnisse ohne weiteres übertragbar erschienen. Tieck arbeitet dabei in der Tat nicht nüchtern aufklärerisch oder faktisch[103]; bei einem bisweilen zwar vorwurfsvollen Duktus appelliert er trotzdem nicht effekthaft an eine vordergründige Gemütsbewegung der Leserschaft. Informieren und bilden will Tieck dennoch unbedingt, jedoch auf eine epische Art, die insofern analytisch oder gar diagnostisch

99 Hölter, S. 148; vgl. Teil 1, IV. 5.

100 Vgl. auch Münz, S. 303; Hölter, S. 157 f.; Kramer, S. 107 f.

101 Vgl. Hölter, S. 157 f.; George, S. 254.

102 Hinsichtlich Tiecks Literarisierung historischer Stoffe, wie eben im Fall des „Hexen-Sabbath“, wird in der Forschung gelegentlich einer gewissen Gleichartigkeit mit Werken von Victor Hugo (1802–1885) und Walter Scott (1771–1832) nachgespürt (Vgl. dazu Münz, S. 302; Hölter, S. 144 f., 145, 150).

103 Vgl. George, S. 254.

zu nennen ist, als sie die grundsätzliche menschliche Seelen-, Emotions- und Launenkultur berücksichtigt.

Einer Prüfung auf historiographische Exaktheit, um die es Tieck ob seines kunstgerechten, dichterischen Zugangs allerdings wohl nicht primär gegangen ist, hält die Novelle trotz beachtlicher Detailliertheit in Belangen der Hexenverfolgung freilich nicht immer stand. Dafür sprechen aus manchen von Tiecks Figuren zu sehr Anschauungen, die als Errungenschaften von Aufklärung und Neuhumanismus zu bewerten sind. Außerdem sind manche Einzelheiten, die erst ab Ende des 15. Jahrhunderts dämonologisch geprägt wurden[104], praktisch in das Jahr 1459 vorverlegt. Nichtsdestotrotz ist zweifellos der institutionelle idealistische Anspruch erkennbar, Dichtung, zumal in der ästhetisch konzipierten Texteinheit der Novelle[105], als ein Allzweckmittel zu verstehen, um historische und dabei seelenkundlich schwierige Stoffe und Themen anzugehen; womit eben letzten Endes wohl schon zu einer weltverbessernden Entwicklung – „der Entfaltung des Humanum"[106] – beigetragen werden soll. Denn trotz manch irrationalistisch anmutender Anflüge – das Zweideutige, Trügerische und Unberechenbare muss sogar als eines der Hauptmerkmale des „Hexen-Sabbaths" gelten[107] – ist letztlich nicht zu erkennen, dass sich Tieck damit einem weltanschaulichen Pessimismus verschreibt, wie ihn etwa Arthur Schopenhauer (1788–1860) in „Die Welt als Wille und Vorstellung" erstmals 1819 philosophisch artikuliert hatte.

Wird der „Hexen-Sabbath" also unter dem Aspekt der literaturgeschichtlichen Phänomenologie von Hexenversammlung und Walpurgisnacht gesehen, sind als grundsätzliche Merkmale vor allem festzuhalten, dass die historische Novelle von der satirischen und sarkastischen Note vorheriger (und auch späterer) Literarisierungen abweicht. Stattdessen ist sie von einem durchweg ernsthaften Erzählgestus gekennzeichnet. So ist der ‚Hexensabbat' hier keine Projektionsfläche, auf der Tieck vorrangig konkrete zeitgenössische, gesellschaftliche Missstände anvisieren würde. Vielmehr gehört der (einstige) Gedanke vom Hexenkonvent zu einem Instrumentarium, mit dem vor allem zeitlose menschliche Abgründe und Tragiken aufgezeigt werden. Im Ganzen steht Ludwig Tieck offensichtlich mit am Beginn einer Reihe von Literarisierungen authentischer Fälle von Hexenverfolgungen und -prozessen, der im 19. Jahrhundert etwa auch Meinhold und Fontane angehören[108].

---

104 Vgl. Teil 1, IV. 2.–IV. 4.

105 Vgl. Bitter-Postelt, S. 176–183; Hölter, S. 154 f.; George, S. 254 f.

106 Münz, S. 335.

107 Bitter-Postelt, S. 39–43, 85–87, 176 ff., 221 ff.; Kramer, S. 107 f.

108 Vgl. Teil 4, I. (Vororientierung).

IV. Theodor Storm – Walpurgisnacht (1837) und Mein Talisman (1837)

Eine lyrische Umsetzung des Walpurgisnacht-Themas stellen bei Theodor Storm (1817–1888) die beiden kurzen Versdichtungen „Walpurgisnacht“ und „Mein Talisman“ dar[109]. Beide Gedichte sind jedoch nicht mehr zu Lebzeiten des nordfriesischen Juristen gedruckt und herausgebracht worden; sie wurden erst zu Beginn des 20. Jahrhunderts auf Grundlage der erhaltenen Handschriften veröffentlicht und später auch in Werkausgaben aufgenommen[110]. Für beide Gedichte muss 1837 als Entstehungsjahr gelten; periphere Umarbeitungen der Handschriften sind aber wohl noch bis 1839 („Mein Talisman“) und 1840 („Walpurgisnacht“) vorgenommen worden, ohne dass deshalb von verschiedenen Fassungen gesprochen werden könnte[111].

Beide Dichtungen gehören zum frühen lyrischen Werk Storms, das partiell noch unter dem Einfluss der abklingenden Romantik steht[112], weshalb eine Zuordnung der Texte zu dieser Epoche noch angebracht ist. Das wird auch dadurch unterstützt, dass das (wenn auch begrenzte) Interesse der Literaturwissenschaft an den beiden Gedichten zumindest die „Walpurgisnacht“ als eine phantastische Ballade klassifiziert[113]. Denn die (Unter-)Gattung der phantastischen Ballade weist insgesamt noch erkennbar romantische Merkmale auf und ist dichtungsgeschichtlich tendenziell vor der sogenannten realistischen Ballade anzusetzen[114].

Die balladeske „Walpurgisnacht“ besteht aus vier jeweils siebenzeiligen Strophen, die nur ein peripheres Reimschema aufweisen, das aus einem halben Kreuzreim zu Beginn und einem Paarreim gegen Ende jeder Strophe besteht[115]. Der Handlungsschauplatz ist ein entlegener „Kreuzweg“, den eine „verlassene Maid“ aufgesucht hat, um „um verlassene Liebe“ zu weinen (V. 1 f.). Bekanntlich ist der in der Volksmythologie mit reichhaltigen Zuschreibungen versehene Kreuzweg, ähnlich dem Blocksberg, ein bevorzugter Erscheinungs- und

---

109 Als Textgrundlage dient:
Storm, Theodor: Sämtliche Werke in vier Bänden. Hrsg. von Karl Ernst Laage u. Dieter Lohmeier. 4 Bände. Frankfurt/M. 1987–1988, Bd. 1 (1987), S. 186 („Walpurgisnacht“) u. 923 (Komm.), S. 187 („Mein Talisman“) u. 923 f. (Komm.).

110 Ebd., S. 923 f.

111 Ebd.

112 Ebd., S. 744–752.

113 Freund, S. 46.

114 Vgl. ebd., S. 44–48; außerdem Wilpert 2001, S. 67 (Ballade).

115 Zu Storms Umgang mit dem Reim und anderen formalen Elementen, auch in der betreffenden Schaffensphase vgl. Storm: Sämtliche Werke, Bd. 1, S. 750–752.

Versammlungsort von Teufeln, Hexen und Geistern[116]. Ein weiterer, weniger mythologischer Symbolgehalt dürfte hier noch durch die Möglichkeiten, die der Kreuzweg zu einem Richtungswechsel bietet, hinzukommen. Jedenfalls erscheint in der Atmosphäre der nächtlichen, tosenden Natur auf die Klage der „Maid" gegenüber den „fliehenden Wolken" und ihrem Anrufen von „Himmel und Hölle" hin eine wilde, geister- und hexenhafte Festgesellschaft samt ihrem „Meister", dem Teufel selbst (V. 4–14). Sogleich ermuntert „das wilde Getümmel", die aus seiner Sicht „schöne" und „lustige Maid" in das beschwingte, freudvolle Ereignis „Walpurgis" mit ein zu „springe[n]" und darüber hinaus „heute des Meisters Liebste" zu sein (V. 15–21). „Die wilde Schar" lässt sich vom „Nachtwind" um die „weinende Dirne" herum „peitschen", wobei sie dann „der Meister am goldenen Haar" erfasst und sie „im sausenden Reigen" mitschwingt, bis es schließlich heißt, dass „der Teufel die Dirne gefreit" und „sie nimmer gelassen" hat (V. 22–28).

Nun ist ein Eindruck von der Ballade als einer simplen sentimentalen und moralischen Mahnung, der vordergründig vielleicht entstehen könnte, allerdings durchaus als trügerisch zu bewerten, wie hernach noch anhand einer Reaktion aus der Literaturwissenschaft veranschaulicht wird. Einstweilen ist aber festzuhalten, dass diese liedhafte Umsetzung des Walpurgisnacht-Themas von manchen Literarisierungen des 18. Jahrhunderts (Bürger, Hölty) nicht weit entfernt ist[117], was in Anbetracht von Storms (früher) lyrischer Orientierung auch keineswegs abwegig wirkt[118].

„Mein Talisman", das ursprünglich mit dem Titel „*Ein Schutzengel*" versehen war[119], ist noch kürzer abgefasst; lediglich als strophenloser Fünfzehnzeiler (9 Verse) mit einem noch peripheren Reimschema aus wenigen, teils unreinen halben Kreuzreimen. Trotz des mono- bzw. egoperspektivischen Titels, wird in dem Gedicht doch der Dialog eines Paares aus der Perspektive des Ich-Erzählers, des „Geliebten", in wörtlicher Rede und im Tempus der Vergangenheit wiedergegeben. Darin sorgt sich das „zärtliche Mädchen" um den „Geliebten", der sich bei bedrohlich anmutender Witterung – bei heulendem „Sturm" und Hagel („Schloßen") – auf den Weg machen will (V. 1). Sie will ihn zunächst „heute nicht lassen", zumal „heut [.] der erste Mai, die Nacht der Gespenster und Hexen [ist]" (V. 2–4). Als aber das „vernünftige Wort" der „ernste[n] Mutter" zum „Scheiden"

116 Vgl. Bächtold-Stäubli, Bd. V, Sp. 516–529 (Kreuzweg); Storm: Sämtliche Werke, Bd. I, S. 923.

117 Vgl. Teil 2, VI.

118 Vgl. Storm: Sämtliche Werke, Bd. I, S. 745–747.

119 Ebd., S. 923.

mahnt (V. 5 f.), geben beide nach; der aufbrechende Erzähler beruhigt das „zärtliche Mädchen“ jedoch:

> „Sprach ich: »Was sorgst du, mein Lieb, laß toben Gespenster und Hexen,
> Wem ein Engel im Herzen wohnt, den fürchten die Teufel.«“ (V. 8 f.)

Die wüsten Vorgänge, die mit der „Nacht der Gespenster und Hexen“ gemeinhin in Verbindung gebracht werden, werden ohne besondere Ausführungen als allgemein bekannt vorausgesetzt. Diese sozusagen kollektiven Vorstellungen von der Walpurgisnacht sind also eine sinnbildliche Hilfe, um Bedenken und grundsätzliche Besorgnis auszudrücken. Denn Storm dürfte das „Mädchen“ wohl kaum noch als eine von der Realität des walpurgisnächtlichen Hexentreibens überzeugte Person verstanden haben; und ein Hinweis auf einen historischen, zeitlich zurück verlegten Rahmen ist nicht zu finden. Die Walpurgisnacht fungiert also als ein sinnbildlicher Ausdruck für bedrohliche, versucherische sowie die individuelle Moral erschütternde und schwächende Kräfte. Konnte der erste Titel *„Ein Schutzengel“* eventuell noch unmittelbarer mit der Person des „zärtlichen Mädchens“ gleichgesetzt werden, kommt der endgültige Titel „Mein Talisman“ doch ein wenig abstrakter daher. Somit dürfte der Titel „Mein Talisman“ über eine Gleichsetzung mit der Geliebten hinaus zudem für eine Glück bringende, gefestigte moralischen Gesinnung stehen, die allerdings durch die Liebe zu dem „zärtlichen Mädchen“ unabdingbar gestärkt wird. Dieser einem Moral- und Tugendkompass gleichkommende „Talisman“ beugt demnach der Korruption durch Gefährdungen vor, die anhand des Sinnbilds der „Nacht der Gespenster und Hexen“ vergegenwärtigt werden.

Besonders das Gedicht „Walpurgisnacht“ lässt annehmen, dass die entsprechende Szene aus Goethes „Faust I“ eine Inspiration für Storm war; vor allem in Bezug auf manche Details, die durch ihre Physis und ihren Symbolgehalt die Stimmung der nächtlichen Natur und des auf den Plan getretenen Dämonischen kennzeichnen. Ganz ähnlich wie während der Brockenwanderung „Faustens“ und „Mephistopheles'“ tauchen ebenfalls bei Storm beispielsweise die krachende „Fichte“ (V. 6), „luftige Gäste“, wie die sich von ihrem „Nest“ aufraffende „Eule“ (V. 26 f.), oder mächtige „Nachtwind[e]“ (V. 6 u. 22) auf. Auffällig ist zudem die Bezeichnung der „Maid“ (V. 5 u. 17) als „Dirne“ (V. 21, 23, 27), seit sie in den Gesichtskreis des Teufels getreten ist. Zwar ist der literarische Gebrauch des Wortes ‚Dirne‘ zu dieser Zeit insgesamt recht abwechslungsreich[120], dennoch erinnert der Bezeichnungswechsel unweigerlich an „Faustens“ Aufforderung an

---

120 Zur Etymologie und literarischen Gebrauchsgeschichte von ‚Dirne‘ vgl. Grimm: Deutsches Wörterbuch, II. Bd., S. 1185–1188.

„Mephistopheles“, ihm „Margarete“ als „Dirne“ zuzuführen (Faust I, V. 2618). Dafür, dass es sich bei alldem keineswegs um zufällige Entsprechungen zu handeln brauch, spricht Storms affirmative Auseinandersetzung mit Goethes Werk. So erfolgte seine wahrscheinlich erstmalige Lektüre des „Faust I“ nachweislich während seiner Studienzeit in Kiel und Berlin um 1840[121], also prompt in dem Zeitraum, als er beide Poeme erarbeitet hat.

Zusätzlich zu der Tatsache, dass Storm selbst die beiden Handschriften nicht in den Druck gegeben hat, legt die nicht allzu sorgfältige formale und textgestalterische Ausarbeitung nahe, dass sie innerhalb seiner poetischen Autodidaktik eher von einer gleichsam werkstättischen, experimentierenden Bedeutung gewesen sein dürften, als dass eine hervorragende dichterische Aussage dafür anzunehmen ist[122].

Dennoch konnte Winfried Freund (1938–2011) zur „Walpurgisnacht“, der aufwendigeren der beiden Versdichtungen, eine beachtlich tiefgreifende Deutung beibringen, die deren interpretatorischen Horizont jedoch auch weitgehend ausreizen dürfte. Freund resümiert, dass sich der „Teufel“ der „Maid“ gegenüber als zugeneigter und mitreißender Liebhaber erweise, im Gegensatz zum unzuverlässigen irdischen Geliebten. Die eigentlich ersehnte Erfüllung der erotischen, sinnlichen Natur würde der Mensch also nicht in seinem gewohnten bürgerlichen Alltag erleben, sondern im tabuisierten phantastischen Reich der Dämonen und Hexen. Die Walpurgisnacht als Schwelle zum Frühling stünde dabei chiffrenartig für den Wunsch zum Aufbruch des Menschen aus einer freudlosen, konventionellen Welt. Storm würde sich zwar vordergründig der moralisch distanzierten Sicht der Gesellschaft auf eine solch konventionslose Erotik bedienen, realiter würde aber die Gesellschaft selbst bzw. deren Manier, die ungebändigte Natur zu verteufeln, problematisiert. Der Teufel und seine Gefolgschaft würden dagegen beinahe liebevoll porträtiert. In diesem Sinne bewertet Freund die „Walpurgisnacht“ und weitere Arbeiten Storms als eine Lyrik, die „die spannungsgeladene Verknüpfung von Erotik und Phantasie“ innerhalb der Balladendichtung literaturgeschichtlich beschließt.[123]

Letztendlich zeigen die beiden Beiträge Storms also schon einen verhältnismäßig variablen und verständigen Umgang mit der Motivik um Hexenkonvent und Walpurgisnacht. Dadurch werden einmal mehr deren Akzeptanz und Beliebtheit als dichterische Einbildungskraft deutlich. Denn mag das Walpurgisnächtliche in

121 Storm: Sämtliche Werke, Bd. I, S. 747.
122 Vgl. ebd., S. 746 f.
123 Freund, S. 46–48.

„Mein Talisman“ in gewissem Sinne tatsächlich für unheimliche oder halt ‚böse‘ Einwirkungen stehen, wird mit der „Walpurgisnacht“ eine ungleich differenziertere Verwendung vorgenommen, die eben nicht einem schlichten, beängstigenden Stereotyp der Hexenversammlung entspricht.

V. Heinrich Heines Auseinandersetzungen

An eine poetische Ausgestaltung der Hexenversammlungs- und Walpurgisnacht-Motivik denkt man bei Heinrich Heine (1797–1856) wohl zuerst an den dritten Akt seines als „Tanzpoem“ ausgewiesenen Stücks „Der Doktor Faust“ (1849/51). Doch sind in dieser Hinsicht noch weitere Texte Heines zu berücksichtigen. Das sind insbesondere Passagen der „Harzreise“ (1824 verfasst) aus dem ersten Teil der „Reisebilder“, die mythologisch-phantastische Abhandlung „Elementargeister“ (1837) und der ähnlich dem „Doktor Faust“ als „Ballettsujet“ gedachte Entwurf „Die Göttinn Diana“ (1846/54)[124].

Wie auch manche andere Schrift Heines stehen diese Werke beinahe schon an einem ‚Sättigungspunkt‘ jener kulturellen Bewegung, die sich seit der Aufklärung dem Erschließen und postwendenden kreativen Verwerten von Stoffen angenommen hatte, die als volksmythologisch oder auch nur volkstümlich befunden wurden[125]. Jedoch sind schon noch Nachzügler zu beobachten, etwa im Fall des vergleichsweise spät herausgebrachten vollständigen Faust-Schrifttums von Karl Simrock[126]. Grundsätzlich ist aber an dieser Entwicklung zu erkennen, dass spätestens von der Jahrhundertmitte an Details aus dem für die Hexenversammlungen und Walpurgisnächte relevanten Vorstellungs-Nexus[127], die bis dahin noch nicht poetisch verarbeitet wurden, allenfalls noch in geringer Zahl erschlossen und verwendet worden sind. So kann für diese Schriften Heines schon vorab von einer gewissen resümierenden Qualität ausgegangen werden, die zumindest grob die kulturelle Wahrnehmung des Hexenfestes in der Biedermeierzeit wiedergibt.

---

124 Sofern nicht anders angegeben, dient als Textreferenz für die behandelten Werke: Heine, Heinrich: Historisch-kritische Gesamtausgabe der Werke (Düsseldorfer Heine-Ausgabe, DHA). Hrsg. von Manfred Windfuhr. 16 Bände. Hamburg 1975–1997; abgesehen von den in Betracht kommenden Passagen der „Harzreise“, wurde eine die stoffliche Verwandtschaft zwischen den drei Stücken bereits für den „Band 9“ der DHA editorisch zu Grunde gelegt.

125 Vgl. Hansen 1998, S. 158 f.; Teil 2, VI.; Teil 4, I. (Vororientierung).

126 Vgl. Teil 4, I. (Vororientierung)

127 Vgl. Teil 1, II.

Aufgrund Heines gelegentlichen Postulats einer ‚eigenen' Faust-Dichtung[128], könnte ein Ansinnen, intertextuelle Fingerzeige oder Assoziationen zu Goethes ‚Walpurgisnacht-Dichtung' zu vermeiden, vermutet werden. Ob und inwieweit solche Bemühungen festzustellen sind, wäre jedoch jeweils unmittelbar in Heines Texten zu prüfen. Grundsätzlich kann es aber als unzweifelhaft gelten, dass das Faust-Thema und damit einhergehend die seit Goethes „Faust I" hauptsächlich nur noch damit in Verbindung gebrachte Walpurgisnacht-Thematik schon zur Zeit der „Harzreise" die bekannte besondere Bedeutung für Heine hatte[129].

„Die Harzreise" wurde von Heine in der zweiten Hälfte des Jahres 1824 niedergeschrieben[130]; also in unmittelbarer zeitlicher Nähe zu Heines kurzer Visite bei Goethe in Weimar am 2. Oktober 1824. Das „Fragment", wie er seine epische Reisebeschreibung selbst nennt, sofern man sie nur für sich nimmt (S. 134), erschien 1826 erstmalig und ging in den ersten Teil der „Reisebilder" (1826–1830) ein, worin die „Fragmente" erst „in ihrer Vereinigung ein Ganzes bilden" (S. 135)[131].

Nicht unvermutet sind darin bereits Annäherungen an den Themenkreis um Hexenversammlung, Walpurgisnacht und Blocksberg zu finden. Teils dürften sie mit einer gewissen Wahrscheinlichkeit einen Reflex auf entsprechende Schriften Goethes bzw. auf deren Verwurzelung im kulturellen Geist der Zeit darstellen, teils haben sie jedoch sicherlich auch eine davon relativ unabhängige, individuelle Qualität.

Innerhalb des Textflusses der „Harzreise" bieten sich einige Elemente an, die eigentlich schon als Anspielungen auf die einstige Anwesenheit Goethes im Harz und auch speziell auf den „Faust I" und die „Walpurgisnacht" gedeutet werden können. Sie bleiben aber in dieser Hinsicht oft uneindeutig, da sie scheinbar zufällig, tatsächlich aber wohl nicht unbewusst mit der Erläuterung von örtlichen Gegebenheiten zusammenfallen.

So schildert Heine etwa seinen Besuch von Erzbergwerken bei Clausthal recht ausführlich (S. 93–96). Die Harz-Region wurde seit langem durch den Bergbau wirtschaftlich geprägt und die Gruben dürften zu dieser Zeit längst auch den Status lokaler Sehenswürdigkeiten gehabt haben. Dennoch ist hierbei

---

128 Vgl. z. B. Hansen 1998, S. 157–159; — 2007, S. 109 f.

129 Zu Heines Verhältnis zum Faust-Stoff vgl. Hansen 1998, S. 157 ff.; — 1999, S. 54 f.; — 2007, S. 109 f.

130 Als Textreferenz dient: Heine: DHA, Bd. 6 (1973), bearb. von Jost Hermand; vgl. außerdem ebd., S. 518 ff. („Entstehung und Aufnahme").

131 Zur Poetologie des Fragments in dieser Zeit vgl. auch Ueding, Gert: Das Fragment als literarische Form der Utopie. In: Etudes Germaniques. 41. Jg., 1986, S. 355 u. 362; Wilpert 2001, S. 277 f. („Fragment").

eine unweigerliche Assoziation zu Goethe, der rund drei Jahrzehnte zuvor den dortigen Erzabbau besichtigt und ihm so unwillkürlich zu einer zusätzlichen überregionalen Bekanntheit verholfen hatte, kaum zu vermeiden. Wenn Heine im „Fremdenbuch" seiner Unterkunft in Clausthal den Eintrag Adelbert von Chamissos (1781–1838), „den Biographen des unsterblichen Schlemihl", findet (S. 97), ist zu bedenken, dass dessen Erzählung „Peter Schlemihl's wundersame Geschichte" (Erstdruck Nürnberg 1814) eine romantische, doch auch in mancherlei Hinsicht parodistische Adaption des Faust-Stoffes ist[132]. Dabei fragt es sich, ob nicht in einer solchen den Faust-Stoff berührenden Bemerkung, zumal in dieser signifikanten Umgebung, wiederum eine gewisse immanente Verknüpfung zu Goethes „Faust" angelegt ist. Ähnlich mag man mit einiger Phantasie in der metaphorischen Skizze, wonach „Die Nacht [.] auf ihrem schwarzen Rosse [jagte], und die langen Mähnen [.] im Winde [flatterten]" (S. 101), ebenfalls eine Assoziation zur Anweisung der „Faust"-Szene „Nacht, offen Feld" (vor V. 4399) vermuten; zumal dieses Sprachbild während einer „herrliche[n] Aussicht nach dem Rammelsberg" bei Goslar, in welchem sich der Sage nach ein „Teufelsbergwerk" verbirgt[133], bemüht wird (S. 101). Obendrein begegnet später ein ähnliches Bild, wonach „Faust [...] mit Mephistophela auf schwarzen Rossen zum Feste heranfliegt", in der Blocksbergszene von Heines eigener Faust-Ausarbeitung[134].

In dem „schöne[n] Gedicht", das Heine in „[.] der Wohnung des Bruders [seines] Clausthaler Freundes [erlebte]" schimmert dagegen die grundsätzliche Präsenz des für die Sagenwelt der Harzgegend besonders einschlägigen Hexenhaften hindurch (S. 106 f.). Ein konkreter Bezug zur eigentlichen Walpurgisnacht besteht hierbei zwar nicht, doch vermittelt das Gefüge einiger in das Gedicht eingewobener Ausdrücke, wie „Katze", „Hexe", „Geisterberge" nächtlicher „Fackeltanz" und „böse Zauberin", doch eine Art proto-walpurgisnächtliches Fluidum:

„[...]
Und die Katz ist eine Hexe,
Denn sie schleicht, bei Nacht und Sturm,

132 Vgl. auch Fraiman-Morris, Sarah: Adelbert von Chamissos „Peter Schlemihl" und Heinrich Heines „Der Doktor Faust". „Faust"-Parodien zweier Außenseiter. In: Germanisch-romanische Monatsschrift. Vol. 56, Nr. 2, 2006, S. 185–199.

133 Kuhn, Adalbert u. Schwartz, Wilhelm (Hrsg.).: Norddeutsche Sagen, Märchen und Gebräuche aus Meklenburg, Pommern, der Mark, Sachsen, Thüringen, Braunschweig, Hannover, Oldenburg und Westfalen. Aus dem Munde des Volkes gesammelt. Leipzig 1848, S. 185 f. („Teufelsbergwerk im Rammelsberg").

134 Heine: DHA, Bd. 9 (1987), bearb. von Ariane Neuhaus-Koch, S. 91.

nach dem Geisterberge,
Nach dem altverfallnen Turm.

Dort hat einst ein Schloß gestanden,
Voller Lust und Waffenglanz;
Blanke Ritter, Fraun und Knappen
Schwangen sich im Fackeltanz.

Da verwünschte Schloß und Leute
Eine böse Zauberin,
Nur die Trümmer blieben stehen,
Und die Eulen nisten drin.
[…]" (S. 110 f.)

Einen recht großen Raum innerhalb der „Harzreise" nehmen dann die Brockenwanderung, der sich daran anschließende Übernachtungsaufenthalt Heines im in der Gipfelregion gelegenen Brockenhaus und schließlich der Brockenabstieg ein (S. 114 ff.). Den Aufstieg zum Brocken hat Heine wohl allein bewältigt. Diese Passage kommt als einigermaßen ausführliche, idyllische Schilderung der von ihm durchstreiften Landschaft und der Art wie er sie persönlich aufgenommen hat daher. In der Nähe des Gipfels heißt es dagegen plötzlich um einiges ironischer:

> „Die wunderlichen Gruppen der Granitblöcke werden hier erst recht sichtbar; diese sind oft von erstaunlicher Größe. Das mögen wohl die Spielbälle sein, die sich die bösen Geister einander zuwerfen in der Walpurgisnacht, wenn hier die Hexen auf Besenstielen und Mistgabeln einhergeritten kommen, und die abenteuerlich verruchte Lust beginnt, wie die glaubhafte Amme es erzählt, und wie es zu schauen ist auf den hübschen Faustbildern des Meister Retzsch. […] In der Tat, wenn man die obere Hälfte des Brockens besteigt, kann man sich nicht erwehren, an die ergötzlichen Blockberggeschichten zu denken, und besonders an die große, mystische, deutsche Nationaltragödie vom Doktor Faust. Mir war immer, als ob der Pferdefuß neben mir hinaufklettere, und jemand humoristisch Atem schöpfe. Und ich glaube, auch Mephisto muß mit Mühe Atem holen, wenn er seinen Lieblingsberg ersteigt; es ist ein äußerst erschöpfender Weg, und ich war froh, als ich endlich das langersehnte Brockenhaus zu Gesicht bekam." (S. 115 f.)

An der Erwähnung der von Moritz Retzsch (1779–1857) zu Goethes „Faust" in mehreren Auflagen zwischen 1812 und 1836 angefertigten Radierungen („Umrisse zu Goethe's Faust")[135] und des für selbstverständlich befundenen Zusammenhangs zwischen Walpurgisnacht und Faust-Gestalt wird deutlich, welches poetische Werk die Grundlage dieser Eindrücke gewesen ist[136] – wenn

---

135 Retzsch, Moritz: Illustrationen zu Goethes Faust. Neu hrsg. u. eingeleitet von Klaus J. Lemmer. Berlin 1980.

136 Vgl. auch Hansen 1998, S. 160 f.

Heine auch von der Nennung des Urhebernamens absieht. Auffällig ist zudem ein prompter Wechsel von der romantisch anmutenden Naturreflexion zum ironisch-humoristischen Kommentieren gerade in dem Moment, als es um die Walpurgisnacht geht. Daran dürfte sich zeigen, dass Humor, Ironie und auch die Satire ebenfalls für Heine – zumindest in diesem Schaffensabschnitt – Kennzeichen der poetischen und kulturellen Dimension des Blockbergsspektakels gewesen sind.

Und tatsächlich wird dann auch eine skurrile Personenansammlung präsentiert, die etwas von einem Blocksbergtreiben hat. Es sind die Besucher des Berggipfels, die im Brockenhaus über Nacht verweilen und eine illustre, zech- und feierlaunige Gesellschaft bilden. Passend zu Heines eigener Situation macht ausgerechnet eine Schar von herbeigewanderten Studenten die Majorität dieser Geselligkeit aus. Dass es sich obendrein um die Nacht auf den 1. Mai, also um die Walpurgisnacht, handeln soll, wird an anderer Stelle im Textverlauf suggeriert (S. 136 u. 138)[137]. Das abendliche Gelage der Studenten samt der ins Politische tendierenden, im Grunde aber belanglosen Gesprächsinhalte vermag im Übrigen an Szenerien in der Art von Goethes „Auerbachs Keller“ (Faust I, V. 2073 ff.) zu erinnern (S. 120 ff.), ohne dass damit auf eine tiefgreifende schriftstellerische Intention gedrängt würde. Andererseits gibt es immer wieder einmal Momente, die auf Walpurgisnächtliches und dabei eben auch auf Goethes entsprechenden Beitrag hindeuten. So ist etwa die für den Nachmittag und frühen Abend vorgenommene Schilderung der Betriebsamkeiten in der Wirtsstube des Brockenhauses mit einigen teils phantastisch anmutenden, jedoch meist auch ironischen Zuschreibungen angereichert (S. 116 f. u. 119). Und die beiden Damen, deren Gesellschaft der Brockenreisende Heine sucht, sind als eine ältere und eine jüngere ganz ähnlich wie die beiden Hexen, mit denen sich „Faust“ und „Mephistopheles“ auf dem Blocksberg amüsieren (Faust I, V. 4124 ff.), angeordnet (S. 117–120). Dazu sind in dieser Textpassage „Schierke und Elend“ – der Ausgangspunkt der „Walpurgisnacht“ im „Faust I“ (vor V. 3835) – gleich einem geflügelten Wort erwähnt (S. 118); ebenso wird allein hier Goethe namentlich genannt, als die ältere Dame aus dessen Reisebriefen zitiert (S. 120). Zu bemerken ist darüber hinaus das bündige, leicht humorige und ironische kulturelle Resümee über den Brocken bzw. Blocksberg. Es schließt die damals recht bekannten Verse von Matthias Claudius[138] genauso mit ein wie die kuriose Institution der „erste[n] Maynacht“,

137 Vgl. Heine: DHA, Bd. 6 (1973), bearb. von Jost Hermand, S. 520 (Höchstwahrscheinlich handelte es sich eigentlich um die Nacht vom 19. auf den 20 September.).

138 Vgl. Teil 2, VI.

wenn der Berg „[.] seine Nebelkappe jubelnd in die Lüfte [wirft], und [.], eben so gut wie wir Uebrigen, recht echtdeutsch romantisch verrückt [wird]" (S. 118). Weiterhin ist noch auf den frühabendlichen Spaziergang auf dem Brockenplateau hinzuweisen, den Heine allein vornimmt und bei dem er die berühmten, sehenswürdigen Felsen „Hexenaltar" und „Teufelskanzel" sichtet (S. 120). Das Abfeuern seiner „Pistolen", zum Zwecke, möglicherweise ein Echo zu erleben (S. 120), könnte man als eine Anlehnung an ein Element aus dem Reisebericht des Tobias Steffeck von Kolodey deuten, der in Praetorius' „Blockes-Berges Verrichtung" enthalten ist[139]; gleichermaßen kann es sich jedoch sicherlich auch um eine mit der Zeit bei Gipfelbesuchern per se üblich gewordenen Marotte handeln. Es schließt sich nun die angesprochene trinkfreudige Abendgeselligkeit mit überwiegend studentischer Beteiligung im Brockenhaus an (S. 120 ff.). Heines mit Humor, Ironie und teils mit einem gewissen Sarkasmus versetzte Schilderung ist durchaus eine satirische Note zuzusprechen, die vor allem auf die eigenwilligen Äußerungen mancher Anwesender gerichtet ist. Somit hat diese Versammlung also schon etwas für eine literarische Walpurgisnacht grundsätzlich Typisches. Walpurgisnächtlich ist sicher auch die gesamte Szenerie, die sich letztlich eben doch auf ein vom Alkoholgenuss bestimmtes, recht ungezügeltes Gelage reduzieren lässt und ihre bizarre Eigenart auch noch behält, als die wankenden Gestalten ihren Nachtlagern zustreben (S. 125 f.). Wenn Heine noch ergänzt, dass er auf seiner Liegestatt einen Traum von abstrusem studentischem Inhalt hatte, fehlt in gewissem Sinne auch ein ‚Walpurgisnachtstraum' nicht, der allerdings ein jähes Ende erfährt, als der Brockenwirt zum Betrachten des Sonnenaufgangs weckt (S. 126 f.).

Als dann am Morgen nach dem Frühstück eine allgemeine Aufbruchstimmung aufgekommen ist, verabschiedet sich Heine zunächst von den zwei Damen, die per Kutschwagen ins Tal hinabfahren (S. 128–130). Er selbst nimmt den Abstieg vom Brocken in einer Gruppe von überwiegend „Hallesche[n] Studenten" vor (S. 130 ff.). Die in einer poetisch-reflektierenden Weise beschriebene Hinabwanderung des recht illustren Haufens durch die markante Landschaft des Ilsetals vermag sogar ein wenig an den zum Blocksberg aufsteigenden ‚Zug der Hexen' in der „Walpurgisnacht" Goethes zu erinnern (V. 3956–4015). Nur handelt es sich um eine von orografischer Richtung und Route her gegensätzlich arrangierte Bewegung; denn die Abstiegsroute nach Norden entspricht nicht dem südöstlichen Weg, auf welchem „Faust" und „Mephistopheles" in der „Walpurgisnacht" aufsteigen. Als dann gegen Ende der Schilderung des Brockenabstiegs

139 Vgl. Teil 2, II.

der sagenumwobene „Ilsenstein" erreicht ist, zitiert Heine einmal mehr seinen ‚Reisekompass' – das „Taschenbuch für Reisende in den Harz" von Kaspar Friedrich Gottschalck (S. 133)[140]. Auf die Nennung des „Ilsensteins" in der goetheschen „Walpurgisnacht" (V. 3968), wodurch der Felsen überregional vor allem berühmt geworden sein dürfte, verweist er allerdings nicht weiter. Abschließend heißt es dann fast losungsartig, dass „heute der 1. May" sei. Hierbei wird ein Verschwimmen der Grenze zwischen tatsächlicher Reisebeschreibung und Poesie einmal auf greifbare Weise, da es sich wohl eigentlich um den 20. September gehandelt hat[141]. Das „sentimental[e]" Wohlwollen, das über diesen gefühlten „1. May" zum Ausdruck gebracht wird, kann also durchaus auch in einem solchen sinnbildlichen Sinne verstanden werden, wonach nun auch das Geistertreiben der Walpurgisnacht als überwunden gilt (S. 136 u. 138).

Wenn man also aus der „Harzreise" einen ersten Ertrag Heines aus dem Kontakt mit dem Sagen- und Themenkomplex um die kulturellen Phänomene der Walpurgisnacht und des Brockens als ‚dem' Blocksberg isoliert, ergeben sich zwei grundsätzliche Eindrücke:

Auch wenn Goethe (wohl bewusst) lediglich beiläufig namentlich genannt wird, ist Heines Schilderung gleichwohl die Bedeutung der signaturhaften „Faust"-Dichtung[142] wie auch speziell der „Walpurgisnacht" für das Bild der Harz-Region in Zeitgeist und Kultur dieser Epoche unterschwellig, partiell aber auch offen anzumerken. Gleichwohl sind die an Szenen des „Faust I" erinnernden, aber doch ganz anders arrangierten Elemente, wie das ‚Bacchanal' im Brockenhaus oder die diametrale Route beim Brockenabstieg, wohl doch zu unkonkret um womöglich eine unbedingt satirische Bezugnahme auf den Goethe-Text selbst zweifelsfrei zu offenbaren[143].

Darüber hinaus ist bei Heine jedoch zweifellos auch ein individuelles Sich-Einlassen auf den angestammten lokalen Sagen- und Mythenkreis sowie auf die Erlebniswelt des Brockens und seiner Umgebung festzustellen. Bestätigt wird dies etwa auch durch seine späteren Ausführungen in der „Elementargeister"-Abhandlung, wonach er „im Bodenthale" die für die lokale Sagenwelt als „Wohnungen der Zwerge" bedeutenden „Öffnungen im Felsen"

---

140 Gottschalck, Kaspar Friedrich: Taschenbuch für Reisende in den Harz. 1. Aufl. Magdeburg 1806, 5. u. letzte Aufl. Magdeburg 1843.
Von dem mehrmals im Text der „Harzreise" zitierten Buch dürfte Heine die zweite (1817) oder dritte Auflage (1823) benutzt haben.

141 Heine: DHA, Bd. 6 (1973), bearb. von Jost Hermand, S. 520.

142 Vgl. Hansen 1998, S. 157 f.; — 1999, S. 54 f.

143 Vgl. etwa Kröhnke, S. 121.

gesichtet habe[144]. Unter diese Bereitwilligkeit fällt freilich auch sein Eintauchen in die im Brockenhaus versammelte Besuchergesellschaft. Der kollektive, recht ausgelassene Frohsinn, der durch den gemeinschaftlichen Abstieg ins Tal tags darauf noch ein wenig ergänzt wird, hat tatsächlich die Konturen eines gewissen Blocksbergtreibens, das in ebenso abstrakter wie ironischer Weise an seine sagenhaften und sonstigen (literarischen) ‚Verwandten' zu erinnern vermag.

Heines Abhandlung über „Elementargeister", also im Grunde über mythologisch überlieferte, oft in der Tetrade der Urelemente systematisierte feinstoffliche Naturwesenheiten[145], erschien erstmals 1837 im dritten Teil der insgesamt vierbändigen Schriftensammlung „Der Salon" (1834–1840)[146]. Die „Elementargeister" sind ein Ausdruck von Heines persönlichem volksmythologischem und volkskundlichem Interesse, dabei aber auch ein Zeugnis der Bedeutung, die die Volkskunde für seine nahezu gesamte Intellektuellen- und Literatengeneration hatte[147]. Vor diesem Hintergrund ist diese essayähnliche Schrift in weiterer Konsequenz ein Ausdruck seines Anliegens, „deutsche Themen in Frankreich [...] bekannt machen [zu] möchte[n]"[148]. Zwar sind die „Elementargeister" innerhalb Heines volkskundlich zu nennenden Ertrags nur einer von mehreren Titeln, doch finden sich punktuell darin einige Annäherungen an die Phänomene der Hexenversammlung und der Walpurgisnacht. Zwar wird in den „Elementargeistern" keine Hexenversammlung oder Walpurgisnacht im engeren Sinne beschrieben, aber es werden darin doch Elemente angesprochen, die einen Bezug zu dem Entstehungs-Nexus haben, der für die Ausprägung der Vorstellungen von Hexenversammlungen und Walpurgisnächten von Belang ist.

Die Abhandlung ist nicht förmlich in einzelne Kapitel gegliedert, es sind dennoch mehrere thematisch von einander trennbare Abschnitte auszumachen. Im einleitenden Abschnitt wird, wie gesagt, einmal mehr die besagte kulturelle und identifikative Bedeutung der Volkskunde in dieser Epoche deutlich (S. 11 f.). In diesem Sinne hält sich Heine auch den gesamten Text hindurch nicht mit Lob für Kollektoren derartigen Materials (J. u. W. Grimm, S. 11 f.) sowie für Dichter, die solches poetisch verarbeiteten (Eichendorff, Alexis, S. 51), zurück. Und wenn er beispielsweise über seine Ansicht von „wundersam gruppirte[n] Steine[n] im Harze so auch in der Bretagne" resümiert (S. 13), verleiht er der Beschäftigung

144 Heine: DHA, Bd. 9 (1987), bearb. von Ariane Neuhaus-Koch, S. 13.

145 Zur elementaren Vierheit vgl. Teil 3, IV.

146 Als Textreferenz dient: Heine: DHA, Bd. 9 (1987), bearb. von Ariane Neuhaus-Koch; vgl. außerdem ebd., S. 301 ff. („Entstehung und Aufnahme").

147 Vgl. Hansen 1998, S. 157–159.

148 Ebd., S. 159.

mit volksmythologischen Elementen sogar eine quasi europäische Perspektive. Als Glanzpunkt der Elementargeisterlehre bestätigt er die entsprechende Systematik des „Parazelsus" (1493–1541); die dämonopathische und dämonologische Verquickung der Elementargeister mit der Sphäre des Teufels lehnt er überdies ausdrücklich ab (S. 12 f.)[149].

Eine Nähe zu den Vorstellungen über Hexen begegnet dann in dem Abschnitt über „Elfen", worin zunächst eine Abgrenzung der originären keltischen Überlieferungen von der lediglich sprachlichen Analogie in „Deutschland", wo „Elfen oder Elben [...] die unheimlichen Geburten der Hexen [sind], die mit dem Bösen gebuhlt", erfolgt (S. 16). Im weiteren Kontext über „Elfen", „Nixen" und ähnliche Geistern kommt Heine recht ausführlich auf den Tanz samt der dafür einschlägigen Örtlichkeiten als wesentliche Charakteristika dieser Schemen zu sprechen (S. 19). Eine Variante dieser „gespenstischen Tänzerinnen" identifiziert er zudem explizit als „todte Bacchantinnen" (S. 19)[150]. Auf eine vorstellungsgeschichtliche Verbindung zu den Hexentänzen geht er hier jedoch ebenso wenig ein, wie im Punkt der Zaubereifähigkeit und des Gestaltenwandels der „Elfen" und „Nixen" (S. 23). Allerdings verweist er im Zusammenhang mit der ‚vampirischen' Ballade „Die Braut von Korinth" (1797) – einem „der schönsten Gedichte Goethes" – auf entsprechende motivische Ursprünge in „thessalischen Mährchen" sowie auf die darin präsenten ‚Lamien' (S. 19 f.), die von der Hexentheorie in der Regel als eine Art von Hexen eingeordnet wurden, wie es etwa die gelegentliche Adaption der Bezeichnung in frühneuzeitlichen Schriften zeigt[151]. Hierbei lässt es sich dazu kaum vermeiden, dass Thessalien als Schauplatz der goetheschen „Klassischen Walpurgisnacht" und die Lamien als ein Quantum ihrer Teilnehmer in den Sinn kommen[152].

Es schließt sich eine ausgiebige Besprechung von solchen Sagenelementen an, in denen die Fähigkeit zur Luftfahrt vorkommt, wobei Heine zwangsläufig auch auf die Luftfahrt der Hexen zu sprechen kommen musste. Dazu heißt es:

> „[...] Zur Zeit des Heidenthums waren es Königinnen und edle Frauen von welchen man sagte, daß sie in den Lüften zu fliegen verstünden, und diese Zauberkunst, die damals für etwas Ehrenwertes galt, wurde später, in christlicher Zeit, als eine Abscheulichkeit des Hexenwesens dargestellt. Der Volksglaube von den Luftfahrten der Hexen ist eine Travestie alter germanischer Tradizionen und verdankt seine Entstehung keineswegs dem Christenthum, wie man aus einer Bibelstelle, wo Satan unseren Heiland

149 Vgl. Teil 1, IV. 1.
150 Vgl. Teil 1, II.
151 Vgl. z. B. Teil 1, IV. 1.
152 Vgl. Teil 3, V.

durch die Lüfte führt, irrthümlich vermutet hat. Jene Bibelstelle könnte allenfalls zur Justifikazion des Volksglaubens dienen, indem dadurch bewiesen ward, daß der Teufel wirklich im Stande sey die Menschen durch die Luft zu tragen." (S. 32).

Ganz ähnlich wird eine Lossprechung der von Märchen und Sagen oftmals überlieferten femininen Dreierkonstellation in der Art der „Nornen" und „Parzen" – in diesem Zusammenhang ist unter anderem von den „Hexen, die Shakespear in seinem Makbeth auftreten lässt", die Rede – von der Suggestion „der späteren Hexenschwesternschaft" vorgenommen (S. 32 f.). Dieser Einschätzung fügt sich auch die Feststellung, dass „die heiligen Eichen, die den frommen Aexten widerstanden, verläumdet [wurden]"; denn, so Heine weiter, „unter diesen Bäumen, hieß es jetzt, trieben die Teufel ihren nächtlichen Spuk und die Hexen ihre höllische Unzucht" (S. 36).

Über die „Feuergeister", bei denen er sich den Salamandern, die ja auch in der „Walpurgisnacht" Goethes in Erscheinung treten, recht ausführlich widmet, kommt Heine schließlich auf die Merkmale und Erscheinungsformen des Teufels, den er auch als eine Art von Feuergeist einstuft, sowie seiner „höllischen Gesellen" zu sprechen (S. 36 ff.). Dabei bringt er auch einige Gedanken über „in den Hexenprozessen" gemachte „Aussagen der Hexen" über die Teufelsbuhlschaft bei und stellt dazu dezidiert fest, dass es „[.] allgemein bekannt [ist], daß der Teufel in Gestalt eines schwarzen Bockes dem Convente der Hexen präsidirt" (S. 37 f.). Zwar löst er seine Ankündigung, „später [...] von Hexen und Zauberey zu reden" (S. 38), nicht so recht ein, doch wird am Zitieren von Johann Georg Goedelmann[153] und an der späteren Nennung des „absurden Buche[s] über Zauberey von Del-Rio" (Antonio Martino Delrio)[154] immerhin die Lektüre von Schrifttum der dämonologischen Fachdebatte der Frühen Neuzeit erkennbar (S. 38 f. u. 51). Ebenso lässt seine Bemerkung über „Teufelskontrakte, die sich aus der Zeit der Hexenprozesse erhalten haben," eine Beschäftigung mit weiteren Zeugnissen der Hexenverfolgungen annehmen (S. 40).

Die letztere Äußerung findet sich bereits in einem Abschnitt, der unter anderem die Sage um den „Doktor Faust" anschneidet, worauf die ausführlichen, beinahe enthusiastischen Ausführungen über Charakteristika und Mentalität des Teufels sowie eben über das „Satansbündniß" fast unvermeidlich hinauslaufen mussten (S. 40). Im Zusammenhang mit dichterischen Umsetzungen der Faust-Sage, insbesondere mit der poetischen Zeichnung der Teufelsfiguren, würdigt Heine namentlich „unser[en] Dichter Wolfgang Goethe" für „seine[n]

153 Vgl. Teil 1, IV. 5.
154 Vgl. Teil 1, IV. 4.

Mephisto" (S. 40 f.). Dazu lobt er „Herrn Grabbe" (Christian Dietrich Grabbe, 1801–1836) für dessen Teufel im Lustspiel „Scherz, Satire, Ironie und tiefere Bedeutung" (1822–1827) – weniger für das Pendant in Grabbes Ideendrama „Don Juan und Faust" (1828), wie man vielleicht meinen könnte (S. 41)[155]. Diese Gedanken über den Teufel als eine vielfältige Projektionsfigur mag man gewiss als einen (weiteren) Hinweis Heines darauf verstehen, sich selbst der Faust- und Teufelsbund-Motivik annehmen zu wollen[156].

Das Erläutern des antichristlichen Brandmarkens antiker Gottheiten, wie dem „Teufel Jupiter", der „Teufelinn Diana" oder „der Erzteufelinn Venus" durch den „Christ" sowie die Ächtung der zugehörigen Kulte als Teufelskulte berührt dagegen erneut den Entstehungs-Nexus der Hexenversammlungs- und Walpurgisnacht-Vorstellungen (S. 46)[157].

Eine mittelbare Verbindung zu jenem Gefüge weist auch die Sagenvielfalt um den „Venus Berg" auf, in der beispielsweise auch der Teufel mit seinen höllischen Heerscharen oder die Wilde Jagd erscheinen[158]. Heine spricht dies mit einer deutlichen Betonung auf der Tannhäuser-Sage an und orientiert sich dabei vor allem an Heinrich Kornmanns Werk „Mons Veneris" (S. 51–57)[159]. Eine Anregung für seine Beschäftigung mit der Tannhäuser- und Venusberg-Sage dürfte außerdem wohl von der zu dieser Zeit wohlbekannten Novelle Ludwig Tiecks „Der getreue Eckart und der Tannenhäuser" (1799) ausgegangen sein[160]. Hatte Heine zuvor bereits Johannes Praetorius' Schrift „Anthropodemus plutonicus" als eine bedeutende Quelle für Volksmythologisches und Volkskundliches genannt (S. 23 f.), wird in diesem Abschnitt endgültig klar, dass er gleichfalls mit „Blockes-Berges Verrichtung" vertraut gewesen ist[161]. Denn er verweist auf die von Praetorius für seine Kompilation wahrscheinlich bei Kornmann entlehnte Fassung des Tannhäuserliedes (S. 52). Prompt beschließt Heine selbst nun ebenfalls mit einer „Bearbeitung desselben Liedes", die er „[…] durch Zufall unlängst [erhielt]" (S. 57). Diese freilich von Heine selbst verfertigte Variation stellt

155 Vgl. dazu auch Holz, Jürgen: Im Halbschatten Mephistos: Literarische Teufelsgestalten von 1750–1850. Frankfurt/M. 1989, S. 137–174 (Grabbe) u. 192–208 (Heine).

156 Vgl. Hansen 1998, S. 157 u. 159; — 2007, S. 109 f.

157 Vgl. Teil 1, II.

158 Vgl. ebd.

159 Vgl. Teil 2, II.

160 Vgl. Borchmeyer, Dieter: „Wo keine Götter sind, walten Gespenster". Heines und Wagners Geisterwelt. In: Aurora. Jahrbuch der Eichendorff-Gesellschaft für die klassisch-romantische Zeit. Bd. 63, 2003, S. 100.

161 Vgl. Teil 2, II.

sich ähnlich ‚zufällig' als eine satirische Stellungnahme zu allerlei, überwiegend zeitgenössischen und dabei oft politischen Bezügen eben im poetisch-formalen Gewand des Tannhäuserliedes heraus (S. 57–64).

Hinsichtlich weiterer Arbeiten Heines, die ein mythologisch-volkskundliches Fundament aufweisen, ist eine Feststellung im Zusammenhang mit Kornmanns „Mons veneris" von Belang, wonach auch er (Heine) „[.] bey Gelegenheit der Elementargeister von der Transformazion [...] der altheidnischen Götter [habe] sprechen müssen", denn:

> „Diese sind keine Gespenster, denn, wie ich mehrmals angeführt, sie sind nicht todt; sie sind unerschaffene, unsterbliche Wesen, die nach dem Siege Christi sich zurückziehen mussten in die unterirdische Verborgenheit, wo sie mit den übrigen Elementargeistern zusammenhausend, ihre dämonische Wirthschaft treiben." (S. 52)

Die sicherlich allegorische Dimension dieser quasi epistemologischen Aussage zielt gewiss auf die Einbildungskraft der Dichtung und der Kunst überhaupt. So sollen jene alten, heidnischen Gottheiten nicht notwendigerweise in ihrer „unterirdische[n] Verborgenheit" belassen werden, da ihre Verwendung innerhalb des kulturellen und künstlerischen Repertoires weiterhin eine ganz grundsätzliche Berechtigung hat. Bei Heines Wort von der „dämonische[n] Wirthschaft" ist zudem daran zu denken, dass ihm die antike, nicht allzu apodiktische Definition der ‚Dämonen' bekannt gewesen sein dürfte[162]. So ist hier keineswegs nur von dem durch die Vereinnahmung der Hexenlehre geprägten missbilligenden, teufelhaften Wortsinn auszugehen. Auf den Gedanken, dass antike, heidnische Gottheiten sich spätestens seit der frühmittelalterlichen Christianisierung in einem schlechterdings schwer ergründbaren, aber vorzugsweise poetisch doch fassbaren Exil befinden – der im Übrigen in Tiecks Tannhäuser-Novelle teils auch schon vorzufinden ist – kommt Heine vor allem in seiner Schrift „Die Götter im Exil" (1853) zurück. Und ebenso hat er eine solche mythologische Überlegung augenscheinlich ein weiteres Mal in dem Ballett-Entwurf „Die Göttinn Diana" beseelt.[163]

Auf die Bedeutung der Vorstellungen um die griechische Göttin Hekate und deren römisches Pendant Diana – im Besonderen über die zu ihren Ehren betriebenen freizügigen Kulthandlungen – sowie um die Bacchanalien für den

---

162 Vgl. Teil 1, IV. 3.

163 Vgl. auch Borchmeyer 2003, S. 100; als einen frühen Forschungsbeitrag zu diesem Aspekt außerdem Mücke, Georg: Heinrich Heines Beziehungen zum deutschen Mittelalter. Nachdruck der Ausgabe Berlin 1908. Hildesheim 1978, insbesondere S. 125 ff. u. 142 ff.

Entstehungs-Nexus des Hexenversammlungs- und Walpurgisnachtgedankens wurde hinreichend aufmerksam gemacht[164]. Daher ist an dieser Stelle also auch Heines Tanzpoem „Die Göttinn Diana" unbedingt zu berücksichtigen[165].

Dieses „Ballettsujet" wurde erstmals 1854 im ersten Band von Heines „Vermischten Schriften" veröffentlicht, die Niederschrift erfolgte allerdings bereits im Laufe des Jahres 1846[166]. In der „Vorbemerkung" gibt Heine Aufschluss darüber, dass diese „Pantomime" – ebenso wie das „Tanzpoem Faust" – auf eine „Unterhaltung mit Lumley, dem Direktor des Londoner Theaters der Königin", hin entstanden ist (S. 67). Außerdem bekräftigt er durch seine Erläuterung des Untertitels „Nachtrag zu den Göttern im Exil" ausdrücklich die thematische und motivische Verknüpfung zu jener Schrift und gewiss auch zu den „Elementargeistern" (S. 67). Denn es heißt, dass „die Fabel [seiner] Pantomime im Wesentlichen bereits im dritten Teile [seines] *Salon* enthalten" ist (S. 67). Zudem bindet er in diese Erläuterungen eine stichelnde Anspielung auf Komponisten ein – möglicherweise vornehmlich auf Richard Wagner (1813–1883) und Franz Liszt (1811–1886)[167] – bei denen er eine Inspiration durch seine Schrift („Elementargeister") erkannt haben will (S. 67).

Gegliedert ist die nicht allzu umfangreiche „Pantomime" in vier Akte – „Tableaus" genannt.

Der Ort des „Ersten Tableaus" ist „ein uralter verfallener Tempel der Diana", der durch einen „Altar mit einer Statue der Göttinn" gekennzeichnet ist (S. 69). Dort treten „die Göttinn Diana" selbst und „ihre Nymphen" auf (S. 69). Hinzu kommt alsbald bald „ein junger deutscher Ritter" (S. 69). Er sucht nach der sich vor ihm vorerst noch verbergenden „Diana", für die er offensichtlich leidenschaftlich entbrannt ist (S. 69). Doch als sich der „Ritter" ihr vor dem Altar als „Menschenopfer" hingegeben will, „springt die […] Göttinn […] hervor, ergreift seinen Arm, entwindet seiner Hand das Messer" (S. 69). An dieser Stelle formuliert Heine erneut die aus den „Elementargeistern" bekannte mythologische, poetisch-inspirative Losung:

---

164 Vgl. Teil 1, II.

165 Vgl. Praetorius 1968, S. 490 (Da die Schriften des barocken Leipziger Kompilators Johannes Praetorius' der besagte Inspirationsfundus für Heine gewesen sind, sei angemerkt, dass die althergebrachten Vorstellungen um die Umtriebe der heidnischen Göttin Diana und der ihr zu Ehren betriebenen Kulte ebenfalls in „Blockes-Berges Verrichtung" angesprochen werden).

166 Als Textgrundlage dient: Heine: DHA, Bd. 9 (1987), bearb. von Ariane Neuhaus-Koch; vgl. außerdem ebd., S. 629 ff. („Entstehung und Aufnahme").

167 Borchmeyer 2003, S. 102 u. 109.

„Diana erzählt ihrem Ritter, daß die alten Götter nicht tot sind, sondern sich nur versteckt halten in Berghöhlen und Tempelruinen, wo sie sich nächtlich besuchen und ihre Freudenfeste feiern." (S. 70)

Eine nun ihren Lauf nehmende Liebesbeziehung zwischen beiden wird von dem musikalisch untermalten „fröhlichen Einzug" antiker Prominenz, nämlich „Apollo und [den] Musen" und „Bacchus [...] mit seinen Satyren und Bacchanten", begleitet (S. 70). Diese können dann sämtlich nicht umhin, sich dem „Zweitanz der trunkensten Lebenslust" der „Liebenden" anzuschließen, wobei die eigentlich unterschiedlichen Grundsätze der apollinischen und der bacchantischen Partei temporär aufgehoben werden (S. 70). Eine Eigentümlichkeit in Heines dichterischem Umgang mit mythologischen Charakteren ist hier zweifellos seine Umbildung der Diana-Gestalt, indem er „die keusche Diana [...] in eine ekstatisch Liebende verwandelt"[168]. In einem dementsprechenden Sinne ist Heine auch bereits im „Caput XIX" des Versepos „Atta Troll. Ein Sommernachtstraum" (1843) verfahren, worin er „Diana" ihre einstige Keuschheit als „verlorne Zeit" bereuen lässt[169].[170]

Der Ort des in der Art eines Gegenschauplatzes arrangierten „Zweiten Tableaus" ist der „große Saal in einer gotischen Ritterburg" in einer mittelalterlichen, gesetzten Atmosphäre (S. 70). Ein höfischer Ball mit „steife[m] Fackeltanz" ist im Begriff zu beginnen (S. 71 u. 72, Z. 15). Doch dann hält unerwartet eine antike Bande Einzug, die sich aus „Diana und ihren Nymphen", „Apollo und [den] Musen" und „Bacchus und seine[n] Genossen" zusammensetzt (S. 71). Es kommt also zur Konfrontation der „Burgfrau" – der „Gemahlin" des „Ritters" – mit „Diana", die „[.] dem Ritter durch Gebärden zu erkennen [gibt], daß sie nach dem Venusberge fahre, wo er sie später wiederfinden könne" (S. 72). Die Reaktion der „Burgfrau" führt daraufhin dazu, dass „wir [.] ein Pas-de-deux, wo griechisch heidnische Götterlust mit der germanisch spiritualistischen Haustugend einen Zweikampf tanzt, [sehen]" (S. 72). Schließlich entfernt sich „Diana [...] nebst ihren Begleitern" unter „bacchantische[r] Jubelmusik". „Der Ritter" aber wird vorläufig noch von „Gattin" und „Dienerschaft" davor „zurückgehalten", „ihnen verzweiflungsvoll [zu] folgen" (S. 72).[171]

Im „dritten Tableau" greift Heine nun recht offen den Sagenkomplex um Venusberg und Tannhäuser auf. „Der Ritter" findet sich unversehens in einer

168 Borchmeyer 2003, S. 110.

169 Heine: DHA, Bd. 4 (1985), bearb. von Winfried Woesler, S. 57, Z. 21–36; vgl. Borchmeyer 2003, S. 110.

170 Vgl. auch ebd.

171 Vgl. auch Borchmeyer 2003, S. 110.

„wilden Gebirgsgegend" wieder (S. 72). Für die in der Tat walpurgisnächtlich anmutende Atmosphäre tun die anwesenden elementaren Wasser-, Luft-, Erd- und Feuergeister ein Übriges (S. 72 f.). Gerade als „dem Ritter" die Feuergeister arg zusetzen, erklingen „Waldhorntöne" (S. 73). Ehrfurchterbietend zeigt sich nun „die wilde Jagd", die sich unter anderem aus der „Götterschar" zusammensetzt, „die wir schon als Besuchende in dem alten Tempel gesehen [haben]" (S. 73). Wie bei Heine ebenfalls schon aus dem „Caput XIX" des „Atta Troll" bekannt[172], ist „die Führerin des wilden Jagdheeres" natürlich „Diana", die sich sodann mit dem „Ritter" zur „Pforte" des „berühmten Venusberges" aufmacht (S. 73). Den Zutritt zum „heidnischen Venusberg" verwehrt ihnen jedoch „ein alter weißbärtiger Krieger" – „der treue Eckart" (S. 73). Dieser „fordert [den Ritter] zum Zweikampf" (S. 73). „Der Ritter nimmt die Herausforderung an", überlebt das Duell aber nicht; der „Göttin Diana" bleibt es vorläufig nur, sich „[.] verzweiflungsvoll und trostlos [über die Leiche desselben]" zu werfen (S. 74).[173]

Der Schauplatz des letzten „Vierten Tableaus" ist dennoch das Innere des „Venusberg[es]", der als „unterirdischer Palast, dessen Architektur und Ausschmückung im Geschmack der Renaissance, nur noch weit phantastischer, und an arabische Feenmärchen erinnernd" präsentiert wird (S. 74). Unter den dort versammelten, meist höchst berühmten „Personen [...] aus den verschiedensten Zeitaltern" befinden sich fiktive, sagenhafte und tatsächlich historische Persönlichkeiten – wie übrigens auch „Wolfgang Goethe" (S. 74). Dann „[erscheint] Frau Venus [.] mit dem Tannhäuser, ihrem Cavaliere servente" (S. 74). Deren „sinnliches Pas-de-deux, welches schier an die verbotensten Tänze der Neuzeit erinnert"[174], leitet ein allgemeines, ausgelassenes Tanzvergnügen ein (S. 74 f.). Dies wird „aber plötzlich unterbrochen" als die verzweifelte „Göttinn Diana" hereinstürzt, gefolgt von „ihre[n] Nymphen, welche die Leiche des Ritters tragen" (S. 75). „Ihre Freundin Venus" vermag „den Ritter" nicht „vom Tode zu erwecken" und die Klänge der „Leier" des „Apollo" holen ihn nur vorübergehend aus der „Todeserstarrung"; erst die tänzerischen Vollführungen des „Bacchus" und der „rasendsten Bacchanten" aus dessen „Gefolge" wecken „den Ritter" endgültig aus dem „Todesschlaf" (S. 75). Nach einem zusätzlich belebenden „Trank" beginnt dieser nun seinerseits „die verwegensten und berauschendsten Tänze zu tanzen"; sogleich ist auch „die Göttinn [Diana] [...] wieder heiter und glücklich" (S. 75 f.). Schließlich „[nimmt] die ganze Versammlung [.] teil an dem Glücke

172 Heine: DHA, Bd. 4 (1985), bearb. von Winfried Woesler, S. 57, Z. 21–36.

173 Vgl. auch Borchmeyer 2003, S. 110.

174 Vgl. ebd., S. 111 (Vor allem hierbei und unter dem Hinweis auf das Beispiel des Cancans weist B. auf die Grenzen der zeitgenössischen Aufführbarkeit des Stücks hin).

der Liebenden, und feiert [...] das Fest der Auferstehung" (S. 76). In einer feierlichen, veredelnden Geste schmückt „Frau Venus" am Ende „Diana" und „den Ritter" mit ihrem „eignen" und des „Tannhäusers Rosenkranz" und legitimiert somit die ‚interepochale' Verbindung zwischen Antike und Mittelalter (S. 76).[175]

Das „Vierte Tableau" steht also trotz des anderen Ortes durch einige einschlägige Merkmale der literarischen Walpurgisnacht-Tradition schon verhältnismäßig nahe. Hierzu wäre zum einen die besondere tänzerische Note in ihrer Ausgelassenheit und Ausgefallenheit aufmerksam zu machen. Doch ist gleichermaßen auffällig, dass sich die Versammlung im „Venusberg" zum Teil aus hervorstechenden, wohlbekannten Persönlichkeiten zusammensetzt – also ganz nach der Art, die seit Johannes Praetorius' popularisierender Kompilation recht regelmäßig in ‚blocksbergischem' Zusammenhang zu beobachten ist[176]. Abgesehen von einigen Nuancen fehlt bei Heine aber weitgehend der in anderen literarischen Umsetzungen oft so obligatorische Odem des Ironischen, Satirischen oder Polemischen. Zum Ausdrücken solcher Formungen mag die „Pantomime" ohnehin nicht gerade als die nahe liegendste Kunst erscheinen; vor allem dürfte sich jedoch wiederum bestätigen, dass Heine, ungeachtet einer gewissen Leichtigkeit des „Ballettsujets", doch Wert auf einen ungebrochenen, authentischen Umgang mit jenen mythologisch-historischen Themen gelegt hat.

Dass der Tanz mit seinen allenthalben erotischen Anspielungen – welche letztlich für den Gedanken einer über sensualistische Kunst ausgedrückten erotischen Utopie Heines sprechen[177] – das prägende (förmliche) Merkmal des Stückes ist, bedingt selbstverständlich schon das „Ballettsujet". Doch wird Heine daneben sicherlich die latente, stete Assoziation zum Hexentanz bewusst gewesen sein. Angelegt ist diese in all den antiken, heidnischen und sagenbezogenen Momenten – besonders in denen über das „mitternächtliche Treiben der exilierten heidnischen Freudengötter"[178] – die eben teils zum Entstehungsgefüge der Hexenversammlungs- und Walpurgisnachtvorstellungen zählen. Hieran und an die berühmte tanzästhetischen Aussage Heines im „XLII." Artikel der „Berichte"-Sammlung „Lutezia" (1854), worin der Tanz als eine Ausdrucksform des „Aufbegehren[s] unterdrückter Sinnlichkeit gegen die Zwänge einer spiritualistischen Ideologie"[179] dargestellt wird und sogar explizit die Verknüpfung zum

175 Vgl. auch Borchmeyer 2003, S. 110 f.
176 Vgl. Teil 2, II. u. VI.
177 Borchmeyer 2003, S. 111.
178 Ebd.
179 Borchmeyer 2003, S. 111.

Hexentanz hergestellt wird[180], ist auch im Fall des anderen Tanzpoems – „Der Doktor Faust" – zu denken.

In dem Ballettlibretto „Der Doktor Faust" kommt der „Dritte Akt" in der Tat als „Hexen-Sabbath" im engeren Sinne daher (S. 90–93). In deutscher Sprache erschien der Fünfakter erstmals 1851 mit dem ein wenig ergänzenden und erläuternden Untertitel „Ein Tanzpoem nebst kuriosen Berichten über Teufel, Hexen und Dichtkunst". In der ausführlichen „Einleitende[n] Bemerkung" gibt Heine unter anderem rückbezüglich Auskunft über die Entstehung, die – ähnlich wie die der „Göttinn Diana" – auf ein Gesuch um ein Ballettstück zurückgeht, das ihm von Benjamin Lumley (1811–1875), dem „Direktor des Theaters Ihrer Majestät der Königin zu London", persönlich angetragen wurde (S. 79). Heine händigte Lumley das „Ballettmanuskript" Ende Dezember 1847 aus, doch kam es zu seinem sichtlichen Ärger dann doch nicht zur Aufführung (S. 79). Vor der später von Julius Campe (1792–1867) verlegten deutschen Veröffentlichung hatte Heine 1849 bereits eine „französische Übersetzung" drucken lassen, „um" – wie er selbst ausführt – „das Eigentumsrecht [seines] Balletts in Frankreich zu sichern" (S. 79).[181]

Ein möglicher Einwand gegenüber dieser heineschen Verwendung des ‚Hexensabbat'-Motivs als nicht rundum literarisch, da sie sich eigentlich in dem poetischen Randbereich der Ballettdichtung befindet, wird durch mehrere Gesichtspunkte entkräftet. So ermöglicht beispielsweise schon allein der lesestückartige Charakter des „Tanzpoems" – ebenso wie im Fall der „Göttinn Diana" – immer auch eine partout literarische Einordnung und Beurteilung. Und daran, dass der Text auch ein Resultat von Heines geradezu lebenslanger dichterischer und weltanschaulicher Auseinandersetzung mit Faustsage, Fauststoff sowie mit vielerlei mythologischen Belangen ist, kann kein Zweifel bestehen[182]. Obendrein stellt er selbst, wenn auch mit Bitternis über die Streichung seines „Balletts", dessen unbedingt dichterische Qualität gegenüber solchen Machwerken eigens heraus, welche die „Tanzaffen" – womit insbesondere der verantwortliche „Ballettmeister" gemeint ist – „in Kollaboration mit irgendeiner dürftigen Literatenseele" üblicherweise anfertigten (S. 79).

---

180 Heine: DHA, Bd. 13/1 (1988), bearb. von Volkmar Hansen, S. 154–158, insbesondere S. 155 („Ueberhaupt ward der böse Feind [Satan] am Ende als der eigentliche Schutzpatron des Tanzes betrachtet, und in seiner frevelhaften Gemeinschaft tanzten die Hexen und Hexenmeister ihre nächtlichen Reigen").

181 Als Textgrundlage dient: Heine: DHA, Bd. 9 (1987), bearb. von Ariane Neuhaus-Koch; vgl. außerdem ebd., S. 681 ff. („Entstehung und Aufnahme").

182 Vgl. Hansen 1998, S. 157 ff.; — 1999, S. 54 f.; — 2007, S. 109 f.

Heine verwendet für den „Dritten Akt“ nicht die Bezeichnung ‚Walpurgisnacht‘. Damit wird vorderhand die Vermutung nahe gelegt, er habe Assoziationen zu Goethes ‚Walpurgisnacht-Dichtung‘ bewusst vermeiden wollen. Dagegen spricht wiederum, dass die Verbindung von Blocksbergspektakel und Faust-Thema – die zwar nicht auf Goethe zurückgeht, aber vor allem durch selbigen zur Institution wurde – ebenso für Heine ein ganz obligatorisches Moment innerhalb seines Faust-Stückes ist, für das es keiner weiteren Rechtfertigung mehr bedarf. Zudem ist hierbei an Heines gleichermaßen starke Orientierung an so mancher druckschriftlichen Konservierung von dämonologischen Darstellungen zu denken, worin die Hexenversammlungen nicht ausschließlich allein auf die kalendarische Walpurgisnacht festgelegt werden[183].

Das szenische Arrangement des „nächtliche[n] Schauplatz[es] des Hexen-Sabbaths“ entspricht den einschlägigen, in der neuzeitlichen ‚Hexenliteratur‘ vorzufindenden Darstellungen. In beträchtlichem und literarisch nutzbarem Ausmaß zusammengestellt sind solche Illustrationen vor allem eben in der Heine geläufigen „Blockes-Berges Verrichtung“ von Praetorius[184] – so gibt er es in den „Elementargeistern“ ja selbst an. Mit der „breite[n] Bergkoppe“ platziert er die Szenerie zudem auf einer dem Blocksberg gebührenden Erhebung (S. 90). Die „Versammlung“, die „einem Maskenball gleicht“, ist bei aller Sonderbarkeit der „Gestalten“ gleichwohl opulent entworfen, denn der „Schönheitssinn“ soll nicht „verletzt“ werden, vielmehr soll „der hässliche Eindruck des Fratzenwesens [.] gemildert oder verwischt [werden] durch märchenhafte Pracht und positives Grauen“ (S. 90 f.). Der Satan präsidiert als „großer schwarzer Bock mit einem schwarzen Menschenantlitz“ auf einem altargleichen „steinerne[n] Postament“ (S. 90). Die Huldigung, die er von den jeweils paarweise an ihn heran tretenden Versammlungsteilnehmern entgegennimmt, ist das von der Hexenlehre unterstellte „Homagium des Kusses“ (S. 91); ähnlich wie es ästhetisch weniger diskret ja auch aus den Paralipomena zu Goethes „Faust I“ bekannt ist[185]. Die Luftfahrt weiterer, stetig ankommender Teilnehmer erfolgt mittels adäquater Utensilien, wie „Besenstiele, Mistgabeln, Kochlöffel, auch Wölfe und Katzen“ (S. 91). Extravaganter nimmt es sich dagegen aus, dass die „Herzoginn“ auf einer „ungeheuren Fledermaus“ herbei geflogen kommt (S. 91). „Faust“ hatte zuvor am Fürstenhof im „Zweiten Akt“ die Aristokratin für das „Conterfey des Frauenbilds“ gehalten, das „Mephistophela“ im „Ersten Akt“ erzeugt hatte

183 Vgl. Teil 1, II.
184 Vgl. Teil 2, II.
185 Vgl. Teil 3, IV.

(S. 88 f.), sie durch „ein Teufelsmaal an ihrem Halse“ als „Zauberinn“ identifiziert und daraufhin zum „Hexen-Sabbath“ eingeladen (S. 90). Ungeduldig sucht die „Herzoginn“ nun nach „Faust“, der alsbald tatsächlich „mit Mephistophela auf schwarzen Rossen zum Feste heranfliegt“ (S. 91). Dieses in vergleichbarer Manier bereits in der „Harzreise“ bemühte Bild, erinnert, wie gesagt, ein wenig an einen Eindruck aus Goethes „Faust I“ (vor V. 4399)[186]. Ähnlich verhält es sich mit der nun folgenden tänzerischen Konstellation. Diese besteht einerseits aus den „verzücktesten Tänze“ von „Faust“ und der „Herzoginn“, andererseits aus einem galanten, daher aber verlogenen und persiflierenden „Zweitanz“ der „Mephistophela“ mit ihrem kurzfristig in Anspruch genommenen „Gespons“ – einem mit reichlich allgemein bekannter Teufelssymbolik versehenen „dürren Junker in schwarzer, spanischer Manteltracht und mit einer blutroten Feder auf dem Barett“ (S. 91)[187]. Es ist also schon eine gewisse Analogie zu den jeweiligen Tänzen „Faustens“ und „Mephistopheles'“ mit den beiden Hexen in der goetheschen „Walpurgisnacht“ gegeben (V. 4124 ff.). Die beiden Tanzpaare erweisen ebenfalls dem Bock ihre Ehrerbietung und schließen sich dann dem charakteristischen, kollektiven Hexentanz an – einer eigentümlichen „Ronde“, bei der „die Tänzer einander den Rücken zudrehen, und nicht das Gesicht, welches nach außen gewendet bleibt“ (S. 91)[188]. Danach bedient sich Heine der seit Praetorius populären speziellen satirischen und polemischen Tradition, wonach auch „gekrönte Häupter“ und „Großwürdenträger der Kirche“ ihre „[.] Adoration des Bocks [begehen]“ (S. 91)[189]. Zu dieser Tradition zählen auch noch die „viele[n] Mönchen und Nonnen“, die „extravagante Polkasprünge“ aufführen (S. 92). Wiederum ein wenig an ein Element im Ablauf der goetheschen „Walpurgisnacht“ (V. 4041 ff.), erinnert das Einweben eines den Hauptschauplatz verlassenden Abstechers, den „Faust“ und die „Herzoginn“ vornehmen (S. 91). Als beide „[.] wieder zum Vorschein [kommen]“, hat sich die Haltung „Fausts“ der „Herzoginn“ gegenüber sichtlich verdüstert und in Ablehnung gewandelt (S. 92). Zudem wird der „Herzoginn“ der Befehl überbracht, „sich unverzüglich zu ihrem Herrn und Meister Satanas zu begeben“ (S. 92). „Die Zögernde wird mit Gewalt“ zu Satan verbracht, der „von seinem Postamente herabsteigt“ und mit ihr ein „Menuett“ tanzt; im Anschluss daran wird die „Herzoginn“ von einigen „Damen“ zur Seite gebracht (S. 92). „Faust“ scheint derweil „Mephistophela“ etwas über die „Herzoginn“ erzählt zu haben, dass seine jüngst

186 Vgl. Hansen 1998, S. 165.
187 Vgl. ebd., S. 164.
188 Vgl. ebd., S. 162.
189 Vgl. Teil 2, II.

aufgekommene Ablehnung begründet; außerdem bringt er „überhaupt seinen Ekel ob all dem Fratzentreiben" und „dem gotischen Wuste, der nur eine plump schnöde Verhöhnung der kirchlichen Asketik, ihm aber ebenso unerquicklich sei wie letztere" zum Ausdruck (S. 92). Vielmehr „[.] empfindet [er] eine unendliche Sehnsucht nach dem Reinschönen, nach griechischer Harmonie, nach den uneigennützig edlen Gestalten der Homerischen Frühlingswelt!" (S. 92). Daraufhin lässt „Mephistophela" das für die Faust-Poetik geradezu obligatorische „Bild der berühmten Helena von Sparta" aus dem Boden „hervorsteigen und sogleich wieder verschwinden" (S. 92). „Faust" verfällt über den flüchtigen Anblick in erwartungsvolle Begeisterung und so fliegen er und „Mephistophela" auf den „magischen Rossen" rasch davon (S. 92). Diesen letzten Handlungselementen sind also erneut gewisse Analogien zu den Vorgaben der goetheschen Faust-Dichtung nicht abzusprechen[190]. Die nun noch einmal auf der Szene erscheinende „Herzoginn" erleidet einen Zusammenbruch als sie „die Flucht des Geliebten" bemerkt; triumphierende „wüste Gestalten" tragen die Ohnmächtige nun umher (S. 92 f.). Es kommt wieder die charakteristische „Hexenronde" auf, die aber „plötzlich unterbrochen wird von dem gellenden Klang eines Glöckchens und einem Orgelchoral, der eine verruchte Parodie der Kirchenmusik ist" (S. 93). Hier folgt Heine also erneut den Eindrücken, wie sie in Schriften der Hexenlehre fixiert sind. Als eine Art Klimax des Spectaculums ‚Hexensabbat' geht auf dem „Altar" dann „der schwarze Bock" effektvoll „in Flammen auf und [verbrennt] [prasselnd]" (S. 93). Zum Abschluss des Aktes heißt es schließlich, dass „die grausenhaft burlesken Freveltöne der Satansmesse" noch zu hören sind, „nachdem der Vorhang schon gefallen" ist (S. 93).

Vordergründig betrachtet, mag man das Stück vielleicht nicht mit einem übermäßig hohen dichterischen Anspruch verbinden; zumal die wohl von November 1846 bis Februar 1847 dauernde Phase der Niederschrift, trotz Heines zu dieser Zeit bereits angegriffenen Gesundheitszustandes, nicht allzu lange währte. Doch, wie gesagt, stellt „Der Doktor Faust" letztlich einen bedeutenden Teilertrag von Heines lang anhaltender, ausgiebiger Auseinandersetzung mit dem Komplex der Volksmythologie und dessen Berührungen mit der antiken Mythologie dar – und damit eben auch mit solchen Stoffen, die dem Vorstellungs-Nexus zuzurechnen sind, der den neuzeitlichen Hexenversammlungs- und Walpurgisnacht-Gedanken ausbildete[191]. Dabei ist seine Beschäftigung mit der Faust-Sage und mit einigen darauf fußenden Literarisierungen, insbesondere halt mit denen

190 Vgl. Hansen 1998, S. 159 ff.
191 Vgl. Teil 1, II.

Goethes, zweifellos ein sehr auffälliger Aspekt, weshalb sich auch die Literaturwissenschaft vorzugsweise des „Tanzpoems" angenommen hat[192]. Trotzdem sollte der „Hexen-Sabbath" im „Tanzpoem" nicht nur schlicht als eine inzwischen halt zur Faust-Materie gehörende Einheit hingenommen werden. Die durch Goethe institutionalisierte, wenn auch von ihm nicht ‚erfundene' Vorgabe, die Faust-Gestalt in mephistophelischer Begleitung auf den Blocksberg zu führen, ist sicher immer als ein wesentlicher Bezugspunkt zu beachten. Dennoch weist Heines Ausgestaltung der Hexenversammlung einige Eigenständigkeiten auf[193]. So ist er vor allem durch das Einarbeiten bestimmter illustrativer Details ebenso um eine Anlehnung an die unpoetischen und daher womöglich originärer erscheinenden barocken Darstellungen bemüht gewesen, wobei das kompilatorische Werk des Praetorius' wohl die handgerechteste Fundgrube für ihn gewesen sein dürfte[194]. Heines Version

---

192 Vgl. dazu vor allem Walzel, Oskar Franz: Heines Tanzpoem Der Doktor Faust. Nachdruck der Ausgabe Weimar 1917. Hildesheim 1962; Henning, Hans: Die wichtigsten deutschen Faust-Dichtungen in der 1. Hälfte des 19. Jahrhunderts und ihr Verhältnis zu Goethe: Grabbe-Lenau-Heine. Jena 1965; — Heines Tanzpoem „Der Doktor Faust". In: Faust-Blätter. Archiv-Nachrichten. Halbjahresschrift der Faust-Gesellschaft, Vereinigung zur Förderung der Faust-Forschung und der Faust-Gedenkstätte Knittlingen e.V. H. 29, 1975, S. 1011–1024; ebenfalls enth. in: — Faust-Variationen. Beiträge zur Editionsgeschichte vom 16. bis zum 20. Jahrhundert. München 1993, S. 341–354; Wiese, Benno von: Mephistophela und Faust. Zur Interpretation von Heines Tanzpoem „Der Doktor Faust". In: Gillespie, Gerald u. Lohner, Edgar (Hrsg.): Herkommen und Erneuerung. Essays für Oskar Seidlin. Tübingen 1976, S. 225–240; Hahl, Thomas Chr.: Heines „Doktor Faust". Eine werk- und problemgeschichtliche Interpretation zum „Tanzpoem". Mikrofiche-Ausgabe. Mannheim. 1995; Robertson, Ritchie: Heinrich Heine: „Der Doktor Faust. Ein Tanzpoem". In: Möbus, Frank (Hrsg.): Faust. Annäherung an einen Mythos. Göttingen 1995, S. 113–115; Dakova, Nadezda: Zur Poetik der Faust-Texte Heinrich Heines. In: Heinrich Heine und Europa. Hrsg. vom Institut für Deutsche Geistes- und Sozialwissenschaften – Germanicum der St.-Kliment-Ohridski-Universität Sofia. Sofia 1997, S. 59–76; Deliivanova, Boshidara: Heines „Faust" im Kontext seiner Zeit. In: Heinrich Heine und Europa. Hrsg. vom Institut für Deutsche Geistes- und Sozialwissenschaften – Germanicum der St.-Kliment-Ohridski-Universität Sofia. Sofia 1997, S. 223–238; Stadler, Ulrich: Im Schatten Goliaths oder des Titanen? Heines Auseinandersetzung mit Goethe und das Tanzpoem „Der Doktor Faust". In: Freschi, Marino (Hrsg.): La storia di Faust nelle letterature europee. Neapel 2000, S. 151–165; Vahl, Heidemarie: Die weltliche Bibel der Deutschen. Heine, Schumann und Faust. In: Kruse, Joseph A. (Hrsg.): Das letzte Wort der Kunst. Heinrich Heine und Robert Schumann zum 150. Todesjahr. Stuttgart 2006, S. 83–97.

193 Vgl. Hansen 1998, S. 162.

194 Vgl. Teil 2, II.

vermittelt also – gerade im Verbund mit seinen anderen charakteristischen Schriften – in gewisser Weise tatsächlich einen ungefähren Eindruck davon, wie es um die Anschauung über das Blocksbergtreiben in der Biedermeierzeit generell bestellt war. Danach sind die volksmythologischen und sagenhaften Ursprünge des Abstraktums zwar nicht immer im Detail, aber in der Regel doch grundsätzlich bekannt gewesen; daneben war die ‚Walpurgisnacht-Dichtung' Goethes die verbindliche poetische Orientierung, die quasi verinnerlicht worden war.

Eine zu Goethes Vorgaben alternative Gestaltung einer walpurgisnächtlichen Hexenversammlung – zumal innerhalb einer Faust-Dichtung – konnte Heine wohl von vorneherein allenfalls punktuell gelingen[195]. Denn hierbei ist immer auch daran zu denken, dass es in Anbetracht der beim zeitgenössischen Publikum längst verwurzelten Popularität der goetheschen Vorgaben, nicht unbedingt angebracht gewesen sein mag, hinsichtlich des Blocksbergtreibens allzu sehr zu experimentieren. Und zur Abfassung des „Doktor Faust" wie zu der des anderen „Ballettsujets" ist es ja im Grunde überhaupt erst vor einem (auch) merkantilen Hintergrund gekommen, selbst wenn Heine diese Prämisse bei seiner Umsetzung keineswegs durchweg beherzigt hat.

Ausgangs wurde formuliert, dass sich die behandelten Werke Heines beinahe schon in einer Phase der Saturiertheit von jener kulturellen Bewegung befinden, die sich seit der Aufklärung volksmythologischer Stoffe und Themen angenommen hatte. Vor diesem Hintergrund lässt sich nun zunächst festhalten, dass sich bei Heine eine gute Kenntnis von einigen Aspekten aus dem Entstehungs-Nexus der Hexenversammlung und der Walpurgisnacht zeigt. Demnach hat Heine das Hexenfest bzw. dessen konstituierenden Vorstellungen in gewisser Weise schon als eigenes mythologisches Phänomen wahrgenommen. Dennoch ist seiner bühnengerechten poetischen Umsetzung des „Hexen-Sabbaths" in „Der Doktor Faust" eine grundlegende Abweichung von der allgemeinen Vorstellung, wie sie maßgeblich nun einmal von der goetheschen Konzeption und Gestaltung geprägt wurde, eben nur bedingt zuzusprechen[196]. Eine vollends eigenständige Literarisierung eines solchen Spektakels – also unabhängig von der Faust-Materie oder den anderen, angerissenen Sagenstoffen – mag Heine angedacht haben; zumindest wenn man seine Bemerkung aus den „Elementargeistern", „später [...] von Hexen und Zauberey zu reden" (S. 38), so verstehen will. Zu einer in dieser Hinsicht bestimmten Ausführung kam es jedoch freilich nicht mehr.

195 Vgl. Hansen 1998, S. 159 ff.; — 1999, S. 55; — 2007, S. 109.
196 Vgl. Hansen 1998, S. 159 ff.; — 2007, S. 109 f.

Der literaturgeschichtliche und kulturelle Wert von Heines Auseinandersetzungen mit dem Komplex um Hexenversammlung und Walpurgisnacht deckt sich letztlich weitgehend mit dem seiner grundsätzlichen Beschäftigung mit mythologischen und volkskundlichen Themen, wobei deren kulturelle Bedeutung in der Epoche des Biedermeier einmal mehr veranschaulicht wird. So vergegenwärtigen die besprochenen, in ihrer jeweiligen Textsorte zuweilen recht unterschiedlichen Schriften die Einbildungskraft, die von besagtem mythologischem und volkskundlichem Gefüge auf Heines Schaffen ausgegangen ist. Zumal der Umfang seines dementsprechenden Wirkens ungleich mehr Werke umfasst als die hier berücksichtigte, durch ihren engen motivischen Bezug zum Untersuchungsgegenstand begrenzte Auswahl. Hinter Heines Vorgehen, volksmythologische und volkskundliche Themen zu poetisieren bzw. poetisch weiterzuentwickeln ist sicherlich auch das Ansinnen erkennbar, dieselben weiterhin als kulturelle Kraft begreiflich zu machen und als solche zu etablieren[197]. Das Motiv der ereignisartigen, mythischen Versammlung ist darin jedenfalls ein regelmäßiger und sichtlich nicht ungewichtiger Bestandteil.

197 Vgl. dazu auch Peters, George F.: Der Dichter als Mythenbeleber: Goethe, Heine und Faust. In: Kruse, Joseph A. (Hrsg.): Aufklärung und Skepsis. Internationaler Heine-Kongress 1997 zum 200. Geburtstag. Stuttgart 1999, S. 422–435.

Teil 5 Das frühe 20. Jahrhundert

I. Vororientierung

Enthält u. a. Roth, Werfel, Schnitzler.

Eine exakte motivische Abgrenzung von Phänomenen wie Walpurgisnacht, Blocksberg- und Hexenversammlung oder Schwarzer Messe fällt für die Literatur des frühen 20. Jahrhunderts häufig nicht leicht. Gleiches gilt für die präzise Zuordnung einzelner Individuenansammlungen zu einem dieser Phänomene. Denn vielerlei Szenerien, die entsprechende, passend wirkende Merkmale aufweisen, können als walpurgisnacht- oder hexenversammlungsartig gedeutet werden, ohne dass sie unmittelbar so bezeichnet sein müssen. Daher werden im nachstehenden Teil 5 auch nur solche literarischen Beiträge berücksichtigt, an denen eine augenfällige motivische Nähe zu dem zu beobachten ist, das in den vorhergegangen Teilen als Walpurgisnacht- und Hexenversammlungs-Motivik identifiziert wurde.

Sofern die Zäsur des Jahres 1914 und der darauf folgenden Kriegs- und Nachkriegsjahre einen entsprechenden literarischen Reflex hervorgerufen hat, wird sie begleitend zum jeweils besprochenen Werk erläutert.

Grundsätzlich haben auch im 20. Jahrhundert einige der zuvor schon vorherrschenden Konstanten weiter Bestand. Das wäre vor allem die zumindest titelbedingte, oft aber auch inhaltliche Bezugherstellung zur goetheschen „Walpurgisnacht“ im „Faust I“ oder eben eine sozusagen technische Verwendung des Spectaculums als spezifische Darstellungsmöglichkeit nach dem Vorbild Goethes. In dieser Konsequenz wird sodann auf Kurt Tucholskys (1890–1935) bündige Erzählung „Walpurgisnacht“ (Kapitel III.), auf das als „groteskes Puppenspiel“ untertitelte, gesellschaftskritische Stück „Die preussische Walpurgisnacht“ (Kapitel IV.) von Felix Gasbarra (1895–1985) und schließlich auf die „Walpurgisnacht“ im 5. Kapitel von Thomas Manns (1875–1955) epochalem Zeitroman „Der Zauberberg“ (Kapitel V.) eingegangen.

Bei einem anderen, ebenfalls schon im 19. Jahrhundert aktuellen Gebrauch, dient ‚Walpurgisnacht‘ als ein sinnbildlich zu verstehender, oft chiffrenartiger Terminus unter dem beunruhigende Abläufe oder Zustände zusammengefasst werden. Dabei mag unterschwellig wohl auch eine Assoziation zu Goethes ‚Walpurgisnacht-Dichtung‘ mitschwingen, allerdings ohne dass ein konkreter intertextueller Bezug im Vordergrund stehen würde. In dieser Hinsicht ist Gustav Meyrinks (1868–1932) noch während des 1. Weltkrieges erschienener Roman „Walpurgisnacht“ ein erwähnenswertes Beispiel (Kapitel II.).

Festzuhalten ist hier außerdem, dass im begonnenen 20. Jahrhundert nicht wenigen Autoren eine Reise in den Harz und zum Brocken weiterhin eine Art Verpflichtung war – gewissermaßen in der Nachfolge Goethes, Heines und anderer Harzreisender, zuweilen auch verbunden mit einem Andenken an den analogen literarischen Ertrag[1]. Damit dürfte folglich auch eine zumindest indirekte Berührung mit vergangener ‚Walpurgisnacht-Dichtung' einhergegangen sein, die sicherlich immer auch eine vielförmige inspirierende Qualität gehabt haben kann. In diesem Zusammenhang wäre etwa auf Joseph Roth (1894–1939) hinzuweisen, von welchem um die Jahreswende 1930/31 in der „Frankfurter Zeitung" drei in Briefform abgefasste Schriftstücke erschienen sind, die später unter dem Titel „Harzreise" zusammengefügt herausgegeben wurden. Darin erklärt der Österreicher Roth ganz ausdrücklich „den Spuren genialer Harzreisender" (S. 270) bzw. „den Spuren Heines" und dessen „Harzreise" nachfolgen zu wollen (S. 275). Und in der Tat erinnert einiges in seinen letztlich überschaubaren Ausführungen an das Vorbild Heinrich Heines, ohne dass Roth jedoch eine konkrete Bemerkung zum Brocken oder gar zur Walpurgisnacht formuliert hätte.[2]

Schließlich sei an dieser Stelle noch auf zwei Beispiele aufmerksam gemacht, bei denen es sich – wie zuvor bereits genannt – um Szenerien handelt, die in gewisser Weise einer Walpurgisnacht oder Hexenversammlung ähneln und womöglich auch durch die entsprechende literarische Tradition mit angeregt wurden, aber eben nicht als solche bezeichnet sind.

So thematisiert der österreichische Expressionist Franz Werfel (1890–1945) in „Die schwarze Messe" (1919 geschrieben)[3], einem „*Romanfragment*", im Grunde das Verhältnis zwischen Individuum und (römisch-katholischer) Kirche bzw. theokratisch vermittelter Welt- und Werteanschauung. Unter dem sinnbildlichen, fast chiffrenartigen Titel wird der Austritt des moralisch nicht ausreichend standhaften Ich-Erzählers aus dem Klosterleben und seine prompte Zuwendung

---

1 Vgl. z. B. Schwedt, S. 7, 11 ff., 15 ff.

2 Roth, Joseph: Werke. Hrsg. von Fritz Hackert u. Klaus Westermann. 6 Bde. Köln 1989–1991, 3. Bd. (1991): Das journalistische Werk 1929–1939, S. 270–288 („HARZREISE: Brief aus dem Harz; Der Merseburger Zauberspruch; Halberstadt, „Tannhäuser", Schach").
Vgl. dazu Kröhnke, Karl: Signum ex avibus? Joseph Roths „Harzreise" und seine Reise durch die Harzreisen anderer Harzreisender. In: Neophilologus. Bd. 82, Nr. 1, 1998, S. 107–124.

3 Textreferenz: Werfel, Franz: Gesammelte Werke in Einzelbänden. Hrsg. von Knut Beck. 13 Bände in div. Teilbänden. Frankfurt/M. u. München 1989–1997: Die Erzählungen, Bd. 1 (1989/90): Die schwarze Messe, S. 159–213 (Text) u. S. 345–348 (Anm.).

zu gewissermaßen ersatzreligiösen Dingen, die im Verlauf der Kirchengeschichte zuweilen auch noch mit einer müßiggängerischen, lasterhaften oder gar antichristlichen Note versehen wurden, geschildert. Da wäre zunächst die Entdeckung seiner Begeisterung für die „weltliche Musik“ und – ausgelöst durch den Besuch einer Aufführung von Gaetano Donizettis (1797–1848) „Lucia di Lammermoor“ – für die Oper im Besonderen (S. 162 f.), worüber es bald zu regelmäßigen Operngängen kommt (S. 167 ff.). Damit einher geht seine fortschreitende Verstrickung in ein ihm bis dahin nicht bekanntes gesellschaftliches Leben, das durch die Begegnung mit dem mysteriösen „Doktor Grauh“ schließlich auch zur Konfrontation mit einer alternativen Weltsicht führt, die einer „satanische[n] Genesis“ gegenüber aufgeschlossen ist (S. 175 ff.). Die allerlei seltsamen, skurrilen Personen und Kreaturen, die der Erzähler beschreibt, treten mitunter sogar als eine beinahe dämonenhafte Ansammlung in Erscheinung. Besonders signifikant ist in dieser Hinsicht in dem Kapitel „*Der Klub des Abendmahls*“ eine Traumerscheinung, worin sich der Erzähler unversehens „in einem Meer“ von tanzenden und „Funken“ gebenden „schwarzen und weißen Katzentieren“ wieder findet (S. 208). Zuvor war schon in der Donizetti-Oper ein Chor als eine „Gesellschaft von Jägern“ (S. 164) aufgetreten, dessen Mitglieder obligaterweise eine ähnliche Bekleidung aufwiesen wie später der abgründige „Doktor Grauh“ in seinem „olivengrünen, hoch geschlossenen Rock“ (S. 175). Bei diesen symbolträchtigen Kostümierungen dürfte Werfel wohl den althergebrachten volksmythologischen Zuschreibungen gefolgt sein, nach denen sich auch der Seelenjäger Teufel und andere Dämonen gerne einmal einer grünen, an Jägerkluft erinnernden Aufmachung bedienen[4]. In dieser Konfrontation eines von theokratischem Weltbild und Wertesystem geprägten Individuums mit einer geradezu häretischen Freidenkerei fehlen freilich nicht einige Begrifflichkeiten aus dem Bereich der Magie und der Beschwörung (S. 203). Dabei sollte man im Übrigen nicht ausschließen, dass die Nennung der berüchtigten „Goëtie“ (Geisterbeschwörung, griech. ‚goeteia‘), zumal im Zusammenhang mit dem Begriff des „Makrokosmos“, womöglich ein wortspielerischer, etwas augenzwinkernder Fingerzeig in die Richtung von Goethes „Faust“-Dichtung sein könnte (S. 203).[5]

Nicht über die Titelgebung, aber doch innerhalb einer atmosphärisch dichten Schilderung von spezifischen, nächtlichen Vorgängen lässt auch Arthur

---

4 Bächtold-Stäubli, Bd. III, Sp. 1181 f. („Grüne Geister“).

5 Vgl. zu Werfels „*Romanfragment*“ auch Rainer 2007, S. 33–40; Vinardell, Teresa: Von Grenzgängern und Ausgegrenzten. Transgression bei Raimon Casellas' *Els sots ferestecs* und Franz Werfels *Die schwarze Messe*. In: Siguan, Marisa u. Wagner, Karl (Hrsg.): Transkulturelle Beziehungen. Spanien und Osterreich im 19. und 20. Jahrhundert. Amsterdam 2004, S. 133–146.

Schnitzlers (1862–1931) „Traumnovelle“ (Erstdruck 1926), die seit dem an ihr angelehnten Spielfilm „Eyes wide shut“ (1999)[6] von Stanley Kubrick (1928–1999) umso mehr wahrgenommen wird[7], einige Übereinstimmungen erkennen[8]. So kommt die Szenerie des orgiastisch anmutenden Treibens der geheimen Gesellschaft im Kapitel „4“, in das sich der neugierige Protagonist „Fridolin“ begeben hat, in seiner Rätselhaftigkeit, Amoralität und – bedingt durch die „geistliche Tracht“ (S. 56, Z. 4) – blasphemischen Qualität durchaus den Umtrieben nahe, wie sie sonst den ‚Häretiker- und Hexensabbaten‘ zugeschrieben wurden. Selbst das einschlägige Detail des Tanzes fehlt nicht (S. 59, Z. 1–3). In Anbetracht der derben Nacktheit der Tänzerinnen mag man gewisslich Ähnlichkeiten zum Tanz „Faustens“ mit der „jungen [Hexe]“ in der „Walpurgisnacht“ sehen (Faust I, V. 4128 ff.); somit dürfte also auch für Schnitzlers Erzählung eine inspirative Wirkung von Goethes „Faust“ in Betracht kommen. Jedenfalls kann die gesamte Situation ohne weiteres in die literarische Tradition geheimnisvoller, dunkler Versammlungen eingeordnet werden, wenn Schnitzler auch auf eine explizite oder eindeutige intertextuelle Kenntlichmachung in Richtung einer Hexenversammlung verzichtet:

> „Wo bin ich? dachte Fridolin. Unter Irrsinnigen? Unter Verschwörern? Bin ich in die Versammlung irgendeiner religiösen Sekte geraten?“ (S. 56, Z. 23–25)

Hinzu kommt gleichwohl noch, dass sich das nächtliche Gesamterlebnis der Kapitel „2“ bis „5“, das wunderlich, chaotisch, eben traumsphärenhaft über „Fridolin“ kommt, in diesem Sinne als eine Walpurgisnacht ausnimmt, die für Schnitzlers Helden „Fridolin“ und „Albertine“ letztlich sogar mit einem ‚erweckenden‘, läuternden Effekt verbunden ist (S. 121, Z. 9 ff.).[9]

---

6 Eyes Wide Shut. Spielfilm Großbritannien / USA 1999. Regie: Stanley Kubrick, Drehbuch: Stanley Kubrick u. Frederic Raphael nach Arthur Schnitzler („Traumnovelle“), Produktion: Hobby Films / Pole Star / Stanley Kubrick Productions / Warner Bros. Pictures.

7 Vgl. Schnitzler, Arthur: Traumnovelle. Hrsg. von Bertold Heizmann. Stuttgart 2006, S. 77 ff. u. 99 ff.; Vorbrugg, Miriam: Imagination des Begehrens: Arthur Schnitzlers ‚Traumnovelle‘ und Stanley Kubricks ‚Eyes wide shut‘. In: Literatur für Leser. 25. Jg., 2002, H. 3, S. 143–167; Freytag, Julia: Verhüllte Schaulust. Die Maske in Schnitzlers Traumnovelle und in Kubricks Eyes Wide Shut. Bielefeld 2007.

8 Textreferenz: Schnitzler, Arthur: Traumnovelle. Berlin 1926. Hrsg. von Joseph Kiermeier-Debre. München 2007.

9 Zur betreffenden Szenerie vgl. auch Krotkoff, Hertha: Zur geheimen Gesellschaft in Arthur Schnitzlers Traumnovelle. In: German Quarterly (GQ). Vol. 46, 1973, S. 202–209; — Themen, Motive und Symbole in Arthur Schnitzlers Traumnovelle. In:

In der schriftstellerischen Eigenart der beiden Österreicher ist ein erwähnenswerter Unterscheid erkennbar; denn hatte sich Werfel in seinem „Romanfragment" eines gewissen, für ihn nicht untypischen Sarkasmus' und Humors bedient, vermeidet Schnitzler Ironie, Satire oder Humor weitgehend, die sonst ein häufiges Formungsmittel bei den fraglichen Versammlungsmotiven sind, zugunsten einer überwiegenden Ernsthaftigkeit. Gesamtgesellschaftliche oder politische Belange und Probleme, wie bei einigen der nachstehend behandelten Autoren, sind sicherlich auch bei Werfel und Schnitzler gegeben, doch stehen sie bei ihnen nicht so augenfällig im Vordergrund wie halt solche der individuellen Identität und deren Bestimmung.

II. Gustav Meyrink – Walpurgisnacht (1917)

Der Roman „Walpurgisnacht" ist der Beitrag des Österreichers Gustav Meyrink (eigtl. Gustav Meyer, 1868–1932) für die Motivgeschichte der Walpurgisnacht. Erstmals erschien das Werk zu Leipzig im Jahr 1917, also im vierten Jahr des Ersten Weltkrieges. Es dürfte sich dabei um Meyrinks zweitbekanntestes Werk nach dem Roman „Der Golem" (Erstdruck 1916) handeln.

Trotz durchaus beachtenswerter Erfolge zu seinen Lebzeiten kam ein größeres allgemeines und literaturwissenschaftliches Interesse an Meyrink später erst wieder gegen Ende des 20. Jahrhunderts auf. Ersteres ist im Fall der „Walpurgisnacht" etwa an einer daran angelehnten Oper aus dem Jahr 1988 zu ersehen[10] oder an nicht wenigen Neuausgaben einiger seiner Werke sowie an einer 1993 vorrangig für den nordamerikanischen Markt herausgebrachten englischen Übersetzung des Romans, bei der sogar der deutsche Titel beibehalten wurde[11]. Mit hervorgerufen wurde diese Entwicklung sicher auch durch das verstärkt aufgekommene, generelle Interesse an phantastischer Literatur und an phantastischen Stoffen überhaupt.

Modern Austrian Literature. Journal of the International Arthur Schnitzler Research Association. Vol. 5, 1972, S. 70–95; Malsch, Katja: Arthur Schnitzlers *Traumnovelle*. Karneval, Walpurgisnacht, Totentanz. In: L'art macabre. Jahrbuch der europäischen Totentanz-Vereinigung, Association Danses Macabres d'Europe, Bundesrepublik Deutschland e.V. Bd. 6, 2005, S. 149–159.

10 Kont, Paul u. Ekker, Ernst A.: Walpurgisnacht. Oper für Schauspieler. Nach dem gleichnamigen Roman von Gustav Meyrink. Musik: Paul Kont, Buch: Ernst A. Ekker. München 1988 u. Wien 1990, 129 Bl. u. Klavierauszug.

11 Meyrink, Gustav: Walpurgisnacht. Englische Übersetzung von Mike Mitchell mit einer Einführung von Ingrid O. Fischer. Sawtry (GB) u. Riverside (Kal.) 1993.

Wie bei Meyrinks gesamtem Romanschaffen, orientierte sich die Literaturwissenschaft auch bei der Rezeption der „Walpurgisnacht" vornehmlich an Motiven des Phantastischen, Dämonischen, Okkulten, Esoterischen oder Legendären – im Hinblick auf Titel und düstere, surreal anmutende Handlung sicher mit Berechtigung – wobei man regelmäßig auch der Frage nach seiner literaturhistorischen Pionierrolle in diesem Genre nachging. Davon relativ strikt getrennt wurde dagegen häufig der Humorist und Satiriker Meyrink, der im Wesentlichen über einige, meist frühe Schriften definiert wurde, wie der Novellensammlung „Des deutschen Spießers Wunderhorn" (Erstdruck 1913) oder über seine Beiträge zur Satire-Zeitschrift „Simplicissimus" in den Jahren 1903 bis 1905. Seit einiger Zeit wird allerdings auch mehr Augenmerk auf die ungewöhnliche Entwicklung seiner Autorenschaft gelegt, wobei zunehmend eine Auffassung akzeptiert wird, wonach sich Meyrink bei all seinen schriftstellerischen Experimenten durchgängig auch gewisse humoristische Eigenheiten bewahrt hat. Außerdem wird sein Schaffen vermehrt auf mentalitätsgeschichtliche Gesichtspunkte der Jahrzehnte um die Wende vom 19. zum 20. Jahrhundert und auf allgemein Weltanschauliches hin analysiert, zu welchem Zweck man vor allem bestrebt ist, intertextuelle Bezüge in seinem Werk aufzuzeigen.[12]

---

12 Zur literaturwissenschaftlichen Reflexion der „Walpurgisnacht" vgl.: Qasim, Mohammad: Gustav Meyrink. Eine monographische Untersuchung. Stuttgart 1981, S. 143 ff.; Marzin, Florian: Okkultismus und Phantastik in den Romanen Gustav Meyrinks. Essen 1986, S. 59–69; Meister, Jan Christoph: Hypostasierung – die Logik mythischen Denkens im Werk Gustav Meyrinks nach 1907. Eine Studie zur erkenntnistheoretischen Problematik eines phantastischen Oeuvres. Frankfurt/M., Bern, New York 1987, S. 200–208; Smit, Frans: Gustav Meyrink. Auf der Suche nach dem Übersinnlichen. Aus dem Niederländischen übersetzt. München 1988, S. 193–197; Onderdelinden, Sjaak: Gustav Meyrinks ‚Walpurgisnacht', een fantastische roman? In: De gids. Algemeen cultureel maandblad. 152. Jg., 1989, S. 65–70; Ruthner, Clemens: Unheimliche Wiederkehr. Interpretationen zu den gespenstischen Romanfiguren bei Ewers, Meyrink, Soyka, Spunda und Strobl. Meitingen 1993, S. 168 ff.; Binder, Hartmut: Eine Prager Legende. Notiz zu Gustav Meyrinks Roman Walpurgisnacht. In: Euphorion. Zeitschrift für Literaturgeschichte. 90. Bd., 1996, S. 219–225; Zimmermann, Iris Petra: The fantastic problem of individuation as depicted in Gustav Meyrink's "Der Golem" and "Walpurgisnacht". Ottawa 1996 (Microfiche-Ausgabe); Reiter, Ralf: Das dämonische Diesseits. Phantastisches Erzählen in den Romanen „Walpurgisnacht" und „Der weiße Dominikaner" von Gustav Meyrink. Wetzlar 1997, S. 39–90; Trepp, Maria: *Passage*(n)-Projekt. Über das weite Feld zwischen Max Nordau, Walter Benjamin und der Christoph-Hein-Rezeption an der Universität Leiden. Online-Veröffentlichung im HTML-, PDF- und RTF-Format. © Maria Trepp 2004–2006, keine Seitenangaben im für das Publikationsmedium maßgeblichen HTML-Dokument.

Die aus einer auktorialen, allerdings auch mit viel wörtlicher Rede versehenen Perspektive erzählte „Walpurgisnacht" ist in neun, mit einem jeweiligen Titel versehene „Kapitel" gegliedert[13]. Der Schauplatz von Meyrinks Erzählung ist das zeitgenössische Prag, also das der K.u.K.-Zeit während des bereits „drei Jahre" (S. 9) andauernden Ersten Weltkrieges. Im Vordergrund der Handlung steht vor allem die Geschichte der einander zugeneigten „Komtesse Polyxena" und des Studenten und Violinisten „Ottokar", deren Schicksal in einer von gewaltsamen politischen Wirren beherrschten Nacht seinen Lauf nimmt. Den gesellschaftlichen und politischen Hintergrund macht zum einen eine Ansammlung von Mitgliedern der archaisch gezeichneten böhmischen, zumeist aristokratischen Oberschicht aus, die auf dem über der Moldau-Stadt gelegenen Hradschin zusammengekommen ist, um sich dort weiterhin ihrer überkommenen, realitätsfernen und selbstbezogenen Lebensart hinzugeben (S. 6 ff.). In der Stadt greift dagegen ein Aufruhr in der vorwiegend slawischen Unterschicht mehr und mehr um sich, bis alsbald eine entfesselte, demolierende und mordende Menge umher zieht (S. 177 ff.). Die Aufständischen stürmen dann auch einige Palais und die Aristokraten, sofern sie nicht hastig geflohen sind, fallen teils wohl gar der blutrünstigen Raserei der Aufrührer zum Opfer (S. 205 ff.). Im Veitsdom wird der arglose „Ottokar" unversehens unter der Identität des „Borivoj Chlavec" – einem „Ritter", der einst „nach der Krone Böhmens" gegriffen hatte und daraufhin gepfählt worden war (S. 76) – als „Ottokar III. Borivoj" von den Aufständischen noch zum „Kaiser der Welt" proklamiert (S. 193, 201). Doch schließlich bereitet das herbeibeorderte kaiserlich-österreichische Militär den Ereignissen ein nicht weniger erbarmungsloses, „unabwendbares" Ende (S. 205, 210 ff.). Mit dem Paar „Polyxena" und „Ottokar" hatte es kurz zuvor kein glückliches Ende genommen. Zwar war ihnen noch eine bizarre Trauungszeremonie zuteil geworden (S. 203), aber bald darauf war „Ottokar" durch die Hand der greisen „Gräfin Zahradka" umgekommen (S. 208 f.), während die schockierte und von dem Tosen des zwischenzeitlich eingetroffenen Militärs zeitweilig betäubte „Polyxena" letztlich verwirrt zurückbleibt (S. 211 f.).

Die Veranschaulichung einer dekadenten, im Verfall befindlichen Gesellschaftsordnung in einem aus den Fugen geratenen Europa ist als ein auffälliges Aussagemerkmal sicher nicht von der Hand weisen. Doch trotz des recht düsteren und mitunter hoffnungslos wirkenden Inhalts finden sich im Text Hinweise

13 Als Textreferenz dient:
Meyrink, Gustav: *Walpurgisnacht.* Phantastischer Roman. Mit einem Nachwort von Joachim Schreck, mit Illustrationen von Ulrich Schreiber. 3. Aufl. Berlin 1994.

darauf, dass die „Walpurgisnacht" nicht als Ausdruck eines betrüblichen Pessimismus verstanden werden soll, sondern letzten Endes für die Besinnung auf eine natürliche Ästhetik und für Unvoreingenommenheit wirbt, wie es die bedeutsame, oftmals reflektorische Figur des Schauspielers „Zrcadlo" (dt. ‚Spiegel') artikuliert:

> „«Mein Lied ist eine ewige Melodie der Freude. Wer die Freude nicht kennt [...] der ist ein Sünder am Heiligen Geist. Vor dem Glanz der Freude, die in der Brust strahlt wie eine Sonne am inneren Himmel, weichen die Gespenster der Dunkelheit, die den Menschen als die Schemen begangener und vergessener Verbrechen früherer Leben begleiten und die Fäden seines Schicksals verstricken. Wer dieses Lied der Freude hört und singt, der vernichtet die Folgen jeglicher Schuld und häuft nie mehr Schuld auf neue Schuld. [...] Doch in wen einmal die ursachslose Freude eingezogen ist, der hat hinfort das ewige Leben, [...]. [...] aber was die Menschen ersehnen, ist nicht die Freude, sondern – der Anlaß zur Freude.
>
> Nach ihm gieren sie und nicht nach der Freude.»" (S. 94–96)

Momente, die für die motivische Verwendung einer Walpurgisnacht schon als charakteristisch erachtet werden können, finden sich in der Erzählung mehrfach. Hinzu kommt, dass Meyrinks Kenntnis von lokalen Legenden und einer slawischen Tradition der Walpurgisnacht bei der Abfassung der Erzählung von einer gewissen Einbildungskraft gewesen ist[14]. Das einschlägige Datum wird unter anderem anhand eines „Abreißkalenders" vergegenwärtigt (S. 26, 212); und das davon in gewisser Weise zuweilen auch unabhängige Ereignis der Walpurgisnacht, ist immerhin ein Gegenstand des komödiantisch zu nennenden „Vortrags" des Schauspielers „Zrcadlo" gegenüber dem ehemaligen kaiserlichen Leibarzt „Thaddäus Flugbeil":

> „In jedem Jahr einmal, am 30. April, ist Walpurgisnacht. Da, heißt es im Volksmund, wird die Welt des Spukes frei. – Es gibt auch kosmische Walpurgisnächte, Exzellenz! Sie liegen in der Zeit zu weit auseinander, als daß die Menschheit sich ihrer erinnern könnte, darum gelten sie jedes Mal als neue, noch nie da gewesene Erscheinung.
>
> Jetzt ist der Anbruch einer solch kosmischen Walpurgisnacht.
>
> Da kehrt sich da Oberste zuunterst und das Unterste zuoberst. Da platzen Geschehnisse beinahe ohne Ursache aufeinander – [...]." (S. 101)

Außerdem erscheint beispielsweise der Hradschin einem Blocksberg keineswegs unähnlich. Zu beachten ist jedoch vor allem die Atmosphäre des Traumhaften, Phantastischen und Surrealen. In diesem Zustand erstehen zuerst die

---

14 Vgl. hierzu Binder, S. 219–225; Reiter, S. 56–69.

alten, finsteren Dämonen der auf dem Hradschin versammelten Aristokraten auf und ergreifen von ihnen quasi Besitz, während zugleich in der tschechisch-böhmischen Unterschicht Geister der Gewalt aufsteigen, die den Aufruhr bewirken. Dabei kommt der „Sage von Jan Zizka, dem Hussiten," der als „Gespenst" wieder „lebendig" geworden zu sein scheint, eine gleichermaßen anfachende wie Panik verbreitende Bedeutung zu (z. B. S. 148 f., 200)[15]. In dieser Situation des „dämonischen Diesseits"[16], in der sich Vergangenheit, Gegenwart und Mythisches vermengen, vollziehen sich die oft irrationalen und rohen Handlungen vieler Figuren in einer Art von Unbewusstheit. Und für eine walpurgisnächtliche, rauschhafte Orgie ist durch den Aufruhr gesorgt, wenn es sich dabei auch um eine verstörend geformte Orgie der Gewalt handelt. Das durch die Ordnungsmacht des österreichischen Militärs herbeigeführte Ende der Massenerhebung, womit ebenso der Zustand des Phantastischen und Surrealen abreißt, entspricht in gewisser Weise ebenfalls dem typisch plötzlichen Ende einer Walpurgisnacht.

Und auch der für die literarische Kreation von Walpurgisnächten oftmals übliche humoristische Aspekt ist bei Meyrink durchaus gegeben; zwar mit einer fortlaufenden Tendenz ins Sarkastische, Schwarz-Humoristische und Satirische, doch stets unter Würdigung des Humors als Mittel der Erkenntnisgewinnung („Die allerhöchste Weisheit wandelt im Narrenkleid!", S. 100). Dies ist etwa an dem bisweilen eben sehr komödiantischen Gebaren des Schauspielers „Zrcadlo" recht deutlich zu erkennen (S. 93 ff.) und auch an entsprechend stimmigen Hinweisen auf Friedrich Nietzsches (1844–1900) „Die fröhliche Wissenschaft" (1882/87)[17].

Eine durch den Romantitel nahe gelegte Verbindung zum Faust-Stoff ist vordergründig eigentlich nur durch das Phantom „luci – fero", das dem Arzt Flugbeil erscheint (S. 155 f.), auszumachen. Jedoch sind in Meyrinks „Walpurgisnacht" gleichwohl noch mehr Anknüpfungspunkte gegeben. Hierbei wäre zunächst die erwiesene Bedeutung des italienischen Dichters und Philosophen Giordano Bruno (1548–1600) für den Entwicklungsgang des Faust-Stoffs im Allgemeinen und auch für die „Faust"-Arbeiten Goethes zu beachten. Denn der Bruno- und Goethe-Rezipient Meyrink stellt in seiner Erzählung gleich mehrmals intertextuelle Bezüge zu Brunos epistemologischer Schrift „Von den

15 Jan Zizka von Trocnov (Um 1360–1424), böhmischer Heerführer und bis zu seinem Tod bedeutendster militärischer Befehlshaber der Hussiten in den Hussitenkriegen (1419–1434/39).
Vgl. hierzu auch Binder, S. 219–225.

16 Reiter, S. 118.

17 Vgl. Trepp, Kapitel 8 („Heins klassizistischer Aristotelismus") u. Kapitel 12 („Die Dekadenz-Kritik: Krankheit und Verbrechen").

heroischen Leidenschaften" von 1585 her. Recht anschaulich dürfte dies etwa an dem anfangs, am Ende und auch zwischendurch auftauchenden Hundes „der Reichen" werden (S. 5 f., 10 f., 14, 66, 212), womit wohl eine Anlehnung an das von Bruno in Szene gesetzte Bild des von Hunden verschlungenen Heros des griechischen Mythos und Apollon-Enkel Aktaion vorgenommen wird[18]. Über „die Hunde" erfolgt zudem der Hinweis auf den mythischen Zusammenhang zwischen der Walpurgisnacht und der Sage vom „wilden Jäger" (S. 102).[19]

Eine weitere Verbindung zum Faust-Stoff ist gewiss durch den Aspekt der Wissenschaft bzw. des Forschungseifers, der nicht allein, aber wohl am greifbarsten durch den ehemaligen kaiserlichen Leibarzt „Thaddäus Flugbeil" verkörpert wird, angelegt. Bei seiner Skizzierung von Wissenschaft scheint Meyrink ohnehin eine später auch in Bertolt Brechts (1898–1956) „Leben des Galilei" (1938 verfasst) und an Thomas Manns „Gustav von Aschenbach" in „Tod in Venedig" (Erstdruck 1912) zu beobachtenden Maxime vorweg zu nehmen, bei welcher der Forschungslustige wirkliche Erkenntnis eigentlich erst im Angesicht von diversem Schmutz, Pestilenz, Bedrängnis oder Tod gewinnt. Und die relativ enge Beziehung oder gar Verwandtschaft zwischen Hexerei, gottes- und schöpfungslästerlicher Ketzerei und der Wissenschaft, wie sie in beiden Teilen von Goethes „Faust" ja mehrmals artikuliert ist – ganz ausdrücklich etwa in den Versen 4906 ff. („Faust II") – war dem „Faust"-Kenner Meyrink bei der Niederschrift seiner Erzählung sicherlich bewusst. So gesehen kann sie in bestimmter Hinsicht also schon als ein ‚Wissenschaftsroman' gelten.[20]

Nachgewiesen sind inzwischen allerhand intertextuelle Bezüge, die bei weniger sorgfältiger Lektüre leicht verborgen bleiben, was in der Vergangenheit zu der oft bevorzugt genrebezogenen Beurteilung des Romans beigetragen haben mag. Außer zu Giordano Brunos „Von den Heroischen Leidenschaften" sind solche direkten und indirekten Hinweise besonders eben zu Friedrich Nietzsches „Die fröhliche Wissenschaft" vorzufinden[21]. Beide Schriften fungieren mitunter anscheinend antipodisch zu bestimmten Aussagen aus dem Gesamtwerk des zionistischen Intellektuellen Max Nordau (1849–1923)[22]. Andere intertextuelle Momente deuten mit einer ähnlichen Affirmation wie für Bruno und Nietzsche unter anderem auf Leo Tolstoi (1828–1910), der zudem namentlich genannt ist

18 Bruno, Giordano: Von den heroischen Leidenschaften. Übers. und hrsg. von Christiane Bacmeister, Hamburg 1989, S. 168 (Zweiter Teil, zweiter Dialog).

19 Vgl. Trepp, Kapitel 12 („Die Dekadenz-Kritik: Krankheit und Verbrechen").

20 Vgl. ebd.

21 Vgl. ebd., Kapitel 8 („Heins klassizistischer Aristotelismus").

22 Vgl. ebd., Kapitel 9 („Die Illusionskritik") u. Kapitel 11 („Der autoritäre Idealismus").

(S. 141), sowie auch auf August Strindberg (1849–1912)[23]. Wohl mehr die Qualität einer Hommage dürfte dagegen eine Analogie zu Cervantes' „Don Quixote" (1605–1615) haben, die in einer gewissen, marginalen Ähnlichkeit von „Flugbeils" angestrengtem Ringen mit den Koffern zum berühmten Kampf „Don Quixotes" mit den Windmühlen besteht (S. 154, 170 f.)[24].

Dieses weit gefächerte intertextuelle Gefüge stellt also eine recht komplexe intellektuelle Auseinandersetzung mit Standpunkten der genannten Autoren oder zumindest mit Aussagen der berührten Werke dar, wobei sich Meyrink vor allem eben Giordano Bruno und Nietzsche verpflichtet fühlt[25], sich aber augenscheinlich in einem merklichen Gegensatz zu Max Nordau sieht[26]. Darüber hinaus lässt sich das Konstrukt offenbar als Beitrag eines von Leitgedanken, wie Aristotelismus-, Illusions- und Idealismuskritik sowie Dekadenzkritik, bestimmten, mentalitätsgeschichtlichen Diskurses des frühen 20. Jahrhunderts identifizieren[27].

Eine unmittelbare, intertextuelle Wirkung von Meyrinks Roman selbst kann mit maßvoller Bestimmtheit immerhin bei Brecht angenommen werden. Denn in der siebten Szene des Stücks „Schweyk im zweiten Weltkrieg" (1943 verfasst) wird im „Kälbermarsch" die Bespannung der Marschtrommel auf eine dergleichen düstere Weise besungen[28], dass man darin das makabre Bild der Bespannung der Trommel mit den Häuten der Romanfiguren „Jan Zizka von Trocnov" und „Ottokar" bei Meyrink schon wiedererkennen darf (S. 149 u. 208)[29]. Ob darüber hinaus der Gebrauch von „Hexensabbat", wie er viele Jahre später als (mutmaßliches) „Gefühl, dass die alten zerstörerischen Geister wieder aufleben," in Wolfgang Koeppens (1906–1986) „Das Treibhaus" (1953) begegnet[30], ebenfalls eine unmittelbare Auswirkung von Meyrinks Erzählung sein kann, ist wohl nicht zweifelsfrei zu klären. Eine geeignete Inspiration kann nämlich gleichermaßen die bereits im 19. Jahrhundert verbreitete, grundsätzliche Manier geboten haben,

23 Vgl. ebd., Kapitel 8 („Heins klassizistischer Aristotelismus")

24 Vgl. Onderlinden, S. 67; Trepp, Kapitel 9 („Die Illusionskritik").

25 Ebd., Kapitel 8 („Heins klassizistischer Aristotelismus") u. Kapitel 12 („Die Dekadenz-Kritik: Krankheit und Verbrechen").

26 Ebd., Kapitel 8 („Heins klassizistischer Aristotelismus"), Kapitel 9 („Die Illusionskritik"), Kapitel 11 („Der autoritäre Idealismus").

27 Ebd., Kapitel 8 („Heins klassizistischer Aristotelismus"), Kapitel 9 („Die Illusionskritik"), Kapitel 11 („Der autoritäre Idealismus"), Kapitel 12 („Die Dekadenz-Kritik: Krankheit und Verbrechen").

28 Brecht, Bertolt: Schweyk im zweiten Weltkrieg. 20. Aufl. Frankfurt/M. 2008, Szene 7.

29 Vgl. Trepp, Kapitel 11 („Der autoritäre Idealismus").

30 Ebd.; vgl. Teil 7, III.

die Begrifflichkeiten ‚Walpurgisnacht' und ‚Hexensabbat' als komprimierendes, oft chiffrenartig wirkendes Abstraktum für bestimmte Vorstellungen und Eindrücke zu verwenden[31].

An Meyrinks „Walpurgisnacht" wird bereits deutlich, dass eine charakteristische Tradition auch im 20. Jahrhundert vorerst fortbesteht. Denn in Anbetracht der recht vielfältigen gesellschaftlichen und intertextuellen Bezüge des Romans ist das Phantastische und Dämonische, kurzum die sich ereignende Walpurgisnacht einmal mehr ein toposhafter literarischer Rahmen. Darin gestaltet der Autor einen anschaulichen Mikrokosmos[32], der die Gelegenheit einer kritischen Auseinandersetzung mit Dingen auch jenseits der unmittelbaren Romanhandlung bietet. Sicherlich ist da zunächst die starre, rückständige Haltung der alten, aristokratischen Prager Eliten wie auch die gefährliche, destruktive Rohheit der Unterschicht. Doch darüber hinaus nutzt Meyrink seinen „phantastischen Roman" also ganz offenbar, um das skizzierte, ebenso intertextuelle wie intellektuelle Gefüge zu kreieren, das dem Ganzen schon eine besondere literaturhistorische Note verleiht.

III. Kurt Tucholsky – Walpurgisnacht (1918)

Kurt Tucholsky (1890–1935) hat mit der literaturwissenschaftlich wenig beachteten, kurzen Erzählung „Walpurgisnacht" ebenfalls eine Umsetzung der Walpurgisnacht-Motivik vorgenommen[33]. Das kleine humoristische und gemäßigt satirische Werk ist zum literarischen Ertrag von Tucholskys Zeit als Soldat des Ersten Weltkrieges zu zählen und ist wohl im Laufe des Jahres 1916 entstanden, wurde aber möglicherweise im November 1917 noch einmal geändert, wenn man eine im Text vorzufindende Monatsnennung so deuten will (Z. 35 u. 53)[34]. Gedruckt erschienen ist es jedenfalls erstmalig Ende Januar 1918 in der Wochenzeitschrift „Die Schaubühne" unter Tucholskys tatsächlichem Namen; die 1920 unter dem Pseudonym „Peter Panter" publizierte Erzählungssammlung „Träumereien an preußischen Kaminen" enthält dann eine orthographisch etwas überarbeitete Fassung der „Walpurgisnacht"[35].

---

31 Vgl. Teil 4, I. Vorüberlegungen.

32 Vgl. Reiter, S. 62 ff.

33 Als Textreferenz dient: Tucholsky, Kurt: Gesamtausgabe (GA). Texte und Briefe. Hrsg. von Antje Bonitz, Dirk Grathoff, Michael Hepp, Gerhard Kraiker. 23 Bde. Reinbek bei Hamburg 1996–2008, Bd. 2 (Hrsg. von Bernhard Tempel, 2003): 1914–1918, S. 327–336 (Text) u. S. 791–795 (Kommentar).

34 Ebd., S. 792.

35 Ebd., S. 791 f.

Vorangestellt ist dem Text ein Zitat des Trollkönigs „Dovre-Alte" aus Christian Morgensterns (1871–1914) Nachdichtung von Henrik Ibsens (1828–1906) „Peer Gynt" (Z. 1–5)[36]. Damit deuten sich bereits die recht weit gefächerten intertextuellen Fingerzeige in der Erzählung an.

Das Begehen der Walpurgisnacht und der obligatorischen Blocksbergorgie hat Tucholsky in ein militärisches Milieu eingebettet. Die Hexen, die im Mittelpunkt der Erzählung stehen, sind als die „Zweite Schwadron des Zehnten Teuflischen Hexenregiments" aufgestellt, das „zur Zeit [...] in der Nähe von Elend einquartiert" ist (Z. 23–25). Also bei der nicht zuletzt durch Goethes „Faust I" berühmten Ortschaft im Harz, wo „[.] für das große Blocksbergmanöver alle Hexen der Umgegend ausgebildet [wurden]" (Z. 27–29). Etwas erstaunlich, aber dem Humoristisch-Grotesken durchaus zuträglich ist dabei, dass Tucholsky sich alles in der Gegenwart des frühen 20. Jahrhunderts zutragen lässt. Außerdem hat Tucholsky den alljährlichen „Blocksbergsdienst" (Z. 80) des Hexen-Regiments aus einem offenbar nicht ganz klar zu bestimmenden Grund auf „einen Freitag, den 13. November," gelegt (Z. 35 u. 276)[37]. Über eine auktoriale Erzählperspektive und in der für Tuckolsky charakteristischen Stilistik der „gesprochenen Schrift"[38], bei der immer wieder auch die wörtliche Rede der Personen verwendet wird, begegnet also das Hexenwesen als militärischer Truppenteil. Nichtsdestotrotz ist diese Atmosphäre auch mit allerlei einschlägigen Merkmalen und Symbolen des Hexentums angereichert. Außer den „Besenstielen" (Z. 49) oder dem „Hexenfett" (Z. 41) sind das beispielsweise der „schwarze Kater" (Z. 49), der „Uhu" (Z. 58), die eigenartigerweise als „Schuhus" – eine Variante des Namens Uhu – titulierten „alten castilianischen Fledermäuse" (Z. 54 f.) oder die „gekreuzten Ofengabeln" auf den „Achselstücken" des „Hexenweibels Sengespeck" (Z. 78). Ebenso sind die Vorstellungen von der Wilden Jagd und vom Wilden Jäger, die dem Entstehungs-Nexus um die Walpurgisnacht angehören[39], in den Textfluss eingearbeitet (Z. 84 f. u. 241).

Das eigentliche Ausführen des „Blocksbergmanövers" (Z. 28) durch den aus „hunderundsechzig Hexen" (Z. 9) bestehenden Truppenteil wird in der Art eines soldatischen Tagesablaufs unter Beachtung tatsächlicher militärischer Formalia dargestellt, obgleich das Ereignis der „zwölfhundertachtundachtzigst

---

36 Ibsen, Henrik: Peer Gynt. Ein dramatisches Gedicht. Berlin, Leipzig, München 1913.

37 Tucholsky: GA, Bd. 2, S. 792.

38 Vgl. Siems, Renke: Gesprochene Schrift. Zu Kurt Tucholskys Erzählprosa. In: Becker, Sabina (Hrsg.): Kurt Tucholsky. Das literarische und publizistische Werk. Darmstadt 2002, S. 213–244.

39 Vgl. Teil 1, II.

e[n] Walpurgisnacht" (Z. 169) vom üblichen ‚Dienstalltag' natürlich abweicht. Die Befehlsausgabe erfolgt durch einen männlichen Charakter mit dem vielsagenden Namen „Sengespeck", der den Rang eines „Hexenweibels" bekleidet und in der Erzählung einer Hauptperson noch am nächsten kommt (Z. 6)[40]. Diese Befehlsausgabe kündigt den ausschließlich weiblichen Hexen-Soldaten das „Blocksbergmanöver" an und erteilt ihnen die entsprechenden Vorgaben für Anzug und Rüstzeug (Z. 13–22). Nach der ausgiebigen Vorbereitung sitzt das Hexen-Regiment sodann auf seine Besen auf und tritt die Blocksbergfahrt an (Z. 95 ff.). Zwecks „Besichtigung" (Z. 14 f.) begegnet die Truppe bereits unterwegs erstmals dem „Satanas" (Z. 154), der im Textverlauf auch mit etlichen Synonymen belegt wird, wie „Exzellenz" (Z. 15 u. 142), „Herr der Hölle" (Z. 187), „Fürst" (Z. 204, 222, 277), schlicht mit „ER" (Z. 134) oder auch nur mit den redensartigen drei Kreuzen („†††", Z. 15 u. 149). Nach der Ankunft unweit des Blocksberges, der obligatorischen Meldung des „Weibels", der Besichtigung durch den „Satanas" sowie einer kurzen Ansprache desselben (Z. 150 ff.) geht es weiter auf den Gipfel, auf dem bereits das ganze „Hexenheer" steht, um nun den eigentlichen „Blocksbergdienst" zu verrichten – die „[.] Orgie, mit anschließender Parade vor [seiner Exzellenz]" (Z. 16 f. u. 179 ff.).

Das Hexenfest enthält dann auch eine ganze Reihe der dafür charakteristischen Elemente, einschließlich einer angedeuteten, bewusst lächerlich skizzierten incubischen Verbindung des „Fürsten" mit einer „Gefreitin von den Zehner-Hexen" (Z. 221–229). Nachdem der „Fürst" später den Dienst um „fünf Minuten vor halb fünf" schließlich hat „[.] abblasen [lassen]" (Z. 282), hält er wiederum eine kurze, resümierend-lobende Ansprache und verleiht dann noch „dem Führer der Zweiten Eskadron, Hexenweibel Sengespeck, den silbernen Hexenhammer am Bande" (Z. 297–301). Dabei handelt es sich selbstverständlich um ein satirisches Umfunktionieren des einst so berüchtigten „Malleus maleficarum", des „Hexenhammers", auf den in seiner ursprünglichen, „altehrwürdigen" Buchform zuvor schon einmal in der Art einer Hexen-Dienstvorschrift aufmerksam gemacht worden war (Z. 69 ff.). Im Anschluss an die Verleihung des Ehrenzeichens erfolgt nur noch der geschwinde, blitzartige Abflug des gesamten „Heeres" (Z. 305 f.).

Zurück in „der Hütte" am Standort kommen die „Hexen der Zweiten Zehner Schwadron" der dienstüblichen Ruhe, einem „totenähnlichen Schlaf", nach (Z. 310 ff.). Der „Hexenweibel Rudolf Sengespeck" findet derweil die Zeit für ein

---

40 Zum ehemals nicht allein auf den militärischen Rang bezogenen Bedeutungsfeld der Bezeichnung ‚Weibel' (obdt. für ‚Webel') vgl. etwa Adelung, Johann Christoph (1732–1806): Grammatisch-kritisches Wörterbuch der Hochdeutschen Mundart. 5 Bde. Leipzig 1801, Bd. 4, S. 1418.

persönliches Fazit vor dem Spiegel (Z. 317 ff.), das als eine ebenso drollig wie ironisch anmutende Selbstgefälligkeit daherkommt; dabei ist zu ersehen, dass unter dem Etikett des Hexenwesens Tucholsky immer auch der satirische und ironische Umgang mit grundsätzlichen kleineren und größeren menschlichen Schwächen, die gar nicht einmal typisch militärisch sind, möglich ist:

> „Drin aber in seinem Stübchen stand Weibel Sengespeck und betrachtete wieder und immer wieder in dem großen blanken Spiegel, den blitzenden Hammer, der ihm so herrlich die Brust zierte. «Die wahre Tüchtigkeit», sagte er zu seinem Konterfei, «wird doch stets anerkannt. Wie habe ich sie aber auch ausgebildet, ich, der Hexenweibel Sengespeck! Wie die Wendungen klappten! Wie sie parierten!» Er trat ganz nahe an das Glas heran. «Rudolf, das mußt du selbst zugeben: den Hammer hast du dir ehrlich verdient! Aber ich hab' es ja immer gesagt: Es geht nichts über einen alten tüchtigen Korporal! Du Ritter des silbernen Hammers: Gute Nacht –!»" (Z. 317–327)

Tucholsky hat seine Erzählung mit allerhand Elementen angereichert, die eine bisweilen sogar profunde Auseinandersetzung mit dem Komplex des Hexen- und Zaubereiglaubens, der Hexenlehre und den historischen Hexenverfolgungen sowie auch mit der entsprechenden Berücksichtigung in der Literatur des 19. Jahrhunderts erkennen lassen.

Auf den satirisch-ironischen Umgang mit dem „Hexenhammer" als ‚Hexenbrevier' (Z. 69–74) und als Ehrenzeichen (Z. 301) wurde bereits hingewiesen. Die Inspiration durch die „Walpurgisnacht" Goethes ist unmittelbar eigentlich nur an einigen etwas unscheinbar eingebauten Entlehnungen zu erkennen, wie dem Ort „Elend" (Z. 25) oder die Aufteilung des Hexenkonvents in einen hauptsächlichen Schauplatz und in „Nebentäler" (Z. 235). Ausdrücklich genannt, wenn auch mit leicht verballhorntem Namen, ist dagegen Wilhelm Meinholds Romanheldin „Maria Schwandnerin" – „die Bernsteinhexe"[41]. Von ihr ist als „Großmutter" des „Satanas" die Rede, die vormals „dem Regiment jahrelang vorgestanden hat" (Z. 170–173). Tucholsky ist ebenfalls mit der einst schon vom Magister Johannes Praetorius gezeigten Manier, den Blocksberg auch zum Versammlungsort einiger realer Personen aus Vergangenheit und Gegenwart, kultureller Erscheinungen oder Moden zu machen, vertraut[42]. So taucht beispielsweise der schwäbische Romantiker und Okkultist Justinus Kerner (1786–1862) als „Musikleiter" einer „Tübinger Hexenkapelle" auf (Z. 232 f.) oder ein im zeitgenössischen Norddeutschland bekanntes Couplet auf die Schweinefleischspezialität „Swartsur" (Schwarzsauer), die dem Israeliten Tucholsky sicher nicht

---

41 Vgl. Teil 4, I. Vorüberlegungen.
42 Vgl. Teil 2, II.

zugesagt haben dürfte, hält kurzerhand als „Hexenlied" her, das vom „baccantischen Zug" der „Hexen von Harvestehude" vorgetragen wird (Z. 255–273)[43].

Die Verquickung von walpurgisnächtlichem Hexenereignis und militärischem Flair ist zweifellos ein originelles schriftstellerisches Experiment, das in der Verwendungs- und Motivgeschichte der Walpurgisnacht absolut ungewöhnlich ist. Dabei finden sich auch bei Tucholsky konkrete satirische Ansätze. Das ist sicherlich zunächst der einer allgemeinen Militärsatire, die auf bestimmte stereotype Merkmale des militärischen Einerleis abhebt. Darunter fällt vor allem die fortwährende Einseitigkeit und Anspruchslosigkeit des soldatischen Alltags. Durch den davon eigentlich krass abweichenden Aufwand für das Begehen der alljährlichen Walpurgisnacht, wobei es sich aber im Grunde ebenfalls um einen turnusmäßigen Vorgang handelt, wird diese Einförmigkeit umso anschaulicher. Hinzu kommt der Aspekt des standardisierten dienstlichen Erfolgs, der sich bei entsprechend kontinuierlichem, aber letzten Endes wenig anspruchsvollem Dienst einstellt; symbolisiert wird dieser Erfolg durch das Ehrenzeichen des „silbernen Hexenhammers am Bande", das dem „Hexenweibel Sengespeck" verliehen wird. Weniger bissig nimmt sich da die sehr zu vermutende Anspielung auf die für das preußische Heer charakteristische landsmannschaftliche Zusammenwürfelung der Truppe aus, die unter anderem durch die verschiedenen im „Zehnten Teuflischen Hexen-Regiment" artikulierten Mundarten und auch durch einige regionaltypische Namen abgebildet sein dürfte (Z. 9 f., 36 ff., 82 ff.). In einem solchen Sinne würden auch die auf dem Blocksberg befindlichen Hexenregimenter und -bataillone die größtenteils von partikularstaatlichen Einheiten gebildete Struktur des kaiserlich-deutschen Heeres widerspiegeln, wenngleich daneben sicher noch weitere Anspielungen auf bestimmte politische und gesellschaftliche Phänomene vorzufinden sind:

> „Da waren die ruhmreichen Bataillone, da waren sie alle, alle: das Siebente Preußische und das erste Kurhessische und die Thurn-und-Taxis-Hexen und die Schwyzer Mahre und, auf Eisenstangen reitend, die Essener Feuerhexen; sogar Holsteinische Nixen schwebten dahin. Kobolde waren da, an ihrer Spitze der Geheime Oberstaatskobold des Innern – und die Wilden Jäger und Freischützen; Gespenster fremder Höfe – das Kaiserlich Türkische Hofgespenst war persönlich anwesend und schnitt der Weißen Frau die Kur – und dazwischen immer wieder Hexen, Hexen! Alte verschrumpelte und junge schwellende, fliegende und kriechende, Ginsterhexen, Moorhexen und die Fliegerhexen." (Z. 188–199)

Keineswegs auszuschließen, jedoch nicht genau zu klären dürfte zudem sein, ob über diese letztlich doch eher milden satirischen Ansätze hinaus Tucholsky auch

43 Vgl. Tucholsky: GA, Bd. 2, S. 794.

eine gleichsam kameradschaftliche Parallele zwischen den von dienstlichem Einerlei und Krieg geplagten Soldaten des Ersten Weltkrieges und den verfolgten Hexen von einst herstellen will; oder ob die „Walpurgisnacht" als Ganzes gar eine solidarische Anteilnahme am kollektiven Schicksal der frühneuzeitlichen Opfer des ‚Hexenwahns' darstellen soll. Dafür würden die von Tucholsky überlieferten empörten Äußerungen über den eben auch in der Erzählung satirisch verarbeiteten „Malleus maleficarum" sprechen[44]; doch außerdem die oftmals ins Amüsante, beinahe Liebenswerte gehende Beschreibung der Hexen und nicht zuletzt der wiederum satirische Umgang mit solchen Details, die aus der Hexenlehre und den Hexenprozessen bekannt sind. Das vielleicht auffälligste Beispiel dafür ist ein während des „Blocksbergmanövers" von manchen Hexen zum Zweck der allgemeinen Belustigung parodiertes „Hexengericht" samt einigen „peinlichen Fragen" (Z. 215–220).

IV. Felix Gasbarra – Preussische Walpurgisnacht (1922)

Seit seinem dritten Lebensjahr lebte der gebürtige Italiener Felix Gasbarra (1895–1985) in Deutschland. Der promovierte Jurist hat durch vielerlei journalistische, schriftstellerische und dramaturgische Tätigkeiten eine gewisse Bekanntheit erlangt. Als auffällige Momente wären etwa seine Zeit als Mitarbeiter von Erwin Piscator (1893–1966), gemeinsam übrigens mit Bertolt Brecht (1898–1956), oder seine Mitverfasserschaft an Piscators Schrift „Das politische Theater" (1. Aufl. Berlin u. Leipzig 1929) zu nennen; und beispielsweise auch seine Vertextung von Kurt Weills (1900–1950) „Die Muschel von Margate" (1928)[45]. Dennoch kommt das Stück „Preussische Walpurgisnacht" einem bühnendichterischen Unikat von Gasbarra gleich[46]. Es erschien 1922 monographisch in einer „Sammlung revolutionärer Bühnenwerke", in der unter anderem auch Bühnenspiele von Karl August Wittfogel (1896–1988), Erich Mühsam (1878–1934), Upton Sinclair (1878–1968) und Franz Jung (1888–1963) publiziert worden sind[47].

Gasbarra weist sein Stück als „groteskes Puppenspiel" aus. Damit greift er zum einen sicherlich die Tradition des unkomplizierten Faust-Puppenspiels auf, obgleich keine traditionelle Faust-Figur in der „Preussischen Walpurgisnacht"

44 Tucholsky: GA, Bd. 2, S. 793.

45 Zu Leben und Werk Gasbarras vgl. Schumann, Thomas B.: Gasbarra, Felix. In: Killy, Bd. 4 (1989), S. 88; Bucheli, Roman: Gasbarra, Felix. In: Kosch, Erg. bd. IV (1997), S. 119 f.; Hees, Anke: Gasbarra, Felix. In: Kosch, 20. Jh., 10. Bd. (2007), S. 450 f.

46 Gasbarra, Felix: Preussische Walpurgisnacht. Groteskes Puppenspiel. Berlin 1922.

47 Vgl. ebd., S. 2.

vorkommt. Bei der formalen szenischen Konzeption sind jedoch die namentlichen Szenen aus Goethes „Faust"-Dichtung – nicht minder auch der „Walpurgisnachtstraum", wie die leitspruchhaften Äußerungen vieler Figuren zeigen – die offensichtlichen Vorlagen für Gasbarra gewesen. Ob darüber hinaus auch Beiträge der Goethe adaptierenden, satirischen Walpurgisnacht-Tradition eine Anregung waren – strukturell und formell gesehen, würde dafür etwa Arno Holz' „Die Blechschmiede" in Betracht kommen[48] – lässt sich wohl nicht mehr als vermuten.

Bereits das vorangesetzte Erinnerungszeichen „Maximilian Harden gewidmet!" kündigt den politischen und gesellschaftskritischen Gehalt des kleinen Werkes recht unmissverständlich an. Denn der Berliner Publizist und Schriftsteller Maximilian Harden (eigtl. Felix Ernst Witkowski, 1861–1927) hatte seit der Novemberrevolution von 1918 zunehmend sozialistische Positionen vertreten und war daraufhin im Juli 1922 durch einen von Freikorps-Mitgliedern ausgeführten Mordanschlag schwer verwundet worden[49]. Gasbarras politische Gesinnung – 1921 war er in die KPD eingetreten – ist für diese Zeit gleichfalls dem politisch linken, vorzugsweise eben kommunistischen Spektrum zuzuordnen[50]. In den dreißiger Jahren sollte er unter dem Eindruck der stalinistischen Herrschaft in der Sowjetunion allerdings wieder nach Italien übersiedeln und dort Mitglied der Mussolini-Partei „Partito Nazionale Fascista" werden; gegen Ende des Zweiten Weltkrieges gelang ihm gar noch das Arrangement mit den Westalliierten[51]. Doch ist das „groteske Puppenspiel" von diesem strikten Wandel natürlich noch unberührt, wie an dem schonungslosen Umgang mit einigen rechten, konservativen und auch demokratischen Gruppierungen der Weimarer Republik ersichtlich ist.

Der Schauplatz der „Preussischen Walpurgisnacht" ist der „Victoriapark" auf dem Kreuzberg in Berlin (S. 7). Der Kreuzberg ist damit also Gasbarras preußischer Blocksberg – der Harzer Brocken befand sich ja ohnehin nicht gerade auf ‚urpreußischem' Gebiet. Die Erklärung für diese ‚aktualisierte' Walpurgisnacht- und Blocksberg-Motivik hat Gasbarra gleich zu Beginn dem „Autor", der augenscheinlich Gasbarras protagonistenartige Identifikationsfigur ist, in den Mund gelegt:

48 Vgl. Teil 3, VI.

49 Zu Leben und Werk Hardens vgl. Goff, Penrith: Harden, Maximilian. In: Kosch, 7. Bd. (1979), S. 322 f.; Riedel, Nicolai: Harden, Maximilian. In: Killy, Bd. 5 (1990), S. 11 f.

50 Vgl. Anm. 45.

51 Vgl. ebd.

„AUTOR:
Der Brocken ist ja lange übertrumpft
Mit seinen höllischen Grimassen,
Wir sind für so was gänzlich abgestumpft,
Seitdem die Hölle bei uns losgelassen.

Es sammelt sich die ganze Zauberzunft
Seit einigen Zeiten in Berlin.
Am Kreuzberg ist Zusammenkunft.
Zehn Meilen stinkt der Umkreis nach Benzin." (S. 8)

Analog zur goetheschen Vorgabe im „Faust I" nehmen die Ereignisse der „Preussischen Walpurgisnacht" einen orographisch ansteigenden Verlauf. Dementsprechend ist auch die Umgebung des Viktoriaparks noch einmal in kleinere, ebenfalls aus der Wirklichkeit entlehnte Örtlichkeiten szenisch unterteilt. Das sind die drei Schauplätze „I. Zu Beginn des Breiten Weges" (S. 9 ff.), „II. Plateau unterhalb des Denkmals" (S. 16 ff.) und „III. Spitze des Denkmals" (S. 24 ff.). Auch an der Wahrung einer poetisch-formalen Gesamterscheinung des Stücks war Gasbarra gelegen. So sind die meistens gleichwohl nur auf wenige Verszeilen beschränkten Aussprüche der auftretenden Personen und Personengruppen mit Kreuzreimen, vereinzelt auch mit Paarreimen abgeschlossen; ebenso gilt das für die selteneren längeren und in Strophenform gehaltenen Äußerungen. Die auch formal enge Anlehnung an die „Walpurgisnacht" des „Faust I" wird an bisweilen beinahe wörtlich übernommenen Versen, wie den Verszeilen 3956 bis 3959, deutlich:

„ANSAGER:
Da kommt ein neuer Zug herauf!
Es schnattert, als wär's ein Hexenhauf!

HEXENCHOR:
Die Hexen und den Kreuzberg ziehn.
Die Haare sind gelb, die Augen grün!" (S. 19)

Oberflächlich hat Gasbarra also das Bild vom Zug der Hexen auf den Blocksberg in den Viktoriapark auf dem Berliner Kreuzberg und in die Gegenwart der frühen Zwanziger Jahre übertragen. Dass dem nicht etwa eine parodistische Idee gegenüber der goetheschen Vorlage zugrunde liegt, wird angesichts der Klientel, gegen die sich sein Spott richtet, schnell deutlich. So nimmt es sich für den Kommunisten Gasbarra sicher nicht ungewöhnlich aus, dass sich der fast schon galerieartig angeordnete Auflauf aus allerlei militaristischen, nationalistischen und revanchistischen Personengruppen sowie aus ebenso zeittypisch stereotypen Charakteren zusammensetzt, die insgesamt als Widersacher der Linken daherkommen und dem Verfasser entsprechend unliebsam sind.

So finden sich unter den Walpurgisnächtlern beispielsweise Profiteure des nach dem Ersten Weltkrieg neu entstandenen Ordo, wie der „Strassenhändler" (S. 17), der „Snob" (S. 16), einige „Schieber" (S. 28 ff.), das dekadente, nur an Luxusgenuss interessierte Pärchen „Louis" und „Lilli" (S. 19 ff.) und ebenfalls ein im zynischen Sinne „Politischer Dichter" (S. 18), der gegen angemessenes Geld jede politische „Meinung" niederschreibt (S. 18). Eine weitere Kategorie besteht aus Personen, die das Ende des Kaiserreichs überdauert haben und im Begriff sind, sich mit den neuen republikanischen Verhältnissen zu arrangieren, etwa der militaristische „Alte Geist" (S. 9), ein „Alternder Fürst" (S. 18), Junker (S. 25), Schlotbaron (S. 25), Kanonenfürst (S. 28) oder auch unpolitische, leisetreterische „Schlafmützen" (S. 10 f.). Andere Charaktere des militaristisch, nationalistisch und revanchistisch zu nennenden Horizonts sind eine „Deutschnationale Jugendwehrkompagnie" (S. 22), ein General (S. 33), „Freiwillige (in Zivil)" und „(in Uniform)" (S. 33), wohl auch der „Antisemit" (S. 17) sowie eine einhellige Kommunismus- bzw. Bolschewismus-Phobie (S. 30 f.). Auch Repräsentanten des neuen Systems lässt Gasbarra auftreten; das sind neben einem „Regierungsvertreter" (S. 29), ein „Volksbeauftragter" (S. 18) – wohl eine Anspielung auf die konstituierende Tätigkeit Friedrich Eberts (1871–1925) – und ein „Genosske" (S. 26 f.), der als Hieb auf den Reichswehrminister Gustav Noske (1868–1946) zu verstehen sein dürfte. Das gesamte Stück hindurch kommt zudem eine Dreiergruppe von „Journalisten" (S. 9 ff.) zu Wort, die vielleicht noch am ehesten faustisch wirken soll. Denn die „Journalisten" gefallen sich allein in der Rolle des wissbegierigen, aber unverbindlich agierenden Betrachters, hinterfragen die politischen Verhältnisse nicht weiter, obwohl sie dazu in der Lage wären; und letztlich geht es ihnen doch nur um den eigenen, profitablen Nutzen:

> „ZWEITER JOURNALIST:
> Ich muß mir alles das sofort notieren,
> Verlier ich nichts, bringt es auch kaum Gewinn.
> Ich will es Ullsteins telephonieren." (S. 15)
>
> „DIE DREI JOURNALISTEN (unisono):
> Ja – wo – ein – Hexensabbath winkt,
> Der Journalist die Beine schwingt,
> Und ginge es selbst zur Hölle rein,
> Er muß dabei der erste sein." (S. 16)

Zu Beginn und am Ende werden die Geschehnisse noch von politisch weniger scharf gezeichneten Erscheinungen, wie dem „Chor der Wipfelgeister" (S. 7), den „Spottdrosseln" (S. 38), dem „Unsichtbaren Chor" (S. 38) oder den „Vogelstimmen im Park" (S. 39), ironisch kommentiert. Die Schlüsselrolle beim Kommentieren und Bewerten der gesellschaftlichen Verhältnisse kommt allerdings dem bereits genannten „Autor“ zu – der praktisch einzigen Identifikationsfigur des Verfassers. Eindeutige Merkmale, die ihn als Harden, gar als Gasbarra selbst oder einen Dritten identifizierbar machen würden, fehlen jedoch. Schließlich wird dem „Autor“ seine Direktheit und Unverblümtheit, mit der er die ihm gegenüber ideologisch feindlich eingestellten Walpurgisnächtler gegen sich aufgebracht hat, zum Verhängnis. Er „verschwindet unter der wütenden Menge“ (S. 35), erlebt aber möglicherweise als „Eine Statue am Turm“ des Nationaldenkmals noch einmal eine kurze mahnende Wiederkehr (S. 36); das legt zumindest die Ähnlichkeit der jeweiligen Äußerungen nahe.

Am Ende des sonderbaren Hexenzuges ereignet sich andeutungsweise sogar noch eine bizarre Satansmesse. So befindet sich an der „Spitze des Denkmals“, also an dem im Viktoriapark platzierten, einst von Karl Friedrich Schinkel (1781–1841) entworfenen Nationaldenkmal, der „Genosse Urian“. Der ist in einer Manier beschrieben, die den seit November 1918 im Exil befindlichen Monarchen Wilhelm II. (1859–1941) karikiert (S. 24). Nun, in seiner „neuen Residenz“ – dem Blocksberg gewissermaßen – nimmt er die Bekundungen der diversen nationalistisch-revanchistischen Kräfte und Individuen, der weiter existierenden monarchistischen Anhängerschaft und all der anderen Versammlungsteilnehmer entgegen (S. 24 ff.).

Wenn gegen Ende Gasbarra den „Urian“ dann bedeuten lässt „Nun denn, das nächste Jahr, auf Widersehen!“ (S. 37) wird die „Preussische Walpurgisnacht“, ganz wie die ursprüngliche Walpurgisnacht, als ein jährlich wiederkehrendes Ereignis definiert. Dadurch könnte jedoch auch eine Deutung möglich werden, wonach Hexen und Dämonen einer eigentlich vergangenen Zeit ihre lediglich zeitweilige, nur mäßig gefährliche Widerauferstehung begehen würden. Doch hat Gasbarra wohl nur das übliche, förmliche Kriterium der Walpurgisnacht als ein jährliches Ereignis wahren wollen. Denn das „groteske Puppenspiel“ dürfte nicht als verharmlosende Schmähung alter chauvinistischer Kräfte zu verstehen sein. Im Vordergrund steht offenkundig die durchaus bereits von Bitternis, Illusionslosigkeit und Unversöhnlichkeit begleitete Befürchtung, dass sich tatsächlich (erneut) solche gesellschaftlichen Körperschaften und Anschauungen konsolidieren, deren Abtritt Gasbarra und seine damaligen Gesinnungsgenossen eigentlich ersehnt hatten:

> „AUTOR:
> Fünf Jahre Krieg, um bei euch einzukehren,
> War wohl ein reichliches für Herz und Sinn.
> Allein ich sehe, alle blutigen Lehre
> Verrauschten spurlos taubem Ohre hin.

Noch immer spielen Kinder mit Soldaten,
Das Achselstück verlor noch kaum an Wert,
Nur statt mit Kreuzen werden Heldentaten
Im Blut des Bruders heut mit Geld geehrt!" (S. 34)
[...]
„Eine Statue am Turm (nimmt langsam die Züge eines Ermordeten an):
[...]
Ich hatte Liebe ohne Maß
Für jede Kreatur.
Jetzt aber füllt mich nur noch Haß,
Haß bis zur letzten Spur
Des letzten Menschen eures Schlags
Bis zum Gericht des jüngsten Tags!
Mit Liebe seid ihr nicht bekehrt,
So sei's durch Feuer und durch Schwert!" (S. 36)

Kurzum wird insgesamt ein unverhohlen abwertendes Bild des deutsch-nationalen und zum Teil ebenso des republikanisch-konformen Spektrums der Gesellschaft in der weiterhin ‚preußisch' beeinflussten frühen Weimarer Republik skizziert, die für den damaligen Kommunisten Gasbarra in der bestehenden Form ganz offenbar keine akzeptable staatliche Lösung darstellt:

„DRITTER JOURNALIST:
[...]
Es wechselte das Lied, es blieb der Ton,
Das war die Große Revolution!
Nennt's Monarchie, nennt's Republik,
Ihr wißt ja doch, der Ton macht die Musik." (S. 15)

Die Walpurgisnacht ist also bei Gasbarra das Instrument einer ebenso drastischen wie grimmigen satirischen und polemischen Anprangerung von politischen und gesellschaftlichen Gegebenheiten, die er als große Missstände wahrnimmt. Dabei versucht er gar nicht erst mit seiner eigenen, subjektiven Einstellung zurückzuhalten. In dieser ganz unmittelbaren, ungezierten Thematisierung von Politika in einem Theaterstück, sei es auch nur ein Puppenspiel, darf man im Grunde bereits eine gewisse Tendenz in die Richtung des Politischen Theaters sehen, an dessen theoretischer Fixierung in Erwin Piscators Schrift „Das politische Theater" Gasbarra einige Jahre später halt beteiligt war.

Ob Felix Gasbarras „groteskes Puppenspiel" jemals zur Aufführung gekommen ist, sei es als echtes Puppenspiel oder als Personenstück, dürfte inzwischen schwer zu ermitteln sein. Die Form seiner monographischen Publikation lässt eventuell sogar annehmen, dass es Gasbarra ohnehin von vorneherein mehr auf die Eigenschaft des Lesedramas angelegt hat. Ein weiteres Mal aufgelegt wurde es zumindest nicht mehr. Obwohl es aus einer ganz subjektiven Perspektive heraus verfasst ist, bleibt es dennoch ein literarisches Zeugnis für die oft grausamen und bürgerkriegsähnlichen Konflikte zwischen den unduldsamen politischen Lagern, insbesondere jenseits der Parlamente, in dieser frühen Phase der Weimarer Republik. Auch heute noch wird durch die „Preussische Walpurgisnacht" ein zwar begrenzter, aber doch plastischer Eindruck von einigen gesellschaftlichen Kräften und Gesinnungen der Zeitspanne vermittelt. So kann die Lektüre des kleinen Werkes ein wenig zur Vergegenwärtigung der Schwierigkeiten der neuen, zu jener Zeit mehrheitlich unpopulären demokratischen Ordnung beitragen.

V. Thomas Mann – Der Zauberberg (1924): Walpurgisnacht

Bei Thomas Mann (1875–1955) befindet sich der verbaliter als „Walpurgisnacht" ausgewiesene Text in seinem erstmals 1924 zu Berlin erschienenen Roman „Der Zauberberg", nicht etwa im viel später geschriebenen „Doktor Faustus" (Erstausgabe 1947), wie es dessen Nimbus als ‚Faust-Roman' vielleicht eher vermuten ließe. Neben den bekannten, von Mann selbst nahe gelegten Verbindungen, wie zum Venusberg in Richard Wagners (1813–1883) Oper „Tannhäuser und der Sängerkrieg auf Wartburg" (1845 uraufgeführt)[52], ist die Platzierung der Romanhandlung auf eben jenem „Zauberberg" sicherlich auch eine vom Autor ganz bewusst gewählte Analogie zur literarischen Blocksberg-Idee. Dabei ist der Hexenberg eben die geeignete, herausgestellte Örtlichkeit für jenen obligaten, veranschaulichenden Mikrokosmos, der von der dort befindlichen Gesellschaft gebildet wird. Vor diesem speziellen Hintergrund tut der insgesamt als „Grundmetapher"[53] zweifellos mehrerlei mythologische und kulturelle Bezüge implizierende und vielförmig deutungsfähige Titel „Der Zauberberg" noch ein Übriges; denn durch diese Benennung bleibt die Assoziation zu den Ursprüngen der Blocksberg-Vorstellungen in dem entsprechenden, von Metaphysik- und Zaubereiglauben stark beeinflussten Imaginations-Nexus stets präsent[54].

52 Vgl. etwa Hansen, Volkmar: Thomas Mann: Der Zauberberg. Hans Castorps Weg ins Freie oder *Der Zauberberg* als Zeitroman. In: Interpretationen. Romane des 20. Jahrhunderts. Bd. 1. Stuttgart 1993, S. 78 u. 81 f.

53 Ebd., S. 78.

54 Vgl. Teil 1, II.

Die „Walpurgisnacht“ findet sich im *„Fünften Kapitel“* als das neunte und letzte, beschließende Unterkapitel (S. 488–520)[55]. Hierbei mag man zunächst die Zahl Neun beachten – sonst weist nur noch das wiederholt ‚satanische‘ *„Dritte Kapitel“* ebenfalls neun Unterkapitel auf. Der Symbolgehalt der Neun, speziell innerhalb der vorchristlichen indoeuropäischen Mythologie und des Volksglaubens, hat bereits einen auffälligen Bezug zum Magischen, Ambivalenten und somit zum (zeitweiligen) Wiederaufkommen quasi urtümlicher, ‚heidnischer‘ Zustände[56], den Mann hier nicht unbewusst hineingelegt haben dürfte. Außerdem ist bemerkenswert, dass die von „Settembrini“ rezitierte Äußerung des „Mephistopheles“ aus dem „Faust I“ (V. 3868–3870) –

> „»Allein bedenkt! Der Berg ist heute zaubertoll,
> Und wenn ein Irrlicht Euch die Wege weisen soll,
> So müsst Ihr's so genau nicht nehmen.«“ (FA, S. 492, Z. 8–10)

– ähnlich einem Anagramm, dazu dient den Titel des Romans beizubringen, und zwar einigermaßen genau in der Mitte des Gesamtvolumens.

Jedenfalls verweilt in diesem Unterkapitel der Protagonist „Hans Castorp“ mittlerweile seit sieben Monaten im Bündner Sanatorium. Eine der wesentlichen Motivationen seines fortgesetzten Aufenthalts dort – sein Verlangen nach der exotisch anmutenden russischen Beamtengattin „Clawdia Chauchat“ – wird darin um eine Dimension erweitert. Es ist „Faschingszeit“ und der humanistische Intellektuelle „Lodovico Settembrini“ macht „Castorp“ und seinen Vetter „Joachim Ziemßen“ voller Vorfreude, doch auch mit Sarkasmus auf die alljährliche „Fastnachtsgeselligkeit“ im „Berghof“ aufmerksam (S. 488–490). Auf dem abendlichen Fest begleitet dann der enthusiastische „Settembrini“ das Geschehen seinem ‚Schützling‘ „Castorp“ gegenüber mit einigen pointierenden Zitaten aus der „Walpurgisnacht“ in Goethes „Faust I“. Mit diesen Zitaten schickt er sich zunächst an, den allgemeinen Charakter der Fastnachtsfeier zu erfassen und auf den Punkt zu bringen. (S. 488, Z. 19–21; S. 491, Z. 17 f.; S. 492, Z. 8–10; S. 493, Z. 24–27; S. 494, Z. 8–10). Im weiteren Verlauf sind die Zitate jedoch konkret auf

---

55 Als Textgrundlagen dient:
Mann, Thomas: Große kommentierte Frankfurter Ausgabe (FA). Werke – Briefe – Tagebücher. Hrsg. von Heinrich Detering, Eckhard Heftrich, Hermann Kurzke, Terence J. Reed, Thomas Sprecher, Hans R. Vaget, Ruprecht Wimmer in Zs.arbeit mit dem Thomas-Mann-Archiv der ETH, Zürich. 22 Bde. mit Teilbdn. Frankfurt/M. 2001–2007, Bd. 5.1 (2002, hrsg. von Michael Neumann): Der Zauberberg. *Roman* u. Bd. 5.2 (2002, hrsg. von Michael Neumann): Kommentar.

56 Vgl. Bächtold-Stäubli, Bd. X, S. 248 f. (neun); Erich u. Beitl, S. 989 (Zahl); Großfeld, S. 164 f. u. 166 (Neun).

bestimmte, herbei tretende Personen gerichtet, um deren – nach „Settembrinis" Beurteilung – hervorstechende Wesensmerkmale zu pointieren. So ist es im Fall von „Frau Stöhr" (S. 495, Z. 8), „Clawdia Chauchat" (S. 496, Z. 30 ff.) und „Hofrat Behrens" (S. 501, Z. 7). Freilich ist „Hans Castorp" ebenfalls mit dem entsprechenden Goethe-Werk vertraut und kann zur Freude „Settembrinis" einmal mit dem passenden Anschlusszitat antworten (S. 497, Z. 1) und ein anderes Mal sogar selbst eines anbringen (S. 507, Z. 4). Ungeachtet der Zitate „Settembrinis" hat die Feier durchaus bacchantische und chaotisch-bunte Züge. Es wird Alkohol getrunken, manche Konventionen fallen und der für eine Walpurgisnacht obligatorische ungestüme Tanz fehlt ebenfalls nicht (S. 509, Z. 23 ff.). So geht von der Veranstaltung durch das einigermaßen ungezügelte, atypische Verhalten der obendrein noch lächerlich kostümierten Patienten des Sanatoriums – dem „Gehüpf der maskierten Patienten" (S. 509, Z. 27 f.) – ein zuweilen grotesker Eindruck aus. Das Ganze endet schließlich in einer für ein ‚Hexenfest' typischen, relativ abrupt erscheinenden Weise („Zerstoben die Gästeschaft", S. 516, Z. 5 f.). Etwas abseits des Getümmels und nachdem der ‚Goethe-Interpret' „Settembrini" die „Fastnachtsgeselligkeit" recht früh verließ (S. 504, Z. 8 f.), hatte sich derweil eine überwiegend auf Französisch betriebene Konversation zwischen „Hans Castorp" und „Clawdia Chauchat" entwickelt (S. 504 ff.)[57]. Im Verlauf dieses Beisammenseins legt „Castorp" gegenüber der sich gönnerhaft gebenden „Clawdia" dann ein Liebesgeständnis ab (S. 518, Z. 20–22). Nachdem sich die Festgesellschaft endgültig aufgelöst hat, kommt es dann wohl noch zur einzigen sexuellen Begegnung zwischen beiden. Die ist allerdings, entgegen der früheren handschriftlichen Fassung des Romans, durch die phallisch-symbolhafte Nuance von „Castorps" Regsamkeiten um den „Bleistift" (S. 504, Z. 12 ff.) und „Clawdias" zweideutige Aufforderung am Schluss nurmehr unbestimmt bedeutet (S. 520, Z. 26)[58].

Allein auf den positiven, geschriebenen Text geschaut, entsteht eine ‚Walpurgisnacht' demnach eigentlich nur mittelbar, durch „Settembrinis" amüsiertes und dabei in gewisser Weise doch ironisch-geringschätziges Kommentieren der „Fastnachtsgeselligkeit". Mann lässt also zunächst die Figur „Settembrinis" die in der Dichtung seit langem erprobte spöttische Entlarvung einer skurrilen

---

57 Zur möglichen supranationalen Wirkung dieser französischsprachigen Passagen vgl. Hunt, Joel A.: Thomas Mann and André Spire: the *Walpurgisnacht* Chapter. In: Modern Language Notes (MLN). Vol. 87, Nr. 3 („German Issue"), 1972, S. 502–505.

58 Mann: FA, Bd. 5.2, S. 262 f.; vgl. außerdem Hunt, Joel A.: The *Walpurgisnacht* Chapter: Thomas Mann's First Conclusion. In: Modern Language Notes (MLN). Vol. 76, Nr. 8, 1961, S. 826–829; Hansen 1993, S. 93.

Personenansammlung vornehmen, die dazu noch aus einer gewissen obligaten geistigen Distanz heraus erfolgt. Doch wendet Mann die veranschaulichende, offenbarende Qualität der Walpurgisnacht gleichermaßen auf die Figur des kommentierenden „Settembrini" an. Denn „Settembrinis" Gebrauch der goetheschen Verse zeigt in gewisser Weise, wie er als Humanist des frühen 20. Jahrhunderts das Hexentreiben im „Faust I" auffasst. Nämlich mit einem eher restriktiven, einförmigen Verständnis als Fest des im Grunde Ordinären und intellektuell Rückständigen; jedenfalls als ein Spektakel das mit seiner unbedingt aufklärerischen Ästhetik eigentlich nicht so recht im Einklang steht, das er aber als Abwechslung des Alltags im Sanatorium und als Belustigung seines sarkastischen Intellekts nichtsdestotrotz begrüßt:

„»[…], auch in der maison de santé finden bisweilen ja Bälle statt, für die Narren und Blöden, wie ich gelesen habe, – warum nicht auch hier?«" (S. 488, Z. 24–26)

Die für eine Walpurgisnacht typische Atmosphäre und Ereignishaftigkeit lässt sich gleichwohl noch an anderen Momenten festmachen. Zu nennen wäre hier der grundsätzliche Charakter der karnevalistischen Festivität in ihrer Rauschhaftigkeit und beinahe tranceartigen Leichtigkeit. Nicht zufällig wird „Hans Castorps" Liebesgeständnis und die wenngleich nur angedeutete sexuelle Begegnung zwischen ihm und „Clawdia Chauchat" in diesem exzeptionellen, wundersamen Zustand möglich. Insbesondere bei einem psychoanalytischen Deutungsfokus wird diese, mit dem Anflug einer typisch walpurgisnächtlichen ‚Traumsphäre' versehene Szenerie schon einmal als eine Vorstufe für das beliebte, später im „*Sechsten Kapitel*" folgende siebente Unterkapitel „Schnee" betrachtet (S. 706–751), das allgemein als die zentrale Traumerfahrung „Hans Castorps" gilt[59]. Prompt begegnet „Castorp" in „Schnee" unter anderem auch das Traumbild eines „greulichen Geschäft[s]", bei dem „zwei graue Weiber, halbnackt, zottelhaarig, mit hängenden Hexenbrüsten und fingerlangen Zitzen [.] […] zwischen flackernden Feuerpfannen aufs gräßlichste [hantierten]" (S. 745, Z. 2 ff.). Zwar erinnert diese Versammlung der „Greuelweiber" tatsächlich mehr an die Absonderlichkeiten der kochenden Hexen in William Shakespeares „Macbeth" als an das mannigfaltige Hexentreiben der goetheschen „Walpurgisnacht"[60], doch gibt es im „Faust I" für einen solchen imaginativen hexenhaften ‚Nachschlag' lange nach Ende der

---

59 Vgl. etwa Heinrich, Kurt u. Walter, Christiane: „Schnee" und „Walpurgisnacht". Hans Castorps exemplarische Reifungskrisen im „Zauberberg". In: Zeitschrift für Klinische Psychologie, Psychopathologie und Psychotherapie (ZKPPP). Jg. 43, Nr. 2, 1995, S. 113–124.

60 Vgl. Hansen 1993, S. 94 f.; Teil 1, V.; Teil 3, IV.

„Walpurgisnacht“ mit den Versen 4400 bis 4404 („Nacht, offen Feld.“) dennoch eine vage Vorgabe.

Schließlich ist das Mittel der Ironie, das die schriftstellerische Verwendung der Walpurgisnacht seit jeher kennzeichnet, in wechselnder Intensität und Form präsent. Natürlich ist die Ironie bei der von „Settembrini“ vorgenommenen Kommentierung des bizarren Faschings unentbehrlich; es ist jedoch immer auch an die besondere Bedeutung der Ironie in Manns Erzählweise an sich zu denken, die für die „Walpurgisnacht“ wie für den gesamten „Zauberberg“ verbindlich ist[61].

Thomas Manns Selbstkommentare zum „Zauberberg“ geben über die „Walpurgisnacht“ offensichtlich keinen eingehenderen Aufschluss[62]. Doch ist von der Erfahrung, dass Goethes Gesamtwerk für Mann maßgebliche Parameter für nahezu jegliche kulturelle Analyse und Problemüberwindung vorgegeben hat[63], für die „Walpurgisnacht“ in sicher nicht geringerem Umfang auszugehen. Dass die gleichnamige Szene des „Faust I“ die Inspiration und Vorlage für das Unterkapitel des „Zauberbergs“ gewesen ist, steht schon allein wegen der daraus entnommenen Zitate außer Frage[64]. Punktuell kommt auch der „Zweite Teil“ des „Faust“ hinzu, wie es zumindest die von „Hans Castorp“ in geringfügiger Abwandlung eingeworfenen Verse 7850, 9982 und 11469 zeigen („Fahr hin!“, S. 507, Z. 4). Abgesehen von dem besagten Idealcharakter des goetheschen Schaffens ist an Manns Umgang mit Goethes „Walpurgisnacht“ augenfällig, dass dessen „Faust“-Dichtung für ihn fraglos und selbstverständlich zum kulturellen Fundus und Zitatenschatz des sogenannten Bildungsbürgertums oder zumindest des gebildeten „abendländischen“ Menschen zählt (S. 497, Z. 22); selbst wenn er kein Deutscher, aber eben deutschsprachig und mit der europäischen Kultur – namentlich „dem

61 Vgl. hierzu Alt, Peter-André: Ironie und Krise. Ironisches Erzählen als Form ästhetischer Wahrnehmung in Thomas Manns „Der Zauberberg“. 2. Aufl. Frankfurt/M. 1989, S. 45–158.

62 Vgl. Trummer, Beatrice: Thomas Manns Selbstkommentare zum „Zauberberg“. Konstanz 1992.

63 Vgl. dazu Hansen, Volkmar: Heilungskraft Goethe. Thomas Manns Goethe-Nachfolge. In: Fuhrmann, Helmut / Gidion, Jürgen / Hansen, Volkmar (Hrsg.): Thomas Mann und Goethe. Vorträge des 3. Kasseler Goetheseminars, 8. – 10. März 1996. Kassel 1998, S. 11–30; — Das Goethe-Bild von Kurt Martens und Thomas Mann. In: Feilchenfeldt, Konrad / Hasenpflug, Christina / Kurz, Gerhard / Moering, Renate (Hrsg.): Goethezeit – Zeit für Goethe. Auf den Spuren deutscher Lyriküberlieferung in die Moderne. Festschrift für Christoph Perels zum 65. Geburtstag. Tübingen 2003, S. 239–250.

64 Vgl. Hansen 1993, S. 83.

Meisterwerk" der (deutschen) „Nationalliteratur" (S. 498, Z. 1 f.) – vertraut ist, wie halt der Italiener „Lodovico Settembrini". In Anbetracht dieser Eindeutigkeit sollten dennoch andere Schriften Goethes keineswegs als Einbildungskraft ausgeschlossen werden. So sollte hinsichtlich der Verquickung der beiden Ereignisse Walpurgisnacht und Karneval, die den gängigen Überlieferungen nach im Kalenderdatum ja nicht zusammenfallen, etwa an Goethes italienischen Reiseeindruck „Das römische Carneval" gedacht werden[65]. Denn auch darin finden sich Impressionen, die Mann bei der Kreation seines „Zauberberg"-Unterkapitels durchaus beachtet haben könnte. In Frage kämen daraus wohl vor allem die Abschnitte, worin Goethe die *„Masken"*[66], die *„Aufgehobene Ordnung"*[67] sowie den *„Tanz"*[68] beschreibt. Denn bei Mann sind auffallende Entsprechungen dazu vorzufinden. Besonders ist in dieser Hinsicht das „Faschingsstraßenleben" in „Platz" auffällig, das dem mediterranen Karneval der goetheschen Darstellung mit seinen „Pierroten und Harlekinen[n]" ähnlicher ist, als der dort eher beheimateten alemannischen Fastnachts-Tradition (S. 490, Z. 28–33).

Außerdem sollte mit Bedacht auf die ausgiebige Heinrich-Heine-Rezeption Manns eine Einwirkung geeigneter Schriften Heines in keiner Weise außer Acht gelassen werden[69]. So lassen sich gewisse Merkmale der Beziehung zwischen dem eher stereotypen „Faust" und der weltgewandten dämonischen „Mephistophela" überhaupt und während des „Hexensabbats" in Heines Libretto „Der Doktor Faust"[70] annähernd auch an „Hans Castorps" und „Clawdia Chauchats" Zueinander, zumal in der „Walpurgisnacht", feststellen. Da wäre die grundsätzliche Souveränität der (auf „Castorp") geheimnisvoll wirkenden, schnippischen und verrucht ‚katzenhaften' „Clawdia Chauchat" einerseits und der mitunter unbeholfen daherkommende und erotisch wenig versierte „Castorp" andererseits[71]. Beispiele für diese Diskrepanz kann man im Tanzen sehen, dem sich „Castorp" wohl nur „Clawdia" wegen widmen würde und über deren Ablehnung er eher erleichtert ist (S. 507, Z. 31 ff. u. S. 509, Z. 13 ff.), sowie in der für „Clawdia" problemlosen frankophonen Konversation, die „Castorp" im Rahmen seiner begrenzten Französischkenntnisse nur „schwerfällig und wie in zögerndem Sinnen" zu bestreiten vermag (S. 508, Z. 9 f. u. S. 511, Z. 32 f.).

---

65 Goethe: MA, Bd. 15, S. 572–607 (Text) u. S. 1168–1185 (Komm.).

66 Ebd., S. 578 ff.

67 Ebd., S. 600 f.

68 Ebd., S. 602 f.

69 Vgl. hierzu Hansen, Volkmar: Thomas Manns Heine-Rezeption. Hamburg 1975.

70 Vgl. Teil 4, V. (Heine).

71 Vgl. Hansen 1993, S. 93.

Allerdings wäre es wohl zu weit hergeholt, über solche schöpferischen Übereinstimmungen hinaus bei dieser Szenerie gleich auf ein Übertragen von Motiven in der Art eines mephistophelischen Fluidums zu schließen. Dennoch dürfte es sich um ein Indiz dafür handeln, dass Mann sich der Tradition von Walpurgisnacht-Dichtungen in der Nachfolge Goethes bewusst gewesen ist und ebenso seinen Text darin eingeordnet wissen wollte[72].

Eine unmittelbare, eindringliche politisch-weltanschauliche Aussage, wozu die Walpurgisnacht anderen, zeitgenössischen Literaten gelegentlich gedient hatte[73], verbindet Thomas Mann mit seinem Text nicht. Vorrang hat für ihn eine werkimmanente Verwendungsweise, die der weiteren Charakterisierung der Personen und ihrer Beziehungen zueinander dient; obgleich all diese Konstellationen im „Zauberberg" letztendlich immer auf eine veranschaulichende, sinnbildliche Dimension hinauslaufen. Dadurch gilt selbstverständlich auch für die „Walpurgisnacht" der fortlaufende ‚gesellschaftliche' Aspekt dieses Zeitromans, der eben auf gesellschaftliche Merkmale und Geisteshaltungen im Europa des frühen 20. Jahrhunderts abhebt[74]. Allemal zeigt sich, dass innerhalb der „mythopoetischen" Konstruktion des „Zauberbergs"[75], dieses nicht allzu umfangreiche Unterkapitel doch ein eigene Qualität mit eigenen Bezügen zum mythischen und literarischen Komplex um das Phänomen Walpurgisnacht entfaltet.

72 Vgl. Hatfield, Henry: The Walpurgis Night: Theme and variations. In: Journal of European Studies. Literature and ideas from the Rennaissance to the Present. Vol. 13, 1983, S. 57.

73 Vgl. Teil 5, IV. (Felix Gasbarra).

74 Vgl. Koopmann, Helmut: Philosophischer Roman oder romanhafte Philosophie? Zu Thomas Manns lebensphilosophischer Orientierung in den zwanziger Jahren. In: Wolff, Rudolf (Hrsg.): Thomas Mann – Aufsätze zum „Zauberberg". Bonn 1988, S. 61–90; Hansen 1993, S. 55–100, insbesondere S. 63–66 u. 95 f.

75 Hansen 1993, S. 81 ff.

Teil 6 Gegen den Nationalsozialismus

I. Vororientierung

Die Verwendung der Bezeichnung ‚Walpurgisnacht' im Zusammenhang mit dem in Europa seit den zwanziger Jahren etablierten faschistischen politischen Systemen, insbesondere aber mit dem Nationalsozialismus im Deutschen Reich wird in aller Regel mit dem Wiener Karl Kraus (1874–1936) assoziiert. Entsprechend wird auf sein bereits 1933 niedergeschriebenes, doch eigentlich erst 1952 postum veröffentlichtes Essay „Dritte Walpurgisnacht" in Kapitel II. eingegangen.

Ein weiterer Autor, der unter Voraussetzung der allgemeinen Kenntnis von Goethes „Faust I" eine Walpurgisnacht als Mittel einer kritisch-satirischen Auseinandersetzung mit dem Nationalsozialismus wählte, ist der ursprünglich aus der (heutigen) Westukraine stammende Exilliterat Dosio Koffler (1892–1955). Sein Beitrag zur Walpurgisnacht-Motivik wird in Kapitel III. behandelt. Der insgesamt nur wenig bekannte Koffler zählte zwar zeitweilig zum Bekanntenkreis von Kraus, dennoch ist davon auszugehen, dass Kofflers Bühnenstück „Die deutsche Walpurgisnacht" (1941) ohne eine substantielle Anleihe bei Kraus' Essay entstand; dafür sprechen allein schon die sehr speziellen Erscheinungssituationen beider Texte.

Ergänzend wäre hier anzumerken, dass das literarische Herstellen eines Bezuges zwischen der Faust-Motivik an sich – also nicht allein der Walpurgisnacht – und dem Nationalsozialismus sonst vor allem durch Klaus Manns (1906–1949) Exilroman „Mephisto" (1936) beinahe zu einem Gemeinplatz wurde[1]. Daneben mag eine weitläufige, marginale Assoziation von Manns anderem Exilroman „Der Vulkan" (1939) mit der Vorstellung eines Blocksberg-Treibens auch noch akzeptabel sein – der ebenfalls auf einen Berg bezogenen, sinnbildlichen Titelgebung und des beschriebenen, mannigfaltigen Auflaufs an Charakteren wegen[2]. Zwar dürfte es in der Literatur nur wenige, im engeren Sinne motivische Berührungspunkte zwischen Vulkanen und Blocksbergen bzw. Walpurgisnächten geben, man denke jedoch daran, dass mancher Vulkankegel in der Volksmythologie durchaus als Hexenberg verschrien ist, beispielsweise der Puy de Dôme bei

---

1 Mann, Klaus: Mephisto. Roman einer Karriere. [Erstmals Amsterdam 1936]. 11. Aufl. Reinbek bei Hamburg 2006.

2 Mann, Klaus: Der Vulkan. Roman unter Emigranten. [Erstmals Amsterdam 1939]. Mit einem Nachwort von Michael Töteberg. 3. Aufl. Reinbek bei Hamburg 2004.

Clermont-Ferrand[3]. In eine solche weitläufige, die Sinnbildlichkeit betreffende Überlegung würde sich übrigens auch der heute als Gesamtkunstwerk geltende, verhältnismäßig regimekritische Spielfilm „Tanz auf dem Vulkan" fügen, der 1938 noch uraufgeführt werden konnte und worin ausgerechnet Gustaf Gründgens, der für Klaus Manns „Mephisto" quasi als negative Muse fungiert hatte, die Hauptrolle spielte[4].

Wohl nicht zuletzt aufgrund dieses Gefüges von im weitesten Sinne ‚faustischen' Zuschreibungen dürfte später die Anwendung des Begriffs ‚Walpurgisnacht' auf den Nationalsozialismus manchmal soweit gegangen sein, dass er in der Art einer modernen Chiffre benutzt wurde, wenn eben eine kritische Reflexion über das ‚Dritte Reich' vorgenommen wurde. Ein solcher Fall wäre etwa die auf die Zeit von 1932 bis 1946 bezogene autobiographische Zusammenstellung von Erlebnissen mit dem Titel „Walpurgis Night" von Gertrude Albertson[5].

Einen direkten, expliziten Bezug zum Faust-Stoff stellt Roman „Der Fürst der Welt" der Wiener Schriftstellerin Erika Mitterer (1906–2001) nicht her und auch die Phänomene Walpurgisnacht und ‚Hexensabbat' sind darin lediglich im Kontext der frühneuzeitlichen Hexenideologie von Belang[6]. Mitterer verlegte in ihrem hoch geachteten Werk der sogenannten inneren Emigration ihre Kritik an den gesellschaftlichen und politischen Verhältnissen im nationalsozialistischen Deutschland in ein fiktives Milieu der Hexenverfolgung, der Inquisitionsprozesse, der Zauberei-Verdächtigung und des allgemeinen Misstrauens im frühen 17. Jahrhundert. Der also vor allem zu Tarnzwecken historisch kolorierte, 1938 fertig gestellte Roman konnte auf Grund der Zensur im ‚Großdeutschen Reich' 1940 nur in norwegischer und englischer Übersetzung erstmalig erscheinen. Neben der besonderen regimekritischen Geltung des Romans ist sicher auch zu bemerken, dass Mitterer ihr Verfahren, die historischen Hexenverfolgungen als Oberfläche für eine zeitgenössische Ideologie- und Kulturkritik zu verwenden, bereits viele Jahre vor dem US-Amerikaner Arthur Miller (1915–2005) umsetzte; obwohl dessen Drama „The crucible" (1953) bei einer ähnlichen Methode, wenn auch in anderem nationalen Zusammenhang, international wohl bekannter geworden ist[7].

---

3 Vgl. Teil 1, II.

4 Tanz auf dem Vulkan. Deutschland 1938 (s/w). Regie: Hans Steinhoff, Drehbuch: Hans Rehberg / Hans Steinhoff / Peter Hagen, Produktionsfirma: Majestic-Film GmbH Berlin, Produzent: Werner Kortwich, Darsteller: Gustaf Gründgens u. a.

5 Albertson, Gertrude: Walpurgis Night. Stories about growing up in Nazi Germany, an eye witness account. Colorado Springs 1984.

6 Mitterer, Erika: Der Fürst der Welt. Roman. Hrsg. von Roman Roček. Wien 1988.

7 Vgl. Teil 1, IV. 3.

Schließlich sei noch erwähnt, dass die frühneuzeitlichen Hexenverfolgungen auch bei einigen nationalsozialistischen Autoritäten ein gewisses Interesse hervorriefen, das wahrscheinlich in dem „H[exen]-Sonderauftrag des Reichsführers SS“ kulminierte. Dabei waren von 1935 bis 1944 etwa ein Dutzend Bedienstete zunächst innerhalb der Schrifttumsstelle des SS-Sicherheitsdienstes und ab 1939 in wechselnden Ämtern des Reichssicherheitshauptamtes, damit befasst, auf Erhebungsbögen, sogenannten H[exen]-Blättern, vor allem Opfer, aber auch andere Zeugnisse der Verfolgungen in einer eigenen Kartei – ‚Hexenkartothek‘ genannt – zu erfassen[8]. Bei der Durchführung des Projekts hatte freilich nicht eine womöglich unparteiische Wissenschaftlichkeit Vorrang als vielmehr der ideologische und propagandistische Vorsatz der „Gegner-Forschung“[9]. Dabei wurde zunächst von der Ansicht, wonach ‚Hexenwahn‘ und Aberglaube ganz und gar ungermanisch seien, die schon in dem Buch „Der Mythus des 20. Jahrhunderts“ (1930)[10] des Reichsleiters und NS-Ideologen Alfred Rosenberg (1893–1946) formuliert worden war, ausgegangen[11]. Die Hexenverfolgungen wurden als eine südländisch beeinflusste Kampagne der römisch-katholischen Kirche gegen die germanische Frau und das germanische

---

8 Vgl. dazu Lorenz, Sönke / Bauer, Dieter R. / Behringer, Wolfgang / Schmidt, Jürgen Michael (Hrsg.): Himmlers Hexenkartothek. Das Interesse des Nationalsozialismus an der Hexenverfolgung. In Zusammenarbeit mit dem Institut für geschichtliche Landeskunde und historische Hilfswissenschaften der Universität Tübingen. 2. Aufl. Bielefeld 2000; außerdem Maihold, Harald (Basel) [Rez.]: Himmlers Hexenkartothek. Das Interesse des Nationalsozialismus an der Hexenverfolgung, hg. v. Sönke Lorenz / Dieter R. Bauer / Wolfgang Behringer / Jürgen Michael Schmidt in Zusammenarbeit mit dem Institut für geschichtliche Landeskunde und historische Hilfswissenschaften der Universität Tübingen. 2. Aufl. Bielefeld 2000. In: Zeitschrift der Savigny-Stiftung für Rechtsgeschichte. Germanistische Abteilung (ZRG GA). 121. Bd., 2001, S. 913–916.

9 Rudolph, Jörg: „Geheime Reichskommando-Sache!“ – Hexenjäger im schwarzen Orden. Der H-Sonderauftrag des Reichsführers-SS, 1935–1944. In: Lorenz, Sönke / Bauer, Dieter R. / Behringer, Wolfgang / Schmidt, Jürgen Michael (Hrsg.): Himmlers Hexenkartothek. Das Interesse des Nationalsozialismus an der Hexenverfolgung. In Zusammenarbeit mit dem Institut für geschichtliche Landeskunde und historische Hilfswissenschaften der Universität Tübingen. 2. Aufl. Bielefeld 2000, S. 65.

10 Rosenberg, Alfred: Der Mythus des 20. Jahrhunderts. Eine Wertung der seelisch-geistigen Gestaltenkämpfe unserer Zeit. 1. Aufl. München 1930.

11 Schier, Barbara: Hexenwahn-Interpretationen im „Dritten Reich“. In: Lorenz, Sönke / Bauer, Dieter R. / Behringer, Wolfgang / Schmidt, Jürgen Michael (Hrsg.): Himmlers Hexenkartothek. Das Interesse des Nationalsozialismus an der Hexenverfolgung. In Zusammenarbeit mit dem Institut für geschichtliche Landeskunde und historische Hilfswissenschaften der Universität Tübingen. 2. Aufl. Bielefeld 2000, S. 5–9.

Wesen überhaupt, mit der Absicht, die Volksgemeinschaft zu erschüttern und zu zersetzen, verstanden. Dazu sollte nicht zuletzt darauf geachtet werden, im Umfeld der Hexenprozesse, ‚den Juden' in einer anstiftenden und intriganten Rolle vorzufinden[12]. Der Initiator des Forschungsunternehmens – der Reichsführer SS Heinrich Himmler (1900–1945) persönlich – hat diese antitheokratische, mit einer antisemitischen Option versehende Sicht von den Ursachen des ‚Hexenwahns' offensichtlich gut geheißen und bevorrechtet[13]; denn der von ihm ebenfalls abhängigen Forschungsgemeinschaft Deutsches Ahnenerbe e.V., in der eine konkurrierende Auffassung vertreten worden war, untersagte er alsbald die Beschäftigung mit der Hexenverfolgungsthematik[14]. Realiter erwies es sich dann jedenfalls als nicht praktikabel, das ermittelte Material der dezidierten Vorgabe anzupassen, bis das mit seiner Fortdauer zunehmend erlahmende Projekt 1944 kriegsbedingt endgültig abgebrochen wurde. Die zwischenzeitlich in Vergessenheit geratene ‚Hexenkartothek' ist samt ihrer Entstehungsbedingungen seit einiger Zeit jedoch zum Gegenstand historiographischer Forschungen und Diskussionen geworden.[15]

Da das Vorhaben als „Geheime Reichssache" in der damaligen Öffentlichkeit praktisch nicht bekannt war, ist sicherlich auszuschließen, dass einer der genannten zeitgenössischen Schriftsteller und Autoren – vom Zeitrahmen her, käme eigentlich ohnehin nur Koffler in Betracht – mit einer regimekritisch angelegten Walpurgisnacht auch immediat auf diesen besonderen Vorgang angespielt haben könnte. Allerdings können gewisse Impulse in eine solche Richtung von der grundsätzlichen Affinität einiger nationalsozialistischer Autoritäten gegenüber einem freilich ideologisch passend zurechtgeschnittenen ‚altgermanischen Kulturerbe' ausgegangen sein, und eventuell sogar auch von der Person Himmlers. Hierfür denke man etwa an entsprechende Passagen aus eben Rosenbergs weit verbreitetem „Der Mythus des 20. Jahrhunderts" und an die nationalsozialistischen volkskundlichen Expositionen im Allgemeinen, die ja bisweilen durchaus Bestandteil der offiziösen

---

12 J. Rudolph, S. 53–55.

13 Graf, Klaus: Eine von Himmler angeregte antikirchliche Kampfschrift Arnold Ruges (1881–1945) über die Hexenprozesse (1936). In: Lorenz, Sönke / Bauer, Dieter R. / Behringer, Wolfgang / Schmidt, Jürgen Michael (Hrsg.): Himmlers Hexenkartothek. Das Interesse des Nationalsozialismus an der Hexenverfolgung. In Zusammenarbeit mit dem Institut für geschichtliche Landeskunde und historische Hilfswissenschaften der Universität Tübingen. 2. Aufl. Bielefeld 2000, S. 35–46; J. Rudolph, S. 54–59.

14 Schier, S. 9 ff.; J. Rudolph 2000, S. 65.

15 Vgl. Anm. 8.

Propaganda waren[16]. Und auch Bekundungen des Reichsführers SS selbst, der sich als esoterisch begabt verstand und in dessen Ahnenlinie sich im Übrigen wohl eine als Hexe verbrannte Frau befindet[17], im Sinne eines kulturellen Maßstabes, bei dem ein als ererbt ausgewiesenes, ideologisch verzerrtes Germanentum auch ein entsprechend adaptiertes Hexenwesen mit beinhalten konnte, dürften zumindest partiell in der damaligen Öffentlichkeit bekannt gewesen sein[18].

So gesehen brauch ein Zusammenhang zwischen Nationalsozialismus und Hexen- bzw. Walpurgisnachthaftem, der Ansätze für eine kritische literarische Auseinandersetzung geboten hat, nicht unbedingt allein vor dem Hintergrund von Goethes „Faust" oder generell des ‚Faustischen' begriffen werden. Die offenkundig treffsichere Intuition der Autoren Kraus und Koffler, für ihre Darstellungen die Hexenversammlungs- und Walpurgisnachtmotivik zu wählen, dürfte gerade wegen einer solchen Dimension jenseits des „Faust" bemerkenswert anmuten; nicht zuletzt, weil so eine gewisse Ähnlichkeit zu der derben satirischen, gesellschaftskritischen Verwendungsweise der Walpurgisnacht im 18. Jahrhundert nicht von der Hand zu weisen ist.

II. Karl Kraus – Dritte Walpurgisnacht (1933)

Bei Karl Kraus' (1874–1936) Schrift „Dritte Walpurgisnacht" handelt es sich um ein motivisches Aufgreifen des Walpurgisnacht-Gedankens in der dafür bis dahin keineswegs obligatorischen Textsorte des Essays[19]. Wegen der von Kraus darin praktizierten, sehr besonderen Montagetechnik erfährt der Essaybegriff dabei ebenfalls eine spezielle Note. Jedenfalls hat Kraus für seine auf diese Weise errichtete journalistisch-essayistische Kritik die vorrangig poetische und epische Tradition der Walpurgisnacht-Verwendung als gesellschafts- und politikkritisches Instrument aufgenommen, selbst wenn ihm die Literaturgeschichte

---

16 Vgl. zu diesem Aspekt Brückner, Wolfgang: Hauptströmungen nationalsozialistischer Volkskunde-Arbeit. In: Lorenz, Sönke / Bauer, Dieter R. / Behringer, Wolfgang / Schmidt, Jürgen Michael (Hrsg.): Himmlers Hexenkartothek. Das Interesse des Nationalsozialismus an der Hexenverfolgung. In Zusammenarbeit mit dem Institut für geschichtliche Landeskunde und historische Hilfswissenschaften der Universität Tübingen. 2. Aufl. Bielefeld 2000, S. 19–33; Schier, S. 1 ff.

17 J. Rudolph, S. 52 f.

18 Vgl. ebd., S. 52–60; ggf. fernerhin Wegener, Franz: Heinrich Himmler. Deutscher Spiritismus, französischer Okkultismus und der Reichsführer SS. Gladbeck 2004; — Kelten, Hexen, Holocaust. Menschenopfer in Deutschland. Gladbeck 2004.

19 Als Textgrundlage dient: Kraus, Karl: Schriften. Hrsg. von Christian Wagenknecht. 20 Bände. Frankfurt/M. 1986–1994, Bd. 12 (1989): Dritte Walpurgisnacht.

der Walpurgisnacht nicht lückenlos bekannt gewesen sein mag[20]. Mit dieser Innovation dürfte die „Dritte Walpurgisnacht" wohl einen vorläufigen Abschluss im Prozess des Ausschöpfens von formellen, textsortenspezifischen literarischen Möglichkeiten des Hexenversammlungs- und Walpurgisnacht-Gedankens bilden.

Die „Dritte Walpurgisnacht" ist also jene frühe, bisweilen prophetische Diagnose des soeben im benachbarten Deutschen Reich zur Regierungsmacht gelangten Nationalsozialismus, die ein verblüffendes Quantum der dementsprechenden unheilvollen Konsequenzen prognostiziert, welche teils schon ihren Verlauf nahmen, teils aber noch bevorstanden. Der zeitdokumentarische Charakter wird durch vielerlei Details offenbar. Beispielsweise wäre aus literaturgeschichtlicher Sicht die frühe Erwähnung von Exilliteraten in Paris zu nennen (S. 121)[21]. Andere Ausführungen bieten dagegen einen soziologischen und psychologischen Ansatz. Dazu zählen z. B. die Bemerkungen, in denen es im Grunde um das Mitläufertum geht, ohne das groß angelegte politische Verbrechen kaum möglich sind[22]. Zwar fällt der Begriff selbst nicht, doch wird das Phänomen etwa anhand von vorläufig noch mit den neuen nazistischen Machthabern sympathisierenden Intellektuellen (S. 71 ff.) oder sich dem Regime einstweilen noch andienenden Schauspielern (S. 66) angesprochen. Ein weiteres Beispiel sind Kraus Anmerkungen zur verbreiteten, fatalen Fehleinschätzung der Radikalität des NS-Antisemitismus sogar durch manche, „nationaldeutsch" gesonnene Juden (S. 98 u. 100 f.)[23]. Auf dem zur Staatsräson gewordenen Antisemitismus, der mit dem reichsweiten „Boykott-Tag" (S. 58 u. 63) vom 1. April 1933 für In- und Ausland recht anschaulich geworden war und zunehmend alltäglicher wurde, liegt überhaupt eines der wesentlichen Augenmerke Kraus'.

Die eigenartigen Umstände um die Publikation der Schrift sind in der Forschung hinreichend erörtert worden[24]. Daher sei hier nur noch einmal

---

20 Vgl. Stremmel, Jochen: „Dritte Walpurgisnacht". Über einen Text von Karl Kraus. Bonn 1982, S. 139.

21 Vgl. auch Trepp, Kapitel 7 („Ein weites Feld – der Antisemitismus bei Christoph Hein und Max Nordau"), ohne Seitenangabe.

22 Vgl. Scharang, Michael: Zur Dritten Walpurgisnacht. In: Literatur und Kritik. Jg. XXII, H. 211/212, 1987, S. 155.

23 Vgl. auch Stremmel, S. 105 f.; Trepp, Kapitel 7 („Ein weites Feld – der Antisemitismus bei Christoph Hein und Max Nordau"), ohne Seitenangabe.

24 Vgl. dazu Kraft, Werner: Es war einmal ein Mann .... *Über die „Dritte Walpurgisnacht" von Karl Kraus.* In: Merkur. Deutsche Zeitschrift für Europäisches Denken. XXII. Jg., 2. Teilband, 1968, S. 926 f.; Stremmel, S. 66–74 u. S. 75–100; Teusch, Ulrich:

zusammenfassend festgehalten, dass sie Kraus zwar bereits in der Zeit vom Mai bis September 1933, also wenige Monate nach der nationalsozialistischen Machtübernahme, niederschrieb und zunächst als Sonderausgabe seiner Literaturzeitschrift „Die Fackel" vorgesehen hatte. Letztlich unterblieb die Veröffentlichung jedoch. Über die wahrscheinlichen Gründe, die Kraus zu diesem Verzicht bewogen haben dürften, ist in der Forschung ebenfalls zulänglich gesprochen worden[25]. Danach ist mit einiger Sicherheit von einem vorbeugenden Handeln des als Jude geborenen, seit den frühen zwanziger Jahren aber endgültig konfessionslosen Kraus' auszugehen. So dürfte in ihm während des Schreibprozesses unter anderem die aufrichtige Befürchtung einer spontanen, willkürlichen Vergeltung, die die rabiaten nationalsozialistischen Machthaber auf seine Schrift hin an einigen seiner einstmals israelitischen Glaubensbrüder verüben könnten, umso eindrücklicher aufgekommen sein. Dennoch erschienen im Juli 1934 in der „Fackel" recht beträchtliche Teile der „Dritten Walpurgisnacht" unter dem Titel „Warum die Fackel nicht erscheint"[26]. Eine gewisse, auch von Kraus selbst konstatierte Ironie mag man übrigens darin sehen, dass seine Schriften – die ohnehin gemäß der NS-Rassenlehre als von einem jüdischen Autor stammend stigmatisiert wurden – zwar auf der ab 1935 regelmäßig von der Reichsschrifttumkammer herausgegebenen „Liste des schädlichen und unerwünschten Schriftums" auftauchten, kein Objekt der

---

Sprache und Faschismus. Karl Kraus' „Dritte Walpurgisnacht". In: Zeitgeschichte. 12. Jg., 1984/85, S. 351 f.; Scharang, S. 152–154; Kraus: Schriften, Bd. 12, S. 331–358 u. 385–389 („Entstehung und Überlieferung", „Paralipomena", „Editorischer Bericht"); Feest, Johannes: Die Dritte Walpurgisnacht. In: Kindlers neues Literaturlexikon. Hrsg. von Walter Jens. 22 Bände. München 1988–1998, Bd. 9 (1990), S. 751; Weiß, Martin: Kraus, Karl. In: Bautz, Friedrich Wilhelm (Begr.) u. Bautz, Traugott (Hrsg.): Biographisch-Bibliographisches Kirchenlexikon. 29 Bände. Hamm (Westf.) u. a. 1970–2009, XV. Bd., Ergänzungen II (1999), Sp. 835; Stieg, Gerald: *Faust II* in der *Dritten Walpurgisnacht* von Karl Kraus. In: Benay, Jeanne u. Ravy, Gilbert (Hrsg.): Satire in Österreich (1914–1938) / Écritures et langages satiriques en Autriche (1914–1938). Bern, Berlin, Brüssel, Frankfurt/M., New York, Wien 1999, S. 419 f.

25 Vgl. dazu Stremmel, S. 66–74; Scharang, S. 153 f.; Feest, S. 751; Weiß, Sp. 835. Zu den Eigenheiten der Publikationsform des Sonderhefts bei Kraus vgl. außerdem Scheichl, Sigurd Paul: Die Akt-Ausgabe der „Letzten Tage der Menschheit". Überlegungen zum Medium ‚Sonderheft'. In: Gerhard Renner, Wendelin Schmidt-Dengler, Christian Gastgeber (Hrsg.): Buch- und Provenienzforschung. Festschrift für Murray G. Hall zum 60. Geburtstag. Wien 2009, S. 157–170.

26 Kraus, Karl: Warum die Fackel nicht erscheint. In: Die Fackel. Nr. 890–905, Ende Juli 1934, XXXVI. Jahr, S. 1–315.

Bücherverbrennungen vom Mai 1933 waren (S. 41)[27]. Zu einer relativ vollständigen Veröffentlichung einer jedoch vom Herausgeber bearbeiteten Fassung der „Dritten Walpurgisnacht" kam es jedenfalls erst 1952 – 16 Jahre nach Kraus' Tod und sieben Jahre nach dem Ende des von ihm darin angeprangerten Regimes. Diese Publikation erfolgte zudem nicht unter dem krausschen Originaltitel, sondern unter dem wegen des hinzugefügten bestimmten Artikels unauthentischen Titel „Die dritte Walpurgisnacht"[28]. Außerdem ist festzuhalten, dass der Text nicht unbedingt als vollendetes Werk betrachtet werden sollte. So wird gelegentlich auf verschiedene Bearbeitungsstufen hingewiesen, die es im Grunde als unabgeschlossenes, von der Konzeption her für Erweiterungen eigentlich offen gehaltenes ‚work in progress' erscheinen lassen, das aber schlicht abgebrochen wurde[29].

Eine Zeit lang hatte die „Dritte Walpurgisnacht" den Ruf eines eher wenig bekannten Werkes Kraus', das auch literaturwissenschaftlich eher zurückhaltend behandelt wurde[30], obwohl bereits 1953 mit Friedrich Dürrenmatt (1921–1990) und 1962 mit Max Rychner (1897–1965) zwei Autoritäten würdigende Noten zu der Schrift formuliert hatten[31]. Mittlerweile ist dazu jedoch ein recht beträchtliches Forschungsaufkommen zu verzeichnen[32]. So dürfte seine wissenschaftliche Bekanntheit inzwischen anderen Schriften Kraus' nicht mehr nachstehen. Doch darüber hinaus lassen neuere Editionen des Textes annehmen, dass auch ein allgemeines Interesse an dessen Lektüre wenigstens zeitweise so zugenommen hat,

27 Vgl. auch Kerekes, Amália: Das Fest als Strukturprinzip in der *Dritten Walpurgisnacht* von Karl Kraus. In: Jahrbuch der Ungarischen Germanistik. Jg. 1999, S. 137.

28 Kraus, Karl: Die dritte Walpurgisnacht. Hrsg. von Heinrich Fischer. München 1952.

29 Stremmel, S. 66–74; vgl. auch Feest, S. 751.

30 Vgl. Stremmel, S. 63–65 u. S. 162–219; Scharang, S. 154.

31 Dürrenmatt, Friedrich: Gesammelte Werke in sieben Bänden. Zürich 1991, Bd. 7 (Essays und Gedichte), S. 409–412 („*Die Dritte Walpurgisnacht*"); Rychner, Max: Bedachte und bezeugte Welt. Prosa, Gedichte, Aphorismen, Aufsätze. Zsgst. von Manfred Schlösser. Darmstadt u. Hamburg 1962, S. 222–225 („Die dritte Walpurgisnacht").

32 Neben dem in anderen Anmerkungen dieses Kapitels genannten wissenschaftlichen Schrifttum vgl. beispielhalber auch: Naumann, Michael: Der Abbau einer verkehrten Welt. Satirische und politische Wirklichkeit im Werk von Karl Kraus. München 1969, S. 165 ff.; Riha, Karl: Zur „Dritten Walpurgisnacht". In: Sprache im technischen Zeitalter. H. 83, 1982, S. 197–206; Kraus: Schriften, Bd. 12, S. 373–375 („Literaturverzeichnis"); Pichler, Josef G.: Getrübte Wahrnehmungen. Überlegungen zu einigen Phänomenen im Zusammenhang mit der Rezeptionsgeschichte der *„Dritten Walpurgisnacht"* von Karl Kraus. Online-Veröffentlichung im HTML-Format. © Josef G. Pichler 2000, keine Seitenangaben.

dass dafür mit dem Prädikat der „umgangreichsten und gewichtigsten Schrift von Karl Kraus“ geworben werden konnte[33]. Von einer vormals vielleicht gegebenen Verdrängung der Schrift aufgrund ihres unbequemen, unverblümt konfrontativen Inhalts in Bezug auf die nationalsozialistische Vergangenheit kann heute keine Rede mehr sein[34]. In den Forschungsbeiträgen ist allerdings oftmals die Tendenz zu resümierenden, weit gefassten Einschätzungen vor dem politisch-historischen Entstehungshintergrund und der Schreibsituation von Kraus zu beobachten. Ein weiterer Schwerpunkt wird häufig auch auf die Besprechung der frühen Rezeption gelegt, die nach der Veröffentlichung im Jahr 1952 aufgekommen war. Teilweise war darin eine heute nicht mehr akzeptierte, unangemessene Abwertung der Schrift vorgenommen worden, die sich häufig auf eine Fehldeutung von Kraus' erstem, eigenen Satz „*Mir* fällt zu Hitler nichts ein!“ (S. 12) gegründet hatte[35]. Jedenfalls werden Details des Essays in der Forschung eher selten eingehender betrachtet. Dennoch sollte dies durchaus nicht zu einem Vorwurf gereichen. Denn die wesentliche Ursache dafür ist zweifellos in den textimmanenten und strukturellen Besonderheiten – wie in einer außerordentlichen „sprachlichen Verdichtung“[36] bzw. einem „konzentrierten Stil“[37] und einer „radikalen Intertextualität“[38] – zu sehen. Dadurch wird sowohl ein durchgängig flüssiges und erschöpfendes Verstehen als auch ein unkompliziertes Zitieren nach wie vor nur schwer möglich gemacht[39]. Hierbei ist daran zu denken, dass eine solche sprachliche Verdichtung und (stilistische) Unzitierbarkeit auch als eine Maßnahme anzusehen ist, den Textinhalt für etwaige polemische Attacken möglichst wenig angreifbar zu machen und ihm so eine schwer widerlegbare, apodiktische Qualität zu verleihen[40]. Sicherlich fügen sich in eine solche Strategie in Anbetracht ihres kulturellen Gewichts gerade auch die zahlreichen, vielförmig verwendeten Goethe-Zitate[41], die im Übrigen durchaus nicht auf solche aus der „Klassischen Walpurgisnacht“ beschränkt sind, wie entsprechende literaturwissenschaftliche Konkordanzen zei-

---

33 Kraus: Schriften, Bd. 12, Klappentext.

34 Vgl. Scharang, S. 154.

35 Vgl. z. B. Kraft, S. 928 f.; Stremmel, S. 162 ff.; Scharang, S. 153; Stieg 1999, S. 423; Trepp, Kapitel 2 („Die Karikatur Walter Benjamins in Christoph Heins *Passage*, Der Bezug auf Leben und Werk“), ohne Seitenangabe.

36 Feest, S. 750.

37 Kraft, S. 928.

38 Stieg 1999, S. 421.

39 Vgl. Kraft, S. 934; Stremmel, S. 101–117; Feest, S. 750; Stieg 1999, S. 421 u. 427.

40 Vgl. auch Stremmel, S. 101 ff.

41 Vgl. Kraft, S. 933 f. u. 929; Kerekes, S. 149.

gen[42]. Beispielhalber sei hierzu lediglich auf das Einweben von „Erdgeist"-Versen (V. 489–493) aus der „Nacht" im „Faust I" hingewiesen (S. 72 f.) und auf die in der „Faust"-Dichtung wiederkehrende ‚interaktive' Regieanweisung „ad spectatores", die bei Kraus als Titel eines Paralipomenons zur „Dritten Walpurgisnacht" zu lesen ist (S. 350 f.)[43]. Einem auf eine geflissentliche Unumstößlichkeit bedachten Kalkül werden wohl außerdem die den Essay beschließenden, couragierten und ebenso beschwörenden wie prophezeienden „Faust II"-Worte aus „Auf dem Vorgebirg" (V. 10469–10472) gerecht[44]:

„Sei das Gespenst, das gegen uns erstanden,
Sich Kaiser nennt und Herr von unsern Landen,
Des Heeres Herzog, Lehnsherr unsrer Großen,
Mit eigner Faust ins Totenreich gestoßen!" (S. 327)

Bei einigen Eigentümlichkeiten, die weniger die Textbeschaffenheit betreffen, aber Aussagen zu politischen und historischen Gegebenheiten darstellen, kann mittlerweile von einer gewissen, geglückten wissenschaftlichen Klärung ausgegangen werden. So ist in Anbetracht fortgeschrittener historiographischer Forschungen wohl nicht mehr vollends aufrechtzuerhalten, dass „manche Einschätzungen der politischen Verhältnisse in Österreich heute nur schwer nachvollziehbar" seien[45]. So kann etwa für Kraus' „erbarmungslose Kritik an der […] austromarxistischen Sozialdemokratie" und seine „Rechtfertigung der Politik des klerikal-faschistischen Bundeskanzlers Engelbert Dollfuß"[46], weshalb die Schrift ebenfalls gelegentlich missbilligend beurteilt wurde[47], inzwischen schon eine plausible Erklärung angeführt werden. Danach habe bei ihm unter anderem auch das unerfreuliche Los der deutschen Sozialdemokratie eine Haltung von politischer Ernüchterung und illusionslosem Realismus bewirkt. Somit habe Kraus den ihm gleichwohl missliebigen autoritären Austrofaschismus der Regierungen Dollfuß[48] und Schuschnigg[49], zumal in der Hoffnung auf das faschistische Italien als einer Art Schutzmacht, als einzige widerstandfähige politische Bastion und somit kleineres Übel gegenüber dem Nationalsozialismus betrachtet[50]. Freilich

---

42 Vgl. Stremmel. S. 121–140; Stieg 1999, S. 428 ff.

43 Vgl. Kraft, S. 929.

44 Vgl. ebd., S. 934.

45 Feest, S. 750.

46 Ebd.

47 Ebd.

48 Engelbert Dollfuß (1892–1934), österreichischer Bundeskanzler (1932–1934).

49 Kurt Schuschnigg (1897–1977), österreichischer Bundeskanzler (1934–1938).

50 Vgl. Scharang, S. 156 f.; Kraft, S. 927, 929, 931; Weiß, Sp. 834 u. 836; Stieg 1999, S. 420 f.

mögen dabei die Restriktionen, die in Österreich gegen die Anhänger des erst rund ein Jahr zuvor vom Freistaat Braunschweig eingebürgerten gebürtigen Österreichers Hitler vorgenommen wurden, wie das Verbot der dortigen NSDAP im Juni 1933, eine trügerische Wirkung auf Kraus' gehabt haben[51]. Andererseits ist schwer zu glauben, dass dem präzisen Beobachter Kraus die oberflächlich womöglich nicht gleich erkennbare, aber dennoch weiter gegebene Verzahnung von Faschisten und Nationalsozialisten, die zwei Jahre nach seinem Tod schließlich doch den ‚Anschluss' an das Deutsche Reich mit ermöglicht hat, auf Dauer entgangen ist. Auf der Suche nach einer möglichen Erklärung sollte daher auch in dieser Hinsicht der Aspekt der eigentlichen Unvollendetheit der Schrift bedacht werden.

Trotz ihres ganz und gar zeitgenössischen Bezuges erscheint der Gedanke von der „Dritten Walpurgisnacht" als einem „zeitfernen Kunstwerk" durchaus angebracht[52]. Eine solche Zeitferne besteht jedoch nicht vorrangig darin, dass mit Hilfe eigentlich gegenwartsferner poetischer Bruchstücke die Gegenwart analysiert und beurteilt wird; es ist vor allem der Umstand (und Kraus' Gewissheit darüber), dass die Schrift erst in späterer Zeit vollends verstanden und gewürdigt werden würde, wenn sich nämlich eine allgemeine kritische Erkenntnis über die ihn ihr angeprangerten Begebnisse verbreitet haben würde[53].

Der literarischen Historie der Walpurgisnacht zuzuordnen ist das Werk vorderhand durch den signifikanten Titel, vor allem aber wohl durch die Assoziation des (literarischen) Walpurgisnacht-Gedankens mit einem komplexen kulturkritischen Gefüge. Wenn also davon ausgegangen wird, dass sich Kraus einer „Tradition der Scheltreden deutscher Dichter auf ihr Vaterland" befleißigt[54], ist nicht zu vergessen, dass er sich dabei genauso der zum Zweck einer solchen Schelte und zum Ausdruck eines kulturellen bzw. gesellschaftlichen Defätismus überhaupt gebräuchlichen Walpurgisnacht-Motivik bedient.

Der Begriff der Walpurgisnacht in einem chiffrenartigen, ‚übertragenen' Sinn, also ohne dass dazu eine unmittelbar szenische Analogie angeboten würde – wie seit dem 19. Jahrhundert immer wieder zu finden – erscheint für Kraus' Schrift zwar anwendbar, doch in Anbetracht ihrer Komplexität wiederum nicht treffend genug.

---

51 Vgl. auch Scharang, S. 156.

52 Stieg 1999, S. 125.

53 Vgl. Stieg 1999, S. 125.

54 Frühwald, Wolfgang: Kritik der Phraseologie. Sechs Thesen zu Karl Kraus' „Dritte Walpurgisnacht". In: Interpretationen zur österreichischen Literatur. Wien 1971, S. 117–119; Stremmel, S. 146 f.

Man kommt selbstverständlich nicht umhin, den Titel „Dritte Walpurgisnacht“ zuerst als sarkastische, provokative Assoziation zum damals soeben erst verkündeten ‚Dritten Reich‘ zu verstehen[55]. Weiterhin mag sich sich durch die zwei Walpurgisnächte aus der goetheschen „Faust“-Dichtung ein wenig der Eindruck eines eher schlichten numerischen Anhängens aufdrängen, der aber in Hinblick auf die schriftstellerischen Fähigkeiten Kraus' nicht unbedingt angemessen wirkt. Der dabei gelegentlich aufkommende Gedanke von der „Dritten Walpurgisnacht“ als „Klimax“ der goetheschen Vorbilder erscheint ebenso nicht unproblematisch[56], da so ein eher restriktives, einebnendes Verständnis jener Walpurgisnächte als aufeinander folgende Steigerungen des ‚Bösen‘ vermittelt wird. In eine ähnliche Richtung zielt die scheinbar plausible Auffassung, wonach Kraus „die Nacht des Satans, des Hexentanzes, der entfesselten Dämonie“, in der „[.] Unbewusstes und unterbewusstes zum Leben [erwacht]“, auf den Nationalsozialismus als „Verkörperung eines dämonischen, vormenschlichen Zustandes“ anwendet[57]. Doch mutet eine solche Überlegung ebenfalls nicht als rundum treffend an, vor allem weil Kraus die dazu nicht recht passende „Klassische Walpurgisnacht“ als vorrangige Zitatenquelle genutzt hat.

Das nicht ganz unauffällige Fehlen des etwaigen, im Titel voranstellbaren Artikels ‚die‘ ist insofern zu beachten, als damit eine gewisse Unbestimmheit einhergeht. Denn so ist eine ‚dritte Walpurgisnacht‘ weniger explizit mit den ersten beiden (goetheschen) Walpurgisnächten verbunden und ebenso nicht auf die gleiche Weise, wie es diese ersten beiden miteinander sind. Im Sinne des Subjekts eines ‚Dritten‘, wie es in der Rechtssprache allenthalben präsent ist – und die gilt es im Fall der „Dritten Walpurgisnacht“ sicher nicht weniger zu beachten als sonst in Kraus' Schriften[58] – wäre eine ‚dritte Walpurgisnacht‘ also ein Phänomen, das sich nicht auf der einen oder anderen Seite einer bestimmten (rechtlichen) Zweierbeziehung befindet. Sie wäre somit also mit keiner der beiden (goetheschen) Walpurgisnächte unmittelbar verknüpft und damit eine andere, eben ‚dritte‘ Walpurgisnacht. Deutlicher wird eine solche Überlegung, wenn sie auf den dargestellten, angeprangerten Gegenstand übertragen wird. Bestand zwischen den in den früheren (z. B. goetheschen) Walpurgisnächten angesprochenen kulturellen Themen noch eine gewisse, wenn auch bisweilen nur

55 Vgl. Frühwald, S. 117.
56 Ebd.; vgl. Stieg 1999, S. 422.
57 Frühwald, S. 115.
58 Vgl. Adorno, Theodor W.: Sittlichkeit und Kriminalität. Zum elften Band der Werke von Karl Kraus. In: Noten zur Literatur. 4 Bände. Frankfurt/M. 1958–1974, Bd. III (1965), S. 76; Stieg 1999, S. 424; Kerekes, S. 142.

vage Ähnlichkeit, so ist der nun dargestellte Gegenstand damit nicht mehr zu vergleichen, so dass zu vorherigen Walpurgisnächten eigentlich keine qualitative Verbindung mehr existiert. Es handelt sich nun um ein anderes, eben ‚drittes' Phänomen – dem des an die politische Macht gekommenen Nationalsozialismus. Diese Walpurgisnacht ist also in gewissem Sinne auch insofern eine ‚dritte', als sie nicht von einem Dichter erschaffen wurde; der Literat Kraus nimmt nur eine Bezeichnung des Phänomens und textuelle Formungen vor[59]. Andererseits gibt die Titelgebung auch einen noch viel weniger goetheschen oder literarischen, dabei aber mehr konkret politischen Bezug her, wenn Kraus unter Anspielung auf das 1931 zwischenzeitlich zustande gekommene nationalistische, antidemokratische Bündnis der ‚Harzburger Font' von der „ersten Walpurgisnacht […], der harzburgischen", spricht (S. 95)[60]. So gesehen, könnten als zweite und somit ‚klassische' Walpurgisnacht etwa die Umstände um die nationalsozialistische Kanzlerschaft und Machtübernahme verstanden werden; und als dritte das darüber nun begonnene und weiter zu erwartende Unheil, das Kraus in seiner satirisch-essayistischen Analyse geradezu vorzuzeichnen vermag. Grundsätzlich zeigt sich jedenfalls, dass schon der Titel eine ganz Fülle von Deutungen zulässt, so dass sich die angesprochene Schwierigkeit des Essaytextes im Grunde nicht mehr überraschend ausnimmt.

Also hebt letztlich der auch bei Kraus einmal mehr sinnbildliche Begriff der „Walpurgisnacht" besonders auf die Vergegenwärtigung eines jüngst aufgekommenen gesellschaftlichen Zustandes und einer damit verknüpften Mentalität sowie auch eines Zeitenwechsels ab[61]. So ist etwa auch die Technik, in gewisser Weise einen katalysatorischen, veranschaulichenden Mikrokosmos zu entwerfen, in dem Essay wiederzuerkennen. Entsprechend der Textform erfolgt dies allerdings nicht in einer szenisch arrangierten Form, sondern auf eine – je nach Auffassung und verarbeiteten Textmaterialien – collagenhaft (Zeitungsberichte) und montagehaft (Literatur) zu nennende Weise[62]. Die kritische Vergegenwärtigung erfolgt dabei vor allem anhand von repräsentativen Ausschnitten, Beispielen und Zitaten aus der politischen und gesellschaftlichen Realität des nationalsozialistischen Deutschlands. Entnommen hat Kraus dieses Grundmaterial überwiegend aus ausländischen und besonders deutschen Zeitungen – teils schon vor, meist

59 Vgl. Teusch, S. 363.

60 Vgl. auch Trepp, Kapitel 2 („Die Karikatur Walter Benjamins in Christoph Heins *Passage*, Der Bezug auf Leben und Werk"), ohne Seitenangabe.

61 Vgl. auch Kerekes, S. 135 f.

62 Zum Aspekt der Montage- und Collage-Technik in der „Dritten Walpurgisnacht" vgl. Teusch, S. 371; Weiß, Sp. 835; Kerekes, S. 135 u. 141.

aber nach deren Gleichschaltung seit dem März 1933 – unter denen sich freilich oftmals einschlägige nationalsozialistische Druckschriften befinden. Zuweilen hat er jedoch auch Beiträge aus Fachzeitschriften berücksichtigt. Ein recht signifikantes Beispiel dafür ist ein rechtswissenschaftlicher Aufsatz, worin sich der Autor in Fällen schwerer Straftaten, deren Begehen „durch den nationalen Zweck bestimmt" ist, für die Beugung rechtsstaatlicher Prinzipien zu Gunsten der Täter ausspricht (S. 289 f.)[63]; womit wiederum die Vielschichtigkeit des Mitläufer- und Sympathisantentums aufgezeigt wird. Und nicht zuletzt ist außerdem Kraus' (Text-)Kenntnis von Hitlers „Mein Kampf" (Erstveröffentlichung 1925/26) am Text der „Dritten Walpurgisnacht" nachweisbar[64].

All dieses Material hat Kraus in einem Gefüge aus Sprachkritik, Satire, Polemik und auch offener Bestürzung aufgearbeitet[65]. Somit hat die „Dritte Walpurgisnacht" ebenso eine sehr grundsätzliche medienkritische, im Besonderen pressekritische Dimension, „denn der Nationalsozialismus hat die Presse nicht vernichtet, sondern die Presse hat den Nationalsozialismus erschaffen" (S. 307)[66].

Die im engeren Sinne sprachkritische Komponente, die dem signifikanten nationalsozialistischen Sprachgebrauch gewidmet ist, wird in der Regel als Phrasenkritik bestimmt, die unter anderem auf einen bedrohlichen „Aufbruch der Phrase zur Tat" hinweist (S. 141)[67]. Dabei wird z. B. ein „ursprünglich blutiger oder handgreiflicher Inhalt" einer Redewendung oder eine „Metapher" zum „Tätlichen [...] belebt" (S. 140 f.). Diesen Vorgang charakterisiert Kraus als „Revindikation des Phraseninhalts" (S. 140)[68], wobei er sich im Übrigen einmal mehr eines (historischen) Rechtsbegriffes bedient hat[69]. Ein weiterer wichtiger sprachkritischer Aspekt ist die Empörung über die nationalsozialistische Vereinnahmung bedeutender Kulturgüter mittels der entsprechend gearteten Sprache, worunter etwa das „Entseel[en] der Klassiker" oder die „Beschmutzung Goethes" fällt (S. 50). Seine besondere Zitiertechnik setzt er gelegentlich zudem so ein, dass Zitate von zeitgenössischen, zunächst noch mit den Nazis sympathisierenden Intellektuellen – den

---

63 Dietrich, Heinrich: Der nationale Zweck. Versuch zur Lösung einer zeitgemäßen Frage. In: Deutsche Juristenzeitung. 38. Jg., Nr. 11, 1933, Sp. 718–720; vgl. dazu Stremmel, S. 129.

64 Stremmel, S. 128.

65 Vgl. Frühwald, S. 110, 119, 122 f., 125; Teusch, S. 357, 359 f., 366, 373; Feest, S. 750 f.; Stieg 1999, S. 420; Weiß, Sp. 835 f.

66 Vgl. Frühwald, S. 412; Stremmel, S. 22–62 u. 110; Teusch, S. 357; Stieg 1999, S. 425.

67 Vgl. Frühwald, S. 110, 122 f., 125; Teusch, S. 366 u. 373.

68 Vgl. Frühwald, S. 122 f.; Weiß, Sp. 836; Kerekes, S. 143.

69 Vgl. Köbler 1997, S. 502 (Revindikation).

„Worthelfern der Gewalt“[70], mit denen etwa Oswald Spengler (1880–1936), Gottfried Benn (1886–1956) und Martin Heidegger (1889–1976) gemeint sind – derselben Irrungen und Leichtfertigkeiten aufzeigen (S. 70 ff.). Sicherlich verfährt er ähnlich mit Aussagen von Literaten, deren Anlehnung an die NS-Ideologie noch unverhohlener ausfiel; wie z. B. im Fall der Literaturkritik des Dichters Adolf Bartels, der ja einst selbst eine Art Adaption der „Walpurgisnacht“ aus dem „Faust I“ angefertigt hatte (S. 143)[71].

Kraus' kulturellen, ästhetischen und humanistischen Beurteilungsmaßstab bilden in jedem Falle die Werke zeitloser Autoritäten[72]. Denn diese haben nach Kraus' schon viel früher gereifter Überzeugung ohnehin „alles vorausgewußt“[73]. Beispiele sind Friedrich von Schiller, gegen dessen nazistische Vereinahmung sich Kraus unter anderem auch richtet[74], oder eben William Shakespeare, der nach Goethe am häufigsten zitiert ist[75]. Im Übrigen wird auch im proto-publizierenden „Fackel“-Heft „Warum die Fackel nicht erscheint“ mit einer kurzen Passage aus Shakespeares „Ein Wintermärchen“ (Engl. ‚The Winter's Tale‘, 1609 verfasst) recht unmittelbar ein Motiv um „Geister und Hexen“ adaptiert, das in den Buchfassungen der „Dritten Walpurgisnacht“ so nicht enthalten ist[76]. Bei der grundsätzlich herausragenden Bedeutung der Werke Goethes für Kraus' Wirken verwundert allerdings nicht die hervorstechende Präsenz der „Faust“-Dichtung und der „Klassischen Walpurgisnacht“ im Essay[77]. Eine zusätzliche Aktualität und Wirksamkeit von Goethe-Worten war im Jahr 1933 allemal noch deshalb gegeben,

---

70 Vgl. dazu Betz, Albrecht: Die „Worthelfer der Gewalt“ in der *Dritten Walpurgisnacht*. Karl Kraus, der Nationalsozialismus und die Intellektuellen. In: Krebs, Gilbert u. Stieg, Gerald (Hrsg.): Karl Kraus et son temps. Asnières 1989, S. 155–172; Stieg 1999, S. 422.

71 Vgl. Teil 3, VI.

72 Vgl. z. B. Stremmel, S. 121 ff.; Feest, S. 750; Weiß, Sp. 835; Stieg 1999, S. 427.

73 Kraus: Schriften, Bd. 1 (1987), S. 11 („Sittlichkeit und Kriminalität“, September 1902).

74 Vgl. dazu Stremmel, S. 119 f.; Krolop, Kurt: „Die Berufung auf Schiller wird zur Gänze abgewiesen“. Schiller-Bezüge der *Dritten Walpurgisnacht* im Lichte der „Fackel“. In: Orlowski, Hubert u. Hartung, Günter (Hrsg.): Traditionen und Traditionssuche des deutschen Faschismus. 2. Protokollband. Nach dem Kongress in Posen 1984. Posen 1988, S. 129–149.

75 Vgl. Stremmel, S. 141–146.

76 Kraus 1934, S. 313; vgl. außerdem Kraft, S. 930.

77 Vgl. Stieg, Gerald: Goethe als Maßstab der Ästhetik und Polemik von Karl Kraus. In: Kaszynski, Stefan H. u. Scheichl, Sigurd Paul: Karl Kraus – Ästhetik und Kritik. Beiträge des Kraus-Symposiums Poznan [Posen], 1987. München 1989, S. 71–82; Stremmel, S. 121–140.

weil es sich beim Vorjahr 1932 um ein besonderes „Goethe-Jahr“ gehandelt hatte (S. 49)[78].

Nun sind es vorzugsweise, aber keineswegs ausschließlich Passagen und Zitate aus Goethes ‚Walpurgisnacht-Dichtung‘, die als signifikante stilistische Momente eines – wiederum je nach Auffassung[79] – satirischen und bzw. oder polemischen Gesamtgefüges zu einer ausführlichen Kritik an Hitlers politischem Auftreten und am Phänomen der nationalsozialistischen ‚Bewegung‘ überhaupt beitragen. Unbedingt zu beachten ist dabei, dass Kraus’ Begriff vom Stilprinzip der Satire mit einer sittlichen, läuternden Wirkung desselben verbunden ist, nicht etwa mit einer unverbindlichen, rein lächerlichen[80]. Dennoch ist Kraus’ Haltung dabei eine nurmehr ernüchterte und resümierende, da er sich im Fall der „Dritten Walpurgisnacht“ der letztendlichen Wirkungs- und Zwecklosigkeit des Satirischen und somit der gesamten Schrift bewusst ist[81]. Denn erst „nach Bewältigung der anderen Parole“ – gemeint ist die zweite Hälfte der folgenschweren NS-Hetzparole, des „Gebots“, „Deutschland erwache, Juda verrecke!“ – werde man aus dem Alptraum des Nationalsozialismus „erwachen“ (S. 25, 125, 183, 306). In dieser nahezu elegischen Nuance seiner Darstellungsperspektive ist sicherlich ebenfalls eine (poetische) Sinnverbindung zur klassischen Dichtung ergo auch zur „Klassischen Walpurgisnacht“ angelegt[82].

Aus der Titelgebung und der Verarbeitung der Goethe-Worte ein leidlich vordergründiges Verständnis der Walpurgisnacht als eine simple Vergegenwärtigung des ‚Bösen‘ abzuleiten, wird der profunden Goethe-Auseinandersetzung Kraus’ freilich nicht gerecht. Daher erscheint es, wie gesagt, ebenfalls problematisch, eine schlichte Klimax zu den goetheschen ‚ersten beiden‘ „Walpurgisnächten“ anzunehmen. Denn abgesehen von der wissenschaftlichen Unbestimmtheit einer solchen Sicht, würde so lediglich eine eben steigernde, somit aber einigermaßen restriktive Beziehung der beiden „Faust“-Szenen zueinander unterstellt, die nur ein entsprechend einförmiges Verständnis zulassen würde. Die „Dritte Walpurgisnacht“ ist wohl ohnehin in keinem Falle als (rückwärts gerichtetes) Deutungsinstrument für die goetheschen „Walpurgisnächte“ konzipiert. Indes ist zunächst sicherlich an die eher freie Benutzung

78 Vgl. auch Stieg 1999, S. 428.

79 Zur Frage nach Satire und bzw. oder Polemik vgl. Kraft, S. 933 („Polemisches Kunstwerk“); Stremmel, S. 5–21; Teusch, S. 359 f.

80 Vgl. Frühwald, S. 110 u. 119.

81 Vgl. ebd., S. 110 u. 119; Teusch, S. 377.

82 Vgl. Frühwald, S. 110 u. 119; Teusch, S. 364 u. 377 f.

der ‚handwerklichen' veranschaulichenden, entlarvenden und dabei eben häufig sinnbildlichen Qualitäten der goetheschen Ausgestaltungen zu denken. So erledigt sich im Grunde also von vorneherein die etwaige Frage nach einem womöglich restriktiven krausschen Verständnis des Walpurgisnächtlichen in der Art Goethes als die besagte Vergegenwärtigung des ‚Bösen'. Dies legen zudem Kraus' relativ vielseitige Kenntnisse um die historischen Phänomene des Hexereiglaubens und der Hexenverfolgung nahe[83]. So waren es gewiss vor allem die literarischen, von Goethe nun einmal am prägendsten umgesetzten Möglichkeiten, die zur Darstellung von bedenklichen, eben ‚bösen' aktuellen Zuständen bis hin zu einem (befürchteten) unheilvollen Zeitenwechsel hervorragend geeignet sind, die dem Literatur- und Kulturkenner Kraus nicht entgangen sind[84].

Außerdem dürfte er sowohl die Schwierigkeiten, die Goethes Gesamtwerk den nationalsozialistischen Vereinnahmungsversuchen bereiten würde, als auch die Resistenz des „Faust" gegenüber gleichermaßen adaptiven Deutungsversuchen erkannt haben[85]. Dadurch wurde deren Eignung als Schablone für Kraus' Stabbruch freilich umso mehr bestätigt.

Hierzu fügt sich, dass mit dem Aufgreifen der oftmals grellen Walpurgisnacht-Motivik, speziell der besonders groß angelegten „Klassischen Walpurgisnacht", wohl eine Assoziation zum Bombast des Faschismus an sich hergestellt wird[86]; worin wiederum ein prophetischer Zug gesehen werden kann, denn die Gipfelpunkte dementsprechender Inszenierung, die Nürnberger Reichsparteitage der dreißiger Jahre, sollten erst noch folgen. Eine weiterer Aspekt ist in dieser Hinsicht die Nähe des Walpurgisnächtlichen zum Karnevalesken, das dem Literaturkenner Kraus möglicherweise nicht nur beim Studium von Goethes Werken, sondern auch anderer ‚Walpurgisnacht-Literatur', wie Manns „Zauberberg"[87], aufgefallen sein könnte; in der „Dritten Walpurgisnacht" ist jedenfalls wiederkehrend eine Assoziation des vermeintlichen, äußeren Erscheinungsbild des Nationalsozialismus mit dem Karnevalesken und Maskeradenartigen gegeben[88].

83 Vgl. dazu Kraus: Schriften, Bd. 1 (1987), S. 105–122 („Der Hexenprozeß von Leoben", November 1904).
84 Vgl. auch Kerekes, S. 135 f.
85 Vgl. ebd., S. 146 f.
86 Vgl. ebd., S. 146.
87 Vgl. Teil 5, V.
88 Vgl. Kerekes, S. 138, 141, 147 f.

Sind die goetheschen Walpurgisnächte immer auch eine Begegnung mit dem Irdisch-Elementaren[89], also mit dem Grundsätzlichsten, Umfassendsten und Wirkungsvollsten, so gibt es auch in der „Dritten Walpurgisnacht" eine gewisse Analogie. Dort begegnet als „Elementarereignis" (S. 306 f.) das katastrophale Phänomen des soeben zur Staatsmacht gewordenen Nationalsozialismus, der im Begriff ist, in Staat, Gesellschaft und in der Lebenssituation des Individuums rasch eine schlechthin elementare Präsenz einzunehmen[90].

In Anbetracht dessen, dass Kraus die sublime Sinnbildlichkeit der „Klassischen Walpurgisnacht" für eine ihrerseits ebenfalls sinnbild- und parabelhafte Erkenntnisvermittlung genutzt hat, mutet es beinahe an, dass er die außergewöhnliche allegorische Dimension des „Faust II" in ihrer Gesamtheit bereits erkannt haben könnte[91]. Doch sollte eine solche Annahme vorläufig unter Vorbehalt verbleiben, denn eine konsequente, überzeugende Allegorese der „Dritten Walpurgisnacht", die einem modernen, der Prägung Walter Benjamins nahe stehenden Allegoriebegriff entspricht, erscheint letztlich nicht ganz praktikabel; obgleich sicherlich von einem literarischen Gespür Kraus' in diese Richtung grundsätzlich ausgegangen werden darf.

Aus der „Klassischen Walpurgisnacht" im Speziellen hat Kraus in jedem Falle recht regelmäßig Zitate und kürzere Passagen eben zum Zweck von Anspielung, Vergleich und Kommentar in die „Dritte Walpurgisnacht" eingewoben – 37 an der Zahl. Wie die übrigen Goethe- bzw. „Faust"-Zitate, die Kraus dem gültigem Forschungsstand nach der „Ausgabe letzter Hand"[92] entnommen hat[93], sind auch sie entweder durch eine kleinere Schriftgröße, durch Anführungszeichen oder, wenn auch selten, nur am Wortlaut zu erkennen[94]; in der Regel unterbleibt zudem die Nennung der jeweils zugehörigen Rollenbezeichnung aus dem Originaltext. Nicht immer werden die Zitate völlig originär wiedergegeben, gelegentlich sind leichte Veränderungen, wie das Weglassen einzelner Wörter, festzustellen. Wie die anderen „Faust-Zitate" sind jeweils auch die aus der „Klassischen Walpurgisnacht" in der Regel in einen kommentierenden Bezug zu bestimmten, von der konformen Presse berichteten Ereignissen und Gegebenheiten der nationalsozialistischen Realität gesetzt.

---

89 Vgl. Teil 3, IV. u. V.

90 Vgl. Teusch, S. 377; Scharang, S. 153; Stieg 1999, S. 421.

91 Vgl. Kerekes, S. 147 f.; Stieg 1999, S. 125.

92 Goethe, Johann Wolfgang von: Werke. Vollständige Ausgabe letzter Hand. 60 Bände. Stuttgart u. Tübingen 1827–1842.

93 Kraus: Schriften, Bd. 12, S. 388.

94 Vgl. Stremmel, S. 121.

Dabei überwiegt allerdings das Entlarven der von bewusster Unaufrichtigkeit, Heimtücke und Rohheit geprägten politischen Kultur, weniger Kraus' Empörung über den Antisemitismus, die er meist sehr direkt und oft ohne die Zuhilfenahme von literarischen Zitaten zum Ausdruck bringt[95]. Mit der Zeit ein wenig berühmt geworden ist das auf den von einem angeborenen Klumpfuß gezeichneten NS-Chefpropagandisten Joseph Goebbels (1897–1945) gemünzte Zitieren der Verse 7237 und 7238. Kraus widmet sich recht ausgiebig dem öffentlichen Reden und Auftreten des Reichspropagandaministers, was sich schon durch das ‚gemeinsame' Betätigungsfeld des geschriebenen und gesprochenen Wortes nicht verwunderlich ausnimmt. Im Zusammenhang mit dem ‚Führer' huldigenden „Lamien" (z. B. V. 7235) – Personen des öffentlichen Lebens, wie etwa einige Schauspieler als deren politischer ‚Schirmherr' eben auch Goebbels stets präsent ist – heißt es folglich:

„[…] und immer lachend Goebbels unter den Lamien:
Wie sie dem Satyrvolk behagen;
Ein Bocksfuß darf dort alles wagen." (S. 66)

Neben der eindeutigen Zuordnung des Teufelsymbols „Bocksfuß" erscheint mit „Bock" zudem eine sexuelle Anspielung auf den den Ufa-Schauspielerinnen bekanntlich besonders zugeneigten ‚Bock von Babelsberg' Goebbels denkbar[96]. Doch bedürfte es hierzu einer Nachforschung darüber, ob diese Seite des ‚Schirmherrs des deutschen Films' bereits während des Jahres 1933 allgemein bekannt war und sich über die Reichsgrenzen hinaus bis nach Wien herumgesprochen haben konnte.

Aus dem Schema des punktuell eingewobenen, quantitativ eher knapp gehaltenen Zitierens fallen mit erheblichem Abstand nur zwei aus Zitaten zusammenmontierte Abschnitte heraus. Den etwas kürzeren, im fortgeschrittenen Verlauf des Essays befindlichen Abschnitt hat Kraus jedoch mit einer Anzahl eigener Äußerungen und Kommentare durchsetzt, so dass er nicht mehr nur allein die Zitate wirken lässt (S. 145 ff.). Etwas anders verhält es sich mit der anderen, insgesamt längsten reinen Zitatmontage (S. 9–12). Dem eigentlichen Essay vorangestellt und ausschließlich aus 23 Versatzstücken aus „Faust II" angefertigt – allein 16 davon aus der „Klassischen Walpurgisnacht" – kommt dieser Abschnitt wegen der fehlenden Rollenbezeichnungen und Regieanweisungen weniger als ein eröffnender Prolog denn als ein poetisches ‚Abstract'

95 Vgl. dazu Stieg 1999, S. 429 ff.

96 Vgl. dazu z. B. Sigmund, Anna Maria: Die Frauen der Nazis. 3 in 1 Bd. München 2005, Bd. 1 (1998), S. 111 ff. („Magda Goebbels. Die Erste Dame des Dritten Reichs").

daher. Es ist also im Grunde ein Abriss dessen, was Kraus in seinem Essay inhaltlich und intentional ausbreitet. Dadurch erhält seine Überzeugung wonach die Klassiker, wie eben Goethe, „alles vorausgewußt" haben[97] und damit der erläuternde, methodische und ästhetische Maßstab seiner Ausführungen eine Art poetisches ‚Präludium'. So dürfte obendrein deutlich werden, dass Kraus' das literarisch-kulturelle Medium der Walpurgisnacht – „das weiträumige Abenteuer einer Walpurgisnacht" (S. 306) – bei aller essayistischen und prosaistischen Einbindung im weiteren Verlauf als etwas unbedingt Poetisches und nicht Trivialisierbares erachtet hat.

III. Dosio Koffler – Die Deutsche Walpurgisnacht (1941)

Der Schriftsteller Dosio Koffler (1892–1955) ist heute vor allem dafür bekannt, dass er zum durchaus engeren Kreis der Anhänger von Karl Kraus zu zählen ist; also zu solchen, die dem Wiener Literaten persönlich gut bekannt waren. Ganz plastisch zeigt sich dies beispielsweise an einer erhaltenen, von Koffler gezeichneten Bildsatire, die in Kraus' „Die Fackel" abgedruckt wurde. Außer ähnlichen kulturellen Interessen verband ihn mit dem 18 Jahre älteren Kraus auf den ersten Blick ein jeweils israelitisches Elternhaus im österreichisch-ungarischen Vielvölkerstaat, auch wenn Kofflers Familie noch während seiner Kindheit von Galizien nach Berlin übersiedelte, wo er von da an lebte. In seine Berliner Zeit fällt dann auch der größte Teil seines literarischen und kulturellen Ertrages, der überwiegend aus kleineren Bühnenspielen und Filmmanuskripten besteht. Freilich war nach der nationalsozialistischen Übernahme der Regierungsmacht im Deutschen Reich vor allem seine jüdische Herkunft der Anlass der üblichen Anfeindungen gegen sein Werk und seine Person. Die unumgängliche Emigration führte ihn 1933 zunächst nach Prag, 1938 dann schließlich in das sichere London. Anders als nicht wenigen antifaschistischen (Exil-)Autoren war Koffler, trotz eines ausgeprägten Interesses an sozialen Fragen, keine kommunistische Gesinnung eigen, worin er in gewisser Weise Kraus ähnelt. Eher ist Koffler eine in einigen Punkten bisweilen linksliberal und insgesamt durchaus freiheitlich zu nennende Haltung zuzusprechen. Dies drückt sich wohl auch in seiner Initiative bei der gemeinsam mit dem Sozialisten Kurt Hiller (1885–1972) und anderen Autoren 1939 in London vorgenommenen Gründung der „Gruppe Unabhängiger Deutscher Autoren (GUDA)" aus; die blieb gleichwohl klein, war

97 Vgl. Anm. 73; Stieg 1989, S. 71–82.

aber gegenüber kommunistischen oder gar stalinistischen Einflüssen offenbar durchweg restriktiv eingestellt.[98]

Mit der Zeit wurde das Bühnenstück „Die Deutsche Walpurgisnacht. Ein Spiel in 5 Szenen“ zu Kofflers bekanntestem Werk[99]. Es erschien 1941 in London[100]. 1942 folgte, ebenfalls in London, eine englische Übersetzung[101]. Zusammengefasst handelt es dabei um eine bühnengerechte, satirische Abrechnung mit den totalitären politischen Verhältnissen im nationalsozialistischen Deutschland, die im Mantel einer an die goethesche Prägung angelehnten Walpurgisnacht daherkommt. Die Walpurgisnacht ist also der förmliche und sinnbildliche Rahmen einer satirischen anti-nationalsozialistischen Kritik auf der Bühne. Der hochaktuelle Zeitpunkt seiner Veröffentlichung in den Jahren 1941 und 1942, eben sowohl in deutscher als auch in englischer Sprache, sowie seine Eigenschaft, die vermutlich einzige publizierte Bühnen-Satire zu sein, die gegen die kulturelle

---

98 Zu Biographie und Gesamtwerk Kofflers vgl. Bigler, Ingrid: Koffler, Dosio. In: Kosch, Bd. 9 (1984), S. 155; Riha, Karl: Zur Recherche nach Dosio Koffler. Mit Hilfe brieflicher Mitteilungen von Hilda A. Herzer, Hans Feld und Eugen M. Brehm. In: Koffler, Dosio: Die deutsche Walpurgisnacht. Ein Spiel in 5 Szenen. Hrsg. von Karl Riha. Mannheim 1987, S. 89–113 (Nachwort) u. S. 114 (Werkverzeichnis); Tauscher, Rolf: Dosio Kofflers Bühnen-Satire *Die deutsche Walpurgisnacht*. In: Orlowski, Hubert u. Hartung, Günter (Hrsg.): Traditionen und Traditionssuche des deutschen Faschismus. 2. Protokollband. Nach dem Kongress in Posen 1984. Posen 1988, S. 89 f.; Brand, Gregor: Koffler, Dosio. In: Bautz, Friedrich Wilhelm (Begr.) u. Bautz, Traugott (Hrsg.): Biographisch-Bibliographisches Kirchenlexikon. 29 Bände. Hamm (Westf.) u. a. 1970–2009, XXI. Bd. (2003), Sp. 755–758; Rotermund, Erwin u. Ehrke-Rotermund, Heidrun: Lord Vansittart und die Folgen. *Diskussionen über das „Andere Deutschland“ in der deutschen Exildichtung – am Beispiel von Dosio Kofflers Spiel* Die deutsche Walpurgisnacht *(1941)*. In: Nickel, Gunther (Hrsg.): Literarische und politische Deutschlandkonzepte 1938–1949. *Beiträge zu einer Tagung des Deutschen Literaturarchivs Marbach und der Evangelischen Akademie Tutzing in Verbindung mit der Arno-Schmidt-Stiftung und der Carl-Zuckmayer-Gesellschaft*. Zuckmayer-Jahrbuch, Bd. 7. Göttingen 2004, S. 147 u. 159.

99 Als Textgrundlage dient: Koffler, Dosio: Die deutsche Walpurgisnacht. Ein Spiel in 5 Szenen. Hrsg. von Karl Riha. Mannheim 1987.

100 Koffler, Dosio: Die deutsche Walpurgisnacht. Ein Spiel in 5 Szenen. London 1941.

101 Koffler, Dosio: The German Witches' Sabbath. A satire in five scenes. Übersetzt von Graham Rowson. London 1942.
Vgl. zu Besonderheiten des Übersetzungsprozesses auch Steed, Wickham: Vorwort zur englischen Ausgabe. Übersetzung: Andreas Berns. In: Koffler, Dosio: Die deutsche Walpurgisnacht. Ein Spiel in 5 Szenen. Hrsg. von Karl Riha. Mannheim 1987, S. 85 f.

„Traditionssuche“ der „Faschisten“ gerichtet ist[102], machen das Stück zu einem Unikat. Nichtsdestoweniger befindet es sich offenbar schon in einer Linie von förmlich zwar ganz unterschiedlichen, in ihrer gegen den adaptiven Kulturmissbrauch der Nationalsozialisten gerichteten Intention jedoch ähnlichen satirischen Werken[103]. Dabei ist aber nicht gesagt, dass die Urheber immer die jeweiligen Werke ihrer Fachgenossen gekannt haben.

Eine durchaus affirmative Resonanz auf „Die Deutsche Walpurgisnacht“ ist für das zeitgenössische Großbritannien dokumentiert; vielleicht weniger durch das ausgesprochen wohlwollende Vorwort zur englischsprachigen Ausgabe, das der frühere Times-Chefredakteur und Freund Kofflers Henry Wickham Steed (1871–1956), der Koffler im Übrigen auch beim Verlegen behilflich war[104], verfasste[105]; doch sicher mehr durch eine positive Rezension derselben englischen Fassung[106]. Eine weitere Bestätigung hierfür erfolgte durch die Schilderung von Zeitzeugen, die sogar über eine angedachte Verfilmung berichteten[107]. Dennoch ist das Stück höchstwahrscheinlich weder in der deutschen noch in der englischen Fassung jemals aufgeführt worden, weshalb es im Grunde unweigerlich als Lesedrama behandelt werden muss. Dem entgegen steht auch nicht eine eventuelle zusätzliche Konzeption des Stücks als Hörspiel, die wegen der Vielzahl akustischer und musikalischer Elemente sowie wegen des besonderen Gewichts von Rundfunkmeldungen in der beschließenden „Fünften Szene“ („Wellennetz des Äthers“) nicht undenkbar erscheint[108].

In Hinblick auf das Aufnehmen und Verarbeiten von goetheschen Vorgaben ist vorab die zeitnahe Veröffentlichung in englischer Sprache nicht außer Acht zu lassen, selbst wenn Koffler sicherlich vorrangig „als Deutscher für Deutsche“ geschrieben hat[109]. So wird ihm wohl bewusst gewesen sein, dass das fremdsprachige, britische Publikum nur bedingt mit den Feinheiten der

---

102 Tauscher, S. 91.

103 Ebd., S. 93 u. 105 f.; Rotermund u. Ehrke-Rotermund, S. 148–150.

104 Vgl. Riha 1987, S. 102.

105 Steed, Wickham: Vorwort zur englischen Ausgabe. Übersetzung: Andreas Berns. In: Koffler, Dosio: Die deutsche Walpurgisnacht. Ein Spiel in 5 Szenen. Hrsg. von Karl Riha. Mannheim 1987, S. 85–88.

106 Massey, I.M. [Rez.]: Die deutsche Walpurgisnacht, ein Spiel in 5 Szenen, by Dosio Koffler, Vorwort von Wickham Steed, 1941. In: International Affairs. Review Supplement. Vol. XIX, Nr. 6, 1941, S. 339.

107 Riha 1987, S. 107–110.

108 Vgl. Tauscher, S. 106; Ehrke-Rotermund u. Rotermund, S. 156.

109 Steed, S. 86.

Auslegungsmöglichkeiten des „Faust“, zumal der „Walpurgisnacht“, vertraut gewesen sein konnte. Daher dürfte er es möglicherweise von vorneherein gar nicht auf eine tiefer gehende Adaption von poetischen und sinnbildlichen Einzelheiten der „Faust“-Dichtung angelegt haben. Dies mag wiederum der angegebenermaßen nicht allzu problematischen Übersetzung ins Englische zu Gute gekommen sein[110]. Sicherlich haben gelegentliche sinnbildliche Anflüge eine unmittelbare, punktuelle Bedeutung an ihrer jeweiligen Textstelle; sehr wohl ist das gesamte Stück aber als eine ebenso unverblümte und satirische wie allegorische Zusammenfassung dessen zu verstehen, wie sich die inzwischen bis in das Jahr 1941 hinein währende nationalsozialistische Herrschaft dem (inzwischen) auswärtigen Betrachter darstellt.

Das Stück umfasst also fünf Szenen, womit eine gewisse förmliche Ähnlichkeit zu den fünf Akten des „Faust II“ und zum Aufbau der antiken, griechischen Tragödie besteht. Das seit Dantes „Göttlicher Komödie“ populäre Prinzip der Durchwanderung eines höllischen Ambientes in Begleitung einer weltklugen Führung ist mit Lichtenberg und vor allem Goethe auch ein Charakteristikum mancher poetischen Walpurgisnacht geworden[111]. In dieser Tradition setzt auch Koffler auf eine Konstellation, bei der eine Personengruppe unter kompetenter Führung eine unheimlich anmutende Szenerie begeht. Außerdem fügt sich hierzu das in Großbritannien bis weit ins 20. Jahrhundert übliche, quasi empirische Forschungsgebaren, etwas vorzugsweise durch eigene „sinnliche Anschauung“ (S. 13) – vor allem etwa durch die Bereisung eines Landes – als über rein theoretische Erwägungen erfassen zu wollen[112]. Koffler folgt also in groben Zügen dem goetheschen Vorbild der „Walpurgisnacht“ im „Faust I“. Freilich ist aber ebenso eine gewisse Assoziation dieser satirischen, phantastischen Reise mit den Weltfahrt-Motiven, wie sie aus Faust-Literatur überhaupt bekannt sind, zulässig[113]. Neben dieser strukturellen, szenischen Anlage des Stücks eröffnet sich sein recht aufwendiger intertextueller Charakter durch einen mannigfaltigen Zitatenschatz. Die Unterhaltungen der Hauptpersonen und ebenso deren nicht-dialogische Äußerungen sind recht durchgängig mit berühmten literarischen Zitaten versetzt; häufig natürlich mit solchen aus der „Faust“-Dichtung – insbesondere aus dem „Faust I“ – die mitunter ironischerweise der Goethe-Rolle selbst in den Munde gelegt sind. Auf ganz ähnliche Weise erfolgt die Verwendung der ebenfalls zahlreichen Worte aus Schillers Werken. Doch werden zuweilen gleichfalls Zitate von

110 Vgl. ebd.
111 Vgl. Teil 2, VI. u. Teil 3, IV.
112 Vgl. Ehrke-Rotermund u. Rotermund, S. 149.
113 Vgl. ebd., S. 148.

nicht in der „Deutschen Walpurgisnacht“ anwesenden Dichtern verwertet. So kommentieren beispielsweise unter dem Eindruck des „Rundgangs durch Buchenwald“ in der „Dritten Szene“ die Nietzsche-Rolle und gemeinsam auch die Goethe- und Schiller-Rolle die in Deutschland aufgekommenen erschreckenden Zustände mit Teilen der ersten und der vierten Strophe von Heinrich Heines Gedicht „Die armen Weber“ von 1844 (S. 46). Über welche jeweiligen Werkausgaben Koffler für sein Vorgehen, Zitate und Textteile in einen eigenen Kontext einzuarbeiten, in seinem britischen Exil verfügen konnte, ist allerdings wohl nicht mehr feststellbar.

„Die Weimarer Fürstengruft“ ist Schauplatz der „ersten Szene“ (S. 5 ff.). Dort fahren „Goethe“ und „Schiller“ aus dem Grabe auf; zu ihnen gesellt sich „Mephisto“, der gegenüber dem goetheschen Original vom Autor einige humanitäre Züge mehr erhalten hat[114], aber weiterhin eine durch und durch satirische und zynische Figur ist. Nach einem anspielungsreichen Gespräch über den „neue[n] Geist der Deutschen, den Geist von Buchenwald“ (S. 8) und „Goethes“ Wunsch, „im heutigen Reich einmal Ausschau zu halten“ (S. 13), ist „Mephisto“ als Tourführer „zur Stelle“, warnt aber bereits „vor dem Grauen“, das sie „zu durchwaten haben“ (S. 14). Sodann treten sie eine Luftfahrt zu verschiedenen Stätten an.[115]

In der „zweiten Szene“ (S. 15 ff.) – „Im Flug durch die Wolken“ – beginnt nun mit Hilfe von „Mephistos“ Künsten, seinem „Flugmantel“ und unter Ausnutzung eines „Windstoßes“ die besagte Luftfahrt. Während einer Flugpause gesellt sich unter etwas sonderbaren Umständen „Nietzsche“ zu ihnen (S. 19 ff.); dieser ‚erwachte‘ jedoch nicht physisch aus seiner Grabstätte in Röcken, sondern gewissermaßen geistig „aus dem Grabe“ der Fundi des Weimarer Nietzsche-Archivs (S. 16 f.). Nun wird in weiteren Dialogen vor allem die aktuelle politische Situation in Deutschland erörtert, besonders auch vor dem Hintergrund der verzerrenden NS-Adaption von Nietzsches Philosophie. Ohne sich wirklich weit von Weimar entfernt zu haben, erreicht die Vierergesellschaft dann das Konzentrationslager Buchenwald (S. 27).

Entsprechend lautet der Titel der „dritten Szene“ (S. 28 ff.) auch „Rundgang in Buchenwald“. „Mephisto“ hatte sich zuvor als „Reichsminister für Volksaufklärung und Propaganda“ – also als Joseph Goebbels („Ein Knieband zeichnet mit nicht aus, /Doch ist der Pferdefuß dort ehrenvoll zu Haus“, S. 14) – getarnt, der „mit drei Herren seines Stabes zur Inspektion“ gekommen ist (S. 29). So können

114 Vgl. Ehrke-Rotermund u. Rotermund, S. 151.

115 Zur speziellen Funktionalisierung der Personen Goethes, Schillers, Nietzsches und Mephistos, deren Eigenschaften sowie deren Konstellation zueinander vgl. Tauscher, S. 92 ff.; Ehrke-Rotermund u. Rotermund, S. 152 f.

die vier Reisenden dort vielerlei Vorkommnisse beobachten, die den Terror im NS-Regime überhaupt vergegenwärtigen und nicht allein für die Abläufe in einem Konzentrationslager typisch sind[116]. Hier und ausdrücklich noch einmal am Ende des Stücks stellt Koffler eine gewisse Verbindung des geistigen, ‚anderen' Deutschlands zu den Lagerinsassen her[117]. So ist „Buchenwald" also eine Allegorie für vieles, das sich politisch in Deutschland seit 1933 ereignet hat und bei zusätzlicher Radikalisierung weiter anhält.

In der „vierten Szene" (S. 47 ff.) gelangen die vier Reisenden dann in die „Klasse einer Ordensburg" – also in eine der elitären nationalsozialistischen Partei-Ausbildungseinrichtungen und -Kaderschmieden. Weil „Mephisto" weiterhin als „Reichsminister" getarnt auftritt, wird den Vieren so einiges über die antisemitische und antichristliche Bildungsideologie des NS-Staates und deren erschreckende didaktische Umsetzung an Kindern und Jugendlichen vor Augen geführt[118]. Gleich einer Klimax kommt am Ende der Szene ein „Aufruhr" auf, den „Nietzsche" mit einigen, den gegenwärtigen „künstliche[n] Nationalismus" entlarvenden Selbstzitaten provoziert hatte (S. 62 f.). Dieser „geschürte Aufruhr wächst zu einem Riesenkrach an und tobt sich in wilder Zerstörungswut aus" bis „[.] die Burg unter dem entfesselten Sturm [erdröhnt]" (S. 63).

In der „fünften Szene" (S. 64 ff.) – „Im Wellennetz des Äthers" – ist nun das Inmitten des Sturms, worin visuelle Konturen nicht weiter wahrnehmbar sind, der Schauplatz des Geschehens. Die entsprechende Regieanweisung bedeutet:

> *„Aus stürmischen Windstößen lösen sich surrend aufprallende Funkwellen. Sie verdichten sich zu einem unentwirrbaren Knäuel aller Sprachen und Töne, durchstoßen die Sturmzone, und in den Regionen der Windstille platzen sie wie erschöpfte Raketen monoton auseinander.*" (S. 64)

Es folgt daraufhin eine nicht mehr einem konkreten Handlungsstrang folgenden Collage aus diversen, häufig sogar authentischen Rundfunkansprachen und -meldungen. Zwar sind es Aussprüche von beiden kriegsgegnerischen Seiten, sie sind aber natürlich so ausgewählt, dass das düstere Bild der weltpolitischen Gegenwart weiter unterstrichen wird. So kommt z. B. einerseits der englische Schriftsteller „H. G. Wells" (1866–1946) zu Wort, der ein Unterschätzen der Radikalität des Nazismus und Faschismus anmahnt (S. 79)[119], andererseits erklingen Tücke offenbarende Auszüge aus Reden Benito Mussolinis (1883–1945),

116 Vgl. auch Ehrke-Rotermund u. Rotermund, S. 151.
117 Vgl. auch ebd., S. 155.
118 Vgl. auch ebd., S. 151.
119 Vgl. auch Ehrke-Rotermund u. Rotermund, S. 155.

des „Duce“ und Hitler-Verbündeten (S. 72 f.). Die vier Reisenden beziehen zu alledem weiterhin erschüttert Stellung; der satirisch-zynische Kommentar kommt dabei, gemäß seinem angestammten poetischen Charakter, vor allem „Mephisto“ zu. In dieser Szene ist außerdem eine zeitdokumentarische Momentaufnahme zu finden, die auf den vor dem Juni 1941 noch ungebrochenen Hitler-Stalin-Pakt und die vorübergehende Koalition zwischen Nationalsozialismus und Stalinismus hinweist, wenn nämlich „Die hysterische Stimme“ betont, dass „[.] Nationalsozialismus und Marxismus [schließlich] ein und dasselbe“ seien (S. 77)[120]. Beschlossen wird die Szene mit der ebenso widersetzlichen wie flehentlichen Durchsage eines „Zweiten Geheimsenders“ (S. 82 f.) – bei einem ersten „Geheimsender“ war zuvor zu hören, wie er durch „Revolverschüsse“ zum Verstummen gebracht wurde (S. 81). Als letztes ist dann noch mit gleichermaßen satirischer wie erhoffender Note „das Pausenzeichen der kommenden Welle“ zu hören (S. 82), nämlich die Vertonung von Schillers „Ode an die Freude“ (1785) aus dem 4. Satz von Ludwig van Beethovens (1770–1827) „9. Sinfonie“ (1823), mit welcher bereits die „Erste Szene“ eröffnet worden war[121]. Sicherlich ist diese letzte, geradezu experimentell wirkende „Fünfte Szene“ auch als ein Indiz für die besondere politische Rolle des Rundfunks, insbesondere bei der Festigung der nationalsozialistischen Diktatur, zu sehen, die Koffler als einem Hörspiel-Kenner zweifelsohne bewusst gewesen ist[122].

Die insgesamt eher marginale literaturwissenschaftliche Bearbeitung der „Deutschen Walpurgisnacht“ erfolgte vormals eher als qualitativer Vergleich zu bestimmter ‚Hochwertliteratur‘, wie vor allem zu den goetheschen Namenspaten oder zu Kraus’ Essay. Dabei wurden die Unterschiede bei den Textsorten und Entstehungssituationen wenig berücksichtigt, umso mehr dafür die persönliche Bekanntschaft zu Kraus und der (höchstwahrscheinliche) Inspirationscharakter der „Dritten Walpurgisnacht“[123]. So sind dann beinahe zwangsläufig Erläuterungen dieser Art tendenziell geringschätzig ausgefallen, obgleich die „aggressive Kraft“ der „gut gemeinte[n] Satire“ schon gewürdigt wurde[124]. Inzwischen sind jedoch Kofflers Person wie auch „Die Deutsche Walpurgisnacht“ etwas stärker und unter weniger qualitativ-vergleichendem Herangehen in den wissenschaftlichen Fokus gerückt. Nunmehr werden Koffler und sein Stück unabhängiger

---

120 Vgl. Tauscher, S. 91.
121 Vgl. auch Tauscher, S. 91.
122 Vgl. Riha 1987, S. 94.
123 Vgl. Stremmel, S. 127 u. 139.
124 Vgl. ebd., S. 139.

und mehr auf individuelle und schöpferische Besonderheiten hin betrachtet[125]; etwa auch unter dem Aspekt von Koffler als einem Exilliteraten und -intellektuellen jüdischer Herkunft[126]. Wiederum ein wenig zu enthusiastisch erscheint es allerdings, von der „Deutschen Walpurgisnacht" per se von einem „kleinen Meisterwerk" zu sprechen[127]. Solch eine Bewertung wirkt nur dann sachlich angemessen, wenn der Maßstab dafür lediglich das überschaubare Gesamtwerk Kofflers ist.

Einen bemerkenswerten, die spezielle zeitdokumentarische Qualität der „Deutschen Walpurgisnacht" erhellenden Forschungsbeitrag konnten allerdings Heidrun Ehrke-Rotermund und Erwin Rotermund vorlegen[128]. Darin kommen sie zu einem Ergebnis, das sich allein über die Lektüre des Spieltextes nicht erschließen lässt. Ausgegangen wird dabei zunächst von der Einsicht Kofflers über die zunehmenden Schwierigkeiten beim Nachweisen eines den Nationalsozialismus ablehnenden, „anderen Deutschlands im Dritten Reich"[129]. Damit in Verbindung gebracht wird seine Begegnung mit dem britischen Außenpolitiker Baron Robert Vansittart (1881–1957), des Urhebers der Propagandaschrift „The Black Record: Germans Past and Present" (1941) – eine Sammlung von seit 1940 vom Baron selbst in BBC-Radiosendungen vorgetragenen, wenig differenzierenden antideutschen Schmähschriften[130]. In diesem Sinne wird Kofflers Stück vorrangig als eine literarische Auseinandersetzung mit Vansittarts egalisierend-antideutscher Programmatik bzw. mit deren Aufnahme in der Öffentlichkeit sowie nicht zuletzt als Skizze eines eben doch existenten „anderen Deutschlands" gedeutet[131]. Anders als andere Exilliteraten, wie etwa Carl Zuckmayer (1896–1977), der später mit seinem Spott über Vansittarts Person und Gedankengut nicht zurückhielt[132], scheint Koffler zwar keine affirmative, aber eine zumindest genauso nicht ablehnende Position einzunehmen[133]. Neben der Vergegenwärtigung der physischen

125 Vgl. erste Anm. dieses Kapitels; außerdem Tauscher, S. 89–106; Rotermund u. Ehrke-Rotermund, S. 141–161.

126 Vgl. dazu Walter, Hans-Albert: Deutsche Exilliteratur 1933–50. 4 Bde. Stuttgart 1978–2010, Bd. 2 (1984), S. 43 u. Bd. 3 (1988), S. 245 u. 490. Stuttgart 1988; Wiemann, Dirk: Exilliteratur in Großbritannien 1933–1945. Opladen 1998, S. 257 f.

127 Steed, S. 85.

128 Ehrke-Rotermund u. Rotermund, S. 141 ff.

129 Ebd., S. 141.

130 Ebd., S. 142–147.

131 Ebd., S. 143 u. 159.

132 Vgl. ebd., S. 161.

133 Ebd., S. 150–156.

und ideologischen Untaten des NS-Regimes liegt sein intentionaler Schwerpunkt aber eben schon noch darauf, ein „Idealbild des anderen Deutschlands“ zu inszenieren[134]. Dieses „andere Deutschland“ wird hauptsächlich durch deren „klassisch-humanistische Zeugen“ und „Normfiguren“, nämlich den „Klassiker[n] Goethe und Schiller“, repräsentiert[135]. In einem solchen Sinne lobt bereits der ebenso mit Koffler wie mit Vansittart bekannte Verfasser des englischen Vorwortes Henry Wickham Steed. So heißt es bei ihm, dass Koffler „die Geister großer Deutscher wachruft, um die barbarisierten Generationen der Gegenwart daran zu erinnern und den weniger pervertierten Generationen der Zukunft zu zeigen, wo höhere Ambitionen und erhabenere Ideale liegen als die, mit denen Hitler und seine Vorläufer all das entwürdigten, was deutsche Seelen hätte adeln können“[136]. In Bezug auf Vansittarts antideutsche Ausführungen in „Black Record“ sollte allerdings nicht der Umstand außer Acht gelassen werden, dass der in großzügigem britischem Exil befindliche Koffler kaum ohne weiteres für eine Ablehnung der Ideen einer politisch bedeutenden Persönlichkeit, wie der Vansittarts, eintreten konnte. Er hat sich in seiner zwei Jahre später publizierten Schrift „Vansittartitis. A polemic“ (1943) – „eine Verteidigung Vansittarts gegen seine [falschen, die Ausrottung des gesamten deutschen Volkes propagierenden] Anhänger und seine Kritiker“ – an das umstrittene, ‚vansittartistische‘ Dogma offenbar tatsächlich angenähert und scheint auch in seinen Ausführungen für Verständnis zu dessen Gunsten werben zu wollen[137]. Die Ursachen dafür sehen die Autoren im Übrigen eher nicht als eine unmittelbare intellektuelle oder literarische Fortentwicklung seiner in dieser Hinsicht noch deutlich differenzierteren Position in der „Deutschen Walpurgisnacht“[138]. Vielmehr weisen sie hierbei auf die zur ziemlichen Gewissheit gewordene „Wirkungslosigkeit des anderen Deutschlands“, den „schockierende[n] Eindruck der Massaker an den Juden im Osten“ sowie auf seine „gesamte psycho-soziale Situation im Londoner Exil“ als ursächlich hin[139]. So muss Kofflers ohnehin vom „Gefühl der Entwurzelung und Stigmatisierung“ geprägtes Emigrantenschicksal zunehmend von Verbitterung, Depressionen und schlechter physiologischer Gesundheit bestimmt gewesen sein[140].

134 Ebd., S. 143.
135 Ehrke-Rotermund u. Rotermund, S. 152 u. 156–158.
136 Steed, S. 88.
137 Ehrke-Rotermund u. Rotermund, S. 156 f.
138 Ebd., S. 157 f.
139 Ebd., S. 158.
140 Ebd., S. 158 f.; vgl. auch Riha 1987, S. 105, 108, 110.

Inzwischen wird im Grunde so gut wie davon ausgegangen, dass Koffler schon einige Kenntnisse zu Kraus' Beflissenheiten um die „Dritte Walpurgisnacht" gehabt haben dürfte, die über seine (ebenfalls sehr anzunehmende) Kenntnis der „Fackel"-Ausgabe „Warum die Fackel nicht erscheint" vom Juli 1934 hinausgegangen sind[141]. Eine detaillierte Bestimmung, ob er nun etwa gewisse Überlegungen Kraus', die mit dem Erstellen des Essays in Zusammenhang standen, kannte oder womöglich sogar Kraus' Manuskripte eingesehen hat, ist aber wohl nicht mehr möglich. Bei allen Berührungen zu Kraus' ist allerdings von vorneherein zu beachten, dass etwa sieben Jahre vergangen sind, bevor auch Koffler eine literarische Verknüpfung zwischen der Walpurgisnacht-Motivik und dem Nationalsozialismus herstellte[142]. Somit sollte also nicht ohne weiteres von einem unmittelbaren Aufgreifen und Weiterverwenden der krausschen Gedankenverbindung gesprochen werden. Außerdem gibt es weder ein Referieren auf Kraus' Essay noch ein direktes, zweifelsfreies intertextuelles Anlehnen daran – es sei denn man deutet einige Goethe-, Lichtenberg- und Nietzsche-Zitate, die erst in der späten Komplettveröffentlichung der „Dritten Walpurgisnacht" enthalten sind, gleichermaßen aber bereits bei Koffler Verwendung finden, in einem solchen Sinne[143].

Abgesehen von der Thematik – der literarischen Auseinandersetzung mit dem ‚Dritten Reich' – sowie einem Darstellungsprinzip, das am „Gegensatz zwischen Deutschlands literarischer [und kultureller] Vergangenheit und seiner schmachvollen Gegenwart" ausgerichtet ist[144], liegt eine auffällige Verbindung zwischen Kraus „Dritter Walpurgisnacht" und Kofflers „Deutscher Walpurgisnacht" in den Mitteln der Satire und der Ironie. Die wesentliche Bedeutung dieser Mittel in der Anlage des Stücks mag vielleicht erneut eine Kenntnis Kofflers der krausschen Arbeiten nahe legen. Andererseits würden so Kofflers schriftstellerische Fähigkeiten in diesem Punkt schon einigermaßen in Frage gestellt, was in Anbetracht seines sonstigen Werkes nicht unbedingt begründet erscheint. Unstrittig bleibt immerhin, dass er mit Kraus' Denk- und Schreibart gewiss vertraut gewesen ist.

Den anschaulichsten, formalen Unterschied zwischen Kraus' Essay und Kofflers Bühnenstück trifft der vormals ostdeutsche Literaturwissenschaftler Rolf Tauscher recht genau:

---

141 Vgl. Teil 6, II.; Stremmel, S. 139; Riha 1987, S. 92–94 u. 111 f.; Tauscher, S. 89.

142 Vgl. Tauscher, S. 90.

143 Vgl. ebd., S. 89.

144 Vgl. Stremmel, S. 139.

„Während Kraus in einem Beweisverfahren Goethes Dichtung so zitiert, daß sie vielseitigen Aufschluß über Verbrecherisches des deutschen Faschismus ermöglicht, gründet Koffler bewusst eine Fiktion. Er setzt Goethe, Schiller und Nietzsche als Bühnenfiguren ein und läßt sie neben Selbstzitaten auch neuentworfene Texte sprechen. Dabei bleiben weder Überhöhungen und Aktualisierungen, noch Verkleinerungen journalistischer Manier aus. Der unüberbrückbare Gegensatz der klassischen deutschen Kultur zur faschistischen Praxis wird in Handlung umgesetzt; dabei entgeht Koffler sicher nicht der Schwierigkeit, den klassischen Figuren auch in jeder Hinsicht (Sprache, Gestus und Habitus, Weltsicht u. a.) gerecht zu werden."[145]

In Bezug auf das von den NS-Machthabern ausgehende Unheil ist Kofflers Stück freilich weitaus weniger antizipatorisch als Kraus' „Dritte Walpurgisnacht". Das ist zwangsläufig insbesondere darin begründet, dass seit dem Jahr 1933 durch eine Reihe von Ereignissen, spätestens aber mit dem entfesselten Zweiten Weltkrieg vieles zur ganz anschaulichen Realität geworden war. Dies war ebenfalls in Großbritannien noch ausreichend spürbar; zum einen natürlich durch die unmittelbare Kriegseinwirkung, zum anderen aber zuvor schon durch die Folgen totalitärer Maßnahmen des NS-Regimes, die beispielsweise solche Emigrationen erzwungen hatten, wie sie Koffler selbst vornehmen musste. Kofflers Perspektive ist also, anders als die von Kraus, nicht eine quasi ‚prophetische', sondern die eines von der NS-Willkür unmittelbar Betroffenen.

Kofflers Angriffe gegen die nationalsozialistische Vereinnahmung von kulturtragenden Größen, wie eben insbesondere Goethe, Schiller und Nietzsche, und die Einsprache gegen einen Missbrauch derselben als ideologische Referenzen des Nationalsozialismus erinnern selbstverständlich sehr an Kraus' Denkungsart in der „Dritten Walpurgisnacht", wie sie eben teils schon aus der Fackel-Ausgabe „Warum die Fackel nicht erscheint" vom Juli 1934 herauszulesen ist. So sind Kraus' Gedanken, die auch für Koffler mit der Zeit immer plastischere Konturen angenommen haben dürften, wohl (höchstwahrscheinlich) eine belangvolle Inspiration gewesen. Nichtsdestoweniger ist Koffler aber unbedingt eine eigene Erkenntnis- und Kritikfähigkeit samt eines angemessenen literarischen Verarbeitungstalents in dieser Angelegenheit zuzutrauen, so dass er hierbei ebenso nicht als schlichter Epigone Kraus' gelten sollte.

Kulturelle Größen, wie eben die im Stück als Figuren auftretenden und als eine gewisse ironische Beigabe sogar die satirisch-zynische Mephistopheles-Figur, sind also ebenfalls für Koffler der humanistisch-zivilisatorische Maßstab. Doch auch hierbei sollte nicht allein die Inspiration durch Kraus' Proto-Publikation in besagter „Fackel"-Ausgabe als einziges Vorbild gesehen werden. Vielmehr ist

145 Tauscher, S. 90 f.

hier an eine ähnliche bis kongruente Weltsicht beim Kraus-Anhänger Koffler zu denken, die sich gleichermaßen durch die generelle Identifikation mit Kraus' Werk wie durch eigene Erkenntnis herausgebildet haben dürfte.

Goethes „Faust"-Dichtung (Form) und aller Wahrscheinlichkeit nach Kraus' „Dritte Walpurgisnacht" (Intention) sind also die wesentlichen Orientierungen von Dosio Kofflers Beitrag zur Literaturgeschichte der Walpurgisnacht. Dennoch ist die poetische Kuriosität „Die deutsche Walpurgisnacht" kein schlichter Adaptionsmix aus diesen Werken. Es ist ihr schon ein eigenständiger Charakter zuzusprechen, wenn ihr poetisch-formelles Leistungsvermögen auch in Anbetracht der schwergewichtigen Inspirationstexte unausbleiblich an gewisse Grenzen stößt[146]. Ihre Eigenheit zeigt sich beispielsweise in der (sehr anzunehmenden) Reaktion auf das britische propagandistische Bild von ‚den Deutschen' im Sinne Baron Vansittarts sowie an Kofflers eigenwilliger, ‚klassikbasierter' Gestaltung der Idee des ‚anderen Deutschlands'. Und an der „Deutschen Walpurgisnacht" offenbart sich abermals, dass Elemente des Faust-Stoffs in der goetheschen Formung – und von diesen zuallererst die Walpurgisnacht – auch im bereits vorangeschrittenen 20. Jahrhundert noch ein wichtiges literarisches Sujet und Instrument zur Veranschaulichung von problematischen politischen Verhältnissen in Deutschland darstellten. Entrückt aus der zu emotionaler und intellektueller Gewöhnung verleitenden Alltäglichkeit in die abstrakte Sphäre der Walpurgisnacht werden die Merkmale und Verbrechen des nationalsozialistischen Regimes umso anschaulicher.

Es ist also auch bei Koffler nicht etwa die Walpurgisnacht an sich, die ‚böse' ist; sie ist eine offenbarende Erlebnis- und Erkenntnissphäre für vielerlei Elementares – in der Regel eben für Bedrohliches und Verwerfliches. Doch ist sie genauso ein Forum für solches, ebenso ursprünglich und elementar zu Nennendes, das als Gegenpart des Unheilvollen in Erscheinung tritt. Diese Gegenseite kommt in den Personen der Kulturgrößen „Goethe", „Schiller" und „Nietzsche" daher. Wenn man noch die Kunstfigur „Mephisto" hinzuzählt, ergibt sich im Übrigen wohl nicht zufällig eine Viererkonstellation, die an die klassische elementare Vierheit erinnert. Ob man die einzelnen Personen darüber hinaus jeweils mit einem bestimmten Element in Verbindung bringt, ist freilich Interpretationssache; nicht ganz abwegig wäre es dann aber wohl „Schiller" dem Wasser, „Goethe" der Erde, „Nietzsche" der Luft und „Mephisto" dem Feuer zuzuordnen.

Einerlei ob die NS-Ideologie jene Kulturträger nun zu adaptieren, benutzen oder zu verfälschen versuchte, derartiges kann nach Kofflers Überzeugung ihrem

146 Vgl. Tauscher, S. 90.

ganz grundsätzlichen und wahren kulturellen Wert nichts anhaben. Somit ist für ihn zumindest noch in der „Deutschen Walpurgisnacht" die deutsche Kultur, zuvorderst die Weimarer Klassik und der Existenzialismus Nietzsches, eine Orientierung stiftende Konkurrenz zur extremistisch-nationalistischen politischen Ideologie. In diesem Sinne überträgt gegen Ende der „Fünften Szene" auch der „Zweite Geheimsender" folgende Erklärung, die „Goethe" als „den höchsten Augenblick" wertet (S. 83):

> „Achtung! Achtung! Hier spricht das ewige Deutschland, das Deutschland Goethes und Schillers und Nietzsches und Kants und Lessings und Herders und Bachs und Beethovens und Mozarts und Heines und Karl Marxens und Karl Liebknechts und Freuds und Einsteins und der Brüder Mann und des Karl Kraus und des Pastors Niemöller und all der zahllosen übrigen Heroen des Geistes und der Humanität, der Kunst und der sozialen Gerechtigkeit! Sie alle sind nicht wie ein Kranichzug spurlos über uns hinweggeflogen, nein, sie haben eine nicht in Äonen verwischbare Spur ihrer Erdentage hinterlassen, auf der wir namenlosen Millionen – wie die überfüllten Folterlager und deren unversiegbare Reservoirs beweisen – im Bunde mit euch dort draußen der Erlösung vom höllischen Alpdruck zustreben, um dereinst im Gewimmel freier Völker gleichfalls auf eignen freien Grund zu treten!" (S. 82 f.)

Teil 7 Zur Wirkungsgeschichte, Entwicklungen seit dem Beginn der zweiten Hälfte des 20. Jahrhunderts

I. Vororientierung

Im nun folgenden, letzten Teil soll zunächst ein Eindruck davon vermittelt werden, welche Wirkung von den Walpurgisnächten und Hexenversammlungen der deutschsprachigen Literatur seit dem 19. Jahrhundert auf andere, internationale Literaturen ausgegangen ist (Kapitel II.). Dies erfolgt jedoch lediglich eingeschränkt und anhand einer beispielhaften Auswahl, bei der es eben nicht um eine etwaige Vollständigkeit gehen kann, sondern um die grundsätzliche Feststellung, dass eine besagte Wirkung überhaupt gegeben war. Der Schwerpunkt wird hierbei auf die Literatur des angloamerikanischen Sprachraumes und die russische Literatur des frühen 20. Jahrhunderts gelegt.

Daraufhin sollen im nächsten, insgesamt letzten Kapitel charakteristische Merkmale für die Verwendung der Walpurgisnacht bzw. des Hexenkonvents seit der historischen Zäsur des Jahres 1945 aufgezeigt werden (Kapitel III.). Es soll erläutert werden, inwieweit beim Gebrauch solcher Konstrukte Veränderungen zu erkennen sind und welche Einwirkungen dafür als ursächlich ausgemacht werden können, wobei auch auf einen überhaupt qualitativ veränderten Hexenbegriff hingewiesen wird.

In diesem Zusammenhang wird auf die enorme Zunahme von Teufel-, Hexen- und Magiethematiken in den letzten Jahrzehnten eingegangen. Diese Entwicklung umfasst nicht allein das nahezu gesamte literarische Gattungsspektrum und die Prosa im Besonderen, ihr ist eine gleichsam gesamtkulturelle Dimension zuzusprechen, da sie in nicht literarischen Medien gleichermaßen zu beobachten ist und ihr zukünftiger Verlauf zudem gegenwärtig nur schwer absehbar ist. Ebenfalls werden Überlegungen darüber angestellt, ob die Bedingungen, unter denen die mysteriöse Begebenheit in den Jahrzehnten und Jahrhunderten zuvor verwendet wurde, nun nicht mehr in der gleichen Weise bestehen; somit also die Kriterien, nach denen die Motivik verstanden und benutzt wird, nicht mehr dieselben wären. Demzufolge ergibt sich noch die Frage, ob das schillernde Szenario als eigenständiges, aussagekräftiges Motiv in der Art früherer Prägungen an Bedeutung verloren hat.

In Anbetracht dieser jüngeren Entwicklungen und Gegebenheiten soll dann abschließend ein Ausblick auf die möglichen Perspektiven weiterer Forschungen vorgenommen und ein letztes Resümee darüber formuliert werden, wie sich der motiv- und verwendungsgeschichtliche Fortgang der Walpurgisnacht und des Hexenkonvents in der Neuzeit prinzipiell darstellt.

II. Die übernationale Wirkungsgeschichte

Zweifellos ist davon auszugehen, dass Hexenversammlungen in der internationalen, abendländischen Literatur ähnlich verbreitet sind wie in der deutschsprachigen. Daher ist eine von entsprechenden ‚endemischen' Literarisierungen ausgehende, supranationale Wirkung wohl nur dann mit einiger Zuverlässigkeit anzunehmen, wenn eben die markante Bezeichnung ‚Walpurgisnacht' vorkommt oder unmissverständliche Ähnlichkeiten zu bestimmten deutschsprachigen Texten bestehen.

In der Literatur des angloamerikanischen Kulturraumes etwa, sind Hexenversammlungen vorzufinden, denen kein unmittelbarer Einfluss durch die Walpurgisnacht deutschsprachiger Herkunft anzumerken ist. In diesem Sinne ist also sicherlich so mancher literarischer „Witches' Sabbath" als ein zumindest davon unabhängiges Elaborat anzusehen[1].

Manchmal jedoch wird eine Einwirkung – wenn eben nicht über die Bezeichnung ‚Walpurgisnacht' – über bestimmte, in der Handlung verankerte Charaktere nahe gelegt. So dürfte in John Updikes (1932–2009) Roman „Die Hexen von Eastwick" (Originaltitel „The witches of Eastwick", 1984) der Name der bedeutungsvollen Figur des „Daryl van Horne" einerseits zwar auf den schlüpfrigen, umgangssprachlichen Gebrauch des Adjektivs „horny" abheben, andererseits aber ebenso ein nordwesteuropäisches, niederländisches oder niederdeutsches Kolorit haben. Zudem sollte eine mögliche Verbindung zu dem nordamerikanischen Industriellen William Cornelius Van Horne (1843–1915) nicht unbeachtet bleiben. Der ließ an der Küste Neubraunschweigs, das dem neuenglischen Handlungsort von Updikes Roman benachbart ist, eine großzügige Sommerresidenz namens „Covenhoven" errichten. Von der architektonischen Ähnlichkeit zum „Lenox House" in den „Hexen von Eastwick" ganz abgesehen, lässt die Namensgebung beinahe unweigerlich Assoziationen zu Begriffen, wie „coven", „covenant" und „coventina", aufkommen, mit denen besonders im Englischen Hexenkonvente bezeichnet werden[2]. Doch auch sonst nehmen sich einige

---

1 Für die verhältnismäßige Beliebtheit des ‚Hexensabbat' auch in (britisch-)englischer Dichtung des 20. Jahrhunderts ist die nachstehende kurze historische Lyrik ein Beispiel: Hope, Margaret: Witches' Sabbath. In: The Poetry Review. Vol. 46, 1955, S. 16 f.

2 Vgl. Einleitung, II., Anm. 24.

motivische Aspekte bekannt aus. So bildet das versammlungsartige, fortwährende Beisammensein der drei neuenglischen Gegenwarts-Hexen, zu denen sich der unseriöse, untrüglich teuflische „Daryl van Horne“ gesellt, eine geradezu sinnbildliche Plattform, um Dekadenzen und Verirrungen der postmodernen nordamerikanischen, aber auch insgesamt westlichen Gesellschaft zu präsentieren. Die Auswahl umfasst vertraute Geißeln, wie das Verlangen nach Macht, Reichtum, Luxus und Wollust, aber auch als konkret zeitgenössisch empfundene Überspanntheiten, wie Schönheits-, Jugend- und Esoterikwahn. Dabei bedient sich Updike ausgiebig der dafür quasi einschlägigen Mittel der Ironie, der Satire, des Sarkasmus und eines vielschichtigen Humors.[3]

Es verwundert fernerhin nicht, dass bei einer klar identifizierbaren supranationalen Wirkung ein wesentlicher Anteil Goethes „Walpurgisnacht“ zufällt. So ist im angloamerikanischen Kulturraum für das 19. und frühe 20. Jahrhundert immer wieder einmal eine literaturwissenschaftliches Reaktion auf den „Faust“ und ausdrücklich auch auf die „Walpurgisnacht“ festzustellen[4], woraus auch abgeleitet werden kann, dass schon ein gewisses Interesse des Lesepublikums, freilich wohl vorwiegend an übersetzten Fassungen, gegeben war. Die Besonderheit und scheinbare Divergenz des Blocksbergspektakels im Szenarium wurde jedenfalls gelegentlich bemerkt, mitunter sogar unter dem Hinweis auf die entsprechenden Andeutungen im ‚Urfaust‘ und die Titel-Analogie zur Ballade „Die erste Walpurgisnacht“[5]. Eine gewisse Berücksichtigung erfuhren auch die fortgesetzten Bemühungen des englischen Schriftstellers George Henry Borrow (1803–1881), die „Walpurgisnacht“ angemessen zu übersetzen[6]; zumal Borrow ohnehin ein wenig in dem Ruf steht, durch sein Wirken und seine recht schillernde Persönlichkeit, auf längere Sicht dem Interesse an kontinentaleuropäischer Literatur im angloamerikanischen Kulturraum förderlich gewesen zu sein[7].

---

3 Updike, John: The witches of Eastwick. New York 1984; dt. Ausgabe, übersetzt von Maria Carlsson, Hamburg 1985; vgl. dazu auch Heuermann, Hartmut: Medien und Mythen. Die Bedeutung regressiver Tendenzen in der westlichen Medienkultur. München 1994, S. 209–214.

4 z. B. Thomas, Calvin: The chronology of the ‚Walpurgisnacht‘. In: Modern Language Notes (MLN). Vol. XII, 1897, S. 252–254; Furst, Clyde B.: ‚Walpurgisnacht‘. In: Modern Language Notes (MLN). Vol. XII, 1897, S. 254.

5 Furst, Clyde B.: The Walpurgisnacht in the chronology of Goethe's *Faust*. In: Modern Language Notes (MLN). Vol. XII, 1897, S. 164–170.

6 Reed, Lillian E.: Borrow's translation of the “Walpurgisnacht”. In: Journal of English and Germanic Philology. Vol. XLIV (44), 1945, S. 152–170.

7 Vgl. ebd.

Ein generelles, sozusagen populärwissenschaftliches Interesse in den Vereinigten Staaten des 19. Jahrhunderts, nicht nur allgemein am „Witches' Sabbath", sondern eigens an dem kuriosen Ereignis der Walpurgisnacht, belegen unter anderem historisch-deskriptive Aufsätze[8]. Und dass spätestens in der zweiten Jahrhunderthälfte auch in der amerikanischen Dichtung „Walpurgis Night" ein einigermaßen feststehender Begriff gewesen sein muss, wird etwa an der kurzen Poesie „Walpurgis Night" (1872), der auch heute noch relativ beliebten Schriftstellerin Constance Fenimore Woolson (1840–1894), deutlich[9].

Auch der irische Schriftsteller Bram Stoker (1847–1912) hat im Umfeld seines Hauptwerkes „Dracula" (1897 erstmals erschienen) einen Beitrag zur Walpurgisnacht-Thematik geliefert. Wegen der enormen Länge des ursprünglichen Romanmanuskripts von „Dracula" wurde die Originalausgabe durch den Verleger um einiges Material gekürzt. Dieses Quantum – gewissermaßen ein ‚Dracula-Sack' – wurde erstmalig 1914 postum als ein Beitrag in einer Serie von Kurzgeschichten veröffentlicht.[10]

Darin enthalten ist auch das Kapitel „Walpurgis Night"[11]. Später wurde diese Episode meist unter dem nicht von Stoker dafür vorgesehenen Editionstitel „Dracula's guest" gedruckt[12]. Es beinhaltet seltsame, gespenstisch-schauerliche Eindrücke und Begebenheiten, die dem reisenden englischen Protagonisten widerfahren, der gerade einen Halt in München eingelegt hatte und nun – am Tage vor der Walpurgisnacht – zu einem Ausflug per Kutschwagen in die Umgebung aufgebrochen ist. Bei Stoker ist „Walpurgis Nacht" (S. 111 u. 113) der synonyme Begriff für unheimliche, gruselige Vorgänge, bei denen die Grenze zwischen Tag und Nacht verschwimmt. Grundsätzlich wird ein typisch deutscher Charakter der Walpurgisnacht betont. Dennoch muss der Protagonist – entgegen seiner anfänglichen Zuversicht „Walpurgis Nacht doesn't concern Englishmen" (S. 113) – bald nachdem ihm der Kutscher die Weiterfahrt in ein spukhaftes

---

8 z. B. Young, W.W.: Walpurgis Night. In: Lippincott's Magazine of popular literature and science (Philadelphia). Jg. 1875, S. 587 ff.

9 Woolson, Constance Fenimore: Walpurgis Night. In: Old and New. Vol. 5 (January 1872), 1872, S. 61; Reprint in: Benedict. Vol. 4, 1932, S. 427.

10 Stoker, Bram: Shades of Dracula. Bram Stoker's Uncollected Stories. Hrsg. von Peter Haining. London 1982, S. 109 f. (Vorwort zu „Walpurgis Night").

11 Stoker, S. 110–122 („Walpurgis Night").
Deutsche Übersetzung von Michael Krüger (1994) enth. in: Hexen, Teufel und Gespenster. Satanische Geschichten von Walpurgisnacht bis Halloween. Hrsg. von Sabine Prilop. Düsseldorf 2001, S. 59–74 („Draculas Gast").

12 Stoker, S. 110 (Vorwort zu „Walpurgis Night").

Dorf verweigert hatte und er wagemutig zu Fuß weitergegangen war, feststellen, dass die walpurgisnächtlichen Schrecken auch ihn ereilen (S. 115 ff.). Schließlich schätzt er sich glücklich, dass er von einem Suchtrupp aus Soldaten, die auf Bitten seines „maître d'hôtel" aufgebrochen waren, gerade noch rechtzeitig gefunden wird (S. 118 ff.).

Den ersten, jedoch bereits nachdrücklichen Anstoß für den schauerlichen Effekt gibt das seltsam-ängstliche, abergläubische Verhalten des Kutschers, der bezeichnenderweise mit dem beispielsweise aus diversen Sagen, wie der Rübezahl-Sage, bekannten Klischeenamen des Pferdeknechtes „Johann" versehen ist. Beachtenswert ist dabei zudem, dass der Dialog und der skurrile Umgang zwischen Kutscher und Fahrgast anfangs das formale Gerüst der Szenerie bilden, also ganz ähnlich, wie es einst schon bei Gottfried August Bürger und dem großbritannienverbundenen Georg Christoph Lichtenberg der Fall gewesen war[13]. Eine konkrete Kenntnis Stokers der Werke beider Dichter wäre allerdings noch zu ermitteln.

Im Zusammenhang mit John Updikes „Die Hexen von Eastwick" wurde bereits das Verknüpfen von Kritik an problematischen gesellschaftlichen Verhältnissen der Gegenwart mit einem ‚Hexensabbat' im angloamerikanischen Schriftgut des 20. Jahrhunderts angesprochen. Ausgehend von dem Begriff ‚Walpurgis' oder einer adäquaten bildlichen Vorstellung ist in postmoderner, vor allem halt amerikanischer Literatur eine ganze Anzahl von Beiträgen zu finden. Ähnlich den deutschsprachigen Darbringungen sind sie zwar in unterschiedlicher Ausprägung, aber doch durchgängig von Ironie, Satire und Sarkasmus begleitet.

Mit das berühmteste Beispiel ist wahrscheinlich der mit dem Titel „Walpurgis" versehene zweite Akt („2nd act") von Edward Albees (*1928) dramatischem Dreiakter „Who's afraid of Virginia Woolf?" von 1962[14]. „Walpurgis" – in der deutschen Übersetzung „Walpurgisnacht"[15] – ist wiederum das nächtliche Ereignis sich vollziehenden Rausches und temporärer Unordnung, doch erfolgt dadurch letztlich auch eine Art von Katharsis[16].

---

13 Vgl. Teil 2, VI.

14 Albee, Edward: Who's afraid of Virginia Woolf? New York u. London 1962; ebenfalls enth. in: Albee, Edward: The plays in three volumes. New York 1991, Vol. 1: Who's afraid of Virginia Woolf.

15 Albee, Edward: Wer hat Angst vor Virginia Woolf? Ein Stück in drei Akten. Übersetzt von Pinkas Braun. Frankfurt/M. 1963, S. 56–109 („Walpurgisnacht").

16 Vgl. dazu z. B. Fischer-Seidel, Therese: Mythenparodie im modernen englischen und amerikanischen Drama. Tradition und Kommunikation bei Tennessee Williams, Edward Albee, Samuel Beckett und Harold Pinter. Heidelberg 1986, S. 88–98.

Neben Albees „Walpurgis"-Akt ist Norman Mailers (1923–2007) Roman „An American Dream" (1965) ein weiteres, bekanntes Beispiel dafür, dass gewisse gesellschaftliche Schwächen und exzessive Begebenheiten mit der Begrifflichkeit ‚Walpurgisnacht' assoziiert werden bzw. von der literarischen Rezeption in einem solchen Sinne gedeutet werden[17]. In „An American Dream" nimmt Mailer keine unmittelbare intertextuelle Bezugnahme auf eine bestimmte Literarisierung der Walpurgisnacht vor, nichtsdestotrotz offenbart er ein ausgeklügeltes symbolisches Gefüge mit allerhand mystizistischen, häufig kabbalistischen Bezügen[18]. Vor diesem Hintergrund, aber auch in dem Sinne, als es sich um die Skizze eines individuellen, nächtlichen Exzesses und um die sinnbildliche Vergegenwärtigung von manch gesellschaftlichem Missstand handelt, wird Mailers Roman in der buchkritischen und wissenschaftlichen Rezeption gelegentlich als „Walpurgisnacht" charakterisiert[19]. Das zeigt in jedem Falle, dass in Nordamerika gewisse, ursprünglich mitteleuropäische Verwendungsweisen der Hexen- und Dämonennacht seit langem grundsätzlich bekannt sind.

Im amerikanischen Kulturraum geht also mit einer gesellschaftskritischen, mitunter satirisch gehaltenen Komponente durchaus auch der Aspekt der Zügellosigkeit, des Orgienhaften, des Skandalösen und der Dekadenz einher, der eben häufig an stereotypen Individuen festgemacht ist. So erklärt es sich etwa auch, dass als Titel für die angloamerikanische Übersetzung der 1946 postum erschienenen satirischen Biographie „Le sabbat"[20] des skandalumwitterten französischen Schriftstellers Maurice Sachs (1906–1945) die freiere, dabei aber semantisch konkretisierende Variante „Witches' sabbath" gewählt wurde[21].

Aufgrund der Auflagenstärke und Popularität wäre hier noch auf den schon mit trivialliterarischen Zügen behafteten Roman „Witches' Sabbath" (1961) von Ursula Torday (1912–1997) aufmerksam zu machen, der unter dem Pseudonym Charity Blackstock erschien[22]. Die phantastische, kriminalistische Geschichte,

---

17 Mailer, Norman: An American Dream. London 1965; dt. Übersetzung: — Der Alptraum. München u. Zürich 1965.

18 Vgl. Gerson, Jessica: An American Dream. Mailer's Walpurgisnacht. In: Studies in American Jewish Literature. Vol. 2, 1982, S. 126–131.

19 Ebd.

20 Sachs, Maurice: Le sabbat. Souvenirs d'une jeunesse orageuse. Paris 1946; vgl. auch — Der Sabbat. Eine Chronique scandaleuse. Nachwort von François Bondy. 2. Aufl. München u. Zürich 1986.

21 Sachs, Maurice: Witches' sabbath. New York 1964.

22 Blackstock, Charity: Witches' sabbath. Neudruck der Ausgabe New York 1961. New York 1967.

deren Handlung im Umfeld von Hexenverfolgungen im Jahr 1640 platziert ist, steht für Erzählungen, in denen das aufgekommene Interesse an dem historischen Phänomen der Verfolgungen auch im angloamerikanischen Kulturraum novellistisch aufbereitet wird und die – wie Arthur Millers Schauspiel „The crucible" (1953)[23] – zudem mit einem Gegenwartsbezug versehen sein können.

Die gefällige Tendenz, Romanhandlungen mit der Aura des Hexenhaften zu versehen oder gleich einen ganzen gebührenden Stoff umzusetzen, wird in der englischsprachigen, sogenannten Frauenliteratur etwa an den populären Romanen von Marion Zimmer Bradley (1930–1999), wie „City of sorcery", „Dark satanic" oder „Witch hill", deutlich[24]. Besonders in „Witch hill" dienen Momente von „witchcraft" und „hex stuff" (S. 93) als identitätsfindende Hilfen in der spirituellen Erfahrungswelt protagonistischer Frauenfiguren.

Ebenfalls bemerkenswert ist, dass ‚Walpurgisnacht' – übrigens wieder als Fremdwort wörtlich übernommen – gelegentlichen Eingang in die angloamerikanische psychohistorische Forschung findet. Dort lässt man, wenn es um die individuelle Wahrnehmung von gesellschaftlicher und politischer Gegenwart geht, „Walpurgisnacht" einmal mehr in einer chiffrenhaften Form fungieren. Nämlich zunächst als vordergründige Benennung für eine von Gesellschaft und Medien vermittelte, aus oberflächlichen Trugbildern und Halluzinationen bestehende Scheinwirklichkeit; doch in weiterer Konsequenz impliziert „Walpurgisnacht" dabei einen gleichsam kathartischen Effekt, der über eine kritische Reflexion eben dieser Scheinwirklichkeit eine individuelle und wohl auch generelle Neuorientierung möglich macht[25].

Ein gewisses literaturwissenschaftliches Aufsehen haben außerdem die entsprechenden Beiträge der russischen Schriftsteller Mereschkowski und Bulgakow erregt, die seit einigen Jahren offensichtlich wieder verstärkt gelesen und rezipiert werden.

Da wäre zunächst der Roman „Leonardo da Vinci" (1901 erstmals erschienen) des Mitbegründers des russischen Symbolismus Dmitri Sergejewitsch Mereschkowski (1865–1941), der 1919 ins Exil ging und wegen einer zumindest zeitweisen geistigen Nähe zum europäischen Faschismus nicht als unumstritten gilt. In seinem international erfolgreichen historischen Roman – 1902 erschien

---

23 Vgl. Teil 1, IV. 3. u. Teil 6, I. (Vororientierung).

24 Zimmer-Bradley, Marion: City of Sorcery. A Darkover Novel. Wallington (GB) 1990 (© 1984); — Dark Satanic. Wallington (GB) 1991 (© 1972); — Witch Hill. Wallington (GB) u. New York 1992 (© 1990).

25 Ebel, Henry: Walpurgisnacht. In: Journal of Psychohistory. Vol. 7, Nr. 4, 1980, S. 483–486.

eine englische, 1903 eine deutsche Übersetzung – begegnet „Der Hexen-Sabbat", der dazu mit der Jahresangabe „1494" untertitelt ist, als „Viertes Kapitel"[26]. Mereschkowskij ist bestrebt, einerseits eine mediterrane, italienische Variante des ‚Sabbats' in der Nachfolge der Dionysos-Kulte und Bacchanalien aufzugreifen[27], wobei er die beschriebene Ausgelassenheit sogar ganz wörtlich mit dem Fluidum des „Bacchus" (S. 85) bzw. „Dionysos" (S. 87) kennzeichnet; doch sind daneben auch etliche andere, dämonologische und einschlägig antichristliche Merkmale eines solchen Treibens verarbeitet, beispielsweise die ketzerische, gotteslästerliche Lobpreisung Luzifers und Beelzebubs (S. 84). Eine Anlehnung an deutschsprachige Vorgaben, also etwa an Goethe, ist am Text zwar nicht zweifelfrei zu belegen, dass Mereschkowskij solche aber in seine ausgiebigen, den Roman vorbereitenden Studien einbezogen hat, ist doch wegen einiger Details des Hexenwesens, die eher der Sphäre nördlich der Alpen zuzuordnen sind, sehr anzunehmen. Dabei stechen vor allem einige Einzelheiten bei der Schilderung des Hexenfluges und des Hexentanzes hervor (S. 82–84), sicherlich auch die explizite Nennung des „Brockens" (S. 83) sowie eventuell der Name der Gastgeberin und Hexe „Tante Sidonia" (S. 80 ff.), der durch Wilhelm Meinhold und Theodor Fontane in der erzählerischen Aufarbeitung des (historischen) Hexenthemas etabliert wurde[28].[29]

Sicher ist zudem, dass Michail Afanasjewitsch Bulgakow (1841–1940) in seinen wohl bekanntesten, zwischen 1928 und 1940 niedergeschriebenen Roman „Der Meister und Margarita" (1966 postum veröffentlicht) einige Motive aufnahm, die von Goethes Faust-Dichtung inspiriert sind[30]; dies deuten bereits die dem Werk vorangestellten Verse 1334 bis 1336 aus dem „Faust I" an. Die Eingebung speziell durch die ‚Walpurgisnacht-Dichtung' wird dabei besonders an dem Frühlingsball, den der Teufel im Moskau der dreißiger Jahre ausrichtet, recht anschaulich („23 Der große Ball beim Satan", S. 327–345). Gemäß seiner

---

26 Mereschkowski, Dimitri Sergejewitsch: Leonardo da Vinci. Historischer Roman aus der Wende des 15. Jahrhunderts. Übersetzt von Carl von Gütschow. Berlin 1920, S. 69–87.

27 Vgl. Teil 1, II.

28 Vgl. Teil 4, I. (Vorüberlegungen).

29 Vgl. dazu insgesamt Christensen, Peter: Dionysus and Witches' Sabbath in Merezhkovsky's The Romance of Leonardo da Vinci. In: New Zealand Slavonic Journal. Jg. 1997, S. 127–143.

30 Bulgakow, Michail A.: Gesammelte Werke. Hrsg. u. mit literaturgeschichtlichen Anmerkungen versehen von Ralf Schröder. 13 Bände. Berlin 1993–1996, Bd. 3 (1994): Der Meister und Margarita. Aus dem Russischen von Thomas Reschke.

satirischen Grundhaltung hat Bulgakow das Treiben der daran teilnehmenden untoten Figuren, die zu der Veranstaltung halt eigens aus dem Schatten- und Geisterreich herbeigekommen sind und an deren von „Glockengeläut“ markiertem Ende sie wieder „ihre Gestalt verlieren“ (S. 344 f.), als grotesken, satirischen Hieb auf das von den kommunistischen Autoritäten verordnete atheistische Weltbild arrangiert.[31]

Selbstverständlich lässt sich eine supranationale Wirkungsgeschichte der deutschsprachigen Literarisierungen nicht allein auf die englischsprachige und die russische Literatur einschränken, wenn sie dort auch wohl am auffälligsten und greifbarsten erscheint. Der Kreis der internationalen Autorinnen und Autoren, die bewusst oder nur unwillkürlich die literarische Tradition von Hexenversammlung und Walpurgisnacht berühren, ist gleichwohl noch beinahe beliebig erweiterbar[32].

III. Charakteristika und Verständniskriterien literarischer Verwendungen von Walpurgisnacht und Hexenversammlung, Ausblicke

Seit einigen Jahrzehnten ist ein sowohl sehr allgemeines, populärkulturelles als auch ein spezifisches, sachliches und wissenschaftliches Interesse am Gesamtkomplex dessen aufgekommen, was gemeinhin unter Oberbegriffen wie Aberglaube, Volksglaube oder Esoterik zusammengefasst wird. Dieses mitunter schon als Nachfrage zu bezeichnende Interesse hat mittlerweile eine kaum mehr überschaubare Dimension erreicht. Sogar ganz besonders gilt dies für den Bereich des Satan-, Dämonen- und Hexenhaften und der Magie[33]; man denke dabei nur einmal an die historiographische ‚Hexenforschung‘[34]. Mit dem längst als ganz selbstverständlich empfundenen, völlig ungezwungenen und toleranten kulturellen Umgang mit diesen Themen ist nicht zuletzt eine allmähliche, grundsätzliche Umwertung des Hexenhaften ins Positive und zur Identifikationsmaterie

31 Vgl. dazu Hatfield 1983, S. 68–73; — 1987, S. 51–54.

32 Vgl. Hatfield 1983, S. 57 u. 63–68 (H. weist unter diesem Aspekt unter anderem noch auf Werke des Amerikaners Nathaniel Hawthorne (1804–1864), des Norwegers Henrik Ibsen (1828–1906) und insbesondere auf das „Circe“-Kapitel im „Ulysses“ (1922 erstmals vollständig verlegt) des Iren James Joyce (1882–1941) hin (Vgl. Einleitung, III.).

33 Vgl. z. B. Scholz Williams 2000, S. 44–46 („Hexenliteratur“); Battafarano 2002, S. 549–558.

34 Vgl. Einleitung, III.

einhergegangen. Begleitet und bis zu einem gewissen Grad unterstützt wird dieser Vorgang sicherlich von einer mittlerweile umfassenden Vermarktung. Die zwar noch fassbare, jedoch nach und nach zurückgehende kulturelle Bedeutsamkeit herkömmlicher, auf das ‚Hexenwesen' bezogener Stigmata, wie vor allem des oftmals wenig differenzierten ‚Teuflischen' und ‚Bösen', hatte auch auf die Literaturwissenschaft durchaus Auswirkungen. So ist vor diesem Hintergrund wohl auch die Erweiterung des Spektrums des Goethe-Auslegungen zu sehen, bei der die zwischenzeitlich recht etablierte, einseitige Auslegung der „Walpurgisnacht" als schlicht das ‚Böse' mehr und mehr zurückgetreten ist[35]. Obgleich dazu schon anzumerken wäre, dass manche Dichter und Schriftsteller des 19. und auch 20. Jahrhunderts die Vielförmigkeit der goetheschen Vorgabe offensichtlich durchaus schon erkannt und zuweilen auch in ihrem Sinne aufgegriffen haben, dieser Umstand aber lange nur wenig beachtet wurde.

Nach dem Zweiten Weltkrieg sind im kollektiven schriftstellerischen Repertoire manche der früheren Anwendungsformen des literarischen Mittels Walpurgisnacht vorläufig schon noch zu beobachten. Doch werden Verwendungen, die mit einer politischen oder etwas weiter gefassten weltanschaulichen Aussage verbunden sind, offenbar mehr und mehr zur Ausnahme. Der Gebrauch von ‚Walpurgisnacht' erfolgt dann am ehesten auf einer chiffrenhaften Ebene, wobei damit entweder bestimmte Zustände sinnbildlich zusammengefasst werden oder ein zumeist abstrakter, moderner Text als ‚Walpurgisnacht' bezeichnet wird, ohne dass im engeren Sinne eine Hexenversammlung oder andere überlieferte physische Merkmale einer Walpurgisnacht beschrieben würden.

Ein Beispiel für die erstere Variante wäre die zuvor schon einmal erwähnte Verwendung – nicht von ‚Walpurgisnacht', doch immerhin von „Hexensabbat" – in Wolfgang Koeppens (1906–1996) Roman „Das Treibhaus" (Erstdruck Stuttgart u. Hamburg 1953), dessen Handlung in der politischen Landschaft der Bundesrepublik der frühen fünfziger Jahre platziert ist[36]. Darin ist „Hexensabbat" und die geschilderte, imaginäre Hexen-Szenerie ein Sinnbild für ein Gefühl von Verlorenheit und Bedrohung, welches den sich zwischenzeitlich in London befindlichen Protagonisten „Felix Keetenheuve" ereilt. In der Verbindung mit dem unvermittelt eingefügten, berüchtigten „*SA marschiert*" mag man darin eventuell außerdem die Befürchtung chiffriert sehen, dass reaktionäre, dem vergangen geglaubten Nationalsozialismus gegenüber konziliante Kräfte im Individuum

35 Vgl. Teil 3, IV.

36 Koeppen, Wolfgang: Das Treibhaus. *Roman*. Mit einem Kommentar von Arne Grafe. Frankfurt/M. 2006, S. 142, Z. 2.

wie auch im Allgemeinen wiederkehren könnten[37]. Durch den direkten Hinweis auf Shakespeares „Macbeth“ und gelegentliche Hinweise auf Goethes „Faust I“ an anderer Stelle im Buch ist jedenfalls klar, wo die adäquaten, plastischen Inspirationen dafür zu suchen sind[38].

Indessen wurde „Walpurgisnacht“ als Titel für die von Franz Fühmann (1922–1984) vorgenommene deutschsprachige Nachdichtung des Gedichts „Boszorkányej“ (dt. ‚Hexennacht‘) gewählt, das im Original von dem ungarisch-jüdischen Dichter und Juristen Gábor Hajnal (1912–1987) stammt. „Walpurgisnacht“ wurde sogar gleich zum Gesamttitel einer in zwei Auflagen in der DDR herausgegebenen Anthologie aus Nachdichtungen von moderner Lyrik Hajnals erweitert[39]:

> „Von einem fremden Erdteil schrillt
> dir eiskralliger Haß entgegen.
>
> Verdorrte, pludrighäutige Ideen
> brülln fuchtelnd.
> Umflattern deinen Kopf,
> rennen rund um den Erdball
> und kehrn krächzend wieder.
> Mit Hexenkreischen mästet sich die Nacht.
> Dich schützen weder Tatsachen noch Gründe,
> diese Instinkte haben keine Logik,
> des Jähzorns Lava lodert in den Himmel,
> der Erde Glutkern hat sich wieder abgespalten,
> ins Auge sticht dir eine rauchige Flamme
> und unter deinem Fuß der Erdgrund schwankt.“[40]

Dass Hajnal bei einer zwar geflissentlichen Distanz zum Staatsapparat und zur Kommunistischen Partei Ungarns wiederum auch nicht offen systemkritisch

---

37 Ebd., S. 142, Z. 28; vgl. Teil 5, II. (Meyrink).

38 Koeppen, S. 76, Z. 3 („Mephistopheles“); S. 83, Z. 12 („Mephistopheles“); S. 118, Z. 26 f. („Sophien-Ausgabe“); S. 141, Z. 19 („Hexen Macbeth'“).

39 Vgl. dazu Kárpáti, Paul: Dokumentarisches zur Edition ungarischer Lyrik in der DDR (1968–1982). In: Bödeker, Birgit u. Eßmann, Helga (Hrsg.): Weltliteratur in deutschen Versanthologien des 20. Jahrhunderts. Berlin 1997, S. 340 ff.; Kleinert, Paul Alfred: Gábor Hajnal (4.10.1912 Gyepüfüzes – 26.01.1987 Budapest). In: PEN-*info*. Hrsg. vom P.E.N.-Zentrum deutschsprachiger Autoren im Ausland. Jg. 2007, Nr. 1/07, S. 21 u. 23.

40 Hajnal, Gábor: Walpurgisnacht. Gedichte. Hrsg. von Paul Kárpáti. Nachdichtungen ungarischer Originalausgaben. Mit einem Nachwort von Franz Fühmann. 2. Aufl. Leipzig 1986, S. 58 („Walpurgisnacht“. Deutsch von Franz Fühmann)

agierte[41], würde für die „Walpurgisnacht" unterschiedliche Deutungsmöglichkeiten zulassen. Falls also die Wahl des Titels im Zusammenhang mit dem Aufeinanderprallen von ‚sozialistischer' und ‚kapitalistischer' Ideologie und bei einer eventuellen Gefährdung der eigenen, noch nicht aufgegebenen sozialistischen Identifikation erfolgt ist, würde mit ‚Walpurgisnacht' wohl ein bedenklicher Zustand von Unordnung und Verwirrung benannt. Eine solche Verstehensweise würde dann an die eher eindimensionale Lesart der „Walpurgisnacht" aus Goethes „Faust I" als ‚das Böse' anknüpfen, wie sie ja über lange Zeit vielfach offeriert wurde[42]. Jedoch ist sicherlich genauso gut eine ganz andersartige Deutung von Hajnals Versen möglich, welche eben doch eine verdeckte system- und ideologiekritische Intention zu erschließen sucht, die in Anbetracht neuerer Forschungen zu Hajnal keineswegs auszuschließen ist[43].

Mit Bestimmtheit zeigt sich aber an den beiden unterschiedlichen Beispielen erneut die zeitweilig selbstverständlich gewordene, vielfältige und nicht selten chiffrenartige Verwendung sowohl des walpurgisnachthaften Fluidums als auch des wörtlichen Ausdrucks ‚Walpurgisnacht'. Dabei konnte ebenso selbstverständlich noch auf ein analoges rezeptives Verständnis der Leserschaft gesetzt werden.

Zumindest in der Literatur ‚gehobenen' Anspruchs ist mit der Fortdauer der zweiten Hälfte des 20. Jahrhunderts insgesamt aber von einem kontinuierlichen Wegfall der Walpurgisnacht und der Hexenversammlung als einem gesellschafts- und kulturkritischen oder auch nur polemischen Artikulationsmittel nach der in früheren Epochen üblichen Art zu sprechen. Im Zuge der positiven Umwertung des Hexenhaften erschienen beide Ereignisse zu einem solchen Zweck wohl immer weniger geeignet. Dabei ist vor allem zu berücksichtigen, dass durch die Ergebnisse der vorangeschrittenen geschichtswissenschaftlichen Erforschung der Hexenverfolgungen, das Klischee eines ungenierten ‚Hexensabbats' vor dem Hintergrund der Leiden der Verfolgungsopfer von einst recht schnell nicht mehr opportun angemutet haben dürfte. Weitere entscheidende Veränderungen in den Bedingungen, Kritik und Polemik nicht mehr auf diese Weise auszudrücken, liegen letztendlich sicher auch im beschleunigten Voranschreiten einer weit gefächerten Pluralisierung und Demokratisierung (auch) in der medialen

41 Vgl. Kárpáti, S. 340 ff.; Kleinert, S. 21–23.

42 Vgl. Teil 3, IV.

43 Vgl. dazu Kárpáti, S. 335 ff. u. 340 ff.; Kleinert, S. 21–23; Volke, Lutz: Ungarn als Sehnsuchtsland. Rezension von: Fühmann, Franz: Briefe aus der Werkstatt des Nachdichters 1961–1984. Mitgeteilt vom Adressaten Paul Kárpáti. Leipzig u. Budapest 2007. Online-Veröffentlichung im PDF- und HTML-Format. © Lutz Volke 2007, S. 1–3.

Kommunikation zu sehen. Eine sinnbildliche ‚Verpackung' oder gar ‚Tarnung' ist so kaum mehr notwendig und birgt bei einer immer üblicher werdenden Unverblümtheit, eher noch das Risiko, nicht mehr verstanden zu werden. Hinzu kommt, dass Kritik an gesellschaftlichen oder politischen Verhältnissen längst eine vor allem journalistische oder seit der Standardwerdung des Internets gleich eine unmittelbar individuelle Angelegenheit geworden ist, offenbar aber immer weniger eine literarische, in Buchform abgefasste.

Im Zusammenhang mit dem Harzer Brocken findet sich gelegentlich natürlich schon noch der Hinweis auf das althergebrachte Bild vom darauf platzierten Hexenfest als dem berühmteste kulturellen Merkmal des Harzgipfels, ohne dass es dabei als eigenes komplexes Motiv verwendet würde[44].

Eine gewisse Ausnahme bildete allerdings noch einmal der „Hexenroman" Irmtraud Morgners (1933–1990) „Amanda" aus dem Jahr 1983[45]. Das bald nach seinem Erscheinen nicht nur in der DDR, sondern auch in der Bundesrepublik erfolgreiche Buch wurde mit einer ganzen Fülle von systematisierenden Attributen versehen, die gleichermaßen zutreffend sein dürften. So gilt es z. B. natürlich als ein Stück DDR-Literatur oder als Beitrag zu einer Hörselberg- bzw. „Harz- und Brocken-Literatur"[46], insbesondere aber als feministische Literatur. Der feministische Aspekt wurde davon wohl bisher am häufigsten hervorgehoben, obwohl dennoch anscheinend noch nicht allzu ausführlich untersucht wurde, inwiefern die speziellen politischen und gesellschaftlichen Bedingungen in der DDR für den Feminismus Morgners prägend und individualisierend waren, wovon freilich auszugehen ist.[47]

---

44 z. B. Loest, Erich (*1926): Beton am Brocken. In: Wanderbuhne. Zeitschrift für Literatur und Politik. Nr. 2, 1981/82, S. 5; vgl. auch Kröhnke, S. 120.

45 Morgner, Irmtraud: Amanda. Ein Hexenroman. Darmstadt 1983.

46 Kröhnke, S. 120.

47 Vgl. dazu Cramer, Sibylle: Morgner, Irmtraud. In: Killy, Bd. 8 (1990), S. 221 f.; Deutsch, Dorette: Irmtraud Morgner [...]. Amanda. Ein Hexenroman. In: Kindlers neues Literaturlexikon. Hrsg. von Walter Jens. 22 Bände. München 1988–1998, Bd. 11 (1990), S. 977 f.; Meier, Monika: Konzerte der Redevielfalt: Die Walpurgisnacht-Darstellungen in der ‚Amanda' Irmtraud Morgners. In: Literatur für Leser. Jg. 1990, H. 1, S. 213 f.; Fuhrmann, Helmut: Vorausgeworfene Schatten. Literatur in der DDR – DDR in der Literatur. Interpretationen. Würzburg 2003, S. 116 ff.; Wölfel, Ute: „Der weibliche Hexer heißt Hexe"? Widerstand zwischen Mythos und Geschichte in Irmtraud Morgners *Amanda. Ein Hexenroman* (1983). In: George, Marion / Rudolph, Andrea / Daran, Valérie de (Hrsg.): Hexen. Historische Faktizität und fiktive Bildlichkeit. Internationales Symposion „Die Hexe. Historische Realität, Ideologie, Fiktion", das vom 31. Oktober bis zum 2. November 2002 in Penzlin stattfand und vom

In „Amanda“ begegnet eine mannigfaltige Montage aus Sagen-, Mythen- und Märchen-Elementen[48], aber auch aus konkreten literarischen Bezügen. Dabei spielt Morgner verschiedentlich auch unmittelbar auf Werke aus der poetologischen Historie der Walpurgisnacht und der Hexenversammlung an. Teils erfolgt dies ganz direkt anhand von Zitaten. So verzichtet Morgner vor allem nicht auf Goethe. In der „*Walpurgisnacht auf dem Blocksberg (Intermezzo in C-Dur*“ („94. Kapitel“, S. 394–411) bedient sie sich der deftigen Passagen der Satansmesse aus den „Faust“-Paralipomena (S. 400 f.)[49]. Kurz zuvor verwendet sie bereits in etwas abgewandelter Form die erste Strophe aus der Ballade „Die erste Walpurgisnacht“ (S. 398)[50]; und während der gegen die Heldin „Laura Amanda“ gerichteten „*Wette auf dem Blocksberg*“ zwischen dem „Oberteufel Kolbuk“ und dem „Oberengel Zacharias“ („101. Kapitel“, S. 449–456) – einer Art Teufelspakt-Satire – fällt das Zitat von „Adams erste[r] Frau Lilith“ (S. 453). Andere intertextuelle Hinweise sind dagegen nur zu erahnen. Die den ebenfalls im „94. Kapitel“ marschierenden Hexen aufdiktierte militärische Ordnung (S. 397–399) und militaristische Anlehnungen an weiteren Stellen lassen etwa eine Kenntnis Morgners von Tucholskys „Walpurgisnacht“ vermuten[51]. Morgner ist somit zweifelsohne eine gute Kenntnis der diesbezüglichen literaturgeschichtlichen Traditionslinie zuzusprechen, in der sie ihr Buch unter anderem offensichtlich ebenfalls positioniert wissen wollte. Die Walpurgisnacht ist in „Amanda“ ein bedeutendes Ereignis der Hexenexistenz, dem eigens zwei für den Handlungsfortgang wichtige Kapitel gewidmet sind[52]. Der besagten „*Walpurgisnacht auf dem Blocksberg (Intermezzo in C-Dur)*“ („94. Kapitel“) folgt später noch „*Die Walpurgisnacht auf dem Blocksberg (Intermezzo in Moll)*“ („110. Kapitel“, S. 496–511). Daneben sind, je nach Wahrnehmung, Brocken und Blocksberg sowie der Hörselberg die gesamte Kapitelfolge hindurch, ähnlich einem roten Faden, feste erzählerische Aufhänger. Mit einer „*Sachkundigen Brockengeschichte*“ („59. Kapitel“, S. 234–242) leistet sich Morgner sogar einen flüchtigen, von der Romanhandlung unabhängigen sagenhistorischen Überblick. Die Hexenberge bzw. „Zauberberg[e]“ (S. 456), man beachte die etwaige Analogie zu Thomas Mann[53], sind eigentlich durchaus positive,

---

Museum Alte Burg in Verbindung mit dem Institut für Germanistik der Universität Poitiers organisiert und durchgeführt wurde. Dettelbach 2004, S. 351–367.

48 Vgl. Cramer, S. 222; Deutsch 1990, S. 977.

49 Vgl. Teil 3, IV.

50 Vgl. Teil 3, III.

51 Vgl. Teil 5, III.

52 Vgl. Meier 1990, S. 215 ff.

53 Vgl. Teil 5, V.

Identifikation stiftende Symbole des Phantastischen und der Hexenexistenz, die aber der Oberteufel „Kolbuk“ und seine Helfer mit ihrer virilen, patriarchalischen Willkür kontrollieren. Davon abgesehen kann der Blocksberg als ein Hort allerlei, oft geheimen, aber als wahr verstandenen Wissens gedeutet werden. Dementsprechend benutzt die eine Hälfte von Morgners geteilter Heldin „Laura Amanda“ dieses ‚Blocksberg-Archiv‘ – übrigens tauchte das „geheime Archiv der Walpurgisnächte auf dem Blocksberg“ als Begrifflichkeit einst schon bei Christian August Vulpius auf[54] – für ihre aktivistisch gesonnene Schreibarbeit, deren Absicht letztlich eben der „Blocksberg-Umsturz“ ist (S. 655 f.), also die Änderung der männlich bestimmten Machtverhältnisse.

Auffällig ist bei Morgner eine wiederum feministisch zu nennende Formung des Verhältnisses zwischen Hexen und Teufeln und damit des Hexen-Begriffs an sich. So ist in „Amanda“ eine Verquickung des dort allein weiblichen Hexenhaften mit den ausschließlich als männlich beschriebenen Teufeln vordergründig zwar noch gegeben, die Autorin schickt sich allerdings an, diese Verknüpfung zu Gunsten eines eigenständigen, die Beseitigung der Teufelsherrschaft anstrebenden Hexentums endgültig aufzulösen. Das drückt sich recht plastisch etwa in einem tumultartigen, beinahe karnevalistisch anmutenden Treiben während der „*Walpurgisnacht auf dem Blocksberg (Intermezzo in C-Dur)*“ aus, in dessen Verlauf die Hexen gegen die Teufel probeweise aufbegehren (S. 406 f.)[55]. Die Teufelschemen der spätmittelalterlichen und frühneuzeitlichen Dämonologie, die den Sexus beliebig wechseln konnten, haben Morgners Teufelbild also offensichtlich ebenso wenig beeinflusst wie der tendenziell androgyne Hexenbegriff jenes Zeitabschnitts. Darin mag zunächst eine (feministische) Vereinnahmung des Hexenbegriffs gesehen werden, doch erhebt Morgner in diesem Punkt nicht unbedingt den Anspruch auf historische Genauigkeit. Darüber hinaus ist für sie das alte Hexenklischee, dem noch der negative Schatten der dämonischen Untaten anhaftet, kein Thema. Die Hexenexistenz, jedenfalls nach Art der hexischen Hälfte der Heldin „Laura Amanda“, ist bei ihr also eine durchaus revolutionäre und daher erstrebenswerte Lebensform[56].

Trotz des insgesamt eher einfach gehaltenen Erzählstils, auf den der gelegentliche Manierismus-Vorwurf an und für sich nicht gerichtet gewesen sein dürfte[57], sind auch für Morgner Ironie, Satire und Humorismus obligatorische Mittel ihrer individuellen Gestaltung. Möglicherweise konnten sie aber auf Grund Morgners

54 Vgl. Teil 2, VI.
55 Vgl. Meier 1990, S. 224.
56 Vgl. Wölfel, S. 353.
57 Vgl. Deutsch 1990, S. 978.

besonderer, wohl schon von einer gewissen politischen Restriktion beeinflusster Schreibsituation nicht immer in einer vergleichbar derben Weise umgesetzt werden, wie es manchem ihrer schriftstellerischen Vorgänger offenbar eher möglich war[58]. So oder so ist bei Morgner ein emphatischer gesellschaftskritischer Aspekt gegeben, der anhand eines speziellen Feminismus', der obendrein mit einem abgewandelten Zitat von Karl Marx (1818–1883) begründet wird (S. 312)[59], eine Umgestaltung der bis dahin umgesetzten Sozialismus-Idee bezüglich der Geschlechterrollen postuliert[60]. Dieses Ansinnen informiert heute noch über eine gewisse Problematik in der vermeintlich gerechteren Geschlechtersituation im ‚real existierenden Sozialismus' der Gesellschaft der DDR und eventuell auch in den Gesellschaften der damaligen ‚sozialistischen Bruderstaaten'. Darin besteht gewiss ein außergewöhnlicher zeitgeschichtlicher Wert.

In der Trivial- und Unterhaltungsliteratur und der Trivial- und Populärkultur überhaupt haben die Hexen- und Magiethemen mittlerweile ein kaum mehr überschaubares Ausmaß erreicht – man denke nur allein an die Vielzahl der entsprechenden internationalen Fernseh- und Kinoproduktionen der letzten Jahre. Der restriktiven Verwendung von Walpurgisnacht und Hexenversammlung in der Literatur ‚gehobenen' Anspruchs steht also eine gegenteilige Entwicklung in der Trivial- und Unterhaltungsliteratur gegenüber. Zwar sind Walpurgisnacht und ‚Hexensabbat' seit jeher auch in weniger anspruchsvollem Schriftgut beliebte Motive – es wären etwa Christian August Vulpius' Schriften oder die Schauerliteratur seines Zeitalters zu beachten[61] – doch ist in den letzten beiden Jahrzehnten eine deutlich zunehmende Tendenz zu erkennen. Hexen- und Dämonenversammlungen sind darin allerdings keine einzelnen, independenten Ereignisse, sondern sind in einen zuweilen peripher historisch gehaltenen Kontext von beliebigen Hexen- und Magiethematiken eingebettet[62]. Darauf wird in solcher Belletristik freilich eher verzichtet, die ohne ein geflissentliches phantastisches Kolorit das Motiv der Hexenverfolgungen nach der Art des historischen Romans aufgreift[63]. Bemerkenswert ist außerdem, dass in einigen Werken die von der frühneuzeitlichen Hexenlehre bekräftigte Verquickung der Hexenexistenz mit der finsteren Aura des

---

58 Vgl. z. B. Teil 5, IV. (Gasbarra).

59 Vgl. dazu Deutsch 1990, S. 977; Fuhrmann 2003, S. 119.

60 Vgl. Deutsch 1990, S. 977 f.

61 Vgl. Teil 2, VI.

62 z. B. Böckl, Manfred: Der Hexenstein. Ein Roman aus dunkler Zeit. München 1997; Wolf, Paul u. Davenport, Neal: Hexensabbat. Roman. Schwelm 1999.

63 z. B. Kinkel, Tanja: Die Puppenspieler. Roman. München 1993.

Teufels kaum mehr von Belang ist[64], sondern dass das Hexenwesen darin nicht selten als eine unabhängige, geradezu freie Lebensform präsentiert wird.

Daneben kann aber auch in der Trivial- und Unterhaltungsliteratur ‚Walpurgisnacht' schon noch ein schlichter metaphorischer Ausdruck für eine ausgelassene, bacchantisch anmutende Feierlichkeit oder eine chaotisch verlebte Nacht sein. So ist es z. B. bei F. Heinz Jansens (*1917) kurzer humoristischer Geschichte „Walpurgisnacht im Kurbad" (1992), für die des Sanatorium-Schauplatzes wegen eine, wenngleich weitläufige ‚Patenschaft' von Thomas Manns „Zauberberg"-Unterkapitel vermutet werden darf[65]. Daran, dass der Titel ebenso zum Gesamttitel einer ganzen Sammlung unterhaltsamer Prosa Jansens erweitert wurde[66], zeigt sich einmal mehr, dass ‚Walpurgisnacht' trotz allem weiterhin für ein geeignetes, Interesse weckendes Zugstück gehalten wird.

Für Eingang von Hexenwesen, Walpurgisnacht und Blocksberg in die Kinderliteratur ist „Die kleine Hexe" (Erstdruck 1957) von Otfried Preußler (1923–2013) das möglicherweise berühmteste und beliebteste Beispiel[67]. Darin ist die „Walpurgisnacht" der Höhepunkt des „Hexenjahres" und die Teilnahme am „Hexentanz" auf dem „Blocksberg" ist das Merkmal, das die Hexe erst perfekt macht (S. 7 ff.); das fasst der Ausruf „Heia, Walpurgisnacht!" praktisch zusammen (S. 9 f., 127). So ist „die kleine Hexe", die dem Ereignis erwartungsvoll entgegenfieberte, zunächst äußerst betrübt und wütend, dass ihr die anderen, großen Hexen die Teilnahme daran verwehren (S. 10 ff., 120 f.). Im darauf folgenden Jahr triumphiert sie dafür umso mehr, als sie mit ihrer stark verbesserten Hexerei den anderen Hexen ihre Fähigkeiten nehmen kann und den Blocksberg für sich allein hat (S. 124–127). Eine Besonderheit von Preußlers Longseller dürfte darin bestehen, dass bei seinem ersten Erscheinen im Jahre 1957, das eher negativ-gruselige Bild der Hexe der Märchentradition in der Kinderkultur zwar noch völlig präsent gewesen ist, sich aber wohl doch schon in einer wenigstens latenten Verblassung befunden hat. Der rasche und anhaltende Erfolg des bis zum Jahr 2000 in 39 Sprachen übersetzten Buches würde das zumindest bestätigen[68].

64 Vgl. Teil 1, IV. 2.

65 Vgl. Teil 5, V.

66 Jansen, F. Heinz: Walpurgisnacht im Kurbad (1992). Reiseabenteuer-Geschichten. Frankfurt/M. 1992, S. 85–100 („Walpurgisnacht im Kurbad").

67 Preussler, Otfried: Die kleine Hexe. Stuttgart u. Wien 1957.

68 Ein gegenläufiges Beispiel, bei dem ein fremdsprachiges Kinderbuch des Genres ebenfalls in der deutschen Übersetzung Erfolg hatte, wäre die Erzählung „The witches" des Walisers Roald Dahl (1916–1990) aus dem Jahr 1983 (dt. Titel: „Hexen hexen" (1986)), worin im Übrigen gleich eine ganze Hexengesellschaft agiert.

Mittlerweile lässt sich eine ganze Fülle von keineswegs nur deutschsprachigen Beispielen für das Hexenwesen – und somit auch von gelegentlich darin enthaltenen Konventen und Walpurgisnächten – in der Kinderkultur anführen, sei es als Buch, Comic, Hörspiel, Zeichentrickfilm, Fernseh- und Kinofilm oder in diversen Spielen und Computerspielen. Geradezu prototypisch dürfte sich hierbei das von der Autorin Elfie Donnelly (*1950) geschaffene Format „Bibi Blocksberg" ausnehmen. 1980 wurde damit begonnen es als Hörspielserie herauszubringen; ab 1986 folgte dann eine analoge Buchfolge, 1999 eine Zeichentrickserie für das Fernsehen und 2002 sowie 2004 kamen noch (bislang) zwei Kino-Produktionen hinzu. Ein ähnlicher Werdegang ist der von Ludger Jochmann (*1952) alias ‚Knister' geschaffenen „Hexe Lilli" zu attestieren. Als Kinderbuch erstmals 1992 erschienen[69] wurde diese Figur in den letzten Jahren zu einem umfangreichen Format erweitert, das – zunehmend auch mit einem pädagogischen Anspruch versehen – inzwischen mehrere Konzeptionen und Medienformen umfasst, seit 2009 auch eine Spielfilm-Produktion. Als ein weiteres Beispiel aus dieser medialen Entwicklung wäre noch die zwar bisher überschaubare, aber in der Kinderbuchkultur gleichwohl bereits etablierte Buchreihe um die „Hexe Winnie" zu nennen, die von der Autorin Marliese Arold (*1958) stammt[70].[71]

Selbstverständlich sind ebenfalls in der Jugendliteratur, die eben mehr an Heranwachsende als noch an Kinder im engeren Sinne gerichtet ist, Magie- und Hexenthemen eine regelmäßige, variantenreiche Erscheinung[72]. Doch anders als in der reinen Kinderliteratur gibt es hier neben ausschließlich unterhaltender

69 Knister (Pseud. von Jochmann, Ludger): Hexe Lilli zaubert Hausaufgaben. Würzburg 1992.

70 Arold, Marliese: Hexe Winnie zaubert Weihnachten. Bilder von Barbara Korthues. Hamburg 2005; — Hexe Winnie und der Zauberwettbewerb. Bilder von Barbara Korthues. Hamburg 2006; — Hexe Winnie auf Klassenfahrt. Bilder von Barbara Korthues. Hamburg 2008.

71 Vgl. fernerhin Hässner, Wolfgang: Hexen in der Kinder- und Jugendliteratur. In: George, Marion / Rudolph, Andrea / Daran, Valérie de (Hrsg.): Hexen. Historische Faktizität und fiktive Bildlichkeit. Internationales Symposion „Die Hexe. Historische Realität, Ideologie, Fiktion", das vom 31. Oktober bis zum 2. November 2002 in Penzlin stattfand und vom Museum Alte Burg in Verbindung mit dem Institut für Germanistik der Universität Poitiers organisiert und durchgeführt wurde. Dettelbach 2004, S. 425–438; Kilian, Heinke: Von Hexen, Zauberern und magischen Gestalten. Hexenverfolgung in der Jugendliteratur der Gegenwart – ein Thema mit aktuellen Bezügen. Frankfurt/M., Berlin, Bern, Brüssel, New York, Oxford, Wien 2010.

72 Vgl. dazu z. B. Kilian 2010; Hässner, S. 425–438.

Lektüre auch eine Richtung, die ein zumeist fiktives Geschehen in einen historiographisch einigermaßen gesicherten Kontext einbettet; also ähnlich wie es auch in der ‚Erwachsenenliteratur' üblich ist. In der Regel liegt dem die Überlegung zu Grunde, älteren Kindern und Jugendlichen durch sie ansprechende, erfundene Charaktere und Handlungsabläufe die historische Realität im Hintergrund leicht verständlich und jugendgerecht näher bringen zu wollen. Das möglicherweise auflagenstärkste Beispiel dafür, ist wohl der Roman „Hexen in der Stadt" der preisdekorierten Jugendbuchautorin Ingeborg Engelhardt (1904–1990); seit seinem ersten Erscheinen 1971 wurde es bisher 28 Mal aufgelegt[73]. Nach den Angaben der wechselnden Verlage und zufolge der Klappentext-Informationen hat Engelhardt für das Buch in Archiven eine Anzahl historischer Quellen eingesehen, vor allem wohl zu den Würzburger Hexenverfolgungen des frühen 17. Jahrhunderts, und sich mit dem Wirken Friedrich Spees von Langenfeld beschäftigt[74].

Über die internationale Konjunktur der Zauberei- und Hexenthematiken in der Kinder- und Jugendkultur ist mit der Zeit auch eine Debatte zu einer damit mutmaßlich einhergehenden Jugendgefährdung aufgekommen. Recht plastisch wird dies an den von der Publizistin Gabriele Kuby (*1944) gegen die äußerst erfolgreiche Roman-Reihe um den Fantasy-Helden „Harry Potter" der englischen Autorin Joanne K. Rowling (*1965) gerichteten „Argumenten" deutlich, zu deren Bekräftigung Kuby sogar an den Vatikan appellierte[75]. Unweigerlich erinnern solche Vorgänge ein wenig an die bereits 1597 vom Heidelberger Professor Hermann Witekind gegen den leichtfertigen Umgang mit der Faust-Legende erhobenen, jugendgefährdenden „bedencken"[76]. Divergenzen dieser Art sind also kein Phänomen speziell des 21. Jahrhunderts, sondern letztlich wohl eine Begleiterscheinung phantastischer Literatur überhaupt.

Der Verständniswandel und das neue Identifikationspotential – eben auch für Kinder – zeigt sich zweifellos auch im Einbeziehen des Hexenhaften in pädagogisch-didaktische Konzepte des Vorschulbereichs, des Schulunterrichts

---

73 Engelhardt, Ingeborg: Hexen in der Stadt. Roman. 1. Ausg. Stuttgart 1971, 28. Aufl. München 2006.

74 Vgl. Teil 1, IV. 5.

75 Kuby, Gabriele: Harry Potter – gut oder böse. Kißlegg-Immenried 2003; vgl. auch Heuermann, Hartmut: Mythos, Religion, Ideologie. Kultur- und gesellschaftskritische Essays. Frankfurt/M., Berlin, Bern, Brüssel, New York, Oxford, Wien u. a. 2009, S. 188–200 („Der phänomenale Harry Potter: Das Geheimnis seines Erfolgs").

76 Vgl. Teil 1, IV. 5.

der Primarstufe und der Sekundarstufe I als Phantasie- und Kreativitätsanreger[77]. Ähnlich verhält es sich mit an Kinder gerichteten Sachbüchern, die beispielsweise in Märchenform verfasst, die sich der Hexe als begreiflich machenender sympathischer Identifikationsfigur bedienen[78].

Das einst (vor allem) Kindern vermittelte Paradigma der ‚bösen' Hexe – man denke dabei etwa an die Volksmärchen-Tradition – mag zwar noch verstanden werden und somit noch nicht ganz obsolet sein, stetig und unbedingt populärer geworden ist daneben jedoch das Bild von der lustigen, liebenswert-possierlichen, dabei aber doch eigenständigen und cleveren Hexe, zu deren Drum und Dran eben mitunter auch die Walpurgisnacht und die Versammlung auf dem Blocksberg gehören.

Es ergibt sich also insgesamt der relativ klare Eindruck einer Entwicklung, die für spezifische, literarische Verarbeitungsmöglichkeiten, wie sie bis in die zweite Hälfte des 20. Jahrhunderts mit nicht selten kulturkritischem Hintergrund wahrgenommen wurden, ungünstig verläuft oder allmählich gar gänzlich verebbt; was längerfristig weiter zu beobachten und entsprechend zu beurteilen wäre. Dagegen scheint der Horizont der seichteren, unzähligen Verwendungen in der Populär- und Trivialkultur mit einem häufig sogar ausschließlich kommerziellen Ansinnen noch gar nicht abzusehen sein. Und dabei muss man noch nicht einmal das Internet näher berücksichtigen. Gleichwohl stellt das Internet seit einigen Jahren eine schier unbegrenzte Plattform für geradezu jeden

---

77 Beispiele hierfür sind: Kist, Thusnelda u. Enzmann, Lieselotte: Heia, Walpurgisnacht. In: Ehrenwirth-Sonderschulmagazin. 3. Jg., H. 4, 1981, S. 43–44; Rosenau, Waltraud: Die kleine Hexe Schrulalla und die Walpurgisnacht. In: Sportpädagogik. 17. Jg., H. 2, 1993, S. 20–23; Wicke, Susanne: Hexenfest zur Walpurgisnacht. Kunsterziehung Grundschule. In: Praxis Grundschule. Jg. 24, H. 2, 2001, S. 32–36; Näger, Sylvia: Walpurgisnacht und Hexentanz. Ein „Hexenprojekt" für Schulkinder. In: Kindergarten heute. Zeitschrift für Erziehung im Vorschulalter. Jg. 31, Nr. 4, 2001, S. 40–42; Heimbrodt, Christine: Walpurgisnacht. Vom Kinderbuch über die Bildbetrachtung zum Fensterbild. In: Grundschulunterricht. 50. Jg., 2003, Sonderheft „Bildende Kunst", S. 32–36.
Vgl. auch Richter, Karin: Hexenbilder im Wandel. Veränderte kindliche Zugänge zu einem ambivalenten Zauberwesen. In: Grundschule. Zeitschrift für die Grundstufe des Schulwesens mit Mitteilungen des Grundschulverbandes e.V. 38. Jg., H. 7–8, 2006, S. 8–10.

78 Beispiele hierfür sind: Näger, Silvia u. Wiemers, Sabine: Hexentanz und Zauberkraut – ein Hexen- Spiel- und Sachbuch ab 8. Luzern 2000; Beermann, Alfred u. Lüder, Rita: Das Geheimnis des Bibersees. Ein Naturmärchen mit der kleinen Hexe Duftnäschen. Wiebelsheim u. Wiesbaden 2006 (Narratives Naturmärchen, Natur-Sachbuch für Kinder).

erdenklichen Umgang mit Magie- Teufel- und Hexenthemen und somit auch von Hexenkonventen und Walpurgisnächten dar. Auf die sachlich zu nennende Komponente dabei, wie sie beispielsweise durch die zahlreichen Einträge in der populären Internet-Enzyklopädie Wikipedia besonders anschaulich vergegenwärtigt wird, wurde ausgangs bereits hingewiesen[79]. Im Ganzen zeigt sich aber in der Beschäftigung mit Magie- und Hexenthemen eine breite Beliebigkeit, der auf eigens dafür angelegten Internetseiten oder in diversen Portalen und Foren nachgekommen wird[80]. Letztlich ist dies eine frappierende Bestätigung für die Anziehungskraft des Themenspektrums in der jüngeren Vergangenheit und Gegenwart. Ein literarischer und womöglich sogar literaturwissenschaftlicher Aspekt liegt jedoch vielleicht darin, dass das Internet in seiner Funktion als beliebtes, unkompliziertes Publikationsmedium offensichtlich prosperiert[81]. So gesehen, könnte ein Ansatz für weitere Untersuchungen auch das Einbeziehen von derartigen Publikationen sein.

Das weit gefächerte Interesse bzw. die Nachfrage nach dem Teufel-, Hexen-, Dämonen- und Magiekomplex, insbesondere in der jüngeren Vergangenheit und Gegenwart, bietet gewiss noch Perspektiven einer weiteren Erforschung – auch speziell der Phänomene Walpurgisnacht und Hexenversammlung. So ergibt sich schon allein durch den Einfluss der an dem phantastischen, metaphysischen Gesamtbereich festgemachten Vermarktung und Kommerzialisierung – ob etwa überlieferte, volksmythologische Elemente verformt verwendet und dadurch langfristig anders aufgenommen werden – eine Ansatzmöglichkeit. Doch ist zu bedenken, dass dabei keine übergebührlichen Berührungsängste mit Objekten aus der Trivial- und Unterhaltungskultur bestehen sollten.

Eine Alternative ist sicher immer auch ein internationaler Vergleich der Literaturen, insbesondere unter dem Aspekt der gegenseitigen Wirkung und der populärkulturellen Beeinflussung, für die ebenfalls eine internationale Dimension unbedingt anzunehmen ist. Dann wäre beispielsweise darauf zu achten, inwiefern eine Vermengung von Elementen unterschiedlicher mythologischer Herkunft beobachtet werden kann, gegenseitige Verdrängungen oder aber ‚Akquisitionen', wie es in Mitteleuropa etwa am Halloween-Fest zu beobachten ist,

79 Vgl. Einleitung, I. (Vorüberlegungen).

80 Vgl. dazu z. B. Kroeger, Verena: Magie und Aberglaube im Internet. Münster 1998; Kaiser, Ulrich: Esoterik im Internet: das komplette Info-Highway-Angebot: Cyberreligionen, Neo-Heidentum, Freimaurer, I Ging, neue Hexen, PSI, Voodoo, Tarot und vieles mehr .... München 1997.

81 Vgl. dazu z. B. Segeberg, Harro u. Winko, Simone (Hrsg.): Digitalität und Literalität. Zur Zukunft der Literatur. München 2005.

dessen Ursprünge im keltischen Mythologiekreis gesehen werden und das in seiner aktuellen Form aus dem nordamerikanischen Brauchtum quasi ‚importiert' wurde.

Eine weitere Perspektive könnte sich bei einem Überprüfen im Sinne einer spezifischen literatur- und medienwissenschaftlichen Mythosforschung ergeben. Diese Fachrichtung ist im Verbund mit anderen Disziplinen, wie der Bild- und Symbolforschung, bestrebt, eine Theorie über mythische Denkstrukturen zu entwickeln[82]. Dazu werden „Kunstphänomene"[83] untersucht, für deren Anfertigung mythische Erzählungen und mythisches Denken oder Elemente daraus genutzt wurden[84]. Und da religions-, magie-, teufels- und phantastikhaltige „Kunstphänomene" mit zu den obligatorischen Untersuchungsgegenständen dieser Forschungsrichtung zählen[85], sollte sicherlich eine Schnittstelle zum Umgang mit dem Hexenhaften an sich, speziell aber auch mit Hexenkonventen und Walpurgisnächten in Literatur und Kunst gegeben sein[86].

Eine stärker historiographische Ausprägung hätte dagegen eine groß angelegte, systematische Sichtung von frühneuzeitlichen Prozessakten, Protokollen inquisitorischer Untersuchungen und ähnlichen Aufzeichnungen in Hinblick auf das Element des ‚Hexensabbats'. In weiterer Konsequenz wäre dabei dann ein Abgleich mit den teils arg generalisierenden Beschreibungen in der frühneuzeitlichen Fachliteratur[87], deren Autoren in Bezug auf die Herkunft ihrer Darlegungen nicht selten unbestimmt bleiben, mit den in der voraufklärerischen Dichtung fixierten Eindrücken[88] sowie den volksmythologischen Vorstellungen[89] angebracht.

Sofern beide nicht ohnehin miteinander verbunden sind, werden die Walpurgisnacht und die Hexenversammlung über die Spanne der Neuzeit hinweg in der Regel also als eigenständiges literarisches Motiv verwendet. Die phantastische,

---

82 Tepe, Peter: Mythos & Literatur. Aufbau einer literaturwissenschaftlichen Mythosfoschung. Würzburg 2001, S. 7–9, 14 ff., 116 ff., 252 ff.

83 Ebd., S. 252 (Begriffsbestimmung von „Kunstphänomen").

84 Ebd., S. 161 ff. u. 212 ff.

85 Ebd., S. 254–263.

86 Vgl. auch ebd., S. 252, 257 f., 281–283; außerdem Heuermann, Hartmut: Welt und Bewußtsein. Eine Topographie der inneren Erfahrung. Frankfurt/M., Berlin, Bern, Brüssel, New York, Oxford, Wien 2002, S. 21–40 („Der unzerstörbare Zauber: Magie") u. S. 41–60 („Die ursprüngliche Wahrheit: Mythos").

87 Vgl. Teil 1, IV. 4.

88 Vgl. Teil 1, IV. 7. u. V.

89 Vgl. Teil 1, II.

traumartige Sphäre jenseits der üblichen Konventionen, haben die Dichter als kurioses Medium und Projektionsfläche für allerlei experimentelle, oft unverhohlene Zwecke adaptiert. Mit am auffälligsten ist dabei das Ausdrücken kulturkritischer Beurteilungen, meistens mit einem zumindest ironischen, oft aber sarkastischen und satirischen Unterton; das absonderliche Szenario tut dazu ohnehin häufig ein Übriges. So kann ein solches Gebilde eine aufwendige allegorische Dimension erreichen; Walpurgisnacht oder ‚Hexensabbat' können aber ebenso als bildliche, zuweilen chiffrenhafte Benennungen zur Charakterisierung eines unkonventionellen, humoristischen, chaotischen oder bedrohlichen Zustands gebraucht werden. Vergegenwärtigt wird so oder so fast immer das Verhältnis der Autoren zu ihrer jeweiligen Gegenwart, denn um lange vergangene Zustände zu beschreiben, wird das Konstrukt allenfalls vordergründig verwendet. Zudem ist die jeweilige (historische) Leidenschaft des Publikums für Teufels-, Hexen- und Magiethemen indirekt bereits am stofflich-literalen Spürsinn der Autoren, aber am Erfolg eines Werkes mitunter auch ziemlich direkt zu ersehen. So zeigt sich einmal mehr, dass diese Materie die Neuzeit hindurch relativ durchgängig in der Gunst des Publikums gestanden hat. Diese Gewogenheit bedingt zu einem nicht unerheblichen Teil halt auch die vor allem quantitativ auffällige Expansion bei diesen Themen, Stoffen und Motiven in der jüngeren Vergangenheit und Gegenwart, die gleichwohl mit einer merklich trivialen Tendenz vonstatten geht. Hexenkonvente und ähnliche Zusammenkünfte scheinen dabei eher als eine abhängige, eben zum Kontext des Hexenwesens und des Esoterischen zählende Angelegenheiten zu begegnen. So kann die Zukunft der Walpurgisnacht und der Hexenversammlung als eigenständige, mit einer spezifischen Aussage verknüpfte literarische Motive derzeit kaum zuverlässig ermessen werden, doch rückblickend bleiben sie unbedingt kulturelle Indikatoren für den Abschnitt der Neuzeit.

3. Abschnitt: Literaturverzeichnis[1]

1 Das Literaturverzeichnis enthält ausschließlich solche Titel, die zuvor im Haupttext und in Fußnoten genannt bzw. als Referenz angegeben wurden.

I. Werke und Quellen

Agrippa von Nettesheim, Heinrich Cornelius: De occulta philosophia libri tres. Hrsg. von Vittoria Perrone Compagni. Leiden, New York, Kopenhagen, Köln 1992.

— De occulta philosophia. Auswahl, Einführung u. Kommentar von Willy Schrödter. 2. Aufl. St. Goar 2003.

Albee, Edward: The plays in three volumes. New York 1991, Vol. 1: Who's afraid of Virginia Woolf.

— Wer hat Angst vor Virginia Woolf? Ein Stück in drei Akten. Übersetzt von Pinkas Braun Frankfurt/M. 1963.

Alberti, Valentin u. Stridtbeckh, Christian(us): De sagis, sive foeminis, commercium cum malo spiritu habentibus, Das ist: Von denen Zauberinnen und Hexen und dem Bündniß so sie mit dem Teuffel haben. Leipzig 1716.

Albertinus, Aegidius: Lucifers Königreich und Seelengejaidt. Hrsg. von Rochus Frhr. von Liliencron. Nachdruck der Ausgabe Berlin u. Stuttgart 1616. Tokyo u. Tübingen 1974.

— Der Landtstörtzer: Gusman von Alfarche oder Picaro genannt [...] theils auß dem Spanischen verteutscht / theils gemehrt und gebessert. Nachdruck der Ausgabe München 1615. Mit einem Nachwort von Jürgen Mayer. Hildesheim u. New York 1975.

Albertson, Gertrude: Walpurgis night. Stories about growing up in Nazi Germany, an eye witness account. Colorado Springs 1984.

Alemán, Mateo: Guzmán de Alfarache. 2 Teile in 4 Bänden. Hrsg. von Samuel Gili Gaya. Madrid 1964–1969.

Alexis, Willibald: Der falsche Woldemar. 3 Bände. Berlin 1842.

— Urban Grandier oder Die Besessenen von Loudun. 2 Bände. Berlin 1843.

Almanach der deutschen Musen. Auf das Jahr 1772. 3. Jg. Leipzig 1772.

Ambraser Heldenbuch. Vollständige Faksimile-Ausgabe im Originalformat des Codex Vindobonensis Series Nova 2663 der österreichischen Nationalbibliothek. Kommentar von Franz Unterkirchner. Graz 1973.

Ander theil D. Johan Fausti Historien / darin beschriben ist. Christophori Wageners / Fausti gewesenen Discipels auffgerichter Pact mit dem Teuffel / so sich genandt Auerhan / unnd ihm in eines Affen gestalt erschienen / auch seine Abenthewrlichen Zoten unnd possen / so er durch befœrderung des Teuffels geuebt / unnd was es mit ihm zu letzt fuer ein schrecklich ende genommen.

[…] Durch Fridericum Schotum Tolet [Pseud.]: Jetzt zu P: 1593. Hrsg. u. eingeleitet von Josef Fritz. Halle/S. 1910.

Apuleius: Metamorphosen oder der goldene Esel. Lateinisch u. Deutsch von Rudolf Helm. Hrsg. von Werner Krenkel. 6. Aufl. Berlin/O. 1970.

Arnim, Achim von: Werke in sechs Bänden. Hrsg. von Roswitha Burwick u. a. Frankfurt/M. 1989–1994.

Aventinus, Johannes: Johannes Turmair's genannt Aventinus sämmtliche Werke. Auf Veranlassung Seiner Majestät des Königs von Bayern hrsg. von Karl Halm, Georg Leidinger, Matthias Lexer, Sigmund Riezler. 6 Bände. München 1881–1908.

Ayrer, Jakob: Dramen. Hrsg. von Adelbert von Keller. 5 Bände. Nachdruck der Ausgabe Stuttgart 1865. Hildesheim u. New York 1973.

Baldung Grien, Hans: Hexenbilder. Einführung von Gustav Friedrich Hartlaub. Stuttgart 1961.

Bartels, Adolf: Der dumme Teufel. Ein satirisch-komisches Epos. 2. Aufl. Leipzig 1899.

Bekker, Balthasar: Die bezauberte Welt; oder eine gründliche Untersuchung des Allgemeinen Aberglaubens betreffend die Arth und das Vermögen, Gewalt und Wirckung des Satans und der bösen Geister über den Menschen; und was diese durch derselben Krafft und Gemeinschaft thun; so aus natürlicher Vernunft und […]; Schrift in 4 Büchern zu bewehren sich unternommen hat / Balthasar Bekker. Aus dem Holländischen nach der letzten vom Authore vermehrten Edition […] von Johann Lange [Übersetzer]. Amsterdam 1693.

Berlinisches Archiv der Zeit und ihres Geschmacks. Hrsg. von Friedrich Ludwig Wilhelm Meyer, Friedrich Eberhard Rambach und Ignaz Aurelius Fessler. 2. Jg., 2. Bd., Berlin 1796.

Binsfeld, Peter: Tractat von Bekanntnuß der Zauberer vnnd Hexen, ob vnd wie viel denselben zu glauben. […]. Nachdruck der dt. Erstauflage Trier 1590. Hrsg. u. eingeleitet von Hiram Kümper. Wien 2004.

Birck, Thomas: Hexenspiegel. Ein vberaus schöne vnd wolgegründte Tragedi, darinnen augenscheinlich zusehen, was von Vnholden und Zauberern zuhalten seie. Ob sie können wittern: Im Lufft fahren: Nächtliche Zusammenkunfft, Gastungen vnd Täntz halten: Mit dem Teuffel der Bulschafft pflegen, Vnd Kinder zeugen: Ihren Leib groß vnd klein machen. […]. In: Janssen, Johannes: Culturzustände des deutschen Volkes seit dem Ausgang des Mittelalters bis zum Beginn des Dreißigjährigen Krieges (Fortgeführt durch Ludwig von Pastor als „Geschichte des deutschen Volkes"). Freiburg/Brsg. 1885–1894, Bd. 6, S. 361 ff.

Blackstock, Charity: Witches' sabbath. Neudruck der Ausgabe New York 1961. New York 1967.

Bodin, Jean: De la démonomanie des sorciers. [...]. Paris 1580.

— Vom aussgelasnen wütigen Teuffelsheer. Neudruck der von Johann Baptist Friedrich Fischart übersetzten Ausgabe Straßburg 1591. Mit einem Vorwort von Hans Biedermann. Graz 1973.

Böckl, Manfred: Der Hexenstein. Ein Roman aus dunkler Zeit. München 1997.

Boguet, Henri: Discours des sorciers. Tiré de quelques procez, faicts dez deux ans en ça à plusieurs de la mesme secte, en la terre de S. Oyan de Joux, dicte de S. Claude au Comté de Bourgogne. [...]. Par Henry Boguet, gran Juge en la susdicte terre. [...]. Neudruck der Ausgabe Lyon 1602. Paris 1980.

Bräuner, Johann Jacob: D. Johann Jacob Bräuners Physicalisch- und historisch-erörterte Curiositæten, oder, Entlarvter teufflischer Aberglaube von Wechselbälgen, Wehr-Wölffen, fliegenden Drachen, Galgen-Männlein, Diebs-Daumen, Hexen-Tantz, Holung auf dem Bock, Irrwischen, Spiritu familiari, [...] also fürgestellet und erläutert: was von solchen Sachen zu halten und zu glauben ist: auch bey jedem Capitel einige rare und recht wunderwürdige Historien [...] zu nützlicher Erbauung und Zeitkürtzung in 50. curiosen Materien fürgestellet. Franckfurth am Mayn 1737.

Brahms, Johannes: Vier Balladen und Romanzen. Für zwei Singstimmen mit Pianoforte. Op. 75, Nr. 4 (Walpurgisnacht). Berlin 1875.

Braunschweig, Heinrich Julius Herzog von: Tragica comoedia [...] von der Susanna, wie dieselbe [...] vom Daniele errettet [...] worden. Auffs new kürtzer verfasset. In: Janssen, Johannes: Culturzustände des deutschen Volkes seit dem Ausgang des Mittelalters bis zum Beginn des Dreißigjährigen Krieges (Fortgeführt durch Ludwig von Pastor als „Geschichte des deutschen Volkes"). Freiburg/Brsg. 1885–1894, Bd. 8, S. 676 ff.

Brecht, Bertolt: Schweyk im zweiten Weltkrieg. 20. Aufl. Frankfurt/M. 2008.

Brentano, Clemens: Sämtliche Werke und Briefe. Historisch-kritische Ausgabe. Veranstaltet vom Freien Deutschen Hochstift. Bisher 39 Bände. Stuttgart 1975–2007.

Brückmann, Franz Ernst: F.E. Bruckmanni, D. Epistola itineraria LXXXVI. Sistens Corollarium ad Relationem historico-curiosam de iterato itinere in Hercyniae Montem famosissimum Bructerum ad Dominum, Dominum Albertum Ritter, Collegii Monastico-Ilfeldensis Regii Prorectorem et Seniorem. Bructerus Hercyniae Montes supereminet omnes. Cum Fig. Æneis. Wolffenb. MDCCXL.

— [Doktor (der Medizin und Philosophie)]: Sechsundachtzigster Reisebrief an Herrn Albert Ritter, Prorektor und Senior des Königlichen Stiftskollegs zu Ilfeld, als Zugabe zu seinem historisch-naturkundlichen Bericht über seine zweite Reise auf den Brocken den legendären Berg im Harz. Übersetzung der Ausgabe Wolfenbüttel 1740. Übersetzt, kommentiert und mit einem Nachwort versehen von Fidel Rädle. Wolfenbüttel 1996.

Bruno, Giordano: Von den heroischen Leidenschaften. Übers. und hrsg. von Christiane Bacmeister. Hamburg 1989.

Büchner, Georg: Schriften, Briefe, Dokumente in zwei Bänden. Hrsg. von Henri Poschmann unter Mitarbeit von Rosemarie Poschmann. Frankfurt/M. 1992–1999.

Bürger, Gottried August: Gedichte. Hrsg. von August Sauer (Deutsche National-Litteratur. Historisch kritische Ausgabe, 78. Band). Nachdruck der Ausgabe Berlin u. Stuttgart 1883. Tokyo u. Tübingen 1974.

Bulgakow, Michail A.: Gesammelte Werke. Hrsg. u. mit literaturgeschichtlichen Anmerkungen versehen von Ralf Schröder. 13 Bände. Berlin 1993–1996.

Cam(m)erer, Johann Friedrich: Das allerneueste Heldengedicht bena(h)mst „Die Hexe zu Endor“. In 100 Büchern. Göttingen 1753.

Carpzov, Benedikt: Peinlicher sächsischer Inquisitions- und Achtsprozess. Frankfurt/M. u. Leipzig 1638.

Chaucer, Geoffrey: Canterbury-Erzählungen [Canterbury tales]. Aus dem Englischen übersetzt von Detlef Droese. Zürich 1971.

Cicero (Marcus Tullius Cicero): Sämtliche Reden. Eingeleitet, übersetzt u. erläutert von Manfred Fuhrmann. 7 Bände. 3. Aufl. Düsseldorf u. Zürich 2000.

Claudius, Matthias: Sämtliche Werke. Textredaktion: Jost Perfahl. Mit Nachwort und Bibliographie von Rolf Siebke, Anmerkungen von Hansjörg Platschek. 7. Aufl. München 1991.

Court, Antoine: Histoire des troubles des Cévennes ou de la guerre des camisards sous le règne de Louis le Grand. Kritischer Nachdruck der Ausgabe Villefranche 1760. Mit einem Vorwort von Philippe Joutard. Hrsg. von Patrick Cabanel, Pauline Duley-Haour, Pierre Rolland, Otto Selles. Montpellier 2002.

Dahl, Roald: The witches. London 1983.

Dante Alighieri: La divina commedia. Die göttliche Komödie. Übers. von Walter Naumann. Bearb. von Ferdinand Barth. Sonderausgabe. 2 Bände. Darmstadt 2003.

Decker, Johann Peter Christian: Historische Muthmassung, wie alt die Fabel von der jährlichen Zusammenkunft der Hexen auf dem Blocksberge sey. Zugabe zu den Hannoverschen Gelehrten Anzeigen vom Jahre 1752. In: Sammlung kleiner Ausführungen aus verschiedenen Wissenschaften, welche theils in dem hiezu gewidmeten Theile der im Jahre 1752 wöchentlich ausgegebenen Hannoverschen Anzeigen stückweise bekannt gemacht, theils am Ende des Jahrs als eine Zugabe zu diesen Anzeigen abgedruckt sind. Mit nöthigen Registern versehen. Zweyter Band. Hannover 1753, S. 268–276.

Del-Rio, Martinus [Delrio, Anton Martin]: Disquisitionum magicarum libri sex; quibus continetur accurata curiosarum artium et vanarum superstitionum confutatio; […]. Editio, in Germania, sexta, prioribus auctior. Coloniæ Agrippinæ (Köln) 1755.

Der karolingische Reichskalender und seine Überlieferung bis ins 12. Jahrhundert. Hrsg. von Arno Borst. 3 Teile. Hannover 2001.

Der neue Pitaval. Eine Sammlung der interessantesten Criminalgeschichten aller Länder aus älterer und neuerer Zeit. Begründet von Julius Eduard Hitzig und Wilhelm Häring, gen. Willibald Alexis. Fortgeführt von Anton Vollert. 60 Bände. Leipzig 1842–1890.

Die Bibel oder die ganze Heilige Schrift des Alten und Neuen Testaments nach der Übersetzung Martin Luthers. Volksbibel. 5. Aufl. Stuttgart 1984.

Die Carolina und ihre Vorgängerinnen. Text, Erläuterung, Geschichte. Hrsg. von Josef Kohler u. Willy Scheel. 4 Bände. Neudruck der Ausgabe Halle/S. 1900. Aalen 1968.

Die Edda. Göttersagen, Heldensagen und Spruchweisheiten der Germanen. Nach der Handschrift des Brynjolfur Sveinsson in der Übertragung von Karl Simrock. Mit einem Nachwort und Anmerkungen versehen von Harri Günther. Berlin u. Wiesbaden 1987.

Die Peinliche Gerichtsordnung Kaiser Karls V. von 1532. Carolina. Hrsg. u. erläutert. von Gustav Radbruch. 6. Aufl. (Hrsg. von Arthur Kaufmann) Stuttgart 1996.

Die Peinliche Gerichtsordnung Kaiser Karls V. und des Heiligen Römischen Reichs von 1532. Carolina. Hrsg. u. erläutert von Friedrich-Christian Schroeder. Stuttgart 2000.

Dürrenmatt, Friedrich: Gesammelte Werke in sieben Bänden. Zürich 1991.

Ein kurtzweilig Lesen von Dil Ulenspiegel. Nach dem Druck von 1515. Hrsg. von Wolfgang Lindow. 10. Aufl. Stuttgart 2003.

Engelhardt, Ingeborg: Hexen in der Stadt. Roman. Stuttgart 1971.

Espinel, Vicente Martínez de: Relaciones de la vida del Escudero Marcos de Obregon. 2 Bände. Hrsg. von Samuel Gili Gaya. Madrid 1969–1970.

Fichard, Johann von: Consilia. 2 Bände. Frankfurt/M. 1590.

Fontane, Theodor: Werke, Schriften und Briefe. Hrsg. von Walter Keitel u. Helmuth Nürnberger. 4 Abteilungen in 3 Auflagen bzw. 3 Bände mit div. Teilbänden. München, Wien u. Darmstadt 1970–1997.

— Sämtliche Werke. Hrsg. von Edgar Groß. 24 Bände. München 1959–1975.

Franck, Johannes Christophorus: Gottfried Wahrliebs deutliche Vorstellung der Nichtigkeit derer vermeynten Heyereien und des ungegründeten Hexen-Processes […]. Amsterdam 1720.

Friedrich II., der Große: Die Werke Friedrichs des Großen. In deutscher Übersetzung. Hrsg. von Gustav Berthold Volz. 10 Bände. Berlin 1913–1914.

Gellert, Christian Fürchtegott: C.F. Gellerts Briefwechsel. Hrsg. von John F. Reynolds. 4 Bände. Berlin u. New York 1983–1996.

Gesta Romanorum. Das älteste Märchen- und Legendenbuch des christlichen Mittelalters […]. 2 Bände. Übersetzt u. hrsg. von Johann Georg Theodor Graesse. Nachdruck der Originalausgabe von 1842. Leipzig 1905.

Goedelmann, Johann Georg u. Burmeister, Marcus: Disputatio de magis, veneficis, maleficis et lamiis / praeside Ioanne Georgio Godelmanno […] respondente Marco Burmeistero […] habita Rostochii XXVI. Febr. anni LXXXIIII. in collegio fratrum […]. Francofurtum ad Moenum (Frankfurt/M.) 1584.

Görres, Joseph: Die christliche Mystik. 5 in 4 Bänden. Regensburg 1836–1842.

Goethe, Johann Wolfgang (von): Werke. Weimarer Ausgabe (WA). Hrsg. im Auftrage der Großherzogin Sophie von Sachsen. 133 in 143 Bänden. Weimar 1887–1919, dazu 3 Ergänzungsbände München 1990.

— Sämtliche Werke nach Epochen seines Schaffens. Münchner Ausgabe (MA). Hrsg. von Karl Richter in Zusammenarbeit mit Herbert G. Göpfert, Norbert Miller und Gerhard Sauder. 21 in 30 Bänden. München u. Wien 1985–2000.

— Goethes Werke. Hamburger Ausgabe in 14 Bänden (HA). Hrsg. von Erich Trunz. 16. Aufl. München 1996.

— Sämtliche Werke, Briefe, Tagebücher und Gespräche. Frankfurter Ausgabe (FA). Hrsg. von Dieter Borchmeyer u. Diversen. 40 Bände. Frankfurt/M. 1987–1999.

— Goethes Gespräche. Hrsg. von Wolfgang Herwig. 4 in 6 Bänden. Zürich u. Stuttgart 1965–1987.

Gottsched, Johann Christoph: Ausgewählte Werke. Hrsg. von Joachim Birke u. P.M. Mitchell. 12 Bände. Berlin u. New York 1968–1987.

Grabbe, Christian Dietrich: Werke. Hrsg. von Roy C. Cowen. 3 Bände. München 1975–1977.

Grillando, Paolo: Tractatus de hereticis et sortilegijs omnifariam coitu eorumque penis. De questionibus et tortura ac de relaxatione carceratorum domini Pauli Grillandi Castilionei. Venedig 1566.

Grimm, Jacob: Kinder- und Hausmärchen. 2 Teile. Berlin 1812–15.

— Deutsche Sagen. 2 Teile. Berlin 1816–18.

— Deutsche Sagen. Frankfurt/M. 1994.

— Deutsche Mythologie. Nachdruck der von Elard Hugo Meyer bearb. u. hrsg. 4. Aufl. Berlin 1875–78. 2 Bände. Wiesbaden 2003.

— Deutsche Mythologie. Nachdruck der von Jacob Grimm fertiggestellten Ausgabe Göttingen 1835. Hildesheim 2003.

Grimmelshausen, Hans Jacob Christoffel von: Werke. Hrsg. von Dieter Breuer. 2 in 3 Bänden. Frankfurt/M. 1989–1998.

— Der abentheuerliche Simplicissimus teutsch und Continuatio des abentheuerlichen Simplicissimi. Grimmelshausen / Gesammelte Werke in Einzelausgaben. Hrsg. von Rolf Tarot. 2. Aufl. Tübingen 1984.

Grønland, Peter: Die erste Walpurgisnacht. Chor mit Soli und Klavierbegleitung. © 1818.

Gryphius, Andreas: Dramen. Hrsg. von Eberhard Mannack. Frankfurt/M. 1991.

Gundermann, Christoph: Von den Wercken christenlicher Barmherzigkeit. In: Janssen, Johannes: Culturzustände des deutschen Volkes seit dem Ausgang des Mittelalters bis zum Beginn des Dreißigjährigen Krieges (Fortgeführt durch Ludwig von Pastor als „Geschichte des deutschen Volkes"). Freiburg/Brsg. 1885–1894, Bd. 8, S. 530 ff.

Gutzkow, Karl: Wally die Zweiflerin. Roman. Nachdruck der Ausgabe Mannheim 1835. Studienausgabe mit Dokumenten zum zeitgenössischen Literaturstreit. Hrsg. von Günter Heintz. Durchgesehene u. ergänzte Ausg. Stuttgart 1983.

Hauber, Eberhard David: Bibliotheca, acta et scripta magica. Gründliche Nachrichten, Auszüge und Urtheile von solchen Büchern und Handlungen, welche die Macht des Teufels in leiblichen Dingen betreffen; zur Ehre Gottes, und dem Dienst des Menschen heraus gegeben […]. 3 Bände. Lemgo 1738–1745.

Hafner, Philipp: Komödien. Hrsg. von Johann Sonnleitner. Wien 1999.

Hajnal, Gábor: Walpurgisnacht. Gedichte. Hrsg. von Paul Kárpáti. Nachdichtungen ungarischer Originalausgaben. Mit einem Nachwort von Franz Fühmann. Leipzig 1986.

Hartlieb, Johannes: Das Buch der verbotenen Künste. Aberglauben und Zauberei des Mittelalters. Hrsg., übersetzt u. kommentiert von Falk Eisermann und Eckhard Graf. Mit einer Einleitung u. einem Anhang von Christian Rätsch. München 1998.

Hebel, Johann Peter: Werke. Hrsg. von Eberhard Meckel, eingeleitet von Robert Minder. 2 Bände. Frankfurt/M. 1968.

Hederich, Benjamin: Gründliches Lexicon mythologicum; worin sowohl die fabelhafte als wahrscheinliche und eigentliche Historie der alten und bekannten römischen, griechischen und egyptischen Götter und Göttinnen [...]. Anbei ein so nötiges als nützliches Generalogicon mythistoricum mit angehängt. Alles aber zum Nutzen und Gebrauch nicht nur der Studirenden, sondern auch vornehmlich vieler Künstler und anderer politen Leute, nicht weniger zulänglich, als deutlich zusammengebracht ist. 2. Aufl. Leipzig 1741.

— Benjamin Hederichs Gründliches Antiquitäten-Lexicon; worinnen die merckwürdigsten Alterthümer der Jüden, Griechen, Römer, Teutschen und ersten Christen [...] beschrieben. Leipzig 1743.

— u. Schwabe, Johann Joachim (Bearb. u. Hrsg.): Gründliches mythologisches Lexicon; worinnen so wohl die fabelhafte, als wahrscheinliche und eigentliche Geschichte der alten römischen, griechischen und ägyptischen Götter und Göttinnen [...]. Nachdruck der Ausgabe Leipzig 1770. Darmstadt 1967.

Heine, Heinrich: Historisch-kritische Gesamtausgabe der Werke (Düsseldorfer Ausgabe). Hrsg. von Manfred Windfuhr. 16 Bände. Hamburg 1975–1997.

— Werke, Briefwechsel, Lebenszeugnisse. Säkularausgabe. Hrsg. von der Stiftung Weimarer Klassik, vormals hrsg. von den Nationalen Forschungs- und Gedenkstätten der Klassischen Deutschen Literatur in Weimar. 27 Bände u. 1 Registerband. Berlin 1970–2003.

Heinse, Wilhelm (Hrsg.): Erzählungen für junge Damen und Dichter gesammelt und mit Anmerkungen begleitet. Komische Erzählungen. 2 Bände. Lemgo 1775.

Heisterbacensis, Caesarius [Heisterbach, Caesarius von]: Dialogus miraculorum. Aus dem Lat. übersetzt von Johannes Hartlieb. Hrsg. von Karl Drescher. Berlin 1929.

Herloßsohn, Carl [Borromäus Sebastian]; eigtl. Herloß, Georg Karl Reginald (Hrsg.): Mephistopheles. Ein politisch-satyrisches Taschenbuch auf das Jahr 1833. Mit Kupfern von J.P. Lyfer. Leipzig 1833.

Hertel, Johann Wilhelm: Autobiographie. Hrsg. u. kommentiert von Erich Schenk. Graz u. Köln 1957.

— Der sterbende Heiland. Passionskantate. Hrsg. von Franziska Seils. Beeskow 2001.

Hexen, Teufel und Gespenster. Satanische Geschichten von Walpurgisnacht bis Halloween. Hrsg. von Sabine Prilop. Düsseldorf 2001.

Hilscher, Paul Christian: M. Paul Christian Hilschers curiöse Gedancken von wütenden Heere / Aus dem Lateinischen ins Teutsche übersetzet / von M.M. Dresden u. Leipzig 1703.

Historia von D. Johann Fausten [...]. Gedruckt zu Franckfurt am Mayn / Durch Johann Spies M. D. LXXXVII. In: Müller, Jan-Dirk (Hrsg.): Romane des 15. und 16. Jahrhunderts. Nach den Erstdrucken mit sämtlichen Holzschnitten. Frankfurt/M. 1990, S. 829–986 (Text) u. S. 1319–1430 (Kommentar).

Hölty, Ludwig Christoph Heinrich: *Gesammelte Werke und Briefe. Kritische Studienausgabe*. Hrsg. von Walter Hettche. Göttingen 1998.

Holz, Arno: Werke. Hrsg. von Wilhelm Emrich u. Anita Holz. 7 Bände. Neuwied am Rhein u. Berlin-Spandau 1961–64, Bd. VI (1963) u. Bd. VII (1964): Die Blechschmiede.

Homer: Ilias • Odyssee. Vollständige Ausgabe. In der Übertragung von Johann Heinrich Voß. Hamburg 1788 u. 1793. Mit einem Nachwort von Wolf Hartmut Friedrich u. Literaturhinweisen von Frieder Schönnagel. 2. Aufl. München 1982.

Honemann, Rudolph Leopold: Die Alterthümer des Harzes aus Zeugnissen bewährter Schriftsteller, grösstentheils aber aus ungedruckten Urkunden. Nachdruck der Ausgabe Clausthal 1754–1755. St. Andreasberg 1987.

Hope, Margaret: Witches' Sabbath. In: The Poetry Review. Vol. 46, 1955, S. 16 f.

Huber, Hans: Walpurgisnacht. Tänze für Klavier mit vier Händen – Ballettmusik zur Walpurgisnacht von Goethe Op. 23. Leipzig 1883.

Hundstägige Erquickstund. Das ist: Schöne, lustige, moralische und historische Discurß und Abbildungen, von wunderbarlichen geheimen und offnen Sachen der Natur, und Verlauff der jetzigen Welt und Zustand deß römischen Reichs [...]. Darinnen [...] auch [...] die grosse Verenderung [...] deß teutschen und anderer Königreichen [...] vor Augen gestellet wird. 3 Teile. Frankfurt/M. 1651–1653.

Immermann, Karl Leb[e]recht: Münchhausen. Eine Geschichte in Arabesken. Hrsg. von Gustav Konrad. Frechen 1968.

— Werke in fünf Bänden. Hrsg. von Benno v. Wiese. Frankfurt/M. 1972.

— Briefe. Textkritische und kommentierte Ausgabe in drei Bänden. Hrsg. von Peter Hasubek. München u. Wien 1979.

Jacobi, Johann Georg: Sämtliche Werke. 3 Teile. Halberstadt (1. u. 2. Teil) u. Karlsruhe (3. Teil) 1770–1777.

[King] James the First: Daemonologia, hoc est, adversus incantationem sive magiam, institutio, forma dialogi concepta, & in libros III distincta / authore Iacobo Angliae [...] Rege [...]. [Erstmals London 1597]. Nachdruck der Ausgabe London 1922–26. New York 1966.

Jansen, F. Heinz: Walpurgisnacht im Kurbad. Reiseabenteuer-Geschichten. Frankfurt/M. 1992.

Jeitteles, Alois: Moderne Walpurgisnacht. Brünn 1848.

Jung-Stilling, Johann Heinrich: Theorie der Geisterkunde oder Was von Ahnungen, Gesichten und Geistererscheinungen geglaubt und nicht geglaubt werden müssen. Nachdruck der Ausgabe Nürnberg 1808. Nördlingen 1987.

— Lebensgeschichte. Hrsg. von Gustav Adolf Benrath. 3. Aufl. Darmstadt 1992.

Juristische Dissertationen deutscher Universitäten. 17.–18. Jahrhundert. Dokumentation zusammengestellt von einer Arbeitsgruppe unter der Leitung von Filippo Ranieri. 2 Halbbände. Frankfurt/M. 1986.

Keller, Gottfried: Sämtliche Werke in sieben Bänden. Hrsg. von Thomas Böning, Gerhard Kaiser, Kai Kauffmann, Dominik Müller u. Peter Villwock. Frankfurt/M. 1985–1996.

Kinkel, Tanja: Die Puppenspieler. Roman. München 1993.

Klinger, Friedrich Maximilian: Werke. Historisch-kritische Gesamtausgabe. Hrsg. von Sander L. Gilman, Georg Bangen, Edward P. Harris, Ulrich Profitlich. Bisher 18 Bände. Tübingen 1978–2004.

Knoche, [Franz Seraphim] Richard: Moderne Walpurgisnacht. Didactisches Gedicht. Hannover 1882.

Koeppen, Wolfgang: Das Treibhaus. *Roman*. Mit einem Kommentar von Arne Grafe. Frankfurt/M. 2006.

Koffler, Dosio: Die deutsche Walpurgisnacht. Ein Spiel in 5 Szenen. Hrsg. von Karl Riha. Mannheim 1987.

Kornmannus, Henricus: Mons Veneris, Fraw Veneris Berg. Das ist: Wunderbare und eigentliche Beschreibung der alten Haydnischen und Newen Scribenten Meynung von der Göttin Venere, ihrem Ursprung, Verehrung, und Königlicher

Wohnung, und deren Gesellschaft, wie auch von den Wasser-, Erd-, Lufft- und Fewer-Menschen, sampt vielen anderen wunderbaren Geschichten; In und auff den Bergen und Hölen hin und wider in der Welt, so am folgenden Blat zu ersehen, ganz lustig und mit Verwunderung zu lesen, newlich zusammen getragen und allen der Natur Heymligkeiten Erforschern und Liebhabern zu Gutem an Tag geben durch Heinrich Kornmann. Frankfurt/M. 1614.

Kramer, Heinrich (genannt Henricus Institoris): Der Hexenhammer. Malleus maleficarum. Neu aus dem Lateinischen übersetzt von Wolfgang Behringer, Günter Jerouschek und Werner Tschacher. Hrsg. u. übersetzt von Günter Jerouschek und Wolfgang Behringer. 3. Aufl. München 2003.

Kraus, Karl: Warum die Fackel nicht erscheint. In: Die Fackel. Nr. 890–905, Ende Juli 1934, XXXVI. Jahr, S. 1–315.

— Schriften. Hrsg. von Christian Wagenknecht. 20 Bände. Frankfurt/M. 1986–1994.

Kuhn, Adalbert u. Schwartz, Wilhelm (Hrsg.).: Norddeutsche Sagen, Märchen und Gebräuche aus Meklenburg, Pommern, der Mark, Sachsen, Thüringen, Braunschweig, Hannover, Oldenburg und Westfalen. Aus dem Munde des Volkes gesammelt. Leipzig 1848.

Lange, August Gottfried Heinrich: Walpurgisnacht. Eine nordische Fantasie. Philadelphia 1913.

Lancre, Pierre de: Tableau de l'inconstance des mauvais anges et démons, où il est amplement traité des sorciers et de la sorcellerie. Historisch-kritische Edition der Ausgabe Paris 1612. Mit einer kritischen Einführung und Anmerkungen von Nicole Jacques-Chaquin. Paris 1982.

Laymann, Paul: Theologia moralis [...]. Ingolstadt 1626.

Lercheimer von Steinfelden, Augustinus alias Witekind, Hermann: Christlich bedencken und erjnnerung von Zauberey / woher / was und wie vielfältig sie sey / wem sie schaden könne oder nicht: wie diesem laster zu wehren / und die / so damit behafft / zu bekehren / oder auch zu straffen seyn. [...]. Heidelberg 1585.

— Augustin Lercheimer (Professor Hermann Witekind in Heidelberg) und seine Schrift wider den Hexenwahn. Lebensgeschichtliches u. Abdruck der letzten vom Verfasser besorgten Ausgabe von 1597 (Christlich bedencken und erinnerung von Zauberey). Hrsg. von Carl Binz. Sprachlich bearbeitet durch Anton Birlinger. Straßburg 1888.

Lessing, Gotthold Ephraim: Werke und Briefe in 12 Bänden. Hrsg. von Wilfried Barner u. a. Frankfurt/M. 1985–2002.

Levy, Julius: Moderne Walpurgisnacht. Dramatisches Charivari. 2. Aufl. Berlin 1856.

Lichtenberg, Georg Christoph: Schriften und Briefe. Hrsg. von Franz H. Mautner. 4 in 6 Bänden. Frankfurt/M. 1983.

— Schriften und Briefe. Hrsg. von Wolfgang Promies. 4 in 6 Bänden. 6. Aufl. München 1998.

Lieberwirth, Rolf: Rechtshistorische Schriften. Hrsg. von Heiner Lück. Weimar, Köln, Wien 1997.

Livius, Titus: Ab urbe condita – Römische Geschichte. Lateinisch-deutsch. Hrsg. von Hans Jürgen Hillen u. Josef Feix. Darmstadt 1974–2000.

Loest, Erich: Beton am Brocken. In: Wanderbuhne. Zeitschrift für Literatur und Politik. Nr. 2, 1981/82, S. 5 ff.

Loewe, Johann Carl Gottfried: Walpurgisnacht. Ballade für eine Singstimme. Op. 2, Nr. 3. Berlin 1824.

— Die Walpurgisnacht. Ballade von Göthe für Solo und Chorgesang mit Begleitung des Orchesters [und des Pianoforte]. Op. 25. Berlin 1830 [und 1832].

Löwen, Johann Friedrich: Die Walpurgis Nacht. Hamburg u. Leipzig 1756.

— Johann Friedrich Löwens poetische Werke. Hamburg u. Leipzig 1760.

— Johann Friedrich Löwens Schriften. IV Theile. Hamburg 1765/66.

— Romanzen nebst einigen anderen Poesien. Hamburg u. Bremen 1769.

— Unterschied der Ärzte. In: Berlinisches Archiv der Zeit und ihres Geschmacks. Hrsg. von Friedrich Ludwig Wilhelm Meyer, Friedrich Eberhard Rambach und Ignaz Aurelius Fessler. Jg. 2, Bd. 2, 1796 (Oktober), S. 399.

Lucan(us), M. Annaeus: De bello civili. Der Bürgerkrieg. Lateinisch/Deutsch. Übers. u. hrsg. von Georg Luck. Stuttgart 2009.

Mailer, Norman: An American dream. London 1965.

Mann, Klaus: Der Vulkan. Roman unter Emigranten. [Erstmals Amsterdam 1939]. Mit einem Nachwort von Michael Töteberg. 3. Aufl. Reinbek bei Hamburg 2004.

— Mephisto. Roman einer Karriere. [Erstmals Amsterdam 1936]. 11. Aufl. Reinbek bei Hamburg 2006.

Mann, Thomas: Gesammelte Werke in Einzelbänden. Frankfurter Ausgabe. Hrsg. von Peter de Mendelssohn. Frankfurt/M. 80 Bände. 1980–1986, Bd. 80: Der Zauberberg (1981).

— Große kommentierte Frankfurter Ausgabe (FA). Werke – Briefe – Tagebücher. Hrsg. von Heinrich Detering, Eckhard Heftrich, Hermann Kurzke, Terence J. Reed, Thomas Sprecher, Hans R. Vaget, Ruprecht Wimmer in Zs.arbeit mit dem Thomas-Mann-Archiv der ETH, Zürich. 22 Bände mit Teilbänden. Frankfurt/M. 2001–2007.

Marlowe, Christopher: The complete works of Christopher Marlowe. Hrsg. von Richard Rowland, Roma Gill, David Fuller, Edward J. Esche. 5 Bände. Oxford 1987–1998.

Meinhold, Wilhelm: Sidonia von Bork, die Klosterhexe, angebliche Vertilgerin des gesammten herzoglich-pommerschen Regentenhauses. Bd. 1 bis 3. Leipzig 1847–48.

Mendelssohn-Bartholdy, Felix: Die erste Walpurgisnacht. Kantate für Soli, Chor und Orchester. Op. 60. Erste editierte Fassung Leipzig 1831.

— Glückliche Jugend. Briefe des jungen Komponisten. Hrsg. von Günter Schulz. Bremen 1971.

Mereschkowski, Dimitri Sergejewitsch: Leonardo da Vinci. Historischer Roman aus der Wende des 15. Jahrhunderts. Übersetzt von Carl von Gütschow. Berlin 1920.

Meyfart, Johann Matthäus: Christliche Erinnerung, An Gewaltige Regenten, vnd Gewissenhaffte Prædicanten, wie das abschewliche Laster der Hexerey mit Ernst außzurotten, aber in Verfolgung desselbigen auff Cantzeln vnd in Gerichtsheusern sehr bescheidentlich zu handeln sey. […]. Schleusingen bei Erfurt 1635.

Meyrink, Gustav: Walpurgisnacht. Phantastischer Roman. 3. Aufl. Berlin 1994.

— Walpurgisnacht. Englische Übersetzung von Mike Mitchell mit einer Einführung von Ingrid O. Fischer. Sawtry (GB) u. Riverside (Kal.) 1993.

Miller, Arthur: The crucible: a play in four acts. New York 1953.

Milton, John: Das verlorene Paradies. Übersetzt u. hrsg. von Hans Heinrich Meier. Stuttgart 2008 (© 1969).

Mitterer, Erika: Der Fürst der Welt. Roman. Hrsg. von Roman Roček. Wien 1988.

Mönchslatein. Erzählungen aus den geistlichen Schriften des XIII. Jahrhunderts. Hrsg. von Albert Wesselski. Leipzig 1909.

Molitoris, Ulricus [Molitor, Ulrich]: Tractatus de laniis et phitonicis mulieribus […]. In: Horst, Georg Conrad: Zauber-Bibliothek; oder von Zauberei, Theurgie und Mantik, Zauberern, Hexen und Hexenprocessen, Dämonen, Gespenstern, und Geistererscheinungen; zur Beförderung einer rein-geschichtlichen, von Aberglauben und Unglauben freien Beutheilung dieser Gegenstände. Nachdruck der sechsbändigen Ausgabe Mainz 1821–26. Mit einer Einführung von Herbert Kempf. Freiburg/Brsg. 1979, Bände 3–6.

Montanus, Martin: Schwankbücher (1557–1566). Hrsg. von Johannes Bolte. Nachdruck der Ausgabe Tübingen 1899. Hildesheim 1972.

Morgner, Irmtraud: Amanda. Ein Hexenroman. Darmstadt 1983.

Mosheim, Johann Lorenz von: Versuch einer unpartheiischen und gründlichen Ketzergeschichte. Reprint der Ausgabe Helmstedt 1746. Hrsg. u. eingeleitet von Dirk Fleischer. Waltrop 1995.

Musäus, Johann Karl August: Die deutschen Volksmärchen [Volksmärchen der Deutschen]. Mit den Abbildungen der Holzschnitte nach Originalzeichnungen von Ludwig Richter. Vollständige Ausgabe nach dem Text der Erstausgabe 1782–86. Düsseldorf 2003.

Nicolai, Friedrich Christoph: Untersuchung ob Milton sein Verlohrnes Paradies aus neuern lateinischen Schriftstellern ausgeschrieben habe. Frankfurt/M. 1753 u. Berlin 1755.

Opitz, Martin: Gesammelte Werke. Kritische Ausgabe. Hrsg. von George Schulz-Behrend. Bd. IV: Die Werke von Ende 1626 bis 1630. 2. Teil. Stuttgart 1990.

Ovid (Publius Ovidius Naso): Ars Amatoria – Liebeskunst. Lateinisch-deutsch. Hrsg. u. übersetzt von Niklas Holzberg. Düsseldorf u. Zürich 2000.

Phantasiestücke in Prose und Versen. Ein Taschenbuch für das Jahr 1799. Osnabrück 1798.

Pirckheimer, Willibald: Eckius dedolatus. Nach dem Erstdruck vmtl. Erfurt und Basel 1520. Übers. u. hrsg. von Niklas Holzberg. Stuttgart 1983.

— Brief an Caritas Pirckheimer [Schwester] 1519. In: Glock, Karl Borromäus u. Meidinger-Geise, Inge (Hrsg.): Willibald Pirckheimer 1470/1970. Dokumente, Studien, Perspektiven. Anläßlich des 500. Geburtsjahres hrsg. vom Willibald-Pirckheimer-Kuratorium. Nürnberg 1970, S. 129–130.

Praetorius, Anton(ius): Von Zauberey und Zauberern / Gründlicher Bericht [...]. Heidelberg 1613.

Praetorius, Johannes: Blockes-Berges Verrichtung [...]. Unveränderter Nachdruck der Ausgabe Leipzig 1669. Hanau/M. 1968.

— [Ioa. Praetorii] Daemonologia Rubinzalii Silesii. Das ist ein ausführlicher Bericht von den wunderbarlichen, sehr alten und weit-beschrienen Gespenste dem Rübezahl in Schlesien [...]. Gänzlich aus vielen Scribenten zusammen gezogen durch Johannem Praetorium. Leipzig u. Arnstadt 1662.

Preussler, Otfried: Die kleine Hexe. Stuttgart u. Wien 1957.

Regino von Prüm: Das Sendhandbuch des Regino von Prüm. Unter Benutzung der Edition von F.W.H. Waschersleben hrsg. und übersetzt von Wilfried Hartmann. Darmstadt 2004.

Rémy, Nicolas: Nicolai Remigii Daemonolatria, Oder: Beschreibung von Zauberern und Zauberinnen [...]. Hamburg 1693.

Ritter, Albert: Alberti Ritter Collegii Monastico-Ilfeldensis Regii Pro-Rectoris et Senioris Relatio historico-curiosa de iterato itinere in Hercyniae Montem famosissimum Bructerum. Ad Excellentissimum Doctissimumque Virum Franciscum Ernestum Bruckmann Philosophiae et Medicinae Curiosorum ut et Societatis Regio Prussicae Scientiarum Membrum dignissimum nec non poliatrum Wolffenbuttelensem celebebrimum Fautorem et Amicum nostrum colendissimum svavissimum Typis expressa. Cum Figuris Aeneis. Helmstadii [Helmstedt] MDCCNNNN.

— Albert Ritters, Des Kœniglichen Collegii des Closters Ilefeld Pro-Rectoris und Senioris, Historische Nachricht von einer doppelten Reise Nach dem auf dem Harze belegenen so berühmten Berge / gemeiniglich Blocksberg genandt; Aus dem Lateinischen ins Teutsche übersetzt. Magdeburg, gedruckt und zufinden bey Gottfried Vettern, 1744.

Roth, Joseph: Werke. Hrsg. von Fritz Hackert u. Klaus Westermann. 6 Bände. Köln 1989–1991.

Rychner, Max: Bedachte und bezeugte Welt. Prosa, Gedichte, Aphorismen, Aufsätze. Zsgst. von Manfred Schlösser. Darmstadt u. Hamburg 1962.

Sachs, Hans: Werke. Hrsg. von Adelbert v. Keller. 26 Bände. Nachdruck der Ausgabe Stuttgart 1870–1908. Hildesheim 1964.

Sachs, Maurice: Le sabbat. Souvenirs d'une jeunesse orageuse. Paris 1946.

— Witches' sabbath. New York 1964.

— Der Sabbat. Eine Chronique scandaleuse. Aus dem Französischen von Herbert Schlüter. Mit einem Nachwort von François Bondy. 2. Aufl. München u. Zürich 1986.

Schede Melissus, Paul(us): Ausgewählte Gedichte des Paulus Melissus. In deutscher Übertragung von Ernst Ranke. Zürich 1875.

Schernberg, Dietrich: Ein schœn Spil von Frau Jutten. [Spiel von Frau Jutten]. Nach dem Eislebener Druck von 1565. Hrsg. von Manfred Lemmer. Berlin 1971.

Schiller, Friedrich: Werke und Briefe in zwölf Bänden. Hrsg. von Otto Dann, Klaus Harro Hilzinger, Rolf-Peter Janz, Gerhard Kluge, Herbert Kraft, Georg Kurscheidt, Norbert Oellers u. a. Frankfurt/M. 1988–2004.

Schnitzler, Arthur: Traumnovelle. Berlin 1926. Hrsg. von Joseph Kiermeier-Debre. München 2007.

— Traumnovelle. Hrsg. von Bertold Heizmann. Stuttgart 2006.

Schreiber, Niclaus (Pseud.?): Von vilen Hexen vnd Vnholden, die man newlicher zeit in diesem 94. Jar, im Trierischen Land, vnd anderen Orten verbrandt hat, auch was sie für wunderliche schröckliche Sachen begangen, vnd bekennet han. In: Drey Warhafftige Newe Zeitung. Köln 1594, S. Aij–Aiij.

Schwager, Johann Moriz: Versuch einer Geschichte der Hexenprocesse. Erster Band. Nachdruck der Ausgabe Berlin 1784. Frankfurt/M. 1970.

Schwarze Messen. Dichtungen und Dokumente. Hrsg. von Ulrich K. Dreikandt. München 1970.

Seckendorff, Veit Ludwig von: Teutscher Fuersten-Stat / Oder: Gruendliche vnd kurtze Beschreibung / welcher gestalt Fuerstenthuemer / Graff- vnd Herrschafften im H. Rœmischen Teutscher Nation, welche Landes-Fuerstliche vnnd Hohe Obrigkeitliche Regalia haben / […]. In: Staatslehre der Frühen Neuzeit. Hrsg. von Notker Hammerstein. Frankfurt/M. 1995, S. 237–481 (Text) u. 1162–1169 (Komm.).

Shakespeare, William: Theatralische Werke. In 21 Einzelbänden. Übersetzt von Christoph Martin Wieland. Zweite Zürcher Ausgabe nach der ersten Zürcher Ausgabe von 1762 bis 1766. Neu hrsg. von Hans und Johanna Radspieler. Zürich 1992–95.

— Shakespeare. In deutscher Übersetzung. Hrsg. von Ludwig Seeger. 10 Bände. Hildburghausen 1865–1870, Bd. 5 (1868): Romeo und Julie; Kaufmann von Venedig; Ende gut, alles gut; Walpurgisnachtstraum (Übertragen von Karl Simrock).

Simrock, Karl: Doctor Johannes Faust. Puppenspiel in 4 Aufzügen. Hergestellt von Karl Simrock. Frankfurt/M. 1846.

— Die deutschen Volksbücher. Gesammelt und in ihrer ursprünglichen Echtheit wiederhergestellt. 13 Bände. Frankfurt/M. 1845–1867.

— Doctor Johannes Faust. Trauerspiel in fünf Aufzügen. Nach dem Puppenspiel. In: — Dichtungen. Eigenes und Angeeignetes. Berlin. 1872.

Spee (von Langenfeld), Friedrich: Sämtliche Schriften. Historisch-kritische Ausgabe. Hrsg. von Theo G.M. van Oorschot. 4 Bände. Tübingen u. Basel 1985–2005, 2. Aufl. (2005) des 3. Bandes („Cautio Criminalis“).

— Cautio Criminalis oder rechtliches Bedenken wegen der Hexenprozesse. Deutsche Ausgabe von Joachim-Friedrich Ritter. 5. Aufl. München 1987.

Sprenger, Jakob u. Institoris, Heinrich: Der Hexenhammer (Malleus maleficarum). Aus dem Lateinischen übertragen u. eingeleitet von J.W.R. Schmidt. Nachdruck der Ausgabe Berlin 1906. 13. Aufl. München 1997.

Stambaugh, Ria (Hrsg.): Teufelbücher in Auswahl. 5 Bände. Berlin u. New York 1970–1980.

Sterzinger, Ferdinand: Akademische Rede von dem gemeinen Vorurtheile der wirkenden und thaetigen Hexerey. München 1766.

Stoker, Bram: Shades of Dracula. Bram Stoker's Uncollected Stories. Hrsg. von Peter Haining. London 1982.

Storm, Theodor: Sämtliche Werke in vier Bänden. Hrsg. von Karl Ernst Laage u. Dieter Lohmeier. 4 Bände. Frankfurt/M. 1987–1988.

Tacitus, [Publius] Cornelius: Germania. Hrsg. u. übersetzt von Alfons Städele. 2. Aufl. Düsseldorf u. a. 2001.

Tanner, Adam: Universa theologia scholastica, speculativa, practica, ad methodum S. Thomae. 4 Bände. Ingolstadt 1626/27.

Thomasius, Christian: Kurtze Lehrsätze von dem Laster der Zauberey [...] übersetzt von einem Liebhaber Seiner Muttersprache [Anonymus]. Nachdruck der Ausgabe Halle 1702. München 1986.

Tieck, Ludwig: Der Hexen-Sabbath. In: — Novellen-Kranz [...] auf das Jahr 1832. Berlin 1832, S. 211–512.

— Der Hexensabbat. Novelle. Mit einem Anhang: Aus den Memoiren des Jacques du Clercq. Hrsg. von Walter Münz. Stuttgart 1988.

Trithemius, Johannes: Das wunder Büchlein. Wie die weldt von anfang geregiert vnd erhalten ist, auch wie vnd zu welcher zeyt alle ding auff erdtreich erfunden vnd auffkom[m]en sindt, mit vil wund[er]lichen geschichten [...] Durch den hochgelaerten Johan von Trittenheym beschrieben Welchs hie auffs kürtzst angezeygt [...]. Speyer 1529.

— Ioannis Tritemij abbatis Spanheymen[sis] de septem secundeis, id est, intelligentijs, sive spiritibus orbes post Deum moventibus, reconditissimae scientiae & eruditionis libellus [...]. Francoforti [Frankfurt/M.] 1545.

— Antipalus maleficiorum. In: Paralipomena opusculorum Petri Blesensis et Joannis Trithemii / aliorumque in typographeo Moguntino editorum a Joanne Busaeo. Moguntia [Mainz] 1605, S. 273–861.

— Curiositas regia. Octo quaestiones iucundissimae simul et vtilissimae, a Maximiliano 1. caesare Ioanni Trithemio abbati ordinis S. Benedicti propositae, & ab eodem pie & solide solutae. Quaestionum catalogum versa exhibet pagella [...]. Duacum [Douai] 1621.

Tucholsky, Kurt: Gesamtausgabe. Texte und Briefe. Hrsg. von Antje Bonitz, Dirk Grathoff, Michael Hepp, Gerhard Kraiker. 23 Bände. Reinbek bei Hamburg 1996–2008.

Updike, John: The witches of Eastwick. New York 1984.

Voigt, Gottfried Christian: Etwas über die Hexenprozesse in Deutschland. In: Berlinische Monatsschrift. Jg. 1784, Bd. 3, S. 297–311 (April 1784).

— Auszüge aus einigen Hexenakten bei der Königl. Preuß. Erbvoigtei zu Quedlinburg. In: Berlinische Monatsschrift. Jg. 1784, Bd. 3, S. 430–452 (Mai 1784).

— Noch einige Bemerkungen über Hexenprocesse und Folter. In: Berlinische Monatsschrift. Jg. 1784, Bd. 3, S. 453–462 (Mai 1784).

Valvasor, Johann Weic(k)hard von: Die Ehre Deß Hertzogthums Crain. Das ist, Wahre, gründliche, und recht eigendliche Belegen- und Beschaffenheit dieses, in manchen alten und neuen Geschicht-Büchern zwar rühmlich berührten, doch bishero nie annoch recht beschriebenen Römisch-Keyserlichen herrlichen Erblandes. [...] von Johann Weichard Valvasor [...]. Aber In reines Teutsch gebracht, auch [...] erweitert durch Erasmum Francisci. 4 Teile. Laibach (Ljubljana) u. Nürnberg 1689.

Vischer, Friedrich Theodor: Faust. Der Tragödie Dritter Theil. Treu im Geiste des zweiten Theils des Götheschen Faust gedichtet von Deutobold Symbolizetti Allegoriowitsch Mystifizinsky. 2. Aufl. Tübingen 1886.

Von Sünde, Leidenschaft und Laster. Teufelsgeschichten aus tausend Jahren. Hrsg. von Helmut Brall. München 1998.

Vulpius, Christian August: Hexenfahrten und Teufelskünste. Aus dem geheimen Archiv der Walpurgisnächte auf dem Blocksberg. ‚Bagdad' 1797.

Weingartner, Paul Felix: Musikalische Walpurgisnacht. Ein Scherzspiel. Leipzig 1907.

Werfel, Franz: Gesammelte Werke in Einzelbänden. Hrsg. von Knut Beck. 13 Bände in div. Teilbänden. Frankfurt/M. u. München 1989–1997.

Wier, Johannes [Weyer, Johann]: De praestigiis daemonum, et incantationibus ac veneficijs, libri V [...]. Authore Ioanne Wiero medico. Basileae (Basel) 1563.

— Von Verzauberungen, Verblendungen […] des Teuffels […]. Durch Johann Füglin in teutsche Sprach gebracht. Basel 1565.

Wolf, Paul u. Davenport, Neal: Hexensabbat. Roman. Schwelm 1999.

Wolff, Julius: Der wilde Jäger. Eine Weidmannsmär. Berlin 1877.

Wolffhardus Hasenrietanus; Stevartius, Petrus (Hrsg.): Commentarius de vita et rebus gestis S. Walpurgae virginis, Abbatissae monasterii in Heidenheim, Ordinis S. Benedicti, Diocesis Eystettensis Patronae. Ex Philippo XXXIX. Episcopo Eystettensi concinnatus. Item De Miraculis Eivsdem S. Virginis libri quatuor. Ingolstadt 1616.

Woolson, Constance Fenimore: Walpurgis Night. In: Old and New. Vol. 5 (January 1872), 1872, S. 61; Reprint in: Benedict. Vol. 4, 1932, S. 427.

Wr. (Nicht aufgelöstes Zeichen oder Pseudonym): Der Brocken. Aus einer Sammlung ungedruckter Briefe, über den Harz und die Hessischen Lande. In: Berlinisches Archiv der Zeit und ihres Geschmacks. Hrsg. von Friedrich Ludwig Wilhelm Meyer, Friedrich Eberhard Rambach und Ignaz Aurelius Fessler. Jg. 2, Bd. 2, 1796 (Dezember), S. 519–544.

Young, B.A.: For Walpurgisnacht. In: Punch (Punch Almanac). 1. Teilband 1950, S. 453 (26.04.1950).

Zigler und Kliphausen, Heinrich Anselm von: Asiatische Banise, Oder blutiges doch muthiges Pegu. Leipzig 1688.

Zimmer-Bradley, Marion: City of Sorcery. A Darkover Novel. Wallington (GB) 1990 (© 1984).

— Dark Satanic. Wallington (GB) 1991 (© 1972).

— Witch Hill. Wallington (GB) u. New York 1992 (© 1990).

Zschokke, Heinrich: Die Walpurgisnacht und andere Erzählungen. Hrsg. u. eingeleitet von Günter Albrecht unter Mitwirkung von Barbara Albrecht. Berlin/O. 1975.

— Weiß wie der Teufel: Der König von Akim, Die Walpurgisnacht, Der zerbrochene Krug und andere Erzählungen von Heinrich Zschokke. Hrsg. u. mit einem Nachwort versehen von Holger Böning. Illustriert von Michael Binder. Bremen 2007.

— Phantasies of Walpurgis Night. From the German of Zschokke. In: Littell's Living Age. Vol. 26, Nr. 325, 1850, S. 270–275.

II. Sekundär-/Forschungsliteratur

II. 1. Monographien

Adel, Kurt: Johann Karl Wezel. Ein Beitrag zur Geistesgeschichte der Goethezeit. Wien 1968.

Albertsen, Leif Ludwig: Das Lehrgedicht. Aarhus 1967.

Albrecht, Helmuth: Lehrkräfte am Collegium Carolinum 1745–1877. Beiträge zur Geschichte der Carolo-Wilhelmina. Bd. 8. Braunschweig 1986.

Alfaro, Andreu: Alfaro – Walpurgisnacht. Eisenskulpturen aus dem Goethe-Zyklus. Veröffentlicht anlässlich der Ausstellung im November 1990. Köln 1990.

Allason-Jones, Linday u. McKay, Bruce: Coventina's Well, a shrine on Hadrians Wall. Trustees of the Clayton Collection. Chesters Museum 1985.

Alt, Johannes: Grimmelshausen und der Simplicissimus. München 1936.

Alt, Peter-André: Ironie und Krise. Ironisches Erzählen als Form ästhetischer Wahrnehmung in Thomas Manns „Der Zauberberg". 2. Aufl. Frankfurt/M. 1989.

— Begriffsbilder. Studien zur literarischen Allegorie zwischen Opitz und Schiller. Tübingen 1995.

— Aufklärung. 2. Aufl. Stuttgart u. Weimar 2001.

Anger, Alfred: Deutsche Rokoko-Dichtung. Ein Forschungsbericht. Stuttgart 1963.

— Literarisches Rokoko. 2. Aufl. Stuttgart 1968.

Anton, Herbert: Heilungskraft. Motiv und Struktur der Dichtungen Goethes. München 1987.

Asper, Helmut G.: Spieltexte der Wanderbühne. Ein Verzeichnis der Dramenmanuskripte des 17. und 18. Jahrhunderts in Wiener Bibliotheken. Wien 1975.

Augat, Susanne: Ernst Barlach und das Hexenwesen. Katalog zur Ausstellung „Die Hexe im Spiegel der Kunst". Dettelbach 1998.

Baldauf, Dieter: Die Folter. Eine deutsche Rechtsgeschichte. Köln, Weimar, Wien 2004.

Baron, Frank u. Auernheimer, Richard: Johannes Trithemius: Humanismus und Magie im vorreformatorischen Deutschland. München 1992.

Battafarano, Italo Michele: Von Andreae zu Vico. Untersuchungen zur Beziehung zwischen deutscher und italienischer Literatur im 17. Jahrhundert. Stuttgart 1979.

Bauer, Sofie-Charlotte u. Bauer, Konrad: Doktor Faust. Das alte Puppenspiel. Mit Holzschnitten von Fritz Kredel. Frankfurt/M. 1950.

Baumann, Anette: Die Gesellschaft der frühen Neuzeit im Spiegel der Reichskammergerichtsprozesse. Eine sozialgeschichtliche Untersuchung zum 17. und 18. Jahrhundert. Köln 2001.

Becker, Gabriele / Brackert, Helmut u. a.: Aus der Zeit der Verzweiflung. Zur Genese und Aktualität des Hexenbildes. Frankfurt/M. 1977.

Beermann, Alfred u. Lüder, Rita: Das Geheimnis des Bibersees. Ein Naturmärchen mit der kleinen Hexe Duftnäschen. Wiebelsheim u. Wiesbaden 2006.

Behringer, Wolfgang: Hexenverfolgung in Bayern. Volksmagie, Glaubenseifer und Staatsräson in der Frühen Neuzeit. München 1988.

— Hexen und Hexenprozesse in Deutschland. 2. Aufl. München 1993.

— Hexen. Glaube, Verfolgung, Vermarktung. 3. Aufl. München 2002.

Beta, Ottomar: „Old-Iniquity" – Der Schlüssel zu Goethe's „Faust". Eine Zurückweisung verflachender Ausleger. Hrsg. von Willibald Schulze. 3. Aufl. Leipzig 1924, erstmals publiziert in: Bayreuther Blätter. Jg. 31, Nr. 7–9, 1908, S. 213–228.

Biegel, Gerd: Collegium Carolinum und Technische Universität Braunschweig. 250 Jahre braunschweigische Universitätsgeschichte. Braunschweig 1995.

Bitter-Postelt, Maria-Beate: Zur Auseinandersetzung mit der Imagination des Außenseiters. Philosophische Erörterung und exemplarische Analyse von Ludwig Tiecks Novelle „Der Hexen-Sabbath". Berlin 1985.

Böhme, Gernot u. Böhme, Hartmut: Feuer, Wasser, Erde, Luft. Eine Kulturgeschichte der Elemente. München 1996.

Bohnenkamp, Anne: „…das Hauptgeschäft nicht außer Augen lassend". Die Paralipomena zu Goethes „Faust". Frankfurt/M. 1994.

Borchardt, Erika u. Borchardt, Jürgen: Petermännchen. Der Schweriner Schlossgeist. 1. u. 2. Aufl. Schwerin 1994.

Borcke, Wulf-Dietrich von: Sidonie von Borke. Die Hexe aus dem Kloster Marienfließ, 1548–1620. Beiträge zur pommerschen Landes-, Kirchen- und Kunstgeschichte, Bd. 3. Schwerin 2002.

Boshof, Egon: Erzbischof Agobard von Lyon. Leben und Werk. Köln u. Wien 1969.

Breuer, Dieter: Grimmelshausen-Handbuch. München 1999.

Chapin, Bradley: Criminal Justice in Colonial America, 1606–1660. Athens (Georgia) 1983.

Clifton, Chas S.: Her hidden children. The rise of Wicca and paganism in America. Lanham (Maryland) 2006.

Cremer, Fritz u. Schubert, Sabine: Fritz Cremer – Walpurgisnacht: Ausstellung vom 30. April bis zum 18. Juni 1995. Pulsnitz 1995.

Curtius, Ernst Robert: Europäische Literatur und lateinisches Mittelalter. 10. Aufl. Bern 1948.

Daur, Albert: Faust und der Teufel. Eine Darstellung nach Goethes dichterischem Werk. Heidelberg 1950.

Denecke, Rolf: Goethes Harzreisen. Hildesheim 1980.

Dennert, Friedrich: Goethe und der Harz. Quedlinburg 1920.

— Geschichte des Brockens und der Brockenreisen. Beiheft 1 der Harzzeitschrift. Braunschweig 1954.

Dietert, Friedrich: Goethe im Harz. Wernigerode und Chorin 1920.

Döbler, Hannsferdinand: Hexenwahn. Die Geschichte einer Verfolgung. München 1977.

Dörfert, Petra: Das Hamburgische Nationaltheater (1767–1769). Ein Beitrag zur Theaterwirklichkeit des 18. Jahrhunderts. 54 Seiten auf 1 Mikrofiche. Marburg 1997.

Doering, Sabine: Die Schwestern des Doktor Faust. Eine Geschichte der weiblichen Faustgestalten. Göttingen 2001.

Dülmen, Richard van (Hrsg.): Hexenwelten. Magie und Imagination vom 16.–20. Jahrhundert. Entstanden anlässlich einer von der Universität des Saarlandes veranstalteten Ausstellung vom 1. Mai bis zum 19. Juli 1987 in der Stadtgalerie Saarbrücken, vom 25. Oktober bis zum 29. November 1987 im Kulturzentrum Gasteig in München, vom 22. Februar bis zum 18. März 1988 im Rathaus Kassel und vom 26. März bis zum 1. Mai 1988 im Frauenmuseum Bonn. Frankfurt/M. 1987.

— Theater des Schreckens. Gerichtspraxis und Strafrituale in der frühen Neuzeit. 4. Aufl. München 1995.

Dünnhaupt, Gerhard: Personalbibliographien zu den Drucken des Barock. 6 Teile. 2. Aufl. Stuttgart 1990–1993.

Dünninger, Eberhard: Johannes Aventinus. Leben und Werk des bayerischen Geschichtsschreibers. Rosenheim 1977.

Düsterdieck, Peter: Die Matrikel des Collegium Carolinum und der technischen Hochschule Carolo-Wilhelmina zu Braunschweig 1745–1900. Hildesheim 1983 (z.T. zuvor schon abgedruckt in: Eschenburg, Johann Joachim: Entwurf einer Geschichte des Collegii Carolini in Braunschweig /1745–1808/. Photographischer Nachdruck der Ausgabe Berlin u. Stettin 1812. Bd. 2. Braunschweig 1974).

Ehrenberg, Christian Gottfried: Organisation, Systematik und geographisches Verhaltnis der Infusionstierchen. Berlin 1830.

— Das Leuchten des Meeres. Neue Beobachtungen nebst Übersicht der Hauptmomente der geschichtlichen Entwicklung dieses merkwürdigen Phänomens. Berlin 1835.

Eisenhardt, Ulrich: Deutsche Rechtsgeschichte. 3. Aufl. München 1999.

Emrich, Wilhelm: Die Symbolik von Faust II. Sinn und Vorformen. 4. Aufl. Wiesbaden 1978.

Engelhardt, Michael v.: Der plutonische Faust. Eine motivgeschichtliche Studie zur Arbeit am Mythos in der Faust-Tradition. Basel u. Frankfurt/M. 1992.

Eversberg, Gerd: Doctor Johann Faust. Die dramatische Gestaltung der Faustsage von Marlowes Doctor Faustus bis zum Puppenspiel. Köln 1988.

Fehrle, Eugen: Feste und Volksbräuche im Jahreslauf europäischer Völker. Kassel 1955.

Fischer-Seidel, Therese: Mythenparodie im modernen englischen und amerikanischen Drama. Tradition und Kommunikation bei Tennessee Williams, Edward Albee, Samuel Beckett und Harold Pinter. Heidelberg 1986.

Fitzell, John: The hermit in German literature. From Lessing to Eichendorff. Chapel Hill (North Carolina) 1961.

Fouquet, Karl: Jakob Ayrers „Sidea", Shakespeares „Tempest" und das Märchen. Marburg 1929.

Frankenberger, Julius: Walpurgis. Zur Kunstgestalt von Goethes Faust. Leipzig 1926.

Freund, Winfried: Deutsche Phantastik. Die phantastische deutschsprachige Literatur von Goethe bis zur Gegenwart. München 1999.

Freytag, Julia: Verhüllte Schaulust. Die Maske in Schnitzlers Traumnovelle und in Kubricks Eyes Wide Shut. Bielefeld 2007.

Frick, Karl R.H.: Satan und die Satanisten. Ideengeschichtliche Untersuchungen zur Herkunft der komplexen Gestalt „Luzifer/Satan/Teufel", ihrer weiblichen Entsprechungen und ihrer Anhängerschaft. 3 Teile. Graz 1982–1986.

Friedman, Lawrence M.: A history of American law. New York 1985 (© 1973).

Friedrich, Theodor u. Scheithauer, Lothar Johannes: Kommentar zu Goethes Faust. Mit einem Faust-Wörterbuch und einer Faust-Bibliographie. Nachdruck der Ausgabe Stuttgart 1959. Stuttgart 1999.

Fuhrmann, Helmut: Vorausgeworfene Schatten. Literatur in der DDR – DDR in der Literatur. Interpretationen. Würzburg 2003.

Gaede, Friedrich: Substanzverlust. Grimmelshausens Kritik der Moderne. Tübingen 1989.

Gehring, Thomas: Johanne Charlotte Unzer-Ziegler 1725–1782. Ein Ausschnitt aus dem literarischen Leben in Halle, Göttingen und Altona. Bern u. Frankfurt/M. 1973.

Gemert, Guillaume van: Die Werke des Ægidius Albertinus (1560–1620). Ein Beitrag zur Erforschung des deutschsprachigen Schrifttums der katholischen Reformbewegung in Bayern um 1600 und seiner Quellen. Amsterdam 1979.

Gerlach, Hildegard u. Mahal, Günther: Hexen, Brocken, Walpurgisnacht. Ausstellungskatalog Faust-Museum Knittlingen. Knittlingen 1980.

Gibson, Marion: Reading Witchcraft. Stories of early English witches. London u. New York 1999.

— Early modern witches. Witchcraft cases in contemporary writing. London u. New York 2000.

Ginzburg, Carlo: Hexensabbat. Entzifferung einer nächtlichen Geschichte. Aus dem Italienischen übersetzt von Martina Kempter. Berlin 1990.

Godman, Peter: Weltliteratur auf dem Index. Die geheimen Gutachten des Vatikans. Berlin u. München 2001.

Graf, Fritz: Gottesnähe und Schadenzauber. Die Magie in der griechisch-römischen Antike. München 1996.

Großfeld, Bernhard: Zeichen und Zahlen im Recht. Zahlen in Rechtsgeschichte und Rechtsvergleichung. 2. Aufl. Tübingen 1995.

Habiger-Tuczay, Christa: Magie und Magier im Mittelalter. München. 1992.

Hahl, Thomas Chr.: Heines „Doktor Faust“. Eine werk- und problemgeschichtliche Interpretation zum „Tanzpoem“. Mikrofiche-Ausgabe. Mannheim. 1995.

Hamm, Heinz: Goethes „Faust“. Werkgeschichte und Textanalyse. Berlin/O. 1978.

Hammerstein, Notker: Res publica litteraria. Ausgewählte Aufsätze zur frühneuzeitlichen Bildungs-, Wissenschafts- und Universitätsgeschichte. Hrsg. von Ulrich Muhlack und Gerrit Walther. Berlin 2000.

— Bildung und Wissenschaft vom 15. bis zum 17. Jahrhundert. München 2003.

Hansen, Joseph: Zauberwahn, Inquisition und Hexenprozeß im Mittelalter und die Entstehung der großen Hexenverfolgung. Reprint des Titels München 1900. Frankfurt/M. 1998.

— Quellen und Untersuchungen zur Geschichte des Hexenwahns und der Hexenverfolgung im Mittelalter. Mit einer Untersuchung der Geschichte des Wortes Hexe von Johannes Franck. Nachdruck der Ausgabe Bonn 1901. Hildesheim 2003.

Hansen, Volkmar: Thomas Manns Heine-Rezeption. Hamburg 1975.

— Goethe als Jurist. Anmerkung zur Ausstellung vom 2. März bis 4. Mai 2008. Goethe-Museum Düsseldorf, Anmerkung 90. Düsseldorf 2008.

— Fausts Walpurgisnacht. Frühlingsanfang, Hexerei, Teufelsspuk. Anmerkung zur Ausstellung vom 30. April bis 22. August 2010. Goethe-Museum Düsseldorf, Anmerkung 94. Düsseldorf 2010.

Häntzschel, Günter: Gottfried August Bürger. München 1988.

Hasubek, Peter: Ein Lieblingsbuch des deutschen Volkes. Immermanns „Münchhausen“ und der „Oberhof“. 150 Jahre Editions- und Rezeptionsgeschichte. Bielefeld 2004.

Hegeler, Hartmut: Anton Praetorius, Kämpfer gegen Hexenprozesse und Folter. Unna 2002.

Henkel, Arthur u. Schöne, Albrecht (Hrsg.): Emblemata. Handbuch zur Sinnbildkunst des XVI. und XVII. Jahrhunderts. Sonderausgabe Stuttgart 1978.

Henning, Hans: Die wichtigsten deutschen Faust-Dichtungen in der 1. Hälfte des 19. Jahrhunderts und ihr Verhältnis zu Goethe: Grabbe-Lenau-Heine. Jena 1965.

— Faust-Bibliographie. 3 Teile in 5 Bänden. Berlin/O. u. Weimar 1966–1976.

Hesse-Belasi, Gabriele: Signifikationsprozesse in Goethes „Faust“, Zweiter Teil. Mythologische Figur und poetisches Verfahren. Frankfurt/M., Berlin, Wien, Bern, New York, Paris 1992.

Heuermann, Hartmut: Medien und Mythen. Die Bedeutung regressiver Tendenzen in der westlichen Medienkultur. München 1994.

— Welt und Bewußtsein. Eine Topographie der inneren Erfahrung. Frankfurt/M., Berlin, Bern, Brüssel, New York, Oxford, Wien 2002.

— Mythos, Religion, Ideologie. Kultur- und gesellschaftskritische Essays. Frankfurt/M., Berlin, Bern, Brüssel, New York, Oxford, Wien 2009.

Hirschberg, Walter: Frosch und Kröte in Mythos und Brauch. Köln, Wien, Graz 1988.

Höfler, Otto: Homunculus – eine Satire auf A.W. Schlegel. Goethe und die Romantik. Wien 1972.

Hoeps, Thomas: Arbeit am Widerspruch. „Terrorismus" in deutschen Romanen und Erzählungen (1837–1992). Dresden 2001.

Hoffmann, Hans: Hexen im Harz. Bad Harzburg 1993.

Hohoff, Curt: Johann Wolfgang von Goethe. Dichtung und Leben. München 1989.

Holz, Jürgen: Im Halbschatten Mephistos: Literarische Teufelsgestalten von 1750–1850. Frankfurt/M. 1989.

Jerouschek, Günter / Schild, Wolfgang / Gropp, Walter (Hrsg.): Benedict Carpzov. Neue Perspektiven zu einem umstrittenen sächsischen Juristen. Tübingen 2000.

Kaim-Kloock, Lore: Gottfried August Bürger. Zum Problem der Volkstümlichkeit in der Lyrik. Berlin/O. 1963.

Kaiser, Ulrich: Esoterik im Internet: das komplette Info-Highway-Angebot: Cyberreligionen, Neo-Heidentum, Freimaurer, I Ging, neue Hexen, PSI, Voodoo, Tarot und vieles mehr …. München 1997.

Kelletat, Alfred (Hrsg.): Der Göttinger Hain. Stuttgart 1979 (© 1967).

Kemper, Hans-Georg: Deutsche Lyrik der frühen Neuzeit. Band 6/II (Sturm und Drang: Genie-Religion). Tübingen 2002.

— Deutsche Lyrik der frühen Neuzeit. Band 6/III (Sturm und Drang: Göttinger Hain und Grenzgänger). Tübingen 2002.

Kertscher, Hans-Joachim (Hrsg.): G.A. Bürger und J.W.L. Gleim. Tübingen 1996.

Kilian, Heinke: Von Hexen, Zauberern und magischen Gestalten. Hexenverfolgung in der Jugendliteratur der Gegenwart – ein Thema mit aktuellen Bezügen. Frankfurt/M., Berlin, Bern, Brüssel, New York, Oxford, Wien 2010.

Kindermann, Heinz: Theatergeschichte Europas. 10 Bände. 2. Aufl. Salzburg 1966–1974.

Kippenberg, Anton: Die Hypsistarier. Sonderdruck aus der Zeitschrift „Goethe", Jahrgang 1943. Weimar 1943.

Klim, George: Stanislaw Przybyszewski. Leben, Werk und Weltanschauung im Rahmen der deutschen Literatur der Jahrhundertwende. Biographie. Paderborn 1992.

Knappe, Hartmut: Brocken, Harz und Hexentanz. Sinn – Unsinn – Übersinn. Wernigerode 1995.

Könnecke, Gustav: Quellen und Forschungen zur Lebensgeschichte Grimmelshausens. Zwei Bände in einem Band. Nachdruck der Ausgaben Weimar 1926–1928. Hildesheim u. New York 1977.

Kollmann, Andreas: Begriffs- und Problemgeschichte des Verhältnisses von formellem und materiellem Recht. Berlin 1996.

Konopatzki, Ilse-Lore: Grimmelshausens Legendenvorlagen. Berlin 1965.

Korenjak, Martin: Die Ericthoszene in Lukans Pharsalia. Einleitung, Text, Übersetzung, Kommentar. Frankfurt/M. 1996.

Krauss, Friedrich S.: Slavische Volksforschungen. Leipzig 1908.

Kroeger, Verena: Magie und Aberglaube im Internet. Münster 1998.

Kroker, Ernst: Doktor Faust und Auerbachs Keller. Die Sage von dem Fassritt, die Entstehungszeit der beiden alten Bilder in Auerbachs Keller. Mit einem Anhang: Doktor Faust und Luther. Leipzig 1903.

Kuby, Gabriele: Harry Potter – gut oder böse. Kißlegg-Immenried 2003.

Kuhk, Diana: Der pommersche Autor Wilhelm Meinhold. Studie zu seinem Gesamtwerk. Greifswald 1999.

Kunstmann, Hartmut H.: Zauberwahn und Hexenprozeß in der Reichstadt Nürnberg. Nürnberg 1970.

Labouvie, Eva: Zauberei und Hexenwerk. Ländlicher Aberglaube in der frühen Neuzeit. Frankfurt/M. 1991.

Langer, Thomas: Die Verbildlichung der juristischen Ausbildungsliteratur. Berlin 2004.

Lea, Henry Charles: Geschichte der Inquisition im Mittelalter. Übersetzung der Ausgabe Philadelphia 1887. 3 Bände. Hrsg. von Joseph Hansen. Nachdruck der Ausgabe Bonn 1905. Nördlingen 1987.

Lehmann, Hartmut u. Ulbricht, Otto (Hrsg.): Vom Unfug des Hexen-Processes. Gegner der Hexenverfolgung von Johann Weyer bis Friedrich Spee. Vorträge, gehalten anlässlich eines Arbeitsgespräches vom 22. bis 25. September 1987 in der Herzog-August-Bibliothek Wolfenbüttel (Wolfenbütteler Forschungen, 55). Wiesbaden 1992.

Leutenbauer, Siegfried: Hexerei- und Zaubereidelikt in der Literatur von 1450–1550. Mit Hinweisen auf die Praxis im Herzogtum Bayern. Berlin 1972.

Levack, Brian P.: Hexenjagd – die Geschichte der Hexenverfolgungen in Europa. Übersetzung der Originalausgabe „The Witch-Hunt in Early Modern Europe" U.K. 1987. München 1995.

Lorenz, Sönke / Bauer, Dieter R. / Behringer, Wolfgang / Schmidt, Jürgen Michael (Hrsg.): Himmlers Hexenkartothek. Das Interesse des Nationalsozialismus an der Hexenverfolgung. In Zusammenarbeit mit dem Institut für geschichtliche Landeskunde und historische Hilfswissenschaften der Universität Tübingen. 2. Aufl. Bielefeld 2000.

Luck, Georg: Hexen und Zauberei in der römischen Dichtung. Zürich 1962.

Lüthi, Max: Märchen. Bearbeitet von Heinz Rölleke. 10. Aufl. Stuttgart u. Weimar 2004.

Mahal, Günther: Faust. Untersuchungen zu einem zeitlosen Thema. Neuried 1998.

Maier, Bernhard: Die Religion der Kelten. Götter – Mythen – Weltbild. München 2001.

Martin, Dieter: Das deutsche Versepos im 18. Jahrhundert. Berlin u. New York 1993.

Marzin, Florian: Okkultismus und Phantastik in den Romanen Gustav Meyrinks. Essen 1986.

Matuszek, Gabriela (Hrsg.): Über Stanislaw Przybyszewski. Rezensionen – Erinnerungen – Porträts – Studien (1892–1995). Rezeptionsdokumente aus 100 Jahren. Paderborn 1995.

McMichael, Steven J.: Was Jesus of Nazareth the Messiah? Alphonso de Espina's argument against the Jews based on his commentary on the Book of Isaiah in the *Fortalitium fidei* (c. 1464). An edition, translation and commentary. Erweiterte Edition der Originalausgabe Rom 1992. Atlanta 1994.

Meister, Jan Christoph: Hypostasierung – die Logik mythischen Denkens im Werk Gustav Meyrinks nach 1907. Eine Studie zur erkenntnistheoretischen Problematik eines phantastischen Oeuvres. Frankfurt/M., Bern, New York 1987.

Meyuhas Ginio, Alisa: La forteresse de la foi. La vision du monde d'Alonso de Espina, moine espagnol (?–1466). Traduit de l'hébreu par Zvi Rabi. Paris 1998.

— u. Carrete Parrondo, Carlos: De bello iudaeorum. Fray Alonso de Espina y su *Fortalitium fidei*. Salamanca 1998.

Michaelis, Gustav Adolf: Über das Leuchten der Ostsee. Hamburg 1830.

Michels, Kurt: Der Indizienbeweis im Übergang vom Inquisitionsprozeß zum reformierten Strafverfahren. Tübingen 2000.

Moennighoff, Burkhard: Intertextualität im scherzhaften Epos des 18. Jahrhunderts. Göttingen 1991.

Moser, Hugo: Karl Simrock. Universitätslehrer und Poet. Germanist und Erneuerer von „Volkspoesie" und älterer „Nationalliteratur". Ein Stück Literatur-, Bildungs- und Wissenschaftsgeschichte des 19. Jahrhunderts. Bonn 1976.

Moser-Rath, Elfriede: Kleine Schriften zur populären Literatur des Barock. Göttingen 1994.

Mücke, Georg: Heinrich Heines Beziehungen zum deutschen Mittelalter. Nachdruck der Ausgabe Berlin 1908. Hildesheim 1978.

Müller-Jahnke, Wolf-Dieter: Magie als Wissenschaft im frühen 16. Jahrhundert. Die Beziehungen zwischen Magie, Medizin und Pharmazie im Werk des Agrippa von Nettesheim (1486–1536). Marburg 1973.

Muschwitz, Gerhard: Literarische Schatzgräberei im Harz. München 1993 (Gesellschaft der Bibliophilen e.V.).

Näger, Silvia u. Wiemers, Sabine: Hexentanz und Zauberkraut - ein Hexen-Spiel- und Sachbuch ab 8. Luzern 2000.

Naumann, Michael: Der Abbau einer verkehrten Welt. Satirische und politische Wirklichkeit im Werk von Karl Kraus. München 1969.

Neumann, Almut: Verträge und Pakte mit dem Teufel. Antike und mittelalterliche Vorstellungen im „Malleus maleficarum". St. Ingbert 1997.

Nix, Dietmar (Red.): Die Hexenprozesse. Malefizjustiz in der Frühen Neuzeit. Online-Portal (http://histor.ws/hexen/gald-magie.htm). Bildarchiv, Rubrik Nr. 5: Zauberei, Stand: Mai 2010.

Oestmann, Peter: Hexenprozesse am Reichskammergericht. Köln, Weimar, Wien 1997.

— Rechtsvielfalt vor Gericht. Rechtsanwendung und Partikularrecht im Alten Reich. Frankfurt/M. 2002.

Osenbrüggen, Eduard: Das Strafrecht der Langobarden. Neudruck der Ausgabe Schaffhausen 1863. Aalen 1968.

Pagels, Elaine: Satans Ursprung. Übersetzung der Ausgabe New York u. Toronto 1995. Berlin 1996.

Paul, Herrmann: Deutsche Mythologie. Hrsg. von Thomas Jung. Berlin 1991.

Pearson, Joanne (Hrsg.): Belief beyond boundaries. Wicca, Celtic spirituality and New Age. Aldershot u. Ashgate 2002.

Pócs, Éva: Between the Living and the Dead: A Perspective on Witches and Seers in the Earty Modern Age. Ins Engl. übersetzt von Szilvia Rédey und Michael Webb. Budapest 1999.

Postma, Heiko: Gute Nacht, Goethe! Friedrich Theodor Vischer und sein „Faust III". Hannover 2001.

Potkoff, Ossip D.: Johann Friedrich Löwen (1727–1771) mit näherer Berücksichtigung seiner dramaturgischen Tätigkeit. Heidelberg 1904.

Pott, Martin: Aufklärung und Aberglaube. Die deutsche Frühaufklärung im Spiegel ihrer Aberglaubenskritik. Tübingen 1992.

Pröhle, Heinrich: Unterharzische Sagen. Aschersleben 1856.

— Harzsagen, gesammelt auf dem Oberharz [...]. Hrsg. von Will-Erich Peuckert. Bad Harzburg 1957.

Przybyszewski, Stanislaw: Die Gnosis des Bösen. Entstehung und Kult des Hexensabbats, des Satanismus und der Schwarzen Messe. 4. Aufl. Berlin 1995.

Qasim, Mohammad: Gustav Meyrink. Eine monographische Untersuchung. Stuttgart 1981.

Radics, Peter von: Johann Weikhard Freiherr von Valvasor (geb. 1641, gest. 1693). Laibach (Ljubljana) 1910.

Rainer, Karin A.: Literatur des Bösen. Satan, Teufelskult und Schwarze Messen in der Literatur. Marburg 2007.

Raphael, Alice: Goethe und der Stein der Weisen. Über die Symbolmuster in *Das Märchen* und in *Faust. Der Tragödie zweiter Teil.* Übersetzung der Ausgabe London 1965. Amsterdam 1990.

Reck, Alexander: Friedrich Theodor Vischer – Parodien auf Goethes „Faust". Heidelberg 2007.

Reiter, Ralf: Das dämonische Diesseits. Phantastisches Erzählen in den Romanen „Walpurgisnacht" und „Der weiße Dominikaner" von Gustav Meyrink. Wetzlar 1997.

Resenhöfft, Wilhelm: Existenzerhellung des Hexentums in Goethes „Faust“ (Mephistos Masken, Walpurgis). Grundlinien axiomatisch-psychologischer Deutung. Bern 1970.

— Goethes Rätseldichtungen im „Faust“ (mit Hexenküche und Hexen-Einmal-Eins) in soziologischer Deutung. Bern u. Frankfurt/M. 1972.

Reusch, Franz Heinrich: Der Index der verbotenen Bücher. Ein Beitrag zur Kirchen- und Literaturgeschichte. Neudruck der Ausgabe Bonn 1883–1885. 2 in 3 Bänden. Aalen 1967.

— Die Indices librorum prohibitorum des sechzehnten Jahrhunderts. Neudruck der Ausgabe Tübingen 1886. Niewkoop 1970.

Richter, Arnd: Mendelssohn. Leben, Werke, Dokumente. Zürich u. Mainz 2000.

Rudloff, Robert Ilmo von: Hekate in ancient Greek religion. 2. Aufl. Victoria (Ca.) 1999.

Rudolph, Andrea: Die Hexe als Mythos. Der Zweifel und der Wille zum Selbst. Hexenfiguren im Werk von Ernst Barlach. Mit einem begleitenden Beitrag von Marion Marquardt. Dettelbach 1998.

Rueb, Franz: Hexenflug und Teufelsritt. Hexen-Bilder aus vier Jahrhunderten. Zürich 1997.

Ruthner, Clemens: Unheimliche Wiederkehr. Interpretationen zu den gespenstischen Romanfiguren bei Ewers, Meyrink, Soyka, Spunda und Strobl. Meitingen 1993.

Schade, Sigrid: Schadenzauber und die Magie des Körpers. Hexenbilder der frühen Neuzeit. Worms 1983.

Schild, Wolfgang (Hrsg.): Benedikt Carpzov (1595–1666). Werk & Wirken. Gesammelte Aufsätze, Vorträge und Dissertationen zu Carpzov aus drei Jahrhunderten. Bd. I: 1667–1927. Goldbach 1997.

Schimpf, Wolfgang (Hrsg.): Die Rezensenten der Göttingischen Gelehrten Anzeigen 1760–1768. Göttingen 1982.

— Kästners Literaturkritik. Göttingen 1990.

Schlaffer, Heinz: Faust, Zweiter Teil. Die Allegorie des 19. Jahrhunderts. Stuttgart 1981.

Schmale, Wolfgang: Archäologie der Grund- und Menschenrechte in der Frühen Neuzeit. Ein deutsch-französisches Paradigma. München 1997.

Schmidt, Jochen: Goethes Faust. Erster und Zweiter Teil. Grundlagen, Werk, Wirkung. München 1999.

Schnyder, André: Malleus Maleficarum von Heinrich Institoris (alias Kramer) unter Mithilfe von Jakob Sprenger aufgrund der dämonologischen Tradition zusammengestellt. Kommentar zur Wiedergabe des Erstdrucks von 1487. Göppingen 1993.

Schöne, Albrecht: Götterzeichen, Liebeszauber, Satanskult. Neue Einblicke in alte Goethetexte. 2. unveränderte Aufl. München 1982.

— Götterzeichen, Liebeszauber, Satanskult. Neue Einblicke in alte Goethetexte. 3. Aufl. München 1993.

Scholz Williams, Gerhild: Hexen und Herrschaft. Die Diskurse der Magie und Hexerei im frühneuzeitlichen Frankreich und Deutschland. Aus dem Engl. übersetzt. München 1998.

— Ways of knowing in early modern Germany. Johannes Praetorius as a witness to his time. Burlington (VT), Aldershot (GB), Hants (GB) 2006.

Schormann, Gerhard: Hexenprozesse in Nordwestdeutschland. Hildesheim 1977.

— Hexenprozesse in Deutschland. 3. Aufl. Göttingen 1996.

Schüpbach, Werner: Die Menschwerdung als zentrales Phänomen der Evolution in Goethes Darstellung der Klassischen Walpurgisnacht. Freiburg/Brsg. 1967.

Schürmann, Thomas: Nachzehrerglauben in Mitteleuropa. Marburg 1990.

Schütt, Peter; Schuck, Hans Joachim; Stimm, Bernd (Hrsg.): Lexikon der Baum- und Straucharten. Das Standardwerk der Forstbotanik. Morphologie, Pathologie, Ökologie und Systematik wichtiger Baum- und Straucharten. Sonderausgabe der Ausgabe Landsberg/Lech 1992. Hamburg 2002.

Schwedt, Georg: Literarische Harzreise. Hannover 1998.

Segeberg, Harro u. Winko, Simone (Hrsg.): Digitalität und Literalität. Zur Zukunft der Literatur. München 2005.

Segl, Peter (Hrsg.): Der Hexenhammer. Entstehung und Umfeld des Malleus Maleficarum. Köln u. Wien 1988.

— (Hrsg.): Die Anfänge der Inquisition im Mittelalter. Mit einem Ausblick auf das 20. Jahrhundert und einem Beitrag über religiöse Intoleranz im nichtchristlichen Bereich. Köln 1993.

Seibert, Thomas-M.: Zeichen, Prozesse. Grenzgänge zur Semiotik des Rechts. Berlin 1996.

Siefener, Michael: Hexerei im Spiegel der Rechtstheorie. Das crimen magiae in der Literatur von 1574 bis 1608. Frankfurt/M. 1992.

Sigmund, Anna Maria: Die Frauen der Nazis. 3 in 1 Bd. München 2005.

Sillig, P.H.: Faust in Leipzig. Kleine Chronik von Auerbachs Keller zu Leipzig, nebst historischen Notizen über Auerbachs Hof. Nach alten Chroniken und Urkunden zusammengestellt von P.H. Sillig. Reprint der Ausgabe Leipzig 1863. Mit einem Nachwort von Bernd Weinkauf. Hrsg. von August Haupt. 3. Aufl. Leipzig 1998.

Simek, Rudolf: Religion und Mythologie der Germanen. Darmstadt 2003.

Smit, Frans: Gustav Meyrink. Auf der Suche nach dem Übersinnlichen. Aus dem Niederländischen übersetzt. München 1988.

Soldan, Wilhelm Gottlieb: Geschichte der Hexenprocesse. Aus den Quellen dargestellt. 1. Ausgabe Stuttgart u. Tübingen 1843.

Soldan, Wilhelm Gottlieb (Begr.) / Heppe, Heinrich / Bauer, Max: Geschichte der Hexenprozesse. 2 Bände. Nachdruck der 3. Aufl. in der Neubearbeitung von Max Bauer. Köln 1999.

Staiger, Emil: Goethe. Bd. 2: 1786–1814. 4. Aufl. Zürich 1970.

Stange, Alfred: Der Schleswiger Dom und seine Wandmalereien. Berlin 1940.

Steiner, Rudolf: Geisteswissenschaftliche Erläuterungen zu Goethes Faust. Band II: Das Faust-Problem. Die Romantische und die klassische Walpurgisnacht. Zwölf Vorträge und eine Ansprache am Goetheanum in Dornach 1916–1919. 2. buchförmige Ausgabe Freiburg/Brsg. 1956.

Stremmel, Jochen: „Dritte Walpurgisnacht". Über einen Text von Karl Kraus. Bonn 1982.

Taubert, Otto: Paul Schede (Melissus). Leben und Schriften. Torgau 1864.

Tepe, Peter: Mythos & Literatur. Aufbau einer literaturwissenschaftlichen Mythosforschung. Würzburg 2001.

Testa, Carlo: Desire and the devil. Demonic contracts in French and European literature. New York 1991.

Todd, R. Larry: Mendelssohn. A Life in Music. Oxford u. New York 2003.

Troje, Hans Erich: Humanistische Jurisprudenz. Studien zur europäischen Rechtswissenschaft unter dem Einfluß des Humanismus. Goldbach 1993.

Trummer, Beatrice: Thomas Manns Selbstkommentare zum „Zauberberg". Konstanz 1992.

Trunz, Erich: Johann Matthäus Meyfart. Theologe und Schriftsteller in der Zeit des Dreißigjährigen Krieges. München 1987.

Vána, Zdenek: Mythologie und Götterwelt der slawischen Völker. Die geistigen Impulse Ost-Europas. Aus dem Tschechischen übersetzt. Stuttgart 1992.

Voigt, Christopher: Der englische Deismus in Deutschland. Eine Studie zur englisch-deistischen Literatur in deutschen Zeitschriften und Kompendien des 18. Jahrhunderts. Göttingen 2001.

Voppel, Reinhard: Der Einfluß des Naturrechts auf den Usus modernus. Eine Untersuchung anhand der Literatur zum geltenden Recht im 17. und 18. Jahrhundert. Köln, Berlin, Bonn, München 1996.

Vries, Jan de: Altgermanische Religionsgeschichte. 2 Bände. 2. Aufl. Berlin 1956–1957.

— Keltische Religion. Stuttgart 1961.

Waibler, Helmut: M. Johannes Praetorius, P.L.C. Bio-bibliographische Studien zu einem Kompilateur curieuser Materien im 17. Jahrhundert. Frankfurt/M., Bern, Las Vegas 1979.

Walde, Martin: Hexenbrennen und Maibaum. Bautzen 1996.

Walter, Hans-Albert: Deutsche Exilliteratur 1933–50. 4 Bände. Stuttgart 1978–2010.

Walzel, Oskar Franz: Heines Tanzpoem Der Doktor Faust. Nachdruck der Ausgabe Weimar 1917. Hildesheim 1962.

Wegener, Franz: Heinrich Himmler. Deutscher Spiritismus, französischer Okkultismus und der Reichsführer SS. Gladbeck 2004.

— Kelten, Hexen, Holocaust. Menschenopfer in Deutschland. Gladbeck 2004.

Wehrmann, Martin: Geschichte der Stadt Stettin. Stettin 1911.

Weitnauer, Alfred: Keltisches Erbe in Schwaben und Baiern. 2. Aufl. Kempten 1965.

Werner, Eric: Mendelssohn. Leben und Werk in neuer Sicht. Zürich 1980.

Wick, Claudia: M. Annaeus Lucanus. *Bellum civile*. Liber IX. 2 Bände. München u. Leipzig 2004.

Wiemann, Dirk: Exilliteratur in Großbritannien 1933–1945. Opladen 1998.

Wills, Garry: Witches and Jesuits: Shakespeare's ‚Macbeth'. New York u. Oxford 1995.

Wilpert, Gero von: Die deutsche Gespenstergeschichte. Motiv-Form-Entwicklung. Stuttgart 1994.

Witkowski, Georg: Die Walpurgisnacht im ersten Theile von Goethes Faust. Leipzig 1894.

Wolff, Bernd: Sagenspiegel des Harzes. Von Geisterspuk und Hexenflug. Wernigerode 1997.

Ziegeler, Wolfgang: Möglichkeiten der Kritik am Hexen- und Zauberwesen im ausgehenden Mittelalter. Zeitgenössische Stimmen und ihre soziale Zugehörigkeit. Köln u. Wien 1973.

Zimmermann, Iris Petra: The fantastic problem of individuation as depicted in Gustav Meyrink's "Der Golem" and "Walpurgisnacht". Ottawa 1996 (Microfiche-Ausgabe).

II. 2. Aufsätze und andere Beiträge aus Sammelbänden und Zeitschriften, Einleitungen, Vorworte, Nachworte

Adorno, Theodor W.: Sittlichkeit und Kriminalität. Zum elften Band der Werke von Karl Kraus. In: Noten zur Literatur. 4 Bände. Frankfurt/M. 1958–1974, Bd. III (1965), S. 57–82.

Albrecht, Günter u. Albrecht, Barbara: Einleitung. In: Zschokke, Heinrich: Die Walpurgisnacht und andere Erzählungen. Hrsg. u. eingeleitet von Günter Albrecht unter Mitwirkung von Barbara Albrecht. Berlin/O. 1975, S. 6–49.

Anglet, Andreas: Der reflektierte Mythos in Goethes „Klassischer Walpurgisnacht". In: Jahrbuch des freien deutschen Hochstifts. 1992, S. 129–160.

Arnold, Klaus: Humanismus und Hexenglaube bei Johannes Trithemius (1462–1516). In: Segl, Peter (Hrsg.): Der Hexenhammer. Entstehung und Umfeld des Malleus Maleficarum. Köln u. Wien 1988, S. 217–240.

Balzer, Christa: Eccius dedolatus. In: Kindlers neues Literaturlexikon. Hrsg. von Walter Jens. 22 Bände. München 1988–1998, Bd. 13 (1991), S. 336.

Baroja, Julio Caro: Witchcraft and Catholic Theology. In: Ankarloo, Bengt u. Henningsen, Gustav (Hrsg.): Early Modern European Witchcraft. *Centres and Peripheries*. Oxford 1990, S. 19–44.

Baron, Frank: From Witchcraft to Doctor Faustus. In: Selig, Karl Ludwig u. Sears, Elizabeth (Hrsg.): The verbal and the visual. Essays in honor of William Sebastian Heckscher. New York 1990, S. 1–21.

— Provozierende Elemente im Faustbuch des Johann Spies und ihre Folgen. In: Iwasaki, Eijiro (Hrsg.): Begegnung mit dem Fremden. Grenzen-Traditionen-Vergleiche. Bd. 11. München 1991, S. 24–30.

Battafarano, Italo Michele: Hexenwahn und Teufelsglaube im *Simplicissimus*. In: Argenis. Internationale Zeitschrift für Mittlere Deutsche Literatur. Jg. 1, H. 1, 1977, S. 301–372.

— Hexen, Richter und Dämonologen im Urteil des Jesuiten Friedrich von Spee. In: Kontroversen, alte und neue. Akten des VII. Internationalen Germanisten-Kongresses, Göttingen 1985. Hrsg. von Albrecht Schöne. Tübingen 1986, Bd. 7 (Bildungsexklusivität und volkssprachliche Literatur. Literatur vor Lessing - nur für Experten? Hrsg. von Klaus Grubmüller u. Günter Hess), S. 176–184.

— Contra auctoritates et loci communes. Das Ich und die Literarizität von Spees ‚Cautio Criminalis'. In: Iris. Forschungen zur europäischen Kultur. Bd. 8: Glanz des Barock. Bern u. a. 1994, S. 213–237.

— Mit Spee gegen Remigius: Grimmelshausens antidämonopathische Simpliciana im Strom nieder-ober-rheinischer Vernunft. In: Simpliciana. Schriften der Grimmelshausen-Gesellschaft. Bd. XVIII (1996), S. 139–164.

— Die rhetorisch-literarische Konstruktion von Spees ‚Cautio criminalis'. In: Friedrich Spee zum 400. Geburtstag. Kolloquium der Friedrich-Spee-Gesellschaft Trier. Hrsg. von Gunther Franz. Paderborn 1995, S. 137–148.

— Paolo Grillando, François de Rosset, Martin Zeiller, Grimmelshausen: Die Literarisierung von Hexenprozessakten in der frühen Neuzeit. In: Simpliciana. Schriften der Grimmelshausen-Gesellschaft. Bd. XX (1998), S. 13–24.

— Absentia Dei in Spees *Cautio Criminalis*? Wesen und Wirkung einer epochemachenden Schrift. In: Morgen-Glantz. Zeitschrift der Christian Knorr von Rosenroth-Gesellschaft. Bd. 8 (1998), S. 385–400.

— Satanisierung des Alltags als verfehlte Sozialdisziplinierung in Spees Cautio Criminalis (1631). In: Morgen-Glantz. Zeitschrift der Christian-Knorr-von-Rosenroth-Gesellschaft. Bd. 8 (1998), S. 363–383.

— Samenraub in der Hexenlehre der frühen Neuzeit. Von der Nicht-Rezeption des Johannes Praetorius zu Beginn des 21. Jahrhunderts. In: Morgen-Glantz. Zeitschrift der Christian Knorr von Rosenroth-Gesellschaft. Bd. 11 (2001), S. 361–366.

— Didaxe in der Übersetzung. Meyfarts, Seiferts und Schmidts Verdeutschungen von Spees *Cautio Criminalis* und Knorrs von Rosenroth Übersetzung von Della Portas *Magia Naturalis*. In: Morgen-Glantz. Zeitschrift der Christian Knorr von Rosenroth-Gesellschaft. Bd. 12 (2002), S. 279–340.

— [*Epilog*] Frühneuzeit in der Postmoderne. Hexensabbat an der Börse in New York, Teufel im Fußballstadion von Oxford und Klonen im Faust-Labor post 11.11.2001 [?!]. In: Morgen-Glantz. Zeitschrift der Christian Knorr von Rosenroth-Gesellschaft. Bd. 12 (2002), S. 549–558.

— Die Imagination in Hexenlehre, Medizin und Naturphilosophie. In: Morgen-Glantz. Zeitschrift der Christian Knorr von Rosenroth-Gesellschaft. Bd. 13 (2003), S. 73–96.

Bechtold, Arthur: Zur Quellengeschichte des Simplicissimus. In: Euphorion. Zeitschrift für Literaturgeschichte. 19. Bd., Jg. 1912, S. 19–66 u. 491–546.

Becker-Cantarino, Barbara: *Hexenküche* und *Walpurgisnacht*: Imagination der Dämonie in der Frühen Neuzeit und in *Faust I.* In: Euphorion. Zeitschrift für Literaturgeschichte. Bd. 93, Nr. 2, 1999, S. 193–227.

Behringer, Wolfgang: Heinrich Kramers „Hexenhammer": Text und Kontext. Elektronische Veröffentlichung im PDF-Format. Saarbrücken 2001, S. 83–124 (http://www.uni-saarland.de/fak3/behringer/HP/netz_publi.html).

— Hexenflug. Elektronische Veröffentlichung im PDF-Format. Saarbrücken 2004, S. 162–179 (http://www.uni-saarland.de/fak3/behringer/HP/netz_publi.html).

Bepler, Jochen: Carpzov, Benedikt, auch Ludovicus de Montesperato. In: Killy, Bd. 2 (1989), S. 374 f.

Berns, Jörg Jochen: Libuschka und Courasche. Studien zu Grimmelshausens Frauenbild. Teil II: Darlegungen. In: Simpliciana. Schriften der Grimmelshausen-Gesellschaft. Bd. XII (1990), S. 417–441.

— Policey und Satire im 16. und 17. Jahrhundert. In: Simpliciana. Schriften der Grimmelshausen-Gesellschaft. Bd. XIII (1991), S. 423–441.

Betz, Albrecht: Die „Worthelfer der Gewalt" in der *Dritten Walpurgisnacht.* Karl Kraus, der Nationalsozialismus und die Intellektuellen. In: Krebs, Gilbert u. Stieg, Gerald (Hrsg.): Karl Kraus et son temps. Asnières 1989, S. 155–172.

Bevilacqua, Giuseppe: Schopenhauer lettore del Faust. In: — Introduzione al Secondo Faust e altri interventi Goethiani. Bari 2003, S. 97–110.

Bigler, Ingrid: Keyßler, Johann Georg. In: Kosch, 8. Bd. (1981), S. 1128 f.

— Koffler, Dosio. In: Kosch, Bd. 9 (1984), S. 155.

— Mosheim, Johann Lorenz. In: Kosch, 10. Bd. (1986), S. 1372 f.

— Sterzinger, Ferdinand. In: Kosch, 20. Bd. (2000), S. 40 f.

Binder, Hartmut: Eine Prager Legende. Notiz zu Gustav Meyrinks Roman *Walpurgisnacht.* In: Euphorion. Zeitschrift für Literaturgeschichte. 90. Bd., 1996, S. 219–225.

Blauert, Andreas: Hexenwahn und Hexenverfolgung im Gebiet der heutigen Schweiz während des 15. Jahrhunderts. In: Acta Ethnographica Hungaricae. An international journal of ethnography. Vol. 37, H. 1–4, 1991/92, S. 17–26.

Böning, Holger: Zschokke, (Johann) Heinrich (Daniel). In: Killy, Bd. 12 (1992), S. 523 f.

Bolte, Johannes: Zeugnisse zur Faustsage. In: Euphorion. Zeitschrift für Literaturgeschichte. 6. Bd., Jg. 1899, S. 679–682.

Borchardt, Jürgen: Ist das Petermännchen ein König gewesen? Johann Friedrich Löwen sprach als erster von dem geheimnisvollen Zwerg. In: Schweriner Express. Wochenblatt für jung und alt. Bd. 5, Nr. 16, 1995, S. 15.

Borchmeyer, Dieter: Die geheimgehaltenen Dichtungen des Geheimrats Goethe. *Kritische Anmerkungen zu ihrer Wiederentdeckung*. Der „Walpurgissack" und „Das Tagebuch". In: Wittkowski, Wolfgang (Hrsg.): Verlorene Klassik? Ein Symposium. Tübingen 1986, S. 99–111.

— „Wo keine Götter sind, walten Gespenster". Heines und Wagners Geisterwelt. In: Aurora. Jahrbuch der Eichendorff-Gesellschaft für die klassisch-romantische Zeit. Bd. 63, 2003, S. 99–115.

Bormann, Alexander von: Emblem und Allegorie. Vorschlag zu ihrer historisch-semantischen Differenzierung (am Beispiel des Reyens im humanistischen und barocken Drama). In: Haug, Walter (Hrsg.): Formen und Funktionen der Allegorie. Symposium Wolfenbüttel 1978. Stuttgart 1979, S. 535–550.

Brand, Gregor: Koffler, Dosio. In: Bautz, Friedrich Wilhelm (Begr.) u. Bautz, Traugott (Hrsg.): Biographisch-Bibliographisches Kirchenlexikon. 29 Bände. Hamm (Westf.) u. a. 1970–2009, XXI. Bd. (2003), Sp. 755–758.

Brauner, Sigrid: The demonization of the shrew: witchcraft and gender relations in shrovetide plays by Hans Sachs. In: Daphnis. Zeitschrift für Mittlere Deutsche Literatur. Bd. 20, H. 1, 1991, S. 131–145.

Bucheli, Roman: Gasbarra, Felix. In: Kosch, Erg. bd. IV (1997), S. 119 f.

Busch, Ernst: Die Klassische Walpurgisnacht. In: Germanisch-Romanische Monatsschrift. 31. Jg., H. 4/6, 1943, S. 77–89.

Cancik-Lindemaier, Hildegard: Der Diskurs Religion im Senatsbeschluss über die Bacchanalia von 186 v. Chr. und Livius (B. XXXIX). In: Griechische und Römische Religion. Festschrift für Martin Hengel zum 70. Geburtstag. Hrsg. von Hubert Cancik. Tübingen 1996, S. 88 ff.

Casanova, Gertrude: St. Walburga. Umgeschrieben von Tim Drake. In: The Catholic Encyclopedia, Vol. XV. Online Edition. Hrsg. von K. Knight. New York 2004 (© 2003).

Christensen, Peter: Dionysus and Witches' Sabbath in Merezhkovsky's The Romance of Leonardo da Vinci. In: New Zealand Slavonic Journal. Jg. 1997, S. 127–143.

Clark, Stuart: Protestant Demonology: Sin, Superstition, and Society (c. 1520–c. 1630). In: Ankarloo, Bengt u. Henningsen, Gustav (Hrsg.): Early Modern European Witchcraft. *Centres and Peripheries*. Oxford 1990, S. 45–82.

Craig, Charlotte M.: Ein Lichtenberg-Faust? Betrachtung über die Erzählung „Daß du auf dem Blocksberge wärst – Ein Traum wie viele Träume". In: Lichtenberg-Jahrbuch 1989, S. 115–121.

Cramer, Sibylle: Morgner, Irmtraud. In: Killy, Bd. 8 (1990), S. 221 f.

Dahlhaus, Carl: „Hoch symbolisch intentioniert". Zu Mendelssohns „Erster Walpurgisnacht". In: Österreichische Musikzeitschrift. Jg. 36, H. 5–6, 1981, S. 290–297.

Dakova, Nadezda: Zur Poetik der Faust-Texte Heinrich Heines. In: Heinrich Heine und Europa. Hrsg. vom Institut für Deutsche Geistes- und Sozialwissenschaften – Germanicum der St.-Kliment-Ohridski-Universität Sofia. Sofia 1997, S. 59–76.

Deimling, Barbara: Ad Rufam lanuam. Die rechtsgeschichtliche Bedeutung von „roten Türen" im Mittelalter. In: Zeitschrift der Savigny-Stiftung für Rechtsgeschichte. Germanistische Abteilung (ZRG GA). 115. Bd., 1998, S. 498–513.

Deliivanova, Boshidara: Heines „Faust" im Kontext seiner Zeit. In: Heinrich Heine und Europa. Hrsg. vom Institut für Deutsche Geistes- und Sozialwissenschaften – Germanicum der St.-Kliment-Ohridski-Universität Sofia. Sofia 1997, S. 223–238.

Delvaux, Peter: Hexenglaube und Verantwortung. Zur Walpurgisnacht in Goethes *Faust I*. In: Neophilologus. Bd. 83, Nr. 4, 1999, S. 601–616.

Denecke, Rolf: Malte Caspar David Friedrich Goethe auf der Teufelskanzel, einem Felsen auf dem Brocken im Harz? In: Goethe-Jahrbuch. Bd. 106. Weimar 1989, S. 337–347.

Dennert, Friedrich: Faust auf dem Brocken. Zur Quellengeschichte der Szene. Goethe-Jahrbuch 1951. Weimar 1952, S. 259–261.

Deutsch, Dorette: Irmtraud Morgner [...]. Amanda. Ein Hexenroman. In: Kindlers neues Literaturlexikon. Hrsg. von Walter Jens. 22 Bände. München 1988–1998, Bd. 11 (1990), S. 977 f.

Dewitz, Hans-Georg: Hölty, Lud(e)wig Christoph Heinrich. In: Kosch, 7. Bd. (1979), S. 1333 f.

Dietrich, Heinrich: Der nationale Zweck. Versuch zur Lösung einer zeitgemäßen Frage. In: Deutsche Juristenzeitung. 38. Jg., Nr. 11, 1933, Sp. 718–720.

Dillinger, Johannes: Kritik üben, ohne zuständig zu sein. Zwei Jesuiten und die Hexenprozesse. In: Imprimatur. Nachrichten und kritische Meinungen aus der katholischen Kirche. Jg. 2000, H. 4, ohne Seitenangaben.

Dörrie, Heinrich: Empedokles. In: Der kleine Pauly. Lexikon der Antike in fünf Bänden Hrsg. von Konrat Ziegler u. Walther Sontheimer. München 1979, 2. Bd., Sp. 258–260.

— Proklos. 1. In: Der kleine Pauly. Lexikon der Antike in fünf Bänden. Hrsg. von Konrat Ziegler u. Walther Sontheimer. München 1979, 4. Bd., Sp. 1160–1162.

Drögemüller, Hans-Peter: Tyche. In: Der kleine Pauly. Lexikon der Antike in fünf Bänden. Hrsg. von Konrat Ziegler u. Walther Sontheimer. München 1979, 5. Bd., Sp. 1016 f.

Dülmen, Richard van: Imaginationen des Teuflischen. Nächtliche Zusammenkünfte, Hexentänze, Teufelssabbate. In: Dülmen, Richard van (Hrsg.): Hexenwelten. Magie und Imagination vom 16.-20. Jahrhundert. Entstanden anlässlich einer von der Universität des Saarlandes veranstalteten Ausstellung vom 1. Mai bis zum 19. Juli 1987 in der Stadtgalerie Saarbrücken, vom 25. Oktober bis zum 29. November 1987 im Kulturzentrum Gasteig in München, vom 22. Februar bis zum 18. März 1988 im Rathaus Kassel und vom 26. März bis zum 1. Mai 1988 im Frauenmuseum Bonn. Frankfurt/M. 1987, S. 94–130.

Dünnhaupt, Gerhard: Chronogramme und Kryptonyme. Geheime Schlüssel zu Datierung und Autorschaft des Polyhistors Johannes Praetorius. In: Philobiblon. 21. Jg., 1977, S. 130–135.

Düntzer, Heinrich: Die Entstehung des zweiten Teiles von Goethes „Faust", insbesondere der Klassischen Walpurgisnacht, nach den neuesten Mitteilungen. In: Zeitschrift für deutsche Philologie. 23. Bd., 1891, S. 67–104.

Ebel, Henry: Walpurgisnacht. In: Journal of Psychohistory. Vol. 7, Nr. 4, 1980, S. 483–486.

Eichinger, Ludwig M.: Die Personennamen in Hans Jacob Christoffel von Grimmelshausens Simplicius Simplicissimus. Zu einem komplexen Fall literarischer Onomastik. In: Neophilologus. Bd. 72 (1988), S. 66–81.

Eisenhardt, Ulrich: Wandlungen von Zweck und Methoden der Zensur im 18. und 19. Jahrhundert. In: Göpfert, Herbert G. u. Weyrauch, Erdmann (Hrsg.): „Unmoralisch an sich …". Zensur im 18. und 19. Jahrhundert. Vorträge […] vom 14. bis 17. Mai 1985 in der Herzog-August-Bibliothek. Wiesbaden 1988, S. 1–35.

Eisenhut, Werner: Bacchanal(ia). In: Der kleine Pauly. Lexikon der Antike in fünf Bänden. Hrsg. von Konrat Ziegler u. Walther Sontheimer. München 1979, 1. Bd., S. 799.

Endres, Rudolf: Heinrich Institoris, sein Hexenhammer und der Nürnberger Rat. In: Segl, Peter (Hrsg.): Der Hexenhammer. Entstehung und Umfeld des Malleus maleficarum von 1487. Köln 1988, S. 195–216.

Erler, Adalbert: Das Hissen eines Besens als Rechtssymbol. In: Zeitschrift der Savigny-Stiftung für Rechtsgeschichte. Germanistische Abteilung (ZRG GA). 62. Bd., 1942, S. 371–375.

Eversberg, Gerd: „Faust" für Holzköpfe. Wandlungen des Faust-Stoffes von der Wanderbühne zum Marionettentheater. In: Mahal, Günther (Hrsg.): „… aus allen Zipfeln …". Faust um 1775, Referate und Zusammenfassungen der Diskussionen des wissenschaftlichen Symposiums am 25./26. September 1999 in Knittlingen. Knittlingen 1999, S. 7–27.

— Geißelbrechts „Faust". Nach der Handschrift von Georg Geisselbrecht. In: Mahal, Günther (Hrsg.): „… aus allen Zipfeln …". Faust um 1775, Referate und Zusammenfassungen der Diskussionen des wissenschaftlichen Symposiums am 25./26. September 1999 in Knittlingen. Knittlingen 1999, S. 161–206.

Feest, Johannes: Die Dritte Walpurgisnacht. In: Kindlers neues Literaturlexikon. Hrsg. von Walter Jens. 22 Bände. München 1988–1998, Bd. 9 (1990), S. 750 f.

Fichte, Tobias: "…don't you think this could become a new kind of cantata?" Rituality, Authenticity and Staging in Mendelssohn's *Walpurgisnacht*. In: The world of music. Bd. 40, Nr. 1, 1998, S. 119–135.

Finger, Ellis: Indirect narration and characterization in Goethe's *Novelle* and *Klassische Walpurgisnacht*. In: Colloquia Germanica. Internationale Zeitschrift für germanische Sprach- und Literaturwissenschaft. Bd. 10, 1976/77, S. 15–24.

Finze, Hansjoachim: Johann Friedrich Löwen /1727–1771/ Journalist und Mitstreiter Lessings. In: Arbeiten zur deutschen Philologie, XIII. Debrecen (Ungarn) 1979, S. 341–347.

Fischer, Hubertus: Theodor Fontanes „Sidonie von Borcke". In: — (Hrsg.): Klosterfrauen, Klosterhexen. Theodor Fontanes „Sidonie von Borcke" im kulturellen Kontext. Klosterseminar des Fontane-Kreises Hannover der Theodor-Fonante-Gesellschaft e.V. mit dem Konvent des Klosters St. Marienberg vom 14. bis 15. November 2003 in Helmstedt. Neustadt am Rübenberge 2005, S. 109–136.

Fleischer, Dirk: Einleitung. In: Mosheim, Johann Lorenz von: Versuch einer unpartheiischen und gründlichen Ketzergeschichte. Reprint der Ausgabe Helmstedt 1746. Waltrop 1995.

Fraiman-Morris, Sarah: Adelbert von Chamissos „Peter Schlemihl" und Heinrich Heines „Der Doktor Faust". „Faust"-Parodien zweier Außenseiter. In: Germanisch-romanische Monatsschrift. Vol. 56, Nr. 2, 2006, S. 185–199.

Franck, Johannes: Geschichte des Wortes Hexe. In: Hansen, Joseph: Quellen und Untersuchungen zur Geschichte des Hexenwahns und der Hexenverfolgung im Mittelalter. Bonn 1901, S. 614–670.

Franz, Gunther: Prominente Gegner der Hexenprozesse in Luxemburg und Kurtrier. In: Hexenwahn. Ängste der Neuzeit. Katalog zur Ausstellung des Deutschen Historischen Museums vom 3. Mai bis 6. August 2002 in Berlin. Berlin 2002.

Frühwald, Wolfgang: Kritik der Phraseologie. Sechs Thesen zu Karl Kraus' „Dritte Walpurgisnacht". In: Interpretationen zur österreichischen Literatur. Wien 1971, S. 111–132.

Fuchs, Ralf-Peter: Der Vorwurf der Zauberei in der Rechtspraxis des Injurienverfahrens. Einige Reichskammergerichtsprozesse westfälischer Herkunft im Vergleich. In: Zeitschrift für Neuere Rechtsgeschichte (ZNR). 17. Jg., 1995, S. 1–29.

Fuhrmann, Manfred: Cl. Claudianus. In: Der kleine Pauly. Lexikon der Antike in fünf Bänden. Hrsg. von Konrat Ziegler u. Walther Sontheimer. München 1979, 1. Bd., Sp. 1202 f.

— Lucanus, M. Annaeus. In: Der kleine Pauly. Lexikon der Antike in fünf Bänden. Hrsg. von Konrat Ziegler u. Walther Sontheimer. München 1979, 3. Bd., Sp. 745–748.

— M. Bavius. In: Der kleine Pauly. Lexikon der Antike in fünf Bänden. Hrsg. von Konrat Ziegler u. Walther Sontheimer. München 1979, 1. Bd., Sp. 850.

— Tacitus. In: Der kleine Pauly. Lexikon der Antike in fünf Bänden. Hrsg. von Konrat Ziegler u. Walther Sontheimer. München 1979, 5. Bd., Sp. 486–493.

Furst, Clyde B.: The Walpurgisnacht in the chronology of Goethe's *Faust*. In: Modern Language Notes (MLN). Vol. XII, 1897, S. 164–170.

— ‚Walpurgisnacht'. In: Modern Language Notes (MLN). Vol. XII, 1897, S. 254.

Gaede, Friedrich: Grimmelshausen und die Tradition des Skeptizismus. In: Daphnis. Bd. 52, 1976, S. 465–482.

— Gryphius und Grimmelshausen als Kritiker des endlichen Verstandes. In: Simpliciana. Schriften der Grimmelshausen-Gesellschaft. Bd. II (1980), S. 43–52.

Gaier, Ulrich: Emblematisches Erzählen bei Grimmelshausen. In: Simpliciana. Schriften der Grimmelshausen-Gesellschaft. Bd. XII (1990), S. 351–391.

Geisau, Hans v.: Lamia. 1. In: Der kleine Pauly. Lexikon der Antike in fünf Bänden Hrsg. von Konrat Ziegler u. Walther Sontheimer. München 1979, 3. Bd., Sp. 464–465.

— Plutos. In: Der kleine Pauly. Lexikon der Antike in fünf Bänden. Hrsg. von Konrat Ziegler u. Walther Sontheimer. München 1979, 4. Bd., Sp. 957 f.

— Seirenes. In: Der kleine Pauly. Lexikon der Antike in fünf Bänden Hrsg. von Konrat Ziegler u. Walther Sontheimer. München 1979, 5. Bd., Sp. 79 f.

— u. Helck, Hans Wolfgang: Sphinx. In: Der kleine Pauly. Lexikon der Antike in fünf Bänden Hrsg. von Konrat Ziegler u. Walther Sontheimer. München 1979, 5. Bd., Sp. 307–309.

George, Marion: Vom historischen Fakt zur Sinnfigur der Moderne. Zur Gestalt der Hexe in Tiecks Novelle *Hexensabbat* (1832). In: George, Marion / Rudolph, Andrea / Daran, Valérie de (Hrsg.): Hexen. Historische Faktizität und fiktive Bildlichkeit. Internationales Symposion „Die Hexe. Historische Realität, Ideologie, Fiktion“, das vom 31. Oktober bis zum 2. November 2002 in Penzlin stattfand und vom Museum Alte Burg in Verbindung mit dem Institut für Germanistik der Universität Poitiers organisiert und durchgeführt wurde. Dettelbach 2004, S. 253–270.

Gerlach, Hildegard: Hexe. In: Enzyklopädie des Märchens. Handwörterbuch zur historischen und vergleichenden Erzählforschung. Begr. von Kurt Ranke. Bisher 11 Bände. Berlin u. New York 1977–2003, Bd. VI, S. 960–992.

Gerson, Jessica: An American Dream: Mailer's Walpurgisnacht. In: Studies in American Jewish Literature. Vol. 2, 1982, S. 126–131.

Geulen, Hans: Wirklichkeitsbegriff und Realismus in Grimmelshausens *Simplicissimus Teutsch*. In: Argenis. Internationale Zeitschrift für Mittlere Deutsche Literatur. Jg. 1, H. 1, 1977, S. 31–40.

Ginzburg, Carlo: *Deciphering the Sabbath*. In: Ankarloo, Bengt u. Henningsen, Gustav (Hrsg.): Early Modern European Witchcraft. *Centres and Peripheries*. Oxford 1990, S. 121–137.

Godet, Alain: Hexenglaube, Rationalität und Aufklärung: Joseph Glanvill und Johann Moritz Schwager. In: Deutsche Vierteljahrsschrift für Literaturwissenschaft und Geistesgeschichte. 52. Jg., 1978, II. Bd., S. 581–603.

Goff, Penrith: Harden, Maximilian. In: Kosch, 7. Bd. (1979), S. 322 f.

— Rodenberg, Julius (eig. Levy). In: Kosch, 13. Bd. (1991), S. 128–130.

Gose, Walther: Thomasius, Christian. In: Killy, Bd. 11 (1991), S. 346–348.

Grienberger, Theodor von: Der Münchener Nachtsegen. In: Zeitschrift für deutsches Altertum und deutsche Litteratur. 41. Bd., 1897, S. 335–363.

Grimm, Gunter E.: Vom *poeta doctus* zum Volksdichter? Bemerkungen zum Selbstverständnis deutscher Schriftsteller im 18. Jahrhundert. In: Jüttner, Siegfried u. Schlobach, Jochen (Hrsg.): Europäische Aufklärung(en). Einheit und nationale Vielfalt. Hamburg 1992, S. 203–217.

Grimm, Heinrich: Die deutschen „Teufelbücher" des 16. Jahrhunderts. Ihre Rolle im Buchwesen und ihre Bedeutung. In: Archiv für Geschichte des Buchwesens. Bd. II, 1958–1960, S. 513–570.

Haberland, Detlef: Alexis, Willibald. In: Killy, Bd. 1 (1988), S. 105 f.

Häntzschel, Günter: Bürger, Gottfried August. In: Killy, Bd. 2 (1989), S. 297–300.

Hansen, Volkmar: Thomas Mann: Der Zauberberg. Hans Castorps Weg ins Freie oder *Der Zauberberg* als Zeitroman. In: Interpretationen. Romane des 20. Jahrhunderts. Band 1. Stuttgart 1993, S. 55–100.

— Heilungskraft Goethe. Thomas Manns Goethe-Nachfolge. In: Fuhrmann, Helmut / Gidion, Jürgen / Hansen, Volkmar (Hrsg.): Thomas Mann und Goethe. Vorträge des 3. Kasseler Goetheseminars, 8.–10. März 1996. Kassel 1998, S. 11–30.

— Heines Faust-Buch. In: Opitz, Alfred (Hrsg.): Differenz und Identität. Heinrich Heine (1797–1856). Europäische Perspektiven im 19. Jahrhundert. Tagungsakten des internationalen Kolloquiums zum Heine-Gedenkjahr Lissabon 4.–5. Dezember 1997. Trier 1998, S. 157–167.

— Johann Wolfgang von Goethes Tragödie *Faust* als Epochensignatur. In: Rupp, Gerhard (Hrsg.): Klassiker der deutschen Literatur. Epochen-Signaturen von der Aufklärung bis zur Gegenwart. Würzburg 1999, S. 40–56.

— Das Goethe-Bild von Kurt Martens und Thomas Mann. In: Feilchenfeldt, Konrad / Hasenpflug, Christina / Kurz, Gerhard / Moering, Renate (Hrsg.): Goethezeit – Zeit für Goethe. Auf den Spuren deutscher Lyriküberlieferung in die Moderne. Festschrift für Christoph Perels zum 65. Geburtstag. Tübingen 2003, S. 239–250.

— Gretchen – Schuld und Rettung. In: Hörin. Vergleichende Studien zur japanischen Kultur. Eine Veröffentlichung des Hauses der japanischen Kultur (EKÖ) in Düsseldorf. 14. Jg., 2007, S. 109–124.

— Satanisches Gefild. In: Wellnitz, Philippe (Hrsg.): *Goethes* Faust I *zwischen Tradition und Modernität / Le* premier Faust *de Goethe entre tradition et modernité*. Straßburg (Strasbourg) 2010, S. 217–229.

Härter, Karl: Entwicklung und Funktion der Policeygesetzgebung des Heiligen Römischen Reiches Deutscher Nation im 16. Jahrhundert. In: Ius Commune. Zeitschrift für Europäische Rechtsgeschichte. Veröffentlichungen des Max-Planck-Instituts für europäische Rechtsgeschichte. XX (Bd. 20), 1993, S. 61–141.

Hässner, Wolfgang: Hexen in der Kinder- und Jugendliteratur. In: George, Marion / Rudolph, Andrea / Daran, Valérie de (Hrsg.): Hexen. Historische Faktizität und fiktive Bildlichkeit. Internationales Symposion „Die Hexe. Historische Realität, Ideologie, Fiktion", das vom 31. Oktober bis zum 2. November 2002 in Penzlin stattfand und vom Museum Alte Burg in Verbindung mit dem Institut für Germanistik der Universität Poitiers organisiert und durchgeführt wurde. Dettelbach 2004, S. 425–438.

Harnack, Otto: Beiträge zur Chronologie der Faust-Paralipomena. In: Vierteljahrschrift für Litteraturgeschichte. Bd. 4 (1891), Reprint 1974, S. 169–173.

Harzer, Friedmann: „Hinweg zu Proteus!". Goethes „Poetische Metamorphosen" in der *Klassischen Walpurgisnacht*. In: Luserke, Matthias (Hrsg.): Goethe nach 1999. Positionen und Perspektiven. Göttingen 2001, S. 31–43.

Hasubek, Peter: Immermanns Bestseller. Zur Rezeption des „Münchhausen" im 19. und 20. Jahrhundert. In: — (Hrsg.): Epigonentum und Originalität. Immermann und seine Zeit - Immermann und die Folgen. Frankfurt/M. 1997, S. 267–295.

Hatfield, Henry: The Walpurgis Night: Theme and variations. In: Journal of European Studies. Literature and ideas from the Rennaissance to the Present. Vol. 13, 1983, S. 56–74.

— The Walpurgis Nights of Goethe and Bulgakov. In: Ugrinsky, Alexej (Hrsg.): Goethe in the twentieth century. New York, Westport (Conn.), London 1987, S. 51–54.

Haug, Walter: Der Teufelspakt vor Goethe oder Wie der Umgang mit dem Bösen als *felix culpa* zu Beginn der Neuzeit in die Krise gerät. In: Deutsche Vierteljahrsschrift für Literaturwissenschaft. 75. Bd., H. 2, 2001, S. 185–215.

Heckman, John: Emblematische Strukturen im „Simplicissimus Teutsch" (Emblematic Structures in „Simplicissimus Teutsch"). In: Peuckert, Sibylle (Hrsg.): Emblem und Emblematikrezeption. Vergleichende Studien zur Wirkungsgeschichte vom 16. bis 20. Jahrhundert. Darmstadt 1978, S. 242–256;

zuvor schon veröffentlicht in: Modern Language Notes (MLN). Vol. 84, 1969, S. 876–890.

Hees, Anke: Laymann (auch Laimann), Paul. In: Kosch, Erg. bd. V (1998), S. 615.

— Gasbarra, Felix. In: Kosch, 20. Jh., 10. Bd. (2007), S. 450 f.

Heimbrodt, Christine: Walpurgisnacht. Vom Kinderbuch über die Bildbetrachtung zum Fensterbild. In: Grundschulunterricht. 50. Jg., 2003, Sonderheft „Bildende Kunst", S. 32–36.

Heinrich, Kurt u. Walter, Christiane: „Schnee" und „Walpurgisnacht". Hans Castorps exemplarische Reifungskrisen im „Zauberberg". In: Zeitschrift für Klinische Psychologie, Psychopathologie und Psychotherapie (ZKPPP). Jg. 43, Nr. 2, 1995, S. 113–124.

Heißenbüttel, Helmut: „Die verlorene und wiedergefundene Mutter". Georg Christoph Lichtenberg als Träumer. In: Zimmermann, Jörg (Hrsg.): Lichtenberg. Streifzüge der Phantasie. Hamburg 1988, S. 11–18.

Henning, Hans: Johannes Praetorius und sein Hexenbuch von 1668 (Nachwort). In: Praetorius, Johannes: Blockes-Berges Verrichtung. Unveränderter Nachdruck der Ausgabe Leipzig 1669. Hanau/M. 1968, S. I–XXV.

— Heines Tanzpoem „Der Doktor Faust". In: Faust-Blätter. Archiv-Nachrichten. Halbjahresschrift der Faust-Gesellschaft, Vereinigung zur Förderung der Faust-Forschung und der Faust-Gedenkstätte Knittlingen e.V. H. 29, 1975, S. 1011–1024; ebenfalls enth. in: — Faust-Variationen. Beiträge zur Editionsgeschichte vom 16. bis zum 20. Jahrhundert. München 1993, S. 341–354.

— Lessings Faust-Pläne und -Fragmente. In: Boerner, Peter u. Johnson, Sidney (Hrsg.): Faust through Four Centuries. Retrospect and Analysis (Vierhundert Jahre Faust. Rückblick und Analyse). Tübingen 1989.

— Ein märchenhafter Roman vom Menschen, von Feen und Hexen, oder: Kakerlak, Tausendschön und Schabernack – Poetisches und Philosophisches, Aufklärung und Satire, Natur und Kunst in einer Faust-Dichtung Johann Karl Wezels. In: Mahal, Günther (Hrsg.): „... aus allen Zipfeln ...". Faust um 1775, Referate und Zusammenfassungen der Diskussionen des wissenschaftlichen Symposiums am 25./26. September 1999 in Knittlingen. Knittlingen 1999, S. 121–147.

Henningsen, Gustav: ‚*The Ladies from Outside*': *An Archaic Pattern of the Witches' Sabbath*. In: Ankarloo, Bengt u. Henningsen, Gustav (Hrsg.): Early Modern European Witchcraft. *Centres and Peripheries*. Oxford 1990, S. 191–215.

Hertz, Wilhelm: Der Schluß der „Klassischen Walpurgisnacht“. In: Germanisch-Romanische Monatsschrift. VII. Jg., H. 6, 1915, S. 281–300.

Hermann, Ernst: Die Walpurgisnacht in Sage und Dichtung. Vortrag, gehalten im Mannheimer Altertumsverein. In: Sammlung von Vorträgen gehalten im Mannheimer Altertumsverein. 2. von 4 Serien. Mannheim 1888, S. 95–121.

Herwig, Malte: Intertextuelle Irrlichter: Das Meeresleuchten in der Klassischen Walpurgisnacht. In: Oxford German Studies (OGS). Vol. 33, 2004, S. 71–93.

— „Nur in der Jugend gestielt“. Die langen Wurzeln des *Felix Krull*. In: Thomas-Mann-Jahrbuch. Hrsg. in Verbindung mit der Deutschen Thomas-Mann-Gesellschaft, Sitz Lübeck e.V. Bd. 18, 2005, S. 141–158.

Hesselmann, Peter: Grimmelshausen – „gesellschaftlich alleingelassen“? Auf den Spuren seiner Gönner und Leser im 17. Jahrhundert. In: Simpliciana. Schriften der Grimmelshausen-Gesellschaft. Bd. VIII (1986), S. 51–70.

Hillen, Gerd: Allegorie im Kontext. Zur Bestimmung von Form und Funktion der Allegorie in literarischen Texten des 17. Jahrhunderts. In: Haug, Walter (Hrsg.): Formen und Funktionen der Allegorie. Symposium Wolfenbüttel 1978. Stuttgart 1979, S. 592–604.

— Allegorie und Satire. Anmerkungen zu Grimmelshausens *Simplicissimus*. In: Bircher, Martin / Fechner, Jörg-Ulrich / Hillen, Gerd (Hrsg.): Barocker Lust-Spiegel. Studien zur Literatur des Barock. Festschrift für Blake Lee Spahr. Amsterdam 1984, S. 265–277.

Hinderer, Walter: Schiller und Bürger: Die ästhetische Kontroverse als Paradigma. In: Jahrbuch des Freien Deutschen Hochstifts. 1986, S. 130–154.

Hobl-Friedrich, Mechthild: Walpurgisnacht als Schwarze Messe. Neues „Faust“-Ballett von Tarek Assam in Halberstadt. In: Ballett-Journal. Das Tanzarchiv. Zeitung für Tanzpädagogik und Ballett-Theater. Jg. 44, Nr. 3, 1996, S. 36.

Hofmann, Siegfried: Ingolstädter Jesuiten und Hexenprozesse. Ein Beitrag zur Ausstellung „Die Jesuiten in Ingolstadt“. In: Ausstellungs-Katalog „Die Jesuiten in Ingolstadt“ (1991). Ingolstadt 1991, ohne Seitenangaben.

Hölscher-Lohmeyer, Dorothea: Natur und Gedächtnis. Reflexionen über die Klassische Walpurgisnacht. In: Jahrbuch des freien deutschen Hochstifts. 1987, S. 85–113.

Hölter, Achim: Ludwig Tiecks *Hexen-Sabbat*. (© 1988). In: — (Hrsg.): Frühe Romantik – frühe Komparatistik. Gesammelte Aufsätze zu Ludwig Tieck. Frankfurt/M. 2001, S. 143–158.

Holzberg, Niklas: Zum Problem der Verfasseridentifizierung: Der ‚Eckius dedolatus' – ein Werk Willibald Pirckheimers? In: Peschel, Dietmar (Hrsg.): Germanistik in Erlangen. 100 Jahre nach Gründung des Deutschen Seminars in Erlangen. Erlangen 1983, S. 127–141.

— Grobe und gelehrte Leute. Hans Sachs und Willibald Pirckheimer. In: Literatur in Bayern. 35. Jg., 1994, S. 16–23.

Hubert, Renée Riese: Art and Perversity: Barlach's and Dali's Views of *Walpurgisnacht*. In: Journal of European Studies. Literature and ideas from the Renaissance to the Present. Vol. 13, 1983, S. 75–95.

Hull, Brooks B. u. Bold, Frederick: Hell, Religion and Cultural Change. In: Journal of Institutional and Theoretical Economics (JITE). Zeitschrift für die gesamte Staatswissenschaft. Vol. 150, 1994, S. 447–464.

Hummel, Adrian: „De Düwel ook nich!" Oder: Die Gesetze des literarischen Realismus. Der Sidonien-Stoff in Theodor Fontanes Werkstatt. In: George, Marion / Rudolph, Andrea / Daran, Valérie de (Hrsg.): Hexen. Historische Faktizität und fiktive Bildlichkeit. Internationales Symposion „Die Hexe. Historische Realität, Ideologie, Fiktion", das vom 31. Oktober bis zum 2. November 2002 in Penzlin stattfand und vom Museum Alte Burg in Verbindung mit dem Institut für Germanistik der Universität Poitiers organisiert und durchgeführt wurde. Dettelbach 2004, S. 185–222.

Hunt, Joel A.: The *Walpurgisnacht* Chapter: Thomas Mann's First Conclusion. In: Modern Language Notes (MLN). Vol. 76, Nr. 8, 1961, S. 826–829.

— Thomas Mann and André Spire: the *Walpurgisnacht* Chapter. In: Modern Language Notes (MLN). Vol. 87, Nr. 3 („German Issue"), 1972, S. 502–505.

Japp, Uwe: Über Interpretation und Intertextualität. Mit Rücksicht auf *Faust II*, 2 („Klassische Walpurgisnacht"). In: Deutsche Vierteljahrsschrift für Literaturwissenschaft und Geistesgeschichte. 74. Jg., 73. Bd., H. 3, 2000, S. 395–412.

Jerouschek, Günter: „Diabolus habitat in eis". Wo der Teufel zu Hause ist. Geschlechtlichkeit im rechtstheologischen Diskurs des ausgehenden Mittelalters und der frühen Neuzeit. In: Rechtshistorisches Journal. Bd. 9, 1990, S. 301–329.

— Die Hexenverfolgungen als Problem der Rechtsgeschichte. Anmerkungen zu neueren Veröffentlichungen aus dem Bereich der Hexenforschung. In: Zeitschrift für Neuere Rechtsgeschichte (ZNR). 15. Jg., 1993, S. 202–224.

Johne, Renate: Aristophanes-Studien im deutschen Renaissance-Humanismus. Zum *Eccius dedolatus* Willibald Pirckheimers. In: Zimmermann, Bernhard (Hrsg.): Antike Dramentheorien und ihre Rezeption. Stuttgart 1992, S. 159–168.

Joost, Ulrich: Lichtenbergs Faust. Ein paar Splitter aus der Wirkungsgeschichte des Magiers. In: Lichtenberg-Jahrbuch 1989, S. S. 122–127.

Jütte, Robert: Mythos Außenseiter. Neuerscheinungen zur Geschichte der sozialen Randgruppen im vorindustriellen Europa. In: Ius Commune. Zeitschrift für Europäische Rechtsgeschichte. Veröffentlichungen des Max-Planck-Instituts für Europäische Rechtsgeschichte. XXI (Bd. 21), 1994, S. 241–266.

Jung, Frank: Magisch-moralische Deutungsmuster und empirische Naturanalyse? Der „Hexenglaube" in Grimmelshausens *Courasche*. In: Simpliciana. Schriften der Grimmelshausen-Gesellschaft. Bd. XVI (1994), S. 287–309.

Kaiser, Wolfram u. Völker, Arina: Franz Ernst Brückmann (1697–1753) und Albert Ritter (1682–1759). In: Harz-Zeitschrift (HarzZ). Für den Harz-Verein für Geschichte und Altertumskunde hrsg. von K.-W. Sanders. 33. Jg., 1981, S. 101–127.

Kárpáti, Paul: Dokumentarisches zur Edition ungarischer Lyrik in der DDR (1968–1982). In: Bödeker, Birgit u. Eßmann, Helga (Hrsg.): Weltliteratur in deutschen Versanthologien des 20. Jahrhunderts. Berlin 1997, S. 335–343.

Kauffmann, Kai: Literarische Manieren der Übergangszeit. Parodie bei Heine, Keller und Friedrich Theodor Vischer (mit Seitenblicken auf „Faust II"). In: Euphorion. Zeitschrift für Literaturgeschichte. 100. Bd., 2006, S. 191–223.

Kaufmann, Ekkehard: Zauberei (und Vergiftung). In: Handwörterbuch zur deutschen Rechtsgeschichte (HRG). Hrsg. von Adalbert Erler, Ekkehard Kaufmann u. Dieter Werkmüller. 5 Bände. Berlin 1971–1998, V. Bd. (1998), Sp. 1614–1622.

Keitel, Walter (Bearb.): Zeitbilder. Zwei Fragmente von Theodor Fontane. „Sidonie von Borcke" und „Storch von Adebar". In: Fontane-Blätter. Bd. 1, Jg. 1968, Sonderheft 1.

Keller, Werner: Faust. Eine Tragödie. In: Hinderer, Walter (Hrsg.): Goethes Dramen. Stuttgart 1992, S. 258–329.

Kemp, Friedhelm: Johannes Praetorius. In: Kindlers neues Literaturlexikon. Hrsg. von Walter Jens. 22 Bände. München 1988–1998, Bd. 13 (1991), S. 608 f.

Kemper, Hans-Georg: Beglaubigung und Bekämpfung der schwarzen Magie. „Welt als Schlüssel zu den Strukturen" von Gryphius' „Cardenio und Celinde". In: Janota, Johannes u. a. (Hrsg.): Festschrift Walter Haug und Burghart Wachinger. 2 Bände. Tübingen 1992, Bd. II, S. 893–913.

Kemper, Tobias A.: *Lufftfahrt* und *Hexentantz* – Zauberei und Hexenprozeß in Grimmelshausens *Simplicissimus*. In: Simpliciana. Schriften der Grimmelshausen-Gesellschaft. Bd. XIX (1997), S. 107–123.

Kerekes, Amália: Das Fest als Strukturprinzip in der *Dritten Walpurgisnacht* von Karl Kraus. In: Jahrbuch der Ungarischen Germanistik. Jg. 1999, S. 135–149.

Kiesow, Rainer Maria: Das Experiment mit der Wahrheit. Folter im Vorzimmer des Rechts. In: Rechtsgeschichte (RG). Zeitschrift des Max-Planck-Instituts für europäische Rechtsgeschichte. RG 3 (2003), S. 98–110.

Kist, Thusnelda u. Enzmann, Lieselotte: Heia, Walpurgisnacht. In: Ehrenwirth-Sonderschulmagazin. 3. Jg., H. 4, 1981, S. 43–44.

Kleinert, Paul Alfred: Gábor Hajnal (4.10.1912 Gyepüfüzes–26.01.1987 Budapest). In: PEN*info*. Hrsg. vom P.E.N.-Zentrum deutschsprachiger Autoren im Ausland. Jg. 2007, Nr. 1/07, S. 21–24.

Kleinknecht, Thomas: Reise der Aufklärung. Selbstverortung, Empirie und epistemischer Diskurs bei Herder, Lessing, Lichtenberg und anderen. In: Berichte zur Wissenschaftsgeschichte. Bd. 22, Nr. 2–3, 1999, S. 95–113.

Kleinschmidt, Erich: Denkform im geschichtlichen Prozeß. Zum Funktionswandel der Allegorie in der frühen Neuzeit. In: Haug, Walter (Hrsg.): Formen und Funktionen der Allegorie. Symposium Wolfenbüttel 1978. Stuttgart 1979, S. 388–404.

Knape, Michael u. Wulf, Siegfried Peter: Walpurgisnacht und 1. Mai 2000 in Berlin. Abermals Aha(!)-Erlebnis? In: Die Polizei. Zentralorgan für das Sicherheits- und Ordnungswesen aus der Polizei-Führungsakademie. Jg. 91, Nr. 12, 2000, S. 342–352.

Knape, Michael: Die Walpurgisnacht 2002 – Eindrücke von der Nacht zum 1. Mai aus Berlin. Kreuzberg, Friedrichshain und Prenzlauer Berg oder nichts gegen Versammlungsfreiheit und Eventkultur, aber bitte mit Köpfchen! In: Die Polizei. Zentralorgan für das Sicherheits- und Ordnungswesen aus der Polizei-Führungsakademie. Jg. 93, Nr. 7–8, 2002, S. 211–217.

Knedlik, Manfred: Tanner (Thanner), Adam. In: Kosch, 21. Bd. (2001), S. 566–569.

Koch, Elisabeth: Vom Versuch, die Frage, „ob die Weiber Menschen sein, oder nicht“, aus den Digesten zu beantworten. In: Rechtshistorisches Journal. Bd. 1, 1982, S. 171–179.

Köbler, Gerhard: Juristenausbildung. In: Handwörterbuch zur deutschen Rechtsgeschichte (HRG). Hrsg. von Adalbert Erler, Ekkehard Kaufmann u. Dieter Werkmüller. 5 Bände. Berlin 1971–1998, II. Bd. (1978), Sp. 484–488.

Könnecker, Barbara: Faust und Wagner. Zum literarischen Phänomen des Außenseiters in der deutschen Literatur des 16. Jahrhnderts. In: Iwasaki, Eijiro

(Hrsg.): Begegnung mit dem Fremden. Grenzen-Traditionen-Vergleiche. Bd. 11. München 1991, S. 31–39.

Koopmann, Helmut: Philosophischer Roman oder romanhafte Philosophie? Zu Thomas Manns lebensphilosophischer Orientierung in den zwanziger Jahren. In: Wolff, Rudolf (Hrsg.): Thomas Mann – Aufsätze zum „Zauberberg". Bonn 1988, S. 61–90.

Kraft, Werner: Es war einmal ein Mann .... *Über die „Dritte Walpurgisnacht" von Karl Kraus*. In: Merkur. Deutsche Zeitschrift für Europäisches Denken. XXII. Jg., 2. Teilband, 1968, S. 926–935.

Kramer, Sven: Darstellung und Funktion der Folter in Tiecks *Hexensabbat* und in Alexis' *Urban Grandier*. In: Beutin, Wolfgang u. Stein, Peter (Hrsg.): Willibald Alexis (1798–1871). Ein Autor des Vor- und Nachmärz. Bielefeld 2000, S. 99–118.

Kranefuss, Annelen: Hölty, Ludwig Christoph Heinrich. In: Killy, Bd. 5 (1990), S. 391 f.

Kraus, Walther: Platon. In: Der kleine Pauly, Lexikon der Antike in fünf Bänden Hrsg. von Konrat Ziegler u. Walther Sontheimer. München 1979, 4. Bd., S. 894–905.

Kröhnke, Karl: Signum ex avibus? Joseph Roths „Harzreise" und seine Reise durch die Harzreisen anderer Harzreisender. In: Neophilologus. Bd. 82, Nr. 1, 1998, S. 107–124.

Krogmann, Willy: Die Walpurgisnacht im Plane des Urfaust. In: Neophilologus. 17. Jg., 1932 (Reprint Frankfurt/M. 1965), S. 217–228.

Krolop, Kurt: „Die Berufung auf Schiller wird zur Gänze abgewiesen". Schiller-Bezüge der *Dritten Walpurgisnacht* im Lichte der „Fackel". In: Orlowski, Hubert u. Hartung, Günter (Hrsg.): Traditionen und Traditionssuche des deutschen Faschismus. 2. Protokollband. Nach dem Kongress in Posen 1984. Posen 1988, S. 129–149.

Krotkoff, Hertha: Themen, Motive und Symbole in Arthur Schnitzlers Traumnovelle. In: Modern Austrian Literature. Journal of the International Arthur Schnitzler Research Association. Vol. 5, 1972, S. 70–95.

— Zur geheimen Gesellschaft in Arthur Schnitzlers Traumnovelle. In: German Quarterly (GQ). Vol. 46, 1973, S. 202–209.

Kühlmann, Wilhelm: „D. Johann Fausten GauckelTasche". Eine mögliche Anregung für Grimmelshausen. In: Wolfenbütteler Barock-Nachrichten. Bd. 7 (1980), S. 41–42.

— Meyfart, Johann Mattäus. In: Killy, Bd. 8 (1990), S. 146–148.

— Poetische Hexenangst – Zu zwei Gedichten des pfälzischen Humanisten Paul Schede Melissus (1539–1602) und ihrem literarischen Kontext. In: Wiegand, Hermann (Hrsg.): Palatinatus Semper Illustrandus. Beiträge zur Geschichte, Literatur, Volkskunde und Geographie der Kurpfalz. Festschrift zum 65. Geburtstag von Hansjörg Probst am 10.5.1997. Sigmaringen 1997, S. 131–148; ebenfalls enth. in: Caemmerer, Christiane / Delabar, Walter / Jungmayr, Jörg / Kiesant, Knut (Hrsg.): Das Berliner Modell der Mittleren Deutschen Literatur. Beiträge zur Tagung Kloster Zinna 29.9. – 01.10.1997. Amsterdam 2000, S. 153–174.

Larkin, E.: Christian August Vulpius: Popular Literature as Moral Orientation. In: Carleton Germanic Papers. Vol. 24, 1996, S. 73 ff.

Leuschner, Ulrike: „Eine Witterung, freylich immer nur schwach von fern" – Müllers und Klingers Faustdichtungen. In: Mahal, Günther (Hrsg.): „… aus allen Zipfeln …". Faust um 1775, Referate und Zusammenfassungen der Diskussionen des wissenschaftlichen Symposiums am 25./26. September 1999 in Knittlingen. Knittlingen 1999, S. 65–86.

Lieberwirth, Rolf: Folter. In: Handwörterbuch zur deutschen Rechtsgeschichte (HRG). Hrsg. von Adalbert Erler, Ekkehard Kaufmann u. Dieter Werkmüller. 5 Bände. Berlin 1971–1998, I. Bd. (1971), Sp. 1149–1152.

— Christian Thomasius. Theses inaugurales de crimine magiae. In: Kindlers neues Literaturlexikon. Hrsg. von Walter Jens. 22 Bände. München 1988–1998, Bd. 11 (1991), S. 527 f.

Lipinski, Krzystof: Die natürliche Genesis der „Klassischen Walpurgisnacht". In: Studia niemcoznawcze. Studien zur Deutschkunde. Teil 22, 2001, S. 409–429.

Logan, A.H.B.: Simon Magus. In: Theologische Realenzyklopädie. Bd. 31 (1999), S. 272–276.

Lommatzsch, Herbert: Johann Friedrich Löwen und der Aberglaube. Ein Beitrag zur Walpurgisnachtsdichtung des 18. Jahrhunderts. In: Unser Harz. Zeitschrift des Harzklubs e.V. Bad Harzburg. 12. Jg., H. 4, 1964, S. 4–6.

— Johann Friedrich Löwen. In: Unser Harz. Zeitschrift des Harzklubs e.V. Bad Harzburg. 19. Jg., 1971, S. 229–230.

Luig, Klaus: Institutionenlehrbücher des nationalen Rechts im 17. und 18. Jahrhundert. In: Ius Commune. Zeitschrift für Europäische Rechtsgeschichte. Veröffentlichungen des Max-Planck-Instituts für europäische Rechtsgeschichte. III (Bd. 3), 1970, S. 65–97; ebenfalls enth. in: — Römisches Recht, Naturrecht, nationales Recht. Goldbach 1998, S. 361–394.

Maes, Louis-Théo: Die drei großen europäischen Strafgesetzbücher des 16. Jahrhunderts. Eine vergleichende Studie. In: Zeitschrift der Savigny-Stiftung für Rechtsgeschichte. Germanistische Abteilung (ZRG GA). 94. Bd., 1977, S. 207–217.

Malsch, Katja: Arthur Schnitzlers *Traumnovelle*. Karneval, Walpurgisnacht, Totentanz. In: L'art macabre. Jahrbuch der europäischen Totentanz-Vereinigung, Association Danses Macabres d'Europe, Bundesrepublik Deutschland e.V. Bd. 6, 2005, S. 149–159.

Mauser, Wolfram: „... jene Brüche des Gehirns ...". Lichtenberg und die Irritation des Träumens. In: Lichtenberg-Jahrbuch 1988, S. 73–85.

Meier, Monika: Konzerte der Redevielfalt: Die Walpurgisnacht-Darstellungen in der ‚Amanda' Irmtraud Morgners. In: Literatur für Leser. Jg. 1990, H. 1, S. 213–227.

Merzbacher, Friedrich: Hexenprozesse. In: Handwörterbuch zur deutschen Rechtsgeschichte (HRG). Hrsg. von Adalbert Erler, Ekkehard Kaufmann u. Dieter Werkmüller. 5 Bände. Berlin 1971–1998, II. Bd. (1978), Sp. 145–148.

Metzger, Erika A.: Alberti, Valentin. In: Killy, Bd. 1 (1988), S. 88.

Meyer, Ernst: Helikon. In: Der kleine Pauly. Lexikon der Antike in fünf Bänden. Hrsg. von Konrat Ziegler u. Walther Sontheimer. München 1979, 2. Bd., Sp. 994.

— Olympos. In: Der kleine Pauly. Lexikon der Antike in fünf Bänden. Hrsg. von Konrat Ziegler u. Walther Sontheimer. München 1979, 4. Bd., Sp. 291–293.

— Parnassos. In: Der kleine Pauly. Lexikon der Antike in fünf Bänden. Hrsg. von Konrat Ziegler u. Walther Sontheimer. München 1979, 4. Bd., Sp. 520 f.

— Pindos. In: Der kleine Pauly. Lexikon der Antike in fünf Bänden Hrsg. von Konrat Ziegler u. Walther Sontheimer. München 1979, 4. Bd., Sp. 863 f.

— Thessalien. In: Der kleine Pauly. Lexikon der Antike in fünf Bänden Hrsg. von Konrat Ziegler u. Walther Sontheimer. München 1979, 5. Bd., Sp. 756–761.

Meyuhas Ginio, Alisa: The Conversos and the Magic Arts in Alonso de Espina's *Fortalitium Fidei*. In: Mediterranean Historical Review. Vol. 5 (1990), Nr. 2, S. 169 ff.

Mitchell, Stephen: *Blåkulla* and its antecedents. In: alvíssmál. Forschungen zur mittelalterlichen Kultur Skandinaviens. Nr. 7 (1997), S. 81–100.

Mommsen, Katharina: Homunculus und Helena (1968). In: Keller, Werner (Hrsg.): Aufsätze zu Goethes "Faust II". Darmstadt 1991, S. 138–159.

Morris, Max: Die Walpurgisnacht. In: — Goethe-Studien. Bd. 1. 2. Aufl. Berlin 1902, S. 54–96.

Moxter, Michael: Schlange, Pilz und Maulwurf. Zur Phänomenologie des bösen Geistes. In: Rechtshistorisches Journal. Bd. 13, 1994, S. 331–350.

Muchembled, Robert: *Satanic Myths and Cultural Realty*. In: Ankarloo, Bengt u. Henningsen, Gustav (Hrsg.): Early Modern European Witchcraft. *Centres and Peripheries*. Oxford 1990, S. 139–160.

Müller, Christoph: „Gretchen als Hexe?". Eine Anmerkung zu Albrecht Schönes Rekonstruktion der *Walpurgisnacht*. In: Euphorion. Zeitschrift für Literaturgeschichte. Bd. 87, Nr. 4, 1993, S. 347–364.

Müller, Reinhard: Hel(l)bach(ius), Wendelin(us) von. In: Kosch, 7. Bd. (1979), S. 808.

— Meyfart, Johann Matthäus. In: Kosch, 10. Bd. (1986), S. 1014–1016.

— Alberti, Valentin. In: Kosch, Erg. bd. I (1994), S. 104 f.

— Carpzov, Benedikt (Ps. Ludovicus de Montesperato). In: Kosch, 3. Aufl., Erg.bd. II (1995), S. 577 f.

— Sprenger, Jakob. In: Kosch, 19. Bd. (1999), S. 30–32.

— Thomasius, Christian. In: Kosch, 22. Bd. (2002), S. 484–496.

Müller, Wolfgang Erich: Mosheim, Johann Lorenz. In: Killy, Bd. 8 (1990), S. 241 f.

Müller-Seidel, Walter: Die Allegorie des Paradieses in Grimmelshausens „Simplicissimus". In: Jauss, Hans Robert u. Schaller, Dieter (Hrsg.): Medium Aevum Vivum. Festschrift für Walther Bulst. Heidelberg 1960, S. 253–278.

Münz, Walter: Nachwort. In: Tieck, Ludwig: Der Hexensabbat. Novelle. Mit einem Anhang: Aus den Memoiren des Jacques du Clercq. Stuttgart 1988, S. 301–335.

Meier, Hans Heinrich: Nachwort. In: Milton, John: Das verlorene Paradies. Stuttgart 2008 (© 1969), S. 399–420.

Näger, Sylvia: Walpurgisnacht und Hexentanz. Ein „Hexenprojekt" für Schulkinder. In: Kindergarten heute. Zeitschrift für Erziehung im Vorschulalter. Jg. 31, Nr. 4, 2001, S. 40–42.

Nehlsen-v. Stryk, Karin: Zum „Justizbegriff" der rechtshistorischen Germanistik. In: Ius Commune. Zeitschrift für Europäische Rechtsgeschichte. Veröffentlichungen des Max-Planck-Instituts für Europäische Rechtsgeschichte. XVII (Bd. 17), 1990, S. 189–222.

Neumann, Peter Horst: Goethes Ballade vom „Untreuen Knaben", das Lied vom „König in Thule" und „Die erste Walpurgisnacht". In: Gillespie, Gerald u. Lohner, Gerald (Hrsg.): Herkommen und Erneuerung. Essays für Oskar Seidlin. Tübingen 1976, S. 143–149.

Newman, Jane O.: Et in Arcadia Ego: Pastoral Poetics, or Imitation as Survival in Theocritus, Virgil and Opitz. In: Deutsche Vierteljahrsschrift für Literaturwissenschaft und Geistesgeschichte. 59. Jg., LIX. Bd., 1985, S. 525–550.

Niemöller, Klaus Wolfgang: Die Bedeutung der Musik für Grimmelshausens *Simplicissimus*. In: Daphnis. Zeitschrift für mittlere deutsche Literatur. Bd. 5, H. 2–4, 1976, S. 567–594.

Nordmann, Karl-Ulrich: Des Johannes Trithemius Lebenskrise von 1504–1508 und sein „Faust-Brief" vom 20.8.1507. In: Landeskundliche Vierteljahrsblätter. 47. Jg., H. 4, 2001, S. 173–191.

Oesterle, Günter: Arabeske und Zeitgeist. Karl Immermanns Roman *Münchhausen*. In: Spies, Bernhard (Hrsg.): Ideologie und Utopie in der deutschen Literatur der Neuzeit. Würzburg 1995, S. 43–57.

Oestmann, Peter: Böse Nachbarn – gute Juristen? Rechtshistorische Anmerkungen zur neueren Hexenforschung. In: Zeitschrift für Neuere Rechtsgeschichte (ZNR). 23. Jg., 2001, S. 254–286.

Onderdelinden, Sjaak: Gustav Meyrinks ‚Walpurgisnacht', een fantastische roman? In: De gids. Algemeen cultureel maandblad. 152. Jg., 1989, S. 65–70.

Peters, George F.: Der Dichter als Mythenbeleber: Goethe, Heine und Faust. In: Kruse, Joseph A. (Hrsg.): Aufklärung und Skepsis. Internationaler Heine-Kongress 1997 zum 200. Geburtstag. Stuttgart 1999, S. 422–435.

Petsch, Robert: Die Walpurgisnacht in Goethes ‚Faust'. In: Neue Jahrbücher. Bd. 19 (1907), S. 143–159; ebenfalls enth. in: — Gehalt und Form. Gesammelte Abhandlungen zur Literaturwissenschaft und zur allgemeinen Geistesgeschichte. Dortmund 1925, S. 366–387.

Peuckert, Will-Erich u. Bertau, Karl Heinrich: Der Blocksberg. In: Zeitschrift für deutsche Philologie. 75. Bd., 4. H., 1956, S. 347–356.

Peuckert, Will-Erich: Hexensalben. In: Medizinischer Monatsspiegel. Jg. 1960, H. 8, S. 169–174.

Pichler, Josef G.: Getrübte Wahrnehmungen. Überlegungen zu einigen Phänomenen im Zusammenhang mit der Rezeptionsgeschichte der *„Dritten Walpurgisnacht"* von Karl Kraus. Online-Veröffentlichung im HTML-Format. © Josef G. Pichler 2000, keine Seitenangaben.

Pócs, Éva: The popular foundations of the witches' sabbath and the devil's pact in Central and Southeastern Europe. In: Acta Ethnographica Hungaricae. An international journal of ethnography. Vol. 37, H. 1–4, 1991/92, S. 305–370.

Porterfield, Allen W.: Tieck's Aufruhr in den Cevennen. In: German Quarterly. Vol. 2, 1934, S. 58.

Raabe, Paul: Goethe, Johann Wolfgang von (1749–1832). In: Handwörterbuch zur deutschen Rechtsgeschichte (HRG). Hrsg. von Albrecht Cordes, Heiner Lück, Dieter Werkmüller u. Christa Bertelsmeier-Kierst. 2. Aufl. Berlin ab 2008, 10. Lfrg. (2009), Sp. 441–445.

Ranieri, Filippo: Juristenausbildung und Richterbild in der europäischen Union. In: Deutsche Richterzeitung. Organ des Deutschen Richterbundes, Bund der Richterinnen und Richter, Staatsanwältinnen und Staatsanwälte. 76. Jg. 1998, S. 285–294; ebenfalls enth. unter „Juristenausbildung und Richterbild in der europäischen Tradition" in: — Das europäische Privatrecht des 19. und 20. Jahrhunderts. Studien zur Rechtsgeschichte und Rechtsvergleichung. Berlin 2007, S. 279–294.

Reed, Lillian E.: Borrow's translation of the „Walpurgisnacht". In: Journal of English and Germanic Philology. Vol. XLIV (44), 1945, S. 152–170.

Rehder, Helmut: The Classical Walpurgis Night in Goethe's *Faust*. In: Journal of English and Germanic Philology. Vol. LIV (54), 1955, S. 591-611.

Reinboth, Fritz: Die Kelle bei Ellrich im Südharz – die Geschichte eines vergessenen Naturdenkmals. In: Mitteilungen des Verbandes der deutschen Höhlen- und Karstforscher e.V. Jg. 35, Nr. 1/2, 1989, S. 71–76.

— Forschungen in der Gipskarstlandschaft Südharz von den Anfängen bis zur Gegenwart. In: NNA-Berichte (Alfred Toepfer Akademie für Naturschutz). 11. Jg., H. 2, 1998, S. 16–25.

Reinhardt, Karl: Die klassische Walpurgisnacht. Entstehung und Bedeutung. In: Antike und Abendland. Bd. 1, 1945, S. 133–162, ebenfalls enth. in: — u. Becker, Carl (Hrsg.): Tradition und Geist. Gesammelte Essays zur Dichtung. Göttingen 1960, S. 309–356.

Richter, Arnd: Felix Mendelssohn Bartholdy, „Die erste Walpurgisnacht" op. 60. In: Neue Zeitschrift für Musik (NZ). 147. Jg., H. 11, 1986, S. 33–40.

Richter, Karin: Hexenbilder im Wandel. Veränderte kindliche Zugänge zu einem ambivalenten Zauberwesen. In: Grundschule. Zeitschrift für die Grundstufe des Schulwesens mit Mitteilungen des Grundschulverbandes e.V. 38. Jg., H. 7–8, 2006, S. 8–10.

Riedel, Nicolai: Harden, Maximilian. In: Killy, Bd. 5 (1990), S. 11 f.

Riedl, Gerda: „Alles von rechts wegen!“. Frühneuzeitliches Hexenprozeß-(Un-)Wesen am Beispiel des Falles Sidonia von Borcke. In: George, Marion / Rudolph, Andrea / Daran, Valérie de (Hrsg.): Hexen. Historische Faktizität und fiktive Bildlichkeit. Internationales Symposion „Die Hexe. Historische Realität, Ideologie, Fiktion“, das vom 31. Oktober bis zum 2. November 2002 in Penzlin stattfand und vom Museum Alte Burg in Verbindung mit dem Institut für Germanistik der Universität Poitiers organisiert und durchgeführt wurde. Dettelbach 2004, S. 133–154.

Riha, Karl: Veränderungen des Dramas in der Satire. Arno Holz, *Die Blechschmiede*, Karl Kraus, *Die letzten Tage der Menschheit*: Ein Vergleich. In: Bayerdorfer, Hans-Peter / Conrady, Karl Otto / Schanze, Helmut (Hrsg.): Literatur und Theater im Wilhelminischen Zeitalter. Tübingen 1978, S. 107–120.

— Zur „Dritten Walpurgisnacht“. In: Sprache im technischen Zeitalter. H. 83, 1982, S. 197–206.

— Zur Recherche nach Dosio Koffler. Mit Hilfe brieflicher Mitteilungen von Hilda A. Herzer, Hans Feld und Eugen M. Brehm. In: Koffler, Dosio: Die deutsche Walpurgisnacht. Ein Spiel in 5 Szenen. Hrsg. von Karl Riha. Mannheim 1987, S. 89–113 (Nachwort).

— Blechschmied Arno Holz. Zur Struktur des satirischen Monstredramas *Die Blechschmiede*. In: Text und Kritik. Zeitschrift für Literatur (TuK). Nr. 121, 1994, S. 76–83.

Robertson, Ritchie: Heinrich Heine: „Der Doktor Faust. Ein Tanzpoem“. In: Möbus, Frank (Hrsg.): Faust. Annäherung an einen Mythos. Göttingen 1995, S. 113–115.

Romberg, Winfried: Johannes Trithemius (1462–1516). Humanist uns Magier, Schottenabt zu Würzburg. In: Frankenland. Zeitschrift für fränkische Landeskunde und Kulturpflege. 52. Jg., H. 3, 2000, S. 184–192.

Rosenau, Waltraud: Die kleine Hexe Schrulalla und die Walpurgisnacht. In: Sportpädagogik. 17. Jg., H. 2, 1993, S. 20–23.

Rotermund, Erwin u. Ehrke-Rotermund, Heidrun: Lord Vansittart und die Folgen. *Diskussionen über das „Andere Deutschland“ in der deutschen Exildichtung – am Beispiel von Dosio Kofflers Spiel* Die deutsche Walpurgisnacht *(1941).* In: Nickel, Gunther (Hrsg.): Literarische und politische Deutschlandkonzepte 1938–1949. *Beiträge zu einer Tagung des Deutschen Literaturarchivs Marbach und der Evangelischen Akademie Tutzing in Verbindung mit der Arno-Schmidt-Stiftung und der Carl-Zuckmayer-Gesellschaft.* Zuckmayer-Jahrbuch, Bd. 7. Göttingen 2004, S. 141–161.

Rowland, Robert: *‚Fantastical and Devilishe Persons': European Witch-beliefs in Comparative Perspective*. In: Ankarloo, Bengt u. Henningsen, Gustav (Hrsg.): Early Modern European Witchcraft. *Centres and Peripheries*. Oxford 1990, S. 161–190.

Rudolph, Andrea: Wilhelm Meinholds Hexenroman „Sidonia von Bork" (1847/48) – eine Abrechnung mit der libertinen Frauenemanzipation als ein „Leiden unserer Zeit". In: George, Marion / Rudolph, Andrea / Daran, Valérie de (Hrsg.): Hexen. Historische Faktizität und fiktive Bildlichkeit. Internationales Symposion „Die Hexe. Historische Realität, Ideologie, Fiktion", das vom 31. Oktober bis zum 2. November 2002 in Penzlin stattfand und vom Museum Alte Burg in Verbindung mit dem Institut für Germanistik der Universität Poitiers organisiert und durchgeführt wurde. Dettelbach 2004, S. 155–184.

— Provinzen als Sinnräume einer ethischen Moderne. Wilhelm Meinholds chronikalische Novelle „Die Bernsteinhexe". In: Lasatowicz, Maria Katarzyna: Kulturraumformung. Sprachpolitische, kulturpolitische, ästhetische Dimensionen. Berlin 2004, S. 149–178.

Sauer, Hertha: Hekate. In: Der kleine Pauly. Lexikon der Antike in fünf Bänden. Hrsg. von Konrat Ziegler u. Walther Sontheimer. München 1979, 2. Bd., S. 309 f.

Schäfer, Wilfried: Balthasar Bekker. De betoverde wereld. In: Kindlers Neues Literaturlexikon. Hrsg. von Walter Jens. 22 Bände. München 1988–1998, Bd. 2 (1989), S. 423 f.

Scharang, Michael: Zur Dritten Walpurgisnacht. In: Literatur und Kritik. Jg. XXII, H. 211/212, 1987, S. 152–156.

Scheibe, Siegfried: Zur Entstehungsgeschichte der Walpurgisnacht im Faust I. In: Goethe-Studien. Sitzungsberichte der deutschen Akademie der Wissenschaften zu Berlin. Klasse für Sprachen, Literatur und Kunst. Jg. 1965, Nr. 4, Berlin/O. 1965, S. 7–61.

Scheichl, Sigurd Paul: Die Akt-Ausgabe der „Letzten Tage der Menschheit". Überlegungen zum Medium ‚Sonderheft'. In: Gerhard Renner, Wendelin Schmidt-Dengler, Christian Gastgeber (Hrsg.): Buch- und Provenienzforschung. Festschrift für Murray G. Hall zum 60. Geburtstag. Wien 2009, S. 157–170.

Schlatter Binswanger, Georg H.: Bartels, Adolf. In: Kosch, 20. Jh., 1. Bd. (2000), S. 606–609.

Schmidt, Peter L.: M(a)evius. 2. In: Der kleine Pauly. Lexikon der Antike in fünf Bänden. Hrsg. von Konrat Ziegler u. Walther Sontheimer. München 1979, 3. Bd., S. 1285.

Schmidt-Wiegand, Ruth: Dichtung und Recht. In: Handwörterbuch zur deutschen Rechtsgeschichte (HRG). Hrsg. von Albrecht Cordes, Heiner Lück, Dieter Werkmüller u. Ruth Schmidt-Wiegand. 2. Aufl. Berlin ab 2008, Bd. I (2008), Sp. 1034–1043.

Schneider, Steffen: Mnemonische Imaginationen in Goethes „Faust II". Eine Lektüre der Klassischen Walpurgisnacht. In: Goethe-Jahrbuch. 119. Band der Gesamtfolge, 2002, S. 66–77.

Scholz Williams, Gerhild: Hexenliteratur. In: Reallexikon der deutschen Literaturwissenschaft. Bd. II (2000), S. 44–46.

Schott, Clausdieter: Juristenfakultäten. In: Handwörterbuch zur deutschen Rechtsgeschichte (HRG). Hrsg. von Adalbert Erler, Ekkehard Kaufmann u. Dieter Werkmüller. 5 Bände. Berlin 1971–1998, II. Bd. (1978), Sp. 488–490.

— Einfachheit als Leitbild des Rechts und der Gesetzgebung. In: Zeitschrift für Neuere Rechtsgeschichte (ZNR). 5. Jg., 1983, S. 121–146.

Schreck, Joachim: Nachwort. In: Meyrink, Gustav: Walpurgisnacht. Phantastischer Roman. 3. Aufl. Berlin 1994.

Schröder, Jan: Entwicklungstendenzen der juristischen Interpretationstheorie von 1500 bis 1850. In: Zeitschrift für Neuere Rechtsgeschichte (ZNR). 24. Jg., H. 1, 2002, S. 52–64.

Schumann, Thomas B.: Gasbarra, Felix. In: Killy, Bd. 4 (1989), S. 88.

Schwarz, Kyrill-Alexander: „Wir hatten eine Verfassung …". Der Konflikt um das preußische Finanzedikt zwischen *Karl August von Hardenberg* und *Friedrich August Ludwig von der Marwitz*. In: Archiv des öffentlichen Rechts. 128. Bd., 2003, S. 134–152.

Schwerhoff, Gerd: Aufgeklärter Traditionalismus – Christian Thomasius zu Hexenprozeß und Folter. In: Zeitschrift der Savigny-Stiftung für Rechtsgeschichte. Germanistische Abteilung (ZRG GA). 104. Bd., 1987, S. 247–260.

Scobie, Alex: Strigiform Witches in Roman and Other Cultures. In: Fabula. 19. Jg. (1978), H. 1/2, S. 74–101.

Seaton, Douglass: The Romantic Mendelssohn: The Composition of *Die erste Walpurgisnacht*. In: Musical Quarterly. Vol. LXVIII (68), 1982, S. 398–410.

Seidler, Herbert: Die Klassische Walpurgisnacht. In: Jahrbuch des Wiener Goethe-Vereins. 73. Bd., 1969, S. 18–38.

Selinger, Maria: The Homunculus *Motif* and the End of the ‚Classical Walpurgis Night'. A contribution to the study of the Unity of *Faust II*. In: Modern Language Review. Vol. XLI (41), 1946, S. 177–185.

Seubert, Burkhard: „Die Blechschmiede“ von Arno Holz. Ein Beitrag zur Geschichte der satirischen Dichtung. Dissertationsschrift. München 1955.

Siebs, Benno Eide: Stal-Roland-Rosengarten. Zur magischen Bedeutung der Gerichtsstätten. In: Zeitschrift der Savigny-Stiftung für Rechtsgeschichte. Germanistische Abteilung (ZRG GA). 76. Bd., 1959, S. 246–266.

Siedschlag, Carl: Die neustoische Lebenskunst und ihre Aufnahme bei Althusius. Kritische Anmerkungen zur neueren Lipsius-Literatur. In: Der Staat. Zeitschrift für Staatslehre und Verfassungsgeschichte, deutsches und europäisches öffentliches Recht. 45. Band (2006), S. 97–115.

Siegel, Ralf: Goethes Begriff des Dämonischen. In: Remmel, Andreas u. Remmel, Paul (Hrsg.): Goethe-Blätter. Schriftenreihe der Goethe-Gesellschaft Siegburg e.V. Bd. II (2002). Bonn 2003, S. 51–76.

Sieveke, Franz Günter: Laymann, Paul. In: Killy, Bd. 7 (1990), S. 183 f.

— Tanner, Adam. In: Killy, Bd. 11 (1991), S. 303 f.

Simon, Thomas: Recht und Ordnung in der frühen Neuzeit. In: Rechtshistorisches Journal. Bd. 13, 1994, S. 372–392.

Solbach, Andreas: Macht und Sexualität der Hexenfigur in Grimmelshausens *Courasche*. In: Simpliciana. Schriften der Grimmelshausen-Gesellschaft. Bd. VIII (1986), S. 71–87.

Sprengel, Peter: Auf dem Weg zur „Blechschmiede“. Holz und Schlaf als „Klapphornisten“; mit neunzehn Klapphorn-Gedichten auf Postkarten an Emil Richter (1890/91). In: Hofmannsthal-Jahrbuch – Jahrbuch zur europäischen Moderne. 2. Jg., 1994, S. 79–110.

Stadler, Ulrich: Das Diesseits als Hölle: Sünde und Strafe in Grimmelshausens *Simplicianischen Schriften*. In: Hoffmeister, Gerhart (Hrsg.): Europäische Tradition und deutscher Literaturbarock. Internationale Beiträge zum Problem von Überlieferung und Umgestaltung. Bern u. München 1973, S. 351–370.

— Im Schatten Goliaths oder des Titanen? Heines Auseinandersetzung mit Goethe und das Tanzpoem „Der Doktor Faust“. In: Freschi, Marino (Hrsg.): La storia di Faust nelle letterature europee. Neapel 2000, S. 151–165.

Steed, Wickham: Vorwort zur englischen Ausgabe. Übersetzung: Andreas Berns. In: Koffler, Dosio: Die deutsche Walpurgisnacht. Ein Spiel in 5 Szenen. Hrsg. von Karl Riha. Mannheim 1987, S. 85–88.

Steinmetz, Horst: Literaturgeschichte und Sozialgeschichte in widersprüchlicher Verschränkung: Das Hamburger Nationaltheater. In: Internationales Archiv für Sozialgeschichte der deutschen Literatur. 4. Bd. Tübingen 1979, S. 24–36.

Stieg, Gerald: Goethe als Maßstab der Ästhetik und Polemik von Karl Kraus. In: Kaszynski, Stefan H. u. Scheichl, Sigurd Paul: Karl Kraus – Ästhetik und Kritik. Beiträge des Kraus-Symposiums Poznan [Posen], 1987. München 1989, S. 71–82.

— *Faust II* in der *Dritten Walpurgisnacht* von Karl Kraus. In: Benay, Jeanne u. Ravy, Gilbert (Hrsg.): Satire in Österreich (1914–1938) / Écritures et langages satiriques en Autriche (1914–1938). Bern, Berlin, Brüssel, Frankfurt/M., New York, Wien 1999, S. 419–436.

Stoessl, Franz: Pankrates. 2. In: Der kleine Pauly. Lexikon der Antike in fünf Bänden. Hrsg. von Konrat Ziegler u. Walther Sontheimer. München 1979, 4. Bd., S. 460.

Stuby, Anna Maria: Edward Burne-Jones, Sidinia von Bocke und die Präraffaeliten. In: Fischer, Hubertus (Hrsg.): Klosterfrauen, Klosterhexen. Theodor Fontanes „Sidonie von Borcke" im kulturellen Kontext. Klosterseminar des Fontane-Kreises Hannover der Theodor-Fonante-Gesellschaft e.V. mit dem Konvent des Klosters St. Marienberg vom 14. bis 15. November 2003 in Helmstedt. Neustadt am Rübenberge 2005, S. 137–174.

Tantsch, Werner: Beelzebock. In: Zeitschrift für Deutsche Philologie. 75. Bd., 4. H., 1956, S. 337–347.

Tarot, Rolf: Grimmelshausens Realismus. In: Rasch, Wolfdietrich / Geulen, Hans / Haberkamm, Klaus (Hrsg.): Rezeption und Produktion zwischen 1570 und 1730. Festschrift für Günther Weydt zum 65. Geburtstag. Bern u. München 1972.

Tauscher, Rolf: Dosio Kofflers Bühnen-Satire *Die deutsche Walpurgisnacht*. In: Orlowski, Hubert u. Hartung, Günter (Hrsg.): Traditionen und Traditionssuche des deutschen Faschismus. 2. Protokollband. Nach dem Kongress in Posen 1984. Posen 1988, S. 89–106.

Tedeschi, John: Inquisitorial Law and the Witch. In: Ankarloo, Bengt u. Henningsen, Gustav (Hrsg.): Early Modern European Witchcraft. *Centres and Peripheries*. Oxford 1990, S. 83–120.

Teusch, Ulrich: Sprache und Faschismus. Karl Kraus' „Dritte Walpurgisnacht". In: Zeitgeschichte. 12. Jg., 1984/85, S. 351–389.

Teuscher, Gerhart: ‚Fromme tugenthaffte Frauen' oder ‚arglistiges Weiber-Volck'? Das Frauenbild Grimmelshausens im Simplicianischen Zyklus. In: Jahrbuch für internationale Germanistik. Jg. XVI, H. 1, 1984, S. 94–114.

Theißen, Gerd: Simon Magus: Die Entwicklung seines Bildes vom Charismatiker zum gnostischen Erlöser. Ein Beitrag zur Frühgeschichte der Gnosis. In:

Dobbeler, Axel von (Hrsg.): Religionsgeschichte des Neuen Testaments. Festschrift für Klaus Berger zum 60. Geburtstag. Tübingen u. a. 2000, S. 407–433.

Thomas, Calvin: The chronology of the ‚Walpurgisnacht'. In: Modern Language Notes (MLN). Vol. XII, 1897, S. 252–254.

Trainer, James: The Incest-Theme in the Works of Tieck. In: Modern Language Notes (MLN). Vol. LXXVI, Nr. 8, 1961, S. 819–824.

Trepp, Maria: *Passage*(n)-Projekt. Über das weite Feld zwischen Max Nordau, Walter Benjamin und der Christoph-Hein-Rezeption an der Universität Leiden. Online-Veröffentlichung im HTML-, PDF- und RTF-Format. © Maria Trepp 2004–2006, keine Seitenangaben im für das Publikationsmedium maßgeblichen HTML-Dokument.

Troje, Hans Erich: Die europäische Rechtsliteratur unter dem Einfluß des Humanismus. In: Ius Commune. Zeitschrift für Europäische Rechtsgeschichte. Veröffentlichungen des Max-Planck-Instituts für Europäische Rechtsgeschichte. III (Bd. 3), 1970, S. 33–63.

Trusen, Winfried: Der Inquisitionsprozeß. Seine historischen Grundlagen und frühen Formen. In: Zeitschrift der Savigny-Stiftung für Rechtsgeschichte (ZRG KA). 105. Bd., Kanonistische Abteilung LXXIV, 1988, S. 168–230.

— Vom Inquisitionsverfahren zum Ketzer- und Hexenprozeß. Fragen der Abgrenzung und Beeinflussung. In: Schwab, Dieter / Giesen, Dieter / Listl, Joseph / Strätz, Hans-Wolfgang (Hrsg.): Staat, Kirche, Wissenschaft in einer pluralistischen Gesellschaft. Festschrift zum 65. Geburtstag von Paul Mikat. Berlin 1989, S. 435–450.

— Benedict Carpzov und die Hexenverfolgungen. In: Schlüchter, Ellen u. Laubenthal, Klaus (Hrsg.): Recht und Kriminalität. Festschrift für Friedrich-Wilhelm Krause zum 70. Geburtstag. Köln, Berlin, Bonn, München 1990, S. 19–35.

Tschacher, Werner: Der Flug durch die Luft zwischen Illusionstheorie und Realitätsbeweis. Studien zum sog. Kanon Episcopi und zum Hexenflug. In: Zeitschrift der Savigny-Stiftung für Rechtsgeschichte (ZRG KA). 116. Bd., Kanonistische Abteilung LXXXV, 1999, S. 225–276.

Tschizewskij, Dimitrij: Emblematische Literatur bei den Slaven. In: Penkert, Sibylle (Hrsg.): Emblem und Emblematikrezeption. Vergleichende Studien zur Wirkungsgeschichte von 16. bis 20. Jahrhundert. Darmstadt 1978, S. 140–153.

Ueding, Gert: Das Fragment als literarische Form der Utopie. In: Etudes Germaniques. 41. Jg, 1986, S. 350–362.

Vahl, Heidemarie: Die weltliche Bibel der Deutschen. Heine, Schumann und Faust. In: Kruse, Joseph A. (Hrsg.): Das letzte Wort der Kunst. Heinrich Heine und Robert Schumann zum 150. Todesjahr. Stuttgart 2006, S. 83–97.

Vinardell, Teresa: Von Grenzgängern und Ausgegrenzten. Transgression bei Raimon Casellas' *Els sots ferestecs* und Franz Werfels *Die schwarze Messe*. In: Siguan, Marisa u. Wagner, Karl (Hrsg.): Transkulturelle Beziehungen. Spanien und Österreich im 19. und 20. Jahrhundert. Amsterdam 2004, S. 133–146.

Vinzent, Markus: Zum objektiv Freien bei Lessing und Luther. Bemerkungen zu G.E. Lessings Faust. In: Das Altertum, 1997, Vol. 42, H. 4, S. 331–348.

Vogel, Klaus A.: Wo Sprache endet. Der Bericht des Anton Prätorius über die Folter und das Problem der ‚selektiven Empathie'. In: Markus Meumann und Dirk Niefanger (Hrsg.): Ein Schauplatz herber Gewalt. Wahrnehmung und Darstellung von Gewalt im 17. Jahrhundert. Göttingen 1997, S. 188–204.

Vorbrugg, Miriam: Imagination des Begehrens: Arthur Schnitzlers ‚Traumnovelle' und Stanley Kubricks ‚Eyes wide shut'. In: Literatur für Leser. 25. Jg., 2002, H. 3, S. 143–167.

Walther, Helmut G.: Haeretica pravitas und Ekklesiologie. Zum Verhältnis von kirchlichem Ketzerbegriff und päpstlicher Ketzerpolitik von der zweiten Hälfte des XII. bis ins erste Drittel des XIII. Jahrhunderts. In: Miscellanea mediaevalia, Nr. 11 (Die Mächte des Guten und Bösen. Vorstellungen im XII. und XIII. Jahrhundert über ihr Wirken in der Heilsgeschichte), 1977, S. 286–314.

Wawrzyniak, Udo: Gesta Romanorum. In: Enzyklopädie des Märchens. Handwörterbuch zur historischen und vergleichenden Erzählforschung. Begr. von Kurt Ranke. Bisher 11 Bände. Berlin u. New York 1977–2003, Bd. 5, S. 1201–1212.

Weber, Hellmuth von: Die peinliche Halsgerichtsordnung Kaiser Karls V. In: Zeitschrift der Savigny-Stiftung für Rechtsgeschichte. Germanistische Abteilung (ZRG GA). 77. Bd., 1960, S. 288–310.

Weiß, Martin: Kraus, Karl. In: Bautz, Friedrich Wilhelm (Begr.) u. Bautz, Traugott (Hrsg.): Biographisch-Bibliographisches Kirchenlexikon. Bisher 29 Bände. Hamm (Westf.) u. a. 1970–2009, XV. Bd., Ergänzungen II (1999), Sp. 826–842.

Werkmüller, Dieter: Zensur. In: Handwörterbuch zur deutschen Rechtsgeschichte (HRG). Hrsg. von Adalbert Erler, Ekkehard Kaufmann u. Dieter Werkmüller. 5 Bände. Berlin 1971–1998, V. Bd. (1998), Sp. 1655–1663.

Weydt, Günther: Vom wahren Ursprung des ‚Bärenhäuters'. Zum Märchen-, Sagen- und Aberglaubenproblem bei Grimmelshausen. In: Schützeichel, Rudolf (Hrsg.): Studien zur deutschen Literatur des Mittelalters. Bonn 1979.

Weyl, Shalom: Accent and descent. Some paralells between Faust's salvation and the *Walpurgisnacht*. In: Publications of the English Goethe Society. New series, Vol. XLI (41), 1971, S. 91–102.

Whitney, Elspeth: Sex, Lies and Depositions. Pierre de Lancre's Vision of the Witches' Sabbath. In: McKee, Sally (Hrsg.): Crossing boundaries. Issues of Cultural and Individual Identity in the Middle Ages and the Rennaissance. Turnhout (Belgien) 1999, S. 239–261.

Wicke, Susanne: Hexenfest zur Walpurgisnacht. Kunsterziehung Grundschule. In: Praxis Grundschule. Jg. 24, H. 2, 2001, S. 32–36.

Wiedemann, Conrad: Barocksprache, Systemdenken, Staatsmentalität. Perspektiven der Forschung nach Barners „Barockrhetorik". In: Dokumente des internationalen Arbeitskreises für deutsche Barockliteratur. Band 1. Wolfenbüttel 1973, S. 21–51.

— Bestrittene Individualität. Beobachtungen zur Funktion der Barockallegorie. In: Haug, Walter (Hrsg.): Formen und Funktionen der Allegorie. Symposium Wolfenbüttel 1978. Stuttgart 1979, S. 574–591.

Wiese, Benno von: Mephistophela und Faust. Zur Interpretation von Heines Tanzpoem „Der Doktor Faust". In: Gillespie, Gerald u. Lohner, Edgar (Hrsg.): Herkommen und Erneuerung. Essays für Oskar Seidlin. Tübingen 1976, S. 225–240.

Wiethölter, Waltraud: „Baltanderst Lehr und Kunst". Zur Allegorie des Allegorischen in Grimmelshausens *Simplicissimus Teutsch*. In: Deutsche Vierteljahrsschrift für Literaturwissenschaft und Geistesgeschichte. 68. Bd., 1994, S. 45–65.

— „Schwartz und Weiß auß einer Feder" oder Allegorische Lektüren im 17. Jahrhundert: Gryphius, Grimmelshausen, Greiffenberg. Teil I. In: Vierteljahrsschrift für Literaturwissenschaft und Geistesgeschichte. Bd. 72/2, 1998, S. 537–591.

— „Schwartz und Weiß auß einer Feder" oder Allegorische Lektüren im 17. Jahrhundert: Gryphius, Grimmelshausen, Greiffenberg. Teil II. In: Vierteljahrsschrift für Literaturwissenschaft und Geistesgeschichte. Bd. 73/1, 1999, S. 122–151.

Williams, John R.: The Festival of Luna: A Study of the Lunar Symbolism in Goethe's *Klassische Walpurgisnacht*. In: Deutsche Vierteljahrsschrift für Literaturwissenschaft und Geistesgeschichte. 50. Jg., L. Bd., 1976, S. 640–663.

Wittkowski, Wolfgang: Schopenhauer und Fausts Ende. In: — Über deutsche Dichtungen. 4 Bände. Frankfurt/M. 2002–2009, Bd. 2 (2004), S. 457–529.

Wölfel, Ute: „Der weibliche Hexer heißt Hexe"? Widerstand zwischen Mythos und Geschichte in Irmtraud Morgners *Amanda. Ein Hexenroman* (1983). In: George, Marion / Rudolph, Andrea / Daran, Valérie de (Hrsg.): Hexen. Historische Faktizität und fiktive Bildlichkeit. Internationales Symposion „Die Hexe. Historische Realität, Ideologie, Fiktion", das vom 31. Oktober bis zum 2. November 2002 in Penzlin stattfand und vom Museum Alte Burg in Verbindung mit dem Institut für Germanistik der Universität Poitiers organisiert und durchgeführt wurde. Dettelbach 2004, S. 351–367.

Wunderlich, Werner: Hahnrei, Hahnreiter. In: Enzyklopädie des Märchens. Enzyklopädie des Märchens. Handwörterbuch zur historischen und vergleichenden Erzählforschung. Begr. von Kurt Ranke. Bisher 11 Bände. Berlin u. New York 1977–2003, Bd. 6 (1990), S. 378–383.

Zabka, Thomas: Dialektik des Bösen. Warum es in Goethes ‚Walpurgisnacht' keinen Satan gibt. In: Deutsche Vierteljahrsschrift für Literaturwissenschaft. 72. Bd., Nr. 2, 1998, S. 201–227.

Zambelli, Paola: Scholastiker und Humanisten. Agrippa und Trithemius zur Hexerei. Die natürliche Magie und die Entstehung kritischen Denkens. In: Archiv für Kulturgeschichte. Bd. 67, H. 1, 1985, S. 41–80.

Zangenberg, Jürgen: Dynamis tou theou. Das religionsgeschichtliche Profil des Simon Magus aus Sebaste. In: Dobbeler, Axel von (Hrsg.): Religionsgeschichte des Neuen Testaments. Festschrift für Klaus Berger zum 60. Geburtstag. Tübingen u. a. 2000, S. 519–541.

II. 3. Lexika und weitere Nachschlagewerke

Anderson, Robert R. / Goebel, Ulrich / Reichmann, Oskar (Begr.): Frühneuhochdeutsches Wörterbuch. 13 Bände in 4 Lieferungen. Berlin ab 1989.

Bächtold-Stäubli, Hanns (Begr.): Handwörterbuch des deutschen Aberglaubens (Handwörterbücher zur deutschen Volkskunde, Abt. I). 10 Bände. Berlin u. Leipzig 1927–1942.

Bautz, Friedrich Wilhelm (Begr.) u. Bautz, Traugott (Hrsg.): Biographisch-Bibliographisches Kirchenlexikon. Bisher 29 Bände. Hamm (Westf.) u. a. 1970–2009.

Black's Law Dictionary. Hrsg. von Bryan A. Garner. 8. Auflage St. Paul (Minn.) 2004.

Böckmann, Paul: Formgeschichte der deutschen Dichtung. 1. Bd.: Von der Sinnbildsprache zur Ausdruckssprache. Der Wandel der literarischen Formensprache vom Mittelalter zur Neuzeit. 4. Aufl. Hamburg 1973.

Brohmer, Paul (Begr.): Fauna von Deutschland. Ein Bestimmungsbuch unserer heimischen Tierwelt. 17. Aufl. Heidelberg u. Wiesbaden 1988.

Büschgen, Hans E.: Das kleine Börsen-Lexikon. 22. Aufl. Düsseldorf 2001.

Chinery, Michael: Insekten Mitteleuropas. Ein Taschenbuch für Zoologen und Naturfreunde. Übers. und bearb. von Irmgard Jung u. Dieter Jung. Hamburg u. Berlin 1976.

Der kleine Pauly. Lexikon der Antike in fünf Bänden. Hrsg. von Konrat Ziegler u. Walther Sontheimer. München 1979.

Duden. Das große Wörterbuch der deutschen Sprache in zehn Bänden. 3. Aufl. Mannheim, Leipzig, Wien, Zürich 1999.

Duden. Das große Vornamenlexikon. Bearbeitet von Rosa Kohlheim u. Volker Kohlheim. Mannheim 1998.

Enzyklopädie des Märchens. Handwörterbuch zur historischen und vergleichenden Erzählforschung. Begr. von Kurt Ranke. Bisher 11 Bände. Berlin u. New York 1977–2003.

Erich, Oswald A. u. Beitl, Richard (Begr.): Wörterbuch der deutschen Volkskunde. 3. Aufl. Stuttgart 1974.

Erläuterungen zur deutschen Literatur: Sturm und Drang. Hrsg. vom Kollektiv für Literaturgeschichte im volkseigenen Verlag Volk und Wissen. 6. Aufl. Berlin/O. 1983.

Fichtinger, Christian: Lexikon der Heiligen und Päpste. Gütersloh u. Wien 1980.

Frenzel, Elisabeth: Stoffe der Weltliteratur. Ein Lexikon dichtungsgeschichtlicher Längsschnitte. 9. Aufl. Stuttgart 1998.

— Motive der Weltliteratur. Ein Lexikon dichtungsgeschichtlicher Längsschnitte. 5. Aufl. Stuttgart 1999.

Genaust, Helmut: Etymologisches Wörterbuch der botanischen Pflanzennamen. 3. Aufl. Basel, Boston, Berlin 1996.

Geschichtliche Grundbegriffe. Historisches Lexikon zur politisch-sozialen Sprache in Deutschland. Hrsg. von Otto Brunner, Werner Conze, Reinhart Koselleck u. Rudolf Walther. 8. Bände. Studienausgabe. 1. Aufl. Stuttgart 2004.

Gerke, Wolfgang: Gerke-Börsen-Lexikon. Wiesbaden 2002.

Goedeke-Grundriss, d. h. Grundriss zur Geschichte der Deutschen Dichtung aus den Quellen von Karl Goedeke. 2. Aufl. 18 Bände. Zunächst Dresden, dann Berlin 1884–1998.

Gorys, Erhard: Lexikon der Heiligen. 2. Aufl. München 1998.

Grimm, Jacob u. Grimm, Wilhelm (Begr.): Deutsches Wörterbuch. Bisher 33 Bände. Nachdruck der Ausgaben Leipzig 1854–1935 u. Leipzig ab 1983 (Neubearbeitung). München 1999.

Handwörterbuch zur deutschen Rechtsgeschichte (HRG). Hrsg. von Adalbert Erler, Ekkehard Kaufmann u. Dieter Werkmüller. 5 Bände. Berlin 1971–1998.

Handwörterbuch zur deutschen Rechtsgeschichte (HRG). Hrsg. von Albrecht Cordes, Heiner Lück, Dieter Werkmüller, Ruth Schmidt-Wiegand, Christa Bertelsmeier-Kierst. Bisher 12 Lieferungen. 2. Aufl. Berlin ab 2008.

Keller, Hiltgart L.: Reclams Lexikon der Heiligen und der biblischen Gestalten. Legende und Darstellung in der bildenden Kunst. 3. Aufl. Stuttgart 1975.

Köbler, Gerhard: Lexikon der europäischen Rechtsgeschichte. München 1997.

— Juristisches Wörterbuch. Für Studium und Ausbildung. 14. Aufl. München 2007.

Kosch, Wilhelm (Begr.): Deutsches Literatur-Lexikon. Biographisch-bibliographisches Handbuch. Bisher 27 Bände u. 6 Ergänzungsbände. 3. Aufl. Bern, Zürich, München 1968–2007.

— Deutsches Literatur-Lexikon. Das 20. Jahrhundert. Biographisch-bibliographisches Handbuch. Bisher 11 Bände. Bern, Zürich, München 2000–2008.

Kroh, Paul: Lexikon der antiken Autoren. Stuttgart 1972.

Killy, Walther (Hrsg.): Die Deutsche Literatur. Texte und Zeugnisse. 7 in 13 Bänden. München 1965–1983.

— Literaturlexikon. 15 Bände. Gütersloh u. München 1988–1993.

Lamer, Hans u. Kroh, Paul: Wörterbuch der Antike. Mit Berücksichtigung ihres Fortwirkens. 10. Aufl. Stuttgart 1995.

Melchers, Erna u. Melchers, Hans: Das grosse Buch der Heiligen. Geschichte und Legende im Jahreslauf. 4. Aufl. München 1980.

Moorman, Eric M. u. Uitterhoeve, Wilfried: Lexikon der antiken Gestalten. Mit ihrem Fortleben in Kunst, Dichtung und Musik. Stuttgart 1995.

Reallexikon der deutschen Literaturwissenschaft. Neubearbeitung des Reallexikons der deutschen Literaturgeschichte. Hrsg. von Klaus Weimar, Harald Fricke u. Jan-Dirk Müller. 3 Bände. Berlin u. New York 1997–2003.

Seibicke, Wilfried: Vornamen. 3. Aufl. Frankfurt/M. 2002.

Rinsum, Annemarie van u. Rinsum, Wolfgang van: Lexikon literarischer Gestalten. Deutschsprachige Literatur. Stuttgart 1988.

— Lexikon literarischer Gestalten. Fremdsprachige Literatur. Stuttgart 1990.

Rölleke, Heinz (Hrsg.): Das große deutsche Sagenbuch. Düsseldorf 2001.

Ueding, Gert (Hrsg.): Historisches Wörterbuch der Rhetorik. Bisher 8 Bände. Tübingen 1992–2007.

Walz, Guido (Red.): Lexikon der Mathematik. In sechs Bänden. Heidelberg 2001–2003.

Wilpert, Gero von: Lexikon der Weltliteratur – Deutsche Autoren. Biographisch-bibliographisches Handwörterbuch nach Autoren und Werken. 4 Bände. Lizenzausgabe der 3. Aufl. Stuttgart 1988–1993. München 1997.

— Goethe-Lexikon. Stuttgart 1998.

— Sachwörterbuch der Literatur. 8. Aufl. Stuttgart 2001.

II. 4. Rezensionen

Hansen, Volkmar [Rez.]: Göpfert, Herbert G. u. Weyrauch, Erdmann (Hrsg.): „Unmoralisch an sich …". Zensur im 18. und 19. Jahrhundert. Vorträge […] vom 14. bis 17. Mai 1985 in der Herzog-August-Bibliothek. Wiesbaden 1988. In: Heine-Jahrbuch. Bd. 29 (1990), S. 216–218.

Kästner, Abraham Gotthelf [Rez.]: Johann Friedrich Löwen. Schriften, I–III. In: Göttingische Anzeigen von Gelehrten Sachen. Jg. 1765, II. Band, S. 1061 u. 1063.

— [Rez.]: Johann Friedrich Löwen. Schriften, IV. In: Göttingische Anzeigen von Gelehrten Sachen. Jg. 1766, II. Band, S. 881.

Magister, Karl-Heinz [Rez.]: Von Exorzisten, Hexen, Bastarden und Monstren. In: Shakespeare-Jahrbuch (Deutsche Shakespeare-Gesellschaft), Bd. 133 (1997), S. 277–281.

Maihold, Harald (Basel) [Rez.]: Himmlers Hexenkartothek. Das Interesse des Nationalsozialismus an der Hexenverfolgung, hg. v. Sönke Lorenz / Dieter R. Bauer / Wolfgang Behringer / Jürgen Michael Schmidt in Zusammenarbeit mit dem Institut für geschichtliche Landeskunde und historische Hilfswissenschaften der Universität Tübingen. 2. Aufl. Bielefeld 2000. In: Zeitschrift der Savigny-Stiftung für Rechtsgeschichte. Germanistische Abteilung (ZRG GA). 121. Bd., 2001, S. 913–916.

Massey, I.M. [Rez.]: Die Deutsche Walpurgisnacht, ein Spiel in 5 Szenen, by Dosio Koffler, Vorwort von Wickham Steed. In: International Affairs. Review Supplement. Vol. XIX, Nr. 6, 1941, S. 339.

Volke, Lutz [Rez.]: Ungarn als Sehnsuchtsland. Rezension zu: Fühmann, Franz: Briefe aus der Werkstatt des Nachdichters 1961–1984. Mitgeteilt vom Adressaten Paul Kárpáti. Leipzig u. Budapest 2007. Online-Veröffentlichung im PDF- und HTML-Format. © Lutz Volke 2007, 3 S.

Personenregister

• • • • •

Maß und Wert
Düsseldorfer Schriften zur deutschen Literatur

Herausgegeben von Prof. Dr. Dr. h. c. mult. Volkmar Hansen

Band 1 Susanne Vitz-Manetti: *Jenes alles Beste umschließende Etwas, das Gesinnung heißt.* Ein Begriff im Werk Fontanes. 2004.

Band 2 Volkmar Hansen: Haupt- und Nebenwege zu Goethe. 2005.

Band 3 Silke Heckenbücker: Prometheus, Apollo, Zeus/Jupiter - Goethe-Bilder von 1773 bis 1885. 2008.

Band 4 Georgios Polioudakis: Die Übersetzung deutscher Literatur ins Neugriechische vor der Griechischen Revolution von 1821. 2008.

Band 5 Elisabetta Mazzetti: Thomas Mann und die Italiener. 2009.

Band 6 Heike Spies: Literatur in den Briefen Droste-Hülshoffs. 2010.

Band 7 Melanie Keutken: Die personenkonstituierenden Motive im Gesamtwerk von Siegfried Lenz. 2013.

Band 8 Alexander Rost: Hexenversammlung und Walpurgisnacht in der deutschen Dichtung. 2015.

www.peterlang.com

www.ingramcontent.com/pod-product-compliance
Ingram Content Group UK Ltd.
Pitfield, Milton Keynes, MK11 3LW, UK
UKHW041828290926
8980IPUK00002B/141

9 783631 659052